江蘇省地方志編纂委員會辦公室組編
主編 程
執行主編 張

江南通志

第四册

河渠志

鳳凰出版社

第四册目録

江南通志卷四十九

河渠志

水有四瀆，其三在江南境内入海。以水與平地較，得十之五六，故稱澤國，而言治水者先江南。我國家特設重臣經理，或專使領其事，或大吏董其成。睿斷神謀，所以講明區畫之者，必已治益治，而萬世保其安。其間天事與人力相應，順導與周防並施，漕運、農田，上下咸蒙其利，蓋費莫鉅焉，功莫崇焉。爰次河、淮、江、海，與夫運河、水利，爲類七，爲卷十有八，述《河渠志》第二。

黄河 一

《禹貢》九河，在今德州以上河間數百里之地。河入海，乃在碣石。此禹時故道也。

周定王五年，河決礫溪，稍徙而東。至漢元光三年春，河徙從頓(邱)〔丘〕東南流。夏，復決濮陽瓠子，注鉅野，通淮、泗。自是河徙東郡入勃海，始失禹舊迹。屢塞復決，遷徙泛濫，班固以爲河羨溢害中國尤甚者也。

其後河入千乘，而德棣之河又播爲八。漢世所指以爲太史、馬頰者，偶合於禹迹。故訖東都至唐河，不爲害者千數百年。

宋太平興國八年，河決滑州，東南流至彭城界入於淮。咸平三年，河決鄆州黄陵埽，浮鉅野，入淮、泗。天禧三年，滑州河溢，歷澶、濮、曹、鄆，注梁山濼；又合清水、古汴渠東入於淮。皆旋塞。

至神宗熙寧十年，七月乙丑，河大決于澶州曹村，澶淵北流斷絶，河道南徙，東匯於梁山、張澤濼，分爲二派，一合南清河入於淮，一合北清河入於海，明(邱)〔丘〕濬定爲黄河入淮之始者也。

元豐元年四月，澶州決口塞。五月，新隄成，閉口斷流，河復歸北。

至金明昌五年，河決陽武，徙封(邱)〔丘〕，河始大半入淮，而北清河之流猶未絶。

明洪武二十四年，河決原武，東經開封府城北五里，又南行至項城，經潁上東至壽州，自是河全入於淮，而故道悉淤矣。

嘉靖六年以前，河分爲六道，其兩道由河南鳳泗入淮，其四道由小浮橋、飛雲橋、大小溜溝入海，時則河行開、歸、徐、沛之地。其後開、歸、沛諸流復堙，而全河悉經徐州以入於淮矣。

今按河所經在江南境者，其道自河南之夏邑、山東之單縣，東行入碭山縣北。河舊在碭山縣治南三十里，明嘉靖三十七年河徙，始出縣北。又東逕豐縣南，河去縣治三十里。又東逕沛縣南，其南岸則蕭縣。河舊在蕭縣治北五十里，去沛甚近。萬(歷)〔曆〕三十四年，河復決而南，自是蕭去河纔十五里，而沛則去河五十餘里。又東逕徐州府治北，河去府治北二里。又東逕靈璧縣北，河去縣治一百二十里。又東南逕睢寧縣北，其北岸則邳州。河在邳州南門外，去睢寧縣治五十里。又東逕宿遷縣南，河去縣治四里。又東逕桃源縣北，河去縣百餘步。又東逕清河縣南，與淮水合流。河去縣治一里，入淮處謂之清口。本名泗口，自徐城東北至此，皆古泗水，爲河所奪也。縣西三十里有三汊河口，泗水至此分爲大小二清河。大清河經縣治東北入淮，俗稱老黄河，今堙。其小清河于縣治西南入淮，即今之清口也。

又東逕淮安府治北，河去府治三十里又東逕安東縣南，歷雲梯關，而東北入於海。河去縣二里。自清口至此，皆古淮水，爲河所奪也。海自鹽城縣東北，逕山陽縣東，折而西北，爲黄、淮入海之口。其北岸則安東也，雲梯關在縣東北一百里。又東北一百八十里爲大海。

自海委仰溯河源，蟠亘萬餘里，其流高而遠，濁而勁。宋以前，河自入海，尚能爲並①河州郡之害。況今河、淮二瀆併合爲一，又自清河縣之清口以下，沁、泗、沂諸水皆與河會。而以一②淮水爲委輸，則人事之修治，以爲東南赤子奠寧保聚之計者尤亟。而自元至元以後，會通之漕實資河水濟運，則東南數百萬石，遠輸天庾，此爲喉要，故前明區畫綦詳。

然明議河事者，言人人殊。其始也，大約重疏濬之利，而輕隄防之功。卒之流緩勢弱，沙澱日

① 「並」，《四庫》本作「瀕」。
② 「一」，《四庫》本作「下」。

高，至於全河改徙。其繼也，復欲棄隄防之舊，而就疏浚之新。卒之河不兩强，方開復塞，至於勞費罔績。是知疏九河爲禹之大智，而不知陂九澤爲禹之大法。知隄防爲周戰國之權謀，而不知鑿空爲宋新法之無用。豈非治名不治實，議論多而無所折中歟？

我朝自聖祖仁皇帝南巡，親涖河工，指授方略。首導歸壑，次權蓄泄，次夷衝險。聖神天縱，睿算周至，俾黄運底績，國計民生，萬世利賴。世宗憲皇帝宵旰經營，知人善任，誠敬昭格，河清獻瑞，明德神功，上邁禹謨矣。謹撰次宋以來治河入江南者，悉條繫始末，以著昭代成烈云。

宋

天禧三年六月乙未，滑州河溢，歷澶、濮、曹、鄆四州，又合清水、古汴渠，東入於淮，州邑罹患者三十二。遣使賦諸州薪石、楗橛、芟竹之數千六百萬，發兵夫九萬人治之。王貽永知徐州，作隄城南以禦水。

四年二月，河塞。群臣入賀，上親爲文，刻石紀功。《宋史·河渠志》：「舊制，歲虞河决，有司常以孟秋預調塞治之物，梢芟、薪柴、楗橛、竹石、茭索、竹索凡千餘萬，謂之『春料』。詔下瀕河諸州所産之地，仍遣使會同河渠官吏，乘農隙率丁夫，收采備用。凡伐蘆荻，謂之『芟』；伐山木榆柳枝葉，謂之『梢』，辮竹糾芟爲索。以竹爲巨索，長十尺至百尺有差。先擇寬平之所爲埽場。埽之制，密布芟索，鋪梢，梢索相重，壓之以土，雜以碎石。以巨竹索横貫其中，謂之『心索』。卷而束之，復以大芟索繫其兩端，別以竹索自内旁出。其高至數丈，其長倍之。凡用丁夫數百或千人，雜唱齊挽，積置於卑薄之處，謂之『埽岸』。既下，以橛臬閡之，復以長木貫之，其竹索皆埋巨木於岸以維之。遇河之横決，則復增之，以補其缺。凡埽下非積數疊，亦不能遏其迅湍，又有馬頭、鋸牙、木岸者，以蹙水勢護隄焉。」

熙寧十年七月乙丑，河大決於澶州，河道南徙，合南清河入於淮。

蘇軾知徐州，河水溢南清河，匯於城下。軾築東南長隄，首起戲馬臺，尾屬於城，城賴以全。請復調來歲夫，增築故城爲木岸，朝廷從之。《穀山筆麈》：「熙寧十年，河南徙，合清入淮之道，即今沂、泗南流由徐、邳入淮之道。宋、元、明以來，未之有改也。」

金

大定二十七年，以徐州彭城、蕭、豐，滕州沛，屬今徐州府。州長貳皆提舉河防事，縣令佐皆管勾河防事。《金史·河渠志》：「御史臺言：『自來沿河京、府、州、縣官，坐視管内河防缺壞，特①不介意。若今於名銜管勾河防事，如任内規措有方，能禦大患，或守護不謹，以致疏虞，臨時奏聞，以議賞罰。』上從之。」《禹貢錐指》：「徐州之彭城、蕭、豐，滕州之沛，皆爲沿河之地，則當時河流所經，大略

① 『特』，《四庫》本作『略』。

可睹也。」

明昌五年，春正月，尚書省奏：「都水監丞田櫟請於北清河北岸牆村，決河入梁山濼故道，依舊作南、北兩清河分流。」上令宰臣集百官詳議，卒寢不行。

是年，河決陽武故隄，灌封（邱）〔丘〕而東，詔同知都轉運使高旭、武衛軍副都指揮使女奚列奕同往規措。《禹貢錐指》：「金吉甫云：河至紹熙甲寅，南連大野，並行泗水入淮，於是有南北清河之分。北清河即濟水故道。南清河並泗入淮，今淮安之西二十里對岸清河口是也。考宋光宗紹熙五年甲寅，即金章宗明昌五年。是歲河徙，自陽武而東，歷延津、封（邱）〔丘〕、長垣、蘭陽、東明、曹州、濮州、鄆城、范縣諸州縣界，中至壽張，注梁山濼，分爲二派。北派由北清河入海。今大清河自東平，歷東阿、平陰、長清、齊河、歷城、濟陽、齊東、武定、青城、濱州、蒲臺，至利津縣入海者是也。南派由南清河入淮，即泗水故道。今會通河自東平歷汶上、嘉祥、濟寧，合泗水至清河縣入淮者是也。」

按《宋史·河渠志》，南北清河之名已見於熙寧十年，不自金明昌五年始。《禹貢錐指》又以（邱）〔丘〕濬言宋熙寧十年河入淮之始爲誤，援據天禧、咸平、太平興國，溯至漢元光時河決史，皆載入淮之文。今考河道南徙、合清入淮，實自宋熙寧始。前此遠有經流餘波所入，不可謂河入淮之始也。

元

大德元年三月，徐州、邳州、宿遷、睢寧等縣河水大溢。

皇慶二年六月，河決陳、亳、睢三州。

延祐三年，潁州泰和縣河溢。

泰定元年，河始行汴渠，至徐州城東北，合泗入淮。《禹貢錐指》：「河自徐州北東南流，至城東北合於泗水。泗水自沛縣入州境，循城而東，一曰清河，又曰泉河，其後爲運河，亦名鬧河。元初黄河由渦入淮，至泰定元年，由汴河決入清河。自是遂爲大河之經流。」

至正四年六月，河決金堤，碭山、豐、沛皆罹水患。

九年五月，白茅河東注，沛縣成巨浸。

十一年四月，命賈魯以工部尚書爲總治河防使，便宜興繕。十一月，工竣，河復故道。《元史·河渠志》：「先是，魯爲都水使者，詣河相視，驗狀爲圖，以二策進獻。一議修築北隄，以制横潰；一議疏塞並舉，挽河使東行，以復故道。至是，脱脱①韙其後策，薦於帝，稱旨。十一年四月，命魯爲總治河防使，便宜興繕。是月鳩工。十一月，水土工畢，諸埽諸隄成，河乃復故道，南匯於淮，又東入於海。」《河防一覽》：「黄河故道自虞城以下，蕭縣以上，夏邑以北，碭山以南，由新集歷丁家道口、馬牧集、韓家道口、司家道口、牛黄堌、趙家圈，至蕭縣薊門，出小浮橋，此賈魯所復故道。」靳輔《治河書》：「昔賈魯治河，用沉舟之法，人皆稱之。竊嘗疑河底淺深、坦陷不一，唯草柳性柔，一經壓擠，則

① 「脱脱」，《四庫》本作「托克托」。

周遭充滿，故塞決必用埽。今以至平之舟底，而沉之淺深、坦陷不一之湍流，則埽根透溜之患，必有不俟終日而見者。然以魯之才，其成功如此，必非孟浪。尋繹《至正河防記》，知魯之沉舟，以之代壩而逼水，非以之塞決而合龍也。蓋彼時故河業已通流，但決河勢大，水流多於故河十之八。又適當秋漲，洄漩湍急，埽不能下。又其上逼水三隄，短弱而勢不支，恐埽行一遲，水盡涌決，決則故河復淤，前功盡隳。因急沉舟爲壩以逼之，所謂搶救也。迨至船、埽、四隄並就，河勢南流，然後塞決耳。不然，魯於九月七日沉舟，而龍口之合，何直至十一月十一日耶？」

按賈魯河道，自徐州府北門外小浮橋以上，至河南考城縣西之白茅河。當時施功，在江南之地者什五六，第今河道久堙，故《河防記》所載地名，多不可曉耳。

自賈魯之復河故道，至明嘉靖三十六年北徙，中間二百餘歲，雖漫溢靡常，未嘗遷改。其後自萬（歷）〔曆〕六年議復河故道，以工鉅，寢之，司河者每以爲言。又其治法，爲後世所用，或互有損益，或名異實同，其有造於河不爲小補也。故詳考備録，無復拘文多不載之例云。

附　歐陽（元）〔玄〕《至正河防記》：

治河一也，有疏，有濬，有塞，三者異焉。釃河之流，因而導之，謂之疏。去河之淤，因而深之，謂之濬。抑河之暴，因而扼之，謂之塞。疏濬之別有四：曰生地，曰故道，曰河身，曰減水河。生地有直有紆，因直而鑿之，可就故道。故道有高有卑，高者平之以趨卑，高卑相就，則高不壅，卑不瀦，慮夫壅生潰、瀦生堙也。河身者，水雖通行，身有廣狹。狹難受水，水益悍，故狹者以計闢之。廣難爲岸，岸善潰，故廣者以計禦之。減水河者，水放曠則以制其狂，水隳突則以殺其怒。

治隄一也，有創築、修築、補築之名，有刺水隄，有截河隄，有護岸隄，有縷水隄，有石船隄。

治埽一也，有岸埽、水埽，有龍尾、欄頭、馬頭等埽。其爲埽臺及推卷、牽制、薶挂之法，有用土、用石、用鐵、用草、用木、用杙、用絙之方。

塞河一也，有缺口，有豁口，有龍口。缺口者，已成川。豁口者，舊常爲水所豁，水退則口下於隄，水漲則溢出於口。龍口者，水之所會，自新河入故道之潀也。

其濬故道，深廣不等，通長二百八十里百五十四步而强。功始自白茅，長百八十二里。繼自黄陵岡，至南白茅，闢生地十里。口初受廣百八十步，深二丈有二尺，已下停廣百步，高下不等，相折深二丈及泉。曰停、曰折者，用古算法，因此推彼，知其勢之低昂，相準折而取匀停也。南白茅至劉莊村，接入故道十里，通折墾廣八十步，深九尺。劉莊至專固，百有二里二百八十步，通折停廣六十步，深五尺。專固至黄堌，墾生地八里，面廣百步，底廣九十步，高下相折，深丈有五尺。黄堌至哈只口，長五十一里八十步，相折停廣墾六十步，深五尺。乃濬凹里減水河，通長九十八里百五十四步。凹里村缺河口生地，長三里四十步，面廣六十步，底廣四十步，深一丈四尺。自凹里生地以下，舊河身至張贊店，長八十二里五十四步。上三十六里，墾廣二十步，深五尺。中三十五里，墾廣二十八步，深五尺。下十里二百四十步，墾廣二十六步，深五尺。張贊店至楊青村，接入故道，墾生地十有三里六十步，面廣六十步，底廣四十步，深一丈四尺。

其塞專固缺口，修隄三重，並補築凹里減水河南岸豁口，通長二十里三百十有七步。

其創築河口前第一重西隄，南北長三百三十步，面廣二十五步，底廣三十三步。樹置樁橛，實以土牛、草葦，雜梢相兼，高丈有三尺。隄前置龍尾大埽。言龍尾者，伐大樹連梢繫之隄旁，隨水上下，以破囓岸浪者也。

築第二重正隄，並補兩端舊隄，通長十有一里三百步。缺口正隄長四里，兩隄相接舊隄，置樁堵閉河身，長百四十五步。用土牛、草葦、梢土，相兼修築。底廣三十步，修高二丈。其岸上土工修築者，長三里二百十有五步有奇，高廣不等，通高一丈五尺。補築舊隄者，長七里三百步，表裏培薄七步，增卑六尺，計高一丈。

築第三重東後隄，并接修舊隄，高廣不等，通長八里。補築凹里減水河南岸豁口四處，置樁木，草土相兼，長四十七步。

於是塞黃陵全河，水中及岸上修隄，長三十六里百三十六步。其修大隄刺水者二，長十有四里七十步。其西復作大隄刺水者一，長十有二里百三十步。內創築岸上土隄，西北起李八宅西隄，東南至舊河岸，長十里百五十步，顛廣四步，趾廣三之，高丈有五尺。仍築舊河岸至入水隄，長四百三十步，趾廣二十步，顛殺其六之一，接修入水。

兩岸埽隄，並行其法。以竹絡實以小石，每埽不等。以蒲葦綿腰索徑寸許者從鋪，廣可一二十步，長可二三十步。又以曳埽索綯徑三寸或四寸，長二百餘尺者衡鋪之。相間復以竹葦麻檾大繂，長三百尺者爲管心索，就繫綿腰索之端於其上，以草數千束，多至萬餘，匀布厚鋪於綿腰索之上，槖而納之。丁夫數千，以足踏實。推卷稍高，即以水工二人立其上，而號於衆。衆聲力舉，用小大推梯，推卷成埽。高下長短不等，大者高二丈，小者不下丈餘。又用大索或互爲腰索，轉致河濱，選健丁操管心索，順埽臺立踏。或挂之臺中鐵猫大橛之上，以漸縋之下水。埽後掘地爲渠，陷管心索渠中，以散草厚覆，築之以土。其上復以土牛、雜草、小埽稍上。多寡厚薄，先後隨宜。

修疊爲埽臺，務使牽制上下，縝密堅壯，互爲犄角，埽不動摇。日力不足，火以繼之。積累既畢，復施前法，卷埽以壓先下之埽。量水淺深，制埽厚薄，疊之多至四埽而止。

兩埽之間置竹絡，高二丈或三丈，圍四丈五尺，實以小石、土牛。既滿，繫以竹纜。其兩旁並埽，密下大椿，就以竹絡上大竹腰索，繫於椿上。東西兩埽及其中竹絡之上，以草土等物築爲埽臺，約長五十步或百步。再下埽即以竹索或麻索，長八百尺或五百尺者一二，雜厠其餘管心索之間。俟埽入水之後，其餘管心索如前藴挂。隨以管心長索遠置五七十步之外，或鐵猫，或大椿，曳而繫之。通管束累日所下之埽，再以草土等物，通修成隄。又以龍尾大埽，密挂於護隄大椿，分析水勢。其隄長二百七十步，北廣四十二步，中廣五十五步，南廣四十二步。自顛至趾，通高三丈八尺。

其截河大隄，高廣不等，長十有九里百七十七步。其在黄陵北岸者，長十里四十一步。築岸上土隄，西北起東西故隄，東南至河口，長七里九十七步，顛廣六步，趾倍之而强二步，高丈有五尺，接修入水。施土牛、小埽、梢草、雜土，多寡厚薄，隨宜修疊。及下竹絡，安大樁，繫龍尾埽，如前兩隄法。唯修疊埽①臺，增用白闌小石。並埽上及前洊修埽隄一，長百餘步，直抵龍口。稍北，攔頭三埽並行，埽大隄廣與刺水二隄不同。通前列四埽，間以竹絡，成一大隄，長二百八十步。北廣百一十步。其顛至水面，高丈有五尺；水面至澤腹，高二丈五尺；通高三丈五尺。中流廣八十步。其顛至水面，高丈有五尺；水面至澤腹，高五丈五尺；通高七丈。

并創築縷水横隄一，東起北截河大隄，西抵西刺水大隄。又一隄東起中刺水大隄，西抵西刺水大隄。通長二里四十二步，亦顛廣四步，趾三之，高丈有二尺。修黄陵南岸，長九里百六十步。內創岸土隄，東北起新補白茅故隄，西南至舊河口。高廣不等，長八里二百五十步。

乃入水作石船大隄。蓋由是秋八月二十九日乙巳，導故河流，先所修北岸西中刺水及截河三隄猶短，約水尚少，力未足恃。決河勢大，南北廣四百餘步，中流深三丈餘。益以秋漲，水多故河十之八。兩河争流，近故河口，水刷岸北行，洄漩湍激，難以下埽。且埽行或遲，恐水盡涌入決河，因淤故河，前功遂隳。

① 《四庫》本無「埽」字。

魯乃精思障水入故河之方。以九月七日癸丑，逆流排大船二十七艘，前後連以大桅或長樁，用大麻索、竹絙絞縛，綴爲方舟。又用大麻索、竹絙用船身繳繞上下，令牢不可破。乃以鐵猫，於上流硾之水中。又以竹絙絶長七八百尺者，繫兩岸大橛上。每絙或硾二舟，或三舟，使不得下。船腹略鋪散草，滿貯小石，以合子板釘合之。復以埽密布合子板上，或二重，或三重，以大麻索縛之。急復縛横木三道於頭桅，皆以索維之。用竹編笆，夾以草石，立之桅前，約長丈餘，名曰水簾桅。復以木樁柱，使簾不偃仆。

然後選水工便捷者，每船各二人，執斧鑿立船首尾。岸上槌鼓爲號，鼓鳴，一時齊鑿。須臾，舟穴水入，舟沉遏決。河水怒溢，故河水暴增。即重樹水簾，令後復布小埽、土牛、白闌、長梢，雜以草土等物，隨宜填垛以繼之。石船下詣，實地出水，基址漸高。復卷大埽以壓之。

前船勢略定，尋用前法沉餘船，以竟後功。昏曉百刻，役夫分番任勞，無少間斷。船隄之後，草埽三道並舉。中置竹絡盛石，並埽置樁，繫纜四埽及絡，一如修北截水隄之法。第以中流水深數丈，用物之多，施功之大，數倍他隄。

船隄距北岸才四五十步，勢迫東流，峻若自天降，深淺叵測。於是先卷下大埽，約高二丈者，或四或五，始出水面。修至河口一二十步，用工尤艱。薄龍口，喧豗猛疾，勢撼埽基，陷裂欹傾，俄遠故所，觀者股弁，衆議騰沸，以爲難合。然勢不容已，魯神色不動，機解捷出，進官吏工徒，日加獎諭，辭指懇切，衆皆感激赴工。

十一月十一日丁巳，龍口遂合，決河絶流，故道復通。又於隄前通卷閘頭埽各一道，多者或三或四。前埽出水，管心大索繫前埽，硾後閘頭埽之後，後埽管心大索亦繫小埽，硾前閘頭埽之前，後先羈縻，以錮其勢。又於所交索上及兩埽之間，壓以小石、白闌、土牛，草土相半，厚薄多寡，相勢措置。

埽隄之後，自南岸復修一隄，抵已閉之龍口，長二百七十步。船隄四道成隄，用農家場圃之具曰轆軸者，穴石立木如比櫛，蘸前埽之旁。每置一轆軸，以横木貫其後。又穴石，以徑二寸餘麻索貫之，繫横木上，密挂龍尾大埽，使夏、秋潦水，冬、春凌簰，不得肆力於岸。

魯常有言：水工之功，視土工之功爲難。中流之功，視河濱之功爲難。決河口，視中流又難。北岸之功，視南岸又難。用物之效，草雖至柔，柔能狎水，水漬之生泥，泥與草並，力重如碇然。維持夾輔，纜索之功實多。蓋由魯習知河事，故其功之所就如此。

明

洪武八年，大河南決，挾潁入淮。

二十四年，河決原武之黑陽山，東經開封，又南行至項城，經潁州潁上，東至壽陽鎮，全入於淮，故道遂淤。

永樂十四年，河決開封，經懷遠縣由渦河入淮。

正統三年八月乙丑，直隸淮安府邳州河決，巡撫曹弘以聞，詔隨宜修築。

十二年，秋七月，河決滎澤入淮，工部尚書石璞治之。

十三年，河決滎陽縣，東抵項城達太和，又西南達潁州注於淮。

是年，河決滎澤縣孫家渡口入汴，至壽州入淮。

七月，河又決滎陽，東南經陳留，自亳入渦口。又經蒙城，至懷遠界入淮。《太和縣志》：俗呼爲惠民河，即宋時漕河也。上通古汴，下達淮泗。

弘治二年，開榆木集口，導河流經虞城、碭山四口衝，經蕭縣出小浮橋。

五月，河決汴城入淮，復決黄陵岡入海。命户部侍郎白昂、兵部郎中婁性治決河。昂於滎澤開渠導河，由陳、潁至壽州，合淮水入海。又築渠堰於徐州，以殺河勢。

三年，户部侍郎白昂、南京兵部郎中婁性，築隄浚渠於徐、淮之間，自夏五月，至秋七月工竣。《明孝宗實録》：「弘治三年正月，户部侍郎白昂奏：臣奉敕修治張秋決河，由淮河相度水勢，至於河南中牟等縣。見其上源決口，南決者自祥符縣界，折爲二支：一合潁水，下塗山入於淮；一入渦河，下荆山入於淮。又一支自歸德州通鳳陽之亳縣，亦合渦河入於淮。北決者一支，入金龍等口，至山東曹州等處，衝入張秋運河。去冬水消沙積，決口已淤，因併爲一大支，由祥符之翟家口，合沁河出丁家道口等處，俱下徐州。臣以爲合潁、渦二水而入於淮者，其間各有灘磧，水脉頗微，宜疏濬以殺河勢。合沁水而入於徐者，則以河道淺隘，不能容受，方有漂没之虞。况上流金龍等口，雖幸暫淤，久將復決。宜於北流所經七縣，築爲隄岸，以衛張秋。已與河南巡撫等官議行之。然所司議開河道，徐、淮境内，河所經要地，擬議未及，其事尚無所統，下工部議。請復令昂會同巡撫等，詳議修濬事宜以聞。從之。」

《吴寬康敏白公傳》：「公浚宿州古睢河入運道，以分徐州之勢。築蕭縣徐集等口，以殺汴徐之勢。」

《通鑑紀事本末》：「白昂引中牟之決以入淮，浚宿州古睢河以達泗。自小河西抵歸德飲馬池，中逕符離橋而南，皆浚而深廣之。又疏月河十餘，以殺其勢，塞決口三十六。河入汴，汴入睢，睢入泗，泗入淮以達於海，水患稍息。」

附　**徐溥《浚睢河記略》**：

弘治二年，河失故道益遠，泛及汴隄，上命今户部侍郎白公昂往治之。公舉婁君爲副，而屬以睢河之役。婁君相其便宜，自宿遷而上，至歸德而止，並加疏浚，使淺者深，隘者闊。其旁民居田畝，悉築隄以護，崇一丈。又於符離橋南，鑿月河一道，長五百丈，闊十丈，深二丈五尺。沿河置減水閘七，及浚渠五。皆爲防河計也。

六年，二月，命右副都御史劉大夏修治決河。《南河全考》：「河決張秋東隄，奪汶水以入海。河流湍悍，決口闊九十餘丈。劉大夏行視之曰：『是下流未可治，治上流。先導之南行，且築長隄以防大名、山東之患，候河頗循軌，而後河可塞也。』於是濬賈魯舊河四十餘里，由曹出徐以殺水。浚孫家渡，開新河七十餘里，導使南行，由中牟至潁以入淮。又浚四府營淤河，由陳留至歸德釃爲二：一由符離出宿遷，一由亳渦會於淮。張秋決口既塞，又起河南胙城，經滑、長垣、東明、曹、單諸縣，下盡徐州，作長隄，亘三百六十里，即今太行隄也。」

按《宋史·河渠志》，慶（歷）〔曆〕八年，河決澶州商胡埽，北注乾寧軍入海，是謂北流。嘉祐五年，河分於魏之二股，河東至德、滄入於海，是謂東流。東流至祥符初遂塞。北流自元時南徙陽武，又南奪汴，則商胡①以南諸流，漸次淤絶。至明弘治七年，築斷黄陵岡，北流永塞。而後之司河者，遂專治奪汴入泗、合淮入海之河，以爲翕由之故道矣。

附　劉健《記略》：

河南決口之塞，黄陵岡屢合屢決。既塞之後，特築隄三重以護之。東西各三百餘里，直達

① 「胡」，《四庫》本作「湖」。

徐州。

正德五年，工部侍郎李鏜請築隄，防河北徙。從之。《明武宗實録》：「五年九月，河自儀封北徙，衝黄陵岡，入賈魯河，泛濫横流，直抵豐、沛。工部侍郎李鏜上《修河事宜》，請起自大名府地名三春柳，至沛縣飛雲橋止，築隄共長三百十里正，以防河北徙，可保運道無虞。雖若一時工役重大，而於久遠終爲有益。工部覆請，從之。」

嘉靖五年，以河道都御史章拯爲工部侍郎，會撫按官相度治河。《明世宗實録》：「五年六月戊寅，徐沛河水溢。巡按直隸御史戴金言：『黄河入淮之道有三：一自中牟至荆山，合長淮之水，曰渦河；一自開封府經葛岡、小壩、丁家道口、馬牧集、鴛鴦口，徐州出小浮橋，曰汴河；一自小壩經歸德城南飲馬池，至文家集，經夏邑至宿遷，曰白河。弘治間，黄河變遷，渦河、白河二道，上源年久堙塞，而徐州獨受其害。若自小壩至宿遷小河一帶，並賈河鴛鴦口、文家集壅塞之處，逐一挑浚，使之流通，則趨淮之水不止一道，而徐州水患可以少殺矣。』提督漕運總兵官楊宏言：徐州上流若歸德州小壩河、丁家道口河，亳州渦河、宿遷小河等處，俱有黄沁分流支派故道，宜於此開浚。或有捷路可開，亦從其便，庶可以分殺水勢。漕運都御史高友璣、河道都御史章拯亦屢以爲言，俱下工部議覆。言宜行各官勘議，會奏施行。至於浚賈魯之故道，開渦河之上源，則工大難成，未可輕舉。又言沛縣一帶，閘河應築之工，誠不容緩。宜令各官，逐一相度黄河水勢向背、閘河地勢高下，講求疏浚之法。

詔如所議，命章拯督同山東、河南、淮揚撫按官，親詣地方相度，將戴金、楊宏所奏，斟酌築浚，選委司府勤能官，鳩工庀事，以濟漕運。」

六年，河決徐州及曹、單、城武、豐、沛等縣楊家口、梁靖口等處，衝入雞鳴臺，沛北皆爲巨浸，東溢逾漕，入昭陽湖。光禄少卿黄綰、左都御史胡世寧，並建議治河。疏下總督大臣議行之。

按《明世宗實録》所載黄綰疏，欲挽河使北及造滚江龍之類，正劉天和所云不切河患者。今衹録胡世寧一疏。

附　左都御史胡世寧《疏略》：

河流分則勢小，合則勢大。河身寬則勢緩，狹則勢急。治河者順其性則易，逆其性則難，故曰不與水争利，此其大法也。

河自汴以來南分二道：一出汴城西滎澤，經中牟、陳、潁，至壽州入淮。一出汴城東祥符，經陳留、亳州，至懷遠入淮。其東南一道，自歸德、宿州，經虹縣、睢寧，至宿遷出。其東分五道：一自長垣、曹、鄆，至陽穀出；一自曹州雙河口，至魚臺塌場口出；一自儀封、歸德，至徐州小浮橋出；一由沛縣南飛雲橋出；一自徐沛之中境山北溜溝出。六路皆入漕河，而總南入淮。今諸道皆塞，唯沛縣一道僅存，所謂合則勢大。而河身且狹，不能容納，故溢出豐、沛、徐爲患。近又漫入昭陽湖，故流緩沙壅，運道遂塞。

今宜因其故道，而分其勢。其在汴西滎澤孫家渡至壽州一道，宜長浚以分其上流。自汴東南出懷遠、宿遷二道，及正東小浮橋、溜溝二道，各宜擇其利便者，開浚一道，以分其下流。或修武城以南廢隄，至豐、單之黄德、賀固、楊明等集，接至沛縣之北廟道口，築隄塞決，以防其北流。此治河之急務也。

七年，總理河道侍郎潘希曾請浚黄河上流，修築濟、沛間東西長隄，得旨允行。

附　潘希曾《疏略》：

漕渠廟道口以下，忽淤數十里者，由決河西來，横衝廟道口之上，並掣閘河之水東入昭陽湖，以致閘水不復南流，而沛縣飛雲橋之水，時復北漫故也。今宜於濟、沛間加築東隄，以遏入湖之路。更築西隄，以防黄河之衝。則水不散緩，而廟道口可永無淤塞之虞。仍於黄河上流，分浚趙皮寨、孫家渡二處。二水兼通，則横流以殺，而運道可保無虞。

八年六月，豐、沛、單三縣河隄成，凡一百四十餘里。

九年五月，河道侍郎潘希曾疏奏河復故道，詔下所司知之。

附　潘希曾《疏略》：

本年六月以來，河決曹縣，胡村寺東衝開一道，闊三里有餘，東南入古蹟黄河，由丁家道口，至徐州小浮橋入運河。胡村寺東北衝開一道，闊一里有餘。又分二支：東南支經虞城縣，至碭山縣，合古蹟黄河出徐州。東北支經單縣長隄，至魚臺縣，漫爲坡水，傍穀亭入運河。其單、豐、沛三縣黄河，賴長隄障回，今沙淤平滿，民多耕作。夫黄河由歸德至徐入漕者，故道也。全河復其故道，則患害已遠。支流達於魚臺，則淺涸無虞。此漕運之利，國家之福。

潘希曾《答司空劉麟書》：「黄河爲中原患非一日矣，智者不與水争地，唯順其勢而導之。後世或塞其決，或隄其卑，或疏其派，皆隨時救患者也。國家漕渠爲南北咽喉，勢不得不與河争地。弘治初，河決荆隆口，又決黄陵岡，又決張秋。當時嘗浚孫家渡、宿遷小河，而後荆隆、黄陵、張秋可塞。此分泄河怒之驗也。況自河南，歷直隸，至山東之曹縣，恃長隄以禦河患，亦既有年。今單、豐、沛爲隄，獨不可以捍禦乎？蓋事理可據，與人力可爲者，如是而已。」

十三年，正月，河道都御史朱裳奉詔會工部郎中郭秉聰、韓廷偉等，相度處置河事，陳疏濬隄防之要，從之。

附 朱裳等《疏略》：

黄河自古爲患，惟我國朝則借之以濟運渠之利，故治河與古不同。古也導之北，以順夫就下之性。今也導之南，以避其衝決之虞。

臣等考求其策，疏、濬、築三者而已。漕渠窄，溢洪閘束捍全河入運，勢自不容。要在分其流，以殺其勢。今梁靖口、趙皮寨幸已疏通，孫家渡亦行挑浚。惟渦河一支，因趙皮寨下流睢州野雞岡淤正河五十餘里，漫於平地，注入渦河。宜挑濬深廣，導引汶水，歸入正河。

河過魚臺，其流漸北，將有越濟寧、趨安平，東入於海之漸。宜將魯橋至沛縣東隄一百五十餘里，修築堅厚，相其要害，固之以石，泄之以壩。自城武縣至濟寧州，創築縷水大隄百五十餘里，以防北溢。

清江浦口正當黄、淮會合之衝，二河水漲①，漫入河口，以致淤塞，阻滯糧運，宜濬使深廣。而又築隄以防外漲，築壩以護行舟。

河出魚臺，雖曰借以利漕，然未有數十年不變者。且他徙則徐、沛②南北必致乾涸。宜大

① 「漲」，《四庫》本作「淺」。
② 「沛」，《四庫》本作「淮」。

浚山東諸泉，以匯於汶河。修築南旺湖隄閘壩，以通蓄泄。則徐、沛之渠，不患乾涸矣。

十四年，河道都御史劉天和條議前河臣朱裳等會勘治河事宜，工部覆如所議。從之。劉天和《問水集》：

「一、治河之要。録二條。治河決，必先疏支河，以分水勢。必塞始決之口，而下流自止。河性湍悍，如欲殺北岸水勢，則疏南岸上流支河，上策也。然支河或不順水勢，則雖開而復淤。

一、隄防之制。録三條。凡創築隄，必擇堅實好土，毋用浮雜沙泥。必乾濕得宜，燥則每層須用水灑，潤必於數十步外平取尺許。毋深取成坑，致妨耕種。毋仍近隄成溝，致水浸没。必用新製石夯，每土一層，用夯密築一遍。次石杵，次鐵尖杵，各築一遍，復用夯築平。隄根宜闊，隄頂宜狹，俾馬可上下，謂之走馬隄。毋太峻，水易衝嚙。凡幫隄，必止幫隄外一面，毋幫隄内，恐新土水漲易壞。隄防重複至四五道者，往往衝決。蓋修築不堅，一也。工程報完已矣，管河監司、府貳不復省驗，二也。舊隄日就坍損，車馬行人，踐踏成路，不復巡視，完補禁治，三也。自今創築者，必用新發尺式，必編號，必分定州縣工程丈尺及官夫名數，必置籍備紀，府貳必身親督理、指授，工成監司必親閱實。舊隄必委屬，時一巡視完補。車馬行人路口之隄，必兩廂各築闊厚斧刃襯隄，俾車可上下。隄面邊廂路口，各限以横埋丈餘圓木，上覆以土。守隄者每遇踐踏木露，即仍以土覆之。隄内外柳株稀少者補植之。　歷年築隄，率以高一丈或一丈二尺爲準。但地勢不一，如地勢原下，隄即卑矣。

凡築隄，以高阜或平地高若干爲準。然必逐段用平準法打量，因地勢高下而低昂之，俾隄面遠近高下一律，否則貽患非小也。但平準極難，須水面浮板，並於上兩端小横木并前木表横板之厚薄、長短、廣狹，皆極其均停、端正。而打量之人，目力詳審，且再三試，果無差忒而後可憑也。

一、疏濬之制。録四條。疏支河以分水勢。治河要法，顧水有向背，地有高下，治水者因其勢而利導之，斯善矣。然河之所向，不可限量。趙皮寨口之開，冀少殺東流爾，不數年而全河從此南徙。苟非運道事重，是移曹、單、魚臺之患於睢、歸矣，不可不審也。開河面宜廣，俾伏秋水漲有所容。底宜深而狹，視面僅可四之一，形如鍋底，俾冬春水落流迅，可免淤塞。近年率爲平底而淺，兩失之矣。疏濬河泥，必遠置河岸四十步，外平鋪地上，免妨耕種。用隄者即以之成隄。毋仍臨河，免致雨水衝洗，仍歸河内。凡驗築隄之工，必逐段横掘至底，而後見舊。以錐刺無益也。

一、植柳六法：一曰卧柳。凡春初築隄，每用土一層，即於隄内外邊厢，各横鋪如錢如指柳枝一層，每一小尺許一枝，毋太稀疏。土内横鋪二小尺餘，土面止留二小寸，毋過長。自隄根，直栽至頂，不許間少。二曰低柳。凡隄不係栽柳時月，修築者俱候春初，用小引橛於隄内外，自根至頂，俱栽柳如錢如指大者。縱横各一小尺許，即栽一株，亦入土二小尺許，土面亦止留二小寸。三曰編柳。凡近河數里緊要去處，不分新舊隄岸，俱用柳椿如雞子大、四小尺長者，用引橛先從隄根密栽一層。六七寸一株，入土三小尺，土面留一尺許。却將小柳卧栽一層，亦内留二尺，外留二三寸。却用柳條將柳椿編高五寸如編籬法，内用土築實平滿。又卧栽小柳條，編高五寸，於内用土築實平滿。如此二次，即與先栽一尺柳樁平矣。卻於上退四五寸，仍用引橛密栽柳樁一層。亦栽卧柳、編柳各二次，亦用土築實平滿。如隄高一丈，則依此栽十層即平矣。

以上三法，專爲固護隄岸。將來内則根株固結，外則枝葉綢繆，名爲活龍尾埽。雖風浪衝激，可保無虞。而枝梢之利，亦不可勝用矣。

四曰深柳。前三法止可護隄，以防漲溢之水，如倒岸衝隄之水亦難矣。凡近河及河勢將衝之處，隄岸雖遠，俱宜急栽深柳。將所造長四尺、長八尺、長一丈二尺數等鐵裏引橛，自短而長，以次釘穴使深。然後將勁直帶梢柳枝，如根梢俱大者爲上，否則不拘大小，惟取長直但下如雞子，上儘枝梢，長如式者皆可用，連皮栽入。即用稀泥灌滿穴道，毋令動摇。上儘枝梢，或數枝全留，切不可單少。其出土亦須二三尺以上。每縱横五尺，即栽一株。仍視河勢緩急，多栽則十餘層，少則四五層。數年之後，下則根株固結，入土愈深，上則枝梢長茂。將來河水衝齧，亦可障禦。或因之外編巨柳長樁，内實稍草埽土，不猶愈於臨水下埽，以繩繫岸，以樁釘土，隨下隨衝，勞費無極者乎？嘗觀洪波急流中，週遭已成深淵，而柳樹直立，略不爲動，益信前法可行。

五曰漫柳。凡坡水漫流之處，難以築隄。惟沿河兩岸，密栽低小檉柳數十層，俗名隨河柳，不畏淹没。每遇水漲既退，則泥沙委積，即可高尺餘，或數寸許。隨淤隨長，每年數次，數年之後，自成巨隄。如沿河居民，各分地界，築一二尺餘縷水小隄，上栽檉柳，尤易淤積成高。一二年間，隄内即可種麥。用工甚省，爲效甚大。

六曰高柳。照常於隄内外用高大柳椿，成行栽植，不可稀少。」

附　劉天和《條議略》：

一、臣躬親於淮、海之間，周詢審①度，黄、淮二全河之水，俱於淮安清河口會合。河廣約數里，東注而下，河身以漸寬廣。下及安東縣，則已倍加深廣矣。又下及海口，則廣二十餘里矣，初不見其停阻壅淤也。若使海口果爲流沙積隘，則洪河巨流必將停緩盈溢，淮安重鎮，必將立見其沉没矣。

今淮流奔注，初無少緩。淮人平土而居，亦初未見其有所害也。況海口洪波衝蕩，非若安流，舟楫可以往來。縱有套沙，亦非尺寸鐵龍爪可以爬蕩。若夫甘溝、菊花、北滷等溝，馬邏、羊寨等港，及通澗河，開之未必無益。但河廣已數十里，諸河溝港之開，不過數十丈爾②。況洪河流向東北，而溝港折向東南。正以水勢不順，故節年壅淤。今若捐③累萬之財力以濬之，祇恐其旋復淤塞爾。海口迤北，委有新淤套沙。然海口迤南，近已衝洗開廣。前勘海口泄水工程，

① 「審」，《四庫》本作「密」。
② 「爾」，《四庫》本作「闊」。
③ 「捐」，《四庫》本作「得」。

似應停止。

一、臣上自河南之原武，下至曹、單、沛，七八百里間，沿河周行，相度黄河之當防者，唯北岸爲重。宋元迄今，累築隄岸，形址皆在焉。蓋河水湍悍，衝徙不常。其隄岸去河遠者，間或僅存，而瀕河者無不衝決。當擇其中去河最遠大隄，及去河稍遠中隄各一道，塌者增修，缺者補完，斷者接築，使北岸七八百里間聯屬高厚。則前勘應築各隄，俱在其中，不須另築矣。合漸次修舉，期於完固。苟非異常之水，可保無虞。

按劉天和議十一條，今採其切江南河工者，節録二條。

十八年，從河道都御史胡纘宗請，開黄河支流，濟洪通漕。

附　胡纘宗《疏略》：

河南睢州考城縣地方，新開孫繼口、孫禄口各黄河支流，一以分殺上源歸、睢二處水患，一以灌下流徐、吕二洪，以濟官漕。議於孫繼口至孫禄口另築長隄，及將考城縣馬牧集等處修堵決口，務築高廣堅實，密栽榆柳護之。河身既寬，土隄亦實，大水涣發，勢能容受，可免衝決散漫之虞。而黄河安流，二洪順受，運道可無患矣。

十九年，河決睢州野雞岡，由渦河經亳州入淮，二洪告涸。兵部侍郎王以旂同河道、漕運二都御史周金、郭持平，築塞野雞岡。濬李景口支河，由蕭縣以達小浮橋，凡六百餘里，八閱月而成。《蕭縣志》：「於是渦河堙，而河之全力皆入於徐矣。」《通鑑紀事本末》：「王以旂開支河，引水濟洪，糧運無阻。尋復淤，自是河益南徙。」

二十一年，復鑿野雞岡上流李景高等口支河三，導河東注，以濟二洪。

二十四年，河決野雞岡，南至泗州，合淮入海，遂溢蒙城、五河、臨淮等縣。《續文獻通考》：「《萬民表》云：河自野雞岡而下，分爲二股。其自東南渦河而行者，則爲河身。其自孫繼口出徐州小浮橋者，則爲支流。然皆併合於淮以入海，是黄河入海，舍淮無他道也。如嘉靖庚子，二洪水涸，漕舟並阻，議者謂黄河改流。非也。改流必有漫溢之處。計今水道，唯渦河孫繼口耳。今孫繼口之出徐州者既淤，則當泛濫於東南之渦河。而渦河之水，至今亦微。蓋自清河以至徐、沛，地勢節高一節。往年黄河盛溢之時，則上漫濟寧，諸閘淹没，而淮水亦幾浸城。後水勢稍降，則自魚臺以出穀亭。再降則由飛雲橋以出沛縣，而淮水亦以次漸小。又降而出徐州小浮橋，則淮水亦漸平矣。近年黄河水日微，故小浮橋之水淤塞，宿遷、桃源二小河亦塞。其通塞本於黄河之贏縮，豈關於河之改流哉？」

三十年，從漕運都御史應檟請，開三里溝河。

附　應檟《疏略》：

先年黄河入海之道疏通無滯，故開清河口，通黄河之流以濟運道。今黄河入海下流，如淵口、安東等處俱漲塞，河流壅而漸高，瀉入清河口泥沙停淤，屢浚屢塞。兹欲使黄河之水不入清河口，須鑿淵口以決壅滯，疏支河以殺水勢，工力浩繁，未敢輕議。

勘得三里溝，在淮河下流、黄河未合之上，淮水清多濁少。議者謂宜閉清河口，開三里溝至通濟橋，使船由三里溝出淮河達黄河。且道里甚近，工費不多，欲除河患，無以易此。

三十一年八月，河決徐州房村，至邳州、新安等處運道淤阻五十里，御史黄國用以聞。詔督河漕大臣先議通運船，次塞決、疏淺，並條列利弊具奏。《明世宗實録》：「河道都御史曾鈞奏上《治河方略》：自房村集至雙溝、曲頭諸處當浚，自徐高廟至邳州沂河諸處當築隄。上令會同漕運都御史連鑛，以實舉行。」

是年，又決房村，至曲頭集凡決四處，淤四十餘里。命官濬之，三閲月而成。

三十二年正月，從河漕都御史曾鈞等請，開濬黄河下流，並築塞草灣老黄河決口。二月，又從刑部侍郎吴鵬、河道都御史曾鈞等奏，建三里溝河閘座。

附　曾鈞等《疏略》：

劉伶臺至赤晏廟凡八十里，乃黄河下流。頃爲淤沙壅塞，以致奔潰，此其疏濬所最先者。次則草灣老黄河口，衝決淹没安東一縣，亦當急築。既成之後，宜築長隄磯觜，以備衝擊。又三里溝新河口，比舊口水高六尺。若開舊口，雖有沙淤之患，而爲害稍輕。若開新口，未免淹没之虞，而漕舟頗便。宜將新口暫閉，建置閘座。及將高家堰增築長隄、原建新莊等閘，加石修砌，以遏横流。

吴鵬等《疏略》：

比年淮、徐水患，議者謂海口積沙壅閼下流所致。今臣親歷其地，販鬻之舟，往來無滯，乃知積沙之説，出自傳聞，無容議矣。惟草灣老黄河口、劉伶臺，宜挑浚築塞，使水復故道，不致横潰。三里溝新開河口，迎納泗水清流，可以避黄河之衝墊。宜創建閘座，以時啓閉。

三十七年，河北徙，自新集淤而爲陸二百五十餘里，河分爲十一。《河防一覽》：「新集河經司家道出蕭縣薊門，由小浮橋入洪，凡二百五十餘里，故道悉淤。其流趨東北段家口，析爲六股，曰大溜溝、小溜溝、秦溝、濁河、胭脂溝、飛雲橋。俱由運河至徐洪，又分一股，由碭山堅城集下郭貫樓。又析五小股，爲龍溝、母河、梁樓溝、楊氏溝、胡店溝，亦由小浮橋會徐洪。共分爲十一流，遂淤。蓋分多則勢弱，勢弱則並淤之機也。」

四十三年，河水統會於秦溝。

四十四年，郭貫樓淤，遂決華山出飛雲橋，截沛以入昭陽湖。北泛湖陵城口，南溢於徐，命官往治。《明會典》：「是年，接六年所鑿故迹，浚爲南陽新河。又疏舊河，自留城至境山。又隄馬家橋，遏河流出飛雲橋者，使盡歸秦溝。魚沛横流始絶，唯茶城時有淺阻。」

附　雷禮《夏鎮新河工成記》：

嘉靖四十四年秋七月，黄河大水異常，淤塞龐家屯。從華山入飛雲橋，分七股，奔趨沽沛。自谷亭至境山舊運河數百里，遍成巨浸，漕輓梗阻。仰厪世宗軫憂，知大司寇鎮山朱公可任，特改大司空兼都御史，總理河漕。至則水勢瀰漫，無處著足。

集河道撫按及司道等官，僉議上源既難分導，沽沛一帶又湮没不能施工。獨南陽至留城，在昭陽湖南，地高，黄水之患可免。先年上納司寇胡端敏公建議，敕都御史盛公應期開鑿，以異議中止，其遺迹人力可施。具疏，下工部，題准改鑿接舊河。於時不便己私者騰謗，仰荷聖明洞察，敕給諫何君起鳴相勘。何備奏舊河雖復，利去害存；新河工尤可嘉，害小利多。旨下九卿科道會議僉同。

公感激，殫心思，不計晝夜經晝，築堤建閘，竟底績，凡一百四十一里餘。復修理留城至境山，凡五十三里。又因薛、沙二水爲患，各開支河以殺其勢，築大壩以障其流。凡所以爲新河久遠計者，纖悉備至。即今漕艘通行無滯，害去利集，人以是服公用意之遠云。

予告老南行，備閲河工。水部郎淵等，同兖州太守張文淵，以予贊成於内，宜記其事。

予聞善治水者莫如禹，禹疏九河，不過順水之性而已。三代以降，惟漢賈讓有云：「不與水争咫尺之地。」宋歐陽修有云：「河流已棄之故道難復。」蓋誠通達事體者也。我國家治河，欲資其利通漕，非昔比。而河徙不常，自古爲然。即如嘉靖以來，衝决凡八處矣。而紛紛持異議者，乃欲疏上源，復舊河。是賈讓「不與争」者而欲争之，歐陽修稱「難復」者而欲復之，寧無鑿乎禹智耶？況沽沛低下，黄水自西而東，越閘河奔入昭陽湖，水去沙停，旋挑旋淤，則難與争利、復故道，較然可晰。而端敏公之初議，與公之成，豈漫無遠慮者哉？

夫睹河者思禹績，乂安烝民，萬世永賴也。公貞亮秉節，自信爲國家建不朽遠猷。遭逢世宗乾斷於上，不惑浮議，使輔臣與予，亦得以贊公於成。變魚鱉之區爲菽粟之場，萬年漕餉，亦永賴之。是皆公心禹之心，能置異議不阻。大禹神靈，豈無默相於其間乎？

《書》云：「勸之以九歌，俾勿壞。」是宜紀功叙遺，後來者所以嗣守云。

隆慶元年，河决沛縣。總理河道尚書朱衡奏請開廣泰溝，修築南長隄，從之。

附　朱衡《疏略》：

古之治河，惟欲避害。今之治河，又欲資其利。故河流出境山以北則閘河淤，出徐州以南則二洪涸，惟出自境山至徐州小浮橋四十餘里間，乃兩利而無害。自黄河横流，碭山郭貫樓支河皆已淤塞，改①從華山，分爲南北二支。南出秦溝，正在境山以南五里許，此誠運河之利也。惟北出沛縣，西及飛雲橋，逆上魚臺，爲患甚大。臣以爲開廣秦溝，使下流通行，修築南長隄，以防奔潰，可以甦魚沛昏墊之民。

三年七月，河決沛縣，漕舟阻邳州不得進，河道都御史翁大立以聞。工部尚書朱衡覆奏茶城淤塞，宜俟水退，乃可疏濬。户部請如衡議，從之。《明穆宗實録》：「是年，工科都給事中嚴用和言，宜飭所司塞決口，挑濬淤沙，以紓目前之急。於是工部言：『黄河爲患，自周、漢至今，未有能久治而不決之術。要在因勢利導，隨敝修補而已。今沛縣東隄已完，而縣城南至境山西隄，未及舉修。宜亟加興築，以遏沛河之溢。至欲多開故道，以殺河勢，則臣以爲不可。夫漢武瓠子之工，宋人回河之

① 「改」，《四庫》本作「故」。

役，即嘉靖中開①濬孫家渡等處，費出不貲，旋即壅塞，未有能出奇策，使河受約束者也。』上是其言。」

四年，河決邳州。總河侍郎翁大立條上三策，並陳八事。

《明穆宗實録》：「四年九月，河決邳州，自睢寧白浪淺，至宿遷小河口淤百八十里。侍郎翁大立言：『邇來黄河之患，專在徐、邳，故先欲開泇口河以遠河勢，開蕭縣河以殺河流者，正爲浮沙擁聚，河面增高，爲異日慮耳。今秋水洊至，横溢爲災。臣以爲權宜之計，在棄故道，而就新衝；經久之策，在開泇河以避洪水。議無出此兩者。』

工部覆奏：『往時黄河自劉大夏設官布置，而河南之患息。自嘉靖初，曹、單築長隄，而山東之患息。自近年改成新河，而豐、沛之患息。非必河自順軌，由人力勝也。新衝之渠，卒未可就築塞決口。如曩時房村方略，則故道宜可通。至於泇口之議，雖工費不貲，而一勞永逸，比歲歲疏鑿，費亦自省。宜令大立躬自相度，條其利害以聞。』上是之。

十月，翁大立言：『治邳閼阻之策有三：一開泇口，一就新衝，一復故道。請以臣三策下工部定議，行河道諸臣，協同舉事，以責成功。』又言：『河工以錢糧爲本，以得人任事爲要。』復條上計處工費、借留漕銀、議留漕米、查理船税、起調夫役、選用官員、獎勵才賢、監督工程八事。疏下工部，仍請

① 「開」，《四庫》本作「間」。

復故道，以濟目前之急。其開鑿泇口之議，令大立熟計以聞，無持兩可。其所陳八事，上皆允行。」

是年，增築自徐、沛至淮縷水長隄。《明穆宗實録》：「四年十一月，工部郎中張純議，以徐、吕二洪之間漸成填淤，河隄寖薄，假令來年水溢，必有衝決之患。請自徐、邳至淮，繕治兩涯，增高陪薄。仍築遥隄，以防不測。工部是其議，請命都御史潘季馴勘詳以聞。季馴言：『築隄之法有二：近者所以束湍悍之流，遠者所以待衝決之患，皆爲上策。顧工費不貲，宜以見築縷水壩，增益高厚，曲加保護，姑爲目前之計。』從之。」

五年四月，河復決邳州，自曲頭集至王家口新隄多壞。工部尚書朱衡復議開泇河，請下諸臣熟計。報可。

附　**朱衡《疏略》**：

國家初置漕運，悉資泉流。自景泰以後，黄河入運，奪漕爲河。緣是河身浸廣，淤沙歲積，不得不藉黄河以行。故今徐、邳之漕河，即黄河也。歷考往代，河趨濟、博則決曹、單、魚、沛，而沽頭上下諸閘盡廢。趨邳、遷則決野雞岡口下亳、泗，而徐、吕二洪頓涸。今沛邑新河既成，縱決曹、魚，可保無恙。而茶城以南，猶屬黄河，非盡斥遠之，無以善後。乞將議開泇河之説，下諸臣熟計。

是年，河決油房等十一口。都御史潘季馴役丁夫五萬，開匙頭灣，塞十一口，築縷隄三萬丈，挑淤八十里，故道漸復。

附　**潘季馴《疏略》：**

老河故道，自新集歷趙家圈，出小浮橋，安流無患。後因河南水患，别開一道，出小河口，本河漸被沙淺。嘉靖間，河北徙，故道遂成陸地。臣奉命由夏鎮，歷豐、沛，至崔家口。由崔家口，歷河南歸德、虞城、夏邑、商（邱）〔丘〕諸縣，至新集，則見黄河大勢，已直趨潘家口矣。父老言：去此十餘里，自丁家道口以下二百二十里，舊河形迹見在，可開。臣即自潘家口，歷丁家道口、馬牧集、韓家道口、司家道口、牛黄堌、趙家圈，至蕭縣一帶，皆有河形。中間淤平者，四分之一。河底皆滂沙，見水即可衝刷，臣以爲莫若修而復之。

河之復，其利有五。從潘家口出小浮橋，則新集迤東，河道俱爲平陸，曹、單、豐、沛永無昏墊，一利也。河身深廣，每歲免泛溢之患，虞、夏、豐、沛得以安居，二利也。河從南行，去會通河甚遠，閘渠無虞，三利也。來流既深，建瓴之勢，導滌自易，則徐州以下，河身亦因而深刷，四利也。小浮橋來流既遠，則秦溝可免復衝，而茶城永無淤塞之患，五利也。

馮敏功《開復邳河記》：

隆慶庚午秋八月，河決於睢寧之白浪淺。既而白浪淺淤，復決青羊淺。又既而青羊淺淤，河益分裂潰決，決而南爲王家口、張擺渡口、馬家淺口、曲頭集口，決而北爲曹家口，其小口在辛安左右者七。於是河流悉繇決口南趨，睢寧平地爲湖，漂没軍民田廬無算，輕舟從此出小河口。其支分而北者出直河，而正河故道自曹家口至祁之直河九十里，胥爲平陸。淤運艘九百三十隻，糧四十餘萬石，官民船又數百。自曹家口而上至曲頭，直河而下至宿遷，又九十里，河身淤淺，不能通舟。睢民昏墊，運道阻絶。

於是起大中丞歸安潘公於家，俾治之。公至，博訪群情。時議多以爲故道不可復，有欲因睢寧決勢，而利導之者。公謂：「河源盤折數萬里，水夾泥沙，急則沙隨水滚，稍緩則水漫沙停。比年因水勢散漫，沙墊底高，容受漸少，每一泛溢，輒便爲患。今舊河廣且百餘丈，深且不測。若仍復舊河，中開小渠，引水衝刷，兩堤夾束，使不散漫，則水勢歸漕，淤淺漸去，河身自可復舊。若就新衝，水勢散漫，湖波平淺，不能復深。工力所及，能有幾何？伏秋水至，必壅不下。徐、邳之間，將成魚鱉。此必不可。」群議乃定。

於是度遠邇，議工役，具畚築，計餱糧，大發淮、揚、徐及廬、鳳、山東、河南夫，並徭淺各夫，分司道官爲五工統之。公指示方略，畫地課工。以隆慶五年春正月十有六日，肇役浚築，群工齊奮，至二月二十日渠成。二十三日，縱水歸渠，淤沙漸刷，河流乃通。凡舊淤糧艘及官民船，皆谿渠出。

時築決之工，張擺渡、曹家二口已完，而曲頭、馬淺、王家三大口亦已有緒。公方且調集椿草益急，群下或言：「急此何爲？」但笑而不言。翌日，風雨驟作不止，兼以黄河桃花水漲，會山東諸泉並至。乃季春朔日，水復大溢，瀰①漫淹浸，莫辨湖河。新舊堤防，潰決殆盡。復決閔家口、油房口，曲頭舊口之東，王家舊口之西，房家口、青羊口、白浪淺口，與諸小口凡四十三處。群情大駭，役夫懼且潰。公時患背疽，乃裹瘡而出，撫慰勞來，身自督率，示以必成。衆志復定，晝夜率作，工料踵集，隨用輒濟。於是諸口漸合，而縷水之堤亦漸成。

四月七日，麥黄水又大至。狂風挾水勢，復衝決閻家口之西，及半戈山之左右。公督率益勵，守新築口。六月三日，諸築塞之工咸畢。

先是，淤河多淖沙，人立輒陷，工不得施。公命以木横沙面，掘半瀝水，左右互倒，水盡沙乾，工乃得施。決口懸溜數尺，噴沫成雷，負土入水，輒便消去。公命以大埽截流，湫以巨纜，旁植巨椿。其衝之處，湍猛溜急，椿折埽滚，勢難猝就。乃復相視緩急，偃仰合度，卒復壓以厚土，勢若岡陵，衝乃克定。

築堤捍水，浮沙既不能堅，而實土又爲比年流沙所壓，必深掘至尋丈，及遠取於民間空基，

① 「瀰」，《四庫》本作「漲」。

與隔河運取山土，往來力役，竟日不能數筐。公命囊土程衡，唱籌課役，土工乃集。於是兩岸屹然，河流受束，濬刷淤沙，深廣如舊。四百萬漕糧，飛帆直上。雖伏秋水三至，懷襄徐城，而曲頭以下，凡公經理之地，皆安流如故矣。

是役也，用夫五萬人，興工五閱月。決口築塞者五十有八，浚河以丈計者三萬二千四百，築堤以丈計者七萬五千有零，椿草柳葦以株束綑計者二十萬有零，麻辮以斤計者八萬四千有零。所用河漕貯積，撫按贓贖，徐、淮商税，及徐、淮糧米，總計僅十一萬金有奇，視初請未及三分之二。而決口增築，堤工高厚，倍於原題者三①。蓋公之經畫素定，而復以身先。故群工率作，罔敢不竭心力，事半功倍。其成之速如此。

既成之後，公又爲之計久遠。乃並修徐、吕、靈璧之堤，以束上流。復梨林、房村之壩，以防衝逸。建鋪舍，設官夫，以時防守。植草柳，集工料，以預備禦。其善後之圖又如此。

使當首事之初，非公堅持復故，群議方且猶豫，安能專意挑濬？受役之始，非公指受方略，則河工多未閲歷，安能悉協機宜？垂成之際，非公先事預備，則臨時且將無措，安能隨用取辦？復決之時，非公鎮定親督，則衆心方在摇惑，安能堅忍有成？成功之後，非公長計遠慮，則人情方在懈弛，又安能思及久遠，而爲之善圖其後哉？繼自今拯徐、淮數十萬之民命於既溺，通國家

① 「三」，《四庫》本作「二」。

數百年之運道於既湮，而俾之勿壞者，公之明德顯功遠矣哉！

六年正月，從工部尚書朱衡請，修築徐州至宿遷長隄，凡三百七十里。並繕治豐、沛泰黄隄。又徐州北至茶城，築兩岸隄，各長三十里。《南河全考》：「是年，創築徐、吕至宿遷縣張林鋪兩岸隄，各長三百七十里。」八月，工部尚書朱衡建議治河，詔河臣萬恭如①議經理。十一月，河工告成。

附　朱衡《疏略》：

國家治河，不過濬淺、築隄二策。濬淺有漕、黄交會之異。濬漕、黄者，或爬，或撈，或逼水而衝，或引水而避，此可人力勝者。茶城與淮水會，則在清河。茶城、清河之淺，無歲不然。蓋二水互爲勝負，黄河水勝，則壅沙而淤。及其消也，淮漕水勝，則衝沙而通。雖用人力，水力居十七八。

築隄有截水、縷水之異。截水之隄，可施於閘河，不可施於黄河。蓋黄河負湍悍之性，挾川

① 「如」，《四庫》本作「加」。

潦之勢，所向何堅不破，顧①可以一隄當之？乃縷水之隄不然。河由淮入海，運道實資之。故於兩岸築隄，不使從旁潰溢，始得遂其就下入海之性。蓋以順爲治，非以人力勝水性，故至今百五六十年，永賴不變。

查清河之淺，應照茶城例，每遇黃河漲落時，挖挑河潢，導令淮水衝刷。則雖遇漲而塞，必遇落而通。惟清江浦水勢最弱，出口處所，適與黃河相值。比因民船由閘往來不閉，遂至沙淤壅塞，既有妨運道，復貽患淮郡。宜於黃水盛發時閉各閘，惟鮮貢船隻，聽令經由。探有帶入沙淤，隨即爬撈，毋使停滯。

若海口訪自隆慶三年海嘯後，壅水倒灌，低洼之地，積瀦難泄。今前水固已消涸，尤宜時加試測。設有沙淤，隨即疏浚。至於築隄黃河兩岸，止是縷水，不得以攔截爲名。

又《疏略》：

漕河自儀真至清江浦，與臨清至張家灣，遠隔黃河。茶城至臨清，與黃河相近。清河至茶城，則黃河即運河也。茶城以北，當防黃河之決而入。茶城以南，當防黃河之決以出。防黃河，

① 「顧」，《明史·河渠志》作「安」。

即所以保運河。故自茶城至邳、遷，高築兩隄，宿遷至清河，盡塞缺口。蓋以防黄水之出，則正河必淤，昨歲徐、邳之患是也。自茶城、秦溝口至豐、沛、曹、單諸處，創築增築，以接縷水舊隄。蓋以防黄水之入，則正河必淤，往年曹、沛之患是也。二處告竣，則河深水束，無旁決中潰之虞。

然沛縣洼子頭至秦溝口，應築隄七十里，接古北隄與徐、邳之間。隄逼河身，應於新隄外別築遥隄，譬之重門待暴、增纊禦寒。此二項工程，尤當及時修築。

江南通志卷五十

河渠志

黄河　二

明

萬(歷)〔曆〕元年，河決房村，築沛縣洼子頭至秦溝口隄七十里，接古北隄。徐邳新隄外，别築遥隄。河流稍安，運道亦利。

二年，工部覆河臣萬恭《議河漕事宜》，詔如議行。

附　工部《覆議》：

一、議疏治茶城淤淺。茶城當漕、黄之會，培築小隄，預作小河，寬止數丈，以爲束水之計。其夫役取之徐州洪、夏鎮，督發不必更煩經費。

一、議修浚境山閘座。境山舊閘，錐探至二丈五尺，杳不可尋。合相度地形，從新創建。復自兩邊各築一隄，東抵山岡高阜，西接黄河縷水長隄。水發可閉閘，以遏洪流於兩隄之外。水落可放水，以衝積沙於方淤之初。

一、議保護房村一帶隄岸。徐、邳南北兩岸新隄，束水中流，以防潰決。但河形曲直不同，急溜埽灣之處，伏秋水發，不無衝決，而房村以上爲甚。合應將正隄一帶，大加幫築。急溜去處，創建遥隄。及責田淺以下舊有遥隄者，一並加倍高厚。但諸臣集議，欲於黄鐘集之上，分水由符離集出小河口。竊恐有並行之河，決無兩盛之理。萬一全河棄舊奔新，徑趨符離集，則境山上下四百三十里，將爲陸地。嘉靖甲子之患可鑑也，前議急宜停止。

一、議接汪子頭古隄。先年黄河北徙，溢入運河爲患，接築前隄，護一時也。近自接連縷①隄頭通築長隄，黄水再無空隙可以北徙，前項似可省築。惟境山至留城一帶東隄，内束河水，外

① 「縷」，《四庫》本作「總」。

障湖波，往①來牽挽，勢必由之。見今衡坍數多，相應加築。其碭山縣陳孟口新衡決口，永禁築塞，使黄河水發，歲歲分泄，以圖永利。

萬恭《治水筌蹄》：

治黄河淺者，舊制列方舟數百如牆，而以五齒爬、杏葉杓疏底淤，乘急流衝去之，效莫睹也。上疏則下積，此深則彼淤，奈何以人力勝黄河哉？

虞城生員獻策，爲余言：「以人治，不若以河治河也。夫河性急，借其性而役其力，則可淺可深，治法在吾掌耳。如欲深北，則南其隄，而北自深；如欲深南，則北其隄，而南自深；如欲深中，則南北隄兩束之衝中堅焉，而中自深。此借其性而役其力也，功當萬之於人。又其始也，假隄以使河之深；其終也，河深而任隄之毁。」

余曰：「此深河之法也。欲淺河以爲洲，法若何？」曰：「反用之耳。其法爲之固隄，令漲可得而逾也。漲衝之不去，而又逾其頂漲，落則隄復障急流，使之别出。而隄外水皆緩，固隄之外，悉淤爲洲矣。」余試之，爲茶城之洲，爲徐邳之河，無弗效者。

① 「往」，《四庫》本作「涉」。

四年二月，從漕臣吴桂芳請，開濬草灣入海之道。七月工成。五年，河復南趨小浮橋故道。河臣傅希摯以聞，奏下所司。《明神宗實録》：「先是，嘉靖三十二年以前，黄河由小浮橋，後徙由沛縣飛雲橋，繼由徐州大、小溜溝以入閘河。四十四年，河大決，改由秦溝出口，以致茶城歲患淤淺。至是復故道。」六年，總理河漕都御史潘季馴條陳治河六事，部覆如議，詔：「依擬準行，悉心著實，興建永利。」

附　潘季馴《上六議疏略》：

水性就下，以海爲壑。向因海壅河高，以致決隄四溢，運道、民生，胥受其病。故今談河患者，皆以濬海爲上策。第海有潮汐，茫無著足，不得已而議他闢。豈知海口視昔雖壅，然自雲梯關、四套以下，闊七八里至十餘里，深皆三四丈不等。縱使欲另開鑿，必須深闊相類，方便注放。則工力艱鉅，必不能成。矧未至海口，乾地猶可施工。及將入海之處，則潮汐往來，亦與舊口等耳。且舊口積沙，人力雖不可濬，水力自能衝刷。乃若新闢之地，則土壤堅實，不特人力難措，而水力亦不能衝。故海無可濬之理，惟當導河以歸之海，則以水治水，即濬海之策也。

然河又非可以人力導也。欲順其性，先懼其溢。惟當繕治隄防，俾無旁決，則水由地中，沙隨水去，即導河之策也。顧頻年來，無日不以繕隄爲事，亦無日不以決隄爲患。何哉？卑薄而不能支，迫近而不能容，雜以浮沙而不能久，隄之制未備耳。是以黄決崔鎮等口，而水多北潰，爲無隄也。淮決高家堰、黄浦等口，而水多東潰，隄弗固也。乃議者不咎制之未備，而咎築隄爲下策，豈得爲通論哉？

又有所未盡者。上流既潰隄旁決，至於下流，復或岐而分之。其趨於雲梯關正海口者，譬猶强弩之末耳。蓋徒知分流以殺其怒，而不知水勢益分，則其力益弱，水力既弱，又安望其能導積沙以注海乎？故今日濬海之急務，必先塞決以導河，尤當固隄以杜決。而欲隄之不決者，必真土而勿雜浮沙，高厚而勿惜鉅費，讓遠而勿與争地，斯隄可固也。如徐、邳、桃、清沿河各隄固矣，崔鎮等口塞矣，則黄不旁決，而衝漕力專。高家堰築矣，朱家口塞矣，則淮不旁決，而會黄力專。淮、黄既合，自有控海之勢。

又懼其分之則力弱也，則必暫塞清江浦河，而嚴司啓閉，以防其内奔。姑置草灣河，而專復雲梯，以還其故道。仍接築淮安新城長隄，以防其末流。盡合黄、淮全河之力，涓滴悉趨於海，則力强且專，下流之積沙自去。下流既順，上流之淤墊自通。海不濬而闢，河不挑而深，此所謂固隄即所以導河，導河即所以濬海也。

治河者必先求河水自然之性，而後可施其疏築之功。必先求古人已試之效，而後可倣其平成之業。黄水來自昆崙，入徐濟運，歷邳、宿、桃、清，至清口會淮而東入於海。淮水自豫及鳳，歷盱、泗至清口，會河而東入於海。此兩河之故道，即河水自然之性也。

昔元歲漕江南之粟，由揚州直北，出廟灣入海。至永樂年間，平江伯陳瑄始隄管家諸湖，通淮河爲運道。然慮淮水漲溢，東侵淮郡也，故築高家堰隄以捍之。起武家墩，經小大澗至阜寧湖，而淮水無東侵之患矣。又慮黄河漲溢，南浸淮郡也，故隄新城之北以捍之。起清江浦，沿鉢池山、柳浦灣迤東，而黄水無南侵之患矣。尤慮河水自閘衝入，不免泥淤，故嚴啓閉之禁，止許漕艘鮮船由閘出入。匙鑰掌之都漕，五日發籌一放。而官民船隻，悉由五壩車盤。是以淮郡晏然，漕渠永賴。而陳平江之功，至今未泯也。

後因剥蝕既久，隄岸漸傾，水從高家堰決入，一郡遂爲魚鼈。而當事者未考其故，乃謂海口壅塞，遂穿支渠以泄之。蓋欲亟拯淮民之溺，多方爲疏導之計。詎知旁支暫開，水勢陡趨，西橋以上正河，遂至淤阻。而新開支河闊僅二十餘丈，深僅丈許，較之故道，不及三十分之一耳，豈能容受全河之水？下流既壅，上流自潰，此崔鎮諸口所由決也。

今新河尋復淤塞，故河漸已通流，雖深闊未及原河十分之一，而兩河全下，沙隨水刷，欲其全復河身不難也。河身既復，面闊者七八里，狹者亦不下三四百丈，滔滔東下，何水不容？若猶以爲不足，而欲另尋他所，别開一渠，恐人力不至於此也。

以臣等度之，非惟不必另鑿一口，即草灣亦須置之勿濬矣。故爲今之計，惟有修復平江伯之故業，高築南北兩隄，以斷兩河之内灌，而淮、揚昏墊之苦可免。堅塞桃源以下崔鎮口諸決，而全河之水可歸故道。淮、黄二河並驅①入海，則沙隨水刷，海口自復，而桃、清淺阻又不足言矣。此以水治水之法也。

若夫扒撈挑濬之説，僅可施之於閘河耳。黄河河身廣闊，撈濬何期？悍激湍流，器具難下，前人屢試無功，徒費工料。徐州以南之工，如此而已。

或有難臣者曰：「淮水欲東，而乃挽之使北，黄水欲北，而乃挽之使東，無乃水性之未適乎？」臣曰：「水以海爲性。決水乃過顙在山之水，非其性也？」

或者又曰：「昔禹治河，播九河，同爲逆河，入於海。今乃欲塞諸決併二瀆耶？」臣曰：「黄河經行之地，河南之土最鬆。禹導河入海，正②經郟縣、孟津、鞏縣三處，皆隷今河南一府，其水未必如今之濁。今自閿鄉至虞城凡五府，河已全經其地。而去禹導河之時，復三千餘年。流日久，土日鬆。土愈鬆，水愈濁。故平時之水，以斗計之，沙居其六。一入伏秋，則居其八矣。以二升之水，載八升之沙，非極湍急，即至停滯。故水分則流緩，流緩則沙停，勢所必至。即以近事觀之，草灣一開，而西橋故道遂淤。崔鎮一決，而桃、清以下遂澁③。去歲水從崔家口出，則

① 「驅」，《四庫》本作「歸」。
② 「正」，《四庫》本作「止」。
③ 「澁」，《四庫》本作「溢」。

秦溝遂爲平陸。此眼前事，又何疑哉？」

所據司道諸臣款議，臣等復加參酌，似應允從：

一、議塞決以挽正河之水。河水旁決，則正流自微。水勢既微，則沙淤自積。淮以東有高家堰、朱家口、黄浦口三決，此淮水旁決處也。桃源上下，則有崔鎮口等大小二十九決，此黄水旁決處也。俱當築塞。

一、議築隄防，以杜潰決之虞。隄以防決，隄弗築則決不已。故隄欲堅，堅則可守，而水不能攻。隄欲遠，遠則有容，而水不能溢。凡隄必尋老土，凡基必從高厚。又必繹賈讓不與争地之旨，倣河南遠隄之制。徐、邳一帶舊隄，查有迫近去處，量行展築月隄。仍於兩岸相度地形最窪，易以奪河者，另築遥隄。桃、清一帶，南岸古隄已壞，相應修復。下抵馬廠坡，地形頗窪，相應接築北岸。自古城至清河，亦應創築遥隄一道。不必再議縷隄，徒糜財力。又查清江浦外河一帶，至柳浦灣止，爲淮城北隄，原基短促，防護未周。仍自柳浦灣至高嶺，創行接築四十餘里，以遏兩河之水，盡趨於海。

一、議創建滚水壩，以固隄岸。黄河水濁，固不可分。然伏秋水發，暴漲傷隄。查得古城鎮下之崔鎮口，桃源之陵城，清河之安娘①城，土性堅實，合無各建滚水石壩一座。比隄稍卑二

① 「娘」，《四庫》本作「樂」。

三尺，闊三十餘丈。萬一水與隄平，任其從壩滚出。則歸漕者常盈，而無淤塞之患；出漕者得泄，而無他潰之虞；全河不分，而隄自固矣。

一、議止濬海工程，以免糜費。相傳海口横沙並東、西二尖，據土民季真等口稱，並未望見潮上之時，海舟通行無滯，潮退，沙面之水尚深二尺。況横沙並東、西二尖，各去海口三十餘里，豈能阻碍河流？故臣等以爲不必治，亦不能治。惟有塞決挽河，沙隨水去，治河即所以治海也。别鑿一渠，與復濬草灣，徒費錢糧，無濟於事。

一、暫寢老黄河之議，以仍利涉。黄强淮弱，每每逼淮東注。故議者欲復老黄河故道，冀使黄水稍避高堰，民墊可瘳。但勘得原河七十餘里，中間故道久棄，無論有水無水之地，詢之居民，俱失其真，無從下手。且已棄故道欲行開復，必須深廣與正河等，乃可奪流。今見存大河口，窄狹不及桃、清三分之一。而三義鎮入口之處，背灣徑直，猶恐水未必趨。況今桃、清遥隄議築，則黄水自有容受。崔鎮等決議塞，則正河自日深廣。高家堰議築，則淮水自能會黄。清江浦等閘議嚴啓閉，新城北隄議行接築，則淮、安、高、寶、興、鹽等處自無水患。此河雖不復可也。

按議内《復閘壩防外河之衝》一條，别見《運河》。

是年，塞崔鎮口，築自徐州起抵淮南北兩隄。

按《明會典》，是年議塞崔鎮口，因築遥隄，束水衝沙。其南岸自三山頭至李字鋪，長二萬八千五百五十八丈。又自歸仁集，築横隄至孫家灣，長七千六百八十餘丈。又於桃源縣馬廠城築隄長七百四十丈，以遏南奔入淮之勢。其北岸自谷山至直河，長九千四百八十四丈，又自古城至清河，長一萬八千四百十丈，建崔鎮等滚水壩四座。以緩泛漲之水，使不能潰隄而出，河流乃安。《南河全考》：「季馴築高堰，起武家墩，經大小澗，至阜寧湖，以捍淮東侵。築隄起清江浦，沿鉢池山、柳浦灣迤東，以制河南溢。慮河内衝閘而蝕漕也，嚴五閘啓閉。獨以待漕艘六月運盡築壩，官民船隻，由壩車盤，沙無内灌。自徐抵淮亘六百餘里，築南北兩隄，蜿蜒相望。於是淮畢趨清口，會大河入於海，海口不濬而通。」

七年，河工告成。

附 潘季馴《河工告成疏略》：

數年以來，黄、淮胥失故道，至以地方州縣爲壑。蓋黄河惟恃縷隄，而縷隄逼近河濱，束水太急，每遇伏秋，輒被衝決。北岸則決崔鎮、季太等處，南岸則決龍窩、周營等處，共百餘口。而又從小河口、白洋河灌入，挾永堌諸湖之水，越歸仁集，直射泗州。以至正河流緩，泥沙停滯，河身墊高。淮水又因高家堰年久圮壞，潰決東奔。破黄浦，決八①淺，而山陽、高、寶、興、鹽，悉成沮洳，清口將爲平陸。黄、淮分流，淤沙罔滌，雲梯關入海之路，坐此淺狹，而運道生民俱困矣。

自去秋興工之後，諸決盡塞，水悉歸漕，衝刷力專，日就深廣。今遥隄告竣，自徐抵淮六百餘里，兩隄相望。基址既高，且皆真土膠泥，夯杵堅實，絶無往歲雜沙虚鬆之弊。蜿蜒綿亘，殆如長山夾峙。而河流於其中，即使異常泛濫，縷隄不支而溢至遥隄，勢力淺緩，容蓄寬舒，必復歸漕，不能潰出。譬之重門待暴，則暴必難侵；增纊禦寒，則寒必難入。

兼以歸仁一隄，横截②宿、桃南岸要害之區，使黄水不得南決泗州。至於桃、清北岸，又有減水四壩以節宣，盈溢之水不令傷隄。故在遥隄之内，則運渠可無淺阻。在遥隄之外，則民田可免淹没。雖不能保河水之不溢，而能保其必不奪河。固不能保縷隄之無虞，而能保其至遥即止。

蓋嘗考弘治以前，張秋數塞數決。自先任都御史劉大夏，於黄陵岡一帶增築太行隄一道，而張秋之患遂息。此其已試之明驗也。況今所築遥隄，係真正淤土，較之太行雜沙，又有不侔者。

① 「八」，《四庫》本作「入」。
② 「截」，《四庫》本作「接」。

故今歲伏初驟漲，桃、清一帶，水爲遥隄所束，稍落即歸正漕。沙隨水刷，河身愈深，河岸愈峻。上流吕、梁兩崖，俱露巉山，波流湍急，漸復舊洪。徐、邳一帶，年來篙探及底者，今測之皆深七八丈，此黄水復故道之效也。高堰屹然如城，堅固足恃，淮水盡趨清口，會黄入海。清口日深，上流日涸，不特堰内之地可耕，而堰外湖波漸成赤地。蓋堰外原係民田，田之外爲湖，湖之外爲淮。向皆混爲一壑，而今始復其本體矣。

其高、寶一帶，因上流俱已築塞，湖水不至漲滿。且寶應石隄新砌堅緻，故雖秋間霖潦浹旬，隄俱如故。黄浦、八淺築塞之後，俱各無虞。柳浦灣一帶，新隄環抱，淮城並無齧損。不特高、寶田地得以耕藝，而上自虹、泗、盱眙，下及山陽、興、鹽等處，皆成沃壤。此淮水復故道之效也。

現今淮城以西、清河以東，二瀆交流。海口之深，測之已十餘丈。蓋以水攻水，以河治河，黄、淮並注，水滌沙行，無復壅滯。非特不相扼，而且交相爲用。故當秋漲之日，而其景象如此。昔年河墊水淺，水行地上，祇見其多。今則沙刷水深，水由地中，祇見其少也。

數年以來，議論紛起。有謂故道當棄者，有謂諸決當留者，有謂當開支河以殺下流者，有謂海口當另行開濬者。

臣等反覆計議：棄故道，則必欲乘新衝，新衝皆住址陸地，漫不成渠，淺澀難以浮舟。不可也。留諸決，則正河必奪，桃、清之間，僅存溝水，淮、揚兩郡，一望成湖。不可也。開支河，則黄河必不兩行，自古紀之。淮河泛溢，隨地沮洳。水中鑿渠則不能，别尋他道則不得。況殺者無幾，而來者滔滔，昏墊之患，何時而止？不可也。海口故道，則廣自二三里，以至十餘里。詢之土人，皆云：往時深不可測，近因淮、黄分流，止餘涓滴。入海水少而緩，故沙停而積，海口淺而隘①耳。

若兩河之水全歸故道，則海口仍舊深廣，不必别尋開鑿，徒費無益也。

臣等乃思：欲疏下流，先固②上源；欲遏旁支，先防正道。遂決意塞決以挽其趨，築遥隄以防其決，建減水壩以殺其勢而保其隄。一歲之間，兩河歸正，沙刷水深，海口大闢，田廬盡復，流移歸業。蓋築塞似爲阻水，而不知力不專則沙不刷，阻之者乃所以疏之也。合流似爲益水，而不知力不弘則沙不滌，益之者乃所以殺之也。旁溢則水散而淺，返正則水束而深。水行沙面則見其高，水行河底則見其卑。此既治之後，與未治之先，光景大相懸絶也。每歲修防不失，即此便爲永圖。

借水攻沙，以水治水，臣等蒙昧之見，如此而已。

至於復閘壩，嚴啓閉，疏濬揚河之淺，亦皆尋繹先臣陳瑄故業，原無奇策。偶倖成功，實皆

① 「隘」，《四庫》本作「溢」。
② 「固」，《四庫》本作「防」。

絲綸屢飭，並河、漕以一事權，假便宜以任展布，故臣得效芻蕘，何敢貪天功，以爲己力哉？

給事中尹瑾《善後事宜疏略》：

切黄河之性，合則力專而流急，故沙隨水刷而日深。近日諸決盡塞，河水頓深，則塞決之功誠不可緩。蓋河決久則旁流深，旁流深則正河奪。故塞之速，則費省而功易，塞之遲，則費鉅而工難。其間經理區畫，固司道職掌，而夫役物料，則有司存焉。

有司職掌守土，比閭之民，皆其撫馭，一號召即役夫也。帑藏之財，皆其典守，一措置即物料也。呼吸之間，事可立辦。惟有司視河隄之坍齧，漫不經心。又或執拘攣之見，即有水勢危迫，必待白之司道，白之河漕。文移往返，動經旬月。江河一失，溯洴難支。始而蟻穴，終而濫觴，以至於滔天而莫可收拾。崔鎮、黄浦之覆轍可鑑也。崔鎮、黄浦當初決之時，特數十人捧土之力耳。乃崔鎮士民赴愬，而縣官付之罔聞。黄浦鋪老呈報，而縣佐加之笞責。迄今地方官民言之，無不痛恨。

近凡河道失事，掌印及管河官一體參治，誠宜永爲令甲。但下無專制，事輒關白。須假以便宜，今後萬一水漲暴發，事在危迫，非司道駐劄地方，該掌印官徑自派募人夫，動支物料。若夫料不足，聽其借支貯庫别項銀兩措辦。或一面通詳司道，一面便宜處辦夫料築塞，不必拘泥關白而後行事。

八年，開復邳州直河，及宿遷小河。《河防一覽》：「開復邳州直河一道，而蒙沂諸水徑出大河。開復宿遷南岸小河一道，而靈、睢積水漸已消減。」

十一年，正月辛未，浚韓家口，引渠出徐州。

十三年，河決范家口，水灌淮城，全河幾奪。又決天妃壩，福興漸淤，遣科臣常居敬督塞之。續又加築范口石隄，全河復故。

十五年，河決茶城，尋淤。

十六年，三月，禮科給事中王士性請開復黄河故道，下行河者議行之。

附　王士性《疏略》：

河至清河，向南衝者凡四折而後入海，淮安、高、寶、鹽、興，蓋不啻數百萬生靈之命，託之一丸泥。而紛紛之議如蟻穴漏卮，補救迄無寧歲。不如復河故道，爲一勞永逸之圖也。河故道由桃源三義鎮，達葉家衝與淮合，在清河縣北。别有濟運一河，在縣南，蓋支河耳。河强奪支河，直趨縣南，而自棄北流之道，久且斷流。然河形固在也，自桃源至瓦子灘凡九十里，地下不耕，無室廬墳墓之碍。雖開河經費視諸説稍倍，而河道一復，爲利無窮。

六月，督理河工給事中常居敬奏：黄河故道開復甚難，宜罷役。而訾家營支河之議起。

按《河防一覽》：開呰家營支河一道，爲淮安知府張允濟原議，欲使大河分流，一減清江浦外伏秋之漲。而潘季馴疏陳，以爲河不兩行，自古記之。往年河臣劉大夏、劉天和、王以旂俱開濬支渠，不久即淤，恐妨奪正河，虚費工力，請行停寢。

十二月，呰家營支河工罷。《明神宗實録》：從總河潘季馴之議也。

是年，鮑家口開。《河防一覽》：「清江浦外隄對岸鮑家營忽衝開一口，幾二百丈。其水從木口入荒坡，往東北浪石舊河身，至娘子莊澗橋古寨，俱係湖蕩。又十五里，至桑墩入見成連河分支，一百餘里下新壩入海。此口離清河縣三十里，與運河經行之處眇不相涉。而清江隄修築既高，水從西激鮑口。一開清江隄，乃完運道，可免齧潰改徙。」

十七年，十月，黄河決口塞。

是年，增築豐縣清水河月隄，長二千五百丈。又築塔山隄，長九百餘丈。

草灣河通。《淮安府志》：「先是，草灣河通塞不常。至是大通，奪正河十分之七，至赤晏廟仍歸大河，清江浦外居民恃以爲安。而河面較正河僅三分之一，上流未免逗遛。」

十八年，又築塔山隄，長七百餘丈。

十九年，河道都御史潘季馴開魁山支河，以消徐州積潦。復條上事宜，詔如擬行。

附　工部《題覆河道都御史潘季馴條議》：

一、放水淤平内地，以圖堅久。謂縷、遥二隄，俱爲防河善法。但宿遷以南，有遥無縷。獨直河以西，地勢卑洼，歲歲患水。宜將遥隄查閲堅固，卻將縷隄相度地勢，開缺放水，沙隨水入，地隨沙高，庶消患而費省。

一、接築遥隄，以防奪河。謂黄河之勢，分則河遂奪，緩則沙遂停。宜自永賴亭以下，接築遥隄，計五百四十丈，至黄家溝止。庶河無分流，而事可永賴。

一、增支渠大隄，以杜淤淺。謂徐城積潦，悉由新開支河泄出。惟魁山迤北王家林一段約長十餘丈，迤南倪家林一段約長三十餘丈，宜倣支河新隄之法，築大隄一道，自無塌損之患，積水勢若建瓴矣。

二十年，兩河隄防告成。

附　潘季馴《隄防告成疏略》：

臣於萬(歷)〔曆〕六年奉命治河，即請築遥隄以防其潰，築縷隄以束其流。八、九年間，河流順軌，故道宴然，業有成效矣。而歲久官吏，弊滋法弛，以河防爲末務，視隄工爲贅疣，一簣莫加，萬夫閑曠。而車馬之蹂躪，風雨之剥蝕，河流之汕刷，高者日卑，厚者日薄，何怪其東潰西決！

荷蒙皇上授臣以總理之權，責臣以修復之事。臣固不能别爲新奇之策，尤不敢爲僥倖之圖。惓惓以隄防陳乞，謬承俞命，畢力仰承。將濱河一帶地方，躬親荒度，周爰諮諏。舊有而今圮者則議加幫①，舊無而宜有者則議創築。遥隄約攔水勢，取其易守也。而遥隄之内，復築格隄，蓋慮決水順遥而下，亦可成河，故欲其遇格即止也。縷隄拘束河流，取其衝刷也。而縷隄之内，復築月隄，蓋恐縷逼河流，難免衝決，故欲其遇月而即止也。

防禦之法，較之己卯告成之功，更爲詳密。倘能歲守不失，則河流自無衝決之患。河不衝決，則故道宴然，翕由順軌，而運艘自無阻滯之虞矣。

但畚土成隄，原非鐵石，積不修葺，便至傾頽。歲歲修之，歲歲此河也。世世守之，世世此河也。故歲修錢糧之設，徭編雇募額夫，凡以爲河也，而可置之虚糜閑曠之地哉？臣是以諄諄爲申明修守之請也，伏望天語叮嚀，嚴諭地方司道等官，每歲務將各隄頂加高五寸，兩旁汕刷及卑薄處所，一體幫厚五寸。年終管河官呈報各該司道，司道官躬親驗覈，開報總河衙門覆覈，年終造册奏繳。不如式者，指名參究。庶河防永固，而國計民生俱有賴矣。

① 「幫」，《四庫》本作「修」。

又《併勘河情疏略》：

臣自嘉靖四十四年至今，以河事君父者四任矣。壯於斯，老於斯，朝於斯，暮於斯。或采之輿情，或得之目擊，或稽之已往，或驗之將來。

水有性，拂之不可。河有防，弛之不可。地有定形，强之不可。治有正理，鑿之不可。故厭常者每欲棄舊以更新，而臣則以爲祖宗二百餘年之故道，必不可失也。泥成説者，每欲支分以殺勢。而臣則以爲，黄河之濁流，必不可分也。

臣執此以治河者，前後一十二年矣。而不意去秋霪霖連月，河水滔天，物議遂騰，牢不可破。夫當伏秋暴漲之時，兩河並高，人言無足怪也。而寧知漲之必有消乎？以方漲之河，而律之旋消之後，不可也。人見其水盈及隄，輒謂隄可棄也。而寧知防潰則水泛，外泄則中乾，不數日而水落岸出，河安如故。固隄所以存河乎！行者止見其漲，而不見其消。談者不聞其消，而惟聞其漲。一人言之，百人從而和之。議論多者，成功或毁，興作侈者，工費自煩。故敢備述人言之最易惑衆，最能病河者，逐一詳解於後。

一、議者謂水勢宜殺，黄水暴漲，何不多濬支渠以殺之乎？臣曰：此分合之説，正所當辨也。分流誠能殺勢。然可行於清水之河，非所行於黄河也。黄河斗水，沙居其六，以四升之水，載六升之沙，非極迅溜湍急，則必淤阻。分則勢緩，勢緩則沙停，沙停則河飽，飽則奪河。河不兩行，自古記之。藉勢行沙，合之者乃所以殺之也。

又謂水漲之時，暫開決口以分其流，水落復塞。此言誠似有見。但塞決如升天之難，費亦不貲。臣於萬（歷）〔曆〕八年，築有崔鎮、徐昇、季太、三義四減水石壩於桃源縣，遥隄中壩與地平，水浮則泄。此與開決之説無異。而水遇石止，難於深刷，可無奪河之虞。水落歸漕，壩復如故，可免塞決之費，此外不須另開決矣。

一、議者謂舊河沙墊底高，不若另覓新河之爲得也。臣曰：沙固易停，亦易刷。即一河之中，溜處則深，緩處則淺。水合沙刷，必無俱墊之理。此淺彼深，亦無妨運之事。人見伏秋水高，輒歸罪於沙墊。殊不知此水高於面，非沙高於底也。如使河底果爲沙墊，則冬、春水落岸出之時，舟膠不能行矣。

藉令因此而欲棄故道，别鑿新河，無論其無所也，即得便宜之地而鑿之，人力能使闊百丈以至二百丈、深二丈以至三四丈如故河乎？即使能之，將置黄河於何地乎？如不可置，則行之數年，新者舊矣。河何擇於新舊？舊則淤，新則不淤，非臣之所能解也。

且禹之治水，九河曰疏，濟、漯曰瀹，汝、漢曰決，淮、泗曰排。傳者曰：疏，通也。瀹亦疏通之意，排、決皆去其壅塞也。蓋天地開闢之初，即有百川四瀆，原自朝宗於海。禹但去其壅塞，以復天地之故道耳。凡民知識不逮神禹遠甚，乃欲棄故從新乎？

議者又謂，徐、邳非黄河之故道也，然獨非泗、沂之故道乎？《禹貢》所謂「導淮自桐柏，東會於泗、沂」，即此河也。《志》稱宋神宗十年，河大決於澶州，合南清河而會於淮。南清河者，即泗、沂也。行之六七百年，是亦黄河之故道也。

一、議者謂，賈讓有云：「土之有川，猶人之有口也。治土而防其川，猶之兒啼而塞其口。」故禹之治水以導，而今之治水以障。何也？臣曰：昔白圭逆水之性，以鄰爲壑，是謂之障。若順水之性，以隄防溢，則謂之防。河水盛漲之時，無隄則必旁溢，旁溢則必泛濫而不循軌，豈能以海爲壑耶？故隄之者，欲其不溢，而循軌以入於海，正所以導之也。考之《禹貢》云：「九澤既陂，四海會同。」傳曰：「九州之澤，已有陂障，而無潰決。四海之水，無不會同，而各有所歸。」則禹之導水，何嘗不以隄哉？

議者又謂：水愈高則隄愈增，不將隆隄於天乎？臣則曰：若謂河水有長無消耶？亦豈以隄外即水耶？隄外爲灘，灘外爲河。平時水不及灘，隄若贅疣。伏秋異常之水，亦至丈許，始逾灘而及隄。然或三日，或五日，或七日，或旬日，即復歸落於漕。隄之高者，不過逾丈，何能隆之於天也！

一、議者謂：昔年徐洪、吕洪怪石嶙峋，上浮水面，湍激之聲如雷如霆，舟觸之必敗。今皆無聲，得非沙掩其上而然乎？臣曰：二洪本體甚高，沙能掩之，是無徐州矣。徐州洪爲主事郭昇、戴鰲、陳穆先後剷鑿，《志》所謂「翻舟等石，悉去無餘」。又云「盤距横突，隱見於波濤之間，激飛湍而鳴雷霆者，剗削殆盡」是也。吕梁洪爲主事陳洪範所鑿，先臣大學士徐階記中所稱「獰利如劍戟之相向，虎豹獅象之相攫，犬牙交而蛇蚓蟠者，怪石盡去，舟行如出坦途」是也。自諸臣鑿平之後，往來更無覆溺之患，厥功甚大。蓋此時偶因黄河他決，二洪爲涸，天假之便，以成諸臣之功。而不知者遂謂洪爲沙掩耳。

又有病其剷鑿之後，水不漱石，故不能刷沙，則誤矣。夫水之激石，止在水面，豈能刷及河底之沙？且自河南至雲梯關海口，幾二千里，惟徐、吕五十里内有此二洪。縱能刷沙，豈能刷及二千里耶？

一、議者謂：雲梯關海口沙塞，以致兩河停蓄不流，有之乎？臣曰：黄河自星宿海萬里而來，從雲梯關出海，並無他處分流。海口果塞，兩河豈有不停之理？但自春徂冬，自朝及暮，滔滔東下，迅溜湍激，何嘗有一息停蓄？如其停也，則水當有長無消矣。乃朝而長，暮而消，或今日長，明日消。消有多寡，有遲速，然必無長至旬日而不消者。而大分則伏秋長多消少，冬春長少消多，上源雨多則長，雨霽則消，此一定而不可易者。海口既塞，則所消之水何往耶？臣嘗親至雲梯關閲視，海口深闊，並無淤梗。

一、議者謂：黄高於徐，淮高於泗，可不爲之處乎？臣曰：不能也，非不爲也。自河南開、歸以至淮安之安東，其地皆卑於河，不獨徐、泗爲然也。如黄而可卑，則湯遷於亳，仲丁遷嚣，河亶甲遷相，祖乙遷耿，盤庚遷殷，凡以避河也，而何其不憚煩如此也？淮而可卑，則宋景祐三年，泗州張守不必築護城隄三丈三尺以捍之矣。此載在志傳中，可考也。

又《修守事宜》：「一、築隄。凡黄河隄必遠築，大約離岸須三二里，庶容蓄寬廣，可免決齧。切勿逼水，以致易決。務取真正老土。每高五寸，即夯杵三二遍。若有淤泥與老土同，第須取起曬晾，候稍乾方加夯杵。其取土宜遠，切忌傍隄挖取，以致成河積水，刷損隄根。驗隄之法，用鐵錐筒探之，或間一掘試。

一、塞決。凡隄初決時，急將兩頭下埽包裹，官夫晝夜看守。稍待水勢平緩，即從兩頭接築。如水勢洶涌，頭裹不住，即於本隄退後數丈挖槽下埽，如裹頭之法，刷至彼必住矣。如又不住，即於上首築逼水大壩一道，分水勢射對岸，使回溜衝刷正河，則塞工可施矣。塞將完時，水口漸窄，水勢益涌，又有合口之難。須用頭細尾粗之埽，名曰鼠頭埽，俾上水口闊，下水口收，庶不致滚失，而塞工易就也。埽以土勝爲主。埽臺須要卧羊坡，以便推挽。楸頭繩須要緊扯，以防下淌。又須時時打鬆，令其深下。仍覓慣會泅水之人，入水探驗，底埽著地，方下簽樁。簽樁須要酌中，埽埽釘著，方爲堅固。如寒天或水急，不能泅水，即看楸頭寬鬆，便是著地之驗。繫繩留橛，令人專守。略有走動，便須另下一橛。

橛頭上填記第幾埽，楸頭滚肚明白，以便點查收放。埽面出水未高，寧加一小埽，不可多用土牛，推埽時易動故也。須要勇往直前，俗諺謂之搶築。如用大埽，長五丈高六七尺者，用草六百束，每束重十斤，柳梢一百二十束，每束重三十斤。如無柳梢，以葦代之。草繩六十套，每套四十二條，每條長二丈四尺。樁木五根，楸頭滚肚繩四條，共用檾二百五十斤。挑土夫工遠近不等，難以預計。

中埽並土牛工料，以次遞減。

一、下護根乾埽。凡隄係埽灣須預下乾埽，以衛隄根。此埽須土多料少，簽樁必用長壯，入地稍深，庶不坍蟄。如下長三丈高三尺埽一箇，用草一百六十束，柳梢四十束，草繩十二套，樁木三根，量用䌁作行繩，用隄夫二十工。」

二十一年，河決單縣之黄堌口，一由徐州出小浮橋，一由舊河達鎮口閘。

二十三年，三月，勘河科臣張企程、總河楊一魁等，進分黄導淮疏浚海口之議。

二十四年，分黄導淮工成。《南河全考》：「總河楊一魁會給事中張企程、行委郎中詹在泮等，開挑桃源黄壩新河，自黄家觜起，至五港灌口止，分泄黄水入海，以抑黄强。導淮開清口沙七里，建武家墩涇河閘，泄淮水由永濟河達涇河，下射陽湖入海。又建高良澗減水石閘，子嬰溝、周家橋減水石閘，泄淮水一由岔河下涇河，一由草子河、寶應湖下子嬰溝，俱通廣洋湖入海。仍恐淮水宣泄不及，南注各湖爲患，又挑高郵茆塘港通邵伯湖，開金家灣下芒稻河入江，以疏淮漲。」

附　部《覆總河楊一魁分黄導淮善後事宜疏略》：

一、議展河岸，以固隄防。蓋舊河身闊二百餘丈，尚有縷隄、遥隄以束之。而新河面窄土鬆，伏秋之防不可不慮。宜於新渠中堅處所，再闢二十丈，以廣容納。兩岸倣遥隄之制，另築厚隄一道，以固衝擊。其王家口、周莊爲運道經由之地，令加浚鑿，並築堅隄，以便牽輓。

一、議設長夫，以時修守。蓋黄壩至五港口約三百餘里，河隄始創，勢易潰決。議設夫一千七百名，以待修救之用。又歲募五百名，遇有淺阻，亟爲挑浚。

一、議設專官，以便責成。蓋修浚雖以夫役，而督率要在專官。其娘子莊以下，應以府同知張兆元專爲督察。

是年，黄堌口決，漫延蕭、碭、宿、睢、靈、宿數州縣境。

二十五年，總河楊一魁奏濬小浮橋近河口工竣。

《明神宗實録》：「自河決南徙徐、邳，復見清、泗，議者謂全河水微，不利運道；決口不塞，貽害地方。且恐下齧歸仁，爲盱、泗患。獨總河尚書楊一魁謂，堌口深闊難塞，議濬小浮橋沂河口。至是工程報竣，運道通利。奏言：萬(歷)〔曆〕七年，河臣潘季馴慮黄河倒灌小河、白洋等口，挾諸河水衝射盱、泗，作歸仁隄爲保障計。自黄堌一決，下流易泄，必無上灌之虞。且小河不日工完，引河歸復故道，去歸仁益遠。部覆報可。又楊一魁議開小浮橋，築義安壩，濬小河口，引武沂泉以濟運。及是以久旱不雨，上源水枯，又復衝開義安東水壩二十餘丈，小浮橋來水微細，運河淺澀。於是一魁議挑堌口，迤上埽灣、淤觜二處，仰受黄流，救小浮橋以上數十里之涸。部覆報可。」

又楊一魁疏言：「今黄河南徙，至韓家道、盤岔河、丁家莊，俱兩岸闊百丈，深逾二丈，名曰銅幫鐵底故道也。劉家洼始强半南流，得山西坡永堌湖以爲壑，出溪口入符離河，亦故道也。惟徐、邳運道淺涸，誠爲可虞。所以首議疏小浮橋，實因其勢而圖資其利。乃小試，頗有效驗。若將小浮橋再加挑闢，未必不爲運道之利。計不出此，而欲自黄堌挽回全河，必須挑四百里淤高之河身，築三百里南岸之長隄，不惟所費不貲，還恐後患無已。」

御史楊光訓、周盤、馬從聘，議與總河合。工科給事中徐觀瀾言：「堌口之勘，三臣既同，善均從衆，請專任河臣，以責成功。」上是其言，令河臣悉心經畫。《南河全考》：「按黄堌口乃賈魯舊開處也，楊一魁以河雖南出符離，淹没民田無幾，而河水一半由舊河下徐州，足以濟運，議不治。又二年，代之者爲大司空劉東星，亦守舊議。」

附　張兆元《黄堌口歸仁隄考》：

按黄堌口屬山東單縣，接河南虞城界。其水由夏邑、永城，及南直隸蕭、碭、宿、睢地方，至小河口白洋河復入運河。此口南射歸仁集石隄，最稱要害。内有沙渚，二水中分，經虞城孔家樓，接碭山縣劉家集，至王家橋九十餘里，俱有河形。自王家橋至狐父橋十里，係黄河故道。自狐父橋至蕭縣界三十里，有大河形。自蕭縣界起，入盤岔河，至兩河口七十三里，亦有河形。自兩河口，由山西坡瓦子口入永堌湖，至宿州地方徐溪口七十餘里，俱坡水散漫。自徐溪口至符離橋時村，一百一十里。自時村分流，由靈壁縣地方孟山、睢寧縣地方廟灣口、宿遷縣地方耿車，至小河口俱三十里。

小河口迤南，有白鹿湖、邸家湖，二湖雖係豬水，湖面闊遠，一遇北風，則怒濤奔逸，勢必南侵。舊自歸仁集起，至孫家灣，特築遥隄一道捍禦之，名曰歸仁隄。計長七千六百八十二丈八尺。今黄堌決口之水，復經其下。則其防範於先事也，宜周當事者，須急堵黄堌口，俾黄水盡入徐、邳正河，以濟運道。仍堅守歸仁隄，使横流不致衝突盱、泗。此正今日第一要務。

二十六年，總河劉東星議浚黄河故道。

二十七年，浚三仙臺至趙家圈河工成。

《明神宗實録》：「二十七年三月，工部覆劉東星議，大約謂黄河自商、虞而下，至小浮橋下二洪，乃賈魯老黄河故道。自元及嘉靖年間，行之甚利。至三十七年北徙濁河，而此河遂淤。萬(歷)〔曆〕七年，總河潘季馴議復開之，以工費浩繁中罷。今河決黄堌而南徙，由韓家道口至趙家圈百餘里，衝刷成河，即先年議復之故道。由趙家圈尋老黄河故道開挑，由東鎮曲里鋪石將軍廟至兩河口，直接三仙臺新渠，計長僅四十里。據運同趙垌等估，挑闊十丈、深一丈，募夫五萬人，費可八萬餘兩，不過一月有半可以竣工。此河一開，則目前大挑運河及小挑濁河工程，俱可節省，誠所謂事半功倍者也。報可。」

又是年八月，東星開趙圈至彭城賈魯所濬故道，起曲里鋪，至三仙臺四十里。又起三仙臺至小浮橋，開支流若干里，凡五月成。

二十九年，蒙牆等口决，河勢盡南趨邳、宿。

三十年，工部尚書楊一魁覆河南巡撫曾如春，疏請上源下流兼治，詔嘉納之。

附　楊一魁《疏略》：

近因蒙牆等口衝决，黄河勢趨邳、宿，亟圖修築汴隄，以障南徙，誠目前保護至計。第汴隄上自歸德，下至靈、虹，接連歸仁隄數百餘里。若今河南地方已修完固，而靈、虹一帶尚爲殘缺。則狂瀾盡復奔南，前工虚費。應一並修築高厚，始保萬全。宿遷小河口，乃睢水出泄故道，河渠尚未深廣。兼以耿車兒灘横隄，年久殘廢，莫能障禦。爲今之計，速應疏浚小河口，仍倍築耿車等隄，使黄流盡歸小河口，則瀰漫自消。

第前隄概築，决口既塞，倘下流不浚，上源必復淤塞，恐衝决之患，又必不免。應通行各該撫臣，同心興舉，毋分爾我。

三十一年，總河曾如春挑北河，引河入淮。

是年，河决蘇莊，衝入沛縣太行隄。

三十二年，四月，從工部尚書姚繼可請，開泇分黄並舉。《明神宗實録》：「工部尚書姚繼可題：泇河業有成績，泇成而漕可藉矣。至於黄河衝徙，魚鼈豐、沛，若非因勢利導，何以拯救元元？總河議於堅城集以上開渠引河，而下流多通。復分六座樓、苑家樓二路，而水勢多殺，既可以移豐、沛之患，又不至沿碭山之城行所無事，莫善於此。請開洳分黄，兩工並舉。上允之。八月，河決朱旺口及太行隄數處。」

三十三年正月，總河尚書李化龍奉命查勘兩年河工，建議嚴守隄賞罰。從之。

附　李化龍《疏略》：

年來緩於隄防，急於挑浚。及至隄壞水溢，尚不引咎於守隄之不力，而且委罪於浚河之不深，則何不取河勢觀之也？

河北岸自曹縣以下，無入張秋之路。南岸自虞城以下，無入淮之路。惟是向來運道，由徐、邳以達鎮口，故河北決曹、單、豐、沛間，則由昭陽湖出李家口，而運道涸。今洳河一成，自直隸以至夏鎮三百六十里之淤途，易而爲二百六十里之捷徑。此後黄河在山東、直隸間，能係運道之命脉者寡矣。獨朱旺口以上，決單則單爲沼，決曹則曹爲魚，與夫豐、沛、徐、邳、蕭、碭數十萬生靈，總懸命於遥遥之一綫。則隄防亦何可緩也？

隄防固，則上無泛溢，下必順流。不固，而下雖通行，上必旁奪。此一恒人能辨之，而何持議者之紛紛也？

前年水行隄北，則曰昭陽湖不能行水，水且倒灌矣。昨歲水分隄南，則曰新河不能容水，水且倒灌矣。倒灌之説興，築塞之事緩，卒之隄潰河淤。水之取道昭陽湖而南者自如，安見其倒灌？則又何不取地勢觀之也？

自朱旺口，由苑家樓、杜家樓以至小浮橋，上下相較，可低三四尺，北高南下，居可知矣。若水入新河，兩兩分行，縱伏秋暴漲，不過溢岸而止，豈能自卑趨高，自下趨上哉？故上隄誠守，則河必在。朱旺口上下，亦其自然之勢也，又何倒灌之足患？

倒灌之説，原爲失隄者逃罪之地，乃其弊也。請西自開、歸，東至徐、邳，必無不守之地；上自司道，下至府縣，必無不守之人；掌印官與管河佐貳同其賞罰，守巡與管河司道同其功罪，庶人人（在）〔任〕①事，不得分籓籬，人人著肩，不暇騰口説。

是年，總河侍郎曹時聘題准大挑朱旺口，由堅城集出徐州小浮橋，長六萬丈。《南河全考》：「是年冬十月興工，自蘇莊至徐州，幾二百餘里，悉州縣正官受役，分地而浚之。河垂成，惟徐州之上有八九里許未及浚。而蘇莊逼近黄河，隄工單薄，忽從地下穿入新渠，震撼東下。不待放水也，流至未開處稍梗塞，遂泛濫新河之外。然大勢已定，可以隄約束之，而魚、沛、單、濟、金鄉之水，悉歸大河，民免魚鼈矣。」

① 據《四庫》本改。

三十四年，四月，新河成。《明神宗實録》：「四月癸亥，大挑河工成。自朱旺口達小浮橋，延袤一百七十里。渠勢深廣，築隄高厚，潰流復故道。自十一月至今，五閲月而功成，河道總督曹時聘上疏報聞。」

六月，郭煖樓人字口河決，北股至茶城鎮口，按臣、漕臣等疏聞，下部議。《明神宗實録》：「署工部侍郎沈應文言：朱旺而上，徐州而下，舊河甚闊，悉百丈以至二百丈。今所挑新渠，寬者不過三四十丈耳。廣狹相懸，吞吐不及，勢必盈漫。龐家屯乃河臣原題量挑以分殺水勢者，雖有郭煖樓之潰暴漲所乘，原非決裂而不可收拾也。目今行南股者十之七，行北股者十之三，滔滔大勢，仍趨新渠。且壩工止留六丈，官夫雲集，畚鍤立竢，待衝刷稍廣，水勢必殺，數丈決口，直一鼓舞之力。但兩股並駛，勢不兩强。河性變遷，滄桑互易，轉盼伏秋，寧無横決？則長河南北，增築新隄，修補行縷，不可不豫，在河臣嚴飭各屬，虔始厚終，以收一簣。奉旨：河工垂成，尤宜萬分加謹。著河臣於應塞決口，相機堵築，朝廷不爲中制。不責近功，務保萬全，方稱竟局。」

三十九年六月，河決狼矢溝，總河劉士忠檄中河郎中吴大山、淮徐道袁應泰築塞之。

四十年九月，河決徐州三山口，正河悉爲平陸，邳、睢河水陡耗。總河劉士忠檄吴大山等開挑引水，河復故道。

四十一年，塞三山決口。

四十二年六月，河決靈璧縣陳鋪。入冬淤平，河流復故。

四十三年，河決狼矢溝，工部郎中王命禹督塞之。

四十四年五月，河復決狼矢溝。《南河全考》：「決水由蛤蟃、周柳等湖入泇河，出直口，復與黄會。運船入口，迎溜稱艱。河道陳薦檄中河郎中黄景章開武河等口，泄水平溜。後二年，決口沙淤，河復故道。總河侍郎王佐加築月壩，以爲保障。」

天啓元年，河決靈璧雙溝黄鋪，由永姬湖出白洋小河口，仍與黄會，故道堙涸。總河侍郎陳道亨役夫築塞。

二年，工竣。

七月，河決睢寧縣諸口。

三年七月，山陽外河決乾溝，新河、西河決馬湖閘、月壩等處，南河郎中朱國盛、淮海道宋統殷等築塞之。更於清口分水處，建立磯觜，以遏上流之勢。

四年六月，河決徐州魁山隄，東北灌州城，一自南門至雲龍山西北天安橋入石狗湖，一由舊支河南流至鄧二莊，歷租溝東南以達小河出白洋，仍與黄會。總河房壯麗題准大挑故道，復加埽築塞之。

崇（正）〔禎〕二年四月，河決睢寧。總河李若星請開邳州壩，泄水入故道，且塞曹家口匙頭灣，逼水北注，以減睢寧之患。從之。

四年六月，河決建義諸口，灌興化、鹽城。

六年三月，御史吴振纓陳河隄修築緊要，下部議行之。

附　吴振纓《疏略》：

鳳泗之水，淮近而河遠。故歸仁一帶之隄，防淮而不防河，以睢寧上下舊築西北長隄數百里，障河之横，而束其流以歸於海。此歸仁之外捍也。向者漕運走徐、邳，則爲漕護隄，歲勤修築。自①直河改運，而急漕者視此隄爲緩。且邳州築其攔壩②，羊山塞其分流，水盡逼於睢寧，有不容不決之勢矣。故如餘堡、雲堡、露堡、湯家園諸口，先後俱決。是向之淮與黄至清河始合，而今之黄水潰漫，睢寧最下，與淮合併，浩渺無涯，歸仁隄失其捍蔽。而兼之黄强淮弱，狂怒奔衝，非一隄之力所能支。故修歸仁而堅塞睢寧外隄之決口，爲治河之要著。

七年，二月，建義決口塞。

① 「自」，《四庫》本作「以」。
② 「壩」，《四庫》本作「防」。

六月，河決沛縣之滿壩及陳岸水口，又決長山隄口。參議徐標率河防同知張俊英塞之。《徐州志》：「先是，懼河決會通也，北築太行隄，西起虞城界，東抵沛縣。復築縷隄，用護太行，西起虞城界，東抵張村站。又上自茶城，下歷三山，抵雙溝兩岸，長隄之上，每三里設鋪一所，每鋪設夫十名。外更設遊夫巡邏，協力防守。」

江南通志卷五十一

河渠志

黄河 三

國朝

順治元年，命兵部尚書楊方興治河。

是年，黄河自復故道。

二年，河決考城之劉通口。

三年，劉通口河流北徙，自午溝至徐州河涸。

四年，黄河疏通決口工成。

九年，河決邳州，水三日遂退。

附 御史楊世學《治河事宜疏略》：

今之水勢，與前代雖異而實同。前代止治河，今則兼治淮矣。蓋淮爲河之下流，而濱海諸州縣如鹽城、興化、泰州，劉莊、白駒諸鹽場，則又淮之下流也。各處下有海口，上有閘壩，河水暴漲，多開閘壩，使出海口，則自無潰決，乃前代已行之利。

臣聞定鼎之初，居民因新昌餘孽，緣海遁去，漸次堵塞。繼而行水之處變爲圩田，土豪衙蠹，據爲己有，此海口所由塞也。水東入海，鹽船重載，逆挽而西，致費人力。今海口既塞，則行船安穩，商人便之，不樂復開，此海口所以終塞也。雖有安東廟灣，亦可入海，而其流不疏，則勢不急，水行壅溢，所以潰決。因是而上之則決於開封矣，中之則決於高、寶矣。

間有謀及海口者。其中奸人阻撓，一曰海潮灌入，則民田、竈場俱被其害。不知海潮原有定時，海口之内亦有防閘。自有海口以來，未聞田不可耕，鹽不可煮也。一曰水所經行之處，城廓廬舍恐被衝漂。不知入海之渠，深浚之則無泛溢。且海口盡開，則水勢分散，必不至衝漂也。一曰沿海多寇，須設兵以防不測。不知水門啓閉，必有專司。

入海之水，其勢甚迅，舟難逆行。且水中但設暗樁，則舟可斷也。伏乞敕下河漕重臣，親至其地，毅然必行。將凡有海口之處，盡行開浚。其漕隄閘口開閉，各因其時。然後循下流而上，至於河身，闢其淺隘，去其淤沙，使河身益深，足以容水。則河之波不及於陸，河之委易達於海，河南淮右之民庶幾其有瘳乎！

十二年，大王廟決口塞。《淮安府志》：「大王廟逼近荆隆口，自荆隆口決後，下流之河身已經淤澱。及大王廟又決，下流益淤。且自七年至十二年，歷五載餘，河身日就澱高。衹因彼時河身尚深數丈，是以雖有淤沙將河底逐漸澱高，而人不及知也。」

十五年，河決山陽之柴溝姚家灣，總河朱之錫築塞之。

十六年，總河朱之錫奏《河政十事》，下部覆准，奉旨：「依議」。

附 朱之錫《疏略》：

一、特議建設柳園。黄河悍激湍流，勢若奔馬，禦險塞決，非埽罔功。每捲一埽，用柳動以千百束計。千里長隄，歲用柳料數且不貲。況伏秋河勢陡變，埽料在手，咄嗟之頃，轉危爲安，可以免塞決之費。即萬一有決，埽料在手，旋決旋塞，不致正流日淤，旁口日豁，可以免塞大決之費。故必使生植之數，常有餘於採辦之數，然後可以源源相繼。

查前河臣楊方興題請，責成印官各於河干，按汛栽柳，分别多寡，照例勸懲，俱經部覆，奉有俞旨。臣竊以爲尤宜責令黄河經行各州縣印官，於瀕河處所，各置柳園數區。或取之荒地，或就近民田，量給官價。每園安置傜堡夫數名，布種澆灌，既便責成。而道廳等官，可以親詣稽察，秋冬驗明，行以勸懲之例。數年之後，遍地成林，不但有濟河工，而河帑可以少節，民力可以少甦。

一、嚴剔河工弊端。臣惟一事立，則一弊生。河工大矣，豈能無弊？因去弊之故，輒議變法，併以誤河，如語所云因噎廢食也。臣詳加體訪，約有數端。

一曰工程。有石工，有土工，有埽工，有椿笆工。工力不到，法式非宜，料物虚浮，徒事粉飾。此一弊也。

一曰器具。有方船、活閘、刮版、戽斗、鐵鏟、鐵钁、布挽、竹筐、鐵舀、杏葉杓、鐵簸箕、五齒鐵扒、鐵杵、木夯、石硪、雲梯等項，儲備不預，徒手莫施。製作潦草，不堪適用。此二弊也。皆誤工者也。

一曰夫役。有廠夫、堡夫、溜夫、隄夫、泉夫、閘夫、淺夫、鋪夫，或食條編，或食河銀。有募夫食，估計河銀，尅減工食，奸豪包佔，賣富僉貧，賄囑私逃。此三弊也。

一曰物料。有椿木、柳梢、磚石、草柴、蘆𦰡、灰鐵、糯米、桐油等項，文修掯索，扣減價值，折乾肥私，盜用官物。此四弊也。皆誤工而兼以病民者也。

然有在官、在衙蠹地棍之不同。在官者，宜責司道府廳，互相覺察。在衙蠹地棍者，責成各屬推官，不時開報，重者題參，輕者究治。庶奸弊可除，而河工克濟。是則勞民費財中撙節撫恤之一道也。

按十事今録二條，以事不專指江南，故不備載。

康熙元年，從總河朱之錫請，復河差三年舊例。

七年，築塞桃源縣烟墩決口。

是年，河決桃源之黄家嘴，塞之。復決，次年堵塞。

八年，河決清河之三汊口。

九年，河決清河之黄家營、二堡、盧家渡，文華寺至永興集。

是年，總河羅多題准，創築自宿遷縣西門吴家墩起，至桃源縣大古城縷隄，長八千一百五十八丈五尺。又創築自桃源縣烟墩舊險工東頭起，至駱家營清河縣界縷隄，長七千七百四丈八尺。又自桃源縣界起，東至龍王廟，皆因舊隄址加築，高一丈，面二尺，廣闊六丈，長三千三百三十四丈。《揚州府志》：「自九年後，黄、運等河并歸仁隄、翟家壩、白洋河等工，俱用正賦。濬塞黄河以外，分爲三大工，分司道官總管，餘各以佐貳督工。於是年九月開工，皆總河羅多所請也。」

十年八月，安東茆良諸決口堵塞。《淮安府志》：「先是，山安一帶小決口甚多，而茆良口爲大。茆良決於康熙四年，歷今七載始塞，故下流海口流緩沙停，而淤澱日久云。」

是年，河決桃源之陳家樓，即塞之。

十一年六月二十七日，上諭：「諭工部。河道屢年衝決地方，被災民生困苦，深軫朕懷。據差往看視決口侍衛吴丹、學士郭廷祚回京繪圖進呈，朕觀黄河自宿遷以至清河，皆爲緊要，雖有遥隄，恐一層未足捍蔽水勢。應否於遥隄之外再築遥隄，爾部即行河道總督、漕運總督會同相視，商酌築隄果否有益，爾部即遵諭行。」

十二年，桃源七里溝決口堵塞。

十四年，河決徐州之潘家堂及宿遷之蔡家樓，俱築塞之。

十五年，黄流倒灌洪澤湖，決高堰三十四處，黄、淮合併東下，漕隄多潰。詔遣工部尚書冀如錫、户部侍郎伊桑阿親行相視，訪究利病，刻期奏報。

是年，桃源新莊決口塞治。

十六年六月，總河尚書靳輔大挑清口爛泥淺引河四道，及清口以下至雲梯關河道。

七月，靳輔陳《河道修治刻不容遲》，並《經理河工事宜》八疏。

附　靳輔《河道修治刻不容遲疏略》：

治河之道，必當審其全局，將河道、運道爲一體，徹首尾而合治之，而後可無弊也。蓋運道之阻塞，率由於河道之變遷。而河道之變遷，總由向來之議治河者，多盡力於漕艘經行之地，若於其他決口，則以爲無關運道而緩視之。殊不知黄河之治否，繫數省之安危，即或無關運道，亦斷無聽其衝決，而不爲修治之理。矧決口既多，則水勢分而河流緩，流緩則沙停，沙停則底墊，以致河道日壞，而運道因之日梗。是以原委相關之處，斷不容於歧視也。

今若不察全局之情形事勢，而因循故事，漫爲施工，則堵東必西決，堵南必北決，徒費時日，徒糜錢糧，而終歸無益。豈惟無益，將河患日深，而莫可救藥矣。何也？黄河之水，從來裹沙而行。水大則流急，而沙隨水去。水小則流緩，而沙停水漫。沙隨水去，則河身日深，而百川皆有所歸。沙停水漫，則河底日高，而旁溢無所底止。故黄河之沙，全賴各處清水併力助刷，始能奔趨歸海而無滯也。

查今日河患之所以日淺者，皆因順治十六年至康熙六七年間，所衝之歸仁隄，古溝、翟家壩，王家營、二鋪，邢家口等處各決口，不即堵塞之所致也。蓋歸仁一隄，原以障睢水，並永堌、邸家、白鹿諸湖之水，不使侵淮，且令由小河口、白洋河二處入河，助黄刷沙者也。自順治十六年歸仁隄衝決之後，睢、湖諸水悉由決口侵淮，不復入黄刷沙，以致黄水反從小河口、白洋河二處逆灌，停沙積漸，淤成陸地。至康熙六七年間，各處水大，黄、淮並漲。黄漲，而王家營、邢家口、二鋪口等處衝潰矣。淮漲，而古溝、翟壩等處衝潰矣。王家營、邢家口、二鋪口等處衝潰之後，黄河之水由決口四漫者多，而由雲梯關外入海者少。古溝、翟壩等處衝潰之後，淮河之水由高、寶諸湖直射運河，衝決清水潭，下淹高、江等七州縣之田者多，而赴清口會黄入海者少。河、淮兩水俱從他處分泄，不復並力刷沙，以致流緩沙停，海口積墊，日漸淤高。從此由遠至近，由外至內，河沙無日不停，河底無日不墊。海口淤而雲梯關亦淤，雲梯關淤而清江浦、清口並淤矣。

迨至康熙十五年間，各處又復水大，黄、淮又復並漲。清口以下之河身既高，不能奔趨歸海。而睢、湖諸水，又合淮水並力東激。以故除古溝、翟家壩等原衝九處之外，又將高良澗版工衝決大小二十六處，高家堰石工衝決口大小七處。諸水盡由各決口直注運河，加衝清水潭、三淺等處各決口，下淹七州縣之田，而涓滴不出清口。黄水又乘高四潰，衝決于家岡等處。又復灌入爛泥淺，將武家墩版工衝決五十丈，入故明所開之廢河。歷楊家廟，會合淮水，直奔清水潭。其武家墩上流刷成大河，寬一二百丈不等。又分一股入洪澤湖，由高家堰石工決口會淮，歸並清水潭。而於各舊決口之處，則又浸淫四漫，較之以前，勢愈分泄。以致下流更淤，而河身之高墊更不可言矣。

查自清江浦至海口，約長三百里。向日黄河水面在清江浦石工之下，今則石工與地平矣。向日河身深二、三、四丈不等，今則深者不過八九尺，淺者僅有二三尺矣。黄河淤，運河亦淤，今淮安城堞卑於河底矣。運河淤，清口與爛泥淺盡淤，今洪澤湖底漸成平陸矣。

尤有甚虞者：現在之河身既已墊高，而黄流裹沙之水，自西北萬里而來，晝夜不息。一至徐、邳、宿、桃等處，即便緩弱散漫。臣目見河沙無日不加積，河身無日不加高。若此時不及早大爲修治，則不特洪澤湖漸成陸地，將南而運河，東而清江浦以下，淤沙日甚。行見三面壅遏，而黄流無去路矣。夫以萬里遠來，浩浩滔天之水，竟至無路可去，則勢必衝突内潰，而河南、山東二省，恐俱有淪胥沉溺之憂！彼時雖費千萬金錢，亦難以尅期補救。臣是以謂今日修治，刻不可緩也。

但既經修治，則必使無旋修旋圮之虞，更必使有可行可久之道，始爲有當。臣逐細籌酌，其間修舉情形，有必當師古者，有必當酌今者，有須分别先後者，有須一時並舉者。總以因勢利導，隨時制宜爲主。臣謹備采衆論，詳加斟酌，將應行事宜，分爲八疏具題。

《第一疏略》：

臣竊見今日治河之最宜先者，無過於挑清江浦以下，歷雲梯關，至海口一帶河身之土，以築兩岸之隄也。

查清江浦以下河身，原闊一二里至四五里者，今則止寬一二十丈。原深二三丈、五六丈者，今則止深數尺。當日之大溜寬河，今皆淤成陸地，已經十年矣。兹欲令黄、淮之水，盡從此故道入於海，必須略開去路，導之使行。蓋築隄堵絶，用水刷沙，雖爲治河不易之策，然河身淤土有新久之不同。三年以内之新淤，外雖版土，而其中淤泥未乾，衝刷最易。五年以前之久淤，其間淤泥已乾，與版沙結成一塊，衝刷甚難。故必須設法疏浚也。如以治新淤之法治之，恐決口盡堵，黄、淮齊下之際，因河身淺窄，一時衝刷不開，又生他變。

況用水刷沙，即曰不必挑浚，而束水歸漕，則又必須築隄。既築隄矣，與其取土於他處，何如取土於河身，寓浚於築，而爲一舉兩得之計也。今臣擬於河身兩旁近水之處，離水三丈下鍬掘土，各挑引水河一道。掘面闊八丈，底闊二丈，深一丈二尺，以待黄、淮之下注。蓋黄、淮下注之日，中央既有一二丈舊河，左右又各有八丈新鑿之河。其所存兩旁之地雖屬堅土，而薄僅三丈，一經三面之夾攻，順流之衝洗，不待多時，即可盡行刷去，將新舊之河俱合爲一矣。又兩旁既各挑深一丈二尺，則中央河心自可刷至二丈之外。河至深二丈，寬四十丈，便不窄淺。從此日洗日刷，日深日寬，自可免意外之變，而漸復當日之舊矣。

其所浚丈尺，計每地一丈，掘土六方。即以之挑築兩岸之隄，底闊七丈，面闊三丈，高一丈二尺，每丈亦用土六十方。

查白洋河至雲梯關，約長三百三十里。清河縣至雲梯關，約長二百里。以每里一百八十丈科之，共約長九萬五千四百丈。每丈用土六十方，共計用土五百七十二萬四千方。其九萬五千四百丈之内，有原未有隄者，有原有隄而今全無土者，有原有隄而今更缺洼須增填者，有隄根存土高一二尺至六七尺不等、寬三四尺至一丈五六尺不等者。合有無多寡而計之，牽約存舊土二方四分，通共約存舊土二十二萬八千九百六十方，須實增土五百四十九萬五千四十方。

至於取土之處，雖以離水三丈爲度。然河身有在中央者，有折流在南岸及北岸者，遠近不齊，必須隨地科算。總之，離隄三十丈之内，不許取土。其三十丈以外取土者，每土一方，用夫四工。二百四十丈以外取土者，用夫五工。合遠近而牽算之，大約每工一方，用夫四工，每工照例給銀四分。

又自雲梯關外以至海口，尚有百里之遥。除近海二十里，潮大土濕之處，無容置議外，其餘八十里之河身，若不挑浚以導之，築隄以束之，則黄、淮合流出關之際，河身既窄而淺，兩旁又堅而厚，大水驟至，不能承受歸漕，勢必四處漫溢。雖關外之路與運道、生民無涉，然一經漫溢，則正河之流必緩。流緩則沙必停，沙停則底必墊。關外之底既墊，則關内之底必淤。不過數年，必復見今日之患矣。

臣聞治水者，必先從下流治起，下流疏通，則上流自不飽漲。故臣又切切以雲梯關外爲重，而力請一例築隄，以絶後患。惟是近海之隄，止期足以攔水，不必過於高厚。隄底止期寬五丈，面亦須寬三丈，高止須六尺。亦一體照取河心之土築也。

至於地廣夫多，其間恐有偷安苟且情弊，必須用畫段丈驗之法以釐之。其法容臣預督各監理官，量取土之遠近，按工畫段。每用夫五千工爲一段，編定字號，插牌標識。其中有原係平地者，有更有缺洼須填者，有存舊隄之土多寡不等者，並隄段長短、丈尺之數，逐一書明。標識之上，仍立簿一本，一體登記，交各監理官。即按各州縣協募人夫多寡之數，照工撥給隄段，令其如式挑築。臣仍親臨工所，用部臣冀如錫等條議鐵杵杵隙盛水不漏之法，不時查驗，以别其夯杵之堅否。

《第二疏略》：

臣請挑浚清江浦而下，至海口一帶河身之土，以築兩岸之隄，乃先治下流、以導黄淮歸海之計也。然下流雖治，上面有淤墊之處，不及早疏通，則高家堰等一帶決口盡堵。淮水直下之時，難免阻滯散漫之虞。

查洪澤湖下流高家堰以西，至清口約長二十里，原係汪洋巨浸，爲全淮會黄之所。自淮流東決、黄水逆灌之後，將此一帶河身，漸漸淤成平陸。向之汪洋巨浸者，今止存小河一道矣。查工部尚書冀如錫等條議内開「清河一帶沙淤之處，速行挑浚」等語。然淤沙萬頃，挑浚實難。臣再四思維，惟有倣照挑浚清江浦以下河身之意，於小河兩旁離水二十丈之地，各挑引水河一道，俾其分頭衝洗，庶可漸漸刷開。

至於挑清江浦引水河，臣止擬離河身三丈，而此處議離河身二十丈者，蓋清江浦以下係十年久淤之堅土，而此乃三年以内之新淤。臣曾帶領夫役掘土試驗，浮面一層版土深有二尺，下則係淤泥尺許。淤泥之下，又屬版土，版土之下，又屬淤泥。掘深六尺有奇，而尚不能到當日之湖底。且面層版土雖極堅硬，而第二層版土因在淤泥之下，反潤而鬆。故雖離河身二十丈之遠，而易於衝刷，不久便可合而爲一也。

惟是此處淤沙既易衝刷，而臣亦議開引水河者，蓋臣目擊面層版土之堅硬，恐一時衝刷不開，又於他處生變，是以不敢不略議導引之策，以圖萬全耳。

其所挑引水河，應面寬六丈，底寬二丈，深五尺。每淤地一丈，掘土二十方，遠傾於引水河①六十丈之外。每方用夫三工，每工給銀四分。此工一治，庶淮河下注之時，可以衝闢淤泥，徑奔清口，會黄刷沙，而無阻滯散漫之虞矣。

按靳輔八疏今録二者，第三、四、五疏陳淮運事宜，分載《淮水》《運河》條内。餘係錢糧官弁，不專指江南，故不録。

是月初九日，奉旨：「河道關係重大。這所奏經理河工事宜各本，著九卿詹事科道，會同逐一詳議具奏。」

又奉旨：「議政王貝勒大臣九卿詹事科道掌印不掌印各官，會同詳確議奏。」廷議酌量修築。奉旨：「河道關係重大，應否緩修，並會議各本内事情，著總河靳輔再行確議具奏。」

---

① 《四庫》本無「河」字。

附　靳輔《覆題疏略》：

黄河滔天瀰瀿之水，非海無歸。然自清口歷清江浦、雲梯關，以至海口，尚有三百三十里之遥。其中非得寬深廣大之渠，受其來而聽其去，安能使之暢流無阻也？

臣聞順治年間，河道未壞之時，清江浦以下之河身，深二三丈至五六丈不等，寬二三百丈至六七百丈不等，廣大如此。是以雖遇伏秋水漲，足以有容而不至於泛溢。

乃今日清江浦以下之河身，深二三尺至五六尺不等，寬十二三丈至十八九丈不等，逼窄如此。是以即使霜降水消，亦難承載，而每至於潰衝也。將今昔寬深之數，牽算而合較之，則前此河水之深，十倍於今，河身之寬，三十倍於今。以十倍與三十倍合算之，是今日受水之河身，僅有前此三百分中之一分耳。

夫黄、淮之水自若也，伏秋之漲仍然也。而其入海之路，竟淤去三百分中之二百九十九，僅存一綫，其何能容？各處漫衝潰溢，誠勢所必至者也。

不惟是也。自臣於本年四月初六日到任之後，目擊清江浦以下三百里河身淺窄情形。而清江浦以上，深雖不過丈餘，寬則尚有百餘丈及二三百丈不等也。乃自七月十八夜，楊家莊遥隄潰決之後，一路漸漸淤淺。臣親乘小艇，遍閲河中。自清江浦以上，歷清口，並清河、桃源兩縣，以至楊家莊前，通計一百七十餘里。其向之深丈餘者，今則止深二三尺至五六尺不等矣。向之寬百餘丈者，今則止寬十餘丈至二三十丈不等矣。雖此係新淤之土，不難刷開。然下流不通，將令刷歸何處耶？

今臣若欲照廷臣先將緊要之處，酌量修築，則必以急堵楊家莊決口爲先務。以其爲漕艘必經之地，現在淤淺難行也。殊不知清江浦以下三百里久淤之河，未經疏通，即使楊家莊閉合龍門，不旋踵而他處又必告潰。況清江浦以上至楊家莊，業已盡行淤淺。如將下流河身及早挑濬疏通，然後竭力堵塞楊家莊決口，則龍門閉合之後，河流入海有途，一百七十里新淤可以漸漸刷開，故道可復，漕運亦可無誤。若不挑浚下流，而但議堵決，則水至無歸。不特徒費錢糧，徒勞民力，此一百七十里新淤斷斷不能刷去。必且更於楊家莊以上，徐、邳、睢、靈地方，另行潰決。決口移上一里，則河身多淤一里，將見東、豫二省頻告水災，而駱馬湖以下，勢必全無運道矣。此臣所以力請修治，而斷斷不敢議緩也。

至於南岸遥隄，自白洋河宿遷縣境起，上歷邳州、睢寧、靈璧，以至徐州，共計程二百八十里。其隄外淤灘，甚有與隄頂相去僅尺許，及竟與隄頂平者。又有隄外久停積水，一派汪洋，每遇大風鼓浪，將舊隄積漸撞擊，莫不剥落坍殘，僅存數尺。北岸遥隄自清河縣起，上歷桃源、宿遷、邳州、睢寧，以達徐州，共計程四百里。内清河至宿遷一百六十里，係漕艘①經行、驛遞飛馳之地，隄工尚完。及至駱馬湖而上，凡見在之隄，悉皆殘缺不堪。隄頂較之外灘，不過高四五、

① 「艘」，《四庫》本作「船」。下一「艘」字同。

六七尺不等。且必有積水浸隄，甚至兩面皆水，日受汕擊之患者，不得不併請急修。雖駱馬湖以上非漕艘經行之地，殊不知黄河上流有決，則下流必淤。故駱馬湖以下至清口一帶，攸關運道之黄河，必得駱馬湖以上無旁泄之事，方能深通。是以凡此兩岸危險情形，均當逐一修治也。

合而計之，今日治河之道，疏下流，幫隄岸，堵決口，皆屬至緊之工，誠緩一不可者也。下流既疏，殘隄既幫，決口既堵，則淮水可使徑直趨海，然後併堵楊家莊決口，急挽黄流，使之赴清口會淮，則故道可復。河道既可復，故而並將駱馬湖以上兩岸卑薄殘缺之處，逐一修治。再行設兵看守之法，庶幾可保久遠，而不至於徒費錢糧，徒勞民力也。

又《題覆第一疏略》：

臣細察情形，兩岸遥隄固屬必需，而縷隄尤不可少。蓋黄河流急則沙行，流緩則沙墊。而河身窄則流急，寬則流緩。今莫妙於築隄以束水，而以遥隄並加築格隄，用隄衝決，使守隄人等，盡力防護縷隄。設或大水異漲，即有漫衝，亦至遥堤、格隄而止，自不至於奪河成缺。守隄人等，隨即將舊隄仍舊築起，爲工亦易。臣請將原估築遥隄之土六十方，分築遥、縷二隄。或隔五七里，或隔十餘里，又以所餘之土再築格隄。均令守隄人等，逐年加幫，務極高厚。

再查南岸白洋河以上至徐州，北岸清河縣以至徐州一帶，隄工殘①缺危險，斷須急爲併治。至於治之之法，臣籌維再四，若徒加幫遥隄，則既不能束水，而又無重門之障，良非至穩之著。亦於近河去處，加築縷隄，並量築格隄，以爲外籓。其殘缺遥隄，亦即一體加幫高厚，方稱萬全也。

按靳輔覆題八疏，今節録第一疏，餘與原疏略同。

是年，創築雲梯關外束水隄一萬八千餘丈，塞于家岡、武家墩、高家堰等處大決口十六處。

十七年二月，廷議總河靳輔覆題八疏、啓奏第六疏，奉旨：「河工著動用正項錢糧。」第八疏沿河地畝撥給兵丁及地主作幫丁一款，奉旨：「著再確議」。餘俱俞允。命更定河工處分之例，命撤回南、北、中河三分司部員，其河道工程，委該地方監司府佐貳管理。命設江南河兵八營，凡五千八百六十名，罷淮、揚二府、徐州並靈璧縣堤淺等夫。

三月，塞山、清、安三縣黄河兩岸張家莊、王家營、邢家口、二鋪口、羅家口、夏家口、吕家口、洪家口、竇家口等處，餘諸小口並塞之。

① 「殘」，《四庫》本作「淺」。

十一月，部覆靳輔再陳經理第一疏未盡事宜，奉旨：「河道關係重大，特簡靳輔專任一切修築事宜。今該督以節省錢糧、建立減水壩、挑濬引水河具題，爾部不即準行，議令伊桑阿等會議，乃故爲耽延，殊屬不合。著照該督所題行。其撥動民夫之處，著會同各該督撫，定議具奏。」

附　靳輔《再陳第一疏未盡事宜疏略》：

皇上不惜費數百萬金錢，命臣大修河道，蓋不專爲濟運，而實欲兼保民也。今徐州以下雖在大修，而上流漫衝，以致宿、徐等州，蕭、碭、虹、靈、睢、宿等縣，處處被災。雖漫溢之處，離河甚遠，並不奪河阻運，然大水驟至之際，禾苗盡空，秋成失望。若不併爲圖治，則歲歲伏秋勢必淹没。必須設法治之，庶可稍救此數州縣歲歲被災之苦。

臣往來相度，反覆籌維：黄河之水雖合千支萬派而來，然怒漲之時，亦皆逐寸加增。兩岸之隄，高者不過一丈，低者僅有五六尺。若河身之水，止增三四尺猶可也。其如河底勢高，每每驟長，長與隄平，即便漫隄而過。水過之處，隄工隨被洗去，立成缺口。於是隄外逐漸所積五六尺高之水，盡從決口奔騰而下。所過之地，禾稼漂流，室廬傾倒。

臣愚以爲，既知水之逐漸加增，則當作一逐漸泄之之法，惟有建築減水壩之爲得也。

查桃源縣地方，向有減水壩四座。臣親爲勘量，每座止寬一丈七尺。合四座計之，其泄水之地不及七丈。以無窮之水，而俱欲賴此七丈地面泄之，自屬無益。

今臣擬築之減水壩①，東西寬十二丈，南北長十八丈六尺。中立磯心六座，兩旁俱用石牆，土内密釘排樁，灌以漿灰。上鋪石版，聯以鐵錠。每壩一座，共成七洞。每洞各寬一丈八尺，計其泄水之地，共有十二丈六尺。

先於碭山縣南岸，建壩一座，以減豫、東二省驟來之水。碭山壩内疏泄不及者，隨於蕭縣南岸又建一壩以減之。更於徐州北岸大谷山去處，並州城對岸子房山去處，連建二壩以減之。至州城之下，尚有疏泄未盡者，則於花山去處亦建一壩以減之。如此則隨漲隨減，隨減隨流。河内之水既無涌積漫隄之虞，隄内之流亦無泛濫奔騰之害，不特蕭、碭、豐、徐之田畝，漸漸可耕，而徐州以下邳、睢、靈壁新舊河隄，俱可不至横决。

以上碭、蕭、徐三州縣地方所建五壩内，南岸二壩所減之水，導歸睢河，從姬村、永堌等湖而下，使沙停湖内，聽清水由白洋河復入黄河。北岸州城迤上二壩所排之水，排入微山、吕孟等湖而下，亦使沙停湖内，聽清水由韓莊閘歸運河，出駱馬湖，復入黄河。花山一壩所減之水，引令從新决大口内而下，亦使沙停口内，聽清水由貓兒窩歸運河，亦出駱馬湖，復入黄河。

至宿、桃一帶，則仍受全河之水。自是怒漲非常，於是亟於宿遷北岸攔馬湖、朱家堂、温州廟，連建三壩，以減黄河與駱馬湖會合之水。又於桃源北岸之古城、黄家嘴二處，亦建二壩，以

① 《四庫》本無「壩」字。

減黄河與白洋河會合之水。更於清河北岸西王家營、張家莊二處，安東北岸邢家莊一處，連建三壩，以減黄河與淮河會合之水。

以上宿、桃、清、安四縣所建八壩，俱在北岸。其所減之水内，宿遷三壩與古城一壩，俱引入楊家莊大決口内。黄家嘴壩，引令歸黄家嘴舊衝口内。西王家營、張家莊二壩，俱令歸張家莊大決口内。邢家莊一壩，引令歸邢家莊舊決口内。各各排入倉基等湖，使之東北由沭陽①沭河，海州之漣、潮二河入海。如此則每歲五、六、七、八月之間，凡遇河流暴漲，宣泄有途。加以人力修防之密，自不至於壅積傷隄，漫衝横決。其餘夏初、秋季水平之時，與冬、夏等月水涸之候，則皆仍復歸漕，安流趨海，更免旁泄停沙淤高河底之患。

是年，創築睢寧縣黄河南岸，自衛工頭起至峰山四閘縷隄一千三百四十五丈，自峰山四閘起至武官營縷隄三千三百十一丈三尺。《河防雜説》：「睢寧縣黄河南岸舊遥隄卑矮，而清水口一帶内係洼區，外有積水，如黄河風浪搏擊，最爲危險，歲修之費不貲。康熙十八年，於峰山、龍虎山上下，創築縷隄數千丈，包清水口積水於隄内。然後挖開舊遥隄，撤乾積水，變成膏田數百頃，睢民賴之。今則全河歸故。新築縷隄尚屬卑矮，當按水跡，一律加高。」

① 《四庫》本無「沭陽」二字。

又創築韓家莊月隄。長一千一百一十丈。

創築邳州黄河北岸自徐州界起，至廟山縷隄。長二百二十三丈，内有舊格隄。

又創築自劉家寨起，至劉家店縷隄。長三百四十丈。

又創築自豐山起，經青羊①山、塘池、羊山寺，至董家堂頭壩縷隄。長二千六百五十一丈。

又修築自馬船幫起，經宋家莊至五工頭縷隄。長一千一百九十二丈。

又創築邳睢廳署前撑隄。長九十八丈。張鵬翮《河防志》：「今居民鱗集，已爲街市。」

又修築自五工頭起，經戚字堡至舊遥隄頭縷隄。長八百四十五丈。

又創築自舊遥隄頭起，至沈家堂縷隄。長九百五丈。

又創築自舊遥隄中間起，至羊山寺西遥隄。長五百二十一丈。

又創築自綿山起，至拐山格隄。長二百一十九丈。

又創築馬家山格隄。長一百九十五丈。

創築桃源縣黄河南岸自臨河隄起，至烟墩舊險工東頭縷隄。長七千二百九丈六尺。

又創建張家莊減水壩一座。

創建清河縣王家營減水壩一座。《清河縣志》：「是年，總河靳輔自龍王廟起，至四鋪溝山陽縣

① 「羊」，《四庫》本作「陽」。

界，接築縷隄四千九百三十八丈。縣前玉皇閣一帶，地勢當衝，題定椿埽要工五百餘丈，歲加修繕。又自桃源縣東界，至石人溝築縷隄一千八百六十三丈。」

十八年二月，允總河靳輔請，留漕米二十萬石濟河工。

是年，創建宿遷縣之朱家堂、温州廟，桃源縣之古城，清河縣之王家營，安東縣之茆良口減水壩，共六座。

又築宿遷縣黄河南岸蔡家樓墩郎廟月隄，長二百九十五丈。老隄頭月隄，長四百三十九丈。彭家堡月隄。長八百七十五丈。

十九年，築蕭縣黄河南岸東鎮口格隄。長八百六十四丈。隄北有大横隄，南有小横隄，皆舊廢隄。《河防雜説》：「黄河南岸上自碭山縣毛城鋪，下至徐州城，雖原有遥隄一道，然近者離河五七里，遠者離河二三十里。其間地勢高洼不等，每於伏秋異漲之時，河水必從洼處出漕，直灌隄根。方其出漕之時，挾沙而漫。迨水落歸漕，而沙留於岸。是以近河灘地，每爲淤墊，較之二三十里外原舊築隄之地，竟高五七尺或丈餘不等。故直灌隄根之水，不一二日而水高於隄，少洼之處漫溢成缺。歲歲然也。此水下注，不特鳳、徐、淮屬州縣漫淹，而其水全歸洪澤湖，撼擊高家堰。高堰①一有不支，則全淮東瀉。黄躡其後，而清口淤，運河墊，清水潭等工皆不可保矣。是徐州以上，碭、蕭黄河南岸隄工，

① 《四庫》本無「高堰」二字。

雖與運道隔遠，而實與運道相關甚切也。康熙十九年，於近河高灘之上築縷隄，長一萬八千餘丈，固可免十一州縣之水災。但卑矮不足禦異漲，更須幫築高厚，務期堅實。又於蕭縣東鎮店地方，築格隄長八百餘丈。有此一隄，雖遇異漲，自有重門之障，潰決之患，永可免矣。」築徐州黄河北岸自董家山，經盧家山至邳州界遥隄。長一千六百六十四丈。

築邳州黄河北岸自沈家堂起，至直河口宿遷縣界縷隄。長二千四百五十三丈九尺。

築桃源縣黄河南岸臨河隄，自宿遷縣界白洋河鈔關口起，至舊縷隄。長一千四十一丈。《淮安府志》：「是年夏、秋，南北皆霪雨七十日，黄、淮並漲，有滔天之勢。然衝齧之隄隨圮隨葺，不致大患，賴新築工堅之所致云。」

二十年，塞楊家莊決口。

二十一年，五月，河決宿遷縣徐家灣，塞之。

六月，河決宿遷縣蕭家渡。

是年，大修兩河各隄工告竣。《淮安府志》：「先是，河流一綫，業經挑引河疏通，盡堵楊家莊，借水刷沙。但引河淺窄，雖有減水壩泄之，而飽極漩搜，勢如鼎沸，遇徐灣隄卑，遂致漫決。徐灣堵後，又加怒刷，引河雖漸加寬深，然既飽漩搜之際，乘蕭渡土鬆，又決。蓋徐灣、蕭渡皆遠年舊隄，曩時夯築堅否，無由窮詰也。是年，兩河各隄工俱經築竣，總河靳輔方疏請大臣閲驗。及蕭渡決後，有候補布政司崔維雅著《河防》二書進呈，請盡變前法。於是上遣廷臣勘驗，復召靳輔入見，諮詢兩河情形。

輔備悉條奏，辨論維雅剿襲之謬。上韙輔議，令卒功。復俞善後之請，發帑金增築前工之稍卑者，更將遠年舊隄盡爲加築，挑積淤數千丈，增建猫兒窩、攔馬河、唐梗、邵伯南減水壩，以爲萬全之計云。」

二十二年三月，塞蕭家渡口，兩河會歸故道，總河靳輔以聞，並陳險汛日漸增加。奉旨：「據奏蕭家渡決口堵塞，黄河大溜直下，七里溝等處逐漸坍塌，險工甚多，關係緊要。應速行修築，務令隄岸堅固，不致再有衝決。所需銀兩，著該督將就近見在錢糧先行動用，後以河銀補項。」

六月，靳輔請修上流隄岸，奉旨俞允。

十月，從靳輔請，添設河員，增江南營河兵六百名。

是年，修築睢寧縣黄河南岸自戴家樓至韓家莊縷隄。長二千八十二丈。

二十三年七月，徐州黄河漲溢。靳輔《治河書》：「九月二十七日題奏：今歲黄漲數倍去年，徐州迤上，自七月二十二日即與去年大漲水跡相平，又疊長無消。隨放減水石壩，暫爲分疏。而南岸十八里屯、北岸李道華樓高地無隄之處，亦復漫灘過水，又將碭山北岸王家堂隄工漫缺三十餘丈。約略上流泄去之水，不下十分之二。而徐城水勢，復增長不止。直至九月初六日，方始消落，城社幸免潰衝。至徐州以下三山頭、房村，並靈壁縣張、寒、來等各堡，原屬洼區。八月二十日夜，大雨颶風，將來字堡漫缺隄工四十餘丈。而徐州北岸長樊大隄歲修險工，又因水溜至急，衝去埽工兩段。幸有月隄未斷，獲免奪河阻運。至宿、桃、山、清、安五縣黄河，賴攔馬河減水壩分泄，兩岸隄工俱無漫缺。唯安東北岸二鋪，原非修防之處，塌卸隄工六十餘丈。幸有月隄，不至爲患。」

聖祖仁皇帝南巡，閱視河工，御製祭文，命學士孫在豐致祭河神。

靳輔《治河書》：「十月，迎駕於紅花埠。上問：『今年河道如何，比前深通否？長樊大壩却如何了？』回奏：『河道比前更深通。但今年水大異常，將長樊大壩衝去幾埽，幸有月隄。今已下埽保護住矣。』上問：『河道既已深通，果然可以保得無虞否？』回奏：『如今全在多備料物，修防險工爲主。險工無失，即可永遠無虞。』又問：『當日舊黄河在何處，從何路入海，幾時潰決衝斷運河？』奏：『前代黄河原從大名府德州海豐、利津等縣入海。順治初，河決河南荆隆口，黄河由張秋南北運河兩分，並由山東鹽河入海。』

是晚，上駐蹕紅花埠。侍衛傳旨云：『朕爲河道憂心異常，有許多言要問爾。』少頃，奉諭傳進。上問：『前崔維雅奏各減水壩不當建。依爾見識，還是當建不當建？』回奏：『這減水壩是必要的，若無此各壩，河道斷難成功。』又問：『爾有博通古今的人否？』回奏：『通曉政事有一人，姓陳名潢，浙江杭州人。』

十八日，御製祭文，命學士孫在豐致祭河神訖，駕臨攔馬河。上問靳輔：『這攔馬河減壩的水，減往何處去？』回奏：『這水從縣東湖，由沭陽、海州一帶入海。』又問：『此處離北運口多少路？』回奏：『十五里。』

是晚，駐蹕宿遷。十九日，駕自宿遷起行，一路見栽柳繁茂，云：『這柳栽得甚好，將來不愁缺柳矣。』隨問云：『水面比隄裏平地，是那邊高？俟水涸，可打量明白，再行具題。』回奏云：『必須俟冬底水涸時，從徐州一路，逐處打量，方得明白。』

上至蕭家渡，問吏部尚書伊桑阿云：『目今河道，比爾當初來看時如何①？』回奏：『比先漸漸治成。』

本日，駕至桃源駐蹕。

二十日，駕將至清河縣，望見清口，問云：『此是清口否？』回奏：『是。』上云：『我爲河道關係國計民生，刻刻在念，將爾進的河圖，日日展看，情形都看熟了。』

十一月，上回鑾至天妃閘。上諭靳輔云：『今年黄水倒灌運河，不可爲訓。爾必須酌一至妥之策，使之永不倒灌方好。』回奏：『臣再三籌畫，别無他策，惟有分黄助淮一法。今年黄水倒灌，因黄强淮弱所致。臣欲於徐、睢黄河南岸，再造減水壩幾座。如遇黄、淮並强之時，啓黄河北岸減水壩開泄。若黄强淮弱，則南、北兩岸減壩並啓，以北壩泄黄，以南壩引黄，助淮敵黄。如此防法，可無倒灌之患②。』上云：『此法甚好，再細斟酌，作速具題。』

是年，修築碭山縣黄河南岸自虞城界經毛城鋪石閘，至蕭縣界縷隄。長一萬四千四百十六丈八尺。

修築蕭縣黄河南岸自碭山界至徐州界縷隄。長一萬一千六百八十九丈。

① 「如何」，《四庫》本作「何如」。

② 「患」，《四庫》本作「虞」。

修築徐州黄河南岸自蕭縣界，經王家山、郭家觜、上壩頭、三山頭，至靈璧縣界縷隄。長一萬六千一百六十八丈六尺。

又修築黄河北岸自吴家寨至李道華家樓縷隄。長一萬二千一百九十三丈。

按李道華家樓以下無隄之處凡九十里，蓋因黄河上流寛闊，而徐城以下窄狹，一遇大漲，即難容受。故從來不議築隄，使漫溢之水，從罔頭湖、荆山口轉入運河。

修築靈璧縣黄河南岸自徐州界，至睢寧縣界衛工頭縷隄。長三千九百四十八丈。又建王家山天然石閘一座，蘇家山石閘一座，修築十八里屯天然石閘東、西各一座。張鵬翮《河防志》：「王家山天然石閘建以泄黄漲，自三十九年至今，河底漸深，水不過閘。」

又建楊横莊挑水壩一座，大谷山石壩一座。

修築睢寧縣黄河南岸自武官營，經余家堂至戴家樓縷隄。長四千三百二十三丈。自韓家莊至古隄頭宿遷縣界縷隄。長六千一百四十一丈五尺。

二十四年二月，廷議覆靳輔《善後事宜疏》。奉旨：「這建造減水閘壩，若俟該督撫等會議具題，必致遲誤。靳輔前曾奏稱，建造此等閘壩，將無用滚水壩舊石可用等語。這事情，著差前經看閲河道諳練河工司官一員，速往與靳輔詳議。若建壩分水，不致多損民田，著即一面興工，一面具題。倘水無歸路，多致淹没，著會同該地方督撫等官，確議具奏。」郎中黨愛與督撫等會議：「應速行建造。」廷議照覆允行。

附　靳輔《善後事宜疏略》：

徐州以上，直至河南滎澤縣之西，河道俱寬數百丈。若遇伏秋異漲，漫灘而上，直抵兩岸隄工，其寬不下數十里。迨至徐州，北岸係山嶺，南岸係州城，中央河道俱寬六十八丈。將千支萬派、浩浩無涯之水，緊緊束住，不能暢流。既艱於下達，則自難免於上涌。是以徐州迤上，南岸之漫溢，歲歲見告。臣先於黃河南岸碭山縣毛城鋪，創建減水石壩一座。又於黃河北岸徐州大谷山，創建減水石壩一座①。蓋擬分泄徐城迤上之異漲也。乃今年河流異漲，兩壩不足宣泄，復於李道華樓、十八里屯等高阜無隄之處，漫灘而行，且將王家堂隄工漫缺。此徐城以上之情形也。

今臣細酌善後之計，在黃河南岸，必須於毛城鋪減水壩之上，再添建減水深底石閘一座。不獨分泄異漲，而石閘之水先至壩，後可免建瓴傷壩之虞。又於徐州王家山、十八里屯二處，就山根開鑿減水深底石閘三座。更於徐州北岸大②谷山等處，添鑿減水深底石閘二座。統計徐城以上，共添減水石閘六座。平常則閉閘東流，異漲則啓閘分泄，則徐城自免潰衝，而徐城以上

① 「又於」句凡十九字，《四庫》本無。
② 「大」，《四庫》本作「太」。

各隄俱可保固矣。

又河流自徐城下行一百餘里至睢寧縣鯉魚山地方，北岸係鯉魚山，南岸一帶爲峰山、龍虎山。兩山相峙，夾黄河於中央，河面僅寛百丈。而河底乃係山脚，衝刷不深，河流到此，又爲一束，以致今年有來字堡之漫缺也。臣擬於南岸峰山、龍虎山之旁，開鑿天然減水深底石閘四座，以爲隨機分泄之計。

又南岸各閘壩減水之下，必由歸仁隄經過。目今止有五堡減壩一座，並便民閘一座，不足分泄。應於五堡附近，添建深底石閘一座，減水大石閘一座。並將便民閘再行改深五六尺，以資分泄，庶可無虞。

又攔馬河先後共建減水壩六座，今必須再添建深底石閘一座，使河流由閘先進積水，以養壩尾，俾免傷壩之虞。

又南岸各閘壩既建之後，不特可以殺黄河怒漲之勢，而淮流微弱之時，又可藉以分引黄河之水，由歸仁堤下注洪澤湖，使助淮流。

然洪澤湖周圍數百餘里，所引上流分黄之水，一時不能灌滿，仍難免黄水倒灌運河之患。今必須再於清河縣西建雙金門大石閘一座，並於閘下挑引河萬餘丈。如遇黄河十分異漲，則立啓此閘，由引河分泄歸海。則黄、淮會合之處，又可減黄水一二尺，有裨運道，最爲喫緊。

至於清河縣運口添設石閘一座，更屬保運濟漕至要之工，亦應於運口閘之上乘時速建者也。

又《題覆張鴻烈條奏疏略》：

治河之法，不在挑河，而在築隄。若止議挑而不高築堅隄，則水至無束散漫，田間不特仍前淹地，而所挑之河不久淤成平陸。是徒勞民傷財，而無濟於民生國計。惟竟以築隄爲主，量築隄需土之多寡，以定挑河挖土之寬深，俾隄成而河亦成。則水不旁泄，或徑直趨海，或就近趨湖，由湖歸河，由河入海，庶爲永遠利民之舉。

是年，修築靈璧縣黄河南岸自徐州界撐隄起，至龍虎山臨河子隄。長二千六百八十四丈。内接徐州子隄長七百七十四丈，係民築。

按徐、靈交界處，縷隄與子隄不同。縷隄在謝家樓之西，子隄在墨①家口之西。

建睢寧縣黄河南岸自龍虎山至峰山天然減水深底石閘，共四座。

按建四閘以泄異漲之水，流入孟山等湖。

又創築武官營子隄，長七百四丈。修築武官營大月隄。長三千一百三十四丈。張鵬翮《河防志》：「康熙三十年間，武官營險極，曾於月隄之中又築重堰，未竣，而北岸沙灘開挖引河告成，河流北徙，

① 「墨」，《四庫》本作「黑」。

其工遂輟。」

又創築朱家樓前格隄。長五百三十五丈。

二十五年，修築徐州黄河北岸狼矢溝月隄。長八百丈。

閉塞桃源縣徐昇石壩一座。

二十六年，幫築宿遷縣楊家莊舊決口戧隄。長七十八丈。

二十七年，建築桃源縣黄河北岸新莊口排樁工。長一百四十丈。

二十八年，築山陽縣黄河南岸柴市雞觜壩一座。

二十九年，建砌清河縣天妃壩石工。長三百四十七丈。

三十年九月十九日，大學士伊桑阿等奉上諭：「河道關係，甚屬緊要。今河道情形如何之處，須差大臣前往勘閲。應差大臣，著列名具奏。」二十四日，奉旨：「看閲河道，著博濟、李光地、徐廷璽去。」

三十一年，工部議覆户部侍郎博濟等疏請行令河臣靳輔修防險工八處。奉俞旨行。

附　工部《覆奏略》：

臣等議得：博濟等疏稱：黄河南岸自徐州以上毛城鋪起至海口止，北岸自大谷山起至雲梯關六套止，所有減水閘壩，現無衝損，黄河底①刷深寬。數年以來，黄水並未出岸，海口迅流無阻。其黄河南岸楊横莊險工隄内，地勢甚洼，且無月隄。見今所下之埽，亦屬單薄。烟墩險工，水勢湍溜。而埽根之水甚深，所下之埽單薄。馬邏險工，水勢湍溜，又無月隄。北岸朱家莊險工，逼近皂河運道，所下之埽，亦屬單薄。安東縣便益門、南東門二險工，逼近城垣。以上六處，俱屬危險。應令河臣修造月隄，培埽修築。其餘險工，亦應令河臣預爲修防。

十月，從總河靳輔請，命吏部尚書熊賜履往鳳、淮、揚三府、徐州，會同督撫，清查開河築隄、建造閘壩、栽柳田畝，盡豁錢糧，並兩河歸故、中河告成後淤成熟地應陞科田糧。

是年，修築徐州黄河南岸楊横莊月隄。長三千四百三十六丈。

增設清河縣黄河南岸天妃壩石工雞觜壩一座。長十丈。

靳輔《治河書》：

一、大興經理。凡大工之興，必先審其全勢。全勢既審，則必以全力爲之。康熙十六年以

---

① 「底」，《四庫》本作「流」。

若不將兩河上下之全勢統行規畫，源流並治，疏塞俱施，而但爲補苴旦夕之謀，勢必潰敗決裂而不可收拾。臣經理河工八疏，前，淮潰於東，黄決於北，運涸於中，而淮南海口且滄桑互易。請帑至數百萬計。我皇上睿謀獨斷，悉准施行，此兩河之得以復故也。

一、挑濬引河。塞決之方，必先殺其勢，平其怒，而後人力得施焉。則莫如引河之善也。引河之用有三：一曰分流以緩衝也。河一決則全流盡趨決口，奔騰激蕩，椿埽無所施。應於對岸上流，別開一河以引之，則決口緩矣。一曰預浚以迎溜也。河身既淤爲平陸，即異日黄流歸故，必漲溢而他潰。故必預開一渠以迎之，務使水至歸渠，遂其湍迅之勢。則刷沙有力，而後無旁出之虞。一曰挽險以保隄也。河性猛烈，方其順流而下也，則藉其猛以刷沙。當其横突而至也，則恣其烈以崩岸。故當其倏忽激射之時，宜酌左右之間，急開一渠，以挽所衝之溜頭，引入中流，以奪其勢，而後危隄可保。故曰其用有三也。至於度土地高卑之數，以定挑挖之淺深，驗土性淤鬆之殊，以酌渠路之去取，又在任事者之盡心焉。

一、開闢海口。雲梯關乃黄、淮二瀆所由以入海者也，海口之高，皆因關外原屬坪廠漫灘，以故出關之水亦隨地散淌。散淌則無力，無力則沙停耳。《禹貢》紀河之入海曰：「同爲逆河入於海。」夫河也，而曷以逆名？海涌而上，河注①而下，兩相敵而後入，故逆也。禹既播之爲九，

① 「注」，《四庫》本作「往」。

又曷爲而同之？不同則力不一，力不一則不能逆海而入也。《禹貢》，聖人之書，其言不可易也。潘季馴曰：「海無可浚之理，惟有導河以歸之海。」然河非可以人力導，惟有繕治隄防，俾無旁溢，則水由地中，沙隨水去也。今日之雲梯關外，即今日之逆河。而不隄以求其同，不同以求其入海，得乎？爰是清口以下，至雲梯關三百餘里，挑引河以導其流。於關外兩岸築隄一萬八千餘丈，凡出關散淌之水，咸逼束於中，涓滴不得外溢。衝沙有力，海口不浚而盡闢矣。

一、塞決先後。河水奔溢之時，決口或大或小，議塞者先大而後小，不知理有不然者。蓋大口難塞，非逾旬累月不能竣。迨大口工竣，小口又復汕刷而成大。是所塞之工，處處皆大口矣。大口既已寬闊，至於成河止矣，急將諸小口盡行堵塞，而後以全力施之大者。

一、量水減泄。至柔莫如水。然苟不得其平，雖天下之至剛者不能禦。平水之法奈何？曰量入爲出而已。上流河身至寬至深，下流不敵其半，勢必潰決。而河面窄狹之處，或城鎮山岡，不可開闢，則上下相度地形，多建滚水閘壩及涵洞。放入通水之溝渠，以測土方之法移而測水，務使所泄之水，適稱所溢之數，則其怒平矣。至其下或復寬闊如故，又恐其力弱而流緩，流緩而沙停。則仍引上流所泄之水，歸之正河，以一其力。如是則雖以洪河之浩瀚，而盈虚消長之權，操之自我。

一、防守險工。防河之要，惟有守險工而已。江南自徐、邳而下，大抵皆城郭村鎮，不得不畫地戒嚴。守險之方有三：一曰埽，二曰逼水壩，三曰引河。三者之用，各有其宜。當風抵溜，其埽必柳七而草三，何也？柳多則重而入底，然無草則又疏而漏，故必骨以柳而肉以草也。禦冰淩之埽必丁頭而毋横，何也？冰堅鋒利，横下埽則小擦而糜，大磕必折也。然埽灣之處，則丁頭埽又兜溜而易衝，必用順埽，魚鱗櫛比而下之，然後可以攩溜而固隄。至十分危急，搜根刷底，上隄而下坐，埽不能禦，則急於上流築逼水壩，回其溜而注之對岸。或一、二、三道。若止一道，恐河流悍烈，壩一摧而隄即不可救也。若開引河，其費甚鉅，必酌地形而爲之。若正河之身迆而曲如弓之背，引河之身徑而直如弓之弦，則河流必自舍弓背而趨弓弦，險可立平。若曲折遠近不甚相懸，河雖開無益也。

一、運載土方。運土初以人力有限，以驢代之，然莫若車運之便。夫驢之力雖勝於人，然芻秣之費，喂養之勞，倒斃之患，合而較之，殆不得當矣。車之製，當用獨輪小車。蓋挑工之處，大抵原隰高低，溝坑斷續，雙輪則不行。且小則往來捷而不滯也。一車所載，可得土二百斤，一車可抵三夫之運。

一、土方則例。土以方一丈、高一尺爲一方。然有上方、下方之别，有專挑、兼築之分。至挑河又有起土淺深之不同，築隄亦有運土主客之不同。其土方工直，更有人力强弱之不同焉。至主土者，就近挑挖之土，以所築之隄爲準者也。離隄十五丈外取土，挑至隄基之上，用大石夯硪之。或以七寸爲一層，夯至五寸。或以一尺爲一層，夯至七寸。然後再上一層土，夯如前法。每隄高一丈，兩面坦坡應築寬六丈，再加隄身二丈。則頂寬二丈，底當寬八丈，高一丈。用勾股法科之，每丈計築成上方土五十方。每方一錢五分，應給銀七兩五錢也。客土者，迤遠挑運之土，以所起之土爲準者也。高、寶定例，以五十大籮爲一方。每籮約重二百餘斤，每方約重一萬斤。連搬運上船，工銀六分。運至工所，又工銀八分。由船而運至隄上，又工銀五分。專挑者，止挑去河身之土，而不係築隄者也。兼築者，即用挑河之土，以築防河之隄也。上方、下方者，以築成隄工之實土爲上方，土塘所取之鬆土爲下方也。然一隄之中，亦自有上方、下方之别。如築隄一丈，則以平地起至五尺爲下方，自六尺至一丈爲上方。

一、南岸遥隄一工，其利有四。黄患不測，作重門之障一也。東散漫之水，匯湖入黄，沮洳涸而爲沃壤二也。引黄入淤，歲久加高，即岸成隄，不煩再築三也。挑工築隄，即開成小河一道，伏秋保險，運料便易四也。統計此隄約長八九萬丈，自房村至峰山有子、縷二隄。今應將子隄爲縷隄，而以縷隄爲遥隄。自峰山至宿遷便民閘，舊有遥越隄，皆須量爲加修。至吴城亦有見在之隄，不煩另築。然此隄所束者，徐州以下之水，而蕭、碭以上隔於山岡，尚未有所束也。再於毛城鋪起，築隄至王家山，以東徐州以西、碭山以東，並十八里屯二閘之水，使悉由鹽河歸睢溪口，入靈芝等湖，歷歸仁隄以匯於洪澤。則自碭山以及清河縣境七百里，别無霪潦之虞。

一、黄河三砂。河流順軌以來，河底日深。然尚有礓砂三處，爲河之梗。三砂之中①，曹家

① 「中」，《四庫》本作「口」。

窖砂最巨，横亘一二百丈。每冬、春水落時，去水面不過一二尺。河流迅疾，一遇限砂，則回瀾旋洑，從底而起，舟行甚險。計惟於南岸伏砂斷絶之處，另開越河里許，引河流使之避砂而行。但所開之河，不過深一丈、寬五六丈，聽河流自行汕刷。當於春初河防少暇時，調河兵挑浚，不煩募役。

一、黄、淮交濟。黄、淮二瀆，敵也。然黄强之時多，淮强之時少，惟即以黄濟淮，使强者不獨强，則二瀆交得其平，而會同之勢成。此減水各閘壩之最爲得也。黄河莫窄於徐州，其至寬者莫能過百丈。一遇伏秋大漲，衝突他潰，淮水北出清口，每患爲黄流所抵，淮少弱即不免乘虚内注。思善後利運之圖，唯有殺黄以濟淮。而殺黄濟淮之策，無如閘壩善。建置閘壩之地，又無如徐州上下善。乃經營相度，於黄河南岸碭山毛城鋪，徐州王家山、十八里屯，睢寧峰山、龍虎山等處，爲減水閘壩共九座，其因山根岡址鑿爲天然閘者居其七。既以殺黄，且使所過之水，各隨地勢，由睢溪口、靈芝、孟山等湖以入洪澤而助淮。如遇淮漲而黄消，則淮自足以敵黄，而閘壩亦無可過之水。如遇淮消而黄漲，則九閘壩所過之水分流而並至，即借黄助淮以禦黄，而淮之消者亦漲。倘更遇黄、淮俱漲，則彼此之勢略等，有中河以泄黄，周橋六壩以泄淮，亦不至偏强爲害矣。又以天然之岡址，鑿天然之閘座，雖驚濤動地，終不能迸山根而敗之，真千載之利。

三十二年，閉塞桃源縣崔鎮、支河、三義石壩三座。

三十三年，六月二十日，上諭：「内閣問：往湖灘河朔送船官員言，今年黄河之水較每年甚大。上流之地水勢既盛，至江南地方，則黄河隄岸可危，皆未可知也。遣員外郎綽奇靳治豫，馳驛往于成龍處，今年水勢何如，有無衝決，詳悉詢問還奏。」

是年，建徐州黄河南岸毛城鋪小石閘一座，大石壩一座。張鵬翮《河防志》：「伏秋黄漲，由此漫出小神湖。康熙三十九、四十年，河身漸深，水不過閘。惟四十一年異漲之水出閘。」

三十四年八月，命永停遣員察勘河工。

江南通志卷五十二

河渠志

黄河　四

康熙三十五年十月，河臣題奏兩河情形，奉旨：「著江南總督、漕運總督，江寧、安徽巡撫，公同速行會勘，確議具奏。」

附　督臣等《會議疏略》：

海口乃全黄去路。見今河臣於雲梯關下馬家港地方，挑挖引河一千二百餘丈，導黄河之水，由南潮河東注入海。急應攢挑開放。又清河縣之甘羅城卞家汪隄工單薄，應一律加幫。又天妃壩石工，今秋異漲，水上石工，築堰防禦，應行加砌。又山陽之老壩口，大、小車路口險工，當全黄之頂衝。今秋異漲，竭力搶救，方保無虞。急應修築戧隄一道，以爲内障。又山陽之王公隄，石工卑矮，本年漫隄遇水，應行加高。並應加幫月隄，以爲外護。

又自清河，歷桃源、宿遷、邳州、睢寧、靈璧，以抵徐州，除兩岸縷隄，見在高寬，未至損傷者毋庸加幫外。查黄河兩岸清河縣之南河嘴，爲黄、淮門户，河身寬闊，黄水每多倒灌。應築攔黄大壩一道，直接縷隄。並於甘羅城西，創建草壩，使口門小一分，則黄水少灌一分。

再，清河縣内縷隄陡坡塌卸，桃源、靈璧縣界内縷隄地勢低洼，以及宿遷界内彭家堡險工一千二十二丈埽臺卑矮，蔡家樓磯嘴壩一百三十二丈舊壩單薄，均應加幫。睢寧縣界内戴家樓險工三百三十五丈，全黄頂衝，勢甚危險，應建挑水磯嘴大壩。并於對岸漲出沙灘，酌挑引河一道，導水中行，以防衝激。其武官營子隄七百零四丈，亦屬單薄，並應加幫。徐州界内小店月隄三百九十五丈，單薄不堪，急應加幫，並接月隄一道。楊家洼、楊横莊兩險工，水勢南遷，全黄頂衝，應於楊家洼加幫埽臺，添築月隄。並於楊横莊北岸沙灘，酌挑引河，以避危險。

其徐州護城石岸，爲州城保障，本年異漲，水與岸平，急應酌量加高。

查黄河北岸縷隄，自清河縣界石人溝起，由桃源至宿遷縣卓家莊迤上止，共長一萬八千九百九十二丈。内係中河，外係黄河，一綫長隄，兩面受敵。兼之地勢低下，隄工汕卸，均應酌量分别加幫。

上而宿遷縣界内，河北鎮照舊修理。其南北兩岸束水子隄，卑矮單薄，逼水太窄，一遇泛漲，即有漫溢汕刷之虞。應於北岸，仍循舊址加幫。南岸臨河遠者，亦照舊址加幫，臨河近者，酌量改寬興築。並建小閘減壩，置版啓閉，水大則藉以分泄，水小則收束濟運。再於頂衝埽灣之工，照運河例，簽釘排樁，鑲填丁頭。第中河水由仲莊閘直注黄河，逼溜南趨，黄水勢强，每易倒灌運口。議於黄河之下糧艘，由陶莊閘進口，入中河北山，使清水由陶莊閘出黄，庶不助黄水倒灌。其雙金門石閘格隄，應移建於陶莊閘之下，束水行運。

又清河、宿遷之護城隄，並清河萬家營之遥隄，俱屬低矮，均應加幫。又宿遷劉老澗減壩，均應照河臣前題，建造減水石壩，磯心置版啓閉。迤下引河淺澀之處，應行挑濬，導引入海。

再查皂河兩岸隄工，宿遷縣東隄五千二百七十六丈七尺，邳、宿二州縣西隄九千零八十四丈七尺，漫溢殘缺。而閻王廟一帶，尤汕刷殆盡。均應酌量，一律修築。

按此疏如馬家港挑挖引河，已於三十九年堵塞。今具載之，以備河工始末云。

是年，挑挖安東縣黄河北岸窰灣引河。長一千二十丈。《山安河廳册》：「以分泄童家營水勢。」

三十六年，正月，奉旨：「河工關係重大，這會勘應修應築工程，俱著照該督等所題，作速興工，該部即將錢糧撥給。其海口爲黄水入海之道，所關甚屬緊要，河道總督每年委賢能河官，專管修理，勿致壅滯。」

六月，河決時家馬頭。

是年，加高黄河南岸徐州舊護城石岸。三尺六寸。又創砌攩軍牆南渡口石岸。長一十二丈九尺。

又加幫楊家洼埽臺。長三百五丈。

又小店月隄二道：一修築，長三百九十丈。一因河勢下徙創築。長三百六丈。自小店迤東起，至靈壁縣界，有民築臨河子堤長四千五十三丈。

創築邳州黄河北岸塘池月隄。長四百一丈。

又創築青墩營、姚家莊、三官廟三工月隄。共長四百六十丈。

修築宿遷縣黄河北岸自邳州界起，至張莊運口縷隄。長五千九百一十六丈。三十八年再修築。

又修築朱家莊月隄。長五百二十三丈一尺。

又修築皂河攔黄壩臨河隄。長三十六丈五尺。修築攔黄壩東隄。長二百二十九丈三尺五寸。

創築攔黄壩迤裏攔運河隄。長三十九丈。

又幫築蕭家渡舊決口戧隄長八十五丈，又幫築楊家莊舊決口戧隄長七十八丈。

《河防雜説》：「自宿遷至清河縣，黄、淮交會之處，計一百八十里。舊隄未嘗不高，因河底屢墊，河灘亦隨之墊高，則隄工每被淤没，是以覺其低耳。然從隄外河灘而觀，則覺其低。由隄内民地而觀，則巍然高峻。外高内洼，故凡有漫決，即成建瓴之勢。此一百八十里隄工迤北之地，在宿遷縣不過十分之三，在桃源縣約有十分之五，在清河縣約有十分之七。若沭陽縣、海州，則全在其中。

此各州縣地畝卑洼，非地畝之卑洼也，河高也。故每遇隄工潰決一次，則民地亦漸淤高。楊家莊未決之前，止有桃源北岸之地，被新莊口、七里溝、黄家嘴等各決口之水淤高。其自徐昇壩迤西十里許起，歷崔鎮、古城、楊家莊、朱家堂、蕭家渡，以至宿遷，計程一百里，近隄一帶全係水田，不可以耕。而遠隄去處，亦莫不低洼停水。自楊家莊潰決之後，大溜經行四載有餘，朱家堂以下俱已墊高。朱家堂以上十餘里，尚屬卑洼。迨蕭家渡一決，而宿遷附近亦俱墊高。

總之，前此水田，今皆成高亢之區。其減水壩分泄之水，自有河形，流歸大海。再經數年之後，凡有未墊之洼處，亦可逐漸淤高。故楊家莊埽工一百六十餘丈，蕭家渡埽工九十餘丈，不可不堵築堅固也。」

又朱家堂舊減水壩基，拆基創築。長一百一十三丈四尺。

又幫築河北鎮險工戧隄，長二百三十六丈八尺。建築挑水壩第一、第二道。

又修築自卓家莊起，至大古城桃源縣界縷隄。長一千六百二十六丈。

修築桃源縣黄河北岸自宿遷縣交界起，經河北鎮，又經七里溝，至清河縣交界縷隄。長一萬四千八百四十九丈五尺。

又加幫黄河南岸煙墩汛内縷隄。長四千四百二十六丈六尺。

創築山陽縣黄河南岸上河小菱①陵格隄，自縷隄起，至汏黄隄。長一百八丈。

修築下河葉家營起，至陳家社迤下安東縣界縷隄。長一萬三千十二丈。

又修築黄河北岸自清河縣界泗鋪溝起，歷顔家河至安東縣東門縷隄。長九千一百四十一丈八尺。三十九年加修。

修築黄河北岸安東縣東門起，至彭家灘縷隄。長八千九百三十三丈。隄内險要處，三十九年加幫。

又修築自彭家灘起，至雲梯關山陽縣界縷隄。長八千七百一十一丈五尺。三十九年重修。

又修築自雲梯關起，至六套縷隄。長八千一百四十二丈五尺。内卑薄處，三十九年加幫。

又修築黄河南岸陳家社下山清外河交界起，至陸家社竈工尾縷隄。長一萬二百六十一丈五尺。内卑薄處，三十九年加幫。

三十七年，幫築徐州黄河南岸下洪奎山店戧隄，又加幫自七里溝接奎山店遥隄。長二百二丈。

又築宿遷縣黄河北岸臨黄外口石閘迤東攔河大壩，長十六丈。《河防雜説》：「康熙十六年以前，黄河大溜緊貼宿遷南岸白洋河鎮市而行。是年，楊家莊潰決，以致河水北瀉，勢不可遏，從此每多水患。若一面改挑引河，又一面堅築大磯觜壩埽臺一座，逼束黄水全歸引河，而白洋河鎮自可無復水患。但此壩濱臨大河，欲長保無虞，又須築格隄一道，約長七八十丈。此亦工之不可緩者。」

---

① 「菱」，《四庫》本作「茭」。本卷康熙三十八年「修筑車路口」条亦作「茭」。

建清河縣清口東、西兩壩。

又創築黄河南岸張福口自縷隄起，至清口西壩横隄。長四百九十二丈。

創築山陽縣黄河南岸兩車路口月隄。長三百三十丈。

搶修安東縣上河窰灣險工。長一百四十二丈。

三十八年，正月二十一日，奉上諭：「諭吏、户、兵、工四部：朕撫馭寰區，乂安中外，孜孜圖治，宵旰勤民，期於天下咸遂生成，物無不得其所。今邊烽永靖，四方無事。獨是黄、淮爲患，衝決時聞。下河地方，田廬漂没。朕軫念民艱，曩曾屢遣大臣，往令督理，不惜數百萬帑金，務期早綏黎庶。乃歷年已久，迄無成功。今水勢仍復横溢，浸漫城閭，沉没隴畝，以致民多失業。董其役者，未有上策可以宜民，時廑朕懷，未嘗少釋。在内諸臣，咸請朕親臨指示，以爲一勞永逸之圖。方今春時，雨水減少，正宜講求疏濬，以遂安瀾。爰諏吉南巡，親加勘閲。」

三月初一日，聖祖仁皇帝南巡閲河。諭大學士伊桑阿、阿蘭泰，尚書馬奇，侍郎常綬、喻成龍、李柟，總漕桑格，總河于成龍，協理河務府尹徐廷璽，江寧巡撫宋犖，員外郎赫韶、瑟登德、費揚古等：「朕念河道，國儲民生攸關，親行巡幸，由運河一帶以至徐州迤南黄河，細加看閲。黄河底高灣多，以至各處受險。又至歸仁隄、高家堰運口等處，留心細閲。見各隄岸愈高，而水愈大。此非水大之故，皆因黄河淤墊甚高，以致節年漫溢。黄河若淤高二尺，則水高二尺，淤高一丈，水即高一丈。若治河專以築隄，終屬無益。如不將黄河刷深，徒費錢糧。且運口太直，黄水倒灌。兼之湖水淤墊，以致清水不能暢流，各河與洪湖之水如何得能敵黄？若將清河至惠濟祠埽灣，由北岸挑引入惠濟祠後入河，而運河再向東斜流入惠濟祠交匯，黄水如何得能倒灌？朕欲將黄河各險工頂溜灣處開直，使水直行刷沙。若黄河刷深一尺，則各河水少一尺，深一丈，則各水淺一丈。如此刷去，則水由地中而行。各壩亦可不用，不但運河無漫溢之虞，而下河淹没之患似可永除矣。朕意如此，是否，爾等直奏，不得以朕〔旨〕①必是。朕亦是一時意見，亦不保其必然。

且攔黄壩灣曲，馬家港窄狹，雖將時家馬頭之口堵築，而黄水不能暢流，山陽南岸韓家莊等處險工，甚屬可虞。

至於下河，不必挑濬。如將上河修築堅固，則下河不治而自治矣。今朕念民生運道，親行巡幸，如不遡本窮源，分晰條治，於民生何益？將來每歲加幫高家堰等隄，堵築時家馬頭等口，徒費錢糧，淹害百姓。

今應將清口之西壩臺，加添挑水壩，修築堅固，加長過於東壩臺，將清口安置裏邊，洪澤湖擇其水深之處，開直成河，使湖水流〔出，〕②黄河灣曲之處，直挑引河，使各險處不得受衝。董安國、馮佑將河道廢壞已極，此各工程，責令賠修贖罪。

---

① 據宋犖《迎鑾日記》補。
② 據宋犖《迎鑾日記》補。

其下河見有積水，不得不引出歸海。將串場河、射陽湖、鰕鬚沙溝一帶挑通，引積水流出歸海。其攔黃壩應行挑拆，時家馬頭暫緩堵築，使黃水流定，汰黃隄築成之日，再將時家馬頭決口堵塞。

至於歸仁隄，人皆稱係保護明季皇陵，此俱係妄誕。三四十里路之隄，如何護得明季皇陵？此隄之修，專因水漲之時，毛城鋪等處發來之水，至歸仁隄攔回，仍歸黃河之意。此隄亦應酌量修築。

至於運河之水，少有不濟，治之甚易。

爾等係河臣，係爾等專責。若此治法一成，則河道可保無虞。如不然，另想別策，務必將被淹州縣之水災盡除，方不負朕南巡救民之意。爾等若挑挖引河，其原有工程仍照舊令各官修防，不可怠忽。俟挑挖引河，黃河歸入故道，再將下河串場河與射陽湖、涇河、鰕鬚沙溝挑數處通流，使水歸海。

至於邳州、清河、桃源、安東、山陽、寶應、高郵、江都、泰州、興化、鹽城等州縣，百姓困苦已極。如欲拯濟，而窮民不沾實惠，殷實之人反得行其冒瀆。每州縣或截留漕糧一萬石，或截留數千石，比時值減價糶賣，則窮民實有裨益。邳州差部官一員糶賣。其餘別處米石，責成總漕桑格、總河于成龍同地方大臣，委令地方官糶賣。如此救治，諒百姓似不致流離，河道永無衝決。朕意如此，是否允當，爾等直奏，不得以朕旨爲必是。爾等速會議具奏。」

是日，總河于成龍、協理河務徐廷壐等，奉上諭：「將攔黃壩拆開，新河口亦不必堵塞，其時家馬頭亦不必合龍門。俟汰黃隄築成之日，再行定奪。」

初三日，奉上諭：「王公隄甚屬險要，務須加幫修築堅固。」

初四日，奉上諭：「朕未到之前，將王家營陶家莊引河挑完放水，即寫摺子具奏。」

四月二十二日，于成龍、徐廷璽奉旨，問：「引河挑水壩、河身戧隄可曾建築？」又奉旨：「此隄朕業已指示，不用高寬，止用高五尺、底寬二丈、頂寬七八尺，以遏水頭。」

二十三日，奉旨：「隄內有水之處必下埽，方好幫築。時家馬頭舊河從前淤墊之處，挑挖引河，決口趁此時亦應堵塞。至修河之圖，朕至京斟酌妥當發來。」

二十七日，奉旨：「這黃河灣曲之處，俱應挑挖引河。」于成龍奏：「徐州楊横莊一帶，現遵旨挑挖。其各險灣曲之處，容臣陸續施工。」奉旨：「是凡有灣曲之處，俱各挑直。」

又清口南岸，奉上諭：「這南岸若不修挑水壩，新挑引河必不能暢流。」又奉上諭：「從朕所釘樁處，修挑水壩二三十丈。挑出水頭，大溜向北，以至引河流暢。尾隄在陳家莊旱地面，築高五尺。水長之時，若從陳家莊南，任其流去無礙。」

七月初十日，上諭：看圖內，將歸仁隄便民閘等口俱已堵塞，其毛城鋪以下各口尚未堵塞。即將此處堵閉，則毛城鋪等口所出之水，由何處泄去？必致於散漫各處，民受大害，所關甚屬緊要。此處宜速籌一策。是年，總河于成龍奉上諭勘工，未奏。

是年，創築碭山縣黃河南岸定國寺月隄。長一千九十丈。

創築徐州黃河南岸自苗家山起，至冰雹山縷隄。長一千五十丈。

又加幫自韓家山起，至段家莊西頭舊有民修隄工。長四百九十三丈。

又幫韓家山南山溝中舊有民築土堰。長七十三丈。

又修築自雲龍山黄茅岡起，至徐州西關街栅欄門止蘇隄。長六百三十八丈。

又改挑下洪奎山店支河二百丈。張鵬翮《河防志》：「下洪奎山店隄，外臨黄河，内傍支河，最爲險要。改挑支河二百丈，以保隄工。」

又築七里溝接奎山店戧隄。長二十九丈。又自奎山店起，至三山頭遥隄卑薄處，俱加幫。

又創築曹家莊月隄，長四百六丈。楊家洼月隄，長七百二十丈。修築韓壩舊險工月隄。長三百五十六丈。

又加幫黄河北岸自單縣界起，經吴家寨，至李道華家樓縷隄。長一萬三千二百九十三丈二尺。自單縣界至吴家寨一千丈，舊係民修。「李道華家樓」，《徐州志》作「止水庵」。

又修築自大谷山起，至蘇家山縷隄。長四百四十七丈。自陡山起，至子房山縷隄。長一千三百十五丈。

又加幫華家樓起，至長山頭民修隄工。長一千九百六十丈。

又修築自九山起，至出頭山遥隄。長一千六百八十九丈。張鵬翮《河防志》：「爲徐州大壩險工重門之障。」

加幫睢寧縣戴家樓月隄北段，長二百五十五丈。另築南段。長八百四十丈。

又修築青墩營、姚家莊、三官廟三險工埽臺。長三百八十八丈。張鵬翮《河防志》：「三十八年，雖經修築，頂僅寬三丈三四尺。四十年，撥河兵重修。新舊頂共寬六丈有餘，足資捍禦。」

修築宿遷縣黄河南岸自睢寧縣界古隄頭起，經徐家灣西張王廟，至桃源縣界白洋河鈔關口縷隄。長一萬一千四百六十七丈九尺。

又創築蔡家樓墩郎廟及老隄頭、彭家堡三工總大月隄，長二千一百九十六丈五尺。陳家道口月隄。長九百五十丈。

又修築徐家灣龍門搶修險工臨河隄。長二千二十一丈。

又修築温州廟舊減水壩。長三百二十七丈五尺。

又修築黄河北岸自邳州界起，至皂河石磡迤西縷隄，長二千四百八十五丈。皂河攔黄壩西隄，長二百四十九丈六尺。自攔黄壩東隄起，至張莊運口縷隄。長三千四百三十一丈。

又創築河北鎮月隄。長九百七十八丈八尺。

又修築臨黄縷隄，自張莊運口起，至駱馬湖口西裹頭。長一千九十一丈五尺。自駱馬湖東裹頭起，至攔馬湖砂礓觜迤上矮隄頭。長九百八十三丈二尺。

《河防雜説》：「自宿遷縣城西北起，一帶連山，約行九百里，至山東歷城縣，始見平地。再西北二百里，至德州城南，名黄河涯，宋以前老黄河故道也。黄河北行必過歷城，西北南行必出宿遷東南，然後有歸海之路。自宋神宗十四年，黄河南徙，由汴河東南奪淮入海，歷今六百餘載，北道壅塞，久已不可復問。

今日求黄河之故道，即會淮入海之道也。但黄水源大，益以山、陝、河南萬山之水，合流而來，每至不可測量。

從前百計隄防，而隄高水亦高，常被漫潰。一經漫潰，則水盡旁泄，正河淤墊，運道不通。是以爲今之計，不得不建減水壩，以泄其非常之勢，俾保隄工，以全運道而衛民生也。

然上流碭山之毛城鋪、徐州之大谷山，邳州運河之萬家莊、馬莊集，以及猫兒窩之各減水壩，不過暫分其怒漲之勢，其水仍歸黄河。

若徑泄入海之壩，則自攔馬湖始。康熙二十二年，伏秋異漲，皆賴此壩宣泄，得保各處隄工。其所泄之水，俱入宿遷侍(邱)〔丘〕湖，歸楊家莊決口迤下舊河形内，東北入海。至此壩先則清、黄並泄，自黄水消落，河邊挂口斷流，止泄駱馬湖清水。

壩係五座，兩旁高低減水之地，計寬一百八十餘丈。中央深河泄水之地，計寬十八丈。蓋爲蕭家渡初合龍門，求其分泄，故用此中央之深河也。今蕭家渡合龍已經一載，下流黄河俱漸寬深，不必更留深河。相度籌維，將中流挑土實填。另於兩旁添造高低橋壩一百丈，以待他日異漲可也。」

又修築歸仁集西烏鴉嶺土隄，自鳳陽府虹縣界起，下至歸仁集石工頭。長五百九丈。

又修砌歸仁隄舊石工，上自歸仁集起，下至五堡格隄頭。長三千八十八丈。其内土隄四十一年重修。

修築五堡格隄至便民閘。長二千七百二十五丈。按：便民閘，康熙十九年建。

《河防雜説》：「宿、虹二縣歸仁隄一工，共長六千三百二十五丈六尺。内創工二千七百二十八丈，幫工三千四百八十八丈六尺，民工一百九丈，皆所以禦上流睢水並毛城鋪減下之水，以及碭、蕭、徐、宿、靈、睢、宿遷等各州縣雨水。又因黄河底高，尚未得驟然刷深，誠恐清水積高，有傷隄岸，建五堡減水壩一座，暫泄異漲。又建便民閘一座，以通行旅。

康熙二十二年伏秋時雨最大之時，五堡減水壩底之上，過水二尺五寸有奇。三教堂便民閘底之上，過水五尺七寸。及用水平將此清水與黄河較之，其黄水面尚高於清水六尺有奇。迨至隆冬，黄水已消七尺有奇，清水僅有尺許，而清黄始平，然不能外泄也。惟將便民閘底改深三尺，閘牆亦加高三尺。一經改深，則上流清水由閘者多，而由五堡減壩者少。

再於黄河南岸大隄之内，挑小河一萬八千餘丈，引此水直至清河縣出口，仍歸黄河。則不特分其注高堰之勢，而且可爲沿隄運料之資。河邊多栽柳樹，將來采伐，亦易於轉運，不誠大有益於河防耶？」

張鵬翮《河防志》：「歸仁隄在宿遷縣黄河南十六里，始於明嘉靖間，所以捍睢水、湖水及黄水，使不得南會於淮，而又遏睢水、湖水使之並入黄河，助其衝刷也。歷年隄工不修，致祠堂湖一帶連決七口，盡諸水而注之淮河，以爲高堰害。幸我皇上審悉形勢，知其緊要，詔令興修。隄工既完，又開引河，引諸水至桃源老隄頭出，以達於黄。又慮黄水消長靡常，於歸仁隄建閘三座，於老隄頭建閘二座。黄水大則閉老隄頭閘，開歸仁隄閘，以放水入淮。黄水小，即閉歸仁隄閘，開老隄頭閘，以引水刷黄。節宣有制，可以垂久遠矣。」

史奭《歸仁隄考》：

「歸仁隄控黄、淮，界桃、宿，與高堰相表裏。蓋高堰爲淮、揚之長城，而歸仁隄又高堰之屏障也。其上流來源自徐溪口，歷蕭縣、靈璧等處二百餘里，合永堌、姬村湖水，由宿遷之符離溝，經邳之睢河，而匯於埠子、白鹿等湖，從白洋河東、西兩溝入黄河。黄之泥沙，得此而汰，故俗亦名汰黄隄。然其橐籥，則又在小河口之通塞。蓋小河通，則睢、湖諸水徑入黄河，而歸仁之水減半。其籓籬則又在耿車時兒灘一帶之隄，蓋此隄高厚堅固，則睢水不得漫入埠子等湖，而河常通矣。

故上自高原，下至時灘，皆當接築長隄，歲加修守。蓋修守此隄，即所以守歸仁也。況小河常通，則靈、睢、宿遷積水得泄，而沮洳漸成沃壤。又舟行徑直，免犯湖險，而小民便於販易，爲地方利又非淺鮮也。

又按《貽麥堂①記》云：隄受白鹿等湖水，由白洋河與黄水會。其越小河口者，又上流之支分也。二水既合，直趨高堰，淮、揚之民不爲魚鼈者幾希。隄成，諸水悉由小河故道，復入於淮，高堰得殺水勢而保無衝決，水不旁流而永無奪河之患。」

① 「堂」，《四庫》本作「嘗」。

《泗州志》：「歸仁隄去州治幾二百里，去州境亦近三十里許。自歸仁集迤東，至桃源之于家岡，約長五十七里。此雖虹、睢、桃源等處地界，而實居泗之脊背也。徐、邳而下，河身卑洼，以故湖水隨漲隨涸，間漫及泗境。猶爲害不甚。自黄水徙蕭縣義安山，合永堌湖水，流入宿州之符離溝，歷邳州之睢河，與宿、虹白鹿、埠子、藕湖等水匯爲巨浸，由拖犁溝南流，入泗境安河，會淮水爲患。一遇伏秋，倒灌小河口、白洋河，由歸仁集東，横闊四十里，奔泓而下。嗣後逐年衝決，經蕭、碭、宿、睢、靈、虹濱河州縣，田廬渰没彌甚。萬(歷)〔曆〕二十年，隄東轉北新接小土隄衝漫，自岳家莊入大橋口，由黄家堰，過六師院，接安河，凡七八十里，俱被渰蕩。巡按舒公題改石隄三千餘丈，後相繼增修，自是泗境無患。

隄久傾頽，水勢衝突，直逼泗境，與高堰平。夫泗受淮患，三閘閉既無所疏，歸仁摧復有所入。彈丸尺土，水上浮漚，三版孤城，中流一葉，幾何不胥而爲魚也？康熙十年，奉旨修砌，河歸故道，泗可無憂黄，而憂蓋專在淮矣。」

附　御史徐越《修復歸仁隄疏》：

黄强淮弱，前人借水濟運，必欲助淮力北與黄争先，防阻淮水趨南面與湖會，何也？近黄河者，有睢水、埠子湖水，其勢甚大。且遇黄河一漲，則能與此水相連。倘無隄以攩之，直下而東，則中阻淮水北行之道，淮水半趨而南。其北趨者無全力，則爲黄所阻，而不能入河以濟運。其南趨者，且匯諸湖之水，漫溢於周橋閘一帶，爲高、寶各邑淪胥之患。今議者從事於周橋啓閉，及堅築翟壩傾圮，於水勢不可謂不審。但淮水有源有委，臣謂當先施力於上流之歸仁隄，然後議及於下流之周橋閘一帶，乃獲有利無害耳。

夫歸仁隄上遏睢水、埠子湖水，使併白洋河出口，以刷董口一帶之沙淤，而爲益於運道。下則兜睢、湖諸水，使不得衝入淮流，以阻其勢。復南借周橋、翟壩，遏淮水下湖之便，安得不怒激以取路清口耶？淮水全出清口，而兩河治、運道通矣。

按徐越奏疏在康熙九年，今附載於此。

加幫桃源縣黄河南岸自烟墩舊險工東頭①起，至高家灣縷隄卑薄處。

又加幫黄河北岸馬家莊縷隄。長四百四十丈。

又加修上渡口歲修險工、長六十丈。壩臺。長二十八丈四尺。

又加修三岔險工、壩臺。長二十四丈。

修築清河縣黄河北岸自桃源縣界駱家營起，至中河口西岸縷隄。長二千三百四十丈五尺。自中河

① 「工東頭」，《四庫》本作「八處修」。

口東岸起，至四鋪溝山陽縣界縷隄。長六千四百六十三丈一尺。俱三十九年再加幫。

又修築黄河南岸自桃源縣界吴城起，至張福口横隄頭縷隄。長三千五百十丈。是年修築未竟，四十年重修。

又陳家莊東挑水新壩一座。聖祖仁皇帝駐蹕，相度河勢，指定方所，親釘樁木，命築壩，挑黄水北入陶莊引河，不致逼向運口。是年，欽遵建築工竣。今土人俱稱御壩，又建有御樁亭。

又修築清口東甘羅城隄，自甘羅城西南角迤西裏河交界，至卞家汪工頭舊樁埽工。長一百三十一丈，内接卞家汪五十五丈係搶修。

又卞家汪隄自甘羅城北起，至天妃壩石工頭，舊搶修樁埽工，今改建石工。長八十四丈。

又修築自龐家灣起，至季家淺山陽縣界縷隄。長四百六丈五尺。

修築山陽縣黄河南岸外河季家淺起，至三坌上河交界縷隄。長一萬一百九十五丈。内自上張莊至三坌長一千四百八丈，四十年又加高二尺。

又加幫王公隄石工。長八百八十三丈五尺。

按王公隄者，前明萬(歷)〔曆〕三年漕督王宗沐捐俸創築以禦河患，民爲廟祀，立碑，號曰「王公隄」。舊自海神廟，至老壩口長五百九十五丈，因歲久淤墊，又築外越隄長六百二十丈。至是年加幫，護以樁埽。

又修築車路口起，至上河大茭陵汰黄隄。長一萬二千二百五十九丈。

又修築上河三岔起，至葉家營縷隄。長八千八百九十七丈三尺。是年修築未竟，四十年加幫。又自土壩頭起，至童家營下河交界，長三千二百九十三丈。自馬家社至時家塢流泉溝，長一千八百四十一丈。俱簽釘排樁。

三十九年，三月十四日，總河張鵬翮面奉聖訓：「古人之法，與今河勢不同。其最緊要者，黃河何以使之深，清水何以使之出，爾宜詳加籌畫。」十七日，又奉聖訓：「黃河曲處，挑挖使直，則水流通暢，泥沙不淤，爾宜留心。」四月，拆安東攔黃壩，賜名「大通口」。

附　**張鵬翮《疏略》**：

導河入海，順水之性，古人治河之道也。自築攔黃壩，拂水之性，以致黃水倒灌，清口淤塞，下流不通，上流潰決，淮、揚常受水患，勞費罔效，以迄於今。臣親勘河工，看得攔黃壩巍然如山，中間一綫，涓涓細流。相度上流，正黃河水面寬八十三丈餘。前河臣拆壩一十七丈，又拆二十八丈七尺，尚有攔黃壩並積土三十七丈三尺未拆。壩基高昂，終屬壅滯。盡行拆去，挑挖深通，與正黃河八十三丈之水面相符。又亟堵馬家港，於月內合龍，使水勢不致旁泄，盡由正河而行。俟黃水大長時，將新挑之河開放，資其暢流之勢，衝刷淤墊。則黃水入海，自是暢達。

命廣闢清口。張鵬翮《河防志》：「淮水由清口，經安東出雲梯關，以達於海，此自夏禹至今數千年之故道。黄河自宋神宗時南徙，而與淮合，今亦六百餘年。其出海之口，廣至數百丈，深至數丈，非人力所能爲者。或因上流不治，水緩沙停，以致梗塞，而遂欲别尋一道，以達於海。此必無是理，明潘季馴辯之甚詳。皇上宸謨獨運，命盡毁攔黄壩，賜名大通口。又命廣闢清口，淮水悉出會黄。二瀆合流，奔騰東注，積沙盡滌。今河面寬至二百餘丈，即水落亦一百八九十丈。深至四丈五六尺，即水落亦三丈五六尺。自大通口至惠家港八灘入海之處，俱深三四丈不等。自此兩河皆復其故，而淮海之間永慶安瀾矣。」

六月初四日，諭大學士伊桑阿、馬齊：「前張鵬翮赴任時，朕即指示以必毁攔黄壩，挑濬芒稻河、人字河。大抵河工事務，非身履其地，詳察形勢，無由悉知。初，張鵬翮奏請，欲按書上之言，試行修築。朕諭云：爾身至其地，親加詳閲，則應修之處，便可知矣。今毁去攔黄壩，而清水遂出，濬通海口，而河勢亦稍減。觀此則河工大可望也。當于成龍赴任時，朕亦曾諭以宜毁攔黄壩。誠於彼時毁去，早有效矣。」

七月初四日，諭大學士伊桑阿、馬齊：「張鵬翮所奏黄河曲處，挑挖使直，則對岸險工可平，此説良是。所謂曲處挑挖使直，非謂取直於隄外，乃兩隄之間自四五里至十里，廣狹不一，於此内曲者直之耳。朕亦曾以此面諭于成龍，于成龍之意甚忽視之。朕不過暫往巡視，于成龍乃久居河上之人，毋論朕不能盡知，即所深知者，亦不可强令所司曲從。朕意脱有不虞，關係非小。今張鵬翮此奏，與朕向時所見甚合。朕凡事知者言之，不知者不輕言。即今邳州、呂梁諸處，情形如何，並未親見。若强以爲知，必致辭窮。伊桑阿、馬齊爾等俱曾親到河工，若所未知者，概以爲知，可乎？張鵬翮遇事精勤，從此久任河務，必能有益。」

九月二十四日，諭工部：「歸仁隄修築事宜，屢經面諭于成龍，最爲緊要。乃于成龍性偏，未行詳看，遷延時日，以至於今。觀張鵬翮所奏，甚爲合理。此事所關至要，著九卿詹事科道，可作速會同詳議具奏。及今年黄河水小之時，興工毋誤。圖併發。」廷議：「應如所奏。」奉旨：「依議速行。」

附　張鵬翮《摺奏略》：

前河臣于成龍查勘於四堡挖引河，由胡家溝出黄水，尚未估計。臣相度形勢，胡家溝迤東地勢頗高，恐引水不暢。且沙土難以建閘。

復查勘挑挖引河之處，在於涵洞口，起至老隄頭，迤東出黄河，地勢低洼。打量水平，黄河崖地平比黄河水面高五尺五寸，縷隄外地平比隄裏地平高三尺，舊河崖地平比舊河水面高一尺七寸四分。通平牽算，湖水比黄水高七寸六分。自涵洞口起，至黄河邊共長四千八百五十丈四尺。內自涵洞起，至九龍廟，見有舊河一道，計長一千二十七丈九尺，河身深洼，不必挑浚。唯有舊河起，至黄河邊，應挑引河長三千八百二十二丈五尺。估挑面寬十丈，底寬四丈，深八九尺、一丈不等。

應於黄河縷隄出水之處，建造石閘。又於臨河之處，建築草壩，隨時啓閉，以防黄河倒灌。再加歸仁隄五堡，建磯心石閘。若遇黄水異漲，則閉黄河縷隄之閘，將此五堡之閘開放，以泄湖水，不致漲裂隄身。於引河南北兩岸，築束水隄。並補築九龍廟舊隄缺口七處，加砌石工，使水不致旁溢。如此引河開成，則泄歸仁隄之水出黄河，可以衝刷河身，可以保護民間田廬，不致淹没。又使此水不盡歸洪澤湖，可以減高堰水勢。

又《欽奉上諭疏略》：

一、海口之運料河宜開也。修工應用蘆葦、柴草等項，多産海濱。舊有運料小河道，自清江浦起至海口止，年久淤塞，今應加挑浚深通。

一、運口至濱海一帶兩岸隄工亟應加幫也。攔黄壩已經拆去，海口已經疏通，馬家港已經堵塞，時家馬頭飭令速堵完竣。轉盼糧船過完，運口築隄堵截，使黄水盡下注入海，涓滴不令旁溢。正值伏汛，屆期水勢必較往年甚大。山、清、安東黄河兩岸隄工，必須加幫高厚，以資捍禦。

一、王家營引河宜挑也。此河今已淤墊，應速挑挖深通。

一、王家營減水壩宜開也。前河臣靳輔於此修減水大壩，以泄黄河漫溢之水。後經築隄堵塞，遇黄河大漲，漫溢之水無處宣泄，淹没王家營。今臣親往查勘，居民咸請開壩泄水。應酌開十餘丈，兩頭下埽裹住，泄黄漲漫溢之水，由鹽河而出。

一、桃源縣黄河南岸隄工宜加幫也。臣親看近長湖一帶，土隄長四千二百餘丈，單薄不堪，兩面受水，在在堪虞。應動帑加幫高厚，以資捍禦。

一、駱馬湖口竹絡壩宜築也。此口坐落宿遷縣黄河北岸，與駱馬湖口正對。原築有竹絡壩一座，長五十五丈，節宣黄、湖大漲之水。今看得黄河身高，自去歲水漲漫缺二段共七丈，黄水反流入駱馬湖口，匯入中河。亟宜堵築，以禦黄水，使不得内灌中河，以致淤墊。此口堵後，酌量將中河頭煞壩堵塞，引駱馬湖水由舊中河，進石閘入黄河，助黄刷沙。如遇黄水大漲，恐其倒灌，則閉閘禦之。

一、王家堂缺口宜加築也。此工坐落睢寧縣黄河南岸地方。臣親往驗看，大溜頂衝，最屬險要。所修月隄，浮沙堆築，單薄不堪。而舊缺口又與月隄逼近，無庸另修。應將月堤培修高厚，作爲正隄。

一、徐州郭家嘴之險工宜修也。此工在黄河南岸，逼近徐城。對岸沙嘴，挺入河心二里許，以致大溜直射郭家嘴，甚屬危險。城池民生，關係不小。應將沙嘴挑挖引河直出，俟水勢大漲，資其衝刷河嘴，以殺大溜水勢。郭家嘴舊有石工，至北門迤西而上，每年釘樁下埽，補救一時，不能經久。歲修搶修，靡費錢糧。臣親往查看，據耆民咸稱：對岸石山，采石甚易，加砌石工，庶可經久。臣率河官量度，自北門石工頭起，至段家莊長六百五十餘丈，加砌石工，與舊石工一律平整，不惟可保城池，且可省歲修之費。

又蘇家山石觜挑出河心，以致南岸韓家山一帶，頂衝塌潰，逼近徐城。應自楊家樓起，至段家莊築月隄，長四百餘丈，以作重門之障，庶徐州城池得以保固無虞。

又《謹陳治河條例疏略》：

一、隄工宜堅築也。舊例每堆土六寸，謂之一皮。夯杵三遍，以期堅實。行硪一遍，以期平整。虛土一尺，夯硪成隄，僅有六七寸不等。層層夯硪，故堅固而經久，雖雨淋衝刷，不致有水溝浪窩、汕損坍塌之虞。今見各隄俱無夯杵，止有石硪。又自底至頂，俱用虛土堆成，惟將頂皮陡坦微硪一遍，以飾外觀。是以隄頂一經雨淋，則水溝浪窩，在在不堪。隄底一經汕刷，則坍塌潰壞。故年來糜費錢糧，迄無成效。今後再幫之隄，俱將原隄重用夯杵密打數遍，極其堅實，而後於上再加新土。創築之隄，先將平地夯深數寸，而後於上加土建築，層層如式夯杵行硪，務期堅固。照依估定遠近土方，取土加幫，不許近隄取土。

一、椿工宜用整木也。運河中河頂衝刷灣之處，水勢湍激，恐其汕刷隄工。是以估用整木簽釘排椿，估用整柴丁頭鑲壓，以資捍禦。今見兩河排椿，俱係一木二截，浮簽淺土。所鑲柴束，俱係一柴二截，粉飾外觀。及將舊隄老工挖鬆，一遇雨淋水漲，椿木攲斜脹折，柴草隨水漂淌。嗣後排椿工程購木到工，該道廳先赴工圍驗，是否與原估尺寸相符。勒令承築人員，椿用整木，簽釘入地甚深；埽用整柴，鑲壓極其堅固。

一、龍尾埽宜停也。臣遍查河工，見工程堅固者，首在石工，次則密訂①馬牙樁，足資捍禦。其頂衝大溜之處，用丁頭埽密釘大木排樁，深埋入土，亦屬有益。至於平常工程，概用龍尾埽，稀釘排樁，淺埋浮土。一遇風浪，即行塌卸，徒飾外觀，虛糜帑金，應行停止。

一、石工修砌宜得法也。臣遍閲湖、河修砌石工之處，鏨鑿草率，參差不平。零星之甎，不足原估尺寸，三甎不能抵二甎之用。釘樁短小，不足以禦數層巨石。石塊碎小，不足以符原估丈尺。石灰、米汁短少，何以合甎石而聯成一片？鐵錠、鐵鋦全無，何以扣石縫而使之合筍？自必旋砌旋壞，安能經久？嗣後一切石工，無論面裏丁頭等石，皆照原估置辦。鏨鑿極其平整，石灰須重篩篩過。多用米汁調和，擣杵極其膠黏，滿灌而入，使之無縫不到。又用鐵錠、鐵鋦聯絡，上下合爲一片。

一、挑河之積弊宜除也。分工人員領帑到手，任意花銷，河身挑挖不及原估十之三四，隄用虛土堆成，並不肯如式夯硪。且將挑出之土，堆於臨河隄上，使隄岸高聳，以作假河之尺寸。是以年來挑濬甚多，成河甚少。侵帑誤工，莫此爲甚！嗣後挑河工程挑出之土，盡堆於原估隄上，層層夯硪成隄，使之高寬，以資捍禦。不許估計散土，以滋堆高假河之弊。

一、黄河淤墊之曲處宜取直也。恭奉上諭：「將黄河曲處，挑挖使直。」仰見我皇上洞悉治

① 「訂」，《四庫》本作「釘」。

河良法。臣查閲河工，見頂衝大溜之處，對岸必有沙嘴挺出，此河曲之故也。從此曲處挑挖引河，以殺水勢，則對岸險工可平。誠如聖諭指示，極其精當。因詢河官，何以不即遵行？據稱：挑挖引河，需費錢糧甚多。挖後引水大溜，始能成河。若逢緩水，必至沙淤，例應追賠。是以人心懼縮，不敢挑挖。臣思河工虚應故事，挑挖不如式者，理應賠修。若實心任事，挑挖深寬，偶致淤墊者，此非人力之罪。應請免其賠修，庶幾人無畏縮，我皇上挑直之上諭，可以實見之奉行，而河工有底績之期矣。

一、夫役宜優恤也。挑河築隄，雇夫動至數千。烈日風雨，手操畚鍤，夜則捲蓆爲棚，僅以庇身。雖有雇值，止可糊口。嗣後工成之日，給與印票。該地方官查驗，免其雜項差徭，以酬其勞。

又《挑挖引河疏略》：

黄河下流最窄之處，無如安東便益門，以及對岸韓家莊。臣率同道廳等官探量，兩岸相距僅六十餘丈。又兼時家馬頭至尹家莊河身太曲，對岸沙洲逼溜，直衝南岸韓家莊。而韓家莊以下，又突出沙嘴逼溜直射北岸便益門。且隄高於城，勢甚危險。應將兩處沙洲，於中開穿，挑挖引河二道。臣查時家馬頭已經合龍，淮、黄已經交會。二水合流，來春自必增長，急應乘時儹挑引河完竣。俟桃汛水長開放，使黄水直下，得以暢流。則尹韓二莊、便益門三處險工可平，安東城社民生可保。

右張鵬翮三疏，俱奉俞旨速行。

是年，創築徐州黃河南岸自楊家樓起，至段家莊月隄。長四百五丈。

又段家莊舊險工對岸沙嘴，挑挖引河，大溜下徙。

又建修郭家嘴奶奶廟一帶險工石岸。長五百三十九丈三尺。張鵬翮《河防志》：「黃水自西南直射北岸蘇家山，觸激山根，折奔南岸，郭家嘴正當大溜頂衝。又形勢逼近徐城，最爲緊要，爰請改建石岸。四十年，復置鐵犀一座鎮水。」

又加幫黃河北岸吴家莊、谷家莊相連險工埽臺。長二百四十八丈。

又築月隄。長九百四十三丈。

又築吴家莊上壩頭迎水壩一座。張鵬翮《河防志》：「迎挑水勢，使大溜向南。又於對岸挖去灘嘴，以順其流，險工漸平。」

加修睢寧縣黃河南岸王家堂險工漫口新隄。長七十四丈。

又建漫口西頭挑水壩一座，東頭建迎水壩一座。又幫築兩壩埽臺。共長五十五丈，加寬二丈。

又修築王家堂月隄。長一千六百丈。

又加幫戴家樓舊月隄北段，長二百五十五丈。另築南段。長八百四十丈。
挑挖引河自宿遷縣九龍廟起，至桃源縣老隄頭黃河邊。長三千七百丈四尺五寸。
修建宿遷縣黃河北岸臨黃外口迤東石閘一座。
又修築歸仁石工東舊隄，上自五堡起，下至桃源縣界。長三千七百五十七丈。內自五堡迤下起，至九龍廟止，石工長一千一百丈，係三十九年創砌。其下自九龍廟起，至桃源縣界，即作新開引河之南岸束水隄。
又創築引河北岸，自格隄三堡起，至桃源縣界束水隄。長六百八十三丈。
又建五堡迤上雙金門閘三座，西曰利仁，東曰歸仁，中曰安仁。
創築桃源縣引河南岸，接宿遷縣界起，至老隄頭黃河邊束水隄。長一千四百六十二丈。重修引河北岸舊束水隄，長五百九十五丈。另築新束水隄。長二千四百九十八丈七尺。
又築引河口門束水橫隄，長四十丈。內草壩一座。
又建老隄頭出水閘一座，曰祥符閘。月河小閘一座，曰五瑞閘。開挖月河。長九十六丈九尺。
清河縣黃河南岸惠濟祠後舊埽工，自天妃壩起，至龐家灣改建石工。長一百六十二丈。
又創築安東縣汪莊二塘月隄。長五百九十丈。
又搶修上河窰灣險工。長一百五十五丈。
四十年三月，准總河張鵬翮請，留馬家港泄水口門，以備宣泄黃河異漲之水。
九月初一日，上諭大學士伊桑阿等：「頃張鵬翮奏：開陶莊引河，黃河水已向北岸流去。若黃流趨北岸，則離清口甚遠。乘此時從范承勳所築挑水壩起，寬長加築隄岸過清口，將黄河及清口之水儘向下流，再匯合爲一處，則黄河之水可永無倒灌之虞。朕先曾面敕于成龍，今在河官員亦有知者。著張鵬翮問在前曾知此事官員，詳明定議奏聞。其修隄所需錢糧，即爲估計。所修之處，速繪圖呈覽。此事甚爲緊要，不得輕忽。下所司知之。」

是年，開挖徐州黄河南岸潘家馬路、楊横莊、曹家莊三險工對岸引河。長一千八十丈。張鵬翮《河防志》：「三險工相連，北岸沙觜，逼溜頂衝，遵旨取直，開挖引河，引水東下，以殺其勢。」

加幫靈璧縣黄河南岸墨家口舊係民築撑隄。長一百一十六丈。

開挖邳州黄河北岸戚字堡對岸引河。長五百七十丈。張鵬翮《河防志》：「戚字堡險工，因對河沙灘日長，逼溜頂衝，遵旨取直。於南岸開挖引河，分殺水勢，今已成河。」

建築宿遷縣黄河北岸河北鎮挑水壩第三道。

又修建駱馬湖口竹絡石壩一座。

修築桃源縣黄河南岸自半邊店起，至熊家莊縷隄。長八百三十丈。半邊店，一名野飯店。

又加幫自高家灣起，至駱家營縷隄卑薄處。

又開挖張家莊對岸顧家灣引河。長九百二十丈。

又創築談家莊險工月隄，長六百一十六丈。加幫埽工尾縷隄。長一百二十丈。

清河縣黄河北岸王家營迤西縷隄上，舊有減水壩，歷久圮廢。重建土壩，口寬三十丈。壩内挑引河，以泄黄水異漲，由鹽河入海。

又建設黄河南岸陳家莊東挑水新壩雁翅一道，清口西壩雁翅一道。

又築自挑水新壩至西壩順隄。長四百八十丈五尺。張鵬翮《河防志》：「今河溜全趨北岸，淮流暢出。四十一年，異漲之水，清、黄俱順軌而東，無壅抑之憂。」

開挖山陽縣黄河南岸尹、韓莊二險工對岸引河，長六百四十丈。韓莊東引河。長五百二十丈。張鵬翮《河防志》：「一以分尹、韓二工之水勢，一以分安東便益門之水勢。」

又築童家營險工月隄。長六百七十丈。又於對岸開引河一道。長六百二十丈。

又陳家社迤下縷隄，其下有泉水迸出，屢築屢陷。因築兩小月隄於縷隄之外，以護陷處。又築大月隄，長四百八十丈。護小月隄之外。

修安東縣黄河北岸邢家河險工。長六百五十丈。於埽牛之上，加鑲丁柴，高四尺。又壓土二尺，以資捍禦。

又建時家馬頭、汪家莊、老隄頭、佃湖磯觜壩共四座。

又加修龍潭口險工。長五百五十丈。張鵬翮《河防志》：「此工内外積水汪洋，風浪蕩擊，最爲險要。隄外創建排樁鑲柴，隄裏下埽填土，共資捍禦。」

又加幫黄河南岸歪枝套隄。長二千三十五丈九尺。

又開西磡險工對面河灘。張鵬翮《河防志》：「此工即在陳家莊下，水勢頂衝。兼以河面窄狹，河中突出沙觜，洶涌愈甚。加幫外坦隄八十丈，内戧隄三百一十五丈。又挑挖沙觜及對面河灘。舊水面僅寬六十丈，今衝刷至一百餘丈矣。又掌家港險工，在西磡之下，西磡河面漸寬，大溜直趨掌家港，防護更須加謹。」

江南通志卷五十三

河渠志

黄河　五

康熙四十一年，六月初三日，上諭：「朕因永定河南岸不時衝坍，特旨令將南岸修築石隄，看來甚有裨益。今黄河南岸自徐州以下，至於清口，通行修築石隄，可否永遠有益？若果有益，見在國帑不爲缺少，朕於錢糧一無所惜。修築此隄，應於何處採取石料，作何轉運，約幾年可以告成？著張鵬翮齊集河員，詳議具奏。」

九月十六日，内閣奉上諭：「總河請開邵家莊引河、掘徐家莊河觜等事，若下部議，必致遲延，著即照所題行。朕觀永定河修築之法甚善，河身直，河底深，所以淤沙盡皆衝刷。今治黄河，亦用此法，方爲有益。此工多費不過十萬兩，試照永定河法修治之。」

十九日，内閣奉上諭：「今所開陶莊引河甚善。朕前巡視南河時，曾令原任員外黑碩色，將引河之樁加意深築。其疏濬人字、芒稻二河亦佳。得此二河，運河甚爲有益。朕觀明朝治河，俱自徐州以上，在河南地方修築。我朝自康熙元年以來，俱在徐州以下修築。然治下流，須預防上流，若上流潰決，下流必至壅滯。嗣後徐州以上地方，河臣亦當留意。

再，黄河之水，遷徙無定。朕前在寧夏時，見黄河大溜每年更移。今年行溜在此，來年又移他處，其性如此。況九河故道，原在河間地方，後漸移向南。歷代以來，果能每年防禦，相機修理，則河道何至如此大壞？皆因時當多事，或十年、或五年不修築，不開濬，所以漸難治矣。明朝三百年間，嘗講求河工治法，彼時措置亦得其宜。如山東微山湖將水蓄聚山中，澇則蓄之，旱則泄之，皆深有益於治河者也。」

是年，創築徐州黄河南岸郭家觜石岸。長五百三十九丈三尺。又挑挖楊横莊對岸引河。長一千八十八丈。《河工事宜册》：「是年，開放成河，楊横莊險工漸次沙淤。」

創築睢寧縣黄河南岸戴家樓迤裏月隄。長一千一百七十三丈五尺。

建宿遷縣黄河北岸束水隄内小石閘一座，五堡磯心石閘一座。

幫築桃源縣黄河南岸煙墩險工埽臺，長三百六十丈。又開對岸引河。長五百九十二丈。又煙墩迤東舊有護城隄五百七十丈加幫高厚，又接築六百一丈，共長一千一百七十一丈。爲煙墩月隄。又創築談家莊越①隄。長六百一十六丈。

清河縣黄河北岸陶家莊隄外引河，自康熙三十八年聖駕南巡，親閲水勢，以黄流逼近清口，恐淮水不得暢出，詔開引河，引黄北注。四十年，更開挖寬深，至是年告成。

又因陶莊引河告成，水勢逼近縣東縷隄，創築撑隄於縣治護縣隄之内，自縷隄起至護縣隄。長二百八十四丈。又加幫護縣東隄於撑隄之外，自撑隄頭起至縷隄。長一百九十丈。張鵬翮《河防志》：「以爲縣治重門之障。」

又創築黄河南岸撑隄，自陳家莊東挑水新壩尾起，至縷隄。長三百四十六丈。

幫築山陽縣黄河南岸淇福莊裹戧隄。長二百丈。

又創築韓家莊大月隄，長八百八十丈。加幫埽臺。長八十丈。

四十二年，二月初三日，聖駕南巡，遍閲中河隄工，及徐家灣、祥符等隄閘。總河張鵬翮奉上諭：「觀黄河磯觜壩太短，不能逼溜。照永定河，試將一兩處作長挑水壩，即有衝壞，免其賠補。」又奉上諭：「煙墩甚險，雖有越隄，必須保守縷隄。此處挑水壩，應行建築。」

初四日，奉上諭：「桃源煙墩至龍窩一帶，隄工卑矮，應行加高。」

初五日，上諭永定河分司齊蘇勒：「朕觀黄河險要地方，應下挑水埽壩。現今永定河，朕親指示

① 「越」，《四庫》本作「月」。

挑水等工，俱有裨益。爾遵照朕指示式樣，前往煙墩、九里岡、龍窩三處，築挑水壩數座，試看有無裨益，雖被衝壞無妨。工完之日，令該地方官盡心防守。如有蟄陷，不時修葺。可將此旨傳與總河張鵬翮，速派賢員，令其多備物料夫匠，於朕回鑾之前完工。如遇桃汛水發，即可停止。」

三月初二日，上諭河道總督張鵬翮：「王公隄關係運道民生，最爲緊要，隄岸單薄，樁工漸朽。應再加幫，以資捍禦，不可因淤灘可恃而忽之也。」

初三日，上諭河道總督張鵬翮：「王家營對面鮑家營應開挑引河，泄黃河泛漲之水，以保障清江、淮安地方，著即行興工。仍兩岸築隄，以衛民田。」又奉上諭：「黃河逢灣取直，開挑引河，必須於對岸水淺之處築挑水壩，逼溜入引河，方爲有益。」又奉上諭：「開減水壩須於水緩之處，不可迎溜，以防奪河。」

初四日，上諭河道總督張鵬翮：「清口西壩乘此水淺時，再加長數丈有益。又半路劉河流埽灣，隄岸單薄，應築挑水壩。」

十六日，上諭內閣、九卿等：「朕此番南巡，遍閱河工，大約已成功矣。曩時總河于成龍不遵朕指授修築，故未能底績。今張鵬翮一一遵諭而行，是以成功。向來黃河水高六尺，淮河水低六尺，不能敵黃，常患淤墊。今將六壩堵閉，洪澤湖水高，力能敵黃，則運河不致有倒灌之患，此河工所以能告成也。朕自御極以來，無時不以民生爲念，雖纖悉之事，不肯怠忽。今四十餘年矣，四海（又）〔乂〕①安，民生富庶。河工適又告成，朕欲頒詔天下，大加恩賚。」

十月初七日，上諭大學士馬齊、張玉書、吴琠、陳廷敬：「朕觀河道已治，總河張鵬翮及河工官員俱甚效力。黄河一切工程，朕知之最悉。先是，永定河用埽，大有裨益。是以朕諭張鵬翮，黄河亦宜用埽。張鵬翮回奏：永定河勢小，可以用埽。黄河勢大，難以用埽。朕云：姑試用之，且所費錢糧無幾。張鵬翮因而用埽，河隄今果堅固矣。」

初八日，上諭工部：「覽河臣奏，中河之水由楊家莊開河出口，清水暢流敵黄，舟楫通行。高家堰六壩及各處工程俱保固平穩，海口大通，河底日深，去路甚速，淮水暢出，黄水絶無倒灌之虞。下河等處洼下之區，俱得田禾豐收，民居安宴。所報秋汛水勢已悉，所司知之。」

初十日，上諭吏、工二部：「黄、淮兩河，關係運道民生，最爲重要。朕念治河國家大事，夙夜厪懷，未嘗少釋。披圖咨衆，雖已悉其源流，顧水勢變遷不常，必真知洞悉，方可實見施行。是以不憚勤勞，屢親巡閲，察其險易之形勢，審其疏導之機宜，緩急次第，具有成畫。至於簡命河臣，倚任甚切。凡所屬官吏，皆聽選用。大修工程，費以數百萬計。歲修帑金，亦以數十萬計。

乃康熙三十七年，黄、淮並漲，總河董安國不堅築隄堰，疏通海口，因而河身墊高，溢出河岸，以

①　據《四庫》本改。

致倒灌洪澤湖口，湖水從六壩旁泄，由運河入下河，淹没民田。於是罷董安國，以于成龍代之。朕隨授以治河方略，詳加指示。三十八年，親往閱河，駐蹕清口河干。又面諭于成龍：清口宜築挑水壩，挑黄水使趨北岸，方可免黄水倒灌之患。隨指定其地，再三申命。于成龍不遵朕旨，致無成功。

及用張鵬翮爲河道總督，面諭云：頃已發帑數百萬，令大臣官員往高堰築隄，閉六壩，使逼洪澤湖水暢出清口。而清口築挑水壩，尤爲緊要。此壩不築，則黄水頂衝，斷不能使向北岸，湖水不得暢流。張鵬翮遵朕言，壩工築成，黄溜遂直趨陶莊，清水因以直出。疊經伏秋大漲，並無倒灌之事。其浚張福口引河，築歸仁隄，疏人字、芒稻、涇澗等河，開大通口，皆遵朕旨，一一告竣。今年春，朕閲河至桃源，見龍窩等處頂衝危險，命增築挑水壩。此壩工刻日訖事，河勢遂平。中河仲莊閘口，以與清口相對，特命改由楊家莊，漕輓安流，商民利濟。曩時黄水泛漲，或與岸平，或漫溢四出。今黄河深通，河岸距水面丈餘。縱遇大漲，亦可無虞矣。張鵬翮所修工程，雖悉經朕裁斷，而在河數載，殫心宣力，不辭艱瘁。又清潔自持，一應錢糧，俱實用於河工，無纖毫浮耗，朕心深爲喜悦。所屬大小河員，並皆勉力赴工，共襄河務，亦屬可嘉。自總河以下各官，爾二部即詳加議叙具奏。」

是年，遵奉聖祖仁皇帝親閲桃源縣黄河險工指示，建挑水壩六座：一、南岸煙墩險工，在大王廟東，建挑水壩。長十五丈三尺五寸，寬五丈。一、南岸龍窩張家莊險工，建挑水壩壩臺，長二十七丈三尺。壩身出水。長十丈，寬八丈。一、北岸九里岡險工，在大王廟東，建挑水壩。長九丈八尺，寬四丈。一、一、北岸九里岡險工，舊龍門處建挑水壩二座。第一座長十四丈，寬五丈。第二座長十三丈，寬五丈。一、北岸半路劉河險工，上水頭頂衝處建挑水壩。長五丈，寬八丈，雁翅各長八丈。又建南岸張家莊越隄，長一千八十四丈。

又建高家灣迤裏越隄。長五百丈。

又建北岸九里岡迤裏越隄。長九百七十二丈。

遵奉上諭：「加幫修築山陽縣黄河南岸清江浦王公隄外越隄并縷隄。」共長七百四十四丈五尺。靳輔《治河書》：「王公隄一綫石工，内捍運河，外抵黄、淮二瀆之衝，爲數百萬國儲咽喉地。然此一隄最難保護，若開引河，則地形未便。唯有歲修石工，排樁固址，一有坍陷，便行補葺。而於上流層次築逼水壩二三重以護之，一則捎溜以禦衝，一則回湍以聚砂，使其日漸壅墊。若石工之外得淤灘二三十丈，則隄址愈固，無衝決之虞。」

四十三年，建築邳州黄河北岸趙家莊迤裏月隄。長八百六十三丈六尺。

建桃源縣黄河北岸之半路劉迤裏越①隄。長五百丈。

二月初三日，上諭工部：「總河張鵬翮請重修徐州城外隄岸。徐州逼近黄河，城外石隄工程甚屬緊要，著即行修理。」

四十四年，正月二十三日，上諭吏、户、兵、工四部：「朕厪念民生，加意河道，屢行親閲，一切疏

① 「越」，《四庫》本作「月」。

濬修築事宜，悉經周詳指畫，獲告成功。前黄河之水往往倒灌清口者，皆由仲莊閘與清口相對，駱馬湖水勢湍急，遂逼黄流灌入清口。朕視河時，躬臨相度，命河臣移仲莊閘，改建於楊家莊出口。工竣之後，河臣報稱：黄水暢流入海，絶無倒灌清口之患。朕尚未經親閱，今欲特蒞其地，察驗形勢，用籌善後之規。其中河、黄河、運河有應加修防者，亦隨宜指示，以圖經①久。」

二月二十六日，上諭扈從大學士馬齊、張玉書、陳廷敬：「總河昨日來，問以河工形勢，河事已大治矣。從前駱馬湖口設竹絡壩，湖水大則從壩流入黄河，河水大則溢流入壩内。今竹絡壩止有湖水暢流，黄水並無浸灌，則黄河之深通可知。初次到江南時，船在黄河，兩岸人煙樹木，皆一一在望。三十八年，則僅見河岸。四十二年，則河去岸甚低，是河身日刷深矣。自此日深一日，豈不大治？聞下河連年皆大熟，亦從所未有也。」

三月十一日，上諭河道總督張鵬翮：「河工已經告成，善後方略更爲緊要。朕今親臨閲視，修建天妃閘甚當。儻黄水長至五六尺，清水不長，勢弱不敵黄，黄水自然倒灌，亦必致之理。豈可因此即謂治河失策乎？若遇倒灌，即將天妃閘暫下版，蓄清水全力敵黄。不過數日，黄水即退。遇糧船過時，即起版開放。若黄水不灌，不必下版。其惠濟祠一帶，雖建有石工，但運河與黄河只隔一綫之隄，若黄溜衝刷，石工恐不足恃。著於上下適中之處，相度形勢，修建挑水壩三四座，挑溜開行。其

① 「經」，《四庫》本作「永」。

王公隄亦應相度形勢，修建挑水壩。運河東隄保守最爲緊要，隄岸應行加幫。高郵迤南，湖、河水勢相平。界首迤南，河水高於湖水，東西兩隄卑薄，應加幫修理，著量建石工。淮安近城隄岸卑薄之處，亦應相度形勢，修建石工。黄河南岸隄工，關係緊要，應加謹修防。」

閏四月十一日，上諭扈從諸大臣及河臣等：「朕留心河道，親閲者屢矣。河之形勢，必身歷其地，始知成功之次第。朕每至河上，必到此惠濟祠，以觀水勢。三十八年以前，黄水泛濫，凡爾等所立之地皆黄水也。彼時自舟中望之，水與岸平，岸之四圍，皆可遥見。其後水漸歸漕，岸高於水。今則岸之去水又高有丈餘，清水暢流逼黄，竟抵北岸，黄流僅成一綫。觀此形勢，朕之河工大成矣，朕心甚爲快然。向年自寧夏回，曾走黄河，察看彼處河勢亦甚險。水面有與相等者，有更大於此者，張玉書亦曾見之。河在口外原走邊地，因木難山是一整石山，黄河至此，觸石而回，遂流入中國。不然，中國寧有此河患耶？」

又奉上諭：「河道總督張鵬翮：惠濟祠前植標竿處可建挑水壩，祠後埽灣處亦宜建挑水壩，以保淤灘。但此二處挑水壩俱不宜太長，恐逼水盡向北岸，有礙楊家莊口門。卞家汪舊壩修建甚佳，再略加寬長更善。」

十三日，上諭河道總督張鵬翮：「九里岡隄工修理得法，不似從前直埽不能挑溜。今修魚鱗埽，逐段挺出，逼溜開行，使洼處漸淤，此法甚善。其埽工釘樁處，可再建挑水壩二座。若恐水深，則先建磯觜壩形出水，俟其壩下漸淤，層次加修，則料不加多而功易成。」

是年，接築蕭縣黃河南岸順河集越隄。長五百九十三丈六十寸五分。

遵奉上閱河指示，桃源縣黃河北岸九里岡險工建連環壩三座。《河工事宜册》：「將大溜挑入中泓，埽工得保平穩。」

又建築黃河北岸三岔工越隄。長七百六十丈。

遵奉上閱河指示，清河縣黃河南岸惠濟祠前、後建挑水壩二座，並卞家汪挑水壩亦加寬厚。

又遵奉上諭，題准建築山陽縣黃河南岸清江浦王公隄外挑水壩一座，挑溜北向。

建黃河北岸安東縣便益門南門、東門迤西磯觜埽壩二座，各長十丈。又幫築裏戧隄。長三百四十丈。《山安河廳册》：「是年桃伏、秋汛，黃水異漲，大溜直衝縣城，總河張鵬翮竭力搶救得全。隨於縣城瀕河建築二壩，挑溜開行，以禦頂衝激刷之險。」

又建三套越隄。長一千八十丈。

四十五年，改建清河縣黃河北岸王家營新減壩。口寬五十丈。

四十六年，五月二十九日，上諭吏部：「朕屢念河防，屢行親閱。凡自昔河道之源流，及歷來治河之得失，按圖考蹟，靡不周知。粵從明季寇氛，決黃灌汴，而洪流橫溢，歲久不治。迄於本朝，在河諸臣皆未能殫心修築，以致康熙十四五年間，黃、淮交敝，海口漸淤，河事幾於大壞。朕乃特命靳輔爲河道總督。靳輔自受事以後，斟酌時宜，相度形勢，興建隄壩，廣疏引河，排衆議而不撓，竭精勤以自效。於是淮、黃故道，次第修復，而漕運大通。其一切經理之法具在，雖嗣後河臣互有損益，而規模措置不能易也。至於創開中河，以避黄河一百八十里湍悍之險，因而漕輓安流，商民利濟，其有功於運道民生至遠且大。朕每莅河干，遍加諮訪，沿淮一路軍民感頌靳輔治績者，衆口如一，久而不衰。夫人臣有大建樹於國家者，奬勳酬庸，宜從優渥。雖賜恤易名，已循彝典，尚應特予褒叙，賁以殊恩。靳輔著加贈太子太保，仍給世職，拜他喇布勒哈番，用彰朝廷追美勞臣之典，爲矢忠宣力者勸。爾部即遵諭行。」

是年，補築豐縣黄河北岸吴家莊新隄。長四百三十丈。《河工事宜册》：「吴家莊迤上隄工，於康熙四十六年八月初六日，黄水陡長，風雨交加，人力難施，以致漫溢成缺，寬一百三十丈。河督張鵬翮題報，估修越隄，並補築新隄。」

建安東縣黄河北岸佃湖迤上地藏庵前磯觜壩，連上水雁翅、下水樓崖，共長三十四丈五尺。又幫寬裹戗隄。長二百丈。

又創築柳園頭越隄。長四百丈。

四十七年，挑挖碭山縣黄河南岸吴家莊對岸丁家閣引河。長一千三百五十三丈。《河工事宜册》：「河督張鵬翮《亟請挑挖引河引溜直趨疏》内，題准估挑工竣。是年，即開放成河，吴家莊險工淤閉。」

創築蕭縣黄河南岸徐家莊月隄。長五百七十一丈。

附見張鵬翮《河防志》：

「一、挑挖引河之法。審勢貴於迎溜，而施功宜於深闊。且俟水大漲，乘機開放，則有一瀉千里之勢。若挑挖太窄，則受水無多，遽難挽溜以入新河。若挑挖太淺，水不全趨，勢緩則墊。若挑引河太短，水流不舒，爲正河所抑，洄洑漩淤。須挑挖寬六十丈，或四十丈，即窄亦須十餘丈。須長二千丈，或千餘丈，即短亦須八九百丈，方趨溜有勢而成河。若挑挖引河太直，固屬節省錢糧，又恐直則平緩，而無波瀾湍激之勢，久亦漸淤也。須隨黄河大勢開挑，俾其河頭迎溜，河尾泄水，中間灣處急溜衝刷，漸次河岸倒卸。再於河頭築接水埽壩，河尾築順水埽壩，對河築挑水埽壩，庶引河可成也。

一、幫築隄工之法。凡屬河道，必築隄束水歸漕，以防旁溢。無論創築加幫，總以老土爲佳。但黄河兩岸率多沙土，恐難盡覓老土。須於隄完後，務尋老土蓋頂蓋邊，栽種草根，以禦雨淋衝汕。築隄之法，每土六寸行硪，其歧縫處用夯堅築，其新舊隄交界又用鐵杵力築。層層夯硪，期於一律堅實，總以簽試不漏爲度。

一、卷埽下埽之法。凡應用埽箇，須捲長十丈八丈者方穩。高一丈者，埽臺要寬七丈，方捲得緊。如遇隄頂窄狹者，架木平隄，名曰軟埽臺，然後捲下。先將柳枝綑成埽心，拴束充心繩、揪頭繩。取蘆柴之黄亮者，紵打小纓，總繫於埽心之上。每丈下鋪滚肚麻繩一條。或不必用麻者，即用蘆纜。又將大蘆纜二條、行繩一條，密鋪於小纓之上，鋪草爲筋，以柳爲骨。如柳不足，用柴代之，均勻鋪平。需夫五六十名。如長十丈者，共需夫五六百名，八丈者四五百名。用勇健熟諳埽總二名，一名執旗招呼，一名鳴鑼，以鼓衆力，牽拉綑捲。後用竿稈戧推埽。將臨岸，將小綆均束於埽。埽岸上每丈釘下留橛二根，將滚肚繩挽於留橛之上。每揪頭繩一根，亦釘留橛一根。看水勢之緩急，定揪頭繩之多寡。漸次將埽推入水中，將橛頭、滚肚用活扣結於留橛之上，然後慢慢壓土。俟埽將次沉下，然後下樁，每丈用一尺八寸木一根。若水勢湍激，頂衝埽灣並合龍之埽，須用大木，不在一尺八寸之例。每丈用料物細數，照現行工部則例配用可也。

一、黄河内下埽之法。凡黄河内埽工，有修防，有救險，有搶險，有新生險。修防工程，於霜降後水勢退消，驗查舊埽傾欹者、蟄陷者、卑矮者、朽爛者，須將舊埽清消平妥，相機補下，層層簽釘大樁。照依大汛水漲之痕，仍高出數尺。一律下成順埽，薄敷以土。俟其蟄定，方可下丁頭埽。若埽未蟄實，即下丁頭埽，前順埽一有蟄陷，將別埽俱爲帶動矣。

其救險工程，將有危陷埽尚未去，急須臨河添壓大埽，長樁靠隄，急清舊埽。恐爲匯崖，填之以軟草。將兩旁安穩之埽，亦須補下大樁，併力救護，勿使走動，則工程平穩矣。

其搶險乃因舊埽朽爛，或因頂衝急溜，埽下衝激空虚，舊埽全去，水匯崖岸，舊隄坍卸，岌岌堪虞。當此之際，人皇皇莫知所措。搶險工程，事有先後，埽有緩急。若誤下一埽，誤釘一樁，反致逆溜湍激，衝刷舊隄，欲去不能。每致僨事。須責令久慣埽手，或熟諳工程人員，殫心料理。責任既專，令其度量穩妥，然後急爲接下埽箇，晝夜搶下，庶舊隄無虞，兩旁之埽平穩矣。

其新生險工，每於舊險工之上下。黄河大溜一時衝至，埽傍舊隄，坦坡坍卸，急須下埽，直至開溜之處而止。

大率埽料，黄河之内以柳柴爲重，次則枯草，樁必長大，繩須堅實。至於壓土，非比清水埽箇。黄水一入埽中，即泥沙停滯，若壓土太厚，反恐欹卸。俗云「下埽無法，全憑土壓」者，乃是言清水之埽也。

一、黄河塞決之法。凡黄河初決，且不必急計裹頭，亦不必急計堵塞。初開之時，水勢洶涌，未可與争。看其出口急溜，若有奪河情形，須建挑水壩以遏其勢。上流挑挖引河，以挽其流。速運積料物。料物既積矣，猶在得時。時可堵矣，裹頭舊隄務必多下邊埽。堅固停妥，然後逐漸進埽。埽不可緩，緩恐決口漸深。又不可急，急恐下埽有失。埽必欲其大而長，長大則穩。捲埽首重於繩纜，其揪頭、滚心、滚肚必須長壯，務使繩勝埽，莫使埽勝繩。埽既下矣，薄用土壓埽。將沉於水，方釘簽樁，再加套埽。其樁亦必須長大，計埽將到底，方可再進。沉水將次合龍之際，須查在工料物。除合龍之外，仍多積料物，須防合龍之後，必有一大蟄陷。每於合龍之後復開決者，率因蟄陷故也。於合龍之時，晝夜兼工堵塞。遇有毛道過水，或係樁頂不平，或係埽手作弊，故留罅隙，必須急爲壓土，使其平實。於罅隙用稻草或紅草塞之，務使斷流。若涓涓不息，漸至蟄陷，不急搶救，則潰矣。

欲杜樁埽手之弊，惟有恤其勤勞，厚以賞賚。不必按日計值，惟以成工爲主，則工易舉而成亦速也。至決口初開時，不係頂衝之處，出口勢緩，去口平散，亦不必急計堵塞，久之率多挂口淤墊也。

一、建築挑水壩之法。凡黄河迎溜之處，宜建築挑水壩。又名順水，又名磯觜，又名馬頭，其功最大。如清河縣境内之運口，每爲黄水急溜直逼卞家汪闗攔，清水不得暢出，以致運口淤墊，陶家莊引河數挑不成。仰遵聖謨指示，於運口迤西築挑水壩一座，將黄水挑逼北徙，清水得以暢出，陶家莊引河得以成功。今二瀆合流，河工告成者，攸賴於是。凡遇有險工之處，照式築之，裨益非小。

酌試建築之法，壩欲其寬，不可甚長。須做雁翅邊埽，以順上流，勿使埽頭逆溜，有掀揭之虞。若離縷隄遠者，須接築格隄捍禦，以防異漲時黄水溢壩後衝刷之虞。」

又附見《河防志》載黄河各險工：

徐州郭家觜險工。長五百三十九丈。

潘家馬路歲修險工。長六十四丈。康熙四十年間，因對岸新生雞心灘大溜埽灣崖岸坍塌，遂成險工。

楊横莊歲修險工。長四百三十五丈。

楊横莊挑水壩西雁翅歲修險工。長四十二丈。

曹家莊搶修險工。長八十六丈。

楊家洼歲修險工。長三百二十三丈。

小店歲修險工。長三百一十丈。

吴家莊搶修險工，谷家莊歲修險工。二工相連，共長三百一十丈。

狼矢溝歲修險工。長二百五丈。

長樊大壩歲修險工。長三百二十丈。

睢寧縣王家堂歲修險工。長三百一十一丈五尺。

戴家樓歲修險工。長三百四十丈。

邳州塘池、柳園頭搶修險工。兩工相連，共長一百六十五丈。

羊山寺前歲修險工。長二百七十八丈。

自董家堂頭壩起，至馬船幫止歲修險工。長六百二十一丈。

宋家莊搶修險工。長九十八丈。

戚家堡歲修險工。長一百十九丈。

青墩營、姚家莊、三官廟歲修險工。三工相連，共長四百六丈。

宿遷縣彭家堡歲修險工。長一百四十二丈。

徐家灣龍門搶修險工。長一千二十一丈。

陳家道口歲修險工。舊長九十一丈五尺，又坍塌河崖二十五丈，共長一百一十六丈五尺。

皂河攔歲修險工。舊長八十四丈五尺，新生七丈五尺。

河北鎮下灣搶修險工。長二百三十六丈。

大古城歲修險工。長一百一十四丈。

桃源縣煙墩歲修險工。舊長二百五十八丈。康熙四十一年，東頭新生險工一百五丈。

龍窩汛險工。志内未載丈尺。

張家莊歲修險工。舊長四百三十丈。康熙四十一年，又新生險工五十四丈。

談家莊歲修險工。舊長二百七十丈。康熙四十一年，又新生險工五十丈。

九里岡歲修險工。長三百三十三丈三尺。

上渡口歲修險工。長六十丈。

七里溝磯觜壩歲修險工。長五十七丈。

三坌①歲修險工。舊長一百一十九丈。康熙四十一年，又新生險工二十丈。

半路劉險工。志内未載丈尺。

清河縣石人溝歲修險工。長五百丈。

玉皇閣歲修險工。長六百九丈。

山陽縣老壩口歲修險工。長一百四十二丈。

小車路口歲修險工。長六十丈。

大車路口歲修險工。長二百四十九丈。

朱家溝歲修險工。長一百九十四丈。

① 坌，原作「岔」，據《四庫》本改。本書卷五十二有「又加修三坌險工壩臺」。

洪福莊歲修險工。康熙四十年長六十丈，四十一年又新生三十二丈。

柴市、湯董莊歲修險工。兩工相連，共長四百三十五丈。

上張莊歲修險工。長五百一十九丈。

尹家莊、韓家莊歲修險工。二工相連，共長四百三十五丈。

新港歲修險工。長一百五十丈。

周家渡、唐家堡、小茭陵、何家莊、大茭陵歲修險工。五工相連，共長一千五百六十七丈。

胡家莊歲修險工。長一百六十丈。

童家營歲修險工。長一百七十八丈。

安東縣邢家河險工。長六百五十丈。

鄭家馬頭歲修險工。長一百三十五丈。

時家馬頭險工。歲修新舊共長二百二十九丈八尺，又搶修三十五丈。

便益門歲修險工。長三百一十八丈。

南、東兩門歲修險工。共長二百五十丈。

汪家莊、二塘搶修險工。二工相連，共長二百四十五丈。

窑灣搶修險工。舊長一百五十五丈。四十年，河身漸深，水勢稍平，止搶修挑水壩二丈七尺。四十一年異漲之水，搶修一百五十七丈八尺。

龍潭口搶修險工。長五百五十丈。

老隄頭歲修險工。長三十四丈。

佃湖搶修險工。長四十五丈。

柳園頭新生險工。長二百九十五丈六尺。

陳家莊新生險工。

西磡險工。即在陳家莊下。

掌家港險工。在西磡之下。

已上三工，志内未詳丈尺。

按靳輔《治河書》①，徐州南岸險工三：曰郭家觜，曰楊家洼，曰小莊。北岸一，曰長樊大壩。睢寧之境，盡於南岸，險工三：曰王家堂，曰戴家樓，曰羊山寺。邳州之境，盡於北岸，險工四：曰塘地大壩，曰羊山寺，曰董家堂，曰五工頭。宿遷南岸險工四：曰蔡家樓，曰彭家堡，曰徐家灣，曰白洋河草壩；北岸三：曰朱家堂，曰楊家莊，曰古城。桃源南岸險工三：曰煙墩，曰龍窩，曰李家口；北岸五：曰九里岡，曰上渡口，曰七里溝，曰新莊口，曰三坌。山陽之險俱在南岸，險工凡十有二：曰王

① 靳輔所著書，原題「治河奏績書」。

公隄，曰老壩口，曰草灣湯董莊，曰顔家河上張莊，曰真武廟，曰周家渡，曰唐家堡，曰小茭陵，曰何家莊，曰大茭陵，曰馬邏沈家圍，曰羅家左家口二十里。安東險工六：曰二鋪，曰便益門，曰南門，曰東門，曰茆良口，曰佃湖。此與《河防志》所載險工多寡有不同者。

靳輔又云：「有昔險而今平，有昔平而今險。蓋河道變遷，衝刷不常之所致也。」

張鵬翮《分晰工程摺奏》又云：江南險要工程，每年必須修理者，名爲歲修工程。有頂衝埽灣，及風暴打壞浪窩之處，隨時補救，名爲搶修工程。更有河性靡常，倏爾變遷，恐埽工不足捍禦，或築越①隄，或幫裹戗，或加幫高厚，或挑引河，或釘排樁，或修石工，或建閘壩，名爲大修工程。總之，水勢無定，目前形勢如此，將來或次險變爲險要，或險要變爲次險，惟在因時制宜，難以逆料。

又按黄河治法，自漢以下，迄無定論。唯明潘季馴專主築隄防運，束黄刷沙。本朝分别工程，治法尤備。聖祖仁皇帝天縱生知，神謨獨斷，逢灣取直之諭，開闢萬世，使河隄兜曲頂衝之處，對岸引河既成，導溜直趨，險工遂平。世宗憲皇帝繼述大孝，區畫經理，凡防濬事宜，折中盡善，誠敬格天，河神效順。江南上流之地，屢奏天成引河之瑞，將見險工淤平，所在皆然。故自張鵬翮《河防志》後，不復考載云。

四十八年，十一月，上諭户部尚書張鵬翮、内閣學士噶敏圖：「爾等到河工傳旨與總河趙世顯：

---

① 「越」，《四庫》本作「月」。

河工關係緊要，加謹修防，不可稍有忽略。宿遷以下，有清水入黄河，得以刷沙遄行。宿遷以上至河南一帶，無清水入黄，必須將兩岸隄工小心修防，令水不出漕，導水由漕中行，始無淤沙之患。至於黄河發水，由上源寧夏而來，著行文陝西總督，轉行寧夏同知：遇黄河水長時，將長水情形，作速報知，總河、河南巡撫約二十日即報到，務期預爲修防。」

是年，建桃源縣黄河南岸蔣溝挑水壩二座。第一座長十丈，寬五丈；上雁翅十丈，上水頭護崖埽三十五丈。又築撑隄三十四丈，壩臺五丈。第二座長十丈，寬五丈；上雁翅十丈。

又建煙墩扇面挑水壩。長十丈，寬五丈。

又建談家莊磯觜壩二座。各長二十丈，寬三丈。

又加幫内戧埽臺。長一百五十丈。

又建黄河北岸九里岡扇面磯觜壩三座。各長十丈，寬三丈。

又半路劉建壩二座。一上水頭磯觜壩，長七丈，寬三丈。一下水頭扇面挑水壩長八丈，寬三丈。並摟崖埽長三十六丈，寬二丈。

四十九年，建蕭縣黄河南岸徐家莊挑水壩。長十丈，上下雁翅各長五丈。

修砌徐州北門外洪福寺石工。長六十六丈。

又建黄河北岸長樊大壩汛挑水壩。長十丈，上下雁翅各長三丈。

建邳州黄河北岸趙家莊挑水壩。並上下雁翅，共長三十丈。

又修建羊山寺前挑水壩。並上下雁翅，共長三十丈。

建宿遷縣黄河南岸三教堂迤下灣兜挑水壩。雁翅、護崖埽工共長三十丈。

又建大古城挑水壩。長十丈，雁翅、護崖埽工共長四十丈。

建黄河北岸安東縣東門迤西、南門迤東磯觜埽壩二座。各長十二丈。

五十年，建邳州黄河北岸迎水大壩。並上、下雁翅，共長三十丈。

建宿遷縣黄河南岸朱家莊扇面挑水壩三座。雁翅、護崖埽並撑隄工，共長一百二十丈。

建桃源縣黄河北岸九里岡險工下壩尾扇面壩二座。各長十丈。又第二座迤下建雁翅長十丈，寛二丈，摟崖順埽長三十丈，寛二丈。又築撑隄。長十一丈。

修砌清河縣黄河南岸天妃壩甃裂石工。長十丈。

五十一年，奉上諭：「今年清水小，黄水大，黄河大溜過西壩直向卞家汪，激成回溜，以致倒灌清口。迨後清水暢出，刷通清口，船行無阻。今欲於天妃壩以上、卞家汪以下，相度形勢，仿照御壩規模，建壩一座，内蓄清水之勢，外禦黄水回溜。諭總河趙世顯，勘明形勢酌妥，即行具奏。再將陶莊引河疏濬深通，務必導流仍由北岸而行，清口自無倒灌之虞。」

是年，建蕭縣黄河南①岸田家樓挑水壩。長十丈，上、下雁翅各長五丈，上、下護崖埽共長二十五丈。添建睢寧縣黄河南岸墨家莊下壩、挑水壩二座。並上、下雁翅，各長三十丈。建宿遷縣黄河南岸新莊扇面挑水壩二座。長二十丈，並摟崖埽工長五十丈。建桃源縣黄河南岸談家莊扇面挑水壩。長二十一丈，下壩尾摟崖埽工長二十丈。又建黄河北岸九里岡扇面挑水壩。長十五丈，上雁翅十五丈，下雁翅六丈。

五十二年，建碭山縣黄河南岸定國寺挑水壩。長十丈，上、下雁翅各長五丈，上、下護崖埽各長十丈。《河工事宜册》：「以衛田廬。」

建徐州黄河南岸段家莊挑水壩。長十丈，上、下雁翅各長五丈。

又建李家莊挑水壩，長十丈，上、下雁翅各長五丈，上、下護崖埽各長十丈。又築壩尾縷隄。長四十丈。

又建張家莊挑水壩，長十丈，上、下雁翅各長五丈。又築壩臺。長十丈，寬六丈。

建宿遷縣黄河南岸老隄頭挑水壩。並雁翅長二十丈。

又建卓家莊挑水壩。並雁翅長二十丈。

建桃源縣黄河南岸煙墩挑水壩，長十五丈，寬五丈，下護崖埽長四十五丈。又築撐隄壩臺。長二十九丈。

① 「南」，《四庫》本作「兩」。

又談家莊建壩。長十丈，寬五丈。

又建黄河北岸七里溝挑水壩。長十丈，寬五丈。

加築山陽縣黄河南岸童家營裏戧隄。長一百五十五丈。《河廳册》：「五十三年工竣，又於六十年加幫裏戧隄一百五十五丈。」

創築安東縣黄河北岸時家馬頭越隄。長一千丈。

又築窑灣越隄。長四百丈。

又建佃湖迤下大王廟前挑水壩。連上水雁翅、下水摟崖共長二十二丈。

五十三年，建睢寧縣黄河南岸朱家海挑水壩三座。並雁翅每座長三十丈，上、下摟崖（掃）〔埽〕①工長一百五十丈。

建宿遷縣黄河南岸陳家灣挑水壩。長十丈。

又建張家道口魚鱗挑水壩。並雁翅、護崖埽工長四十丈。

五十四年，建碭山縣黄河南岸王家莊挑水壩，長十丈，上、下雁翅各長五丈。並築埽臺戧隄。長一百三十丈。

又建戴家馬路挑水壩，長十丈。并埽臺戧隄。長一百三十丈。

① 據《四庫》本改。

築徐州黄河南岸撐隄頭挑水壩。長十丈，上、下雁翅各長五丈，上、下護崖埽共長三十丈。
又建楊家洼挑水壩。長十丈，上、下雁翅各長五丈，上、下護崖埽各長十丈。
加幫睢寧縣黄河南岸朱家海戧隄。長二百七十丈。
建邳州黄河北岸董家堂六、七兩壩挑水壩各一座。並上、下雁翅、護崖埽工，各長五十丈。
建宿遷縣黄河南岸洋河灣兜挑水壩。護崖並舊壩魚鱗埽共長四十丈。
又建蔡家道口挑水壩。雁翅、護崖埽共長四十丈。
又建黄河北岸河北鎮挑水壩。並雁翅、護崖埽工長三十丈。
建桃源縣黄河北岸九里岡挑水壩，長十八丈。又上水頭雁翅長十五丈，寬二丈。又築壩臺。長十八丈，寬三丈。
又七里溝建壩二座。各長十丈，寬五丈。第一座上雁翅並護崖埽共長七十三丈。
建安東縣黄河北岸齊家馬頭挑水壩二座。第一座長十五丈，第二座長十二丈。
又加幫佃湖迤下裏戧隄。長一百五十丈。
又築嵇家馬頭越隄。長一百丈。
又建單家莊挑水壩一座，又築越隄。長一千三百丈。
五十五年，建徐州黄河南岸奎山店挑水壩。長十丈，上、下雁翅各長五丈，上、下護崖埽各長十丈。
修建睢寧縣黄河南岸朱家海埽工。長三十八丈，護崖埽工長一百二十五丈。

建宿遷縣黄河南岸彭家堡挑水壩。上水雁翅、護崖埽工長四十丈。

又建黄河北岸古城迤裏月隄。長四百七十一丈。

建桃源縣黄河南岸胡家莊挑水壩二座。各長十丈，寬五丈，雁翅各長十丈。又第一座護崖埽長三十五丈，第二座護崖埽長十六丈。

又黄河北岸九里岡建壩。長十丈，寬五丈。又護崖埽工長二十九丈二尺。

建黄河北岸安東縣南門東挑水埽壩，長十丈。大王廟前挑水埽壩，長十一丈。又幫築裏創隄。長五百一十二丈。

又幫築柳園頭裏戧隄。長五百七十二丈。

又建徐家莊磯觜壩一座。

五十六年，加幫碭山縣黄河南岸定國寺埽臺。長二百九十四丈。

又建徐州黄河南岸郭家觜迎水領水壩二座。各長十丈，上、下雁翅各長十六丈，上、下護崖埽共長二十丈。

又加幫楊家洼埽臺。長一百五十丈。

又加幫小店埽臺、長三百一十丈。越隄。長七百五十五丈。

又加幫黄河北岸長樊大壩迤裏埽臺。長三百一十丈。

又加幫狼矢溝埽臺。長八十丈。

又加幫睢寧縣黃河南岸王家堂迤裹戧隄，長三百丈。又修建王家堂迤外摟崖埽工，長一百九十八丈。又建築挑水壩。並上、下雁翅共長三十丈。

建宿遷縣黃河南岸鍾家灣挑水壩。並上水護崖埽工長四十丈。

又加幫陳家灣蔡家道口内戧隄。長二百丈。

又建柳園頭挑水壩。上、下雁翅，護崖埽工長四十丈。

建桃源縣黃河南岸胡家莊挑水壩，長十五丈，寬五丈，壩尾下護崖埽長三十丈。又築撐隄壩臺。長十九丈。

創築安東縣黃河南岸齊家馬頭越隄。長七百五十一丈。

五十七年，建徐州黃河南岸黃家莊挑水壩。上、下雁翅，護崖埽工各長十丈。

又題准黃河北岸微山湖西邊玉皇廟，至班家山挑河一道。長三千四百五十九丈。《河工事宜冊》：「以宣泄山東諸湖之水。」

修建睢寧縣黃河南岸朱家海護崖埽工。長三十九丈。

又建築戴家樓摟崖埽工。長八十丈。

建宿遷縣黃河南岸蔡家集摟崖埽工，長一百丈。又幫戧隄長二百一十丈。又建挑水壩。並雁翅、埽工長二十丈。

又建樊家莊挑水壩。並上水雁翅、護崖埽工長四十丈。

建桃源縣煙墩挑水壩，長十丈，寬五丈，上雁翅長十丈。又護崖埽二段，共長四十丈。埽後築撐隄，長二十二丈。又築壩臺，六十丈。又幫遥隄。五百六十五丈。

又建談家莊挑水壩。長十丈，寬五丈，上雁翅長十丈。又接雁翅下護隄埽長二十丈。

修安東縣黄河南岸李家馬頭下摟崖順埽，長二百七十六丈。隄内幫築裏戧工。長四百丈。

五十八年，建蕭縣黄河南岸順河集引水、領水壩一座。共長五十丈，上、下雁翅各長十丈，上、下護崖埽各長十丈。

建徐州黄河南岸郭家觜挑水壩。長十丈，上、下雁翅各長五丈，上、下護崖埽各長十丈。

又題准黄河北岸長樊大壩泛建挑水壩。並雁翅、護崖埽長三十丈。

加幫睢寧縣黄河南岸王家堂迤裏月隄。長一千六百七十二丈，修建迎水壩並上、下雁翅共長三十丈，壩下修建摟崖埽工長二十一丈。

建宿遷縣黄河南岸蘇家莊挑水壩。並雁翅、護崖埽工長四十丈。

建桃源縣黄河南岸胡家莊挑水壩。長十丈，寬五丈，上雁翅長十五丈，上水護灘埽長十五丈。

又建顔家莊挑水壩二座，第一座長十丈，寬五丈，上水護崖埽長二十丈。第二座長十丈，寬五丈，上水雁翅長三十丈。又建護隄埽工。長八十丈。

又建黄河北岸半路劉魚鱗壩二座。第一座長十八丈，寬四丈，上雁翅長十五丈，上水頭護隄埽長二十七丈。第二座長十八丈，上雁翅長十五丈。

又建九里岡挑水壩。長十丈，寬五丈，上雁翅長三丈，護崖埽長十丈。
五十九年，建碭山縣黄河南岸定國寺挑水壩。長十丈，上、下雁翅各長八丈，上水護崖埽長十丈。
又建王家莊領水壩。長十丈，上、下雁翅各長八丈。
建徐州黄河南岸熊家窑挑水壩。長十丈，上、下雁翅各長五丈，上、下護崖各長十丈。
又建黄河北岸狼矢溝迎水壩。長十丈，上、下雁翅各長八丈。
修建睢寧縣黄河南岸戴家樓月隄頭摟崖埽工。長五十八丈。
又創築朱家口迤裏月隄。長九百五十丈。
建宿遷縣黄河南岸墩郎廟摟崖埽工。長一百七十丈。
建桃源縣黄河北岸三坌小壩迤上挑水壩。長十丈，寬五丈，迤下護隄埽工長七十五丈。
又建楮桃樹迤上挑水壩。長十丈，寬五丈。
六十年，建徐州黄河南岸韓家山迎水、領水壩二座。共長七十丈，上、下雁翅各長五丈。
又修築豐、沛二縣太行隄。長四百一十四丈九尺。
加幫睢寧縣黄河南岸張寒、二堡、謝家潭等處縷隄。長一千二百三十一丈。
修築邳州黄河北岸鄭家莊摟崖埽工。長一百四十丈。
建宿遷縣黄河南岸臧家莊包灘埽工，長一百四十丈。加幫戧隄。長二百丈。
建桃源縣黄河南岸顔家莊護崖埽工、長一百一十丈。壩臺。長一百二十五丈。

又黄河北岸九里岡建壩三座。第一座長十丈，上、下雁翅各長十丈，填築埽後卑矮隄工長一百五十一丈。第二座長十丈，上雁翅長三十丈，下雁翅長十丈五尺。第三座長十丈，上雁翅長三十丈，與第二座壩連接。

又七里溝建壩。長十丈，寬五丈，上、下雁翅各長三十丈。

建山陽縣黄河南岸韓家莊挑水壩。長十丈，上雁翅長二十丈，下雁翅長十六丈，下首順埽長一百一十丈。

建安東縣黄河北岸時家馬頭磯觜埽壩。長十丈，上水雁翅斜長十丈，下水摟崖埽長十丈。

又建南門迤西磯觜埽壩。長十五丈，上水雁翅、下水護崖埽各長十二丈。《河廳册》：「六十一年四月工竣。」

六十一年，挑挖碭山縣黄河南岸定國寺險工對岸引河。長九百七丈五尺。《河工事宜册》：「是年，河督陳鵬年題准挑挖，於九月内開放成河，險工淤閉。」

創築蕭縣黄河南岸田家樓越隄。長五百八十三丈。

挑挖徐州黄河南岸胡家樓對岸引河。長七百丈。《河工事宜册》：「雍正元年，六月十三日開放成河，胡家樓淤閉。」

又挑挖黄河北岸長樊大壩對岸引河。長七百二十丈。《河工事宜册》：「雍正元年，六月，開放成河。」

挑挖邳州黄河北岸董家堂迤南象山前引河。長九百一十六丈。

挑挖宿遷縣黄河南岸蔡家樓汛内王家營引河。長一千三百四十丈。《河工事宜册》：「久經開放成河。」

桃源縣黄河南岸北對九里岡險工挑挖引河。長二千一百九十七丈。《河工事宜册》：「今淤。」

雍正元年，命齊蘇勒總督河道。

是年，加幫碭山縣黄河南岸陳家洼起，至蕭縣界卑矮隄工。長三千五十七丈。

又加幫順河集埽臺。長四百六十一丈。

創築徐州黄河北岸長樊大壩越隄。長四百七十一丈。

接築邳州黄河北岸董家堂迤裏張王廟前越隄。長一千一百八十八丈八尺。

接築宿遷縣黄河南岸墩郎廟越隄，長三百二十四丈。又創築臧家莊越隄，長六百一十丈。又築越隄内格隄，長一百一十丈。又加幫舊越隄、接築新隄。共長一百四十丈。

又創築五堡迤裏越隄，長八百四丈。又築格隄。長一百五十四丈。

創築桃源縣黄河南岸胡家莊迤裏越隄。長九百五十五丈。

又築黄河北岸七里溝越隄。長八百七十七丈。

建築清河縣黄河南岸清口東水壩二座。東壩長二十六丈七尺，西壩長二十四丈。

二年，修建睢寧縣黄河南岸周家樓摟崖埽工，長一百八十五丈。又加幫内戧隄。長一百九十三丈。

建宿遷縣黄河南岸五堡魚鱗埽。長四百五丈。

四年，四月二十日，奉上諭：「昨據總河齊蘇勒奏報：四月初九日，朱家口漫口水勢陡長，致將東岸壩臺大埽蟄陷九箇，目下正在防守修築。等語。黄河水性無定，將來或有漫溢，河水旁引，恐有奪河之患，關係甚爲緊要。齊蘇勒在工年久，歷練老成，清、慎、勤三字均屬無愧，朕所深知。但年已望七，恐精力稍減，河務勤勞，思慮有不及處。兩廣總督孔毓珣素諳河工事務，伊從前屢請陛見，今准其來京。著先至河上詳勘水勢，協同齊蘇勒，將河工一切修理事宜，細加商酌妥議後請來京。」

九月二十四日，河道總督嵇曾筠奏報秋汛情形，奉上諭：「今歲黄河秋汛，朕深爲繫念，屢降諭旨，令河工官員加意保固。兹嵇曾筠奏稱，深秋水勢消落，隄工平穩，乃數十年希有之安瀾，朕心深慰。」

十二月二十九日，河督齊蘇勒奏報，朱家口決口合龍。奉上諭：「齊蘇勒自簡任河道總督以來，謹慎勤勞，操守廉介，實心供職，潔己奉公。上年朱家口河水潰決，齊蘇勒遵朕諭旨，督率河員，加意堵築。今據奏報，於十二月十三日決口合龍，朕心深爲慰悦。具見悉心任事，經理有方，使泛溢河流有安瀾之慶，甚屬可嘉。齊蘇勒著加太子太傅，以獎勞績。」

十二月，黄河清，自十六日至二十二日。河督齊蘇勒以聞，命宣付史館。

是年，建徐州黄河南岸楊横莊埽工，長三百六丈。又圈築越隄二道。共長二百九十九丈。

五年，正月，總河齊蘇勒請修黄、運兩河磚石土埽等工一百一十四處，奉旨准修。

三月，齊蘇勒請復採葦官兵，以備修防河工之用。

按：康熙三十八年，總河于成龍題准設葦蕩營，計遊擊一員，守備二員，千總二員，把總四員，戰兵一千二百三十名，專管採割海山等處所產葦柴，備修防河工之用。五十八年裁汰，至是復設。

是年，修砌徐州北門外黄河南岸胡家巷口石工，長一百四十八丈。東門外小關口石工，長十四丈。下洪石磯觜石工，長十丈。又創接韓家山南山洼隄工。長四十五丈。

又建潘家馬路埽工，長二百丈。創築越①隄。長三百一十丈。

又創築牛市口裏隄。長一千九百四十丈。

又創築黄河北岸土山市街隄工，長二十四丈。創接常山頭隄工。長二十四丈。

創築睢寧縣黄河南岸清水潭越隄，長六百丈。又築撐隄。長四十丈。

又建戴家樓挑水大壩埽工。長一百五十丈。

又建朱家口上水頭挑水大壩埽工，長四十九丈。又於合龍大壩前面捲下摟崖埽工，長九十七丈。又於下水頭下護崖埽工，長四十四丈。又加鑲下水頭埽工。長二百一十九丈。又創築合龍大壩背後月隄，長三百六十三丈。又於對岸挑挖捷河，長五百八十丈。又於下尾搶挖子河。長四千六百六十八丈。《河工事宜册》：「挑水大壩以挑溜北行，摟崖埽工以保固大壩，加鑲埽工俾大溜開行，月隄以爲重門保障。捷河以分傾注之水，緩壩口之溜。子河以疏通下注，以資刷深，以利水勢。」

① 「越」，《四庫》本作「月」。

創築靈璧縣黄河南岸墨家莊裏隄。長二千一百八十八丈。
創建邳州黄河北岸宋家灣摟崖埽工。長三百十丈。
創築宿遷縣黄河南岸墩郎廟大越隄内格隄。長一百丈。
又創築蔡家樓越隄内撑隄。長六十丈。
又創築彭家堡越隄。長三百一十丈。
又增築陳家道口迤裏越隄，長五百丈。又於越隄内創築撑隄。長九十五丈。
又建臧家莊上水頭挑水壩，長二十丈。又接下邁埽。長一百六十丈。
又創築五堡月隄内撑隄。長一百四十四丈。
又加築黄河北岸楊家莊越隄。長一百三十丈，又補築缺口長十丈。
又加築河北鎮越隄，長六百六十丈。接築越隄，長二十五丈。又越隄中創築撑隄。長九十丈。
又添築大古城越隄内撑隄。長一百二十丈。
創築桃源縣黄河南岸煙墩越隄。長三百九十丈。
又築胡家莊越隄内小越隄。長四百一十丈。
又築顔家莊越隄、長三百七十丈。撑隄。長一百四十五丈。
又築談家莊撑隄二道。一長九十六丈，一長九十丈。
又築高家灣撑隄，長一百四丈。越隄内撑隄。長一百二十丈。

又接築黄河北岸九里岡格隄二道。一長一百二十丈，一長九十三丈。

又築三坌撑隄，長九十丈。半路劉撑隄。長八十七丈。

又築徐昇壩越隄、長三百二十丈。撑隄。長五十丈。

又築七里溝埽臺、長十四丈。撑隄。長三十五丈。

補築清河縣黄河北岸王家營隄工。長六百三丈。

又補築黄河南岸清口西壩邊隄工。長四百六十三丈。《河工事宜册》：「六年五月工竣。」

加幫山陽縣黄河南岸王公隄工，長二千三十丈。又補縷隄頂工。長一千六百二十六丈。《河廳册》：「六年五月工竣。」

又加高老壩口外坡隄，長一百三丈。大車路口隄。長一百九十丈。

又加幫尹、韓二莊越隄等工。共長二千七百五十一丈。

又加幫沈家園越隄、格隄等工。長八千五百九十八丈八尺。《河工事宜册》：「六年工竣。」

六年，建徐州黄河南岸曹家壩埽工。長一百十丈。

加幫睢寧縣黄河南岸王家堂縷隄。長四百六十丈。

建宿遷縣黄河南岸皂河集前摟崖埽工。長一百六十丈。

建桃源縣北門外黄河南岸護崖埽工。長一百四十七丈。

又建黄河北岸單家莊護崖埽工。長一百五十丈。

七年，二月初五日，奉上諭：「齊蘇勒練達老成，深悉河工事務。是以授嵇曾筠爲副總河，專管北河，而令齊蘇勒兼理南北兩河之事。今尹繼善新管河務，朕意欲令尹繼善、嵇曾筠分任南北兩河。又思治河之道，必合全河形勢，通行籌畫，方可疏導安瀾。若分令兩員管理，恐有推諉掣肘之處。著怡親王、大學士等，會同署蘇州巡撫王璣，及九卿内本籍江南、河南、山東之人通曉河務者，詳悉速議具奏。」

七月初八日，上諭：「黄河隄岸乃運道民生所關，最爲緊要。年來殫心經理，增卑培薄，幸隄工堅固，共處安瀾。但工程報竣，例應歸汛修防。而額設河兵、堡夫，只能修補水浪衝激之處，防備臨險搶護之用。至於隄身，一年之内風雨淋漓，車馬踐踏，漸致侵蝕者，亦勢所必有。而隄遠工多，不能責諸寥寥兵役也。朕留心訪察已久，又復詢問通曉河工之人，知《河防一覽》内載有潘季馴每歲派夫加高五寸之請。即從前靳輔亦有每兵一名，招募幫丁四名，給以隄内空地，耕種免糧，歲令加土五寸之議。與朕計慮之處，實相符合。

朕思隄工雖千有餘里，若按丈每年加修五寸，計費不過三四萬兩。倘置之不議，一年剥削四五寸，合十年而計之，其所費之多，恐有不止於加修之數者。況河流漲漫不時，難以預料。何若逐年增修保固，爲未雨綢繆之計也？朕意如此，其果否有益之處，著南北兩河總督尹繼善、嵇曾筠，悉心商酌，詳確定議具奏。至於州縣派夫錮弊，久經嚴革。而募丁給田之説，亦不可行。

其每年歲修之費，或動用藩庫帑金；或於臨河州縣應解公用銀兩内就近支給，若有不敷，於藩庫撥補。亦著河臣一併定議具奏。」

九月十四日，内閣進呈聖祖仁皇帝《治河方略》，奉上諭：「著内閣敬謹收貯。朕惟聖祖仁皇帝軫念民生，而於黄、運兩河，尤廑聖懷。自甲子以迄丁亥，六次親歷河干，指授方略，一切修築堵塞事宜，無不出自宸衷規畫。數十年來，聖謨睿訓，備載此書。凡有河防水利之任者，皆應悉心詳閲，奉爲法則。著繕寫三部，發給孔毓珣、嵇曾筠、尹繼善，令其敬謹閲看，必於河務大有裨益。但河性遷移，或今日情形與昔年有不同之處，著孔毓珣等三人會同商酌具奏。又當年或有奉旨案件，此書未經載入，而該衙門有檔可稽者，亦著查明具奏。」

是年，建宿遷縣黄河南岸蔡家馬路摟崖埽工。長一百七十丈。

八年，九月，總河嵇曾筠疏請預備工料，以資修守。十二月，奉俞旨行。

附　嵇曾筠《疏略》：

河工料物，全在及時攢辦，貯工濟用，方資修守。遍閲黄河，自徐屬之碭山，以至山、安海口兩岸，綿長一千六百餘里。隄埽工程，在在險汛，如同鱗集。兼之邳、宿、桃中高堰，淮、揚一帶湖河工程，攸關運道民生，均屬緊要。每年歲搶以及新險，費帑數十萬，用料億千萬束，方能敷用。

從前河道除額運葦蕩營柴一百五十萬之外，俱於河庫通融發帑，年前預給辦料銀兩，購貯料物。但所辦之料，不過十分之二三。工多料少，分貯難周。一遇水勢漲發，雖臨期陸續購辦，每多挽運維艱，緩不濟急。且江南柴束産自海口一帶，守候風信，辦運更延時日。

若非先事預圖，恐致臨期坐誤。請照豫省之例，每年於九十月内，即預爲約計各廳需用之料，通融動支銀兩，預備十分之七，酌量工程險易，分貯各工。限以本年十一月内，運工一半，次年正月内，務令全運到工。其餘俟次年看工程之緩急，再爲辦運。

是年，創建邳州黄河北岸宋家灣摟崖埽工，長三百一十丈。

建宿遷縣黄河南岸鈔關前摟崖埽工。長一百五十丈。

建桃源縣黄河南岸沈家莊護崖埽工。長一百五十丈。

加高清河縣黄河北岸石人溝縷隄，長五百二十①丈。楊家莊隄，長一百一十五丈。王家營減壩迤東起隄。長二百一十六丈。《河工事宜册》：「九年三月工竣。」

又加高黄河南岸清口東甘羅城隄，長一百四十六丈。卞家汪隄，長八十四丈。天妃壩隄。長三百二十丈。《河工事宜册》：「九年三月工竣。」

九年，創築蕭縣黄河南岸徐家莊摟崖埽工。長一百九十八丈。《徐屬廳册》：「徐家莊對岸漲出沙

---

① 「五百二十」，《四庫》本作「二百五十」。

嵴，大溜直射南岸，建築摟崖埽個，保固險工。」

創築徐州黄河南岸楊家洼月隄。長三百丈。

創築睢寧縣黄河南岸劉家樓迤裏月隄，長二百五十五丈。朱家壩迤裏月隄。長五百一十六丈五尺。

《河工事宜册》：「俱爲重門，以保隄工。」

建築靈璧縣黄河南岸張家瓦房壩臺，併摟崖埽工。長一百五十丈。《邳睢廳册》：「因徐州境内茅家山二十里長河大溜直射南岸，以致新生險工，築壩臺摟崖埽，以資捍禦。」

創築宿遷縣黄河南岸孟城庵越①隄。長二百五十丈。

又建築黄河北岸王家灘挑水壩二座。各長十丈，並上、下雁翅，護崖埽長一百一十丈。

建築桃源縣黄河南岸蔡家莊壩臺。長十丈，並上下雁翅、護崖埽長八十丈。

加幫山陽縣黄河南岸韓家莊縷隄。長三百九十丈。

十年，建築阜寧縣北岸四套月隄。長一千八百丈。

① 「越」，《四庫》本作「月」。

附　嵇曾筠《疏略》：

阜寧縣黄河北岸四套、五套一帶地方，坐當黄河尾閭，諸水匯歸入海之區，地形最洼，危險堪虞。前於雍正八年秋汛，水勢驟長，人力難於保護，致將四套埽工衝塌。今因南岸長出沙灘，溜勢日漸北徙，四套上下甚屬危險。若再搶築埽工，則臨河地勢虚鬆，不特難於保護，且錢糧需費浩繁。

臣親赴該工，逐細確勘，必須寬築隄防，以禦汛水。於三套以下高阜之處，建築月隄一道，庶上下包護兜灣，俾水勢循軌東注，不致有出漕旁泄之患。

奉旨：「依議。」

十一年，建築龔家營月隄，長一千一百五十五丈。徐家莊月隄。長二千九百八十丈。

附　嵇曾筠《疏略》：

山陽縣黄河南岸龔家營地方，坐當黄水入海門户，最爲緊要。祇因舊有縷隄臨河太近，大溜汕刷，河崖坍塌入裹，致成埽灣險工。若下埽修防，工段綿長，需料浩繁。且全黄之水建瓴而下，埽刷埽根更艱保護。急應在於縷隄之南，圈築月隄一道，避其激湍①之勢，以順其就下之性。

又阜寧縣黄河南岸徐家莊地方，去海更近。雍正八年，大溜日漸南徙。經前河臣孔毓珣題建月隄一道，自徐家莊至陳家浦止，計長二千九百八十丈。原估止高八尺，頂寬二丈，底寬六丈。續經臣等會疏題修在案。迄今復歷三載，北岸沙灘日長，頂衝大溜直射南岸。而該處地形注下，前次所築之隄，殊屬卑薄。恐汛水長發，黄水下注，海潮上涌，難資捍禦。亟應加幫高厚，以固隄防。

查山陽縣黄河南岸龔家營，上自邵家莊後起，下至吉家莊後止，創築月隄一道，長一千一百五十五丈。阜寧縣黄河南岸自徐家莊起，至陳家浦止，加幫月隄，長二千九百八十丈。

奉旨：「依議。」

又《合龍閉氣説》：

堵閉決口至合龍時，正河尚未寬通，旁流又復阻塞，全河水勢進退兩難，屈不能伸之日。此

① 「激湍」，《四庫》本作「湍急」。

時苟措置少有不周，必致尋路奪門，乘虛潰陷，盡棄前工。故堵合決口，築至祇寬十餘丈之時，務將從前已下各埽，凡楸頭、滾肚以及樁橛等項，一一檢點明白。更驗明積料、積土若干，然後每邊各再進一二埽，鑲墊極穩，方可捲下合龍埽個。其埽或用單、用雙，俱可不拘。既下埽閉合之後，一鼓作氣，竭力鑲填，層層加壓著地。隨即簽樁，至埽尾溜斷爲率。

至從前做過各埽，須自靠隄起，至龍門口止，通身壓土三四尺加鑲。又不可一律鋪填。如埽面寬十丈者，止於埽頭、埽尾各鑲寬一二丈。其埽面中間，多用土壓埽上，壓土愈重，埽個愈穩，將來蟄陷亦少。

若夫堵合決口之後，河流亦必去埽工數十丈之外，似乎足資鞏固。但近埽之處，不有河形，即係洼地，水勢一長，仍必分流。倘不早爲防備，則外口嫩沙，見水便消。壩下埽工，倘或朽腐，一有更變，便無從下手。亟須於龍門外口，約略長短，再下順埽數十丈，或二路二層，或二路一層以護之。如龍門裏口跌塘尚淺，則於裏口建貼心壩，以爲内戧。更著緊晝夜搶築裏越大隄一道，方爲萬全無失。

蓋以論水者，「氣」「勢」二字，本屬相連，勢之所趨，氣必隨之。今裏戧外護，而又圈以越隄，俾其氣無所透，而其勢亦隨以退阻，淤沙挂灘可跂而待。司壩工者，其可不急爲之善後耶？

又《石工説》：

石工之要，第一先審水勢。如黄河水性靡常，沙土虚鬆。除山陵岡麓土性堅凝，量爲建築石工，以資捍禦，其餘概難壘砌。又如清水頂衝之處建閘，若遇山水大發，全力衝動，必致潰裂難支。惟熟察夫來源之清濁，爲頂衝、爲拖溜，擇地建造，方能堅久。是水勢之貴於斟酌者一也。

一、在先據根基。如根基不能堅實，雖密釘長椿，層壘巨石，平墊下座，必致塌陷。務須選擇土性堅凝之處，然後施工，則久而不敝。即至歷年既遠，間有損傷，基址永固，易於修理。是根基之貴於堅實者一也。

至於壘砌之法，首重底椿。毋論馬牙、梅花，務必株株實在，方能著力。一有虚鬆，則力難勝重。上實下虚，通身受病，即全體俱堅，間有一二椿根不能到地，偶遇石縫接筍之處，立致攲斜偏側。是以按照漕規估計，有二截三截之分，而測量地勢。簽釘務以著實到地爲要。是底椿之貴於實在者一也。

一、重石塊。不拘丁砌、順砌，務須六面琢平，方能穩固。倘一面不平，即一處不穩。每有任聽匠作草率了事，鏨鑿不平，用碎石襯墊。迨至壘砌既高，其力愈重，所墊碎石難支。工完未幾，旋有蟄裂。是石塊之貴於平整者一也。

一、重對縫。石縫不密則罅隙可虞，易於滲漏。即使灌以濃漿，而灰縫粗疏，不能鎔成一片，串水之患，勢不能免。凡鬬筍接縫之處，務必琢磨細緻，參差壓縫，勾抿合式，方資鞏固。是接縫之貴於緻密者一也。

一、重灰汁。灰有真贋之辨，汁有濃薄之分，少不留心察看，則動多虛假。苟至計及錙銖，希圖節省，即有匠工牙儈，乘機舞弊。灰則攙和沙泥，汁則半多清水，豈能融洽膠黏，充盈飽滿？徒飾外觀，其弊不可勝言。是灰汁之貴乎察核者一也。

一、重丁石。不拘大小石工，如得層層丁砌，自當格外堅固。否則層丁層順間砌，皆能垂久。如非喫緊大工，則估計順砌居多。每層順砌一丈，例用丁頭石三塊，每塊長三尺六寸，庶與襯裏磚石裏外牽扯，方資鞏固。如謂壘砌在中，無可考究，所用丁頭石長不如式，則牆裏二石兩不相蒙。倒卸之虞，半多由此。是丁石之貴於照估者一也。

一、重襯磚。牆石之後，接砌裏石，裏石之後，復襯河磚。蓋土石性殊，難於聯屬，以磚貼土，誠有妙理。如或聰明自用，更改成規，動謂磚性不堅，不如省去。不知土石性難融洽，分而不屬，大有疏虞。是襯磚之貴乎如式者一也。

一、重尾土。石工背後，用土填築。土石相接，最難聯屬，夯杵不密，每致成患。務須砌石一層，即填土一層，用雜木夯杵，百鍊千錘，方能堅凝貼合。如壘砌既高，方始填土，以及任意堆積，先後失宜，雨淋水灌，非虛鬆塌卸，則脹裂傾欹，均爲石工大患。是尾土之貴乎堅密者一也。

一、重月壩。凡修砌石工，必先築月壩攔水。法用兩面排樁，襯以笆蓆，中填土心。攩溜閉氣，不使少有滲漏，以便施工，此不易之則也。然於洪波巨浪中，一壩孤懸，勢難屹立。如徒固執舊章，不知變通，萬一工程將半，壩有疏虞，前功盡棄，所損實多。又在因地制宜。如水淺，則用月壩。水深，則留存舊工一二層，以爲外障。退進一二丈挖漕，釘樁壘砌。是月壩之貴於相機者一也。

他如清槽戽水、扣錠安鍋、集料庀材、鳩工利器，事無巨細，貴周備而不遺。時有後先，毋臨期而滋誤。

若夫金門、雁翅之須詳，磯心、裏頭之有別，迎水、跌水在長短之合宜，減壩、滚壩實同工而異用，閘洞無分乎大小，隄堰總貴乎高堅，形制雖殊，施工則一。要須熟習於平時，方不致周章於臨事也。謹於高堰工成爲志，大略於此。

又《隄工走漏説》：

語云：「千金之隄，潰於蟻穴。」穴之不可不慎也！所貴平時巡查嚴密，有則填塞，斯汛水長發，乃可無患。如隄内積水之區色泛微黄，必臨水坦坡有進水之穴洞。查勘得實，即用鐵鍋扣住，勿使走氣。周圍用土填壓，堆成高厚土址。切勿脚踹杵夯，致令泄氣，恐有意外之慮。斷水之後，或於隄頂、或於隄腰挖至患處，尋其過水之洞，層層填土，夯築堅實。此截築法也。

又如河水漫灘，隄根滲漏，洞穴難尋。但見裏隄過水，即令會水精細人，在外坦逐細踹尋。

凡過水之處，抽氣必大，易於覺察。踹尋著實，萬勿用碎石、草把填塞，越塞越漏，恐成大患。須量洞口之大小，或塞以棉襖，或塞以棉被，便可堵住。設或洞口寬大，必使一人赤體，將洞口坐住。一面飛集人夫，於所坐之下，周圍塞土。離人二三尺，圍繞成圈，築成井樣。寬七八尺，高出水面二三尺。俟外水不入，即令塞穴之人扶竿速起，立將井上填實。若恐頂衝汕刷，加以護埽防風，斷不致潰裂。此外堵法也。

更有一種井穿獾洞，外面似無大壞，不知隄内已屬空虚。一遇水長，忽然走漏，勢如泉涌，不可復救。則非覆鍋、塞絮所能奏效者。須細看隄外之水，如淹隄二三尺，隄内平地比外地低洼一二尺，過水不大，宜飛調人夫，即於隄内走漏處，緊接大隄買土，急築小月隄一道，攔定走漏之水，勿使伸腰透氣。聽其流滿月隄，内外相抵，則不過水矣。然後從月隄兩頭，挨次用土實填，築成裏戧一道，可資鞏固。切勿先於漏處用土加幫。夫少則不能立成，夫多則蹂躪塌卸，反損大隄。此内堵法也。

倘或隄外水深五六尺，隄内之地又較外地卑矮，倉猝相乘，焉能築此高厚月隄，以資捍禦。則宜星運軟草，於隄外坦坡下，挨次鋪鑲，細土層層加壓。加至出水，則漏自斷。俟汛水消落，當築裏月隄一道，内外兼治，方可永固。

大抵獾洞鼠穴，不在隄之外坦，而在裏陡，不在人跡常經之地，而在幽僻荆棘之間。嚴飭各汛文武員弁，修補於平時，自不貽誤於倉猝。

巡查之責，屬之兵夫。催督①之任，寄之官弁。實爲閑中之當急，小中之最大者也。司河者幸毋忽視焉。

十一年，八月，邳、睢黄河南岸王家堂對岸沙灘，天賜開闢引河一道，險工永停修防。大學士總督河道嵇曾筠題奏，詔致祭河神。

十二年，八月，築安東縣黄河北岸王家馬頭險工。長一百五十丈。

十一月，修築宿遷、桃源、安東、阜寧等縣夏家馬路、陳家樓、王家馬頭、辛家蕩等處越堤，又下埽加鑲埽臺。

① 「催督」，《四庫》本作「督催」。

江南通志卷五十四

河渠志

淮 一

《禹貢》：「導淮自桐柏。東會于泗、沂，東入于海。」孔氏以爲淮水先入泗，泗入淮。《水經注》云：「淮、泗之會，兩川翼夾，二水決入之所，所謂泗口也。」《水經》又謂：「淮水東至廣陵淮浦縣入於海。」《禹貢錐指》云：「泗口亦名清口。」今安東縣治，或云即淮浦故城。淮浦舊屬臨淮郡，晋改屬廣陵。然則淮水入海之道，自禹迄今不改。其不同者，大河南徙，淮水受泗而東，其故道悉爲河所奪也。

以今輿地言之，淮水自河南桐柏縣南，東歷羅山、息縣、光州，東北逕江南潁州府南，淮水去潁治一百十里。又東十餘里合汝水，南岸即霍（邱）〔丘〕縣界。又東逕霍（邱）〔丘〕縣北，淮水去縣治四十五里。又東逕潁上縣南，淮水去縣治二十五里。潁水在縣南門外，亦曰沙河，東南流至正陽鎮入淮，謂之潁口，即《春秋》之潁尾也。鎮在縣東南七十里，淮水之西。又東逕壽州鳳臺縣西北，淮水去縣治二十五里。又東逕懷遠縣南，淮水流逕縣城東，稍折而北，渦水來注之，謂之渦口。又東逕鳳陽縣北，淮水去縣治十里。又東逕臨淮縣北，淮水去縣治一里。又東北逕五河縣南，淮水在縣治東南一里。有澮、沱、漴、潼四水與淮會，謂之五河口。又東逕泗州南、盱眙縣北，淮水去州治一里，去縣治二里。又東北逕清河縣南，與泗水合，謂之清口。淮水去縣治五里。又東北逕山陽縣北，淮水去縣治四十里。又東北逕安東縣南，又東北入於海。淮水去縣治二里。

蓋自清口以下，淮雖併合爲河，河實假道於淮。導淮者必東北而注於海，所謂求其故者，行所無事；必不東南而注於江，所謂惡於智者，爲其鑿矣。然淮所納山泉之水凡七十有二，泗、沂、汝、潁又最爲大。淮既不支，而全河又悉注於淮。黄濁淮清，黄强淮弱。黄嘗逼淮使之南，而高、寶諸湖不能容，則淮溢而爲患。黄又躡淮與之俱南，而清口淤沙不能滌，則淮又與黄並溢而爲患。此高堰之設，所以束淮敵黄，即助黄刷沙，使水由地中，以海爲壑。

東南漕輓通行無梗，實兩河之關鍵，天下之至計，不獨淮、揚之屏蔽已也。明潘季馴論清口之沙、鳳泗之水，以爲堰決而塞築則必通，堰決而蓄築則必達，蓋得其要矣。然其後議行水者，開周橋，撤高堰，欲使全淮入江，不但聽其支流南注，抑獨何歟？

我朝經理河、淮，逴躒前代。以陂障爲決排，以扞禦爲利導，奠寧赤子，通利漕渠，周詳盡善。聖祖仁皇帝「高堰第一要緊」之訓旨，「修治更有何善策」之諮詢，河臣恪遵區畫，底績安瀾。世宗憲皇帝特發帑金百萬，大修高堰石工，期於鞏固久長，利賴無極。隄防既完，復濬引河，使黄既勢趨北岸，而淮得宣泄於東，下不旁溢，上常交匯，悉復故道，朝宗于海。神禹平成之遠謨，亦萬世不易之法守也。兹所撰録，兼博引論説，徵治法之畫一焉。

漢

建安五年，廣陵太守陳登築堰障淮。

按《淮安府志》：「高家堰者，漢建安五年廣陵太守陳登所築。」《禹貢錐指》云：考《三國志》注，登嘗爲典農校尉，巡土田之宜，盡鑿溉之利，蓋精於水利者。當時廣陵太守，《江表傳》以爲治射陽。則此堰尤爲密邇，其爲登築無疑。

又按明潘季馴《兩河議》云高家堰，今府志稱高加堰，注云：高加者，爲護運道、邑井，宜加高而名之。蓋益加而益高耳。高堰去寶應高一丈八尺，去高郵高二丈二尺，高、寶隄去興化、泰州田又高丈許或八九尺，其去堰不啻高三丈有奇。

宋

景祐三年，泗州作外隄，以備淮水。《禹貢錐指》：「泗州南去淮一里，屢遭水患。宋開寶七年，淮水溢入泗城。歷咸平至祥符，無歲不溢。至景祐三年，作外隄以備淮水，高三十三尺，自是水患少弭。」

熙寧四年，十一月，開洪澤湖達於淮。《宋史・神宗紀》

元豐四年，命發運副使皮公弼修泗州洪澤湖。《玉海》

六年正月，從江淮荆浙發運副使蔣之奇請，開龜山運河。二月告成。長五十七里，闊十五丈，深一丈五尺。

《宋史・河渠志》：「初，發運使許元自淮陰開新河，屬之洪澤，避長淮之險，凡四十九里。久而淺澀。熙寧四年，皮公弼請復濬治，人便之。至是，發運使羅拯復欲自洪澤而上，鑿龜山裏河，以達於淮，帝深以爲然。會發運副使蔣之奇入對，建言：『上有清汴，下有洪澤，而風浪之險止百里淮。邇歲溺公私之載不可計，宜自龜山蛇浦，下屬洪澤，鑿左肋爲複河，取淮爲源，不置堰閘，可免風濤覆溺之患。』帝遣都水監丞陳祐甫經度。祐甫言：『往年淮陰至洪澤開新河，獨洪澤以上未克興役。今不用閘蓄水，惟隨淮面高下，開深河底，引淮通流，形勢爲便。但工費浩大。』帝曰：『費雖大，利亦溥矣。』祐甫曰：『異時，淮終歲失百七十艘，若捐數年所損之費，足濟此役。』帝曰：『損費尚小，如人命何？』乃調夫十萬開治。既成，命之奇撰記，刻石龜山後。建中靖國初，之奇請下發運使修築，歲以爲常。」

《川瀆異同》：「泗州與盱眙兩城，相距凡七里，自昔爲淮流襟束之處。汴水自河南界，流經州城東而合於淮，謂之汴口。宋時以此爲漕運要衝，今惟涓流可辨耳。由州城而東三十里，龜山峙焉。淮流至此，乃益折而北。又二十餘里，而洪澤、富陵、泥墩、萬家等湖，環匯於淮之東岸。淮水泛溢，恒在於此，州逼淮而地下故也。」

《禹貢錐指》：「古汴水東流經彭城縣北，而東入於泗。唐貞元中，韓愈佐徐州幕，有詩云：『汴水交流郡城角①。』是其時汴水猶於州城東北隅合泗入淮也。不知何年改流，從夏邑、永城、宿州、靈璧、虹縣，至泗州兩城間而入於淮。宋時東南之漕，率由此以達京師，南渡後漸堙。元泰定初，河行故汴渠，仍於徐州合泗水，至清口入淮，而泗州之汴口遂廢。」

明

洪武二十七年，九月，濬淮安山陽縣支家河，水南入淮，北通安東、海州。

① 此句出韓愈《汴泗交流贈張僕射》，原詩作「汴泗交流郡城角」。

永樂七年六月，壽州言：「淮水決州城。命以時修築。」

中都留守司言：「夏雨不止，淮河水溢壩口，見發軍夫，晝夜築塞。命工部亟遣人督視。」

八年，三月，工部言：「淮安府淮河南岸圮，宜令有司修築。」從之。

五月，工部請修淮安府淮河隄岸，以固大河衛城。從之。平江伯陳瑄大葺高家堰。

按《河防一覽》云：「漢陳登築堰禦淮，至我朝平江伯陳瑄復大葺之，淮、揚恃以爲安者二百餘年。」

又按《潛(邱)〔丘〕劄記》云：「高家堰自建安五年，至明永樂時平江伯陳瑄修治，中間凡一千二百十五六年，並無人言及高堰者。豈堰止受洪澤諸湖，黄、淮尚未合，不聞其有潰決之患與？《宋史》：李孟傳爲楚州司户參軍，修復陳公塘，有灌溉之利。陳公塘即高堰也。堰固不乏修治，第史文不備耳。」

又按《通鑑紀事本末》，陳瑄於永樂十三年鑿清江浦，引管家湖水入淮通漕。其修復高堰，並應在此時。而諸書失其年，姑闕之。

宣德七年，壽州衛奏：「近城西有湖，與淮相通。比雨潦暴漲，壞城二百四十餘丈，乞發附近軍民修理。」從之。

正統元年，壽州衛奏：「淮水泛漲，壞西北城垣，請修治。」從之。

天順七年，閏七月，修鳳陽衛土城及護城隄。《明英宗實録》：以久雨，淮水衝決故也。

隆慶三年，九月，淮水漲溢，自清河縣至通濟閘，及淮安府城西淤者三十餘里，決方、信二壩出海。

四年，淮水東趨，決高家堰。

六年，漕撫王宗沐築高家堰及淮安府四長隄。

附　王宗沐《淮郡二隄記》：

隆慶辛未，河大溢，壞漕舟以千數。天子不以沐爲不肖，使董漕計。逾年，淮父老詣余而泣曰：「郡地專受淮，故稱淮安。勢自西南，歷清河而東，與湖南僅隔拳土。故高家堰有隄，不治，而淮輒入海，幾受其半，淮、揚兩郡皆困。終不治，則且妨漕。」余惕焉，按之信然。乃檄守陳文燭，以軍餉六千餘金築焉。

又明年癸酉五月，淮水溢，平地高三丈餘，而以隄故，不溢入湖，郡之南鄉與揚皆無恙。然勢掠郡西，合黄河折而經北城下安東，則洶涌幾齧西橋，奪漕河而出。余爲之不寢者三夕，幸而勢少殺。則又以其泛濫四溢，數道出禮信壩及鉢池山，民在巨浸中，至八月而始涸。余以災請，幸天子仁聖，捐米八萬石賑之，而又允折漕糧。是時，幸淮獨漲，使稍遲半月，與黄河並發，則事不可支矣。

是年冬，余再檄于同知時保，以賑之餘米一萬石，募夫築郡西長隄焉。

高家堰隄北自武家墩起，至石家莊止，計三十里而遥，爲丈五千四百。隄面廣五丈，底廣三之。而其高則沿地形高下，大都俱不下一丈許。而又於大澗、小澗、具溝、舊漕河、六安溝諸處，築龍尾埽，以遏奔衝。隄内自澗口以達張家莊，濬舊河以泄湖水，使不侵齧。工凡五十日而畢。

郡西長隄自清江浦藥王廟起，東歷大花巷，由西橋相家灣，直抵新城，過金神廟，至柳鋪灣，六十里而近①，爲丈八千七百九十八。隄面廣四丈，底廣三之，高可七尺餘。蜿蜒如長虹，以障郡城之北。工凡三月而畢。

余按淮安郡三城在淮與漕河夾中，自嘉靖中年以來，無歲不被水。而其最甚，則己巳、癸酉極矣。鞠爲大澤，不見水端，民之棲樹巢冢，以救旦夕。即余疏中所道，蓋其十之三四也。而今二隄並峙，高家堰獨抗淮於西南，而西長隄又障淮於西北。蓋至是而居者、田者皆有寧處，可望生全，無苦昏墊矣。

顧淮水高於郡，勢若建瓴而下，使其發時與河並，則爲慮尤巨。且西長隄能障溢水，而其從下齧而潰者不能卻。河故去城數十里，而今乃在城下。是其大勢漸侵而南可睹也。開草灣以分河勢，通澗河以防溢流，予心耿耿焉。

文燭，楚之沔陽人。時保，浙之嘉興人。而是時同相二役者，郭同知大綸、王通判弘化、諸

① 「近」，《四庫》本作「遥」。

推官大綸、山陽縣縣丞談嘉謨也。

丁士美《高家堰記》：

山陽舊有高家堰，違郡城西南四十里許，而圮廢久矣。其最關水利害者，則大澗口也。先是，堰屢決屢築，工皆不鉅。邇者決益甚，工益鉅，當事者始難之矣。

按堰迤西當淮、泗二水合流之衝，二水東北與黄河會，胥入於海。比歲河流衝決，則淮、泗泛溢，勢必由澗口建瓴下注，匯於津湖。甚者穿漕隄入射陽湖，而山陽、鹽瀆之間以及海陵諸地，通爲巨浸，茫無際涯已。間者黄河亦爲牽引，而漕渠日就湮淤。是其害不直在民生，而且移之國計也。爰考郡乘，獨不之載，故欲拯民之溺者無徵焉。先後議築者凡逾二紀，而喙喙紛如，大都唯者十一，否者十九。其唯者率如前指曰：「築之便。」否者輒稱財詘。至有執道旁之見，上不便狀者。故屢議屢罷，不果行。

兹郡守陳公治淮之明年，諸墜具修。時因士民之請，親至其地，用中而荒度之。已而慨然曰：「淮之休戚，將是焉在，可弗圖乎？是余之責也夫，是余之責也夫！」顧民力竭矣，難重勞也。夙夜籌之不置，將有待而舉者。

會督撫王公至，灌輸之暇，廉堰狀，爲愕然曰：「淮之休戚，將是焉在，可緩圖乎？彼稱不便者，職時①詘爾，余能以官帑成之。」遂發帑金萬二千有奇，令募民築之，以其事屬諸陳公。然公計此已甚稔矣，公因肩其事。乃以其役屬諸致政周君予德等，曰：「惟兹堰事，盍爲余往董之？惟桑梓是念，勿我辭也。」周君等唯唯，承指惟謹，相與環堰而寢處焉。

是時飢者載道，聞募而至者七千有奇，其扶攜老稚而就食者，又倍蓰不啻也。工始於隆慶六年九月，訖於萬（歷）〔曆〕元年春正，凡五閱月而堰成云。

堰隨地之高下，其高者約一丈許，面闊五丈，底闊十五丈。澗口水深一丈，實土與之等，闊三十七丈，堰築於其上。外爲偃月隄，長三百丈，高六尺，水小至或能禦之，大至雖勢能襄隄，比至堰，力已殺矣。

其具溝、六安溝、舊漕河等口，皆爲月隄以護之，其崇如墉。又導堰内湖澗諸水，由畢溝入西湖，數十里皆爲膏腴，可樹可藝云。

堰延袤五千四百丈，用帑金六千有奇，民不勞而事就緒，皆督撫之碩畫，郡守之經理也。淮人請刻石以垂永久，屬余記之。

聞之語云：「非常之原，黎民懼焉。」民之難與慮始也，自昔然矣，其堰之謂與？余嘗觀宋天聖中，海潮漫爲鹹鹵，范文正公時監泰州西溪倉，議築捍海堰於通、泰、海三州之境，長數百里以

① 「時」，天啓《淮安府志》卷二十一作「財」。

衛田。逾年而後，堰成，民享其利，三州之民生祠之。又元祐中，杭之西湖多葑田，六井幾廢，蘇文忠公時守杭，遂浚茅山、鹽橋二河，復完六井，又取葑田積湖中，南北經三十里爲長隄，以通行者。杭人名蘇公隄，家有畫像，飲食必禱於公。今茲堰之舉，視文正、文忠又奚異也？淮民之尸祝二公也無疑矣。世嘗謂古今人不相及，非然哉，非然哉！

萬（歷）〔曆〕四年，河從崔鎮口北決，淮水從高家堰東決。

五年，閏八月，河、淮復合。《明神宗實録》：「五年，六月，漕運侍郎吴桂芳奏：淮水向經清河，會合黄河趨海。自去秋河決崔鎮、清江一帶，正河淤墊，淮口梗塞。於是淮弱河强，不能奪草灣入海之途，而全淮南徙，灌山陽、高、寶之間。向來湖水不逾五尺，隄僅七尺。今隄加至一丈二尺，而水更過之，此從來所未有也。議護湖隄，以殺水勢。部言隄雖可護，而不能必水之不漲；欲水之不漲，必俾淮有所歸而後可。宜令漕運衙門，嚴督司道，熟計其便。報可。」

閏八月，吴桂芳稱黄水向老黄河故道而去，下奔如駛，淮遂乘虚而涌入清口故道，淮、揚水勢漸消。

附　管理河道工部郎中施天麟《疏》：

淮、泗之水，原從清口會黄河入海。今不下清口，而下山陽，從黄浦口入海。浦口不能盡泄，浸淫漸及於高、寶、邵伯諸湖。而湖隄盡没，則以淮、泗本不入湖，而今入湖故也。淮、泗之入湖者，又緣清口向未淤塞，而今淤塞故也。清口之淤塞者，又緣黄河淤澱日高，淮水不得不讓河而南徙也。蓋淮水併力敵黄，勝負或亦相半。自高家堰廢壞，而清口之内傍通濟閘又開朱家等口，引淮水内灌，於是淮、泗之力分，而黄河得以全力制其敝。此清口所以獨淤於今歲也。下流既淤，則上流不得不決。

每歲糧艘以四五月盡，運隄以六七月壞。水發之時不能爲力，水落之後，方圖堵塞。甫及春初，運事忽至，僅完隄工，於河身無與。河身不挑，則來年益高。上流之決，必及於徐、吕，而不止於邳、遷。下流之涸，將盡乎邳、遷，而不上於清、桃。須不惜一年糧運，不惜百萬帑藏，開挑正河，寬限責成，乃爲一勞永逸。

至高家堰、朱家等口，宜乘時築塞，使淮、泗併力，足以敵黄。則淮水之故道可復，高、寶之大患可減。

若於興化、鹽城地方海口湮塞之處，大加疏浚，而湖隄多建減水大閘，隄下多開支河，以行各閘之水，庶乎不致汗漫。

總之，未有不先黄河而可以治淮，亦未有不疏通淮水，而可以固隄者也。

是年，漕撫王宗沐修高家堰。《南河全考》：「都御史王宗沐、知府邵元哲修高家堰，並開菊水潭以泄三城之水，東方米舠舟楫皆通。」

六年，從總河侍郎潘季馴請，命郎中張譽、海防道龔大器、揚州府同知韓相等，築高家堰隄長六十里。内砌大澗口等處石隄三千一百一十丈，柳浦灣隄東三十餘里、西四十餘里。《南河全考》：「先是，萬(歷)〔曆〕三年淮決高堰，而山陽、高、寶、興、鹽等處匯爲巨浸，運道梗阻。總河侍郎潘季馴相視築堰，起武家墩，經大、小澗，至阜寧湖，以捍淮東侵。築隄起清江浦，沿鉢池山、柳浦灣迤東，以制河南溢。於是淮畢趨清口，會大河入海，海口不濬而通。」

八年，工科給事中尹瑾陳請高家堰包砌石隄，工部覆准，下河督潘季馴行之。

附　**尹瑾《河工善後疏略》**：

高家堰近已築塞成隄，體制高厚，既有樁版以護其外，復設官府以嚴其防。然終不若石隄，更爲永恃。宜於中間二十里低洼處，用石包砌。令徐、潁、海防三道，均分道里，各派所屬而董其成。

十一年，高堰工成。

十六年，總河尚書潘季馴條上河工事宜，命如擬行。

附　潘季馴《條奏略》：

一、添設隄官。高堰、柳浦灣二隄，綿亘二百餘里，一大使往來防守，未免疏虞。宜另增柳浦灣大使一員，夫役即於高堰、南河數内裒出五百餘名屬之，以密隄防。

一、加幫真土。淮水發源桐柏，挾七十二溪之水，經鳳、泗入海。而基運山横截河中，涌漲時作，僅恃石隄一帶爲捍禦。而石内之土多係浮沙，一遇霖雨，輒至坍損。土既圮矣，石將安附？宜覓取真土，幫築完固，以捍洶涌。

一、接築舊隄。清口乃淮、黄交會，而淮、黄原自不敵。然清口不至壅淤者，以王家口之隄築。全淮皆從此出，其勢足與黄敵也。自商販盜決前隄，挖渠利涉，淮勢漸分，將來清口必致淤阻。宜接築長隄，就近責清河令監守。

十九年，秋九月，泗州大水。

十一月，從河道都御史潘季馴請，增砌高堰石隄。

《河防一覽》：「或有問於馴曰：淮不敵黄，故決高堰避而東也。今復合之，無乃非策乎？馴應之曰：自宋神宗十年，黄河南徙，合泗、沂而與淮會，迄今六百餘年，淮、黄合流無恙，乃今遂有避黄之説耶？夫淮避黄而東矣，而黄亦尋決崔鎮，亦豈避淮而北乎？蓋高堰決而後淮水東，崔鎮決而後黄水北。隄決而水分，非水合而隄決也。

問者曰：兹固然矣。數年以來，兩河分流，小潦即溢。今復合之，溢將奈何？馴曰：水分則勢緩，勢緩則沙停，沙停則河飽。尺寸之水，皆由沙面，止見其高。水合則勢猛，勢猛則沙刷，沙刷則河深。尋丈之水，皆由河底，止見其卑。築隄束水，以水攻沙。水不奔溢於兩旁，則必直刷乎河底，一定之理，必然之勢，此合之所以愈於分也。

或有問於馴曰：高家堰之築，淮、揚甚以爲便，而泗州人苦其停蓄淮水，何也？馴應之曰：此非知水者之言也。高堰居淮安之西南隅，去郡城四十里而近。堰東爲山陽縣之西北鄉，地稱膏腴。堰西爲阜陵、泥墩、范家諸湖，西南爲洪澤湖。淮水自鳳、泗來，合諸湖之水，出清口，會黄河，經安東縣，出雲梯關，以達於海。此自禹迄今故道然也。堰距湖尚存陸地里許，而淮水盛發輒及堰。私販者利其直達，以免關津盤詰，往往盜決之。至隆慶四年大潰，淮、湖之水洚洞東注，合白馬、氾光諸湖，決黄浦、八淺，而山陽、泰州、高、寶、興、鹽諸邑，匯爲巨浸。淮既東，黄水亦躡其後，濁流西泝，清口遂堙。而決水行地面，宣泄不及，清口之半不免停注上源，而鳳陽、壽、泗間亦成巨浸矣。故此堰爲兩河關鍵，不止爲淮河隄防也。馴戊寅萬（歷）〔曆〕六年之夏，詢之泗人曰：『鳳泗之水蓄於高堰未決之前乎？抑既決之後也？』僉曰：『高堰決而後蓄也。』『清口塞於高堰未決之前乎？抑既決之後也？』僉曰：『高堰決而後塞也。』馴曰：『堰決而塞築則必通，堰決而蓄築則必達。堰成而清口自利，清口利而鳳、泗水下。』鋭意董諸臣築之。二月，決工告竣，而清口遂闢。七月，隄工告成，清口深闢如故。

《禹貢》云：『導淮自桐柏。東會于泗、沂，東入于海。』按泗水出今山東泗水縣東五十里陪尾山，西南流至兖州府城東金口壩，從壩上西南流爲泗河，歷沛縣至徐州，又東南流過邳州會沂水，東至清河縣入於淮。沂水出今山東沂水縣雕崖山，南流至江南宿遷北，匯爲駱馬湖而入於泗。宋神宗後，黄決而南，遂併泗、沂而與淮會矣。故昔之東會於泗、沂，即今之東會於黄也。淮由清口入海，自禹迄今故道，今至清口，版沙若門限然。欲舍故道而出高堰，似不可也。

查萬(歷)〔曆〕三年工部郭子章勘得水勢洶涌，崖岸漸坍，包砌石工長二百二十六丈。及查巡按邵亦於此時行州，砌護城隄，至今賴之，稱邵公隄。按前開工程，皆馴未任時事。比時淮水竟從高堰決，衝淮、揚，黄水從崔鎮決，出五港入海，兩河已不會於清口。無堰可阻，無黄可遏，其勢如此，今之水漲未可歸咎黄與堰也。泗州舊志載：元知州韓居仁撰《淮水泛漲記》稱：大德丁未夏五月，淮水泛漲，南門水深七尺，止有二尺二寸未抵圈甎頂，城中居民驚懼。因考宋辛丑之水大此二尺，丙寅小此二尺。今取高低尺寸，刊之於石，以後水漲，官民視此，勿驚懼云。按韓居仁記此以慰泗州官民，良工之心可謂獨苦。且以州守載州事，必無不真者。宋、元泗州水患景象如此，此時已有高堰，官民何不請毁？如其無堰，則水漲與堰無預矣。今乃歸罪於堰，不亦過乎？

或有問於馴曰：高堰之築是矣，而南有越城並周家橋，淮水暴漲，從此溢入白馬湖，寶應縣河水遂溢，此與高堰之決何異？馴應之曰：馴與司道勘議，已確籌之熟矣。其不同者有三，而其必不可築者一。夫高堰地勢甚卑，至越城稍亢，越城迤南則又亢。故高堰決，則全淮之水内灌，冬春不止。

若越城、周家橋則大漲乃溢，水消仍爲陸地，每歲漲不過兩次，每溢不滿再旬。其不同一也。高堰逼近淮城，淮水東注，不免盈溢漕渠，圍繞郡郭。若周家橋之水即入白馬諸湖，容受有地，而淮城宴然。其不同二也。淮水從高堰出，則黄河濁流必溯流而上，而清口遂淤。今周家橋止通漫溢之水，而淮流之出清口者如故。其不同三也。當淮河暴漲之時，正欲藉此以殺其勢，即黄河之減水壩也。若並築之，則非惟高堰之水增溢難守，即鳳、泗亦不免加漲矣。

然則即於周家橋疏鑿成河，以殺淮河之勢，何如？駟曰：漫溢之水不多，爲時不久，故諸湖尚可容受。若疏鑿成河，則必能奪淮河之大勢，而淤塞清口、泛溢淮揚之患又不免矣。

高堰爲淮、揚門户，隄防不可不嚴，修守不可不預。内除石隄三千丈外，兩頭土隄，每歲伏秋晝地分守，隨汕隨葺，似可無虞矣。但幫護之法，須於冬、春，門椿内貼蓆二層，緊綑草牛，挨蓆密護，毋使些須漏縫。然後實土堅夯，則是以椿、蓆護草牛，以草牛護土，浪窩何從得來？至於密植檞柳、茭葦，以爲外護，須於水落即種，庶免淹浸，是在當事者加之意耳。

清口乃黄、淮交會之所，運道必經之處。欲其通利，須全淮之水盡由此出，則力能敵黄，不爲沙墊。往歲高堰潰決，淮從東行，黄亦隨之而東，清口遂爲平陸。今高堰築矣，獨慮清河縣對岸王家口等處淮水過盛，從此決出，則清口之力微矣。故於清河縣南岸築隄一千一百八十丈，今又接築張福口隄四百四十餘丈，以防其決，蓋爲此也。工若甚緩，而關係甚大。」

附　潘季馴《條議略》：

高家堰當湖之處中段，原鑲石隄，足當風浪。其石隄南北，俱係土隄，歲修無已。議照中段一概砌石。今徐州道與河南分司，各管砌工。以二十一年爲始，八年之内，准可通完。

《中都志》與《居士集》載宋歐陽修《先春亭記》，其略云：景祐三年，泗守張侯問民之所素病，而治其尤暴者，曰：「暴莫大於淮。」明年春，作城之外隄，因其舊而廣之，高三十三尺。土實石堅，捍暴備災，可久而不壞。又曰：「泗，天下之水會也。」先時①歲大水，州幾溺，張侯夏守是州，築隄以禦之，今所謂因其舊者是也。按修曰「尤暴者，莫大於淮」，則知淮之爲暴於泗舊矣。曰「隄高三十三尺」，則知水之高矣。大水幾溺州，而先後州守惟以築隄爲事，則知禦淮之策，舍隄之外無策矣。

今查泗州護州隄，高不及宋三之一，是今之水較宋爲甚小矣。

再查黄河自宋神宗十年南徙，合南清河而入於淮。而先臣(邱)〔丘〕濬《大學衍義補》曰：「此黄河入淮之始。」則仁宗景祐三年，黄河尚未會淮，業已爲泗州暴矣。今乃歸罪於黄，或未可也。

① 「時」，《四庫》本作「是」。

二十年，正月癸酉，漕撫陳于陛、巡按御史張舉議開施家溝、周家橋，以疏泄淮水，河督潘季馴持不可。辛巳，遣工科右給事中張貞觀勘泗州水患開浚工程。

按前明自萬（歷）〔曆〕二十年至二十二年，以淮爲泗患，中外諸臣議論紛錯。勘河科臣張貞觀進闢海口、治鮑王二口之議，科臣黄運泰、主事樊兆程陳浚五港口之策。或謂腰鋪可開，或謂老黄河可復。而臺臣高舉請築周家橋滚水石壩，夏之臣遂請決高家堰，其大指歸於疏淮以安泗，疏黄以導淮，必盡芟築隄防運之成説，效鑿空訪尋之心計。至楊一魁、張企程條議出所謂分黄導淮者，仍導淮出清口，合黄入海，實因潘季馴舊蹟而稍分河、淮之勢云。

附　潘季馴《疏略》：

水性不可拂，河防不可弛，地形不可强，治理不可鑿。人欲棄舊以爲新，而臣謂故道必不可失。人欲支分以殺勢，而臣謂濁流必不可分。霖霪水漲，久當自消。

巡鹽兩淮御史王明《疏略》：

淮爲泗患，漕撫陳于陛欲開周家橋以疏之。使遂開，則六州縣生靈爲魚，四百萬漕糧俱梗，而三十六萬鹽場其沼矣。宜令河臣上尋舊支而殺其勢，下瀹舊口而廣其途，勿苟且目前，貽後日患。

户科給事中耿隨龍《疏略》：

泗州苦水，議疏周家橋、施家溝，以高、寶二湖爲壑，將運道民業立盡。臣曾令寶應，聞見頗真。夫黄河自徐、邳直下，東折入海。淮亦東北趨會之，無所壅遏，故不病泗也。自黄奪通濟，閘横於南，淮遂不得東，因瀦泗州爲患。又黄之奪閘南也，寶湖受淤，淮無所泄，運道遂不可守。欲弭河患，非復通濟閘不可。

分司郎中黄曰謹《疏略》：

高家堰與周家橋，相接一隄也。堰以内與橋以内之水，相連一淮也。使周橋可開，則高堰何所事守？高堰必守，則周橋斷不可開。故開周橋者，乃開堰之别名也。

水之就下，性也。周橋地形，與高、寶諸湖高下勢甚相越，誠開之，是導以建瓴之勢矣。彼得其勢，則流必急，流急則一瀉千里，孰得而禁之？故謂周橋開而淮不盡東，淮盡東而黄不復躡，必無之理也。

高、寶諸湖，四時瀰望連天，所恃一綫漕隄爲之保障。若引淮入湖，則淮水之浩蕩無涯，湖面之容受有限，不至決裂湖隄而奔潰四出不止也。

又淮之入湖也易，湖之入江也難。何也？湖隄以外，地形洼下，與江面不甚昂。故今通江之路晝夜宣泄，而湖水不見大消。使復益之以淮，源源不竭，則七州縣不胥而爲沼乎？

王乾清《周橋閘説》：

萬(歷)〔曆〕二十五年，淮水大漲，總河楊公建閘以泄一時暴流，稍平即閉，從未常開。前賢亦云：「東去最宜開海口，西來切莫放周橋。」蓋周橋開而海口塞，黄遏淮也；周橋閉而海口通，淮刷黄也。淮出清口，刷黄濟運，則涓滴皆爲利益。淮入湖内，潰隄病民，則涓滴皆爲害源。若内湖增一分潰隄病民之淮，則清口便減一分刷黄濟運之淮。故周橋啓閉，利害不可不察。

顧雲鳳《開施家溝周家橋議略》：

淮由清口以至安東雲梯關入海，即《禹貢》所謂「導淮自桐柏，東會于泗、沂，東入于海」故道也。自神禹以來，未有改者。孟氏誤以爲排淮、泗而注之江，則朱子已辯之矣。夫淮之趨高、寶似便，其東流入海似稍迂回，神禹之智，豈其不出此與？而漢陳登又築高堰以防之，迄今治河能臣守其舊而不變，抑又何説也？蓋水以海爲歸者也。

高、寶信下也。其東南濱江濱海之處，則曰廣陵，曰海陵，曰蜀岡，又曰阜，曰嶺，不可殫述，皆以高亢得名，水無所出。即有所出，而江潮海嘯互爲吞吐，故瓜儀之有四閘者，非徒節其出，抑亦制其入。以此思之，則江、湖之水勢可知，宣泄之難易又可知。

淮非由清河、安東以入於海，別無可爲歸宿之地矣。而後之人又虞其泛濫而四出也，故又遏之以堰。語曰：「障百川而東之。」高家堰者，障之之説也，譬之人焉，徇一時之便，而養之癰，不若審血脈之宜而周其適，不待智者而後辯也。武墩諸閘之水，夏、秋則流，冬、春則涸。高、寶湖隄，猶得乘其稍涸之時，而施其補葺之計。今施家溝當水涸之時，已與武墩諸閘同其用矣。若更從而闢之，是使淮、泗無餘蓄，而高、寶無餘地矣。

水無時不滿，湖無時不漲，隄之坍卸，即欲修築，無所措手。況高、寶諸湖，不過盈溢而止耳。平時先已盈溢，又何以容暴發之水乎？蓋嘗譬之淮泗，百石之甕也。高、寶諸湖，升斗之罌也。芒稻河，杯勺之斟也。以罌之腹，而欲受甕腹之所受，其數不勝也。以罌之口，而欲出甕口之所出，其數又不勝也。滿則溢，溢則傾，傾則散漫旁流，不可收拾，即欲復歸之甕，而宣泄由我，不可得已。

好事者倡爲濬闢武家墩、高良澗、周家橋諸閘之議，先實諸湖之腹，水無所受，故一雨而即盈耳。向使施家溝之議早定，則此時湖已出於隄上，即錮之鐵，豈能無潰？潰則運道安在？無問民矣！

猶未也。此一淮水耳。入湖之分數多，則入海之分數少，而淮弱矣。淮弱則黄躡其後，而清口淤矣。異日者，入湖而湖不能容，入海而海不能入。將瀠回泛濫，合盱、泗、高、寶而爲一。

此其滔天之勢，爲害不更烈乎？涓涓不塞，將成江河。而況滔滔不止，何難陸沉哉？昔白馬、氾光、甓社、邵伯諸湖，始何嘗不分？而今安辨其爲某某湖也？則泛濫之明驗也。

古今治水莫如禹，禹所治莫大於江、淮、河、漢。其萬古不變者，則萬古無患。惟齊桓公塞九河爲一河，淤八流以自廣，遂爲萬世無窮之害。所幸江、淮尚仍禹舊，奈之何輕變古，而更生一患哉？王介甫欲泄梁山泊之水以爲田，而憂水無所貯。劉貢父曰：「別穿一梁山泊，則足貯此水矣！」介甫大笑而止。今者必欲使洪澤、阜陵化爲桑田，高、寶、興、泰化爲魚鼈，而其究且復病運，是齊桓之過計，而貢父之所姍笑也。議者不察，輒文其名曰「導淮」。夫導人者當導之於正，而不當導之於邪。導淮者當導之入海，而不可導之入湖，湖非民田乎？

又嘗譬之，淮爲泗患，淮即泗之寇也。爲泗計者，宜逐之出境，而誘之四出，使抄掠内地，可乎？黄爲淮患，黄即淮之寇也。爲淮計者，宜堅壁以待，而預自退縮。使黄得乘勝長驅，可乎？況今淮、黄且合從而至也，上不圖守之於要害，下不圖泄之於尾閭，而今日曰撤堰，明日曰開溝，是不知割地之難於自完，而滅虢之終於取虞也！

二十三年，淮水決高堰高良澗，郎中詹在泮等嚴督官夫築塞，仍加石甃砌。河督楊一魁勘河。禮科給事中張企程等條議分黄導淮事宜十事，從之。

附　楊一魁等《條議略》：

一、議裁新隄，以免壅潰。蓋築隄所以障淮，而恐以泗爲壑。新隄可以議裁，而恐裁去太多或貽後悔。且應量裁數段，以泄淮漲。仍開瓜、儀二閘，以分高、寶之害。庶上有泄而下有歸也。

一、議闢清口，以導淮流。清口爲淮出之門，而苦爲黄壅。今雖挑浚，猶恐水分勢緩，泥沙復入。合議歲修，以圖永利。

一、議浚海口，以免内漲。蓋黄水倒灌，正以海口爲阻。即分黄工就，而伏秋水漲，勢恐復淤。則石𥗽口、廖家港、白駒場諸處海口，金灣、芒稻河，宜乘時開刷，以爲預圖酌量工程修舉者也。

按此條議十事内，今但載導淮三事備考。

二十四年，分黄導淮工竣。《南河全考》：「總河楊一魁行委郎中詹在泮等，開桃源黄壩新河，自黄家嘴起，至五港灌口止，分泄黄水入海。闢清口沙七里，建武家墩涇河閘，泄淮水由永濟河達涇河，下射陽湖入海。又建高良澗減水石閘，子嬰溝周家橋減水石閘，泄淮水一由岔河下涇河，一由草子湖、寶應湖下子嬰溝，俱通廣洋湖入海。仍恐淮水宣泄不及，南注各湖爲患，又挑高郵茆塘港通邵伯湖，開金家灣，下芒稻河入江，以疏淮漲。」

又①金家灣在邵伯南五里許，迺通芒稻河入江之捷徑也。是年，既開一十四里以至芒稻河，復建減水石閘三座，由芒稻河通江一十八里亦建石閘一座，於是河、淮有所宣泄云。《揚州府志》：「萬(歷)〔曆〕二十三年，上發帑金五十萬，役山東、河南、江北丁夫二十萬。明年秋，工告成，淮果出清口，而水患以寧。是役也，當潘公季馴導治未久，淮、黄尚由故道，特黄以暴漲侵淮，稍分之足以殺其勢，功不在導淮也，而周橋之開爲厲階焉。」

二十五年，臨淮知縣陳民性建議，同指揮趙允昌申請築濱淮石隄，以捍淮水。《鳳陽府志》：「此隄至萬(歷)〔曆〕二十七年知縣蕭如蕙告成，東西三百一十餘丈，亘如長虹，全城賴以無恙。」

天啓元年，淮安雨積旬，淮、黄驟漲數尺，築高堰、武家墩等處。總河陳道亨躬親課工，照段拆修，浪窩盡塞。至明年工竣。

崇(正)〔禎〕四年，淮、黄交漲，河臣朱光祚議開高堰三閘。大理寺丞吴甡、編修夏曰瑚等合疏争之，事遂寢。

① 「又」，《四庫》本作「按」。

附　吴甡等《疏略》：

高家堰北當淮、泗之衝，南扼漕、湖之吭，地形最爲高峻。而淮、揚兩郡，及高、寶、興、泰、山、鹽各州縣，地居下流，所謂懸水數仞，建瓴之勢也。東北保障，全藉此堰，是豈可輕議開泄者？近日建義諸口逾期未塞，民田盡沉水底。三閘一開，勢必以淮、揚爲壑，行見淮、泗諸水滔滔東注，將高、寶漕隄，蕩爲湖海。運船縴挽無路，則數百萬糧何由而達京師？各鹽場盡被渰没，則百餘萬鹽課，其問諸水濱乎？數百萬生靈，悉爲魚鼈，則數百萬糧税，誰爲供輸乎？

高堰建閘，自萬(歷)〔曆〕二十三年始，未幾堙塞。今高堰日就圮壞，有地方之責者，方急議修築，而可輕言開濬乎？臣等生長淮、泗之鄉，習知地方利害之原。乞廣集衆論，熟計利害，國計民生，胥賴之矣！

江南通志卷五十五

河渠志

淮　二

國　朝

順治九年，户部左侍郎王永吉陳導淮入海事宜。

附　王永吉《疏略》：

治河必先治淮，而導淮必先開海口。按黄水自邳、宿而下，至清河口。淮、泗之水聚於洪澤湖，亦出清河口，會黄東入於海。然黄强淮弱，勢不相敵，淮、泗逼而南趨，直走四百餘里，出瓜州、儀真，方能達江。一綫運河收束甚緊，即有大小閘河沿途宣泄，而海口不開，下流壅塞，來水無窮，去水無路。所以河隄潰決，修築歲費金錢。海口之當開，固時刻不容再緩者也。

查海口之在興化縣境内，則有丁溪場、劉莊場、神台場、寥家港、白駒場之斗龍港等處。在泰州境内者，則有河垛場之茅墩港、草堰場之鴨兒港，近丁溪場之馮家壩、合洋溝等處。以上諸口，俱被豪棍鹽徒漁利阻塞，間有開者，亦於口外築壩横攔，水不通行。若在鹽城縣境内者，縣治東南則有石𥖄海口，西北則有天妃海口，先年俱各造有石閘。又有姜家堰海口流出推船港，先年亦曾議造石閘。

以上三處，係淮、揚六州縣泄水要道。今石𥖄閘既稱逼近城郭，不利風水。而天妃、姜堰二口，復被附近奸民將閘門實塞，河口填平，滴水不通。咽喉重地，歲歲陸沉，害民病國，關係匪輕。

而未即舉行者，其故有二：一則恐奸徒造言阻撓。然萬水東流，勢必趨下。沿海州縣各有海口，乃天造地設，非人力所爲。行水河港，皆有舊蹟。近因湮塞，未免淤淺。開鑿深通，還其故道，豈屬創舉？况先年舊閘，已圮者加工修葺，未造者量議增添。題定閘官閘夫，以時啓閉，有利無害，固灼然無可疑者也。

一則因河道甚長，河帑有限，工料既難措處，民夫復奉新旨，不許僉派，凡事甚多掣肘。然海口既開，則河隄不決。修閘、造閘之費，較之塞決修隄，孰多孰少？若挑濬淤淺，需用人夫，動輒數萬，自當州縣協濟，豈能盡動官帑？百姓自救身家，何辭力役？此一勞永逸之計，固士民所心悦而樂輸者也。

康熙七年，欽差大人會同河、漕二督臣，勘議修築翟家壩情形。

按《高郵州志》云：翟家壩屬山陽縣，在周橋迤南，接盱眙縣界，長二十五里，比高堰石工低二尺許。中有古溝，深不過尺許。舊有石閘，亦有石限，止留四尺水頭，水入民田，不通河路。近因淮水衝刷年久低陷，私鹽、漁户偷挖成河，淮水徑入寶應湖，匯於高郵，歲決漕隄爲患。《揚州府志》云：順治十六年，歸仁隄決。康熙元年，歸仁隄再決。時部司有開周橋閘者，淮水大泄，而黄河逆入清口，又挾睢湖等水從歸仁隄決口入，與洪澤湖相連，直抵高堰，衝決翟家壩，流成大澗九條。其水東注，悉歸諸湖，淮、揚自是歲以灾告。

又按康熙三年淮溢武家墩、高良澗之後，以障淮刷黄爲定策，復議修築翟家壩。至是年，奉旨令山、江、高、寶四縣民合修。復詔遣重臣，會同河督、漕督踏勘明白。諸臣覆奏稱，翟家壩至周家橋三十里，在高家堰南，地勢高亢，原無隄埂，爲天然減水壩，水漲聽其漫溢。仍責令高、寶等縣之民，但填平衝開決口，不許一概加工增高，以塞水路。此瀕淮州縣志所載之大略也。

九年，御史徐越疏陳高堰關係最重，請大修堅築。

附 徐越《疏》：

臣向請修復歸仁隄石工，使由白洋河入黄者，不止以清刷黄，實爲截住高家堰西北水勢，使此堰僅受西南淮水，而爲運道民生一大屏障也。

今因歸仁隄工尚未舉，而此堰黄、淮並受。前報巨浪搏擊，已壞石工六十餘處，而全堰幾至潰決。其洪波横流，排山倒海，已衝開淮、揚一帶數十餘處決口，遂至城郭僅存闗廂，陸地有水高丈餘者。萬一高堰突有疏虞，尚復有淮、揚數十州縣之城郭乎？而況民生乎？尚復有漕河運道可以飛輓乎？而況鹽課與商税乎？則此堰之關係如何重大，此堰之保障如何要緊，故臣今不得不亟陳高家堰也。

高家堰石工，曩皆鑿石扣準，鎔鐵灌釘。後來年深日久，各處有朽裂，從未大修。經今年一番波浪衝擊動摇，處處罅損。若不亟議錢糧，預備物料，乘今冬水勢少落之一時，大修堅築，明年西水漲發，臣愚，竊慮此堰萬難倖保。堰若失守，淮、揚數十州縣城郭廬舍、百萬生靈，俱屬波臣。運道梗廢，京師重地所緊需歲漕數百萬石，何道輸轉？

且雲梯闗之海口，全賴黄、淮二河併力衝刷。一決高堰，清口必淤，止餘濁流一股，海口必塞。下壅上潰，即今日之大修兩河工程，勢必仍歸潰壞。此高堰之利害，不僅僅在淮、揚，而實有關於天下者也。

十二年，淮、黄水溢，決高良澗，又決清水潭。

附　布政使慕天顔《備陳黄淮全局疏略》：

高家堰捍衛洪澤，蔽於淮城之南，迤西則連高良澗、翟家壩。中設周橋閘，其地比高堰稍亢，故壩閘亦比高堰稍低。蓋夏、秋淮水盛發，高堰必危，高堰危而淮地陸沉矣。故不使翟壩增高，正欲從壩滚水出氾光、白馬、高、寶諸湖，不惟鳳、泗之漲潦可消，抑且高堰之築工永固。及至水平，壩面即閉閘不流，高、寶漕隄亦無傷害。往昔防河如此周密。祇因康熙元年間，南河工部分司吴煒擅開周橋，奸商利通私販，往往盜決翟壩諸處，以致淮水湍下，諸湖盡已盈滿。及桃花水漲，湖不能容，浪擊風摧，漕隄大壞。清水潭之決，所從來矣。

淮水既東，黄躡其後，濁流西泝，清口遂堙。清水漸微，黄力愈悍，灌入天妃閘，沙隨水漫，而運道淺塞矣。黄、淮相背，淤沙罔滌，雲梯關入海之路日墊日高。下流哽咽，而上流四潰，必然之勢也。

淮瀆自桐柏，千溪萬壑，匯爲洪澤湖，注出清口，其水會黄入海者十之八，引資漕渠者十之二。唯清口無病，則湖水直瀉而北，勢盛足以敵黄，而黄沙不致倒灌。運道惟海口無病，則黄水疾趨而東，其勢迅激，自無淤墊之阻，而奔流不致横潰四決。此以清刷①黄，用水治水，千古不易之法也。

十五年，淮、黄水溢，復決高家堰。《淮安府志》：「是年，決武家墩版工一處，高家堰石工一處，高良澗版工二十七處。」

是年，修築武家墩西隄。《河防志》：「武家墩東西隄，明季行運新河隄也。」

十六年，河督靳輔大挑清口爛泥淺引河四道，及清口以下河道，直達雲梯關。又於關外築東水隄，屬之大海。遂塞于家岡、武家墩、高家堰諸大決口共十六處。

又建真武廟東攔河壩。長三十丈。《河防志》：「因新河不復行運，築壩河上，以便往來。」

十七年，創築周橋、翟壩隄工二十五里，塞高良澗等大小決口二十五處，自是淮水始歸故道。

又築高堰大壩外越壩。長一百八十一丈五尺。

《靳輔治河書》：「洪澤湖在山陽之西南，北距大河，東俯高、寶諸壑，淮水遠自豫省，復挾汝、潁、渦、汴群川之水，匯而入焉。瀠洄激蕩，惟下之是趨。而其地東北爲下，趨而北則出清口而達於海，趨而東則高、寶諸壑滔天，而淮、揚之民其魚矣。漢末陳登爲廣陵守，大興水利，首建高堰障其東而

① 「刷」，《四庫》本作「制」。

使之北，淮南千餘里地無沮洳。後世治水者，皆守其舊而不變。自唐以來，南北通運。至宋，黃又徙而南，湖日寬廣成巨浸，而是堰之所係愈重。慶（歷）〔曆〕間一修於發運使張綸，明初再修於平江伯陳瑄。至萬（歷）〔曆〕間，河臣潘季馴復大修之，且砌以石者三千餘丈，愈鞏固焉。顧西南一帶自周橋至翟壩三十里，空之而弗隄，曰此處地形稍亢，天然減水壩也。但當時湖底深而能納，雖不築隄，湖水常低於岸面，惟遇異漲始溢而出。故季馴又曰：周橋漫溢之水，爲時不久，諸湖尚可容受也。迨黃流倒灌之後，湖底墊高，湖水亦因之而高。況決口九道，淌刷成河，地形愈陷。以愈高之湖，放愈陷之地，於是此三十里稍亢之區，昔所稱漫溢不久者，今且終歲滔天，東注而不止。不特清口之力分，無以敵黃，而淮且反引黃水以俱東。二瀆交騰，高、寶諸湖盈科而不受，此清水潭所以大決而不可塞，而下河七邑遂同溟渤也。臣奉命大修，將諸決盡塞，自清口至周橋九十里舊隄，悉增築高厚。並將周橋至翟壩三十里舊無隄之處，亦創隄之。蓋今日之地形水勢，與明萬（歷）〔曆〕間大異。即使季馴而在今日，亦未有不隄者也。

然仍舊減水者六處，計二百丈，壩之而弗隄，何也？湖水之高於黃水者，常五六尺。若一任其建瓴而出，則所蓄無幾。一逢旱亢，上源微細，既不足以濟運，更恐黃水之乘其弱而入。故爛泥淺一帶湖灘，昔人稱之爲門限，今不使盡闢，欲清水常留有餘。然設遇大水連旬，洪波驟溢，清口一道之所出，不勝數百里全湖之漲，勢必尋隙而四潰，故隄以防之，不虞之溢。復壩以減之，然後節宣有度，旱不致於阻運，而潦不至於傷隄也。

雖然，洪澤周圍三百餘里，合阜陵、泥墩、萬家諸湖而爲一。又上受全淮之委，空濛浩瀚，每西風一起，怒濤山涌。而以一綫之長隄捍之，浪頭之所及，土潰石卸。雖歲歲增高培薄，終不能禦。竊思水，柔物也，惟激之則怒，苟順之自平。順之之法，莫如坦坡。乃多運土於隄外，每隄高一尺，填坦坡八尺。如隄高一丈，即填坦坡八丈，以填出水面爲準。務令迤斜以漸高，俾來不拒而去不留。是年秋，黄水大漲，奇風猛浪，倍異尋常。而洶涌之勢，一遇坦坡，而其怒自平，無所逞其衝突。始知坦坡之力，反有倍蓰於石工者。故障淮以會黄者功在隄，而保隄以障淮者功在坦坡也。

唯是填積坦坡以來，垂及十載，風濤之所汕刷，平鋪卸去，離隄已四五十丈矣。若用帑填積，既所費不貲，又工程難見。應每年著河兵歲夫，逐漸加工，立爲定制。每歲隄工一丈，填土二方，務使所增之數，適稱所耗之數則善矣。久而久之，離隄百丈之内，必漸墊而高。因叢植柳蘆、茭草之屬，俟其根株交結，茂盛蔓延，則雖狂風動地，雪浪排空，終不能越百餘丈之茂林深草而潰隄矣。」

附　多弘安《修築高堰隄工記》：

高堰在山陽縣之西南，所恃以砥淮、泗之衝流，奠淮、揚之墊溺者，於是乎在。蓋淮水自桐柏而下，合汝、蔡、淝、潁諸大川，及淮南七十二山谿之水而抵泗、盱，匯洪澤，出清口，以匯於黄，歷安東雲梯關入於海。苟在其水清流疾，保無壅決之患也。惟黄河挾數千里奔騰之勢，其力足以遏淮。使淮少弱，則將卻流而東，潰高堰，決淮、揚，勢所必至也。淮既旁趨，濁流即内灌裏河，淤塞運道。且黄乘淮後，並勢南趨，則清口之流日緩，海道之淤日積。黄、淮交横於淮、揚千里之間，而運道遂茫然而不可問矣。是病淮而併以病運者莫如河，而敵黄即所以利運者莫如淮。故治淮乃治河、治運之先務，而治高堰尤治淮之首圖。昔人以高堰爲淮、揚門户，職此故也。

予以山盱壩堰同知，受事於康熙十六年之二月，謝事於二十一年之六月，凡竭蹷於河事者五載有奇。雖胼手胝足，不敢言勞，而述水勢，紀成功，以告後之有事於斯堰者，亦有司之職也。於是計其所施功之地：曰武墩決口，爲丈七十有七。曰高堰決口，爲丈一百八十有餘。曰六安溝，曰侯二門，曰孫家西北，曰孫家西，曰管家西，曰小黄莊，曰小黄莊南，曰宜興集，曰鄧家馬頭，曰周家馬頭，曰周家西，曰高粱澗，曰楊家馬頭，凡大小決口二十，爲丈者四百七十有三。曰三壩南，曰四壩北，曰陳家西，曰畢家西，曰六壩南，曰朱家灣北，曰周橋閘廟後，凡決口三十一，爲丈者五百有八。曰翟壩，至周橋，以里計者二十有五，皆與高堰相爲表裏之隄防也。自清口至雲梯關數百里，葭葦榛蕪，此而不疏，將高堰之隄防雖完，而淮水之歸途猶阻，恐終將旁溢而爲患耳。

況以黄流駕淮，濁沙淤墊。而淮出清口之故道，如爛泥淺、裴家廠，皆壅塞成渠，其何以疏達淮流？於是乎核深計淺，以治爛泥淺諸故道。

裏河爲漕運咽喉，日久不濬，則無以容淮流而致他變。於是乎畫地分段，算方刻期，以治運河。並修築兩岸，及雁翅諸工。此又與治淮相終始之工役也。

溯其施工之時，則十五年，黄、淮横溢，衝決高堰三十四處，並潰高、寶運隄，在予受事之先。而予之始事於武墩，次事於高堰在十六年，皆三閲月而告竣。次事於六安溝諸口，自十六年仲夏，至十七年春杪，凡十月而告竣。次事於翟壩、周橋，自十七年冬，至明年八月而告竣。蓋予五載之間，其櫛風沐雨，蒙霜冒暍，構葦水濱，身行泥淖中者凡三載。至十九年秋，於是諸工次第告成，二瀆順軌，頓還舊觀。

回思當日波濤山立，風雨怒號，旁觀者魄震魂驚，面無人色。予亦茫然未知所税，惟是殫心竭智，大聲疾呼，以與風浪争衡於危急存亡之際者，固不憚以身徇之。而其最烈者則十六年之秋，淫雨不休，西風大作；十八年之冬，久雨之後，繼以大水忽發，颶風狂煽，五日之間，水高冒堰，一綫長隄，危同懸縷。予終日跣行，驚濤過顙，冰結腰領間不知也。事後思之，曾何異强敵當前，石矢交下，而獲保無虞，抑亦幸矣！

此其經畫指授，則皆出自河憲靳公。如武墩一口，洶涌騰沸，久無成績。公甫視事，即命於下流稍緩之處，直築攔河大壩一道。壩成，再堵決口，於是人力可施。及水勢漸平，遂獲奏功。

高堰之決也，隄之内外，湖波蕩漾，畚築無所施。公檄造土船數百，給庸募夫，葦木草束，一時俱辦，事賴以集。

又往時運口在甘露城旁，尤屬淮、黄①交會之地，故每值黄水盛，或西北風起，未免倒灌，歲有閉閘築壩之煩。公相度形勢，命予酌改運口，於爛泥淺之上挑河一道，緊接淮水，遠避黄流。外築大隄，以通牽輓。又築横隄，以防河漲。自此黄河無逆入之患，而運河亦免歲挑之煩矣。

至翟壩以至周橋，成河九道。蓋明萬(歷)〔曆〕間，有分黄導淮之議，致淮之旁流愈多，正流日弱，刷沙無力，黄流益横，淤沮運道所由來也。公於十六年冬，命予加築大隄於一帶湖陂。又塞周橋、高澗閘座。仍於隄外增築坦坡，以固隄址。使清淮涓滴無所旁泄，而蓄其全力，以攻久積之淤沙。

凡諸碩畫，雖昔平江諸公不能過也。予皆仰稟成算，幸無隕越。而至於惴惴小心，夙夜不遑，則不敢以不勉。在工諸員，大小不一，予不以體勢相臨，惟以情意職事交相勸勵，共襄乃績。

他如挑土壓埽，工多則費帑，工少則廢事。予每先期一日行諭村民，每夫給銀四分，以炮聲爲期，畢集工所，埽下即散，故得不靡帑而事辦。其有決口既多，取土爲艱者，予往來督視，就水消土露之處，令遠者以木爲橋，度水挑運，以濟舟運之窮。稍近而水淺者，令於水中填出土埂千餘道，以濟橋木之窮。至堵築肯綮，尤在中泓合龍之際，勢將收則水勢洶涌十倍。於時下埽，如兩軍對壘，事争毫髮。苟或人料參差，患在走埽，一埽既動，諸埽從之。予惟先事而戒，罔或弗

① 「淮黄」，《四庫》本作「黄淮」。

備。閉泓之日，間值風雨，則揮從卻蓋，露立水次，不使有一夫之懈。夜則倍其工食，勤則加其犒賚，故人役之效命，蓋亦鑒其誠焉。

要皆聖天子之庥福，河憲之訏謨，小臣獲告無罪，不勝厚幸，謹記如左。凡在工各員，備著勞績，並勒名碑陰，以志共襄王事云。

十八年，河督靳輔疏報翟壩合龍。奉旨：「據奏翟家壩成河九道，盡行閉合龍門，具見殫力籌畫，有裨河務，深爲可嘉。」

十九年，復大挑清口、爛泥淺、裴家廠、帥家莊引河四道，創建周橋、高良澗、武家墩、唐梗、古溝東西減水壩，共六座。《淮安府志》：「是年，大挑引河四道，皆成大河，淮水始全出清口，暢注會黄。」

二十二年，築南攔河壩。長三十四丈。

《河防雜説》：「自山陽縣武家墩北，歷高家堰、高良澗、周家橋、古溝、唐梗，至盱眙縣翟家壩一帶隄工，有石工、樁工、土工，共長一萬五千六百四十四丈六尺，内惟高家堰最洼。康熙二十二年伏秋大漲之際，高堰水深一丈二尺有餘，石工頂上水深數寸或一二尺不等。樁工水與管木相平，即有簽樁極高者，亦不過露頂尺餘。若以前當此異漲，則頃刻潰決東泄。而是年歷八月之久，得保無恙者，一則恃挑工加築之子隄，尚高過水面三四尺不等，人夫有立足之地，可以用力修防也。一則賴挑土填築之水内坦坡擁護隄根，石縫不至過水。石工之内尾土無蟄陷之虞，石工之外風浪有消殺之勢，樁不至於拔起，土不至於全傾也。一則藉減水壩六座，隨長隨減，水深至一丈二尺外而止，不至更爲加長也。

各工俱濱臨洪澤大湖，所以捍一望無際之水，須於頂衝之處，預備物料，加意堅築，以圖永遠。又自武家墩北至翟家壩隄工，每每上年加高一尺，則次年湖水亦必加長一尺，仍復漫隄而過。是以前朝潘季馴將古溝、翟家壩二十餘里之地，不築障水大隄，止加三尺高之小堰，使水小之時由湖下注，水大之時漫堰而去也。

然明時黄河尚深，湖水易出。近來黄河墊高，往往頂住湖水不得暢注，故不特三尺高之小堰皆衝洗無存，而又衝成河九道。高良澗、高家堰一帶之樁石工，亦復不時潰決。於是清水潭隨圮隨塞，築而復圮。

今於臨湖一帶修建減水壩六座，計其泄水之地，武家墩壩長十丈，高家澗壩長十丈二尺，周家橋壩長十四丈，古溝壩長三十四丈五尺，古溝西壩長五十三丈五尺，唐梗壩長四十八丈二尺。當高堰湖水止深八尺以上之時，雖建此六壩，可使湖水涓滴不泄，以爲敵黄之資。及湖水長至八尺五寸以上，始從壩底漸減。方二十二年，淮流滔滔下注，歷八月之久，而隨長隨減，不至壅積漫隄者，實此各壩減水之益。

但湖水長至一丈二尺外，再欲加高，修防費力。再添建五十餘丈長之減水壩一座，即使將來湖水極漲之時，深不出一丈二尺之外，多一處減水，自然不致壅積漫隄，且易防守也。」

二十三年，十一月初十日，聖駕南巡，閱高家堰工。上以風浪利害，問河臣靳輔：「照黄河險工，下大埽防護，如何？」靳輔回奏云：「大埽亦總爲大浪掣去。庶幾下丁頭埽攩護，亦要每年修補。」

二十八年，聖駕南巡，諭：「高堰石工著修理。」

三十年，命博濟、李光地、徐廷璽勘閱河道。

三十一年，二月，工部議覆户部侍郎博濟等疏内，應准修理高堰工程。奉俞旨行。

附 工部《覆奏略》：

博濟等疏稱：高家堰減水壩六座内，有古溝東減水壩，底被水衝損。其三官廟等六口，向來下埽，今改竹絡已完。三處尚有未完，應令照此修完。七里閘雁翅以内，底石被水衝損二丈有餘，應令河臣速行修理。太平閘並傍東水壩，仍應令酌量開放。

十一月二十四日，奉旨：「高堰障淮敵黄，關係最爲緊要。若使隄内受水，則内外浸灌衝激，甚屬危險。高堰之隄不固，雖另增隄數層，有何裨益？這運料小河，增加隄岸無用。高堰應作何加修，以期永遠堅固，應遣大臣前往察視。」

十二月初一日，奉旨：「著張玉書、圖納去。」

三十四年，創築鹽壩。長五十八丈五尺。

三十五年，河臣題兩河見在情形，奉旨：「著江南總督、漕運總督，江寧、安徽巡撫公同速行會勘，確議具奏。」奉旨：「河工關係重大，這會勘應修應築工程，俱著照該督等所題作速興工，該部即將錢糧撥給。」

附　督臣等《議略》：

查清口爲黄、淮門户，引清敵黄，所係甚大。祇因爛泥淺、帥家莊、裴家場三道引河勢分力弱，每逢倒灌，動輒淤墊。應從大墩接築長隄，挑濬裴家場引河，逼令全湖之水匯歸出口，併力敵黄。自清口歷武家墩、高家堰、高良澗、徐壩以至翟家壩，除小黄莊以南新石工見興砌外，其武家墩（元）〔玄〕帝廟後隄工卑窄，昔爲沙灘，今成巨浸，急應加幫高寬舊石工五千八百餘丈。内倒卸石工八百七十八丈，急應修砌。

又石工頂上排樁之内，加以木版，填築土方。再於堰隄之上已築子隄者，普面加高。未築子隄者，一律加築。隄裏内戧，霪雨淋漓，亦應如式酌修。茅家圍等減水六壩，應加修砌，並添設磯心，建置閘版，淮弱則下版蓄水以敵黄，淮漲則啓版減水以宣泄。翟壩一帶隄工，低窄不堪，今秋異漲，漫隄過水，均應加幫。

三十六年，築山、清交界東攔河壩。長四十丈。《河防志》：「因每歲修葺西隄，築此以便取東岸之土。」

三十八年，三月，聖駕南巡，閱視高家堰，諭大學士伊桑阿等：「朕念河道國儲民生攸關，親行巡幸，由運河以至高家堰運口等處，留心細閱。見運口太直，黄水倒灌，兼之湖水淤墊，以致清水不能暢流。各河與洪湖之水，如何得能敵黄？若將清河至惠濟祠掃灣，由北岸挑引入惠濟祠後入河，而運河再向東斜流入惠濟祠交匯，黄水如何能得倒灌？今應將清口之西壩臺，加添挑水壩，修築堅固，加長過於東壩臺。將清口安置裏邊，洪澤湖擇其水深之處，開直成河，使湖水流〔出〕①。黄河灣曲之處直挑引河，使各險處不得受衝。」

四月二十四日，河督于成龍、協理河道府尹徐廷璽奉上諭：「高家堰速速修完，下河田地不過一二年，可以見出。」

九月十三日，上諭：「今歲朕南巡，看得黄河逼近清口，黄水每多倒灌，以致淤墊。洪澤湖水不出自高堰各壩，流入高、寶諸湖，自高、寶湖流入運河，以至下河田地盡被淹没。淮、揚所屬錢糧，雖頻年蠲免賑濟，動帑修理隄岸，群黎尚在水中，朕深爲軫念。遂諭于成龍動帑挑濬洪澤湖出水隄岸，令其完工。近差工部官員前往查勘，清口仍然淤墊，洪澤湖水仍東出口，隄岸尚未告竣等語。清口甚爲緊要，如不將清口挑濬，湖水不出，高堰隄工並運河隄工雖加高厚，均屬無益。董安國所挑之

① 據宋犖《迎鑾日記》補。

河，再加挑濬。此河如不可挑，或將清口迤北遠移挑濬之處，大學士、九卿、詹事、科道，會同看閲河圖，速行詳議具奏。」

張鵬翮《河防志》：

「大學士等會議得：黄河逼近清口，是以淤塞，應作速挑浚，不可不將黄河移遠。應請敕下總河于成龍等，將清口挑濬，令其出水。或將黄河移遠清口，或即將董安國所挑之河再加挑濬。詳看趁今冬急爲興工，不至水長之處，定議具題。總河題覆，九卿復議，得河道總督于成龍等疏稱：清河縣石人溝以上，沿河盡係淤泥，深有七八尺餘不等，人夫無立足之地，難以施工。臣等再四思維，竊以黄河大溜，勢若排山，若遠移改挑，工大費繁。且清口對過北岸一帶，積水淤沙，畚鍤難施。臣等見挑裴家場、爛泥淺等引河，不日可竣。又堵閉唐埂等處減壩，應俟各壩堵塞之後，使湖水不能東泄，引出敵黄，以免淤墊之患。再將董安國所挑引河，復加挑挖，挑水壩再爲接築，黄水由引河而趨北岸，可無倒灌之虞。至於遠移改黄之處，統俟湖水出後，酌定形勢，另行奏請遵行。相應均如所題，動帑挑築。」

奉旨：「依議。」

附　户科給事中張睿《疏略》：

皇上命前河臣董安國等，將黄河灣曲處挑引水河一道，使水直下，遠避清口，免其倒灌。此非臣下意計所及。但新挑引河，必俟水汛大發，始行開放，則刷沙有力，不致復淤。恭讀上諭：「清口甚爲緊要，如不將清口挑濬，湖水不出，高堰隄工並運河隄工雖加高厚，均屬無益。」真洞鑒全河，瞭若指掌。

臣聞居民傳説，中河水從仲莊出口，建瓴之勢，逼溜使南，是以直射湖口。不獨清水難出，而黄水反易入。則欲挑浚清口，不得不藉中河之水，以制黄河之水矣。

又讀上諭，謂將董安國所挑之河再行挑濬，或將清口迤北遠移挑浚之處，速行詳議。臣恭繹再四，有分黄導淮之法。蓋黄分則勢弱，清口不當頂衝，從此疏浚不難。其分黄不必另闢河通，於仲莊閘下之中河自清河起，至山陽草灣止，約長七八千丈，挑寬至二十丈，上口縷隄挖通，使黄水由此分泄。下口亦挖通縷隄，仍歸大河，會流入海。再於縷隄上下口，建立雙版石閘，以時蓄泄。則中河由此去，黄河亦由此分。北岸水勢既殺，南岸水勢必趨而北。董安國所挑新河，自可刷深直下。

再，清口去其淤墊，引湖水暢泄，不獨清口東下，刷黄濟運。而唐埂六壩過水漸小，周橋、翟壩亦易修築閉塞，庶免下河昏墊之憂。

如云河不兩行，分則力弱，緩則沙停，非所論於清口。以清刷黄，原取其弱，以水攻沙，不患其停，況建閘又可蓄泄也。

奉俞旨，下河臣議行之。

十月二十日，總河于成龍等疏陳兩河隄岸修治情形。奉旨：「朕撫御寰區，愛養兆民，視同赤子，務期無一人不獲其所。比年淮、揚所屬地方，罹于水患，百姓田廬俱被淹没，生業蕩然。朕懷深切軫念，屢經蠲租賑濟。乃黄河墊高，清口底下，淮水不能流出，百姓仍被水災，弗獲寧處。念此淮、揚數州縣生靈，豈可不急爲拯救乎？今海内無事，惟河工最爲緊要。水患未平，民生失所，朕用是時廑於懷。若何修理河道，以濟生民，爾等九卿詹事科道各官，亦宜念切。頃問南省來人云：黄水比淮水高一尺有餘，若將高堰隄岸增加堅築，以束淮水，使刷黄而行，亦似有益。但淮水瀦聚，而黄河桃汛又至，則高堰危險，亦未可定。今或堅修高堰隄岸，以束淮水，使之刷黄。或移清口於清江之左右，或另濬河道，以通舟楫。俱宜一一講求。此事關係甚鉅，爾等會同九卿、詹事、科道等官，細閲河圖詳議，再將二本一並議奏。」

廷議令河臣詳勘定議，奉旨：「河工關係重大，豈惟另尋河道不可得，從新創作，亦屬繁難。高堰隄岸縱多方堅築，清水亦不能出。今惟當議移清口於他處，兩岸俱用石工堅砌，使清水流通。朕南巡時，曾以另開清口面諭于成龍，于成龍亦奏稱淮水可從武家墩向清江浦移改。此事著總河于成龍及府尹徐廷璽，會同河道各官詳看：清口當移於何處？所用石工等項，作速辦備。著即詳議，於歲前具奏。餘依議。」

十二月十七日，工部等衙門會覆侍郎常綬等疏。奉旨：「若將高堰減水壩堵閉，建造滚水壩，土隄加幫高厚，則湖水必高。黄水又大、湖水不出之時，高堰隄工危險，而泗州等處必至水淹。著大學士、九卿、詹事，掌印不掌印科道，會同確議具奏。」

三十九年三月，工部等衙門會覆兵部尚書范承勳等疏。奉旨：「這挑浚運料小河，將何處水引入，水又從何而出，並未聲明。這事情並武家墩等處隄工事理，俱行文范承勳等，會同總河于成龍等，詳細速議具奏。」

會議得：高堰隄工，武家墩至小黄莊即日興築。惟是清口黄流倒灌，見在打壩禦黄，若遽將周橋至棠梨樹内三壩全堵，淮水無處宣泄，而壩口之隄單薄，必難捍禦。議暫留夏家橋一壩，再於棠梨樹以西，暫築裹頭草壩，備伏秋漫溢，水消堵閉。六壩一帶地方，最爲危險，修防刻不可緩。其再挑引河一道，應俟清水河出之時，兼工挑挖。

部覆均如所議。仍請將黄、淮兩河，並高堰作何修治，裨益運道民生之處，或别有善策，令前往河工大臣、河道官員，公同詳議。

奉旨：「這本内事情，着行文前往河工尚書范承勳等，會同河道總督，這所議可否，伊等意見又復如何之處，速議具奏。將董安國所挑引河，再行挑濬。堵閉黄水倒灌清口之日，或將清江閘堵閉。

及查看修理更樓決口等工，着侍郎常綬前往看閲具奏。」

四月，總河張鵬翮疏請開張福口引河，並建閘。廷議應如所請，奉旨：「依議速行。」

附　張鵬翮《疏略》：

清口爲黄、淮交匯之處，目今糧艘北上，最爲緊要。今河身淤墊，竟成平陸。清水隔絶不通，獨有黄水流入，運河深不過三尺五寸、四尺不等。兹部臣常綬議築攔黄壩，糧艘過盡，竟行堵塞，使黄水不入運河。再將裴家場三處引河開浚，廣寬深通，引清水入運河。是亦權宜之計。臣相度形勢，博採輿論，僉云：黄河北裴家場引河身高，爛泥淺係流沙，旋挑旋淤。裴家場與帥家莊相連不遠，即開浚深通，當夏、秋黄水大長力强之時，引河清水終虞力弱，不能相敵。應於張福口挑引河一道，長一千五十丈，面寬十丈，深一丈餘或八九尺不等，引清水於黄河口相近處入運河，勢在裴家場引河之上。上下水勢相濟，當夏、秋水長之時，兩處清水交合，庶可敵黄。蓋因清口淤塞之後，甚爲廣闊，非多挑引河，鮮克有濟。比之引湖水入江，既有金灣三閘之河，又有鳳凰橋、雙橋、灣頭等四處之水，引入人字河、芒稻河，水勢得以暢流入江。此成法之有效者也，故宜開張福口引河，以導清水，使之暢流。建閘一座，以時啓閉。趁今水勢未長，兼工挑濬。

張鵬翮《摺奏應修工程》：

一、六壩之宜閉也。逼清水出口，以會黄入海，其關鍵全在六壩。而六壩之最要者，尤在夏家橋一壩，以全湖水勢趨此故也。今夏水方盛，若急於堵塞，一則高堰隄岸危險可虞，一則湖水洶涌，恐旋塞旋衝，靡費金錢可惜。目前正須備料，俟水落堵塞，庶爲萬全之計。

一、高堰之滚水壩宜修也。高堰容納七十二處山河之水，古人設壩原以泄異漲之水，非以泄平漕之水也。今冬六壩已閉，來年桃汛黄、淮並漲，宣泄湖水，非壩不可。按《南河志》云：武家墩、高良澗、周家橋、古溝，俱設有閘。又《河防一覽》云：翟家壩地亢，爲天然滚水壩。今周家橋、高良澗等閘，俱已堵塞。臣親至翟家壩，見湖形漸淤，水勢不由此出。是古今變遷不一，翟家壩亦非出水之處也。

前河臣將六壩改爲四滚①水壩。臣覆加相度，地勢相去不遠，併爲三滚水壩，亦屬妥協，今宜備辦石料修建。於壩下就原有草字河、唐曹河開爲引河，並築順水隄，則民間田廬無淹没之虞。

一、武家墩至小黄莊之石工宜加砌也。查此一帶臨河，舊有石工，僅出水面二三尺不等。

①「滚」，《四庫》本作「散」。

必須加砌使高，與小黄莊見修石工一律齊高。

一、古溝至六壩之石工宜修也。查臨湖石工，至古溝而止。自此迤下，俱係土隄，每年歲修搶修，靡費錢糧。似宜修砌石隄。在目前用帑雖多，然計之數年之後，可省歲修之費。宜於滚壩告成之後，漸次修舉。

一、歸仁隄臨湖石工，加灰抹縫，尚有罅隙、椿朽之處，飭其補砌滚水壩一座，尚未修築。有涵洞缺口，泄水盡入洪澤湖，故白洋地方可無水患。若將缺口堵塞，水無去路，現在訪求出水之處，另疏奏聞。

《行水金鑑》：

張福口引河挑一千五十丈之外，又挑河一百八十五丈，緊接上港湖水處，方能引水暢流。其河頭舊隄有水口四處，共長四十七丈，必須堵塞，方不使湖水散漫，盡歸引河。河尾先接草壩，方可束水濟運。

十一月初一日，總河張鵬翮奏閉高堰六壩。

附　張鵬翮《疏》：

臣遵旨督修高堰隄壩，將六壩已閉其五，夏家橋堵閉過半。今於十月十九日，臣親往高堰六壩一帶催工，見湖水長至三尺。臣由陸路至老子山，觀淮水出洪澤湖之處，一望汪洋無際，通湖水長三尺。詢之土人，云：因閉壩，故爾水長。若再加長，隄工單薄可虞。臣一面令夏家橋口門緩緩進埽，以便分修官上緊臨湖鑲柴，仍催剋期竣工，足禦風浪，即合龍門。於二十一日，馳至清口，見引河水勢加長。臣令河兵新挖之三汊河，及疏通河口，引水入爛泥淺。帥家莊等河身俱已有水，而張福口、裴家場二引河水長盈滿。測量水平，引河水高於黃。仍將張福等河口之水，匯入裴家場引河一處，俟其水聚力强，足以敵黃。於二十四日西南風起，引河水驟長，比黃水高一尺一寸，臣率道廳等官，親放引河之水，暢流入於運河。臣擬俟回空糧船過完，將運河頭壩堵塞，逼清水出黃，另疏題報。

但夏家橋口門堵閉後，六壩水勢較今更爲加長。平漕之水，足以敵黃。溢漕之水，應行宣泄。因三滚壩尚未修成，轉盼冰凌桃汛之水又至，設遇西風鼓浪，無處宣泄，何以保固隄岸？公議於翟家壩原有天然滚水壩之處，地亢土堅，仍留天然滚水壩，寬百十餘丈，用埽裹住兩頭。平漕之水，蓄以濟運。溢漕之水，聽其滚去，出唐曹河，入白馬湖。若伏秋水大，再於蔣家壩盡頭處原有之清水溝河以及涵洞，酌量開放。若水小，仍閉塞。總以臨期相機而行，務期有裨隄防。

再查六壩口寬二百八十丈，今清口引河共寬三十餘丈，不足以宣泄全湖之水。應發帑再開寬闊，使水暢流敵黄。

至於運河伏秋水漲，應由涇河、澗河泄出射陽湖入於海。此二河見在挑浚，應將涇、澗二閘動帑修補，以資啓閉。

初十日，張鵬翮奏報黄、淮交會。

附《疏略》：

臣凛遵聖訓，指授方略，明晰周詳。先疏海口，水有歸路，今歲黄水不出岸矣。繼挑芒稻河，引湖水入江，高、寶一帶水由地中行矣。再闢清口，開張福口、裴家場等引河，淮水有出路矣。又加修高堰，堵塞六壩，逼清水復歸故道。於十月二十四日，引張福口等河會入裴家場引①河，開放清水，流入運河。再將湖頭疏浚深闊，以迎洪澤湖大溜。又將張福口引水入裴家場之處，再挑寬深，水大勢旺，迅流暢沛。今於十一月初三日，直敵黄水，暢流入運河矣。運河之中純係清水，已無黄水灌入。

① 《四庫》本無「引」字。

臣於初九日，自下河回至清口，見水勢暢流，大半入黄，小半入運，一水兩分，若有神助。官民快睹，淮、黄交會，白叟黄童，歡聲若雷，皆感頌我皇上軫念國計民生，宵旰憂勤，精誠上孚天心，河神效靈之所致也。

十三日，張鵬翮奏善後事宜，下廷議應如所擬。奉旨：「依議速行。」

附　張鵬翮《疏略》：

我皇上聖謨獨斷，指授治河方略，以至淮、黄交會。但善後之計尚應講求者，見在諸引河之水勢聚而力强，故足以敵黄，而直出運口。但大半出黄，少半濟運，一水兩分，當伏秋黄長之時，恐清水之力稍微。臣率河官部員，親行相度。應於張福口、裴家場二引河空地中間，迎湖大溜之處，再挑引河一道，面寬二十丈，底深一丈，會入一河，出口敵黄。俾清水之勢常强，而禦黄有力。將爛泥淺會入三汊河，從七里河出文華寺運河，專以濟運。衆議僉同，實屬可行。

是年，鑲柴修築六安溝外越壩。長一百八十一丈五尺。

又塞周橋以南舊減水壩六座，別建滚水石壩三座。上下兩座金門口寬各七十丈，中一座口寬六十丈。

又建天然壩草壩二座。一口寬六十丈，一口寬六十二丈三尺。

開武家墩至周橋大隄内運料小河。《河防志》：「前河臣靳輔開挖未成，是年部臣題准，即以挑河之土築大隄。又因水淺，未能通舟，於四十一年加挑。」

四十年二月，從總河張鵬翮請，加幫武家墩至運口隄工，創築新大墩至裴家場攔湖壩一道。

附　張鵬翮《疏略》：

武家墩至運口隄工，捍禦湖水風浪，最關緊要。今六壩堵閉全完，洪澤湖水勢盛出，繞流武家墩一帶隄根。而舊隄卑矮單薄，難資捍禦。必須作速加幫高厚，簽釘排樁，與高堰隄工一律相平。

又新大墩至裴家場，從前未有隄工，應創築攔湖壩一道，方可束水禦浪，敵黄濟運。

三月初九日，張鵬翮奏報清水盛出情形。

附　張鵬翮《疏略》：

臣欽奉聖訓，指授治河方略，堵閉六壩，大闢清口，引清水暢流出口，會黄入海，濟運通行。

今三月初二、初三、初四三日，桃汛已至，黄、淮並長，清水盛出，敵黄有餘。但六壩閉後，全湖蓄水隄岸，卑矮者離水面二三尺，高者離水面五六尺不等，西風鼓浪，危險堪虞。應將卑矮之處，再行加幫。其天然滚水壩尚未開放，欲其蓄水敵黄，若湖水再長，相機開放，以保隄工。

初八日，臣查清口形勢，武家墩、三汊河、爛泥淺、裴家場、張家莊、湖頭水勢相連，沛然而出，面寬數百丈，直繞大墩。其流至運口也，三汊河、裴家場、張福口、張家莊四引河，匯爲一河，寬九十丈。流出二座攔黄壩，壩基淤沙如湯沃雪，自然消化。至頭座攔黄壩，刷寬四十六丈。兩壩臺亦係淤沙，見在蟄裂。若清水再長，勢必刷開，自難存住。詢之土人，云：「當年黄、淮交會時，此係河心。若刷去壩臺，口門寬闊，則清流益暢，方足以泄全湖盛大之勢。」臣觀口闊水溜，糧艘揚帆，安流而過，則土人之言不誣也。

但桃汛湖水已大，伏汛勢必加長。大墩一帶隄工，禦河水而保運道，關係緊要。今河官作速臨湖下埽，加幫隄工高厚，以資捍禦。

二十一日，内閣奉上諭：「今治河事雖稍有緒，未可遽稱底績。唐埂六壩，俱已堵塞。夏、秋①時黄河水溢，加以毛城鋪水復入洪澤湖，波濤洶涌，則高家堰甚可危。目下清水流出，雖於運艘有

① 《四庫》本「夏秋」前有「今」字。

益，但高家堰一有衝決，淮、揚一帶地方俱不可保，其爲患甚大，將所修如許工程俱付之無用矣。昔于成龍任總河時，不塞唐埂六壩，非無所見，蓋慮此而不行也，今斷不可不慎加防護。凡此皆朕親臨所見者，並非紙上空言也。張鵬翮修築石隄甚速，彼處運石甚不易，成工之速如此，可謂實心效力者矣。」

四月初四日，工部郎中王進楫傳奉上諭諭張鵬翮：「保守高家堰，第一要緊。」初八日，張鵬翮疏陳保守高堰事宜，下部議准，奉旨：「依議速行。」

附　張鵬翮《疏略》：

今六壩全閉，淮水初復故道，水勢蓄長，止由清口一路會黄入海。一切隄工，俱係新築。湖寬水盛，風浪易發，最爲險要，加謹保守，誠如聖諭。

臣等公議保守之法，一在分地巡防。自清口歷高家堰至六壩，每五里派官二員，晝夜巡防。發帑委能員備料，運貯工所備用。其臨湖鑲柴，預防浪掣。武家墩至高家堰，令原修廳員，住工防守。自小黄莊至周家橋，令分修諸臣，住工防守。自周橋至六壩，令分修、接修諸臣，住工防守。

一在修理險要工程。查龍門大壩，部臣原估鑲柴二路，後止鑲一路。今湖水盛大，隄身單薄，應將節省一路，仍發帑加鑲。其高澗大壩，地勢低洼，内有積水深潭裏戧，旋修旋蟄。舊隄頂寬不滿三尺，一遇風浪，甚屬危險。臣相度形勢，應於裏口築越隄一道，以爲重門之障。其内戧蟄陷之處，下埽鑲填堅實。至於宣泄之方，因三滚壩尚未修成，從權暫設天然滚壩，遇淮、黄並長之時，清水由天然滚壩泄出，黄水由王家營減壩泄入鹽河下海。

二十一日，張鵬翮疏請修築高堰清水潭隄工。下部議應如所請，奉旨：「依議速行。」

附 **張鵬翮《疏略》**：

高堰清水潭工程，最爲險要。臣親往勘驗，原係積水深潭，南一半長二十丈，埽工蟄陷無存。北一半長二十丈，今亦蟄陷。臣等公同相度，此工臨湖舊隄，面寬二丈三尺及三丈不等，雖有石工，尚虞卑薄。而内裏潭形如釜底，水深底淤，椿埽難施。幫築裏戧，土工難於存立。公議於内裏加築月隄一道，以爲重門之障。此工最關緊要，應作速修築，以資捍禦。

五月二十一日，上諭：「高承爵奏報泗州、盱眙地方水災，著總河張鵬翮會同兩江總督阿山，親行察勘具奏。前高家堰閉塞六壩時，朕謂六壩塞完後，泗州、盱眙等處必被水淹，曾向九卿降有諭旨。今六壩方經閉完，洪澤湖水長泛溢，泗州、盱眙等處城郭，果被水災，高家堰隄益覺危險，朕爲此時廑於懷。且天災靡定，萬一有異常風暴，及地動雷震之事，亦未可知。儻若高家堰至於危險，則揚州、淮安等處皆被災矣。朕日夜念此，甚切憂懼。高家堰隄作何保守堅固，或另有修治善策，著張鵬翮陳奏。可差爾衙門中書一員前往。」

七月，張鵬翮奏報開放陶莊引河，奉旨：「張鵬翮奏開陶莊引河。黄河水已向北岸流去，若黄流趨向北岸，則離清口甚遠。乘此時從范承勳所築挑水壩起，寬長加築隄岸過清口，將黄河及清口之水儘向下流，再匯合爲一處，則黄河之水永無倒灌之虞。朕先曾面敕于成龍，今在河官員亦有知者。著張鵬翮問在前曾知此事官員，詳明定議奏聞。其修隄所需錢糧，即爲估計。所修之處，速繪圖呈覽。此事甚爲緊要，不得輕忽。下所司知之。」

附　**張鵬翮《疏略》：**

臣謹遵聖謨指示，自范承勳所築挑水壩起，加築隄工至清口西壩，長四百八十丈五尺，頂寬六丈，底寬十丈。再查西壩見長二十丈，今再接長五丈，新舊合長二十五丈。俾清口會黄河之水，向北下流，過惠濟祠後，合爲一處。益加暢沛，黄水可永無倒灌之虞。

都御史李枏《疏略》：

陶莊引河雖黄河大溜一入，即可刷令深廣，但水性就下，今引河不及黄河大溜之深，夏、秋兩汛落後，焉能捨卑就高？故土人謂黃河徙之使北，不但河底宜深，亦且河面宜廣。臣思此河共用銀二萬三千兩有零，若再加倍深廣，其銀亦不過加倍而已。大抵黃河之沙，冬則堅固，縱人工稍費，易于施工。今歲冬月，或相其地勢機宜，再加挑浚深廣，亦一勞永逸之計。

是年，修高堰大隄告竣。北自武家墩隄頭，南至棠梨樹，長二萬四千九百八十一丈二尺三寸，高二丈三四尺不等。臨湖鑲柴高一丈一二三四尺不等，頂寬八丈四尺，底寬一十三四丈不等。又自武家墩至小黃莊，自小黃莊以南至古溝，自古溝以南至林家西，俱砌石岸。又自天然壩南至秦家高岡，俱臨湖鑲柴，以資保障。又自武家墩起，至棠梨樹，加築子隄以出水，面七尺爲度，以禦風浪。

創築高澗大壩裏月隄，估砌石工，長二百五丈五尺。又臨湖外月隄簽釘排樁、鑲柴。長一百五丈。

創築清水潭隄裏月隄。長九十六丈。

修①築草字河順水隄。自周橋大壩東，至仁和集西，長四千八百九十五丈。

創築唐漕河隄。自天然壩南大隄起，至界溝，長三千三百一十五丈。

築蔣家壩攔水隄。自蔣家壩至周家圍，長一千一百五十三丈。《河防志》：「洪澤湖築高堰南北隄岸，所以束淮水出清口，敵黃濟運也。於清口築新大墩一座，導水七分敵黃，三分濟運。若遇桃、伏、秋

① 「修」，《四庫》本作「創」。

三汛，湖水盛長水大，易起風暴，欲保隄岸，以衛運道民生，於山盱汛建滚水石壩三座。其壩身尺寸與清口黄水形勢相照應，取勢足敵黄，過則聽其滚去。此四季測量水平，審度至當，迺定壩址，歷年著有成效。如春、夏之交，黄水先長，湖水勢微，清口清水稍弱，恐不足以敵黄，則啓歸仁湖三閘之板，放水入洪澤湖，以助清口水敵黄而濟運。此皆聖主數次閲視河工，指示方略，精詳盡善，乃克平成奏績，萬世永賴。屬在臣工，敬奉遵行，勿穿鑿私智，變易成法，則淮、揚生靈永蒙利賴於無窮矣。」

四十一年，五月，張鵬翮疏請加挑運料小河。奉旨：「這河著照該督所題挑浚。應否永遠存留，該督確議具奏。」

又題覆下部議准，奉旨：「依議。」

附　張鵬翮《疏略》：

竊照高堰運料小河，原屬淺窄，面寬八丈，底寬五尺，深五尺，以資運料，以保隄工。臣查此河自周橋横隄起，北至武家墩止，乃屬無源之水。必須隄内積水匯流入河，方克有濟。臣等會勘高堰工程小黄莊一帶，地形低洼。見今隄裏積水與河面相平，若遇風浪汕刷隄根，深爲可虞。公議將原挑小河再加挑深，使積水泄流河中，由武家墩鹽河出口，以免汕刷隄工，實與高堰工程深有裨益。

又《疏略》：

查高堰一帶隄根地形洼下，積水浸汕，難免坍卸之虞。今將運料小河再挑深通，一以宣泄隄根積水，一以運送修工料物。而且通商便民，利益不淺。或虞土塘水泄，偶致消淤，每俟春融，令河兵撈浚。再建草壩六座，每年修葺，以收束水勢，應可永遠存留，以保隄利民。

十一月，張鵬翮疏報歸仁隄引河開放。

附《疏略》：

歸仁隄引河閘座等工程，仰遵聖謨，動帑修浚，次第告竣。今年伏、秋二汛，黄水異漲，高於湖水。迨霜降後，黄水漸消，臣行令道廳等官，將臨湖歸仁、安仁閘壩堵塞，蓄湖水盡行引河，流至臨黄祥符閘盈科開放。今據報清水高過黄水一尺九寸，於十一月初七日開放，湖水滔滔出黄河。臣親往看，清水暢流，沛然莫禦，百姓聚觀，莫不欣喜，感頌皇恩，歡聲雷動。此皆仰賴我皇上聖謨獨斷，發帑開浚歸仁湖，導睢湖諸水刷黄，日益寬深。宿、桃等處，民生得所，淮、泗上流，水勢少減。誠天授之神智，垂萬世之利賴者也。

四十二年，二月初五日，上諭：「歸仁隄引河開放，分泄洪澤湖水勢，若黄水加長，恐清口水弱。着將祥符閘下版堵閉，草壩將五堡閘應酌量開放，以助清水之勢。」

三月初三日，上諭：「高堰工程關係重大，保安最爲緊要。朕今日乘舟由洪澤湖閲視，見有殘缺石工以葦草鑲填，倘遇水發，危險堪虞。閲至六壩，見新修石壩堅固，方慰朕懷。其殘缺石工，著即興修，乘水未長之前完工，用資捍禦。」

初四日，上諭：「清口西壩，乘此水淺，再加長數丈有益。」

初八日，上諭：「高家堰石工關係緊要，必須嚴催早完。」

十一月，奉上諭：「洪澤湖風浪危險，每致損壞船隻，民命攸關。著於沿湖坡釘樁木，以廣救濟。」

四十四年，閏四月初十日，聖駕臨視高堰隄工，上諭：「石工老隄頭轉灣處甚屬險要，宜作速修完。」

十一日，上臨幸惠濟祠石工，大學士暨河臣等奉上諭：「朕三十八年閲河，爾等所立之處，俱屬黄水。今清水暢流，逼黄竟抵北岸，僅成一綫，朕心甚爲快然。觀此形勢，朕之河工大成矣！」

十月初四日，上諭工部：「方今海宇昇平，惟以安阜黎元爲急。東南要務，莫重於河防。朕數經南巡，指示修築方略，凡以籌運道、濟民生也。自曩歲兩河先後衝決，而黄流淤墊。繼以高堰、唐埂壩久決未塞，而洪澤湖水直從決口旁泄，以致淮水力弱，黄水倒灌，全河幾至潰壞。於是分遣廷臣，發帑金數百萬，增築高堰，盡閉六壩，俾淮水全注清口。又特築挑水壩，以逼黄溜趨向北岸。仍開濬陶莊引河，以導黄北流，然後黄水無倒灌之患。

四十二年，以河工漸可底績，躬親臨視。時高堰石工尚多未竣，飭令迅速修築。又因仲莊閘水勢湍急，恐逼黄流倒浸清口，遂命閉仲莊閘，改建楊家莊閘，閘工既成。今年春，復往巡閲。比至高堰，見石工仍未完固，舊埽亦多朽榻，諄諭河臣張鵬翮，謂水勢無常，修防宜豫，一有疏忽，則前工盡隳。且甫奏安瀾，旋報衝決，天下其謂之何？張鵬翮猶奏稱，隄工捍禦，可以無虞。迨伏汛大水驟發，果衝決古溝、唐埂、清水溝等處，淮、揚一路田畝被淹者甚衆。今已嚴飭堵塞決口，刻期竣工。

朕屢親蒞河干，詳度形勢。當水漲之時，若高堰及運河減水壩不令開放，則隄堰甚爲危險。若開壩宣泄，則閭閻隴畝必致淹傷。方春水涸，民間盡皆播種。一經夏水驟漲，開壩放流，而所播之種悉被淹没，朕心惻然，殊爲不忍。使不設法導流，俾水有所收束，則瀕湖及下河民田，究不免於水患。朕再三籌畫，宜於高堰三壩之下，挑濬一河，兩旁築隄，束水入高郵、邵伯諸湖。湖外亦量築土隄，不使漫溢。其高郵減水壩下挑濬一河，兩旁築隄，束水由串場河入白駒、丁溪、草堰等河。白駒等河淤淺之處，並開濬深通，俾之入海。如此則各壩所出之水，不致有涣散衝流之害。

又洪澤湖水勢大漲，泗州、盱眙等州縣俱被水災。應於泗州一帶受水之地，亦酌量築隄收束，毋令泛濫，則所全於淮安、揚州、鳳陽三郡民生者多矣。此事原於河道無涉。在河官，止知保護河道，不復詳計民生。朕惟民間田畝，所繫甚重，宜圖萬全可久之策。築隄束水，行之北河，業有成效。則施之南河，當亦有濟。應從何地築隄，延袤若干里，需費幾何？行令江南總督、總漕、總河、江蘇巡撫，會同確勘，詳議具奏。」

《河工事宜册》：「是年，總河張鵬翮會同總漕、總督、巡撫察勘估計，於三滚水壩下挑河築隄，蔣家壩添建石閘，水大開放，循河歸入高郵諸湖。並請准發内帑修築，遣官督理完工。迄今開壩之水，悉由壩下之河，歸入高郵諸湖，由束隄壩下各引河歸海，不致散漫淮、揚二郡，億兆生靈，桑麻樂業，莫不感頌皇仁與天地不朽矣。」

四十五年，正月，上諭：「見今所議應築之隄、應挑之河，與漕運河道絶無關涉，特爲淮、揚所屬田畝不致淹没，有裨民生之故。但高家堰隄岸甚屬緊要，不可不嚴加防守。去歲水大，古溝、唐埂、清水溝等處俱被衝決，今歲高家堰若不嚴加防守，朕不能保其無衝決之患。」

又奉上諭：「高家堰酌看險要之處，再添建救生椿工五處。」

四十六年，二月二十二日，扈從大臣及督撫總河等於御舟前奉上諭：「天然壩一帶，聞有舊河形，將此河開浚，足容漕船行走。建置閘座，遇水小則閉閘，蓄湖水敵黄，水大則開放泄水，一半由武家墩通入運河，一半通入高郵湖。商民舟楫，皆得經行無阻，似可爲永遠之利。從前曾以此事諭張鵬翮，親身督率在河賢能官員，詳勘定議，俟回鑾具奏時，朕再親往閲定。」

《河工事宜册》：「是年，總河張鵬翮奏准建蔣家壩石閘一座，金門口寬一丈八尺。閘下兩岸挑河，長一萬四千四百三十九丈五尺，兩岸築隄長五千一百五十一丈五尺。迄今每遇伏、秋水長，開放宣泄，水由金釵、罕眙澗入高郵湖，隄工保護平穩。」

四十七年，奉上諭：「朕南巡閱河時，見洪澤湖風浪危險，隄岸陡立，商民船隻觸石損壞，傷人甚多，朕心時切軫念，因特令河臣沿湖隄創設救生大樁。自設樁以來，數年内並未損船傷人，于商民大有裨益。此樁應時加增修，愈多愈善。嗣後著江寧、蘇州、杭州織造，每歲於節省銀内各捐五百兩，解送總河衙門，以備救生樁之用。」

六十年，加修自山、清交界武家墩西隄，至土地廟大隄頭攔河壩臨湖一面隄工。長七百六十六丈七尺。

濬運料小河。

淮揚道副使傅澤洪申詳：「高堰、山盱兩廳所屬運料小河，於康熙四十一年挑浚，保隄運料，誠爲善策。迄今日久淤墊，運料船隻艱澀難行。又於五十九年補築大工之時，隄邊取土，地益洼下，致積水汪洋，宣泄無路，風浪汕刷，隄根受傷，實屬危險。

兹請挑濬深通，既可保護隄工，又可宣泄積水、運送物料，船隻無艱澀之虞，積貯土方，兵夫無望洋之歎，一舉而四善備。則詳請題估，發帑興挑，誠不可一日稍緩也。」

雍正四年，八月，上諭：「高家堰加修隄工，關係緊要。若於歲修案内，逐段增修，恐致遲緩。著即動正項錢糧，作速估計興修。」

五年，修理高堰大隄頂上前面柴工，並加高背後土隄，一律取平。《河工事宜册》：「四年十月題估，五年八月工竣。」

六年，七月初二日，奉上諭：「據河道總督齊蘇勒奏稱：改修山、盱滚水壩三座，即令河兵將沿河舊存廢石運用，不須另動錢糧，今工程俱已告竣。等語。此皆齊蘇勒平日實心任事，倡率屬員；而白鍾山又能遵其教令，核實辦理，甚屬可嘉。若以從前之總河官員處此，不知又冒開多少工費矣！白鍾山著交部議叙。」

齊蘇勒《疏》：「洪澤湖滚水石壩三座，其北首二壩之門檻，現在高出水面五尺。南壩之門檻，現在高出水面五尺五寸。周橋一帶石隄，現在高出水面止有六尺，若遇水長六尺，即與周橋石隄之頂相平。而北壩僅能泄水尺許，南壩止能泄水五寸，所泄無幾。則周橋一帶石工，甚屬危險。

臣等細加測量，相度全湖形勢，若將滚水三壩之門檻，各落一尺五寸，庶尋常之水可蓄瀦以敵黄，而暴漲之時又得暢泄以減盈。

再查先年沿河兩岸建有閘壩等工，因未審地勢之高下，多有壩身太高，不能過水而廢棄者。其廢棄之閘壩，石塊甚屬堅厚，今若改落石壩門檻，儘可拆取添用。不過需用搬運修整之價，較之赴山採辦錢糧，大有節省。至於磚灰等項，係上面兩層之工，所費無幾。」

七年，上諭河道總督孔毓珣：「天然等壩泄出之水，恐其溢浸民田。爾可相度動帑，於壩下修築束水隄工，務令各壩所泄之水，悉歸湖内，毋致民田被患。」

附　孔毓珣《遵旨勘議疏》：

臣抵任後，親往湖隄五壩之下，逐細詳勘。查三滚壩口門共寬二百丈，湖水加長，約過水一二尺至三四尺不等。天然二壩口門共寬一百二十丈，開放過水約至六七尺不等。而原挑壩下引河二道，各止面寬十二丈，底寬八丈，深三尺。至陳家莊滙合一河，止面寬二十丈，底寬十六丈，深四尺。是來源廣闊，去路窄狹，止可引其溜走中泓，不能盡爲容納。全賴兩隄束水下趨，以防旁溢。而原築隄身，止頂寬二丈，底寬五六丈，高六七八尺不等，本來不甚高厚。且陳家莊、南甸等處，兩隄相距闊者一百三四十丈，窄者八十餘丈。若止放滚水三壩，隄内雖然窄隘，尚可容納。若值五壩齊開，以三百餘丈之水，滔滔滚注，下遏上壅，勢必漫溢。

臣循隄細看，若竟疏浚引河，亦可引水下注。但天然二壩一開，水即緣隄湍逝，必致河沉水底。閉壩之後，又虞高、寶二湖之水逆湖而行，轉致倒漾。是疏浚引河，亦非泄水之長策。

伏思壩下隄河，原備束水，欲使壩下循軌。誠如我皇上聖明洞鑒，必應修築隄工，以束其勢，俾來無漫衍，去有滙歸，方足鞏固湖隄而保衛田畝。應請將南甸隄徑窄狹之處，自南岸王家庵起，至趙家莊止，取灣就直，改闊二三丈，長三百丈，另築新隄一道，即將舊隄之土挖築新隄。其隄尾距湖尚有二十餘里，向無隄工，應於南岸隄尾馬家圩至應家集約十七里，接築新隄一道。北岸隄尾自周家圩至李良橋約十五里，接築新隄一道。再將南北兩岸舊隄，按其段落，分其平險，遞爲增減，一律加高培厚。庶兩隄夾束，水勢湍流，自無旁溢之患。自應家集李良橋迤下，去湖尚約有六七里，地勢洼下，土性虚鬆，本難築隄。况此處成熟田畝無多，無庸議築。

以上應築隄工，約需帑一十一萬一千餘兩。實於湖隄、民田，兩有裨益。

此隄向係民間自行修理。隄成之後，請飭令地方官于附近有田之家，按田畝之多寡，秉公選擇殷實老成之人，令爲隄長。凡遇放壩之時，率領居民，輪流赴隄，晝夜巡邏搶護。閉壩之後，如有浪窩水溝，於農隙時即爲修補。

按是疏下閣臣，議准覆奏，於八年正月奉旨依議。

十一月初四日，奉上諭：「朕思治河之道，惟有使黄水暢流，無所壅滯，則永慶安瀾。然欲使黄水無所壅滯，必須保固高家堰隄工，使清水力能敵黄，且以助其暢流之勢，則河工永遠無慮。是高堰隄工，關係最爲緊要。從前齊蘇勒雖將石工稍加幫修，而朕以爲不若多費帑金，於隄工險要之所及單薄之處，俱加修石工，務令堅固高厚，以爲久遠之計，庶於河道、民生大有裨益。前孔毓珣在京陛見時，朕以此諭之，伊亦深以爲然。又曾將治河之道，降旨詢問田文鏡，而伊之所奏，與朕意不謀而合。可見高堰隄工，乃必應加增修理者也。著發户部帑銀一百萬兩，交與孔毓珣、尹繼善籌畫相度。有應預備物料之處，即於歲内採買，早爲預備。再著汪漋、對琳、張坦麟、吴昌祚前往淮上，協同河臣等悉心辦理。」

高堰、山盱廳一帶石工隄工，捍禦洪澤全湖巨浪，保護淮、揚二郡民生，蓄清敵黄，利漕濟運，最爲緊要。工程仰賴我皇上聖神天縱，洞悉全河關鍵，特發百萬帑金，務加修高厚，以爲久遠之計。

附　河道總督嵇曾筠等《疏》：

臣查修砌石工，必須於工外建築越壩攔水，然後可以施工。今小黄莊迤南，湖面寬闊，水勢浩大。若建立一綫孤隄，安能抵禦？再四思維，惟有借舊石工連土留寬二丈，暫爲外障，俟新工築定根基，再將舊工拆起，選石添建，方資捍禦。

查高堰廳屬自六堡起至小黄莊止，又自小黄莊起至高良澗禹王廟前止，應幫戧隄工共長五千九百七十一①丈六尺六寸。山盱廳屬自高良澗禹王廟前起，至古溝東壩北止，又自古溝東壩南起，至滚水壩北止，應幫戧隄工共長三千九百三十七丈六尺三寸。

又《疏》：

臣等勘核題估，除石工之内現在完整，止須每年照例於石上鑲柴搶修，足資捍禦，無容加修外。其有間段底椿腐朽、石塊攲斜，每屬順砌卑矮，應建越壩，拆修加高，一律堅實。又有年久，

① 「一」，《四庫》本作「三」。

風浪撞激，灰縫剥落，底樁腐朽，歪斜脹裂傾圮者。其中雖間有完整，但向係順砌之工，襯裏磚石單薄。若於舊石之上再加新石，上重下虚，勢難撑立。應行通身全拆重修，另换馬牙、梅花等樁，丁順間砌，始能垂久。

至於修砌石工，必先築越壩攔水，然後可以興工。今湖面寬闊，水勢浩大，每遇狂風巨浪，勢若排山。若築一綫孤壩，安能抵敵？且工段綿長，實難保護。況查舊工根基，樁空之内，向經填滿碎石。今舊樁難起，新樁難下，徒費人力，不能施工。惟有借舊石工留寬二丈，暫爲外障，于後身開槽釘樁砌石。俟新工築定根基，再拆舊石選用。其舊工底石，因新工灰汁未老，應留二層，以防風浪撞激，保護新工。

再，清水潭一壩裏越未建石工，今應一例創建。通共工長六千三百四十二丈九尺四寸。

八年，幫築高堰壩下河隄。

九年，大修高堰石工。

十年，高堰石工告成。

江南通志卷五十六

河渠志

江

自岷山導江，盤亘六千里，囊括衆流而下，勢如建瓴。至於漢，自北入彭蠡，自南入合岷江，爲三江並持東下，經今江南之地以入於海，正《禹貢》中江入海之故道。而江水奔注，海潮回復，則自巴荆以東，洵居地險矣。

今按江水自江西之湖口縣東北，逕江南之宿松縣南，又東北逕望江縣南，江在宿松縣治南一百二十里，在望江縣治南三十里。又東北逕東流縣西，其對岸則懷寧縣。江去東流縣治一里，經懷寧縣南門外。又東北逕貴池縣北，其對岸則桐城縣。江去貴池縣治五里，去桐城縣治一百四十里。又東北逕銅陵縣西，又東北逕繁昌縣北，其對岸則無爲州。江去銅陵縣治里許，去繁昌縣治五十五里，去無爲州治一百一十五里。

又東北逕蕪湖縣西，又東北逕當塗縣西，其對岸則和州。江去蕪湖縣治七里，去當塗縣治十里，去和州治六十里。

又東北逕江寧縣西，其對岸則江浦縣。江在江寧縣治西十里，在江浦縣治東南三里。又東北逕上元縣北，其對岸則六合縣。江在上元縣治北四十里，在六合縣治東南二十五里。又東逕句容縣北，其北岸則儀（徵）〔真〕縣。江去句容縣治七十里，去儀（徵）〔真〕縣治三里。又東逕丹徒縣北，其北岸則江都縣。江在丹徒縣北門外，在江都縣治南四十里。《元和志》：江都縣，大江南對丹徒之京口，舊闊四十餘里，今闊十八里。《蔡寬夫詩話》：潤州大江本與今揚子橋相對，而瓜洲乃江中一洲耳，今與揚子橋相連矣。自古南北之津，上則由采石，下則由江乘，而京口不當往來之道。今江面益狹，渡者舍江乘而趨京口。宋乾道四年，築瓜洲南北城，而京口之渡至今因之。又東逕丹陽縣北，又東逕武進縣北，其北岸則泰州。江去丹陽縣治東北六十里，去武進縣治北五十里，在泰州治南。又東逕江陰縣北，其北岸則泰興縣、靖江縣、如皋縣。江在江陰縣治北二里，靖江縣治南十里，去泰興縣治四十里，如皋縣治六十里。靖江江分二派，繞縣南北。明天啓以來，潮沙壅積，縣北竟爲平陸，而大江惟經其東南，縣遂爲江北之地矣。又東逕常熟縣北，其北岸則通州。江去常熟縣治四十里，去通州治十里。又東逕太倉州北，江去太倉州治東北九十里。東入於海。

凡瀕江州縣，間有風潮漫溢之患，而江勢漸更趨北。其南岸則洲渚重複，北岸則驟波淩濤之所激蕩，往往剥蝕頽圮。而瓜洲尤爲飛輓之通津，當北流之險溜。我朝工築以時，淪漂無聞，轉漕濟渡，官私均利。考諸前史，漲溢頻書，隄防或闕焉。鑒古而知今之流慶長也。

唐

開元二十二年，潤州刺史齊澣以州北隔江，舟行繞瓜步，回遠六十里，多風濤，乃於京口埭下直趨渡江二十里，開伊婁河二十五里，渡揚子，立埭，舟不漂溺。《唐書·地理志》①

宋

崇寧元年，置提舉淮浙澳閘司官一員，掌杭州至揚州瓜洲澳閘，通治之。《宋史·河渠志》

政和六年，詔：「鎮江府旁臨大江，無港澳以容舟檝。聞西有舊河，可避風濤，歲久堙廢，宜令發運司濬治。」《宋史·河渠志》

明

永樂元年，三月，修揚州府江都縣河東等鄉邊江圩岸。

二年，十一月，修築泰興縣沿江圩岸。《明太宗實録》：「泰興縣言：沿江圩岸東至新河，西盡丹陽界，長六千六百五十丈，高一丈五尺。頃被江水衝決，爲民患，請發民丁修築。從之。」

① 「理」，原作「里」，據《新唐書·地理志》改。

又修築和州銅城閘，上抵巢湖，下接揚子江圩岸七十餘處，爲江潮衝決者。

三年，十月，修無爲州周興等鄉，及鷹揚鄉烏江屯緣江圩岸。

七年，十二月，遣官相度修築揚州府泰興縣攔江隄岸爲風濤衝激淪入於江者三千九百餘丈，又浚大港北自縣河南出大江淤塞者四千五百餘丈。

洪熙元年，浚儀(徵)〔真〕壩河。《明史稿》：「是後定制：儀(徵)〔真〕壩下黄泥灘、直河口二港，及瓜洲二港、常州之孟瀆河，皆三年一浚。」

正統二年，十二月，修通江橋東西一帶江岸。

五年，六月，南京守備襄城伯李隆奏：積雨壞南京中新河、上新河隄，請俟水退，量撥丁夫修築。從之。

六年，九月，修築南京江岸。《明英宗實録》：「先是，南京江岸累決，命工部侍郎吴政等修築。政等言水深未便工力，請於農隙時疏江中沙洲，以殺水勢，然後用工。至是以興役請，上命守備豐城侯李賢、太監劉寧同政提督，仍戒侵擾。」

七年，七月，築南京浦子口大勝關隄。《明英宗實録》：「先是，江中有洲，激水横流決隄。豐城侯李賢請鑿洲引水直流，則隄可固，上可之。會詔蠲天下徭役，遂不果鑿，止令築隄。」

成化八年，八月，修築瓜洲隄岸。

十八年，揚州府同知李紱率泰興縣知縣蔡暹，築縣西南江堰，自保全鄉至廟灣港，長一萬六千九百二十五丈，廣三丈五尺，高一丈。

嘉靖十二年，知泰興縣朱篪增築江堰，自廟灣港至過船港七千六百三十丈。

萬（歷）〔曆〕五年，御史陳世寶言：儀（徵）〔真〕江口去閘太遠，請於上下十數丈許，增建二閘，隨潮啓閉，以截出江之船，盡令入閘，庶免遲滯。疏入議行。《行水金鑑》：「成化中，建閘於儀（徵）〔真〕通江河港者三，江都之留漕通江者二。已而，通江港塞。弘治初，復開之。既又於總港口建閘蓄水，至是復議儀（徵）〔真〕近江口增建二閘。」

國　朝

康熙二十九年，修砌儀（徵）〔真〕縣江口、響水攔潮二閘。

五十三年，重修江都縣廣惠、通惠二閘。《江防廳册》：「自石人頭迤南至瓜洲江口，頭閘曰廣惠，四閘曰通惠。」

五十四年，江流北徙。

五十五年，總河趙世顯會同漕督疏請建築江工。

奉旨：「據趙世顯奏稱：花園港地方及息浪庵前石工馬頭，俱被江水衝坍，屯艘之處狹窄，風浪可虞，題請挑挖月河。等因。乃伊慮及河工之意。朕以普天之下生民爲念，無處不預爲籌畫，倘江水日漸北流，衝刷不已，則瓜洲城垣必致危險。其荆州、杭州等處，俱有護城隄岸。瓜洲地方修建護城隄工，作何保護，不致危險，庶瓜洲一帶地方始得完固賫奏。張杓爲人明白，著九卿向伊問明，詳加確議具奏。」

又奉旨：「據趙世顯奏稱：江溜北徙，花園港地方被衝，坍塌一百二丈。瓜洲息浪①庵前石馬頭，亦被汕刷坍塌。等語。倘江流日漸北徙衝刷，瓜洲城垣必致危險。事關民生，若不預爲籌畫，修隄保護，斷乎不可。著江南督撫、總河、總漕，速行親往，詳加察勘。作何修隄，保護城垣，勿致危險之處，作速詳議。一面動帑修築，一面奏聞。」

督、撫、河、漕四院同詣瓜洲察勘，會議修築挑浚之處，一切丈尺工程，並設文武汛官、河兵住工，每年入歲搶修案内修防。奉旨依議。

附　趙世顯《奏略》：

瓜洲河道自四閘起，至江口止，計長二百九十七丈，統名花園港。渡江船隻，賴以屯泊。上年六月内，江流北徙，將四閘之下運河南岸淤蘆田畝中間倒塌一百二丈，以致屯船無多。臣相

① 「浪」，《四庫》本作「港」。

度情形，應於四閘之旁運河北岸，挑挖月河一道，以爲屯船之地。倘來年江流北徙，逼近四閘，則預將四閘石塊錠鍋拆起存貯，臨期細勘，另行酌議。

再照瓜洲之息浪①庵前石馬頭，已坍塌去十分之六。廟宇因逼近拆去兩層，拆後地遂坍塌。蓋因江潮浪涌，大溜北趨所致。臣謹會同總漕施世綸具題，令阿達哈哈番張杓賫奏。

是年，建築息浪庵前護城隄岸埽工；長二百七丈。自花園港三官殿起，至四閘下劉家涵洞護灘隄；長一百八十丈。花園港埽工；長四百丈。瓜洲城自北水關起，至西城角下首護城石工；長三百一丈。繞城河間段開挑寬深。長一千三十一丈。《江防廳册》：「已上俱於五十五年工竣。」

建築花園港越隄埽工，長五百三十丈，以作重門保障。挑瓜洲西門城西月河。長三百丈。《廳册》：「俱於五十七年工竣。」

開挑瓜洲、正人洲引河二道。第一道長五百五丈，第二道長五百二丈。《廳册》：「五十八年工竣。」

重修儀（徵）〔真〕縣江口通濟、羅泗二閘。

六十一年，允署總河陳鵬年請，建築花園港西（邱）〔丘〕家巷挑水壩二座，並雁翅包灘裹戧工。共長一百八十五丈。

---

① 「浪」，《四庫》本作「港」。

又建築舊四閘西龍王廟護埽工。長一百三十八丈。

雍正二年，奉旨從河督齊蘇勒請，建瓜洲胡家觜東岸護口埽工。長一百十八丈。

又建唐家莊東水草壩一座。兩岸各長二十丈。

八年，奉旨從河督孔毓珣請，挑瓜洲月河，自青蓮庵起至尤家碾，共長三百六十七丈。並於月河頭建築東水壩一座。

九年，奉旨准河督嵇曾筠《敬籌大江形勢》一疏，於瓜洲、正人洲挑引河，長六百四十一丈。五公灘開挑支河，長三百六丈。夾江内建築貼心壩一座，長一百五十丈五尺。又兩首接築攔水土壩。長二百五十八丈。

江南通志卷五十七

河渠志

海

《禹貢》：「淮海惟揚州。」其地東南際海。今江南於古揚州之地得三之一，而東北入古徐州之界，其東境皆瀕海也。

起海州，海去州治二十里。歷安東縣東，爲淮水會黄入海之口，海去縣治二百五十里。其南岸則阜寧縣。海去縣治九十里。自阜寧縣東北，折而東南至鹽城縣東。海口去縣治一百二十里。又東南至興化縣東，海去縣治一百二十里。又東南至泰州東，海去州治東二百四十里。劉莊場海口去州治東北一百九十三里，爲興化、鹽城二縣界。又南至如皋縣東，海岸掘港場去縣治一百三十里。又東南至通州東，爲江水入海之口。海去州治一百八十里。其南岸則太倉州，海去州治九十里。又東南至寶山縣東，海去縣治三里。又東南至上海縣東，海去縣治五十四里。又南至南滙縣東，海去縣治三里。又南至奉賢縣東，海去縣治三里。又南至金山縣東。海去縣治二里。凡靈潮駭水之所，回薄千有餘里，無崇岡峻嶺爲之限隔，有颶風鼓浪衝冒民田之患，不有隄防，曷資捍禦？

我世宗憲皇帝軫念東南赤子，以捍海塘工爲奠寧至計，特遣大臣相視籌畫，發帑修築。既易土甃石，復增土外護，以障蕩雲之波，永有農田之利，功德邁前古矣。

溯自晋代，欲有考信焉。

晋

永和中，吴國内史虞潭修滬瀆壘。《吴郡志》：「松江東瀉海爲滬海，亦曰滬瀆。」

唐

開元元年，築捍海塘，起杭州鹽官，抵吴淞江一百三十里。

大(歷)〔曆〕初，淮南節度判官、黜陟使李承式築捍海塘，自楚州鹽城，南抵海陵，綿亘百里，障蔽潮汐，以衛民田。

宋

開寶中，增修揚州捍海堰。

天聖五年，范仲淹監西溪鹽倉，建議更築捍海塘。發運副使張綸上其事，且自請知泰州，以仲淹令興化，董修築之役。六年功成，因名范公隄。長一百四十三里有奇，基闊三丈，面一丈，高一丈五尺。《宋史·張綸傳》：「綸除江淮制置發運副使。泰州有捍海堰，延袤百五十里，久廢不治，歲患海濤冒民田。綸方議修復，論者難之，以爲濤患息而蓄潦之患興矣。綸曰：『濤之患十九，而潦之患十一，獲多而亡少，豈不可耶？』表三請，願身自臨役。命兼權知泰州，卒成堰。復逋户二千六百，州民爲立祠。」

附　范仲淹《張公祠堂頌序》：

惟兹海陵，古有潮堰。舊功弗葺，驚濤薦至。鹽其稼穡，偃其桑梓。此邦之人，極乎其否。公堅請修復厥功，横議囂然，慬使中廢。公又與轉運使胡公令儀，再列其狀。朝廷可之，仍許兼領是郡，以觀厥成。起基於天聖五載之秋，畢工於六載之春。

至和中，海門知縣沈興宗築捍海隄，袤七十里。

紹興三十年，知華亭縣劉俁繕海塘。

乾道七年，知秀州（邱）〔丘〕崈修華亭瀕海十八堰。

附　宋（邱）〔丘〕崈《奏築捍海堰狀》：

華亭縣東南大海，古有十八堰，捍禦鹹潮。其十七久皆捺斷，不通裏河。獨有新涇塘一所不曾築捺，海水往來，遂害一縣民田。緣新涇舊堰迫近大海，潮勢湍急，其港面闊，難以施工，設或築捺，決不經久。運港在涇塘向裏二十里，比之新涇，水勢稍緩。若就此築堰，決可永久，堰外凡官民田，皆無鹹潮之患。

其運港止可捺堰，不可置閘。不惟瀕海土性虛燥，難以建置。兼一日兩潮，通放鹽運，不下數十百艘，先後不齊，比至通放盡絶，勢必晝夜啓而不閉，則鹹潮無緣斷絶。運港堰外別有港汊，大小十六，亦合興修。

若捍海塘堰既已畢工，地里闊遠，全藉人力固護。乞令本縣知、佐，兼帶主管塘堰職事繫銜，秩滿，視有無損壞以爲殿最。仍令巡尉據地分巡察。

淳熙三年，築泰州月堰。《宋史·河渠志》：「詔築泰州月堰，以遏潮水，從守臣張子正請也。八年，提舉淮南東路常平茶鹽趙伯昌言：『通州、楚州沿海舊有捍海堰，東距大海，北接鹽城，袤一百四十二里。始自唐黜陟使李承實，所建遮護民田，屏蔽鹽竈，其功甚大。歷時既久，頹圮不存。至本朝天聖改元，范仲淹爲泰州西溪鹽官日，風潮泛溢，渰没田産，毁壞亭竈。有請於朝，調四萬餘夫修築，三旬畢工。遂使海瀕沮洳瀉鹵之地，化爲良田，民得奠居，至今賴之。自宣和、紹興以來，屢被其害，阡陌洗蕩，廬舍漂流。每一修築，必請朝廷大興工役，然後可辦。望令淮東常平茶鹽司，今後捍海堰如有塌損，隨時修葺，務要堅固，可以經久。』從之。」

是年，待制張子正加修范公隄。

四年，泰州修桑子河堰。

附　吕祖謙《記》：

淳熙元年夏六月，泰州本部潮大上，敗捍海堰，詔州與兩使者參治。維堰初作於文正范公，首起海陵，尾屬鹽城，兩縣間百餘里。及是，半圮於水，有司繕築，未幾以訖工聞。獨桑子河以南，逕如皋境，繚許氏莊後，皆范公規略所未及。春、夏霖雨，海汐暴興，田廬冒没，版籍日耗。詔以委今魏侯，不以造端立始、前無規橅而有所憚，悉蒐悉講。發命以四年十月乙酉，甫半月而堰成。其袤三十有五里，其縱尋有三尺，趾廣二丈四尺，積工一十有七萬。郡人擁府門歡賀，又走書蘄記，侯不能禁。

昔吴起引漳水以溉鄴，追修西門豹之遺利。杜預將橋大河，或者以商所都，歷聖賢而不作，殆必難立。二者胥失也。斯民之生理無極，而陵陸川浸之勢屢遷。顓守陳迹者，既不足與合變。至於因時建置，雖由己出，然前人仁心仁聞亦有以起之。用能先事不惑，已事不矜，以興泰人之長利，終文正公之遺緒，助成聖天子實邊之大計。後之爲政者，將於此乎。侯於是役，習於郡①公先正之源委，一旦身履其迹，而手賦其功。

考侯名欽緒，歷陽人。涖役者，海陵尉朱棣。督護者，知如皋縣耿漢、知海陵縣穆沂。

元

大德五年，築華亭縣捍海塘。塘高一丈，面闊一丈，底二丈。

興化令詹士龍大修捍海堰，凡十六月成，延袤亘三百餘里。至正二年四月，都水庸田使司增築華亭縣捍海塘一千五百三丈八尺。

① 「郡」，《四庫》本作「群」。

明

洪武九年，敕工部遣官修築海岸，南抵嘉定縣界，北跨劉家河。

三十二年，嘉定縣老人朱六安奏海患，敕工部遣官修築海塘，南抵嘉定縣界，北跨劉家河，長一千八百七十丈，基廣三丈，面廣一丈。

永樂二年，冬，命水官何傅督修海塘，高倍於前。

十年，命平江伯陳瑄修築海門縣捍潮隄岸。

成化八年，松江府知府白行中督華亭縣知縣戴冕築海塘，自海鹽抵上海縣界，築三萬四千七百六十九丈。又爲外隄，起戚漴至平湖縣界五十三里。上海縣知縣王崇之自華亭抵嘉定界，築一萬七千七百四十八丈。又檄嘉定縣知縣白思明，自寶山北至劉家河，築一千八百一十丈。三縣所築隄，並面闊二丈，址倍之，高一丈七尺。

成化中，御史雍泰修范公隄。

巡撫畢亨增築海塘及裏護隄。曹（印）〔胤〕①《儒海塘考》：「海塘之制，本爲捍禦鹹潮，以便耕稼。唐開元初，名曰捍塘，起杭之鹽官，迄吴淞江，長一百五十里。宋乾道中、元至正初皆修焉，起嘉

① 原作「印」，避清世宗愛新覺羅胤禛偏諱改。本書下同。

定之老鸛觜以南，抵海寧之澉浦以西，高於城垣，内外皆有塘溝相夾。國初，信國公湯和經略海防，倚以爲固。至成化中頽廢，巡撫畢亨益增其舊及裹護塘，兵、農兩濟。」

嘉靖四年，水利僉事蔡乾修海岸。

二十二年，巡撫蔡克濂修捍海塘，檄太學生喬鎧董其役。捐貲首倡，兩月訖工，凡九十里。

是年，太倉州知州馮汝弼修築海塘，自劉家河北至常熟縣界九千二百八十七丈，劉家河南至嘉定縣界一千八百五十六丈，增高五六尺。

二十三年，嘉定縣知縣張重增築捍海塘，自吴淞所南，抵上海草蕩。

萬(歷)〔曆〕三年，巡撫御史宋儀望、巡按御史邵陛、巡鹽御史王藻、水利副史①王叔杲，檄松江知府王以修、華亭知縣楊瑞雲，修築捍海塘。

附 徐階《記略》：

華亭縣故有捍海塘。按志，塘築於開元元年，縣創於天寶十年，則塘固先縣而築矣。豈塘成之後，海水既不闌入，而江湖之水又藉以停蓄，故耕者獲其利，日富日蕃，而縣因以建歟？

① 「副史」，疑當作「副使」。

萬（歷）〔曆〕三年夏五月晦，海大風，鼓浪山立，怒號而西注，敗塘於漴闕、於白沙，漂没廬舍百十區。潮乘其缺，日再入，流溢四境。潮味鹹，所過禾、麥、豆、蔬立槁，適歲旱，民不得灌溉。太守西蜀王侯以修檄知縣事南海楊君瑞雲往視。楊君冒盛暑，循海行二百里，具得其狀以白侯。侯首議修築，費巨，無所給。或謂：「民可役也。」巡按御史姚江邵公陛曰：「華亭人疲矣，吾奚忍益之？」亟出贖金五百兩，俾侯經始。巡撫中丞永豐宋公儀望聞之，出贖金三百。督鹽侍御真定王公藻出贖金百。侯亦出贖金二百，及河夫之直二百六十。召徒役，具器用，囊糗船粟，率楊君齋禱而從事。

於是整飭兵備，東甌王公叔杲爲設禁令，陳賞罰，擇典史林國惠、千户李國美、百户濮文卿，使董厥功。畚築日奮，塘亟告成。長八百五十丈有奇，高厚各一丈五尺，趾加厚二丈。川原底寧，行其上者若坦途，耕於其内者若倚平岡，不復虞鹹潮之入也。

八年，巡鹽御史姜璧請塞石礓口、築捍海故隄，命鹽城縣知縣楊瑞雲董其役。從之。

附　胡希舜《記》：

出鹽城東門一里許，有石礓口，故有木橋，以便往來。久之，海溢橋壞。萬（歷）〔曆〕丙子，鹽城令杜君善教，以興化鉅公主議浚河建閘，河通潮大，至壞閘，水澎湃震蕩，盡没民田，一時居民淪溺者無算，於是鹽城父老子弟鼓喙而争言塞石䃮口矣。庚辰歲，楊令瑞雲言之巡鹽御史姜公璧。是年，題請塞石䃮口，修宋丞相范文正捍海故隄，而命楊令董其役。自是海潮不得奪隄而上，鹽人永無海患矣。

乃鄰縣興化歲被水，籍籍咎石䃮口塞之非便，請於當事者，固欲開石䃮口。當事者屢遣諸縣令率丁夫至石䃮口，名爲相視，實令遂開之。楊令以死拒之，曰：「鹽城萬民之命皆懸石䃮口，今懸諸君，諸君如遂開，變隨手至矣，諸君何以謝鹽城！」則又借箸畫地形曰：「夫地形若䟽，興化則䟽腹也，鹽地高如䟽邊。䟽邊即張其口，安能泄䟽腹中水哉？」諸令皆負，空手而去，於是石䃮口卒不開。楊令居恒語人曰：「雲令鹽城數年去矣，顧如鹽城百年何？蓋不敢賈鹽城，以徇當事者意欲！」鹽城士民徵余記，述石䃮口之始末，且以諗諸來者，示無改也。

論曰：隆、萬以來，河、淮南徙，淮、揚諸郡縣歲蒙水患。自頃築高堰，障水不來，然非大開海口莫能泄也。孰知諸海口可開，石䃮口則不可開。何者？石䃮口薄城，所憂不獨在田也。昔范隄之築，本以捍海潮。今者塞石䃮口、築長隄，最符范公始謀。然范公隄外多民居，每受海患。楊公則遷其隄，包民居於隄内，功德鉅矣。嗣來者幸無令鹽人興《汝南》之歌哉！

十年，總漕都御史淩雲翼題准修築范公隄，建泄水涵洞、水渠一十七處，石閘一座。

十二年，松江築外捍海塘。《松江府志》：「上海知縣鄧炳起工。越明年，松江府通判鄒志學、知縣顔洪範成之，長九千二百五十丈五尺。」

十六年，鹽城令曹大咸修范公隄。

附 張試《記略》：

鹽城爲淮郡屬邑，其治距海一舍而近，其土沃可耕。第潮悍敗田，禦之在人，代有建畫，志不盡志。惟宋范文正公監鹽税時，嘗請諸朝，築隄於通、泰、海州境，以衛民田。鹽邑實居其間，故隄今尚蒙公姓。

隆慶乙巳，黄、淮兩河水溢潰上隄，奔匯於鹽，鄰邑實與同患，有柄議開海口於鹽治東泄水良便者。鹽人習見水道懸阻，徒捐力費無益，拒之不得，遂鑿隄抵於洋涯。時萬（歷）〔曆〕乙亥也。既而，鄰患水如故，鹽自是兼受潮，貽患始益深矣。

及庚辰春，前令南海楊公瑞雲力控當路修復之，其有造於鹽甚大，胡侍御爲之碑。厥後丙戌夏，淮水復溢，鬻范家口而下，鹽害愈劇。前修復隄湍潰如潭者二，郭之東直廣惠磋、北直大通磋，河海激蕩，勢幾及郭，民情洶洶。

明年夏，江陵曹公至，議築之，會歲旱不果。今年春，哺饑稍暇，乃列興廢利病狀，上之院道若郡，皆報可。於是飭材庀工，乃湮乃築，再旬而兩潰隄告竣。復沿故隄迤亘十里所，爲之補斷增卑培薄，崇隄屹然，鹹淡有截，廣斥敷腴。自今以始，歲恒登矣。

崇〔正〕〔禎〕七年，十一月，松江知府方岳貢、華亭知縣張調鼎，始於漴闕建捍海石塘二百八十九丈，内患口一百十九丈，疊石十二層，高一丈四尺。東、西兩塘接連，患口一百十七丈，疊石十一層，高一丈二尺八寸。東盡塘五十三丈，疊石十層，高一丈一尺六寸。八年十二月，工成。

附　錢龍錫《石塘記略》：

漴闕者，吴郡漁舟入海採捕處也。其外漁船鱗次，並無護沙，漁人緣隄上下，如蟻附然。春、夏百賈蝟集，蹂躪無虚刻，宜此隄善潰矣。考志，萬〔歷〕〔曆〕初年曾潰，潰而築，猶土隄也，費逾千金。崇〔正〕〔禎〕六年季夏望大潰，至中秋望、季冬朔再潰。

七年元旦與六月幾望又連潰，海潮洶涌與内河合，沿河數百千頃，禾多淹没，邦人大恐。適郡侯禹修方公自覲歸，偕邑侯張公博謀於衆，僉謂今隄必以石如鹽官，設仍以土，是歲以千金抵海也。或又謂海勢不可與争，宜徙而之内。侯熟計：海趨沙挾，河益横，即内徙，何能支？且腴壤淪而賦不辦，非守臣所敢任也。定議塘必以石，必仍外貫。顧石費十倍土，乃請上臺贖鍰，及風商民好義者，得六千餘緡。又度宦册業户膏腴者，一體勸輸，所得二萬有奇。金具矣，復請孝廉純如吴君董其役，浹歲而石塘成。

十三年，知府方岳貢復建石塘二百六十三丈有奇，舉人何剛董其役。

國朝

順治三年，修築漴闕捍海石塘。

七年，松江捍海塘圮，知府廖文元繕完之。

康熙七年，提督梁化鳳修築松江捍海塘圮缺者，共二千二百丈有奇。

九年，修築范公隄。

建劉河大閘。

附 黄與堅《記》：

太湖諸水從蘇、松以入海，松之吴淞江、蘇之劉家河，入海要道也。其患在潮與汐，逆而上，淀積渾沙，日以淤塞。幾十年間，必其濬之，而興大工、役大衆，不可以數舉。於是當事者與其士大夫，思諸口受噎之處，如何而可以引清水捍濁水，蓄泄之宜，如何而旱可以豬水，潦可以瀉水，使歲歲無大恐，則惟閘是問。

古之治水者，浚河置閘，嘗先後行之。然有行之無甚效，因其不效而寖廢者，以置乎内不置乎外也。閘以拒濁水之至，若置於内，而水道紆且折，其來急，其去緩。一日之間，潮將下而汐又至。是清水無出口，蕩滌之時，而沙土之停留於内者，日有其再，此致塞之由也。宋三十六浦閘，至政和中，慶安、福山僅存其二。范仲淹、葉清臣開茜涇等浦，皆置閘，不久頹壞。至明時，多設堰閘，皆屬内地爲虚設。自古以來數數然，不能盡其道，卒無功以致廢。

康熙庚戌，大浚劉河。隨度天妃宫地址距海十一里，議建閘有三，慮庳薄不可久，乃一之。始辛亥六月，迄壬子三月，工以竣。於是州之父老過而歎曰：嘻，善矣哉！劉河有三大灣，曰相見，曰半涇，曰公塘，水勢皆洄漩紆折，瀕海而遥。至天妃宫迫於海，其勢弩矢直矣。

於兹置閘也，有五利焉。潮上則閉，潮下則啓，楊涇以南得以乘水勢滌浮沙，一利也。濁泥不淀於閘内，使漕漕至鹽鐵永無壅塞患，二利也。旱澇有所恃，三利也。閘與海近，即有淤澱，易淘浚，四利也。海泙無民船往來，不煩啓放，並築月河於其旁，五利也。從此以往，嚴職守，時啓閉，歲功以成，民獲寧息。

非蘇同知師公佐暨州蕭公應聘，無以董若成。非布政使慕公天顔，無以創兹議，貽利於數十世。非巡撫馬公祜，無以咨諏入告，邀朝廷浩蕩恩。至於一閘之細，並加區畫，後之人其尚念創始之艱，飭而舉之，共爲永利矣哉！

閘長一十有六丈，闊五丈。水門三，中闊二丈有四尺，旁殺之。塊闊二丈有八尺，墩殺之。四隅築石，實土以護。閘凡二十丈。

其吴淞江大閘，設於江口宋家橋者，率相倣云。

雍正二年，三月，松江知府楊紹修内外捍海塘。《松江府志》：「康熙六十一年，海濱士民顧智、倪泰交等，以護塘東開墾陞科，近患鹹潮淹没，列上府縣，願自挑築護塘。知府楊紹申布政司鄂爾泰定議，於鹽蘆界挑築。至是年三月，府檄吴淞司巡檢、青浦縣主簿督視起工。至閏四月，一、二、三團工已半。七月十八日，海水挾颶風，駕外塘，溢内塘，新築客土未堅，勢不復可支矣。」

九月，上諭江南、浙江督撫等：「今歲七月中颶風，海潮泛溢，江南、浙江省沿海州縣衛所隄岸，多被衝塌，居民田廬漂没，朕軫念深切。已令江、浙地方官，亟行賑濟撫綏，毋使災黎失所。今被衝海塘若不及時修築，恐鹹水久灌内河，有礙耕種。爾督、撫等，著即查明各處損壞塘工，料估價值，動正項錢糧，作速興工。至沿海失業居民，度日艱難，藉此傭役，俾自得工價，以資餬口。是拯救窮民之法，即寓其中矣。務期實心遵旨速行，以副朕愛恤元元至意。」

十二月，命吏部尚書朱軾馳驛前往浙江，查議作何修築之處，交與法海、佟吉圖修築。即至蘇州會同何天培、鄂爾泰，查看江南海塘，將蘇、松塘工作何修築之處，定議具奏。

三年二月，尚書朱軾欽奉上諭疏覆，奉旨：「依議速行。」

附　朱軾《疏略》：

江南松江府之華、婁、上海等縣，沿海二百五十餘里，地勢洼下，土脉鬆泛，捍海塘工較他郡尤爲緊要。

自金山衛城北十里起，至華家角止四十餘里，土塘六千二百餘丈。内最險工一段，自漴闕墩，至東灣九百六十九丈六尺，緣大、小金山聳峙洋面，山北壅積圓沙，潮由圓沙、金山之間直衝漴闕。明時修造石塘三百餘丈，日久侵齧，石塘孤露水中。康熙四十七年，另築土塘。經去歲風潮，亦塌卸入海。此段工程，實爲通塘要害。

又次險工四段：自金山墩至西新墩七百六十八丈，兵廠至張家舍二百八十八丈，倪家路至三岔墩三百六十丈，周公墩至花家角一千四百六十八丈八尺。此四處老岸久坍，新塘屢易。見在搶築抄塘，潮水猶注塘下。

以上最險、次險工，共三千八百五十四丈四尺所，當易土爲石，以資保障。

其二千四百餘丈，塘脚尚有淤沙，水勢稍緩，堅築土塘。高一丈五尺，闊三丈，用條石鋪底砌邊，外釘排樁，亦足捍禦。自華家角，至上海汛頭墩十餘里，塘外淤沙一二里不等。自頭墩至嘉定交界一百二十里，舊有土塘二道，内爲老塘，外爲新塘。應將兩塘俱堅築高厚，外塘仍密釘排樁，以防衝潰。其餘間有潰口，業經補築。但塘身單薄，應令地方官於農隙時，覓雇民夫，加高加厚。沿塘栽種雜樹，不但樹根蟠結，可固塘身，亦於民間大有利益。

臣等看畢各塘，隨傳同松江府知府楊紹等，酌議修築石塘之法。應於地面開深二三尺，務見實土，乃用一丈長木樁四十根，釘没土内。樁間杵築，使底土堅實，上鋪條石，縱横相間。每石一塊，長五尺，闊一尺，厚一尺五寸。下三層每層用石二十塊，三層以上每層收進五寸，第四層用石十九塊，第五層十八塊。第六層至九層，三面鋪砌條石，中間填塞碎石。自基至頂，砌石十層。蓋頂一層，平鋪條石十塊，貼附土塘。寬二丈三四尺，高出石頂五尺。

照時價確估，每塘一丈，用石一百二十三塊，共用銀三十三兩八錢二分五釐。椿木價銀四兩，碎石價銀二兩，土方、石灰並雜費用銀五兩二錢五分。每塘一丈，共用銀四十五兩零七分五釐。三千八百五十四丈四尺，共用銀一十七萬三千七百三十七兩八分。又二千四百丈，每丈用條石鋪底十塊，砌邊十塊。每一丈用石價銀一兩，夫工銀一兩，排椿二十根用銀二兩。二千四百丈，共用銀一萬九千二百兩。二共用銀一十九萬二千九百三十七兩八分。

再，據該府等稟稱：修築石塘，必須辦齊石料，始不耽誤工夫。計算一年之內，方可辦完興工。等語。應將現修土塘，照前估計，速築完固。一面採買石料，俟辦齊動土修築。至支發錢糧，及督修大小官員，應聽撫臣何天培等另疏題報。

三年，三月初四日，上諭：「朕想這海塘工程所需錢糧必多，據看不過十萬上下，即可足用。發往海塘效力人員若干，誰往浙江海塘工程效力，若干員足用？誰往松江工程效力，若干員足用之處？大學士等查明面奏。」大學士等將浙江海塘工程交與何順、高泓建修，松江等處海塘工程交與李馥、黃叔琳、金啓復、李陳、常之子建修，繕摺面奏。奉旨：「照議發往。」

是年五月，上諭：「江南、浙江海塘，已差尚書朱軾會同江浙巡撫法海等，查勘估議具奏。但沿海黎庶，全賴堅築海塘，捍禦潮汐，得以保全生聚，朕時刻在念。若塘工遲誤，則海濱之人未能安居樂業。所派效力人員，雖經赴工，惟恐遷延時日，驟難告竣，亦未可定。著巡撫張楷、法海等，星速遴委幹員，支動司庫錢糧，立限堅築，刻期報完，務使永保安瀾。毋得因循延緩，亦不得草率塞責，貽誤民生。所動錢糧，何順等各照所認工程，如數補庫。」

五年，九月，奉上諭：「海塘工程關係緊要，聞得新修隄工不甚堅固，未知此語確否。著范時繹、陳時夏、陳世倌、鄂禮悉心詳察，籌畫妥協。勿得絲毫隱飾，務爲一勞永逸之計。」

十二月，奉上諭：「吴淞石塘，當日勘估之時，於海潮紆緩之處，酌量修築土塘。蓋因工程浩大，諸臣勘估，爲節省錢糧起見，故如此定議。但東南財賦之區，灌溉田畝，保聚室廬，全賴海塘捍衛。朕思海勢衝激，風濤旋轉難定，土塘經歷年久，未免可慮。不若一例盡修石塘，爲百姓萬年之利，似爲一勞永逸。朕詢問齊蘇勒，亦云甚當。著陳時夏、陳世倌、鄂禮等，將現在土塘改築石塘之處，確行勘估詳悉，定議具奏。不得惜費省工，苟且塞責。務須堅固，永垂久遠，以副朕經理海疆、愛養民命之至意。」

六年五月，奉旨：「松江新築海塘工程，關係甚要，著交與浙江總督李衛查議具奏。」李衛查議奏覆，奉旨依議。

附　李衛《疏略》：

江南松江海塘，初議建石三千八百五十四丈，今已築完二千四百九十丈零。若盡議改拆，則人工盡棄。但令將來石塘悉照海鹽舊塘式樣，選取物料，建築堅固，將已成之工，鱗次櫛比，夾在中間。新築三千七百餘丈，左右接續，即偶有一二段損傷，不難相機改補。至於加高加厚，即可保固之説，查勘新築塘身已不爲矮，毋庸再爲加高。若欲加厚，則必向外幫貼，新舊不相膠粘，徒致糜費無益。

再查石塘之外，有貼築土塘，附於石塘之背。蓋因石塘初築，外當風潮，内則孤立，必築土塘以護之。原宜一例高厚，無分彼此。至如土塘，在石塘之外，目前潮水全賴此塘捍禦。延袤數十里，其間高低厚薄不同。應俟農隙之時，擇其低薄斷續處，量給飯食之資，令沿海居民漸次培築。

以上一切工程，必得總理、分任之員。督臣范時繹已經請委蘇松太道魏觀兼督，但魏觀生長北方，於海塘非所素習。仰請皇上命以前經手塘工之陞任京卿俞兆岳，總司其事，以魏觀往來會同稽查。再請敕下江南督、撫，另於通省同知、通判及水利效力各員内，選擇委任，管理分築。仍令督、撫、藩司諸臣計議，確估稽察，則塘工可以永固矣。

七年，二月，江蘇巡撫尹繼善題請，於府佐貳及府首領縣佐貳官内選二十員，以四員採辦物料，以十六員分督塘工四千二百三①十餘丈，總聽通政司參議俞兆岳調度經理。奉旨允行。

八年，七月，浙江總督李衛、江南署總督史貽直、江蘇巡撫尹繼善，履勘條奏海塘事宜，奉旨允行。

附　李衛《疏略》：

竊照松江海塘，荷蒙皇仁，不惜數萬帑金，悉令易土爲石，自上年開工，已及一載。臣等於七月十六日，親至工所，逐加履勘。東灣起，至花家角接續舊工，先築塘工一千八百七十五丈，分爲十號。勘其石料工程，堅固結實，如法砌築，較從前迥不相同。皆由總理通政司額外參議俞兆岳，身任勤勞，竭心盡力。先築樣塘六十丈，以爲程式。是以在工各員，俱不敢苟簡草率。至通塘所需石料甚多，現在耑委同知等員，於江、浙兩省各宕分頭開採，源源濟運。撫臣尹繼善就近攢督。約計三年之内，大工悉可告成。

目前則漴闕迄西至倪家路一帶，即當先委各員，按段興工，接續舊塘，以爲保固。又花家角以東，添築石塘二百丈，加椿土塘一百丈。金山嘴之西，先行添築石塘二百丈，加椿土塘三百

①「三」，《四庫》本作「六」。

丈。兩頭俱直與歷來老土塘相接，則磐石之安，萬年永奠。

不敢盡行請動正項。查松郡華、奉、婁、金四縣，向有民間每年隨漕公輸歲修海塘錢，每畝五文，約計一年共有七千兩之數。雖不能全行完納，但外護土塘業已築竣，今復以之修補石、土各工缺陷滲漏，尚有所餘。臣等酌議，此項添築石塘四百丈，計價銀三萬二千餘兩；土塘五百丈，計價銀一千五百餘兩；兩頭各添開運石小河一道，約價銀六百餘兩。並前條所請增給鑿石工價銀兩，除將候選運判朱榮椿前後二次願捐銀一萬五千兩抵用外，其餘工費請於藩庫動支。逐年將所收歲修之錢，除搶護苫補各塘之外，悉以陸續歸補。數年之間，即可足額。則以公完公，地方民生，實有裨益。

尹繼善《疏略》：

松江石塘工程，其先築之一千八百七十餘丈，已經完工。臣等赴塘查勘，逐工細驗，俱能修築如式。內總理塘工太僕寺卿俞兆岳所築樣塘，較别工尤爲堅穩。非僅由於灰漿充足，蓋因工內俱用鐵筍鐵銷。臣等細心講究，海水吞吐，爲力甚大，倘一石移動欹斜，則全身動摇。惟於兩石層累之處鑿一孔，用鐵筍穿合，則上下連結。於横石排結之處，各於頭尾鑿孔，用鐵銷關住，則左右貫穿。通身之石聯絡一片，雖有風浪衝激，不能撼摇，較之用鐵錠搭釘浮面易於脱落者，相去懸殊。

今除已築塘一千八百七十餘丈外，尚有未築塘工二千七百五十餘丈，請將此未築塘工外層縱橫鋪砌之石，俱添用鐵銷、鐵筍。每丈需用鐵銷、鐵筍五十三箇半，每箇重二觔，每觔價銀一分五釐。每箇鑿孔工銀一分。共需筍、銷十五萬七千六百二十六箇，約需筍、銷連工銀五千九百餘兩。所費無多，塘工大爲得力。但石有長短，則筍、銷或有增減，工竣核實報銷。

又土塘爲石塘外護，關係最要。內有漴闕等處，離水甚近，爲最險之工。常年於土塘外身，密釘排樁保護，而潮水衝刷，難以抵禦，不時坍卸。臣等查土塘之外，有廢石塘數百丈，久經坍入水中。原題請將坍卸水中之石撈取，配爲新塘之用。今查看石料短小，不能配新工。請將此廢石移爲幫護土塘，縱橫砌築。所有撈築等項工費，即在歲修土塘捐錢內動用，實費省而工倍也。

十年，允布政使白鍾山請，令沿海沙洲居民築墩防水，並資守望。

附　白鍾山《摺奏略》：

竊見《鹽城縣誌》內，前知縣楊瑞雲在大盤灣令民築巨墩，可容數千人，遇風潮時，令民上墩，咸保無恙。臣思沿海愚民生長沙洲，罔知自衛，似宜倣照此法，令沿海各沙洲建築土墩。每歲地方官於農隙之時，督令鄉保，不分民竈，按户分築。其墩高至二丈爲度，闊以居民之多寡爲定，四面皆如梯形，不必陡削。計一年之内，不過數日，舉手之勞，而日積日高。二三年間，已成大墩。不但潮至可以趨避，兼可瞭望海洋，實於海隅民生大有裨益。其沿海省分，凡有沙洲民居處所，宜一體舉行。

十一月，大學士鄂爾泰、張廷玉、朱軾，總督尹繼善議准，巡撫喬世臣疏請，於松江府之金山、華亭、奉賢、上海、南匯五縣修築捍海土塘，奉旨依議。

附　喬世臣《疏略》：

竊查松江府之金山、華亭、奉賢、上海、南匯五縣沿海地方，西與浙省平湖交界，東至寶山縣接壤之黄家灣，綿亘二百五十餘里，俱舊有土塘，以捍潮汐，日久漸圮。雍正二年冬，荷蒙皇上念切民瘼，以江浙海塘均關緊要，特命大臣會勘。自金山衛城北十里起，至華家角止四十餘里，工爲最險。已另擇塘基，易土爲石，興築石工，陸續告竣，工程堅固，億萬生靈，從此永獲保護安全。其自華家角以東至黄家灣，議令地方官於農隙時雇覓民夫，將舊土塘加高幫厚。惟是數年以來，石工緊要，不及兼顧。而地方官又以無專項可動，雖偶爲修補，終無實濟。

本年七月十六七等日，颶風爲患，海潮洶涌。其在金山、華亭界内者，緣石塘之外舊存土塘，先經動帑修築完固，是以潮水掩至，即堪捍衛，不致衝漫。而華家角以東之舊土塘，則從前既屬單薄，又被風激浪撼，頓行坍潰。海潮因得直漫内地，禾棉、廬舍、人民多遭傷損。塘内係南匯地方較多，故被災較重，次則上海、奉賢。自潮災後，即據各縣紛紛以請築海塘具詳。

臣於九月之杪，親赴松郡，沿海查勘，備悉金山嘴至華家角一帶，不特石塘爲萬世之利，即外護土塘亦甚屬堅固。此番華、金二邑之得免潮災者，見賴土塘捍禦之力。是土塘但能如式，加高幫厚，自可永久保護。且查華家角以東塘身，因於七月内全被衝坍，至八月十八日海潮又經涌入内地，水浸二三四尺不等。明歲秋汛，何能保其無虞？則此塘工之修築，勢不可緩。

臣隨委員，用營造尺逐段丈量，每二十丈分爲一號，按算土方多寡。其在奉賢者，由華家角石塘盡處起，至南匯縣東界止，共丈見九千三百二十七丈六尺。其在南匯者，自奉賢縣西界起，至上海縣東界止，共丈見一萬五千四百六十四丈。其在上海者，自南匯縣西界起，至寶山界黄家灣止，共丈見一千二百二十三丈八尺。議以各塘俱底寬五丈，面寬二丈五尺，高一丈二尺，每丈應用小土方四十五方。内有舊留底土者，俱行扣減，有河洼缺陷者，俱行添補。其中存廢不等，逐一核實牽算，計三縣爲塘共二萬六千一十五丈四尺，共用土一百三十六萬五千一百三十一方零。

查現在修築土塘，每方給銀六分六釐。但向係挑至三尺，始行一硪，土性未能膠固。今定以一尺一硪，每方加夯築銀六釐，給銀七分二釐。共需土方銀九萬八千三百五十四兩零。

又南匯之餘角洼、老洪洼，上海之二十二保地方，三處俱衝連海口，各應築壩堵截，共需工料銀三百八十八兩零。其自頭墩至黄家灣，向有土塘二道，内爲老塘，外爲新塘。今經閲勘，外塘離海尚遠，是以止議修築外塘，而内塘之工即可從緩。惟近黄家灣東北一角凸出頂衝，逼近海面，舊塘坍毁尤甚。今將此七百四十三丈，移進半里，勢並紆坦。至所築塘根，皆有淤沙在外，均非陡險可比，無庸另施樁石，致滋多費。

再，黄家灣以北，至寶山城周家基宅後止，向有土塘一道，逼近海濵，久已坍廢。前經原任山東撫臣陳世倌奏請修築，仰邀俞允，尚未興工。而今秋風潮從此涌入，是以寶邑被災亦重，並宜增築。今丈見四千二百二十八丈一尺有奇，其塘底亦寬五丈，面亦寬二丈五尺。惟地勢較低，而又近海，須加高至一丈五尺。每丈計該小土方五十六方二分五釐，共用土二十三萬七千七百三十二方零，共需土方銀一萬七千一百一十六兩零。

再，此處沙土鬆浮，須用乾枯茅草栽護，則久而根株盤結，草土糾纆，日就堅實。應每土高三尺，栽茅一帶，自下至上，栽茅三帶。計每塘一丈，應需買運工價銀三錢，共用加栽茅草銀一千二百六十八兩零。又築壩車水等項，共需銀三百三十八兩零。至取土挖廢民田錢糧，統俟完工日查明請豁。

至此等土塘，歲修並關緊要。應照華、婁、奉、金之例，令各該縣於田畝内，每畝捐錢五文，以爲歲修之費，仍令解貯府庫。每於冬、春之間，督、撫臣委員勘估督修，遞年增培堅固，釐毫均歸實用，工程自可經久，庶免地方官吏草率侵蝕貽誤。其或間有潮汐衝缺，該縣隨時一面鳩工補築，一面詳明核實捐錢。如蒙俞允，於正月春和先動存公銀兩，漸次興工。則沿海被災貧民，並可藉營工資生，自必踴躍趨赴。來年秋汛，得以有備無患，長爲澤國保障，永戴皇仁浩蕩矣。

十一年，正月十一日，奉上諭：「江南范公堤爲沿海之藩籬，鹽場之保障。原係商人捐修工程，聞現在殘缺甚多，急應修築堅固。現據署兩江總督魏廷珍委員確勘料估，著即一面具題，一面乘二三月間作速興工，使沿海窮民得以傭工餬口。但工程綿遠，需大員董理，著交與協理河務西柱即行督率料估，悉心查辦。」

修築范公堤，又於堤内建築越堤一道。

十二年，兩江總督趙弘恩疏奏查辦海塘事宜，請於緊貼石塘之外，再築土塘一層。上寬五尺，下寬二丈，高一丈餘，庶内外包裹幫扶，愈可經久。

附　趙弘恩《疏》：

竊臣親勘松江一帶海塘，綿亘數十餘里，巍然屹立，保衛數府田舍，仰見聖主愛養黎元，萬世永賴之利。臣逐細巡視，查外護土塘俱屬完固。又金山嘴一段土工，地基原低，前估一丈二尺與各工①塘面高低不一，已飭加築平齊。新建石塘内，有東新墩一帶七段，現在趕修，八九月可竣。戚家墩一帶七段，現在催運石料，明夏方能修完。其餘已修石塘，如式堅固。總理塘工寺臣俞兆岳及承修各員，俱實心經理。至添築貼石内土塘，現在夯硪，務期堅穩。臣於工員匠役，逐一勸勉奬賞，無不仰體皇仁，踴躍出力。

再查石塘長至七千餘丈，面寬五尺，底寬一丈。以臣愚見，尚覺單薄。其外護土塘，相離石塘有十餘丈及數十丈之遠。新築貼石内土塘係緊貼石塘裏面，而石塘外面看去，慮少幫扶，誠恐日久潮侵雨淋，剥落擦損。似應倣照貼石内土塘之法，緊貼石塘之外，再築土塘一層。上寬五尺，下寬二丈，高一丈餘。庶内外俱有包裹幫扶，愈可經久。

其漴闕爲第一險工，石塘係首先建築，不及續修之工程堅穩，則外築貼石土塘，更需加倍寬厚，方爲周密。

又查石塘以外原築之外護土塘以内，隙地原廣，雨水頗多積注。寺臣俞兆岳欲於石塘開洞三四箇，以消積水。前督臣范時繹、尹繼善，俱以恐傷塘根阻止。但現據百姓群籲疏泄，臣愚以爲積水不消，浸泡塘根，亦有干係。若開挖數洞，實恐有傷塘身。商之俞兆岳，並細詢工員匠民，欲於隙地中間酌開小河一道，圍繞石塘之外，仍不致逼近塘根。於石塘尾與土塘交接之處，

① 「工」，《四庫》本作「土」。

開砌石洞一箇，引水以入，石塘之内新河塘工、民田均有裨益。而開河之土，即可以築貼石之外土塘。約計共費二萬之内，暫動司庫耗羨料理，俟塘工捐錢充足之時動補。是否有當，理合一併陳奏，恭候聖訓遵行。

又外護土塘以内隙地開河之外，猶多空閑，宜酌種蘆葦、柳株，日久根深盤結，既可以固塘基，而枝葉暢發，又可以資民用，合並陳明。

六月十二日，奉旨：「趙弘恩查勘海塘工程，既經親身閲歷，詳細商酌。所奏緊貼石塘外築土塘並酌開小河之處，俱著照所請行。」欽此。

江南通志卷五十八

河渠志

運河　一

古者粟米之賦，近出畿甸，而川陸貢道，遠達荒服。其後鄭、白之渠，遠引淮海之粟；武牢之倉，就納江南之米。大率轉輸之利，莫如水漕；陸運之費，幾於百倍。然則穿漕渠，置堰閘，可不究悉歟？

今江南之地，自禹時貢道，北則浮淮、泗以達河，南則沿江、海以達淮、泗。至吴開邗溝，通江、淮，隋益廣之，遂爲轉漕長利矣。然宋熙寧間，復以避淮險，開複河。元江淮歲漕什一令海運，明初猶海運、河運並行。當時熟計利害，豈得云淮險於海，抑亦黄河南徙之後，淮水入海之故道爲濁流所淤，是以南常患於奔衝，北常虞於淺澀，遂爲漕梗歟？

然宋、元諸臣言漕事者，不及河患。前明嘉靖初，河益徙而南，不得不議治河濟運，而河之爲漕梗者亦屢矣。

我朝闢清口，開中河，資黄之利，復避黄之害。而於南北運河灌輸扞護之宜，雖極於枝涛澗渠、經途區別，無不審黄、淮、江、海及諸湖河之全局而治之，盡人之功。實順水自然之性，所以安瀾告慶，飛輓應時，閭閻之間不復知有雇載賃馱、鞁𧰲重跰之苦。此由聖謨睿畫，超越萬古，實我國家之本計在焉。

天庾歲入數百萬石，禄廪所出，亦動盈萬計，度支取給，悉東南惟正之供。舳艫銜尾，北向泝流，自中河入泇河，過濟浮衛，直抵天津。實惟山東、河南二省運道，在江南之北。其餘漕運涉江者，會瓜、儀四閘，涉淮者會清口。是江南爲運道綱絡，而瓜、儀、清口尤江南運道門户也。

謹按：江南運河，一自浙江之嘉興府王江涇，北入江南蘇州府吴江縣境，凡三十里，逕平望鎮，曰南塘河。一自湖州府南潯鎮而東入鶯脰湖，凡五十里。出平望，與南塘河合，曰西塘河。二河合而西北，凡四十里，逕吴江縣城東，又引而西北，曰北塘河，亦曰古塘河。凡二十里，入夾浦，爲長洲縣境。又三十里，逕府城西閶門。

崑山、新陽二縣漕運，自縣西二十里至巴城巡司，十里至唯亭，又三十里至府城婁門，又十里至閶門。

松江府華亭、奉賢、婁、金山、上海、南匯、青浦、福泉八縣漕運，俱經青浦縣北大盈浦，出吴淞江，入婁江，繞昆山縣南。

而太倉州鎮洋縣漕運，自東四十里來會。又西七十里，並達於閶門。

又西北三十里逕滸墅關，又十五里逕望亭。

常熟、昭文二縣漕運，自縣五十里至吴塔，二十里爲長洲縣之治長涇，又十里爲漕湖，又十里至望亭。

望亭北爲常州府無錫縣境，又北二十里曰新安，又北三十里逕縣城南，引而西北十里至高橋。

江陰縣漕運，自縣南十里經蔡涇閘，又南二十七里至青陽鎮，又南三十里爲五瀉河，出高橋合無錫運河。

又北二十里逕洛社，又北二十里逕横林爲武進縣境。

又引而東北十里逕戚墅堰，十里逕丁堰，二十里達常州府城。

宜興縣漕運，自縣北三里橋，五十里至鍾溪，過五洞橋入府城南運河。

鎮江府溧陽縣漕運，由沈湖繞宜興縣之荆溪，出西蠡河來會。

又北三十三里爲奔牛閘，又引而東北三十里逕吕城爲鎮江府丹陽縣境。又稍迤西北二十里逕陵口，十三里至七里橋。

金壇縣運河，自荆城港出珥瀆河，至七里橋合。

又北十里逕縣城南，四十里逕新豐，又二十七里逕丹徒鎮，又引而西北達鎮江府城。又稍迤東北五里出京口閘，涉大江入瓜洲口，爲揚州府江都縣境。十五里逕八里鋪，又十里爲三汊河口，有揚子橋，其西爲瓜儀運河。

瓜儀運河爲江安等諸府州縣及湖廣、江西二省通江入運總會之要路。

江之南岸江寧府上元、江寧二縣漕運，自石城橋三十里至觀音山，渡江而北至六合縣瓜步鎮會江浦。六合運船自江北開行十里至礬山，三十五里至青山。而句容運船自龍潭渡江會於揚州府儀(徵)〔真〕縣治，又東七十二里出三汊河口。

太平府漕運，當塗縣北出采石河二十五里入江，蕪湖縣西七里入江，繁昌縣出澛港入江。五十里至東梁山，又四十里至采石鎮，又五十里至江寧府之江寧鎮。

寧國府宣城、寧國、南陵、涇、旌德、太平六縣漕運，並會於府北灣沚河，北出揚清口，合黄池下流，出水陽河入江。江口即太平府之東梁山。

池州府漕運，貴池縣自廣濟河入江，建德縣自堯城渡經東流縣入江，青陽縣自大通鎮入江，銅陵縣西距江一里而近。自東流縣西江行一百三十五里至池口驛，又八十五里至銅陵縣，又六十里至太平府繁昌縣之荻港驛。

江之北岸廬州府合肥、舒城、巢三縣漕運，並是巢湖一水貫注，經運漕鎮出和州之裕溪口入江。廬江縣、無爲州由黄洛河經運漕出裕溪口，又二十里至太平府西梁山，與東梁山對峙。

安慶府漕運，懷寧縣瀕江，潛山、太湖二縣並自北至府，有水次倉在懷寧境。桐城縣自樅陽河入江，望江縣在府西南距江才十五里，宿松縣自西經泊湖出望江縣之吉水鎮入江。自望江江口東北行九十里至府同安驛，十里至桑園，二十里趨南岸，爲池州府貴池縣之黄溢。又七十里至池口驛。

已上諸府、州、縣江運漕船，隨地遠近遞續交會，俱由龍江關北二十里渡江。北至瓜步，又東北六十里至北新河，入儀（徵）〔真〕四閘，達三汊河，與蘇、松、常、鎮、太五府州漕船並會。

自揚子橋迤西，折而東北十五里，達揚州府城。

泰州漕運，自州治六十里至宜林，五十里至府城東門。

又北十五里逕茱萸灣，又北三十里逕邵伯埭，又北三十里過露筋廟，又北三十里迤西而北爲高郵州。

泗州天長縣漕運，自石梁河出邵伯湖，入通湖閘口，東直高郵城。而興化縣漕運自西出口，直高郵州之北二十里。

又引而東北二十五里逕清水潭，又北十五里爲六漫閘，又引而東北二十里逕界首驛，又東北二十里逕汜光湖口，又稍迤東北折而西北凡四十五里逕寶應縣，又折而西北二十里爲黄浦雙閘，入淮安府山陽縣境。又西北十里爲涇河閘，十里爲平河橋，又折而東北五十里逕楊家廟，十里達淮安府。

鹽城縣漕運，自澗河逕淮安府北出口。

又折而西北稍迤東北，凡十五里爲版閘，淮關在焉。又迤東而北十五里爲清江浦，又西北三十里爲天妃閘，折而東出爲清口之對岸，是爲運口。

淮之北岸，淮安府之桃源縣，徐州府之銅山、蕭、碭山三縣，及邳州之睢寧縣，鳳陽府之懷遠、虹、靈璧三縣，及宿州、潁州府之阜陽縣、潁上縣、亳州、蒙城縣、太和縣，直隸泗州之五河縣。淮之南岸，鳳陽府之定遠、壽州、鳳臺，直隸六安州併英山、霍山二縣，潁州府之霍（邱）〔丘〕，直隸泗州及盱眙縣。已上各州縣漕運，俱會入淮，出洪澤湖由清河縣帥家莊入黄河運道。

黄河自西横絶而東。淮自西南挾七十二谿之水，奮涌出清口，匯河直注大海，勢若建瓴。糧運越甘羅城順流過惠濟祠，折而西北入楊莊運口，西爲御示閘，又西爲鹽河閘。

海州併贛榆縣運河，即鹽河也。

逕清河縣北又西北逕三岔，凡十七里入桃源縣境，是爲下中河。五里逕來安集，五里逕衆興集，八里逕悦來集。又西北入宿遷縣境，爲上中河。又三里逕仰化集。

海州之沭陽縣漕運，東由碩項湖，西經鹽河，南出仰化集。

又四十里逕宋家莊，又北而西四十里逕宿遷縣北西寧橋。又西迤南三十里爲中河口，南爲黄河，北爲駱馬湖，故俗謂之十字河也。又西北四十里爲窰灣竹閘，入邳州境。又北五里爲馬莊閘，十五里逕猫兒窩，二十五里逕徐塘口。

邳州漕運，自東來會。

又北三十里爲泇口。又北二十五里爲汶河口，南越梁王城，北接臺莊入山東省境。

沛縣漕運，自劉昌莊四十八里至山東兖州府魚臺縣之王家口，有夏鎮、楊莊、珠梅三閘，是爲泇河。

各府州、縣有白糧、附運、折色、抵餉之不同，並詳《漕運》。

夏

浮于淮、泗，達于河。徐州貢道。

沿于江、海，達于淮、泗。揚州貢道。《書》蔡傳：「沿江入海，自海入淮、泗。禹時江、淮未通，故沿於海。」

周

吴城邗溝，通江、淮。《左傳》注：「於邗江築城穿溝，東北通射陽湖，西北至宋口。『宋』一作『末』。入淮通糧道也，今廣陵韓江是。」《禹貢錐指》：「《吴越春秋》：吴將伐齊，自廣陵闕江運淮，曰渠水。《漢志》江都縣有渠水，首受江，北至射陽入湖是也。又名中瀆水。《水經注》：中瀆水首受江于江都縣。縣城臨江，昔吴將伐齊，北霸中國，自廣陵城東南築邗城，城下掘深溝，謂之韓江，亦曰邗溟溝，自廣陵出山陽白馬湖，逕山陽城西。又東謂之山陽浦，又東入淮，謂之山陽口是也。」

漢

吴王濞開邗溝，自揚州茱萸灣通海陵倉及如皋蟠溪。

三國　魏

正始四年秋九月，大興屯守，廣開淮陽、百尺二渠，又修諸陂于潁之南北萬餘頃。自是淮北倉庾相望，壽陽至于京師，農官屯兵連屬焉。

隋

開皇七年四月，于揚州開山陽瀆以通運漕。

大業元年，發河南道諸州郡兵夫五十餘萬開通濟渠，自河起滎澤入淮千餘里。又發淮南諸州丁夫十餘萬開邗溝，自山陽至揚子江三百餘里，水面闊四十步。《曾子固集》：「滎陽之西有廣武二城，汴水自二城間小澗中東流而出，濟水至此乃絶。桓温將通之而不果者，晋太和之中也。劉裕浚之，始有湍流奔注以漕運者，義熙之間也。皇甫誼發河南丁夫百萬開之，起滎陽入淮，千有餘里，更名之曰通濟渠者，隋大業之初也，後世因其利焉。」

六年，十二月，敕開江南河，自京口至餘杭郡八百餘里，水面闊十餘丈。

唐

開元二十二年，齊澣遷潤州刺史。潤州北界隔大江，至瓜步尾紆匯六十里，船繞瓜步，多爲風濤所漂損。澣乃移漕路於京口塘下直渡江二十里，又開伊婁河，二十五里即達揚子縣，自是免漂損之災，歲減脚錢數十萬。數年，復爲汴州刺史。淮、汴水運路，自虹縣至臨淮一百五十里，水流迅急，舊用牛曳竹索，上下流急難制。乃奏自虹縣下開河三十餘里入於清河，百餘里出清水，乃開河至淮陰縣北岸入淮，免淮流湍險之害。《唐書·地理志》：「宿州虹縣廣濟新渠，齊澣開，自虹至淮陰北十八里入淮，以便漕運。既成，湍急不可行，遂廢。」

廣德元年，劉晏分官吏主丹陽湖，禁引溉，自是漕河不涸。貞元四年，節度使杜亞自江都西，循蜀岡之右，引波趨城隅以通漕，溉夾陂田。《唐書·杜亞傳》：「亞拜淮南節度使①，治漕渠，引湖陂，築防庸，入之渠中，以通大舟。夾堤高卬，田因得灌溉。疏啓道衢，徹壅通堙，人皆悦賴。」

元和三年，李吉甫爲淮南節度使，築漕渠隄堰，以防不足、泄有餘，名平津堰。

八年，常州刺史孟簡開古孟瀆，長四十一里。《唐書·地理志》：「武進縣有孟瀆，引江水南注通漕，溉田四千頃。元和八年，刺史孟簡因故渠開。無錫縣有泰伯瀆，東連蠡湖，亦元和八年孟簡

① 《新唐書》本傳作「淮西節度使」。

所開。」

十一年，十二月，置淮潁水運，使運揚子院米，自淮陰泝流至壽州四百里入潁口，又泝流至潁州、沈(邱)〔丘〕界五百里。

寶(歷)〔曆〕二年，王播復領鹽鐵轉運使。時揚州城内官河水淺，遇旱即滯漕船。乃奏自城南閶門西七里港開河向東，屈曲取禪智寺橋通舊官河，開鑿稍深，舟航易濟。所開長一十九里，其工役料度，不破省錢，當使方圓自備，而漕運不阻。後賴其利。

五代 周

顯德五年正月己丑，世宗欲引戰艦自淮入江，阻北神堰不得渡。欲鑿楚州西北鸛水以通其道，遣使行視，還言地形不便，計工甚多。乃自往視之，授以規畫，發楚州民夫浚之。旬日而成，用工甚省，巨艦數百艘，皆達於江。三月，浚汴口導河流達於淮，於是江、淮舟楫始通。此宋之漕運所由始也。

宋

開寶間，議征江南，詔用京西轉運使李符之策，發和州丁夫及鄉兵凡數萬人，鑿横江渠於歷陽，令符督其役。渠成以通漕運，而軍用無闕。

雍熙中，轉運使劉蟠議開沙河，以避淮水之險。未完而受代，喬維岳繼之，開河自楚州至淮陰，凡六十里，舟行便之。《宋史·喬維岳傳》：「喬維岳爲淮南轉運司。淮河西流三十里曰山陽灣，水勢湍悍，運舟多罹覆溺。維岳規度開故沙河，自末口至淮陰磨盤口，凡四十里。又建安北至淮澨五堰，運舟所至，十經上下，其重載者皆卸糧而過，舟時壞失糧，綱卒緣此爲姦，潛有侵盜。維岳始命創二斗門於西河第三堰，二門相距逾五十步，覆以廈屋，設縣門積水，俟潮平乃泄之。建橫橋岸上，築土累石，以牢其址，自是弊盡革，而運舟往來無滯矣。」

至道中，王嗣宗爲江浙荆湖發運使。初，漕運經泗州浮橋，舟多覆壞。嗣宗徙至城隅，遂獲安濟。

景德三年，七月，汴水決，南至亳州，合浪宕渠，東入於淮。

是年，内侍趙守倫建議：自京東分廣濟河，由定陶至徐州入清河，以達江湖漕路。役既成，遣使覆視，以地有隆阜而水勢極淺，雖置堰埭，又歷吕梁灘磧之險，非可漕運，罷之。時制置江淮等路並發運使李溥，因高郵軍新開湖水散漫多風濤，令漕舟東下者還過泗州，因載石輸湖中，積爲長隄，自是舟行無患。

天禧二年，江淮發運使賈宗言：諸路歲漕自真、陽入淮、汴，歷堰者五，糧載煩於剥卸，民力罷於牽挽，官私船艦由此速壞。今議開揚州古河，繚城南接運渠，毀龍舟、新興、茱萸三堰，鑿近堰漕路以均水勢，歲省官費十數萬，功利甚厚。詔屯田郎中梁楚、閤門祗候李居中按視，以爲當然。明年役既成，而水注新河，與二堰平，漕船無阻，公私大便。

四年，開揚州運河。

天禧中，知江陰軍崔立開横河六十里，通運漕。

天聖間，張綸除江淮制置發運副使，築漕河隄二百里於高郵北，旁錮巨石爲礎，以泄横流。《夢溪筆談》：「淮南漕渠築埭以蓄水，不知始何時。舊傳召伯埭謝公所爲，按李翶《來南録》，唐時猶是流水，不應謝公時己作此埭。天聖中，監真州排岸司右侍禁陶鑑，始議復閘節水，以省舟船過埭之勞。是時，工部郎中方仲荀、文思使張綸爲發運副使①，表行之。始爲真州閘，歲省冗卒五百人，雜費百二十五萬。運舟舊法，舟載米不過三百石；閘成，始爲四百石船。其後所載寖多，官船至七百石，私船受米八百餘囊，囊二石。自後北神、召伯、龍舟、茱萸諸埭相次廢革，至今爲利。」

嘉祐三年，鍾離瑾爲江淮制置發運使。殿直王乙者請自揚州召伯埭東至瓜洲浚河百二十里，以廢二埭。詔瑾規度。以工大不可就，止置閘召伯埭旁。

是年，鄭向爲兩浙轉運副使，疏潤州蒜山漕河，抵於江。

是年，徐的爲淮南江浙荆湖制置發運副使，奏通泰州、海安、如皋縣漕河，詔未下。的以便宜調兵夫浚治之，出滯鹽三百萬，計得錢八百萬緡，遂爲制。

① 「發運副使」，《夢溪筆談》卷十二作「發運使副」。

是年，李禹卿判蘇州，築隄太湖八十里，爲渠益漕運，又蓄水溉田千餘頃。

元豐二年，浚淮南運河，自召伯堰至儀（徵）〔真〕十四節。

六年，正月戊辰，開龜山運河，至二月乙未告成。長五十七里，闊十五丈，深一丈五尺。初，發運使許元自淮陰開新河屬之洪澤，避長淮之險，凡四十九里，久而淺澀。熙寧四年，皮公弼請復濬治，起十一月壬寅，盡明年正月丁酉而畢，人便之。至是，發運使羅拯復欲自洪澤而上鑿龜山裏河，以達於淮，帝深然之。會發運使蔣之奇入對，建言：「上有清汴，下有洪澤，而風浪之險止百里，淮邇歲溺公私之載不可計。凡諸道轉輸，涉湖行江已數千里，而覆敗於此百里間，良爲可惜。宜自龜山蛇浦下屬洪澤，鑿左肋爲複河，取淮爲源，不置堰閘，可免風濤覆溺之患。」帝遣都水監丞陳祐甫經度，祐甫言：「往年田棐任淮南提刑，嘗言開河之利。其後淮陰至洪澤竟開新河，獨洪澤以上未克興役。今既不用閘蓄水，惟隨淮面高下，開深河底，引淮通流，形勢爲便，但工費浩大。」帝曰：「費雖大，利亦溥矣。」祐甫曰：「異時淮中歲失百七十艘，若捐數年所損之費，足濟此役。」帝曰：「損費尚小，如人命何？」乃調夫十萬開治。既成，命之奇撰記，刻石龜山後。至建中靖國初，之奇同知樞密院，奏淮水浸淫，衝刷隄岸，漸成墊缺，請下發運使及時修築，自是歲以爲常。

是年，蔣之奇爲江淮荊浙發運副使，請鑿龜山左肋至洪澤爲新河，以避淮險，自是無覆溺之患。互見《淮水》。

元祐四年，十二月，京東轉運司言：「清河與江浙、淮南諸路相通。因徐州吕梁、百步兩洪，湍淺險惡，多壞舟楫，由是水手、牛驢擇户盤剥人等，邀阻百端，商賈不行。朝廷已委齊州通判滕希靖、知常州晉陵縣趙竦，度地勢穿鑿。今若開修月河石隄，上下置閘，以時開閉，通放舟船，實爲長利。乞遣使監督興修。」從之。

是年，知潤州林希奏復吕城堰，置上下閘，以時啓閉。其後，京口、瓜洲、犇牛皆置閘。

紹聖二年，詔武進、丹陽、丹徒縣界沿河堤岸及石磋、石木溝，並委令佐檢察修護，勸誘食利人户修葺。任滿，稽其勤惰而賞罰之。從工部之請也。

四年，水部員外郎趙竦請濬十八里河，令賈種民相度吕梁、百步洪，添移水磨。詔發運並轉運司同視利害以聞。

紹聖中，曾孝藴管幹發運司糴糴事，建言：「揚之瓜洲、潤之京口、常之犇牛，易堰爲閘，以便漕運、商賈。」既成，公私便之。又提舉兩浙常平，徙江淮荆湖發運。泗州議開直河，以避漲溢沙石之害。孝藴以淮、汴不相接，不可成。既而工役大集，竟成之。未幾，河果塞。

蘇京令丹陽募民重浚練湖，易置斗門十數。

元符元年，正月，知潤州王愈建言：「吕城閘常宜車水入澳，灌注閘身以濟舟。若舟沓至而力不給，許量差牽駕兵卒，併力爲之。監官任滿，水無走泄者賞，水未應而輒開閘者罰。守貳、令佐，常覺察之。」詔可。

是年二月，詔：蘇、湖、秀州，凡開治運河、港浦溝瀆，修疊堤岸，開置斗門、水堰等，許役開江兵卒。

是年三月甲寅，工部言：淮南開修楚州支家河，導漣水與淮通，賜名「通漣河」。

是年，王宗望爲江淮發運使。楚州沿淮至漣州，風濤險，舟多溺，議者謂開支氏渠引水入運河，歲久不決。宗望始成之，爲公私利。代吴安持爲都水使者。

二年，閏九月，潤州京口、常州犇牛澳閘畢工。先是，兩浙轉運判官曾孝蘊獻澳閘利害，因命孝蘊提舉興修，仍相度立啓閉日限之法。

是年，吴居厚爲江淮發運使，疏支家河道通漕，楚海之間賴其利。召拜户部尚書。

崇寧二年，十二月，詔：淮南開修遇明河，自真州宣化鎮江口至泗州淮河口。五年畢工。

大觀二年，八月，詔：常、潤歲旱河淺，留滯運船，監司督責濬治。

政和四年，二月，工部言：前太平州判官盧宗原，請開修自江州至真州古來河道堙塞者凡七處，以成運河，入浙西一百五十里，可避一千六百里大江風濤之患。又可就土興築自古江水浸没膏腴田，自三百頃至萬頃者凡九所，計四萬二千餘頃，其三百頃以下者又過之。乞依宗原任太平州判官日已興政和圩田例，召人户自備財力興修。詔沈鏻等相度措置。

六年，八月，詔：鎮江府傍臨大江，無港澳以容舟楫，三年間覆溺五百餘艘。聞西有舊河，可避風濤，歲久堙廢，宜令發運使濬治。

重和元年，二月，前發運副使柳廷俊言：「真、揚、楚、泗、高郵，運河堤岸舊有斗門、水閘等七十九座，限則水勢常得其平，比多損壞。」詔檢計修復。

宣和二年，九月，以真、揚等州運河淺澀，委陳亨伯措置。

三年，春，詔發運副使趙億以車畎水運河，限三月中三十綱到京。宦者李琮言：「真州乃外江綱運會集要口，以運河淺澀，故不能速發。按南岸有泄水斗門八座，去江不滿一里。欲開斗門河身，去江十丈築軟壩，引江潮入河，然後倍用人工車畎，以助運水。」從之。

四月，詔曰：「江、淮漕運尚矣。春秋時，吴穿邗溝，東北通射陽湖，西北至末口。漢吴王濞開邗溝，通運海陵。隋開邗溝，自山陽至揚子入江。雍熙中，轉運使劉蟠以山陽灣迅急，始開沙河，以避險阻。天禧中，發運使賈宗始開揚州古河，繚城南接運渠，毁三堰以均水勢。今運河歲淺澀，當詢訪故道及今河形勢，與陂塘瀦水之地，講究措置悠久之利，以濟不通。可令發運使陳亨伯、内侍譚正條具措置以聞。」

六月①，臣僚言：「比緣淮南運河水澀逾半，歲禁綱舟篙工附載私物。今河水增漲，其令如舊。」

初，淮南連歲旱，漕運不通，揚州尤甚，詔中使按視，欲疏濬運河與江、淮平。會兩浙有方臘之亂，内侍童貫爲宣撫使，譚正爲制置使，貫欲海運陸輦，正欲開一河自盱眙出宣化。朝廷下發運使陳亨伯相度，亨伯遣其屬向子諲視之，子諲曰：「運河高江、淮數丈，自江至淮凡數百里，人力難濬。昔

① 「六月」，《宋史·河渠志》六作「八月」。

唐李吉甫廢閘置堰，治陂塘，泄有餘，防不足，漕運通流。發運使曾孝藴嚴三日一啓之制，復作歸水澳，惜水如金。比年行直達之法，走茶鹽之利，且應奉權倖，朝夕經由，或啓或閉，不暇歸水。又頃毀朝宗閘，自洪澤至召伯數百里，不爲之節，故山陽上下不通。欲救其弊，宜於真州太子港作一壩，以復懷子河故道。於瓜洲河口作一壩，以復龍舟堰。於海陵河口作一壩，以復茱萸、待賢堰。使諸塘水不爲瓜洲、真、泰三河所分。於牝①神相近作一壩，權閉滿浦閘，復朝宗閘，則上下無壅矣。」亨伯用其言，是後滯舟皆通利云。

五年，三月，詔：「呂城至鎮江運河淺澀狹隘，監司坐視無所施設。兩浙專委王復，淮南專委向子諲，同發運使呂淙措置車水，通濟舟運。」是月，臣僚言：「鎮江府練湖與新塘地理相接，八百餘頃，湖水一寸，益漕河一尺，其來久矣。今堤岸損缺，不能貯水。乞候農隙，次第補葺。」詔本路漕臣并本州縣官詳度利害，檢計工料。互見《水利》。

六年，九月，從盧宗原請，開池州車軸河口。《宋史·河渠志》：「盧宗原復言：池州大江乃上流綱運所經，其東岸皆暗石，多至二十餘處。西岸則沙洲，廣二百餘里。諺云『拆船灣』，言舟至此，必毀拆也。今東岸有車軸河口沙地四百餘里，若開通入社湖，舟經平水徑池口，可避二百里風濤拆船之險，請措置開修。從之。」

① 「牝」，《宋史·河渠志》六作「北」。

七年，九月丙子，又詔宗原措置開濬江東古河，自蕪湖由宣溪、溧水至鎮江，渡揚子趨淮、汴，免六百里江行之險。

建炎間，吴中甫爲江淮發運使，自洪澤鑿渠六十里，以避長淮漕運之險。

紹興七年，兩浙轉運使向子諲增置練湖斗門石䃂。

附　向子諲《疏略》：

鎮江府吕城夾岡，形勢高仰，因春、夏不雨，官漕艱勤。尋遣官屬李潤詢究練湖本末，始知此湖在唐永泰間，已廢而復興。今隄岸弛禁，致有侵田冒決，故湖水不能瀦蓄，舟楫不通，公私告病。臣已令丹陽知縣朱穆等增置二斗門、一石䃂，及修補隄防，盡復舊迹，庶爲永久之利。

十六年，五月，浚運河。

乾道六年，淮東提舉徐子寅言：「淮東鹽課，全仰河流通快。近運河淺澀，自揚州灣頭港口至鎮西山光寺前橋垛頭，計四百八十五丈，乞發五千餘卒開濬。」從之。

七年，二月，詔令淮南漕臣自洪澤至龜山淺澀之處，如法開撩。

是年，臣僚言：「丹陽練湖幅員四十里，納長山諸水，漕渠資之。故古語云：湖水寸，渠水尺。

在唐之禁甚嚴，盜決者罪比殺人。本朝寖緩其禁以惠民，然修築嚴甚①，春、夏多雨之際，瀦蓄盈滿。雖秋無雨，漕渠或淺，但泄湖水一寸，則爲河水一尺矣。後廢不治，堤岸圮闕，不能貯水。彊家因而專利，耕以爲田，遂致淤澱。歲月既久，其害滋廣。望責長吏濬治堙塞，立爲盜決侵耕之法著于令，庶幾練湖漸復其舊，民田獲灌溉之利，漕渠無淺涸之患。」詔兩浙漕臣沈度，專一措置修築。互見《水利》。

淳熙五年，以漕臣陳峴言，於十月募工，開濬無錫縣以西橫林天井及犇牛、呂城一帶地高水淺之處，以通漕舟；浙西運河自臨安府北郭務，至鎮江江口閘六百四十一里。

九年，知常州章沖奏：「常州東北曰申港、利港、黄田港、夏港、五斗港，其西曰竈子港、孟瀆、泰伯瀆、烈塘，江陰之東曰趙港、白沙港、石頭港、陳港、蔡港、私港、令節港，皆古人開導以爲溉田，無窮之利者也。今所在堙塞，不能灌溉。臣嘗講求其説，抑欲不勞民、不費財，而漕渠旱不乾、水不溢，用力省而見功速，可以爲悠久之利者。在州之西南曰白鶴溪，自金壇縣洮湖而下，今淺狹特七十餘里。若用功濬治，則漕渠一帶無乾涸之患。其南曰西蠡湖，自宜興太湖而下，止開浚二十餘里。若更令深遠，則太湖水來漕渠一百七十餘里，可免濬治之擾。至若望亭堰閘，置於隋之至德，而徹於本朝之嘉祐。至元祐七年，復置。未幾，又毀之。臣謂設此堰閘有三利焉。陽羨諸瀆之水奔趨而下，有以節之，則當潦歲，平江三邑必無下流淫溢之患。一也。自長洲至望亭一百三十五里，運河亦有所節，

① 「嚴甚」，《四庫》本作「甚嚴」。

則沿河之田，旱歲資以灌溉。二也。每歲冬、春之交，重綱及使命往來，多苦淺涸。今啓閉以時，足通舟楫，免車畎灌注之勞。三也。」詔令相度開浚。

十四年，揚州守臣熊飛言：「揚州運河惟藉瓜洲、真州兩閘瀦積。今河水走泄，緣瓜洲上、中二閘，久不修治。獨潮閘一座，轉運、提鹽及本州共行修整。然迫近江潮，水勢衝激，易致損壞。真州二閘，亦復損漏。令有司葺理上、下二閘，以防走泄。」從之。

紹熙五年，從淮東提舉陳損之議，築高郵、寶應等處隄堰，並斗門、石䃎。《宋史·河渠志》：「淮東提舉陳損之言：『高郵、楚州之間，陂湖渺漫，茭葑彌滿，宜創立隄堰，以爲瀦泄，庶幾水不至於泛溢，旱不至於乾涸。乞興築自揚州江都縣至楚州淮陰縣三百六十里，又自高郵、興化至鹽城縣二百四十里，其隄岸傍開一新河，以通舟船。仍存舊隄，以捍風浪。栽柳十餘萬株，數年後隄岸亦牢，其木亦可備修補之用。兼揚州墟鎮舊有隄閘，乃泰州泄水之處。其閘壞久，亦於此創立斗門。西引盱眙、天長以東衆湖之水，起自揚州江都，經由高郵及楚州、寶應、山陽，北至淮陰，西達於淮。又自高郵入興化，東至鹽城而極於海。又泰州海陵南至揚州、泰興，而徹於江。共爲石䃎十三、斗門七，乞以紹熙堰爲名，鑱諸堅石。』奏聞，除直秘閣、淮南轉運判官。」

慶元五年，兩浙轉運、浙西提舉言：「以鎮江府守臣重修吕城兩閘畢，再造一新閘，以固隄防，庶爲便利。」從之。

嘉泰元年，浚常、鎮運河，修閘堰。《宋史·河渠志》：「守臣李珏言：『州境北邊揚子大江，南並太湖，東連震澤，西據滆湖，而漕渠界乎其間。漕渠兩傍曰白鶴溪、西蠡河、南戚氏、北戚氏、直湖州港，通於二湖。曰利浦、孟瀆、烈塘、横河、五瀉諸港，通於大江。而中間各自爲支溝，斷汊曲繞，參錯不以數計。水利之源，多於他郡，而常苦易旱之患，何哉？臣嘗詢訪其故：漕渠東起望亭，西上呂城，一百八十餘里，形勢西高東下。加以歲久淺淤，自河岸至底，其深不滿四五尺。常年春雨連綿，江湖泛漲之時，河流忽盈驟減。連歲雨澤愆闕，江湖退縮，渠形尤亢。間雖得雨，水無所受，旋即走泄，南入於湖，北歸大江，東徑注於吴江。晴未旬日，又復乾涸。此其易旱一也。至若兩傍諸港，如白鶴溪、西蠡河、直湖、烈塘、五瀉堰，日爲沙土淤漲，遇潮高水泛之時，尚可通行舟楫。若值小汐久晴，則俱不能通。應自餘支溝别港，皆已堙塞，故雖有江湖之浸，不見其利。此其易旱二也。況漕渠一帶，綱運於是經由，使客於此往返，每遇水涩，綱運便阻。一入冬月，津送使客，作壩車水，科役百姓，不堪其擾，豈特溉田缺事而已？望委轉運、提舉常平官，同本州相視漕渠，並徹江湖之處，如法浚治，盡還昔人遺迹。及於望亭修建上、下二閘，固護水源。』從之。」

嘉定間，臣僚言：「國家駐蹕錢塘，綱運糧餉，仰給諸道，所繫不輕。鎮江閘口，河道淤塞，不復通舟。乞令漕臣等開撩。」從之。

汪綱知高郵軍，以興化民田濱海，昔范仲淹築堰以鄣瀉鹵，守毛澤民置石碰、函管以疏運河水勢，歲久皆壞，乃增修之。部使者聞於朝，增一秩。

陳居仁守鎮江，治古海鮮界港，爲石碰丹徒境上，蓄泄以時，以通漕運。

李庭芝主管兩淮制置司事，至揚鑿河四十里，入金沙餘慶場，以省車運。兼浚他運河，放亭户負鹽二百餘萬，亭民無車運之勞。

元

至元二十一年二月辛巳，浚揚州漕河。

二十六年，正月，議江南運米由江陰入江至直沽倉。《元史·世祖本紀》：「海船萬户府言：『山東宣慰使樂實所運江南米，陸負至淮安，易閘者七，然後入海，歲止二十萬石。若由江陰入江，至直沽倉，民無陸負之苦，且米石省運估八貫有奇。乞罷膠萊海道運糧萬户府，而以漕事責臣，當歲運三十萬石。』詔許之。」

大德四年春，正月癸卯，浚淮東漕渠。

十年，浚吴淞江等處漕河，又濬真、揚等州漕河，令鹽商每引輸鈔二貫，以爲傭工之費。

延祐元年，遣官浚揚州、淮安等處漕河。

四年，復浚揚州運河。

六年，浚鎮江練湖。

至治三年，浚鎮江路漕河及練湖，役丁萬三千五百人。《通漕類編》：「至治三年，江浙行省言：『鎮江運河全藉練湖之水爲上源，漕運、商販舟楫，無不由此以供億。前朝嘗濬此湖，瀦蓄潦水，若運河水淺，開放練湖一寸，可添河水一尺。近年淤淺，以致遞運不通，乞加修治。』制可。工畢，又置河兵百人，專任修理。」

泰定元年，真州珠金沙河，松江府、吴江州諸河淤塞，詔所在有司傭民丁浚之。

明

洪武元年，大將軍徐達開塌場口入於泗以通運。

五年，二月，命兩淮都轉運鹽使司，移通、泰等州批驗所於儀真縣，仍疏濬運河，以便商旅。

十四年，十一月，浚揚州府官河，自揚子橋至黄泥灘，凡九千四百三十六丈。

十五年，十二月，浚揚州儀（徵）〔真〕湖九千一百二十丈，置閘壩十三處。

十七年，閏十月，修築江都縣申港壩，浚河道五百六十七丈。

二十年，正月，命工部主事楊德禮往高郵，督有司修築並湖隄岸。因揚州府同知任祥之言，隄岸圮壞，故有是命。

二十六年，八月，命崇山侯李新往溧水縣，督視有司開胭脂河。上面諭之曰：「兩浙賦稅漕運京師，歲實浩繁。一自浙河至丹陽，捨舟登陸，轉輸甚勞。一自大江泝流而上，風濤之險，覆溺者多。朕甚憫之。今欲自畿甸疏鑿河流以通於浙，俾運輸者不勞，商旅獲便。故特命爾往督其事，爾其蒞事惟勤，役民勿暴。」新頓首受命而行。暨河成，人皆便之。

建文四年，修常州府武進縣剩銀河閘。

永樂元年，七月，户部尚書郁新等言：「淮河至黄河多淺灘跌坡，饋運艱阻，請自淮安用船可載三百石以上者，運入淮河、沙河至陳州潁岐口跌坡下。復以淺船可載二百石以上者，運至跌坡上，別以大船載入黄河。至八柳樹等處，令河南車夫運赴衛河，轉輸北京。」從之。

閏十一月，浚揚州府江都縣瓜州壩河道。

十二月，修揚州府江都縣永真沙邊江圩岸。

二年，正月，揚州府高郵州耆民言：「自州北門至張家溝湖岸，兩京之要路，民田之巨防。湖納天長、盱眙諸水，雨潦漲溢，風波衝決隄岸，每歲修築，旋復傾圮，阻絶驛路，傷損民田。乞遣人相度，重爲修理。」從之。

十一月，鎮守淮安都指揮施文言：「淮安諸壩，舟航往來，每遇天旱，壩下淤淺，重勞人力。近城舊有清江浦二閘，比年坍壞，乞命有司修砌，以便往來。」從之。

浚儀真清江壩下水港。

三年，五月，淮安府海州言：「臨洪場民，歲於莞瀆場界耕種輸作，陸運艱難。州北舊有河，上通高橋，下接臨洪，近年淤塞，乞疏濬以便舟楫。」從之。

七月，浚淮安府山陽縣運鹽河，計一十八里。

十一月，浚淮安府支家河，長一萬一千九百七十丈。

四年，八月，工部言：「呂梁洪霖雨，水決近河路，並圈溝橋一十九丈六尺，宜發民修理。」從之。

九月，揚州府泰州判官黄通理言：「州境舊有運鹽官河，每遇霪雨輒泛溢，傷民田宅。乞於普定秦潼河及西溪、南儀阡三處，各開水口，使下流經興化、鹽城界入海。仍各置閘，以時啓閉，永爲民利。」從之。

十一月，户部言：「高郵州東河等處，塘岸傾圮，江都縣劉家圩港淤塞。」命有司發民修浚。

十二月，常州府孟瀆河閘官裴讓言：「河自蘭陵溝北至閘六千三百三十丈，南至奔牛鎮一千二百二十丈，年久堙塞，艱於漕運。乞發民疏治。」命右通政張璉發蘇、松、鎮江、常州民丁十萬浚之。

八年，三月，修鎮江府丹陽縣練湖塘。

十二月，蘇州府吴江縣言：「石塘官路右臨太湖，左邊松江，南至平望、嘉興，連年土石坍塌，橋梁斷壞。請及時修理，計用三萬七千四百餘人，半月可完。」從之，敕通政使趙君任督之，務令堅固，毋虚勞民力。

九年，正月，揚州府高郵州言：「城北張家溝塘岸三十里，舊用甎石包砌，防遏甓社等九湖及天長諸水。近因春雨浸淫，各水暴漲，衝決塘岸九百八十丈。又自張家溝北至寶應縣，南至江都縣，東至興化縣界，塘岸百餘里，間有坍塌。乞發丁夫，如舊修治。」令工部覈實修築。

三月，浚揚州府瓜洲壩河道，及修通江、減水二閘。

修蘇州至嘉興石土塘橋路七十餘里，泄水洞百三十一處。

六月，淮安府沭陽縣知縣王泰言：「縣南沭河，北連山東，南通淮安，洪武間常疏浚以便轉運。今壅塞四十餘里，轉輸既艱，水復爲患，乞於農隙浚治。」從之。

八月，浚常州府江陰縣青暘等處河道。

十年，十一月，修揚州府儀（徵）〔真〕縣緣江隄岸，及浚夾港等處河道。

浚鎮江府京口、新港、甘露三港達於江。

十二年，八月，浚淮安府海州城南官河二百四十里。

十月，常州府江陰縣請浚萬歲河及塘涇等河，從之。

十一月，浚蘇州府昆山縣太平河。

是年，平江伯陳瑄請鑿徐、吕二洪，以通漕運，更於洪口建閘。按：宋元祐四年，京東轉運司言：「清河與江浙、淮南諸路相通，因徐州吕梁、百步兩洪，湍淺險惡，多壞舟楫，朝廷已委官度地勢穿鑿。」此即瑄所鑿之道也。

十三年，五月，開清江浦河。《明太宗實録》：「凡漕運北京，舟至淮安過壩，度淮以達清河口，挽運者不勝勞。平江伯陳瑄時總漕運，故老爲瑄言：『淮安城西有管家湖，自湖至淮河鴨陳口僅二十里，與清河口相直。宜鑿河引湖水入淮，以通漕舟。』瑄以聞，遂發軍民開河，置四閘，曰移風，曰清江，曰福興，曰新莊，以時啓閉，人甚便之。」

是年，建淮安五壩，運船經壩入淮。《南河全考》：「仁字壩、義字壩在新城東門外，東北自城南引湖水抵壩口，外即淮河。遇清江口淤塞，運船經此入淮。禮字壩、智字壩、信字壩在新城西門外，西北引湖水抵壩口，外即淮河。遇清江口淤塞，則官民商船經此達於淮。」

十四年，四月，設直隸淮安府山陽縣之清河、福興，清河縣之新莊，邳州之乾溝，徐州之沽頭上、沽頭下，沛縣之金溝，山東濟寧州之谷亭、孟陽泊、魯橋十閘，置閘官各一員。

按明初都金陵，則漕於江，其餉遼卒猶漕於海。自永樂都燕後，歲漕東南四百萬石，由江涉高、寶諸湖，絶淮入河，經會通河出衛河、白河，遡大通河以達於京師。諸洪泉壩閘，以次修舉。

五月，修揚州府邵伯鎮上、下二閘。

是年，平江伯陳瑄疏濬故沙河，置閘通舟。《南河全考》：「先是，漕至淮安，悉從府東北車壩入淮，逆水行六十里。至是，瑄因宋喬維岳所開沙河舊渠，益加疏治，置閘通舟。逾年而功成，漕人德之，爲立祠焉。」

十五年，五月，遣官巡視北京通州至儀（徵）〔真〕河道。

十九年，九月，修直隸高郵州新開湖塘岸。

江南通志卷五十九

河渠志

運河　二

明

洪熙元年，十一月，濬儀徵瓜洲壩河。先是，平江伯陳瑄奏儀徵瓜洲壩下河道年久淤塞，請發附近軍民疏濬，上以東作方興，姑俟農隙。至是，命鎮江、揚州、常州三府，儀徵、揚州、鎮江三衛，共以軍民二萬疏濬。仍命瑄董之。

宣德五年，平江伯陳瑄言：「淮安西湖河岸，乃牽輓舟船往來通路。比因風浪衝激，岸多坍塌，椿木不存。淮安府滿浦五壩閉廢已久，其官吏、壩夫俱無差役，乞令守視西湖隄岸，遇有損壞，就令修治。」從之。

是年，八月，浚白塔河及儀徵等壩河。《明宣宗實録》：「御史陳祚言：白塔河宜開浚置閘。又侍郎趙新言：宜浚白塔河及儀徵舊江口錀匙河，黄泥灘、清江閘俱宜浚導。上遣主事潘厚及揚州、淮安府官審視，仍與平江伯陳瑄議可否及所用人力。至是，厚還奏：開浚實便；白塔河、儀徵壩河約用四萬五千八百人，計四十日可完；清江閘河用一萬八千人，計十五日可完。上從之。於是工部請發揚州、淮安軍夫，先開白塔河、置閘。工畢，就浚清江閘、儀徵錀匙河。上曰：三處用工，勞人太甚，其儀徵錀匙河俟明年農隙修浚。」

七年，七月，置吕梁漕渠石閘。《明宣宗實録》：「平江伯陳瑄以吕梁上洪地陡水急，漕舟難行，奏準令民於舊洪西岸鑿梁渠，深二丈、闊五丈有奇，夏、秋有水，可以行舟。至是，復欲深鑿，置石閘二，時其啓閉以節水，庶幾往來無虞。事聞，命附近軍衛及山東布政司量發民夫工匠，協力成之。」

是年，陳瑄於白塔河置新閘、潘家、大橋、江口四閘，令江南糧船自孟瀆河過江入白塔河，至灣頭入漕河，省瓜洲盤壩之費。《南河全考》：「江南舟由瓜洲車壩入漕河，自白塔河開，瓜壩棄不用，近白塔置壩，舟行瓜儀。」

正統三年，築高郵湖隄。《明英宗實録》：「隄長四百二十五丈。舊用土築，遇風撞激輒敗，即有木橛葦束蔽護，亦不經久。至是，甃以（縛）〔磚〕①石，用糯米糊和灰以固之，始堅緻可久矣。」

六年，修高郵州北門起至張家溝一帶河隄。

七年，修築淮安西湖中路十餘里，以便漕運。

八年，三月，濬瓜洲壩東港。《明英宗實録》：「洪武間，瓜洲壩有東、西二港。永樂間，廢東港壩爲廠，以貯材木。正統初，廷臣議徙木濬港，未果。至是，督漕總兵官、都督僉事武興言：壩廢港塞，非惟舟楫往來遲延，且艤泊大江有風濤之虞。請俟秋成，於鎮江、揚州二府僉夫七千餘人復修。從之。」

又濬常州孟瀆河、德勝河，揚州白塔河。《明英宗實録》：「漕運總兵官、都督僉事武興，巡撫、侍郎周忱等奏：常州府武進縣民言：漕舟出夏港，泝大江，風濤險阻，害不可勝言。常州西城有德勝新河北入江，江北揚州府泰興縣，有北新河，中間有淤淺者，俱宜浚之，以避大江險阻。浙江都司、署都指揮僉事蕭華言：永樂、宣德間，漕舟自常州府孟瀆河出江入白塔河，江行不逾半日。今孟瀆河淤淺，請浚之。廣東按察司知事黄武、浙江處州衛指揮使牛通，皆以爲言。事下臣等計議。華等所言皆有據，請先浚孟瀆河。其白塔河有四閘，可於其中大橋閘築壩，候運河水泛，則啓閘行舟，水落則仍閉塞。德勝河亦宜修浚。惟北新河，計當役一十五萬五千人，一月方完，請俟浚理孟瀆河、白塔

① 據《四庫》本改。

河、德勝河完再議。上從之。」

九年正月，福建按察司謝莊，奏請浚鎮江府丹徒縣甘露壩，至常州府城東河道。從之。

十二月，疏常州、鎮江運河。

十三年，二月，濬泰皇寺巴河。《續文獻通考》：「徐州、吕梁二洪，皆分黄河水，以通舟楫。其泰皇寺巴河原係分水之處，年久淤塞，水脉微細。先此都督同知武興奏請疏濬，以冬寒土堅而止。至是復請，上命所司發軍夫濬之。」

十四年，四月，修直隸高郵州甎河塘。

景泰二年，正月，濬直隸鎮江、常州運河。

七月，浚徐州小黄河通漕。《明英宗實録》：「初，以河決沙灣，水皆東注，徐、吕二洪淺澀，敕右副都御史王暹處置。至是，暹上言：黄河自昆崙發源，流入中國。其所經歷之處，自陝州以西，有山峽不能爲害。陝州以東，則地勢平緩，水易泛溢，故爲害甚多。自洪武二十四年，河改流從汴梁北，相離四五里許。東南轉至鳳陽入淮者，爲大黄河；其支流分出徐州以南者，爲小黄河，以通漕運。自正統十三年以來，河復故道，從黑洋山復徑趨沙灣入海，止存小黄河從徐州出。岸高水低，隨濬隨塞，故徐州之南不得飽水。臣等遵聖諭，自黑洋山東南，直至徐州，督同河南三司疏濬。其臨清以南，可令副都御史洪英，督同山東三司疏浚。從之。」

三年，鎮江知府林鶚請濬京口閘、甘露壩，從之。

七月，築沙灣隄。

是年，浙江參政胡清言：「直隸鎮江府有河通常州府，河有新港、奔牛等壩，止能容小船往來。而輸運糧草大船，俱涉歷大江，風濤不測，常致損溺。請敕有司，開疏其河，革去其壩，惟置石閘以蓄水，則船通而害除矣。」事下工部，移文覈實，咸以爲便。從之。

五年，七月，直隸揚州府奏：「六月大風雨，湖水泛溢，決高郵、寶應隄岸。」命左副都御史王竑，督有司修築之。

十月，工部奏：「近聞儀徵、瓜洲二壩，每遇冬、春潮水退縮之時，往來舟船，膠淺難行。宜于二壩下各置閘，於潮水漲時，閉閘蓄水，用通舟船。」從之。

是年，陳泰遷左僉都御史，疏理徐州呂、梁二洪及運河。

天順元年，冬，尚寶司少卿淩信奏：「江南運糧者泛大江至瓜洲壩，有風浪之險，宜從鎮江府裏河。而裏河自新港至犇牛一百六十餘里，河道淺狹。又有三壩，大船不利車盤。七里港口又有金山橫阻，江水不得入，以故糧船多冒險損壞。宜通七里港口，引江水灌入，濬新港至奔牛一帶爲便。」奏下工部，覆奏：「宜令管理糧儲河道官、僉都御史李秉，及郎中沈彬，提調附近有司通濬。」從之。

二年，浚儀徵漕河及常、鎮河。《明史稿》：「右副都御史、巡撫蘇松諸府崔恭與都督徐公浚儀徵漕河，又浚常、鎮河，避江險。」

三年，四月，工部奏：「國家大計，莫先於糧運。今聞自通州以南，直抵揚州，河道膠淺，糧運難行。宜馳文於管河道官，令量起附近衛所、府州縣軍民，設法疏濬。其水塘泉源，亦宜疏通，以濟運河。」從之。

六年，疏濬淮安以南運河。

成化元年，五月，總督漕運、副都御史陳恭請修築高郵湖岸，自杭家嘴北起，至張家溝鎮南止，凡三十里有奇。從之。

三年，七月，總督漕運、右副都御史滕昭言：儀真、瓜洲、孟瀆諸處河港，乃貢賦必由之道。舊因淺滯，令旁近揚州、鎮江、常州諸府衛，興工疏浚。是後著令，三年一浚。然所司怠玩，浚不以時。直至窮冬，召衆興役，則手足皸瘃，雖浚無實，徒爲勞耳。請自後每於冬初，即爲興工。從之。

四年，六月，工部管洪主事郭昇奏：「徐州洪勢最險，自昔兩隄庳隘，稍遇水漲，舟行無路，往來甚艱。而閘河上口一壩，勢亦如之，雖頻年修築，亦唯取辦一時，殊非經久之策。又如外洪翻船等石，裏洪壩下一灣，尤爲險惡，屢壞行舟。今欲以大石修砌兩隄，其外則錮以鐵錠，其內則填以雜石。而又鑿去外洪翻船惡石，用石鋪平裏洪隄岸，以便來往。須勸率往來中外官員及遠近客商，以給其費，量倩所屬各淺夫及本洪溜夫以供其役。工部以聞，詔可。」

八年，八月，修築淮安抵儀徵、瓜洲湖河隄岸衝決者一十五處。《南河全考》：「河道侍郎王恕請治揚州至淮安湖塘，造閘磋，引塘水接濟運河。」

十一年，置儀徵河港三閘。《明憲宗實録》：「工部郎中郭昇奏：江南進貢糧運等船至儀徵壩，雖夏月潮盛，亦須人力絞輓，方能達河，少有錯失，船即損壞。而裏河壩岸，恐爲潮水衝決，多開缺口，以殺其勢，水退復修，爲費甚大。儀徵縣羅泗橋舊有通江河港，上至裏河幾四里許，潮大之時，内外水勢相等。此港可置三閘，潮來先啓臨江閘，使船隨潮而進。俟潮既平，乃啓中二閘放之。如此，不惟往來舟船利便，而裏河水勢亦即疏泄，不待決口重費也。詔可之。昇會督漕都御史李裕勘議修完，而儀徵店户惡其奪己利，賄囑所司，假以走泄水利閉之。至是，昇復條陳開閘之利、不開之患。工部覆奏，以昇言誠有益經久之策，宜允所請。從之。」

是年，總漕李裕等奏：新開揚州白塔河潮水往來，恐久而淤淺，宜下所司，與瓜洲、儀徵諸河皆三年一浚。又言：江南孟瀆河亦多淤淺，乞下巡撫、巡按等官勘驗疏浚，以便漕運。工部覆奏，從之。

十三年，總漕都御史李裕、巡河郎中郭昇重修白塔河。

是年，增設直隸江都縣留潮、通江二閘。

附　王嶼《記》：

維揚郡治東北兩舍許，宜陵鎮側有河，名白塔。蓋古運河支流，以南屬於江，北達於淮者也。宣德壬子，平江伯陳公瑄釃浚舊道，建新開、大橋、潘家、江口四閘，以蓄泄水，以便江南漕運。歷歲滋久，中多壅淤。舟既不通，閘亦隨毁。

乃者成化癸巳冬，巡河郎中郭君昇上其事於總漕都御史李公裕。以詢於衆，得修河事宜，以屬郭君而總其成。郭君召集旁近兵、民二萬人，疏舊河二十里，築東西捍水隄四十里，建通江、大同二閘。其大橋、新開，閘之故存者，咸修復之。又增建土壩三。夏月潮漲則由閘，冬月水涸則由壩。又建減水閘五，以防泛溢。淺鋪五，以備疏瀹。凡有益於河者，無不爲之。經始於丁酉三月，以是年六月畢工。通判鮑克寬具事顛末來請記。

予嘗考之，吴城邗溝，昉於《左傳》，渠通江湖，載之遷《史》。唐漕江淮，撤閘置堰。宋至紹興，易堰以閘。則漕河出於揚境者，最爲切要。漕法之講於先儒者，最爲詳備。漕數之給於縣官者，最爲豐溢。大抵建國於西北，爲不拔之基。取材於東南，供不貲之費。由今視昔，初無少異。興事勸功，有待於人，此白塔之所爲濬理於今日也。

雖然，古人嘗以潤州北距瓜步沙尾，紆匯六十里，舟多敗溺。遂涉漕路由京口埭，沿伊婁渠以達揚子，歲無覆舟，且減運錢數萬。今京埭既淤淺，不勝重載，則由常州孟瀆河入江，遡流而趨伊婁。回還百八十里，視六十里既兩倍之，而大江風濤之險，漂溺之患，月所不免。

斯河既成，則江南漕舟出孟瀆河者，可徑投斷腰洪入夾江，三十里入河，又四十里而達揚境。脱不測之淵，以即安流；施功當時，敷被後世。如此役者，庸可得乎？

十六年，增甃吕梁洪二石堤，堤長七十餘丈。築石壩一百六十五丈，復於壩西築堤二十餘丈。

弘治元年，二月，修儀徵、瓜洲二處壩下河口，及淮安府福興閘。

七年，七月，高郵康濟河成。《明孝宗實録》：「初，南京兵部左侍郎白昂奏：漕船經高郵甓社湖，最忌西北風，往來舟楫，多致覆溺。若於磚塘内開複河一道四十里，引水行舟，可免風濤之患。於是巡河監察御史孫衍、管河郎中吴瑞因共挑濬，並置閘堰、築堤岸，以利牽輓，往來稱便。」

九年，四月，重甃高郵堤。巡按直隸監察御史鄧璋言：「高郵湖爲運河喉襟之地。而自杭家閘迄於張家鎮，凡三十餘里，其堤面故磚爲濤所齧，屢修輒壞，勞費無算。宜易以石，庶幾可久。而新修康濟河西岸，亦須豫爲甃築，以免衝決之虞。河之北閘，仍宜北遷五里許，庶舟行可以盡避湖面之險。從之。」

十年，建江口各閘。《明孝宗實録》：「都御史李蕙請於瓜洲新壩至倉壩，一壩至四壩港口，儀徵鑰匙河及歇馬亭，請各建一閘，以便漕運。工部覆奏，謂二壩邊臨大江，潮長則壩低水高，固易於車放；潮落則壩高水低，殊不爲便。莫若於江口總港内各建一閘，潮平之時，下板蓄水，令與壩相平爲便。從之。」

十四年，正月，巡撫都御史彭禮奏：「鎮江府所屬運河，南抵奔牛壩，北至新港壩，先因河道淺狹，運船俱從孟瀆河出大江經行，徑抵瓜洲。遞年起夫四千，往瓜洲壩挑淺，民實勞於重役。乞令本府人夫止於本處挑濬，其瓜洲壩一帶運河，令江北府屬竝附近州縣人夫撈淺，庶民無重役之勞。」從之。

二月，儀徵新建攔潮閘成。

附　楊一清《記》：

儀徵之有攔潮閘，便漕也。儀徵爲漕河，自前代已然。國家定都北方，歲漕東南粟以供京師，多由此道，蓋喉襟最要地也。顧漕河之水至是當入江，高卑勢殊，河易泄且涸。宋嘉定間，置三閘爲蓄水計。尋再舉廢。洪武辛亥，始築爲壩。

成化甲午，巡河郎中郭君昇建議置閘四，爲東關，爲響水，爲中閘，爲羅四閘，以通於江，一時稱便。獨妨罔利者，煽爲泄水之説，閘遂不用。弘治戊申，朝命郎中施君恕相所宜，復東關、羅四二閘，廢響水、中閘。然江濱無閘，潮無所瀦，上閘啓注不可遏，於是復起泄水之議。

漕運總戎郭公鋐，嘗欲增置江濱攔潮閘，或謂江濱多浮沙，不果。弘治己未冬，都御史張公敷華奉敕爲巡撫，總漕事，有以攔潮之策獻者，公詢於衆。揚州府同知葉君進曰：「元嘗承檄董濬河，濬及江濱深七尺，土黄壤無沙，閘必可置。」公曰：「然。」遂以聞。乃會郭公檄葉君任其事。

卜以庚申十月八日始事。度地勢，定造閘之規：高一丈八尺，中廣二尺八寸，袤三丈，而東、西亘加袤之二。爰琢爰甃，犬牙相入，磨礲劘礫，厓削砥平。疊石數重，以固其涯。松椿櫛比，以固其底。凡所取資，得先年濬河羡餘銀千兩有奇，不責辦於有司。故工鉅而官不知費，事集而人不告勞。距經始之期纔四閱月耳。

閘成，謂閘啓閉宜有定規，乃視河盈縮及潮之長落啓閉，傳檄有司遵行之。

是歲，江河會通，舟無留行。比秋，霖潦浹旬，潮水大漲，得以時泄，不横決爲隄堰害，亦惟閘是賴焉。

十六年，八月，修通州至儀徵一帶河道。

十七年，十月，總督漕運都御史張縉請浚揚州、淮安一帶運河，及將清江口築塞，淮安府仁、信等壩修完，以蓄水利漕。

十二月，疏濬常州運河。《明孝宗實録》：「工部議：浙江、蘇松等處運船，俱由夏港口並孟瀆河出江，二三百餘里方到瓜洲。其大江中有黄團等山，風濤險惡。往年糧運，皆由常州奔牛壩直抵鎮江府京口閘，不過一百五十餘里，徑過江面，就抵瓜洲。近年以來，此河淤淺。宜下所司，起附近軍民夫併力疏濬。且修復練湖，導引水源，以防歲旱。仍三年兩濬，務成永久之計。詔速行。」

十八年，重建儀徵通濟閘。

附　黄瓚《記》：

儀徵縣東南，自成化甲午提河工部郎中郭君昇，疏言於朝置閘，曰臨江，曰通濟，曰響水，曰裏河口，而通濟當其中。

方其置閘也，狙儈之家狃於壟利，往往浮言喧騰，謂有泄水過鹽之患，若無事於置閘然者。及閘成，僅逾兩紀，而通濟遂廢。然潮水之至也，不逾時而退。船之群次於閘也，銜艫接舳，無慮百數。苟無通濟，紆匯瀦蓄，有以逗其勢，將跬步千里，前響水而弗及，後臨江而已遠，其不淺涸損壞者幾希，癸亥之厄可鑒也。故臨江諸閘不可無，而通濟尤不可無。

於是南京工部分司署員外郎事何君，白於總督漕運右副都御史張公。公韙其議，檄通判揚州府事韓侯、知儀徵縣事馬侯，協力起廢。肇事於弘治乙丑正月朏，未四閱月訖工。凡用物以株計，松、杉、榆木三百七；以斤計，黄白㮋麻八百五十，生熟鐵八百，軟篾、油灰各千二百；以石計，秫米七十，灰千二百二十五。總費白金二百四十二兩有奇。

閘高二丈五尺，襯石千七百四十九丈。雖閘址仍舊，而規制加壯云。

是年，管理河道工部郎中張瑋奏：「高郵等州縣原設石閘、石橋、涵洞，蓋專爲湖河之計，將以時其啓閉而蓄泄水利。比來爲近堤人家，私立洞口掌理，遇水溢則竊自閉，水消又竊挖堤岸，以致衝決遺患。乞將涵洞築塞，每五里改砌減水石閘一座，以絶盜決之弊。」從之。

正德二年，三月，添設清江浦新壩閘二座。《明武宗實録》：「議者謂：春、冬淮水退消，清江浦淤淺，外河與裏河、湖水高下懸隔，設壩盤剥，舟行未便。宜將壩改作内、外二閘，以時啓閉，節水通舟。從之。」

六月，從督漕都御史洪鐘言，復開白塔河，及江口、大橋、潘家、通江四閘。

十四年，三月，從督漕都御史臧鳳言，修浚常州上、下運河。

嘉靖五年，工部郎中陳毓賢奏修氾光湖堤月河，詔治河都御史章拯、督漕都御史高友璣會議相度。

附　陳毓賢《奏略》：

揚州寶應縣氾光湖，爲糧運必由之路。湖四面甚廣，水勢瀰漫，僅以三尺之堤障之。一旦積雨水發，則横奔衝决。不惟阻糧運，而河堤以東田土，俱成巨浸。此第一患也。臣以爲障水固所當先，泄水亦不可緩。請於河隄以東，修築月河，以分水勢。如工費浩繁，財力有限，則請自淮安而下，自寶應至高郵建平閘數處，以泄其流，亦中策也。

七年，河道都御史盛應期奏開新河。《明世宗實録》：「盛應期奏：沛縣迤北河道，地形庳下，泥沙易集，以故累濬累塞。今詢之官民，盛稱昭陽湖東，自北進汪家口，南出留城口，約長一百四十餘里，可改爲運河，北引運河之水，東引山下之泉。內設蓄水閘，旁設通水門及減水壩，以時節縮。較之挑濬舊河，勞逸甚遠，且可爲永久之利。計用夫六萬五千人，用銀二十萬兩有奇，期六月而畢。章下廷臣雜議，皆言應期議是。上乃命應期及春和督官與①事。至七月，疏濬昭陽湖東一帶新河，工已及半，會旱灾修省，言者多謂新河之開非計，詔罷其役。」

冬，漕河侍郎潘希曾加築濟、沛間東西兩堤，以拒黃河。

十年，十二月，户部員外郎范韶、御史聞人銓奏：於氾光湖宜建減水閘五座，浚赴海渠五條，築堤節流，以防衝決之虞。命總督漕運都御史會同勘視。

十五年，從督漕都御史周金奏請，於新莊更置一渠，立閘。

附　周金《奏略》：

淮安清河口抵瓜儀四百餘里，乃運道咽喉，所資白馬、氾光、高郵、邵伯諸湖，皆無源之水。往者黃河北徙，自飛雲橋穀亭分流入漕渠，是以（沽）〔沽〕②頭諸閘，頗得其濟。自嘉靖六年後，

①「與」，《四庫》本作「興」。

②據《四庫》本改。

河流益南，由渦河直下長淮。而梁靖口、趙皮寨二支，分流小浮橋、小河口，各入清河，匯於新莊閘，遂灌裏河。水退沙存，日就淤塞。故老皆言，河自汴來本濁，渦、淮、泗清，新莊閘正當二水之口，河、淮既合，昔之爲沛患者，今移淮安矣。請於新莊更置一渠，立閘以資蓄泄。

十九年，九月，運糧千户李顯疏築運河三事：其一謂揚州南自儀徵，北抵淮安，俱藉寶應氾光湖諸水接濟。乃湖南北相去三百里，廣百二十餘里，卒有暴風，漂蕩不測。議於氾光湖隄迤東，開築越河，以免水患。其二謂北自淮安，南至瓜儀，水勢上下相去丈許，惟賴瓜、儀二壩關防。先年壩決水衝，河道淤淺，宜令瓜洲陳家灣、儀徵新城地方，並揚子橋及揚州東關，各增一閘。若瓜洲壩衝決，則下陳家灣；儀徵壩衝決，則下新城閘；如二閘閉水不及，則下揚子橋閘；再不及，則下東水關閘，以留水利。其三謂儀徵下接揚子橋大江，商舶輻輳，河道壅塞，糧運阻誤。成化年間，曾將新城通江舊河疏浚寬廣。河道疏通，官民稱便，後廢不修。今宜仍前修浚，以裨漕政。命工部議行。

三十一年，九月，河決徐州房村集。至邳州新安，運道淤阻五十里。總河副都御史曾鈞上治河方略，乃濬房村至雙溝曲頭，築徐州高廟至邳州沂河。

四十四年，七月，河決沛縣，上下二百餘里，運道俱淤。河漕工部尚書朱衡奏開新河，總理河道潘季馴議復疏舊河。衡巡行決口，舊渠已成陸，而盛應期所鑿新河故跡尚在，地高，決河至昭陽湖不能復東，乃定計開濬。而季馴則謂新河土淺泉涌，勞費不貲，不如浚留城以上故道，初淤可復也。由是二人議不合。

四十五年，二月，遣工科右給事中何起鳴勘視河工。《明世宗實録》：「朱衡持前議益堅，身自督工。時浮議籍籍，有謂衡違衆自用，故興難成之役以要功者。給事中鄭欽疏請遣官勘視，問新河與舊河孰便。起鳴奉詔，至沛縣勘河工還，上言舊河之難復有五：黄河全徙，必殺上流。如新集、龎家屯、趙家圈等處，以不貲之財，而投之於河流已棄之故道，勢必不能。一也。自留城至沛，莽爲巨浸，無所施工。二也。横亘數十餘里，褰裳無路，十萬之衆，何所棲身？三也。挑浚則淖陷，築岸則無土，且南塞則北奔。四也。夏秋淫潦，浚後難保不淤。五也。新河内多舊堤高埠，黄水難侵，開鑿之費，視舊河爲省，且可遠將來潰決之患。故尚書朱衡任其必可開，開成運道必利。

而議者見謂難成亦有三焉：一以夏村迤北十六七里地高，恐難接水。然地勢北高南低，大約止深三丈。一照水平加深，何患水淺？一以三河口積沙深厚，水勢湍急，不無滯阻。然或建壩攔截，或用石包砌，每歲挑淺如例，何患沙壅？一以馬家橋兩岸築堤五里，微山取土不便。又水口投埽，勢必不堅，恐難經久。然此亦在委任得人，培築高厚，無必不可措力之理。

臣又觀居民之情，在新河者則稱新河可開，在舊河者則執舊河可復。皆爲市廛之私，非爲國家運道計也。天下之事，勢窮則變，變則通。沛縣河患，至此極矣。往時舊河淤塞未深，都御史盛應期開新河，垂成而廢，至今惜之。今黄水異常，伏漕無日，尚可溺於人情安土，而不爲通變之謀哉？故臣斷以爲開新河宜如衡言，開新河而不全棄舊河宜如季馴言。疏入，下工部，會廷臣議俱合，上意乃決。」

隆慶元年，五月，河工成：新河自南陽達沛縣留城，百四十一里；舊河自留城達境山茶城，五十三里。役丁夫九萬餘人。《行水金鑑》：「尚書朱衡從南陽以南，東至夏村，及東南至留城，凡一百四十一里，因故都御史盛應期所鑿而深廣之。引鮎魚諸泉、薛沙諸河，注其中壩三河口。又疏舊河，築馬家橋堤，遏河之出飛雲橋者，使盡入秦溝，自留城至赤龍潭，又五十三里。凡爲閘八，減水閘二十，爲壩十有二，爲隄三萬五千二百八十丈有奇，石隄三十里。由是黄水不復東，運道通而沛流息。」

三年，九月，總河都御史翁大立請於梁山之南，别開漕河。詔令相度地勢，未果行。

附　翁大立《疏略》：

漕河即泇河也。新河既成，水盡趨秦溝，而南北各支河悉並流焉。河勢漸大漲，至是決沛縣，徐州受其害，茶城淤塞，漕船阻邳州不能進。既雖稍通，而黄水横溢。

臣按行徐州，循子房山過梁山，至於境山入地浜溝，直趨馬家橋。上下八十里間，可别開一河，以通漕運。其利有十：自秦溝、濁河，至徐州洪諸狂瀾激湍，遠不相涉，一也。依山爲隄，雖有洪濤，必不泛溢，二也。漕舟循堤而上，牽輓不難，三也。無茶城淤淺之患，省盤剥之費，四也。由馬家橋至境山四十里，由境山至徐州洪四十五里，視舊河爲近，驛遞夫價並可減省，五也。驛路改從新堤，往來徑捷，六也。徐州募夫可並，吕、梁二洪傜夫可遂裁革，七也。計沛縣六鋪，至境山築隄百里，當用銀十三萬有奇。今開新河，則長堤可緩，費益大省，八也。糴穀貯倉，假工役以濟饑民，兼節財賑荒，弭盜之術，九也。棄舊河以爲水壑，即河決谷亭、沛縣，從鴻溝以泄，徑從小浮橋下徐洪，運道無梗，十也。

顧其難亦有三：地浜溝當築大壩，接黑龍潭堤至楊山，壩西當别開一道至舊河，繞出茶城。及開渠、建閘，費皆不貲。此其難在工費。歲屬大饑，而傜夫工食，往往不繼，待哺之民怨讟易生。此其難在工食。役夫二萬，仍聽番休，而錢糧不益，淹以歲月，必招謗議。此其難在工程。

犯此三難，以興十利，臣固未易辨也，惟上速集廷臣議之。

十二月，開濬裏河等處。時淮河自板閘，至西湖觜開濬垂成，而裏口等處復塞。總督漕運侍郎趙孔昭言：「清江一帶黄河五十里，宜築堰以防河溢。淮河高家澗一帶七十餘里，宜築堰以防淮漲。」工部覆請：「裏河等處，亟行開濬；以築堰事宜及海口築塞、寶應越河二事，均酌議舉行。」從之。

四年，四月，河道都御史翁大立修築高郵等處湖堤。是年秋，黄河暴至，茶城復淤。淮水亦大溢，自泰山廟至七里溝淤十餘里，而水從諸家溝旁出，至清河縣河南鎮，以合於黄河。大立言：「黄河在睢寧、宿遷之間遷徙，未知所定。請濬古睢河，由宿遷歷宿州，出小浮橋以泄二洪之水。且規復清河魚溝分河一道，下草灣，以免衝激之患，則南北運河可保。」而大立已内遷，方受代，詔令新任都御史潘季馴區畫。

九月，中河決邳州，糧艘阻不進。總河翁大立請開泇河，以避黄水。翁大立言：「比來河患不在山東、河南、豐、沛，而專在徐、邳，故先欲開泇河口以遠河勢，開蕭縣河以殺河流者，正謂河沙壅聚，河面增高，爲異日慮耳。今秋水洊至，横溢爲灾。權宜之計，在棄故道而就新衝。經久之策，在開泇河以避洪水。乞決擇於二者。」會罷去，而季馴則主復故道。

五年，都御史潘季馴開復邳河。

附　馮敏功《記》①：

隆慶庚午秋八月，河決於睢寧之白浪淺。既而白浪淺淤，復決青羊淺。既而青羊淺淤，河益分裂潰決。決而南，爲王家口、張擺渡口、馬家淺口、曲頭集口；決而北，爲曹家口，其小口在辛安左右者七。於是河流悉由決口南趨，睢寧平地爲湖，漂没軍民田廬無算，輕舟從此出小河口。其支分而北者出直河，而正河故道自曹家口至邳之直河九十里，胥爲平陸。淤運艘九百三

① 此文與卷四十九《黄河一》馮敏功《開復邳河記》重復收録。

十隻，糧四十餘萬石，官民船又數百。自曹家口上至曲頭直河，下至宿遷，又九十里，河身淤淺，不能通舟。睢民昏墊，運道阻絶。

於是起大中丞歸安潘公於家，俾治之。公至，博訪群情。時議多以爲故道不可復，有欲因睢寧決勢而利導之者。公謂河源盤折數萬里，水夾泥沙，急則沙隨水滚，稍緩則水漫沙停。比年因水勢散漫，沙墊底高，容受漸少，每一泛溢，輒便爲患。今舊河廣且百餘丈，深且不測。若仍復舊河，中開小渠，引水衝刷，兩堤夾束，使不散漫，則水勢歸漕，淤淺漸去，河身自可復舊。若就新衝，水勢散漫，湖波平淺，不能復深，工力所及，能有幾何？伏秋水至，必壅不下，徐、邳之間，將成魚鱉，此必不可。群議乃定。

於是度遠邇，議工役，具畚築，計餱糧。大發淮、揚、徐及廬、鳳、山東、河南夫，並徭淺各夫，分司道官爲五工統之。公指示方略，畫地課工。以隆慶五年春正月十有六日肇役，群工齊奮，至二月二十日渠成。二十三日，縱水歸渠，淤沙漸刷，河流乃通。凡舊淤糧艘及官民船，皆由渠出。

時築決之工，張擺渡、曹家二口已完，而曲頭、馬淺、王家三大口亦已有緒。公且調集椿草益急，群謂急此何爲，但笑而不言。翌日，風雨驟作不止，兼以黄河桃花水漲，會山東諸泉並至。乃季春朔日，水復大溢，瀰漫淹浸，莫辨湖河，新舊堤防潰決殆盡。復決閻家口、油房口，曲頭舊口之東王家舊口之西房家口、青羊口、白浪淺口，與諸小口凡四十三處。群情大駭，役夫懼且潰。公時患背疽，乃裹瘡而出，撫慰勞來，身自督率，示以必成。衆志復定，晝夜率作。工料踵集，隨用輒濟。於是諸口漸合，而縷水之堤亦漸成。

四月七日，麥黄水又大至。狂風挾水勢，復衝決閻家口之西及半戈山之左右。公督率益勵，親守築口。六月三日，諸築塞之工咸畢。

先是，淤河多淖沙，人立輒陷，工不得施。公命以木横沙面，決半瀝水，左右互倒，水盡沙乾，工乃得施。決口懸溜數尺，噴沫成雷，負土入水，輒便消去。公命以大埽截流，緘以巨纜，旁植巨樁。其衝之處，湍猛溜急，樁折埽滚，勢難猝就。乃復相視緩急，偃仰合度，卒復壓以厚土，勢若岡陵，衝乃克定。築堤捍水，浮沙既不能堅，而實土又爲比年流沙所壓，必深掘至尋丈。及遠取於民間空基，與隔河運取山土，往來力役，竟日不能數筐。公命囊土程衡，唱籌課役，土功乃集。於是兩岸屹然，河流受束，濬刷淤沙，深廣如舊，四百萬漕糧，飛帆直上。雖伏、秋水三至，懷襄徐城，而曲頭以下，凡公經理之地，皆得安流如故矣。

是役也，用夫五萬人，興工五閱月，決口築塞者五十有八。浚河以丈計者三萬二千四百，築以丈計者七萬五千有零。樁草柳葦以株束捆計者二十萬有零，麻䌊以斤計者八萬四千有零。所用河漕貯積、撫按贓贖、徐淮商税，及淮徐糧米，總計僅十一萬金有奇，視初請未及三分之二，而決口增築、堤工高厚，倍於原題者三。蓋公之經畫素定，而復以身先，故群工①率作，罔敢不竭心力，事半功倍，其成之速如此。

既成之後，公又爲之計久遠。乃並修徐、吕、靈壁之堤，以束上流。復築林房村之壩，以防衝逸。建鋪舍，設官夫，以時防守。植草柳，集工料，以豫備禦。其善後之圖又如此。

五月，工科給事中張博請改瓜洲土壩爲閘，以便漕舟。

六年，禮科給事中雒遵會工部尚書朱衡勘泇口河。

附　雒遵《疏略》：

泇口河從馬橋東，過微山、赤山、吕孟等湖，逾葛墟嶺而南，經侯家灣、良城，至泇口鎮，又涉蛤鰻、周柳諸湖，乃達邳州直河口，以入黄河，凡二百六十里。取道雖捷，施工實難。葛墟嶺高出河底六丈餘，開鑿僅至二丈，硼石水泉涌出。侯家灣、良城雖有河形，水中多伏石，不可施鑿。縱鑿之，湍石不可以通漕。且蛤鰻、周柳諸湖，築堤水中，功費無算。微山、赤山、吕孟等湖，雖

① 「群工」，《四庫》本作「下民」。

可築堤，然須鑿葛墟嶺以泄正派，開地浜溝以散餘波，乃可施工。與其煩勞厚費，以開泇口之河，孰若時加修防，如期攢運，保百數十餘年之故道。

疏上，詔尚書朱衡同總理河道都御史萬恭覆勘。衡奏有三難，大略如遵指。乃罷。

六月，工部尚書朱衡報徐、沛等處河堤工完。

是年，總河侍郎萬恭請建瓜洲閘；自時家洲達於花園港，開渠長六里有奇。其年冬，閘成，一名廣惠，一名通惠。於是五總船始下壩。

萬（歷）〔曆〕元年，正月，總河侍郎萬恭檄浚蘇、松、常、鎮一帶河道，建三汊河東水弔橋。自是吴、浙之運，可與江西、湖廣徵發相同。

是年，萬恭建復淮南平水閘與淺船淺夫。又建天妃廟口石閘，修復境山閘。儀徵建平水閘二座，江都一座，高郵十座，寶應八座，山陽二座，凡二十三座，座三百金。自儀徵至山陽有五十一淺，淺設撈淺二小船，船七金，淺夫十名。天妃口大閘一門，除堪改廢閘石料，仍用二千五百金。境山舊閘五百二十金。凡費工料一萬餘金。

二年，三月，工部奏改瓜洲下閘，及建詹家洲中閘。

瓜洲花園港等處原設建閘，蓋俾江南糧運可以直達，免盤壩之費也。自隆慶六年，花園港、猪市上下閘成，迄今二載，糧艘無滯，省民間不貲之費。但上閘重建方畢，而下閘衝齧又壞。合行河道，將瓜洲應改下閘、詹家洲應建中閘，作速興舉。並議運河揚子橋，亦於明年接續修建，以收全功。

附　部《覆河道萬恭疏》：

七月，貢生許汝愚請浚練湖、焦干、杜墅，以濟運河。

《行水金鑑》：「許汝愚上言：『東南運道，水勢之澀，莫甚於丹陽。地勢之高，莫甚於夾港。國初於此置爲閘者四：曰京口，曰丹徒，二閘居上，以防三江之易涸。曰吕城，曰奔牛，二閘居下，以防五湖之易泄。自丹陽起，至鎮江蓄爲湖者三：曰練湖，曰焦干，曰杜墅，以濟漕河之用，遂免海運之艱。以故四月交兑，五月過淮。維時雨澤大降，江潮盛行，不假湖水亦足以濟。歲久延襲，居民侵爲田畝。焦、杜二湖，俱爲平陸，僅存練湖，猶有侵者，而四閘俱空設矣。今改爲十月臨倉。雨澤既少，江水枯落，不免剥淺。纔十里之區，有閲三四月而不得盡達於江者。雖添設攢運，枉費推挽，而開河之議起矣。

夾港兩岸，高者數十丈，而河僅闊數丈許。下之開鑿愈深，則上之坍塌愈速，瀕冬役民以浚之，春來淤塞如故。歲興大役，民何以堪？

莫若修三湖之故址，就四閘之完基，蓄泄以時。下修呂城、奔牛二閘，以時糧運之入。上修京口、丹徒，以時糧運之出。況乎上流既溢，則奔牛而下，又何不通之患哉？

破此説者，必以淹没民田爲辭。不知前此占湖爲田，今仍舊修葺，非廢田以爲湖也？即欲補此數頃之田，則沿江一帶新漲常稔洲田，無慮千頃，民方争佃，構訟不息。其皆隸於丹徒，以此相易，不亦可乎？』

時總理河道傅希摯言：『練湖先已疏築，無容别議。焦干、杜墅二湖，池窪源少，無益運道。四閘若廢，有妨蓄泄。』其事遂寢。」

三年，二月，總河右僉都御史傅希摯請開泇河。

附　**傅希摯《疏略》**：

徐、邳一帶河身墊淤，壅決變徙之患，不在今秋，則在來歲。幸而決於徐、吕之下，猶可言也。若決於蕭、碭之上，則閘河中斷，兩洪俱涸矣。幸而決於南岸，猶可爲也。若決於北岸，則不走張秋，必射豐、沛矣。莫若開創泇河，置黄河於度外，庶爲永圖耳。

泇河之議，嘗建而中止，謂有三難。而臣遣錐手、步弓、水平、畫匠人等，於三難去處，逐一勘踏。起自上泉河口，開向東南，則起處低窪，下流趨高之難可避也。南經性義村東，則葛墟嶺高堅之難可避也。從堤溝河經郭家西之平坦，則梁城、侯家灣之伏石可避也。

至於泇口上下，則河渠深淺不一，湖塘聯絡相因。大較上泉河口，水所從入也，下至大河口，水所從出也。自西北而東南，長五百餘里，比之黄河近八十里。河渠湖塘，十居八九，源頭活水，脉絡貫通，此天之所以資漕也。昔尚書朱衡開新河，都御史潘季馴開邳河，權救一時，情事忙促，工費浩大。今雖尚幸無梗，然相時度勢，要之不免卒有不虞。而後竭天下之財力，以通咽喉，何啻如新河、邳河之情事洶洶已哉？

若拼十年之費，以成泇河。泇河既成，黄河無慮壅決矣，茶城無慮填淤矣，二洪無慮艱險矣，運艘無慮漂損矣。洋山之支河可無開，境山之閘座可無建，徐口之洪夫可盡省，馬家橋之限工可中輟。今日不貲之費，他日所省，尚有餘抵也。故臣以爲開泇河便。因列爲議工費、酌工程、擬督工、請監工四款上之。

章下户、工二部勘議。

三月，命工科給事中侯于趙會傅希摯及儹運按臣勘議泇河。

附　侯于趙等《題會勘泇河事宜》：

自泉河口至大河口五百三十餘里，内自直河至清河三百餘里，自來河道無恙，無賴於泇，斷在可已。惟是徐、吕至直河，上下二百餘里，宜開以避二洪、邳河之害，約費一百五十餘萬金。特良城伏石長五百五十丈，比原勘多四百七十丈，開鑿之力，難以逆料。性義、馬陵俱限隔河流之處，二處既開，則豐、沛河決，必致灌入。宜先鑿良城石土，豫修豐、沛堤防，而後可徐議也。

又謂正河有目前之患，而泇河非數年不成。故治河爲急，開泇爲緩。

上責侯于趙等阻撓，然議亦寢。

七月，修通濟、福興、新莊三閘。

附　御史劉光國《議》：

以天妃閘地勢高於通濟，淮水灌溢多於黄水，謂宜將通濟閘及福興、新莊二閘，增卑培薄，務令高厚堅固。

仍令清江廠分司，專司啓閉。每五月以後、九月以前，二水盛發之候，嚴加封閉，官民船聽其自行轉盤。惟回空船至，每二日啓放一次。隨放隨閉，不許官民船越規擅進，以貽水患。

八月，總河都御史傅希摯言：「茶城一帶，運道咽喉。宜自梁山以下挑濬，與茶城交相爲用。淤舊則通新而挑舊，淤新則通舊而挑新，惟築壩斷流，通其一以備不虞。」從之。

是年，河決崔鎮，淮決高家堰，高郵湖決清水潭、丁志等口。知府邵元哲開菊花潭，以泄淮安、高、寶三城之水，東方芻米稍通。清水潭口衝決，督漕侍郎張翀以修復老隄工力浩大，數十年始可成功，恐新運已臨，決口未就，且令糧船暫由圈田以行。而御史陳功則稱圈田淺澀，不便牽挽，外湖水闊四十餘里，風有不順，必至稽阻。工科給事中侯于趙，亦以兩臣持議未決，恐致過淮後期，乞敕所司速議。並欲以淮南運道專責漕臣，而以淮北運道命河臣傅希摯一意經理，務時加挑濬，以圖萬全。從之，命漕運及河道衙門嚴督郡縣，將清水潭原決堤口設法堵塞，勿得恃圈田、外湖，致稽糧艘。

四年，五月，河漕侍郎吴桂芳題請修復高郵西河老隄，復傍老隄由圈田改挑康濟越河，並築中堤。

按高郵捍湖老堤長亘四十里，永樂時陳瑄所建。至弘治間，白昂於境内越民田三里，鑿康濟越河通餉，避河者爲東堤，其捍隔民田者爲中堤。中堤之中，有田數十萬畝，所謂圈田也。嗣後圈田淹没，老堤傾圮。萬〔歷〕〔曆〕三年，泗水南下，衝決清水潭等處。故塞決後即議修老隄，甃砌磚石，改越河廢東堤，改築中隄，以便牽挽。

是年，淮安知府邵元哲修築淮安長堤，又疏鹽城石磋口下流入海。

五年，三月，修浚丹陽練湖、武進孟瀆河，以濟漕運。

附　直隸巡按御史郭思極《條奏》：

一、復練湖以資蓄泄。蓋江南漕河，北高南下。京口一帶，地形高亢，河流易涸。雖奔牛、吕城建閘，啓閉蓄水以待運船，而實仰藉練湖以爲之源也。練湖北去丹陽城百步而近，漕河縈繞其側，周圍四十餘里，仰受長山八十四溪之水，匯爲巨浸。唐宋以來，築有中梗、斗門、石閘。天順、成化間，屢嘗疏浚增修。夏秋戽水溉田，冬春放水濟運，故有「湖水放一寸，河水漲一尺」之諺。自往時守令狃於近利，令豪右告佃成田，寖失舊額。而傍湖之民，私開涵洞，網取魚利。年涸一年，今且揚塵矣。爲漕河經久計，急宜請復。

一、修孟河以旁通舟楫。奔牛、吕城二閘，例應冬閉春啓，蓄水以待運船。然秋冬之交，回空運船與往來官船必取道於此，欲恪守成規，勢不可得。有不由二閘而可以間道達江者，爲武進之孟瀆河。延袤六十餘里，外通長江，内資灌溉。自嘉靖間，防倭入寇，築壩堵塞。於是河流漸微，日就阻塞，而船不復經行矣。今計開浚，約費五萬餘金。取諸漕運衙門，無令獨累武進一縣。此河一開，既有私道以通舟楫，而運閘得啓閉之宜，又引江潮以進奔牛，而運河資接濟之力矣。

是月，巡按御史陳世寶條陳六事：一、增建儀徵二閘。因江口去閘太遠，欲於上下江口迤運十數丈許，各建一閘。潮始來，豫啓板以納之；潮初退，即下板以閉之。使出江之船，盡數入閘，以免遲滯。一、開瓜洲河港塢。將屯船塢挑濬深闊，使船之先入者屯聚於内。又於甕壩之東開一曲港，與新開外港相合。使船之後至者，續泊於内，以免金山挂江之險。部覆允行。

是年，冬，高郵湖土、石二隄，新開越河南、北二閘，及老堤加高石層、增設護堤木城各工竣事。

附　總督漕運侍郎吴桂芳《疏略》：

高郵石堤工將底績，宜及時開挑越河。查先年侍郎白昂開康濟越河，去老隄太遠。河成之後，人心狃於目前越河之安，而忘老堤外捍之力，年復一年，不復省視。遂致老隄與中隄俱壞，而東隄不能獨存。今宜倣侍郎王恕之議，挨老隄十數丈，取土成河，使隄工往來共由，人得照管，不致蹈前轍。

六年，九月，河道侍郎潘季馴築高家堰，及清江浦、柳浦灣以東加築禮、智二壩，修寶應八淺石隄長八十五丈六尺。又復淮安新舊閘壩，遷通濟閘於淮安甘羅城南，以納淮水。故道盡復。

十年，河道尚書淩雲翼開永濟河。雲翼以運船由清江浦出口多艱險，乃自浦西開永濟河七十里，起城南窑灣，歷龍江閘至楊家澗，出武家墩折而東，合通濟閘出口。更置閘三，以備清江浦之險。是時，漕河就治，淮、揚免水灾者前後十餘年。

十二年，八月，吏科給事陳大科請開寶應越河，報可。

附　陳大科《疏略》：

江南漕艘，歷高、寶抵淮。寶應氾光一湖，浩蕩無際。槐角樓一帶，據湖之中，其形如兜，兩翼向爲運道梗。所司議開越河，而一主圈田，以防夾攻；一主靠堤，以省修築。昔白侍郎昂康濟一河，圈田之制也。比南尚書吴桂芳靠堤開越河，十餘年來未聞衝圮。臣以爲靠堤便。

十三年，六月，寶應越河工成，賜名弘濟。《明神宗實録》：「寶應有氾光湖，素稱重險。國初，平江伯陳瑄築石堤於湖之東，蓄水以爲運道。上有所受，而下無所宣。因決爲八淺，匯爲六潭，則興、鹽諸場皆没。而淮水又間從周家橋漫入，洶涌排空。萬（歷）〔曆〕十二年，糧艘溺者數十。總漕李世達、按臣馬永登、鹽臣蔡時鼎，議於石隄之東，開越河以避其險。乃命工科給事中馮露往視之。河身長一千七百七十六丈，凡爲石閘三，減水閘二，爲隄九千二百四十丈，石隄三千三十六丈，子隄五千三百九十丈，費公帑二十餘萬。」

八月，都御史王廷瞻、行工部郎中許應逵築高郵護城隄杭家嘴六百丈，又小湖口堤五百三十丈。

十七年，五月，修清江浦運道，濬武進横林漕河。總河都御史潘季馴修建邵伯湖石隄，長一千二百八十丈；補舊石隄六百十三①丈。又於寶應縣白馬湖東，築八淺石隄長八十五丈六尺。又因漕水旁潰入寶應湖，以致流緩沙停，自黄浦至三官廟之西，築西土隄長三千六百三十五丈，束水由漕，以省挑浚之費。

十九年，三月，總理河道潘季馴議以鎮口閘去河甚近，雖淤，易爲疏通，宜照舊道挑濬。科臣復稱引衆議，欲開月河，以分水勢通蘇洵湖，以導積水。上命河、漕等衙門勘議妥當具奏。《河防一覽》：「徐北鎮口，黄、運交會之處，伏、秋黄水大發，多灌入本口，動至淤阻。原任中河郎中陳瑛創建古洪、内華二閘。近工科都給事中常居敬題建鎮口一閘，如遇水發，下版謹閉，俟黄水消落，即啓閘縱水外衝，而漕河無淤墊之患。啓一閉二，悉如清江裏河事規與近日題奉明例行之。其鎮口閘外東西兩隄，原係挑河所積。客土未堅，内水涌出，未免剥損。伏、秋之前，密護樁笆，隄固則閘無虞矣。」

二十六年，三月，命漕河御史勘議洳河。

① 「三」，《四庫》本作「二」。

附　工部《題覆工科給事中楊應文議開泇河疏略》：

頃堌口一決，黄河南徙，徐、吕而下，幾於斷流。於是開李吉、小浮橋等處，及鎮口以下建閘，引水以通漕。目前似可無虞矣，然非永久之計也。

蓋泇河北接汶、泗諸水，東受沂、蒙諸泉，其源本不易竭。而岸高土堅，又能束其流而使之不漫，即有湖也，而涯涘可循；即有石也，而罅漏可鑿。隆慶間河臣翁大立，萬(歷)〔曆〕間河臣傅希摯，嘗議開而不果。若以河道歲修之費，而用之於此，事半功倍，一勞永逸。臣固以爲泇河宜議也。科臣之言，良有深見。但事在彼中，難以遥度。宜咨河臣及巡漕等各御史，勘議可否，以爲行止。

是年，總漕劉東星檄郎中顧雲鳳、署道事揚州府知府楊洵，督夫開挑邵伯越河，長一十八里，闊一十餘丈。十一月，又挑界首鎮越河，長一千八百八十九丈七尺。各建南北金門石閘二座。其邵伯越河，又建減水石閘一座。

三十年，鳳陽巡撫李三才議治河緊急之策：「鎮口閘起，至磨兒莊，做閘河之制，每三十里建閘一座，依時啓閉，以濟新運。及堅城集至鎮口閘止，挑浚河渠。約費銀一十九萬有奇。」

五月，高郵北關小閘口潰決，長六丈。郎中顧雲鳳築塞之，仍加磚石包砌。

三十二年，總理河道工部侍郎李化龍大開泇河，自直河至李家港二百六十餘里，漕船由以行，盡避黄河之險。

《明神宗實録》：工部題覆：李化龍疏請亟開泇河，酌浚故道。大要言：河自開、歸而下，合運河入海，其路有三：由蘭陽，道考城，至李吉口，過堅城集，入陸座樓，出茶城而向徐、邳，是名濁河，爲中路。由曹、單，經豐、沛，出飛雲橋，泛昭陽湖，入龍塘，出秦溝而向徐、邳，是名銀河，爲北路。由潘家口，過司家道口，至何家隄，經符離，道睢寧，入宿遷，出小河口入運，是名符離河，爲南路。前督臣排群議以興茲役，竟以資用乏絶，不得竣事。然自堅城以至鎮口，河形尚爾宛然。

故爲今計，惟守行隄，開泇河。其善有六，其不必疑有二：泇河開，而運不借河，有水無水聽之，善一。以二百六十里之泇河，避三百三十里之黄河，善二。運不借河，則我爲政得以熟察機宜而治之，善三。估費二十萬金，開二百六十里，比朱尚書新河事半功倍，善四。開河必行召募，春荒役興，麥熟人散，富民不苦賠，窮民得以養，善五。糧船過洪，必約春盡，實畏河漲。運入泇河，朝暮無妨，善六。爲陵捍患，爲民禦災，無疑者一。徐州城向苦洪水暴至，泇河既開，徐民之爲魚者亦少，無疑者二。

題請遵照施行。及工科都給事中侯慶遠，亦題稱共贊河漕大計事。部議泇河應挑，直河應建閘座。及築隄應用錢糧，依議取用。如或原議所開河底不無欠缺，期日果爾太迫，經費果爾不敷，不妨照依科臣條議，再爲增益，以圖久遠。

至科議歲巡歲報事規，尤爲河工急切要務。各該府道督臣，悉宜一體申飭。

上曰：「泇河既屢經料理，端緒可成。該總河身親籌度詳悉，著及時上緊分工開浚。所議經費，如有不敷，許其再爲增益，務圖久遠之計。
八月，李化龍奏報分水河成，糧艘由泇河者已過三分之二，由黄河大溜者止三分之一。而過洪曾不逾限，國之福也。」
三十五年，二月，總河曹時聘上泇河善後六事。
《行水金鑑》：「總河曹時聘言：全河既已就軌，泇河委應厚終。開泇於梗漕之時，固不可因泇而廢黄。漕利於泇河之後，亦不可因黄而廢泇。兩利俱存，庶緩急可賴。
如謂南陽之患已去，而徐、邳之險可乘，異時有失，誰司其咎乎？因議築郗山之隄，削頓莊之嘴，平大泛口之溜，浚猫兒窩等處之淺，建鉅梁、首衝之閘，增三市、徐塘之壩，以終泇河未就之功。
又議設河官，置官夫，建驛遞，立巡司，嚴閘禁，加裁展，以成新渠。」
三十八年，九月，直隸巡按御史蘇惟霖疏陳黄、泇利害，請專力於泇。

附　蘇惟霖《疏略》：

黄河自清河縣經桃源，北達直河口，長二百四十里。此在泇下流，水平身廣，極力推①運，舟止日行十里。然以别無所經，故必用之。自直河口而上，歷邳、徐二州達鎮口，長二百八十餘里，是謂黄河，又百二十里方抵夏鎮。東自猫窩、泇溝達夏鎮，止長二百六十餘里，是謂泇河。東西相對，舍此則彼。黄河水在三四月則淺與泇同，若五月初旬後，洶流自天而下，一步難行。又其水挾沙而來，河口日高一日。七月初，輒淺涸十倍，無一時可由者。泇河一水安流，歲修有例，既無溺溜，終鮮風波，率而由之，計日可達。即河身稍狹，而水不若鋪灘之淺。其猫窩諸淺，亦不必浚。蓋自河流至則閘水積，山泉之脈止有此數。河身高則高受，低則低受，深淺相隨，非云水深則深，水淺則淺，水之多寡，不係河身深淺也。或有稍宜拓而浚者，但得實心任事之河官，嚴其稽覈，因利乘便，不三五年，缺略悉補，可成數百年之利。

唯於泇下流諸口，謹嚴防禁。而夏鎮之吕公堂、邳州之沂河口更甚，庶所藉蒙、獨諸泉，洸泗、濟諸流，不至隨到隨涸。伏乞敕下工部，詳酌利害，一意修泇，以濟新運。

① 「推」，《四庫》本作「催」。

四十一年，十一月，帶管河道漕撫陳薦檄郎中何慶元、揚州道熊尚文，開寶應縣弘濟河北月河，長一百三十丈，南月河長一百五十丈。又建近湖西堤九淺、七淺滚水石壩二座，於明年完工。按：弘濟河南、北二閘，遇夏、秋淮水漲發，二閘不及吞吐，行舟覆溺。至是，開挑月河，創建滚水二壩，分殺河怒，水溜遂平。

江南通志卷六十

河渠志

運河　三

國　朝

順治八年，大浚高郵漕河。

十六年，總河朱之錫題淮河防事宜。

附　朱之錫《疏略》：

淮、揚之治河，較他處不同。揚屬運道與湖水相連，淮屬運道係黄、淮交流。淮河自西而來，至泗州入諸湖，出清口達於黄河。以淮、黄之勢言之，黄强淮弱，黄濁淮清。二瀆同至於清口匯合，東由安東雲梯關以入海，此從來不易之勢也。

但黄流濁河，易致沙淤，必藉淮流蕩滌，方不至梗運病民。先年嘗有分黄導淮之議。分黄者於桃源縣迤南黄家嘴闢一支河，使其從旁分泄，以殺强黄之勢。導淮者導引淮流歸於海，以通運道。故淮水偶有暴漲，於南設有高良澗、周家橋二閘，以備宣泄。溢入寶應、高郵諸湖，相連澎湃，各建閘座，挑挖河渠，累築堤岸，捍禦衝決。由邵伯金家灣入芒稻河，或從瓜儀注江，或通廟灣歸海。此蓄泄湖水之法，外此再無庸於旁泄矣。

至於雲梯關之灌口，固爲黄、淮會流一路寬廣歸海之處，每遇河流泛漲，無處分殺。必從清河上四十五里，仍挑黄家嘴，經清河至安東五港口，東流入海，分殺暴漲之勢，不致南下，而清口得免黄强抵淮阻運之患。至新溝等五險工，亦可稍免全河洶涌衝漫之虞，誠爲保運安民長策。奈長二百四十里，淤澱年久，工繁費鉅，難以輕舉。應俟年豐物阜，另議舉行。

其太行老隄，山陽境内延袤三百里，原係民修民守。自秦按院題免鄉夫後，數年未修。又值去歲洪流衝漫，處處坍塌，不堪捍禦。宜照舊例，按籍責成鄉民分修。

又此隄之内五險工下流，關切淮、揚、高、寶等七州縣，鹽課亦攸係之，歲歲修防，勢難緩怠。若得有引水一支流，旁瀉以減正河之勢，以免射陽之衝，誠五險之要著。

第查蘇建北岸宫家營地方，舊有引水一河，久經淤塞，每有興濬，議皆未果。蓋緣引河必使深廣同於正河，方能借勢而下。況黄河諺稱「神河」，闊數百丈，底深水溜，不惟挑濬匪易，借使如式，寧能保其不旋挑而旋淤乎？亦惟有廣積夫料，加意修防，以收補偏救弊之功，舍此無他奇也。爰自前明挽河資運，閲數百載變故，即費數百載經營，今其遺迹具在。然舊貫固可仍，而時宜又不得不審，臣請備陳之。

淮水自西南來，趨東北。黄水自西來，横截於清口外。淮之支流會黄，並驅東下入海者，所謂黄河也。伏、秋之間，淮、黄交漲，淮被黄遏，周旋而不得出。清口以上，匯而爲洪澤等湖，則高堰危。故堰南有高良澗、周家橋兩閘，泄水東入高、寶、白馬等湖。高、寶湖東通運河，南從瓜儀入江。而地勢微昂，宣泄不及，則運隄危。故運河東岸有涇河、子嬰、金灣等閘，泄水東下射陽、廣洋等湖入海，有灣頭閘、有芒稻河泄水，南入於江。此運河及諸湖之形勢也。隄閘舊制現存，間有歲久圮壞者，應酌量估計，以時修葺者也。

淮、黄交會，由清口而東，濁流湍悍，衝潰易告。查前明萬(歷)〔曆〕年間，曾於桃源縣黄河北岸挑黄壩新河二百四十里，分黄一支由五港口歸海，以導淮保運，即以殺南岸河患。但淤澱已久，工役繁鉅，興復實難。又崇(正)〔禎〕年間，塞蘇嘴、建義兩決口，曾挑官家營引河十里，暫殺水勢，未幾仍淤。蓋河不兩行。既恐徒費，況今歲淮工坌集，亦有未易並舉者。至於現今，河身闊者數里，狹者亦不下數百丈。兩隄去河，尚有陸地，水長則及隄址，水落則復河渠。洪流衝蕩，不啻奔馬，豈俟人力？開鑿收流之議，似無庸贅。此黄河之形勢也。

總之，太行老隄實淮、揚七州邑一大保障，自前朝來原係莊民自修。而中間頂衝掃灣諸險工，亦有鹽城各縣出夫協濟之例。順治九年間，黄河北決，淮屬工民控按臣，遂爲題免，沮格廢弛。去歲冬漲，幾成大害。此臺臣何可化特以力役爲言，蓋實有見於往例之不可廢耳。

康熙五年，運河自儀（徵）〔真〕至淮多淤淺，冬、春之交，盤撥甚艱。總河按地親勘儀（徵）〔真〕界内朴樹灣、西方寺、五里鋪三處，急需挑濬，檄知縣何崇倫浚之。

六年，決江都運河之露筋廟隄，次年堵塞。

七年，遣大臣明珠等相視海口，開天妃、石𥓂、白駒等閘。

九年，決清河縣運河之窯灣、文華寺，高郵州運河之茶庵、清水潭，江都縣運河之東隄四淺。

十年，清口爲黄水灌入，裴家場悉起油沙，天妃閘底淤墊，回空糧船不能進口。乃於清河縣南腰鋪支河之連張福口者，疏浚通舟，由周家閘行。

十一年，總河王光裕修寶應縣子嬰、黄浦、永安等七閘。

四月，清水潭復決。

十二年，總河王光裕於江都芒稻河改造閘門，迎金灣河建滚水壩於邵伯南。

十三年，清水潭決口塞。

十五年，揚屬漕隄潰高郵之清水潭、陸漫溝，江都之大潭灣等處，共決三百餘丈。遣工部尚書冀如錫、户部侍郎伊桑阿等親行相視，移安徽巡撫靳輔爲總河都御史。

十六年，總河都御史靳輔濬運河。

附　靳輔《疏略》：

運河自黄流内灌之後，日墊日高。今年八月，内河底竟至乾涸。隨閉隄挑浚，因回空不能久待，止量挑一二尺不等。

擬於明年立春後十日，土凍方解時，即行閉壩大挑。總限百日完工，以濟十七年回空、十八年春運。

十七年，靳輔築江都漕隄。以高郵清水潭決口，深不可築，更於湖中繞回開河一道，改築東西隄，與舊隄相屬。河成，名曰永安河。又大浚山、清、高、寶五州縣運河，增築兩岸，其決口三十二處並塞之。

十月，總河靳輔疏另開南運口。

十八年，四月，築清水潭東西隄決口工竣。

六月，改置南運口於三汊河。

靳輔《治河書》：「大江以南各省漕運，自瓜、儀而北，凡四百五十餘里，至清江浦天妃閘以入黄河，此明臣平江伯陳瑄之所開也。萬(歷)〔曆〕間，河臣潘季馴以天妃閘直黄河，故不免内灌，因移運口於新莊閘，以納清而避黄。後亦以天妃名之，非其故矣。然其口距黄、淮交會處不過二百丈，黄水仍復内灌，運河墊高，年年挑浚無已。兼以兩河匯合，瀠洄激蕩，重運出口，牽挽者每艘常七八百人，或至千人，鳴金合噪，窮日之力，出口不過二三十艘。而濁流奔走，直至高、寶城下，河水俱黄，居民至澄汲以飲。於是建閘置壩，申啓閉之條，嚴旨刻石。除重運回空及貢鮮船隻放行外，即閉壩攔黄。凡官民商艇，俱令盤壩往來。

夫閉壩之制，不獨不便於民，且空重往來之時，仍不能禁黄流之不入。乃不得已之圖，非不易之策也。蓋因當時太山墩一帶及七里墩外，皆淼然巨浸，舍新莊閘之外，别無彼善於此之地，地形水勢實限之，以不得不然耳。

自黄河倒灌以來，西北自白洋河、于家岡一帶，直接泗州，東北自吴城、張福口一帶，直至武家墩，卑洼者悉變爲高原。清口以内，裴家場、帥家莊、爛泥淺，周圍五十里，凡墊成平陸之處，挑引河四道，淮水仍出清口。是則黄流之灌，在當時誠大爲運河之害，而在今則頗受其利矣。何也？

清口兩岸墊高，天然成隄，黄、淮不得交漫。一利也。太山墩上下，洪濤盡涸，而運河之地形愈加完固，建閘置壩，可以惟我之所擇。二利也。清口之内，横亘灘洲，淮盛則泗水滔滔北注，淮弱則湖水常有所蓄以濟運，而不至於盡泄。即黄漲内乘，亦限於灘洲而不得縱。不久而淮水盛長，即便抵回。三利也。①

譬之清口，全淮之口也。洪澤湖，其腹也。所挑裴家場、帥家莊、爛泥淺諸河，則其咽喉。而新莊閘河岸，則其脣吻也。夫以黄河之悍烈，而運口出於脣吻之間，宜其淺露而無庇，徑直而受灌。濟運之清淮，反爲濁黄之所抵而不得入也。

於是酌議拜疏，移運口於爛泥淺之上，自新莊閘之西南挑河一道至太平壩。又自文華寺永濟河頭起挑河一道引而南，經七里閘復轉而西南。亦接之太平壩，俱達爛泥淺之引河内。則兩渠並行，互爲月河，以舒急溜而備不虞。外則河渠離黄水交淮之處不下四五里，又有裴家場、帥家莊二水乘高迅注，以爲之外捍。而爛泥淺一河分其十之二以佐運，仍挾其十之八以射黄。運艘之出清口，譬若從咽喉而直吐，即伏、秋暴漲，黄水不特不能内灌運河，並難抵運口。間遇東北風大作，累日不止，濁流乘之，而風回溜駛，不旬日而停沙一刷無遺矣。是以邇年以來，重運過淮，揚帆直上，如歷坦途。運水永無淤墊之虞，淮民省歲挑浚之苦矣。

雖然，旱澇不常。湖水設有時而淺涸，諸引河勢不能暢注而俱出，則寧使裴家場之水斷流，而爛泥淺一道務須挑浚深寬，毋或緩此而顧彼。此則意外之虞，不得不預爲之籌者也。」

是年，增挑南運河，起土加築兩岸隄。

①　以下自「譬之清口」至「停沙一刷無遺矣是以」一段三百字，《四庫》本無。

開滚水壩於江都之鰍魚觜。

塞清水潭大決口。

十九年，再置滚水壩於高郵城南八里，又置於寶應子嬰溝。

創建山陽運河之鳳陽廠減水壩一座，創挑皂河四十里以通北運。

創建碭山毛城鋪、大谷山，宿遷攔馬河、歸仁隄，邳州運河東岸馬莊集減水壩十一座。

開皂河，上接泇河通運。又開張家莊通運口。

靳輔《治河書》：「明萬（歷）〔曆〕三十一年，總河李化龍開泇河行運，自夏鎮達於直河口，不由徐吕二洪，避黄河之險者三百里，漕運利之。後直河塞，改行董口。及董口復淤，遂取道於駱馬湖，由汪洋湖面西北行四十里，始得溝河，又二十餘里至窯灣口而接泇。第駱馬湖本窯田也，因明季黄河漫溢，停積而成湖。夏、秋水發，不碍行舟。至冬、春水涸，其淺處不流束楚。且水面遼闊，縴纜無所施。每重運入口，即役兵夫數萬，於湖中撈浚浮送北上。而所澇①之渠，不旋踵而汨没於風浪之中。年年畚鍤，宿邑騷然苦之。況黄河復故，雨潦各有所歸，湖水必致日涸。且撈浚無所施，實漕運咽喉之大虞矣。

查宿邑西北四十里皂河集，其地溝渠斷續，有舊淤河形一道。若挑新浚舊，因而通之，可以上接

① 「澇」，疑爲「撈」之誤。

洳河之委，而下達於黄。但啓土於沮洳之地，爲力甚艱。又南患黄河之逼，北虞山左群山之水，不有隄防，不可以行運。乃揆測規畫，即取水中之土，以築水中之隄。南起皂河口，北達温家溝，水深之處挑水旱工共二千四百丈，兩岸築隄四千八百丈。凡邳、宿兩州縣舊河内，一切漫流旁泄決口三十餘處，盡行築塞。

又起自温溝，歷窯灣至邳境貓兒窩，計四十里，從無隄岸。每山泉暴漲，即一望滔天。復兩岸築隄二萬七千丈。然貓兒窩一帶爲徐、兖諸水之所注，納水太盛，則隄必傷，故建減水大壩三座以泄之。至如貓兒窩以上，地亢土堅，則空之而弗隄。又貓兒窩以至唐宋山三千餘丈，乃霪霖暴漲之所從出者，則隄之。

蓋自皂河而上者無不治矣，惟是下口直截黄河，遇伏、秋暴漲，不無内灌之虞。於是復加斟酌，相得皂河迤東二十餘里張家莊，其地形卑於皂河口二尺餘。而黄河上下水勢，大抵每里高低一寸，自皂河至張家莊二十餘里，黄水便低二尺餘，内外水面高低相準。乃復挑支河一道，自皂河歷龍岡岔路口，達之張家莊出口。蓋前此皂河出口如『丁』字形，黄水自西而東，皂河水自北而南，兩溜相抵而不相比。且黄强清弱，故易灌。今張家莊之出口如『人』字形，黄水與張家莊口之水俱自西而東，與溜相比而不相抵。況又以皂河地高之水，下注於二十餘里地卑之出口，其迅流更足以抵黄也。由是上則東省河流滔滔奔注，常束本等之水於漕中，而泄暴漲之水於壩外，下則運口常通，永無淤塞之虞矣。」

二十年，增置高郵南北滚水壩，前後凡八座。壩口二三十丈不等，對壩皆開越河，以防舟行之險。凡舊隄險要處，皆更以石。

創建寶應子嬰溝，高郵永平港、南關、八里鋪、柏家墩，江都鰍魚口減水壩共六座，改建高郵五里鋪、車邏港減水壩二座。

二十二年，大修兩河各隄工告竣。

二十三年，建惠濟閘，在馬頭東南七里溝。《清河縣志》：「舊名通濟閘，明嘉靖年建，引淮水以達漕運。後以河水南侵，閘底淤墊，至是新鑿漕河於迤南三里。更建閘座爲新運口閘，名惠濟。」

是年冬十一月，聖祖仁皇帝南巡，親閲河工。

靳輔《治河書》：上駐蹕紅花埠，問總河靳輔：「高、寶、興泰一帶下河，爲何積水不去？」靳輔回奏：「高、寶、興泰是洼下之區，如同釜底，向來河道淤塞，是以下雨積水，並減壩泄下之水一時難去。」上命動支國帑，速興工挑濬下河。

又奉上諭吏部尚書伊桑阿：「朕車駕南巡，省民疾苦。路經高郵、寶應等處，見民廬舍、田疇被水淹没，朕心深爲軫念。詢問其故，具悉梗概。高、寶等處湖水下流原有海口，以年久沙淤，遂致壅塞。今將入海故道濬治疏通，可免水患。自是往還，每念及此，不忍於懷！此一方生靈，必圖拯濟安全，咸使得所，始稱朕意。爾同工部尚書薩木哈，往被水災州縣，逐一詳勘，期於旬日内覆奏，務期濟民除患。縱有經費，在所不惜。爾等體朕至意，速行。」

上回鑾至淮安，又諭靳輔云：「河道情形，我俱詳細曉得。只是下河之水，因無去路，民田尚然淹著，應速開浚。」駕至天妃閘，問：「天妃閘險，何不再造一閘，分殺水勢？」靳輔奏：「已建有七里閘一座」。上見運口新閘，問：「此閘爲何而造？」靳輔奏：「臣恐黄水大漲，天妃閘不能承當，所以又造此清水閘束水，專爲天妃閘而設。」

上諭靳輔云：「今年黄水倒灌運河，不可爲訓。爾須酌一治安之策，令永不内灌。」

十一月，上面諭吏部尚書伊桑阿等，勘明泰州、興化、鹽城等處，應挑浚海口。伊桑阿等回奏：「奉旨九卿詹事科道會同確議具奏。」

附　**伊桑阿等《疏略》：**

臣等祗遵〔前所奉到〕①上諭，將興化、鹽城等州縣海口詳勘得：山陽、寶應、高郵、江都、泰州、興化、鹽城等州縣之水，原從車路河、白塗河等處流入運鹽串場河，出白駒場、丁溪場、草堰場、劉莊場等十餘口，由苦水洋、鬬龍港、信陽港、廟灣入海。今因年久，車路等河，串場河及各場出口，俱被沙土淤淺，比高郵、興化等處河身反高，以故水雖仍流而蓄水不能出口。今將減水

① 據《四庫》本補。

壩一帶運河水口決濬導流，將會流串場河之車路等河，及串場河、白駒、丁溪、草堰場等口，俱挑浚深闊，引高郵等州縣蓄水入海，始永免水患，生民得以樂業矣。

十二月，命安徽按察使于成龍浚高、寶等州縣下河。

二十四年，二月初四日，上諭按察使于成龍：「兹以海口關係運河下流，特命爾督理高、寶等處下河事務，管轄所屬附近海口州、縣等處地方車路等河，並串場河、白駒、丁溪、草堰場等口，逐一確勘，挑濬深闊，使高郵等州縣減水壩一帶運河水口，引流入海。仍撫綏黎民，勤宣德意。約束衙門官吏胥役，恪遵法紀，勿致作弊生事。嚴飭所屬海口有司等官，各循職掌，勿使糜費錢糧，怠弛曠廢。一應海口俱宜善加挑濬，毋令沙土淤淺，以致水勢漲漫，淹没民間廬舍、田疇。其挑河一切事宜，並應設官分任之處，均申詳總河具題定奪。敕中開載未盡應行事務，爾悉申詳總河，題請遵行。歲終將所修工程，及支用錢糧細數，一並造册，轉報總河題銷。仍聽總河節制。爾膺兹委任，須持廉秉公，精心殫力，俾水患永除，民復舊業，惟爾之功。如或執抝乖張，因循冒破，殃民誤國，責有所歸，爾其慎之！故敕。」

二十五年，總河靳輔奏開中河。

附　靳輔《疏略》：

本年黄河漕内之水，較前異常急溜，以致一切物料轉運萬難。即如本年重運糧船，自清河縣運口以至宿遷縣張莊運口，計程不過二百餘里，而牽輓兩月有奇，此皆急溜阻滯之故。臣於《河工善後事宜》案内，請於清河縣西仲家莊地方，創建雙金門石閘一座，以泄黄河異漲。今將泄水雙金門閘，改爲三丈深之單金門大閘一座。又於攔馬河之西，加挑運河二千餘丈，築成兩岸隄工，直接張家運口。並於遥、縷二隄之中，開挑中河一道。上接張莊運口，並駱馬湖之清水，下歷桃源、清河、山陽、安東以達於海。將來重運糧船既出清口之後，於黄河内止行數里，即便由仲家莊閘内進入中河，自中河歷攔馬河，直達張莊運口北上。則此閘既泄黄漲，又能使各船避黄河之險溜，行有綽之穩程。庶大有益於轉漕，而各工運料亦可不致稽誤矣。

二十六年，正月，工部等衙門會覆監修下河侍郎孫在豐等疏稱：先將近海口之石𥗽、白駒、丁溪等處，估計興修。靳輔先前《請修疏》内稱：高郵以北，車邏以南，邵伯鎮以北所有閘壩於去歲堵塞，高郵以北閘壩亦有可以閉塞。等語。奉旨：「修理下河，成功不在高郵州所有閘壩，而在乎堵塞高家堰之壩，並黄河南岸毛城鋪等處所有減水閘壩皆堵塞，則黄河之水不流入洪澤湖。如洪澤湖既無黄河流入之水，唯止有淮水，將高家堰之壩暫行堵塞，一年後挑濬下河，方得有益。」又奉旨：「下河工程，今年著止將高郵州大小壩及高家堰閘壩，照靳輔等所奏，定限堵塞，令孫在豐等挑濬海口。其黄河南岸閘壩，著於來年堵塞一年。併高郵、高堰等閘壩，俱仍照見議限期堵塞，令其豫先備齊工料、人夫，自今年十二月興工挑濬下河，勿致違誤。」

二十七年，正月，中河工竣。

靳輔《治河書》：「百川莫險於黄河。然自南北通運以來，浮黄河而達者凡五百餘里，議者莫不以爲治河即所以治漕，一似乎舍河别無所謂漕也。雖然，水性避高而就下，地爲之，不可逆也。運道避險而就安，人爲之，所慮者爲之，或不當耳。有明一代，治河莫善於泇河之績。然其議倡，始於隆慶年間都御史翁大立，而傅希摯繼之，再歷舒應龍、劉東星兩河臣，屢興屢阻。迨至萬（歷）〔曆〕三十一年，河臣李化龍實始通運，卒避黄河三百里之險，至今賴之。嗣後直口塞，董口淤，駱馬湖又淺澀不行。臣因有開皂河之請，而泇河之尾閭復通。然自清口以達張莊運口，河道尚長二百里，重運泝黄而上，雇覓縴夫。艘不下二三十輩，蟻行蚊負，日不過數里，每艘至費四五十金。遲者或至兩月有奇，方能進口。而漂失沉溺，往往不免。蓋風濤激駛，固非人力所能勝也。

康熙二十五年，題覆詞臣張鴻烈《聖心愛民已極》案内，加築北岸遥隄。後復加籌酌，若於遥、縷二隄之内，再挑中河一道，上接張莊運口，並駱馬湖之清水，下歷桃、清、山、安入平旺河，以達於海。而於清口對岸清河縣西仲家莊，建大石閘一座，既可以泄山左諸山之水，而運道從此通行，避黄河之險溜，行有縴之穩途，大利也。乃决計題請，奉旨興工，至二十七年正月而工竣。連年重運一出清口，即截黄而北，由仲莊閘進中河，以入皂河。風濤無阻，牽挽有路，又避黄河之險二百里。抵通之期，較歷年先一月不止。回空船隻，永無守凍之憂。在國家，歲免漂失漕米之患。在各運，大則無沉溺之厄，小則省雇夫之費。

蓋自吴開邗溝，隋開御河，歷唐、宋、元、明，漕東南以濟西北者，無不仰藉黄河以爲灌輸。既欲去其害，又欲收其利，故治河愈難。

至我朝康熙二十七年，而運道之利黄河者僅七里矣。或有議於中河北岸宿遷境内，建減水壩數座，以泄漲者。臣曰不可。蓋中河之水，但患其弱，而不患其强。若北岸遥隄減壩一建，則清水弱，而黄必有内灌之憂，河身立淤矣。今當大工屢興之後，錢糧未敷，未敢輕議。若工帑稍充，再將遥隄加修高厚，更於中河之北挑重河一道，即以挑河之土築成重隄。於西寧、錫成兩橋之間建閘一座，既以分泄東省之異漲，又以灌溉宿、桃、清等七州縣之田畝。即遇黄、淮並漲，亦可分泄入中河，以並出平旺歸海，真永賴之策。而臣初議挑中河之舉，原擬如是，故有中河之名也。

又運艘自清口入仲家莊閘，雖曰截流而北，然逆流而西者居多。若於清河治東陶家莊再建一閘，重運則由陶莊而入，回空則由仲莊而出，則俱順流矣。且兩閘並建，用備不虞，尤爲萬全。統志之以俟來者。

四月，上諭滿洲大臣學士九卿詹事府科道等及往看中河等官：「前于成龍奏云：『靳輔開中河無所裨益，甚爲累民，河道已爲靳輔大壞。令凱音布往看中河，云現有商賈船行不絶，若塞支河之口，則駱馬湖支河之水匯流中河，水勢現大，漕艘可通。』于成龍又奏：『王新命曾向伊云，靳輔從上河放水。』今若以此問王新命，王新命其肯任受乎？前召九卿至乾清門會議，皆畏懼于成龍，無一人敢與辯難，悉順于成龍之説，以河務盡爲靳輔所壞。惟朕獨與衆人異，謂靳輔不爲不盡心於河務。若云靳輔治河不善，全無裨益，即靳輔亦不心服。朕未親至下河，不甚深知。若上河自宿遷至清河之兩岸、河底，及高家堰以至廟灣，並運河諸處，朕皆洞悉。數年來河道未嘗衝決，漕艘亦未至有誤。若謂靳輔治河全無裨益，朕亦不愜於心矣。于成龍在直隸，愛民緝盜，居官頗優。但懷挾私仇，阻撓河務，殊爲不合。朕非欲起用靳輔，祇以河工所關甚大耳。今九卿已將靳輔議罪，皆言其治河無益，若王新命聞之，亦必順從于成龍之説，以靳輔所治不善，因將原修之處盡行更改。是伊等各懷私忿，遂致貽誤河工，可乎？且使黄河自宿遷以下，衝決猶可修治。若宿遷而上，或至泛濫，則爲害甚大，所關非小。今應遣明悉大臣看閲，將作何修河之處，詳確定議。此看閲河道，著圖訥、馬奇、張玉書前去，須將毛城鋪、高家堰等地方遍閲，就靳輔所築之處甚善而斷不可改者有幾，不善而應更治者有幾，詳悉商酌，定議以聞。靳輔以丈出民間餘田作爲屯田，及阻抑開浚下河，其罪誠不可逭。至有言黄河底漸高，此斷不可信。譬之盆内貯水，遇風且溢出。使黄河底果高，一有風濤，其有不漫漲横流，決隄潰岸者乎？爾等明晨速往，同九卿會議具奏。」

二十八年，正月，聖祖南巡，駐蹕瓜州陳家灣地方，命修理高郵州南北一帶殘缺甎石工程。

三月，上諭：「朕前閲中河，初疑其狹隘，今行經丹陽閲視，河道亦復狹隘。又聞衆官民俱言中河挑濬有益，所關甚大，爾等會同總河、總漕，確議具奏。」

附　總河總漕等《會議》：

從前挑濬中河，原避黄河一百八十里之險，且收束散漫之水，使不致淹没民田。看河諸臣亦疏稱：若行中河，則一百八十里之險可避。今水勢業已收束，且避險就易，於民生、漕運甚有裨益，應將中河無容另議。

其駱馬湖口，先經尚書張玉書等看河時，題修減水壩二座。今王新命稱，丈量水深二丈有餘，難以建壩。且需錢糧甚多，應停其建築。編竹簍以盛石塊，高出水面二尺，成造堵塞。若水大，可以浮面泄出等語。又支河口先經張玉書等疏稱，建造板閘一座，應令隨時啓閉。今王新命稱：若建閘，水大之時必致衝決，應停其建閘，留出水之口，於南隄下埽堵塞等語。此二處建閘修壩，用竹簍下埽減泄溢水，與看河諸臣所奏，其理無異，應照總河王新命議建造修理。

又駱馬湖減水三壩，先張玉書等疏稱：將二壩之水令流入中河，其一壩之水留在遥隄之外，令流入海。今據王新命亦復稱善，應照張玉書所題。

又張玉書稱裏運河、駱馬湖之水俱入中河，河窄難以容納，應於北隄建修減水壩三座。今王新命稱，若欲建壩，所費錢糧必多，應停其建壩。亦用竹簍以盛石塊堵水，若有大水，可以減泄等語。先張玉書等欲建壩減水，今王新命用竹簍盛石減水，俱係泄水之意，亦照王新命所議修造可也。

八月，奉旨：「儀(徵)〔真〕河閘關係運道，著河道總督會同江南江西總督、漕運總督詳閲定議具奏。」

附　總河王新命會兩江總督傅臘塔總漕董訥《疏略》：

儀(徵)〔真〕閘外江口北新洲一帶，俱係乾涸。而北新洲之外，又有沙漫洲，過水不過二捺餘，横亘二三百丈，難以築壩。若自沙漫洲尾，從北新洲腹内，東北斜開引河，以通四閘，不能保無坍淤。似應仍挑北新洲舊河身直通四閘，一切糧艘，令循沙漫洲尾轉入新河口，可以通行。其日久或有淤阻之處，聽河臣酌量挑浚。所有應挑土方並修閘工銀兩，聽河臣確估。從之。

二十九年，上諭：「河道關係最爲重要，已前一二年雨水鮮少，河道官員必將河務視以爲常事。今年景象，雨水似多，應行文總河，嚴行曉示所屬官員，無分晝夜防守，務使河道不致有危。」

三十一年，十月，奉旨：「中河張莊運口築隄建閘等情，著河臣將工費估計。」

三十三年，築中河兩岸束水隄。

修清河縣廣濟閘。在治西仲家莊，舊名仲家閘，至是修之，改今名。

閏五月初十日，上諭内閣：「保護中河隄岸之子隄，總河于成龍前奏稱最爲緊要，請急行修築。今又奏言水勢盛長，難以興工，俟水涸之時始行修治。朕思河務所係甚重，必待水涸始修，儻夏、秋水澤泛漲，保無有沖決隄岸之事乎？可速敕于成龍，再加詳悉酌定具奏。」

三十四年，清河縣建永濟閘。在甘露城南、太山墩北，與惠濟相望。又建康濟閘，在治東陶家莊右。又建雙金門閘，在廣濟閘北。又建小閘，在雙金門閘北。

三十五年，總河董安國題，改建高郵湖西隄，易土爲石。

三十八年，三月，聖駕南巡閱河，奉上諭河道總督于成龍：「朕自淮安起行，沿途細閱河隄，除河底已高，東邊甚洼，毋庸置議外。朕所駐蹕界首鎮前湖邊，用水平測算，河水比湖水高五尺八寸，揆此湖水似不能越此隄而入運河。前往高郵，未知若何？但當湖之石隄，雖被水汕壞，朕細閱被人搬去損壞之處，亦復不少。此固屬要工，修築亦不甚難。爾差賢員，作速查驗，攢工修築。」

又傳旨于成龍：「朕自淮安一路詳閱河道，測算高郵以上河水比湖水高五尺八寸。自高郵至邵伯，河水、湖水始見平等。應將高郵以上當湖隄岸，修築堅固。高郵以下河之東隄，亦應修築堅固。至於邵伯地方，因無當湖隄岸，而河、湖合而爲一矣，不必修築隄岸，聽其流行。高郵東岸之滚水壩、涵洞，俱不必留用，將湖水、河水俱由芒稻河、人字河引出歸江。入江之河口如有淺處，責令挑深。如此條治，則湖水、河水俱歸大江。各河之水既不歸下河，下河不必挑修。」

又諭于成龍等：「著將運河東岸隄工凡有石工殘缺者，仍補修石工。其土工隄内有水之處，下埽幫築。減水壩俱堵塞堅固，用心防護。越壩更屬緊要，亦著加幫防護。淮安府涇、澗兩河，必須挑浚深通，毋任淤墊。如有漫頂，隄内積水之處即釘排樁幫築。減水各壩，俱著堵塞，堅固隄防要緊。」

又諭：「人字河若有窄狹處，可以相機挑挖。凡有需水舊口，修砌涵洞，令民灌田。隄岸單薄處，亦酌量加幫。」

又諭于成龍等：「運河東岸，再加高寬，不必開減水壩。其涵洞與金灣滚壩舊有河身，民間用水灌田，仍照例開放。減水壩著河官堵塞堅固，用心防守。至新加隄岸，亦著爾選擇官員，或五十丈或六十丈，責令加意防守。西隄土石各工，亦上緊攢修。高家堰亦速修完，下河田地不過一二年，可以見出。」

又諭于成龍：「爾回去即看歸仁隄、高家堰、清口，甚屬緊要。徐廷璽著往揚州去，往回查勘永安各石土並東、西岸各工，與堵塞減水壩。將京中帶來各官，每員或五十丈六十丈，各責令用心防守，無得疏虞。」

八月，總河于成龍等題准，清江大閘加高四層。又將大閘北岸下雁翅倒卸十丈，並越河閘東雁翅酥碎磚工十二丈，一併改砌石工。

又將板閘關口埽工一百二十丈，改建石工。

又將盤糧廳前埽工五十五丈，淮城西門外護城椿埽隄工三百六十丈，改建石工。

又估挑澗河自興文閘起，至劉均溝止，長一萬四千零三十二丈八尺；並涇河自閘下起，至射陽湖邊止，長八千二百五十丈：頭石工、頭磚工長三十丈，中石工長一百五十七丈，尾石工、尾磚工長一百三十一丈二尺，石工、磚工長一百五十八丈；磚工仍修砌磚工，石工加高二層。

九月，建南運河滚水石壩。

附　總河于成龍《疏略》：

竊照南運河乃糧船經由要津，又居下河七邑上游，更兼高堰六壩減出之水盡由草字河，歷寶應、高郵諸河而入於此。水勢浩大，河窄難容。是以前河臣靳輔在於高郵南北建設大小減水壩五座，題明開放定例。頻年來，依期開放。雖隄岸固保無虞，而下河諸邑均受其患。今春恭遇聖駕南巡，軫念下河災黎，諭令臣等大修隄岸，堅閉減壩，下河麥禾幸得收獲。一遇伏汛水發，盈隄溢岸，以致高郵九里、邵伯、更樓、闫家涵洞，皆被漫缺。臣等於特疏題明事案内，酌開壩兩座，上、下隄岸方得保全。

總緣高郵河身與山陽、寶應河身相等，驟受高、寶諸湖滔天之水，開壩則有害於民田，閉壩則有傷於隄岸，欲其隄岸、民田兩相保固，難矣。

臣等往來查勘，再四思維，唯將泄水減壩俱改爲滚水石壩。水長聽其自漫而保隄工，水小聽其涵蓄以濟運道，較之閘壩水盡東流、閉壩徒費錢糧者，相去不啻什伯也。

加幫高堰隄工，自武家墩起至小黄莊止，自小黄莊起至周橋止，自周橋起至棠梨樹止，分三段修築。舊有唐梗南、北、中三壩，及茅家圩南、北二壩，夏家橋減水壩，凡六座，皆堵塞。

挑挖王家營、陶家莊引河二道，建陳家莊挑水壩一座。挑溜入陶莊引河，使黄水不致倒灌。又改建惠濟祠後石隄一百六十二丈，以資防護。

三十九年，三月十五日，奉旨：「邵伯更樓決口，自去歲奏報，屢據奏稱攢工修築，乃迄今尚未報完，以致漕艘十有餘隻漂没擊碎，其阻滯江干及瓜、揚一帶地方不能前進者甚多。著該督設法倍料兼工堵築，刻期報完，勿致再誤。」

十七日，河道總督張鵬翮面奉聖訓：「引河水使之由人字河、芒稻河入河，朕所見最真，爾必須力行，不可忽也。」

四月，九卿、詹事、科道議准張鵬翮請挑浚下河，奉旨依議速行。

附 張鵬翮《疏略》：

我皇上明見萬里，洞晰河勢，指示周詳，仁愛之心，無所不用其極。臣將所閱形勢，縷晰陳之：

一、人字河宜挑濬深闊也。自金灣閘至孔家渡，爲河之脈絡。見今狹窄，宜開廣闊。自此至芒稻山，河分兩派，又名芒稻河。此處水口兩岸亦狹，又有土嶺二處，前河臣尚未挖完，目今河水方盛，宣泄宜急。應多募人夫，尅期盡行挖去，使其暢流。水口下有芒稻閘，年久塌壞，磯心頗高，宜挖深另修，因時啓閉，以防江潮。

一、鳳凰橋引河之宜再挑也。此河經前河臣新挑，因未挑深，從橋口至胡家樓河水絶流，竟成平地。宜加挑深通，引水從王家莊入運鹽河，匯入芒稻河。

一、雙橋、灣頭二河之宜挑深也。此二河見今水流同入芒稻河，但河底亦有淺處。應俟冬時，挑濬深通。其灣頭閘座雁翅塌陷，宜及時修砌。

此三處之水，俱相繼會入芒稻河，流十八里入江。臣觀江口寬闊，河底深通，兩岸居民二麥成熟，不慮水患。此江都金灣以下，至仙女廟之形勢也。

唯高郵自擋軍樓起，至東西灣止，因高堰洪湖之水滔滔東下，西隄湮没，漫入運河，東隄一望汪洋，水由城南大壩而出，洶涌泛溢。當伏、秋水漲，恐東隄單薄，難以捍禦，致有不虞。宜將見閉三壩，相機酌開，以保城隄岸。俟秋盡水落，修築隄岸堅固之後，再行閉塞。

五月，上諭員外郎拖克拖和中書張古禮：「著馳驛前往河道總督張鵬翮處，將修過河工情形閲看。伊等無有專責，將工程令張鵬翮繕寫摺子，交與伊等帶來啓奏。」

附　張鵬翮《摺奏》：

一、運河宜挑深也。自清河縣運口，至高郵州界首一帶裏河，頻年黄水入運淤墊，從未挑浚。前河臣每以加高爲事，以致河身日高，一遇水漲，往往潰決堪虞。訪之輿論，宜加挑濬深通，即取河底之泥，以加隄身，庶爲有益。俟今冬糧船過盡，即煞壩挑浚。一切進貢差使，暫由陸行。

一、高、寶、江都一帶西岸土石隄宜修也。今洪澤湖水東下，水勢方大，西隄盡淹，河、湖一片。俟冬時水落，估計興修。

一、高郵城南之石壩宜修也。今高郵湖水洶涌，經由城南壩上而出，以勢漸遠，不能盡入人字河而泄。宜於秋盡水落，照前河臣所估，將五壩改爲四滚水壩，辦料興修。於霸下相度形勢，開引河，使水有去路。

一、新改中河隄岸宜修也。兩岸隄工單薄，水漲可虞。臣查新築隄岸長一萬七①百五十八丈，俟選州同馬勳等三百五十員，領帑承修。内頂衝刷灣處，估釘排樁二千八百三十四丈，桃源縣知縣王玥等十八員領帑承修。迄今並未完工，除敕令各官上緊，照估修築，勒限完固。如再違抗，另疏查參追帑，仍治以誤工之罪。

臣看新挑中河窄狹，不如舊中河寬深足以容水。俟糧船過完，於深秋水不涸之時，臣再率②河官復加查勘，若舊中河可以修築，仍由舊中河行運。如果不能築隄，再將新中河審度形

① 「七」，《四庫》本作「三」。
② 「率」，《四庫》本作「索」。

勢，另疏奏聞。

又《摺奏》：

一、運口修築攔黄壩，准有部文，動帑興工。今先築兩岸土壩，俟糧船過完，再堵運口，使黄水歸海，引清水入運河。

一、邵伯、更樓決口，已經修壩堵塞完工，糧船通行無阻，居民亦鮮水患。其舊缺口雖不堵塞，亦屬無碍。且河工需用錢糧浩繁之際，似可暫緩。

一、高郵護城隄工，關係緊要，今正在修築，尅期告竣，以資捍禦。

一、嵇家閘缺口，今正在堵築未完。但湖水方盛，邵伯兩壩已堵，若將此口堵塞，無處泄水，東岸隄工可虞。應暫留此口泄水，以保隄工。

一、人字河、芒稻河引湖水入江，關係要緊，經臣題明挑濬在案。今正在上緊挑挖，務寬深速完，以資宣泄。其芒稻閘俟秋盡水落，方可修建。

一、鳳凰橋引河，引湖水由芒稻河入江。前因挑挖不深，河心又係高岡，以致水不能流，臣題明挑挖深通在案。今正在上緊挑挖使深，務期速竣，引水暢流。

一、劉老澗遥隄造石減水壩，内建磯心八座，係會勘案内候選知縣佟世燕等領帑承修之工。壩牆磯心俱完，尚有底石正在鋪砌未完，飭其作速砌完。壩下挑引河一道，宣泄中河異漲之水，自鮑家莊至殷家口入漣河下海。馮佑領帑挑濬，總未完工。飭其作速挑浚竣工，如不竣工，另疏題參。

一、九里決口，在高郵州九里地方，已經堵塞完工。

一、清河北岸子隄決口，坐落清河縣中河北岸，已經堵塞完工。

謹將見修工程，繕摺具奏。

七月，總河張鵬翮請中河出口仍舊，奉俞旨行。

附　張鵬翮《疏略》：

臣看得：科臣張睿條陳，將清河縣以下所有陶莊閘開放出口，建瓴之勢逼溜使南等語。部議將清河以下所有陶莊閘開放，挑浚出水，或將董安國所挑引河以下，酌量挑挖建閘處，親身詳看具題。等因。臣率淮揚道王謙等及衆河官詳看得：若將中河改由陶莊閘而行，至董安國所挑引河尾入黄河，但清河縣地處洼下，面臨黄河，背坐清水，二水並漲，恐有漂没之虞。必遷移縣治，又多繁費。且引河尾地亦洼下，恐黄水倒灌。雖建閘可禦，而糧船進口行下水數里，水溜風猛，難以進口。且陶莊閘外黄河北岸，皆係陂灘，糧船至此，難以停泊。不若仍舊入運河，治隄溯流而上，至陳家莊渡河，直進仲莊閘小壩，從無阻滯，應無庸更張者也。

九月，總河張鵬翮題改中河，奉旨：「前于成龍奏稱將中河改移，朕屢經諭其恐有未便。今張鵬翮所奏中河事宜甚當，著照所奏行。」

附 張鵬翮《疏略》：

臣先經具奏，舊中河可以修隄，仍由舊中河行運。如不能築隄，將新河審度形勢，另疏奏聞。臣謹率淮揚道王謙等查勘得：新中河必須全身挑挖，兩岸子隄全行加幫，工費頗鉅。而河頭灣曲，糧船行走不順。且三義壩以上三十一里，河身淺狹，遇湖水大漲，恐不能容。舊中河自河頭起，三十二里至三義壩，河甚寬深。但壩以下至仲莊閘二十五里甚淺，南岸河水散漫，難築子隄，且距河岸甚近。今議在三義壩將舊中河築攔河隄一道，改入新中河。則舊中河之上段，與新中河之下段合爲一河，糧船可以通行無滯。

至中河應挑應築之處，關係運道緊要工程。一面發帑委官作速興修，一面確估造册，另疏具題。

十二月，總河張鵬翮奏復天妃閘，建置中河石閘二座，部議覆准。奉旨：「依議速行。」

附　張鵬翮《奏》：

臣看得：科臣陳詵疏稱：自天妃閘至淮安共有五閘，必復天妃閘，以塞其罅，然後淮水可出。

臣按《南河誌》，平江伯陳瑄建通濟、新莊、福興、清江、板閘等五閘，遞相啓閉，以防黄河之淤。又慮水發湍急，難以啓閉，築壩以遏水衝。每歲至六月初旬，糧艘過盡，伏水將發，即於通濟閘外暫築土壩，以遏横流。一應官民船隻，俱暫行盤壩出入，至九月初旬開壩。今天妃、福興、板閘久廢，新莊閘亦以無用棄之。惟存龍汪閘一座，金門參差不能下版。但古今異宜，不能盡復五壩。

臣相度地勢，博訪輿論公議，酌復天妃閘一座，以防黄水内灌。將見存之龍汪閘、寶應閘，拆修金門下板。設遇水涸，遞相啓閉，蓄水濟運。但目前運河淤墊，正在挑挖，俟清水衝刷淤沙使盡，河底之尺寸既定，方可安建閘基，將修閘事宜另疏題請。

科臣陳詵疏稱：新舊兩中河多建閘座，重運來時，節級啓閉，重運過後，勿令常開。等語。查中河頭每年糧船過後，即行煞壩，引湖水由石閘出黄。新運到時，又行啓壩，需費錢糧。不若於中河頭及中河尾，各建石閘一座，以時啓閉，節宣水勢。於新中河孫家集以上修石閘一座，如遇水大，泄入鹽河，以殺水勢。其修閘需用錢糧，另疏估計具題。

四十年，正月，從總河張鵬翮請，修高、寶、江都運河隄岸。

附　張鵬翮《疏略》：

高、寶、江都一帶隄岸，關係運道，最爲要緊。去夏水盛，西隄盡淹，河、湖一片。經臣奏明，俟冬時水落，估計興修，九卿議覆准修，奉旨「依議速行」在案。

今唐埂等六壩堵閉，高、寶、江都西岸隄根漸次涸出，除寶應縣北城灣、南唐隄、五淺、龍王廟，江都西隄排樁等工，尚屬可緩不計外，查高郵陸漫閘西岸，原屬土隄，每遇伏、秋水長，危險堪虞。應建石工，與永安、界首二處石工上下相接，以資捍禦。計工長一千六百二十五丈五尺。江都西隄殘缺石工二百四十四段，其長一千二百二十七丈五尺，亟應補修，以資捍禦。高郵州東隄朱家田頭，單薄危險，亟應下埽壓土，工長四十八丈。清水潭草大王廟東隄裏口險工，舊埽年來朽爛堪虞。應下埽加工，以禦風浪，計工長一百五十丈。又金灣三閘裏頭磯心倒缺不堪，亟應修理。以上各工，不在從前估修之内。

又永安東隄裏口、龍門、北灣險工，計工長一百丈。又永安東隄龍門、南北灣裏口坍卸險工，計工長一百二十六丈。此二工查係前河臣于成龍等，委主事孫叔貽、筆帖式秦保等幫築完工，復被風浪撞擊坍卸，難資捍禦，例應賠修。

二十二日，張鵬翮題河南節宣豫防事宜，奉旨：「這所奏已得河工秘要，著九卿詹事科道會同速議具奏。」

九卿等議覆，奉旨：「依議速行。」

附　張鵬翮《疏略》：

臣按《南河志》，清口至淮安建有五閘，遞相啓閉，以防黄水之淤。又慮水發湍急，難於啓閉，築壩以遏水衝。每歲糧船過盡，即於閘外〔築〕①壩，以遏横流，一應官民船隻，俱暫行盤壩。由此而觀，則是伏、秋水發，黄河倒灌，自古而已然矣。故建閘築壩，以防淤墊之患。今運河初經挑挖，俟清水衝刷使深，河底尺寸既定，方可建閘。臣於《覆科臣陳詵復閘疏》内，曾題明在案。

兹清水雖已出黄，轉盼桃、伏、秋汛繼至，節宣之道，豫防之法，不可不急籌也。今於張福口、裴家場中間，開引河一道，會張福、裴場等引河之水，並力敵黄。但黄水會合衆流，來自萬里，頻年河身墊高，勢大而力强。淮水止發源桐柏，迄今方出清口，一半敵黄，又一半濟運，終虞

① 據《四庫》本補。

力分而勢弱。故蓄高堰之水，以助其勢。幸而黄水不大，亦足以敵之。

若遇黄水大發，在糧船過完之後，仍遵旨堵閉攔黄壩，使不得倒灌，且可以刷深黄河。在糧船正行之際，遇黄水大發，將裴家場引河口門暫閉，引清水由三汊河至文華寺入運河，以濟運行。倘運河水大，山陽一帶由涇、澗二河泄水入射陽湖下海，寶應一帶由子嬰溝泄水入射陽湖下海，高郵一帶仍由城南柏家墩二大壩泄水，江都一帶由人字河、鳳凰橋等河泄水入江。若遇黄、淮並漲，清水由瞿家壩天然滚壩泄出，黄水由王家營減水壩泄入鹽河，至平旺河下海。若糧船過完，黄水不大發，將運河頭壩煞壩，令清水全入黄河，以資衝刷。一切官民船隻，照往例盤壩，俟回空糧船到日，方可啓壩。止留三汊河清水，仍由文華寺入運河。即古人設天妃閘、於糧船過後閉閘築壩之意也。

十一月，張鵬翮請將高郵州陸漫閘西岸改築土隄。奉旨：「陸漫閘西岸改築土隄，内外鑲柴，見今錢糧雖省，但蘆柴易致朽爛，二三年後又致重修。張鵬翮在任時雖無可虞，若張鵬翮或離任，或淮、黄水漲，有危險之處，鑲柴工程朽爛，豈不更難？著將這情由備寫，差員前往張鵬翮處，令其確議具奏。」

張鵬翮遵旨，確議奏聞。奉旨：「著修石工。」

改建清江汛北岸版石工。

加高龍汪閘四層，見今鞏固行漕。

修清江汛北岸越河閘一座。

建中河口門南岸石閘一座。金門口寬二丈二尺，高三丈一尺二寸。

四十一年，二月，建濟運閘一座，金門口寬八尺。河水小即行啓版，開放運河，水大即行下版堵閉，以濟漕運。

又加幫武家墩後橫隄。

又築攔湖創隄。

十一月，從張鵬翮請，浚運河。

附　張鵬翮《疏略》：

運口爲糧艘轉輸要道。初春運行之際，在桃汛未發之前，水尚未長，漕運需水甚亟。去歲於石磡築草壩，開渠引三汊河之水以濟運，糧艘得以通行。至桃汛水發，即行堵閉。今臣率道廳等官，再加相度。與其每歲開閉，需用錢糧，不若建造石閘，相時啓閉。不獨於漕運有益，且省每歲修築之資。

四十二年，正月，界首以下河道工竣。

界首以下河道，康熙三十九年因湖水相連水大，未能挑挖。今六壩堅閉，高郵湖水消落，運河流緩沙停，江西、湖廣糧船身重，入水更深，不無淺澀盤剥。仍應遵旨挑挖深通，以利糧船遄行。嚴催承挑人員，晝夜疾攢，已於十二月二十六日完工，二十八日開壩放水。

附　張鵬翮《摺奏》：

二月，聖祖南巡，諭總河張鵬翮：「駱馬湖竹絡壩口門宜留。」初四日，又奉上諭：「仲莊閘清水出口逼溜使南，恐運口有碍。應于陶家莊以下楊家莊挑引河，令中河之水從此出口，於運口有益。雖楊家莊地勢低洼，即使倒灌，不過一二里，清水仍然頂出。著即相度形勢，估計具奏。仲莊石閘暫停。」初五日，又奉上諭：「王公隄關係運河生民，最爲緊要。隄岸單薄，椿工漸朽，應再加幫，以資捍禦，不可因淤灘可恃而忽之。」

築駱馬湖竹絡石閘，東絡長二十二丈，西絡長十丈，各寬三丈，口門二十三丈。

四十四年，聖駕南巡。三月十一日，奉上諭：「運河東隄保守最爲緊要，隄岸應行加幫。高郵迤南河水高於湖水，東西兩隄卑薄，應加幫修砌，量建石工。」三月十八日，上諭河道總督張鵬翮及河工官員：「今河工雖已告成，不可不預爲修理防護，以圖善後之策。朕見淮、揚一帶隄岸卑薄，未爲甚妥。儻不加保護，以致衝決，則淮、揚地方百姓，何以能安？爾等宜急籌之。」

閏四月，上閲惠濟祠石工，諭總河張鵬翮等：「朕三十八年閲河，爾等所跪之處，俱屬黄水。今清水暢流，逼黄竟抵北岸，僅成一綫，朕心甚爲快然。睹此形勢，朕之河工大成矣！」

四十五年，總河張鵬翮題建文華寺閘一座。閘下挑河一萬四千八百九十三丈，兩岸築隄。《裏河廳册》：「是年，因運河水勢大長，兩岸隄土，難以容受，有關運道、民生。奉上諭造石閘一座，金門寬一丈五尺六寸。南岸閘牆共長十六丈，北岸閘牆共長十四丈，砌高二丈四尺。閘下挑引河一道，由楊家廟單楊口至白馬湖。一遇桃、伏、秋汛，運河水漲，隨即開放宣泄，水下白馬湖；水涸堵閉。並將澗河挑浚深通，又挑挖清溝河，使澗河水勢歸海。

四十六年，總河張鵬翮以前建南關、車邏二壩不敷宣泄，更造五里中壩一座。壩下開挑引河，自中壩下起，由臨澤至寶應三王河射陽鎮，共長一萬七百三十六丈八尺。」

是年，修築大墩分水處西岸草壩。《裏河廳册》：「總河張鵬翮奉諭指授，將大墩分水處西岸草壩再加寬大，挑①清水多出黄水一分，少入運河一分，不致運河東壩受險。張鵬翮即行題估，於四十七年修築，加寬二丈，周圍長二十九丈，分挑水勢，敵黄濟運。」

六月初六日，上諭工部：「頃朕閲視河工，見黄、淮俱已安流，運河亦較前深通，重運無阻。但湖

① 據《皇朝通典》卷五，「挑」爲衍文。

水大漲，則運河東隄尤屬緊要，應速興工加修。這工程交與總河詳勘，動用各省督撫捐輸河工銀兩，盡心堅築，工完報部察核。其天然壩建閘、開河等工，亦著將此項錢糧動用。」

四十七年，總河張鵬翮疏題：「揚州府屬内，江都東隄腰鋪中、腰鋪南、越潭三處，及邵伯蕭家涵起至萬緣庵止，萬緣庵起至壩口止，並黑魚塘諸處石工，及金灣三閘間隄，東關對河沙壩石閘，並皆坍卸，宜修築以資運道。」奉旨准行。

四十九年，總河趙世顯改建天妃閘，外越河添置石閘一座。

五十一年，添建九里岡談家莊水壩一座，拆建涇河閘，浚崇家灣等處運河。

五十二年，建築中河口門頭閘，南北兩壩連雁翅共長七十五丈。

五十三年，修瓜洲廣惠、通惠二閘。

五十四年，宿遷中河口門頭壩下，及崔家宅、柳園頭二處，建挑水壩四座。又桃源之九里岡、七里溝二處，建壩二座。

是年，修建邵伯鎮石工，自奶奶廟起至蕭家石涵止。又修築壩巷口石工，丈尺一如前制。

五十五年，總漕施世綸將瓜洲繞城河開壩行漕。《江防廳册》：「向來漕運俱由瓜洲閘行，其閘下運河南岸花園港一帶，乃糧艘之所停泊者。至五十四年，江溜北趨，將花園港地方衝塌一百二丈，以至屯聚無多。總漕施世綸移咨河院，恐糧艘遲滯，權將繞城河開壩行，至雍正六年築塞。」

建運口草壩，以濟運行。

五十六年，加修山陽運口臨湖埽工二百九十丈。又於吴家莊建挑水壩一座，胡家莊、顔家莊、九里岡諸處各建壩一座。

五十七年，宿遷龔家莊建魚鱗壩三座。

五十八年，堵築高郵擋軍樓迤南缺口。

建築談家道挑水壩一座。

建築九里岡魚鱗壩二座。

建築葉家莊迤下魚鱗壩一座。

五十九年，修築高、寶、江三邑西隄石工。於寶應西隄柳園頭迎湖險工二段，加幫下埽，以禦風浪。

修築平橋汛北岸洞口隄。

建築竇家林挑水壩一座。

六十年，濬邳州運河徐塘口。

加修清江汛北岸小壩、碑亭、北角樓、西門，並三城壩等處隄工，以保運道。

是年，總河趙世顯以寶應張家直對河等處，並高郵護城隄工，爲風浪所掣，漸次坍卸，議於張家直對河起，至白田鋪止長二百二十八丈，又秤鈎灣長四十丈，下埽幫築。其高郵護城東西隄，補砌磚石。奉旨依議行。

築山陽南岸韓家莊挑水壩一座。

建桃源北岸九里岡挑水壩三座。

又建宿遷吴家溝濟運草閘一座，長五丈。內通湖挑挖引河一道，長一千二百六十三丈。

六十一年，署總河陳鵬年題准，徐塘口迤上挑挖越河一道，接入彭家河行運。

又濬宿遷王家溝西湖口正引河，及東西支河各數百丈。又濬九里岡對岸及王家營二處引河。

添修駱馬湖竹絡閘東裹頭二十五丈，西裹頭十五丈。口門只留十五丈，以遏黄水内注，而運河始免沙淤。

雍正元年，挑王家營正引河及東西支河，築清口東、西束水壩。

二年，總河齊蘇勒題准，宿遷西寧橋迤西建攔水三合土壩，兩頭築攔水隄六百丈。

建邳州運河河清、河定、河成三閘，閘旁並開月河以便漕。河清閘一座，兩牆各長二十二丈四尺，高二丈八尺八寸，金門寬二丈二尺，閘旁月河一百二十丈。河定閘一座，兩牆各長二十二丈四尺，高二丈八尺八寸，金門寬二丈二尺，閘旁月河一百二十丈。河成閘一座，兩牆各長十六丈四尺，高二丈七尺六寸，金門寬二丈二尺，閘旁月河一百三十八丈。

十一月，總河齊蘇勒題准，瓜洲胡家觜運口東岸建護口埽工，長一百十八丈。又於唐家莊建築束水草壩一座，兩岸各長二十丈。

三年，濬江口至奔牛閘一百六十里運河。

附　馮詠《浚河免役記略》：

雍正二年六月，上念京口爲杭、嘉、湖、蘇、松、常六郡運河空重糧艘要津也，而每年挑浚，偏役丹徒、丹陽兩邑民夫，力且不支。爰命河漕督撫諸臣，會勘情形奏覆，於藩庫動帑興修，永除民累①。諸臣集京口相度，各處應修之閘有三，曰江口西閘，曰利涉橋小閘，曰丹徒鎮橫閘。重建閘四，曰張官渡，曰陵口，曰吕城，曰越河。開浚自京口至丹徒鎮、黄泥壩、張官渡、七里廟、尹公橋、七里橋、陵口、吕城，計七十三里，皆舊淺阻處也。

江口之西爲觀音樓，東爲水府廟，並建草壩，以拒江流。浚越河，以通江潮。修築丹陽四壩，以蓄練湖之水。又浚七里橋支河四百丈，以通金壇之糧艘。歲修仍責徒、陽二邑，而以六郡協濟之。

明年三月，報可，費國帑六萬九千八百五十一兩有奇。於是兩邑民莫不歡叫喜悦，詠謹指叙事實，宣布皇仁，昭示無極。

四年七月，總河齊蘇勒疏奏，高堰、山、盱一帶臨湖石隄高卑不等，請通行修理。以高出水面一

① 「民累」，《四庫》本作「其害」。

丈爲度，背後土隄，一律加高。並將大隄單薄處，擇段幫寬。接築湖心石隄，與石工高厚如一。

十月，齊蘇勒議稱：「洪澤湖滚水石壩三座，安砌門檻太高，每遇湖水大漲，不能暢出分泄。請將三壩門檻，各落一尺五寸。所需物料，即於沿河兩岸先年廢棄之閘壩石塊内，揀選添用。」奉旨依議行。

五年，加幫江都、寶應東西二隄，補修平橋汛東岸磚工三百十九丈。修宿遷中河南岸，上自支河口起，下至九龍廟止。並添築子隄一道，建王家溝五孔石閘一座。駱馬湖經邦閘旁舊中門築攔河閘一座，長十六丈。竹絡壩迤北創築攔水撑隄一道，長一百一十丈。

六年五月，署江南總督范時繹條議：「京口一帶運河，請檄杭、嘉、湖、蘇、松、常、鎮、太八府州屬，按漕額協解，以充工費。」

九月，郎中鄂禮疏請，將蘇、松境内凡糧艘經由之處低薄隄岸，悉開溝種樹。

是年，仍開瓜洲舊閘河漕。

浚吴江、震澤兩縣運河，共五千五百七十九丈，河面闊十丈，河底五丈，連水面浚深一丈。又修築傾圮隄岸。

改建如皋唐家閘，並南北石涵洞，及挑挖引河等，共計夫料銀四千三百五十五兩一錢有奇。縣丞劉永錀承修。

修築皂河石裏頭閘一座，金門寬十丈，高一丈八尺。挑月河一道，長二百丈，現今行漕。

加修運口、平橋、清江三汛土埽磚石等工。

七年，七月，上諭：「江南運河隄岸歷年殘缺之處，應照黄河隄岸，分别緩急加高。」

濬通州如臯運河，自泰興交界三里墩起，至丁堰鎮止，長一萬二千四百四十八丈三尺。

八年，加幫高郵、寶應、清江諸處運河隄岸，修築山陽沈家圍隄岸。

三月，浚淮安澗河，自興文閘迤下至葫蘆套止，共一萬五千十六丈，面寬五丈，底寬二丈，深七尺。

又自葫蘆套起，至馬家蕩湖邊止一帶，河形紆折，易至停沙，改向直①東，越灣取直，創開新河，長三百六十八丈。

浚揚州、通州鹽運河共二萬五千七百八十丈有奇。江都運河南岸董家溝地方，建單門石壩一座。白塔河建石涵一座。董家油坊築土壩一道，中設木涵洞二座。

江都運河北岸高家老壩築土壩一道，中設木涵洞二座。徐家涵築土壩一道，中設木涵洞三座。楊家渡口築土壩一道，中設木涵洞一座。

加幫羅鼓墩起洪家圩兩岸隄工，運道攸賴。

---

① 「向直」，《四庫》本作「從迤」。

加高運口、清江、平橋三汛土工，共三十七段。

九年，二月，總河嵇曾筠題准，發帑轉飭印河各官，修築江都汛東西二隄土工，長三千二百五十丈八尺。寶應東西隄土工，長二千九百五十四丈三尺。高郵東西隄土工，長六千九百五十四丈三尺。

浚湖、河，自宿遷起，歷桃源、清河、安東、沭陽，下入海州龍溝，出義澤河，入孟家渡，出五丈河①入海。

加高清河縣甘羅城、卞家汪、天妃壩，及山陽縣老壩口、朱家溝、大車路口等隄。又加幫韓家莊縷隄。增築宿遷中河汛内隄北岸，上自支河口起，下至桃源古城，坡墩一萬一千五百五十三丈。又自攔馬河接越河起，下至桃源古城，坡墩八千五百八十七丈零。

濬清河縣楊家莊鹽河閘迤下鹽河，長二萬九千六百七十五丈。又創築兩岸子堰，長一萬一千二百餘丈。又築鮑家營引河頭壩一座，又修築舊遥堤。

十年，九月，大學士總河嵇曾筠題准，建運河西隄石閘一座，金門寬一丈，兩牆由身各直長二丈，上迎水雁翅長一丈五尺，下分水雁翅長二丈五尺，每邊長六丈，兩牆共長十二丈，高一丈二尺。《宿遷運河廳册》：「設版啓閉，以通黄墩湖水濟運。」

① 《四庫》本無「河」字。

又於中河汛内重建竹絡東壩，長二十九丈。壩後建築撐隄一道，長三十五丈五尺。竹絡西壩長十二丈。壩後建築撐隄一道，長十八丈，以束水勢。

又補修劉老澗減水閘，底並下口三合土，闢石、梅花等樁，以資鞏固。

移建清河縣運口天妃閘，於二草壩下。北岸堤内又挑引河，並修築兩岸束水堤。

十二年，九月，大學士總河嵇曾筠題准，重建芒稻河西石閘一座。

十三年，修築山陽縣清江浦龍王閘一座。

又挑挖鳳陽廠引河。

修建儀(徵)〔真〕縣響水、攔潮二閘。

江南通志卷六十一

河渠志

水利 一

夫漳水知用，則瀉鹵生稻粱；雙江繞城，則平疇爲陸海。水利與農田相表裏，由來尚矣。引源釃渠，時其蓄泄，導其尾閭，疏之束之，治水所以治田也。《禹貢》：「揚州之田下下。」今吴中賦入，幾半九州，良由三江五湖之利。經歷代脉分鏤刻，使通灌溉，遂號上腴。然通塞因時，則利害相乘。議者謂淮北之水治其決，江南之水治其闕，蓋是也。而歙、宣、金陵諸河，勢悉趨海，而吐納於太湖，太湖之需治尤急，故首列之。凡治水，於江、蘇、松、常、鎮五府及太倉一州，而合以治之者，皆以治太湖也，故並系之。各府州以次分叙，無水利者闕之。

太湖即江、蘇、松、常、鎮五府，太倉一州水利謹按：太湖，《禹貢》：「東南巨浸曰震澤。」《周禮·職方氏》：「揚州藪曰具區。」即太湖是也。廣三萬六千頃，周五百餘里。中包七十二山，四圍濱湖、常、蘇三郡之地。明王鏊《五湖記》云：襟帶三州，東南諸水皆歸焉。一自寧國、建業等處入溧陽，迤邐至長塘湖，並潤州、金壇、延陵、丹陽諸水以入。一自宣、歙天目諸山，下杭之臨安、餘杭，湖之安吉、武康、長興以入，而皆由吴江分流以入海。則《禹貢》所謂「三江既入」而後「震澤底定」者，昭然可見。又漢虞仲翔云：太湖東通長洲松江，南通烏程霅溪，西通義興荆溪，北通晉陵滆湖，東連嘉興，水凡五道，故謂之五湖。觀此則翕受既多，泛濫亦甚。惟泄其下流之三江、白茅港，深疏暢達，使歸墟無所阻，而後上流沿歷之郡邑，浸潤灌溉，咸收其利也。爰舉太湖灌注之堰、瀆、溪、港、湖、河，分上流、下流，開列于左。其不與太湖接壤，而自爲水利者，如江寧之秦淮湖諸水，别見於後。

太湖上流之堰、瀆、溪、港，其最著者凡三十有五。

五堰　在溧陽縣西八十里，高淳縣東五十里。一曰銀林堰，長二十里。少東曰分水堰，長十五里。又東五里曰苦李堰，長八里。又五里曰何家堰，長九里。又五里曰余家堰，長十里。所謂魯陽五堰也。西有固城、石臼、丹陽、南湖，受宣、歙、金陵、姑孰、廣德及大江水。東連三塔湖、長蕩湖、荆溪、震澤。中有三五里頗高阜，春秋時闔閭伐楚用伍員計，開渠運糧，今尚名胥溪。鎮西有固城邑遺址，則吴所築以拒楚者也。自是湖流相通，東南連兩浙，西入大江。唐景福二年，楊行密將臺濛作五堰，拖輕舸饋糧。其後東壩既成，遂不復通，惟永陽江水入荆溪。明太祖都金陵，以蘇、浙糧道自東壩入可避長江之險，洪武二十五年浚胥溪，治石閘，司啓閉，命曰廣通鎮。永樂元年，始改築上①壩。自是宣、歙諸水希入震澤，而壩猶低薄，水間漏泄，舟行猶能越之。正德七年，增築壩三丈，水勢相懸遠甚。嘉靖三十五年，復自壩東十里許更築一壩，名東壩。兩壩相隔，湖水絶不復東矣。

傅同叔云：「自宜興航太湖，經溧陽至鄧步，凡兩日水路。自鄧步登岸，上小市，名東壩。自東壩陸行十八里，至銀林。

復行水路百餘里，乃至蕪湖入大江。銀林之港，鄧步之湖，止隔陸路十有八里。此十八里中，有三五里高阜。而苦不甚高，遇暴漲，則宣、歙、金陵之水皆由荆溪入太湖。此高阜不足以遏之，五堰之所以作也。」

單鍔著《吴中水利書》謂：「五堰廢則宣、歙諸水盡入震澤，三州水患無已。」

王鏊《震澤編》云：「以此一源最鉅，爲蘇、常患。」

伍餘福《三吴水利書》亦諄切言之，蓋蘇、常、湖水利之一大鎖鑰也。

① 「上」，《四庫》本作「土」。

安港　在鎮江府東北八十里，通大江。自安港而東北百里，爲丹陽之包港。

新豐湖　在鎮江府東南三十五里。亦曰新豐塘。

潤浦　在鎮江府城東一里，北通大江。

練湖　在丹陽縣城北。一名練塘，俗謂之開家湖。納丹徒長山、高驪諸山之水凡七十一流。唐時近湖民築堤横截十四里，遂分上、下二湖，開瀆泄水，取下湖地作田。國朝康熙中復下湖，民賴其利。

九曲河　在丹陽縣北。南接漕渠，北達大江，委蛇七十餘里。亦謂之新河。河口舊有博望堰閘，土人謂可以通潮利漕。

白鶴溪　在金壇縣北，上承金陵、句曲之水，東流入常州界。《漕渠考》：「縣北有金壇河，溧陽、高淳之水由此河出，至丹陽城東七里橋。其水可以濟運。」

烈塘河　在常州西十八里。南枕運河，北流四十三里入大江。一名得勝新河。

西蠡河　在常州府城東南。北枕運河，接滆湖。宜興有東蠡河，故此名「西」。歲久淤塞，明正德間疏濬。亦曰西運河，支流入揚子江。

綱頭河　在常州府城北，延袤六十五里入無錫、江陰界。支流入大江。

丁堰河　在常州府東十五里。南枕運河，北流二十里接綱頭河。

黄汀河　在常州府東北十五里。西接綱頭河，東入江陰界。單鍔云：「常州運河北偏右有泄水入江一十四瀆，即孟瀆、黄汀瀆之類也，今所存蓋無幾云。」

陳墅河　在常州府東二十五里。南枕運河，北接三山港。

三山港　在常州府東三十里，西接戚墅堰。

芙蓉湖　在常州府東五十五里。昔時湖岸南北相距凡八十里，南入無錫，北入江陰，又北注於大江。明周文襄公圍作圩田千餘頃。東南流曰五瀉水。

滆湖　在常州府西南三十五里，南北百里，東西三十餘里。今北通漕河，導流東注於湖。

孟瀆　在常州府西三十里奔牛鎮。東南枕運河，北流六①十里入揚子江。

澡港　在常州府北五十里。稍西即魏村鎮，與烈塘河口相接。港南接綱頭河，北入揚子江，袤四十里。歲久淤澱。一名竈子港。

戚墅港　在常州府東三十里。南接運河，東入於三山港，東南與江陰接界，西北入申、利二港入揚子江。

廟堂港　在常州府北，今湮。

蠡湖　在無錫縣東南五十里，與長洲縣分界。東西長三十里，南北六里。唐刺史孟簡開泰伯瀆，東連蠡湖，即此。

① 「六」，《四庫》本作「一」。

陽湖　在武進縣東五十里。東西八里，南北三十二里，與無錫分界。今多淤爲田。

五瀉河　在無錫縣北。南枕運河，北至江陰、武進兩縣界，又北至申港入揚子江。

濠湖　在無錫縣東南六十五里。北爲常熟縣界，東爲長洲縣界。

梁溪　在無錫縣西，源出慧山。北合運河，南入太湖，溉田數十頃。

洮湖　一名長蕩湖，在宜興縣西北，與溧陽、金壇分界。周處、酈道元皆以洮湖爲五湖之一。湖周一百二十里，西通石臼、丹陽等湖，東通太湖。自東壩築，而丹陽、石臼湖諸水俱西流入大江，與長蕩湖相隔。

荆溪　在宜興縣城南。其在城西者亦曰西溪，在城東者亦曰東溪。凡廣德、溧陽、金壇並縣西諸山澗水，俱流匯於西溪，乃貫城繞郭爲東溪，以下太湖。舊志「荆溪上承百瀆，兼受數郡之水」是也。今謂之東九里河、西九里河。河流甚長，土人以九計里，因名。今自縣東分二流：其一北達常州爲漕河，溧陽運船俱由此出。其一東達太湖，謂之東瀉溪。本名東舍，譌爲「瀉」，一名蒙溪，又名五雲溪、百瀆。在宜興縣西南七十五里者爲上瀆，北六十里者爲下瀆。昔以荆溪居數郡下流，於太湖口疏百派以分其勢，又開橫塘，袤四十里以貫之，瀕湖畎澮皆通焉。後漸廢。

夾苧干瀆　在宜興縣西北。昔時瀉長蕩湖之水東入滆湖，由滆湖入大吴瀆、塘口瀆、白魚灣、高梅瀆及白鶴溪，而北入常州運河。又由運河分流入一十四瀆，注於大江。今湮。

申港　在江陰縣西三十里。相傳春申君所開，導江南流，置田爲上下屯。又南經武進縣界分爲二，東入無錫五瀉河，西入武進三山港，俱達於運河。

利港　在江陰縣西五十里，導江水南行入武進縣界，下流亦達於運河。

黃田港　在江陰縣北二里。相傳春申君所開，導江水溉田，因名。邑人於江口置閘，號上閘。於縣西南十里蔡涇口置閘，曰下閘。舊有支港數十處，今多爲潮汐所湮。其南接於運河。

横河　在江陰縣城東。引黃田港水貫城而東，達縣東六十四里之谷瀆港。

蔡涇　在江陰縣西南十里。西接夏港，東通黃田，有蔡涇閘，又東穿運河而接於横河。明天順間，運道淺淤，議改從孟瀆、蔡涇出漕舟。

石頭港　在江陰縣東三十里，北通大江，南入横河。

此上皆江、常、鎮三郡之水，或疏其經流以入太湖，或導其支流以入於大江，而治於上流者也。

太湖下流東南入海之大川有三：

吴淞江　即古松江，一名松陵江。自太湖分流，出吴江縣城東南之長橋，北流至龐山湖，合尹山湖入長洲界。折而東入獨墅湖，過大姚鋪抵夏駕浦，入昆山縣分爲二：南爲吴淞江，北爲劉娘江。復合爲一，東流入嘉定界。經上海又東南流，與黃浦合，迤邐至吴淞口入於海。

附　明沈幾《水利議》：

國家財賦，仰給東南。東南民命，懸於水利。水利要害，制於三江。《禹貢》所稱「三江既入，震澤底定」者是也。自海塘障而東江湮，止二江受全湖之水。宋元以來，多水患也，然猶有二江也。至嘉靖之季，而松江塞矣，嘉靖壬戌諸年之所以多水患也。海忠介公受符治之，功未及半，而松江之士夫齮齕焉，謝事去，萬（歷）〔曆〕己卯諸年之愈多水患也，然猶有半松江、全婁江也。

自庚辰來五十年間，松江以半開而易塞，婁江以全身而半塞，是以半江受全湖之水，十年九湮，夫奚疑哉！

請先言婁江。夫水勢必趨東南，婁在太湖東北，而水全趨之者，其故有二：一者地近。北爲唯亭，南爲甪直，皆去湖不五十里，而潮汐通焉。呼吸相接，地近則趨，從其便也。二者勢迫。兩江既塞，無從分泒，全身趨婁。其勢重，其流愈急，從其迫也。若然，則婁之所係大矣。而水利之官①空設，開濬之策不講者，士夫爲之碍也。

婁江自蘇之婁門出，下雉瀆，經唯亭至昆山，由夻子河抵太倉而入劉河者，人以爲婁江故道而非也。此婁江之最平穩處，故治以爲官道，而險不在焉。在北爲陽城湖，連亘百餘里。而走

① 「官」，《四庫》本作「議」。

白茆塘，南遮松江之半身，連亘四十餘里，其廣者可百餘丈，狹者可十四丈。而走安亭漳浦，其大凡也，而至廣至狹不與焉。潮勢洶涌，挾泥沙而上，泥停水去。日漸一日，泥壅沙浮，河身高淺。小民射利，傍岸俱種茭蘆。茭蘆既生，泥沙藉之可以安立，不二三年可種菱藕。菱藕衍蔓，泥沙愈凝，不三四年可種苗稻。築爲外圩，照前漸擴，於是河之百餘丈者漸爲數丈，數丈者漸爲二三丈。平時不覺，迨至夏雨時行，水勢一漲，急不得瀉，膏腴之壤，盡爲巨浸，直須臾耳。以所陞之毫末，易所湮之鉅萬，以千百家之受利，易萬姓之災荒，其利害易知。而士夫爲子孫計，狃目前之利，必不肯棄此以謀軍國之大計也。故曰：白茆開，利歸蘇，而阻撓者必蘇之士夫也。

其次言松江。夫水勢趨東南，其正脈也，而入海之道稍遠。既合東江之水，河浦最多最大，汪洋浩渺，不可復治官道，所以驛傳借路嘉興。其中水勢既盛，蓄泄甚難。而松江泥沙同於嘉興，其味鹵，其質重，易於凝滯，結爲原壤。向之河身，已架高屋樓房，起爲墳墓。嘉定以南，華上以北，一望平蕪。百里之中，不聞舟楫，此豈尾閭之地所宜也哉？

就耳目所及，舉一以例餘。如吴江長橋，浙、直孔道，凡有軒車，無不駐節。試觀長橋之下，爲門七十有二，以殺水勢。古人苦心極慮，觸目可思。而間有貪利者，東西占爲茭蘆數百頃，漸填爲平壤，架爲市房。坐視吴江之民，頻遭水厄。湖水一漲，灌城而入，全縣之田，蕩然爲患。士民屢屢具呈，貪者執不肯行，寧兩府全荒不恤也，又近之而一縣全荒不恤也。又近之而本户所荒百千餘畝，子粒不存，又不恤也。而止顧此尺寸之利，罔念滔天之害，何愚一至此哉！觀此一處，例知萬情。故曰：松江之開，利歸松江。而開之有阻撓者，必松江士夫也。然則棄小利以弭大害，捐情面以專責成，是在今日當事矣。

婁江　亦名下江。自太湖分流，出吴江縣西北鮎魚口，北流入運河。經城東爲婁門洪，注流爲上下雉瀆，東南爲陳湖，東北爲陽城湖，巴城湖之水入焉。歷昆山至和塘，東合新洋江，至太倉州城南，又東爲劉河口入海。吴淞江一帶，流至新洋江口及夏駕浦二處，交會於婁江①。

黄浦　在華亭、上海境。巨川自黄潦涇受黄橋斜塘水，斜塘水自三泖來，其上爲澱湖，爲急水港，爲白蜆江，自松江分派而來。又受嘉興塘水，東流至詹家匯爲瓜涇塘，演迤而東，凡南北兩涯之水皆入焉。至鄒家寺折而北流，趨上海縣，東西兩涯之水皆入焉。又東北，會吴淞江以入海。浦約長二百五十餘里，比吴淞、婁江更闊大，故論者指爲東江焉。

① 《四庫》本無「江」字。

附　明歸有光《寄王太守書》：

某昨承明府論及水利，匆遽辭別，不及盡言。某非能知水學者，然少嘗有意考求。見盧公武郡志，止抄録事蹟，略無綱要。今新志因之。而近來言水利者，不過祖述此耳。嘗訪求故家野老，得書數種。獨取郟氏二三家，斷以爲專門之學，遂彙録成書，非能特有所見也。惟以三吴之水，潴於太湖，太湖之水，泄於松江。古今之論，無易此者，故著論以暢前人之旨。嘗又讀《禹貢》，註三江者迄無定論。惟郭景純及後來邊實之論爲是，故定以爲三江之圖。

明府見諭，謂吴淞江與常熟縣無預。某①所論三吴之水，非爲常熟一縣之水也。江水自吴江經由長洲、昆山、華亭、嘉定、上海之境，旁近之田，固藉其灌溉。要之吴淞江之所以爲利者，蓋不止此。獨以其直承太湖之水以出之海耳。今常熟東北，江海之邊，固皆高仰。中間與無錫、長洲、昆山接壤之田，皆低洼多積水。此皆太湖東流不決之故。若吴淞江開濬，則常熟自無積水。然則吴淞江豈當與許浦、白茅並論耶？

① 「某」，《震川先生集》卷八作「有光」。

明府又謂：揚子江、錢塘江何與於吴中水利？某①意特欲推明三江之説。蓋自來論吴中之水，必本《禹貢》「三江既入」之文。自孔安國以下，以中江、北江爲據，既失之泥，班固、韋昭、桑欽近似而不詳，固當從郭景純。惟三江之説明，然後吴中之水可得而治也。經曰：「三江既入，震澤底定。」先儒亦言三江自入，震澤自定，文不相蒙。然吴淞一江之入，震澤底定，實係於此，經文簡略不詳耳。某誠恐論者不知此江之大，漫與諸浦無別，不辨原委。或泥張守節、顧夷之論，止求太湖下之三江，用力雖勞，反有支流湮汩之患也。但欲復禹之跡，誠駭物聽。即如宋郟亶時之丈尺，時力亦恐未及。而水勢積壅爲害，欲求明府先令所在，略據今日河影，開挑茭蘆，使自昆山夏駕口至嘉定柵橋尋入海之口，則江水有通流之漸矣。今春量撥賑饑之穀，召募饑民，或可即工。又旁江之民，積占茭蘆，指以告佃爲名。所納斗升之税，所占即百頃之江。兼之漲灘之税，亦多吏胥隱没，官司少獲其利。昔宋時圍田，皆有禁約。今姦民豪右，占江以遏水道，更經二三年，無吴淞江矣。若責所占之人，免追花利，止令隨在開挑，以復舊跡，則官不費而姦有所懲矣。

某二十年屏居江上，未嘗敢獻書當事者。異日吕公有意水利，然以平日非相知，不敢有所陳。前以分司舊識，因開瓦浦問及之。而明府親屈二千石之重，敦行古誼，虛懷下接，且惓惓以

① 「某」，《震川先生集》卷八作「愚」。

吾民魚鼈爲憂，故特有言耳。然區區所望於明府，有大於此者。昔魏王召史起問：「漳水可以灌鄴田，子何不爲寡人爲之？」史起曰：「臣恐王之不能爲也。」王曰：「子誠能爲寡人爲之，寡人盡聽子矣。」史起敬諾，曰：「臣爲之，民必大怨臣。大者死，其次乃籍臣。臣雖死籍，願王之使他人遂之也。」王曰：「諾。」使爲鄴令。史起因往爲之，鄴民大怨，欲籍史起；史起不敢出，而避之。王乃使他人遂爲之。水已行，民大得其利。由此言之，興一世之功，不當恤流俗之議也。區區之見，要以吴淞江必不可不開。即日渡江，遠離節下，豈勝瞻戀。因還船附此，不宣。

《水利後論》：

單鍔以吴江堤横截江流，而岸東江尾茭蘆叢生，泥沙漲塞，欲開茭蘆之地，遷沙村之民，運去漲土，鑿堤岸爲①橋走水，而於下流。開白蜆安亭江，使湖水由華亭青龍入海。雖知松江之要，而不識《禹貢》之三江，其所建白，猶未卓然，所以欲截西水，壅太湖之上流也。蘇軾有言：「欲松江不塞，必盡徙吴江一縣之民。」此論殆非鍔之所及。今不鐫去堤岸，而置爲千橋，亦守常之論耳。

---

① 「爲」，《震川先生集》卷三作「千」。

崇寧二年，宗正丞徐確提舉常平，考《禹貢》三江之説，以爲太湖東注，松江正在下流，請自封家渡古江開淘至大通浦，直徹海口。當時惟確欲復古道，然確爲三江之説，今亦不可得而考。

元泰定二年，都水監任仁發開江，自黄浦口至新洋江，江面才闊十五丈。仁發稱：古者江狹處，猶廣二里。然二里，即江之湮已久矣。自宋元嘉中，滬瀆已壅噎，至此何啻千年？郟氏云：「吴淞古道，可敵千浦。」又江旁縱浦，郟氏自言小時猶見，其闊二十五丈，則江之廣可知。故古江蟠屈如龍形。蓋江自太湖來，源不遠而勢既廣，若徑直，則又易泄，而湖水不能蓄聚，所以迂回其途。使如今江之淺狹，何用蟠屈如此？

余家安亭，在松江上，求所謂安亭江者，了不可見。而江南有大盈浦，北有顧浦，土人亦有三江口之稱。江口有渡，聞之百歲老人云：「往時南北渡，一日往來僅一二回。」可知古江之廣也。本朝都御史崔恭鑿新道，自大盈浦東至吴淞江巡檢司。又自新涇西南蒲匯塘入江，自曹家河直鑿平地至新場江，面廣十四丈。夫以郟氏所見之浦，尚有二十五丈，而都水所開江面才及當時之浦。至本朝之開江，乃十四丈。則興工造事，以今方古，日就卑微，安能復見禹當時之江哉？

漢賈讓論治河，欲北徙冀州之民當水衝者，決黎陽遮害亭，放河北入海，當敗①壞城郭田廬

① 「敗」，《四庫》本作「開」。

冢墓以萬數。以爲大禹治水，山陵當路者毁之，隳斷天地之性，此乃人功所造，何足言也？若惜區區漲沙茭蘆之地，雖歲歲開浦，而支本不正，水終橫行。今自嘉靖以來，歲多旱而少水，愚民以爲自今不復見白水之患。余嘗聞正德五年，秋雨七日夜，吴中遂成巨浸。設使如漢建始間霖雨三十日，將如之何？天災流行，國家代有。一遇水潦，吾民必有魚鼈之憂矣。

或曰：「今獨開一江，則其餘溪港當盡廢耶？」曰：「禹決九州，距四海，濬畎澮距川。江流正，則隨所在可引以溉田。且江流浩大，其勢不能不漫溢。如今小江，尚有剗娘江分四五里而合者。則奇分而旁出，古婁江、東江之跡，或當自見。且如劉家港，元時海運，千艘所聚，至今爲入海大道。而上海黄浦，勢尤洶涌，豈能廢之？但本支尊大，則支庶俱得所矣。」

此上皆承太湖之下流，而納諸港之水以入海者也。

東北入江之大浦有八：

白茅港　在昭文縣東七十里。横廣三十餘丈，長亘九十餘里，爲蘇、常諸水東北出江第一要道。蓋震澤之水北注於陽城、巴城等湖，而江陰、無錫諸邑接受宜興、溧陽諸山之水，又回環聚於華蕩、尚湖等巨瀦。東江既失故道，婁、淞淺澀，震澤洪流東指之勢，獨白茅爲尾閭。宋人言水利者，每言導太湖分流東北，由諸浦注之江，而諸浦中白茅最大，今屢議疏浚。

福山港　在常熟縣北四十里。自城北水門二十里經斜橋，又二十里經福山入大江。亦曰福山塘。

許浦　在常熟縣東北七十里。自縣城東北三十五里經梅李塘，又三十五里爲許浦，入大江。宋時以茜①涇、七鴉、白茅、許浦、下張爲昆、常間五大浦，又以梅李塘、白茅浦、崔浦、福山浦、黄泗浦爲常熟五浦，屢議浚治。今許浦淤塞，不復爲要口。浦東有徐六涇，西南出梅李塘，爲往來通道。

梅李塘　自雉浦入耿涇、千步涇，迤邐常熟縣東，入許浦出口。

李墓塘　在常熟縣東。其源自周涇而來，至白茅塘入江。

黄泗浦　在常熟縣西北八十里，南通江陰縣境，北入揚子江。

崔浦　丁涇　皆在福山港東北，亦舊時通江之口，今俱湮。縣北五十里有崔浦橋，即入江處。

入海之大浦有五：

七浦　一名七浦塘，亦曰七鴉浦，在昆山縣西北三十里，常熟縣東南三十里，太倉州北三十六里，接三縣界。水自昆山至和塘，而北合常熟、昆承及陽城、巴城諸川澤，匯流爲七浦塘。經太倉州西三十里直塘市，又東北十里爲沙頭市，又東北十里經塗松鎮一帶入海。

楊林塘　在太倉州西北二十里。其上流承七浦塘及巴城湖之流，東經新塘而東，至州東北八十

① 「茜」，《四庫》本作「百」。

里花浦口入海。

顧涇港　在嘉定縣東四十里入海。

川沙港　南接顧涇港，東北入海。

黃姚港　在嘉定縣東北四十里，西接新涇，東北入海。

此上皆沿海、沿江而泄三江之支流者也。

其經絡於白茅港、許浦、梅李塘、李墓塘者：

元和塘　即常熟北來運河，俗訛雲和塘，南屬長洲縣，北屬常熟縣。

柴涇　徐墅涇

羅墩蕩　六里塘

大和塘　官禄塘

黃莊塘　五丫塘

西陳涇　漊涇

魏涇　東横涇

徐涇塘　莫門塘

衛涇塘　南張涇

周涇　黄涇
龍涇　南桑浜
曹家浜　時涇塘
北艾涇　朱堰塘
嚴舍涇　懸涇
徐涇　楊尖涇
戈莊涇　五瞿塘

此以上諸水流梅李塘者，東北入許浦。流李墓塘者，東入於白茅港。流福山塘者，北入於揚子江。

其經絡於七浦者：

茜涇

其沿湖泄水之口可指名者：

鮎魚口　在太湖北，去吴江縣十八里。流爲澹臺湖，自分水墩南流，逕吴縣城東南爲龐山湖。

胥口　太湖支流。東出香山、胥山之間者曰胥口，東流爲木瀆。

白洋灣　太湖支流。東出吴山，南曰白洋灣，北流爲石湖。

東一溪　北流横塘，曰越來溪。與木瀆水合，入胥門運河，曰胥江。

管瀆　小溪港

瓜涇　夾浦

張家河　北車橋

漾湖溪　上瀆港

陸家浜　虎山橋

石家浜　南宫塘

蒯家涇　九曲江

後塘橋　梅梁溪

龍堂河　迎城山

菱湖港　太平橋

澤塘浜　灌瀆浜

和尚浜　長洛浜

王家漾　山徑港

渡水港　黄瀆港

後保河

其他水不可殫記，皆泄太湖之水，以東入三江諸浦而歸於大海者也。

湖之次大者：

石湖　在吴縣、吴江縣分界，上承太湖，東接澹臺湖。

澹臺湖　在蘇州府西南十八里，太湖之東。其水過寶帶橋入運河，分流入黄天蕩、陳湖、金涇滸，北行經葑門，環城爲濠，至婁門東入於婁江。

龐山湖　在蘇州府南二十里，當澹臺湖之東。太湖之水自吴江縣之鮎魚口及長橋下東北出者，皆匯於此。導流爲吴淞江，東南流爲黎湖、菱湖、葉澤湖、新湖、葉澤湖，東爲九里湖、急水港，又東姚城江、白蜆江、小龍港、杓頭潭、西禊袴湖、笑面湖，與汾湖接，皆吴江縣界。

尹山湖　在蘇州府東南二十五里。西北接瀆墅湖及車坊漾之水，委流入於三泖。

瀆墅湖　在府城東南十里。南接尹山湖，東入大姚①港及陳湖。

唐家湖　在吴江縣南三十四里。西連盛墩湖及夾馬路，爲太湖之委流，東注於運河，復溢而東，出播爲諸蕩漾凡數十計。又北瀦爲三白蕩，西北去縣二十五里，又北接白蜆江。其東出則爲急水

① 「姚」，《四庫》本作「洮」。

港，接松江之澱山湖。

鶯脰湖　在吴江縣南四十里。其上流納爛溪、荻塘諸水，出平望安德橋匯流成湖。南達於汾湖，北接太湖。

汾湖　在吴江縣東南六十里，與浙江嘉善縣分界。東合諸湖蕩，又東通三泖入華亭界。其北連諸湖蕩，又入鶯脰湖。

陳湖　在蘇州府東南三十五里。湖廣十八里，接昆山縣界。《宋志》：陳湖自大姚港、界浦、渡頭浦、朱里浦入吴淞江。今渡湖而東南三十五里即澱山湖，路出松江三泖。

沙湖　在蘇州府東二十里。北對陽城湖，湖中有至和塘岸，道出昆山。其南通吴淞江，有湖堤。

陽城湖　在蘇州府東北二十里。上接吴淞江，東流入昆山縣界，常熟縣南境之水亦流匯焉。吞吐群川，波流浩瀚，灌溉甚溥。東爲包湖、傀儡諸湖，皆餘流所浸溢也。東北爲巴城湖。

巴城湖　在昆山縣西北二十里。其地有古巴城，因名。西爲施澤涇，出陽城湖。南曰尤涇，出至和塘。東曰焦温涇，達城。

尚湖　在常熟縣西南四里。長十五里，廣九里，虞山峙其北。東通運河，西出江陰縣。

昆承湖　在常熟縣東南五里。長三十六里，廣十八里。《水經》云：廣長各十八里。無錫以東、長洲以北之水，汜濫而出，匯流於此。昔時分流入白茅、許浦以達於江。其後諸浦漸湮，湖流亦日狹，土人於灘淺處占爲田，而分爲涇港，散入於太倉、昆山之界，從七鴉浦、劉河諸口入海。

澱山湖　一名薛澱湖，在松江府西北七十二里，與青浦、昆山縣接界，吴淞江水匯流處也。唐宋以來，澱湖深闊，境内無水災。宋南渡後，漸至堙廢。其源自長洲白蜆江，經急水港而來。北由趙屯浦，東由大盈浦，瀉於松江，東南由爛路港以入三泖，潮沙淤澱，漸成圍田。今趙屯、大盈浦去湖益遠，由何家港及南北曹港，受湖水以泄於松江，非復澱湖之舊矣。

泖湖　在松江府西三十五里。亦曰三泖，泖有上、中、下三名。《圖經》：「西北抵山涇。」水形圓者曰圓泖，亦曰上泖。南近泖橋，水勢闊者曰大泖，亦曰下泖。自泖橋而上，縈繞百餘里曰長泖，一名谷泖，亦曰中泖。泖湖之水，上承澱山湖，凡嘉、湖以東，太湖以南之水，多匯入焉。下流合黄浦入海。

此以上皆與太湖聯屬，廣袤歷數百里。其水則東南出嘉定吴淞江及松江、黄浦，東出昆山婁江，及東北出常熟白茅港，而入海入江者也。

涇、瀆、港、浦與吴淞江相貫注者：

白蜆江　在吴江縣東南四十里。西北與龐山諸湖相通。又東爲小龍港，引流入吴淞江。其西與諸湖蕩相連，汾湖之水亦流匯焉。

姚成江　在吴江縣東北三十里，亦與白蜆江相接。

新江　在昆山縣，宋嘉祐間所開。西接吴淞江，南入陳湖。

千墩浦　在昆山縣南四十里，新洋諸江之水匯流於此浦，接吴淞江入海。

大虞浦　在昆山縣西南九里。又有小虞浦在縣西南，二浦皆北出新塘，南通吴淞江。

白鶴江　在嘉定縣西南四十三里。自松江府青浦縣流入境，北入吴淞江。

大盈浦　在嘉定縣西南五十里。自松江府流入境，注於吴淞江。

大盧浦　在嘉定縣西南。南通青龍江，北逕馮浦入吴淞江。亦曰渡頭。

黄渡浦　在嘉定縣西南四十里。南通吴淞江，對岸即大盈浦也。

練祈塘　在嘉定縣南。東西長七十二里，自縣中分曰東、西練祈。今自顧浦納淞江之流，東折貫於吴塘。又東過鹽鐵塘，貫縣城而東，抵羅店鎮稍東北入於大海。

走馬塘　在嘉定縣東南二十里。西通至於横瀝，東南由灣浦入吴淞江。

趙涇　在嘉定縣西南二十里。北通練祈，南爲月河出吴淞江。

趙屯浦　在松江府西北七十里。舊當澱山湖北，直受湖水，瀉於吴淞江。後水利不修，浦去澱湖益遠。湖水自北①漕港分支北流，愈北愈隘，僅通舟楫。其接曹港處又名新河浦，分二支：一曰南小趙屯浦，一曰北小趙屯浦，俱入吴淞江。

顧會浦　在松江府西北二十二里。其上源爲通波塘，出府城北流爲五里塘，又北爲澤祥湖，别

① 「自北」，《四庫》本作「南入」。

流爲崧子浦，北出鳳凰橋，又往北簳山入青浦界。又北通新江塘，西接青龍江，東爲艾祈等浦，入吴淞江。

崧子浦　在松江府北十五里。自顧會浦分流，經縣之東北五十里入吴淞江。

盤龍浦　在崧子浦東。其上流曰盤龍塘，自府東三里北流絶俞塘，及上海、青浦境内之六磊、泗涇、横塘蒲，匯諸塘而北入於吴淞江。長八十里，其入江處曰盤龍匯。

沙岡塘　在盤龍浦東。南絶黄浦至捍海塘，北入吴淞江。

横瀝塘　在沙岡東。其北絶吴淞江，入嘉定縣界。

西上澳浦　東上澳浦　二浦皆南通烏泥涇，北入吴淞江。

西蘆浦　大蘆浦　亦北入吴淞江。

上海浦　即黄浦下流合吴淞江處。

新涇塘　在松江府東八十里。華亭瀕海塘浦之一也，亦曰新涇浦。北過吴淞江，其支渠甚多，皆能引水以灌田疇。

沈涇塘　在松江府西五里。南接秀州塘，北合諸涇港之水。北流爲神山塘，經佘山西又分流，會諸涇港之水。西北入大盈浦，東入顧會浦而合吴淞江。此塘所以泄西南上流之水，歲旱浚之，可引吴淞江水以資灌溉。

朱涇　在松江府西南二十七里。自秀州塘分流而東，合於三泖，爲淞江西出之要路。

張涇　在松江府南，西接新運鹽河。

艾祈浦　在青浦縣東北二十八里。南接顧會浦，東北流達於吴淞江。

吴淞江南諸浦之著名者：

北平浦　破江浦
養蠶浦　南瀣浦
梁紇浦　石臼浦
分桑浦　内勳浦
石浦　道褐浦
蕭市浦　金竈浦
注浦　張潭浦
棠梨浦　同邱浦
諸天浦　張浦
帆歸浦　角直浦
渡頭浦　甫里浦
東齊浦　剎刀浦

界浦　浮高浦
順德浦　大姚浦
破墩浦　盞頭浦
此以上皆西受陳湖等水而入吴淞江者也。

吴淞江北諸浦之著名者：
安亭浦　徐公浦
北澥浦　瓦浦
三林浦　顧墓浦
金城浦　木瓜浦
下界浦　奤浦
廣浦　社城浦
馬仁浦　尤涇浦
梁里浦　華祥浦
心瀆浦　樂浦
薛莊浦　黄瀆浦

直義浦　下里浦
戴墟浦　上顧浦
青(邱)〔丘〕浦　鳳里浦
任浦

此以上皆西受陽城湖諸水，横絶至和塘而入於吴淞江者也。

婁江之西：

至和塘　自蘇州府城婁門，東經沙湖，又東入唯亭諸水。至昆山縣，一南繞城爲濠，東行北轉，一北行而東，横行城中，並入婁江。

其支流相貫注者：

半涇　横帶太倉州城東數里，南入婁江，北逕湖川、楊林，屬於劉家港。
吴塘　在太倉州城西三里，南入婁江。
太倉塘　引婁江水入州城大西門，相傳爲至和塘。稍南爲陳門塘，引婁江水入小西門。
湖川塘　在太倉東，環出小塘子入婁江。
徐公浦　在嘉定縣西北。南通顧浦，北達劉河。

劉家港　在太倉州城南。自昆山縣流入境，又東南七十里爲劉河口，即古婁江入海之口，自此抵崇明一百二十四里，爲濱海要道，元人海運由此入海。水面寥廣，與他港不同。自劉家港而西，爲北漕漕，爲糜長河。又西爲北時溝，爲楊子涇，爲小塘子，爲三江口，爲石婆港。南盤曲處爲湄埸灣。北爲新開河，爲青福涇，爲菖蒲涇，爲半涇。

此以上皆引諸河水而入於婁江以達海者也。

其通吴淞江水而達婁江者：

夏駕浦　在昆山縣東南二十里。《志》云：新洋江南口即夏駕浦。明夏原吉以松江自夏駕而東，沙漲猝不可去，江北岸有劉家河入海，乃鑿夏駕浦掣江接浦，匯於劉家河，故名。

新洋江　在昆山縣東南六里吴淞江北。南通松江，而①其流溉於罔身。北通至和塘，即婁江。

横瀝　在嘉定縣治東。南北袤六十里，自縣治中分，有南、北横瀝之名。自縣西南二十七里孫基港口，受吴淞江水，折而東合上槎等浦，經南翔鎮又北二十里，貫城而北出，抵南北十二里之婁塘。又東北折而爲雙塘，復少折而西北曰公塘。俱入劉河。今漸微。

鹽鐵塘　在嘉定縣西十五里。南接陸皎浦抵吴淞江，北貫練祈塘，經葛隆鎮達於劉河。

① 「而」，《四庫》本作「下」。

顧浦　在嘉定縣西南五里。引吴淞江水入吉涇，自吉涇塘稍東，復北爲下戚虞涇，與南鹽鐵、張涇、横瀝水東西相並，俱入婁江。南鹽鐵在戚虞涇之左，張涇、横瀝在戚虞涇之右，而鹽鐵、横瀝其所通猶甚遠。

此以上皆吴淞交會於婁江而入海者也。

黄浦之源委支流：

秀州塘　在金山縣西，俗呼爲官塘。其源出杭州西湖，歷嘉興縣而東，至楓涇鎮入界，去府六十里。由鎮而東過白牛塘，絶長泖至萬安橋，北流合滕港。又合黄門橋，合斜塘，過李塔匯石湖塘，過吉陽匯合古浦塘，東流入市爲沈涇塘。過小青河至平政橋，入郡之西水門。出東門，與俞塘諸水合，循西城而南合張涇、米市塘，入官涇塘。北過採花涇，東北合顧會浦。自萬安橋東流爲朱涇，自斜塘東流入横潦涇爲黄浦。

斜塘　在金山縣西北。自大泖來，與黄橋門水皆湍悍，東入横潦涇。

横潦涇　在金山縣北。即潦涇，黄浦之首也，楚黄歇所開，今東江注焉。西起秀州塘，東入上海境。

又有小横潦涇，西引秀州塘水，東南入於黄浦。

御史涇　在松江府東門外，起南俞塘，北爲斜塘。

南俞塘　自松江府東門，經三里汀至呂塘廟，南入鹽鐵塘，分流東南，爲語兒涇。入黃浦，華亭、上海二縣於此分界。

鹽鐵塘　自呂塘廟南入黃浦。

北俞塘　自松江府東門東流，貫沙、竹岡、橫濼、新涇，東入黃浦。

蒲匯塘　在上海縣西南四十里。自青浦縣受盤龍、泗涇之水，絶沙岡、竹岡、橫瀝諸水，東經縣南入於黃浦。

六磊塘　在上海縣西南。自盤龍塘分支東北流爲烏泥涇，入黃浦。

烏泥涇　在上海縣南三十里。其西南與華亭縣分界，北爲鄭家漕、曹湖涇等浦，並自西南入黃浦。

界涇　在松江府城西。南接嘉善縣界，北通秀州塘，東南爲橫泖。

橫泖　其源自當湖、長泖來，華亭縣與平湖縣分界。其支流爲華家涇、丁家洋。

丁家洋之東爲惠高涇、彭巷港，北爲處士涇，又北瀝瀆塘。

胥浦塘　相傳伍子胥所鑿。自長泖接界涇，而東盡納惠高、彭巷、處士、瀝瀆諸水。東爲驅塘、掘撻涇二水，並出橫潦涇。

望湖涇　在南橋，北入黃浦。

運鹽河　自金山衛城北流，經張堰鎮西爲張涇。過前後岡塘、高蔣涇等，北至張涇橋，與郡城河接。凡西南諸水，皆由之以入於黄浦。

閘港　在上海縣東南新場鎮。西入黄浦，其入處乃浦之折而北行處。

都臺浦　在運鹽河西，因明巡撫崔恭浚，故名。通運鹽河入浦。

沈莊塘　在上海縣西，入黄浦。

周浦塘　在上海縣西，入黄浦。

三林塘　在周浦塘北，西入黄浦。

楊溜港　在三林塘北，入黄浦。

南蹌浦　在上海縣東北三十六里，即永樂中導黄浦由此入江處。今故址已湮，而縣東北有蹌港、大蹌浜，南近都臺浦，相傳即南蹌舊流。

滬瀆江　在上海縣北二十里。《吴郡記》曰：「松江東瀉海曰滬海，亦謂之滬瀆。」即黄浦。

此皆黄浦之水也，皆蘇、松二郡治於下流者也。

以上見太湖灌注之水，綿亘四郡一州，而入江、入海，以全收其利者也。其别爲水利如江寧之秦淮等，則續見次卷。

江南通志卷六十二

河渠志

水利 二

江寧府

秦淮河　在府治南。發源黄堰壩，抵句容、溧水，來繞府城。經流甚長，城内外交資其利。

婁湖　在府東南，吴張昭所鑿以溉田。

江寧浦　在府南，溉田百二十頃。

班瀆　在府北。

義溝瀆　在上元縣治東二十里。下流入秦淮，溉田百餘頃。

絳巖湖　在句容縣西南。原出絳巖山，縣南境諸山溪之水悉流入焉。下通秦淮，上元之田賴以灌溉。吴赤烏中築赤山塘，後廢，唐大（歷）〔曆〕中修復之。周一百二十里，立二斗門以節旱潦，溉田萬頃。

又有百堽堰，在縣西南三十五里，與斗門同置，湖水由此入秦淮。南唐修築不廢。宋時湖禁尤嚴，湖心有盤石，以爲湖水疏閉之節。慶（歷）〔曆〕中，又立石柱，刻水則於其上。

石臼湖　在溧水縣西南四十里，高淳縣西二十里。西連丹陽湖，出蕪湖入江。

沙湖　在溧水縣南。周五十餘畝，爲堰以溉田。

固城湖　在高淳縣西南五里。北通石臼、丹陽二湖，與當塗、宣城界。舊由宜興入太湖，後築五壩，遂與太湖隔。

藕絲堰　在高淳縣北三十里。自尋真觀北至石臼社鳳凰橋，折入横溝，與溧水分界。溝匯戴家、城江、夏橋諸水，並出堰口。内有圩埠十餘座，共計田萬餘畝。

洪漕壩　在高淳縣西三里。自襟湖門外西新橋及正義橋，過永豐倉橋至壩北，隨花犇岡出薛城大葑橋。

珍珠泉　在江浦縣東北，溉田甚廣。

湯泉　在江浦縣西北，水流數里，灌溉甚廣。

琥珀泉　在江浦縣東北，溉田甚廣。

湯溝泉　在江浦縣東北，溉田數十頃。

墨泉　在江浦縣滄波門外，界六合。其色黑，又名黑水泉。可溉田。

韋游溝　在江浦縣西南烏江鎮，引江水灌田五百頃。

東龍塘　在江浦縣南四十里。

西龍塘　比東塘差小，並藉以溉田。

孤塘　在江浦縣西三十里，溉田甚廣。

蘇　松　常

三府水利已詳見《太湖》。

鎮江府

凡丹徒、丹陽、金壇、溧陽之水利，不與太湖通者：

丁鼻塘　在丹徒縣西十八里，北入大江。明時爲民隱占，萬（歷）〔曆〕中縣令龐時雍濬之，以備旱澇，民稱其便。今復半爲田矣。

甘露港　在丹徒縣北固山下，通大江，宋轉般倉在此。史彌堅嘗濬之，今淤。

又有新港，在京口、甘露二港間，明弘治中濬。

簡瀆　在丹陽縣南五里，一名香草河。南接延陵鎮諸水，東北達漕河。

珥瀆河　在丹陽縣南七里。自漕渠經珥村鎮，達於金壇，俗稱七里河。

丁義瀆　在丹陽縣南三十里，自白鶴溪分流溉田。

大溪　在金壇縣西二里，一名清蒲河。通昆崙河，東南流入長蕩湖。

又高湖，在縣西北十里，周百餘頃，北受五十瀆之水，南流入大溪。

又直溪，在縣西三十五里，受茅山丁角諸水，東南通大溪。

思湖　在金壇縣南六里，一名白龍蕩。舊寬衍蓄水，近居民築堤，擅菱藕之利，稍失其用矣。

梁城湖　在溧陽縣西六十里，俗名三塔滰，周四十里。

荆山塘　在溧陽縣西南四十五里，一名官塘，有司濬之而民利焉。

百丈溝　在溧陽縣南五里，一名百步溝。源出燕山，東流入白雲溪，設壩儲水，以資灌溉。

淮安府

澗河　在府城外運河東岸興文閘下，分泄運河暴漲，灌溉山陽、鹽城二縣。

石磋口閘　在鹽城縣東串場河北岸，蓄泄串場河水，以受上游諸水。

草堰口閘　蓄泄鹽城縣東塘等河下注之水，歸廟灣等場下海。

廖家港閘　泄鹽城縣東西塘河下注之水，歸新興等場下海。

老鸛河　在府西七十里，或謂之灌口。隋大業中築汴堤，自大梁至灌口，即此。

永濟河　在府南，明萬（歷）〔曆〕中開以通漕，今惟灌田。

故城河　在府東南五十里，本名壽河。東入射陽湖，西南連黄浦。

射陽湖　在府東南，溉山陽、鹽城、寶應三邑田甚廣。

洪澤屯　在府東。又有洪澤閘以節水。

廣惠磋　在府東三里，舊名波湫。運河水漲則自此決泄入海，以殺水勢。

以上互見《運河》。

揚州府

雷塘　在府西北。有二：上雷塘長廣六里，下雷塘長廣七里。

句城塘　在府西南，與儀（徵）〔真〕縣接界，長廣十八里有奇。唐李襲譽引雷塘水築此塘，溉田八百餘頃，後廢爲田。

陳公塘　在府西，與儀（徵）〔真〕縣接界。周回九十餘里，灌田千餘頃。亦名愛敬陂。陂水散而爲三十六汊，爲利甚溥。

小新塘　在府西北十里，長廣二里餘，西南接上雷塘。

考陳公塘、上下二雷塘、句城塘、小新塘，舊爲揚州五塘，歷代用以灌溉。

白塔河　在府東北。其水冬涸春泛，民得灌溉之利。

新城湖　在府西北，民田資以灌溉。

閘河　在高郵州治北。宋郡守毛澤民於此置斗門蓄泄，隄之南北皆爲良田。

串場河　在淮、揚二府，泰、興、鹽三州縣境，乃淮鹽引運通渠，西受高、寶諸水，下歸於此，灌溉甚廣。自我世宗憲皇帝特命督撫河臣勘驗故道，大加開濬，鹽艘、農田均享萬世之利。

界河　界淮、揚二府，鹽城、興化二縣境。在青龍閘之西，納高、寶下注之水，以濟旱潦。

大石湖　在江都縣東四十五里。漢太守張綱引此湖水溉東陵村農田，民呼爲張公渠。

邵伯埭　城北二十里。晉謝安築堰以灌民田，民比之邵公，故名。

烏塔溝　在江都、儀(徵)〔真〕運河北岸。乃句城塘之門户，自儀(徵)〔真〕縣烏塔溝起，至江都縣句城塘口。

槐家河　在江都運河西岸，小新塘、上雷塘、下雷塘之門户。

張綱溝　在府東。漢太守張綱開此溝引大石湖水灌田，以此得名。

何家港　儀(徵)〔真〕運河以南，何家港爲最大，釃爲渠者數十，溉田千餘頃。東接瓜洲。

富人塘　在高郵州境。又有固本塘，共溉田可萬頃。

芒稻河　泄湖水入江，乃高郵之尾閭也。

車路河　在興化縣丁溪場之西，承興化西注之水，流入串場河以灌田。

南白駒閘　北白駒閘　二閘在興化海口，俱通牛灣河，以節啓閉。

平望湖　在興化縣北平衍，周方二十里。南通新溝湖，受邑中之水，達鹽城界，由射陽湖入海，所溉田無筭。

得勝湖　即率頭湖，在興化縣東，通梓新、車路兩河。車路乃達丁溪場，河道自湖入車路河，迤東漸高。梓新則注東南諸場河，民田利賴。

牛灣河　即關龍港，丁溪、草堰、小海諸流皆會於此。河名牛灣者，多爲曲折，以防潮患，溉田畝也。

白水蕩　寶應縣西八十五里，闊三十里，周二百五十里。北接山陽縣，西南接泗州、盱眙縣界。亦曰白水陂，三國鄧艾所作，與盱眙縣破釜塘相連，門①八水門，立屯溉田萬二千頃。

陰隲河　在寶應縣汜光湖西。先是，邑西南由衡陽至雲山相去百餘里，經汜光湖之險，無支河可避風濤。又西北自高家堰至閘頭橋相去十餘里，田皆高阜，莫供灌溉。萬(歷)〔曆〕中，邑令耿隨龍開此河，既引湖水通舟，而溝洫之利尤溥，民德之，因名。

茆家山塘　在儀(徵)〔真〕縣境，與北山相對。舊有石壩瀦水，可溉田五百頃。

---

① 「門」，《元和郡縣補志》卷六作「開」。

丁溪下海閘　在泰州串場河，宣泄要津也。遠自運河各閘下注之水，近係興化縣漫入車路河之水，並歸串場河，東達萬盈墩，合小海河流匯出王家港以入海，民田無旱潦之患。

海陵溪　在興化縣西十三里，高郵邵伯水所經也，溉田甚溥。

徐州府

白米堰　在蕭縣東南三十里。有白米泉，源出縣南之白米山，西北流過廟橋，入雙橋湖。居人堰之以溉稻田，得米極白，故名。

新匯澤　在碭山縣南郭外。以河徙成澤，廣數十里，經冬不竭，溉良田無算。

汳水新渠　在蕭縣，宋紹興中疏鑿以泄汴水。

睢水　在宿遷縣之東南，睢寧縣之北，今曰小河口。有歸仁隄以束水，併入於黄河，睢利則臨、睢二縣無沮洳之患。

太倉州

水利已詳見《太湖》。

海州

石闞堰　在州西南，宋勸農使王貫之導其水以灌田。

沭水　在沭陽縣東南。《水經注》「水出琅琊東莞縣西北」，大并山是也。水至縣分爲五道，一入漣水，一入桑墟湖，三入太湖。太湖即碩項湖，蕭梁時土人張高等，於縣北鑿河引水，溉田二百餘頃，俗呼紅花水。又宋沈括爲沭陽簿，疏沭水爲百渠九堰，得上田七千頃。

通州

岸河　在石港，溉田數千畝。因判官包橰芳修治，呼爲包公隄。

過船港　在泰興縣西四十五里。明成化中，自印莊港至廟港築江堰。嘉靖中，又自廟港至過船港增築江堰以衛田，大爲民利。

范公堤　在州東北。隄外皆煎鹽之地，淡水出則鹽課消，故隄以護之。隄内皆耕種之田，鹹水入則田租損，故隄以防之。

附　明沈明臣《通州水利議》：

藝稻之鄉，恒視水盈涸爲豐歉，故水利在所必講。正德間，倡言建閘。至嘉靖十九年，同知李應雲造三閘。在鹽倉者，外無受水之地，旁無捍水之隄，每啓則水漫平田，大傷禾稼。在蘆團者，亦爲不固，一啓則兩岸沙崩如山，田幾坍没。蓋土輕沙浮，不堪爲閘。而經生游談無用，所謂利不償害也。

白蒲亦不宜便修復。宣家雖曰可閘，又恐不勝其費。惟唐家稍堪修理，以泄西成之水。然不濬運河深，則西成之水亦不能越河而下。故曰深濬運河，使各鄉支河、溝洫與之相平，非惟潦年之水可泄，而旱年之潮亦可引矣。前人有見於此，惟以開濬爲言，故不閘而壩。今觀城西之壩五：鹽倉壩、灰港壩、龍潭壩、司家壩、宣家壩；城南之壩三：灰堆壩、湯家壩、陸洪壩；城東之壩十二：潘竈港壩、水塔口壩、倉壩、韓家壩、季竈港壩、大歷港壩、蔡竈壩、破河塘四莊口西瞿竈港壩、爛泥壩、李竈港壩、中幹壩、沙港口壩，大抵通地憂旱不憂澇，雖壩無傷。況壩各有涵洞，以通水之出入乎？

若海水雖不堪灌溉，而魚鹽之利咸藉焉。所苦善溢，時爲民害，所賴范公、任公二隄以捍之。惜歲久圮隳，近年吕四、餘東、石港被潮溺者以萬計。嘉靖壬子，增修隄岸，多創墩臺，誠得主者以時修治，庶工省而利大也。

安慶府

吴塘陂　在潛山縣西二十里，瀦水所注也。亦曰吴陂堰。三國魏揚州刺史劉馥開吴陂，以溉稻田。又吴吕蒙鑿石通水，灌稻田三百頃，亦即此陂。

樅陽河　在桐城縣東南百二十里。其源自懷寧縣，流入縣南百三十里，又東流繞樅陽故縣，諸川流入，溉田甚廣。

桐溪　在桐城縣東。繞城而南，引流入城，曰桐渠，溉民田百餘頃。國朝順治、康熙間兩次重濬，以溪爲民利也。

翟公隄　在太湖縣西南。元末縣尹翟居仁所築，民至今賴其利。

漳湖　在望江縣東北六十里，四面受水，最爲田患。近有洲生湖中，曰漳腹洲，蘆課歲增，亦不妨魚課。

徽州府

豐樂水　在府西三里。源出黄山，溢于昌堨、吕堨二堨，各溉田二百頃。

又大、小毋堨之水，亦溉田百餘頃。

又綿溪水，在府東南五十里，下流入新安江，亦有灌溉之利。

又布射水，溉田六十頃。

白鶴溪　在休寧縣西二里，出黟縣。横江、吉陽之水東流入縣境，至鳳山下，有夾溪水東南流合焉，曰雙溪口。

夾溪　亦曰夾源，其水溉田十餘頃。

五城水　在休寧縣南四十五里。與顔公山水合匯千龍灣溪口，溉田四十餘頃。

又原坑水出縣西，溉田三十餘頃。

又南當水出縣西南當山，亦溉田三十餘頃。餘皆東流，會於浙溪。

益陽水　在婺源縣北。出浙源山，溉田三十五頃。

武溪水　亦出浙源山。東南流經龍尾山，溉田十三頃有奇。

大鳙水　在婺源縣東。出大鳙山，溉田六十餘頃。

小歙水　在婺源縣。出小歙山，溉田十八頃。

梅源水　在婺源縣西。出梅源山，溉田八十頃有奇。

杭溪水　在婺源縣。出縣西北七里石龍山，溉田三十八頃。

赤溪水　在祁門縣東，溉田四十二頃。

又縣西小北港，溉田五十頃。大北港，溉田十七頃。

又縣東南盧溪水，溉田八十餘頃。

吉陽水　在黟縣東北，溉田四十四頃。

羅公泉　績溪縣南二十五里。水自地涌出，騰上數尺，源甚深長，大旱不竭，溉田數百頃。又泉塘，縣西二十里。塘中有泉，蓄溢深廣，可引以溉田。縣西五十里有龍井泉，從石中出，亦溉田百餘頃。

寧國府

青弋江　在府西六十里，西南境之水咸匯入焉。江西岸爲南陵境，有渡，昔人多引流爲陂堰，以資灌溉。

玉粒塘　在府東，可溉田數百畝。

德政陂　在府東十里，溉田二百餘頃。

又薛公堰，在府北一百十里。

永豐陂　在南陵縣東南六十里，引青弋江爲陂以溉田。

大農陂　在南陵縣。南唐時范君朝置石堰，開荒埂數萬畝。

東溪石堰　今之壩上也，在南陵縣。因河流易涸，衆議建堰蓄水。

雙龍井泉　在南陵。自濟頭山流入，深無底，灌田數十里。

方家沖　在南陵縣，有小溪過大路童家橋入新港。

又娘塘沖，有泉，溉田二百餘畝。

徽水　在旌德縣北。源出績溪徽嶺之北，西北流，有清潭水出縣南境清潭山，溉田十餘頃，流數里入徽水。

泉水蕩　在涇縣附郭。其竅以數千計，溉田十有餘頃。

承流壩　在涇縣，即新豐壩，溉田二千畝。

池州府

查村堰　在池州府西南百五十餘里。受諸山溪之水，引流溉田百餘頃。

黄荆堰　在貴池縣西南八十里，受諸泉澗水以溉田。

華湖堰　在青陽縣治。南通臨城河，水灌西郭田，民被其利。

天井湖　在銅陵縣東門。湖心有井不竭，遠近諸川多匯於此。

又縣東葉山有靈寶泉，溉田百頃，水旱如一。

聖泉　在青陽縣西南四十里魁山下，冬夏不竭，民田俱賴以灌溉。

六泉　在青陽縣五溪山之南。由石罅中沸出，愈旱則愈溢，民田賴之。

龍巖泉　在石埭縣西四十里，又曰西溪。大旱不竭，賴以灌溉。

蕭侯陂　在石埭縣北，有二溝瀦水，溉田甚溥。

羅坦陂　在貴池縣開元鄉，灌田二百餘畝。

古遊陂　在貴池縣境，灌田四百餘畝。

石堰　在青陽縣茅田上水泉，灌溉之利，居民賴焉。

高田堰　在貴池縣西南。受黄山三十六源水，溉田三百頃。

蒲塘　在東流縣東北五十里。源出石人山，溉田二百餘頃。

太平府

丹陽湖　在府東南七十里。江寧、廣德、徽、寧境内之水匯爲三湖，而丹陽最大，東西七十五里，南北九十里，太平水利之宗也。

姑孰溪　在府南二里。自丹陽引流而北，合支流諸水，匯爲姑孰溪。又西過鼍浦，經城南謂之南州津，溉田數百頃。

泉水塘　在繁昌縣北一里。周僅三畝，溉田百頃。

新壩　在府東南廣安坊。宋紹定中開渠，引姑溪水入城濠，後塞。明萬（歷）〔曆〕間重開，引水經襄城橋出梅莊閘，至今利之。

廬州府

七門堰　舒城縣西南七門山下，三堰之源在焉。三堰者，一曰烏羊堰，在縣南十五里。一曰千功堰，在縣南二十里。一曰漕牘堰，在縣南舒門外，與七門堰共溉田二萬餘頃。俱漢頡羹侯所築，後漢末劉馥經理之，爲灌溉之利，今古蹟並存。

洋萍陂　在舒城縣楊林鋪，民多賴其利。

新壩　在無爲州南。舊時江流東注，至鱓魚口地勢最下。明代至國朝順治中，州守屢築隄，曰一壩、二壩、三壩、四壩，而屢圮，計州境民田漸次陸沉於江者四十餘里。康熙八年，知州顏堯揆築新壩八百八十丈。後大水破諸壩，而境内圩田以新壩得免。

神塘堤　在無爲州南四十里，明萬（歷）〔曆〕九年築，内民田悉成膏腴。

清水堰　在無爲州東津門外，灌田百頃。

黄金城閘　在無爲州北十五里。環流大小圩八十所，舊以木爲之。明正統元年，始甃以石，由是旱澇無患。今名季家閘。

西官塘　在廬江縣境，溉田百餘頃。縣境之塘，凡六十有二，俱爲灌溉之利。

鳳陽府

千人塘　在臨淮縣，南唐時修以溉田。

木欒泉　在懷遠縣南。自洛河山北麓流入灌浸塘，分注郭陂塘，民獲灌溉之利。

漢泉　在定遠縣西五十里。又有楚泉，合流入洛，土人堰之以溉田。

芍陂　在壽州安豐城南。亦曰安豐塘，以水逕芍亭積而爲湖，故謂之芍陂。又謂之期思陂，與楊泉陂、大業陂並楚相孫叔敖所作。其水西自六安龍穴山，東自濠州横石，東南自龍池山，胥注於陂。陂原設五門，後更開三十六門。今又作減水閘四座，水漲則開門以疏之，水消則閉門以蓄之。

大漴陂　在壽州下蔡城西北百二十里。《玉海》載下蔡西北六十里有黄陂，八十里有雞陂，東北三百餘里支流分注，溉田萬餘頃。

八十里有渭陂。皆隋末廢，唐復置，溉田數百頃。

牌湖隄　在宿州東北五十里，灌田五百餘頃。

龍涴潭　在宿州騫山下，灌田數十頃。

潁州府

陶中湖　在府治西一百十五里。周十里，潤溉田畝，居民咸賴之。

界溝小河　在府治西北界溝之南。明成化中，同知劉節開渠泄水以灌田。

清陂塘　在府治南百二十里，引淮水灌田，爲利甚溥。

椒陂塘　在府治南三十五里。唐永徽中，刺史劉寶積所開，引潤水灌田二百餘頃。今有椒塘鎮。

又土陂、屯栗林諸水，以溉黄花陂西之水。

又温家堰，土人所築，以蓄土陂下流之水，溉黄(邱)〔丘〕店田。

又盆陂，障谷河之水以溉河北田。

又雙陂，亦障谷河水以溉黄(邱)〔丘〕村南之田。

大業陂　在霍(邱)〔丘〕縣東北十五里，隋大業中修以溉田。

五道溝　在太和縣西南十里，明邑令劉玠疏沙河支流以溉民田。

滁　州

菱溪塘　在州東七里。相近爲官塘，各灌田數頃。

五湖塘　在州東十里。相連靳湖塘，各灌田甚廣。

秦皇塘　在州東二十二里。周三里，灌田數百頃。

平湖堰　柳子堰　二堰俱在州南，各灌田千餘畝。

山河　發源於鳳陽諸山，可以直抵浦口。因孟子嘴阻塞，水由六合轉葫蘆套出瓜埠，數百里而後入江。水口細微，疏泄不易，滁、浦沿河田畝資其灌溉，往時曾題請疏鑿。

高塘　在全椒縣西三十里，溉田甚廣。

蔡湖　在全椒縣南十五里，居民多引流以溉田。

泰山塘　在來安縣東，灌田八十餘頃。

大石圮塘　張勝塘　二塘俱在來安縣，各灌田四十餘頃。

王家堰　在來安縣南。又有雍塘、陳塘、月塘、露珠塘，各灌田數十頃。

和州

韋游溝　在州東北。唐開元中，縣丞韋丑引江水十五里，溉田五百頃。貞元中，游童彦復治之，民享其利，故以二姓名其溝。

千秋澗　在州西北。宋淳熙中，州守置斗門，以防麻湖、澧湖之水泄入大江，歲旱藉以灌溉。

馬堰塘　周四里，灌田八頃。

牛塘　周三里，灌田五頃。

大烏塘　在州北十里。周五里，灌田二十頃。

又小烏塘，周五里，灌田十頃。

彪塘　周三里，灌田十頃。
章莊塘　周三里，灌田二十頃。
簸箕塘　在州東南三十餘里。周三里，灌田十頃。
相近有石莊塘，周四里，灌田二十頃。雙山塘，周三里，灌田十頃。
廣洋塘　在州西四十里。周五里，灌田二十頃。
南新塘　在州西北五十里。周四里，灌田二十頃。
環峰塘　在含山縣東。周十里，灌田一百頃。
相近有新興塘，周二里，灌田四十頃。
崇義塘　在含山縣東南。周一里，灌田五頃。
相近有太湖塘，周三里，灌田八頃。溪陽塘，周二里，灌田八頃。
銅城堰　在州南六十里。吴赤烏中於銅城築堰，以捍水患，代有修築，田盡膏腴，其水可溉三千頃。
石溪塘　周一里，灌田九頃。

廣德州

鯉洪溪　在州東十里，灌田二萬餘畝。
陳河陂　在州北三十里。又有釋山陂，各灌田五百餘畝。

管塘　在州治北三里許。廣七里，灌田二千餘頃。

白馬塘　在州北二十里。廣九里，灌田二千餘畝。

夏家塘　在州東十里。廣十里，灌田千餘畝。

相近有馬家塘，廣八里，灌田千五百畝。

狐狸塘　在州東三十里。廣三里，灌田七百餘畝。

又有鴉鵲塘，廣十里。胖竹塘，廣九里。各灌田千餘畝。

古塘　在州西二十里。廣二里，灌田千二百餘畝。

桐汭鄉塘　在建平縣境。塘共一百六十一，港一，陂一，堰四，灌田七萬一千一百七十七畝。

昭德鄉塘　共六百五十二所，灌田五萬八千九百九十七畝。

臨湖鄉塘　共四百三十九所，灌田七萬五千六百有奇。

妙泉鄉塘　共二百五十八所，灌田五萬六千八百有奇。

原通鄉塘　共五百九十所，灌田七萬四千二百餘畝。

浮湖塘　在建平縣東五里，灌田一萬二千四百一十五畝。

又縣東有五丈塘，廣一十五里，灌田一千五百畝。青陂塘，廣三十里，灌田三千六百五十畝。俞塘，灌田一千二百餘畝。周公塘，長二十里，闊八丈，溉田四千二百餘畝。

烏紗塘　在建平縣北十里，溉田一千一百三十七畝。

信武塘　在建平縣北十里，溉田一百五十畝。

上宋塘　在建平縣東北十里，溉田一千三百三十五畝。

相連下宋塘，溉田一千三百二十五畝。

又柘林塘，溉田四千七百五十七畝。

蘇大溪　在建平縣西南二十五里，溉田數百頃。

六安州

南境諸水：

石塘　小官塘

南五里塘　狗兒塘

查陵陂塘　青草大塘

下官塘　上官塘

官塘　民塘

九公塘　八字塘

金陂塘　沙井塘

八角塘　三角塘

官蓮塘 官堰
黃家堰 天河堰
劉陳堰 下白湖
黿頭湖 採白湖
楊泥港 青草陂塘
竹絲塘
共溉田數百頃。

東境諸水：

張塘 尺塘
下官塘 官塘
古塘 馬沙塘
金盃塘 新塘
長厚二塘 三斗塘
潑皮塘 曹陂塘
官塘 孫成塘

千工堰　下千工堰

蔣家堰　朱家湖

共溉田數十餘頃。

西境諸水：

楮皮塘　黄泥塘

蛇皮塘　官塘

小官塘　關草湖塘

龍塘　沙塘

大塘　長塘

石嘴塘　長塘

白銷塘　灌塘

新塘　雙塔兒塘

張公塘　官塘

銅壺塘　平塘堰

車家堰　新堰

涼水堰　吴家軍堰
青草湖　駝湖
冷水澗　獨龍澗
共溉田數百頃。
北境諸水：
塔兒塘　勝塘
五里塘　十五里塘
馬思陂塘　熟陂塘
洪陂塘　桑家塘
猪灰塘　麻漲塘
白湖塘　草湖塘
黄土塘　石榴塘
常家塘　竹稍塘
旱塘　猪灰隔東陂塘
官壩堰　毛家堰

吴家堰　石家堰
千工堰　石工堰
龍門堰　趙家堰
青水湖　馬家湖
柴枝湖
共溉田千頃。

右四境塘百餘所，積久塘淤利廢，知州盧見曾力請疏濬，悉復侵占，灌溉以饒。舊有塘稻私征，因並除之。

泗州

蒲陽陂　在泗水西北。東漢時張禹爲下邳相，徐縣北界有陂，旁良田湮廢莫修，禹爲開三門，通引灌溉，遂成熟田數百頃，後歲至墾千餘頃，民用饒給。《東觀記》：「陂水廣二十里，經百里，在道西，其下有田可萬頃。」

洪澤浦　在盱眙縣北三十里。舊名破釜塘，鄧艾立白水蕩，與破釜相連，開水門八以溉田。其後煬帝幸江都，道經此，久旱遇雨，因改名洪澤浦。

萬安塘　在天長縣東南二十五里。邑中有十二塘，皆明初所開，以溉民田。

江南通志卷六十三

河渠志

水利治績 一

江、蘇二府

江寧府前詳各府州水利，此詳治績，故重列府州分見焉。

三國 吴

赤烏中，使校尉陳勳發兵三萬，鑿句容中道，至雲陽西城，號破岡瀆。築赤山湖，立盤石爲疏閉之節。

南北朝　宋

明帝時，使沈瑀築赤山塘。

陳

高祖時，修復破岡瀆。

唐

麟德中，令楊延嘉因梁故堤，修復赤山塘。

大(歷)〔曆〕十二年，令王聽修復赤山塘，周百里。立二斗門，以節旱澇。

明

成化中，知溧水縣熊達疏百丈溝，爲灌溉之利。

弘治初，知溧水縣楊榮開濬百丈溝八百丈，中存九壩，民賴其利。

正德三年，知高淳縣李岫築三壩，因名李壩。

嘉靖三十年，知江浦縣侯國治築孤塘堤。

隆慶三年①，知高淳縣〔鄧楚望〕②築鄧壩，自石家嘴至花溪，長二十餘里。

萬（歷）〔曆〕七年，高淳縣居民戴瑞築均豐壩。

十六年，高淳縣築横埂，以捍湖水。

二十五年，知高淳縣丁日近重濬天生橋河道。

二十九年，知句容縣茅一桂咨訪水利，議得：「高鄉以地之凸凹，爲水之盈涸，相地置閘，謹啓閉，時蓄泄，灌溉之利，不勞餘力。低鄉自秦淮河以西、麻培橋以東，相距數里，若濬爲一河，自可直達。仍東西置閘，防其壅涸。從中經紀其陂池，鱗次其塍隴，不失前代築堤建二斗門之意。」上諸臺，不報。

四十三年，南京工部尚書丁賓題準開濬秦淮河道。顧起元曰：「江寧自秦淮通舟外，惟運瀆與青溪、古城濠可容舴艋。然青溪自淮清橋入，至四象橋而阻。運瀆自斗門橋入，西至鐵窗櫺東，亦至四象橋而阻。以河身原狹，又居民侵占者多，易湮塞也。頃工部開濬青溪、運瀆，其意甚善，然僅城中利搬運耳。

若郊外諸湖，湮塞既多，秦淮源遠，而受水復衆。溯秦淮之發源：一自黄堰壩而東，上抵句容之

① 「三年」，民國《高淳縣志》卷三作「二年」。
② 據民國《高淳縣志》卷三補。

南門；一自方山東南，上抵溧水。其諸水相灌注，一支繞方山東面，上抵彭城山；一支自張山上溯金陵鎮，過馬家橋抵橫山；一支西抵後乾橋；一支西抵陳墟橋；一支自上方門外小河東，歷高橋門，抵滄波門郭内；一支自澗子橋南，上至天界寺。此皆可以行舟，而爲田地侵蝕，遂多狹窄，且易淤墊，伏、秋水漲，處處梗咽。蓋溧水、溧陽、句曲諸水，惟一秦淮爲之尾閭。夏、秋江潮盛大，上壅下泛，無支流分泄。所以近年江寧時苦水，而各鄉尤甚，正坐此耳。若當事者肯議挑濬，或令傍河有田者，計其畝數，幫出工值，委兩縣官分程督濬。功成之後，不但支流分派，水無泛濫之憂，而往來搬運，舟航所至，省財力無限，關係國計民食者非輕，此亟宜講求者。」

《東南利便書》云：「建康古城，向北秦淮既遠，其漕運必資舟楫，而濠塹必須水灌注。故孫權時引秦淮，名運瀆，以入倉城；今斗門橋以北一帶，河至鐵窗櫺者是。開潮溝①，以通江水；今北門橋至珍珠河一帶是。又開瀆以引後湖。此其大略也。

自楊溥夾淮立城，今自通濟門起，西至石城門皆是。其城之東塹皆通淮水，今通濟門外，至南門一帶是。其西南邊江以爲險。然春、夏②積雨，淮水泛溢，城中皆被其害。及盛冬水涸，河流乾淺，在今日正與宋無異。

① 「溝」，《四庫》本作「漕」。
② 《四庫》本無「夏」字。

宋隆興二年，張孝祥知府事，奏秦淮流經府治，正河自鎮淮今南門橋。新橋入江，其分派爲青溪，今洞神宫後一段，經四象橋一帶是。自天津橋今内橋。出柵寨門今鐵窗欞。入江。宋時水西、旱西二門外未有土也，石城下即臨江。柵寨門近地屬有力者，因築斷青溪水口，創爲花圃。每久雨，水暴至，則正河不能急泄，水勢於是泛濫，城内居民被害。今古潮溝、青溪、運瀆河身，皆爲居民日久侵占，湮塞不通，故水患正與此類。於今欲復通寨門，使青溪徑直入江，則城内永無水患。及汪澈繼孝祥知府，詔澈指定以聞。澈言開西園古河道、通柵寨門尤便。從之。

戚氏《志》云：秦淮水源甚遠，小川流入者甚衆。又古來貯水湖衍，後世築爲圩田甚多，每夏雨暴至，江潮復涌，水即泛濫，皆經流城内一河入江。自源及委，所過不計幾橋。凡過一橋，皆爲水石岸①堰束扼。及居民築土，侵狹河道，故水失其常，横流弗順。是以必資柵寨門河及長干橋下河，今南門外大橋。分泄其勢。其關國賦民食者非輕，通便舟楫，特是小事。

自前如孝祥所言，止謂城内被水，然多不過數日即退，其害亦輕。觀鄉村圩田，始見其害。蓋上元、江寧、溧水多圩田，每遇水至，則舉村合社，日夜併力守圩，狼狽淤泥中，如遇大寇。幸而雨不連降，風不涌浪，可以苟全。其或壞決，則水注圩中，平陸良田，頃刻變爲江湖，哭聲滿野，拏舟結筏，走避他處。國賦、民食，兩皆失之。是皆水不安流之故耳。

① 「岸」，《四庫》本作「所」。

國朝

雍正十一年，江浦縣浚朱家山河道，并建閘二座。

蘇州府

夏

《禹貢》：「三江既入，震澤底定。」《史記》：「禹抑洪水，於吴通渠三江五湖。」

周

元王元年，越大夫范蠡開漕湖。亦名蠡湖。

赧王五十二年，楚春申君黄歇城故吴墟，其城内北瀆，四縱五横。

南北朝　梁

大通二年，詔遣前交州刺史王奕漕大瀆。

唐

貞元八年，蘇州刺史于頔繕完隄防，疏鑿畎澮，列樹以表道，決水以溉田。

元和二年，觀察使韓皋、刺史李素開常熟塘，自齊門北抵常熟，長九十里，因名元和塘。後訛稱「雲和」。

附 劉允文《記略》：

吳之藪曰具區，郡之大惟蘇州。商爲貨居，農實邦本。錫貢多品，厥田下下。土宜在民，地利乎水。常熟塘，按《圖經》云：南北之路，自城而遥，百有餘里。旁引湖水，下通江潮，支連派分，近委遐輸。左右惟强家大族，疇接壤制，動涉千頃，年登萬箱，豈伊沿泝之功，實出灌溉之利。故名常熟，歲無眚焉。

貞元年來，大旱塡淤，薦爲塗泥，而淪胥怨咨，殖物痡矣。郡守隴西李素，聞於本道廉使、吏部尚書韓公秉文，請事疏鑿。於是參井邑之役，則經費工力，而長洲三之一焉。縣宰李嘆，復善供命。乃計工量日，候隙庀徒，爲利涉之宜，蔽反壤之害，詢蓄泄之勢，增遠近之防。人不告勞，事爲永逸。先期而望表繩直，不日而終朝子來。塘開地中，工畢泉出，山澤作氣，江湖發源，積爲長流，實自新浙。舟楫鱗集，農商景從，春秋有施，水旱斯備。

都人士以允文在公之宇，備詳其事，請刻於石。

五年，蘇州刺史王仲舒隄淞江爲路。時吴江境南、北、西俱水鄉，抵郡無陸路，故隄路以達之。

太和中，疏常熟縣鹽鐵塘。

天祐元年，吴越王命都水庸田司督撩淺夫疏導諸河。

宋

至道二年，知蘇州陳省華議築昆山塘。

天禧二年，江淮發運副使張綸督知蘇州孫冕疏五湖及諸港浦，導太湖水入海，復歲租六十萬斛。

乾興元年，詔蘇、湖、秀三州疏導壅淤，命發運使發鄰郡兵助工。

天聖元年，蘇州水，壞太湖外塘。又海旁支渠湮塞。八月，詔轉運使徐奭、江淮發運使趙賀董其事，自市涇以北、赤門以南，築石隄九十里，起橋十有八，濬積潦自吴江東赴海，復良田數千頃。

景祐二年，范仲淹守鄉郡，親至江滸，督濬白茆、福山、黄泗、許浦、三丈浦，而茜涇、下張、七鴉次之，利及數州。復奏言：江南圩田，蓄泄有備。錢氏偏安，民間米石錢五十文。今米石不下一貫，其故可揆。臣請每秋降敕轉運使，俾轄下吏民，各陳農業利病，選官討論，擇其簡易者，畀轉運司著爲令。初，徐州縣吏輒頒一册屬之。此養民之本，富國之術也。

慶歷二年，蘇州通判李禹卿隄太湖。

至和二年，昆山主簿（邱）〔丘〕與權等作昆山塘，爲橋梁五十二，名至和塘。

附　（邱）〔丘〕與權《記略》：

吴城東闉，距昆山縣七十里，俗謂之昆山塘，北納陽城湖，南吐松江。由隄防不立，故風波馳突，廢民田以瀦魚鱉。其民病賦，日從逋徙。姦人緣之，通鹽賈自利，劫行旅，吏莫能禁。自唐至今三百餘年，欲有營作，而弗克也。

有宋皇祐中，發運使許公建言：蘇田膏腴，常苦水患，乞置官司，以畎泄之。請令舒州通判、殿中丞王安石先相視焉。朝廷從之。王君至，訊其鄉人，盡得其利害。度長繩短，順其故道，施之圖繪。疏入，請議如許公，朝廷未之行也。

至和初，今太守吕公下車問民疾苦，蓋有意於疏導矣。明年，與權爲昆山主簿，始陳五利：一曰便舟楫，二曰闢田疇，三曰復租賦，四曰止盜賊，五曰禁姦商。令錢君復言之。太守喜其謀之協從，得請於監司，粤十月甲午治役。先設外防，以遏上流，立横埭以限之。乃自下流浚而决焉，畚鍤所至，皆於平陸。旬有九日而成，深五尺，廣六十尺。用民力一十五萬六千工，費民財若干貫，米四千六百八十石。爲橋梁五十二，蒔榆柳五萬七千八百，其二河植菱蒲、芙渠稱是。計其入，以爲修完料民之餘。治小虞，自嚴村至於鰕①鯏瀼。治新洋江，自朱瀝至於清港。治山塘，自山南至於東。浚渚涇六十四，浦四十四，塘六。於是陽城諸河若瀼，皆導而及江。田無洿瀦，民不病涉。

是役也，自城東走二十里曰任浦，昆山治其東，長洲治其西。

以俗名非便，更曰「至和」，識年號也。

熙寧三年，昆山人郟亶上言吴中水利六失六得，具書與圖及治田利害七事。有旨令亶與兩浙運使及本路提舉司，相度開治。

附　郟亶《上水利書略》：

天下之利莫大於水田，水田之美無過於蘇州。然蘇州五縣雖號水田，其實昆山之東接於海之岡隴，其地東高而西下。常熟之北接於江之漲沙，其地北高而南下。是二處皆謂之高田。而昆山岡身之西抵於常州之境，常熟之南抵於湖、秀之境，其地低下，皆謂之水田。高田常苦旱，水田常苦澇。但水田多而高田少，水田近於城郭，人所見而税復重。高田遠於城郭，人所不見

① 「鰕」，《四庫》本作「鰻」。

而税復輕。此議者所以但知治水而不知治旱也。

今先取所謂高田者，設堰豬水以灌溉之，浚其經界溝洫，使水周流以浸潤之，立岡門以防其壅。然後取凡所謂水田者，一切罷去。其某家涇浜之類，循古遺跡，或五里、七里而爲一縱浦，又七里或十里而爲一横塘。因塘浦之主以爲隄岸，使塘浦闊深而隄岸高厚，雖大水不能入於民田。然後擇江之曲者决之，則塘浦之水自高於江，而江之水亦高於海，不須决泄，水自湍流。

吴淞江南北岸水田，約一百二十餘里。南岸大浦二十七條，北岸大浦二十八條。淞江北横塘二條，以上塘浦五十七條，並當松江之上流，皆是闊其塘浦，高其隄岸以固田也。久不修治，遂至隳壞。議者不知此塘浦原有大岸固田，乃謂古人浚此大浦只欲泄水，此不知治田之本也。今當浚治其浦，修成隄岸，以禦水災。不須遠治他處塘浦，求决積水，而田自成矣。

又《治田利害七事略》：

一、論古人治低田高田之法。二、論後世廢低田高田之法。三、論自來議者，只知决水，不知治田。四、論今來以治田爲先，决水爲後。五、論乞循古人遺跡治田。六、論若先往兩浙相度，則議論難合。七、論先詣司農寺陳白，則利害易明。大概以爲環湖地低，故常多水。沿海地高，故常多旱。蓋古人治水之跡，縱則有浦，横則有塘。又門堰涇瀝布列其間，總二百六十有餘。今欲略循古人遺法，七里爲一縱浦，十里爲一横塘。又因出土以爲隄，度用二千萬工。水治高田，旱治下澤。要以三年，而蘇之田畢治矣。

郏僑《再上水利書略》：

浙西昔有營田司，自唐至錢氏，時有隄防堰閘之制，旁分其支脈之流，不使滿聚以爲畎畝之患。是以錢氏百年間，歲多豐稔，惟長興中一遭水耳。暨納土後至今，其患始劇。蓋由端拱中轉運使喬維嶽不究隄岸堰閘之制，與溝洫畎澮之利，惟務便於轉漕舟楫，一切毁之。初則故道猶存，尚可尋繹。今則去古既久，莫知其利。營田之局，又以爲閒冗而罷廢。隄防之法，疏決之理，無以考據。乾興、天禧間，朝廷專遣使者興修水利，遠方之人不識三吴地勢高下，與夫水源來歷，及前營田之利，皆失舊聞。受命而來，恥於空還，不過採愚農道路之言，以目前之見，爲長久之策。指常熟、昆山枕流之地，爲可導諸港而決之江，開福山、茜涇等十餘浦。殊不知古人建立隄堰，所以防太湖泛溢，淹没腹内良田。今若就東北諸港決水入江，是導湖水經由腹内之田，瀰漫盈溢，然後入海。所以浩渺之勢，常逆行而豬於蘇之長洲、常熟、昆山，常之宜興、武進，湖之烏程、歸安，秀之華亭、嘉禾，民田悉已被害。然後方及北江、東海之港浦。

又以水勢方出於港溝，復爲潮水抑回，皆聚於太湖，四郡之境，積水瀰漫，常不可治。此足以驗開東北諸浦爲謬論矣。

昔禹治水，於吴通三江，以泄一湖之水。今二江已絶，惟吴淞一江存焉。疏泄之道既隘於昔，又爲權豪侵占，種植菰蒲、蘆葦。又於吴江之南築石塘，以障太湖東流之勢。又於江中多置罾簖，致吴江不能吞來源之浩瀚，日淤月澱，下流淺狹。一旦積雨，諸山之水併溢太湖，蘇、湖、常、秀之間，陂淹浦港，悉皆瀰漫，四郡之民，惴然有爲魚之患。雖有中高不易之地，種已成實，頃刻蕩盡。

嘗按吴淞江故道，深廣可敵千浦，向之積潦，尚或壅滯。議者但以開數十浦爲策，而不知臨江濱海，地勢高仰，徒爲無益。

臣今究治水之利，必先於江寧治九陽江、銀林江等五堰，體勢故跡，決於西江。潤州治丹陽練湖，相視大綱，尋究函管水道，決於北海。常州治宜興滆湖、沙子淹，及江陰港浦入北海。以望亭堰分屬蘇州，絶常州輕廢之患。如此，則西北之水不入太湖爲害矣。

又於蘇州闢吴江之南石塘，多置橋梁，以決太湖，會於青龍、華亭而入海。仍開濬吴淞江。其他江湖風濤爲害之處，並築石塘。及淤彭堰與諸湖漾等處，尋究昔日涇港，自南經北，以漸築爲岸隄。所在陂淹，築爲水堰。秀州治華亭、海鹽港浦，仍體究柘湖、澱山湖等處，凡有民田高壤，障遏水勢不可疏決者，並與開通，達諸港浦。杭州遷長河堰，以宣、歙、杭、睦等山源，決於浙江。如此，則東南之水不入太湖爲害矣。此所謂旁分其支脉之流，不爲腹内畎畝之患者此也。

往年治水之説，大約有二：一則導青龍江，開三十浦；一則使植利户，浚涇浜，作圩岸。是二者，各得其一偏。

今治水若止於導江開浦，則必無近效。若止浚涇作埕，則難以禦暴流。要當合二者之説，相爲首尾，乃盡其善。但施行先後，自有次第耳。

爲今之策，莫若先究上源水勢，而築吴淞江兩岸塘隄。不惟水不北入於蘇，而南亦不入於秀，兩州之田，乃可墾治。今之言治水者，不知根源。始謂欲去水患，須開吴淞江。殊不知開吴淞江，而不築兩岸隄塘，則所導上源之水，輻輳而來，適爲兩州之患。蓋江水溢入南北溝浦，而不能徑趨於海故也。倘效漢、唐以來隄塘之法，修築吴淞江岸，則去水之患已十九矣。

六年，檢正中書刑房工事沈括言：浙西江浦當浚。從之，仍命括相度浙西水利。

元祐六年，詔導蘇州諸河。

元符三年，詔蘇、湖、秀三州開治浦港溝瀆，修壘隄岸，置斗門水堰。

崇寧元年，置提舉淮浙澳閘司於蘇州，濬楊林河、福山塘。

政和元年，詔蘇、湖、秀三州治水圍田工費。

三年，知常熟縣李光濬山塘、小山港。

宣和四年，十二月，知昆山縣吴昉浚至和塘。

紹興二十四年，大理丞周環開常熟福山港、白茆塘。

二十八年，兩浙轉運副使趙子潚、知平江府蔣燦計料開江。明年正月興工，從常熟東栅至雉浦入丁涇。開福山塘，自丁涇至尚墅橋北注大江，分殺水勢。二月，工畢。知平江府陳正同禁圍裹湖田。

附　趙子潚《治水利方略》：

浙西諸州，平江最爲低下。而湖、常等州，水皆歸於太湖，自太湖以導於淞江，自淞江以注於海。是太湖者，數州之水所豬，而淞江又太湖之所泄也。然以數州豬水巨浸，而獨泄於一淞江，宜其勢有所不逮。是以昔人於常熟之北，開二十四浦，疏而導之揚子江。又於昆山之東，開一十二浦，分而納諸海。兩邑大浦，凡三十有六，而民間私下涇港，又不可勝數，皆所以決壅滯而防泛溢也。後因潮汐往來，泥沙積淤，舊置開江之卒，尋亦廢去。此太湖所以湮塞，而民田有漂没之憂也。

天禧、天聖間，運使張綸於常熟、昆山，各開諸浦，以導積水。景祐間，郡守范仲淹親至海浦，開浚五河，以疏導諸邑之水，使東南入於淞江，東北入於揚子江與海。

今相視合開緊切去處：常熟縣梅李塘、白茆塘、崔浦、福山浦、黄泗浦，昆山縣新洋江、小虞浦、顧浦、郭澤塘。總計役夫三百三十七萬四千六百，工錢三十三萬七千四百貫，米一十萬一千五百石有奇。昆山四浦，工力不多，止用本縣食利户開浚。常熟五浦，工力浩瀚，係與吴、長等縣利害相及，欲於三縣雇人充當。緣平江積水，今經兩月未退，已妨種麥。若不於農隙之際支給錢米，雇夫開治，恐來歲春雨，積水愈甚，虧失常賦不便。望指揮施行。

隆興二年，八月，詔：「江浙勢家圍田，湮塞流水，諸州守臣按視以聞。其平江府，委陳彌作相度。」彌作乃上言：「宜先治者十浦，并合開圍田一十三處。」詔令守臣沈度依狀開決。

附 陳彌作《水利議略》：

常熟之浦二十有四，皆北入於江。昆山之浦十有二，皆東入於海。蓋以太湖居其上流，昔人患淞江之不能勝受，而使衆水徑得其歸者也。諸澤之興，始於天禧，成於景祐。逮政和間，稍已湮廢。嘗命趙霖浚之，僅能復常熟、昆山二三浦而罷。

竊考《周官》有稻人，掌稼下地之法。所以瀦水，則今之塘湖是也。所以瀉水，則今之渚浦是也。

今諸邑之間，曰湖曰瀼，以累百數。而沿江濱海，小川故道，往往淤滯，不特所謂三十六浦而已。瀦之過多，而瀉之過少。重以今年淫雨，泛濫橫溢，非常年比。識者皆知開浦之利，不但今日。特以工費甚廣，不敢輕易倡議。今若併舉大役，切慮歉歲民無餘力，官無羡儲，反至勞擾①。輒擇其宜先治者凡十浦，而其緩急又半之。興工之日，仍乞以緩急爲先後。

乾道元年，沈度、陳彌作又言：「疏濬昆山、常熟縣白茆等十浦，通徹入海。」詔從之。知平江府沈介依次開濬。

五年，增置撩湖軍兵。

淳熙元年，知府韓彦古與許浦駐劄戚世明，開濬許浦。

二年，兩浙轉運副使姜詵奏開常熟縣黄泗浦、崔浦、許浦、白茆浦，濬通波塘，置張涇堰閘。水軍都統馮湛、知平江府陳峴濬治諸涇塘浦。

六年，發運使魏峻疏至和塘，東自夾潮塘，西至戴墟浦，亘四十餘里。又立栅三十二，以爲禁防。官出錢二萬三千二百緡，米二百一十石有奇。

嘉定元年，知常熟縣葉凱濬水洋子涇。

十年，知府趙彦槱疏錦帆涇，以達運河，兼備農田旱潦。

淳祐三年，知常熟縣張從龍開支塘，長四千尋，廣一丈，深倍之。用夫六千工。

① 「擾」，《四庫》本作「攘」。

寶祐四年，知常熟縣王文雍濬城河，開福山塘。

咸淳元年，命知平江府沈度開決許浦，自梅李塘、雉浦口東，開至白蕩橋、白茆浦；自黄沙港，開至支塘橋、崔浦；自丁涇塘，開至浦口、黄泗浦；自十家港，開至奚浦口、茜涇浦；自界涇，開至鴨頭塘、下張浦；自東海泙，開至千步涇、七鴉浦；自梅浦，開至李漕涇、川沙浦；自梅泙，開至六鶴浦、楊林浦；自楊林橋，開至陶家港、掘浦；自海口，開至五聖港。

元

至元二十四年，宣慰朱清諭上户開浚婁江。

三十年，詔平江、松江等路府，修治湖泖、河港。

大德二年，立都水監庸田使司於平江路，專一修築田圍，疏濬①河道。

至治三年，詔開吴淞江、澱山湖及諸河渠。

天歷二年，吴江知州孫伯恭大修石塘。

至正七年，吴江州達魯花赤那海②大修石塘，壘石厚砌，高一丈，廣四丈四尺，長一千八十丈，爲

---

① 《四庫》本無「濬」字。

② 「那海」，《四庫》本作「諾海」。

環洞一百三十有六。立石亭於南浦亭之南，表之曰「至正石塘」。建丁亥庵爲居守，置常稔田嗣修葺。

二十年，平江路通判郜肅大修昆山州田圍。

三十四年，張士誠遣吕珍督濬芝塘山涇口，塹其地爲港，長亘九十里。

明

洪武七年，常熟縣開奚浦。

九年，開至和塘堰壩。

二十八年，鑿太平河。

永樂元年，蘇、松水患，命工部尚書夏原吉，偕通政趙居任、大理寺少卿袁復、給事中姚善鑿吴淞江浦，疏昆山下界浦，掣吴淞江水北達婁江。又挑嘉定西顧浦，南引吴淞江水，北貫吴塘，亦由婁江入海。又濬常熟白茆塘、福山塘、耿涇，導昆承、陽城諸湖水入揚子江。濬上海范家浜接黄浦，引湖泖水入海。

附　夏原吉《治水奏》：

浙西諸郡，蘇、松最居下流。太湖綿亘數百里，受納杭、湖、宣、歙溪澗之水，散注澱山等湖，以入三泖。頃爲浦港湮塞，漲溢爲害。拯治之法，要在浚滌吴淞諸浦，導其壅滯以入海。

按吴淞江袤二百餘里，廣一百五十餘丈，西接太湖，東通海，前代常疏之。然當潮汐之衝，旋疏旋塞。自吴江長橋，抵下界浦，一百二十餘里，水流雖通，實多窄淺。從浦抵上海南倉浦口，一百三十餘里，潮汐淤壅，已成平陸，灩沙浮泥，難以施工。

臣等相視嘉定之劉家港，常熟之白茆港，皆係大川，水流迅急。宜浚吴淞南北兩岸安亭等浦，引太湖諸水入劉家、白茆二港，直注江海。

又松江大黄浦，乃通吴淞要道，今下流壅遏難疏。旁有范家浜，至南倉浦口，可徑達海。宜浚令深闊，上接大黄浦，以達湖泖之水。此即《禹貢》三江入海之迹。每歲水涸時，修築圍岸，以禦暴流，則事功可成，於民爲便。

二年，户部尚書夏原吉導婁江，濬千墩浦、至和塘。

四年，濬常熟福山塘三十六里。

十三年，昆山縣重濬太平河。

宣德七年，蘇州知府況鍾言治水，詔周忱與鍾治之。

九年，常熟縣知縣郭南濬鹽鐵塘。

正統二年，郭南濬七浦塘。

七年，吴中大水。秋七月，颶風。巡撫周忱奏請量留官糧，府一二十萬石，縣五六萬石賑濟。并增修低圩岸塍，濬金山衛獨樹營、劉家港、白茆塘沿海各河。

十年，常熟縣濬七浦塘。

景泰五年，夏，大水，淹浸田禾，經久不退。侍郎李敏、知府汪滸議，當開浚白茆等塘以泄之。滸躬往常熟相視，時久不疏濬，壅成隄堰。近民耄倪皆泣臥其上以求免，言一開浚，則堰下之田亦就浸矣。滸不許，挑濬青墩浦、横瀝塘共五六里，以通白茆塘。鑿開三堰約三四里，引水通鮎魚口。其海淤塞，漫生叢葦，仍挑去約千餘畝。於是水得歸海。

天順三年，巡撫崔恭檄蘇州知府姚堂、松江通判洪景德等濬吴淞江。蘇州自夏界口過白鶴江，至下家渡、莊家涇。松江自大盈浦東至吴淞江巡司，自新涇至蒲匯塘入江。又自曹家溝平地鑿至新場，又自華涇塘、六磊塘、鶯脰湖、烏泥涇入浦。又濬湖川①塘。

① 「川」，《四庫》本作「州」。

附　錢溥《松江水利記》：

《書》云：「三江既入，震澤底定。」然水至吾松，則又分二道而入海。蓋西北窪下，則自太湖入澱山湖、吴淞江入海。東北高仰，則受杭、湖之水，達黄浦以入海。高下既殊，旱澇交病。然旱爲東北受病，其患小。水則西北列郡無所歸泄，其患大。

吴淞江自勝國末湮塞，迨今逾百年，興言修浚，非無其人。然或沮於浮議，或怵於鉅費，因循歲月，卒莫能舉。稍遇淫雨，即成一壑，國賦虧而民艱食矣。

天順二年，都憲崔公奉敕巡撫東南，首詢水患，以淞爲尤甚。乃舉府判洪侯景德，暨二縣尹楊昕、李紋治之。侯等相視，以爲江之故道，雖浚必合。莫若從新地鑿之，力①易爲而功不壞。起自大盈浦，東至吴淞江巡司，計二萬二千丈。又自新涇西南，至蒲滙入江，計四千丈。闊皆一十四丈，深皆二丈。而低鄉之潦可泄。東北則自曹家河，平地鑿及新場，計三萬餘丈，深闊皆與江同。又新華涇塘、六磊塘、鶯脰湖、烏泥涇入浦，而高鄉之旱亦免。大小連絡，無不通貫。噫，亦勤矣哉！用工總三萬五千餘。沿江耆老，相與鼓舞而言曰：兹江之湮，爲吾民病久矣。曩時字人者雖廉得利害，而訖無成功，寧知物有通否，必待其人耶？

① 「力」，《四庫》本作「方」。

是役也，程工而授，計口而食，民雖功而不怨。則國本垂永之計，孰愈於此哉？溥，松人也，且職史事，故請書之。

成化五年，吴縣知縣樊瑾準本地民呈請，起民夫重濬九曲港，共三千八百五十餘丈。

八年，吴縣知縣雍泰奉檄築西華石塘。雍見採香涇廢堰旁，糧田數千頃，遇旱禾槁。泰領民尋源，得於穹窿山隴阪間，蓋由山腰法雨泉流出者。上爲一堰，下阪分二道：一道東由白馬嶺南流，逾趙墓，折而西；一道西下山淒，環趙墓，復迤而東。二流相合，近採香涇瀦聚成潭。仍躬相地宜，甃築二道石堰，堰各置一閘，隨水旱啓閉。復市山石，由馬跡山西南而東，築隄千丈。未百日，告成，湖田藉以種穫。

十年，巡撫畢亨與蘇州知府（邱）〔丘〕霽開吴淞江，自夏界口至西莊家港，昆山、嘉定二縣分濬。

十一年，築常熟縣趙段圩田圍。

附　**黄體勤《趙段築圩記略》：**

蘇，天下大郡。常熟，又蘇之大縣也。地處下游，古號澤國。趙段一圩，又其最下。隄創宋元間，久而盡圮，無復存者。湖田悉爲巨浸，歲屢不秋。逋租者日以就困，民空其居以徙，有司艱於理。

成化乙未春，民告於縣，縣上其狀於巡撫都憲畢公亨、巡按御史戴公縉，僉爲民憂。乃調度所征之材，以倡其邑，而謀於治水。僉憲吴公璿曰：「受朝廷特命之嚴，寄吴越民事之重，綱紀振肅繫焉，尚可隳怠乎？」授其機宜於郡判何君唐。何君曰：「專農桑以牧民，民瘼未瘳，豈善牧者哉？」遂責成於縣尹蘭君玉。君屬父老以諭意，衆皆感悟。

於是財獲於官，力借於民，抑聚斂也。伐石於山，運土於陸，因地利也。量田授役，獲利者倍出其工，鄰壤者半焉，均傜役也。較人力多寡以爲尋尺，驗土築虚實以稽勤惰，課章程也。隄之袤延亘數里，丈一千有奇，用木爲橛，橛之内編以竹，甃石爲址，而高與土等，上廣八尺，而下加三之一，固基本也。隄之形勢，逶迤若環帶然，其外則種以萑葦、茭蘆，殺水勢也。又懼其塞之難，潰之易，預爲設備，垂永久也。

木以萬計，竹倍差於木。石以舟計，及二千艘。錢穀之需，累鉅萬有奇。工役則五萬三千有奇。用雖夥，而民不見擾也。

始工於是歲二月二十六日乙巳，告成於三月二十九日丙子。功之成何其速哉？於是沮洳之鄉，變爲禾稼；流徙之民，相續而還。歲已登而賦無愆期，澤之及何其溥耶？夫治水必治於下流。趙段之水既治，則衆流不勞而治，治之施又何其知所先務耶！宜民樂之不已，而形諸歌。歌曰：

隄之未築，田混於湖。居者以徙，賦者以逋。隄之既築，湖潤於田。徙者以還，逋者有年。

噫嘻長隄，屹乎天作。伊誰之功？臺憲民牧。田稼芃芃，湖水溶溶。百千萬祀，澤流無窮。

弘治元年，帶理水利僉事伍性濬吴淞江中段四十餘里。

二年，蘇州府通判張旻疏鹽鐵塘。

是年，修婁江隄。

七年，徐貫濬吴江縣長橋諸茭蘆之地，導太湖水散入澱山、陽城、昆承等湖。開吴淞江並大石、趙屯等浦，泄澱山湖水，由吴淞江以達於海。開白茆港並白魚洪、鲇魚口等處，泄昆承湖水，由白茆港以注於江。開七浦、鹽鐵等塘，泄陽城湖水，由七丫港以達於海。開常州之百瀆，泄荆溪之水，自西北入於太湖。

設導河夫於沿江。

附　徐貫《治水奏》：

竊惟東南地勢低下，水患自古有之。永樂初元，水復漲溢，太宗文皇帝命户部尚書夏原吉大加疏治，方得止息。逮今九十餘年，各處港浦，仍復湮塞，爲患滋甚。仰惟皇上軫念地方，命臣等會同修浚。蓋將拯墊溺之民於衽席之上，化魚鱉之區爲稻粱之域。臣等敢不罄竭駑鈍以圖仰副聖意？用是夙夜不遑寧處，相度施工。

竊見嘉、湖、常、鎮，水之上流；蘇、松，水之下流。上流不浚，無以開其源。下流不浚，無以導其歸。於是督同委官民人等，將蘇州府吴江長橋一帶茭蘆之地，疏浚深闊，導引太湖之水，散入澱山、陽城、昆承等湖。又開吴淞江并大石、趙屯等浦，泄澱山湖水，由吴淞江以達於海。開白茆港并白魚洪、鮎魚口等處，泄昆承湖水，以注於江。又開七浦、鹽鐵等塘，泄陽城湖水，以達於海。下流疏通，不復壅塞。

開湖州之婁涇，泄天目諸山之水，自西南入於太湖。開常州之百瀆，泄荆溪之水，自西北入於太湖。又開各斗門，以泄運河之水，由江陰以入江。上流疏通，不復湮滯。

自弘治七年十一月十七日興工，八年二月十五日工畢。幸今天氣晴和，人無疫癘，凡百衆庶，争先效勞。即今水患消弭，人無墊溺之憂，田有豐稔之望。列郡士民，莫不慶忭。是非臣等之能，事皆國家盛德，大福廣被東南之所致也。今將修築過港瀆，畫圖貼説，謹具奏聞。

九年，工部主事姚文灝築沙湖隄，廣三丈，袤三百六十丈。

是年，濬白茆塘、福山塘。

十年，姚文灝濬至和塘，委蘇州府通判、昆山知縣募工開濬。東自新洋江口起，西至九里橋，凡長四千九百六十五丈。用人夫九萬六千五百工，計工授直，用錢一百三十五萬。

濬七鴉浦，籍昆山、常熟兩縣近浦之户二萬二千三百人，疏自尤涇東至木樨灣，凡五千五百九十丈。半月成功，計工銀五千二百七十兩。

開白茆海口。

附　楊循吉《記略》：

弘治四年、五年、七年，本府連遭大水，民以匱告。工科左給事中葉紳請濬河水入海要道，乃以工部左侍郎徐貫與巡撫副都御史何鑑同董厥功。以其年十月，有事於白茆。

是港也，在常熟東南，輸昆承湖、陽城湖而注之海。往時水由是行，其闊六十丈，長亘九十里，通潮往來，吐泄湖泖。張士誠設爬沙之夫，歲加疏濬以爲常。永樂中，尚書夏原吉治水時，相度地勢，於湖水交會之衝，慮水獨從七浦入海，因作斜堰障之，分其流注於白茆，欲俾地方各沾其利。

天順中，潮沙日漲，港漸狹小。其後又有水①之獨出七浦，而決壞斜堰者，於是水遂改道。更無流波衝洗潮泥，而漲沙日甚一日，隱然成隄矣。乃以五萬九千人，專事其役。東起海口，西抵支塘，凡長六千五百五十五丈。相傳開治港面闊五十六丈，深一丈七尺，而以土積岸之兩旁。

① 「水」，《四庫》本作「引」。

又崇明出巨艦，相聯内向，爬去壅沙，棄於海中，俟其活動，仍决壩放水衝之。

一時因白茆而濬者，其上爲鮎魚口。傳導湖水來脉，有新開河、龍潭洪、白魚洪、落星港四支，濬之。總計六千四百丈，凡用萬七千六百人。而尤溼長九里，鹽鐵塘長十八里，皆通白茆，凡用萬四千九百人。

其他不因白茆而别治者，七浦與吴江水口而已。七浦長四十里，徑通海，時有湮塞，凡用萬七千人。吴江水口在長橋外，橋長二里，有七十二洞。其外匯爲大沼，廣千畝，太湖之咽喉也。久爲蘆荻所礙，已成淤澱，凡用萬六千人。

三閱月，皆以成告。蓋以鮎魚口爲白茆上流，斜堰爲七浦上流，而長橋爲諸水上流。其在蘇州一府，施工如此。議者猶以爲當時大役，莫如白茆。所恨輟事太急，未獲成效。

已而岸果頽圮，復爲潮沙凝積，塞而不通。於是常熟縣知縣揚子器以爲港身迂曲，水不能泄，致使横沙攔接海口，施工爲難。又看得湖漕上接芝塘，其長不過三十里，徑自入海。况又河形現存，雖則淺狹，水亦通流。因請於水利郎中傅潮，乞濬之。議方行，子器被召入。

而郎中臧鱗來管水事，首理故牘，鋭意修舉。乃檄通判陳暐、署縣事同知何宗理視狀。皆言本漕視白茆，誠爲徑直。但緣兩旁各居民廬墓，必須拆卸，方可即工，然理實應開。而工程浩大，計當用夫三萬。鱗因其利便以奏，詔行巡撫都御史彭禮、巡按御史馮允中會勘，應否定奪。

於時知府林世遠，以十六年四月親詣本處，相勘得：前項港漕，俱自芝塘分流。但港曲漕直，以此微有遠近。然漕形闊不過三丈，深不過數尺。設以此擬開闊十丈，兩畔田地各占三丈五尺。濬深八尺，所起之土，占壓田地，尤難預計。況有民廬、墳冢在上，關係事重。不如仍開白茆爲便。惟海口壅沙，則有馬草洪五里許，濬此可爲曲避之計。及將本港迤西一帶，至白魚洪等處，但遇乾淺，俱各挑深。水行勢達，壅塞自除。

十一年，提督水利工部郎中傅潮濬常熟許浦、海李二塘。從知縣楊子器議，委縣丞趙祥董役，三閱月訖工。

十二年，傅潮重督長洲縣興築沙湖隄。濬至和塘，並立昆山等縣斗門。

附　吴寬《記略》：

郡城東二十里，曰沙湖，凡太倉、昆山、嘉定、崇明之人之所必經者。其廣袤各數十里，横絶道上。其北多腴田，其中多舟楫。旁有盜藪，以行劫爲業。客舟爲風波所阻，集於岸下，多不能免。昔人欲築隄以捍水者久矣，皆謂土石所施，無所附麗，其功難成，遂置之。弘治丙辰，工部主事姚君文灝奉敕來督水利，始白於巡撫右副都御史朱公瑄，謂隄可築。公往視之，亦曰可築，且曰：是宜用卷埽法，蓋吾治河決時所已試者也。謀既協，姚君乃專任其事。

先是，公從工部侍郎徐公貫濬常熟江口，獲葦利之占於民者充公用，及是遂賴其濟。一時夫卒盡力，財用畢具，功垂成，而君移疾去矣。

今郎中傅君潮來代，周行田野，水利大興。他日，行至沙湖，歎曰：「是隄之功，其可已乎？」至是，巡撫左副都御史彭公禮復勸相之，而隄竟以完告。

其闊爲丈三，長爲丈三百六十。隱然如城，堅壯可久，安流成渠，人皆稱便。蓋耕者無浸淫之苦，則安於田畝。行者無覆溺之憂，則樂於道路。賈者無掠奪之恐，則保其貨利。

是役也，前守爲史侯簡，今爲曹侯鳳，皆經畫其事者。若通判陳暐，知縣劉珂、酈璠，主簿喻秉，則勞績並著，皆可書者。於是傅君使來，請文刻石。予郡人也，喜水患之能去，且知君才操與姚君並美，無忝於上命也，遂爲之記。

正德十六年，巡撫李充嗣分督工部郎中林文沛，發民夫，起常熟縣東倉至雙廟，濬白茆故道一萬三千八百二十丈。又親至支塘，詢士民開出水口，議論不一。充嗣與蘇州知府徐贊擬循故河疏治，常熟縣主簿余浪獨主鑿新河，不敢發言。適巡按御史馬録來會議，浪於道中陳(自)〔白〕①，録具告。

① 據《四庫》本改。

充嗣相度形勢，以簿議爲是，意遂決，鑿新河三千五百五十丈。又濬尚湖、昆承、陽城等湖支河一十九道。凡四閱月，功成，農田得稔。時林文沛身親董①率，暴露風日，不言勞憊，役夫不敢苟且塞責。嘉靖元年，工部郎中顔如環檄蘇州知府徐贊、松江知府孔輔開濬吴淞江，自下界口起，至龍王廟舊江口止。又濬趙屯、大盈、道褐等浦，使上流下委，遞相容泄。

附　王鏊《吴郡治水碑記》：

今天下財賦，多仰東南。東南財賦，多出吴郡。而吴郡於東南地最下，最多水患。南方夏、秋間，最苦多雨，蘇、湖渺然輒成巨浸，故官多逋負，民多流殍。於是廷臣争言水利，而以吴淞江、白茆港爲首，請設官專治。時巡撫應天西蜀李公充嗣，方著若績，詔委之，進工部尚書，得便宜從事。復以工部都水郎中林君文沛、顔君如環佐之。

公博訪群採，相度源委。謂東南諸水，咸匯太湖，由三江入海。而東江久失故道，不可以復尋。獨婁江尚在，吴淞江雖在而多涸。其别出一支，從常熟白茆港入海，最大且駛。而海沙淤塞，久成平陸，民且廬墓其上。自成化以來，每議開之，輒畏其難而止。

① 「董」，《四庫》本作「督」。

夫太湖吞納衆流，猶人之腹。白茆、吴淞，則尾閭也。陽城、昆承、澱泖諸湖，猶脉絡也。尾閭不泄，腹且漲爲病，四肢百脉悉病矣。

公乃駐節湖上，且行且度，度地量，功賦役，仞淺深，計遠邇。力取諸近，財取諸遠。廬舍有次，樵爨有所。分授以責成，時犒以行賞。天時晴和，法令明一，衆心競勸，率未明興作，入夜未已。河上燈攢如星，鍤畚如雨，讙呼之聲，數里不絕。不數月，工告成。

初，白茆自北達於江，河形結屈，不可復通。乃改就東南，挑平陸直注諸海。自雙廟至東倉，通一萬七千三百九十二丈。其深一丈五尺，闊三十三丈。

白茆上流，又開尚湖、昆承、陽城湖各隘，爲塘、爲洪、爲港、爲涇、爲淒者，凡十有九。吴淞江上流頗通利。自夏駕浦至舊江口，不復容舟，因其舊形，廣之、深之，凡六千三百三十六丈，其深一丈二尺，闊十八丈。白茆港口，海潮日至，沙泥易淤，則爲石閘一。陽城湖水至斜堰，分流七浦塘，則可少殺白茆之流，又爲堰一。淞勢弱，不能蕩激，易澱且淤，又爲石閘一。

蓋疏宜興、湖州諸淤，水歸太湖無礙，則常之宜興、武進，湖之烏程、歸安，松之華亭可無水患。濬吴淞、白茆之淤，太湖之水入江海無礙，則蘇之長洲、常熟、昆山可無水患。而吴淞、白茆之役最大，功費尤多。始事於正德十六年十月，嘉靖元年四月訖工，凡爲工四十一萬二千五十三，銀爲兩若干，米爲石若干，費亦大矣。保而勿壞，則在後之人焉。

十七年，知常熟縣馮汝弼建各港石閘，三丈浦連涇渚河向無閘者皆置。

隆慶元年，巡鹽御史蔚元康濬常熟、太倉、嘉定三州縣境七浦、楊林、鹽鐵、吴塘、顧浦、青魚涇。

二年，知常熟縣張博建白茆港石閘。

五年，巡按御史劉白睿檄蘇州府通判吴宗吉、常熟縣知縣連三元，董濬奚浦，長四千四百一十丈，廣五丈，深六丈。用夫八萬八千九百五十人，官給銀二千二百三十三兩，俱支贖鍰。

萬(歷)〔曆〕五年，巡視下江御史林應訓行委水利按察使馮叔吉，檄蘇州府同知王事聖、知縣王一言勘濬，自麗山湖口至長橋達吴家港。

六年，林應訓行委水利按察使徐節，檄同知王事聖、常熟縣知縣留震臣勘濬，自歸家墳小石橋起，至横塘止，長四十五里，面闊十二丈，底闊八丈，深一丈二尺。

八年，常熟縣重濬三丈浦。

三十二年，常熟縣知縣耿橘濬福山塘。

三十三年，吴江縣知縣劉時俊築石塘。

附　周道登《吴江縣新築石塘碑記》：

萬(歷)〔曆〕三十有三禩五月朔，邑侯劉公新築石塘成。塘修九萬九千八百一十四尺，爲橋十有三，爲竇三十有七。南連檇李，北接茂苑。並葺舊者，爲里八十有三。其石約二而成丈，博一尺有八寸九分。其博網一以爲厚，四壘其厚以爲塘之崇，倍其崇以爲基。和之用灰，支之用木，每尺而支者三。以石之厚，爲木之圍，三倍其圍以爲修。水遞深而遞加，率一木而爲五支。薪其木末，以當庸直。計木五萬九千八百八十六。三分之加一，以爲石之數。二分其十加一，以爲石之工。佐者居三之一，灰三千有四百石，鐵灰索綯，直二百五十餘。凡費二萬七千金有奇。

役始於癸卯正月十七日。主其議而捐俸以倡者，曹中丞也。邑二尹西蜀李宗程則督視，邑人王(邵)〔郡〕①倅忠則勛勸，沈方伯季文則協議，沈寺丞璟、沈僉憲瓚、沈孝廉令名與不佞登則出納，父老屠大化等十人則宣力。凡再閲歲，而效其成於公。億兆讙呼，得未曾有。薦紳先生構亭鶯湖，屬不佞記其事。

夫以塘之積圮，歲歲修而圮日甚，空爲縣官費，何益？公新以巨石，爲邑永利，是大有造於我也。且不煩官，不强民，百計拮据，杯酒諷勸，而事忽大集，我享其利。美哉，公績可以頌矣！

三十七年，常熟縣知縣楊漣築元和塘，濬沙浦、馬涇、袁張浜。

三十九年，昆山縣知縣祝耀祖築至和塘。

---

① 據《四庫》本改。

四十年，長洲縣知縣胡士容濬練祈塘、馬路塘、譚家浜。

四十一年，胡士容濬走馬塘。

四十二年，胡士容築至和塘。

附　文震孟《長洲縣興築婁江石隄記》：

蘇固澤國也。江淮之水，由京口歷毗陵，皆從蘇以注海。震澤匯宣、歙、霅、苕之巨浸，宣吐於長、昆二縣間。有婁江，實所由道，至和塘最當其衝蕩云。自宋轉運使喬維嶽決隄爲涇，水患滋起，以迄於今。當事者咸鰓鰓慮焉，而苦於任事之難。至插棘樹版，以殺水勢，亦幾無謀矣。

廣濟胡侯士容，自嘉定令移劇長洲日，延父老問所疾苦，而知婁江之塘不可緩也，曰：「是且病涉，病溺，病飛輓，病農。農兹土者，至累歲不登半菽，誰司民牧，責可緩諸？」

既又相度土宜，而知非石隄無以障水勢，曰：「是金涇、陽城諸湖蕩之所震撼也，是太湖、沙湖之所騰躍而淵湃也，是新洋、吴淞諸江之所逆駕也，是兩龍涇、朱涇、蕭涇、吴涇、陸涇諸要害之所泛而旁齧也。苟不爲永賴謀，僅飾目前，又豈司牧者之實意歟？」

於是量工經始，里計者四十有五，丈計者六千七百，橋計者二十有六，其巨者一十有八，金錢計者萬五千有奇。顧邑民苦貧，府庫竭，莫可調發。侯又不能如正統中周、夏兩尚書，奉璽書從事水利，復田租徵發屬邑。僅搜導河官帑之羨金不滿千，悉捐歲俸，與贖鍰所入，集好義之衆，期月而成。

自長至昆，長隄如帶，屹然如山。於是行者歌於道，鼓枻者歌於河，農歌於野。侯益盡捐禄俸，買田三頃其半，以屬耆老，爲永隄計焉。

四十三年，昆山縣知縣陳祖苞濬至和塘、小虞浦、横塘。

崇〔正〕〔禎〕八年，巡撫都御史張國維，同巡按御史王一鶚，檄吴江縣知縣章日炌勘核石塘，全坍應修一千五十五丈，半坍二千八十六丈；平望西諸家鋪水缺，應築内外塘七百六十丈，並修長橋、三江橋、翁涇橋。紳士商民，樂助竣工。

九年，張國維疏導吴江縣長橋洪。先是，縣民虞燧具奏，敕部行撫、按查核覆題，奉旨允行，檄下疏濬，自長①橋以至九里石塘，通行開鑿。

十年，張國維同巡按御史路振飛重修至和塘。兵備馮元飇與知府陳洪謐、推官署縣事劉鳴謙，各捐助有差，屬里民馬負圖營辦董成，僅四閲月畢工。

十六年，昆山縣知縣楊永言開濬夏界河，特舉貢生朱集璜董其任。集璜分河爲四則：自龍王廟壩口至郭澤塘爲一則，自郭澤塘至兵墟爲一則，自兵墟至葛港爲一則，自葛港至赤涇口爲一則。以

① 《四庫》本無「自長」二字。

淤塞淺深，爲致功難易，共開河身四千九百八十二丈。調夫，分區之主客：主六[1]區，六十畝出一夫；客區一，百十畝出一夫。用夫十二萬一千九百七十四。貼役，主區每畝錢三十文，客區一十六文。計得錢每工給八十文，又官給錢六十文，每工受錢百有四十。工始於是年十一月，畢於次年四月。

國朝

順治九年，工科給事中胡之駿請濬吴淞以泄陳澱之水，濬劉河以泄巴陽之水。奉旨準行。

十一年，恩諭：「東南財賦重地，素稱沃壤。連年水旱爲災，民生重困。皆因失修水利，致誤農功。該督撫責成地方官，悉心講求，疏通水利，以時蓄泄。水旱無虞，民安樂利。」

康熙十年，巡撫馬祐奏請開濬吴淞江、白茆河。恩準留蘇、松、常三府漕折銀九萬兩，浙省杭、嘉、湖三府漕折銀五萬兩，充疏濬河工經費。督同布政司慕天顔，檄蘇州府水利同知于階，及太倉、吴江、昆山、嘉定各州縣官，開劉家河淤道二十九里，建閘三座；開吴淞江東至新涇口四千三百五十二丈；自新涇口迤西，至赤雁浦黄渡七千五百丈；修復舊址閘壩。

① 《四庫》本無「六」字。

附　馬祐《請浚劉河吴淞江疏》：

臣看得蘇屬劉河、松屬吴淞江，乃走泄太湖之咽喉也。修則六府同其利，塞則六府同其害。歷代以來，凡遇淤滯，俱遣大臣駐劄吴中，專修水利，動支正項錢糧，撥充疏濬經費。臣稽考成書，明嘉、隆年間，吴淞道淤，湖水四溢，淹没田廬，民生困苦。時有巡撫海瑞，條奏疏治。因役大費繁，請留漕米二十萬石，又動江浙六府無礙官銀，俱充工費。令各處被災飢民，上工就食，修復水利，兼行賑濟。水災寧息，事功告成，刊載典章，班班可考。迄今已及百年，潮泥日積，故道全淤。凡官斯土者，憚於工程浩大，財費無資，視爲末務，因循不舉。去歲夏月霪雨連旬，湖水泛溢，禾苗盡淹，民居胥溺。積水三月不消，農工廢業，人户流亡。總因劉河、吴淞入海之口淤塞，涌聚無從走泄故也。

臣念國課民生，關係重大，悉心講求，博採輿論，並以疏浚二河爲今日第一急務，檄藩司委官丈勘。劉河淤道二十九里，長五千二百二十丈，計用人夫三十九萬八千四百十二工。連閘二座，每座工費千金，以備水旱蓄泄。約共需銀四萬兩。吴淞江東至新涇口，皆成平陸，應浚四千三百五十一丈。自新涇口，迤至赤雁口黄渡，應浚七千五百餘丈。修復舊址壩閘，約共需十萬兩。

臣再四思維，當此水災之後，村落飢民逃荒乞食，臣與屬官勉力捐俸煮粥，不過苟延旦夕，萬難僉派民夫，舉此大工。若欲徒責地方各官，設處捐助，亦終成畫餅。勢不得不請用正項，以濟目前急務。仰懇皇上俯念江、浙六郡爲國家財賦重地，將康熙九年蘇、松、常三府漕折銀九萬兩，浙省杭、嘉、湖三府漕折銀五萬兩，留充疏濬河工經費。俾各處災荒饑民，就近上工趨食。是修復水利中，兼行救饑之事，誠一舉兩利。倘蒙皇上軫恤災傷，動支正項，地方幸甚，民生幸甚！

又《報浚完工疏》：

臣查劉河自鹽鐵口起，至航船港以達海口，該五千一百八十丈，河面闊十一丈，底闊六丈六尺，深一丈，積土四萬四千九百餘方。勘原舊河身有尚存一綫及淺窪處，扣除不用挑工土方外，實該挑土三萬三千九百四十方。每方用夫十四工，雇募民夫四十七萬五千一百六十九工。築大壩、副壩一十條，支港水口築小壩一十四條。於康熙十年二月二十六日起工，至十一年五六月內陸續完工。

吴淞江自黄浦東口起，至新涇口施家港止，計該一萬四百九十一丈。挑河面闊一十五丈，底闊七丈五尺，深一丈五尺，積土一十七萬七千餘方。內有原舊江形及低窪之處，扣除不用挑工土方外，實挑土一十三萬一千四百三十九方。每方用夫一十四工，雇募民夫一百八十四萬一百五十七工。內築大小壩一十六條，又支港水口築小壩十一條。於康熙十年十二月初八日起工，至十一年四月二十六日完工。

又查劉河原議建閘三座，約費工料銀三千兩。臣又同司道各官覆勘情形，若於一處分造三閘，恐閘基單薄，不能堅久。故於天妃宫地方，總造大閘一座，分别三洞泄水。雖工費稍加，實可一勞永逸。吴淞江於黄浦口建大閘一座。臣又思兩江閘座，與内地不同，恐閘門被潮往來衝擊，未能堅久。故各於閘旁四角修築，以圖永遠。

查劉河閘座，已於康熙十一年三月内完工。吴淞閘座，已於康熙十二年正月内完工。劉河各項工料，共實用銀三萬一千六百八十二兩八錢七分零。吴淞江各項工料，共實用銀一十一萬一千一百七十九兩一錢二分零。

此係臣經駁減核實應銷之數，復取各官印甘結在案。今據該司造册呈詳前來，除册分送户、工二部查核外，相應題報，聽部核銷。

二十年，巡撫慕天顔奏請濬常熟縣白茆港、武進孟河，奉旨準行。開白茆自支塘至海口四十三里，濬河七千八百五十六丈，廣十丈，深一丈五尺，用民夫九十九萬四千工。建閘一座，費公帑四萬兩。

附　慕天顔《疏河救荒議》：

竊惟三吴治水之功，歷稽往績，惟使太湖之水導入江海，而潮汐亦可上通，以時蓄泄，則旱澇無虞。自三江湮塞，震澤泛濫，以田爲壑，而蘇、松、常、湖、杭、嘉六郡，受患日深。上年水患瀰漫四野，數百里間，不第禾盡無收，抑且室廬漂没，流離疾苦，不忍繪圖。仰荷憲臺，軫念民生，首飭議浚劉河，以通水利。憲檄諄諄，謂吴淞江出海之處，已成平陸，修復工繁，未可輕議。惟有專力劉河，爲今日第一急著。此憲臺爲吴、浙百萬生民，造無疆之福也。本司遵行蘇、松二府，詳加確勘。兹據蘇府詳議估計工程，請動正賦開工。等因。又據松江府上海縣詳，開吴淞江故道，酌請江、浙六郡正帑，協濟大工。各繪圖形，申覆憲臺在案。

本司載考舊誌，披閲新圖。按湖水之奔趨而東也，一自澱山、泖湖，從華亭之南，折而東北入海者，爲黄浦。一自吴江長橋，歷長洲，昆山、青浦、嘉定界至上海，合黄浦以入海者，爲吴淞江。一自吴縣鮎魚口北入運河，經郡城婁門，注流上下雉瀆，抵昆山至和塘，東合新洋江，由太倉歸劉家港入海者，爲婁江，即今劉河也。迨吴淞入海之處，沙壅茭叢，昔夏忠靖公引黄渡以西之水，北入劉河。是今日劉河之一綫，爲淞、婁二江之尾閭，合蘇、松諸郡之民命攸關者矣。浚之，烏可一日緩哉？但在蘇則望劉河之深廣，而昆、太、嘉爲尤切。在松則必圖吴淞之成渠，而上、青諸邑爲尤近。兩府所議，各就其切己者而言，未可爲全局之通論也。

本司規畫再三，採訪輿論。目前救時之策，在急疏劉河。將來遠大之謀，吴淞亦在所必浚。

蓋吴淞實太湖泄水之中條，其故道較劉河更闊，其地勢較劉河更直。江、浙六郡同其利，議協於浙，可冀旦夕成功焉。但今民窮財盡，更際凶災，兩工决難並舉。劉河處其易，吴淞處其難，莫若緩吴淞，而先事劉河之爲便。

本司細詢紳民父老，劉河之功固自不小，而吴淞亦有不得不次第並浚者。當日導淞水併入劉河者，有昆山之夏駕，嘉定之顧浦，以及鹽鐵、新洋諸港浦。淞與婁相通，今則諸港浦盡塞，淞自爲淞，婁自爲婁。則劉河雖開，止泄震澤半面之流。而匯納於泖淀，以奔涌淞江者，仍未得宣通也。若再開蒲匯、新涇，重浚虬江、顧浦，費力於支河小港，何如併力於吴淞乎？

況從來以工役救荒，使貧民食力以餬口。如范文正公守郡時，吴中大饑，發粟募民，諸工畢舉。以是公私仰給，民不遷流。昔人於凶歲之後，無不共循此意。蓋小民至困苦中，工力必賤。且飢寒迫身，民多思盗。河工興而樂趨畚鍤，盗賊亦可潛消。荒政之施，莫此爲大。然必須咨商浙省督撫，早爲區畫，將全局會疏題明，共計兩河工費。先開劉河，至冬間水涸之時，旋興吴淞大工。本司管窺如是。

今所急惟在錢糧。災荒之後，杼軸既空，不得不請銷正賦。但朝廷方在蠲災詘餉之時，又何敢言動帑？惟念興水利而後有農功，有農功而後裕國計。若惜一時之費，不作久遠之圖，將來海口淤沙，日淤一日，必至水災洊告，蠲賑迭施。今合兩工所需，約計十四萬金，較之一歲所蠲，未及其半。而田工無患，國賦常充，可垂千百年之大利，一勞永逸，功在斯時。

考海忠介開吴淞之疏，留漕十萬石，佐以協濟稻穀贓罰等，不兩月而功成。倣其遺謨，敢請憲臺，俯賜會題，於蘓、松、常康熙九年折漕銀内，留四萬兩，以應劉河夫工。康熙十年折漕銀内，再留五萬兩；浙省錢糧協濟五萬兩，以應吴淞夫工。仍比歸仁堤事例，兩省續開援納捐助，請於河工告成之後，補此漕折正項錢糧，方行停止。即於是月，一面擇吉施工。謹先就劉河工程，縷析條議。并《三江全圖》，繪呈憲覽。吴淞工費，亦可照例核確。

此皆憲臺爲萬年國脉、百世民生起見，用敢敷陳，伏乞採擇。

又《請浚孟河白茆河疏》：

江南賦税，甲於天下。蘇、松、常、鎮課額，尤冠於江南。凡國用所出，盡藉農田。倘水旱失宜，必致災祲疊告。此廣渠資溉之功所以斷不可緩也。

今夏霪雨連綿，河流四溢，田地在在沉渰，廬舍更多漂没。臣疚心疾首，力督司、道、府、州、縣等官，多方設法宣泄，分頭挽救。

而附近劉、淞之太倉、嘉定、吴江、婁、上等州縣，俱藉兩江出瀉，旋溢旋消，雖告被水，幸不重困。華亭並未告災，昆、青災亦無幾。長洲、無錫，去兩江稍遠，東南之水，不能驟消；西北諸流，奔江無路，田禾渰没甚多。宜興首當高、溧諸山下流，亦賴震澤轉泄。雖東南一面稍沾劉、淞導引之益，然較長、昆等處更遠，西北全無出水之路，故受災倍於他邑。若夫常熟、武進、江陰、金壇等縣，既與劉、淞絶隔，惟藉大江匯歸。其如本地出水要口，在在淤塞，遂致積雨成壑。臣從權救濟，將江、常二邑沿江一帶通潮小港、馬路築埂之處，暫行疏導出口，隨於洪水泛濫無歸等事案内，題報在案。此不過救急一時，稍平水勢，旋即堵塞，非久遠之圖也。

臣前疏請浚白茆港、孟瀆河、福山港、三丈浦、黄四港、申港、包港、安港、西港、七丫等處，蓋既鑒上年之奇旱，預料今夏之大澇，從長籌畫，實非泛言。雖部議未邀即允，然關切地方民事，豈容緩圖？臣再四籌畫，先擇其工易而費簡者。若七丫一帶，業已勸民濬滌淤沙，通崇明之運道。福山港、三丈浦，道、縣各官詳據里民自願分段疏通。再如黄四、申、包、安、西等港，另行酌量緩急，多方設法，次第興舉外，惟是常熟之白茆港，係蘇、常諸水東北出江第一要河。自明季失修，湮塞成陸，旱則潮汐不通，澇則宣泄無路。若此港一通，不惟常熟水旱無虞，即昆山、長洲、太倉、無錫、江陰，無不共沾其利。

又武進之孟瀆河，係常、鎮諸水歸江要道。凡高、溧西北諸水，競趨東南，則流注於宜興、金壇，更轉瀉於丹陽、武進，惟藉孟河一口出江。今亦年久失修，河身壅積。武進以西，丹陽以東，宜興、金壇以北諸水，歸江阻道。於是水旱並災，人力難施矣。

此兩河者，蓄泄之利等於劉、淞，淤塞之形亦不亞於劉、淞。今劉、淞疏通，蘇、松、常資其益者甚鉅。白茆、孟河淤塞，蘇、常、鎮被其害者亦復不小。此臣身在地方，目擊親切，日夜籌畫而不敢忽者也。是以分委道員，細加察勘。

茲據副使劉鼎、參議祖澤深勘估議詳前來。查白茆自常熟支塘起，迤東以至海口，淤道四十三里，共長七千八百五十六丈，應浚深闊不等，總計人夫九十九萬四千工。並議修大閘一座。與夫築壩、戽水等項，共需費五萬六千兩。孟河自武進奔牛鎮之萬緣橋起，至孟河城北出江，淤道四十八里，共長八千五百三十三丈，應浚深淺不等，總計人夫八十四萬工。並議建大閘一座。與築壩、戽水、幫岸等項，共需費四萬八千兩。二河共需費十萬四千兩。據各該道請，照劉、淞事例，先動正帑濟工。不惟水利克修，見在望賑飢民，得以赴工趁食，不設賑而民已全活，數善備焉。

四十八年，總督邵穆布、巡撫于準奏准，開白茆、福山二港，修白茆舊閘，建福山新閘。福山開土一萬二千一百五十方，白茆開土二萬八千八百方，共發帑銀三萬四千九百九十七兩零。

雍正五年，二月初二日，奉上諭：「地方水利，關係民生最爲緊要。如江南户口繁庶，宜更加修濬，時其蓄泄，以防旱澇。向來屢有條奏之人，但未經本省督撫奏請。朕意亦久欲興修，以資農務。因海塘工程正在營治，且水利事關重大，必得實心辦事之人，方有裨益。即如目今畿輔水利，賴有忠誠任事之怡親王，始可興此大工。不然，則亦未敢輕易舉行也。

我皇考念切民依，周知稼穡，因康熙四十六年巡省江浙，所至必細驗水土燥濕高下之宜，詳考五本年四月二十六日，欽奉上諭齊蘇勒、范時繹、陳時夏、李淑德、陳世倌：「朕軫念民依，以蘇、松不必令出資財，惟令辦理事務，交李淑德、陳世倌二人，酌量委用。

特諭。」

並諭吏部，將現任部屬及候選部屬府州縣人員内，有具呈願往效力者，挑選十餘人，帶往江南。交與李淑德、陳世倌監督辦理。

副都統李淑德，昔任江南松江府同知，諳悉水利事宜，曾經條奏，頗爲明晰。原任山東巡撫陳世倌，年力精壯，現在閒居。著李淑德、陳世倌，會同陳時夏、總河齊蘇勒、總督孔毓珣，悉心踏勘，詳加酌議。倘齊蘇勒河工緊要，不能親身前往，即行文知會商酌，定議具奏。凡建立閘座、疏濬河流，務期盡除淤塞，以杜泛溢之虞。廣蓄水泉，以收膏澤之益。其一應工費，俱動用庫帑支給。一切工程，

朕即位以來，事事仰繼皇考之貽謨，永圖民生之遠計。本欲俟直隸水利興修之後，令怡親王前往江浙地方，相度情形，商酌興修之舉。今巡撫陳時夏特行奏請，且稱費用不過十餘萬兩，即可成功。據陳時夏陳奏，應是地方不可遲緩之事。

吏之侵漁，而無實效，深可痛恨。

民力，恩至渥也。乃當時督撫諸臣，不能實心仰體，惟以虚文奉行，糜費帑金二十餘萬，大都飽於官常、鎮、杭、嘉、湖地方，疏濬河港，以資灌溉，修建閘座，以便啓閉。皆動用公帑錢糧，不使絲毫出於穀種植之性，躬親講求。將附近太湖及通江潮之處，條分縷晰。特頒諭旨，令江、浙督撫，於蘇、松、

地勢稍下，特遣大臣會同督撫，開濬水道，爲久遠之計。太湖之水歸海，劉河、白茆二河爲要，必徑直深廣，令水暢出，方能一勞永逸。《圖志》新載二河形勢，數十里一徑直趨出海，無少曲折。因年歲久遠，海口爲潮湮塞，悉成平陸。太倉、常熟之紳衿土豪，霸佔耕種。然報科者十無二三，私獲重利於己。今既開濬疏通，務必盡去新漲地畝，以復故道方是。

聞背公懷私、害衆利己之徒，有不願者，串買地棍，報具公呈。或請別開支河，或請另開新道，其言紛紛不一。陳世倌乃但知潔己而不奉公之人，李淑德亦旗下武員，識見淺鄙，倘以似是之言，或惑於聽聞，或希圖微利，或稍徇情面，迂回遷避，使積水不能暢出，數年後仍漸致壅塞，則汝等罪不可逭矣。

該督撫、欽差等，當竭力秉公詳勘，務爲一勞永逸之策。倘紳衿惡棍，生事阻撓，爾等指名題參，嚴懲數人，則不公不法之刁風自息矣。爾等若少將就，欺隱苟且，塞責了事，異日代人領過之時，莫怨朕未明白曉諭也。

欽此。」

本年，原任山東巡撫陳世倌請先挑吴淞、白茆、孟瀆、德勝、九曲河。俟完工之日，各河以次開濬。

六年，户部議覆：郎中鄂禮條奏：近海諸河，並設立犂船混江龍，以疏積沙。

十二年，總督趙弘恩題請普修江南渠港。

趙弘恩《疏》：「題爲江南港渠①亟宜普修，以全水利，以廣皇仁事。竊照江南水利，屢蒙聖諭，普加修濬。仰見聖主軫念民依，有加無已。如淮、揚諸河及通州閘壩，現今興修完備。蘇、松、常、鎮之婁江、吴淞江、白茆、徐六涇、福山塘、運②河、長橋、北河、萬頃港、互流港、孟瀆、德勝、新河、九曲河、紫藤塢、劉河、七浦河等處通江達海大河，及海口各閘，亦俱蒙皇上命發帑金，興修完竣。又蒙將松江等府沿海石塘、土塘，通行建築。商農樂利，萬世蒙庥。

惟民田以内一切支港小渠，萬派千尋，皆承流於大河，通聯於潮水。旱則引潮以灌田苗，澇則歸河以消積水，關係並重，其利亦溥。祇因港渠既多，地更深僻，工程碎雜，費用零星。故歷聽民間自爲修浚，難以一一動帑興修。無如小民勤惰不一，書役需索冒侵，年久竟成道旁築舍，潮沙漸積，淤塞日甚。臣經臨蘇、松、常、鎮一帶，留心察勘，在在皆然。除華亭縣龍泉等九河，吴縣穹窿山麓堰閘池塘，已經撫臣高其倬飭行浚築，其餘應修小河港渠甚多。必須即爲逐細疏挖，一律深通。庶港、渠、湖、河，内外暢達，旱澇兼資，同收鉅效。博採輿情，無不樂於興舉。

查江省歷來私派貼費陋規，每縣盈千累萬，悉飽蠹棍欲壑。以蘇、松、常、鎮四府一年而計，即共有數十萬金。今清釐酌革，民力已得寬舒。所有此等港渠以及圩壩、涵洞，似應即從今冬爲始，勸民

---

① 「港渠」，《四庫》本作「渠港」。

② 「運」，《四庫》本作「東」。

循照舊例，按田派工，業户給食，佃户出力，逐一興修。所開土方，運送遠處，不得堆積兩岸，仍淤河道。以無益之陋費，爲水利之正用。明白開導勸督之下，百姓諒必踴躍趨事。此番大修之後，將來歲修，易於爲力。

至此項工程，查有水利效力部員程夢瑛，謹慎勤勞，實心辦事，可以總理相度。臣亦加意督察。其分任更須多員，方能細爲查勘，逐加勸諭，隨勘隨修，周流督率，以期實濟。現任州縣各有刑名、錢糧諸務，各府同知、通判，州縣佐雜，并試用等官，亦各有本任事件，及别項緊要工程差委，且少熟諳河務者。更恐濫差書役，需索擾累。再四思維，惟有做照河工投效，及前署督臣尹繼善辦理海塘，將情願效力之人題請赴工之例，查明實需工員數目。有生長沿河，及曾任沿河因公詿誤之員。或向隨工員，在河料理，熟諳河務，及熟習風土人員具呈。情願效力者，考驗確實，留工差委。如能勤慎任事，工竣題明，酌量録用。倘有怠玩，即行參處。

又蘇、松沿河塘路坍塌，行旅艱難，民田亦少保障。或勸民力并修，或動公項支應，亦須漸次經理。

行據蘇州布政司白鍾山查案議覆僉同，并稱：蘇、松等屬内，有寶山、華亭、奉賢、婁縣、金山、南匯、上海等數縣，向例業户按田每畝捐錢五文，以爲歲修塘工水利等用。各該縣此番大修港渠工程，即可於此捐錢項下動用。又太倉、鎮洋等州縣，向例亦有每畝捐錢三文、二文不等。此次大修，并應聽其量爲加捐①湊用，募夫挑浚。均不必拘業户給食、佃户出力之例。此外各州縣，如有願倣此式，按畝捐錢者，亦應聽民酌量派定錢文，交縣彙給工員募修。庶百姓不必人人赴工，往返多費，而工程又得速竣，不致掣肘延誤，亦爲因地制宜之善舉。總以民間物力，仍歸民生實用。至部員程夢瑛，可以總理其事。仍令蘇松、常鎮二道，各於所屬就近協辦，稽查工費，考察勤惰，更爲有益。沿河塘路，俟港渠修浚，次第料理。等情。

臣覆核無異，除應用工員，俟選定具題，另造履歷送部外，理合一併具疏題請。

臣謹會題。」

① 「捐」，《四庫》本作「減」。

江南通志卷六十四

河渠志

水利治績　二

松、常、鎮三府

松江府

周

敬王二十五年，吴行人伍員鑿河，自長泖接界涇而東，盡納惠高、彭巷、處士、瀝瀆諸水，後人名曰胥浦。

唐

開元元年，築捍海塘，起杭州鹽官，抵吳淞江，長一百三十里。

宋

寶元元年，兩浙轉運副使葉清臣開松江盤龍匯。按《續吳郡圖經》：「盤龍匯介華亭、昆山之間。步其徑纔十里，而回穴迂緩乃四十里，江流爲之阻遏。盛夏大雨，則泛溢渰稼穡，壞室廬，殆無寧歲。」乾興間，屢經疏決，未得其要。范仲淹守平江，嘗經度之，未遑興作。至是，清臣轉漕本路，以太湖民田爲豪右據上游，而水不得泄，建議釃爲新渠，從滬瀆入海。道直流速，其患遂弭。

慶(歷)〔曆〕元年，知華亭縣錢貽範開顧會浦。

附　章峴《記略》：

浦直縣西北六十里，趨青龍鎮，南通漕渠，下達松江，舟艎去來，實爲衝要。自斡山之陽，地形中阜，積淤漸與岸等，垂三十年。至是，乃籍新江、海隅、北亭、集賢四鄉之民，得役夫三千五百五十人，府教以尉孫君專董其役。興三月辛酉，訖四月己丑。始於邑郛，終於江滏。增深四尺，槩廣八丈，無慮役工十萬二千九百五十，畚土平道者不預焉。

嘉祐三年，轉運使沈立開顧浦。

六年，轉運使李復圭、知昆山縣韓正彦開松江之白鶴匯，如盤龍之法。崇寧中，郲亶又浚治之。皆爲民利。

紹聖中，開大盈、顧會二浦，浚柘湖、新涇、下金山、小官浦，悉入於海。

崇寧二年，提舉浙西常平徐確考《禹貢》「三江」之説，以爲太湖東注於海，松江正在下流，向來潮泥堙塞，水溢爲患。請自封家渡古江開淘至大通浦，直徹海口七十四里，以常平錢米十八萬三千餘，充調夫之費，因令饑民就食。確躬操畚鍤以先之，水道遂通。

大觀元年，九月，從中書舍人許光凝請，命本路監司檢按松江故道，同發運使屬官，疏導積水入海。

三年，開吴淞江置閘。

宣和元年，兩浙提舉常平趙霖濬白鶴匯，圍裏華亭泖爲田。

紹興四年，鹽官丞王珏開華亭近海河二百餘里，通漕溉田，民享其利。

十五年，通判曹泳重開顧會浦。

附　楊炬《記略》：

紹興甲子夏，大水，吴門以東，沃瀼①之區，悉爲巨浸。部使者飭郡邑詢求故道，導源決壅，以泄水勢。於是監州曹公歷覽川原，考視高下，訪於父老，得顧會浦，自縣之北門，至青龍鎮。浦凡六十里，南接漕渠，而下屬於松江。按上流，得故閘基，僅存敗木，是爲旱澇潮水蓄泄之限。復得慶（歷）〔曆〕二年《修河記》於縣圃，而知兹河廢興之歲月，與夫淺深廣狹之制，役徒、錢穀之數，判然察其惠利之實，有在於此矣。

蓋歷百有六年，河久不濬，而淪塞淤澱，行爲平陸。遂以狀請於朝，籍縣之新江、海隅、北亭、集賢四鄉食利之民，以疏治之。官給錢糧，而董以縣令、簿、尉。興工自十月二十有六日。役三月，而河成。起青龍浦，及於北門，分爲十部，因形勢上下，爲級十等。北門之外，增深三尺。而下至鎮浦，極於一丈。面横廣五丈有奇，底通三尺。據上流築兩狹隄，因舊基爲閘而新之。復於河之東，闢治行道，建石梁四十六，通諸小涇，以分東鄉之渟浸。不浹旬，水落土墳。由是犇山東西民田數千頃，皆爲膏腴。

役工二十萬，用糧以石計七千二百，爲錢以緡計二萬五千。

① 「瀼」，《四庫》本作「壤」。

三十年，知華亭縣劉侯修秦山、鹽鐵、蚌港三堰。

乾道二年，轉運副使姜詵開通波大港，港即顧會浦。置張涇堰閘。

附　許克昌《浚河置閘碑》：

甲申秋八月，淫雨害稼。明年大饑，上臨朝咨嗟，分遣使者，結轍於道，發廩賦粟，以活餓者。

會有言蘇、秀勢最下，華亭尤近海，十八港皆有堰捍潮，可一切決之；四湖所瀦水，宜爲斗門，以便節減。上覽而異之，亟命兩浙轉運副使姜詵，與令、丞行視其宜。

姜侯既受旨，諏訪故老，周覽川野，盡得其便利以聞。曰：東南瀕海之地，視諸港反高，雖有神禹，不能導水使上也。今宜浚通波大港，以爲建瓴之勢。又即張涇堰傍，增庳爲高，築月河，置閘其上，謹視水旱，以時啓閉。則西北積水，順流以達於江，東南鹹潮自無從入也。上稱善。即丙以常平之帑贍其役，且與守臣鄭聞會其事。制許焉。則相與庀徒揆日，賦材計功。

既具，以授之縣令侍其銓。銓威以梱姦，説以使人，檢程視作，勿容苟簡。乃浚河自蘇山達青龍江口二十有七里，其深可以負千斛之舟。因其土治高岸，護青墩傍，今有青墩港，故水所敗田數萬畝，還爲膏腴。爲閘於邑東西四十有八里，增故土七尺，甃巨石，兩趾相距，常有四尺。深十有八板，板尺有一寸。月河之長三千三百五十有五，廣常有六尺。

凡浚河之工萬有一千二百。金工、石工、木工、畚锸之工，伐取、運致之工，總其數槩七倍於浚河。糜錢緡九千三百五十四，粟石二千三百有九十。凡五十有五日而畢。蓋斂未嘗及民，而民亦若不知有是役也。

七年，知秀州(邱)〔丘〕密修華亭瀕海十八堰，遂移新涇堰於運港。

九年，置監堰官於亭林。《松江府志》：「華亭東南並海，自柘湖堙塞，置堰一十八所，以禦鹹潮。宋政和中，提舉常平官興修水利，欲涸亭林湖爲田，盡決隄堰，以泄湖水。華亭地勢，東南益高，西北益卑，大抵自三泖、五浦下注松江以入海。雖決諸堰，湖水不可泄，鹹水竟入爲害。於是東南四鄉爲斥鹵之地，民流徙他郡。中間州縣官懼其害，復故堤堰，獨留新涇塘，以通鹽運。海潮晨夕衝突，塘口至闊三十餘丈，鹹水延入蘇、湖境上。

是歲八月，邑人右正言許克昌力言於朝。時密以太博除知秀州，奉命行視。與令堵觀議，以新涇塘湖勢湍急，運港距新涇二十里，水勢稍緩，於是募四縣夫移堰於運港，併築堰外諸港及運港之兩岸。東岸自堰至徐浦塘二十四里十七丈，西岸自堰至柘湖二十三里。上闊六尺，下闊一丈五尺，高六尺。

明年正月，遣御史蕭之敏按視。還奏，詔增密秩，復租。九年，招復流民。又明年正月，遣中使宣諭守臣張元成增築。二月，特設監堰官一員，土軍五十人，置司顧亭林，以防鹽運私發諸堰。後堰外隨潮沙漲，牢不可壞，二州之田得免鹹潮浸灌之患。」

十三年，修華亭縣新涇塘閘，增置招賢港、徐浦塘二閘。

十五年，命浙西提舉常平司開濬華亭縣三十六浦。

淳熙二年，立庸田司於平江，撩漉吴淞江沙泥，浚各閘、舊河渠瀆，及松江之張涇、通波、南北俞塘、鹽鐵、官紹、盤龍、蒲匯、六磊、石浦等塘。

十三年，羅點提舉浙西常平，以澱山湖泄諸水道，戚里豪强占以爲田，故水壅不泄，民田病之，奏乞開濬。有旨命點躬親相視開掘。農民聞命歡躍，不待告諭，各裹糧合夫，先行掘鑿。於是並湖巨浸，復爲良田。

元

至元初，中書省准浙江行省咨，任仁發言吴淞江淤塞，奏立都水監，仍於中江。中書以聞，特命行省平章撤里①提舉修浚，一切便宜經畫。以松江故道湮塞，西自上海縣界，東抵嘉定石橋洪，迤邐入海，袤三十有八里。

① 「撤里」，《四庫》本作「撤爾」。

附　任仁發《水利議答》：

議者曰：吴淞江前時深通，今日何爲而塞，豈非如海變桑田之説，非人力所可爲者歟？答曰：東坡有言：若要吴淞江不塞，吴江一縣之民，可盡徙他處。庶上源寬闊，清水力盛，泥沙自不能積，何至有湮塞之患哉？歸附後，將太湖東岸出水去處，或釘柵，或作堰，或築狹處爲橋。又有湖泖、港汊，又慮私鹽船往來，多行塞斷。所以清水日弱，渾潮日盛，泥沙日積，而吴淞江日就淤塞，正與東坡所見合。若云如海變桑田，一付之天，則聖人手足胼胝，盡力溝洫，皆虚言也。聖人豈欺我哉？所當盡人力而可爲也。

議者曰：錢氏有國百餘年，止長興間一次水災。宋南渡百五十餘年，止景定間一二次水災。今或一二年、三四年，水災頻仍，其故何也？答曰：錢氏有國，宋南渡，全藉蘇、湖、常、秀四郡所産以爲國計，常時盡心經理，高田低田，各有制水之法。其間水利當興，水害當除，合役軍民，不問繁難，合用錢糧，不吝浩大，必然爲之。又使名卿重臣專董其事。豪户勢家簧言不能亂其耳，珍貨不能動其心。又復七里爲一縱浦，十里爲一横塘，田連阡陌，位址相接，悉爲膏腴之産。以故二三百年之間，水災罕見。國朝四海一統，又居位者未知風土所宜，視浙西水利，與諸處無異，任地之高下，時之水旱，所以一二年間，水患頻仍也。

議者曰：蘇州地勢低下，與江水平，故曰平江，故稱澤國，其地不可作田。今欲築圍，亦逆土之性耳。答曰：晋、宋以降，倉廪所積，悉仰給於浙西之水田。故曰「蘇湖熟，天下足」。若謂地勢低下，不可作田，此誠無稽之論。何以言也？浙西之地低於天下，而蘇、湖又低於浙西，澱山湖又低於蘇、湖。彼中富户數千家，每歲種植菱蘆，編釘樁篠，圍築硬岸，豈非逆土之性，何爲今日盡成膏壤？此明效大驗，不可掩也。既是澱山最低之處，尚可經理爲田，豈已成之田反不可作田耶？

議者曰：水旱天時，非人力所可勝。自來討究浙西治水之法，終無寸成。答曰：浙西水利，明白易曉，何謂無成？大抵治之之法有三：浚河港必深闊，築圍岸必高厚，置閘竇必多廣。設遇水旱，亦不能爲害。昔范文正公請開水浦，議者沮之。公力排浮議，疏浚積潦，數年大稔，民受其賜。載之方册，昭然可考，謂之無成可乎？

議者曰：河渠、圍岸、閘竇，三者俱備，則水旱可無，民食可足，誠爲久遠之計，朝廷胡爲而廢之？答曰：國家收附江南三十餘年，浙西河港、圍岸、閘竇，無官整治，漸致廢壞。今若募夫供役，必取辦於富户。部夫督役，必責成於有司。二者皆非其所樂，是以猾吏、豪民構扇，必沮之而後已。朝廷未見日後之利，但厭目前之擾，所以成事則難，壞事則易。東坡亦云：官吏憚其經營，百姓畏其出力。所以累行而中輟，不能成久遠之利也。

議者曰：行都水監既是有益衙門，何衆口一詞，皆謂無益，而朝議罷之？答曰：民可使由之，不可使知之。事之利害久而始明。彼小民無知，但見工役之繁。豪民肆奸，又吝供輸之費，所以百般阻撓，但謂無益，以敗乃事。殊不知浙西有數等之水，拯治方略，皆不相同。非立專司，豈能成功？使水監衙門真爲無益，古之有國者，亦廢而不置久矣。何爲周、漢、唐、宋之世，經營水利，列之史傳，代有其人？且若浙西低下之地，不須水監，即今中原高阜之處，安用水監河道司爲哉？高阜之處，水監既不可缺，而低下之處，乃謂不必置，何不智之甚也？數年之後，河港淺塞，水害滋甚，有憂民忠國者出，必復興修水利之事，彼横議者豈得終沮之哉？

議者曰：水利固不可不修。然今隴西漢、唐二渠，止責於有司修浚，民更不擾。浙西水利，何不亦責之有司？答曰：隴西二渠，長流水也。濬成深渠，水自下流，治之無難。浙西水性不一，整治方法亦殊。豈可以漢、唐二渠例視之哉？

又《平江等路水利狀》：

太湖納湖州、宣州諸溪之水，而南、北、東江海之岸皆高，水積其中，勢若盤盂。設遇雨潦，則環湖低田，悉皆湮没。若欲導泄積水，在平時時點檢太湖東、北兩岸通江河之道，不致淤塞可也。蓋環湖低田，利在泄潦。兼沿江傍海高田，亦仗湖流奔注，衝散潮沙，使江河通利，乃可引潮灌溉。

諸小湖在太湖迆東及北者甚多，皆能接泄太湖，注江達海。數内澱山湖，自大盈、趙屯等浦，以出吴淞江，與渾潮相接最近。若上源所注不急，則潮沙注湖，漸成淤澱。富家因淤澱圍裹成田，由是湖水與諸浦漸遠，而所泄益微。若非就湖内圍田，多開河渠，及時修濬諸浦，則此湖之塞，恐不止於是也。

又接吴江石塘，障遏東流之勢，致潮沙日漲，半爲平地。此乃太湖泄水下吴淞江第一要處，古來於隄間多置木橋與鑿水洞，上則通行，下則泄水。蓋欲仗其急流，衝滌潮泥，免致水患。人不知此，或便於行路，則塞壩河①口。或惰於巡防，則密置樁橛，猘以茭蘆、魚簖等物障遏，必得官司於此處榜示告戒，使之咸知利害可也。

二十八年，詔開澱山湖。命江淮行省燕仲南同左司郎中都爾彌失②督浚治。

附　潘應武《決放湖水議》：

浙西地勢極低，米糧豐厚。自福山而下，有二百八十餘里沙岡身，以限滄溟。岡身之間，有港浦一百五十餘處。太湖三萬六千頃，受納三江之水，溢流而下。一路徑下吴淞江，二百六十餘里抵海。又一路自急流港，五十里下澱山湖，由港浦而入海。

①「河」，《四庫》本作「湖」。
②「都爾彌失」，《四庫》本作「都哩默色」。

古人開江浦涹涇瀝之類，無非爲去水計，使民居無昏墊，而土可耕種。居民常常修築圍塍，官府常常修浚水路。潦則車水出田，旱則車水入田。公私之利，豈不溥哉？

若公私之力，少有不及，則民居蕩析，而厚利以失。錢王時，置撩淺軍四部七八千人，專事導河築隄。宋初廢弛，故常有水患。至仁宗朝，范文正公親歷海濱，開浚五浦，費米錢一十八萬餘貫石。自後置豐田水利使者，專管湖塘河渠。趙運使任内，用錢米四十餘萬。至理宗朝，創立魏江、江灣、福山水軍數千人，專修江河湖塘，僅免水患。歸附後，軍散營廢，湖港堙塞。

其澱山湖中有山寺，宋時在水中心。東有出水港，曰斜瀝口，曰汊港口，曰小漕港，曰大瀝口，曰小瀝口，各闊十餘丈，通潮水往來。潮退，即引湖水下大漕、大盈等浦，入青龍、盤龍江而出海，古人謂之尾閭門。宋法禁人占湖爲田，爲泄水路故也。

今山寺在田中。雖有港涹，悉皆淺狹。潮水、湖水，不相往來，攔住去水。東南風，水回太湖，則長興、宜興、歸安、烏程、德清等處泛濫。西北風，水下澱山湖泖，則昆山、常熟、吴江、松江等處泛濫。皆因下流不決，積水往來爲害。

去夏大水，澱山湖、太湖四畔良田，至今不可耕種。昨隨營田司官親會相視水勢，與高年老農、知識地理人講究，得澱山湖東大小漕港、斜瀝等處，故是泄水尾閭。今爲權勢占據，卒難復舊。澱山湖北有道褐浦、石浦、千墩浦、小瀝口四處，取江頗近，水勢順便。今若先於此四處開浚，決放水路，以救百姓，以保公私，實爲居安慮危、經理根本之計。候水減退，然後次第開浚諸處河港。此古人所謂下流既通，上流可導也。

大德二年，春二月，中書省奏立浙西都水庸田使三品衙門，於平江路設置，耑一修築圍岸，疏濬河道。務要田農得濟，水道流通，圍岸堅固爲一事。浙西澱山等湖，已有定立官湖界，諸人不得似前侵占，復爲民害，違者庸田司就便追斷。

又浙西海水，晝夜兩潮，隨帶沙泥入港，漸成壅遏。宋時另設撩清軍人，耑一撩洗。今仰庸田司，於二、八月内，依時督責，如法疏濬，無致壅遏，與民爲害。據濬治河道，修理隄岸閘壩，合用人工，如何措置，可以常久通行，行省便爲從長議擬。

又浙西官田數，多俱係貧難佃户，春首缺食。又自行修理，官司不爲存恤，深爲未便。今後管民官，不得將此等佃户，差充里正、主首一切等役。

又澱山、練湖諸人占湖爲田，歲納租糧，官司另行收貯。若有合行修濬，人工、物料，從庸田司募工支用。

八年，浙省平章政事燕只吉臺撤里①濬決吴淞江。

至治三年，詔開吴淞江、澱山湖及諸河渠。

① 「燕只吉臺撤里」，《四庫》本作「揚珠吉達徹爾」。

泰定元年，行省左丞朵爾只班①、知水利前都水少監任仁發濬治澱山湖。
二年，朵爾只班③、任仁發濬吴淞舊江、大盈浦、烏泥涇。
三年，任仁發置趙浦、潘家浜、烏泥涇三閘。
至順二年，江浙行省濬烏泥涇。
至正元年，修濬吴淞江，治渠堰。
三年，四月，都水庸田使司修華亭捍海塘。

明

永樂二年，浚黄浦由范家浜入海。
十年，濬上海盤龍江。
正統八年，修浚金山衛獨樹營至劉家港口邊海諸河。
景泰二年，知府葉冕修澱山湖隄。湖北界昆山，各較彼此，工莫克就。冕一視之，督府民修築萬餘丈，二邑賴之。
天順二年，巡撫崔恭督工，挑浚上海縣自白鶴江至卞家渡四千六十七丈，濬蒲匯塘及新涇四千

①③「朵爾只班」，《四庫》本作「多爾濟巴勒」。

丈。鑿曹家溝，南抵新場二萬丈，廣皆十四丈，深皆二丈。浚六磊塘、鶯脰湖、烏泥涇、沙竹岡諸水，通流入浦。民感其惠，因呼曹家溝爲都臺浦。

成化八年，濬吴淞江。

弘治元年，帶理水利僉事伍性濬吴淞江中段四十餘里，及顧會、趙屯、都臺諸浦，蒲匯、楊林、新涇諸塘。

七年，水利侍郎徐貫開吴淞江，并大石、趙屯等浦，泄澱山湖水以達於海。

十二年，提督水利工部郎中傅潮濬崧子浦，檄通判原應宿董役。

嘉靖元年，工部郎中顔如環濬吴淞江。

二年，工部郎中林文沛督率華亭縣開南橋塘、金匯塘、官路港、站船浜、北蟠龍塘、南嵩塘、官莊涇、青村港、黄泥漕、尹山涇、米市塘，共長一萬九千四百九十五丈。上海縣開舊江、走馬塘、周浦塘、站船浜、鹽海塘、六磊塘，共長一萬六千五百五十丈，以瀉當湖、三泖、澱山湖諸水，使各通黄浦、吴淞江以入海。

附　**林文沛《請修水利疏略》：**

浙西天目諸山西來之水，皆歸太湖，再流入於陽城、昆承、澱山、三泖等湖。其性本皆欲東，故神禹相地分流，疏其東北入海者爲婁江，東南流者爲東江，并淞江爲三江，以分泄之。自是不聞有水患。後世近江淤泥之地，悉成土田，而東江之故道塞矣。由是欲使東江之水，迤邐北旋，會入淞江，而趨下之性遲矣。故後人於常熟縣北開二十四浦，疏而導之揚子江。又於昆山縣東開一十二浦，分而納之海，所以補東江不通之力也。又慮潮沙易淤，各於浦口置立板閘，潮來則扃之，以禦泥沙。歲旱亦扃之，以備灌溉。又於閘外或設開江之卒，或設撩淺之夫，皆所以決壅塞而防泛溢也。

永樂間，尚書夏原吉區畫經度，如開劉家、白茆二港，甚合古人之法。弘治七年，工部侍郎徐貫奉命斷理其事，有通判姚文灝輔之。一時疏浚之法，亦有次第。

舊制，板閘夫卒之設，圍岸之築，皆未全備，是以諸浦之壅塞如故。近年雖有帶管僉事，官既不專，名亦虛設，以至水利日廢。乞命廷臣計議，敕命專理。及今秋收之後，訪前代疏浚之規，爲來年水患之備。或計各府錢糧空乏，容其借取課鈔支用。開諸浦以泄諸湖之水，復板閘以嚴啓閉之規，立夫卒以繼疏濬之功，築圍岸以防横流之勢。雖曰費用浩大，然計被災免徵之費，孰爲多寡，從可知矣。

四年冬，命水利僉事蔡乾浚松江上海張家浜、陳村塘、馬家浜、舊江、青龍江。

二十四年，巡按御史吕光洵濬艾祈、通波，以溉青浦。

隆慶三年，巡撫海瑞開吴淞江。

附　海瑞《疏》：

《禹貢》稱「三江既入，震澤底定」。三吴水利，當濬之使入於海，從古而然也。婁江、東江，係入海小道。惟吴淞江盡泄太湖之水，由黄浦入海。年來水道臣曠職不修，以致潮泥日積，通道填淤。雖曰水勢就下，而無下可就矣。時久潦震蕩，太湖因之，奔涌四溢，渰浥禾畝，如嘉靖四十年、今隆慶三年是也。而小爲渰没漂浥之患，亦時有之。是吴淞江一水，國計所需，民生攸賴，修之舉之，不可一日緩也。

臣於舊歲十二月，巡歷上海縣，親行相視，按行故道，量得淤塞當濬地，長該一萬四千三百三十七丈二尺。原江面闊三十丈，今議開十五丈。計該用工銀七萬六千一百二兩二錢九分。今以水荒缺收，飢民動以千百，告求賑濟。臣已計將節年導河夫銀、臣本衙門贓罰銀兩、各倉儲米穀，并溧陽縣鄉官太僕寺少卿史際義出賑濟穀二萬石，率此告濟飢民，按工給與銀穀。於今正月初三日興工挑濬，委松江府同知黄成樂，督率上海縣知縣張嵿、嘉定縣知縣邵一本分理。興工之中，兼行賑濟，千萬飢民稍安戢矣。

但工程浩大，銀兩不敷，饑饉頻仍，變故叵測。官儲民積，計至二月間盡矣。江南四面皆荒，湖廣、江西有收成，府縣又執行閉糴，無從取米。伏望皇上軫念民飢當恤，吴淞江水道國計所關，敕下該部酌議，量留蘇、松、常三府漕糧二十萬石，準照前旨銀數改折。凡應天等十一①府州縣庫貯，不拘各院道諸臣項下無礙贓罰銀兩，聽臣調用。浙江杭、嘉、湖三府，與蘇、松、常三府共此太湖之水，吴淞江開則六府均蒙其利，塞則六府同受其害。其庫藏銀亦如應天等處，一例取用。彼處居民，亦聽上工就食。

吴淞借飢民之力，而故道可通。民借銀米之需，而荒歉有濟。一舉兩利，地方幸甚！

萬(歷)〔曆〕六年，御史林應訓督知府閻邦寧浚大川六，支流四十七，港浜之小者九十有一。求圩岸之故迹，盡修築之。逾年乃成，作《水利圩圖》。

十年，松江通判劉師召開濬奉賢黄泥、白龍、百曲、新港、白蓮、三林、走馬、虬江等河，修築澱泖、黄浦等處隄岸。

十六年，水利副使許應逵濬吴淞江。

二十八年，知府許維新開浚府城市河。《松江府志》：「松郡近海，潮汐往來，泥沙易淤，而城市尤甚。兼以居民侵占，河道日隘。間有疏治，旋即壅塞。維新鋭意興復，特委上海縣典史麗尚鴻經理其役。凡勢家占造水橋、河房，悉皆撤去。東西兩關，直河南北岸，拓復故迹一丈有奇。初，衆議

① 「一」，《四庫》本作「四」。

難之。尚鴻不畏强禦，三月而竣。河道既通，貨艦鱗集，衆沾其利。至於編工計程，不役塘長。造船運土，棄之廢地，隨濬而畢，尤爲良法。」

四十五年，上海知縣吕濬開谿府城抵縣内外水道。

天啓元年，華亭知縣章允儒同①吕濬濬莘村塘，華亭長二千三百丈，上海長一千丈。

二年，華亭知縣郭如闇濬官紹塘、横瀝河，長二千丈有奇。

上海知縣鮑奇謨濬張家塘，東自黄浦口起，至華亭界，長三千二百丈。

三年，郭如闇復濬府東北城濠二百四十丈。

四年，郭如闇復濬蒲匯塘、徐家浜及城内市河，長三千五百餘丈。

五年，華亭知縣徐尚勳濬海螺港，長一千七百八十丈。鮑奇謨復濬張家塘，長一千一百六十丈。尚勳復濬城濠河涇及集賢涇等河。《松江府志》：「自萬（歷）〔曆〕間頻遭水患，專設導河夫役，有司加意修濬，每歲舉行，江河通利。」

六年，青浦縣知縣鄭友元修築田圩。《松江府志》：「青浦自水災後，低鄉田畝日窪。友元令業主出米，佃户輸力，分大圩爲小圩，界長圩爲短圩，便於戽救。旁邑傳以爲式。」

崇（正）〔禎〕元年，蘇松水利道張孝濬華亭莘村、蒲匯、官紹等塘，長六千四百餘丈。濬上海陸道

---

① 同治《上海縣志》卷四此處多「上海知縣」四字。

浜、莘村塘、小閘港，長四千七百餘丈。

二年，巡撫曹文衡檄同知錢永澄濬華亭金匯塘、横涇河、吕河涇、徐家浜，上海俞塘等河，長萬餘丈。修築黄浦塘岸，長二千餘丈。是年，知府方岳貢濬府城内諸河。發帑募夫，隨運河土，增築官塘，自西馬頭至五里橋。長隄高固，行旅、耕作胥利焉。

三年，巡撫曹文衡濬上海肇家浜，長二千五百餘丈。

四年，知府方岳貢濬華亭盤龍塘、亭林、鶴頸匯、河運港、後港、鹽鐵塘、南横港，長六千餘丈；上海新涇，長一千八百餘丈。

五年，巡撫莊祖誨督通判朱啓元濬華亭祝家港、浙河，長三千六百餘丈；上海新場河、沈莊河，青浦蒲匯塘，長四千八百餘丈。築泖塘澱河岸，長二千八百餘丈。

七年，巡撫祁彪佳督濬華亭蒲匯、官紹等塘，上青蒲匯、莘村等塘，長萬餘丈。

八年，巡撫都御史張國維督松江知府方岳貢修漴闕石塘。是時，漴闕坍塘長二百八十九丈，内患口一百十九丈，東西兩塘接連患口一百十七丈有奇，東盡塘五十三丈。官給料價工食銀二萬餘兩。岳貢率屬經始，舉人吴嘉印綜覈冒濫，石塘以成。

十三年，方岳貢復建捍海石塘，舉人何剛董其役。

國朝

順治九年，巡按御史秦世貞檄華亭知縣劉成龍濬春申、六磊、紫岡、沙岡、竹岡、蟠龍、蒲匯諸塘，及(邱)〔丘〕涇、横瀝、張涇、俞塘、沈漕涇、千步涇，并支河二百餘條。仍令塘長每歲修治。

十年，知府李正華大濬府城諸河。

康熙十年，巡撫馬祐奏准開濬吴淞江。

雍正五年，挑吴淞、白茆、孟瀆、德勝、九曲河，併各河次第開濬。

九年，開濬蘇、松、常、鎮四府河道工竣。

已上三條，俱詳見《太湖》。

常州府

周

泰伯開瀆，後人名曰「泰伯瀆」。

漢

陽羨令袁（圮）〔玘〕①築長橋，鑿便民河。在吴江界。

南北朝　宋

元嘉二十二年，修陽湖成，良疇數百頃。

二十四年，治臨津。

梁

大同元年，繞惠山濬溪。今名梁溪。

唐

景龍二年，置將軍堰閘。

元和間，常州刺史孟簡開泰伯瀆，人遂稱爲「孟瀆」。按：孟瀆袤四十一里，溉田無數。

① 據《四庫》本改。

附　郭思極《疏浚孟瀆疏》：

孟瀆在武進之北，延袤六十餘里。外通長江，内資灌溉，商民舟楫，罔不便之。嘉靖間，築堡中流，日就淤塞。嘗有建議開濬，旋議旋寢，將成平陸。

臣愚以爲，孟瀆一開，則既有間道以通舟楫，而運閘得啓閉之宜，又引江潮以達奔牛，而運河資接濟之力。縱遇亢旱，不至坐以待困。此緩急可賴之一策也。

五代　南唐

保大元年，修孟瀆水門。

宋

淳化三年，知常州王誅開珥瀆。

天禧四年，知江陰軍崔立濬利港，開横河。

慶（歷）〔曆〕二年，知晋陵縣許恢濬申港，凡六十八里。濬澡子港，自江口起，凡四十里。濬戚墅港，自湖口起，凡九十里許。工費三十六萬。凡灌田萬頃，工役三月告竣。

三年，知武進縣楊與濬孟瀆。

是年，知常州李餘慶濬顧塘河。

嘉祐五年，轉運使王純臣督蘇、湖、常、秀四州築田塍，以禦風濤。

六年，宜興縣尉阮洪疏四十九瀆。洪以吴中水患，屢上書監司，乞開百瀆。得請，遂疏四十九瀆，田禾大稔。

是年，知常州陳襄濬運河。襄以太湖積水横遏運河不得入江爲民患，立法濬之，其患遂息。

八年，知宜興縣司馬旦鑿新溪。

是年，知江陰軍楊士彦濬横河。

治平四年，知宜興縣樓閌濬四十二瀆。

熙寧元年，樓閌復開一瀆，民頌之，名「樓公瀆」。

是年，歲旱河竭，知無錫縣焦千之自小渲車湖①入運河。復車梁溪水由將軍堰以灌之，農田獲利。

九年，知江陰縣楊孝孺督治農田，興水利。

元祐三年，詔浙西常平使者調蘇、湖、常、秀四州民夫，濬青龍江。

六年，治芙蓉湖，開堰。

① 「湖」下疑脱「水」字。

紹聖二年，詔武進、丹陽、丹徒三縣修沿河隄岸溝碶。

是年，詔開濬蘇、常二州等處湖浦。

元符二年，知無錫縣趙伓興濬水利。

崇寧元年，知常州朱彦濬後河。

大觀四年，江陰縣丞于溥興水利，置黄田、蔡涇等閘，導申港、利港。

政和元年，知常州徐申重建黄田閘。

三年，江陰縣丞楚執柔濬治横河、市墩、新河、代洪港，并創馬師、唐市閘，東門堰。

宣和二年，兩浙提舉趙霖修平江、常州一江四浦五十八瀆。

建炎元年，知武進縣梁汝嘉濬城濠。

乾道二年，漕臣姜詵、知江陰軍徐蒧濬申、利二港，造蔡涇閘。

六年，監進奏院李結獻《治田三議》，詔令胡堅常相度以聞，諭有田之家各依鄉例出錢米，與租佃之人更相修築。從之。

附　李結《治田三議》：

蘇、湖、常、秀所産，爲兩浙之最。自紹興十三年以來，屢被水害。議者皆歸積水不決之故，以爲積水既去，低田自熟。第以工役浩大，事皆中輟。

臣有管見治田便利三議：一曰敦本，二曰協力，三曰因時。司農丞郟亶議云：古人治塘浦闊深者，蓋欲取土以爲隄岸，非專爲決積水。若隄岸高厚，借令大水之年，江湖之水高於民田五七尺，而隄岸尚出於塘浦三五尺。則雖大水，不能入於民田。民田既不容水，則塘浦之水自高於江，而江之水亦高於海，不須決泄而水自湍流矣。此古人治低田之法也。

若知決水，而不知治田，則所開浚之地，不過積土於兩岸之側。霖雨滌蕩，復入塘浦，不五七年，填淤如舊，前功盡棄。爲今之務，莫若專務治田。乞詔監司守令，相視蘇、湖、常、秀諸州，水田塘浦緊切去處，發常平義倉錢米，多寡量行，借貸與田主之家。令就此農隙，作堰車水，開浚塘浦，取土修築兩邊田岸，立定丈尺。衆户併力，官司督以必成。且民間築岸，所患無土。今既開浚塘浦，積土自多。而又塘浦闊深，易以流泄。田岸既成，水害自去。此臣所謂敦本之議也。

結又以爲，百姓非不知築隄固田之利。然而不能者，或因貧富同段，而出力不齊；或因公私相吝，而因循不治。非協力不可。百姓所鳩工力有限，必賴官中補助。官中非因饑歉，難以募民，與役非因時不可。

是年，常州府築五瀉堰閘，兼修閘裏隄岸。

淳熙元年，知常州府趙善防修奔牛閘。

十三年，知常州林寔重濬後河。
十六年，常州府濬東蠡河。
紹熙五年，知宜興縣高商老穿故瀆，疏積水。
是年，知常州李嘉言浚烈塘河，置閘。
慶元元年，知武進縣丁大聲濬後溪。
嘉泰十二年，知江陰軍邢燾濬九里河及城内外渠。
咸淳元年，知常州史能之濬後河。

元

泰定元年，濬常州路江陰州各通江河港。
至順二年，江陰州同知濬河，自蔡涇北出江口，長十里一百五步；下閘以西，長一千八百五十餘丈。

明

洪武三年，常州府知府孫用重建烈塘閘。
七年，孫用濬澡子港，置閘。

二十年，江陰縣濬申港。
二十四年，武進縣濬烈塘。
二十五年，武進縣疏剩銀河，置閘。無錫縣濬新河。
二十七年，常州府濬孟瀆。
二十八年，武進縣鑿太平河，江陰縣濬横河。
二十九年，武進縣建孟河閘。
三十年，武進縣築蠡瀆河堰。
永樂四年，詔濬孟瀆。
九年，濬江陰青陽河道。
宣德九年，巡撫侍郎周忱建孟河閘。
正統元年，常州知府莫愚重建黄田閘。

附　王直《記》：

水之有閘，所以時啓閉，謹蓄泄，通舟楫之去來，資田疇之灌溉，其爲利大矣。然唯仁民愛物之君子，斯能因其利而利之。不然，則怠惰縱弛，苟目前之安，忽經久之利，其爲民病豈小哉？予於黄田閘之重建，而知其用心之厚也。

常州江陰城北黄田港，引江潮貫城中，而出於南門凡二十里，會夏港之蔡涇，以達於運河，實舟楫走集之地。附郭良田數千頃，皆賴其灌溉。港因潮之消長爲淺深，長則溢，消則涸。溢則舟通，而足以溉田。涸則田不得受利，而舟膠且敗者有矣。唐長慶中，李德裕觀察浙西，始建閘於城北。潮長即啓以行舟，消即閉以蓄水，人賴其利。歷歲滋久，繕治不繼，日就頽毁。自洪武丙子以來，人失利也久矣。前之爲郡縣者數十人，莫有少槩於心者。

宣德中，工部郎中桂林莫侯愚被簡拔來爲郡，上賜璽書，俾興利除害。侯詢知其事，嘆曰：「此亦利害之大者也，今田利漕舟皆賴此，其可後乎？」然以始至，不暇爲。

久之，政通民和，即具奏其事。上命巡撫侍郎周忱經度之。周公，廬陵人，忠以奉國，仁以惠民。而侯與之協議，重建於舊址南五丈許，以避水之衝。念役重費殷，不忍賦於下，公常廣儲蓄以備災，度可支數十年，欲稍發所備米，市材傭工，一切不以煩民。計其費以聞，詔可之。

乃命通判邵武張侯齡董其役，然諸調度皆出周公。買石洞庭山，磨琢而後致之。凡用石工五十人，木工十人，金工五人，土工十人，役夫二千五百人。石四萬五千尺，木二萬一千一百根，磚三十萬一千箇，石灰四千石，鐵一萬一千觔，食米二千九百石。經始於正統元年八月，而以其年十月成。

自是歲獲大穰，舟行無害。耕夫楫徒，商人估客，鼓舞而贊頌焉。郡中父老，皆大喜曰：「兹閘之建，吾郡襟抱嚴固，風氣完復，吾民其永有利哉！」

六年，武進縣重修孟河閘。

天順元年，江陰縣知縣周斌興水利，開通河港。

四年，濬江陰縣城濠。

成化四年，都御史邢克寬重建犇牛閘。

附　王嶼《記》：

距毗陵城西三十里，爲犇牛堰。泝堰水西行百八十里，歷雲陽，達京口，爲運河。其地勢東傾，堰不足以時蓄泄也。嘗於京口、吕城、犇牛爲三閘，皆莫詳其創始。按《史記》載丹徒水道，自六朝千百年通吴會。隋初，有詔浚治。則是此閘在齊、梁前已有之矣。自大業之後，此閘當與河相爲廢興，而並不一書。至元符、嘉泰，始兩書修復。

我國初洪武己酉間，閘廢。後更導其支流東北出，於堰爲壩。自是而運河不復通，重載漕舟，多出孟瀆河濟江。而江行險遠，歲不能無覆溺之患。

天順己卯，冢宰崔公克讓爲都御史，巡撫江南，爲言於朝，請復建閘。營度適宜，委畀得人，曾無幾何，而五閘告成。其在常境者，犇牛下閘是也。

成化戊子，都御史邢公克寬來繼。謂犇牛猶有上閘，其遺址尚存，盍亦修建，俾互爲啓閉。遂以其事付之常守卓君天錫，而以武進邑丞宋瑛董役事。給費於公帑，役民於農隙。其經畫之良，成功之速，與下閘等。

夫自堰廢爲閘，閘廢爲壩，言水利者時有訾病。今閘與壩兩存之。春、夏水溢則由閘，秋、冬水涸則由壩。壩可瀦，而閘無壅也。根遺跡，筴成算，以開永圖，夫豈樂因循而好自用者所能彷彿哉？

八年，知武進縣熊翀濬後河，知無錫縣佟珍濬走馬塘。

十九年，（知）宜興縣知縣袁道濬便民河，并觀鶴漊。

弘治四年，伍性濬宜興縣湯溪等瀆。

六年，水利侍郎徐貫濬江陰縣申、利、桃花三港，濬宜興縣葛溪等瀆。

八年，巡撫朱瑄濬宜興縣五賢等瀆，復濬孟瀆等河。

九年，水利工部主事姚文灝濬宜興縣仕瀆等四瀆。

十年，姚文灝濬宜興縣白龍河。

十一年，濬宜興縣黄瀆等五瀆。

十四年，提督水利郎中臧林濬宜興縣港瀆。

十五年，江陰縣知縣徐貞修黄田閘。

十七年，臧林濬宜興縣後河并三瀆。

正德六年，提督浙直水利僉都御史俞諫濬江陰縣河港。
七年，俞諫濬宜興縣河瀆浜港，江陰知縣黄霆濬九曲河。
嘉靖二年，開常州府河瀆。
四年，濬常州府河港，開閘。
十五年，江陰縣知縣徐貞濬利港、桃花港。
二十年，宜興縣知縣馮訥鑿通澤河。
二十三年，濬江陰縣桃花港。
二十四年，巡按御史吕光洵督濬蘇、松、常、鎮四府塘浦。
是年，江陰縣知縣趙錦建三關水閘。
二十五年，武進縣修烈塘閘。
是年，宜興縣知縣方逢時穿張公壩河。
萬(歷)〔曆〕元年，宜興縣知縣韓容濬荆溪。
五年，巡視下江水利御史林應訓疏孟瀆，濬練湖。
六年，重修武進縣烈塘閘。
是年，濬宜興縣閃溪。
八年，常州府知府穆煒濬後河，武進縣縣丞郭之藩築芙蓉湖隄。詳見《太湖》。

十六年，濬蘇、松、常、鎮四府河港塘瀆。

三十七年，無錫縣知縣許令典浚冉涇河。

四十年，巡撫應天都御史徐民式濬江陰縣九里河。

四十三年，江陰縣知縣金廷璧濬山塘河。

四十六年，常鎮兵備兼水利參政蕭丁泰濬江陰縣九里河。

天啓二年，武進縣知縣李維喬濬城濠，無錫縣知縣劉五緯修築石塘。

崇〔正〕〔禎〕四年，常鎮兵備兼水利參議吴麟瑞濬江陰縣九里河。

六年，常州府通判劉麟長濬無錫縣城内河。

是年，常州府知府洪周禄濬江陰縣九里河。

提督學政甘學潤、常鎮兵備兼水利副使徐世蔭濬江陰縣城内河。

國　朝

康熙二十年，巡撫慕天顏奏請濬常熟縣白茅港、武進孟河。奉旨准行。

四十六年冬，奉聖祖仁皇帝發帑銀三萬餘兩，修建孟河北閘、魏村閘及奔牛之天井閘。

雍正五年，奉旨發帑銀二萬餘兩，疏濬孟瀆河、得勝新河。猶恐江潮汹涌，泥沙澱積，又發帑銀三百二兩零，建造犁船四隻。并領混江龍四具，召募水手，每歲春、秋二季，於江口拖刷淤墊泥沙。

鎮江府

晋

太興四年，晋陵内史張闓立曲阿新豐塘，灌田八百頃。陳敏鑿練湖。

南北朝 齊

建武中，曲阿令(邱)〔丘〕仲孚鑿長岡埭。

梁

天監九年，造謝塘。

唐

永泰中，轉運使劉晏、刺史韋損重開丹陽之練湖，作斗門以通灌溉。

附　李華《練湖頌序》：

大蠟之祭辭曰：「土反其宅，水歸其壑。」先王因下流而道之，故曰九川滌源。因迤匯而豬之，故曰九澤既陂，以疏天地之氣，以利元元之用。崇伯汩五行而殛羽山，臺駘障大澤而封汾川，《洪範》首之，《春秋》載之。地有廣狹，事無古今。大江、具①區，惟潤州其藪曰練湖。幅員四十里，菰蒲菱芡之多，龜魚螺鱉之産，饜飫江淮，膏潤數州。

其旁大族張②家，泄流爲田，專利致富。自丹陽、延陵、金壇，環地三百里，數合五萬室，旱則懸耜，水則具舟，人罹其害九十餘祀。凡經上司紛紜，與奪八十一斷。嗚呼，曲能掩直，强可吞弱！老幼怨痛，沈聲無告。

永泰元年，詔公卿選賢良，先除二千石，以江南經用所資，首任能者。是歲十月二十三日，拜前常州刺史京兆韋公損爲潤州。聲如飈馳，先詔而至，吏人畏服，男女相賀。即日上無貪刻，下無冤憤。公素知截湖爲壤，災甚螟螽，臨事風生，指期以復。群謗雷動，公恬然獨裁，乃白本道觀察使兼御史中丞韋公元甫。中丞撫掌愜心，如公之謀。且曰：「興利除害，得其人而後行。

① 「具」，《四庫》本作「鉅」。
② 「張」，《四庫》本作「强」。

非常之政，敢歸叔父。」

公乃申戒縣吏，率徒闢之。人不俟召，呼忭①從役，畚锸蓋野，濬皋成蹊。增理故塘，繚而合之。廣湖爲八十里，像月之規，鑄金之固。水復其所，如鯨噀射，洶洶隱地，雷聞泉中。先程三日，若海之彌望，灝灝如呑吐日月，沉沉如韞畜風雨。所潤者遠，原隰皆春，耕者飽，憂者泰。於是疏爲斗門，既殺其溢，又支其澤，沃瘠均品，河渠通流。商悦奠價，人勇輸賦，遐邇受利，豈惟此州？每歲萌陰乘陽，二氣相薄，大雨時行。群潦奔流，水勢所入，盈而無傷，龍見方雲，稼蒙其渥。

時前相國彭城劉公晏，統東方諸侯，平其貢税。聞而悦之，白三事以聞，詔書褒異焉。彭城公宣命至江南，捧詔授公，公率元僚、掾史、令丞已下，至於耆艾，西向拜手，忻戴皇朝。人心上感，天降膏澤，如有神祇，昭協厥志。

公正直而和，專静而斷，嫉惡宥過，惠良察姦，純鈞精堅，百鍊不耗，伐冰之貴，降從士禮。《詩》云：「靖共爾位，好是正直。」宜其享福也。吏人入賀，公拱而謝之曰：「尚書劉公、觀察韋公奉行王澤也，鄙何力之有焉？」

丹陽令杜孟寅，秉公之清白；延陵令李令從，如公之愛人；金壇令胡圯，秉公之成規。及丹陽耆壽周孝環，百姓湯源等，拜首而請曰：「兑爲澤，兑，説也。水歸於澤，而澤説於人。百年

① 「忭」，清《練湖志》卷九作「抃」。

浸塞，而公啓之。臣哉鄰哉，克諧帝休，永代是式，三縣無災。若不碣而刻之，王命不揚於厥後，後之人無以倚負也。」

華嘗學古，見訪爲頌。頌曰：

望沄沄兮視冥冥。鳥閒魚樂葭菼生。膏腴利倍起訟爭。期人怨抑痛無聲。韋公正直動神靈。百年游淀爲漻清。飢者食兮病者寧。詔書光寵恩濡①榮。劃然眊矒復皎明。追琢刻頌揚芬馨。

武德二年，刺史謝元超復置南北謝塘以溉田。

五代　南唐

昇元元年，知丹陽縣吕延（正）〔貞〕濬練湖。

① 「濡」，《四庫》本作「霈」。

附　吕延〔正〕〔貞〕《浚治練湖狀》：

當縣有練湖，源出潤州高麗長山下，注官河一百二十里。臣考之碑志，訪諸鄉老，當爲湖日，湖水放一寸，河水漲一尺。旱可引灌溉，潦不致奔衝，其利田幾逾萬頃。昔環湖而居，衣食於漁者，凡數百家。有斗門四。所由前唐季湖廢，近湖人户，耕湖爲田。後農家失恃，漁樵失業。民復思湖以禦災，而無所寘力。臣頻承條制，修葺陂塘。竊度其湖，爲利甚溥。遂聚財役工，於斗門基上以土堰堰捺，及填補破缺處。

初，謗議震動，謂臣不良圖。且廢湖豐己者不十餘家，有湖無災者四縣之地。臣明知利害，獨如弗聞。

自今秋後不雨，河道乾枯，累放湖水灌注，使商旅舟船①往來，免役牛牽。當縣及鄰縣人户請水救田，臣並掘去湖岸給水。如將久遠，須置斗門，方得通濟。其斗門木植，須用楠木。乞給省場板木起建，下所司處分。

① 「船」，《四庫》本作「楫」。

宋

紹聖二年，詔武進、丹陽、丹徒三縣修沿河隄岸溝碰。互見《常州府》。

知丹陽縣蘇京重濬練湖。

元符元年，正月，知潤州王念建言：「呂城閘常宜車水入澳，灌注閘身以濟舟。若舟沓至而力不給，許量差牽駕兵卒，併力爲之。監官任滿，水無走泄者賞，水未應而輒開閘者罰，守貳令伍常覺察之。」詔可。

崇寧四年，臣僚言：「有司以練湖賜茅山道觀，緣潤州田多高仰，及運渠夾岡小淺易涸，賴湖以濟。請別以沙田賜之，仍令常平官考求前人規畫修築。」從之。

宣和五年，詔漕臣補葺練湖隄岸。《宋史・河渠志》：「臣僚言：『鎮江府練湖與新豐塘地理相接，八百餘頃，灌溉四縣民田。今堤岸損缺，不能貯水。乞候農隙，次第補葺。詔本路漕臣并本州縣官詳度利害，檢工料以聞。』」

紹興七年，兩浙轉運使向子諲增置練湖斗門、石碰。《宋史・河渠志》：「向子諲言：『鎮江府呂城夾岡，形勢高仰，因春夏不雨，官漕艱勤。尋遺官屬李潤詢究練湖本末，始知此湖在唐永泰間已廢而復興。今隄岸弛禁，致有侵佃冒決，故湖水不能瀦蓄，舟楫不通，公私告病。若夏秋霖潦，則丹陽、金壇、延陵一帶，良田亦被淹没。臣已令丹陽知縣朱穆等，增置二斗門、一石碰，及修隄防，盡復舊跡，庶爲永久之利。』」

知丹陽縣郭京濬練湖。

乾道六年，知鎮江府蔡洸濬河。

七年，詔漕臣沈度修築練湖隄岸。《宋史·河渠志》：「臣僚言：『丹陽練湖幅員四十里，納長山諸水，漕渠資之。故古語云：湖水寸，渠水尺。在唐之禁甚嚴，盜決者罪比殺人。本朝寖緩其禁以惠民，然修築嚴甚。春夏多雨之際，瀦蓄盈滿。雖秋無雨，漕渠或淺，但泄湖水一寸，則爲河一尺矣。後堤岸圮闕，不能貯水。彊家因而專利，耕以爲田，遂致淤澱。歲月既久，其害滋廣。望責長吏，濬治堙塞，立爲盜決侵耕之法，著於令。庶幾練湖漸復其舊，民田獲灌溉之利，漕渠無淺涸之患。』詔兩浙漕臣沈度專一措置修築。」

八年，知鎮江府宋貺濬河。

淳熙二年，知鎮江府陳居仁置黄水磋。

十六年，總領錢良臣修丹陽練湖横壩及諸斗門、磋函。

紹熙間，丹陽縣開丁義瀆。

慶元四年，知鎮江府萬鍾濬導市河。

嘉定元年，丹徒縣主簿馬榮祖修築練湖隄岸。

淳祐二年，知鎮江府柯元壽修練湖閘。

景定三年，知丹陽縣趙必棣修築練湖岸埂。

咸淳六年，知鎮江府趙溍改築程公上、下二壩。

元

至元十三年，金壇縣作南壩。

三十一年，詔丹陽縣濬練湖。

大德九年，行都水監濬練湖。

泰定三年，疏漕渠，修濬練湖。

《元史·河渠志》：「練湖在鎮江。元有江南之後，豪勢之家於湖中築堤，圍田耕種。侵占既廣，不足受水，遂致泛溢。世祖季年，參政暗都剌①奏請依宋例，委人提調疏治；其侵占者，驗畝加賦。至治三年十二月，省臣奏請役夫三千餘人，濬滌練湖，九十日可完。人日支糧三升，中統鈔一兩，行省行臺分官監督。所用船物，今歲預備，來春興工。合行事宜，依江浙行省所擬。既得旨，都省移文江浙行省，委參政董中奉率合屬正官，親臨督役。

於是董中奉言：所委前都水少監、崇明州知州任奉政，鎮江路總管毛中議等議：先開運河，

① 「暗都剌」，《四庫》本作「安達拉」。

工畢，就濬練湖。省準所言。各監工官言：已分運河作三壩，依元料深闊丈尺開濬，至三月四日畢工。

又監修練湖官言：任奉議指畫元料，增築隄堰及舊有土基，共增闊一丈二尺，平面至高低灘脚，增築共量斜高二丈五尺。依中堰西石䃴、東舊堤卧羊灘修築。如舊堤高闊已及所料之上者，遇有頹缺，修築令完。中堰西石䃴五百婆隄西上增高土一尺，有缺亦補之。五百婆隄至馬林橋隄，水勢稍緩，不須修治。其隄底間有滲漏者，窒塞之。三月六日破土，九日入役，至十一日工畢，實役三日。

又鎮江路言：練湖今已開濬，若不設法關防，徒勞民力。應關本路達魯花赤兀魯失海牙①總治其事，同知哈散、知事程郇專管啓閉斗門。行省從之。」

明

建文元年，鎮江府知府劉辰、丹陽縣知縣董復重濬練湖。
宣德六年，巡撫侍郎周忱修五堰。
正統六年，丹陽縣知縣陳誼築練湖隄，及修斗門。

① 「兀魯失海牙」，《四庫》本作「烏魯斯哈雅」。

景泰二年，修練湖。
六年，巡撫應天都御史鄒來學濬簡瀆。
成化二年，丹陽縣知縣蔡實築練湖隄，置斗門函管。
弘治十二年，濬丹徒縣甘露港。
十三年，丹陽縣知縣高謙修築練湖隄岸。
正德三年，鎮江府作博望新閘。
嘉靖二十四年，吕光洵督濬蘇、松、常、鎮四府塘浦。
三十四年，丹陽縣知縣陳奎置水關石閘。
隆慶二年，鎮江府同知馬豸濬馬嘶港。
三年，修練湖隄岸。
六年，修濬蘇、松、常、鎮四府堰壩田圍。互見蘇、松、常三府。
金壇縣知縣劉美鑿長新埠渠，建義成、廣澤二閘。
十六年，濬蘇、松、常、鎮四府河港塘瀆。互見蘇、松、常三府。
十八年，丹陽縣知縣周應鰲開境内支河。
三十六年，濬丹陽縣鄭涇河。

國　朝

康熙四十七年，巡撫于準修復練湖。

江南通志卷六十五

河渠志

水利治績　三

淮、揚、徐三府　太、海、通三州

淮安府

唐

上元中，於射陽湖置洪澤屯。

大(歷)〔曆〕中，黜陟使李承置常豐堰。

宋

雍熙初，淮南轉運使喬維嶽開沙河四十里，以蓄泄水利。

紹興五年，修廣惠磋。

淳熙六年，教授劉煒重開廣惠磋。

紹熙中，淮東提舉陳損之言：楚州、高郵間陂湖渺漫，宜創堤堰，以爲瀦泄。乃築堰，自江都經高郵、楚州、寶應，北至淮陰，達於淮。鑿新河，自高郵入興化，東至鹽城極於海。又於揚州墟鎮創斗門，引水由泰州、海陵，南至泰興徹於江。所經畫甚具，溉澤鹵田百萬頃，兩淮之民賴焉。

明

洪武二十九年，復修廣惠磋。

洪武間，築萬年堰。

河臣王宗沐修鹽城石磋口。

隆慶六年，修築高家堰。

萬(歷)〔曆〕八年，巡鹽御史姜璧題塞石磋口。

附　胡希舜《記》：

出鹽城東門一里許，有石䃴口，故有木橋，以便往來者，久之海溢橋壞。萬（歷）〔曆〕丙子，鹽城令杜君善教以興化鉅公主議，濬河建閘。河通，潮大至，壞閘，水澎湃震蕩，盡没民田，一時居民溺死者無算。於是鹽城父老子弟，鼓喙而争言塞石䃴口矣。

庚辰歲，楊令瑞雲言之巡鹽御史姜公璧。是年，題請塞石䃴口，修宋丞相范文正公捍海故堤，而命楊令董其役。自是，海潮不得奪堤而上，鹽人永永無海患矣。乃鄰縣興化歲被水顧，藉咎石䃴口塞之非便，請於當事者，固欲開石䃴口。

當事者屢遣諸縣令率丁夫至石䃴口，名爲相視，實令遂開之。楊令以死拒之，曰：「鹽城萬民之命，皆懸石䃴口。今懸諸君，諸君如遂開，變隨手至矣，諸君何以謝鹽城？則又借箸畫地形曰：夫地形若釜，興化則釜腹也，鹽城高如釜邊。釜邊既張其口，安能泄釜腹中水哉？爲我謝興化相公，若諸父老子弟何？」諸縣令遂皆負空手而去，於是石䃴口卒不開。

楊令居恒語人曰：「雲令鹽城，數年去矣，顧如鹽城百年何？」蓋不敢賣鹽城，以徇當事者意。

鹽城士民則徵余紀述石䃴石之始末，且以諗諸來者，示無改也。

論曰：隆、萬以來，河、淮南徙，淮、揚諸郡縣歲蒙水患。自頃築高堰，障水不來。然非大開海口，莫能泄也。孰知諸海口可開，石䃴口則不可開。何者？石䃴口薄城，所憂不獨在田也。

昔人守疆土，欲康利其民，率講水利，酌通塞而用之。鄴則西門豹、吴起，南陽則召父、杜母，並以開導爲利。蜀之石犀，沛之鄭陂，兖之石堰，咸障水以豐民也。夫操治水之筴者，顧可拘方而道哉？矧范堤之築，本以捍海潮。今者塞石磋口，築長堤，最符范公始謀日。然范公堤外多民居，每受海患。楊公則遷其堤，包民居於堤内，功德鉅矣。昔翟方進壞汝南陂，怨者歌曰：「壞陂誰？翟子威。飯我豆食羹芋魁。」嗣來者幸無令鹽人興汝南之歌哉！

九年，鹽城令楊瑞雲開射陽湖。

附 **余孟麟《重開射陽湖記》**：

鹽城蔽長淮，而阻於海。去縣治一百四十里爲射陽湖，山陽、寶應、高郵、興化、通、泰之水，皆匯於湖，由①湖入海。先是，湖水瀠流，不堙不潰，沃原膏土，纚纚乎百利可興也。歲久填淤，諸水叢奔，致無以泄水怒。田廬既圮，舟楫不通，環湖居民，一望荒墟，用是胥慼，蓋三十年所矣。其有捍患興利者，或情狃於便安，或事畫於惜費，迄無成功。

① 「由」，《四庫》本作「出」。

邑大夫楊君至，乃按行隱度，備無遺謀。因議上郡守，郡守上監司，監司行事凡三反復，而白於督府，督府以奏聞，下大司空決筴之，然後報可，而皆不能易楊君之議也。

楊君既受事，畫地分工，奉其軀與肩，負跣馳之。衆同其甘苦，疏濬積淤，增葺頹岸。蓋合土、木、金、石之工，而使水得所壑。經始於萬(歷)〔曆〕九年正月，凡九閲月而告成。

邑人士相與言曰：斯湖之開，邑大夫之澤。異時大水散潰瀦城邑，民且阽於危亡。今庶幾流不他徙，而公私家以萬計，可倚而宫也。五方之材，千里之貨，所不能力致者，今庶幾翼翼浮航，可一息而馳至也。田以水齧，民故艱食。今庶幾禾棲於畝，而可有秋也。斯湖之開也，大夫之澤弗可泯也！乃徵文於予，而記其開湖始末，以告後之君子。

國朝

康熙十七年，給事中李宗孔請修翟家壩。按：壩屬山陽，在周橋迤南，接盱眙界，長二十五里，稱天然減水溝。近被衝刷，漸成河港。淮水徑入寶應湖，匯入高郵，歲歲決堤，甚爲漕患。必築成堤岸，平鋪壩基，方可過水，經久不壞。蓋淮、黄二瀆交會於清口，由安東之雲梯關入海，此上流之故道也。黄河過宿遷等處，至白洋河與濉水合。濉水漲，易趨淮、泗，於是治歸仁堤以束之。淮水經盱眙等處至清口，又與黄之過清河者合。淮水漲，趨高、寶，於是治翟壩、高堰、古溝以束之，此又上流之要害也。故患濉水南下，則莫如急治歸仁。患淮水南下，則莫如急治翟壩等處。

三十六年，奉上諭：「總漕、總河會勘下河積水，何故壅塞，不能迅流，應作何策，盡令歸海，涸出民田？詳閱議奏。」總河桑格等會題，疏濬各口及應閘之處。次年七月，命廷臣會議開下河。詳見《揚州府》。

四十年，正月，允總河張鵬翮請，開蝦鬚、沙溝等下河。

附　張鵬翮《疏略》：

臣檢查舊案，康熙三十八年三月初一日，奉上諭：下河見有積水，不得不引出歸海。將串場河、射陽湖、蝦鬚、沙溝一帶挑通，引積水流出歸海。仰見我皇上軫念民生，指畫周詳。下河數百萬蒼生，莫不感頌我皇上如天之仁矣。因前河臣于成龍未暇兼顧，今臣遵聖訓，疏通海口，黄水有歸路矣。堵塞六壩，開闢清口，引淮水會黄，二瀆合流入海矣。

上河漸次就緒，乃親往查勘下河。見水勢漸消，高原已經種麥。唯興化縣形如釜底，積水不能一時全消，較泰州、鹽城水患尤甚。臣相度形勢，博採輿論，高、寶、山陽、鹽城一帶之水，由射陽之蝦鬚二溝入廟灣，以達於海。今蝦鬚二溝，因童家營漫溢，淤爲平地。雖有戛梁河出水，但河身淺狹，不足宣泄，是以泛濫於興化、鹽城一帶。今宜將蝦鬚二溝淤塞之處，約計四十餘里，挑挖口寬十丈，深九尺、一丈不等，引水入朦朧河，以達於海。高郵滚水壩下之水，由興化縣安豐鎮，至白駒場以達於海。今自鮑家莊，至白駒八十餘里，地高水壅。宜挑口寬八尺、深六七尺不等，引水由白駒場入海。其高郵一溝以下，見有河形，一片汪洋。興化白駒閘以下，暢流入海，俱不須挑挖。

又自興化車路河至丁溪，由撈魚港以達於海。今撈魚港淤塞八十餘里，應挑口寬八丈、深六七尺不等，引水入海。寶應縣之水，由子嬰溝、老河口入射陽湖，以達於海。今老河口一帶淤淺三里餘，應挑口寬十丈、深六七尺不等，引水入湖。泰州之水，自淤溪至車兒埠、滔子河，以入於海。今滔子河三十二里，被土商築壩釘樁，淤塞不通。宜開口寬八丈、深六七尺不等，引水由苦水洋入海。

如此則水有去路，積水可以漸消。

至於串場河，自泰州以至鹽城，長三百餘里，多有淤淺。若挑至廟灣入海，商、民兩便。但舊例係鹽商挑浚。范公堤長三百里，昔人築以捍海。今已殘缺，修治需費不貲。應俟下河積水消後，民有起色，漸圖修舉。

雍正十年，五月，署總督尹繼善等議奏江南水利事宜，奉旨允行。

附　尹繼善等《疏》：

江南水利，鄂禮條奏淮、揚工程事宜，奉旨令臣等詳酌定議。臣等相度確勘，公同籌畫。查如臯之丁堰至豐利、掘港場，河道共計程一百二十里，爲鹽艘必由之道。其浚口自丁堰起，至三岔河三十五里，俱係深通。自岔河而北至豐利場二十八里，又自岔河而東至掘港場五十里，深止二尺至四尺餘不等。應請各就淺深，分段增浚。均俾蓄水五尺，以利運行。

又如臯之力乏橋内起，至周于溝三十七里，入泰州界之新河口，至(拼)〔栟〕茶場東新橋三十九里鹽河一道，乃(拼)〔栟〕茶、角斜兩場運鹽要津。兩岸數十里，民竈、糧田，均資蓄泄灌溉。現在水深二尺至三尺餘不等。應請浚深，蓄水五尺，糧田、鹽運，受益弘多。河既浚深，新壩橋向有上壩一道，内蓄河水，外攔海潮。河水大，聽其由滚水壩而出。海潮大，亦必過壩方入。出入俱有分寸，防禦更爲合宜。

又泰州之高安場，至鹽城縣境串場河一百六十餘里，前署督臣范時繹原經題估，通身開浚。雍正七年改估案内，僅將興化之白駒場起，至鹽城之伍祐場七十里開浚。自白駒場南段起，至蓄安場九十餘里，以水尚深通，停浚在案。今白駒場南段三里灣，與前浚之河緊接處起，至草堰場三十餘里，現今水深二尺至四尺餘不等，鹽運每多淺塞，仍須盤剥。查草堰、白駒、劉莊、五祐等場之鹽，俱由此運載。而兩岸民竈田地，亦資灌溉。應請仍照新浚之河，一律疏浚。

又山陽縣境内舊有河二道，中夾沙岡。其南爲大沙河，其北爲界溝河，各長七千三百餘丈。

當年舟楫由此往來，田畝賴以蓄泄。自康熙三十五年童家營堤工漫溢，二河遂淤，積水無從宣泄，田疇連歲被浸。查看此河，實屬緊要，亟應疏浚，以利民生。

再揚州府城内城河二道，又繞城河二道，皆處處委積，以致揚城内外積潦莫泄，百貨難通。查疏浚城内之河，應照城外之河稍狹而加深，以資久蓄。其出入水口，各建單金門石閘，以便啓閉，則内外暢達。

揚州府

周

敬王三十五年，吴城邗，溝通江淮。東北至射陽口，北至末口。《吴越春秋》：「吴將伐齊，掘江通淮。」按即今自儀徵江岸，北至淮安府清江浦入淮之河路，漕運、水利俱賴之者也。

國朝史奭《河防議》：

「江都河渠有關於河防水利者，惟運河爲大。北接高郵，南至大江，一綫漕堤，與河俱長。而最險要者，則自邵伯金家灣起，北至露筋界牌止，計堤四十餘里。堤以西曰上河，自朱家湖、黄子湖迤西，地勢漸高，常憂旱。堤以東曰下河，自堤迤東，勢漸低，常憂澇。昔晉謝太傅始築邵伯堤以界之，堤以西無旱憂，堤以東無澇患，民皆便之，其遺愛比之召伯甘棠云。至明季，高堰失修，翟壩冲決，水勢直灌高、江，此江都漕堤之所以屢決也。

然患雖中於江都，而所以受患之故，則有來源去路，不僅在江都也。試約而言之，須分三路，治水之法可得而該矣。三路者何？曰上流、中流、下流也。

所謂上流者，高堰、周橋、翟壩是矣。高堰宜幫闊也，周橋不可開也，翟壩宜堅築也，則淮水不致旁泄，得以全力冲出清口。上而清口不淤，下而高、江不溺矣。

再查高堰之上有歸仁（是）〔堤〕①，又宜照舊制實築也。歸仁堤築，而洪澤湖來流減半，高堰、翟壩俱爲易守。則來源既少，而上流治矣。

所謂中流者，自淮至揚，運河漕堤是也。舊制，十里設一小閘，旱則蓄，澇則泄，以濟漕運，以衛民田也。堤西諸湖，霪雨非常；及清江浦之上，通濟閘水下，與盱眙、天長、高良澗水陸發，運河不能容受。於是在山陽，則開涇河、黄浦二大閘。在寶應、高郵搭界，則開子嬰溝大閘。在江都，則開金灣三閘，及新河十四里芒稻河東西兩閘。自邵伯至江，不過三十二里，泄水最爲直捷。康熙年間，河院王光裕又於兩閘之西，開閘三門，亦因此地泄水最易也。但金灣閘門尚窄，

① 據《四庫》本改。

閘下新河、孔家灣南北淤沙淺窄，宜開通廣闊也。再將陸漫溝以北，開二三大閘，使運河水勢，南北分泄，則蓄泄有方，而中流治矣。

所謂下流者，則范堤各場之海口是也。雲梯關在昔止爲淮水尾閭，致能容受而無沙淤之患。自宋神宗熙寧間，黄河南徙，黄始入淮。濁流夾沙而行，稍一旁決，則勢緩沙停。沙停河塞，愈塞愈決，愈決愈塞。且黄家嘴、七里溝相繼旁決，而雲梯關大淤，正坐此病。是雲梯關爲黄、淮兩水之尾閭，乃第一要緊海口，不必言矣。

其外若山陽之廟灣海口，鹽城之石𥕢天妃廟海口，興化之流莊青龍橋口、白駒之鬬龍港口、草灣之滷河口、小海之小海團口，泰州丁溪之龍開港口、河垛車兒之滔子壩口，凡此皆所以泄堤東七邑之水者也。年來非不開放，而究竟田廬不免湮没，人民不免漂溺，屢蒙破格蠲賑，而仍不免於水患者，有二説焉：一則各海口離漕堤，俱三四百里而遥，紆回曲折，不能直達也。一則下河七邑，四高中窪，地形如釜。沿堤減閘之水，譬之由釜邊而入。范公堤各場口地勢反高，譬之由釜邊而出。夫水由釜邊而出，則釜底之田廬已宛在深淵矣。

昔《興化志》有云：沿堤三十餘減閘之水，滔滔東注，非民田受之，而焉往也？又王文通云，「堤東下河之水，既不通江，又難到海」者，誠有見也。故運河之水，導之入江、入海者，上策也。不得已而泄之下河，則當準漕堤閘口之水，與各場海口之數相等，庶來源去路，足以相當。

而其中之行水河路，積年淤塞，尤不可不亟爲深浚者也。在涇河、黄浦之下，則射陽湖一路。子嬰溝之下，則鹽城舊官河一路。清水潭之下，則泰廟東河一路，以及興化之海溝河、白望河、車路河。邵伯之下，則顔家莊、楊家莊以達樊汊，及泰州西溪河，并各場之串場河與范堤東達海河路，俱開通深闊，則水有去路，而下流亦治矣。」

漢

廣陵太守陳登築塘，以資溉田。

揚州刺史劉復開吴塘陂。

晋

太傅謝安築廣陵之邵伯堤。

隋

大業元年，廣開邗溝，引淮通江。

唐

貞觀中，李襲譽爲揚州長史，引雷塘水築句城塘，灌田八百頃。

淮南節度使杜亞自江都西濬渠蜀岡之右，疏勾踐湖及愛敬陂，以通漕、溉夾陂田。

元和三年，淮南節度使李吉甫築平津堰、富人塘，溉田數千頃。

長慶中，復修白水蕩。

宋

咸平初，淮南轉運副使吴遵路於高郵等處置斗門九十，蓄泄水利。

熙寧間，陳時開築陳公堨，灌田千頃。

元豐中，江都縣知縣羅適濬大石湖。

建炎中，知興化縣黄萬頃築紹興堰。

乾道中，轉運司修陳公塘。

淳熙四年，泰州修桑子河堰。

附 呂祖謙《記》：

淳熙元年夏六月，泰州本部潮大上，敗捍海堰，詔州與兩使者參治。維堰初作於文正范公，首起海陵，尾屬鹽城，兩縣間百餘里。及是，半圮於水。有司繕築，未幾，以訖工聞。

獨桑子河以南，逕如皋境，繚許氏莊後，皆文公規略所未及。春夏霖雨，海汐暴興，田廬冒没，版籍日耗。詔以委今魏侯，不以造端立始、無前規橅而有所憚。慨然憫民病之不可宿，凡上功之政令，與夫創修悉蒐悉講。發命以四年十月乙酉，甫半月，堰成。其袤三十有五里，其縱尋有三尺，趾廣二丈四尺，積工一十有七萬。郡人擁府門讙賀，又走書蘄記，侯不能禦。

昔吴起引漳水以溉鄴，追修西門豹之遺利。杜預將橋大河，或者以商所都，歷聖賢而不作，殆必難立。二者之胥失也，斯民之生理無極，而陵陸川浸之勢屢遷。顓守陳迹者，既不足與合變。至於因時建置，雖由己出，然前人仁心仁聞，經啓區畫之餘業，蓋有以啓之矣。侯於是役，習於群公①先正之源委，一旦身履其跡，而手賦其功，宜人樂爲用。能先事不惑，已事不矜，以與泰人之長利，以終文正公之遺緒，以助成聖天子實邊之大計，後之爲政者，將於此乎？

考侯名欽緒，歷陽人。涖役者，海陵尉朱棣。督護者，知如皋縣耿漢、知海陵縣穆沂。

① 「習於群公」，《四庫》本作「循文正公」。

淳熙八年，提舉淮南東路常平茶鹽趙伯昌言：通州、楚州沿海舊有捍海堰，東距大海，北接鹽城，袤一百四十二里。始自唐黜陟使李承實所建，遮護民田，屏蔽鹽竈，其功甚大。歷時既久，頹圮不存。至本朝天聖改元，范仲淹爲泰州西溪鹽官日，風潮泛溢，渰没田産，毁壞亭竈。首請於朝，調四萬餘夫修築，三旬畢工。遂使海瀕沮洳瀉鹵之地，化爲良田，民得奠居，至今賴之。自後寖失修治，纔遇風潮怒盛，即有衝決之患。自宣和、紹興以來，屢被其害，阡陌洗蕩，廬舍漂流，人畜喪亡，不可勝數。每一修築，必請朝廷大興工役，然後可辦。望令淮東常平茶鹽司，今後捍海堰如有塌損，隨時修葺，務要堅固，可以經久。從之。

九年，淮南漕臣錢冲之言：真州之東二十里，有陳公塘，乃漢陳登濬源爲塘，用救旱饑。真州歲藉此塘，灌注長河，流通漕運。其塘周圍百里，東、西、北三面倚山爲岸。其南帶東，則係前人築疊成堤，以受啓閉。廢壞歲久，見有古來基址，可以修築，爲旱乾溉田之備。凡諸場鹽綱、糧食漕運、使命往還，舟艦皆仰之以通濟，其利甚溥。本司自發卒貼築周圍塘岸，建置斗門、石磋各一所。乞於揚子縣尉階銜内，帶「兼主管陳公塘」六字，或有損壞，隨時補築，庶幾久遠，責有所歸。

紹熙中，淮東提舉陳損之言：楚州、高郵間陂湖渺漫，宜創堤堰，以爲瀦泄。乃築堰，自江都經高郵、楚州、寶應，北至淮陰達於淮。鑿新河，自高郵入興化，東至鹽城極於海。又於揚州墟鎮創斗門，引水由泰州、海陵，南至泰興徹於江。所經畫甚具，溉澤鹵田百萬頃，兩淮之民賴焉。互見《淮安府》。

嘉定中，修陳公塘。

附　李孟傳《修陳公塘記》：

真州揚子縣二十里有塘，名陳公，漢建安中廣陵太守陳登所築，周廣九十餘里。西、南所至，全隸揚子。惟東、北接揚之江都者，僅十之二。塘倚山爲形，獨一面爲堤，以受啓閉，凡八百九十餘丈。岡勢峻昂，環叉三十有六，畢匯於此。故渟漫涵蓄，爲利不貲。異時公私取給，纔下其尺，則已贍足。淮人恃之，用備不虞，恭愛之祠，廟食弗替。但中更搶攘，久廢弗理，芻茭障堙，歲益淺淤，頽堤斷洫，漫不可考。

敷文錢公以郡最，褒擢督漕於此。躬歷其所，周視形便，規尋利源。顧謂僚佐曰：「今連歲旱暵，苟有毫髮便於民者，雖使規創，猶不當避其勞。況兹塘隱若天造，豐功厚利，肇自昔人。即舊以謀，顧安可後耶？」乃具其修復利害，疏言於朝。報可。

即命屬吏米任、舊僚劉璋規圖其事。量功記①日，度厚薄，分畚築，計徒庸，慮材用，以授有司。募流徙之民，厚其直，勉使赴工，衆皆樂趨。自春三月，至秋八月告成。總工徒凡三萬三千

① 「記」，《四庫》本作「計」。

一百一十有二。舊有斗門、石磋各一，歲久缺敗，不可復據。則遷其磋少西二十丈，而更新之。浚東西兩湫，以謹蓄泄。與斗門之建，皆仍舊址。飾龍祠以還舊觀，作新亭以待臨察，委官以專護守，列卒以供徼巡，而爲塘之謀益備。

昔信臣浚溝瀆，杜母修南陽，楚相起芍陂，文公穿腴口，古之致本利者，未始不賴後之人修其廢，而後乃益彰恭愛之績。自建安至今垂千三十餘年，乃始因公而復興，是豈偶然哉？

明

洪武九年，詔揚州修高郵、寶應湖堤六十餘里以捍濤。

永樂六年，高郵知州韓簡言：州管河西接新門河，東通興化縣，舊設上、下二閘，以時啓閉，舟行甚便。今閘壞河不通，且子嬰溝塞，溝①旁田皆荒蕪。又減水陰洞常閉塞，其岸東田潦輒不收，請俱浚治。從之。

成化十三年，總漕都御史李裕、巡河郎中郭昇，重修白塔河。

① 《四庫》本無「溝」字。

附　王嶼《記略》：

疏舊河二十里，築東、西捍水堤四十里。建通江、大同二閘，增建土壩三，夏月潮漲則由閘，冬月水涸則由壩。又建減水閘五，以防泛濫；淺鋪五，以備疏瀹。

弘治中，儀徵縣新建攔潮閘。

附　楊一清《記》：

弘治辛酉春，二月二十四日，儀徵縣新建攔潮閘成，便漕也。

儀徵爲漕河，自前代已然。我國家定都北方，歲漕東南粟以供京師，多由此道，蓋喉襟最要地也。顧漕河之水，至是當入江。高卑勢殊，河易泄且涸。宋嘉定間，守臣建白置三閘，爲蓄水計。尋再舉廢。國朝洪武辛亥，始即其地築而壩之。舟之下上，必車壩乃達，不盡剥載，則不敢以舉。力稍不齊，舟輒壞。由是儀徵之地，舸艦雲接，販鬻喧闐。罔利之徒，萃聚而蟻附，居貨食力，惟壩是便，閘不復講矣。

成化甲午，巡河郎中郭君昇建議置閘四，爲東關，爲響水，爲中閘，爲羅四。閘以通於江，一時稱便。獨妨罔利者煽爲泄水之説，任耳者和之，閘遂不用。

弘治戊申，朝廷用言者，下工部檄郎中施君恕相所宜。復東關、羅四二閘，廢響水、中閘而新之，舟復通利焉。然江濱無閘，潮無所豬，土閘啓注不可遏，於是復起泄水之議。漕運總戎郭公鋐，嘗欲增置濱江攔潮閘。或謂江濱多浮沙，不果。

弘治己未冬，都御史張公敷華奉敕爲巡撫總漕事。有以攔潮之策獻者，公詢於衆。揚州府同知葉君元進曰：「元嘗承檄董濬河，濬及江濱深七尺上，黄壤無沙，閘必可置。」公曰：「然。」遂以聞。即得旨，乃會郭公檄葉君任其事。

君受命惟謹，會籍程物，卜以庚申十月八日始事。度地勢，定造閘之規。高一丈八尺，中廣二尺八寸，袤三丈，翼而東、西亘加袤之二。爰琢爰甃，犬牙相入，磨礱剷磢，厓削砥平。疊石數重，以固其涯。松椿櫛比，以固其底。凡用物石段八千七百九十，木五千四百七十株，板四百九十片，鐵二千九百八十斤，麻一千六百七十斤，篾六百十斤，桐油一百斤，石灰二千一百三十擔，粳米四百八十，秫米三十三石。諸傭售所取直，得先年濬河羨餘銀千兩有奇，不責辦於有司。故工鉅而官不知費，亦事集而人不告勞。距經始之期纔四閱月耳。

馮君謂，閘啓閉宜有定規。乃會劉君議，視河盈縮及潮之長落啓閉，傳檄有司遵行之。是歲，江河會通，舟無留行，揚旗伐鼓，通數十百艘於飲食談笑之頃。比秋，霖潦浹旬，潮水大漲，得以時泄，不横决爲隄堰害，亦惟是閘賴焉。所省漕士之費，歲當若何？民船商舶所省，又當若何？以歲繼歲，吁其不可量也。

嘉靖中，開濬句城塘，其水東南流至烏塔溝。十八年，傅珮開興化縣河。

附　傅珮《興化縣玉帶河記》：

興化居維揚奥區，地勢卑抑，溪湖河塘之水皆注焉。河道膚直，中無所容，每雨霖霂，輒復泛濫，田里、城市，蕩然爲池。北門勢尤峻絶，諸水傾瀉而趨，澎湃百里，靡所渟蓄，甚非所以奠民居、厚黍稷、毓靈氣也。昔者先王建邦設邑，必觀陰陽，相流泉，度隰原，長策却慮，以懷永圖。興化若此，其能靖哉？

珮爲此懼，乃歷郊圻，涉遐邇。越二期，始得海子河。河形曲量宏，可容可泄。計決北河而通之，則水繞城郭，環邑閭，迴遭流衍，弗震弗騰，爲利大矣。

先旬日，謀諸耆俊，僉曰：「是役之議，百十年於兹矣。軍民參錯廬其上，弗可以輕徙；工費之資數百計，弗可以輕集。盍慎諸？」予曰：「廬有值，吾其償之。役有貲，吾其勸之。奚有於是？」乃捐俸爲民先導，下令經始之。邑民曰：「吾事也，侯先之，其忍重累侯？」爰是富不愛力，智不愛謀，協心共事，不逾月而畚鍤告終。

厥易民舍地長一十七丈九尺，東廣三丈六尺，西廣一丈九尺。軍隙地長三十三丈六尺五寸，東廣一丈七尺，西廣三丈七尺七寸。厥鑿池長四十一丈八尺五寸，廣一丈八尺，深九尺五寸。

萬(歷)〔曆〕十年，泰州守李裕濬丁溪海口。

附　陳應芳《濬丁溪海口記》：

大江以北，長淮以南，爲廣陵郡。其隸高、寶、邵伯之間，諸水匯爲湖者，延袤可百里而遥，號澤國焉。東則沮洳千有餘里，蓋高、寶、興、泰四邑田賦鹽利所從出，地環其中。國初，平江伯陳公瑄因故道而疆理之。北築高家堰，以障淮之南徙，使合河入海。東築長堤，以障湖之東注，使南疏入江，是爲東南轉漕咽喉。而堤以内四郡邑之水，各循其地形高下派分之，以達於海。泰州故海陵郡，一稱吴陵。若今丁溪場龍開港，則綰轂海陵之口。而淤溪、溱潼、西溪、寧鄉，及東臺河垜、串場河之水，所由以宣泄者也。正德己卯後，稍就堙塞，然故不爲害。

迨己巳之歲，河決而南，淮受之，高堰堤遂圮以注湖，汪洋萬頃，不復辨疆邑。今詔遣重臣，經略其地，修平江伯故事，兩堤復還其舊。然水平沙積，湖之高幾與堤埒，而減水之議起矣。由淮陰達邵伯，就堤爲閘者四十有奇。湖水自是歲歲減而東注。而興與泰視高、寶更若釜然，内窪而外高。其來也日積，其去也日壅。而膏腴沃衍之壤，蕩而爲萑葦瀦澤之鄉者垂十二年。

歲壬午，巡按御史貴溪姚君士觀兼督學行部，士民遮道，以開海口請，狀累千百計。御史下其事於海防兵備參政通城舒君大猷，而以屬泰州及高、寶、興化郡邑各守若令議，有異議者，事遂寢。

是年秋，黄岡李君裕銜命而來，他務未遑，毅然屬耆老而告之曰：「州賦歲六萬石佐縣官費，而民不有田，又安所從賦也？事急矣！議築舍無成，守土者謂何？」

即日，駕小舸涉海上，周覽而咨度焉。至丁溪之東，由姚家口迄蔣家壩測之，水可五尺。由蔣家壩至馮家堰測之，水可三尺。嘆曰：「此非入海故道乎，而何云創始也？」

由壩而下五里許，是爲龍開港，其勢漸下。其望彌遠，測之不下百數十里，而民竈田在范堤内，遠不相涉。則又嘆曰：「此豈海潮所能至乎，而胡虞鹹淡交侵也？港而下不越一綫之河，非有汪洋開拓之勢，又安能受餘皇，使浮海而入乎？今而知所以策矣。無已，則下流施品椿，以杜舟楫之往來。而馮壩以上，建石閘司啓閉，使蓄水者過四尺而泄，則慮且萬全。奈何勘議者不察，而徒曰海口、海口，使不逞者藉以駭貳人也？」

歸而具其事於牘，娓娓數百言，辨析甚剴切，上之按御史。按御史色動，謂將親按部。則以三月發廣陵，道府以下皆從至，凡所議建置，具如李君指。因會疏，以丁溪、白駒工并列以請。詔可。

於是兩郡邑畫地而治之，三閱月而工竣。濬四尺者丈七千一百有奇，濬三尺者丈二千七百有奇。夫應募者三千有奇。石閘一，品椿四。食若金皆取給兩臺贖鍰，及食糧之備賑者。而白駒工在興化，亦同時報成事矣。蓋水自是以海爲壑，而阡陌溝洫井井也。

十二年，邵夢弼創築高郵東通興化各場鹽運東河一道堤岸，北下低田，盡爲沃壤。鹽船行人，俱稱便涉。

十九年，寶應縣令耿隨龍開陰隲河。

二十四年，江都縣令張寧於宜陵鎮築壩，塞山陽河，爲竇通水，以資灌溉。

三十三年，泰州知州李存信修宜陵壩。

建下河八港南岸大閘三座，共九門。閘下即高郵芒稻河。

天啓二年，巡按房可壯築上、下雷塘。

附　明王恕《請修復揚州水利疏略》：

竊惟揚州一帶河道，南臨大江，北抵長淮，別無源泉，止藉高郵、邵伯等湖所積雨水接濟。湖面雖與河面相等，而河身比之湖身頗高，每遇旱乾，湖水消耗，則河水輒至淺澀，不可行舟。若將河身比湖面濬深三尺，則湖水自來，河水自深，雖旱乾亦不阻行。前項河道自南至北四百五十餘里，中間除深闊不用挑濬外，其淺窄可挑濬去處，尚有二百餘里。約用九萬餘人，六十工。每人日給口糧二升，該用糧米一十萬八千餘石。捲埽打壩，共用椿木一萬六千餘根，草二十餘萬束。

及看得高郵湖自杭家嘴，至張家溝南北三十餘里，俱係甎砌堤岸。每遇西風大作，波濤洶涌，損壞船隻，漂溺錢糧人命不可勝計。況前項隄岸之外，地勢頗低，再濬三尺，闊一十二丈，起土以爲外隄。就將内隄原有減水閘三座，改作通水橋洞，接引湖水，於内行舟。仍於外隄造減水閘三座，以節水利，雖遇風濤，可無前患。若興此役，約用一萬三千餘人，六十工可完。每人日給口糧二升，該用糧米一萬五千六百餘石。合用築隄椿木五萬四千餘根，草二十七萬餘束。造減水閘并改造通水橋洞，約用甎石、椿木等料，并工價銀二百餘兩。

又看得揚州灣頭鎮迤東河道，内通通、泰等五州縣、二千户所、富安等二十四鹽場，其間有魚鹽、柴草之利。在前河道疏通之時，二千户所運糧船隻，俱在本所修艌。客商引鹽，裝至儀徵，每引船錢不過用銀四五分。揚州柴草，每束止賣銅錢二三文。近年以來，河道淤淺，不曾挑撈。加以天旱雨少，河水乾斷，舟楫不通。魚鹽、柴米等項，俱用旱車裝載。二所運糧船隻，不得回還本所。牛車脚價迥貴，柴米價高，以致客商失陷本錢，運民難以遣日。前項河道自灣頭起，至通州白浦止三百四十餘里，俱用挑闊八丈，深三尺。約用八萬五千六百餘人，六十工可完。每人日給口糧二升，該用糧米十萬二千七百九十餘石。

再看得雷公上下塘、勾城塘、陳公塘，俱係漢唐以來古蹟，各有放水闌水閘座。年久坍塌，遺址見存。近年以來，止是打築土壩闌水，隨修隨塌，不能蓄積水利。若每塘修造板閘一座、減水閘二座，潦則減水，不至衝決塘岸，旱則放水，得以接濟運河。以上四塘，共造放水板閘四座、減水閘八座。除舊有甎石外，約用甎石、椿木等料價值，並匠作工價銀二千餘兩。雜工止用各塘見在人夫，不必勞民動衆。

臣雖無識，嘗詢之於衆。咸以謂若將以上三件河道，依前整理，庶幾舟楫疏通，永無淺阻風濤之患，而爲往來軍民無窮之利。

國朝許承宣《請修復渠塘疏略》：

竊惟一方有一方之利害，善爲治者，收其利而絕其害。

伏見江北之揚州，爲漕運大道。而揚州之水利，莫過於五塘。考明永樂二年，平江伯陳瑄總漕，全資塘水。宣德八年大旱，四塘乾枯，運舟阻滯，知府李貞奏專修五塘濟運。成化四年，侍郎王恕奏發帑銀三千兩，於上下雷塘、句①城塘、陳公塘，各築石閘、水磋以豬水，旱則由淮子河、烏塔溝放水入河，接濟運舟。其餘開濬五塘，灌注長河者，不可殫述。厥後湮廢不治，而塘

① 「句」，《四庫》本作「勾」。

之利遂絶。然其間石橋梁獨存一二，若能急爲修復，潦則瀦蓄之處而不至於泛隄，旱則灌溉之資而兼可以濟運。此江以北之水利不可不議舉行也。

淮、揚、徐、泗之水，難於入海，使五塘之利興，而不爲求其所歸，猶非策之全也。臣聞近海三十六鹽場，尚有涵洞故迹，今可修葺以泄水。舊制，洞門自外拴，海潮至則海水内衝，而洞門自閉；海潮退則海流直走，而洞門自開。門閉則潮不得入，而無鹹水以害田；門開則河無所阻，而有支港以達水。如是則水咸趨海，而無湮没之患矣。

倪啓祚《新修上下雷塘記》：

揚之塘有五，曰陳公塘，曰句城塘，曰小新塘，曰上雷塘，曰下雷塘。句城爲唐長史李襲譽築，四塘則皆漢太守陳登築也。揚故以高阜多陵，名曰廣陵。西自盱、泗、壽春諸汊磵泉潦之水，越十四塘注於高、寶三十六湖。五塘，蓋匯諸塘以導於湖者也。

揚當南北咽喉，江南數千漕艘，皆從此飛輓而北。偶當淺澀，全堤一綫之水，勢必藉塘之時啓，以濟漕運。歷考前志，四月漕粟渡淮入汴，《唐書》紀之。宋都汴梁，歲漕東南粟六百萬石，率由斯路。至成祖定都北平，罷海運，跨江絶淮，經河越濟，兼四瀆之水爲漕用，而是塘於分黄導淮之策均有賴焉。

嘉靖中，仇鸞首没塘爲田。嗣是馮夷爲沴，而淮水湯湯而南，山水由天長、六合而東下，卒然遇合。淮不得遂其就下之性，輒逆走高、寶、邵伯諸湖。每伏秋水發，西風駕浪，下河千里，沃壤盡化爲魚鱉之區。

萬〔歷〕〔曆〕二十年間，備兵使者吴公秀、御史中丞郭公光，復後先守揚，力主復塘之議。會工部題奏，得旨，遂先復小新、上下雷三塘，二租一租報罷。自是湖水安瀾，河堤不得告潰。即五塘未盡復，而塘之興廢關國家之大利大害也明矣。

乃謀利塘民，誤以除租之官塘，認爲子孫之世守，隨修隨決，迄無已時。雖經前御史康公丕、揚二千石宋公錦斯、郭公之琮多方繕葺，亦僅保小新塘如舊而已。彼上下雷塘，延袤既廣，竇穴滋多。即有官私料理，但借費用不貲之説，以成築舍。

歲在辛酉，侍御房公奉敕按揚。下車之始，乃以修塘之議，累數年未定者，特匍匐請之公。公俞其請，且出奉鏹二百金，以期告成。事以今年二月初吉，鳩工築堤。約上塘補築者，縱計百五十丈有奇，横凡三十丈有奇。舊閘衝突久，椿木不堪再附，因稍侈①於舊址上流築之。下塘築土縱約百四十丈有奇，横凡二十丈有奇。二閘各加闊丈餘以殺勢。又照舊底，各加高一尺。而閘板則可徐議。蓋前此水或夜發，啓閉不時，以故細人得爲祟其間。又水可内注，而蓄泄一任其性。所謂以水治水，而不與之争也。未幾，兩塘蒙茸之地汪洋千頃，而侍御公之瀸澤著矣。

① 「侈」，《四庫》本作「移」。

是役也，郡邑大夫仰承公意，不以責誉辦於胥吏，而以重考成於師儒。師儒者，劉司訓世埜也。

興化令邊之靖請修丁溪、草堰、小海、白駒、劉莊攔潮五閘。明年，湖河大漲，匯流入海。海潮突高數尺，賴諸閘堵禦，而潮無内灌，河流亦迅駛入海，禾麥不害。

四年，修陳公塘。

國朝

康熙九年，修築江都之范公堤。

二十三年，十一月初四日，上諭吏部尚書伊桑阿：「朕車駕南巡，省民疾苦。路經高郵、寶應等處，見民廬舍、田疇被水淹没，朕心深爲軫念。詢問其故，具悉梗概。高、寶等處湖水下流原有海口，以年久沙淤，遂致壅塞。今將入海故道濬治疏通，可免水患。自是往還，每念及此，不忍於懷。此一方生靈，必圖拯濟安全，咸使得所，始稱朕意。爾同工部尚書薩木哈，往被水災州縣，逐一詳勘。期於旬日内覆奏，務期濟民除患。總有經費，在所不惜。爾等體朕至意速行。」《恭紀運河》

二十五年，七月初四日，上諭工部右侍郎孫在豐：「朕前因巡幸，爰至江南。見高、寶、興、鹽、山、江、泰等處，積水汪洋，民罹昏墊，朕甚憫之。應行開濬下河，疏通海口，俾水有所歸，民間始得耕種。特發帑金，拯救七邑災民。屢集廷議，兼詢輿情，允協僉謀，事當釐舉。兹命爾前往淮、揚所屬下河一帶車路等河，并串場河、白駒、丁溪、草堰場等口，挑濬事務，專屬於爾監修。爾宜往來親歷，多方經畫，講求源流脉絡，次第興工。督率帶去司官等，務實心任事，毋得怠忽擾害。其司、道、府、廳、州、縣等官，如有違玩貽誤，及勢豪紳衿妄行干預，包攬生事，阻撓工程者，指名參奏。濬過工程丈尺，用過夫料數目，造册畫圖，貼説具奏。爾受兹專委，須竭忠盡力，悉心區處，速竣大工。使海口疏通，水消田墾，蒸黎復業，以副朕救民至意。如因循怠忽，虚費財力，責有所歸，爾其慎之！故敕。」

三十六年，十月十五日，上諭大學士伊桑阿等：「下河地方，久罹水患，朕心時切軫念。前命挑濬白駒、岡門等口，原欲使水盡通流，田皆涸出。今見興化、泰州等州縣，積水尚多，田仍淹没，民生甚屬苦累。著行文總漕、總河，親往會勘，將下河積水何故壅塞，不能迅流，應作何盡令歸海，涸出民田之處，一一詳閲議奏。」

附　總漕桑格等《奏疏》：

臣等看得：下河爲泄水入海之區。自淮安以至邵伯鎮，計運河東岸共有涵洞三十處，閘十座，滚水壩八座。此皆運河及高郵、邵伯等湖之水，由諸涵洞、閘壩等口，歸入射陽、廣洋等湖，就下流以至白駒、岡門等口入海。總由下河受水之處甚多，而泄水入海之口猶少，是以水勢汪洋，易於停蓄。在雨暘時若之年，水循故道，田猶無恙。惟去歲及今兩年夏秋，霪雨異常，諸河泛漲。以致水勢洶涌，通流不及，瀰漫四散。而下河之高郵、寶應、泰州、興化、鹽城、廟灣等處，地方皆窪下，均受其災。興化地方更低，積水尤甚。

臣等謹遵諭旨，沿河踏勘。詳閱泄水諸口，除廟灣、岡門、白駒三口，水頗暢流，無容置議。及興化通丁溪、草堰、白駒之車路、白塗、海溝引河三道，并射陽湖下海之蝦鬚溝、朦朧院道港，又高郵湖通邵伯湖之曹家灣湯家絆、七節橋，目今水未全消，不分堤岸，無由勘明。必須水落確勘，再將應行疏浚情形，另疏請旨外，今將臣等閱明亟宜疏浚各口，及應建閘之處，爲我皇上陳之。

一、高郵湖之水勢宜分也。查邵伯鎮南有金灣三閘，閘南有金灣滚水壩一座。三閘之水，由人字河入芒稻河下江。其金灣壩外，原無引河。今議於壩外挑引河五里通人字河，將高郵湖之水，引入邵伯湖，由金灣閘壩同歸人字河，入芒稻河下江。其人字河計長十八里，見今淺窄，應加挑浚。又芒稻河原有舊閘二座。西閘六門，東閘三門，今俱損壞，應加修建。如是不但邵伯湖水不至下河，高郵湖水亦可分泄，而下河受益矣。

一、車兒埠入海之口宜開也。查泰州河垛場有車兒埠口，其上流乃高郵漫漲之水，及興化梓新河之水，均至河埠場之老壩，匯流於車兒埠口，以致不能宣泄。今議將車兒埠口至姚子竈四十里，河身淤淺，應加挑浚。姚子竈至苦水洋三十餘里，間有河形，應加開導入海。其車兒埠口、老壩兩處，各應建閘一座，以備啓閉，而泰州之民田受益矣。

一、丁溪入海之口宜通也。查丁溪閘口至撈魚港六十餘里，河勢深通，無容疏浚。自撈魚港至苦水洋七十餘里，河俱淤澱。若循舊河挑浚，其河勢甚平，不能迅流，費帑無益。今相度情形，議於撈魚港之北，就近直挑四十里，即入黄家港下海。而丁溪入海之水疏通矣。

一、小海場入海之口宜開也。查小海場有一河形，原係泄水入海故道，年久淤塞。今議於小海河口建雙金門石閘一座。自閘口起至鄧家窑，計長四十里，應照舊河再加挑深。自鄧家窑起至姚子口，計長二十里，雖舊有河形，然地勢紆回，宣泄不暢。今相度情形，自舊河北岸鄧家窑起，向姚子口就近直挑十里，以入舊河。再自姚子口以下，將舊河挑浚十餘里，會入鬬龍港入海。而興化又增一泄水之道矣。

一、草堰場泄水之閘宜增也。查草堰入海之道雖暢，但因只有閘口一座，兼之窄小，上流水大，不能一時宣泄，常至漫溢。今議於舊閘之上，添建一閘，下挑月河七十丈，則上流無壅阻之患矣。

一、運河之水勢宜分也。查淮安城南運河東岸，有興文小閘一座。此閘係分泄運河泛漲之水，流入澗河，由射陽湖下海。見今澗河淤淺，兼之閘門窄狹，水不暢流。今議將閘門改闊，并將澗河八十餘里，再加深浚，以泄運河之水。則運河之水不至高郵，而興化等處更有裨益矣。

三十七年，七月，命廷臣會議開下河。

總漕等會勘得：「下河各州縣地方，歷被水災，皆由上源受水之處甚多，而泄水入海之處甚少。今欲救此災黎，舍開浚故道、多分兼之各邑通水故道，俱多淤澱，以至泛濫横溢，成此積水之患也。是以前疏内議修芒稻河者，欲分高郵、邵伯兩湖之水入江，使不至下河也。議挑車兒水勢之法，别無善策。是以前疏内議修芒稻河者，欲分高郵、邵伯兩湖之水入江，使不至下河也。議挑車兒挑曹家灣、湯家絆、七節橋者，係開通高郵、邵伯兩湖淤塞之水路，使通芒稻河以下江也。議挑車兒埠之滔子河者，欲使泰州所受之水，由苦水洋入海也。議挑澗河者，欲分運河之水，流入澗河，由射陽湖下海，使不至高郵也。議挑海陵溪者，欲使高郵所受之水，通岡門下海也。議挑車路、白塗、海溝三河者，欲使興化所受之水，由丁溪、草堰、白駒入海也。議挑蝦鬚一溝，戛梁河，并朦朧西首淤塞之射陽湖者，欲使高、寶、興、泰、鹽、山等處之水，俱由廟灣下海。此海口爲下河最窪最寬之地，泄各處上流之水，尤爲宣暢也。

今臣細加覆勘，與前無異，毋容更議。惟是九卿會議所云，江海有無倒灌之處。臣等細察各處海口以及江口，皆係歷來泄水之舊跡。而臣等所議挑建諸工，皆内地淤阻之河道。照舊開通，使水得達於口，泄之江海，自無倒灌之虞。

至於會議所云：或係海口高阜，内河低窪，以致積水不能出海，如照此挑浚，下河積水果能入海，田地果能涸出，有益民生。等語。臣等閲歷形勢，海口較之内河，終屬低窪。見在泄水，而目今水勢尚在汪洋，民間被淹田地多未涸出者，皆由諸河水道澱塞不通之故。若使前議挑浚之工一舉，水得循其故道，自必下流歸海，田地自當涸出。實爲大有益於生民。」

三十七年，十一月十五日，上諭大學士伊桑阿等：「開濬下河，民生攸繫。朕爲閭閻疾苦，深切軫念。曾命凱音布、孫在豐、于成龍、王新命等，專司開濬。伊等俱奏工程告竣，民生大蒙利益，載在册籍，存部可考。人亦具在，可以質詢也。由今觀之，止是虚糜國帑，水勢並未消減，田畝並未涸出。所謂『有益民生』者，果何在耶？今桑格又奏當行開濬，而九卿並不詳詰。從前開濬諸人，亦不稽考册籍，遽議准行。如果此次開濬，巨浸全消，疆理盡復，民業得濟，朕於錢糧絶無吝惜，即動發帑金，令其興工而已。至捐助事例，並不宜允行。即今山、陝所捐銀米，其事尚未明晰也。若下河果如其所請，疏鑿開濬，而桑格等能必水即消，田即出，有裨於民，以身家保奏，則即令開濬之。御史吴甫生亦以此事條奏，所言甚是。可將其疏并發九卿，詳詢前次督濬者，復稽考諸册籍，然後確議以聞。」

四十年，總河張鵬翮請開蝦鬚、沙溝等下河。詳見《淮安府》。

雍正九年，開濬江北等處河道工程告竣。

一、濬烏塔溝。自儀邑烏塔溝起，至江都句城塘口止，内高外低。自外開至塘口，浚深七尺至九尺不等。共浚二千八百七丈。

一、濬槐子河。自運河口至下雷塘閘口止築堤開浚，共浚一千八百五十四丈。

一、濬運鹽河。西北承揚州灣頭閘下之水，東南接通州白蒲之渠，共浚二萬五千七百八十丈有奇。

一、濬丁溪閘下海河、串場河宣泄要津，約共浚一萬一千一百五十四丈。

一、濬小海閘下海河，既浚深，且建閘座，并開越河一百丈，共浚一萬三千四百八十丈。

一、濬劉莊場青龍橋下海河，改橋爲閘，閘旁開越河，共浚四千五百二十丈。

一、濬串場河，自白駒場起，至徐家巷止，共浚一萬一千八百八十六丈五尺。

一、濬車路河，在丁溪場之西，共浚五千四百三十丈。

一、濬界河，在劉莊青龍閘之西，共浚九千七百丈。

一、濬海溝河，在白駒場之西，即路車界河之中，共浚七千七百四十七丈。

一、濬澗河。在淮安城外運河東岸興文閣下，通河開浚。并於湖口加築子堰。共浚一萬五千二十四丈。

一、濬河垛場。在串場河中道，東接富安、東臺等場之水。改建海道口橋。

一、濬小海場。在串場河北岸，係小海、海門之河。建造雙金門石閘一座。

一、建草堰場雙金門石閘一座。

一、修白駒場南、北、中三閘，得宣泄分流之效。

一、改建石碰口雙金門石閘一座，在城東串場河北岸。

一、改建廖家港單金門石閘一座，泄鹽城東西塘河下注之水，歸新興等場下海之道。互見《淮安府》。

十年，五月，署總督尹繼善議奏江南水利事宜，得旨允行。詳見《淮安府》。

徐州府

明

成化四年，淮安府同知安鈍、睢寧縣知縣何暐開湖田。

附　金銑《開湖田記》：

睢寧有肥磽湖田，與黄河接境消長，相爲吞吐。邑七社之民，舊種二麥於其間，罔知築堤捍患。累歲爲黄河湮没，無所於獲，遂棄置不復經理，以其所有易租償官不爲怪。近湖豪富，因堰瀦水，以擅魚利。民庶不以告，縣令不以言，郡牧無所知，垂四十年於兹矣。

成化四年秋，淮安府同知睢陽安公鈍，加意民瘼，詢求以知其故。適公安何君暐來知縣事，意欲復我湖田。公喜其志合，一委之檢勘。始知頻歲湖淤，高於黄河，而黄河水不復爲患矣。公得報，大悦，召豪横者語之，不悛繩之以法。剗其堤，泄其所瀦，輪廣共得地九百五十五頃有奇，召民盡復故業。自己丑至辛卯，凡三歲，歲藝麥有三穎四穎至五穎者，兩歧者不可勝計，所獲視他阡陌直不啻數倍而已，民用富庶。

何令謂安公之功大，不可無所紀述，因書刻石，置諸湖田之上。

修築吕梁洪堤壩。

附　李東陽《記》：

徐州有二洪，一以州名，一以山名。山名者曰吕梁。吕梁之爲洪有二，上下相距可七里。蓋河之下流，與濟水會於徐，以達於淮。國家定都北方，東有漕運，歲餘萬艘，使船來往無虚日。民船賈舶，多不可籍數，率此焉道。此其喉襟最要地也。洪石獰惡廉厲，虎踞劍擢，陽隘陰齟，中僅可下上。水勢爲所束不得肆，則激爲飛流，怒爲奔湍，哮吼喧鬨，見者皆駭愕失度。巨纜弦引，進不得寸尺。乘流而放，瞥掠瞬迅，不復措手。其艱如此。

鉛山費君仲玉，以工部主事督水利於徐，顧而歎曰：「此可以人謀勝也。」乃循行洪北，見其支流水所泄處，舊闕以東藁，水至則蕩爲浮梗以去。會州縣所具藁，歲至二十五萬。以錢輸者，加十有三。而恒病不足，則又歎曰：「謀之不臧，勞無益也。」乃白諸部長及總漕都御史張公瓚、平江伯陳公鋭，聚徒給廩，輦塊石，埴壤土，疊爲長堤百六十又五丈，廣五丈，而崇不過五尺。水小則迫之歸洪，河用不涸；大則縱之，使漫流其上。又於堤西築壩三十餘丈，以殺湍悍，而堤得以不齧。

又觀於東堤叢石間，民困牽挽，足不能良步。乃畚瓦礫，實其窪隙，外以石甃之，爲丈四百二十有奇。又東則甃爲長衢，而行者亦因以爲利。

吕梁之險，歷數千萬年而十去五六，君於是有奇績焉。然問其役，則洪夫之餘力。問其費所出，則歲課之贏財。問其食所由致，則剥載之餘粟。而自以經畫佐之，未嘗責辦於有司，勸假於漕士及往來之商民。而所奏減藁束歲十餘萬、民錢至二十餘萬。功倍而費省，可爲難矣。

初，君自成化庚子越三年而成西堤，任滿當代，民交章借君。又三年，而東堤成。君既報政，選員外郎。予友華容劉國紀，亦與君有宿昔，適知徐州。遍觀君所營作，歎其績不可無述，請予記。予復聞於君從子翰林修撰子充者爲詳，乃爲説曰：

天地之道，必賴於裁成輔相，然後可以利乎民。故唐虞置虞官，益掌山澤，佐禹治水。《周禮》以中士爲川師，掌川澤之名，辯其物與其利害。其爲制不可詳，然其職固在也。今漕河所經，各有分職。要害之地，則委郎官以總之。利病興革，惟其所任。然不過水道之疏塞，如所謂溝逆地汭之屬，不就理者，則濬滌之而已矣，修治之而已矣。若長慮倍力，去險爲夷，因害以爲利者，詎不甚難矣哉！天下事固有一勞而永逸者，故苟其利倍十於舊，則雖殫財利而不惜。今以利校之，殆不訾矣。然則閲歷代之險，而爲永久不遷之利者，誠可謂之難耶夫！

功不必己出，惟其有益於民與世。繼費君者，尚緝而保之，則兹洪之益於國家愈大，而聖天子財成之治，不爲小補矣。

君名宣，仲玉其字。其爲放舟之廳，集夫之營，市易之場，皆洪事所賴。又值歲歉，以餘粟千石賑州民，六百石給漕士。亦洪之餘費，故附載之。

萬（歷）〔曆〕二十三年，宿遷令何東鳳築羅家口新堤。

附　吴廉《宿遷羅家口新堤碑記》：

弋陽前進士何公，以廬江才令調宿遷，至則治行爲淮南第一。下車兩稔，河菑衍溢。新決羅家道口，無論潢潦泥淖，往來使者，輪蹄陷溺，人吏趑趄。即河伯不仁，黄、淮相激，直走東湖，田穀湮没，遂成巨浸，實宿遷一大要害也。公日束帶供張使者於羅家道上，悵念久之，乃手稿請築，遍於當道，時急分黄工，竟無肯報可者。公奮然曰：「事不同民心，難於出令。是役也，害息利興，正佚道使民，雖勞不怨，奚俟於要費儲耶？」即命耆老許汝楫，號召土著小民，各以其地之相近，力之相當，量出一切人徒薪米，築而隄之。徑輪三十丈，廣袤二十尺，頂高七尺有奇。肇功於孟夏甲寅，卒事於仲夏辛亥。莽蒼相望，長衢卧虹，往來無褰裳之勞，耘耔多有秋之望。由是郊原競勸，庶民子來，争相接築，愈引愈長，中流望之若天塹焉。

嗟夫！小民至愚，而人享其利者爲有德。昔蘇公之守杭也，築西湖之堤，以灌湖田數千頃，民咸德之於古。何公之令宿也，築河東之堤，以衛湖田數千頃，民咸德之於今。孰謂古今不相及哉？

太倉州

宋

景祐間，郡守范仲淹開茜涇浦以泄水，親至海濱。因設填屯兵，專治浦閘①。

崇寧四年，命司封員外郎李傳等疏浚婁江。

宣和三年，開茜涇浦，自太倉歛口。

隆興二年，大水，邑長李結濬茜涇、七鴉下張顧浦。

淳熙元年，提舉浙西常平薛元鼎開平江府茜涇、七鴉下張諸浦。

① 《四庫》本無此四字。

元

至元二十四年，水災，宣尉朱清喻上户開浚，自婁江導水以入於海。

泰定三年，五月，都水監僉事李居仁疏鹽鐵塘之在城中者。十月，浚鹽鐵塘，南北并疏導。

天祐元年，浚劉家港及白茅。時張士誠據吴，興是役。

明

洪武三十二年，修築海岸。先是，晋湖州刺史虞潭於沿海築壘，以遏潮衝。至是，因老人朱六安奏海患，工部遣官修築，南抵嘉定縣界，北跨劉家河，長一千八百一十丈，高一丈，基廣三丈，面廣二丈。

永樂元年，四月，户部尚書夏原吉浚劉家港入海。

二年，冬，户部尚書夏原吉復浚夏界顧浦，引吴淞江水貫吴塘，繇婁江入海、白茅入江。

十三年，冬，浚太平河，東至半涇，闊十丈，深一丈七尺。

宣德五年，巡撫周忱浚顧浦及太平河。

七年，吴中大水。秋七月，颶風。巡撫周忱奏請濬劉家港。

弘治四年，濬鹽鐵塘。

八年，嘉定浚鹽鐵塘至婁江。

十年，冬，工部主事姚文灝浚七鴉浦。　按郡志：八年，侍郎徐貫濬白茅、七浦。龔氏考又云：四年，蓋誤以奏請爲工期也。

十一年，八月，通判陳暐浚鹽鐵塘，自北門至七浦。

嘉靖二年，工部郎中林文沛檄太倉州、昆山縣開楊林河，泄陽城湖水入於海；開南大虞浦，泄陽城湖水入於婁江。

四年，水利僉事蔡乾濬嘉定等縣塘浦河港。

二十四年，巡按御史吕光洵濬顧浦、吴塘。

知州周士佐築婁江堤。

附　張寅《婁江新堤記》：

蘇郡屬治，惟太倉處劇，雄鎮婁江，西受震澤之水。震澤之水入三江，而婁江爲大。其南東江、吴淞江，今且溢流矣。東受海潮之水入三港，而劉家河爲大。其北戚浦、白茅港，今爲圩渠矣。州之西鄙，東去城三里，西接吴塘口，爲里者半。近郊稱險，畫廬名闕。傳館送迎，舳艫艤泊，饋運連艘，賈貨滋殖，遊人喧渡，漁户圍網。田無輟耰，樵無停採。地爲至要，勢當其衝。知政君子，治莫可緩。其水涯舊址，廣若康衢，能捍水患。

年代寖遠，隄防漸壞。況當湖、潮二水之會，波流縈回，驚濤悍湍，走陸齧道，土隨流去，十且六七。舟隔則揭跣以登岸，逼則易廛而徙。往來局促，行旅咨嗟，公私病之。牧守周侯士佐，白於代巡呂公光洵、憲司敖公璠、郡長范公慶，悉可其議。視厥庶民，有偶爾犯科，情可矜疑者，條爲法程，使分治之。計直而自用其財，鳩工而自食其力。耕夫無所徭，舶賈無所征，官不爲勞，民不爲擾。不三月而事竣。長可八百尺，廣仍加舊。甃石於激射之傍，柱木沸奔之下，如岡如墉，弗潰弗崩。以遏亂流，以薄江怒，人皆樂而利之。召堰蘇堤，不獨專美。侯之功，其永存也哉！

佐斯役者，湯君拱、閻君儀、金君江，而贊之則阮君洪也。

二十五年，冬十有一月，新建七浦斜堰閘。

二十六年，冬十月，巡撫都御史歐陽必進重浚七丫塘，自石橋圩至於直塘河頭塗松橫涇，總丈四千五百六十有奇，深一丈，廣十丈至十五丈。民夫萬八千四百，糜銀兩七千八百二十三。計九十七日告成，共工五十一萬六千四百二十八。

隆慶二年，巡鹽御史蔚元康等重濬七浦、楊林塘、鹽鐵塘。

附　王世貞《太倉州重濬七浦楊林鹽鐵三塘記》：

前參政臣凌雲翼言：臣吴人，頗習知吴事。吴地固不能當天下五十之一，而歲賦十之二，漕粟給大司農遂當天下半。其農比老死，不能得一佚食，日夜從事桔槔。而間者水故道多閼，無所灌泄，請一切治水，委之御史。於是侍御孝義蔚公元康議治水。而侍御洛陽董公堯封以按來，曰：「是小借民力，而大裨之於永永，余敢以自諉？」及會蔚公及撫中丞巴陵謝公登之，下按察使者湯公賓。按察使者下郡守蔡君國熙、丞金君柱、龍君慶雲、吴君宗吉。議曰：

水數治不能周南畝，以憂吴父老，至煩參政言。然曩者尚書李公用，大興法辟，召官屬遍四郡，甚屈縣官帑，不二十餘年而塞不腆。丁未之役，臺使者以名在①一倅，倅以丈報，至委數萬緡水土間，不二年而塞。即計之今未有能用大興者也。然使縣官不愛食，民不愛力，而司役者不愛耳目，則固未有不辦治者也。夫計之力，取民近利者田二十而夫一，遠者三十而夫一。計之功，夫三而丈一，難者四而丈一。計之食，夫一而緡半。計之耳目，則丞等請以不肖軀任。三公曰：「善」。

其申議，議四郡則先蘇。議蘇先常熟、太倉，次嘉定。議太倉先七浦，次楊林、鹽鐵。

① 「在」，《四庫》本作「任」。

則爲議七浦曰：夫七浦，綰轂常熟之口，貫太倉而東注海者也，利最先。於是即以元年春，金君任治七浦。其役夫，合諸七浦之傍田者，而佐以楊林、鹽鐵之民。凡十八日而竣。爲丈七千二百有奇，工六十一萬一千五百十九，食若金者六千一百五十有奇。外創壩，以距海潮，費若金一百二十八。閘一，以備止泄，費若金三百五十七。又拓月河以輔之，工萬一千六百五十二，食若金者百三十七。

既報，而謝公以遷去。今中丞莆田林公潤來，曰：「嗚呼，是余所理賦。」乃以勤二三子。亡何，侍御慶陽麻公永吉以瓜代，蔚公曰：「惟余所奉璽書以嗣事，余敢辭？」則會林公、董公，再下金君、吴君及倅吴君維京。

則復爲議楊林、鹽鐵曰：夫楊林者，横州之北，其右多阜易涸。而鹽鐵，故漕河也。是二河者，太倉榦也，丈各八千有奇。清魚涇至吴塘、顧浦，嘉定榦也，丈各三千有奇。出七浦壩而外者，海沙所沮洳，不濬之即揚塵也，爲丈三千八百五十。計之工四萬五千，食若金者五千四百有奇。俱報可。則又以戊辰春，倅吴君與金君畫地而治之。其規摹大抵眎七浦。其役夫，合諸河之傍田者，而佐以七浦之民。凡三十日而竣。

萬(歷)〔曆〕五年，巡視下江御史兼都水利林應訓浚昆山縣慢水港，至嘉定縣徐公浦。詳見《蘇州府》。

十七年，春，知州韓策濬七浦塘及顧門涇，又濬鹽鐵塘、楊林塘。
二十六年，太倉州知州丁永祚濬吴塘、湖川塘。
三十二年，太倉州知州陳隨濬湖川塘、七浦塘。
三十三年，太倉州判官李枝秀濬鹽鐵塘。
三十四年，嘉定縣知縣吴道長濬走馬塘。
三十五年，嘉定縣知縣陳一元濬虬江東小練祁、新涇。
三十九年，嘉定縣知縣胡士容濬北横瀝、鵝𩼗浦。
四十年，太倉州知州王萬祺濬七浦塘。
是年，胡士容濬練祁塘、馬路塘、譚家浜。
四十一年，胡士容濬走馬塘。
四十六年，太倉州知州趙贊化濬楊林塘。
是年，嘉定縣知縣柴紹勳浚練祁塘。
四十七年，嘉定縣知縣卓遇①濬沙浦長三千一百一十丈，周家浜長一千二百一十四丈。

① 「遇」，《四庫》本作「邁」。

四十八年，卓邁①濬温草浜長三千一百一十九丈，袁張浜長二千五百一十一丈，小吉浦長七百丈。

天啓元年，卓邁濬走馬塘長三千九百丈。

二年，卓邁濬北横瀝公塘共長三千八百一十一丈，沙浦長三千一百一十一丈，川沙浦長二千一百一十一丈。

三年，太倉州知州陳如松濬城濠長二千四百四十三丈，面闊八丈，底闊六丈，加深六尺，詳支民七軍三銀兩充費。

是年，卓邁濬封家浜長三千五百一十丈。

五年，嘉定縣知縣謝三賓濬新涇長二千七百二十丈，陳華浜長二千四百丈，黄姑塘長一千五百三十丈。

六年，謝三賓濬東綀祁、馬路塘、譚家浜，共長八千二百一十三丈有奇。

七年，巡撫都御史李待問檄太倉州知州劉彦、昆山縣知縣秦士奇，同謝三賓會詳導河夫等銀，貼助民力，濬夏駕浦長五千五十八丈，而闊一十二丈不等，加深五尺。

是年，謝三賓濬吴塘長四千一百一十丈，小漤塘長一千三百丈，桃木浦長一千七百丈。

① 「邁」，宣統《江蘇通志稿·職官志》卷十作「遇」。以下二條及天啓三年條「邁」字同。

崇(正)〔禎〕二年，太倉州知州劉彥濬七浦塘長四千八百三十丈，潞漕浜長一千六百四十丈。

是年，謝三賓濬雙塘長二千一十丈，姑蘇浜長一千三十丈。

三年，劉彥濬城濠，動支民七軍三銀兩，開深五尺。

謝三賓濬東練祁、馬路塘、譚家浜、吴淞所城濠、泗塘，共長九千一百一十丈。

四年，嘉定縣知縣來方煒濬走馬塘長三千九百丈，袁長浜長二千五百一十一丈，界浜長五百一十一丈。

五年，來方煒濬北横瀝公塘長三千八百一十一丈，段浦長八百二十一丈，俞涇浦長一千二百三十丈，東小練祁長二千一百四十丈，殷涇塘長一千一百丈，中心横瀝長八百一十丈，謝塘長二千一百丈。

六年，來方煒濬虬江長三千六百二十一丈，儼黨浦長二千二百一十一丈，彭越浦長二千七百一十一丈。

嘉定縣知縣萬任濬東練祁、馬路塘、譚家浜，共長八千二百一十三丈。

兵備兼水利副使馮元飇濬太倉州城濠，將民七軍三分段派濬，督令趨工。軍三錢糧，令泥夫徑赴道支領；其民七下項下，檄署州事知縣萬任調度支領。

九年，巡撫都御史張國維檄太倉州知州錢肅樂修湖川塘。

十七年，太倉州知州朱喬秀重濬七浦塘。

嘉定縣知縣錢默浚鹽鐵塘、顧浦、吴塘、練祁，直城之西環南北及城中河。

附　侯峒曾《治河記》：

東吴水區，邑宅海堧，以殿厥足，無分山①洪川原，泉之所自出。外卬江湖之流，以股引爲陂澤塘浦。其水細而繁，環紆以弱，上流以閼。潮納沙出之不力，壤輒墳衍，歲殺水道什之一，下流以竭。憂水也於閼，憂旱也於竭。

先是，歷數百十年無大議鑿濬者，吏嚚嚚高坐不事事。前之人憚其勞且咎也，以竢後之人曰：前積是，吾何恤焉？既害之也，又利之。每議，役其地之緩急也畔，道之遠邇也誣，工之衆寡匿，而役之勞逸也畸，以是雖大作將必無成。其小成也，財詘力勯，而人不得一日之利，水則如故。嗚呼，民其不生已乎！

歲甲申，錢侯默始來問疾苦，竟首議河，以其冬浚鹽鐵塘。其明年春，疏顧浦，次吴塘，次練祁、直城之西環南北，次及城中河。播導得序，視役必躬必親，而厥田之家隸卒無一跡焉。其畚揭必良，其楗防必堅，其鉅鍥必齊，笿礫筊土必潔以完，其表必準，其繩必平，其期會必疾，其深廣衡

① 「足無分山」，《四庫》本作「疆土内承」，則應讀作「以殿厥疆土，内承洪川原泉之所自出」。

縮之功必核。凡是者，咸躬親之力。於是萬夫嗷嘑，雷斤雨畚，日愳月劬，往往不待期而畢。爲地凡五，爲道里凡一百三十有奇。訖月六，而爲日八十有六。其爲工凡一萬八千五百十有奇。功既，水於是乎大出。延道平陸，艨艘欻湊，農賈競賀，酌酒歡喜，餫夫榜人唱歎而如志，蓋百十年童顔兒齒之叟未或見也。

烏虖！可以觀政矣。其時省而功倍，其費儉而利侈，其水復故道而民不擾，其民力盡而不瘴且怨。賞醲罰薄，大蠲其禄，而民用歌樂。入其境者觀斯流也，則侯之爲政，其所用心舉可知也已。

國　朝

順治三年，濬鵝𩿧浦、袁張①浜、張家浜、陳涇。

五年，濬東練祁、泗塘。

六年，濬新涇、陳華浜、雙塘、彭越浦、愈涇浦。

七年，濬温草浜、小練祁、吴塘、徐公浦。

---

① 「張」，《四庫》本作「長」。

九年，工科給事中胡之駿請濬劉河，以泄巴陽之水。奉旨允行。

附　吴偉業《論開劉河》：

夫劉河者，婁江入海之口也。《禹貢》曰：「三江既入，震澤底定。」震澤者，太湖。三江者，淞江、婁江、東江也。必三江入而震澤始可底定，則以東南之水，太湖不足以受之，而用大海以爲歸也。

案令甲，「三江淤塞，起六郡人夫挑濬。夫淞江、婁江，其地在蘇、松兩郡。而起六郡人夫者，則以三江所受之水，非一郡之水；而三江所救之田，亦非一郡之田也。

今劉河塞矣，太倉、嘉定沿河腴産，皆化爲石田焦土，不可復耕，則其患以兩邑爲尤切。然兩邑之所資者，獨有灌溉耳。若夫宣泄之不通，其害之遠且大，有百倍於灌溉者，不可不察也。

今即以昆山、常熟之近者觀之。其田豬爲巨浸，以彼隄堰圩捍之防非不力也，塘浦涇瀝之流非不歸也，害且彌甚，則以劉河之塞扼之於口也。且非獨此也。前此冬月水涸，今冬月水不涸矣。前此一年旱、一年水，今連年大水矣。湖氿溪泖泛漲之勢日增，而其民不得已乭争尺寸之地，晝夜與水相持，以益其怒。萬一澤腹太滿，挾五六月之淫潦，衝齧奔潰，則漕賦於何而出，民生於何而救？故劉河之應開，不待再計而決者也。雖然，所以開之之道，其難有五，而小者不與焉。

一曰議費。夫以七十五里之河，而人工、物價又百倍於往年，此其費非可以數計而臆度也。東南爲財賦重地，誠慨然發帑金，截部餉，捐數十萬金錢於洪流之中，而爲民生建不世之績，此在公卿大臣之謀畫，非草野之中所可揣摩而想望者也。其次則責之六郡。譬如一人之身，血脉扞格不通，必其頭、目、手、足聯絡呼應，而疾乃可治。顧人情各私其己，而又各爲其鄉。今以昆山、常熟之人，督以治河，其田之稍高者曰：我無所事河也。其田之低窪者曰：我田在水底，尚用力於數十里外之劉河哉？數十里如此，況於嘉、湖之三四百里者哉？

雖然，此其人未睹治河之利也。使其人睹治河之利，則苟非併心合力，其功何由而成也？語曰：「愚民可與樂成，難與慮始。」然則爲此者，惟有於紛紜異論之際，直以身當之，而有所不顧。如此則費集，費集而事易辦矣。故曰議費之難也。

一曰度工。夫地方興一大役，須其工力寬然有餘，俾公私煩費咸出其中而事乃可就，非可據尋丈之溝，約其分寸層累而計者也。今姑以土方之法算之：劉河七十五里，里一百八十丈，是長一萬三千五百丈也。河面狹則易塞。海忠介以十五丈爲率，今縱不能及額，在十丈不可復減。土方之法，上、下、四旁各一丈曰一方，是十萬五千方也。使其深一丈而又五尺，則此五尺者，舉前數折而計之，又六萬七千五百方也。

雖然，此乃就河身言之也。河之口乃有陰沙，令河通而沙尚爲之梗，則渾潮之入者，退必緩弱，淤泥不去，河即旋塞耳。如欲疏而去之，則必用巨艦纜大海中，木犁鐵齒，櫛爬滂掃，隨風潮上下。是若有鬼神焉，非全藉人力者也。不則避其漲口，别鑿東南一道入海，勢必穿城堡、犯村落、置斗門、築堤岸，其事又至重，不敢輕議也。故曰度工之難也。

一曰派夫。約略開挑之例，以十五工開一方。分段之例，以十里分一段。省計之例，以一月開一程。就一里算之，其廣十丈，其深一丈五尺，得二千七百方，則四萬五百工也。工程一月，是每一夫分三十工矣。統計一千四百夫，一月可開一里。積算一月之中，若開十里，則當用一萬四千夫矣。

夫沿河之地至磽瘠也，一旦聚幾萬人於其間，物價騰踴，將何以支？惟有貯粟數百石，官爲之主糶，準其工力而給之以粟，庶公私上下可以不困。故曰派夫之難也。

一曰銷田。向者以河爲田，而其民已受無窮之累。今者以田爲河，而其民又失有形之利，則謂之何？曰：「否否。」凡民之有蘆蕩者，必其有老田者也。河開則民之老田盡熟，彼不喜田之熟，而惜此蘆蕩哉？

則又有疑之者曰：蘆政自有專管衙門，設令上請，而所司堅持中撓，則奈之何？曰：兩邑之税，收之公家甚少也。苟輿此役，當捐數十萬金爲之，以爲不大費者，不大利耳，豈在區區兩邑之蘆税耶？

所患開河之初，丈量不清，册籍不立。其後衙門吏胥之生事者，今日一查，明日一勘，是又一重糧矣，不可不慮也。且其中有永捐之税，有暫免之租。夫永捐者，河身開去之田，所不必言者也。其暫免則以七十餘里之河，開二十萬方之土，其積之也廣矣，其壞田也多矣。即岡身高仰，種之仍可薄收。亦必三四年後，農民以漸鋤鈀，纔堪播種。故曰銷田之難也。

一曰定法。鄉耆塘保，開二三里陂渠，尚有賣段緩挑，需索科擾之弊，而況於劉河乎？故爲之算土以正其界，爲之立長以總其成，爲之編號樁以量其淺深，爲之打水綫以平其闊狹，爲之設接挑之擔以節其勞，爲之表堆泥之處以警其惰。法如是備矣，猶未也。官吏之踏勘，文書之催督，預定其制。錢糧之支放，物料之領辦，審擇其人。故曰定法之難也。

十二年，太倉州知州白登明因婁江塞，開鑿朱涇，自東滃、至和塘起，由界涇、石婆港、湖川①塘、楊家浜、南漕漕東出江口，旁濬北漕漕至茜涇之新塘，延袤六十餘里。

附　陳瑚《新劉河記》：

弘治初，割三邑壤建州治。維時德寓天覆，陰陽交和，生息涵煦。百五十年，物盛而衰，蠹生其中，百務庋閣，農政不理。既丁變革，綱維縱弛，狼貪鼠竊，因緣盤踞。民怨作讎，國有

① 「川」，《四庫》本作「州」。

大恐。

忽一日，白公登明至。廉而劇，仁而有體，櫛垢爬癢，與民更始，凡舊令之不如古者悉罷之。首清傜賦，歲省里甲金以萬計。鈎致大憝，殲之於市。月朝十五，懸法鄉遂，申孝弟之教，立保甲，興社學，風俗丕變，頌聲大作。

公以爲未足，乃召諸生而諏之曰：「予奉職守土，幸無獲戾於父老子弟。雖然，田賦重，民生蹙，辛苦墊隘，無所控告，其無乃有慚德。且聞之：地廣大荒而不治，此亦士之辱也。」於是顧君士璉，披圖考志，畫策進曰：「水利者，農田之本。劉河者，三江之一。劉河之議且數十年，然役大力艱，不潰於成。竊謂東有朱涇可以代之，厥便相埒。」公然其言，即以其任任之。令甫下，難者蠭起。公不爲動，乃鳩聚徒衆，立表刻期，授之以法，罔有挂漏。公單騎周巡，賞罰其用命不用命者。逾月而報績，濬河五十里，廣爲丈者五，深一丈有五尺，用民工三十六萬有奇。謂之新劉河云。

此一役也，蓋公之真實心誠，信於國人。又知人而善使之，故能調一州之夫，建百世之利，拯鄰邦之溺，成全吴之安，非偶然而已也。

嗚呼！民命至重，帝德好生。雖時有升降，俗有因革，而吏能養人，謂之勝任。野多曠土，是爲溺職。亘古迄今，未之或改。

當夫有明之盛也，夏忠靖、周文襄諸公，絡繹道途，問民疾苦，疏滌三江，百川歸壑。及其衰也，朝廷以水利爲閒官，有司以治農爲迂務。災祲疊告，膏澤不通，烟火蕭條，公私交涸。興亡治亂之故，縱曰天命，要有人事焉。俛仰今昔，可爲啜泣者也。是用作詩，銘之永久，不獨贊揚仁政，亦俾後之爲牧者，急所先務，而毋替前人之功也。其辭曰：

夏周既徂，水道湮塞。潦則爲魚，暵乃龜拆。農愁於原，婦歎於澤。不謀同辭，劉河是亟。設官擾民，財又誰出？三年不成，道旁築室。賢哉我公，獨有憂之。政通人和，與衆諏之。諸生士璉，抱圖來前。劉河之北，朱涇在焉。東迎潮汐，西釃湖川。疏以代之，其利百年。惟斷乃成，毋惑衆言。乃相形勢，乃定猷畫。世業出資，穡人出力。歡聲雷動，畚鍤雲集。湯湯者流，浸潤衍溢。用民之勞，二十五日。公心如水，公才如龍。昔漢本始，亦有白公。穿渠溉田，人頌其功。以今況古，詎曰不同？婁人苦饑，公始飫之。婁人苦寒，公始被之。既富方穀，以禮涖之。

十四年，巡按御史李森先用太倉州知州白登明議，開劉河中段，鹽鐵河起，石家塘止。

附　白登明《開婁江説》：

財賦關乎農田，農田關乎水利。自劉河塞，而邑之東南皆成石田，岡身之水倒注西北，是高低俱困也。甲午夏，颶風駕潮，沸溢無歸，木棉淹盡。予拊膺曰：「是予過也！《易》曰：窮則變，變則通，通則久。昔禹開三江，鑿斷岡身，曾何因襲？且古今異宜，不當別開新道，稍代婁江之任耶？」

適顧生士璉策濬東朱涇，繪圖以進，曰：「此十年之所究思，婁民之所想望也。有四大益焉：救本邑旱潦，一也。泄鄰邦泛濫，二也。通東南舟楫，三也。開巽方形勝，四也。」予覽厥源委，西起於至和塘，東盡天妃鎮，旁及茜涇市，貫穿數支，以成全河。或仍舊迹，用疏；或創新道，用鑿。長六十里，約計萬丈，縱横界至，咸就條理。

於是受幹河協濬之規，斟酌派段。絶泥頭包攬之弊，給食佃夫。銷各圩實田，以杜規避。照魚鱗號册，以免賄藏。革塘長舊例，而私耗可省。開新樣河尺，而虚冒無庸。别難段易段之繁簡，均坐區客區之勞逸。分督則有層級，稽工則有標記。以及立限分程，賞勤罰惰，測深量闊，堆築開挑，纖悉臚列，懸諸國門。民遂刊木伐荆，負鋤荷畚以待。

既役夫四至，疾於風雨，蜂屯蟻聚，萬衆齊施，長河蜿蜒，不日而就。予每十日一巡。一巡而工有其五，再巡而工有其八，三巡而功已竟矣。創見之舉，遂克有濟。蓋用東南之民，疏東南之河，固其素願。而又倣范希文遺意，當農隙饑荒，勸田主出粟，田夫用力。既役既賑，故功倍焉。

若夫開江之任，乃人與數相需，有其候焉，予有志而未逮也。

康熙十年，巡撫馬祐請浚劉河。恩準開劉家河淤道二十九里，建閘三座。詳見《蘇州府》。

雍正五年，十二月二十日，奉旨：「據范時繹奏稱：太倉州鎮洋縣士民，僉稱境内劉河鉅工已蒙發帑開浚。而七浦一河，原係民田，沾獲其利，今願照依舊例，業主給食，佃户出力，不敢再費帑金。等語。朕思君民原屬一體，民間之生計，即國計也。倘遇國用不敷之時，勢不得不資藉於民。今國家財用充足，朕爲地方畫萬世之利，不惜多費帑金，興修鉅工，養育百姓。若仍用民力，以辦公事，非朕本心也。況小民效力工程，或致荒其本業，而又不免官吏之督催煩擾，朕心實爲不忍。著將范時繹所奏士民捐助之處停止，仍動用公帑辦理。並將朕旨，遍行曉諭州縣士民等，當體朕愛養元元之心。於工程告成之後，加意照看，歲歲疏濬，俾地方永受其益，則勝於目前之趨事赴工多矣。」

六年，户部議覆郎中鄂禮條奏：「近海諸河，並設立犁船混江龍，以疏積沙。」

九年，開濬江南蘇、松、常、鎮等各屬境内河道工竣。

海州

宋

天禧四年，淮南勸農使王貫之導海州石闥堰水入漣水以溉田。

通　州

宋

紹熙中，淮東提舉陳損之言：楚州、高郵間陂湖渺漫，宜創堤堰，以爲瀦泄。乃築堰自江都經高郵、楚州、寶應，北至淮陰達於淮。鑿新河自高郵入興化，東至鹽城極於海。又於揚州墟鎮創斗門，引水由泰州、海陵，南至泰興徹於江。所經畫甚具，溉澤鹵田百萬頃，兩淮之民賴焉。互見《揚州府》。

明

嘉靖中，泰興縣令朱篪濬馬橋河。

泰興縣令許希孟濬通泰河。

萬（歷）〔曆〕十年，築范公堤，浚串場支河。

附　凌雲翼《疏》：

維揚古稱沃壤，而地形高下，大海環其東，諸湖繞於西，所賴堤厚河通，斯田地可耕，民竈俱利。自范堤坍壞，高、寶堤亦衝決不守，其中大小支河，所在淤塞。於是以高、寶、興、泰四州縣爲壑，而泄水無路，民、竈罷於昏墊矣。

臣等躬親勘視，度地形，探水勢，其治之之道有二：惟疏上流使入江，泄下流使入海。沿漕堤一帶之水爲上流，沿范堤一帶之水爲下流。如西引邵伯湖之水轉南，至新安湖復東入運河，至芒稻河入江。有餘則聽其直泄，不足則引以濟漕，則上流疏矣。如牛灣河、姜家堰、廟灣，爲三大海口，引各支河東會於串場河，北會於射陽湖，俱入海，則下流泄矣。

而興化之堂子鎮、戴家窑、海溝河、白駒、三十團竈，則牛灣河之支河也。黄土溝、皂角溝至岡門登瀛橋河，則姜堰之支河也。安豐鎮至清備灌鋪，則廟灣之支河也。其河垛場至白駒場一帶，阻淺尤甚。又河東一帶，舊係糧鹽大河，洪水衝決，河身與岸相平。故水不循軌，而淤溪、秦潼、艾陵、葑子諸河之水，北渰民田億千萬頃，處處俱當挑浚，俱當經營。

惟是工有先後，勢有緩急。今將范堤數十里，先行修築，使外潮不得入。串場支河六七道，盡行疏浚，使内水有所出。果蓄泄利便，積水可消，則海口不開亦可。如支河既通之後，水患如故，即并開海口置閘，以備蓄泄。

萬〔歷〕〔曆〕中，泰興縣令馮渠建天井河。

天啓間，如皋令李衷純建石磋於江中。

國朝

康熙六年，開濬暇思港。

乾隆元年，濬通州吕四等場河，長二萬六千八百八十四丈五尺。

江南通志卷六十六

河渠志

水利治績　四

上江八府　和、廣、泗三州

安慶府

明

嘉靖元年，安慶知府胡纘宗開潛山縣吴塘石渠。

附　汪偉《潛山新開吴塘石渠記》：

潛山縣有故堰曰吴塘，蓋因潛水堤匯而渠之以溉田，凡三千七百餘頃。土疏善崩，渠壅，水行弗利，則怒而齧其堤。堤歲苦决，有旱熯憂。

安慶府胡侯治郡之三年，間行部至潛山，縣令許儼白吴塘之役。侯相其地宜，曰：「不一勞者不永逸。」乃改築，於上流鑿山麓之石爲渠，凡二百餘尺，廣十有六尺，深加廣四之一。水入石渠，順其性安流，徐行以達於土溝。以灌於田，歲乃大熟矣。於是民歌之曰：「郡有賢守鑿石渠，石堅渠深水平趨。工不再興田常濡，私足粒食官無逋。昔爲吴塘今姓胡，千秋萬年名與俱。」

令來請記，曰：「俾後之人有考也。」予考圖志，吴塘始於漢末廬江守朱元光。及讀《劉馥傳》，建安間劉馥爲揚州刺史，嘗興七門、吴塘諸堤，以利稻田。至今潛人但知元光而不言馥，豈馥於七門之功鉅，故遂掩吴塘耶？夫七門實始於羹頡侯信，馥因舊而修復之耳。史不録信功，而舒人並祀之惟謹。是史或有遺，而功德結於人心者不磨也。侯因吴塘而創爲石渠，又有烏石堰者，修築堅厚倍於舊，功不在諸賢後矣，民豈忘之哉？

國朝

順治九年，宿松知縣孫繼文督修蓮花、荆橋、罹隱諸塘。

十八年，潛山令常大忠遷吴塘堰。

附　金闓《潛山吴塘堰碑記》：

吴塘陂起於漢末朱盧江，而修於建安劉刺史。偉哉，前人之功高不朽也！及讀陂碑石，「金壩玉渠，溉田三千七百餘頃」，所載郡伯胡可泉、邑侯於邗陽修築之事甚悉。然皆因勢利導，修殘補缺，不至勞師動衆，創起非常也。前明之季，水齧堤頹，沙高水壅。所謂「玉渠金壩」者，不可復認。而告旱告澇，歲無餘日。

己亥春，我常侯之令潛也，靡利不興，靡廢不起。越二年，親歷經營。相地宜，酌水勢，乃進居民而導之曰：「不一勞者不永逸。非僅依傍前人，拘倣成案，因陋就簡之可塞責者。」於是過吴塘五里而築新堤，起新閘，遷其堰於兩河衝口。自捐俸倡率外，計户口起工，照丈册引費。無科派供億之煩，有畚鍤版築之便。無偏枯騷動之擾，有鼛鼓靈臺之歡。

權輿於辛丑冬，而告成於壬寅夏。旱澇有備，蓄泄有防，石田變爲沃壤，泛濫歸於安瀾。事半功倍，費省利周。不止可泉之甃石成堤，邗陽之因山起閘，補苴修葺從事已耳。

康熙十年，增築宿松縣蓮花、荆橋諸塘。

十一年，望江縣知縣劉天維修築西圩。

附　龍燮《修築西圩記》：

邑東北有西圩者，居民數千家，衣冠世（簇）〔族〕①多萃於此。以田論之，計三萬七千餘畝，地勢卑下，潛、太之山洪注焉，京皖之江漲匯焉，民居、國賦，惟堤是賴。

先年立十二甲，照畝編册，照册分堤内有上、下二坂。三湖蓄水，惟下坂水歸之壑，遇澇爲灾。明天啓間，邑令方懋德親臨圩堤，目擊形勢，始開閘泄水，下坂乃蒙利焉。至順治四年一潰，孝廉檀志嶽、生員吴之份等，白道憲石公、郡守桑公，邑令趙汝璽檄教諭江秉一築之。迄今二十餘年，累潰累修，亦旋修旋潰。豈功實難成，抑所以經理者未盡善耶？

壬子春，劉侯甫下車，問民疾苦，留念圩堤。或有謂工可緩者，侯曰：「不然。今淮揚之被水患者數年矣，余何敢坐視！」爰進圩中諸父老，商確形勢，委官修築之。凡所以經營相度者，悉秉侯之心計，不啻目營指畫焉。畚鍤雲集，不日竣工，堅固什倍於疇昔。由是水不能灾，農獲

① 據《四庫》本改。

有秋，而正供無缺額矣。

夫一圩耳，向以累年修之而不足，今以一日葺之而有餘。利澤之興，豈不以人哉？誠使良法美意，踵而行之，吾且爲歌潟鹵生稻粱矣。

桐城知縣胡必選修城北河堤。

附　胡必選《桐城修河紀事》：

桐於皖，望邑也。城北有河，發源於龍眠諸山。由是而東而南，匯大湖，達長江。其支流所引，爲西南疆畝水利。第春、夏之交，衆流合聚，激濺若雷。數年來，直衝北郭下，駸駸乎有内齧城址之患矣。

必選自丙午冬承乏兹土，登城省視，即以水害爲慮。爰具文請諸各鄉先達，並謀之耆老，倣昔人疏浚之法，日募工若干，深浚河行故道，束之使不得他出。鱗修水垡，復爲雉堞作干城。無如河勢甚盛，奔放潰決，其爲城之患猶夫昔也。

乃更捐餐措費，禱神興工，命鄉耆等董厥事。甃之以石，實之以礫，鎮之以鐵，檕之以松。依城爲隄，而深固其防，不使陽侯之虐，得肆其憑陵。幸賴司寇姚、太常程、刺史彭、樞部陳，暨諸先生急公捐助。左提右挈，民咸欣欣樂赴，而遂臻厥成。

是役也，始於壬子夏，報竣於秋。其隄長七十有八丈，深一丈有三尺，横亘稱之。

徽州府

宋

紹定四年，建徽州府石梁。

附 錢時《記》：

紫陽之麓，絶流爲梁，瀦爲淵，其來尚矣。中罹蕩圮，障以石，邦人士輒不利，障以木，輒利，時不能。陰陽家言，嘗歷星源，過祁山皆西流入番，江餘諸邑東入浙。問之三老，各三百六十灘，石林立勢斗，下尤險絶者，立檣以識，逾三十尺。是新安地最高，環城三面可揭涉，勢然也。辟之於人，不爲淺澀爲澄涵，氣象則自衍裕，梁之利也固宜。然立栅磽磧之上，而聚石其中，霖潦暴豪，何能鍾固？歲一葺，或間歲大葺，科役民伍①，覃害不細。况木之障水，猶絺障風，迸漏穿泄，草草而已。

嘉定十七年秋，著作都②官袁公甫解郡符，且東歸，慨念利興而害不除非便，必大錮石爲不朽計。乃於是籍緡錢五萬千，聞於上。紹定二年，將指庚臺，始克議兹役，推官趙希愬董之。得閩工甚精，鑿山料材，彙别三品：直而方者曰眉石，層疊繩整，嚴邊幅也。狹而長首，方而末削，若釘若斧者曰算石，斜透中通，互穿鏁也。其磊塊不可尺度者曰囊石，補漏罅，實要腹。大抵魁傑輪囷，有力勢，梯轉而下，桴浮③而來，機運而登，皆極巧便。

眉、算迭用，左右蓬卷，凡十有八層。而後周内固外，圓不鬭於水，斗門東瀉，不怒其流。闊三丈，高半之，横亘可二十倍。越四年九月竣事。

① 「伍」，《四庫》本作「位」。
② 「都」，《四庫》本作「郎」。
③ 「浮」，《四庫》本作「海」。

明

天順八年，休寧縣人汪世寧築究山堨。

附　吴寬《休寧縣究山二〔揭〕〔堨〕①記》：

休寧爲縣多山。山中之田，其勢因山以高，而雨水不多得也。幸而兩崖之間有渠，可以溉田。然源上而流下，不啻若高屋之建瓴。其勢特瀉而去也，乃有障之之法，而堨以築。堨，即堰也，縣人之語然耳。此法既善，而其利且多。

及夫春、夏之月，上源塗溢，下流湍悍。所謂堨者，或薄與狹，且衝激以壞，則屢有築之之勞，而人亦困。蓋縣之東南曰究山，有水自遂安白霹嶺而來，歷百餘里入浙河而去。至此流甚下，水甚急，而其渠甚闊，堨之築始難爲功。前此成而復壞者，不知其幾矣。

里人汪志德世寧，讀書好義，而多才識。嘗以改築堨事言於縣，縣令信之，委爲堨長。乃率其衆籍於官，計田畝，出財力。二堨先後從事，起於天順壬午之秋，畢於甲申之冬。其渠長及四

① 據《四庫》本改。

里，補缺塞漏，不遺餘力。於是水道既修，天時無患，田率有秋，里人德之。世寧因其弟新昌令世行，至京師請記其事，以示後人俾勿壞。

萬(歷)〔曆〕中，休寧縣知縣魯點築陽山魯公堤。

附　邵庶①《記》：

按《周禮》，司險掌山林、川澤之阻，達道路，設溝、涂，樹之林，以爲阻衛。夫非以其關國家利患哉？寧惟天下，邑亦宜然。

我休山多②土瘠，平原沃野，屈指可窮，則民實利之。西③去邑④治五里許，山曰陽山云。下多古墓，厥田平曠，蕭梁以來故有寺，即以山名寺。松蘿障其北，黟江帶其南。故抱⑤鳳凰山而

① 「庶」，《四庫》本作「杰」，誤。
② 「多」，《四庫》本作「居」。
③ 《四庫》本此處多「郊」字。
④ 《四庫》本無「邑」字。
⑤ 「抱」，《四庫》本作「曰」。

東，宋邑治在焉。

頃歲江流右遷，從石人落石南下，故道漸爲桑田。山口有橋曰蓄桂，以匯衆流。山灣有亭曰紫陽，以記田賦。四方來遊白嶽，必經於斯，且爲池陽、豫章孔道。嘉靖間，邑成城，埏埴者利一時便宜，陶兹道側。後遂爲所據，山川形勝，欿然失色，見者莫不四顧而嗟。世遠相沿，膏壤幾盡。以故潦水泛濫，道路傾頽，輿不得方軌，馬不得並轡，行人重足而步，指爲畏途。凡四方躡屩、擔簦、乘軒、策杖而來者，趦趄道隅，履崎嶇而過。

邑侯魯公下車，令民修築，東補西崩，未戒厥害。城西兩太學汪生，以先世封樹在，懼其浸潰靡所底止，於是帥子弟上書，言爲害狀。越月，侯視事西郊，目之所擊，果符上書狀，太息久之。令下，陶者遠徙。

兩太學喻侯德意，疏請修築。自蓄桂橋，迄紫陽亭，丈五百有奇。鳩工採石，隘者廣，險者坦。逾二年而堤成，平若砥，長若虹，蜿若遊龍。堤畔崇壇爲亭，以憩行者，東西相距，屹然中立。明年，種桃植柳，夾岸皆春，緑樹扶疏，清風披拂，遂成我休負郭勝槩。微獨耕不失畔，而若輿若筆，若跣若徒，若負擔，若捆載，若乞靈而登封，繹繹乎，熙熙乎，如登春臺而遊康莊矣。行者色喜，而呼曰魯公堤。魯公堤，識侯之再造也。侯治績最著，今入爲司農。即兩太學，與予結姻家好，屬予紀顛末，勒之石，以志不忘。

予惟是役也，五美具焉：以蘇地脉，以障水患，以復田疇，以利行人，以增形勝。司險氏所必稽，而實民牧所宜有事也。質之古昔，若楚則孫叔敖之起芍陂，漢則召信臣之約南陽，唐則李襲之築雷陂，宋則范希文之堤同泰，要之皆是役也。魯侯不狃於苟安，不難於積蠹，一旦毅然與民更新，即謂古名臣舉事，誰曰不然？

嗟夫，天下事大都始乎一綫，卒乎滔天。始乎徐徐，卒乎陵替而不復振，隳於隨而成於斷，獨一堤然乎哉？侯保障吾休，隨處安堵。兹上奉内召，桑上綢繆，素所樹耳，奚俟不佞溢美爲？乃蔽芾穠陰，吾民永賴。斯堤也，洵侯之甘棠也！

夫侯名點，字子與，别號樂同，爲楚南漳人，同予登進士。兩太學，仲名應時，季名應邦，以尚義世其家法。得備書，見堤所由成，與所由名云。

三十五年，歙縣知縣張濤築張公堤。

國　朝

康熙二十七年，徽州知府朱廷梅修漁梁壩。

附　朱廷梅《修漁梁壩記》：

徽城東倚山，西、南、北三面距新安江，以置郡治。江合歙、黟、休寧、祁門、績溪五邑之水，大匯於歙浦，以入於浙。爲灘三百六十，地極斗峻，永無停流。宋嘉定間，郡守宋濟去郡南二里，聚石①立柵，以遏下流。後守袁甫繼之，更議疊石爲壩，未及興役而去，留緡錢萬五千，聞於朝，俾繼者成之。元、明又復圮壞。

弘治間，郡守張正出帑錢，即故址重砌以石。凡九層，蓄水二三里，錢塘倪公岳記之。未三年，復圮。郡守彭澤乃去壩囊中砂礫，實以方石。下流更爲梯級，用殺水勢。楊公循吉記之。至明末，益圮。自後守茲土者不敢議修復，非怠事也，工大費繁，民不堪任。

予不佞，承乏茲郡，皇皇憂之，慮民氣之不静，民俗之未醇。吴太史告予曰：「漁梁不修，徽俗將日敝。」爲歷言往事，多有明徵。予甫下車，即申請撫憲，并致書紳士之家廣陵者。紳士誼篤維桑，慨任工費。予喜出望外，於是循江而觀，逡巡周覽，擇吉祭告，以戊辰正月八日開工。得吴子崧、汪子士鋐、吴子瞻泰，倣嚴郡之石梁規制，縱横各半，中爲鼇背而坦其脊。更擇石於城之北鄉，色青而理堅，斧鑿不易施，補鏬實腹咸以之。舊石屏不用。左右蓬卷，凡青石二十餘

① 「宋濟去郡南二里聚石」，《四庫》本作「朱長文閔衝激之爲患」。

層，闊三丈，高半之，横亘二十倍，内固外密。上爲三水門，於是瀉者瀦，奔趨者止。郡以西渟瀠浩瀚，儼乎巨浸，而功以告成。

郡紳士請予誌之。予謂：是役也，爲六邑資灌溉，而且學校以光，民生用遂。余得藉是以上報聖天子眷顧之隆，與好義諸公共成其美。襄事諸子，樂觀其成，即以爲不朽盛事也可。

寧國府

唐

上元中，觀察使薛邕築薛公堰，引水溉田。

大(歷)〔曆〕三年，觀察使陳少游置德政陂。

元和四年，重興大農陂。

附　韋瓘《大農陂記略》：

宣部支邑十城，而南陵處劇。今地官侍郎盧公觀察宣部，重難邑長，乃以寧國令順陽范君假南陵印焉。

先時，縣有廢陂曰大農，積歲不理，荒梗幽扈，（邱）〔丘〕隰遁形，非鄉黨之壽耋，不可擬識。范君乃召鄉老正尹而計之，具畚揭，列綆鍤，披材輂壤，周察勢便。於是伐莽闢蕪，培高徹卑，潛軼化工，三旬而畢。驅長江波六十里，活活下來；闢荒埂數萬畝，汪汪虛明。疊石構嶺三百步，横殺衝波。擘發二港，支分脉散。雖使驚濤懷山，亦不能軼峻防而侵厚址，豈非仁深於物乎？其或火雲爇天，順勢導流，則貫畦浮塍，歲溉千頃。斯功也，可以灼當世而芳千古矣。

咸通五年，修築永豐陂。

咸通中，重修大農陂及肖陂。

五代　南唐

築大農陂，置石堰，開荒埂數百畝。

宋

淳熙十四年，重修肖陂。

十五年，南陵令郭蕘重修大農陂、永豐陂。

附　謝諤《重修大農陂永豐陂記》：

南陵有二陂，曰大農，曰永豐，邑之田資以灌溉焉。邑侯郭君羲初至郡，考圖志，見邑人徐内翰元功舊有《永豐陂叙》，而大農陂則韋司農所撰《記》甚明，乃知大農重興於元和，永豐重修於咸和。本朝熙寧中，嘗捐常平鈔米三萬五千餘貫石，復修葺之。自後稍就堙廢，田日告病。郭君乃白於常平提舉謝公深甫。竟如所請，移文支撥緡斛，委主簿徐挺之同力計視。

竊按二陂之源，由涇水合山溪衆流，爲江出蕪湖，中歷邑界，江闊地平，横絶其流，開港以遏，導江水股分支引，散入溝塍間。所爲陂因是江也。大農在上流，源流七十餘里，溉田五萬餘畝。永豐在下流，源流六十餘里，溉田三萬餘畝。凡縣賦，兩陂所屬三分之一。

乃鳩工於丁未之冬，訖事於戊申之夏。

噫！君子之仕，以利民也。吾觀親民於百里者，可以日有利民之實。然利於當時，其利小。爲久遠之計，視當時爲何如耶？所冀後之君子，增其所損，補其所不及。非特成人之美，亦以垂利澤於無窮也。

明

隆慶中，涇縣令開承流壩，溉田二千畝。

萬（歷）〔曆〕九年，南陵縣令沈堯中築北關堰。

十一年，南陵縣令沈堯中築萬年堰。

十三年，南陵縣令沈堯中築西溪堰。

四十七年，修築宣城諸圩。

附　**湯賓尹《修築宣城諸圩記略》：**

宣，山城也，而池、歙、桐、汭之水四集其鄉。東壩居其委流，復代三吴瀦水。其下瞻窮瘠，而上應天子正供，獨諸圩是賴。金寶一圩，計畝可十三萬，其餘牽連相輔以成圩可百十。夫圩，與水争地者也。從國初至今，人民漸稠，墾藝漸博。圩之數日多，則居水之處日減。居水處日減，則其激而行也日悍。

萬（歷）〔曆〕四十七年，直指麻城田公生金巡視及宣，省耕省斂，問民疾苦，鄉三老以圩事對。公慨然曰：「某天子巡方使者，一方失養，其責在某已。」下教宣城曰：「若爲天子牧民官，小民失養在若。」於是宣城縣令賴侯良佐親詣水鄉，周行按視，盡得其頹潰衝決之數。自遮浪、保安、寶成，以迄諸圩，凡一十七所。估工修葺，合之凡一千七百餘金，以上直指公。公立發贖金首事，撫臺胡公應台、寧太道蘇公進、郡縣各捐助有差。仍不足者，民間得計畛佐成之。

公又爲畫一之禁，民領費，官督事，舉葦無緩，擿埴無遫，崇廣支甓，勾股合宜。暨於事竣，水防循理，塍埒得職。其年，潦而不害。

天啓元年，築張公壩。

國　朝

康熙五十九年，加築東溪石堰。

池州府

宋

周湛築新河。《宋史》：「仁宗末，周湛爲江淮制置發運使，謂大江歷舒州長風沙，其地最險者石牌灣，役三十萬工，鑿河十里以避之，人以爲利。」

神宗初，鼂仲參以通判舒州攝州事，以羅刹石之險，請鑿秋口浦、樅陽渠以避之。報可。

明

成化二十一年，石埭縣知縣蕭環築南洪口陂。

附　張輝《蕭侯陂記》：

縣治之北曰故院，環城附郭田以萬計，賦以百計。舊有陂，故圮。成化乙巳，蕭侯來涖邑。乃會群屬而謀曰：「吾將即農隙，借民力，於故院陂之下築堰鑿溝，引水以灌田，可乎？」衆皆舉手加額。乃上其事於巡撫，可其言。於是捐俸貲，貸倉廩，然後以十夫爲甲，十甲爲總以董之。計其田之多寡，水之遠近，出金以償之，寅符協同。爰命工於治南洪口，築陂一處，鑿溝一匝，深三尺，達三里許。兼舊溝而濬之。不數月而功成。

民仰其利，作歌以頌侯。又甃石匾爲「蕭侯陂」，請記於予。予惟侯自下車，政皆仁愛，以民所欲在水利，尤惓惓焉。若巫園，若烏隴，凡十餘地皆無陂，侯令民築之，使有備無患。今復修此溝堰以利民，食足而賦足，其利澤不亦遠乎？

正德十一年，知府何紹正作新河堤。

知府何紹正築何公隄，在城西新河口。長四十丈，高三丈，以障江水。

隆慶中，知縣姚孟賢濬新河。

萬(歷)〔曆〕中，理刑秦懋義築翠微堤。又兵備副使馮叔吉築千柳堤，貴池縣知縣王啓棠修千柳堤。

國朝

知府趙安治查村堰，淤淺者浚之，曲防者撤之，灌田一千三百餘畝。

順治中，知府梁應元修翠微、千柳二堤。後知府顏敏重修。

太平府

南北朝　齊

竟陵王子良表上，遣五官殷濔等巡履丹陽等縣，得堪墾之田，合計荒熟有八千五百五十四頃；治塘遏水，用夫十一萬八千餘。一春就功，便可成立，會遷官事寢。

宋

紹興二十三年，大水，諸圩盡決，遣鍾世明相視修築。當塗縣知縣張津築長圩一百八十里，包諸小圩。又爲民築者四百七十二所。

隆興二年，户部侍郎葉衡奉詔，核實太平州圩岸。黄池鎮福定圩周四十餘里，延熹等五十四圩周一百五十餘里，并濱岸植榆柳。下詔褒美。

乾道九年，詔修圩岸。當塗奉詔修築四百七十二所。

元

至治元年，當塗令陳昌浚市河。

附　徐抗翁《浚市河記》：

有城邑，則必有河渠。流污瀦清，通舟楫，溉田疇，濟常用，備不虞，河渠之利大矣。矧太平處江湖之間，欲左控右引，以致江湖之利，河渠其可久廢而弗治哉？

府治西舊有市河，南起姑溪，北抵襄城，延袤千有九丈。按《圖經》，創於宋初而遺其年。自慶元以後，不復濬治，堙塞成平壤。居民侵之，其間僅如一帶之隱軫者，人指之曰：「此市河之址也。」壅底弗宣，水土鹵墊，民病湫隘。

延祐七年，永嘉陳君昌來司都獄，因攝當塗事，建明浚河。府下其議，咸曰：「太平地形便，市河舊有之。然堙塞八十年，詧田不能浚，都水不能治。今欲復還其舊，不已難乎？」陳君曰：「不然。惟患誠之不立，至誠可以貫金石，矧復舊耶？」主之尤力。府從其議，就倚辦焉。

於是程土物，議遠邇，規財費，商工力，捐帑以倡。衆皆樂於效命，凡募夫五千餘。經始於至治元年八月，明年閏五月卒事。波流上下，潮汐與海通。淪漣清泚，槐柳陰翳於兩旁，紫鱗文貝，風帆雨檣，憧憧來往，如人之新沐，而眉目增明秀也。餘波溉田數百頃，民獲其利。昔之誦子產者，轉而誦君矣。

至正四年，照磨石處遁命曹吏朱榮甫修復壞圩三百六十餘所。

明

永樂八年，詔修圩岸，以備風濤。

萬(歷)〔曆〕三十六年，知縣朱汝鰲修築官圩隄岸，畫段分工，高三尺，闊倍之。作中心埂，自青山屬黄池，爲官圩西岸，至今賴焉。

廬州府

明

正統元年，知州王仕錫築黄金城閘。

嘉靖二年，劉欽順增築洋萍舊隄。又開溝，以通梘溝、八稜溝。

萬(歷)〔曆〕三年，舒城令姚時隣修水利，自七門嶺至十丈陂並增築。

附　盛汝謙《舒城縣重修水利記》：

舒爲江淮要道，廬郡塞邑也。西去層峰岸起，巑巒秀拔，綺綰繡錯，爲郡保障。而水利源頭，出自西山峻嶺之下，勢若建瓴，奔騰涌潰。羹頡侯分封是邑，走西南，見小濱大溪下有石洞如門者七，乃分爲三堰，别爲九陂，瀦爲十塘，而壋、而溝、而冲，灌田二千餘頃。至三國時，水泛濫如故。得魏劉刺史公馥，更加修築。明時水復爲患，得豐城劉公顯增加疏導。迄今百餘年矣。河勢漸下，有陂塘爲道路者，有壋堰爲沙隄者，有民間侵占致妨水道者，有洶涌湍激而淪没故址者，有壅塞横漲漂流民舍十餘里者。

萬（歷）〔曆〕乙亥，姚侯來牧①茲土，喟然歎曰：「食者民之天也，水者食之源也。水利不②興，有司實任其責！」乃條陳申府及院及部，莫不允其議而速其行。侯於是同治農主簿趙應卿舍郊野，歷險阻，遍故老田叟而諏之，直窮水之故道。由七門嶺，以至十丈等陂，則爲修理。由柳楊、鹿角以至黄泥等堨，則爲疏通。由舍慈而路沛等處，洋萍陂而六冲等堨，則爲還官。他若行水過溝如新堨類難枚舉者，又皆悉爲躬閱而挑築。但見高者平，淺者深，侵者復，泛濫者消除，淤填者濬瀹。水由地中行，而歲見有秋矣。

四年，舒城令姚時鄰重築洋萍陂。

九年，知無爲州查志文築神塘隄。

① 「牧」，《四庫》本作「涖」。

② 「不」，《四庫》本作「廢」。

鳳陽府

周

定王時，楚令尹孫叔敖作芍陂，溉田萬頃。按：芍陂在壽州安豐城南，亦曰安豐塘。以水逕芍渟積而爲湖，故謂之芍陂。又謂之期思陂。與楊泉陂、大業陂，並楚相孫叔敖所作。其水西自六安龍穴山，東自濠州横石，東南自龍池山，胥注於陂。陂原設五門，後更開三十六門。今又作减水閘四座，水漲則開門以疏之，水消則閉門以蓄之。三百餘里，支流分注，溉田萬餘頃。

唐

顯慶中，修治牌湖隄。

乾封中，修千人塘以溉田。

廣德二年，元載置永樂渠，以溉高原田。

宋

熙寧九年，劉瑾言宿州虹縣萬安湖小河、壽州安豐縣芍陂等可興置，欲令轉運司選官覆按。

從之。

明

永樂間，户部尚書鄺埜督夫二萬濬芍陂。

國朝

順治十二年，壽州知州李大升重修安豐塘。

附　李大升《重修安豐塘記》：

安豐塘者，楚令尹孫叔敖所作之芍陂也。塘周數百里，受淝、淠、沘三水之支流而下，蓄泄以時，可灌田萬頃。自明季以來，新倉之口決，〔引水之河淤，民不獲其利者已三十餘年。余自癸巳夏〕①來守壽郡，詢諸利弊，紳衿士庶皆言此塘乃壽土第一利。余欲舉行，而未之逮焉。至乙未春，乃得親歷其處，相視廢壞之所。量工程，捐俸入，選夫千餘，先疏河道之壅塞者

① 據《四庫》本補。

一百四十餘丈。濬水通流，方築新倉、棗子門二決口。高厚約十數丈有餘，長俱不下百尺許。又爲之理其門閘，補其塘岸。不月餘，大略粗具。余始具文，報於兵憲沈公。公喜甚，亦捐俸飭修，意在利求萬全，績垂可久，必不爲目前苟且計也。

余隨與州佐議，再加巡葺。會值大雨，水勢突至，功難驟竟。然塘水已盈，環塘之民，皆負耒而耕，秧田遍野。是歲夏，苦旱，惟安豐一帶全獲有收。

至八月中，仍即其功之未完者。更爲整頓，疏近塘之河土高者十里有餘。其減水大閘、中心兩溝，胥一一濬治。保其久而弗替，不能不有望於後之君子。

雍正五年，八月，兩廣總督孔毓珣摺奏：「江南鳳陽府屬之宿州靈壁縣，應疏濬溝洫。」奉旨：著江南總督范時繹確查被水之民，加恩賑恤；並將應行疏濬之水道，相度修治，使積水暢流，不爲民害。布政司噶爾泰遵動庫銀二萬兩，親赴靈壁縣之固鎮，起由溧澗鋪至宿州之任橋，八里座大店驛至宿州北關符離橋止，逐一查勘。據土人云：一路兩旁之水，俱由澮河、五河、淮河，經洪澤湖出清口，入黄河歸海。當經丈明，檄委鳳陽道何宗韓、鳳陽府知府刁承祖，委官分督，用銀八千五百七十三兩零。疏浚溝洫，俱極深通。

潁州府

五代　周

顯德初，王溥鎮潁州。州境舊有通商渠，距淮三百里，歲久堙塞。溥疏導之，遂通舟楫，郡無水患。

和州

唐

開元中，烏江丞韋丑開韋游溝。

貞元十六年，游重彦修韋游溝。

宋

紹興十二年，和州守臣請於千秋澗置斗門，以防麻澧湖水瀉入大江，遇歲旱灌溉田疇，實爲民利。從之。

明

洪武二年，和州守李相重修銅城閘。

附 宋濂《重建銅城閘記》：

和州之西南九十里，其鄉曰銅城。濱大江，江水暴溢，民不得田。昔人常築土爲長堰，以捍其衝。鑿石作閘門，貫以木楗，視歲之旱澇而闔闢之。田得以常稔，環二百里皆爲沃壤。比年兵興，銅城爲往來争戰之場，閘毁堰崩，向之沃土，皆化爲荒穢之區。

四明李相由京兆出守是州，一以慈祥愷悌之政，撫摩其瘡痍。且以爲民之生也，恒以食爲命。無田，是無民也，銅城之閘，安可不急圖之乎？遂走白於江淮行中書省，省臣是其議。

乃進父老於庭，親勞，立爲條教。先築郭公壩，以絶水源。次鑿百福山，以煅灰石。然後大集衆工而役之，畚鍤如雲，絡岸蔽川，不待督程，各趨厥事。動止無節，齊之以鼓，刻日而成。遥望之，猶堅城隱隱矗起於雲際也。以尺計之，閘高二十有二，廣一十有八，長二百有奇。閘之兩端，疊石爲臺，以禦迅湍。其補築東西堰，凡七百有奇。其高視閘有加，址之廣視高則六倍之。别建屋二楹，龍王廟一區。廟以從民祈禱之欲，屋以居守者，使司其啓閉。經始於洪武元年十一月庚申，訖功於明年正月己巳。計工八萬九千八百九十，皆出於有田之家。匹石之費，亦視田多寡而均賦之。

州民相與謀予文，刻諸石，用昭守之功於無窮。使自今以往，守茲工者，讀斯文而增修其事，則斯閘可久而弗壞，未必非一助也。

正統初，知和州朱沅修銅城閘。

正德十二年，知州黃標修銅城閘。

國朝

康熙二年，和州知州楊繼芳築永盛、土旺兩圩。

廣德州

明

嘉靖四十五年，建平縣令趙佑卿修築山陽等圩。

附　史際《重築山陽等圩碑記》：

廣德之地勢，西北下，而建平爲受水之衝，水由南湖西入江。塞①口兩山，當湖之下流爲門户，隘不可泄，則衝激湏洞而爲害，不有以障之，建平得耕而食耶？建平之田，爲圩七十二。嘉靖庚申，大水，壞者十三。故往往他郡稱大有年，而建無全稔。其山陽、潘城、楊學三圩，則爲田幾五千畝。而圩之壞，至十餘里，民不得佃。

東華趙侯之治建也，政平而人信，稍稍以圩之廢聞。前此非莫聞，聞而莫有主其事者，蓋難其始，復虞其終。故人重自愛惜，而蔑能出身當之也。

侯之始事，齋袚而誓於衆曰：「所不爲建終事者，有如圩。」時應天節推頤庵以均徭至，侯建白焉。節推與之按視其所，民從而請且泣者數百。於是議以其事上於州，上於臺院，悉俞其請。工取諸民之有田者，食取諸邑之義倉。

先是，義倉之米數萬，當道因無年，議賑恤。但賑恤止於一時，築圩垂諸百世。當道是其議，聽令便宜。侯因不避風雨，經始於丙寅年之春，成於是年之夏。不數月，而三圩之田有疆翼翼，有禾彧彧。其他圩亦井然一新，歲乃大熟。

① 「江塞」，《四庫》本作「山陽」。

蓋嘗論之，人惟私有所顧恤，則雖習常安故，而朝夕之間恒惴惴焉。昔喻子才以軍吏出宣州，見城西有敗室，入視之，廣儲倉也，一老卒巢棲而守之，牛豕之跡，交道其下。歎曰：吏非不知食之宜理，重自涴也。使今之當吏者皆如是，國胡以賴？

當侯之倡此也，污萊之場茫乎不知其涯畔。計工焉，將煩民。計食焉，義倉之米不易動稍。以向之所云利害者，交乎其心，其不至葸然而自替者蓋寡。乃侯之精誠，足以通於神明，而其智與才，又足以就之。百年之廢，興於一朝，仁人之心，志士之事也。

萬(歷)〔曆〕二十七年，建平縣令朱之楫築浮湖塘。

國朝

康熙十一年，建平知縣高自遠修築東門堤。

泗州

明

萬(歷)〔曆〕初，總河侍郎潘季馴重修周家橋閘。閘與高良澗、古溝等，後緣泗水大發，議開周橋泄之。耆老具狀，極言不利。南河郎中黄曰謹具辨開橋一疏，事遂寢。諺云：「東去不妨開海口，西來切莫放周橋。」

《寶應治水或問略》：「或問：寶應之水，治將何先？曰：欲開閘洞，先濬支河；欲濬支河，先開海口。其勢固然也。蓋周橋入淮、通濟、納黄，源源而來者，不得不分泄東鄉。爲運道計，則上河之水由諸閘洞而下注者，涓滴瀦之支河。遡其出口，不過東泄牛灣，北注葫蘆港已耳。而上口鯨吸不止，奈何不患腹脹之病乎？故閘洞之外，非支河不泄。支河之水，非海口無歸。誠多開海口，分頭走逸，則漲水消，民田出矣。

或問：周家橋有無貽害高、寶？曰：周橋與高堰，固一帶耳，總在泗之東南。節年淮水暴漲，從堰溢出，輒漫諸湖，而去秋尤甚。時西風連作，鼓浪決堤，高、寶、興、鹽之田茫然巨浸。此漫溢之水害已若斯，假令大開周橋，縱泄淮水，何異開門而揖盜，救焚而益薪耶？」

國　朝

康熙二十三年，五河知縣鄭鼐修南湖壩。

四年，巡按邵陛修易泗州城外土隄以石，又建石閘二通，以時啓泄。民德之，名曰邵公隄。

附　韓竹《新修五河南湖壩記》：

凡水之利，豬之則内可以溉，疏之則外可以泄。獨五河一邑，河壖居十八，豬則二分未必得溉，而没則去十之八，是豬不可也。邑爲五河之口，上水滔滔而至，詎可疏而去之？疏又不可也。

鄭君來撫兹土，相漴河入淮之口有南湖者，其上流雖有玉莊湖暨小河、赤龍澗一帶之水，然歲旱則皆可耕之田也。南湖之尾爲蔣家壩，即入淮之口，作隄以障淮者。歲大潦，内外水皆至，則田成巨浸。若内水不至，湖可全耕穫也。即不大至，而半穫焉，得利且不鮮。侯曰：「是則可爲也已。」溝故有土隄，然數圮，且不能時啓閉。侯曰：「是非石閘不可。」上其事於撫臺薛公，薛公軫念民隱，捐金作首倡。侯亦捐百金，僚佐以下助有差。

遂酌其地之高下，田之多寡，亦均其所輸，費之壩者償之壩，民悉争輸，固其所也。至於役民之力，亦視乎地。而又恐勤惰之不齊，劈分丈尺，俾各有定責而無所諉，趨事者由是盡力。

再歷寒暑，隄以告成。既成，時值六月，霖雨不輟，淮大漲，内水亦暴至。衆曰：「水勢若此，無可爲矣。」侯獨曰：「内水爲患，下田誠不可療。顧外水尚高三四尺許，隄圮則下田之迤而上者爲沙灣，且將盡没，可數百頃。獨奈何高者不益之高，長者不衍之長哉？」爰又培土數尺，衍長一十有四五里。時隄愈高且長，而水愈漲且嚙。然卒以人力勝，而淮水數漫而數却也。

方侯之率衆增築也，猛風捲浪，暴雨連天，陰霾夜黑，掣電爍光。内外數十里，洪濤中懸一綫危隄，寄身於蛟龍出没之所，諸人無不惶惑恐懼，廢然思返。侯顧神志倍旺，心思倍密，氣力倍壯。此非愛民之誠，兼以定力，曷克臻此？此隄一成，内無水而下田利，即内有水而高田亦利。後來賢侯但一增卑培薄，利不將萬斯年乎？

江蘇省地方志編纂委員會辦公室組織
主編　程
執行主編　張

江南通志

第五冊

食貨志

鳳凰出版社

第五册目録

江南通志卷六十七

食貨志

《洪範》八政，一曰食，二曰貨。《漢書·食貨志》謂「二者生民之本」，而又以爲「帝王所以聚人守位，養成群生，奉順天德，治國安民之本」在焉。我國家畫一之政，愷悌之澤，厚生惟和，萬方作乂，蓋所以阜而通之者至矣。

今謹參考古今，首列田賦，明則壤也；繼以户口，重孳生也；繼以漕運，實天庾也；繼以税課，裕國用也。於是紀蠲賑、積貯，渥恩施也。訖於物産，土地所宜也。爲類十有一，爲卷二十，作《食貨志》第三。

田賦 一

唐 虞

揚州厥土惟塗泥，厥田惟下下，厥賦下上上錯。《禹貢》

漢

高祖約法省禁，輕田租，十五而税一。《文獻通考》

景帝二年，令民出田租，三十而税一。《漢書》

後 漢

建武六年，令郡國收見田租三十而税一，如舊制。

晋

武帝平吴之後，置户調之式，丁男之户歲輸絹三疋、綿三斤；女及次丁爲户者半男子。一人占地七十畝，女子三十畝。其外丁男課田五十畝，丁女二十畝，次丁男半之，女則不課。按：兩漢之制，三十而稅一者，田賦也。二十始傅，人出一算者，戶口之賦也。今晋法如此，則似合二賦而爲一。然男子一人占田七十畝，丁男課田五十畝，則無無田之户矣。《文獻通考》

成帝咸和五年，始度百姓田。取十分之田，率畝稅三升。至哀帝隆和中，復定天下賦稅，畝收二升。《文獻通考》

南北朝　齊

武帝時，田畝稅二升。其量三升，當今一升。鄭樵《通志》

唐

制天下丁男授田一頃，輸粟二石，謂之租。丁隨鄉所出，歲輸絹綾絁各二丈，布加五之一，綿二兩，輸布者麻三斤，謂之調。用人之力，歲二十日，閏加二日，不役者日爲絹三尺，謂之庸。有事而加役二十五日者免調，三十日者租調皆免。通正役不過五十日。凡水、旱、蟲、蝗爲災，十分損四分以上，免租；損六以上，免租調；損七以上，課役俱免。揚州租調以錢。開元中，詔江南以布代租。《文獻通考》

代宗廣德元年，詔：一户三丁者免一丁，庸、稅、地稅依舊，凡畝二升。《唐書》

租、庸、調法弊，自代宗時始。以畝定税，而斂以夏秋。至德宗時，楊炎爲相，遂作兩税法，夏輸無過六月，秋輸無過十一月。《唐書》

五代　楊吴

徐知誥爲淮南帥，定租税，上田一頃税錢二貫一百文，中田一頃税錢一貫八百，下田一頃千五百。皆足陌見錢，如見錢不足，許折以金銀。宋齊(邱)〔丘〕以錢非耕桑所得，乞虚擡時價，而折紬絹綿本色。又請蠲除丁口課調，從之。自吴變唐，自唐歸宋，民到於今受其賜。《文獻通考》

宋

初，盡削錢氏白配之目，遣右補闕王永、高象先各乘遞馬，均定税數，只作中、下兩等。中田一畝，夏税錢四文，秋米八升；下田一畝，錢三文，米七升四合。取於民者，不過如此。《姑蘇志》

太宗淳化間詔：江南承偏制重賦流亡者，宜令諸州籍頃畝之數均其賦，減十分之三，以爲定制。召游民勸其耕種，給復五年。《宋史》

歲賦其類有五。曰公田之賦，官莊、屯田、營田賦民耕而收其租者是也。曰民田之賦，百姓各得專之者是也。曰城郭之賦，宅税、地税之類是也。曰雜變之賦，牛革、蠶鹽、食鹽之類，隨其所出，變而輸之者是也。曰丁口之賦，計丁率米是也。其輸之遲速，夏有至十月、秋有至明年二月者，所以紓

民力也。《文獻通考》

神宗熙寧間，淮南路田九十六萬八千六百八十四頃二十畝，官田四千八百八十七頃一十三畝。見催額四百二十二萬三千七百八十四貫、石、疋、兩、斤、秤、角、量、領、束。江南東路田四十二萬一千六百四頃四十七畝，官田七千八百四十四頃三十一畝。見催額三百九十六萬三千一百六十九貫、石、疋、兩、斤、束、領。《文獻通考》

六年，御史翟思言：「始，趙尚寬爲唐守，勸民開墾。高賦繼之，流民自占者衆。凡百畝起税四畝而已，境内始無曠土。近聞轉運司闢土百畝增至二十畝，恐其勢再致轉徙。望戒飭使者，量加以寬。」從之。《宋史》

高宗建炎四年，詔：江南、兩浙土多秔稻，須霜降成實，自十月一日始收租。《宋史》

紹興間，以江東帥李光言，令廣德縣秋苗舊納水陽鎮，鄉民憚遠者，俱每一石貼三斗七升充脚剩，就本軍送納，立爲年額，且蠲其半。《宋史》

二年，工部侍郎李擢言：「平江府東南有逃田，湖浸相連，塍岸久廢，歲失四萬三千餘斛。乞招誘流民，疏導耕墾。」從之。《宋史》

十二年，左司員外郎李椿年言經界不正十害，且言：「平江歲入昔七十萬斛有畸，今按籍雖三十萬斛，然實入纔二十萬斛耳。詢之土人，皆欺隱也。望考按覈實，自平江始。」乃以椿年爲兩浙運副，專委措置經界。椿年請先往平江諸縣，俟其就緒，即往諸州。要在均平，爲民除害，更不增税額。圖

寫墟畝，選官按覆，令各户各鄉造砧基簿。詔：「人户田産多有契書，而今來不占砧基簿者，皆没官。」《宋史》

孝宗初，詔：州縣受納秋苗，官吏多收加耗，肆爲姦欺。方時艱虞，用度未足，欲減常賦而未能，豈忍使貪贓之徒，重爲民蠹？自今違犯官吏並置重典，仍没其家。《宋史》

先是，常州宜興縣無税産百姓，丁輸鹽錢二百文。下户有墓地者，謂之墓户，經界之時均紐正①税。又令帶輸丁鹽絹，作折帛錢。至隆興元年，始用知縣姜詔言，令與晉陵、武進、無錫三縣一例，隨産均輸。《宋史》

乾道八年，詔：温、台、處、徽不通水路，其二税物帛，許依折法，以銀折輸。《宋史》

理宗寶祐五年，行經界推排於諸路，由是江南之地尺寸皆有税矣。《續文獻通考》

元

取民大約以唐爲法，取於江南者曰秋税、曰夏税，倣唐之兩税。《元史》

太宗定天下賦税，地税，中田每畝二升有半，上田三升，下田二升，水田每畝五升。朝議以爲太輕。耶律楚材曰：「作法於凉，其弊猶貪，後將有以利進者，則今已重矣。」《元史》

① 「正」，《四庫》本作「上」。

世祖至元間，用姚元之請，命江南稅糧依宋舊例，輸綿絹雜物。是年，又用耿左丞言，全輸米三之一，餘並入鈔以折焉，以七百萬錠爲率。其輸米者，止用宋斗斛，蓋以宋一石當今七斗也。《元史》

二十四年，減揚州省歲額十五萬石，以鹽引五十萬易之。《元史》

二十五年，募民能耕江南曠土及曠公田者，免差役三年，輸租免三分之一。《元史》

二十八年，命江淮寺觀田宋舊有者免租，續置者輸稅。《元史》

募民耕江南曠土，户不過五頃，官授之券，俾爲永業。三年徵稅。《元史》

成宗元貞間，始定徵江南夏稅之制。於是秋稅止命輸租，夏稅則輸以木棉布絹絲綿等物。其所輸之數，視糧以爲差。糧一石，或輸鈔三貫、二貫、一貫，至一貫五百文、一貫七百文。《元史》

大德間，江南民户有田一頃以上者，於所輸稅外每頃量出助役之田，歲收其入以充助役之費，謂之助役糧。是時，江南歲入之糧約四百四十九萬四千七百八十石，鈔五萬七千七百三十錠四十貫。又詔括江南隱蔽田，令輸租。又詔江南佃户私租太重，以十分爲率，減二分，永爲定例。《續文獻通考》

明

太祖吴元年丁未春二月，太祖謂中書省臣曰：「予嘗歷觀田野，見人民凋敝，土地荒蕪，失業者多。蓋因久困兵革。如太平、應天諸郡，乃吾渡江開創之地，供億先勞之民，其有租賦，宜與量免。」

省臣傅瓛對曰：「恤民，王者之善政。主上念之及此，真發政施仁之本。」《續文獻通考》

丁卯冬十二月，魚鱗册成。初，太祖既定天下，遂覆實天下土田，造成册籍。既而，兩浙及蘇州等府富民畏避差役，往往以田産零星花附於親鄰佃僕之户，名爲貼脚詭寄。久之，相習成風。鄉里欺州縣，州縣欺府，奸弊百出，名爲通天詭寄。而富者益富，貧者益貧矣。太祖廉知之，遂召國子生武淳等往各處，隨其税糧多寡，分爲幾區，區定糧長四人。乃集糧長暨耆民，躬履田畝，以量度之。遂圖其田形之方圓大小，次書其主名及田之四至，編彙爲册，號曰魚鱗册。至是，册成以進，百弊始絶。《續文獻通考》

洪武初，令官田起科每畝五升三合五勺，民田每畝三升三合五勺，重租田每畝八升五合五勺，蘆地每畝五合三勺四抄，草塌地每畝三合一勺，没官田每畝一斗二升。《續文獻通考》

洪武三年，六月，上諭中書省臣曰：「蘇、松、嘉、湖、杭五郡，地窄民衆，細民無田，往往逐末利而食不給。臨濠，朕故鄉也，田多未闢，土有遺利。宜令五郡民無田産者，往臨濠開種，就以所種田永爲己業。官給牛、種、舟、糧資遣之，三年不徵其税。」於是徙者四千餘户。《續文獻通考》

七年，減蘇州、松江、嘉興、湖州四府税額。先是，張士誠竊據其地，而蘇州尤稱富庶，徐達、常遇春等統精兵二十萬攻之，數年始下。太祖怒其附寇持城不降，乃取諸豪族租簿，俾有司加税。故蘇賦特重，而松江、嘉、湖次之，蓋以懲一時云。至是，命户部裁其額，凡一畝科七斗五升至四斗四升者，減十之二；四斗三升至三斗六升者，俱止徵三斗五升，其以下仍舊。《續文獻通考》

十六年，三月，復鳳、淮谿賦視豐、沛。鄭曉《吾學編》

十八年，令京畿及兩浙官田凡折收税糧鈔五貫准米一石，絹一疋准米一石二斗，金一兩准米十石，銀一兩准米二石，棉布一疋准米一石，苧布一疋准米七斗。《明會典》

二十四年，令應天、太平、寧國、鎮江、廣德五處官田税糧，自後減半徵收。《明會典》

三十年，更定鈔三貫五百文准米一石，金每兩准米二十石，銀每兩准米四石，棉花一斤准米二斗。《明會典》

成祖永樂十一年，令各處折徵糧，金每兩准米三十石，闊白棉布每疋准米一石五斗。《明會典》

宣宗宣德四年，詔各處官田每畝舊例納糧一斗至四斗者，各減十分之二；四斗一升至一石以上者，各減十分之三。《明會典》

令應天、蘇、松并浙江屬縣等處遠年拖欠税糧，每絹一疋准米一石二斗；棉布一疋、絲一斤、鈔五十貫，各准米一石；苧布一疋准米七斗；棉花一斤准米二斗。《明會典》

英宗正統元年，令浙江，直隸蘇、松等處官田准民田起科，每畝秋糧四斗一升至二石以上者，減作三斗；二斗一升以上至四斗者，減作二斗；一斗一升至二斗者，減作一斗。《續文獻通考》

詔令直隸蘇、松等處官田准民田起科，蘇、松遂減秋糧八十餘萬石，他府有差。《明通紀》

四年，奏准江西、浙江、福建并直隸蘇、松等府，凡官民田地有因水坍漲去處，令所在有司逐一丈量，漲出多餘者，給與附近小民承種，照民田則例起科；坍没無田者，悉與開豁税糧。《續文獻通考》

十年，令應天、蘇、松等府州該徵草束内折色米豆，量爲存留本處備用；其本色起運户部交納者，每束折銀三分。《明會典》

按：此即條鞭内馬草之項。

附　各府州馬草數

應天府馬草三十七萬六千四百五十八包二斤九兩四錢零。

蘇州府馬草五十三萬八千四百一十四包六斤八兩七錢零。

松江府馬草三十一萬六千二百五十一包五斤二兩五錢零。

常州府馬草七十一萬四千三百六十九包五斤一十兩七錢零。

鎮江府馬草一十二萬七百八十四包四斤一十兩二錢零。

廬州府馬草九萬八千三百三十七包一十二斤一十三兩零。

鳳陽府馬草二十三萬四千二百九十三包四斤二兩八錢零。

淮安府馬草四十五萬四千七百二十包三斤三兩四錢零。

揚州府馬草三十四萬九千二百三十六包六斤七兩三錢零。

寧國府馬草七十九萬八千六百三十二包七兩零。

池州府馬草九萬八千三百六包七斤一兩零。

太平府馬草三十五萬五千四百四十九包五斤一十五兩五錢零。

安慶府馬草一十九萬一千九百七十三包五斤八兩六錢零。

廣德州馬草三十萬三千四十五包九斤五兩七錢零。

徐州馬草一十萬包。

滁州馬草五萬六千四百四十一包九斤一十四兩零。

和州馬草二萬六千二百三十八包五斤十三兩一錢。

金花銀，即國初所折糧者，俱解南京。正統五年，始自南京改解内庫。夏、秋麥米共四百五萬九百一十九石一斗一升二合，每石折銀二錢五分，共折金花銀一百一萬二千七百二十九兩七錢七分八釐一毫。《明會典》

孝宗弘治二年，令應天府上元等七縣官田糧，每石減耗米二斗五升，民田每畝勸出米二升。鎮江府丹徒縣官田糧，每石減耗米二斗二升，民田每畝勸出米二升。丹陽縣官田糧，每石減耗米二斗，民田每畝勸出米一①升。金壇縣官田糧，每石減耗米二斗，民田每畝勸出米一升二合。太平府當塗等三縣官田糧，每石減耗米二斗五升，民田每畝勸出米一升。寧國府宣城等六縣官田糧，每石減耗

① 「一」，《四庫》本作「二」。

米三斗，民田每畝勸出米一升。廣德州并建平縣官田糧，每石減耗米二斗，民田每畝勸出米一升五合。《續文獻通考》

十七年，令蘇州、松江、常州三府闊白棉布以十分爲率，六分徵本色，四分每疋折徵銀三錢五分解部。《明會典》

十八年，時嘉興知府趙瀛建議田不分官、民，税不分等則，一均以三斗起徵。應天巡撫歐陽鐸乃與蘇州知府王儀盡括官民田裒益之，履畝清丈，定爲等則。所造經賦册，以八事定税糧：曰原額稽始，曰事故除虚，曰分項别異，曰歸總正實，曰坐派起運，曰運餘撥存，曰存餘考積，曰徵一定額。以三事定均徭，曰銀差，曰力差，曰馬差。徵一者，總徵米銀之凡而計畝均輸之；其科則最重者不能盡損，爲遞減耗米；派輕齎輕者不能加益，爲徵本色，遞增耗米。時豪右多梗其議，學士顧鼎臣獨以爲善，曰：「是法行，吾家益千石輸，然貧民減千石矣，不可易也。」由是官田不至偏重，而民田之賦反加矣。王鴻緒《明史稿》

弘治年間，應天府官田一萬九千九百六十四頃三十九畝四分四釐，民田五萬九頃六十八畝七分四釐五毫一絲。夏税小麥一萬一千六百五十四石四斗四升五勺五抄五撮，綿絲折絹一千二百一十四疋一丈六寸九分二釐八毫，農桑絲折絹一百四十三疋二尺七寸三分四釐四毫，秋糧米二十一萬五千一百五十九石八斗四升七勺四抄。

蘇州府官田九萬七千七百八十六頃三十五畝三分六釐三毫，民田五萬七千四百六十三頃六十二畝四分六釐三毫。夏税小麥五萬三千六百六十三石九斗一升一合二勺八抄五撮，絲綿折絹六百九十七疋三丈三尺五寸七分，税鈔三千二百六十七錠七百一十五文九分，農桑絲折絹一百六十七疋二丈一尺六寸一分六釐，秋糧米二百三萬八千三百二十三石一斗五升一合七勺。

常州府官田九千四十一頃五十五畝六分八釐四毫，民田五萬二千七百三十六頃一十九畝八分八釐。夏税小麥一十五萬四千三百八十七石一斗四升九合六勺，絲綿折絹一千五百七十三疋一丈一尺一分七釐一毫，麻布二千七十七疋二丈六尺六寸五分一釐二毫，農桑絲折絹三百二十四疋二丈四尺六寸，秋糧米六十萬六千九百五十四石三升三合三勺，租鈔二十四錠四百六十五文。

松江府官田三萬九千八百五十六頃三十三畝五分二釐九毫，民田七千三百頃二十八畝三分五釐七毫。夏税大小麥九萬二千二百五十八石六斗一升九勺，絲綿折絹六百九十七疋三丈一尺五寸七分，税鈔三千二百六十七錠七百一十五文九分，農桑絲折絹一百六十七疋二丈一尺六寸一分六釐，秋糧米九十三萬九千二百二十六石二斗三升二合七勺。

鎮江府官田一萬三百五十六頃八十六畝二分五釐五毫，民田二萬二千三百六十五頃四十八畝九分。夏税小麥五萬四千九百五十八石七斗五升五合八勺，絲綿折絹二百五疋二丈八尺六寸二分七釐九毫，農桑絲折絹一十三疋二丈七尺六寸三分，秋糧米一十三萬四千八百七十六石五斗七升三合。

淮安府官田五千三十九頃八十六畝三分二釐六毫九絲，民田九萬六千三十三頃八十七畝九釐五毫六絲。夏税小麥二十二萬八千八百七十二石二斗九升八合七勺，農桑絲折絹一千四百六十一疋一丈九尺七寸七分九釐，秋糧米一十六萬六千四百二十三石五斗八合四勺。

徽州府官田八百二十一頃五十七畝四分六釐八毫，民田二萬四千四百五十五頃九十四畝六分三釐。夏税小麥五萬一千四百九十八石七斗一升二合一勺，人丁絲折絹八千七百七十九疋四尺三分三釐二毫，農桑絲折絹一十五疋一丈四尺七寸，秋糧米一十二萬一百三十三石八斗六升三合三勺。

寧國府官田九千七百七十一頃八十八畝六釐二毫，民田五萬九百一十一頃九畝一毫。夏税小麥二萬九千五十二石三斗六升六合，農桑絲折絹三十疋二尺，零絲三十三兩三錢，税絲三百四十斤一十兩七錢四分二釐六毫，秋糧米七萬四千二百六十二石六斗七升一合九勺。

鳳陽府官田一千五百八十五頃五十六畝，民田五萬九千六百七十七頃一十畝七分六釐七毫。夏税小麥九萬九千三百五十八石七斗七升五合八勺六抄五撮五圭，税絲折絹一千三百八十疋一丈八尺七寸五分六釐一毫三絲二忽五微，農桑絲折絹一千三十五尺四尺一寸五分，秋糧米一十一萬三千五百八石六斗五升九合一勺七抄四撮五圭。

安慶府官田四百九十一頃六十二畝二分三釐，民田二萬一千三百九十三頃三畝八分四釐。夏税小麥一萬八千九百九石三斗七合二勺，農桑絲折絹三百五十三疋二丈九尺，秋糧米一十一萬二千八百六十二石九斗八升四合。

太平府官田四千四百五十五頃六十三畝四分二釐三毫，民田一萬一千七百八十八頃一十九畝七分九釐。夏税小麥一萬六千二百七十六石五斗六升，絲綿折絹一百二疋九尺六寸四分二釐，秋糧米三萬三千六百三十六石七斗四升七合一勺。

揚州府官田七千九百三十四頃五十七畝二分二釐，民田五萬四千三百六十二頃四十九畝九分三釐。夏税小麥三萬九千九百二十二石二升七合二抄，農桑絲折絹八百四十一疋二丈四尺，農桑零絲六十四兩五錢，秋糧米二十萬六千六百三石八斗六升五合五抄，租鈔五千二百四貫七十一文，牛租米二石五斗。

廬州府官田五百六十八頃七十六畝一分七釐七毫一絲，民田二萬四千八百六十一頃六十九畝八分。夏税小麥九千八百七十二石一斗四升三合九勺五抄三撮，農桑絲折絹六百八十七疋一丈三尺二分六釐二毫五絲，秋糧米六萬六千八百三十七石二斗一升二合六勺九抄六撮八圭五粟九微。

池州府官田一千八百二十三頃五十七畝四分九釐三毫，民田七千九十六頃五畝六分五釐八毫。夏税小麥六千八百二十四石七斗五升七合八勺五抄二撮，税絲折絹一十五疋，農桑絲折絹一百九十八疋，零絲一兩一錢九分七釐，農桑絲三斤一兩八錢五分，秋糧米六萬一千三百七十二石八斗九升五合八勺，山租鈔二百四十四貫三百七十九文。

徐州官田二百三頃三十五畝二分二釐一毫，民田二萬九千八百八頃八十七畝六分四釐。夏税小麥六萬七千一百五十八石九合八勺八抄二撮一圭九粟，税絲折絹三千二①十五疋二丈二寸四分二釐五毫八絲五忽五微，農桑絲折絹二千五百三十八疋二尺六寸九分五釐，秋糧米七萬九千八百五十八石一斗四升二合二勺一抄九撮二圭九粟。

廣德州官田一千三十九頃三十六畝六毫，民田一萬四千三百六十四頃九十三畝八分。夏税小麥三千六百三十二石三斗八升八合四勺一撮，絲一百一十六斤二錢九分六釐二毫，農桑絲折絹一十九疋一丈六尺七寸，秋糧米一萬四千六十六石二斗九升二勺五抄。

滁州官田二百四十頃六十五畝九分七毫，民田二千六百七十二頃二十七畝九分七②毫。夏税小麥二千五百七十八石五升八合七勺一抄四撮七圭七粟，秋糧米五千八百九十二石九斗一升一合一勺六抄八圭五粟。

和州官田六千四十八頃一十三畝二分七釐九毫，民田五千八百四十三頃五十六畝二分六釐七毫。夏税小麥一千四百二十四石六斗六升八合九勺，農桑絲折絹九十九疋二丈七尺二寸六分，秋糧米九千九百五十石五斗四升五合八勺。《續文獻通考》。

嘉靖十四年，詔改折南京漕糧。《明政統宗》

① 「二」，《四庫》本作「三」。

② 「七」，《四庫》本作「二」。

起解京庫折色，應天府、廬州府、鳳陽府、淮安府、寧國府、安慶府、池州府、太平府、廣德州、徐州，小麥每石折銀一兩，米每石折銀六錢。蘇州府、松江府、常州府、鎮江府、徽州府，麥、米每石折銀二錢五分。《明會典》

嘉靖四十二年題准，將嘉靖四十年、四十一年額派南直隸、浙江、江西、湖廣四省錢糧及開納事例，并節年會議條陳等項銀兩，其四十二年分并帶徵三十六年分錢糧，完者起解，未完者嚴催。候一年滿日通算，約以十分爲率，未完四分者，布政司掌印、管糧官，俱降俸二級，移咨吏部，不許推陞。追徵完日，准照舊支俸。未完六分者，俱照不及事例，降一級起，送吏部調用。未完八分以上者，俱革職爲民。其餘府州縣掌印、管糧官，亦照此例。監兑主事催督錢糧，通以一年爲限，查將未完錢糧應參官，照依前例，分別參奏，以憑户部議覆施行。《明會典》

隆慶間，以江南巡撫海瑞議，將一概合用均徭、均費等，不分銀、力二差，俱以一條鞭徵銀，在官聽候支解。《明會典》

按：此條鞭之始。

隆慶九年，户部覆應天撫臣林潤奏復糧額、議改折二事謂：「各省糧額，俱以夏税、秋糧、馬草爲正賦，差徭、編增爲雜派。唯是蘇、松諸郡，不分正、雜而混徵之，名曰平米。其中如馬役料價、義役，原非户部之加增；如輕賫脚米、户口鹽鈔，亦非糧額之正數。雜派漸多，常賦反累，誠有如潤所言者。宜令逐項清查舊額、所增之數，通行造册送部，以憑裁減。至於兩京各衙門俸銀改折之議，則當斟酌輕重，事難盡從。蓋南京水路四通，米穀饒裕，便於改折。若一概施之北地，有如運道告阻，内鮮蓄聚，緩急之際，何以爲謀？請將南京各衙門官吏人等月糧，及嘉靖四十年以前積欠京儲，盡行改折，每石七錢。在北者量折十分之二，每石一兩。若米貴，仍復本色。」上允行。《明會典》

萬(歷)〔曆〕中年，三大征接踵。四十六年，驟增遼餉三百萬，内帑充積，帝靳不肯發。户部尚書李汝華乃援倭播例，畝加三釐五毫。明年，復加三釐五毫。明年，復加二釐。通前後九釐，增五百二十萬，遂爲歲額。《明史稿》

按：此即額内地畝銀之項。

明初，令天下農民栽桑、麻、木棉，不種桑者使出絹一疋，不種麻者使出麻布一疋，不種木棉者使出棉布一疋。後奏准桑、麻科徵之額：麻每畝八兩，木棉每畝四兩；栽桑者四年有成，始徵其租。十八年，議農桑起科太重，令後聽從種植，不必起科。二十五年，令鳳陽、滁州、廬州、和州，每户種桑二百株。二十六年，定凡民間一應桑株，各照原定則例起科；絲綿等物，每歲照例絲綿十八兩，折絹一疋。正統八年，令南直隸農桑絹疋始納折色，每疋折銀五錢。《明會典》

按：此即今條鞭内桑絲之項。

永樂三年，令各府、州、縣官民人等，户口食鹽，各隨地方徵收米鈔。四年，令食鹽官民人等，一體見丁納鈔支鹽，大口十五歲以上，月支鹽一斤，納鈔一貫；小口十歲以上，月支鹽半斤，納鈔五百

文。《明會典》

按：此即今條鞭内鹽鈔之項。

嘉定縣土不宜稻，多種木棉，民以買米完糧爲累。嘉定父老叩闕呼籲，始奉命改折。

附　明徐學謨《改折漕糧書册序》

揚州「厥土下下」。吾鄉居揚州之隅，賦額特重，歲供當天下之半。然而民能勉力委輸，猶幾幸不困者，以下下則宜稻也。

嘉定瀕海，磽瘠下下，而高土不宜稻。況潮汐四通，則溝洫易淤。颶風時作，則蕩析爲虞。余生七十年來，所見全稔之秋，猶未數數也。民以農隙濬渠，農時耕作，計日占風，廪廪望歲。所産木棉，蚤夜拮据。以布易銀，以銀易米，而後以給賦税。歲之所入，不及他邑之三，而勞苦倍之。每兑期將及，則米價騰涌。悍軍刁勒，贈耗横加。以二石之費，完一石之課，猶懼不能，民不堪命可知矣。

歲在庚辰以後，旱澇頻仍，民苦罄室，瘠土更甚，勢遂不支，逋負者多，漕事莫辦。將逮一人，一人亡。命責之里胥，里胥亦亡。責之戚屬，戚屬又亡。甚且舉數區之民，無一户全者。爾時有司政尚束濕，袖手縮舌，無可誰何。乃貸他税之入銀，萬計以完漕事，而漕病。去者不樂其鄉，去不遽歸。出郭東西望，極目蒿萊，則來歲之漕又病。

兩臺適至，目擊時難，詢民疾苦，民以其情告，謂惟漕折銀便。事非上請不可，父老瞿仁、吴應麟、封坊等，蒲伏闕下。大司農海豐楊公讀其狀，惻然憐之，下其事於兩臺。兩臺稔知民情也，僉以爲宜。於是始奉命改折，仍令三歲一請，懼民之怙恩逋賦也。今行之九年，凡三得請。而嘉民亡者復還，蒿萊者漸闢矣。

顧久羸之民，僕而難起。久行之數，未有已時，漕折間有逋負者。熊侯莅邑六載，而以催科住俸之日，十居其三。蓋空釜索糜，即巧婦安所措手哉？侯慮積逋未清，則改折難以再請。而漕兑既復，則疲邑何以爲生？欲宣隱情，播之當道，乃裒部院道府先後文移，及疏奏、書啓，彙而梓之，而屬序於余。余豈期爲桑梓之私圖？顧惟嘉定磽瘠，不幸而賦與他邑等。當事者誠爲下邑計長久，則改折似當永定。不然而徒以困吏，吏且與民俱困，曾何補於國家？此侯彙而梓之之意也。

江南通志卷六十八

食貨志

田賦　二

國　朝

順治二年，欽奉世祖章皇帝聖諭：「本朝平定江南，其土田規則，悉用前明之舊，以萬(歷)〔曆〕中賦額起徵，仍蠲本年税額十分之七、兵餉十分之四。其明季無藝之徵，盡永除之。」

三年，奉旨：長洲等縣，額糧太重，應否酌減？江南官户，免役太濫，困累小民，作何限制？着確議具奏。命招撫内院洪承疇，訂正江南賦税經制。

四年，一切折色徵銀，行吏收官解法。

按：明季收銀，僉點殷實人户，充當銀頭，令其值櫃收銀，飯食、紙張，恣行賠累。拆封之時，或有短少，責令賠補。至是痛革前弊。縣點櫃書一人，擇老成者充之，在櫃出票，登記流水號簿。里甲赴櫃完銀，遵照司法，自封投櫃，即給印票，令其歸農。凡一切收拆貯解，官吏任之，與民無關，民困遂甦。

六年，因兵餉不敷，將白糧改折，正耗等米每石一兩五錢。

九年，奉旨：江南賦税各項本色，責成布政司，每年於一月之前確查時值，據實估定申報，督撫咨部查核。一面徑行所屬州縣，照估定時價徵銀，解交藩司。選委職官，領銀採買物料，裝運解部。

十年，改折三梭三綫布銀。其本色布疋，俱照時值估辦。改定料價折色銀應辦本色起運者，亦隨時估值申報，大吏核實編徵。

十二年，白糧每石改折二兩徵解。

康熙元年，户科給事中柯聳請行均田均役之法。

三年，允科臣吴國龍疏，凡縣派各部等項下錢糧，悉歸司農總其成。往例各作十分奏銷，自是總作十分奏(稍)〔銷〕①。

四年，安慶巡撫張朝珍奏免新陞當塗縣忠惠湖田包賦，奉旨豁免，仍以湖蕩照舊完蘆、漁二課。

① 據《四庫》本改。

附　張朝珍疏：

臣惟「任土作貢」，古今通義。因民利國，王政所先。時或勸墾荒蕪，必使民先有其地，而後可以辦納國賦，未有以湖作田，勒民包課者也。

如臣所屬太平府當塗縣忠惠圩，即舊之丹陽湖也。歷來額輸漁課銀三百一十四兩七錢零，刊載《全書》，解充兵餉。順治十二年，蘆政衛貞加徵蘆課銀一百七兩一錢零。順治十五年，衛貞又任巡按，令民築埂，周圍丈量作田三萬一千餘畝。高淳縣認墾四千餘畝，當塗縣認墾二萬七千餘畝，三年起科，辦納漕糧，具題覆准。在户部，止據按臣所報，咨催辦漕。在工部，又有既納蘆課，何以忽又歸漕之咨？使承斯役者，實出兩難。

至康熙元年，當起科之期，户部屢咨嚴催。高淳業已刊報由單，當塗豈能獨異？臣亦惟有嚴督刊入由單，按畝起徵，無奈湖民紛紛控告。及池太道劉三章、知府胡季瀛、知縣葛元福，節次呈詳。大略言：

丹陽湖三面受水，地勢最窪。夏、秋水漲，浩瀚瀰漫。冬、春水涸，一片爛泥。止生茭草，原納草場漁課，屬之工部項下。前被衛按院爲蘆政①時，加徵蘆課，已是一地兩税。及巡歷當塗，

① 「政」，《四庫》本作「差」。

勒令署縣宋時化督民築埂圈田，上納漕糧數二千七十兩有奇。然水發波衝，旋築旋圮，究成水國，窮民何能包賠？非填溝壑，則死他鄉，上負朝廷生育，下累有司考成。等語。

臣未敢輕信。復令該道移查高淳納糧事例。去後，隨據回詳：准江寧道行據江寧府詳，陳丹陽湖出水納水之源，歷代勞民之弊，迄無成功。則湖之不可爲田，固已彰明較著矣。順治十六年，衛按院題請開田，改名忠惠，部覆照例陞科，藩司遵催刊入由單。然一目汪洋，既無可耕之田，焉可責成輸税？此楊京茂有税命兩懸之控也。伏乞轉詳撫院，咨部定奪。庶兩邑百姓無追呼賠補之累，永戴生成，實非淺鮮。等語。臣始知高淳亦未圈築成田也。

然户部咨催嚴迅，臣督令當邑於康熙二年刊入由單，乃帶徵元年額課，竭力追呼，終莫能應。要知無地之賦，而欲有司違心敲撲，難乎其爲民父母矣。

迨臣巡歷太郡，有鄉民數百，連名狀共八十五張，環署號呼，慘不忍聞。臣諭以親往踏勘，果真，當爲爾民請命，衆始稍稍散去。

郡事既竣，臣率同府、縣各官，舟行八十里，至丹陽湖。周圍熟視，左右皆湖，乃舒泉、桐水、吴漕水三湖匯合之處。地勢窪下，水漲之時，必成巨浸。閲新築堤埂，大約高一丈七八尺。詢之士民，云大水發時，猶從埂面漫過。况埂尚未築成乎？圩中間有蘆草，然非炊爨之蘆，自然而生；乃織席之蘆，亦須人工插種。其所生茭草，止可糞田，再則藉水捕魚而已。由此觀之，則前此湖民控告，與道、府、縣歷經呈詳，爲不誣也。

其高淳地界，望之勢雖稍高，然亦防水沖溢，徒費人力，至今未曾耕種，尚爲一片荒蕪。此江寧府前詳又鑿鑿可據也。

夫因地取利，因地利之盈縮以取賦，此聖王不易之政。故田地、山場各有等則，奈何以汪洋澤國，强民築埂以成田？怒濤沖溢，旋築旋頹。即不惜民命，然一派低窪之圩，有何神術，可以稼穡乎？在衛按，侈一時喜功之念。在宋令，希三年延緩之圖。

今徵期已及，催迫維嚴。高淳飲痛包賠，歲不過二百餘金。當邑元、二兩年，共四五千金。捕魚、織蓆之輩，養生不贍。而欲一時並徵，非斃於箠楚之下，則有掉臂而往。

今臣目擊最真，乃復緘嘿不言，使朝廷虛受加課之名，而小民實切剥膚之患，則作俑者衛貞，而隱忍以成之者臣也。且臣濫膺簡命，撫綏民間疾苦，而民之疾苦莫大於此。謹據實繪圖，上呈御覽，乞敕該部，即爲議豁，早蘇民困。或以漢滿蘆差，見在江南，令其覆勘，照舊歸蘆。庶窮民無離散之苦，有司免考成之累，地方幸甚，官民幸甚！

五年，奉旨：白糧改折苦民，着俱徵本色。

是年，江南巡撫韓世琦奉旨實行均田均役。

十一年，准江南總督麻勒吉、巡撫馬祜，請裁衛歸縣，衛所錢糧就近併縣徵解。

附　麻勒吉疏略：

江寧等十六衛，原設守備十六員、千總三十二員，管理屯丁、黄快丁錢糧。查江寧等衛所屯丁、黄快丁，散在各州縣地方，離省窵遠，經管守、千各官，四遠催徵完納不前，致逋國課。今若歸各州縣就近徵比，頑丁不致恃遠拖欠，則糧賦易於完納。且衛所本折錢糧不過二十萬，散歸各州縣徵收，每邑所增無幾。又并入地丁考成，不煩另案參罰，誠爲簡便。況江西各衛屯田歸并之後，軍、民俱各稱便，僉運亦無窒礙，已有成效。則江寧等衛丁田錢糧，似應於康熙十二年爲始，照例歸并州縣徵收。

至管屯各官内，千總三十二員，均應裁去。其掌印守備十六員，若一概議裁，恐運官無所統轄，事務易至紛淆。今應量留守備四員，改爲四衛，分轄運千。凡支領錢糧、查造册結、開報賢否，一以守備印文爲憑，更屬允當。其餘守備十二員應裁去，以省糜費。

十三年，准江蘇布政司使慕天顔請，永行均田均役。

附　慕天顔疏：

臣惟「則壤定賦」，各有應輸之科徵。而計畝當差，始無偏枯之疾累。如江南州縣，大者編户六七百里，小者三四百里。每里爲一圖，每圖有十甲，此歷來定額之賦役也。

乃民間貧富不等，所有田地，多寡不齊。若田多至數十頃，而占籍止一圖，或窮民僅有田幾畝，而當差於一甲，是豪户避役，卸累小民，而隱占之弊生矣。又或貧户苦累不堪，將本名田地，寄籍於豪强户下，以免差徭，而詭寄之弊生矣。又或蠹胥奸里，覘知小民不諳户役之事，包當里遞，替納錢糧，代應比較，而包攬之弊生矣。種種弊端，皆因賦役不能均平之故耳。

夫均田均役之法，通計該州縣田地總額，與里甲之數，將田地均分，每圖若干頃畝，編爲定制，辦糧當差。田地既均，則賦役自平。即有科則輕重之别，而按畝編甲，其輸糧之數，不甚相遠。且不許豪户田多隱役，苦累小民。此法自科臣柯聳條議，部覆奉旨，欽遵在案。婁縣故令李復興，行之最爲得宜，松民至今稱便。蘇、松等屬，倣照均編。臣任江藩，再三飭行無異。

但民間舊地賣買不常，每遇編審之期，必應推收過割，恐有積蠹，乘機炫惑。有司變亂成法，則貽害無窮。若非奉天語儆飭，何以永著爲例？臣請敕行，嗣後推收編審，悉照均田均役，聽民自相品搭，充足里甲之數，不許多田少役。則隱占、詭寄、包攬諸弊，可以永清，實有益於民人矣。

抑臣更有請者。有司徵糧，若不分良頑，混漏完欠，并比差擾，則小民難堪。又查江南各屬，田地、山蕩、灘塗等項，名色繁多，科糧有至六七十則不等。是以刊布由單，款目冗細，鄉愚全不知曉。臣經詳明督撫，設立徵收截票之法，計算每户實徵糧銀，分作十限，清造截票，按月限完一分。於開徵日，預給便民限單，悉照由單編派數目刊列，填寫明白。俾民曉然自知本名應輸錢糧若干，依限完納，截票寧家。印官止將未截者摘比，事省而不致濫差，數清而不擾良户。

恐法久弊生，恭請敕行永遵者也。是不第江南行之有益，即直省通行，可以興利除弊。臣爲賦役、民生起見，敢瀆宸嚴，伏乞敕部議覆，通飭施行。

徵收條約

一、行截票。截票之法，每户額徵計作十分，按月一分。一月又立三限，按户算明，照式填造，俾糧户依限納銀入櫃，照數截票。其截去者歸農，未截者摘比，良頑自分。此憲檄頒行，告誡諄切，法至善也。

奈州縣各逞己見：或不查截票而仍比甲催者，或已截而仍摘全數，或未截而漏摘頑户者。或將截票收掌於糧書，措勒完户者。或票雖截，而簿未登，混淆完欠者。或不按應截之月限分數，而任意差拿者。或併花户不截欠數，總歸里長甲催名下，獨累現年者。其弊種種不一。甚至陽奉陰違，擅立滚單、火票等項名色，濫差厲民，酷刑疊摘，蠹書賣卯，狼皂索費，使已完之良民，不獲寧家，殊可痛恨。

今本司遵憲發截票格式，着令該州縣守令，造成用印。令司櫃吏書，隨糧户完銀之時，即登明流水，對户截給。遵限完者，竟自寧家。如至一月不截者，印官親查票根存留，未截之户，(接)〔按〕①名差拘，着令完截。斷不許預行差押，亦不許另立比簿，并不許留前截後。如欠户已完銀截票，即免帶比。若仍延抗，方加責儆。

或有急公良民，能并完一年額賦，或并納幾月幾限者，即將本户之票，照數截發，量行奬勵，以鼓舞輸將之衆。

總之，票存則欠，票去則完。竟查票根，而比簿可不設也。務期有司殫力實行，不墮奸胥術中，則國課、民生，從此兩益矣。

一、稽完欠。截票之法既行，專查花户之截與不截，以分完欠，有何不清？乃仍有紛紛混摘者。蓋因截法畫一，糧書無作弊之竇，皂快無索錢之門，不便於己，欲亂成規，妄稱若照按月分限，良户雖輸，而頑户不前，難應急餉。於是印官受其煽惑，遂不照分數而摘拿矣。及比較之時，止責甲催。又不計完欠之多寡，一概重加刑罰。而比簿登數混淆，并無實完實欠之數。故糧户謂少完亦責，多完亦責。且受責不分輕重，何必急公？頑者自任其頑，而良者亦化爲頑矣。

① 據《四庫》本改。

今專重①截票，其存留未截之數，一目瞭然。不許用比簿，不許比甲催。於月終吊驗，將未截頑户摘比。如前月欠户，於次月比較。既除完户之名，止將欠户稽比。計通縣之户，已少十之八九矣。即極疲極頑之邑，亦少十之六七矣。若照通縣里排比較，已省力大半。且一月内，上旬、中旬、下旬，三限比較，不截頑户身受三限之責，尚有不完者乎？

但差催不截之户，必須帶户赴比，又在印官恪一遵行，然後良頑允服。至於流水號簿，每見州縣數十里彙爲一册，其號至千萬之外，難於稽核。本司昔宰錢塘，立歸里流水之法，每圖一本，至今稱便。行令所屬州縣，一體置立。逐里挨號登記，不得仍將通區都圖完數，總入流水一簿，以杜牽溷。

一、禁秤封。凡設櫃收銀，糧户自封投櫃，永禁秤封，令行亦不啻再三矣。孰意州縣雖革櫃吏秤收名色，又改立銀鋪估色爲名，每遇糧户完銀，勒赴鋪家經手，秤銀入封，鈐用私記。甚至不論多寡，必責傾成一錠，銀匠火烙，方許投櫃。於是縣市之積奸，開張列肆，擅握大戥，銀色恣意估折，加耗甚於吏收。

如此錮弊，皆由官吏巧剥民膏。先給圖記授意輕重，間有增不如式，啓封時伴唤銀鋪薄懲。該鋪遂指出糧户姓名，立拿重處，小民聞風效命。封封重勒，户户私加。是陽革秤封，實則重

① 「重」，《四庫》本作「行」。

耗也。

今本司照部頒法馬，一樣較準官戥行州縣，每里給發一把。聽糧户將官戥秤準入封，不許銀匠火烙，銀鋪估色，執戥封銀。嗣後如有重勒害民，及櫃吏需索票錢者，許被害糧户首告，鋪匠、櫃役，一併重究。

但州縣又以銀色青微，及封内正數反虧爲請者。豈人之無良，一至此乎？此皆印官開勒耗之漸也。應飭令州縣，果有一二銀色低潮，正數稍輕者，不得動其原銀，列名開數，出示曉諭。聽糧户補納，不得差票拘拿。倘敢虚開揑欠，許即投告，提取原封，與糧户對認錠件，訊實嚴究。其銀色紋足，毋論錠件，准與收納，不必每封傾成一錠，致滋耗費。

一、絶差擾。差役之爲害，本司前經列示。而州縣獨於糧里之中爲尤甚，如圖差、區皂、經催、分管等名色，各有不同，總一役而異其名也。因上行革去此等差名，遂易一稱呼，人仍其舊。此輩盤踞衙門，承襲頂首。糧户甲催，供其魚肉；秋收夏熟，飽其鯨吞。一認役，必開派使用數端。一開倉，必妄取公費幾兩。而包收侵啖，必累重徵。赴限應差，又索東道。此坐圖之差擾也。

而承票拘拿之虎役，更有甚焉。摘一户名，先索見面錢。臨比時，完者亦云代候比較，勒索酒錢。若未完者，則害不可名狀矣。帶比受杖，則有手輕錢、照料錢。正身替脱，則有買囑錢、代杖錢。身經痛苦，復要知會該房。一票未銷，再發籤差，催皂層見疊出。而摘①欠一兩，用費至二兩。正賦究竟未納，蚩蚩愚氓，何以自誤若此？然必因撫字無方，濫差所致。今飭將州縣圖差、區皂、經催、分管諸役名色，實實革去，斷不許留一積蠹於中。先取印官甘結，後有告發，以縱庇論。

而未截票之頑户，不得不差拘。每里量差一役，比完即銷。如本月限銀三票俱不截者，次月初旬即行拘比。如止二票不截者，姑俟中旬拘比。一票不截者，下旬拘比。臨時激勸，庶幾差拘之中，又省差矣。倘差役横肆索詐，計贜治罪。惟勸良民，早輸國課，免剥啄之到門，省漏卮之吹索矣。

是年，命廷臣會議：蘇、松積欠應否差大臣往查，分晰在官、在民，應追、應蠲。左都御史吴正治奏：清查善後之策，莫若減蘇、松浮糧，照常州府一例起科。

①「摘」，《四庫》本作「前」。

附　吴正治疏：

題爲錢糧積欠有由，蘇、松額賦偏重，敬因清查之上諭，請沛酌減之洪恩，以除民生永累，以培萬世國本事。

伏念江南，財賦之區。我皇上因累年積欠，至二三百萬之多，特命廷臣會議：應否差大臣往查，分晰在官、在民，應追、應蠲。具見皇上軫念官民至意。

臣思錢糧之所以積欠者，固有其由。不知民生困苦之原，從事酌議，則清理雖見於一時，而拖欠仍貽於後日。夫所謂積欠之由，亦曰蘇、松浮糧而已。及今清查善後之策，亦曰減蘇、松之浮糧而已。蓋〔江南〕①賦重甲於天下，而蘇、松兩府尤甚。

明初，洪武以張士誠竊踞姑蘇，怒地方之附寇，遂取民間租籍，照額定課。故蘇、松額糧，不惟與他省輕重懸殊，即以接壤之常州一府較之，亦加倍不止。

查常州府每畝科平米一斗五六升，下至八升、五升不等。蘇、松浮糧，在故明雖已屢減，然每畝科三斗七八升，至三斗二升、二斗五升不等。下則之田，亦科一斗九升。夫田畝之所收，非有異於別壤，而輸科之逾額，獨數倍於他方。民力幾何，其能堪此？

① 據《四庫》本補。

在故明，雖以私憾定重額，原未嘗歲歲徵完。今國家任土作貢，取民有制，普天、率土，應無異視。奈何踵前代之弊政，而重困此一方民耶？況查他省錢糧積欠，並未有如江南之多者。是浮增之糧額，原非可完之數，而必欠之數也。

今聽紙上之成數，責有司以催科。經催則無年不欠，帶徵則累案算完。豈真民不急公，吏不勤比①也？蓋賦重力竭，實難全輸也。前此屢經諸臣條奏，未蒙允行。在部臣，不過以國計爲重，不肯輕議減豁耳。

抑思賦詘由於民窮，民窮由於額重。以每畝科至二三斗有餘之糧，又有幫貼、有條銀、有丁銀、有雜項差徭。小民一歲收穫，不足供一歲之徵輸。一值追比嚴急，則多方假貸，剜肉醫瘡，冀免敲撲。日復一日，則富者漸貧，貧者益困，而囂然喪其樂生之心。萬一户絶丁逃，爲累更大。是浮糧病民，而害且及國也。

在部臣，又以蘇、松積逋内有官役透冒，非全屬民欠，故未便議蠲耳。抑思有浮糧，是以有民欠。有民欠，是以有那移。歷年那移借解，款項紛煩，帶徵之官，勢不免於參罰，因與蠹役任意侵漁。至於官更吏易，頭緒淆亂，侵欠難清，何妨彼此分肥？其透冒之弊，不盡民欠，未嘗不因民欠所致。前此有司迫於考成，以欠作完，惟有揑報。迨水落石出，而官役褫革，餉竟空懸。

① 「比」，《四庫》本作「事」。

是浮糧病民，亦以病官，而究無益於國也。

目今奉諭清察，侵欠自當難掩。然一一面察之，能一一而追之乎？東南民力竭矣，臣有以知其不能也。故欲杜積欠之弊根，必在於除故明重斂，而後江南之民庶有起色，從此年徵年足。無民欠，自無那移。無那移，自無透冒。

减浮甦困，正所以足額裕儲，利民利國，其道固相因也。漢初，田租三十而稅一，故文、景治致殷富。《論語》曰：「百姓足，君孰與不足？百姓不足，君孰與足？」我皇上視民如傷，當茲旱暵之時，實圖修省，四海之内，無不引領待澤。請祈睿斷，立沛德音，將蘇、松二府之浮糧，酌量議减，照常州府一例起科輸納。從此民力稍寬，國課日裕。隆恩出自皇上，億萬載被，德無疆矣。

十四年，以軍糈浩繁，將江浙白糧，暫爲改折，每石一兩五錢。

二十年，奉恩詔：白糧全徵本色起運。

淮安徽巡撫徐國相疏請，開墾之田，寬限陞科。

附　疏略：

爲請寬陞科之限期，以收開墾之實效事。

竊惟足國必先於足民，而足民必本乎①力田。未有田野不闢，而能富②國裕民者也。矧值軍興未息，餉用浩繁。則墾荒之法，允③當汲汲講求，以佐司農之仰屋。

臣查各直省之中，惟江南、浙西數府，素少荒田。而江北、河南、山東等處，荒田未墾者甚多。即如臣屬鳳、廬、安、滁、和五府州屬，尚有積荒民屯田地九萬四千三百九十四頃二十一畝零。合直省而計之，不可勝計。

在小民豈不知無主荒田，墾熟即爲己業。而年來報墾無幾，其故何歟？良以開墾荒田，所需人力工本，靡不數倍於耕種熟田。而所獲花利，又不能如熟田之豐盈。統計數年之所收，不能償初墾年之工本。又安有餘息，以輸賦税？故必寬以起科年限，養其餘力，使獲息足償工本，然後責令陞科，庶幾墾者樂於從事。

今例内墾荒田地，定限三年起科。即歲歲成熟，猶不能補償所費工本。倘其間再遇水旱災

---

① 「本乎」，《四庫》本作「先於」。

② 「能富」，《四庫》本作「可足」。

③ 「允」，《四庫》本作「所」。

傷，益不能支持。而年限已屆，追呼踵至，不惟生息全無，反有剜肉醫瘡之困。是以已墾者，不獲遂其樂利之休，未墾者咸有畏縮不前之念，而荒田終不能盡闢也。

臣查三年陞科之限，雖屬舊例，續於康熙十一年間，經部覆前督臣麻勒吉《地方之凋殘已極等事》一疏，准於六年後陞科。又康熙十二年欽奉上諭，再加寬限，通計十年方行起科。仰我皇上軫念小民竭蹶開墾，恐催科期迫，或致失所之至意。普天之民，無不歡欣鼓舞，咸思務本，盡力畎畝。於是康熙十二、十三、十四年分，臣屬安、廬、鳳三屬，荒田開墾至三千餘頃。臣屬如此，他省可知。皆蒙皇上寬限起科，培養民力之實效也。

嗣於康熙十五年正月內，部覆臺臣焦榮條奏，將康熙十二年以前開墾荒地，於十五年起科；十三年以後開墾田地，仍照前定例，於三年後起科。固爲籌餉起見。然陞科之年分既迫，而報墾者遂復寥寥。如臣屬康熙十五年分，止墾地五百六十九頃三十四畝零；十六年分，止墾地三百七十三頃七十四畝零。在官非不加意督墾，以冀紀叙也。在民非不樂於開墾，以收花利也。總因措處工本，物力艱難。既慮三年之內，豐歉難齊，復恐三年之後，催科緊迫。故逡巡畏懼，不敢認墾耳。是三年陞科之議，雖爲一時籌餉之權宜，而不能爲裕國足民之長策。自宜量爲寬限，庶可鼓勸人心。

查十年起科，乃蒙我皇上格外之仁，臣亦不敢率請過寬。嗣後開墾田地，合無仰懇睿慈，敕部酌復六年後起科之例。則追呼既緩，自必人人樂趨，將見野無曠土，國課日增，寬民力以裕兵餉，端有攸賴矣。

又准江蘇巡撫慕天顔疏，豁免蘇、松、常等府版荒田地錢糧，於康熙七年爲始。

附　慕天顔疏：

爲坍荒賠累無追，亟請皇恩豁免，甦民困以召天和事。

臣惟地震之變，皇上躬行修省，敕將應行應革事宜條奏。臣思最重者，首在恤民。而恤民之最苦最急者，莫若豁免江南坍荒田地錢糧一事。

臣查蘇、松、常坍荒田地，向來屢經勘駁，實有三千餘頃。合算其①本折錢糧，亦不滿十萬。而因此賠累，反致欠多。民情之隱苦，實實不可勝言。

蓋坍者久成白水，無土可問。荒者磽瘠不毛，無法可耕。公占則係地入公家，民已失業。此種情形，前撫臣及臣任藩司時，入覲條奏，歷歷繪陳，久蒙皇上洞鑒。止因兵興以來，軍務倥偬，前撫臣無暇親勘，故議暫停，俟事平之日議覆，因循至今。臣撫任三載，正值軍需告急，方在

① 「其」，《四庫》本作「共」。

生節之時，何敢再瀆宸嚴？是以日切焦思，而對此包賠之窮民，赧顔無以自解。臣故於自陳不職疏内，首列此端爲臣罪也。

然思我皇上愛民，惟恐一夫不獲，恭逢下詔求言之日，臣再不言，臣罪益深矣。又念此坍荒錢糧，如果可徵賠，臣又何敢即言？奈何有糧無田，有户無人。歷年地丁條折，原無完納，委係紙上虚數，不豁亦無完，豁之可免累耳。惟漕糧一項，徒累里甲。里甲因此包賠，逃亡株連，不知凡幾。官役因此漕欠，那移墊買，每致難清，完猶不完也。

三吴賦重額繁，保無頑梗拖欠。然每歲考成，計民間零星尾欠，積累而有數萬。或災患不時，民力困竭，逋逃者又數萬。總以四百餘萬之額徵而論，亦不可謂之頑矣。此有户有田之欠數，仍可於年限續完。惟坍荒所欠，萬萬無從責賠。臣前於備陳舊欠無徵等事一疏，題蒙特恩蠲停者，即此坍荒在内也。

今查前勘坍荒數内，如長洲縣田地，新經丈清陞補無缺不議外，太倉、常熟、昆山、嘉定、華亭、上海、婁縣、青浦、宜興九州縣，確有坍荒未豁。臣請皇上大沛恩綸，特准開豁。容臣再加覆勘細數，造册報部，從康熙十七年起扣免，於民毋容纖毫捏冒。此係永遠甦困，培我國家萬年之樂利，非比一時之蠲停。將見涣汗一頒，民之歌舞雷動於三吴，豈不可坐致休祥也哉！

二十四年，准江蘇巡撫湯斌疏陳：逋賦難清，乞減定賦額，并另立賦税重地州縣官考成例。

附　湯斌疏：

臣惟財賦爲國家根本之計，而蘇、松尤爲財賦最重之鄉。臣以庸碌，謬撫茲土。見錢糧累年逋欠，每當奏銷之期，多者嘗欠至五十餘萬，最少者亦不下三四十萬。夙夜疚心，懼無以仰佐國計，恒惴惴不安。

初疑官吏之怠玩，繼疑豪强之頑梗。乃一載以來，詢問耆碩，體察民隱。間嘗巡行阡陌，訪田則之高下，考徵科之多寡。然後知蘇、松逋賦，實由民力維艱。斟酌調劑，貴在及時，敢悉心爲我皇上陳之。

蘇、松土隘人稠，一夫所耕，不過十畝。而倚山傍湖，旱澇難均，即豐稔之歲，所得亦自有限。而條銀漕白正耗，以及白糧經費、漕贈、五米、十銀、雜項差徭，不可勝計。而仰事俯育，婚嫁喪葬，俱出其中。終歲勤動，不能免鞭撲之苦。故蘇、松俗好浮華，而獨耕田輸税之農民，艱難實甚。兩府與常、鎮、嘉、湖，壤地相接，而賦額輕重懸殊。即江、浙、閩、楚，並號財賦之鄉。區區兩府，田不加廣，而可當大省百餘州縣之賦，民力所以日絀也。

夫二府田賦之重，固起自明初。臣嘗考洪武年間籍没張士誠，將士誠産號爲官田，賦額特重，而民田之起科較輕。永樂以後，漕運愈遠，加耗滋多。宣德、正統間，巡撫周忱奏減蘇州租七十餘萬石，松江租三十餘萬石，民困稍甦。至嘉靖初，蘇州知府王儀請行均田之法，盡括官、民田而裒益之。當時稍救官田之弊，但正、耗兼配，科則繁雜，吏易爲奸，其後以耗米作爲正糧。

又運綱諸費，額外取之於民，因時派徵。又如所謂九釐地畝之類，日漸增益，非復正、嘉以前之舊。至啓、（貞）〔禎〕時，軍餉孔殷，加派日繁，民不堪命矣。

本朝定鼎，田賦悉照萬（歷）〔曆〕年間則例，盡革明末無藝之徵，洵稱救民水火。近年因時制宜，如白糧經費、運軍行月、永折加價等項，載在《全書》。其官收官兑之法，最稱便民，不可更易。然亦因明朝賦重役繁，以耗作正，不得已爲此補救之計，而民力則已殫也。

順治初年，錢糧起存相半考成之例尚寬。後因兵餉急迫，起解數多，又定十分考成之例，一分不完，難逭部議。以四十餘萬錢糧之州縣，至與小縣錢糧不上數千，或僅一二萬者，一例考成。官斯土者，雖賢如黄霸、魯恭，何能自免謫譴？夫人千里而來爲吏，誰肯以催科無術，甘心廢棄？一存顧恤功名之念，則展轉苟且之計必生。或以存留而抵起解，或以此項而借彼款，或以新糧而抵舊欠。參罰期迫，則以欠作完，賠補維艱。又以完爲欠，種種弊竇，莫可究詰。一經發覺，身家俱喪。官之更代日勤，蠹胥因之作奸，頭緒紛淆，侵漁任意。雖嚴加追比，究之款額空懸。惟二十二年，適遇歲豐；二十三年，荷蒙聖恩蠲漕。故僅有一二縣地丁全完，而他項仍多挂欠。

又以年外報完，未副議叙之例。夫人才力不甚相遠，豈他省之吏，幹濟獨優，而蘇、松之官，催科偏拙？良以百姓之脂膏既竭，則有司之智勇俱困。而前途之功名絶望，則官箴之砥礪難期。心已灰矣，地方何賴？

吏治人才，皆足惜也。積欠年久，惟待赦蠲。我國家弘敷大賚，每一赦詔，蘇、松免租多者百萬，少者七八十萬。是糧額雖重，原非可完之數。與其赦免於追呼既窮之後，何若酌減於徵比未加之先？使得完肌膚而樂昇平，且①無損國家歲入之實數乎？

蘇、松版荒，所在多有。臣嘗委官履畝②踏勘，非盡石田不可耕也，秪因田不抵賦，力難任役，一③户逋逃，數家株累，小民畏懼而不敢承佃。倘蒙皇恩稍賜寬減，其孰不踴躍復業？數年之後，按畝陞科，將見田額漸增，國賦日裕。是蠲無益之虚額，而收墾田之實課也。

前此諸臣，累累陳請，適當軍興旁午，餉需告匱之日。且俱言前朝苛政，欲復宋、元之舊，事勢難行。今賴皇上德威遠播，海表日出之邦，絶域不庭之國，莫不稽手來享，奉琛恐後。斯正國家休養蒸黎，培植根本之時。上年鑾輿親巡，洞見村落蕭條，深軫聖懷，又蠲漕免丁帶徵積欠。深仁厚澤，淪肌浹髓，白叟黄童，感極而泣，以爲生逢堯、舜之主，視民如傷。若地方官能以民艱上聞，必當大沛恩膏，起三百年之痼疾。

臣身在地方，義無可諉。不敢遠引宋、元之説，亦不敢比常、鎮、嘉、湖之例。惟叩懇我皇

① 「昇平且」，《四庫》本作「輸將自」。
② 「履畝」，《四庫》本作「逐一」。
③ 「一」，《四庫》本作「人」。

上，念民力之已竭，察虚額之無益，宸衷獨斷，涣發德音。及此纂修《簡明全書》之時，博集廷議，將蘇、松錢糧，合盤打算，各照科則量減一二分，定適中可完之實數，無存過重必欠之虚額。更將科則稍加歸併，使簡易明白，便於稽核。或將賦額最重州縣，另立勸懲之典，不與小縣一例考成。使守令知可以久任，可以陞遷，不至苟且因循，事務廢弛。庶幾野無不耕之土，户無不完之租。民力裕而吏治清，賦税充而國用足，億萬年太平無疆之休，端在是矣。

臣非不知賦額久定，未便更張。但體國經野，貴永久而無弊，苟有未善，正宜變通，況前代之苛政乎？

我皇上神聖立極，事事垂法萬世，此尤關國計民生之大者。宏謀遠算，總自睿裁，非微臣所能仰贊也。

二十六年，命纂修《簡明賦役新書》，科臣劉國黼疏乞各省田地賦役大小等則，逐一註明。

附 劉國黼疏略：

臣辦事户垣，見各省起科則例，有大地、小地，上、中、下地之殊，有一、二等至六、七等，三、四則至數十則之别。不但各省不同，即一省之中，各府、各州、各縣亦多互異。蓋地形有高、下、平、陂，土性有沙、鹵、肥、瘠。古人則壤定①賦，固不能强之使同也。

但《全書》之内，將各則田地註明折數者固多，而遺漏未註者亦復不少。臣江南揚州人也。即以揚屬而論，江都之田一萬七千餘頃，額徵銀五萬餘兩，《全書》已註明折數矣。若高郵田二萬五千餘頃，額徵銀四萬一千餘兩。泰州田九千餘頃，額徵銀四萬四千餘兩。非泰州之田僅高郵三分之一，非泰州之賦重於高郵三倍也，蓋泰州大地，而高郵小地也。又如興化田二萬四千餘頃，額徵銀二萬八千餘兩。寶應田二千餘頃，額徵銀二萬餘兩。非寶應之田僅興化十分之一，非寶應之賦重於興化十倍也，蓋寶應大地，而興化小地也。

小地則一畝爲一畝，大地則數畝折一畝。一畝爲一畝則賦輕，數畝折一畝則賦重。而《全書》之内，皆未經註明也。今獲遍覽各省《全書》，始知大地、小地未經註明者，不獨臣鄉然也。臣謂錢糧款項，不可不簡。而田畝大小，尤不可不明。乞敕下纂修《新書》諸臣，將大小等則，逐一註明。

① 「定」，《四庫》本作「成」。

江南全省田賦

原額田地、山塘、蕩溇、塹塗、墩灘等項一百一十五萬七千一百四十六頃四十畝有奇，雲霧荒山一十六頃三畝九分，草山一千七百二十九里有奇，馬田一百七十一頃；屋基一百六十二間半；畝桑絲一千六百六十三兩六錢；鹽鈔六千六百七十八口。

除原荒並節年水淹、堤占、挖廢、坍江、坍海田地二十萬九千七百七十二頃五十八畝有奇，又松、滁二府州屬折實成田折去一千三百七十五頃五十六畝有奇，節年開墾陞科田地一萬三千九百六十四頃八十六畝有奇。

順治十四年，實額田地九十五萬九千九百六十三頃一十二畝有奇，雲霧荒山一十六頃三畝九分，草山一千七百二十九里有奇，馬田一百七十一頃；屋基一百六十二間半；畝桑絲一千六百六十三兩六錢；鹽鈔六千六百七十八口。

節年拋荒、坍江、坍海、遷沙、堤占、水沉田地二萬九千二百三十五頃九十二畝有奇，又廬、鳳、和三府州屬折實成田折去二萬七千九百一十四頃一十七畝有奇，節年丈增墾荒溢額並蘆洲轉則陞田，又歸併海門鄉及潁州、潁上二衛所田地八萬七千四百六十二頃一十一畝有奇，開墾草山八百六十三里有奇。

康熙二十二年，實額田地九十九萬二百七十五頃一十五畝一分四釐有奇，雲霧荒山一十六頃三畝九分，草山二千五百九十三里一分有奇，馬田一百七十一頃； 屋基一百六十二間半； 畝桑絲一千六百六十三兩六錢； 鹽鈔六千六百七十八口。

節年坍荒、開河堤占、水沉田地一萬六千五百八十頃四十六畝八釐有奇，又鳳、六、亳三府州屬折實成田折去三千九百二十二頃一畝二分八釐有奇。

節年陞增溢額田地並蘆草田蕩五萬三千三百七頃二十六畝七分四釐有奇，開墾草山四百二十六里九分有奇，又金壇縣報荒未豁田二百三十三頃三十畝三分九釐有奇，泗州新淤地畝二百五十四頃九十九畝五分二釐有奇。

雍正十三年，實在田地一百二萬三千五百六十八頃二十四畝四分三釐有奇，雲霧荒山一十六頃三畝九分，草山三千二十里有奇，馬田一百七十一頃； 屋基一百六十二間半； 畝桑絲一千六百六十三兩六錢； 鹽鈔六千六百七十八口。

額徵稅糧地畝徭里條鞭折色帶閏補徵時價，並雲霧山租鹽鈔等銀，內除雍正三年蒙特恩蠲免蘇、松浮糧銀四十五萬外，實徵銀四百六十八萬一千七百二十五兩八錢六分八釐六毫有奇，遇閏加銀三萬七十六兩二錢二分二釐六毫有奇。

人丁攤入地畝銀四十四萬八千八百七兩八錢七分二釐有奇，遇閏加銀一千八百六十九兩四錢二分一釐八毫有奇。

屯丁攤入地畝銀八十九兩七錢。

匠班攤入地畝銀一萬一千四百七十七兩六錢八分九釐三毫有奇，遇閏加銀三錢三分七釐五毫。除閏共實徵銀五百一十四萬二千一百一兩一錢二分九釐九毫有奇。

額徵漕南並五米二百八十九萬六千四百九十二石二斗二升五合有奇，遇閏加米一千三十三石六斗四升五合有奇。麥七萬四千三百八十一石八斗五升三合有奇，豆二萬八千四百三十八石六斗八升六合有奇。

外不在丁田徵解雜辦銀六萬九千三百一十六兩九①錢四分三釐三毫有奇，內除亳州商税銀一百一十四兩六錢一分六釐，歸併鳳關徵收。遇閏加銀六百六十六兩八錢八分二釐七毫有奇。

又安慶府屬新增扛脚銀三兩三錢三分有奇。米一千四百三十八石五斗九升五合有奇。麥二十五石六斗四升四合有奇。制錢三萬三千六百七十五文五分，遇閏加錢七百五十八文一分。

額外歸併省衛、外衛原額屯田地四萬二千七十一頃三十八畝二釐有奇。

節年坍荒田地三百九十六頃五十七畝四分五釐有奇。

節年陞科並清出溢額田地二千八百一十八頃五十五畝九分七釐有奇。又歸併南、撫、饒三衛所並南昌衛前屯田地五百三十九頃一十四畝九分二釐有奇。

雍正十三年，實在屯田地四萬五千三十二頃五十一畝四分六釐有奇。

① 「九」，《四庫》本作「一」。

額徵折色銀八萬六千三百三十兩九錢二分八釐一毫有奇，遇閏加銀二錢二分六毫有奇。

又軍需銀六十兩。

屯丁攤入地畝銀二萬四百三十八兩三錢一分六釐六毫有奇。

除閏共實徵銀一十萬六千八百二十九兩二錢四分四釐七毫有奇。

額徵本折米一十四萬八千一百九十二石三斗九升八合有奇。麥四千三百三十石五斗一升三合有奇。本折豆三千二百八十九石三斗九升九合有奇。外不在丁田徵解軍三小料並雜辦銀二千八百四兩七錢五分七釐七毫有奇。制錢十千文。

江蘇布政使司

原額田地等項七十一萬九千八百三十六頃六十七畝有奇，蘇州府屋基一百六十二間半。

除原荒並節年水淹、挑堤、公占、坍江、坍海田地七萬七千一百四十八頃四畝有奇，又松屬山塘蕩漊折實成田折去一千九十七頃一十一畝有奇。

開墾陞科田地三頃九十九畝有奇。

順治十四年，實額田地六十四萬一千五百九十五頃五十一畝有奇，屋基一百六十二間半。

節年坍江、坍海、遷沙、版荒、堤占、挑廢、積荒田地一萬二千八十七頃六十七畝有奇。

節年丈增陞科、墾荒復業，並蘆洲轉則陞田，及歸併海門鄉田地三萬五千三百九十八頃九十畝有奇。

康熙二十二年，實額田地六十六萬四千九百六頃七十四畝七分七釐有奇，屋基一百六十二間半。

節年坍荒田地一萬三千八百一頃八十九畝一釐有奇。

節年陞增田地並蘆草田蕩三萬五千六百七十七頃五十八畝八分一釐有奇。又金壇縣報荒未豁田二百三十三頃三十畝三分九釐有奇。

雍正十三年，實在田地六十八萬七千一十五頃七十四畝九分六釐有奇，屋基一百六十二間半。

額徵稅糧地畝徭里條鞭折色銀內，除雍正三年蒙特恩蠲免蘇、松浮糧銀四十五萬外，實徵銀三百二十七萬五千八百六十五兩七錢二分一釐四毫有奇，遇閏加銀三萬七十六兩二錢二分二釐六毫有奇。

人丁攤入地畝銀二十四萬九百二十二兩三分九釐九毫有奇，遇閏加銀一千八百六十九兩四錢二分一釐八毫有奇。

屯丁攤入地畝銀八十九兩七錢。

匠班攤入地畝銀七千六百七兩三錢八分六釐五毫有奇。

除閏共實徵銀三百五十二萬四千四百八十四兩八錢四分七釐八毫有奇。

額徵漕南並五米二百四十八萬二百一十九石五升九合有奇，遇閏加米一千三十三石六斗四升五合有奇。麥六萬三千九百六十六石六斗三升六合有奇。豆五千一百八十七石六斗六升一合有奇。

外不在丁田徵解雜辦銀四萬一千七百三兩五錢九分四釐一毫有奇，遇閏加銀二百四十五兩五錢七毫有奇。

學租錢二萬一千六百文。

額外歸併省衛、外衛原額屯田地一萬四千四百一十一頃一十四畝二釐有奇。

節年坍荒田地三百九十六頃五十七畝四分五釐有奇。

節年陞科田地七百一頃六十七畝九分七釐有奇。

雍正十三年，實在屯田地一萬四千七百一十六頃二十四畝五分四釐有奇。

額徵折色銀二萬四千五百九十四兩九錢五分九釐一毫有奇。

又軍需銀六十兩。

屯丁攤入地畝銀一萬二百九十一兩三錢二分一釐六毫有奇。

共實徵銀三萬四千九百四十六兩二錢八分七毫有奇。

額徵本色米五萬六千七百四十石五斗二升五合有奇。麥三百四十二石四斗三升九合有奇。豆五十六石二斗九升有奇。

外不在丁田徵解雜辦銀二千一百二兩九錢四分七釐四毫有奇。

安徽布政使司

原額田地等項四十三萬七千三百九頃七十三畝有奇，池州府雲霧荒山一十六頃三畝九分，廬州府草山一千七百二十九里有奇，滁州馬田一百七十一頃。畝桑絲一千六百六十三兩六錢；鹽鈔六千六百七十八口。

除原荒並節年挖廢、坍江田塘一十三萬二千六百二十四頃五十四畝有奇，又滁州山塘折實成田折去二百七十八頃四十五畝有奇。

開墾陞科田地一萬三千九百六十頃八十七畝有奇。

順治十四年，實額田地三十一萬八千三百六十七頃六十一畝有奇，雲霧荒山一十六頃三畝九分，草山一千七百二十九里有奇，馬田一百七十一頃；畝桑絲一千六百六十三兩六錢；鹽鈔六千六百七十八口。

節年民衛續荒並堤占、水沉田地一萬七千一百四十八頃二十五畝有奇。又廬、鳳、和屬山塘折實成田折去二萬七千九百一十四頃一十七畝有奇。

節年開墾陞科並清出溢額田地四萬三千八百二十九頃六十四畝有奇，開墾草山八百六十三里有奇。又鳳陽府歸併潁州、潁上二衛所屯田八千二百三十三頃五十七畝有奇。

康熙二十二年，實額田地三十二萬五千三百六十八頃四十畝三分七釐有奇，雲霧荒山一十六頃三畝九分，草山二千五百九十三里一分有奇，馬田一百七十一頃；畝桑絲一千六百六十三兩六錢；鹽鈔六千六百七十八口。

除鳳、六、亳屬山塘折實成田折去三千九百二十二頃一畝二分八釐有奇，又靈璧縣開河築堤、裁①柳占廢上、中、下三則地實折實地二十三頃七畝七分一釐有奇，臨、泗、盱、五四州縣水沉田地二千五百頃九十畝七分九釐有奇，泗州新減田地二百五十四頃五十八畝五分七釐有奇。

節年開墾陞科並清出溢額積荒田地一萬七千六百二十九頃六十七畝九分三釐有奇，開墾草山四百二十六里九分有奇，又泗州新淤地畝二百五十四頃九十九畝五分二釐有奇。

雍正十三年，實在成熟折實田地三十三萬六千五百五十二頃四十九畝四分七釐有奇，雲霧荒山一十六頃三畝九分，草山三千二十里有奇，馬田一百七十一頃；畝桑絲一千六百六十三兩六錢；鹽鈔六千六百七十八口。

額徵税糧地畝徭里條鞭折色帶閏補徵時價，並雲霧山租鹽鈔等銀一百四十萬五千八百六十十兩一錢四分七釐二毫有奇。內漁課、羡餘、船税、茶商税、官祠租、廉惠田租、廠租，抵解正項銀二千九十四兩九錢一分八釐六毫有奇。

人丁攤入地畝銀二十萬七千八百八十五兩八錢三分二釐一毫有奇。

① 「裁」，疑爲「栽」之誤。

匠班攤入地畝銀三千八百七十兩三錢二釐八毫有奇，遇閏加銀三錢三分七釐五毫。
除閏共實徵銀一百六十一萬七千六百一十六兩二錢八分二釐一毫有奇。
額徵漕南並五米四十一萬六千二百七十三石一斗六升六合有奇。麥一萬四百一十五石二斗一升七合有奇。豆二萬三千二百五十一石二升五合有奇。
外不在丁田徵解雜辦並鰣魚折價銀二萬七千六百一十三兩三錢四分九釐二毫有奇，內除亳州商稅銀一百一十四兩六錢一分六釐，歸併鳳關徵收。遇閏加銀四百二十一兩三錢八分二釐有奇。
又安慶府屬新增扛脚銀三兩三錢三分有奇。
米一千四百三十八石五斗九升五合有奇。
麥二十五石六斗四升四合有奇。
和州廣惠庫制錢一萬二千七十五文五分，遇閏加錢七百五十八文一分。
額外歸併省衛、外衛原額屯田二萬七千六百六十頃二十四畝有奇。
節年陞科並清出溢額田地二千一百一十六頃八十八畝有奇。又池州府屬歸併南、撫、饒三衛所並南昌衛前屯田地五百三十九頃一十四畝九分二釐有奇。
雍正十三年，實在屯田地三萬三百一十六頃二十六畝九分一釐有奇。
額徵折色銀六萬一千七百三十五兩九錢六分九釐有奇，遇閏加銀二錢二分六毫有奇。
屯丁攤入地畝銀一萬一百四十六兩九錢九分五釐有奇。

除閏共實徵銀七萬一千八百八十二兩九錢六分四釐有奇。

額徵本折米九萬一千四百五十一石八斗七升三合有奇。麥三千九百八十八石七升四合有奇。折色豆三千二百三十三石一斗九合有奇。每石折銀七錢，共折銀二千二百六十三兩一錢七分六釐有奇。

外不在丁田徵解軍三小料銀一百六十兩五錢六分，又雜辦銀五百四十一兩二錢五分三毫有奇，制錢十千文。

漕米加耗

明

初，民運無脚耗等項。至宣德間，令民糧兑與軍運。成化間，將徐、淮、臨、德四倉支運亦改兑軍，皆給路費，始各有耗米。兑運米俱一平一尖收受，故有尖米、耗米。除隨船給運外，餘折銀，謂之輕齎。改兑無尖米，以耗米二升折銀，謂之折易輕齎。後通惠河成，省脚價，始立減扣法，扣留者以備修理通惠河閘，量減者以寬民力。

兑運加耗米，應天、蘇州、松江、常州、鎮江、太平、寧國、池州、廬州、安慶每石加耗米五斗六升，又兩尖米一斗，共六斗六升。内除四斗隨船作耗，餘米二斗六升折銀一錢三分，名二六輕齎。近減去二升，止徵二斗四升，改爲二四輕齎。於内仍扣留銀一分。鳳陽、淮安、揚州、徐州每石加耗米四斗六升，尖米一斗，共五斗六升。内除三斗隨船作耗，餘米二斗六升折銀一錢三分，名二六輕齎。後改爲二四，與應天府相同。南京下江等總每石徵脚米六升，折銀給運。

宣德八年，題准兑軍脚耗，每石南直隸六斗，江北淮、揚、鳳陽五斗，徐州四斗。正德七年，題准輕齎銀兩，各司、府、州、縣每年務隨正糧一併兑完，方許出給通關。嘉靖六年，議准官軍過江領兑蘇州等處者，江北三總并廬州衛每石脚米一斗三升，南京兩總并鎮江衛每石七升。萬(歷)〔曆〕元年，題准江北三總派兑南糧，原定脚米一斗三升，雇覓江船，今瓜洲建閘，徑赴水次聽兑，蠲免七升，止徵六升。其南京各衛通到水次原徵七升，又免一升，止徵六升。《明會典》

國朝

順治十四年，准巡按御史秦世貞疏，定每正糧百石，除正耗外，加米五石、銀五兩，交與旗弁。十六年，又准科臣朱紹鳳，以蘇、松、常、鎮四府糧多路遠，領運旗丁不無常例雜費，於五兩之外再加五兩。其江安等府州，俱仍係五米五銀。

白糧耗脚

明

嘉靖九年，奏准蘇、松、常三府起運内，官監白熟細米每石耗米二斗五升，車脚銀四錢，船錢銀六錢。白熟粳米每石耗米二斗八升，車脚銀三錢五分，船錢糙米四斗，貼夫四斗七升。供用庫白糧每石耗米一斗八升，車脚銀三錢五分，船錢糙米四斗，貼夫糙米五斗。光禄寺白糧每石耗米二斗五升。照此派納，不許違例加增。《續文獻通考》

國　朝

蘇州府屬白糧每石加耗米三斗，續加二斗，每正耗米一石，加舂辦米二斗。松江府同常州府，每正米一石，加耗米三斗，舂辦米九斗。續加耗米每石二斗，每耗米一石，加舂辦米二斗。額編白糧經費，蘇、松、常三府每正米一石，雇船水脚八錢，添簹提溜二錢，車脚由閘三錢。

按：以上俱入條鞭内款。

丁　銀

康熙五十二年，三月十八日，聖祖仁皇帝恩詔：

海宇承平日久，户口日繁，地畝並未加廣，宜施寬大之恩，共享恬熙之樂。嗣後直隸各地方官，遇編審之期，察出增益人丁，止將實數另造清册奏聞。其徵收錢糧，但據康熙五十一年丁册定爲常額，續增人丁，永不加賦。仍不許有司於造册之時，藉端需索，用副朕休養生息之意。

五十五年，御史董之燧疏請：統計丁銀，按畝均派。户部議覆：各省州縣地畝、人丁，原有不同，隨地制宜，相沿已久，未便更張。如有情願買賣地畝，而丁應從地起者，其地亦隨買主輸課。奉旨：依議。

附　**董之燧疏略**：

「續生人丁，永不加賦。」皇上軫念民生高厚之恩，真有加無已。但現在人丁，尚多偏苦，各省州縣，丁制亦有不同，有丁從地起者，丁從人起者。丁從地起者，其法最善。而無知愚民，每每急求售地，竟地賣而丁存。

至丁從人起者，凡遇編審之年，富豪大户，有囑里書隱匿不報。而小户貧民，盡入版册，無地納税，亦屬不堪。一切差役，俱照丁起派。以田連阡陌，坐享其逸，貧無立錐，身任其勞。既役其身，復徵其税，逃亡者有所不免。一遇逃亡，非親族賠累，則國課虚懸。現在人丁之累也。嗣後既不增額，則有定數可稽。臣請敕部行令直隸各省地方官，確查各縣地畝若干，統計地丁、人丁之銀數若干，按畝均派。在有地者，所加無多，不爲苦；無地者，得免賠累，實爲幸。

雍正五年，總督范時繹題請，以雍正六年爲始，丁隨田辦。奉旨：依議。

附　范時繹疏略：

丁銀隨田併征，最爲均平良法。直隸各省，歷來丁、地分征者，節經題明歸併，奉有俞旨在案。

今江南各州縣内，向有丁銀隨田徵輸者，亦有丁、田各辦者。查各屬田地，原有高下之殊，按畝起科，亦有輕重之别。所有丁銀，各就本縣地畝均攤爲便，且可省改造《全書》之煩。至中間成熟銀米科算，或照地畝科算，亦皆下順輿情，便於輸納。相應題明，以雍正六年爲始，丁隨田辦，以廣皇仁。

再，山陽一縣每地銀一兩，攤徵丁銀一兩六錢有奇。又江寧縣歸併外衛地銀一兩，亦攤丁銀一兩二分有奇。似乎獨重。但按畝而計，山陽縣每畝原征銀一分八釐零。今加人丁項，不足五分之數。江寧歸併外衛，每畝徵銀一分九釐零。今加人丁項，尚不足三分九釐之數。

再，收租納糧，均輸猶易。若責之無地光丁，不無追呼之擾。如海州、山陽、高郵、江都四州縣，無地軍丁額數無幾，均入民田，每畝所增不過絲毫之間，均應畫一攤徵。

再，安徽等屬尚未造册詳報，但事同一例。應概請攤徵，俱自雍正六年爲始。

按：丁銀即漢之口算，唐之調，宋之丁米。當時有授田之制，無無田之丁。及授田法不行，而無田之丁始以丁銀爲苦矣。增除之際，吏胥得緣爲奸。自聖朝增丁不增賦，丁隨田辦，而貧民得以安枕，爲自古未有、百世不易之良法也。

此今條鞭內人丁款。

匠　班

雍正七年，奉旨：准署總督范時繹、安徽巡撫魏廷珍、江蘇巡撫王璣疏，將上、下兩江匠班銀免徵，攤入地畝徵輸。

附　疏略：

各屬匠班銀兩，向係按匠徵輸，相沿久遠。今查安徽屬除當塗、和州、含山三州縣，《全書》原未編有匠班，毋庸另議外。其懷、桐等五十七州縣，每年額徵共銀三千八百七十兩三錢二釐零。江蘇屬除山陽、桃源、安東以及邳州、宿遷、睢寧等州縣，久在田丁内徵解外，其上元等六十州縣，每年額徵共銀七千六百八兩五錢三釐零。緣歷年久遠，原匠子孫逃故無追，是以各州縣有於現業匠户派徵者，有着族屬親鄰里遞賠補者。若攤入田畝徵輸，在有田之户，所增無幾，而手藝貧民，受益良多。相應造具攤徵清册，請於雍正七年爲始。

此條鞭内匠班之款。

永折漕糧地方

江寧府屬高淳、溧水二縣，每正兑米一石，連耗折銀七錢，改兑米一石，連耗折銀六錢。

淮安府屬安東縣，正兑、改兑米俱每石連耗折銀五錢。

揚州府屬興化縣，每石連耗折銀五錢。

舊屬蘇州府今屬太倉州之嘉定縣，并嘉定分出之寶山縣，正兑米每石連耗折銀七錢，改兑米每石連耗折銀六錢。

以上折銀，俱入地丁項下徵解。順治十六年，因江寧省衛月糧不敷，巡按馬騰陞題定，折漕州縣每正米一石，一例加增銀二錢五分一釐三毫七絲二忽九微三纖七沙七塵七埃六渺二漠，徵解江安糧道交納。

徽州府屬應徵南米，康熙二十八年總督傅臘塔以該屬處萬山之中，不通舟楫，深爲苦累，題定改折。每石徵銀八錢，恩免各項①。

山陽、清河、桃源、宿遷、安東、高郵、寶應、碭山、徐州衛等九州縣衛，挑河築堤，挖廢民屯田地四百四十六頃九十五畝零。雍正九年，蘇州巡撫尹繼善題請，將該額徵銀、米、麥、豆等項，自康熙五十一年起至雍正五年止，悉行蠲免。奉旨：依議。

沛縣昭陽湖水沉田地二千一百六十八頃七十六畝，題定應徵銀米，每年冬勘之後涸則次年帶徵，淹則題請蠲免。雍正十年十二月，總漕性桂題請，將湖田本年漕米先行挖除徵收，俟冬勘後，如有涸復，於次年帶徵。奉旨：依議。

雍正十二年，江蘇巡撫高其倬題：挖廢田地內，碭山縣田地四頃七十二畝零，徐州衛屯田三頃六十一畝零，於雍正六、七年間淤平，各户丁照額輸將。所有山陽、阜寧、清河、桃源、宿遷、安東、高郵、寶應八州縣，共挖廢田地四百三十八頃六十一畝零，自雍正六年起至十年止，請將該額徵銀、米、

① 《四庫》本無「各項」二字。

麥悉予蠲免。部覆：仍令以後按年委員確勘，有無淤出，應徵應免之處，報明保題。奉旨：依議。

十三年，十一月十六日，署副都御史陳世倌奏請農忙停徵。總理事務王大臣議：定例徵收錢糧，於農忙之時停徵。雍正五年，議准條奏：頑民恃有停徵之例，輾轉規避，以致積欠。嗣後州縣於停忙之日，查明糧户限内完半者，照例俟開徵後再完。如未完半之户，仍行追比。

夫小民辛勤力作，一歲之中，五、六兩月最爲緊要。生計於是乎出，賦稅於是乎辦，誠不可以催科，妨其本業。況四月限内之不能完半者，多因青黄不接，無力輸將。難因一二頑户，概行徵比。即稍緩時日，亦可於開徵之後，催令完納。應如陳世倌所奏，請敕部通行直省，嗣後農忙之時，仍照舊例，概停徵比。奉御批：「所議甚是，依議速行。」

十二月二十七日，奉上諭：朕聞淮安府阜寧縣所屬射陽湖地方，於雍正五年經齊蘇勒題陞淤地八千一百餘頃，陞租銀四千餘兩。又康熙五十九年，查丈射陽湖北岸淤灘案内，有民人周士孔、楊景希陞地四百餘頃，應陞銀一百七十兩。俱係有糧無地小民，賠累難堪，是以向來積欠纍纍，從未清完。今各項舊欠，雖已蠲免，然將來新賦無出，勢必仍行追比，甚屬累民。著將前項陞地八千六百五十頃四十九畝零、租銀四千二百六十一兩零，俱行豁除，以甦民困。該部即遵諭行。

乾隆元年，二月十六日，奉上諭：

朕聞江南淮安府屬之桃源縣，徐州府屬之宿遷縣、睢寧縣，濱臨黄河，沿河地畝淹涸靡常。

雍正五年，因朱家口潰決之水復循故道，其舊淹田地始得涸出。而河臣爲地棍所欺，遂以此地爲新淤之腴産。睢寧縣報陞地五千三十九頃，宿遷縣報陞地四千七十二頃，桃源縣報陞地三千八百四十二頃。嗣蒙皇考世宗憲皇帝勤求民隱，特頒諭旨，以淤地勘報不實，令河臣會同督臣委員查勘，共豁地七千二百餘頃，萬民感頌。所有存留地五千七百餘頃，俱照各縣成例，折算實地三千五百餘頃，科則亦經減輕。其潼安一衛裁汰，改歸州縣徵收。乃比年以來，應納錢糧仍催徵不前。蓋此淤出之地畝，即舊有之糧田，是以民力維艱，輸將不繼也。朕以愛養百姓爲心，既洞悉其中情事，自當加恩開除，以紓民力。著將宿遷、睢寧、桃源三縣現存新淤涸復改科地糧額徵銀六千五百四兩，全行豁免；其雍正十三年淤地未完錢糧，亦免徵收。至水沉地畝，仍照例歸於每年冬勘，該部即遵諭行。

四月十六日，户部議：

查得署理蘇州巡撫顧琮以蘇、松、常、鎮等府額賦繁重，荷蒙皇上軫念民瘼，格外施恩，諭令酌減耗羨，以紓民力。今分别科則輕重，量減差等，請自乾隆元年起，一切新舊錢糧，將科則最重之蘇、松、太三府州，遵減耗羨五分，計共減耗銀七萬七千三百八十三兩零；科則次重之常、鎮二府，酌減耗羨三分，計共減耗銀二萬八千一百九十一兩零。通共減耗銀一十萬五千五百七十四兩零。

再，查江省錢糧耗羡，自雍正六年提解(克)〔充〕①公，酌定加一徵收，以爲各官養廉。并一切地方有定無定公費，年底造册核銷。通省每年額徵地漕、雜稅、學租、蘆課等項耗羡，共銀三十七萬五千一百七十二兩零。今除去蘇、松、常、鎮、太五府州酌減銀兩外，實收耗銀二十六萬九千五百九十八兩零。每年歲需各官養廉，及有定無定公費，并隨時辦理公費，每年約需共銀三十三萬四千餘兩。以歲入耗羡支給，計不敷銀六萬四千五百餘兩。查有揚、海兩關，額稅之外，每年計有盈餘銀約共八萬餘兩。可否將此盈餘稅銀，每年撥給六萬四千五百兩，以資添補。統於年底造册，送部核銷，俾公事得無匱乏。等因。會同江南總督趙弘恩，合詞具題前來。

查江南賦重之區，如蘇、松、常、鎮四府，較之他省幾及數倍。應如所請，以奉文之日爲始，飭令各屬按數徵收。仍通行出示曉諭，如有不肖官吏，私自巧取苛索累民者，該督撫即行題參嚴究。

再，稱養廉公費不敷，於揚、海兩關盈餘銀內動支添補，亦應如所請。統於年底報銷案内造報可也。

奉旨：依議。

① 據《四庫》本改。

江南通志卷六十九

食貨志

田賦　三

江、蘇、松三府

江寧府

國朝原額田地山塘等六萬八千五百四十七頃八畝九分二釐有奇。

節年開除丈減坍荒田地一十七頃八十二畝五分七釐有奇。

節年開墾陞增田地五百五十四頃八十八畝八分九釐有奇。

雍正八年，撥出溧陽縣隸鎮江府，額減田地一萬六千四百七十頃五畝四分八釐有奇。

雍正十三年，實在田地山塘等五萬二千六百一十四頃九畝七分七釐有奇。

實徵折色銀二十三萬二千五百二十六兩九錢四分四釐二毫有奇，遇閏加銀六千六百五十兩二分六釐八毫有奇。

攤徵人丁銀二萬二千二百九十兩六錢四分一釐四毫，匠班銀三百二十六兩八錢六分六釐五毫。

除閏共實徵銀二十五萬五千一百四十四兩四錢五分二釐一毫有奇。

實徵本色米一十萬五千八百九十石七斗一升三合有奇，遇閏加米一百二十石。豆二千九百四十七石六斗四升二合有奇。

外不在丁田徵解雜辦銀三千八百七兩七錢九分三釐八毫有奇，遇閏加銀一十三兩二錢五分二釐二毫有奇。學租錢二萬一千六百文。

又不在縣額，船梔鈔課程商稅鈔銀七千六百三十三兩六錢一分九釐六毫有奇，遇閏加銀二錢三分五釐九毫有奇。

歸併省衛實在田地一萬一千八百四十九頃二十七畝五分七釐有奇。

實徵銀一萬六千七百九十八兩四錢二分七毫有奇。

攤徵屯丁銀九千六百一十一兩八錢二分一厘六毫有奇。

共實徵銀二萬六千四百一十兩二錢四分二釐三毫有奇。

實徵本色米五萬六千五百三十石二斗七升有奇。

豆五十六石二斗九升有奇。

外不在丁田徵解雜辦銀二千一百二兩九錢四分七釐四毫有奇。

上元縣

實在田地山塘坍塌雜産八千八百一十一頃一十八畝一釐有奇。

内則例　每畝計算

上鄉田科銀五分一毫有奇，五銀一釐七毫有奇。米四升四抄有奇，豆八勺有奇，五米一合七勺有奇。

下鄉田科銀四分六釐二毫有奇，五銀一釐五毫有奇。米三升五合有奇，豆七勺有奇，五米一合五勺有奇。

上鄉地科銀二分七釐四毫有奇，五銀九毫有奇。米二升二合有奇，豆四勺有奇，五米九勺有奇。

下鄉地科銀二分四釐二毫有奇，五銀八毫有奇。米一升八合五勺有奇，豆二勺有奇，五米八勺有奇。

蘆地科銀五分四釐八毫有奇，五銀一釐九毫有奇。米四升四合七勺有奇，豆九勺有奇，五米一合九勺有奇。

草場地科銀四釐四毫有奇，五銀一毫有奇。米三合六勺有奇，豆七抄有奇，五米一勺有奇。

山塘雜産科銀七釐八毫有奇，五銀二毫有奇。米六合三勺有奇，豆一勺有奇，五米二勺有奇。

原荒田科荒徵銀一分七釐六毫有奇。

告改荒田科荒白銀一分六釐二毫有奇。

原荒地科荒白銀一分有奇。

告改荒地科荒白銀八釐七毫有奇。

告改荒坍塌科荒徵銀二釐四毫有奇。

陞科田科銀六分。

陞科地科銀三分。

陞科山科銀一分。

陞增塘科銀一分。

陞溝科銀五釐。

陞埂脚科銀三釐三毫有奇。

陞拋荒坍塌科銀一釐。

每兩攤徵人丁銀九分一釐九毫有奇，匠班銀二毫有奇。

實徵折色銀三萬三千八百四十兩三錢一分六釐六毫有奇，遇閏加銀一千三百八十二兩二錢八分八釐九毫有奇。

攤徵人丁銀三千一百一十兩七錢九分九釐四毫，匠班銀九兩。

除閏共實徵銀三萬六千九百六十兩一錢一分六釐有奇。

實徵本色米二萬七千七十五石一斗四升九合有奇，遇閏加米三十石。豆五百三十一石一斗二升五合有奇。

外不在丁田徵解雜辦銀三百六十六兩九分二釐五毫有奇。內草場租并丈租陞科銀二百三十三兩一錢六分八釐四毫有奇，學租銀一百三十二兩九錢二分四釐一毫。

歸併省衛實在田地山塘一千二百五十六頃一十五畝七分七釐有奇。

內則例　每畝計算

比田科米八升六合有奇，銀九釐二毫有奇。

科田科米五升八合有奇，銀六釐七毫有奇。

增田、餘田俱科米五升八合有奇，銀一釐七毫有奇。

久荒成熟田科米五升八合有奇，銀一釐七毫有奇。

租豆地科豆一斗三升。

久荒折糧比田科銀二分。

久荒折糧增田科銀一分五毫。

荒比田科銀二分六釐六毫有奇。

荒科田科銀一分八釐五毫。

荒增田科銀一分二釐五毫。

荒增餘田科銀一分七釐五毫有奇。

投誠開墾荒田科沙壓銀三分六毫有奇。

開墾營基地科銀一分三釐五毫。

沙壓地科銀一分六釐二毫。

田塘租地科租銀五分。

草場田地科租銀四分。

苜蓿田地二則：一則科租銀七分，一則科租銀五分。

荒山科租銀三分。

荒山塘科租銀二分。

荒石山四則：一則科租銀一分，一則科租銀五釐，一則科租銀四釐，一則科租銀二釐。

投誠開墾天地壇神基厨房營馬群等田二則，一則科壓租銀六分，一則科銀三分。

每兩攤徵屯丁銀五錢三分三釐四毫有奇。

實徵銀三千七百四十六兩四錢八分二釐七毫有奇。

攤徵屯丁銀一千九百九十五兩九錢五分。

共實徵銀五千七百四十二兩四錢三分二釐七毫有奇。

實徵本色米二千六十六石二斗二升二合有奇，豆五十六石二斗九升有奇。

外不在丁田徵解雜辦銀一千一百一十八兩七錢五分三釐有奇。內房租銀一千一百一十五兩四錢四分五釐七毫有奇，火藥銀三兩三錢七釐二毫有奇。

江寧縣

實在田地七千五百六十三頃六十一畝一分九釐有奇。

內則例　每畝計算

民徵熟田科銀四分三釐三毫有奇，五銀一釐七毫有奇。

米四升七合有奇，豆九勺有奇，五米一合七勺有奇。
欺隱田科銀四分七釐四毫有奇，五銀一釐九毫有奇。
米四升四合有奇，豆一合有奇，五米一合九勺有奇。
荒田科荒白銀一分八釐八毫有奇。
荒灘田科荒白銀一分。
民徵熟地科銀二分一釐九毫有奇，五銀八毫有奇。
米二升六勺有奇，豆四勺有奇，五米八勺有奇。
欺隱地科銀二分五釐一毫有奇，五銀一釐有奇。
米二升三合有奇，豆五勺有奇，五米一合有奇。
荒地科荒白銀一分。
荒灘地科荒白銀五釐。
山塘科銀六釐二毫有奇，五銀二毫有奇。
米五合九勺有奇，豆一勺有奇，五米二勺有奇。
每兩攤徵人丁銀七分六釐七毫有奇，匠班銀五絲有奇。
實徵折色銀二萬六千七百一十四兩一錢四分四釐四毫有奇，遇閏加銀一千五百八十一兩二分六釐二毫有奇。

攤徵人丁銀二千四十八兩五錢四分二釐，匠班銀一兩三錢五分。

除閏共實徵銀二萬八千七百六十四兩三分六釐四毫有奇。

實徵本色米二萬五千一百四十七石二斗一合有奇，遇閏加米二十四石。豆五百五十二石九斗三升九合有奇。

外不在丁田徵解雜辦銀三百六十二兩八錢二分九毫有奇。內草場租并丈增銀二百六十九兩四錢八分二釐三毫有奇，學租銀四十八兩七錢四分七釐四毫，坊廂房地荒灘租銀四十四兩五錢九分一釐二毫有奇。學租錢二萬一千六百文。

歸併省衛實在田地九百三十八頃四十九畝五分八釐有奇。

內則例　每畝計算

比田、科田、增田、餘田科則，與歸併上元縣同。

久荒折糧比田科銀二分六釐六毫有奇。

久荒折糧科田科銀一分八釐五毫。

久荒折糧增田、餘田俱科銀一分三釐五毫。

沙壓折糧比田、投誠墾荒田俱科銀三分六毫有奇。

沙壓折糧餘田科銀一分六釐二毫。

沙壓折糧田科銀九釐。

草場田地六則：一則科租銀八分，一則科租銀六分五釐，一則科租銀六分，一則科租銀五分，一則科租銀四分，一則科租銀三分。

草場田并蘆地科租銀二分。

草場并灘地科租銀一分。

草場地二則：一則科租銀六釐，一則科租銀五釐。

草場溝埂基地科租銀二釐。

苜蓿地三則：一則科銀七分，一則科銀六分，一則科銀五分四釐。

田塘租地并未豁圈地科租銀五分。

攤徵屯丁銀一分九釐六毫有奇。

實徵銀一千七百九十六兩二分七釐九毫有奇。

攤徵屯丁銀一千八百四十七兩二分五釐。

共實徵銀三千六百四十三兩五分二釐九毫有奇。

實徵本色米五千九十五石三斗九升九合有奇。

外不在丁田徵解雜辦銀五百七兩七錢七釐五毫有奇。內房地租銀五百七兩五錢四分一釐八毫有奇，火藥銀一錢六分五釐七毫有奇。

句容縣

實在田地山塘蘆蕩草塌一萬四千五百頃七十二畝八分八釐有奇。

內則例　每畝計算

徵田科銀五分九釐六毫有奇，五銀一釐八毫有奇。米四升二合有奇，豆六勺有奇，五米一合八勺有奇。

荒田科荒白銀四分一釐二毫有奇。

徵地科銀二分六釐有奇，五銀八毫有奇。米一升八合有奇，豆二勺有奇，五米八勺有奇。

荒地科荒白銀二分八釐七毫有奇。

山科銀五釐四毫有奇，五銀一毫有奇。米三合八勺有奇，豆五抄有奇，五米一勺有奇。

塘科銀八釐七毫有奇，五銀二毫有奇。米六合三勺有奇，豆九抄有奇，五米二勺有奇。

蘆①蕩塌科銀八釐七毫有奇，五銀二毫有奇。米六合三勺有奇，豆九抄有奇，五米二勺有奇。

每兩攤徵人丁銀一錢二分二釐六毫有奇，匠班銀四釐八毫有奇。

實徵折色銀五萬五千四百一兩八錢七分六釐六毫有奇，遇閏加銀一千三百二十兩一錢七分六釐四毫有奇。

攤徵人丁銀六千七百九十六兩五錢，匠班銀二百六十九兩五錢五分。

除閏共實徵銀六萬二千四百六十七兩九錢二分六釐六毫有奇。

實徵本色米四萬二十九石一升九合有奇，遇閏加米一十八石六斗。豆五百七十四石三斗二升一合有奇。

外不在丁田徵解雜辦銀八百一十五兩九錢七分三釐八毫有奇。內草場租并丈增銀六百一十三兩一錢一分六釐一毫有奇，學租銀二百二兩八錢五分七釐七毫。

歸併省衛實在田地四十七頃七十九畝八分二釐有奇。

① 「蘆」，《四庫》本作「荒」。

内則例　每畝計算

比田、科田、增田、餘田科則，與歸併上元縣同。

久荒折糧比田科銀二分五釐。

久荒折糧科田科銀一分八釐五毫。

久荒坍江比田科銀二分六釐六毫有奇。

久荒坍江增田、餘田，俱科銀一分三釐五毫。

投誠開墾荒田科沙壓銀三分六毫有奇。

實徵銀七十兩五錢四分八釐六毫有奇。

實徵本色米二百二十九石五斗三升有奇。

溧水縣

實在田地山塘溝壩一萬九百七十四頃九十一畝四分四釐有奇。

内則例　每畝計算

徵田科銀八分二釐一毫有奇。米五合一勺有奇，豆八勺有奇。

荒田科荒白銀一分五釐九毫有奇。

廢田科荒白銀五釐三毫有奇。

湖灘草場科荒白銀三釐二毫。

徵地科銀二分六釐六毫有奇。米一合六勺有奇，豆二勺有奇。

荒地科銀一分三釐三毫有奇。米八勺有奇，豆一勺有奇。

山塘科銀七釐四毫有奇。米四勺有奇，豆七抄有奇。

溝壩科銀三釐七毫有奇。米二勺有奇，豆三抄有奇。

每兩攤徵人丁銀八分一釐二毫有奇，匠班銀二毫三絲有奇。

實徵折色銀五萬二千八百七十一兩五錢四分四釐有奇，遇閏加銀四百三兩一錢四分九釐五毫有奇。

攤徵人丁銀四千二百九十六兩二錢五分，匠班銀一十二兩二錢七分一釐五毫。

除閏共實徵銀五萬七千一百八十兩六分五釐五毫有奇。

實徵本色米三千三百一十三石六斗五升九合有奇，遇閏加米二十五石八斗。豆五百四十三石五升九合有奇。

外不在丁田徵解雜辦銀三百二兩八錢八分八毫有奇。內草場租并陞增銀九十兩一錢九分四釐六毫有奇，漁户銀一百五十兩五錢八分六釐七毫有奇，學租銀六十二兩九分九釐四毫。遇閏加銀四兩五錢八分七釐六毫有奇。

高淳縣

實在田地山塘柳墩草場七千三百四十四頃二十七畝一分二釐有奇。

内則例　每畝計算

熟田科銀八分九釐五毫有奇。米二合四勺有奇，豆一合五勺有奇。

荒田科銀一分一毫有奇。米二勺有奇，豆一勺有奇。

熟地科銀二分五釐四毫有奇。米七勺有奇，豆四勺有奇。

湖熟地科銀一分二釐二毫有奇。米三勺有奇，豆二勺有奇。

山塘柳墩科銀四釐有奇。米一勺有奇，豆七抄有奇。

草場地科銀五釐有奇。米一勺有奇，豆九抄有奇。

每兩攤徵人丁銀三分六釐一毫有奇，匠班銀七毫有奇。

實徵折色銀四萬二千九百四十五兩一錢一分二釐八毫有奇，遇閏加銀二百七十三兩五錢三分二釐三毫有奇。

攤徵人丁銀一千五百五十二兩六錢五分，匠班銀三十兩一錢五分。

除閏共實徵銀四萬四千五百二十七兩九錢一分二釐八毫有奇。

實徵本色米一千一百八十石七斗一升四合有奇，遇閏加米八石四斗。豆七百四十六石一斗九升七合有奇。

外不在丁田徵解雜辦銀六百七十一兩五分二釐四毫有奇。內草場租銀二百七十二兩四錢四分八釐，學租銀三十一兩九錢四釐，漁户出辦本折麻膠魚課鈔銀三百二兩八錢三分三釐一毫有奇，象湖租銀五十九兩五錢九分五毫，窑冶鈔銀七分六釐八毫有奇，義田租銀四兩二錢。遇閏加銀八兩四錢八分七釐四毫有奇。

江浦縣

實在田地山塘基蕩水漾泥灘二千三百八十二頃三十四畝有奇。

內則例　每畝計算

徵田科銀六分四釐八毫有奇，五銀一釐九毫有奇。米三升九合有奇，五米一合九勺有奇。

廢荒田科銀一分一釐九毫有奇，五銀三毫有奇。米七合三勺有奇，五米三勺有奇。

淹荒田科荒白銀二分五釐七毫。

高田科荒白銀一分四釐一毫有奇。

徵地科銀三分五釐二毫有奇。米二升一合有奇，五米一合有奇。

基地科銀二分八釐一毫有奇，五銀八毫有奇。米一升七合有奇，五米八勺有奇。

在鄉基地科銀一分四釐有奇，五銀四毫有奇。米八合六勺有奇，五米四勺有奇。

淹荒地科荒白銀一分一釐七毫有奇。

低窪地科荒白銀六釐七毫有奇。

山科銀一分一釐九毫有奇，五銀三毫有奇。米七合三勺有奇，五米三勺有奇。

荒山科銀五釐九毫有奇，五銀一毫有奇。米三合六勺有奇，五米一勺有奇。

塘科銀二分二釐九毫有奇，五銀六毫有奇。米一升四合有奇，五米六勺有奇。

荒塘科銀一分一釐四毫有奇，五銀三毫有奇。米七合有奇，五米三勺有奇。

水漾泥灘科荒白銀三釐。

每兩灘徵人丁銀一錢四分九釐一毫有奇，匠班銀三毫一絲有奇。

實徵折色銀一萬一千四百五十四兩七錢六分四釐二毫有奇，遇閏加銀八百四十二兩六錢四分五釐八毫有奇。

攤徵人丁銀一千七百八兩四錢，匠班銀三兩六錢三分六釐。

除閏共實徵銀一萬三千一百六十六兩八錢二毫有奇。

實徵本色米七千四十石三斗四升九合有奇，遇閏加米三石六斗。

外不在丁田徵解雜辦銀二百七十四兩七錢四釐三毫有奇。內草場租并陞增銀一百九十四兩五錢二分二釐七毫有奇，學租銀八十兩一錢八分一釐五毫有奇。

歸併省衛實在田地二千一十九頃五十畝一分有奇。

內則例　每畝計算

比田、科田、增田、餘田科則，與歸併上元縣同。

開墾營基地科銀一釐七毫有奇，米五升八合有奇。

坍江徵糧田科銀一毫二絲有奇，米四合一勺有奇。

坍江折色田科銀九毫五絲。

沙壓折銀比田科銀三分六毫有奇。

沙壓折糧科田科銀二分一釐二毫。

沙壓增田科銀一分六釐二毫。

沙壓折糧餘田二則：一則科銀一分六釐二毫，一則科銀一分三釐五毫。

沙壓折糧田科銀九釐。

投誠開墾田科沙壓銀三分六釐有奇。

久荒折糧比田二則：一則科銀一分八釐五毫，一則科銀一分三釐五毫。

久荒折糧增田、餘田，俱科銀一分三釐五毫。

久荒折色增田科銀一分六釐二毫有奇。

草場田二則：一則科銀八分，一則科銀六分。

草場地二十則：一則科銀五分三釐，一則科銀五分，一則科銀四分五釐，一則科銀四分，一則科銀三分，一則科銀二分八釐，一則科銀二分五釐，一則科銀二分，一則科銀一分七釐，一則科銀一分六釐，一則科銀一分五釐，一則科銀一分三釐，一則科銀一分二釐，一則科銀一分，一則科銀九釐，一則科銀八釐，一則科銀六釐，一則科銀五釐，一則科銀三釐，一則科銀二釐。

苜蓿田地科租銀七分。

租地科租銀五分。

每兩攤徵屯丁銀六錢四分三釐有奇。

實徵銀二千八十兩五錢六釐一毫有奇。

攤徵屯丁銀一千三百三十四兩五錢一分六釐五毫。

共實徵銀三千四百一十五兩二分二釐六毫有奇。

實徵本色米九千二百九十九石九斗二升四合有奇。

外不在丁田徵解雜辦銀一百四十兩七錢九分四釐八毫有奇。內蘆麥地租銀一十八兩一錢七分二釐五毫有奇，房地租銀一百一十三兩六錢九分七釐九毫，火藥銀八兩九錢二分四釐三毫有奇。

六合縣

實在田一千三十七頃五畝一分二釐有奇。

內則例　每畝計算

徵田科銀九分五釐四毫有奇，五銀九毫有奇。米二升一合有奇，五米九勺有奇。

軍馬田科銀一分七釐。

撒餘田科銀六分八釐三毫有奇。

荒白田科銀四分四釐。

每兩攤徵人丁銀二錢九分八釐六毫有奇，匠班銀九絲七忽有奇。

實徵折色銀九千二百九十九兩一錢八分五釐二毫有奇，遇閏加銀八百四十七兩二錢七釐四毫有奇。

攤徵人丁銀二千七百七十七兩五錢，匠班銀九錢九釐。

除閏共實徵銀一萬二千七十七兩五錢九分四釐二毫有奇。

實徵本色米二千一百四石六斗二升有奇，遇閏加米九石六斗。

外不在丁田徵解雜辦銀一千一十四兩二錢七分八毫有奇。內商稅并昌平州銀八十七兩四錢九分九釐六毫，草場租并陞增銀五百九十五兩八錢二分五釐七毫有奇，漁户出辦銀六兩二錢四釐八毫有奇，桅鈔銀三十二兩七錢六分六釐六毫，餘鈔銀三十三兩六錢五分二釐四毫，商稅協濟銀二百一十三兩四錢九分二釐六毫，學租銀四十四兩八錢二分九釐。遇閏加銀一錢七分七釐有奇。

歸併省衛實在田地七千五百八十七頃三十二畝二分九釐有奇。

內則例　每畝計算

比田、科田、增田、餘田科則，與歸併上元縣同。

又科田一則：科銀五釐九毫有奇，米三升二合有奇。

久荒比田、科田、增田、餘田科則，與歸併江寧縣同。

又久荒科田一則：科銀二分六釐六毫。

又久荒餘田一則：科銀一分六釐二毫。

沙壓科田、餘田俱科銀一分六釐二毫。

投誠開墾荒田并教場地科銀三分六毫有奇。

草場田八則：一則科銀八分，一則科銀六分，一則科銀五分，一則科銀四分，一則科銀三分五釐，一則科銀三分二釐，一則科銀三分，一則科銀二分五釐。

草場田地溝埂塘沙灘科租銀二分一釐。

草場營基地科火藥銀二分一釐。

草場田地塘并荒地科租銀二分。

草場田地五則：一則科租銀一分五釐，一則科租銀一分，一則科租銀五釐，一則科租銀三釐，一則科租銀二釐。

流塘田科銀四分。

田塘租地科銀五分。

每兩攤徵屯丁銀四錢八分七釐一毫有奇。

實徵銀九千一百四兩八錢五分五釐二毫有奇。

攤徵屯丁銀四千四百三十四兩三錢三分一毫有奇。

共實徵銀一萬三千五百三十九兩一錢八分五釐三毫有奇。

實徵本色米三萬九千八百三十九石一斗九升三合有奇。

外不在丁田徵解雜辦銀三百三十五兩六錢九分一釐九毫有奇。内房田地租銀一百三十八兩八錢七分九毫有奇，集租銀一百七十八兩四錢九分九釐，火藥銀一十八兩三錢二分二釐有奇。

蘇州府

國朝原額田地山蕩塹漊灘塗九萬五千四百七十一頃三十三畝六分六釐有奇，屋基一百六十二間半。

節年坍荒田地七百一十四頃三十一畝有奇。

節年陞增田地等五千九十四頃三畝九分九釐有奇。

雍正二年，分太倉州爲直隸，領崇明、嘉定二縣，額減田蕩塗三萬七千八十五頃八十六畝五分九釐有奇。

十三年，劃隸通州沙地九十九頃八十畝二分一釐有奇。

雍正十三年，實在田地山蕩灘等六萬二千六百六十五頃三十九畝八分五釐有奇，屋基一百六十二間半。

實徵折色等銀，内除雍正三年蒙恩免浮糧銀一十九萬九千九百八兩八錢三分四釐九毫外，實徵銀六十五萬二百五十三兩六錢五釐二毫有奇，遇閏加銀六千二百三十五兩八錢六分七釐四毫有奇。

攤徵人丁銀一萬五千一百七十六兩三錢八分六釐八毫有奇，遇閏加銀五百五十七兩二錢四釐有奇。匠班銀二千九百六十二兩七錢七分三釐四毫有奇。

除閏共實徵銀六十六萬八千三百九十二兩七錢六分五釐四毫有奇。

實徵本色米九十一萬七千十石六斗一升五合有奇，遇閏加米一千二十五石二斗九升二合有奇。

麥一千七百六十五石七斗五升六合有奇，豆六百六十二石三斗六升九合有奇。

外不在丁田徵解雜辦銀二千二百五十四兩九錢九分二釐八毫有奇。

長洲縣

實在田地山蕩七千一百七十八頃四十六畝一分三釐有奇。

內則例　每畝計算

官田二則：一則三斗七升五合，一則三斗。

民田十七則：一則二斗八升，一則二斗六升，一則二斗五升，一則二斗三升，一則二斗，一則一斗八升，一則一斗六升，一則一斗五升，一則一斗四升五合，一則一斗四升，一則一斗三升六合七勺，一則一斗三升，一則一斗二升，一則一斗一升一合，一則一斗九合，一則一斗三合五勺，一則一斗三合。

地四則：一則三斗七升五合，一則二斗八升，一則一斗三升一合五抄，一則五升。

水塹一則：一斗三升三合。

蕩九則：一則一斗，一則七升，一則六升五合五勺，一則五升，一則四升四合，一則四升一合，一則三升五合，一則三升三合，一則三升。

山蕩三則：一則三升，一則二升，一則一升五合。

每石驗派稅糧除減賦外，實徵銀二錢三分五釐七毫有奇，十銀四分三毫有奇。本色米五斗六合有奇，豆三勺八抄有奇，麥一合一抄有奇。五米二升一勺有奇。

荒田平米每石折徵荒銀除減賦外，實徵銀三錢七分九釐六毫有奇。

每畝派地畝銀六釐六毫有奇，徭里銀一分三釐一毫有奇。

每石攤徵人丁銀八釐七毫有奇，匠班銀一釐四毫有奇。

實徵折色銀八萬一千五百八十五兩四分二毫有奇，遇閏加銀八百二十九兩九錢二分三釐三毫有奇。

攤徵人丁銀一千九百三十七兩九錢一分七釐四毫有奇，遇閏加銀七十四兩五錢五分七釐二毫有奇。匠班銀三百一十二兩七錢。

除閏共實徵銀八萬三千八百三十五兩六錢五分七釐六毫有奇。

實徵本色米一十一萬八千三百五十一石三斗六升三合有奇，遇閏加米一百六十一石七斗三升六合有奇。麥二百二十三石八斗五升九合有奇，豆八十三石九斗七升六合有奇。

元和縣

實在田地山蕩漊六千一百六十六頃九十三畝六分九釐有奇。

内則例　每畝計算

官田二則：一則三斗七升五合，一則三斗。

民田十八則：一則二斗八升，一則二斗六升一合七勺，一則二斗六升，一則二斗五升，一則二斗三升，一則二斗，一則一斗八升七合五勺，一則一斗八升，一則一斗六升，一則一斗五升，一則一斗三升，一則一斗二升五合八勺，一則一斗二升五合，一則一斗二升，一則一斗一升九合，一則一斗一升三合，一則一斗九合，一則一斗三合。

地五則：一則三斗七升五合，一則二斗八升，一則一斗三升一合五抄，一則六斗，一則四斗。

塹一則：一斗三升三合。

漊一則：一斗二升二合。

蕩八則：一則一斗，一則七升，一則四升二合，一則四升一合，一則三升五合，一則三升三合，一則三升，一則二升。

山蕩二則：一則三升，一則一升五合。

每石驗派稅糧除減賦外，實徵銀二錢三分五釐七毫有奇，十銀四分三毫有奇。本色米五斗六合有奇，豆三勺八抄有奇，麥一合一抄有奇，五米五升一勺有奇。

荒田平米每石折徵荒銀除減賦外，實徵銀三錢七分九釐六毫有奇。

每畝派地畝銀六釐六毫有奇，徭里銀一分三釐一毫有奇。

每石攤徵人丁銀九釐一毫有奇，匠班銀一釐七毫有奇。

實徵折色銀七萬一千九百一十二兩九錢九分五釐四毫有奇，遇閏加銀七百六十七兩九錢七分八釐四毫有奇。

攤徵人丁銀一千九百五十五兩一錢二分二釐七毫有奇，遇閏加銀七十五兩二錢二分二釐七毫有奇。匠班銀三百六十八兩六錢。

除閏共實徵銀七萬四千二百三十六兩七錢一分八釐一毫有奇。

實徵本色米一十一萬二千五百五十九石三斗四升七合有奇，遇閏加米一百五十四石四斗八升一合有奇。麥二百一十七石一斗一升四合有奇，豆八十一石四斗四升六合有奇。

外不在丁田徵解寶帶橋罾網租銀二兩五錢。

吴縣

實在田地山蕩七千一百七十五頃八十九畝五分一釐有奇。

内則例　每畝計算

田三則：一則三斗四升四合，一則一斗七升二合，一則一斗。

地十則：一則八斗五升六合，一則三斗，一則二斗八升四合，一則二斗五升，一則二斗三升，一則二斗，一則一斗五升，一則六升三合一勺，一則五升，一則一升五合。

山三則：一則五升三合五勺，一則三升二合一勺，一則一升五合。

蕩七則：一則二斗五升，一則二斗，一則一斗五升，一則一斗，一則五升，一則三升，一則一升五合。

每石驗派税糧除減賦外，實徵銀二錢五分一釐五毫。漕贈十銀三分八釐有奇。本色米四斗七升九合五勺有奇，豆三勺六抄有奇，麥九勺六抄有奇，五米一升九合有奇。

田地并折實山蕩每畝驗派地畝銀六釐四毫有奇，傜里銀一分九釐九毫有奇。

每平米一石，攤徵人丁銀二分六釐四毫有奇，匠班銀四釐九毫有奇。

實徵折色銀六萬一千六百九十六兩二錢八分九釐九毫有奇，遇閏加銀八百六十五兩九錢二分六釐五毫有奇。

攤徵人丁銀四千七兩四錢九分三釐八毫有奇，遇閏加銀一百六十八兩一錢一分一毫有奇。匠班銀七百五十一兩九錢五分。

除閏共實徵銀六萬六千四百五十五兩七錢三分三釐七毫有奇。

實徵本色米七萬八千二百四十七石八斗二升六合有奇，遇閏加米七十三石二斗一升一合有奇。麥一百五十一石八斗六升八合有奇，豆五十六石九斗七升有奇。

外不在丁田徵解雜辦銀二千二百四兩九錢二分六釐八毫有奇。內徵解義租抵給白糧經費銀一千九百八十六兩五錢七分一釐。又義租抵給南豆貼役銀二百五兩九分六釐二毫有奇。蘇州衛官署基地陞科銀一十三兩二錢五分九釐六毫有奇。

吴江縣

實在田蕩六千四百五頃七十四畝六釐有奇。

內則例　每畝計算

田六則：一則三斗六升六勺六撮，一則三斗，一則二斗五升，一則二斗，一則一斗五升，一則一斗。

蕩三則：一則七升，一則五升，一則三升。

每石驗派稅糧除減賦外，實徵銀二錢六分七釐四毫有奇，十銀三分九釐六毫有奇。徵米四斗九升四合九勺有奇，豆三勺七抄有奇，麥一合有奇，五米一升九合八勺有奇。

田并折實蕩每畝派地畝銀六釐九毫有奇，徭里銀一分二釐三毫有奇。

每平米一石，攤徵人丁銀八釐九毫有奇，匠班銀一釐七毫有奇。

實徵折色銀七萬三千四百七十九兩三錢一分八釐五毫有奇，遇閏加銀五百三十七兩一錢一分六毫有奇。

攤徵人丁銀一千八百一十六兩九錢一分八釐二毫有奇，遇閏加銀七十一兩八錢四分一釐有奇。

匠班銀三百五十四兩一錢五分。

除閏共實徵銀七萬五千六百五十兩三錢八分六釐七毫有奇。

實徵本色米一十萬四千五百九十二石五斗一升有奇，遇閏加米六十六石六升六合有奇。麥二百三石一斗八升五合有奇，豆七十六石三斗八升九合有奇。

外不在丁田徵解沐莊銀四十七兩五錢六分六釐。

震澤縣

實在田蕩六千八百二十五頃五十六畝六分七釐有奇。

内則例　每畝計算

田六則：一則三斗六升六勺六撮九圭，一則三斗，一則二斗五升，一則二斗，一則一斗五升，一則一斗。

蕩三則：一則七升，一則五升，一則三升。

每石驗派税糧除減賦外，實徵銀二錢六分七釐四毫有奇，十銀三分九釐六毫有奇。徵米四斗九升四合九勺有奇，豆三勺七抄有奇，麥一合有奇，五米一升九合八勺有奇。

田及折實蕩每畝派地畝銀六釐九毫有奇，傜里銀一分二釐三毫有奇。

每平米一石，攤徵人丁銀九釐五毫有奇，匠班銀一釐七毫有奇。

實徵折色銀八萬三十七兩七錢三分四毫有奇，遇閏加銀五百八十四兩二錢三分三釐二毫有奇。攤徵人丁銀二千一百三兩八錢八分二釐六毫有奇，遇閏加銀八十三兩二錢二釐五毫有奇。匠班銀三百九十兩六錢。

除閏共實徵銀八萬二千五百三十二兩二錢一分三釐有奇。

實徵本色米一十一萬四千三石一斗三升有奇，遇閏加米七十石二斗一升六合有奇。麥二百二十一石三斗六合有奇，豆八十二石八斗三升二合有奇。

常熟縣

實在田地蕩灘九千三百九十二頃一十一畝一分七釐有奇，屋基一百六十二間半。

内則例　每畝計算

田四則：一則三斗二升，一則二斗五升，一則二斗三升，一則一斗九升。

地一則：六升三合三勺。

蕩一則：三升。

灘八則：一則一斗八升，一則一斗六升，一則一斗五升，一則一斗二升，一則一斗，一則九升，一則五升二合，一則五升。

每石驗派税糧除減賦外，實徵銀二錢六分九釐八毫，十銀四分一毫有奇。本色米四斗九升七合三勺有奇，豆三勺七抄有奇，麥一合有奇，五米二升五抄有奇。

田並折實地蕩灘每畝驗派地畝銀六釐八毫有奇，傜里銀七釐五毫有奇。

每平米一石，攤徵人丁銀四釐三毫有奇，匠班銀一釐一毫有奇。

實徵折色銀八萬一千五百一十二兩八錢六分二釐一毫有奇，遇閏加銀六百二十九兩七錢五分八毫有奇。

攤徵人丁銀九百六十四兩一錢一分七釐有奇，遇閏加銀一十九兩四錢三分一釐五毫有奇。匠班銀二百五十兩四錢九分一釐七毫有奇。

除閏共實徵銀八萬二千七百二十七兩四錢七分八毫有奇。

實徵本色米一十一萬二千五百九十八石五斗二升一合有奇，遇閏加米八十二石一斗八升九合有奇。麥二百二十石九升六合有奇，豆八十二石五斗六升五合有奇。

昭文縣

實在田地蕩灘七千八百三頃二十四畝九分八釐有奇。

內則例　每畝計算

田四則：一則三斗二升，一則二斗五升，一則二斗三升，一則一斗九升。

地二則：一則八升，一則六升三合三勺。

蕩一則：三升。

灘七則：一則一斗八升，一則一斗六升，一則一斗五升，一則一斗，一則九升，一則五升二合，一則五升。

每石除減賦外，驗派稅糧銀二錢六分九釐八毫有奇，十銀四分一毫有奇。本色米四斗九升七合三勺有奇，豆三勺七抄有奇，麥一合有奇，五米二升五抄有奇。

田並折實地蕩灘每畝驗派地畝銀六釐八毫有奇，徭里銀七釐五毫有奇。

每平米一石，攤徵人丁銀四釐一毫有奇，匠班銀一釐一毫有奇。

實徵折色銀六萬七千三十四兩四錢九分三釐四毫有奇，遇閏加銀五百一十三兩九錢九分四釐八毫有奇。

攤徵人丁銀七百四十兩一錢六分九釐七毫有奇，遇閏加銀一十五兩五分四釐五毫有奇。匠班銀一百九十九兩四錢八分一釐六毫有奇。

除閏共實徵銀六萬七千九百七十四兩一錢四分四釐七毫有奇。

實徵本色米九萬一千八百四十八石四斗二升九合有奇，遇閏加米六十七石五升九合有奇。麥一百七十九石五斗九合有奇，豆六十七石三斗三升九合有奇。

昆山縣

實在田地蕩五千七百四十三頃七十五畝八分一釐有奇，又蘆草田地蕩二百五十二頃二畝五分八釐有奇。

内則例　每畝計算

田二十四則：一則三斗三升五合，一則三斗二合六勺，一則三斗，一則二斗八升，一則二斗六升一合，一則二斗五升六勺，一則二斗五升，一則二斗二升七合，一則二斗二升二合五勺，一則二斗二升，一則二斗一升二合，一則二斗八合七勺，一則二斗，一則一斗八升，一則一斗七升，一則一斗五升九合四勺，一則一斗五升三合，一則一斗五升，一則一斗四升三合一勺六抄，一則一斗四升一合三勺，一則一斗二升五合六勺八抄，一則一斗，一則八升，一則五升。

地三則：一則二斗二升，一則一斗三升一合五抄，一則一斗三升。

蕩三十三則：一則三斗三升五合，一則三斗三升，一則三斗二升五合二勺一抄，一則三斗，一則二斗九升八勺五抄，一則二斗八升，一則二斗六升二合三勺，一則二斗五升，一則二斗二升，一則二斗三合九勺，一則二斗，一則一斗九升，一則一斗八升三合，一則一斗八升二合五勺，一則一斗八升，一則一斗七升，一則一斗六升，一則一斗五升，一則一斗四升一合三勺，一則一斗四升，一則一斗三升，一則一斗二升，一則一斗一升，一則一斗，一則九升六合三勺，一則八升，一則七升五合，一則七升，一則六升，一則五升三合三勺，一則五升，一則三升二合三勺，一則三升。

每石驗派稅糧除減賦外，實徵銀二錢八分一釐四毫有奇，十銀三分九釐二毫有奇。本色米四斗八升五合五勺有奇，豆三勺七抄有奇，麥九勺九抄有奇，五米一升九合六勺有奇。

田地並折實蕩每畝派地畝銀六釐七毫有奇，徭里銀一分二毫有奇。

每平米一石，攤徵人丁銀四釐七毫有奇，匠班銀九毫六絲有奇。

實徵折色銀六萬六千五百九十九兩四錢五釐七毫有奇，遇閏加銀七百五十四兩八分九釐四毫有奇。

攤徵人丁銀八百三十七兩四錢四分二釐有奇，遇閏加銀二十五兩二錢五分六釐二毫有奇。匠班銀一百六十九兩六錢。

除閏共實徵銀六萬七千六百六兩四錢四分七釐七毫有奇。

實徵本色米八萬八千六百四十五石九斗四合有奇，遇閏加米一百七十四石二斗六升九合有奇。麥一百七十三石八斗四升四合有奇，豆六十五石二斗一升四合有奇。

新陽縣

實在田地蕩五千五百七十七頃二十二畝三分三釐有奇，又蘆草田地蕩一百四十四頃四十二畝八分五釐有奇。

内則例　每畝計算

田二十一則：一則三斗三升五合，一則三斗二合六勺，一則三斗，一則二斗八升，一則二斗五升五合，一則二斗五升六勺，一則二斗五升，一則二斗二升七合，一則二斗二升二合五勺，一則二斗二升，一則二斗，一則一斗八升，一則一斗七升，一則一斗五升九合四勺，一則一斗五升，一則一斗四升一合三勺，一則一斗二升五合六勺八抄，一則一斗，一則八升，一則五升，一則三升。

地三則：一則二斗二升，一則一斗三升一合五抄，一則一斗三升。

蕩二十五則：一則三斗三升五合，一則三斗，一則二斗九升八勺五抄，一則二斗八升，一則二斗七升九合五勺，一則二斗六升二合三勺，一則二斗五升，一則二斗三升，一則二斗二升，一則二斗一升，一則二斗，一則一斗八升，一則一斗七升，一則一斗五升，一則一斗四升一合三勺，一則一斗四升，一則一斗三升，一則一斗二升，一則一斗，一則八升，一則七升，一則六升，一則五升七合，一則五升，一則三升。

每石驗派税糧除减賦外，實徵銀二錢八分一釐四毫有奇，十銀三分九釐二毫有奇。本色米四斗八升五合五勺有奇，豆三勺七抄有奇，麥九勺九抄有奇，五米一升九合六勺有奇。

田地並折實蕩每畝派地畝銀六釐七毫有奇，傜里銀一分二毫有奇。

每平米一石，攤徵人丁銀四釐六毫有奇，匠班銀九毫三絲有奇。

實徵折色銀六萬六千三百九十五兩四錢六分九釐有奇，遇閏加銀七百五十二兩八錢六分一毫有奇。

攤徵人丁銀八百一十三兩三錢二分二釐九毫有奇，遇閏加銀二十四兩五錢二分七釐八毫有奇。

匠班銀一百六十五兩二錢。

除閏共實徵銀六萬七千三百七十三兩九錢九分一釐九毫有奇。

實徵本色米八萬九千二百二十三石五斗八升五合有奇，遇閏加米一百七十六石六升三合有奇。

麥一百七十四石九斗七升五合有奇，豆六十五石六斗三升八合有奇。

松江府

國朝原額田地山蕩水漊四萬二千五百二十一頃六十八畝九分有奇。各科則不等，折實田四萬一千四百二十四頃五十七畝二分四釐有奇。

節年開除坍荒及公占田地七百九十一頃三十三畝九釐有奇。

節年增陞田地二百四十二頃二十四畝五分五釐有奇。

雍正十三年，實在田地等四萬八百七十五頃四十八畝七分有奇。

實徵折色等銀，内雍正三年蒙恩免浮糧銀除一十五萬兩外，實徵銀五十二萬八十一兩一錢四分一釐有奇，遇閏加銀二千七百八十二兩一錢七釐四毫有奇。

攤徵人丁銀四千四百八十四兩三錢六分五釐四毫有奇，遇閏加銀一百二十七兩一錢八分五釐八毫有奇。匠班銀六百八十一兩二錢七分八釐四毫。

除閏共實徵銀五十二萬五千二百四十六兩七錢八分四釐八毫有奇。

實徵本色米四十四萬三千二百九十六石四斗七升五合有奇。遇閏以增抵減外，仍減米四百五十石四斗三升七合有奇。

外不在丁田雜辦除義米折外，實徵銀一千四百一十七兩一錢四釐五毫有奇。

華亭縣

實在田地等五千二百八十六頃六十畝四分六釐有奇。

內則例　每畝計算

上鄉熟田科平米三斗六升五合。

中鄉熟田科平米三斗二升。

下鄉熟田科平米二斗七升五合。

低薄田每一畝五分，准熟田一畝。

新荒田每二畝，准熟田一畝。

舊荒田每三畝，准熟田一畝。

得業蕩科平米一斗五升，每二畝准熟田一畝。

柴蕩科平米一斗，每三畝准熟田一畝。

草蕩水漊科平米五升，每六畝准熟田一畝。

折糧項下，上鄉止五錢折糧熟田，中鄉、下鄉有五錢折糧熟田原折四錢，今復五錢折糧熟田，及不等田蕩，科糧與徵糧項下同。

內護塘之外，去海略遠，原折四錢，今復五錢折糧。不耗熟田，外護塘之內，切近於海，四錢折糧。斥鹵起運熟田，斥鹵存留熟田，俱科二斗四升五合。加科得業蕩每一畝四分，准熟田一畝。

每徵糧平米一石，科税糧除減賦外，實徵銀三錢一分六釐四毫有奇，十銀三分一釐五毫有奇。本色米四斗三升六合四勺有奇，五米一升五合七勺有奇。

每五錢折糧平米一石，科稅糧除減賦外，實徵銀四錢九分八釐四毫有奇。

每原折四錢今復五錢折糧平米一石，科稅糧除減賦外，實徵銀四錢七分六釐八毫有奇。

每斤鹵起運四錢折糧平米一石，派稅糧除減賦外，實徵銀四錢五分五毫有奇。

每斤鹵存留四錢折糧平米一石，派稅糧除減賦外，實徵銀三錢五分八釐九毫有奇，徭里銀九釐三毫有奇。

折實田每畝驗派地畝除減賦外，實徵銀七釐一毫有奇。

准熟折實田每畝攤徵人丁銀一釐有奇，匠班銀一毫有奇。

實徵折色銀六萬八千三百七十二兩三錢二分九釐一毫有奇，遇閏加銀三百七十一兩五錢九分有奇。

攤徵人丁銀五百五十一兩七分三釐一毫有奇，遇閏加銀一十八兩七錢四分六釐二毫有奇。匠班銀九十九兩二錢七分七釐二毫。

除閏共實徵銀六萬九千二十二兩六錢七分九釐五毫有奇。

實徵本色米五萬六千四百九十七石七斗四升二合有奇，遇閏以增抵減外仍減米六十三石五斗五升九合有奇。

外不在丁田雜辦除義米折外，實徵銀三百三十兩八分八釐。內漁課銀七十三兩二錢，門攤課鈔銀二百五十六兩八錢八分八釐。

奉賢縣

實在田地等五千二百四十八頃六十五畝四分六釐有奇。

內則例　每畝計算

徵糧項下，中鄉熟田科平米三斗二升。

下鄉熟田科平米二斗七升五合。

加科低田每一畝四分，准熟田一畝。

低薄田每一畝五分，准熟田一畝。

山每二畝，准熟田一畝。

新荒田每二畝，准熟田一畝。

舊荒田每三畝，准熟田一畝。

得業蕩科平米一斗五升，每二畝准熟田一畝。

柴蕩科平米一斗，每三畝准熟田一畝。

草蕩水漊科平米五升，每六畝准熟田一畝。

折糧項下，下鄉有五錢，并原折四錢今復五錢，其准熟田畝科與徵糧項下同。

外護塘之内，切近於海，四錢折糧，斥鹵田科二斗四升五合。

每徵糧平米一石，科税糧除減賦外，實徵銀三錢一分六釐四毫有奇，十銀三分一釐五毫有奇。

本色米四斗三升六合四勺有奇，五米一升五合七勺有奇。

每五錢折糧平米一石，科税糧除減賦外，實徵銀四錢九分八釐四毫有奇。

每原折四錢今復五錢折糧平米一石，科税糧除減賦外，實徵銀四錢七分六釐八毫有奇。

每斥鹵存留四錢折糧平米一石，派税糧除減賦外，實徵銀三錢五分八釐九毫有奇。

折實田每畝驗派地畝除減賦外，實徵銀七釐一毫有奇，徭里銀九釐三毫有奇。

准熟折實田每畝攤徵人丁銀一釐有奇，匠班銀一毫有奇。

實徵折色銀六萬六千三百七十一兩七錢六分一釐三毫有奇，遇閏加銀三百六十一兩八錢六分四釐四毫有奇。

攤徵人丁銀五百四十七兩一錢一分八釐五毫有奇，遇閏加銀一十八兩四錢九分八釐六毫有奇。

匠班銀一百一十二兩二分八釐四毫。

除閏共實徵銀六萬七千三十兩九錢八釐二毫有奇。

實徵本色米四萬九千六十六石六斗二升四合有奇，遇閏以增抵減外，仍減米五十五石二斗一合有奇。

外不在丁田除義米折外，實徵漁課銀七十二兩一錢七分五釐六毫。

婁縣

實在田地等四千五百八十二頃七十二畝一分九釐有奇①。

內則例　每畝計算

徵糧項下，上鄉熟田科平米三斗六升五合。

中鄉熟田科平米三斗二升。

下鄉熟田科平米二斗七升五合。

加科低田每一畝四分，准熟田一畝。

低薄田每一畝五分，准熟田一畝。

山二畝，准熟田一畝。

① 《四庫》本無「有奇」二字。

新荒田每二畝，准熟田一畝。

舊荒田每三畝，准熟田一畝。

得業蕩科平米一斗五升，每二畝准熟田一畝。

柴蕩科平米一斗，每三畝准熟田一畝。

草蕩水漊科平米五升，每六畝准熟田一畝。

折糧項下，上鄉止五錢折糧熟田，中鄉、下鄉有五錢折糧熟田原折四錢，今復五錢熟田，及不等田蕩，科糧與徵糧項下同。

每徵糧平米一石，科税糧除減賦外，實徵銀三錢一分六釐四毫有奇，十銀三分二釐三毫有奇。

本色米四斗三升四合八勺有奇，五米一升六合一勺有奇。

每五錢折銀平米一石，科税糧除減賦外，實徵銀四錢九分七釐五毫有奇。

每原折四錢今復五錢折糧平米一石，科税糧除減賦外，實徵銀四錢七分五釐九毫有奇。

每斤鹵存留四錢折糧平米一石，派税糧除減賦外，實徵銀三錢五分八釐有奇。

每准熟田一畝，除減賦外，驗派地畝銀七釐一毫有奇，傜里銀九釐三毫有奇。

准熟折實田每畝攤徵人丁銀一釐二毫有奇，匠班銀一毫四絲有奇。

實徵折色銀六萬六千六百七十六兩一錢二分五釐三毫有奇，遇閏加銀三百四十四兩一分二釐三毫有奇。

攤徵人丁銀五百五十七兩三錢四分六毫有奇，遇閏加銀一十七兩八錢四分三釐五毫有奇。匠班銀六十二兩八錢四分五釐二毫。

除閏共實徵銀六萬七千二百九十六兩三錢一分一釐二毫有奇。

實徵本色米六萬二千二十石一斗八升八合有奇，遇閏以增抵減外，仍減米八十一石七斗六升五合有奇。

外不在丁田雜辦除義米折外，實徵銀五百一十一兩八錢八分三釐。內漁課銀九十二兩六錢八分四釐，門攤課鈔銀四百一十九兩一錢九分九釐。

金山縣

實在田地等三千七百二十頃九十八畝四分四釐有奇。

內則例　每畝計算

徵糧項下，上鄉熟田科平米三斗六升五合。

中鄉熟田科平米三斗二升。

下鄉熟田科平米二斗七升五合。

加科低田每一畝四分，准熟田一畝。
低薄田每一畝五分，准熟田一畝。
山二畝，准熟田一畝。
新荒田每二畝，准熟田一畝。
舊荒田每三畝，准熟田一畝。
得業蕩科平米一斗五升，每二畝准熟田一畝。
草蕩水漊科平米五升，每六畝准熟田一畝。
柴蕩科平米一斗，每三畝准熟田一畝。
折糧項下，上鄉止五錢折糧熟田，中鄉、下鄉有五錢折糧熟田原折四錢，今復五錢熟田，及不等田蕩，科糧與徵糧項下同。
内護塘之外，去海略遠，原折四錢今復五錢折糧。不耗熟田，外護塘之内，切近於海，四錢折糧。斥鹵起運熟田、斥鹵存留熟田，俱科平米二斗四升五合。
加科得業蕩每一畝四分，准熟田一畝。
每徵糧平米一石，科税糧除减賦外，實徵銀三錢一分六釐四毫有奇，十銀三分二釐三毫有奇。本色米四斗三升四合八勺有奇，五米一升六合一勺有奇。
每五錢折糧平米一石，科税糧除减賦外，實徵銀四錢九分七釐五毫有奇。

每原折四錢今復五錢折糧平米一石，科稅糧除減賦外，實徵銀四錢七分五釐九毫有奇。每斥鹵起運四錢折糧平米一石，派稅糧除減賦外，實徵銀四錢四分九釐八毫有奇。每斥鹵存留四錢折糧平米一石，派稅糧除減賦外，實徵銀三錢五分八釐有奇。折實田每畝驗派地畝除減賦外，實徵銀七釐一毫有奇，徭里銀九釐三毫有奇。准熟折實田每畝攤徵人丁銀一釐二毫有奇，匠班銀一毫八絲有奇。

實徵折色銀四萬八千六百六十一兩五錢九分九釐七毫有奇，遇閏加銀二百六十二兩一錢四分五釐七毫有奇。

攤徵人丁銀四百五十二兩五錢四分一釐三毫有奇，遇閏加銀一十一兩二錢五分一釐四毫有奇。匠班銀六十七兩八錢五分四釐六毫。

除閏共實徵銀四萬九千一百八十一兩九錢九分五釐七毫有奇。

實徵本色米四萬九千八百九十三石五斗三升六合有奇，遇閏以增抵減外，仍減米五十九石六斗五升二合有奇。

外不在丁田除義米折外，實徵漁課銀八十六兩二錢七分四釐。

上海縣

實在田地等七千六百二十九頃四畝八分二釐有奇。

内則例　每畝計算

徵糧項下，上鄉熟田科平米二斗九升五合。

下鄉熟田科平米二斗三升五合。

各鄉傍浦留步熟田每一畝四分，准熟田一畝。

低薄田每一畝五分，准熟田一畝。

傍浦留步低薄田每二畝一分，准熟田一畝。

得業蕩每二畝，准熟田一畝。

傍浦留步得業蕩每二畝八分，准熟田一畝。

柴蕩每三畝，准熟田一畝。

傍浦留步柴蕩每四畝二分，准熟田一畝。

草蕩水漊每六畝，准熟田一畝。

傍浦留步草蕩每八畝四分，准熟田一畝。

以上俱科平米三斗。

護塘外熟田，科平米二斗五合。

折糧項下，上鄉熟田、低薄田，下鄉得業蕩、柴蕩、草蕩，科則准熟田，俱與徵糧上、下鄉相同。

陞科新墾城濠官地科五升，每六畝准熟田一畝。

每徵糧平米一石，除減賦外，實徵税糧三錢三分九釐八毫有奇，十銀二分九釐八毫有奇。

本色米四斗八合三勺有奇，五米一升四合九勺有奇。

每折糧平米一石，驗派税糧除減賦外，實徵銀四錢九分三釐有奇。

每畝科徭里銀八釐九毫有奇。

九釐地畝除減賦外，實徵銀七釐八絲有奇。

每畝攤徵人丁銀一釐一毫有奇，匠班銀一毫有奇。

實徵折色銀九萬八千五百三十六兩六錢二分八釐七毫有奇，遇閏加銀四百八十一兩三錢七分二釐七毫有奇。

攤徵人丁銀八百三十七兩一錢四分四釐二毫有奇，遇閏加銀一十九兩二錢九分一釐六毫有奇。

匠班銀一百一十三兩八錢五分。

除閏共實徵銀九萬九千四百八十七兩六錢二分二釐九毫有奇。

實徵本色米七萬三千二百七十三石七斗一合有奇，遇閏以增抵減外，仍減米三十一石二斗四升四合有奇。

外不在丁田雜辦除義米折外，實徵銀一百三十二兩八錢四分四釐六毫有奇。內漁課銀四十八兩八錢四分四釐六毫有奇，門攤課鈔銀八十四兩。

南匯縣

實在田地等七千三十四頃二十五畝九分八釐有奇。

內則例　每畝計算

徵糧項下，上鄉熟田科平米二斗九升五合。

下鄉熟田科平米二斗三升五合。

各鄉傍浦留步熟田每一畝四分，准熟田一畝。

低薄田每一畝五分，准熟田一畝。

傍浦留步低薄田每二畝一分，准熟田一畝。

得業蕩科平米一斗五升，每二畝准熟田一畝。

柴蕩科平米一斗，每三畝准熟田一畝。

草蕩科平米五升，每六畝准熟田一畝。

護塘外熟田科平米二斗五合。

折糧項下，下鄉熟田科平米二斗三升五合。

每徵糧平米一石，除減賦外，實徵稅糧銀三錢三分九釐八毫有奇，十銀二分九釐八毫有奇。

本色米四斗八合三勺有奇，五米一升四合九勺有奇。

每折糧平米一石，科稅糧除減賦外，實徵銀四錢九分三釐有奇。

每畝科傜里銀八釐九毫有奇。

九釐地畝除減賦外，實徵銀七釐八絲有奇。

每畝攤徵人丁銀一釐一毫有奇，匠班銀一毫有奇。

實徵折色銀七萬三千七百九十一兩二錢七分一釐九毫有奇，遇閏加銀四百五十一兩二錢六毫有奇。

攤徵人丁銀七百九十兩八分一釐五毫有奇，遇閏加銀一十八兩二錢一分一釐七毫有奇。匠班銀一百二十二兩九錢五分八釐。

除閏共實徵銀七萬四千七百四兩三錢一分一釐四毫有奇。

實徵本色米七萬六百一十七石三斗六升七合有奇，遇閏以增抵減外，仍減米三十石一斗一升七合有奇。

外不在丁田雜辦除義米折外，實徵銀六十八兩七錢七分。內漁課銀五十二兩八錢，門攤課鈔銀一十五兩九錢七分。

青浦縣

實在田地等三千二百一十五頃九十畝六分有奇。

內則例　每畝計算

徵糧項下，華上鄉熟田科平米三斗六升五合。

華中鄉熟田科平米三斗二升。

各鄉低薄田、山新荒田、舊荒田，得業蕩、柴蕩、草蕩、水漊科則及准熟田，俱與華亭縣相同。

海上鄉熟田科平米二斗九升五合。

低薄田、新荒田、舊荒田，得業蕩、柴蕩、草蕩、水漊科則及准熟田地，俱與上海縣相同。

折糧項下，華上鄉、華中鄉、海上鄉及不等田蕩科則准熟田，與徵糧項下同。

每徵糧平米一石，驗派稅糧除減賦外，實徵銀三錢一分六釐有奇，十銀三分二釐六毫有奇。

本色米四斗四升一合一勺有奇，五米一升六合三勺有奇。

每折糧平米一石，派稅糧除減賦外，實徵銀四錢八分一釐有奇。

折實田每畝派地畝除減賦外，實徵銀七釐四毫有奇，徭里銀一分一釐一毫有奇。

每畝攤徵人丁銀一釐有奇，匠班銀二毫有奇。

實徵折色銀四萬四千兩七錢七分六釐三毫有奇，遇閏加銀二百四十兩五錢九分有奇。

攤徵人丁銀三百二十六兩七錢三分三釐五毫有奇，遇閏加銀九兩九錢一分六釐五毫有奇。匠班銀六十三兩七錢五分六釐。

除閏共實徵銀四萬四千三百九十一兩二錢六分五釐九毫有奇。

實徵本色米四萬九千八百九十四石九斗五合有奇，遇閏以增抵減外，仍減米七十八石八斗四升七合有奇。

外不在丁田雜辦除義米折外，實徵銀一百六十二兩二錢七分七釐。內漁課銀一百二十兩五錢，門攤課鈔銀四十一兩七錢七分七釐。

福泉縣

實在田地等四千一百五十七頃二十畝七分二釐有奇。

內則例　每畝計算

徵糧項下，華中鄉熟田科平米三斗二升。

低薄田、山新荒田、舊荒田，得業蕩、草蕩、水漊科則及准熟田地，俱與華亭縣相同。

海中鄉熟田每畝科平米二斗六升五合。

低薄田、山新荒田、舊荒田，得業蕩、柴蕩、草蕩、水漊科則及准熟田地，俱與上海縣相同。

折糧項下，華中鄉、海中鄉、不等田蕩科則及准熟田畝，與徵糧項下同。

每徵糧平米一石，驗派税糧除減賦外，實徵銀三錢一分六釐有奇，十銀三分二釐六毫有奇。

本色米四斗四升一合一勺有奇，五米一升六合三勺有奇。

每折糧平米一石，派税糧除減賦外，實徵銀四錢八分一釐有奇。

折實田每畝派地畝除減賦外，實徵銀七釐四毫有奇，徭里銀一分一釐一毫有奇。

每畝攤徵人丁銀一釐二絲有奇，匠班銀九絲有奇。

實徵折色銀五萬三千六百七十兩六錢四分八釐六毫有奇，遇閏加銀二百六十九兩三錢三分一釐四毫有奇。

攤徵人丁銀四百二十二兩三錢三分二釐三毫有奇，遇閏加銀一十三兩四錢二分六釐有奇。匠班銀三十八兩七錢九釐。

除閏共實徵銀五萬四千一百三十一兩六錢九分有奇。

實徵本色米三萬二千三十二石四斗八合有奇，遇閏以增抵減外，仍減米五十石四升八合有奇。

外不在丁田雜辦除義米折外，實徵銀五十二兩七錢九分二釐三毫。內漁課銀一十一兩一分五釐三毫，門攤課鈔銀四十一兩七錢七分七釐。

江南通志卷七十

食貨志

田賦　四

常、鎮、淮、揚四府

常州府

國朝原額平沙、高低、極高低田、山灘、塘蕩、埄墩、城塌、蘆埂、涇溝、山竹、茶地等項六萬一千九百八十六頃二十六畝七分九釐有奇。

節年豁除遷沙、挑廢、坍荒等項田地四百五十八頃四十一畝二分九釐有奇。

節年開墾陞科、轉則等項田地八百二十二頃七十六畝八分八釐有奇。

雍正十三年，實在田地等六萬二千三百五十頃六十二畝三分八釐有奇。

實徵折色銀五十六萬六千四百八十七兩二錢六分有奇，遇閏加銀三千一百三十二兩六錢一分四釐五毫有奇。

攤徵人丁銀一萬二千九百九十五兩六錢六分三釐七毫有奇，遇閏加銀四百八十一兩二錢七分二釐有奇。匠班銀五百八十九兩二錢五分八釐二毫有奇。

除閏共實徵銀五十八萬七十二兩一錢八分一釐九毫有奇。

實徵本色米三十五萬六千三十二石六斗九升一合有奇，遇閏以增抵減外，仍減米五十七石九斗八升四合有奇。麥七千九百七十五石五斗五升二合有奇。

外不在丁田徵解雜辦銀六千七百五十九兩四錢二分一釐七毫有奇，遇閏加銀一百一十三兩四錢五分四釐三毫有奇。

武進縣

實在田灘蕩埄八千三百九十六頃一十三畝三分五釐有奇。

內則例　每畝計算

平田科平米二斗四合有奇。

沙田科平米一斗八升四合有奇。
高低田科平米一斗三升四合有奇。
極高低田科平米八升三合有奇。
山灘蕩埄科平米三升八合有奇。
平田并各則折實田，驗派税糧銀七分五釐五毫有奇，十銀四釐九毫有奇。本色米六升七合六勺有奇，麥一合五勺有奇。漕贈五米二合四勺有奇。地畝銀一分七毫有奇。傜里銀一分二釐八毫有奇。攤徵人丁銀二釐七毫有奇，匠班銀一毫有奇。
實徵折色銀七萬七千五百九十五兩八錢九分五釐九毫有奇，遇閏加銀五百二十五兩七錢四分三釐五毫有奇。
攤徵人丁銀一千九百六十七兩二錢九分八釐五毫有奇，遇閏加銀八十三兩六分四釐六毫有奇。
匠班銀七十三兩八錢九分九釐。
除閏共實徵銀七萬九千六百三十七兩九分三釐四毫有奇。
實徵本色米五萬二千二百二十三石九斗三升四合有奇，遇閏加米一石三斗五升五合有奇。麥一千一百三十九石八升有奇。
外不在丁田徵解雜辦銀二千一百七十四兩二錢三分三釐有奇。內役田租銀一千一百八十三兩一錢一分五釐，黄山脚蘆灘銀七百五兩三錢七釐九毫有奇，門攤正費銀一百六十六兩四錢一分一釐一毫有奇，漁課銀二十三兩二錢一釐九毫有奇，城租銀九十六兩一錢九分七釐。

遇閏加銀一十四兩六錢八分一釐六毫有奇。

陽湖縣

實在田灘蕩埄八千七百七十八頃五十一畝五分五釐有奇。內平田、沙田、高低田、極高低田、山灘蕩埄各科平米，并折實田及驗派税糧本折米麥等項，俱與武進縣同。內每折實田一畝，攤徵人丁銀二釐七毫有奇。匠班銀九絲七忽有奇。

實徵折色銀八萬一千九百二十二兩六錢八分六釐一毫有奇，遇閏加銀五百五十五兩五分九釐二毫。

攤徵人丁銀二千七十六兩七錢六分四釐七毫有奇，遇閏加銀八十七兩六錢八分六釐六毫有奇。匠班銀七十三兩四錢四分。

除閏共實徵銀八萬四千七十二兩八錢九分九毫有奇。

實徵本色米五萬五千一百三十六石一升五合有奇，遇閏加米一石四斗三升有奇。麥一千二百二石五斗四升九合有奇。

外不在丁田徵解雜辦銀一千七百六十一兩三釐九毫有奇。內役田租銀一千四百六兩二錢八分五釐，黄山脚蘆灘銀一百二十九兩四錢一分二釐三毫有奇，新陞銀一十一兩七錢六分九釐六毫有奇，門灘正費銀一百五十七兩八錢二釐，漁課銀二十三兩二錢一釐九毫有奇，城租銀三十二兩五錢三分三釐。

遇閏加銀一十四兩九釐九毫有奇。

無錫縣

實在田山灘蕩墩埄等項六千九百二頃四十七畝五分五釐有奇。

內則例　每畝計算

平田科平米一斗九升五合。

高田科平米一斗五升五合。

低田科平米一斗四升四合五勺。

山灘蕩塘蘆埂涇溝科平米七升五合七勺。

山墩埄城塌地科平米二升。

每折實平田一畝，科税糧銀七分六釐六毫有奇，十銀四釐六毫有奇。本色米六升四合二勺有奇，麥一合四勺有奇，五米二合三勺有奇。地畝銀一分六毫有奇。徭里銀一分二釐九毫有奇。

攤徵人丁銀三釐二毫有奇，匠班銀一毫有奇。

實徵折色銀六萬四千五百三十三兩五錢二分九釐八毫有奇，遇閏加銀四百四十四兩七錢三分二釐五毫有奇。

攤徵人丁銀一千九百七兩六錢五分八毫有奇，遇閏加銀八十三兩九錢五分六釐五毫有奇。匠班銀九十四兩四錢五分二釐。

除閏共實徵銀六萬六千五百三十五兩六錢三分二釐七毫有奇。

實徵本色米四萬九百四十三石四升五合有奇。遇閏以增抵減外，仍減米一十二石三斗九升七合有奇。麥八百九十七石六斗四升二合有奇。

外不在丁田徵解雜辦銀三百二十七兩八錢九分一釐七毫有奇。內租錢鈔折銀一分一釐有奇，門攤課鈔銀二百一十兩二錢三分三釐二毫有奇，漁課銀一十四兩九分九釐九毫有奇，城租銀一百三兩五錢四分七釐五毫。

遇閏加銀一十六兩一錢五分六釐八毫。

金匱縣

實在田山灘蕩墩埄等項七千三百三十三頃八十二畝三分四釐有奇。內各則田科徵銀米并折實田，俱與無錫縣同。每折實田一畝，攤徵人丁銀二釐八毫有奇，匠班銀一毫五絲有奇。

實徵折色銀六萬七千九百九十五兩八分一釐九毫有奇，遇閏加銀四百六十八兩五錢八分七釐八毫有奇。

攤徵人丁銀一千七百七十三兩四錢一分四毫有奇，遇閏加銀七十八兩四分八釐五毫有奇。匠班銀一百兩一錢六分四釐。

除閏共實徵銀六萬九千八百六十八兩六錢五分六釐四毫有奇。

實徵本色米四萬三千六十一石二斗一升六合有奇，遇閏以增抵減外，仍減米一十三石六升三合有奇。麥一千二十三石七斗八升九合有奇。

外不在丁田徵解雜辦銀三百四十九兩八錢二分八釐有奇。內租錢鈔折銀一分一釐有奇，門攤課鈔銀二百四十八兩五錢七分四釐，漁課銀一十二兩九分五毫有奇，城租銀八十九兩一錢五分二釐五毫。遇閏加銀一十八兩八錢九毫有奇。

江陰縣

實在田埄灘蕩民山一萬一千三百六十二頃二十六畝四分三釐有奇。

內則例　每畝計算

平田科平米一斗八升二勺有奇。

圩田科平米一斗七升四合有奇。

低田科平米一斗五升八勺有奇。

沙田科平米九升三合九勺有奇。

垺科平米一斗四合三勺有奇。

灘蕩科平米二升九合二勺有奇。

民山科平米一升四勺有奇。

每折實平田一畝，驗派税糧銀六分九釐八毫有奇，十銀四釐三毫有奇。本色米五升九合三勺有奇，麥一石三勺有奇，五米二合一勺有奇。地畝銀一分一釐有奇。傜里銀一分二釐五毫有奇。

攤徵人丁銀一釐九毫有奇，匠班銀一毫有奇。

實徵折色銀九萬八千九百七十四兩七錢七分四釐有奇，遇閏加銀四百七十六兩一錢二分四釐四毫有奇。

攤徵人丁銀一千九百四兩六錢八分八釐六毫有奇，遇閏加銀四十九兩五錢九分八釐三毫有奇。

匠班銀一百一十七兩九錢六分三釐。

除閏共實徵銀一十萬九百九十七兩四錢二分五釐六毫有奇。

實徵本色米六萬二千二百七十一石八斗九升三合有奇，遇閏以增抵減外，仍減米二十六石四升八合有奇。麥一千三百六十七石八斗九升一合有奇。

外不在丁田徵解雜辦銀四百五十三兩八錢九分四釐九毫。內門攤課鈔銀三百六十五兩五錢一分四釐九毫有奇，漁課銀一十五兩四錢八分七釐六毫有奇，城租銀三十六兩八錢五分二釐二毫有奇，續增楊舍營田租息銀三十六兩四分。

遇閏加銀三十二兩三錢一釐七毫有奇。

宜興縣

實在田、山竹、茶地、灘蕩塘并丈增蘆洲歸漕等項七千九百五十頃三十六畝三分二釐有奇。

內則例　每畝計算

平田科平米一斗九升七合七勺有奇。

高田科平米一斗七升。

低田科平米一斗四升。

山竹、極高田科平米八升六合九勺有奇。

茶地科平米六升。

灘塘蕩科平米五升。

每折實平田一畝驗派稅糧銀七分七釐四毫有奇，十銀四釐七毫有奇。本色米六升五合一勺有奇，麥一合四勺有奇，五米二合三勺有奇。地畝銀一分九絲有奇。徭里銀八釐四毫有奇。

攤徵人丁銀二釐九絲有奇，匠班銀八絲二忽有奇。

實徵折色銀七萬七千四百三兩七分六毫有奇，遇閏加銀三百一兩三錢一分二釐一毫有奇。

攤徵人丁銀一千五百六十六兩二錢七釐七毫有奇，遇閏加銀四十三兩九錢二分三釐二毫有奇。

匠班銀六十一兩五錢六釐。

除閏共實徵銀七萬九千三十兩七錢八分四釐三毫有奇。

實徵本色米五萬一千八百六十七石四斗九升四合有奇，遇閏以增抵減外，仍減米一十九石五斗八升八合有奇。麥一千一百二十四石八斗五升四合有奇。

外不在丁田徵解雜辦銀一百八十八兩二錢八分六釐七毫有奇。內絲綿麻布民山充餉銀六十五兩五錢三分六釐六毫，門攤課鈔銀九十六兩七錢三分五釐六毫有奇，漁課銀五兩五分九釐七毫有奇，城租銀二十兩九錢五分四釐八毫有奇。

遇閏加銀八兩二錢一釐一毫有奇。

荆溪縣

實在田、山竹、茶地、灘蕩塘等項六千七十四頃八畝三分九釐有奇。內各則田科徵銀米并折實田俱與宜興縣同。每折實田一畝，攤徵人丁銀二釐四絲有奇，匠班銀八絲六忽有奇。

實徵折色銀五萬五千二百三十六兩三錢八分六釐三毫有奇，遇閏加銀二百一十五兩七分五釐二毫有奇。

攤徵人丁銀一千八十兩九錢九分六毫有奇，遇閏加銀三十兩三錢一分五釐六毫有奇。匠班銀四十五兩九錢。

除閏共實徵銀五萬六千三百六十三兩二錢七分七釐有奇。

實徵本色米三萬七千五石一斗八升七合有奇，遇閏以增抵減外，仍減米一十三石九斗八升八合有奇。麥八百一十二石九斗七升四合有奇。

外不在丁田徵解雜辦銀一千四百八十三兩一釐五毫有奇。內絲綿麻布民山充餉銀一千三百一十二兩六錢四分九釐二毫有奇，門攤課鈔銀九十六兩九錢三分七釐七毫有奇，漁課銀五兩五分九釐七毫有奇，城租銀二十七兩五錢八分八毫，茶引銀二十四兩七錢七分四釐，額外芽茶折銀一十六兩。

遇閏加銀八兩二錢一分七釐五毫有奇。

靖江縣

實在平沙田五千五百五十二頃九十六畝四分二釐有奇。

内則例　每畝計算

平田科平米一斗一合四勺有奇。

沙田科平米六升八合五勺有奇。

每折實田一畝驗派税糧銀六分二釐二毫有奇。

本色米二升五合五勺有奇，麥七勺六抄有奇。　地畝銀一分六毫有奇。　傜里銀八釐一毫有奇。

攤徵人丁銀一釐四毫有奇，匠班銀四絲二忽有奇。

實徵折色銀四萬二千八百二十五兩八錢三分五釐有奇，遇閏加銀一百四十五兩九錢七分九釐三毫有奇。

攤徵人丁銀七百一十八兩六錢五分二釐一毫有奇，遇閏加銀二十四兩六錢七分八釐三毫有奇。

匠班銀二十一兩九錢三分四釐二毫有奇。

除閏共實徵銀四萬三千五百六十六兩四錢二分一釐五毫有奇。

實徵本色米一萬三千五百二十三石九斗一合有奇，遇閏加米二十四石三斗一升三合有奇。麥四百六六石六斗六升九合有奇。

外不在丁田徵解雜辦銀二十一兩二錢八分一釐八毫有奇。內租錢鈔折銀三分，門攤課鈔銀六兩一錢六分五釐九毫，漁課銀八兩二錢二分一毫有奇，鹽課車脚銀六兩八錢六分五釐七毫有奇。遇閏加銀一兩八分四釐五毫有奇。

鎮江府

國朝原額田地山塘蕩灘等三萬四千四百四十頃三十九畝七分二釐有奇。

節年坍荒田地三百六十七頃四十一畝六分八釐有奇。

節年陞增田地二百七頃八畝八分二釐有奇。

雍正八年，撥入江寧府溧陽縣田地一萬六千四百七十頃五畝四分八釐有奇。

雍正十三年，實在成熟田地五萬七百五十頃一十二畝三分四釐有奇。

實徵折色銀二十九萬八千四百一十四兩五錢一分一釐八毫有奇，遇閏加銀四千九百六十五兩九錢一分五釐二毫有奇。

攤徵人丁銀一萬四千四百六十三兩七錢五分九釐四毫有奇，匠班銀二百四十二兩五錢五分。

除閏共實徵銀三十一萬三千一百二十兩八錢二分一釐二毫有奇。

實徵本色米二十一萬七千五石四斗五升八合有奇，遇閏加米一百一十七石。麥六千二百七十七石三斗八升五合有奇，豆一千三百四十七石八斗六升七合有奇。

外不在丁田徵解雜辦銀八百三十七兩六錢五分二釐九毫有奇，遇閏加銀一十六兩九錢三分四釐一毫有奇。

歸併省衛實在成熟屯田二十四頃三十一畝三分六釐有奇。

實徵銀一十八兩一分五釐四毫有奇。

實徵本色米一百八十二石六斗二升三合有奇。

丹徒縣

實在沙潮田地、蘆岸、山塘、蕩灘一萬一千九十六頃二十二畝八分八釐有奇。

內則例　每畝計算

沙潮田地科平米一斗六升六合有奇。

山田園市地、蘆岸地科八升三合有奇。

山地科四升一合五勺有奇。

荒白地科二升七合六勺有奇。

山塘蕩灘科八合三勺有奇。

每石驗派條折兵餉銀六錢五分有奇，十銀七分六釐九毫有奇。本色米八斗五升九合五勺有奇，麥三升三合七勺有奇，五米三升八合四勺有奇。

每折實田一畝派地畝銀一分四釐有奇，傜里銀一分九釐有奇。

每銀一兩攤徵人丁銀六分三釐八毫有奇，匠班銀一釐五毫有奇。

實徵折色銀八萬二千五百九十五兩六錢三分六釐二毫有奇，遇閏加銀一千四百二十六兩一錢一分三釐七毫有奇。

攤徵人丁銀五千二百六十兩二錢三分三釐四毫有奇，匠班銀一百二十九兩六錢。

除閏共實徵銀八萬七千九百八十五兩四錢六分九釐六毫有奇。

實徵本色米七萬一百九十七石九升三合有奇，遇閏加米三十石。麥二千六百三十七石九斗二升五合有奇。

外不在丁田徵解雜辦銀一百一兩八錢四釐五毫有奇。內牧馬草場租銀五十三兩一錢九分一釐八毫有奇，漁課銀三十兩七錢七釐，蔴麻銀三兩三分三釐，麻膠漁課銀一十四兩五錢五分三釐一毫有奇，本色麻膠徵折價銀三錢一分九釐六毫有奇。遇閏加銀九分二釐九毫有奇。

歸併省衛實在成熟屯田二十四頃三十一畝三分六釐有奇。內比田每畝科米八升六合四勺，增協銀九釐二毫有奇。科田科米五升八合三勺有奇，增協銀六釐七毫有奇。增田、餘田科米五升八合三勺有奇，協濟銀一釐七毫有奇。久荒折糧比田科米折新增銀二分五釐，久荒科田科米折新增銀一分八釐五毫。

實徵銀一十八兩一分五釐四毫有奇。

實徵本色米一百八十二石六斗二升三合有奇。

丹陽縣

實在田地、山塘蕩灘一萬二千八百七十頃四十六畝四分八釐有奇。

內田地六則：一則科平米四升七合五勺有奇，一則四升三合二勺有奇，一則四升一合三勺有奇，一則三升六合五勺有奇，一則三升一合七勺有奇，一則二升三合七勺有奇。

山塘蕩灘一則：科九合五勺有奇。

荒千墩一則：科四合七勺有奇。

荒白地一則：〔科〕①一升九合有奇。

① 據上下文體例擬補。

每石驗派折色稅糧銀八錢六分三釐五毫有奇，十銀六分六釐七毫。本色米七斗三升九合四勺有奇，麥四升七抄有奇，五米三升三合三勺有奇。內有甘露等寺不當差平米每石驗派起存銀三錢四分五釐七毫有奇。

每折實田一畝，驗派地畝銀一分七毫有奇，徭里銀一分九釐九毫有奇。

每銀一兩，攤徵人丁銀二分三釐四毫有奇，匠班銀六毫三絲。

實徵折色銀八萬三千五百四十兩六錢八釐七毫有奇，遇閏加銀一千八百六十九兩四錢一分五釐七毫有奇。

攤徵人丁銀一千九百五十七兩一分六釐，匠班銀五十二兩六錢五分。

除閏共實徵銀八萬五千五百五十兩二錢七分四釐七毫有奇。

實徵本色米四萬一千二百五十石一斗九升有奇，遇閏加米三十石。麥二千一百三十七石三斗三升七合有奇。

外不在丁田徵解雜辦銀三百五十八兩二錢二分一釐一毫有奇。內牧馬草場租銀三百三十八兩一分六釐三毫有奇，漁課銀一十七兩九錢三分，蔴麻銀二兩二錢七分四釐七毫有奇。

金壇縣

實在田地山塘蕩一萬三百一十二頃四十四畝九分九釐有奇。

内則例　每畝計算

民田、民蕩田、崇禧宫田各科平米七升三合九勺有奇。

民地、宫地並蘇浄淵地各科六升一合五勺有奇。

荒白田科四升六合一勺有奇。

建荒圩等荒田科三升七勺有奇。

民塘蕩、宫塘蕩各科一升八合四勺有奇。

民山科一升二合三勺有奇。

折糧項下，王宗賢蕩田科七升三合九勺有奇。

磊石荒山科一升二合三勺有奇。

每石驗派折色税糧銀六錢七分三釐九毫有奇，漕贈銀六分六釐六毫有奇。本色米七斗四升三合七勺有奇，麥二升四合有奇，漕贈米三升三合三勺有奇。

折糧平米每石派銀三錢，不派本色。

每折實田一畝，驗派地畝銀一分一釐六毫有奇，徭里銀一分七釐三毫有奇。

每銀一兩，攤徵人丁銀二分五釐四毫有奇，匠班銀四毫有奇。

實徵折色銀七萬三百九十一兩五錢八分五釐七毫有奇，遇閏加銀一千二百三十三兩九分二釐八毫有奇。

攤徵人丁銀一千七百八十八兩九錢六分，匠班銀二十九兩二錢五分。

除閏共實徵銀七萬二千二百九兩七錢九分五釐七毫有奇。

實徵本色米四萬八千五百四石六斗二升六合有奇，遇閏加米三十石。麥一千五百二石一斗二升三合有奇。

外不在丁田徵解雜辦銀一百七十二兩九錢八分八釐二毫有奇。内牧馬草場租銀六十六兩三錢八分一釐二毫有奇，漁課銀五兩八錢八分四釐八毫，蔴麻銀二兩二錢七分四釐七毫有奇，折色漁綫膠銀四兩六錢九釐五毫，黄麻銀七十一兩四分七釐六毫有奇，翎毛銀一十兩四錢四分三釐五毫，本色魚綫膠銀一兩九錢二分五釐五毫有奇，魚綫膠增編價值銀一十兩四錢二分一釐三毫有奇。

遇閏加銀一十六兩八錢四分一釐二毫有奇。

溧陽縣

實在田地山塘一萬六千四百七十頃九十七畝九分七釐有奇。

內則例　每畝計算

徵田科銀五分九毫有奇，五銀二釐有奇。米四升八合有奇，五米二合有奇，豆一合一勺有奇。

沙荒田科銀四分七釐九毫有奇，五銀一釐八毫零。米四升三合五勺有奇，五米一合八勺有奇，豆一合有奇。

次荒田科銀三分六釐八毫有奇，五銀一釐一毫零。米二升六合九勺有奇，五米一合一勺有奇，豆六勺有奇。

全荒田科荒白銀一分八釐七毫有奇。

徵地科銀一分九釐七毫有奇，五銀七毫有奇。米一升八合五勺有奇，五米七勺有奇，豆四勺有奇。

山塘科銀三釐二毫有奇，五銀一毫有奇。米三合有奇，五米一勺有奇，豆七抄有奇。

每銀一兩，攤徵人丁銀八分八釐二毫，匠班銀五毫。

實徵折色銀六萬一千八百八十六兩六錢八分一釐一毫有奇，遇閏加銀四百三十七兩二錢九分二釐八毫有奇。

攤徵人丁銀五千四百五十七兩五錢五分，匠班銀三十一兩五分。

除閏共實徵銀六萬七千三百七十五兩二錢八分一釐一毫有奇。

實徵本色米五萬七千五十三石五斗三升七合有奇，遇閏加米二十七石。豆一千三百四十七石八斗六升七合有奇。

外不在丁田徵解雜辦銀二百四兩六錢三分九釐。內學租銀一百五十一兩三錢一分二釐，報陞房地租銀五十三兩三錢二分七釐。

淮安府

國朝原額田地一十六萬八千四百一十八頃五畝五分二釐有奇。

節年坍荒田地四萬三千四百三十六頃三十四畝四分六釐有奇。

節年陞增田地一萬八千五十四頃九十一畝五分五釐有奇。

雍正二年，分海州爲直隸，領贛榆、沭陽二縣。邳州爲直隸，領宿遷、睢寧二縣。額減田地五萬二千二百八十二頃九十九畝五分六釐有奇。

雍正十三年，實在田地九萬七百五十三頃六十三畝五釐有奇。
實徵折色銀一十二萬四千一百四十二兩五錢四分三釐二毫有奇。
攤徵人丁銀六萬二千四百六十六兩一錢五分七釐九毫有奇，遇閏加銀二百九十三兩一錢九分七釐三毫有奇。屯丁銀三兩五錢，匠班銀一百一十一兩一錢五分。
除閏共實徵銀一十八萬六千七百二十三兩三錢五分一釐一毫有奇。
實徵本色米六萬九千二百九十一石四斗二升二合有奇，麥六千九石二斗八升八合有奇。
外不在丁田徵解雜辦銀二百五十八兩四錢四分六釐四毫有奇。
歸併外衛實在屯田四百頃五十九畝八釐有奇。
實徵折色銀七百二十五兩四錢四分有奇。
攤徵屯丁銀六十一兩一錢。
共實徵銀七百八十六兩五錢四分有奇。

山陽縣

實在田地八千六十三頃六十六畝一分八釐有奇。

科稅糧地畝等銀一分五釐三毫有奇，五銀九毫八絲有奇，河夫銀四釐二毫有奇。本色米二升一合有奇，麥三合三勺有奇。

原丈出每畝科銀一分六釐六毫有奇，五銀九毫八絲有奇，河夫銀四釐五毫有奇。本色米二升八勺有奇。

下則地每畝科銀二釐八毫有奇，河夫銀七毫三絲有奇。

每兩攤徵人丁銀一兩六錢七分五釐八毫有奇，遇閏加攤銀七釐三毫有奇。

實徵折色銀一萬六千七百五十七兩九錢三釐九毫有奇。

攤徵人丁銀二萬七千一百二十六兩五錢五分一釐二毫有奇，遇閏加銀一百一十九兩四錢四釐六毫有奇。屯丁銀一兩七錢五分。

除閏共實徵銀四萬三千八百八十六兩二錢五釐一毫有奇。

實徵本色米一萬七千二百二十石四斗九升三合有奇，麥二千六百七十四石四斗九升四合有奇。

外不在丁田徵解雜辦銀六十二兩九錢九分一釐四毫有奇。內牧馬草場租銀四十九兩四錢六分一釐四毫有奇，漁課銀一十三兩五錢三分。

阜寧縣

實在田地九千七百二十九頃四十八畝三分四釐有奇。

内則例　每畝計算

科税糧地畝等銀一分五釐三毫有奇，五銀九毫八絲有奇，河夫銀四釐二毫有奇。本色米二升一合有奇，麥三合三勺有奇。

科起存銀九釐八毫有奇，五銀四毫五絲有奇。本色米九合七勺有奇，麥一勺有奇。

上則海灘每畝科銀五釐，河夫銀一釐三毫有奇。

下則海灘每畝科銀二釐八毫，河夫銀七毫三絲有奇。

每兩攤徵人丁、匠班銀一兩一錢三分八絲有奇，遇閏加攤銀四釐七毫有奇。

實徵折色銀一萬二千四十五兩八錢九分一釐有奇。

攤徵人丁銀一萬三千一百八十六兩五錢八分四釐九毫有奇，遇閏加銀五十四兩三錢一分七釐六毫有奇。屯丁銀一兩七錢五分，匠班銀一十二兩五錢七分九釐九毫。

除閏共實徵銀二萬五千二百四十六兩八錢五釐八毫。

實徵本色米一萬一千五百一十石一斗四升二合有奇，麥一千三十四石八升有奇。
外不在丁田徵解牧馬草場租銀二十一兩九錢六分六釐有奇。

清河縣

實在田地四千八百六十六頃九十六畝三分八釐有奇。

内則例　每畝計算

原額熟地科起存銀三分四釐五毫有奇，五銀一釐七絲有奇，歲夫改折銀一分一釐八毫有奇。本色米二升二合有奇，麥五勺有奇。

荒地科起存銀一分一釐五毫有奇，歲夫改折銀三釐八毫有奇，麥九抄有奇。

水地科起存銀一分二釐二毫有奇，歲夫改折銀四釐六絲有奇，麥六抄有奇。

丈增屯墾熟地科起存銀二分四釐九毫有奇，五銀一釐八絲有奇，歲夫改折銀八釐六毫有奇。本色米二升二合有奇。

荒地科起存銀一分五釐有奇，歲夫改折銀四釐九毫有奇。

水地科起存銀一分二釐有奇，歲夫改折銀三釐九毫有奇。

每兩攤徵人丁銀三錢四分一釐有奇，匠班銀二釐七毫有奇。

實徵折色銀一萬四千五十一兩一錢五釐三毫有奇。

攤徵人丁銀四千七百九十二兩一錢九分，遇閏加銀四十五兩八錢七分六釐六毫有奇。匠班銀三十八兩七錢。

除閏共實徵銀一萬八千八百八十一兩九錢九分五釐三毫有奇。

實徵本色米四千四百七十七石二斗有奇，麥一百二十石四斗七升三合有奇。

外不在丁田徵解牧馬草場租銀七兩一錢六分一釐六毫有奇。

桃源縣

實在田地一萬五千八百四十一頃八十六畝四分一釐有奇。

内則例　每畝計算

淤地科起存銀二分二釐六毫有奇，五銀八毫有奇，歲夫銀五釐一毫有奇。本色米一升七合，麥一合四勺有奇。

沙地科起存銀二分一釐六毫有奇，五銀七毫有奇，歲夫銀四釐九毫有奇。本色米一升五合，麥一合三勺有奇。

岡地科起存銀二分六毫有奇，五銀六毫有奇，歲夫銀四釐六毫有奇。本色米一升四合，麥一合三勺有奇。

鄰水地科起存銀一分九釐七毫有奇，五銀六毫有奇，歲夫銀四釐四毫有奇。本色米一升四合，麥一合二勺有奇。

災熟地科起存銀一分八釐七毫有奇，五銀二毫有奇，歲夫銀四釐一毫有奇。本色米六合一勺有奇，麥一合二勺有奇。

災荒地并淤出湖田科起存銀九釐六毫有奇，歲夫銀二釐一毫有奇。

每兩攤徵人丁銀一錢二分九釐八毫有奇。

實徵折色銀二萬八千一百一十五兩六錢三分七釐三毫有奇。

攤徵人丁銀二千五百一十六兩三錢，遇閏加銀二十九兩一錢八釐三毫有奇。

除閏共實徵銀三萬六百三十一兩九錢三分七釐三毫有奇。

實徵本色米八千八百六十八石六斗四升二合有奇，麥八百七十九石一斗六升七合有奇。

外不在丁田徵解牧馬（同）〔同〕①地租銀九兩三分七釐。

① 據《四庫》本改。

安東縣

實在田地二萬四千六百九十四頃六十六畝四分有奇。

內則例　每畝計算

上則熟田科起存銀一分一釐八毫有奇，加漕銀一釐九毫有奇，歲夫銀二釐一毫有奇。米一勺九抄有奇，麥五勺四抄有奇。

下則荒田科起存銀八釐八毫有奇，加漕銀一釐九毫有奇，歲夫銀一釐七毫有奇。米一勺九抄有奇，麥五勺四抄有奇。

上則灘地科起存銀五釐，歲夫銀七毫有奇。

下則灘地科起存銀二釐八毫有奇，歲夫銀四毫有奇。

原額地改照海灘下則地科銀二釐八毫有奇。

丈出淤沙地科起存銀六釐有奇，加漕銀一釐九毫有奇，歲夫銀一釐二毫有奇。

額外下則荒田科銀八釐八毫有奇，歲夫銀一釐四毫有奇。本色米一勺九抄有奇，麥五勺四抄有奇。

額外新淤沙地科銀六釐有奇，歲夫銀九毫有奇。本色米一勺九抄有奇，麥五勺四抄有奇。

額外上則熟田科銀一分一釐八毫有奇，歲夫銀一釐八毫有奇。本色米一勺九抄有奇，麥五勺四抄有奇。

額外下則荒田科銀八釐八毫有奇，歲夫銀一釐四毫有奇。本色米一勺九抄有奇，麥五勺四抄有奇。①

額外上則灘地科銀五釐，歲夫銀七毫有奇。

額外淤沙地科銀六釐有奇，歲夫銀九毫有奇。

額外沙熟田科銀六釐有奇，歲夫銀九毫有奇。本色米一勺九抄有奇，麥五勺四抄有奇。

額外河灘荒地科銀二釐八毫有奇，歲夫銀四毫有奇。

額外墾荒淤沙灘地科銀六釐有奇，歲夫銀九毫零。本色米一勺九抄有奇，麥五勺四抄有奇。

額外淤沙地科銀六釐有奇，歲夫銀九毫有奇。本色米一勺九抄有奇，麥五勺四抄有奇。

額外陞科灘地科銀六釐有奇，歲夫銀九毫有奇。本色米一勺九抄有奇，麥五勺四抄有奇。

攤徵人丁銀一釐五毫有奇。

---

① 與前文重複，原文如此。

實徵折色銀二萬四千七百八兩一錢六分五釐有奇。

攤徵人丁銀二千八百五十三兩六錢三分一釐七毫有奇，遇閏加銀一十兩三錢六分五釐有奇。

除閏共實徵銀二萬七千五百六十一兩七錢九分六釐七毫有奇。

實徵本色米三百二十六石八斗七升四合有奇，麥八百九十九石四升三合有奇。

外不在丁田徵解牧馬同地租銀五十九兩七錢九分四毫有奇。

鹽城縣

實在田地二萬七千五百五十六頃九十九畝三分二釐有奇。

內則例　每畝計算

成熟田科起存銀九釐八毫有奇，五銀四毫五絲零。米九合七勺有奇，麥一勺四抄有奇。

丈增田科起存銀九釐九毫有奇，五銀四毫五絲零。米九合七勺有奇。

攤徵人丁、匠班銀三釐八毫有奇。

實徵折色銀二萬八千四百六十三兩八錢四分五毫有奇。

攤徵人丁銀一萬一千九百九十兩九錢，遇閏加銀三十四兩一錢二分四釐八毫有奇。匠班銀五十九兩八錢七分一毫。

除閏共實徵銀四萬五百一十四兩六錢一分六毫有奇。

實徵本色米二萬六千八百八十八石六升八合有奇，麥四百二石二升九合有奇。

外不在丁田徵解牧馬草場租銀九十七兩四錢九分九釐八毫有奇。

歸併鹽城所實在屯田四百頃五十九畝八釐有奇。內每畝科徵麥米折軍餉銀一分八釐一毫有奇，每兩攤徵屯丁銀八分四釐有奇。

實徵折色銀七百二十五兩四錢四分有奇。

攤徵屯丁銀六十一兩一錢。

共實徵銀七百八十六兩五錢四分有奇。

揚州府

國朝原額田地山蕩一十三萬四千二十五頃八畝三釐有奇。

又歸併海門鄉田地三十九頃五十四畝九分五釐有奇。

節年坍荒田地六百八十四頃二十八畝三分四釐有奇。

節年陞增田地一千三百五十一頃六十四畝二分六釐有奇。

雍正二年，分通州爲直隸，領如皋、泰興二縣，額減田地五萬二千七百八十頃六十六畝四釐有奇。

雍正十三年，實在成熟田地八萬一千九百五十一頃三十二畝八分六釐有奇。

實徵折色銀二十二萬五十二兩二錢六分六釐六毫有奇，遇閏加銀三千四百九兩三錢七分六釐三毫有奇。

攤徵人丁銀四萬七千三百八十九兩四分九毫有奇，遇閏加銀九十二兩七錢九分八釐三毫有奇。屯丁銀七十三兩六錢，匠班銀六百六十一兩四錢三釐。

除閏共實徵銀二十六萬八千一百七十六兩三①錢一分五毫有奇。

實徵本色米一十一萬一千八百九十六石六斗三升三合有奇，麥六千六百二十八石八斗七升五合有奇。

外不在丁田徵解雜辦銀一萬三千九百九十六兩二錢三分九釐四毫有奇，遇閏加銀八十二兩七錢三分六釐六毫有奇。

歸併外衛所實在成熟屯田一千五十七頃一十三畝七分七釐有奇。

實徵折色銀四千三百四十一兩八錢六分一釐有奇。

攤徵屯丁銀四百二十六兩三錢。

① 「三」，《四庫》本作「五」。

共實徵銀四千七百六十八兩一錢六分一釐有奇。

江都縣

實在田地湖蕩九千一百六十二頃二十三畝五分九釐有奇。

內則例

按畝分則，折算田之最饒者，以二畝半折算一畝。中、下田則數漸增，照例折算。山地最瘠，遞至二十則止，以二十畝折算一畝。

上派折實田每畝科銀二錢四分五釐七毫有奇，五銀一釐九毫有奇。本色米六升二合四勺有奇，五米一合九勺有奇，麥一升四合二勺有奇。

下派折實田科銀二錢九分三釐八毫有奇，五銀四釐一毫有奇。本色米一斗二升九合有奇，五米四合一勺有奇，麥一升四合二勺有奇。

湖蕩田科銀三釐九毫有奇，五銀一毫有奇。本色米五合八勺有奇，五米一勺九抄有奇。

每兩攤徵人丁銀一錢九分一釐五毫有奇，匠班銀一釐八毫有奇。

實徵折色銀三萬四千七百一十三兩九錢一釐六毫有奇，遇閏加銀五百六十三兩六錢六分七釐有奇。

攤徵人丁銀六千四百五兩三錢九分四釐五毫，屯丁銀三十六兩九錢二分五釐，匠班銀六十一兩一錢八分一釐七毫有奇。

除閏共實徵銀四萬一千二百一十七兩四錢二釐八毫有奇。

實徵本色米一萬七百八十一石八斗四合有奇，麥一千八百五十石八斗三升五合有奇。

外不在丁田徵解雜辦銀二千三百五十九兩六錢七分四釐八毫有奇。內碾餉銀四百二十一兩五分二釐五毫有奇，吏農班銀一十兩一錢，餘米軍餉銀一十兩七錢四分，牙行出辦銀七十四兩一錢八分八毫有奇，湖蕩地租出辦銀一十二兩五錢二分八釐九毫，學租銀一百七十四兩五錢一分一釐二毫有奇，行夫出辦銀一千六百四十六兩八錢一分一釐七毫有奇，本色魚綫膠折價銀四兩四錢六分五釐七毫有奇，改歸六合縣本折麻膠銀五兩二錢八分三釐八毫有奇。

遇閏加銀二十三兩七分六釐有奇。

甘泉縣

實在田地山蕩八千六百五十二頃二十七畝六釐有奇，又句城塘改科田一百二十頃四十三畝一分九釐有奇。

内則例

上派折實田每畝科銀二錢四分五釐七毫有奇，五銀一釐九毫有奇。本色米六升二合四勺有奇，五米一合九勺有奇，麥一升四合二勺有奇。

下派折實田科銀二錢九分三釐八毫有奇，五銀四釐一毫有奇。本色米一斗二升九合有奇，五米四合一勺有奇，麥一升四合二勺有奇。

湖蕩田科銀三釐九毫八絲有奇，五銀一毫有奇。本色米五合八勺有奇，五米一勺九抄有奇。

每兩攤徵人丁、匠班銀一錢九分一釐一毫有奇。

實徵折色銀二萬五千九百九十六兩二錢二分八釐三毫有奇，遇閏加銀四百二十六兩一錢五分八釐七毫有奇。

攤徵人丁銀四千八百三十四兩三錢一分五釐五毫，匠班銀四十六兩一錢七分六釐二毫有奇。

除閏共實徵銀三萬八百七十六兩七錢二分有奇。

實徵本色米七千三十一石九升有奇，麥一千五百三十二石三斗七升有奇。

外不在丁田徵解雜辦銀二千三十一兩七分六釐四毫有奇。內碾餉銀二百二兩四錢四分七釐四毫有奇，吏農班銀一十兩一錢，餘米軍餉銀一十兩七錢四分，句城塘出辦麻租銀八十九兩八錢九分二毫有奇，牙行出辦銀五十六兩九錢六分三釐一毫有奇，河蕩地租出辦銀二百四十九兩四錢九分，學租銀一百三十四兩六釐二毫有奇，行夫出辦銀一千二百六十四兩五錢七分八釐二毫有奇，本色魚綫膠折價銀三兩四錢二分九釐一毫有奇，改歸折色麻膠銀四兩五分七釐四毫有奇，新增廢地陞科銀五兩三錢七分四釐五毫有奇。遇閏加銀一十七兩七錢二分有奇。

歸併高郵衛實在屯田一百三十九頃九十八畝五分。內每畝科米麥折牛角銀三分四釐有奇，攤徵屯丁銀一釐二毫有奇。

實徵折色銀五百三十八兩九錢二分六釐九毫有奇。

攤徵屯丁銀一十八兩。

共實徵銀五百五十六兩九錢二分六釐九毫有奇。

儀徵縣

實在田地二千五百四十二頃九十三畝六分五釐有奇。

內則例

上田每畝科銀一錢二分七釐二毫有奇，五銀六毫有奇。本色米一升八合三勺有奇，五米六勺有奇，麥八勺九抄有奇。

中田科銀六分三①釐六毫有奇，五銀三毫有奇。本色米九合一勺有奇，五米三勺有奇，麥四勺四抄有奇。

下田科銀四分二釐四毫有奇，五銀二毫有奇。本色米六合一勺有奇，五米二勺有奇，本色麥二勺九抄有奇。

每兩攤徵人丁、匠班銀二錢一分六釐六毫有奇。

實徵折色銀一萬四千四百五十兩九錢一分五釐八毫有奇，遇閏加銀六百五十兩五錢七分三釐四毫有奇。

攤徵人丁銀三千一百二十三兩六錢五分九釐三毫，匠班銀七兩二錢。

除閏共實徵銀一萬七千五百八十一兩七錢七分五釐一毫有奇。

實徵本色米二千一百六十石一升八合有奇，麥一百五十五石四斗一升有奇。

外不在丁田徵解雜辦銀五千六百六十二兩四錢五分一釐五毫有奇。內草場租銀二百六十兩八錢四分六釐一毫有奇，劉塘租銀五十一兩三錢八分九釐八毫有奇，堆鹽户出辦銀二百一十八兩九錢六分三釐七毫有奇，鹽牙出辦銀一百六十二兩三錢六分三毫有奇，牙餉銀一百一兩，吏農班銀一十五兩一錢五分，商税除民壯軍餉

① 「三」，《四庫》本作「二」。

並帶徵操餉外實徵銀一千五百三十一兩三錢九分八釐八毫有奇，磯餉銀九十九兩五錢，封引經紀出辦包索餉銀六十兩，散錢户出辦顔料價值等銀二百三十八兩三錢五分三釐一毫有奇，餘米軍餉銀二兩六錢四分五釐，老活船税出辦銀二百六兩八錢，本縣關厢隙地租銀六十五兩八錢四分有奇，學租銀四十四兩一錢九釐五毫有奇，單夫銀二千四十八兩，胭脂粉地租銀六十四兩八錢二分五釐，又加徵銀二十六兩五錢六分六釐四毫有奇，濠地出辦銀四十五兩六錢六分三釐三毫，税契出辦俸工等項銀四百一十九兩四分。遇閏加銀二十二兩一錢二分六釐六毫有奇。

高郵州

實在田地二萬五千八百九頃六十六畝六分四釐有奇。

内則例　每畝計算

上田科銀二分七釐五毫有奇。

中田科銀二分三釐三毫有奇。

下田科銀一分八釐三毫有奇。

北河下田科銀一分三釐六毫有奇。

陞科田科銀一分三釐八毫有奇。

祖竈田科銀五釐四毫有奇。

各田科漕米三合五勺有奇，五米一勺有奇，月糧米三抄有奇，鳳米七勺有奇，麥五抄有奇，五銀一毫有奇，减存銀一忽有奇。

三河淌田每畝科銀三釐八毫有奇，五銀一毫有奇。本色米三合五勺有奇，五米一勺有奇。

每兩攤徵人丁銀二錢一釐三毫有奇，屯丁銀九毫八絲有奇，匠班銀一釐六毫有奇。

實徵折色銀四萬二千五十一兩六錢七釐三毫有奇，遇閏加銀九百一十八兩七錢五分一釐四毫有奇。

攤徵人丁銀七千五百一十四兩三錢三分八釐九毫有奇，屯丁銀三十六兩六錢七分五釐，匠班銀六十兩。

除閏共實徵銀四萬九(十)〔千〕①六百六十二兩六錢二分一②釐二毫有奇。

實徵本色米一萬一千三百八十二石九升八合有奇，麥一百一十三石二斗八升八合有奇。

外不在丁田徵解雜辦銀一千七百三兩七錢一分二釐一毫有奇。內牙餉銀一百一兩，吏農班銀二十兩二錢，漁户銀三十六兩六分六釐七毫有奇，碾餉銀三百七十兩，餘米軍餉銀一十八兩五錢一分三釐，牧馬草場租

① 據《四庫》本改。

② 「二」，《四庫》本作「三」。

銀三百九十八兩八錢九分四釐九毫有奇，商税出辦蔴麻銀七兩七錢一分一釐二毫，商税出辦存留解給銀一十一兩九錢三釐三毫有奇，湖蕩租銀五百三十六兩六錢三釐五毫有奇，埠頭出辦銀二百兩，麻膠折價銀二兩八錢一分九釐二毫有奇。

遇閏加銀二兩六錢九分四釐有奇。

歸併高郵衛實在屯田四百四十五頃一十一畝三分四釐。內每畝科米麥折并牛角價銀三分四釐有奇，每兩攤徵屯丁銀七分一釐九毫有奇。

實徵折色銀一千九百二十九兩六錢二分九釐七毫有奇。

攤徵屯丁銀一百三十八兩九錢。

共實徵銀二千六十八兩五錢二分九釐七毫有奇。

興化縣

實在田地二萬四千二百七十二頃六畝九分七釐有奇。

内則例　每畝計算

科銀一分一釐七毫有奇，五銀三毫三絲有奇，加漕銀二釐七絲有奇。本色米六合七勺，五米三勺三抄，麥一勺有奇。

攤徵人丁銀四釐四毫有奇，匠班銀一毫四絲有奇。

實徵折色銀三萬四千四百三十二兩七錢五分八釐四毫有奇，遇閏加銀七十七兩一錢八分二釐五毫有奇。

攤徵人丁銀一萬九十三兩七錢二分三釐有奇，匠班銀一百三十兩二錢三分二釐。

除閏共實徵銀四萬四千六百五十六兩七錢一分三釐四毫有奇。

實徵本色米一萬七千二百七十一石九斗五升五合有奇，麥二百五十二石二斗一升四合有奇。

外不在丁田徵解雜辦銀三百三兩五錢一釐七毫有奇。內牙餉銀三十兩三錢，吏農班銀八兩八分，碾餉銀一百七十六兩五錢，餘米軍餉銀三十三兩二錢九分一釐，草場租銀三十五兩九分四釐七毫有奇，漁船稅出辦銀一十三兩一錢六分六釐，商稅銀七兩七分。

歸併興化所實在屯田一百五頃。內每畝科米折軍餉銀八分五釐六毫有奇，每兩攤徵屯丁銀二錢一分八毫有奇。

實徵折色銀八百九十九兩六分七釐。

攤徵屯丁銀一百八十九兩六錢。

共實徵銀一千八十八兩六錢六分七釐。

寶應縣

實在田地二千二百二十一頃七十四畝三分九釐。

内則例　每畝計算

科銀九分九毫有奇，五銀一釐六毫有奇，歲夫銀七釐八絲有奇。本色米四升四合有奇，五米一合六勺有奇，麥一合九勺有奇。

每兩攤徵人丁、匠班銀二錢二釐一毫有奇。

實徵折色銀二萬二千七十八兩七錢六分八釐四毫有奇，遇閏加銀三百兩八分二釐五毫有奇。

攤徵人丁銀六千二百五十兩二錢四釐八毫有奇，遇閏加銀九十二兩七錢九分八釐三毫有奇。

匠班銀一十六兩六錢五分。

除閏共實徵銀二萬八千三百四十五兩六錢二分三釐二毫有奇。

實徵本色米一萬三百三十石八斗三升一合有奇，麥四百二十四石二斗三升有奇。

外不在丁田徵解雜辦銀一千九十二兩七分一釐八毫有奇。內牙餉銀四十兩四錢，吏農班銀八兩八分，草場租銀四十五兩五錢七分二釐有奇，碾餉銀六十八兩，餘米軍餉銀一十四兩七錢三分，商税協濟裁扣充餉並淺夫工食銀五百一十二兩三錢九分八釐九毫有奇，河泊所折色麻膠等銀一百六十五兩一錢九分七釐四毫有奇，河灘租銀九十四兩五錢四分二釐二毫，漁户出辦錢折銀五兩九錢九分八釐四毫有奇，折徵麻膠價銀八兩六錢四分二釐有奇，潼河租銀一百七兩七錢九分，牧牛租銀二十兩七錢二分六毫有奇。

遇閏加銀十三兩二錢四分二釐有奇。

歸併高郵衛實在屯田一百五十二頃八十七畝九分六釐有奇。內每畝科麥米折并牛角銀三分四釐，每兩攤徵屯丁銀二錢一分八毫。

實徵折色銀五百八十二兩五錢五分一釐五毫有奇。

攤徵屯丁銀九兩二錢。

共實徵銀五百九十一兩七錢五分一釐五毫有奇。

泰　州

實在田地九千二百九十頃四十畝五分四釐有奇。

內則例　每畝計算

官民田科銀四分五釐八毫有奇，五銀二釐九毫有奇。本色米七升二合五勺有奇，五米二合九勺有奇。

民竈田科銀二分八釐有奇，本色米一升八勺有奇。

官民地科銀八分七釐二毫有奇，麥六升九合二勺有奇。

陸地科銀四分三釐一毫有奇。

民竈地科銀四分一釐有奇，麥六升九合六勺有奇。

每兩攤徵人丁銀二錢六釐八毫有奇，匠班銀七釐六毫有奇。

實徵折色銀四萬六千三百二十八兩八分六釐六毫有奇，遇閏加銀四百七十二兩九錢六分二毫有奇。

攤徵人丁銀九千一百六十七兩四錢四釐八毫有奇，匠班銀三百三十九兩九錢六分三釐。

除閏共實徵銀五萬五千八百三十五兩四錢五分四釐四毫有奇。

實徵本色米五萬二千九百三十八石八斗三升四合有奇，麥二千三百石五斗二升六合有奇。

外不在丁田徵解雜辦銀八百四十三兩七錢五分九毫有奇。內牙鮈銀一百一兩，吏農班銀二十兩二錢，碾鮈銀三百兩，餘米軍鮈銀八十兩七錢五分三釐，草場租銀一百四十五兩七錢五分九釐九毫有奇，免糧田出辦馬價草料銀四十一兩二錢八分四釐九毫有奇，湖灘出辦銀八十六兩六錢一分五毫，家鴨行出辦麻膠價銀五十二兩四錢二分四釐九毫有奇，城濠租銀一十五兩七錢一分七釐六毫有奇。

遇閏加銀三兩八錢七分七釐三毫有奇。

歸併泰州所實在屯田二百一十四頃一十五畝九分六釐有奇。內每畝科麥米折并軍餉銀一分八釐二毫有奇，每兩攤徵屯丁銀二錢六釐八毫有奇。

實徵折色銀三百九十一兩六錢八分五釐七毫有奇。

攤徵屯丁銀七十兩六錢。

共實徵銀四百六十二兩二錢八分五釐七毫有奇。

江南通志卷七十一

食貨志

田賦　五

徐州一府　太、海、通三州　下江屯田附

徐州府

本直隸州，於雍正十一年陞府，以邳州一州，睢寧、宿遷二縣并隸入。

國朝原額田地一十萬九千三百七十六頃七十二畝三釐有奇。

節年挖傷坍荒田地三萬三千二百七頃六十四畝九分四釐有奇。

節年開墾陞科田地二萬二千二百二十二頃五十五畝六分有奇。

雍正十一年，陞府，并入邳州屬田地二萬七千七百二十六頃六十八畝六分四釐有奇。

雍正十三年，實在成熟田地一十二萬六千一百一十八頃三十一畝三分三釐有奇。

實徵折色銀一十九萬四千六百四十三兩三錢八分八釐六毫有奇，遇閏加銀三百三十七兩五錢四分三釐五毫有奇。

各款編徵并攤徵人丁銀四萬二百八十八兩二錢二分二釐三毫有奇，遇閏加銀一百三十一兩四錢三分六釐有奇。匠班銀四百六兩八錢。

除閏共實徵銀二十三萬五千三百三十八兩四錢一分九毫有奇。

實徵本色米六萬六千七百一十五石五斗五升五合有奇，麥一萬九千九百二十一石一斗八升五合有奇。

外不在丁田徵解雜辦銀七百六十七兩七錢六分六釐一毫有奇。

歸併外衛實在田地一千二百七十七頃六十畝。

實徵折色銀二千四百一十六兩三錢六分一釐九毫有奇。

攤徵屯丁銀九十九兩四錢。

共實徵銀二千五百一十五兩七錢六分一釐九毫有奇。

實徵本色米二十七石六斗三升一合有奇，麥三百四十二石四斗三升九合有奇。

銅山縣

本徐州，雍正十一年陞州爲府，以州所屬田地改爲縣屬。

實在田地三萬四百二十一頃九十一畝四分八釐有奇。

內則例

每畝科銀一分二釐二毫有奇，五銀三毫二絲有奇，改折歲夫銀三毫五絲有奇。粟米六合九勺有奇，麥一合二勺有奇。

攤徵人丁銀四釐六絲有奇，匠班銀四絲有奇。

實徵折色銀三萬九千三百一十兩二分六釐八毫有奇，遇閏加銀一百五十一兩三錢一分八釐八毫有奇。

攤徵人丁銀一萬二千三百三十七兩一錢三分，匠班銀一百四十八兩五分。

除閏共實徵銀五萬一千七百九十五兩二錢六釐八毫有奇。

實徵本色米二萬一千二十六石八斗三合有奇，麥三千六百六十九石二斗七升九合有奇。

外不在丁田徵解馬場租銀一十一兩七錢五分。

蕭　縣

實在田地二萬一千九百七十八頃九十九畝二分三釐有奇。

內則例

每畝科銀一分二釐五毫有奇，五銀三毫三絲有奇。粟米七合六抄有奇，麥八勺有奇。

攤徵人丁、匠班銀九毫四絲有奇。

實徵折色銀二萬八千九百四十二兩八錢五分二釐七毫有奇，遇閏加銀四十三兩八錢六分七釐二毫有奇。

攤徵人丁銀二千九兩八錢，匠班銀六十七兩五錢。

除閏共徵銀三萬一千二十兩一錢五分二釐七毫有奇。

實徵本色米一萬五千五百三十四石六斗二升七合有奇，麥一千七百六十六石八斗九升二合有奇。

外不在丁田徵解雜辦銀一百二十九兩九錢七分五釐。內積穀軍餉銀一百二十兩，馬場租銀九兩九錢七分五釐。

碭山縣

實在田地一萬三千四十四頃五十八畝五分三釐有奇。

内則例

每畝科銀九釐六毫有奇，五銀二毫五絲有奇。粟米五合三勺有奇，麥三勺八抄有奇。

攤徵人丁、匠班銀二釐七毫有奇。

實徵折色銀一萬三千三百九十兩八錢六分八釐三毫有奇，遇閏加銀五十一兩八錢八分八釐八毫有奇。

攤徵人丁銀三千四百九十四兩七錢，匠班銀六十二兩一錢。

除閏共實徵銀一萬六千九百四十七兩六錢六分八釐三毫有奇。

實徵本色米六千九百七十一石一斗八升三合有奇，麥五百四石三斗六升七合有奇。

外不在丁田徵解雜辦銀二百二十七兩四錢四分二釐。内積穀軍餉銀二百一十兩，草場租銀一十七兩四錢四分二釐。

豐　縣

實在田地一萬五千一百八十一頃三十一畝八分四釐有奇。

内則例

每畝科銀一分六釐有奇，五銀一毫三絲有奇。粟米二合八勺有奇，麥三勺三抄有奇。

攤徵人丁銀一釐八毫七絲，匠班銀四絲有奇。

實徵折色銀一萬五千九百六十六兩七錢一分七釐有奇，遇閏加銀四十三兩六錢八分五釐有奇。

攤徵人丁銀二千八百四十兩四錢，匠班銀六十一兩六錢五分。

除閏共實徵銀一萬八千八百六十八兩七錢六分七釐有奇。

實徵本色米四千三百二十七石九斗三升一合有奇，麥五百四石九斗一升一合有奇。

外不在丁田徵解雜辦銀二百一十六兩一錢五分。内積穀軍餉銀二百一十兩，馬場租銀六兩一錢五分。

沛　縣

實在田地一萬四千五百三十四頃二十五畝八釐有奇。

内則例

每畝科銀一分四釐四毫有奇，五銀二毫六絲有奇。粟米五合六勺有奇，麥一合五抄有奇。

攤徵人丁銀二釐七毫有奇，匠班銀四絲有奇。

實徵折色銀二萬一千九百五兩三錢五分四釐一毫有奇，遇閏加銀四十六兩七錢八分三釐七毫有奇。

攤徵人丁銀三千九百三十兩八錢，匠班銀六十七兩五錢。

除閏共實徵銀二萬五千九百三兩六錢五分四釐一毫有奇。

實徵本色米八千一百六十六石九斗四升九合有奇，麥一千五百四十石四斗三升七合有奇。

外不在丁田徵解雜辦銀一百三十三兩八錢六分。內積穀軍餉銀一百二十兩，馬場租銀一十三兩八錢六分。

邳州

實在田地九千八百九十九頃八十五畝五分五釐有奇。

內則例　每畝計算

原額地額外隱漏田、隱地、墾荒地每畝俱科銀一分九釐八毫有奇，五銀七絲有奇，歲夫銀四釐五毫有奇。本色米一合六勺有奇，麥五合二勺有奇。

屯墾地科銀一分九釐七毫有奇，五銀七絲有奇，歲夫銀四釐五毫有奇。本色米一合六勺有奇，麥五合六勺有奇。

暫墾浮地科銀一分八釐二毫有奇，歲夫銀四釐一毫有奇。

首墾地科銀一分九釐八毫有奇，歲夫銀四釐五毫有奇。本色米一合六勺有奇，麥五合四勺有奇。

攤徵人丁銀五釐五毫有奇。

實徵折色銀二萬四千二百九兩三錢七分五釐五毫有奇。

水面浮田抵補丁銀一千三百六兩一錢九分二釐五毫。

攤徵人丁銀五千五百二十九兩四錢，遇閏加銀二十三兩九錢六分五釐三毫有奇。

除閏共實徵銀三萬一千四十四兩九錢六分八釐有奇。

實徵本色米一千五百九十石四斗六升一合有奇，麥五千四十四石八斗九升四合有奇。

外不在丁田徵解同地租銀三十六兩一錢四分二釐五毫有奇。商稅軍餉儘徵儘解。

歸併邳州衛實在田地一千二百七十七頃六十畝。

内則例　每畝計算

屯田每畝科起存銀一分七釐有奇，麥四合五勺有奇。

建地科銀一分，麥四合五勺有奇。

屯、建二地每畝派軍需牛角等銀八釐七毫有奇。

丈出荒田科銀二分七毫有奇，米一合三勺有奇。

新墾地科銀一分七釐。

攤徵屯丁銀七毫有奇。

實徵折色銀二千四百一十六兩三錢六分一釐九毫有奇。

攤徵屯丁銀九十九兩四錢。

共實徵銀二千五百一十五兩七錢六分一釐九毫有奇。

實徵本色米二十七石六斗三升一合有奇，麥三百四十二石四斗三升九合有奇。

宿遷縣

實在田地九千四百六十六頃六十三畝四分六釐有奇。

内則例　每畝計算

田畝科銀二分八釐三毫有奇，五銀三毫七絲有奇。本色米八合四抄有奇，麥五合四勺有奇。

丈出窪地科銀二分四釐有奇，五銀三毫七絲有奇。本色米七合八勺有奇。

淤地與窪地科則同。

每兩攤徵人丁銀一錢四分六毫有奇。

實徵折色銀二萬六千四百八十三兩六錢一分三釐九毫有奇。

異户鞭徵鹽觔、水程牙税、水面窪地等項抵補丁銀一千九百七十九兩五錢四分九釐八毫有奇。

攤徵人丁銀三千七百二十四兩一錢，遇閏加銀四十九兩三錢二分七釐四毫有奇。

除閏共實徵銀三萬二千一百八十七兩二錢六分三釐七毫有奇。

實徵本色米七千五百七十一石四斗七升八合有奇，麥三千九百一十八石四斗九升三合有奇。

外不在丁田徵解同地租銀五兩九錢八分五釐九毫有奇。

睢寧縣

實在田地一萬一千五百九十頃七十六畝一分一釐有奇。

內則例　每畝計算

原額田每畝科銀一分七釐五毫有奇，歲夫銀三釐六毫有奇。本色米一合三勺有奇，麥二合五勺有奇。

清出隱地每畝科銀一分九釐七毫有奇，五銀六絲有奇，歲夫銀四釐有奇。米、麥與原額田同。

額外報墾田丈實淤地科徵銀、米、麥俱與原額田同。

攤徵人丁銀一釐八毫有奇。

實徵折色銀二萬四千四百三十四兩五錢七分九釐九毫有奇。

攤徵人丁銀三千一百三十六兩一錢五分，遇閏加銀五十八兩一錢四分三釐二毫有奇。

除閏共實徵銀二萬七千五百七十兩七錢二分九釐九毫有奇。

實徵本色米一千五百二十六石一斗一升九合有奇，麥二千九百七十一石九斗八合有奇。

外不在丁田徵解同地租銀六兩四錢六分六毫有奇。

太倉州併屬

雍正二年自蘇州府分隸，其原額坍荒陞增田畝數，詳見《蘇州府》總。

雍正十三年，實在田蕩塗三萬五千一十六頃九十九畝三分八釐有奇。

實徵折色銀內，除雍正三年蒙恩免浮糧銀一十萬九十一兩一錢六分五釐一毫外，實徵銀三十二萬四千六百二十五兩四錢六分一釐三毫有奇，遇閏加銀一千七百三十六兩一錢九分三釐八毫有奇。

攤徵人丁銀三千五百三十兩一錢二分七釐八毫有奇，遇閏加銀七十七兩五錢七分六釐三毫有奇。匠班銀一千九兩九錢二分二釐九毫有奇。

除閏共實徵銀三十二萬九千一百六十五兩五錢一分二釐有奇。

實徵本色米一十六萬九百九十七石五斗七升有奇，遇閏加米二百七十九石五斗三升五合有奇。麥六百一十一石九斗一升一合有奇，豆二百二十九石五斗四升二合有奇。

外不在丁田徵解皇莊籽粒銀八十二兩一錢九分五釐九毫有奇。

太倉州

實在田蕩塗四千三百九十一頃六十一畝二分八釐有奇。

內則例　每畝計算

田七則：一則二斗九升四合有奇，一則二斗八升，一則二斗四升，一則二斗，一則一斗八升，一則一斗四升，一則一斗。

蕩一則：一斗五升五合。

塗四則：一則八升，一則七升，一則五升，一則三升。

每石驗派稅糧除減賦外，實徵銀二錢七分一釐有奇，十銀三分九釐八毫有奇。本色米一斗二升五合有奇，豆三勺七抄有奇，麥一合有奇，五米一升九合有奇。

每畝派地畝銀六釐七毫有奇，傜里銀一分四釐四毫有奇。

每石攤徵人丁銀四釐有奇，匠班銀一釐有奇。

實徵折色銀四萬七千八百三十一兩二錢五分八釐有奇，遇閏加銀五百一兩四錢二釐四毫有奇。攤徵人丁銀五百八十四兩二錢九分七毫有奇，遇閏加銀一十九兩七分二釐四毫有奇。匠班銀一百五十四兩九錢。

除閏共實徵銀四萬八千五百七十兩四錢四分八釐七毫有奇。

實徵本色米六萬三千四百五十三石七斗六升三合有奇，遇閏以增抵減外，仍減米一十五石二斗六升六合有奇。麥一百二十四石三斗三升九合有奇，豆四十六石六斗四升三合有奇。

鎮洋縣

實在田蕩塗四千三百一十五頃一十畝九分三釐。

內則例　每畝計算

田七則：一則二斗九升四合有奇，一則二斗八升，一則二斗四升，一則二斗，一則一斗八升，一則一斗四升，一則一斗。

蕩一則：一斗五升五合。

塗四則：一則八升，一則七升，一則五升，一則三升。

每石驗派税糧除減賦外，實徵銀二錢七分一釐有奇，十銀三分九釐八毫有奇。本色米一斗二升五合有奇，豆三勺七抄有奇，麥一合有奇，五米一升九合有奇。

每畝派地畝銀六釐七毫有奇，徭里銀一分四釐四毫有奇。

每石攤徵人丁銀四釐有奇，匠班銀一釐有奇。

實徵折色銀四萬七千四百七十二兩三錢五分四釐五毫有奇，遇閏加銀四百九十五兩二錢七分四釐有奇。

攤徵人丁銀五百八十二兩五分八釐一毫有奇，遇閏加銀一十八兩九錢九分九釐有奇。匠班銀一百五十二兩四錢五分。

除閏共實徵銀四萬八千二百六兩八錢六分二釐六毫有奇。

實徵本色米六萬三千一百二十九石八斗三升七合有奇，遇閏以增抵減外，減米一十五石一斗八升八合有奇。麥一百二十三石七斗四升四合有奇，豆四十六石四斗二升有奇。

嘉定縣

實在田蕩塗六千四百五十四頃八十二畝四分五釐有奇。

内則例　每畝計算

田六則：一則三斗，一則二斗七升七合，一則二斗五升，一則二斗，一則一斗五升，一則一斗。

蕩一則：六升。
塗二則：一則三升，一則一升。
每石驗派税糧除減賦外，實徵銀四錢九分二釐六毫有奇。本色米九升一合有奇，豆三勺六抄有奇，麥九勺七抄有奇。
每畝派地畝銀七釐一毫有奇。
每石派徭里銀二分六釐一毫有奇。
攤徵人丁銀三釐有奇，匠班銀一釐有奇。

實徵折色銀一十萬三千五百六十五兩五錢三分七釐九毫有奇，遇閏加銀二百八十八兩二錢四分二釐五毫有奇。
攤徵人丁銀七百一十四兩七錢四分八釐四毫有奇，遇閏加銀一十五兩七錢五分七釐八毫有奇。
匠班銀三百一十九兩一錢七分八釐七毫。
除閏共實徵銀一十萬四千五百九十九兩四錢六分五釐有奇。
實徵本色米一萬七千五百二十二石九斗九升一合有奇，遇閏加米一百五十七石八斗三升九合有奇。麥一百八十五石二斗五升三合有奇，豆六十九石四斗九升一合有奇。

寶山縣

實在田蕩塗六千二百九十二頃一十九畝一分七釐有奇。

内則例　每畝計算

田六則：一則三斗，一則二斗七升七合，一則二斗五升，一則二斗，一則一斗五升，一則一斗。

蕩一則：六升。

塗二則：一則三升，一則一升。

每石驗派税糧除減賦外，實徵銀四錢九分二釐六毫有奇。本色米九升一合有奇，豆三勺六抄有奇，麥九勺七抄有奇。

每畝派地畝銀七釐一毫有奇。

每石派傜里銀二分六釐一毫有奇。

攤徵人丁銀三釐有奇，匠班銀一釐有奇。

實徵折色銀九萬九千八百二十九兩六錢一分四釐七毫有奇，遇閏加銀二百七十七兩九錢三分四釐三毫有奇。

攤徵人丁銀五百八十五兩二錢四分五釐七毫有奇，遇閏加銀一十二兩六錢三分四釐九毫有奇。

匠班銀三百七兩六錢七分一釐三毫。

除閏共實徵銀一十萬七百二十二兩五錢三分一釐七毫有奇。

實徵本色米一萬六千八百九十石九斗七升九合有奇，遇閏加米一百五十二石一斗五升有奇。

麥一百七十八石五斗七升三合有奇，豆六十六石九斗八升七合有奇。

崇明縣

實在田蕩塗一萬三千五百六十三頃二十五畝五分三釐有奇。

内則例　每畝計算

江浙田每畝科米三斗三合三勺。

江淮田科米一斗一升三合三勺。

民田科米五升三合五勺。

止科田科米三升二合一勺。

蕩三則：一則科米三升，一則二升，一則一升。

塗科米五合。

每石科税糧除減賦外，實徵銀四錢九分八釐八毫有奇，傜里銀一錢二釐四毫有奇。

攤徵人丁銀二分三釐六毫有奇，匠班銀一釐七毫有奇。

實徵折色銀二萬五千九百二十六兩六錢九分五釐九毫有奇，遇閏加銀一百七十三兩三錢四分四毫有奇。

攤徵人丁銀一千六十三兩七錢八分四釐六毫有奇，遇閏加銀一十一兩一錢一分一釐九毫有奇。

匠班銀七十五兩七錢二分二釐九毫有奇。

除閏共實徵銀二萬七千六十六兩二錢三釐四毫有奇。

外不在丁田徵解皇莊籽粒銀八十二兩一錢九分五釐九毫有奇。

海州併屬

雍正二年自淮安府分隸，其原額坍荒陞增田畝數，詳見《淮安府》總。

雍正十三年，實在田地二萬八千九百六十九頃六十四畝七分八釐有奇。

實徵折色銀五萬四千一百八十四兩一錢八分一釐三毫有奇。

攤徵人丁銀八千九百八十六兩六錢六分七釐五毫有奇，遇閏加銀一百八兩七錢五分一釐七毫有奇。屯丁銀一十二兩六錢，匠班銀一百八十三兩六錢。

除閏共實徵銀六萬三千三百六十七兩四分八釐八毫有奇。

實徵本色米二萬三千一百四十六石五斗三合有奇，麥九千九百二十七石五斗一升有奇。

外不在丁田徵解雜辦銀三百五十二兩六錢四分一釐二毫有奇。

歸併東、西二海所實徵軍需銀六十兩。

海　州

實在田地八千六百七十頃九十四畝二分四釐有奇。

內則例

每畝科銀一分五釐六毫有奇，五銀三毫有奇。米八合六勺有奇，麥九勺有奇。

碩項湖下則田地每畝改科銀二釐八毫。

每畝攤徵民屯、人丁銀一釐有奇，匠班銀二毫有奇。

實徵折色銀一萬二千七百五十九兩八錢九分六釐六毫有奇。

攤徵人丁銀一千一百八十九兩二分一釐五毫有奇，遇閏加銀五十四兩四錢一分八釐有奇。屯丁銀一十二兩六錢，匠班銀四十七兩七錢。

除閏共實徵銀一萬四千九兩二錢一分八釐一毫有奇。

實徵本色米六千九十石四斗一升七合有奇，麥六百六十九石七斗一升九合有奇。

外不在丁田徵解雜辦銀三百三十一兩八錢二分五釐四毫有奇。内牧馬同地租銀一十一兩七錢五分五釐四毫有奇，商税軍餉銀二百九十兩，税契軍餉銀三十兩七分。

歸併東、西二海所，東、西二所之設：明洪武間，於淮安衛八所之内，一分中所守禦東海，一分中前所守禦西海，所派徵軍需牛角原自屯田起科。二所分出戍守，無田派徵，所官考成受累。申控督、撫兩院，東海所軍需牛角全歸本衛；西海所操防軍丁，曾領本州斥鹵荒地數頃，以地抵屯分認。淮安衛軍需牛角銀六十兩，每年額徵完解。實徵軍需銀六十兩。

沭陽縣

實在田地一萬三千四百九十五頃四十五畝五分三釐有奇。

内則例

每畝科銀二分六釐六毫有奇，五銀五毫七絲有奇。本色米一升二合有奇，麥六合九勺有奇。

每兩攤徵人丁銀一錢七分有奇，匠班銀二釐有奇。

實徵折色銀二萬七千六百三十兩九錢六分五釐九毫有奇。

攤徵人丁銀四千七百四兩八錢四分五釐九毫有奇，遇閏加銀二十八兩五錢四分七釐七毫有奇。

匠班銀七十二兩四錢五分。

除閏共實徵銀三萬二千四百八兩二錢六分一釐八毫有奇。

實徵本色米一萬二千九十三石六斗五合有奇，麥六千七百七十九石四斗九升六合有奇。

外不在丁田徵解牧馬同地租銀一十一兩六錢九分四釐七毫有奇。

贛榆縣

實在田地六千八百三頃二十五畝一釐有奇。

内則例

每畝科銀二分四絲有奇，五銀三毫有奇。本色米七合二勺有奇，麥三合六勺有奇。

每兩攤徵人丁、匠班銀二錢四分三釐三毫有奇。

實徵折色銀一萬三千七百九十三兩三錢一分八釐七毫有奇。

攤徵人丁銀三千九十二兩八錢，遇閏加銀二十五兩七錢八分六釐有奇。匠班銀六十三兩四錢五分。

除閏共實徵銀一萬六千九百四十九兩五錢六分八釐七毫有奇。

實徵本色米四千九百六十二石四斗八升有奇，麥二千四百七十八石二斗九升四合有奇。

外不在丁田徵解牧馬同地租銀九兩一錢二分一釐有奇。

通州併屬

雍正二年自揚州府分隸，其原額坍荒陞增田畝數，詳見《揚州府》總。

雍正十三年，實在田地五萬四千九百五十頃一十畝四分七釐有奇。

實徵折色銀九萬四百五十四兩四錢一分七釐四毫有奇，遇閏加銀八百二十六兩五錢七分七釐二毫有奇。

攤徵人丁銀八千八百五十一兩六釐二毫有奇，匠班銀四百三十一兩七錢八分四釐一毫有奇。

除閏共實徵銀九萬九千七百三十七兩二錢七釐七毫有奇。

實徵本色米一萬五千八百七十五石四斗二升一合有奇，遇閏加米二斗三升九合有奇。麥四千八百四十九石一斗六升九合有奇，豆二斗三升九合有奇。

外不在丁田徵解雜辦銀三千五百三十五兩七錢一分九釐一毫有奇，遇閏加銀一十八兩八錢八分七釐四毫有奇。

歸併外衛實在屯田一百七頃三十二畝七分四釐。

實徵折色銀二百九十四兩八錢六分。

攤徵屯丁銀九十二兩七錢。

共實徵銀三百八十七兩五錢六分。

通　州

實在田地一萬二千四百二十二頃一十畝四分五釐有奇。

內則例　每畝計算

民上田科銀九分五釐二毫有奇，五銀五毫有奇。米一升一合五勺有奇，麥三合四抄有奇。

民中田科銀四分七釐六毫有奇，五銀二毫有奇。米五合七勺有奇，麥一合五勺。

民下田科銀二分三釐八毫有奇，五銀一毫有奇。米二合八勺有奇，麥七勺六抄有奇。

附竈漁上田科銀七分七釐三毫有奇，五銀五釐五毫有奇。米一升一合五勺有奇，麥三合四抄有奇。

附竈漁中田科銀三分八釐六毫有奇，五銀二毫有奇。米五合七勺有奇，麥一合五勺有奇。

附竈漁下田科銀一分九釐三毫有奇，五銀一毫有奇。米二合八勺有奇，麥七勺六抄有奇。

優免租竈香火上田科銀二分三釐五毫有奇，五銀五毫有奇。米一升一合有奇，麥三合四抄有奇。

優免租竈香火中田科銀一分一釐七毫有奇，五銀二毫有奇。米五合七勺有奇，麥一合五勺有奇。

優免租竈香火下田科銀五釐八毫有奇，五銀一毫有奇。米二合八勺有奇，麥七勺六抄有奇。

歸併海門鄉中民田科銀四分一釐三毫有奇，五銀三釐四毫有奇。米七升一合有奇，麥四合八勺有奇。

中竈田科銀三分七釐九毫有奇，五銀三分四毫有奇。米七升一合有奇，麥四合八勺有奇。

劃歸昭文、崇明二縣沙地俱照原則起科。

每兩攤徵人丁銀一錢一分有奇，匠班銀五釐有奇。

實徵折色銀三萬八千六百五十一兩五錢九分四釐二毫有奇，遇閏加銀四百兩二錢五分九釐八毫有奇。

攤徵人丁銀四千八十四兩一錢九分八釐二毫有奇，匠班銀二百六十三兩二錢九分七釐一毫有奇。

除閏共實徵銀四萬二千九百九十九兩八分九釐一毫有奇。

實徵本色米五千六百二十八石一斗二升四合有奇，遇閏加米二斗三升九合有奇。麥一千三百六十二石二斗一升八合有奇，豆二斗三升九合有奇。

外不在丁田徵解雜辦銀八百三十八兩九錢三分三①釐五毫有奇。內牙餉並海門鄉銀一百二十一兩二錢，吏農班並海門鄉蠲豁外該銀二十兩二錢，碾户出辦銀三百八十六兩，餘米軍餉銀一十兩七錢七分三釐，塹基出辦銀一十兩七錢一分七釐有奇，草場租銀一十二兩八錢二釐八毫有奇，河泊所魚課出辦麻膠銀一百二十七兩一錢三分二釐有奇，海門鄉自理紙贖出辦銀一百三十八兩，商税出辦除裁歸雜税該銀一十一兩三錢一分六釐五毫，皇莊籽粒銀七錢九分二釐一毫有奇。遇閏加銀一十兩五錢七分一釐有奇。

歸併通州所實在屯田一百七頃三十二畝七分四釐。內每畝科米折并軍餉銀二分七釐九毫有奇，出田畝科米折銀二分四釐六毫有奇，每兩攤徵屯丁銀三錢一分四釐三毫有奇。

實徵折色銀二百九十四兩八錢六分。

攤徵屯丁銀九十二兩七錢。

共實徵銀三百八十七兩五錢六分。

① 「三」，《四庫》本作「二」。

如皋縣

實在田地三萬八十三頃四十九畝一分六釐。

内則例　每畝計算

民田每畝科銀六釐六毫有奇，漕贈五銀七絲有奇。本色米一合六勺有奇，麥四勺七抄有奇，五米七抄有奇。

竈田科銀四釐四毫有奇，其米麥五米五銀與民田同。

每民田銀一兩攤徵人丁銀一錢四分三釐五毫有奇。

民竈田銀一兩攤徵匠班銀三釐六毫有奇。

實徵折色銀一萬九千四百八十六兩五錢二分九釐四毫有奇，遇閏加銀一百九十二兩一釐有奇。

攤徵人丁銀二千五百三十七兩七錢九分九釐三毫有奇，匠班銀七十兩一錢七分九釐。

除閏共實徵銀二萬二千九十四兩五錢七釐七毫有奇。

實徵本色米五千四百三十八石八斗四升三合有奇，麥一千一百八十五石八斗九合。

外不在丁田徵解雜辦銀一千二百一十兩二錢二分九釐有奇。内牙行出辦牙餉銀五十兩五錢，吏農出辦吏農班銀一十五兩一錢五分，碾户出辦碾餉銀一百二兩五錢，餘米軍餉銀九兩三錢五分五釐，牙行坐税出辦裁省充餉、裁扣工食、學道供應文武科場、巡司弓兵工食、檢校俸工等銀七百一兩四錢，牧馬草場田出辦租銀二百一十三兩二錢七分一釐二毫有奇，丈增租銀一十二兩五錢三分九釐四毫有奇，漁户出辦折色黄麻、翎毛、白麻、魚膠並本色麻膠等銀九十七兩七錢六分八釐四毫有奇，本色魚綫膠應徵折價銀七兩七錢四分四釐九毫有奇。遇閏加銀八兩三錢一分六釐三毫有奇。

泰興縣

實在田地一萬二千四百四十四頃五十畝八分五釐有奇。

内則例　每畝計算

一等田每畝科銀八分八釐九毫有奇。漕贈并月糧米三升一合有奇，麥六合四勺有奇。五米一合四勺有奇，五銀一釐四毫有奇。

一等地科銀麥與一等田同，不科漕止科月糧米一合四勺有奇。

次一等田科銀五分九釐三毫有奇。漕月糧米二升九勺有奇，麥四合二勺有奇，五米九勺九抄有奇，五銀九毫有奇。

次一等地科銀麥與次一等田同，不科漕止科月糧米九勺九抄有奇。

二等田科銀四分四釐五毫有奇。米一升五合有奇，麥三①合二勺有奇，五米七勺四抄有奇。五銀七毫有奇。

二等地科銀麥與二等田同，不科漕止科月糧米七勺四抄有奇。

三等田科銀二分二釐三毫有奇。米七合八勺有奇，麥一合六勺有奇，五米三勺七抄有奇。五銀三毫有奇。

三等地科銀麥與三等田同，不科漕止科月糧米三勺七抄有奇。

四等田科銀一分二釐八毫有奇。米四合四勺有奇，麥九勺一抄有奇，五米三勺一抄有奇。五銀二毫有奇。

四等地科銀一分三釐八毫有奇。米二勺二抄有奇，麥九勺八抄有奇。

五等地科銀一分有奇。米一勺六抄有奇，麥七勺一抄有奇。

每兩攤徵人丁銀六分八釐九毫有奇，匠班銀三釐四絲有奇。

實徵折色銀三萬二千三百一十六兩二錢九分三釐七毫有奇，遇閏加銀二百三十四兩三錢一分六釐四毫有奇。

① 「三」，《四庫》本作「二」。

攤徵人丁銀二千二百二十九兩八釐七毫有奇，匠班銀九十八兩三錢八釐。

除閏共實徵銀三萬四千六百四十三兩六錢一分四毫有奇。

實徵本色米四千八百八石四斗五升二合有奇，麥二千三百一石一斗四升有奇。

外不在丁田徵解雜辦銀一千四百八十六兩五錢五分六釐四毫有奇。內牙餉銀六十兩六錢，吏農班銀一十五兩一錢五分，草場租銀一千一百六兩五釐七毫有奇，礮餉銀五十七兩，餘米軍餉銀八兩四錢六分，商稅出辦銀一百二十五兩七錢三分二釐二毫有奇，學租銀一十九兩六錢八分六釐，水面出辦漁課麻膠價銀三兩九錢二分二釐五毫有奇，自理折穀銀九十兩。

〔下江〕①屯田

江南都使司

今歸併布政使司。蘇、太等十衛，歸併江蘇布政使司；新、宣等十一衛，歸併安徽布政使司。

國朝原額屯田地二萬一千九百五十六頃二畝有奇。

---

① 據卷首標題補。

除原有荒蕪田地一千九百八十六頃二十九畝三分有奇。

節年坍海、開河、築堤、栽柳、挖廢並水沉田地二百六十五頃一十二畝一分八釐有奇。

節年開墾陞科並清出溢額田地三千九百一十一頃八十九畝九分一釐有奇。

雍正十三年，實在成熟屯田地二萬三千六百一十六頃五十畝四分四釐有奇。

額徵銀七萬九千二十九兩七錢七分九釐六毫有奇，屯丁攤入地畝銀三千一百四十四兩八錢六分，隨船贍田内均派辦納丁銀一百二兩八錢。

共實徵銀八萬二千二百七十七兩四錢三分九釐六毫有奇。

額徵本折米一萬三千一百六十七石七斗三升一合有奇，麥一萬七百一十九石七斗五升四合有奇，豆四千五百五十七石二斗二升二合有奇。

外不在丁田徵解雜辦等銀六百八十兩四錢二分八釐一毫有奇。

糧米八十四石四斗四合有奇。

外額派河灘租地九十五頃八十五畝七分六釐有奇。

額徵銀一百七十四兩四錢六分有奇。

江南都使司

今歸併江蘇布政使司。

國朝原額屯田地一萬八百四十九頃二十八畝六分六釐有奇。
節年坍海並開河、築堤、栽柳、挖廢田地二百二十一頃五十八畝九分五釐有奇。
節年陞增並開墾田地一千一百四十七頃二十七畝八分一釐有奇。
雍正十三年，實在成熟屯田地一萬一千七百七十四頃九十七畝五分二釐有奇。
額徵銀三萬八千四百九十六兩二錢一分八毫有奇，屯丁攤入地畝銀七百四十兩八錢，隨船贍田內均派辦納丁銀一百二兩八錢。
共實徵銀三萬九千三百三十九兩八錢一分八毫有奇。
額徵本色米一萬九百五十八石四斗五升有奇，麥八千四百四十六石二斗一升四合有奇，豆四千五百五十七石二斗二升二合有奇。
外不在丁田徵解雜辦銀八十六兩三錢六分，糧米八十四石四斗四合有奇。
外額派河灘租地九十五頃八十五畝七分六釐有奇。
額徵銀一百七十四兩四錢六分有奇。

蘇太等十衛

蘇州衛

實在屯田地三百三十七頃七十四畝二釐有奇。

内則例　每畝計算

屯田科銀一錢四分三釐四毫有奇，米二斗五升七合有奇。

開墾田科銀一錢二分五釐三毫。

開墾飛沙地科銀八分二釐七毫有奇。

起科田科銀三錢一分四釐。

改科田科銀一錢六分八毫。

官舍開墾田科銀一錢一分四釐九毫。

又開墾田科銀一錢五分二釐。

又一則科銀三錢一分五釐。

樣田科銀一錢八分一釐八毫有奇，米一斗五升五合有奇。

又一則科銀一錢一分九釐四毫。
攤徵屯丁銀一釐三毫有奇。

實徵銀四千七百三兩六分九釐二毫有奇。
攤徵屯丁銀四十五兩四錢。
共實徵銀四千七百四十八兩四錢六分九釐二毫有奇。
實徵本色米四千八百九十二石二斗一升。

太倉衛

實在田地二百五十一頃五十四畝三分六釐有奇。

內則例　每畝計算
屯田科米折銀八分二釐五毫有奇，米二斗六升八合有奇。
額折屯田科米折銀一錢三分一釐四毫有奇。
寶山基地科米折銀二錢九分七釐四毫有奇。
攤徵屯丁銀九毫有奇。

實徵銀二千九百一十九兩四錢三分七釐六毫有奇，攤徵屯丁銀二十三兩一錢。

共實徵銀二千九百四十二兩五錢三分七釐六毫有奇。

實徵本色米二千二百三十六石二斗三升四合有奇。

外不在丁田徵解房地租銀五十兩，糧米八十四石四斗四合有奇。内嘉定縣寶山蕩糧米七十石一斗四升二合有奇，寶山營基糧米一十四石二斗六升二合有奇。

鎮海衛

實在田地一百九十頃八畝六分二釐。

内則例　每畝計算

科屯田科米三斗三合有奇①。

科田科米二斗二合有奇②。

①② 《四庫》本此二句首各多一「起」字。

科田科米折銀二錢四分三釐六毫有奇[1]。

又一則：科銀二錢四分一釐七毫有奇。

額折田三則：一則科米折銀二錢七分九釐六毫有奇，一則二錢八分九釐有奇，一則二錢六分八釐五毫有奇。

新增田科銀九分。

新增塗蕩科銀九釐有奇。

隱田科米折銀二錢四分三釐六毫有奇。

攤徵屯丁銀一釐有奇。

實徵銀二千四百六十三兩五錢五分七釐一毫有奇，攤徵屯丁銀一十九兩一錢。

共實徵銀二千四百八十二兩六錢五分七釐一毫有奇。

實徵本色米二千八百八十三石五斗五升三合有奇。

---

① 《四庫》本此句首多一「改」字。

金山衛

實在田地三百八十五頃二畝五分六釐有奇。

内則例　每畝計算

田畝科銀一錢五分一釐八毫有奇，科米一升一合有奇。

基地科米折銀一分一釐五毫有奇。

攤徵屯丁銀二毫三絲有奇。

實徵銀五千八百七十八兩一錢五分五毫有奇。

攤徵屯丁銀九兩。

共實徵銀五千八百八十七兩一錢五分五毫有奇。

實徵本色米四百一十三石六斗。

鎮江衛

實在田地一千七百一十五頃四十七畝九分九釐有奇。

内則例　每畝計算
比較田科銀四分一釐九毫有奇。
公差并新陞樣田科銀一分九釐九毫有奇。
丈出公差田科銀一分五釐八毫有奇。
丈出改科田科銀三分一釐六毫有奇。
丈出比較田科銀三分七釐八毫有奇。
改科田科銀三分五釐七毫有奇。
開墾田科銀二分八毫有奇。
攤徵屯丁銀五毫八絲有奇。

實徵銀四千四百七十二兩四錢一分六釐六毫有奇，攤徵屯丁銀一百兩。
共實徵銀四千五百七十二兩四錢一分六釐六毫有奇。

淮安衛

實在田地七百六十五頃三十五畝二分六釐有奇。

内則例

屯様田每畝科銀三分六釐四毫有奇。　米六合二勺有奇，麥一升二合有奇，豆六合二勺有奇。

軍器牛角等銀一分八釐有奇。

贍運園地每畝科銀五釐。

屋基地每畝科銀四分六釐五毫有奇。

荒熟地每畝科銀四分五釐二毫有奇。

續清出荒熟并涸出田地每畝科銀三分。

每兩攤徵屯丁銀二分五釐九毫有奇。

實徵銀三千四百七十八兩七錢九分六釐六毫。

攤徵屯丁銀九十兩三錢。

共實徵銀三千五百六十九兩九分六釐六毫。

實徵本色米二百七十七石三升三合，麥五百五十四石六斗七升有奇，豆二百七十七石三升。

大河衛

實在田地一千七百六十六頃六十畝二釐有奇。

內則例　每畝計算

屯田科銀七分三釐二毫有奇。米一升四合有奇，麥二升八合有奇，豆一升四合有奇。

樣田科銀四分四釐二毫有奇。米二升三合有奇，麥四升六合有奇，豆二升三合有奇。

贍運田園科銀七分五釐五毫有奇。

贍運荒田科銀五釐七毫有奇。

贍運熟田、板沙湖田俱科銀三釐。

丈出中等所屯田、續清出田俱科銀三分。

新墾田地科銀四釐八毫有奇，漕項銀九毫有奇。

每兩攤徵屯丁銀六分八釐一毫有奇。

實徵銀三千五百六十八兩七毫有奇。

攤徵屯丁銀二百三十八兩。

共實徵銀三千八百六兩七毫有奇。

實徵本色米二百五十五石八斗二升有奇。麥五百一十一石六斗二升三合有奇，豆二百五十五石八斗二升有奇。

外額派河灘租地九十五頃八十五畝七分六釐有奇。

實徵銀一百七十四兩四錢六分有奇。

揚州衛

實在田地九百八頃七十八畝四分一釐有奇。

內則例

每畝科米麥折銀三分六釐一毫有奇。

每分科軍餉牛角銀二錢一分六釐八毫有奇。

攤徵屯丁銀四毫有奇。

實徵銀三千六百八兩二錢二分四釐九毫有奇。

攤徵屯丁銀三十六兩九錢，隨船贍田內均派辦納丁銀一百二兩八錢。

共實徵銀三千七百四十七兩九錢二分四釐九毫有奇。

儀徵衛

實在屯田一千七百二十二頃三畒八分二釐有奇。

內則例

屯丁每名領田五十畒，內三十畒每畒科米一斗，二十畒每畒科麥一斗五升。

新增屯丁每名領田五十畒，內三十畒每畒科米八升三合，二十畒每畒科麥三升三合。

起科屯丁每名領田三十五畒四分九釐有奇，內每名科米二石一斗四升二合有奇，麥一石三斗六升四合有奇。

以上米麥，俱每石折銀三錢五分。又帶徵軍餉牛角銀三分三釐一毫有奇。

操丁每名領一分操田四十畒。每分科籽粒銀一兩一錢六分七釐九毫有奇。

丈出荒蕪餘田，每畒科米麥折銀四分二釐。

報陞操田，每畒科銀二分三釐。

每兩攤徵屯丁銀一分五釐九毫有奇。

實徵銀六千六百九十二兩七錢二分九釐九毫有奇，攤徵屯丁銀一百七兩。

共實徵銀六千七百九十九兩七錢二分九釐九毫有奇。

徐州衛

實在田地三千七百三十二頃三十二畝四分一釐有奇。

內則例　每畝計算

正衛屯田科銀一釐六毫有奇。麥二升二合有奇，豆一升二合有奇。

併衛屯田地科銀二釐二毫有奇。麥一升三合有奇，豆七合六勺有奇。

清出草場地科銀一分。

攤徵屯丁銀一毫九絲有奇。

實徵銀七百一十一兩八錢二分七釐七毫有奇，攤徵屯丁銀七十二兩。

共實徵銀七百八十三兩八錢二分七釐七毫有奇。

實徵麥七千三百七十九石九斗二升有奇，豆四千二十四石三斗七升二合有奇。

外不在丁田徵解馬廠租銀三十六兩三錢六分。

江南通志卷七十二

食貨志

田賦　六

安、徽、寧、池、太、盧、鳳七府

安慶府

國朝原額田塘一萬九百九十四頃九十九畝九分二釐有奇。

節年陞增田一萬六百六十一頃二十六畝七釐有奇。

雍正十三年，實在成熟田塘二萬一千六百五十六頃二十五畝九分九釐有奇。

實徵折色銀一十六萬八百四十兩一錢二釐四毫有奇。内望江縣派徵魚課羨餘抵解正項銀三百七兩五錢二分四釐有奇。

攤徵人丁銀一萬一千七百五十一兩四錢二分七釐七毫有奇，匠班銀四百七十二兩五錢。

共實徵銀一十七萬三千六十四兩三分一毫有奇。閏銀例派在内，遇閏支給。

實徵本色米一十一萬一千五百四十五石五斗二升二合有奇。

外不在丁田徵解雜辦銀四千五百五十三兩六錢二分六釐六毫有奇，遇閏加銀二百六十八兩八錢九分四釐八毫有奇，新增扛銀三兩三錢三分有奇。

懷寧縣

實在成熟並溢額田三千四百九十三頃六十六畝二分六釐有奇。

内則例　每畝計算

田科銀七分九釐四毫有奇，漕贈銀一釐四毫有奇。米五升一合有奇，漕贈米一合四勺有奇。

攤徵人丁銀六釐九毫有奇，匠班銀二毫四絲有奇。

實徵折色銀二萬八千四百七十三兩九錢一分四釐六毫有奇。

攤徵人丁銀二千四百一十三兩六錢六分六釐四毫有奇，匠班銀八十四兩一錢五分。

共實徵銀三萬九百七十一兩七錢三分一釐有奇，實徵本色米一萬八千五百一十六石四斗一升一合有奇。

外不在丁田徵解雜辦銀六百七十二兩一錢五分五釐有奇。內商稅銀一百三十七兩二分五釐，扛銀二兩四錢六分六釐四毫有奇。協濟昌平州銀三兩，扛銀五分四釐。京府庫魚課銀四百七十四兩三錢二釐六毫，扛銀五兩六錢八分六釐四毫有奇。城濠地租銀一兩，五巷口地租銀三兩三錢二分五釐。補徵時價銀四十五兩二錢九分五釐六毫有奇。

遇閏加銀三十八兩五錢九毫有奇，扛銀五錢二分四釐有奇。

桐城縣

實在成熟並溢額田塘四千一百七頃四十五畝二分九釐有奇。

內則例　每畝計算

田科銀八分三釐二毫有奇，漕贈銀一釐四毫有奇。米五升一合有奇，漕贈米一合四勺有奇。

塘科銀八釐有奇，漕贈銀一釐四毫有奇。米五升三合有奇，漕贈米一合四勺有奇。

攤徵人丁銀七釐四毫有奇，匠班銀二毫九絲有奇。

實徵折色銀三萬四千三十六兩二錢二分八釐四毫有奇。

攤徵人丁銀二千九百五十二兩九錢三分一釐七毫有奇，匠班銀一百二十兩六錢。

共實徵銀三萬七千一百九兩七錢六分一毫有奇。

實徵本色米二萬一千七百九十四石八升有奇。

外不在丁田徵解雜辦銀一千四百八十五兩三錢一分八毫有奇。內商稅銀三十四兩七錢八分九釐六毫，扛銀六錢二分六釐二毫有奇。協濟昌平州銀三兩，扛銀五分四釐。京府庫魚課銀一千二百九十六兩三錢八分三釐二毫有奇，扛銀一十六兩七錢八分一釐九毫有奇。補徵時價銀一百三十三兩六錢七分五釐九毫有奇。

遇閏加銀一百三十八兩一分七釐二毫有奇，扛銀一兩八錢四分六釐九毫有奇。

潛山縣

實在成熟田二千九百一十頃五十六畝九分九釐有奇。

內則例　每畝計算

田科銀八分二釐二毫有奇，漕贈銀一釐四毫有奇。米五升一合有奇，漕贈米一合四勺有奇。

攤徵人丁銀七釐四毫有奇，匠班銀二毫五絲有奇。

實徵折色銀二萬三千九百二十四兩二錢二分三釐八毫有奇。

攤徵人丁銀二千一百四十一兩四錢七分九釐一毫有奇，匠班銀七十四兩二錢五分。

共實徵銀二萬六千一百三十九兩九錢五分二釐九毫有奇。

實徵本色米一萬五千四百二十六石三升五合有奇。

外不在丁田徵解雜辦銀四十四兩五錢八分七毫有奇。內商稅銀三十九兩六錢五分四釐五毫有奇，扛銀七錢一分三釐七毫有奇。協濟昌平州銀三兩，扛銀五分四釐。房地酒醋銀一兩一錢五分八釐五毫有奇。

遇閏加銀三兩三分一釐有奇，扛銀五分三釐五毫有奇。

太湖縣

實在成熟田四千一十四頃七十七畝六分九釐有奇。

內則例　每畝計算

田科銀七分三毫有奇，漕贈銀一釐三毫有奇。米五升一合有奇，漕贈米一合三勺有奇。

攤徵人丁銀五釐二忽有奇，匠班銀三毫二絲有奇。

實徵折色銀二萬八千六百六十八兩六錢三釐一毫有奇。

攤徵人丁銀一千九百九十八兩四錢九分八釐二毫有奇，匠班銀一百二十七兩八錢。

共實徵銀三萬七百九十四兩九錢一釐三毫有奇。

實徵本色米二萬一千七十七石六斗九升九合有奇。

外不在丁田徵解雜辦銀八十五兩五錢一分七釐八毫有奇。內商稅銀三十一兩，扛銀五錢五分八釐。協濟昌平州銀三兩，扛銀五分四釐。房地銀三錢四分五釐八毫有奇，馬路口地租銀五十兩五錢六分。

遇閏加銀二分四釐九毫有奇。

宿松縣

實在成熟並溢額田四千四百四十七頃一十一畝五分三釐有奇。

內則例　每畝計算

田科銀五分九釐八毫有奇，漕贈銀一釐二毫有奇。米四升七合有奇，漕贈米一合二勺有奇。

攤徵人丁銀二釐四毫有奇，匠班銀九絲四忽有奇。

實徵折色銀二萬七千三百八十九兩一錢八分七釐五毫有奇。

攤徵人丁銀一千九十七兩四錢九分六毫有奇，匠班銀四十一兩八錢五分。

共實徵銀二萬八千五百二十八兩五錢二分八釐一毫有奇。

實徵本色米二萬一千六百一十二石九斗八升一合有奇。

外不在丁田徵解雜辦銀一千一百一十九兩九錢三分五毫有奇。內商稅銀三十一兩二錢三分四釐，扛銀五錢六分二釐二毫有奇。協濟昌平州銀三兩，扛銀五分四釐。京府庫魚課銀九百七十四兩二錢二分二釐六毫有奇，扛銀一十二兩三錢六分四釐九毫有奇。補徵時價銀九十八兩四錢九分二釐八毫有奇。

遇閏加銀三十八兩六分四釐四毫有奇，扛銀四錢六分九釐二毫有奇。

望江縣

實在成熟並溢額田二千六百八十二頃六十八畝二分三釐。

內則例　每畝計算

田科銀六分五釐二毫有奇，漕贈銀一釐三毫有奇。米四升七合有奇，漕贈米一合三勺有奇。

攤徵人丁銀四釐二毫有奇，匠班銀八絲八忽有奇。

實徵折色銀一萬八千三百四十七兩九錢四分五釐有奇。內派徵魚課羨餘抵解正項銀三百七兩五錢二分四釐有奇。

攤徵人丁銀一千一百四十七兩三錢六分一釐七毫有奇，匠班銀二十三兩八錢五分。

共實徵銀一萬九千五百一十九兩一錢五分六釐七毫有奇。

實徵本色米一萬三千一百一十八石三斗一升六合有奇。

外不在丁田徵解雜辦銀一千一百四十六兩一錢三分一釐五毫有奇。內商稅銀四十一兩二錢三分五釐，扛銀七錢四分二厘二毫有奇。協濟昌平州銀三兩，扛銀五分四釐。京府庫魚課銀九百八十六兩九錢一分四釐七毫有奇，扛銀一十二兩七錢三分六釐一毫有奇。補徵時價銀一百一兩四錢四分九釐五毫有奇。

遇閏加銀五十一兩二錢五分六釐有奇，扛銀四錢三分六釐一毫有奇。

徽州府

國朝原額田地山塘共折實田二萬五百六十二頃七十八畝四分三釐有奇。

節年陞增折實田二頃八十三畝三分一釐有奇。

雍正十三年，實在折實田二萬五百六十五頃六十一畝七分四釐有奇。

實徵折色銀一十六萬二千七百一十二兩一錢二分六釐有奇。內歙、婺、績三縣不在丁田派徵抵解正項銀一千五百九兩二錢三釐六毫。

攤徵人丁銀二萬四千一百一十六兩三錢二分八釐有奇，匠班銀一千三百七十九兩七錢。

共實徵銀一十八萬八千二百八兩一錢五分四釐有奇。閏銀例派在內，遇閏支給。

實徵本色米二萬九千三百四十五石六斗八升有奇，豆一千六百二十五石二斗二升六合有奇。

外不在丁田徵解雜辦銀六百五十四兩一錢一分七釐八毫有奇。

歙　縣

實在折實田四千九百六頃一十八畝六分三釐有奇。

內則例

地一畝折田五分六釐一毫，山一畝折田四分三釐四毫，塘一畝折田一畝一分九釐一毫。

每折實田一畝，科銀九分四釐有奇；米一升五合有奇，豆八勺五抄有奇。

攤徵人丁銀一分五釐九毫有奇，匠班銀一釐四毫有奇。

實徵折色銀四萬七千二百六十二兩九錢九分七毫有奇。內街口司船税銀八百兩，官祠租銀二十兩，茶商税銀四錢三分二釐，抵解正項。

攤徵人丁銀七千八百四十兩四錢二分二釐一毫有奇，匠班銀六百九十一兩九錢二分八釐四毫有奇。

共實徵銀五萬五千七百九十五兩三錢四分一釐二毫有奇。

實徵本色米七千五百六十七石三斗四升三合有奇，豆四百二十石一斗四升一合有奇。

外不在丁田徵解城濠租銀一百五十九兩七錢三分八釐七毫。

休寧縣

實在折實田四千八百二頃九十六畝二分二釐有奇。

內則例

地一畝折田七分三釐八毫，山一畝折田二分二釐一毫，塘一畝折田一畝。

每折實田一畝，科銀七分三釐六毫有奇，米一升二合九勺有奇，豆七勺一抄有奇。

攤徵人丁銀一分六釐有奇，匠班銀八毫七絲有奇。

內有廉惠田六頃四十畝一分二釐零，每畝免徵條編，止科税糧銀四分二釐四毫有奇。

實徵折色銀三萬五千四百二十兩六錢一分五釐有奇。

攤徵人丁銀七千七百二十九兩九錢八分五釐有奇，匠班銀四百一十九兩七錢六分七釐三毫有奇。

共實徵銀四萬三千五百七十兩三錢六分七釐四毫有奇。

實徵本色米六千二百八石一斗，豆三百四十二石五斗。

外不在丁田徵解廉惠田租銀一百兩九錢五分七釐五毫。

婺源縣

實在折實田五千三十頃八十二畝二分七釐有奇。

內則例

地一畝折田六分一釐五毫，山一畝折田二分二釐二毫，塘一畝折田一畝。

每折實田一畝，科銀六分七釐四毫有奇；米一升三合有奇，豆七勺二抄有奇。

攤徵人丁銀六釐七毫有奇，匠班銀二毫二絲有奇。

內有朱文公祠裔儒學廉惠田二十頃四十畝一分一釐，每畝免徵條編，科稅糧銀四分一釐三毫有奇。江西樂平、德興二縣寄莊田七十五頃五十四畝有奇，每畝外科徭銀一分六釐八毫有奇；地四頃三十七畝有奇，每畝外科徭銀五釐；山八頃八十九畝有奇，每畝外科徭銀五釐；塘一十八畝有奇，每畝外科徭銀一分。

實徵折色銀三萬四千一百一十七兩七錢七分二釐二毫有奇。內派徵廉惠田租銀三十兩，抵解正項。

攤徵人丁銀三千三百八十兩五錢五分八釐有奇，匠班銀一百一十二兩九錢九分一釐有奇。

共實徵銀三萬七千六百一十一兩三錢二分一釐二毫有奇。

實徵本色米六千五百八十六石七斗七升七合有奇，豆三百六十五石三升二合有奇。

外不在丁田徵解廉惠田租銀五十八兩六錢六分七釐五毫。

祁門縣

實在折實田二千一百四十六頃六十四畝八分一釐有奇。

內則例

地一畝折田六分二釐七毫，山一畝折田二分二釐二毫，塘一畝折田一畝。

每折實田一畝，科銀六分八釐六毫有奇；米一升二合有奇，豆七勺二抄有奇。

攤徵人丁銀一分五毫有奇，匠班銀二毫五絲有奇。

内有懷德廉惠官田三頃五十三畝二分，每畝免徵條編，止科税糧銀四分二釐四毫有奇。

實徵折色銀一萬四千七百六十六兩五錢一分二釐八毫有奇。

攤徵人丁銀二千二百六十一兩四錢一分六釐七毫有奇，匠班銀五十四兩七錢一分九釐四毫有奇。

共實徵銀一萬七千八十二兩六錢四分九釐有奇。

實徵本色米二千七百七十五石五斗五升八合有奇，豆一百五十五石五升三合有奇。

外不在丁田徵解廉惠田租銀六十九兩八錢七分六毫有奇。

黟縣

實在折實田一千六百四十頃四十九畝二分有奇。

内則例

地一畝折田五分四釐五毫，山一畝折田一分三釐，塘一畝折田六分四釐。

每折實田一畝，科銀八分三釐六毫有奇；米一升六合有奇，豆八勺九抄有奇。

攤徵人丁銀九釐八毫有奇，匠班銀三毫一絲有奇。

內有廉惠儒學田三頃三十三畝零，每畝免徵條編，止科税糧銀五分三釐有奇。

實徵折色銀一萬三千七百四十九兩四錢九分五釐三毫有奇。

攤徵人丁銀一千六百一十三兩九分九釐八毫有奇，匠班銀五十一兩三錢一分八釐三毫有奇。

共實徵銀一萬五千四百一十三兩九錢一分三釐四毫有奇。

實徵本色米二千六百七十七石七斗，豆一百四十七石五斗。

外不在丁田徵解廉惠田租銀六十一兩八錢七分七釐五毫。

績溪縣

實在折實田二千三十八頃五十畝五分八釐有奇。

內則例

地一畝折田五分八釐三毫，山一畝折田二分二毫，塘一畝折田一畝一釐一毫。

每折實田一畝，科銀八分二釐三毫有奇；米一升七合有奇，豆九勺五抄有奇。

攤徵人丁銀六釐三毫有奇，匠班銀二毫四絲有奇。

內有廉惠弘濟倉，並儒學、義冢等田二十三頃七十九畝有奇，每畝免徵條編，止科税糧銀四分九釐七毫有奇。

實徵折色銀一萬七千三百九十四兩七錢三分九釐九毫有奇。內派徵廉惠田租銀六百五十八兩七錢七分一釐六毫，抵解正項。

攤徵人丁銀一千二百九十兩八錢四分六釐一毫有奇，匠班銀四十八兩九錢七分五釐三毫有奇。

共實徵銀一萬八千七百三十四兩五錢六分一釐四毫有奇。

實徵本色米三千五百三十石二斗，豆一百九十五石。

外不在丁田徵解廉惠倉租銀二百三兩六釐。

寧國府

國朝原額田地山塘蕩陂共折實田二萬七千六百五十一頃八十七畝一分三釐有奇。

節年陞增田一百八十三頃七十五畝六分九釐有奇。

雍正十三年，實在折實田二萬七千八百三十五頃六十二畝八分二釐有奇。

實徵折色銀一十八萬三千一百二十二兩三錢六分五釐八毫有奇。

攤徵人丁銀一萬三千二十七兩五錢二分五釐，匠班銀五百五十二兩六錢。

共實徵銀一十九萬六千七百二兩四錢九分八毫有奇。閏銀例派在內，遇閏支給。

實徵本色米六萬二千二百三十六石九斗一升三合有奇，豆九千一百二十四石七斗二升七合有奇。

外不在丁田徵解雜辦銀五百三十九兩五錢三分五釐四毫有奇，遇閏加銀一十七兩五錢一分一釐有奇。

宣城縣

實在折實田一萬二千四百二十二頃七十九畝二分一釐有奇。

內則例

地三畝折田一畝，山一十二畝折田一畝。

每折實田一畝，科銀五分八釐九毫有奇，漕贈銀八毫二絲有奇；米二升二合有奇，漕贈米八勺二抄有奇，豆二合五勺有奇。

攤徵人丁銀四釐七毫有奇，匠班銀二毫一絲有奇。

實徵折色銀七萬四千三百九十二兩四錢一分二釐六毫有奇。

攤徵人丁銀五千九百二十二兩六錢五釐，匠班銀二百六十兩五錢五分。

共實徵銀八萬五百七十五兩五錢六分七釐六毫有奇。

實徵本色米二萬八千六百五十一石三斗三升五合有奇，豆三千一百九十二石二斗一升五合有奇。

外不在丁田徵解雜辦銀四百二十二兩八錢四分九釐二毫有奇。內南湖魚潭並河泊所課鈔銀一百九十一兩三錢七分一釐九毫有奇，牧象草場租銀一十兩五錢九分五釐，芽、葉二茶銀三十九兩一錢九分三釐，城濠租銀五兩，門攤鈔銀一百四十六兩四錢一分七釐六毫有奇。補徵時價銀三十兩二錢七分一釐七毫有奇。

遇閏加銀一十四兩六錢三分五釐七毫有奇。

寧國縣

實在折實田二千七百四十七頃九十一畝六分五釐有奇。

內則例

地二畝折田一畝，山一十畝折田一畝。

每折實田一畝，科銀六分七釐一毫有奇，漕贈銀六毫六忽有奇；米一升八合有奇，漕贈米六勺六撮有奇，豆三合二勺有奇。

攤徵人丁銀五釐五毫有奇，匠班銀一毫六忽有奇。

實徵折色銀一萬八千六百三十一兩二錢一分八釐四毫有奇。
攤徵人丁銀一千五百三十四兩三錢三分，匠班銀二十九兩二錢五分。
共實徵銀二萬一百九十四兩七錢九分八釐四毫有奇。
實徵本色米五千三百七十八石四斗一升九合有奇，豆八百八十三石六斗八升九合有奇。
外不在丁田徵解雜辦銀一十七兩六錢八分九釐八毫有奇。內南湖魚潭並河泊所課鈔銀二兩九錢九分七釐六毫有奇，門攤鈔銀一十四兩二錢一分七釐，補徵時價銀四錢七分五釐二毫有奇。
遇閏加銀二錢二分九釐六毫有奇。

涇縣

實在折實田三千三百六十四頃四十五畝五分三釐有奇。

內則例

地二畝折田一畝，山八畝折田一畝，蕩陂一十二畝折田一畝。
每折實田一畝，科銀七分一釐九毫有奇，漕贈銀八毫七絲有奇；米二升七合有奇，漕贈米八勺七抄有奇，豆五合七抄有奇。
攤徵人丁銀五釐九毫有奇，匠班銀二毫五絲有奇。

實徵折色銀二萬四千五百七兩三分一釐七毫有奇。

攤徵人丁銀一千九百九十七兩九分，匠班銀八十五兩九錢五分。

共實徵銀二萬六千五百九十兩七分一釐有奇。

實徵本色米九千五百八十一石七斗二升五合有奇，豆一千七百七石七斗七升四合有奇。

外不在丁田徵解雜辦銀一十八兩三分一釐九毫有奇。內南湖魚潭並河泊所課鈔銀三兩一錢四分四釐三毫有奇，門攤鈔銀一十四兩三錢八分八釐二毫有奇，補徵時價銀四錢九分九釐三毫有奇。

遇閏加銀二錢四分一釐四毫有奇。

太平縣

實在折實田一千四百五十一頃五十四畝七分有奇。

內則例

地二畝折田一畝，山八畝折田一畝。

每折實田一畝，科銀七分九毫有奇，漕贈銀一釐一絲有奇；米三升一合有奇，漕贈米一合一抄有奇，豆五合九勺有奇。

攤徵人丁銀四釐二毫有奇，匠班銀三毫六絲有奇。

實徵折色銀一萬四百五十六兩三錢七分一毫有奇。

攤徵人丁銀六百一十九兩九錢七分，匠班銀五十三兩五錢五分。

共實徵銀一萬一千一百二十九兩八錢九分有奇。

實徵本色米四千七百一十九石一斗八升八合有奇，豆八百六十八石五斗七升有奇。

外不在丁田徵解雜辨銀一十一兩一錢九分七釐七毫有奇。內魚潭河泊所鈔銀七釐七毫有奇，門攤鈔銀一十一兩一錢九分。

旌德縣

實在折實田二千一百七十五頃三十九畝五釐有奇。

內則例

地、塘二畝折田一畝，山九畝折田一畝。

每折實田一畝，科銀七分五釐有奇，漕贈銀五毫七絲有奇； 米一升七合有奇，漕贈米五勺七抄有奇，豆三合二勺有奇。

攤徵人丁銀四釐六毫有奇，匠班銀二毫七絲有奇。

實徵折色銀一萬六千四百七十一兩五錢八分二釐四毫有奇。
攤徵人丁銀一千七兩四分，匠班銀六十兩七錢五分。
共實徵銀一萬七千五百三十九兩三錢七分二釐四毫有奇。
實徵本色米三千九百三十四石一斗一升九合有奇，豆七百六石七斗三升五合有奇。
外不在丁田徵解門攤鈔銀一十二兩七錢五分七釐三毫有奇。

南陵縣

實在折實田五千六百七十三頃五十二畝六分六釐。

內則例

地二畝折田一畝，山塘四畝折田一畝。

每折實田一畝，科銀六分七釐四毫有奇，漕贈銀六毫二絲有奇；米一升六合有奇，漕贈米六勺二抄有奇，豆三合一勺有奇。

攤徵人丁銀三釐四毫有奇，匠班銀一毫一絲有奇。

實徵折色銀三萬八千六百六十三兩七錢五分三毫有奇。

攤徵人丁銀一千九百四十六兩四錢九分，匠班銀六十二兩五錢五分。

共實徵銀四萬六百七十二兩七錢九分三毫有奇。

實徵本色米九千九百七十二石一斗二升七合有奇，豆一千七百六十五石七斗四升五合有奇。

外不在丁田徵解雜辦銀五十七兩九釐三毫有奇。內南湖魚潭並河泊所漁課鈔銀三十一兩二錢一分六釐九毫有奇，門攤鈔銀二十兩八錢一分八釐八毫，補徵時價銀四兩九錢七分三釐六毫有奇。

遇閏加銀二兩四錢四釐九毫有奇。

池州府

國朝原額田地山塘基地共折實田七千一百七十三頃二十二畝六分五釐有奇，雲霧荒山一十六頃三畝九分。

節年陞增折實田一十頃三十七畝七分九釐有奇。

雍正十三年，實在折實田七千一百八十三頃六十畝四分四釐有奇，雲霧荒山一十六頃三畝九分。

實徵折色銀八萬三千二百一十七兩八錢九分一釐有奇。

雲霧荒山租鈔銀七錢九分五釐三毫有奇。

攤徵人丁銀九千三百五十八兩六錢三分九釐八毫有奇，匠班銀二百一十五兩一錢。

共實徵銀九萬二千七百九十二兩四錢二分六釐一毫有奇。閏銀例派在内，遇閏支給。
實徵本色米五萬二千三百二石一斗七升一合有奇，豆七千八百四十五石八斗六升四合有奇。
外不在丁田徵解雜辦銀七百一十四兩三錢三分一釐九毫有奇，遇閏加銀一十三兩七錢四分五釐六毫有奇。

又銅陵縣不在丁田公費地畝項下，鰣魚折價銀二十六兩二錢四分六釐。
歸併外衛所實在屯田五百三十九頃一十四畝九分二釐有奇。
實徵米折餘徭銀五千六百八十六兩六錢五分二釐八毫有奇，遇閏加銀二錢二分六毫有奇。
攤徵屯丁銀二十六兩六錢九分二釐一毫有奇。
除閏共實徵銀五千七百一十三兩三錢四分四釐九毫有奇。

貴池縣

實在折實田二千二百七十六頃七十四畝七分九釐有奇。

内則例

地一畝折田四分九釐九毫有奇，山一畝折田一分五釐六毫有奇，塘一畝折田二分二釐五毫有奇，基地一畝折田三分三毫有奇。

每折實田一畝，科銀一錢六釐四毫有奇，漕贈銀二釐五毫有奇；米七升一合有奇，漕贈米二合五勺有奇，豆九合一勺有奇。

攤徵人丁銀一分六釐九毫有奇，匠班銀二毫八絲有奇。

實徵折色銀二萬五千八十九兩九錢四分三釐三毫有奇。

攤徵人丁銀三千八百五十一兩九錢二分二釐二毫有奇，匠班銀六十三兩九錢。

共實徵銀二萬九千五兩七錢六分五釐六毫有奇。

實徵本色米一萬六千八百六十八石三斗三升有奇，豆二千七十八石一斗七升三合有奇。

外不在丁田徵解雜辦銀三百五十四兩九錢三分四釐八毫有奇。內門攤課税銀二十四兩二分五釐五毫有奇，協濟昌平州銀三兩，折色黄麻正脚銀一百一兩四錢三分一釐七毫有奇，翎毛正脚銀一十八兩五錢一分九釐三毫有奇，皮張銀三兩一錢，折色白麻銀一百一兩七錢三分一釐六毫有奇，魚綫膠銀九錢九分一釐，魚課鈔銀六十六兩四錢四分六毫有奇，楊樹泊湊銀一十四兩八錢二分五釐，新增百户溝水面陞科課銀一兩二錢四分九釐一毫有奇，池州府地租銀一十七兩，補徵時價銀二兩六錢二釐八毫有奇。

遇閏加銀六兩九錢一分九毫有奇。

青陽縣

實在折實田一千六百三十七頃三十九畝六分一釐有奇。

内則例

地一畝折田四分五釐七毫有奇，山一畝折田二分六毫有奇，塘一畝折田六分五毫有奇，基地一畝折田三分四釐六毫有奇。

每折實田一畝，科銀一錢八釐一毫有奇，漕贈銀二釐三毫有奇； 米六升五合有奇，漕贈米二合三勺有奇，豆八合三勺有奇。

攤徵人丁銀一分九毫有奇，匠班銀二毫三忽有奇。

實徵折色銀一萬八千一百六兩四錢八釐七毫有奇。

攤徵人丁銀一千七百八十五兩一錢八分五釐七毫有奇，匠班銀三十三兩三錢。

共實徵銀一萬九千九百二十四兩八錢九分四釐五毫有奇。

實徵本色米一萬一千九十七石八斗七升有奇，豆一千三百六十一石八斗八升四合有奇。

外不在丁田徵解雜辦銀一十七兩九錢三分二毫有奇。內門攤課稅銀一十三兩九錢三分二毫有奇，協濟昌平州銀三兩，皮張銀一兩。

銅陵縣

實在折實田一千三百九十三頃五十一畝七分一釐有奇。

内則例

地一畝折田二分五釐有奇，蘆洲沙地一畝折田一分五釐，山塘一畝折田二分，基地一畝折田二分五釐。

每折實田一畝，科銀一錢五釐二毫有奇，漕贈銀二釐八毫有奇；米七升七合有奇，漕贈米二合八勺有奇，豆九合七勺有奇。

攤徵人丁銀七釐六毫有奇，匠班銀三毫三絲有奇。

實徵折色銀一萬五千七十五兩六錢八分九釐三毫有奇。

攤徵人丁銀一千七十一兩三錢五分五釐有奇，匠班銀四十六兩三錢五分。

共實徵銀一萬六千一百九十三兩三錢九分四釐三毫有奇。

實徵本色米一萬一千一百四十一石六斗七升四合有奇，豆一千三百五十七石八斗五合有奇。

外不在丁田徵解雜辦銀七十六兩四錢八釐一毫有奇。內門攤課税銀七兩四分一釐一毫有奇，協濟昌平州銀三兩，大通河泊所黄麻正脚銀二十二兩二錢九分七釐八毫有奇，翎毛正脚銀三兩二錢二分四釐七毫有奇，皮張銀一兩，白麻銀二十一兩七錢二分三釐一毫有奇，魚綫膠銀二錢六分八釐五毫，魚課鈔銀一十七兩四錢二分九釐八毫有奇，補徵時價銀四錢二分三釐一毫有奇。

遇閏加銀一兩四錢八分一釐六毫有奇。

又不在丁田公費地畝項下，鰣魚折價銀二十六兩二錢四分六釐。

石埭縣

實在折實田六百一十八頃二十三畝八分四釐有奇。

內則例

地一畝折田三分三釐三毫有奇，山一畝折田一分，塘池一畝折田五分。

每折實田一畝，科銀一錢三分七釐三毫有奇；米三升九合有奇，豆二升五合有奇。

攤徵人丁銀一分六釐三毫有奇，匠班銀四毫九絲有奇。

實徵折色銀八千四百九十五兩六錢三分五釐六毫有奇。

攤徵人丁銀一千一十兩九錢五分九釐八毫有奇，匠班銀三十兩六錢。

共實徵銀九千五百三十七兩一錢九分五釐四毫有奇。

實徵本色米二千四百一十九石九斗九升六合有奇，豆一千五百五十六石三斗一升三合。

外不在丁田徵解雜辦銀二十三兩九錢九分二釐六毫有奇。內門攤課稅銀一十七兩八錢三分八釐六毫有奇，協濟昌平州銀三兩，皮張銀三兩一錢五分四釐。

建德縣

實在折實田七百八十七頃一十三畝三釐有奇，雲霧荒山一十六頃三畝九分。

内則例

地一畝折田五分三釐七毫，基地一畝折田二分五釐六毫，塘一畝折田一分四釐。

每折實田一畝，科銀一錢一分四釐八毫有奇，漕贈銀二釐八毫有奇；米七升八合有奇，漕贈米二合八勺有奇，豆一升二合有奇。

攤徵人丁銀一分一釐四毫有奇，匠班銀一毫八絲有奇。

雲霧荒山一十六頃三畝九分，納租鈔銀七錢九分五釐三毫有奇。

實徵折色銀九千二百七十一兩八分一釐有奇。

攤徵人丁銀九百四兩一分三釐有奇，匠班銀二十四兩三錢。

共實徵銀一萬一百九十九兩三錢九分四釐有奇。

實徵本色米六千三百九十五石三斗九升六合有奇，豆九百八十四石二升五合有奇。

外不在丁田徵解雜辦銀一十兩九錢二分二釐七毫有奇。内門攤課稅銀六兩九錢二分二釐七毫有奇，協濟昌平州銀三兩，皮張銀一兩。

歸併南、撫、饒三衛所實在屯田五百一十四頃八十一畝二分四釐有奇。內南昌所田每畝科籽粒米一斗九升七合八勺有奇；撫州所田每畝科籽粒米一斗九升五合八勺有奇，內原撥補民田每畝科籽粒米二斗二合一勺有奇，攤徵餘徭銀七釐四絲有奇，屯丁銀八毫三絲有奇；饒州所田每畝科籽粒米二斗，攤徵餘徭銀二毫一絲有奇，屯丁銀二毫九絲有奇。以上米每石折銀五錢。

實徵米折餘徭銀五千四百四十五兩九錢四分五釐二毫有奇，遇閏加銀二錢二分六毫有奇。

攤徵屯丁銀二十六兩六錢九分二釐一毫有奇。

除閏共實徵銀五千四百七十二兩六錢三分七釐三毫有奇。

東流縣

實在折實田四百七十頃五十七畝四分四釐有奇。

內則例

地一畝折田三分三釐三毫有奇，山一畝折田五釐一毫有奇，塘一畝折田二分六釐四毫。

每折實田一畝，科銀一錢四分九釐一毫有奇，漕贈銀三釐三毫有奇；米八升九合有奇，漕贈米三合三勺有奇，豆一升七勺有奇。

攤徵人丁銀一分五釐六毫有奇，匠班銀三毫五絲有奇。

實徵折色銀七千一百七十九兩九錢二分八釐四毫有奇。

攤徵人丁銀七百三十五兩二錢四釐一毫有奇，匠班銀一十六兩六錢五分。

共實徵銀七千九百三十一兩七錢八分二①釐五毫有奇。

實徵本色米四千三百七十八石九斗一合有奇，豆五百七石六斗六升一合有奇。

外不在丁田徵解雜辦銀二百三十兩一錢四分三釐二毫有奇。內門攤課税銀三兩八錢六分六釐七毫有奇，協濟昌平州銀三兩，黄麻正脚銀七十二兩三錢四分六釐一毫有奇，翎毛正脚銀二十二兩三錢七分五釐九毫有奇，歲進野味天鵝銀二兩五錢，皮張銀一兩六錢，白麻銀七十一兩六錢八分三釐九毫有奇，魚綫膠銀二兩五錢八分五釐五毫，魚課鈔銀四十四兩四錢一分二釐七毫有奇，後河溪渰課銀一兩七錢，補徵時價銀四兩七分二釐二毫有奇。

遇閏加銀五兩三錢五分三釐有奇。

歸併南昌衛前屯實在屯田二十四頃三十三畝六分八釐有奇。內每畝科籽粒米一斗九升七合八勺有奇，每米一石折銀五錢。

① 「二」，《四庫》本作「三」。

實徵米折正加銀二百四十兩七錢七釐六毫有奇。

太平府

國朝原額田地山塘湖蕩池灘共折實田一萬四千五百七十五頃七十六畝一分五釐有奇。

節年陞增折實田五十八頃八十一畝三分一釐有奇。

雍正十三年，實在折實田一萬四千六百三十四頃五十七畝四分六釐有奇。

實徵折色銀一十萬七千八百五兩三錢八分八釐有奇。內當塗縣不在丁田派徵馬廠餘租，抵解正項銀二百七十八兩一錢九分一釐。

攤徵人丁銀一萬一千六百三十六兩二錢，匠班銀九十二兩五錢四分七釐。

共實徵銀一十一萬九千五百三十四兩一錢三分五釐有奇。閏銀例派在內，遇閏支給。

實徵本色米三萬七千二十六石七斗六升一合有奇，豆二千二百一十二石三斗一升有奇。

外不在丁田徵解雜辦銀四千七百九十六兩一分八釐九毫有奇，遇閏加銀六十七兩五錢八分四釐一毫有奇。

又不在《全書》丁田出辦鰣魚折價銀三百二十四兩五錢二分一釐。續於乾隆元年奉文豁免。

歸併省衛實在成熟屯田一百六十六頃四十二畝五分三釐有奇。

實徵銀四百九十一兩三錢一分五釐四毫有奇。

攤徵屯丁銀四十八兩五錢二分五釐。

共實徵銀五百三十九兩八錢四分四毫有奇。

實徵本色米一十一石九斗一升三合有奇。

當塗縣

實在折實田九千六百二十二頃一十二畝六分七釐有奇。

内則例

地一畝折田八分三釐八毫有奇，灘田一畝折田七分五釐八毫，灘地一畝折田三分六釐七毫有奇，荒田一畝折田三分七釐三毫有奇，荒地一畝折田二分四釐八毫有奇，湖蕩一畝折田一分二釐七毫有奇，山一畝折田三釐七絲有奇，塘一畝折田四釐三毫有奇，池一畝折田八釐七毫有奇。

每折實田一畝，科銀六分六釐四毫有奇，漕贈銀七毫七絲有奇； 米二升三合有奇，漕贈米七勺七抄有奇，豆一合五勺有奇。

攤徵人丁銀七釐二毫有奇。

實徵折色銀六萬五千一百八十四兩九錢一分六釐九毫有奇。內派徵馬廠餘租抵解正項銀二百七十八兩一錢九分一釐。

攤徵人丁銀六千九百二十九兩六錢。

共實徵銀七萬二千一百一十四兩五錢一分六釐九毫有奇。

實徵本色米二萬三千三百八十二石三斗三升八合有奇，豆一千四百八十四石六斗三升有奇。

外不在丁田徵解雜辦銀二千一百六十一兩九分四釐四毫有奇。內協濟昌平州銀九兩，新溝、葛家二所魚課銀五十六兩二①錢四分六釐，牧馬場租銀五百一十五兩九釐，黄麻銀二百六十二兩八錢三分四釐五毫有奇，翎毛銀七十兩五錢七分六釐，魚綫膠銀二十一兩七錢七分七釐五毫，青峰潞西草場租銀六百八十六兩九錢二釐六毫有奇，新溝、葛家二所鰣鮓銀三百一十五兩六錢六分六釐五毫，銷繳魚課勘合銀四兩五錢五分，安寧廠轄馬圩租銀九十二兩二錢八分八釐四毫，修理城垣銀六十七兩八錢四分四釐三毫，續加馬田地租銀二十四兩，補徵時價銀三十四兩二錢九分九釐六毫有奇。

遇閏加銀四十二兩三錢三分三釐四毫有奇。

又不在《全書》丁田出辦鰣魚折價銀一百五十七兩八錢七分五釐。

歸並省衛實在屯田一百二十一頃七十四畝二釐有奇。內科田每畝科正耗米五升八合有奇，增協濟銀

① 「二」，《四庫》本作「三」。

六釐七毫有奇，增、餘二田科正耗米五升八合有奇，協濟銀一釐七毫有奇。草場田八則：一則科銀六分，一則科銀四分，一則科銀四分五釐，一則科銀三分，一則科銀三①分五釐，一則科銀二分，一則科銀一分，一則科銀二釐。攤徵屯丁銀一釐四毫有奇。

實徵銀二百九十兩三錢三分八厘六毫有奇。

攤徵屯丁銀一十七兩二錢。

共實徵銀三百七兩五錢三分八釐六毫有奇。

實徵本色米一十一石九斗一升三合有奇。

蕪湖縣

實在折實田三千六十八頃三十二畝三分三釐有奇。

内則例

田每畝科銀八分三釐有奇，漕贈銀九毫八忽有奇；米二升七合有奇，漕贈米九勺八撮有奇，豆一合五勺有奇。

① 「三」，疑爲「二」之誤。八則銀數遞減也。

攤徵人丁銀一分一釐四毫有奇，匠班銀二毫五絲有奇。

實徵折色銀二萬五千八百七十五兩一錢一分九釐有奇。

攤徵人丁銀三千五百二兩八錢，匠班銀七十七兩四錢。

共實徵銀二萬九千四百五十五兩三錢一分九釐有奇。

實徵本色米八千六百七十三石九斗九升八合有奇，豆四百七十七石一斗九合有奇。

外不在丁田徵解雜辦銀一千九百二十二兩三錢一分二釐有奇。內協濟昌平州銀六兩，魚課銀一十八兩七錢七分六釐五毫，門攤商税銀九十六兩一錢五分九釐七毫有奇，牧馬場租銀四百八十九兩一錢一分二釐二毫有奇，黄麻銀四十一兩二錢八分一釐四毫有奇，翎毛銀一十八兩七錢六分五釐，魚綫膠銀三兩四錢二分五毫，青峰草場租銀一千一十八兩九分七釐六毫有奇，黄馬場租銀二百二十三兩九錢六分九釐五毫有奇，銷繳魚課勘合銀一兩三錢四分二釐，補徵時價銀五兩三錢八分七釐六毫有奇。

外有門面江夫銀一千九百三兩，河蓬租銀四百一兩三錢，於雍正十三年奉文豁免。

遇閏加銀一十五兩九錢二釐一毫有奇。

又不在《全書》丁田出辦鯡魚折價銀九十兩九錢五分。

歸併省衛實在屯田四十四頃六十八畝五分有奇。內每畝一則科銀六分，一則科銀二分三釐，一則科銀二分，攤徵屯丁銀七釐一絲有奇。

實徵銀二百兩九錢七分六釐八毫有奇。

攤徵屯丁銀三十一兩三錢二分五釐。

共實徵銀二百三十二兩三錢一釐八毫有奇。

繁昌縣

實在折實田一千九百四十四頃一十二畝四分四釐有奇。

內則例

地二畝折田一畝，山二畝折田一畝，塘三畝折田一畝。

每不①折田一畝，科銀五分九釐二毫有奇，漕贈銀五毫八絲有奇。

每折實田一畝，科銀一分九釐五毫有奇，漕贈銀一毫九絲有奇。

新墾折實田科銀一分九釐二毫有奇，漕贈銀一毫九絲有奇。米二升四合有奇，漕贈米八勺四抄有奇，豆一合二勺有奇。

攤徵人丁銀六釐一毫有奇，匠班銀七絲七忽有奇。

① 「不」字疑衍。

實徵折色銀一萬六千七百四十五兩三錢五分二釐一毫有奇。

攤徵人丁銀一千二百三兩八錢，匠班銀一十五兩一錢四分七釐。

共實徵銀一萬七千九百六十四兩二錢九分九釐一毫有奇。

實徵本色米四千九百七十石四斗二升五合有奇，豆二百五十石五斗七升一合有奇。

外不在丁田徵解雜辦銀七百一十二兩六錢一分二釐五毫有奇。內協濟昌平州銀三兩，魚課銀一十八兩四分一釐三毫有奇，牧馬場租平扛銀二百四十五兩六錢三分八釐八毫有奇，黄麻銀八十四兩五錢六分三釐八毫有奇，翎毛銀二十四兩六分六釐五毫，魚綫膠銀六兩八錢六分九釐五毫，各馬群場租共銀二百九十四兩一分二釐五毫有奇，銷繳魚課勘合銀二兩三錢六分六釐，續加窑山官基租銀二十三兩二錢三分四釐四毫有奇，補徵時價銀一十兩八錢一分九釐七毫有奇。

遇閏加銀九兩三錢四分八釐五毫有奇。

又不在《全書》丁田出辦鰣魚折價銀七十五兩六錢九分六釐。

廬州府

國朝原額田地山塘溝灘圩田共九萬二千九百九十頃二十二畝五釐有奇，又草山二千五百九十三里一分有奇。

節年拋荒及挖廢、坍江等項田地共一萬二千六百六十九頃二十八畝九分六釐有奇。

節年開墾陞增溢額田地共七千五百九十一頃六十四畝九分八釐有奇，開墾補足草山四百二十六里九分有奇。

雍正二年，分六安州爲直隸，領英、霍二縣，額減田地二萬八百四十三頃四十二畝三分八釐有奇。

雍正十三年，實在成熟並溢額折實田地共六萬七千六十九頃一十五畝六分九釐有奇，草山三千二十里有奇。

實徵折色銀一十八萬七百三十七兩七分三釐一①毫有奇。

攤徵人丁銀一萬八千一百七十七兩四錢一②分，匠班銀二百九十兩八錢五分三毫。

共實徵銀一十九萬九千二百五兩三錢三分三釐四毫有奇。閏銀例派在内，遇閏支給。

實徵本色米四萬一千一百八十五石五斗七升一合有奇，麥八百三石七斗七升五合有奇。

外不在丁田徵解雜辦銀一千七百五十七兩三分三釐五毫有奇，遇閏加銀三十六兩九錢八分六釐三毫有奇。

歸併省外衛實在屯田二千四百四十七頃一十六畝三分一釐有奇。

---

① 「一」，《四庫》本作「三」。

② 「一」，《四庫》本作「三」。

實徵銀二千二百七十一兩四錢六分一釐五毫有奇。
攤徵屯丁銀五百四十七兩五錢七分五釐。
共實徵銀二千八百一十九兩三分六釐五毫有奇。
實徵本色米一萬五千二百九十三石四斗五升五合有奇，麥二百二十七石三斗四升六合有奇。
內合肥縣米麥改徵折色。
外不在丁田徵解軍三小料銀一十二兩二錢四分。
又不在丁田徵解火藥銀五兩。

合肥縣

實在成熟田塘地二萬九千五百四十七頃五十四畝六分九釐有奇。

內則例

田塘地一則起科，每畝科銀一分九釐四毫有奇，漕贈銀四絲七忽有奇，米四合七勺有奇，漕贈米四抄七撮有奇，麥一勺六抄有奇。

攤徵人丁銀二釐五毫有奇，匠班銀二絲四忽有奇。

實徵折色銀五萬七千七百六十三兩六分九釐有奇。

攤徵人丁銀七千六百七十五兩五錢五分，匠班銀七十二兩。

共實徵銀六萬五千五百一十兩六錢一分九釐有奇。

實徵本色米一萬四千一百八十八石二升八合有奇，麥五百一石六斗二合有奇。

外不在丁田徵解雜辦銀五百四十六兩七錢六分九釐四毫有奇。內附徵田銀三兩九錢四分四釐三毫有奇，漕鳳米麥銀四錢二分七毫有奇，免糧軍餉銀五十七兩，牧地租正脚銀三百一十二兩四錢四釐五毫有奇，黄麻正脚銀七十四兩一錢四分五釐八毫有奇，本折熟鐵正墊銀六十六兩二錢一分四釐一毫有奇，本折魚綫膠正墊銀九兩一錢三分六釐二毫有奇，補徵時價銀二十三兩五錢三釐八毫有奇。

遇閏加銀九兩三錢七分七釐三毫有奇。

歸併外衛實在成熟屯田一百二十五頃六十畝二分四釐有奇。

內則例

鳳陽左衛屯田每畝科本三①糧三升六合有奇，折色銀四分二釐三毫有奇，軍器正脚新增牛角等銀八厘一毫有奇。

① 「三」，《四庫》本作「色」。

攤徵屯丁銀三厘三毫有奇。

風陽後衛屯田每畝科本三①糧三升六合有奇，折色銀四分二厘有奇，軍器牛角等銀一分六釐五毫有奇。

攤徵屯丁銀三釐三毫有奇。

實徵銀六百七十九兩一錢九分四釐三毫有奇。

攤徵屯丁銀四十一兩七錢。

共實徵銀七百二十兩八錢九分四釐三毫有奇。

實徵米二百二十七石三斗四升六合有奇。

麥二百二十七石三斗四升六合有奇。米麥俱改徵折色，每石折銀八錢。

外不在丁田徵解軍三小料銀一十二兩二錢四分。

廬江縣

實在折實田一萬三百二頃五十三畝六分八釐有奇。

① 「三」，《四庫》本作「色」。

内則例

地一畝五分有奇折田一畝，柴山七畝五分四釐有奇折田一畝，草山一十五畝八釐有奇折田一畝。

每折實田一畝，科銀二分五釐七毫有奇，漕贈銀六絲九忽有奇。

官圩田每畝科銀一分六毫有奇，漕贈銀六絲九忽有奇，米五合六勺有奇，漕贈米六抄九撮有奇，麥一勺四抄有奇。

攤徵人丁銀一釐一毫有奇，匠班銀三絲二忽有奇。

實徵折色銀二萬四千九百六十七兩七錢九分三釐一毫有奇。

攤徵人丁銀一千一百五十七兩九錢，匠班銀三十二兩四錢。

共實徵銀二萬六千一百五十八兩九分三釐一毫有奇。

實徵本色米五千九百二石八斗五升八合有奇，麥一百五十一石六斗三升二合有奇。

外不在丁田徵解雜辦銀一百二兩二錢四分三毫有奇。内牧馬場租銀三十八兩三錢三分六釐八毫有奇，生銅銀三十兩九錢七分五毫，本折白麻正墊銀三十二兩九錢三分三釐有奇。

遇閏加銀一兩八錢八分七釐九毫有奇。

舒城縣

實在成熟田塘地六千九百四十四頃一十四畝七分七釐有奇，草山三千二十里有奇。

內則例

田塘地一則起科，每畝科銀四分四釐五毫有奇，漕贈銀一毫一忽有奇，米七合八勺有奇，漕贈米一勺一撮有奇，麥二勺一抄有奇。

攤徵人丁銀二釐二毫有奇，匠班銀七絲二忽有奇。

草山每里科銀八分三釐。

實徵折色銀三萬九百五十六兩三錢三分三釐六毫有奇。

攤徵人丁銀一千五百八十四兩六錢，匠班銀五十兩五錢五分三毫。

共實徵銀三萬二千五百九十一兩四錢八分三釐九毫有奇。

實徵本色米五千五百一石七斗五升六合有奇，麥一百五十石五斗三升九合有奇。

外不在丁田徵解牧馬草廠租銀九十四兩二錢五分三毫有奇。

無爲州

實在折實田一萬二千七百四十六頃二十一畝一分二釐有奇。

内則例

地一畝三分七毫有奇折田一畝，山灘一十四畝五釐八毫有奇折田一畝，溝塘二畝七分二釐四毫有奇折田一畝。

每折實田一畝，科銀三分三釐六毫有奇，漕贈銀四毫一絲有奇；米一升一合有奇，漕贈米四勺一抄有奇。

攤徵人丁銀四釐三毫有奇，匠班銀八絲七忽有奇。

實徵折色銀四萬三千三百六十四兩八錢五分二釐四毫有奇。

攤徵人丁銀五千五百兩，匠班銀一百一十一兩六錢。

共實徵銀四萬八千九百七十六兩四錢五分二釐四毫有奇。

實徵本色米一萬二千八百五十四石八斗六升一合有奇。

外不在丁田徵解雜辦銀五百四十八兩二錢八釐五毫有奇。内更名田糧銀三十七兩六錢五分八毫有奇，漕鳳米銀六兩九錢三分四釐一毫有奇，牧地廠租銀二百二兩五錢五分二釐五毫有奇，太僕寺牛犢銀三兩七錢，黄麻正墊銀一百三十九兩七錢五分，本折熟鐵正墊銀一百二兩八錢二分九釐有奇，本折魚綫膠正墊銀一十五兩四錢九分三釐，補徵時價銀三十九兩二錢九分九釐一毫有奇。

遇閏加銀一十三兩八錢九分八釐七毫有奇。

歸併省衛實在成熟屯田一千八百六十三頃二十畝八分五釐有奇。內比田每畝科正耗米八升六合有奇，增協銀九釐二毫有奇。科田科正耗米五升八合有奇，增協銀六釐七毫有奇。增、餘二田科正耗米五升八合有奇，協濟銀一釐七毫有奇。投誠官兵領墾比科等田，俱照沙壓比田起科，每畝科米折並新增銀三分六毫有奇。坍江田並草灘地科正耗米四合一勺有奇，協濟銀一毫二絲有奇。攤徵屯丁銀一釐六毫有奇。

實徵銀一千二百四十六兩一錢四分五釐有奇。

攤徵屯丁銀三百兩六錢五分。

共實徵銀一千五百四十六兩七錢九分五釐有奇。

實徵本色米一萬二千一百一十一石二斗六升九合有奇。

外不在丁田徵解火藥銀五兩。

巢　縣

實在折實田七千五百二十八頃七十一畝四分有奇。

內則例

地一畝四分一毫有奇折田一畝。

每折實田一畝，科銀三分一釐三毫有奇，漕贈銀九絲一忽有奇；米三合七勺有奇，漕贈米九抄一撮有奇。

攤徵人丁銀三釐五忽有奇，匠班銀三絲二忽有奇。

實徵折色銀二萬三千六百八十五兩二分四釐八毫有奇。

攤徵人丁銀二千二百五十九兩三錢六分，匠班銀二十四兩三錢。

共實徵銀二萬五千九百六十八兩六錢八分四釐八毫有奇。

實徵本色米二千七百三十八石六升七合有奇。

外不在丁田徵解雜辦銀四百六十五兩五錢六分四釐八毫有奇。內免糧稅契銀五十七兩二分九釐七毫有奇，扣解秋糧銀一十兩四錢三分八釐二毫有奇，免糧商稅銀八十兩，牧地廠租銀八十七兩三錢三分三釐四毫有奇，牛犢銀一兩九錢，黃麻銀九十三兩五錢，本折熟鐵銀八十七兩三錢八分，本折魚綫膠銀一十一兩，補徵時價銀三十六兩九錢八分三釐五毫有奇。

遇閏加銀一十一兩八錢二分二釐二毫有奇。

歸併省衛實在成熟屯田四百五十八頃三十五畝二分二釐有奇。內比田每畝科正耗米八升六合有奇，增協銀九釐二毫有奇。科田科正耗米五升八合有奇，增協銀六釐七毫有奇。增、餘二田科正耗米五升八合有奇，協濟銀一釐七毫有奇。投誠官兵領墾比科等田，俱照沙壓比田起科，每畝科米折並新增銀三分六毫有奇。久荒餘田科米折銀一分三釐五毫。攤徵屯丁銀四釐四毫有奇。

實徵銀三百四十六兩一錢二分二釐一毫有奇。

攤徵屯丁銀二百五兩二錢二分五釐。

共實徵銀五百五十一兩三錢四分七釐一毫有奇。

實徵本色米二千九百五十四石八斗三升八合有奇。

鳳陽府

國朝原額田地二十二萬九千八百六十六頃六十九畝四分四釐有奇。内原荒蕪田地一十萬九千五十二頃二十一畝二分有奇。又壽、靈、太三州縣等則不一，折實成田，折去一萬八千二百八十九頃六畝二分九釐有奇。節年開河築堤占廢、水沉並坍荒田地，共一萬七千四百二十頃五畝二分。

節年開墾陞科及歸併潁州、潁上二衛所田地，共五萬四千一百三十六頃八十三畝九分八釐有奇。

雍正二年，分泗、潁、亳三州爲直隸，領盱眙、天長、五河、潁上、霍(邱)〔丘〕、蒙城、太和等縣，額減田地四萬四千九百三十七頃六十六畝四分二釐有奇。

雍正十三年，實在成熟田地九萬四千三百四頃五十四畝三分一釐有奇。
實徵折色銀一十五萬三千八百二十三兩三錢二釐一毫有奇。
攤徵人丁銀四萬二千九百六十一兩七錢五分五毫有奇，匠班銀四百一十五兩九錢二分一釐五毫。
共實徵銀一十九萬七千二百兩九錢七分四釐七毫有奇。閏銀例派在内，遇閏支給。
實徵本色米三萬三千三百八十五石五升三合有奇，麥五千三百三十六石四斗九升二合有奇。
外不在丁田徵解雜辨銀五千四百五十一兩二分九釐二毫有奇。
米一千二百六十石六斗四升五合有奇，麥一十一石七斗三升六合有奇。
歸併省外衛所實在成熟屯田五千七十六頃四十二畝九釐有奇。
實徵銀一萬六千四百四十二兩五錢二分三釐八毫有奇。
攤徵屯丁銀一千六百四十三兩六錢四分。
共實徵銀一萬八千八十六兩一錢六分三釐八毫有奇。
實徵米九千三百一十八石九斗九升三合有奇，麥三千二百二十石六斗四升有奇，米麥俱改徵折色，每石折銀八錢。
豆二千五百一十二石三斗三升八石有奇。改徵折色，每石折銀七錢。
外不在丁田徵解軍三小料銀九十兩六錢一分二釐七毫。
又不在丁田徵解雜辨銀三百八兩七錢九分一釐有奇，制錢十千文。

鳳陽縣

實在成熟田三千二百六十八頃二十二畝一分六釐有奇。

内則例　每畝計算

田科銀二分九毫有奇，米六合七勺有奇。

攤徵人丁銀一分二釐五毫有奇，匠班銀一毫五絲有奇。

實徵折色銀六千八百四十兩一錢九分七釐有奇。

攤徵人丁銀五千一百八十七兩三錢九分有奇，匠班銀六十四兩八錢。

共實徵銀一萬二千九十二兩三錢八分七釐二毫有奇。

實徵本色米二千二百一十七石二斗八合有奇。

外不在丁田徵解雜辦銀二百七十八兩九錢二分四釐八毫有奇。内商税銀六兩，草場租正脚銀一十七兩一錢五分二釐有奇，天鵝翎毛銀三兩三分，更名田租銀二百五十二兩七錢四分二釐八毫有奇。

更名田租本色米五百八十九石八斗七升五合有奇。

歸併外衛所實在成熟屯田三百四頃五畝九分六釐有奇。内鳳左衛田，每畝科糧三升六合有奇，糧折銀四分二釐三毫有奇，軍器牛角銀七釐五毫有奇。鳳前衛肥田，每畝科糧二升八合有奇，糧折銀三分三釐五毫有奇，軍器牛角銀一分四釐一毫有奇。瘠田科糧一升八合，糧折銀二分一釐，軍器牛角銀八釐八毫有奇。鳳陽後衛屯田，每畝科糧三升六合有奇，糧折銀四分二釐有奇，軍器牛角銀一分六釐五毫有奇。懷遠衛田，每畝科糧三升六合，糧折銀四分二釐，軍器牛角銀一分九釐五毫有奇。洪塘所屯田，每畝科糧三升六合有奇，糧折銀四分二釐一毫有奇，軍器牛角銀一分三釐有奇。攤徵屯丁銀二釐五毫有奇。

實徵銀一千四百三十九兩二分六釐五毫有奇。

攤徵屯丁銀七十六兩六錢。

共實徵銀一千五百一十五兩六錢二分六釐五毫有奇。

實徵麥米一千二十三石六升一合有奇。改徵折色。

外不在丁田徵解軍三小料銀九兩八錢六分六釐一毫。

臨淮縣

實在成熟田三千三百二十頃七十六畝八分一釐有奇。

內則例　每畝計算

田科銀三分一釐八毫有奇，米一升二合有奇。

攤徵人丁銀九釐五毫有奇，匠班銀七絲六忽有奇。

實徵折色銀一萬五百八十一兩六錢五分五釐有奇。

攤徵人丁銀三千九百四十七兩九錢九分六釐二毫有奇，匠班銀三十一兩五錢。

共實徵銀一萬四千五百六十一兩一錢五分二釐二毫有奇。

實徵本色米二千七百一十七石八斗二升二合有奇。

外不在丁田徵解雜辦銀二千八百七十一兩二錢一分三釐有奇。內商舳稅契銀六兩，草場租銀三十五兩三分五毫有奇，更名田地銀二千八百三十兩一錢八分二釐五毫有奇。

更名田地本色米五百二十石六斗六升六合有奇。

歸併外衛所實在成熟屯田九十頃五十二畝九分七釐有奇。內鳳左衛屯田，每畝科糧三升六合有奇，糧折銀四分二釐三毫有奇，軍器牛角銀七釐二毫有奇。鳳前、鳳後、懷遠、洪塘等衛所田地，俱照鳳陽縣衛田科則編徵。攤徵屯丁銀二釐一毫有奇。

實徵銀四百六十六兩二錢二釐二毫有奇。

攤徵屯丁銀一十九兩七錢。

共實徵銀四百八十五兩九錢二釐二毫有奇。

實徵麥米三百一十石七斗一升一合有奇。改徵折色。

外不在丁田徵解軍三小料銀二兩七錢二分。

懷遠縣

實在成熟田四千九百七十七頃一十五畝二分一釐有奇。

內則例　每畝計算

田科銀四分四釐七毫有奇，漕贈銀四毫三忽有奇；米一升三合有奇，漕贈米四勺三撮有奇，麥六勺二抄有奇。

攤徵人丁銀一分二釐二毫有奇，匠班銀九絲一忽有奇。

實徵折色銀二萬二千九百三十八兩九錢三分五釐九毫有奇。

攤徵人丁銀六千七十七兩三錢九分一釐七毫有奇，匠班銀四十五兩四錢五分。

共實徵銀二萬九千六十一兩七錢七分七釐六毫有奇。

實徵本色米六千七百三十九石三斗三升七合有奇，麥三百九石八斗三升九合有奇。

外不在丁田徵解雜辦銀二百三十六兩五錢九釐九毫有奇。內商𪌍税銀三十兩五錢，漕院供應銀七十兩四錢五分三釐，更名田租銀一百三十五兩五錢五分六釐九毫有奇。

更名田租本色米四十一石六斗六升三合有奇，麥二石伍斗九合有奇。

歸併外衛實在成熟屯田四百五頃四十五畝三分有奇。內懷遠衛屯田，每畝科糧三升六合，糧折銀四分二釐，軍器牛角銀一分九釐四毫有奇。招撫開墾田每畝科糧二升五合有奇，糧折銀二分九釐二毫有奇，軍器牛角銀一分三釐五毫有奇。鳳前、鳳後田地，俱照鳳陽縣衛田科則編徵。攤徵屯丁銀三釐二毫有奇。

實徵銀一千九百七兩三錢一分六釐六毫有奇。

攤徵屯丁銀一百三十三兩五錢。

共實徵銀二千四十兩八錢一分六釐六毫有奇。

實徵麥米一千一百三十六石五斗一升七合有奇。改徵折色。

外不在丁田徵解軍三小料銀五十三兩二錢四毫。

定遠縣

實在成熟田一萬四千一百一十四頃七十四畝五分二釐有奇。

内則例　每畝計算

田科銀一分七釐三毫有奇，漕贈銀一毫四絲有奇；米四合二勺九抄有奇，漕贈米一勺四抄有奇，麥八勺一抄有奇。

攤徵人丁銀三釐一毫有奇，匠班銀二絲二忽有奇。

實徵折色銀二萬四千六百二十兩五錢八分七釐一毫有奇。

攤徵人丁銀四千三百八十三兩二錢四分，匠班銀三十二兩四錢。

共實徵銀二萬九千三十六兩二錢二分七釐一毫有奇。

實徵本色米五千五百一十八石六斗三升有奇，麥一千一百五十五石一升三合有奇。

外不在丁田徵解雜辦銀五百四十九兩三錢六分八釐有奇。內商稅銀一百一十兩一錢九分五釐，漕院供應銀四十四兩二錢九分二釐，更名田租銀三百九十四兩八錢八分一釐有奇。

更名田租本色米一百八石三斗二升有奇，麥九石二斗二升六合有奇。

歸併省外衛實在成熟屯田二千四十一頃六十七畝六分二釐有奇。內比田每畝科正耗米八升六合，增協銀九釐二毫有奇。徵麥改豆，比田科正耗麥八升六合，每麥一石改豆一石五斗，增協銀九釐二毫有奇。科田每畝科正耗米五升八合有奇，增協銀六釐七毫有奇。徵麥改豆，科田每畝科麥五升八合有奇，每麥一石改豆一石五斗，增協銀六釐七毫有奇。又科田科米五合四勺，協濟銀一毫六絲有奇。增、餘二田每畝科米五升八合有奇，協濟銀一釐七毫有奇。草場田三則：一則科銀四分，一則科銀二分，一則科銀二釐。懷遠衛招撫開墾田，每畝科糧二升五合有奇，糧折銀二分九釐二毫有奇，軍器牛角銀一分三釐六毫有奇。鳳左、鳳前、鳳後、懷遠等衛屯田，俱照鳳陽縣衛田科則編徵。省衛攤徵屯丁銀六釐八毫有奇。外衛攤徵屯丁銀二釐六毫有奇。

實徵銀四千九百一十七兩七錢一分八釐六毫有奇。

攤徵屯丁銀一千七十一兩四錢四分。

共實徵銀五千九百八十九兩一錢五分八釐六毫有奇。

實徵米麥八千八百五十三石九斗六合有奇。改徵折色。

豆二千五百一十二石三斗三升八合有奇。改徵折色。

外不在丁田徵解軍三小料銀九兩六錢五分二釐六毫。

又不在丁田徵解雜辦銀三百八兩七錢九分一釐有奇，制錢十千文。內火藥銀五兩七錢九分，椤木銀四十三兩三錢七分七釐五毫有奇，拋荒屯折銀一百九十五兩三錢四分三釐五毫有奇，集租銀六十四兩二錢八分，制錢十千文。

虹縣

實在成熟田一千五百六十一頃九十九畝七分一釐有奇。

內則例　每畝計算

田科銀四分七釐四毫有奇，漕贈銀二毫五絲有奇；米七合八勺有奇，漕贈米二勺五抄有奇，麥五合二勺有奇。

攤徵人丁銀一分三釐四毫有奇，匠班銀三毫一絲有奇。

實徵折色銀七千四百二十九兩一錢四釐七毫有奇。

攤徵人丁銀一千九百三十二兩五錢六分四釐三毫有奇，匠班銀四十五兩九錢四釐五毫。

共實徵銀九千四百七兩五錢七分三釐六毫有奇。

實徵本色米一千二百五十七石四斗一升有奇，麥八百二十二石四斗七升四合有奇。

外不在丁田徵解草場租正脚銀七兩八錢八分三釐四毫有奇。

壽　州

實在成熟田地一萬九千二百三十八頃九十一畝六釐有奇。雍正十一年分隸鳳臺縣，田地七千九百二十八頃七十九畝四釐，其錢糧各款尚未分劃清楚，仍合載壽州款目内。

內則例

中田地一畝五分折上田一畝，下田地二畝折上田一畝。

每折實田一畝，科銀一分五釐四毫有奇，漕贈銀八絲三忽有奇。

又以①中下地折實田原不徵米，每畝科麥八勺二抄有奇。

又上中下田原不科麥，每畝科米二合一勺有奇，漕贈米八抄三撮有奇。

攤徵人丁銀二釐八毫有奇，匠班銀二絲一忽有奇。

實徵折色銀四萬二千一百二十四兩二錢四釐七毫有奇。

攤徵人丁銀七千七百五十二兩九錢，匠班銀五十七兩二錢六分七釐。

共實徵銀四萬九千九百三十四兩三錢七分一釐七毫有奇。

實徵本色米三千五百一十八石九斗三升九合有奇，麥九百四十四石二斗七升三合有奇。

外不在丁田徵解雜辦銀一千三百九十三兩七錢一分五釐有奇。內商稅銀四百七兩二錢五分五釐，草場租並營繕司料價銀九百八十五兩八錢二分二釐四毫有奇，更名田租銀六錢三分八釐一毫有奇。

更名田租本色米一斗二升有奇。

歸併外衛實在成熟屯田二千二百三十四頃七十畝二分一釐有奇。內壽州衛屯田每畝科折色銀三分，軍器牛角、軍餉等銀四釐五毫有奇。樣田每畝科折色銀六分，軍器牛角、軍餉等銀九釐一毫有奇。班軍田地每畝科折色銀一分八釐，軍器牛角、軍餉等銀二釐七毫有奇。懷遠衛招撫開墾田，每畝科糧二升五合有奇，折色銀二

① 「以」，《四庫》本作「上」。

分九釐一毫有奇，軍器牛角銀一分三釐六毫有奇。鳳左、鳳前、鳳後、懷遠等衛屯田，俱照鳳陽縣衛田科則編徵。攤徵屯丁銀一釐五毫有奇。

外不在丁田徵解軍三小料銀一十五兩一錢七分三釐六毫。

實徵米麥一千二百一十五石四斗三升五合有奇。改徵折色。

共實徵銀八千五十四兩六錢五分九釐九毫有奇。

攤徵屯丁銀三百四十二兩四錢。

實徵銀七千七百一十二兩二錢五分九釐九毫有奇。

鳳臺縣

實在成熟田地七千九百二十八頃七十九畝四釐。內則例俱照壽州科徵。

實徵折色銀

攤徵人丁銀

匠班銀

實徵本色米麥

外不在丁田徵解雜辦銀米

以上各項數目，俱合載壽州款內。

宿州

實在成熟田地二萬五千五百八十四頃三十一畝九分九釐有奇。

內則例　每畝計算

田科銀八釐三毫有奇，漕贈銀三毫。

一則、二則地科米七合九勺有奇，漕贈米三勺，麥二合二勺有奇。

攤徵人丁銀二釐五毫有奇，匠班銀三絲六忽有奇。

實徵折色銀二萬二千五百八十一兩一錢九分一釐有奇。

攤徵人丁銀六千四百二十二兩七錢四分三釐四毫有奇，匠班銀九十二兩七錢。

共實徵銀二萬九千九十六兩六錢三分四釐四毫有奇。

實徵本色米八千八百四十五石四斗五升五合有奇，麥二千一百四石八斗九升三合有奇。

外不在丁田徵解雜辦銀五十二兩二錢八釐四毫。內商麯稅契銀一十五兩，草場租銀三十七兩二錢八釐四毫。

靈璧縣

實在成熟田地一萬四千三百九頃六十三畝八分一釐有奇。

內則例

中則地一畝五分一釐有奇折地一畝，下則地二畝三分三釐六毫有奇折地一畝。

每折實地一畝，科銀一分六毫有奇。

上則地每畝科漕贈銀九絲九忽有奇，米二合七勺有奇，漕贈米九抄九撮有奇。

中則地每畝科漕贈銀七絲五忽有奇，米二合六抄有奇，漕贈米七抄五撮有奇。

攤徵人丁銀五釐一毫有奇，匠班銀三絲二忽有奇。

實徵折色銀一萬六千七百七兩四錢二分六釐有奇。

攤徵人丁銀七千二百五十七兩五錢二分四釐九毫有奇，匠班銀四十五兩九錢。

共實徵銀二萬四千一十兩八錢五分九毫有奇。

實徵本色米二千五百七十石二斗五升二合有奇。

外不在丁田徵解雜辦銀六十一兩二錢五釐八毫有奇。內商税正脚銀一十七兩七錢三分二釐二毫有奇，草場租銀三十六兩四錢二分三釐六毫有奇，新陞河灘地租銀七兩五分。

江南通志卷七十三

食貨志

田賦　七

潁州一府　滁、和、廣、六、泗五州　上江屯田附

潁州府

雍正二年，自鳳陽府分直隸州。十三年，併(毫)〔亳〕①州於潁州陞爲府，其原額、坍荒、陞增田畝數，詳見《鳳陽府》總。

① 據《四庫》本改。

國朝雍正十三年，實在民衛所成熟折實田地共三萬九千九百一十二頃六十三畝八分九釐有奇。

實徵折色銀一十二萬九千二百二兩八錢四分五釐一毫有奇。

攤徵人丁銀二萬一千七百八十四兩五錢六分六釐七毫有奇，匠班銀四十七兩九錢七釐，遇閏加銀三錢三分七釐五毫。

共實徵銀一十五萬一千三十五兩三錢一分九釐有奇。閏銀例派在内，遇閏支給。

實徵本色米一萬一千九百五十三石五升二合有奇，麥九百九十七石九斗五升七合有奇。

外不在丁田徵解雜辦銀二千二百七十四兩五錢一分四釐四毫有奇。内除亳州商税銀一百一十四兩六錢一分六釐，歸併鳳關徵收外，實徵銀二千一百五十九兩八錢九分八釐四毫有奇。

米一百七十七石九斗四升九合有奇。

歸併外衛實在屯田五千六百七頃三十五畝三分八釐有奇。

實徵銀一萬四千四百六十七兩三錢八分三釐三毫有奇。

攤徵屯丁銀八十七兩。

共實徵銀一萬四千五百五十四兩三錢八分三釐三毫有奇。

實徵米二百七十二石七斗二升七合有奇，麥二百七十二石七斗二升七合有奇。

外不在丁田徵解軍三小料銀二十九兩七錢七釐三毫。

阜陽縣

實在民衛田共一萬八千四百一十一頃八十四畝三分有奇。

内則例　每畝計算

民田科銀二分一釐八毫有奇，漕贈銀九絲八忽有奇；米二合四勺有奇，漕贈米九抄八撮有奇；攤徵人丁銀六釐七絲有奇，匠班銀八忽八微有奇。

歸併潁州衛田，依民田則例，共折大畝每畝科銀二分四釐五毫有奇，攤徵屯丁銀九毫四絲有奇。

實徵折色銀三萬九千九百三十兩四錢二分七毫有奇。

攤徵人丁銀八千五百二十九兩七錢九分，匠班銀一十一兩七錢。

共實徵銀四萬八千四百七十一兩九錢一分八毫有奇。

實徵本色米三千四百五十二石二斗四升三合有奇。

外不在丁田徵解雜辦銀五百九十三兩五錢八分九釐二毫有奇。内商麯稅銀四百五十一兩六錢，草場租正脚銀二十七兩三錢五分七釐八毫有奇，北照寺田地銀一百一十四兩六錢三分一釐三毫有奇。

北照寺田地米一十六石一斗二升七合有奇。

潁上縣

實在民所田共四千三百五十二頃八十四畝五分二釐有奇。

内則例　每畝計算

民田科銀二分二釐四毫有奇，漕贈銀四絲六忽有奇；米一合二勺有奇，漕贈米四抄六撮有奇；攤徵人丁銀三釐六毫有奇，匠班銀一絲三忽有奇。

歸併潁上所田，依民田則例，共折大畝每畝科銀四分四釐六毫有奇；攤徵屯丁銀三釐三毫有奇。

實徵折色銀九千九百四兩六錢二分六釐一毫有奇。

攤徵人丁銀一千五百五十三兩六錢八分四釐三毫有奇，匠班銀四兩一錢三分一釐，遇閏加銀三錢三分七釐五毫。

除閏共實徵銀一萬一千四百六十二兩四錢四分一釐四毫有奇。

實徵本色米四百一石二斗有奇。

外不在丁田徵解雜辦銀一百四十八兩六錢一分三釐一毫有奇。內夏税軍餉銀三十九兩二錢二分，秋糧軍餉銀六十七兩五錢一分，草場租銀五兩一錢八分一釐三毫有奇，宿緣寺欽賜①火爐田銀並米折價銀三十六兩七錢一釐八毫有奇。

霍(邱)〔丘〕縣

實在民田一千二百八十四頃四十三畝三分四釐有奇。

內則例　每畝計算

民田科銀一錢四分八釐一毫有奇，漕贈銀六毫七絲有奇；米一升八合有奇，漕贈米六勺七抄有奇。

攤徵人丁銀九釐九毫有奇，匠班銀一毫三絲有奇。

實徵折色銀一萬八千六百六十三兩一錢一分二釐有奇。

攤徵人丁銀一千一百八十六兩八錢五分，匠班銀一十六兩三錢二分六釐。

① 《四庫》本無「欽賜」二字。

共實徵銀一萬九千八百六十六兩二錢八分八釐有奇。

實徵本色米二千四百七十五石七斗五升二合有奇。

外不在丁田徵解雜辦銀八十一兩八錢七釐八毫有奇。內漕院供應銀二十五兩五錢，草場租銀五十六兩三錢七釐八毫有奇。

歸併外衛實在屯田三百頃七分九釐有奇。內鳳陽前衛肥田，每畝科糧二升八合有奇，糧折銀三分三釐五毫有奇；軍器牛角銀一分四釐一毫有奇。瘠田科糧一升八合，糧折銀二分一釐；軍器牛角銀八釐八毫有奇。壽州衛田，每畝科折色銀三分，軍器牛角、軍餉等銀四釐五毫有奇。攤徵屯丁銀一釐四毫有奇。

實徵銀九百四十七兩一錢九分二釐三毫有奇。

攤徵屯丁銀三十七兩六錢。

共實徵銀九百八十四兩七錢九分二釐三毫有奇。

實徵米二百四十五石六斗二升二合有奇，麥二百四十五石六斗二升二合有奇。

外不在丁田徵解軍三小料銀二十六兩三錢四分七釐三毫。

亳州

實在成熟田地五千六百一十九頃一十六畝六分六釐有奇。

内則例　每畝計算

熟田科銀四分二釐三毫有奇，漕贈銀一毫九絲有奇；米四合九勺有奇，漕贈米一勺九抄有奇，麥四勺二抄有奇。

攤徵人丁銀八釐八絲有奇，匠班銀一絲四微有奇。

實徵折色銀二萬三千二百九十八兩三錢六分有奇。

攤徵人丁銀四千五百四十四兩五錢三釐七毫有奇，匠班銀五兩八錢五分。

共實徵銀二萬七千八百四十八兩七錢一分三釐七毫有奇。

實徵本色米二千九百五石五斗九升有奇，麥二百三十六石四斗三升五合有奇。

外不在丁田徵解雜辦銀一千三百二十七兩二錢五分五毫有奇。内商税銀一百一十四兩六錢一分六釐，已經歸併鳳關徵收。䌷税地契銀五十七兩六錢三分二釐九毫有奇，草場租正脚銀一十三兩七錢八釐七毫有奇，更名廠地銀一千一百四十一兩二①錢九分二釐八毫有奇。

更名廠地米一百六十一石八斗二升二合有奇，麥一十三石九斗七合有奇。

歸併武平衛實在成熟屯田五千二百九十一頃五十七畝六分一釐有奇。内每畝科糧折銀一分八釐，

① 「二」，《四庫》本作「一」。

軍器牛角銀七釐三毫有奇，攤徵屯丁銀八絲九忽。

實徵銀一萬三千四百二十七兩四錢九分三釐七毫有奇。

攤徵屯丁銀四十六兩九錢。

共實徵銀一萬三千四百七十四兩三錢九分三釐七毫有奇。

太和縣

實在折實上則地三百一十三頃一十三畝二分四釐。

內則例

中地二畝折地一畝，下地五畝折地一畝。

每折實地一畝，科銀六錢三分六釐六毫有奇，漕贈銀二釐三毫有奇；米五升九合有奇，漕

贈米二合三勺有奇。

攤徵人丁銀一分八釐五毫有奇，匠班銀二絲八忽有奇。

實徵折色銀一萬九千五百九十四兩七錢九分二釐二毫有奇。

攤徵人丁銀二千一十一兩五分八釐七毫有奇，匠班銀九錢。

共實徵銀二萬一千六百六兩七錢五分一釐有奇。

實徵本色米一千九百二十七石九斗二升二合有奇。

外不在丁田徵解草場租銀一十六兩六錢六分六釐六毫有奇。

蒙城縣

實在成熟田地九千九百三十一頃二十一畝八分三釐有奇。

内則例　每畝計算

田科銀一分八釐四毫有奇，漕贈銀三絲一微有奇。

又額田内原有寄莊小地一千七百六十九頃八十六畝七分四釐，每頃莊地除納正賦外，仍納莊銀一錢九釐九毫有奇，米七勺六抄有奇，漕贈米三抄一圭有奇，麥七勺六抄有奇。

攤徵人丁銀三釐九毫有奇，匠班銀九忽六纖有奇。

實徵折色銀一萬七千八百一十一兩五錢三分四釐一毫有奇。

攤徵人丁銀三千九百五十八兩六錢八分，匠班銀九兩。

共實徵銀二萬一千七百七十九兩二錢一分四釐一毫有奇。

實徵本色米七百九十石三斗四升五合有奇，麥七百六十一石五斗二升二合有奇。

外不在丁田徵解雜辦銀一百六兩五錢八分七釐二毫有奇。內商麯税銀二十兩七錢，草場租並水脚銀八十二兩二錢八分七釐二毫有奇，太僕寺牛犢銀三兩六錢。

歸併懷遠衛實在成熟屯田一十五頃七十六畝九分七釐有奇。內每畝科糧三升六合，糧折銀四分二釐，軍器牛角銀一分九釐五毫有奇。招撫開墾田每畝科糧二升五合有奇，折色銀二分九釐二毫有奇，軍器牛角銀一分三釐六毫有奇。攤徵屯丁銀一釐五毫有奇。

實徵銀九十二兩六錢九分七釐二毫有奇。

攤徵屯丁銀二兩五錢。

共實徵銀九十五兩一錢九分七釐二毫有奇。

實徵本色米二十七石一斗五合有奇，麥二十七石一斗五合有奇。

外不在丁田徵解軍三小料銀三兩三錢六分。

滁州併屬

國朝原額田地山塘五千九百二十八頃二十二畝二釐有奇，共折實田五千六百四十九頃七十四畝三分八釐有奇。又馬田一百七十一頃畝，桑絲一千六百六十三兩六錢，鹽鈔六千六百七十八口。

節年陞增折實田六頃七十八畝一分五釐有奇。

雍正十三年，實在折實田五千六百五十六頃五十一畝五分三釐有奇，馬田一百七十一頃畝，桑絲一千六百六十三兩六錢，鹽鈔六千六百七十八口。

實徵折色銀四萬七百四十一兩八錢五分三釐七毫有奇。

攤徵人丁銀一萬三千九百五十二兩七錢三釐九毫有奇，匠班銀二十兩八錢七分五釐五毫。

共實徵銀五萬四千七百一十五兩四錢三分三釐一毫有奇。閏銀例派在内，遇閏支給。

實徵本色米六百一十六石五斗八升四合有奇，豆八百九十石六升九合有奇。

外不在丁田徵解雜辦銀一千四百五十三兩八錢七分一釐九毫有奇。

歸併省衛實在成熟屯田七千八百九十八頃四十八畝九分七釐有奇。

實徵銀八千一百四兩六錢一分八釐八毫有奇。

攤徵屯丁銀四千五百一十八兩六分二釐八毫。

共實徵銀一萬二千六百二十二兩六錢八分一釐六毫有奇。

實徵米三萬七千五百九十二石八斗四升一合有奇。内本色米六千五百八十三石八斗四升九合有奇；改徵折色米三萬一千八石九斗九升二合有奇，每石折銀八錢。

豆七百二十石七斗七升一合有奇。改徵折色，每石折銀七錢。

外不在丁田徵解雜辦銀一百四十九兩五錢九分六釐有奇。

滁州

實在折實田三千七百六十一頃六十四畝五分三釐有奇。

内則例

山七畝五分折田一畝，塘一畝二分折田一畝。

每折實田一畝，科銀四分一釐二毫有奇，米六勺一抄有奇，豆八勺七抄有奇。

攤徵人丁銀一分六釐三毫有奇，匠班銀六忽四纖有奇。

實徵折色銀一萬五千四百八十七兩九錢七分有奇。

攤徵人丁銀五千八百五十一兩五錢四分六釐有奇，匠班銀二兩二錢七分二釐五毫。

共實徵銀二萬一千三百四十一兩七錢八分八釐五毫有奇。

實徵本色米二百三十二石三斗八升四合有奇，豆三百三十石三斗四升二合有奇。

外不在丁田徵解雜辦銀六百三十八兩二錢三分二釐六毫有奇。内更名田地銀一百七十六兩三錢九分四釐六毫有奇，草場租正脚銀九十兩六錢三分七釐三毫有奇，祭户人丁銀三百一十一兩八錢七分八釐二毫有奇，圩租銀四十五兩四錢一分六釐四毫有奇，丈增勳戚田銀一十兩四錢五分七毫有奇，續增更名地銀三兩四錢五分五釐一毫有奇。

歸併省衛實在成熟屯田二千三百五十七頃五十畝六分二釐有奇。內比田一則每畝科正耗米八升六合有奇，增協銀九釐二毫有奇。一則科正耗米八升一合，增協銀九釐七絲。徵麥改豆比田科正耗麥八升六合有奇，每麥一石改豆一石五斗，增協銀九釐二毫有奇。徵折麥比田科麥折銀三分，新增銀六釐六毫有奇。科田科正耗米五升八合有奇，增協銀六釐七毫有奇。徵麥改豆科田科正耗麥五升八合有奇，每麥一石改豆一石五斗，增協銀六釐七毫有奇。徵折麥無耗科田科麥折銀一分六釐二毫，新增銀五釐。徵折麥有耗科田科麥折銀一分七釐四毫有奇，新增銀五釐。增、餘二田科正耗米五升八合有奇，協濟銀一釐七毫有奇。久荒比田科米折銀二分，新增銀六釐六毫有奇。久荒餘田科米折銀一分三釐五毫。投誠官兵開墾比、增等田，俱照沙壓比田起科，每畝科米折並新增銀三分六毫有奇。草場田九則：一則科銀六分，一則四分，一則三分，一則二分，一則一分，一則五釐，一則三釐，一則二釐，一則一釐。攤徵屯丁銀八釐五毫有奇。

實徵銀一千五百八十二兩五錢九釐八毫有奇。

攤徵屯丁銀一千九百九十五兩六錢五分五釐。

共實徵銀三千五百七十八兩一錢六分四釐八毫有奇。

實徵米一萬一千七百八石九升三合有奇。內本色米二千六百五十石三斗有奇；折色米九千五十七石七斗九升二合有奇，每石折銀八錢。

豆六百七十石九升三合有奇。改徵折色，每石折銀七錢。

外不在丁田徵解雜辦銀九十二兩五錢八分七釐九毫有奇。內房地租銀四十七兩二錢二分五釐四毫有奇，楞木銀二十七兩一錢三分九釐五毫有奇，火藥銀四兩二錢三釐，集租銀一十四兩二分。

全椒縣

實在田地一千三十三頃八十四畝三分三釐有奇，馬田一百七十一頃畝，桑絲一千六百六十三兩六錢，鹽鈔六千六百七十八口。

內則例

民田每畝科銀一錢三分三釐六毫有奇，陞科田每畝科銀一錢二分三釐三毫有奇；米一合八勺有奇，豆二合五勺有奇。攤徵人丁銀五分二釐有奇，匠班銀一毫二絲有奇。

馬田每畝科銀三分九毫有奇，桑絲每兩科銀三分六釐有奇，鹽鈔每口科銀七釐四毫有奇。

實徵折色銀一萬四千四百六十二兩七錢九釐七毫有奇。

攤徵人丁銀五千三百七十七兩八錢六分，匠班銀一十五兩四錢五分三釐。

共實徵銀一萬九千八百五十六兩二分二釐七毫有奇。

實徵本色米一百八十八石三斗八升六合，豆二百六十石九斗三升二合有奇。

外不在丁田徵解雜辦銀七百八十兩五分二釐四毫有奇。內經紀課程內出辦撫院供應銀六十七兩七錢五分，草場正脚銀一百五兩四錢四分五釐三毫有奇，圩租並陞科田銀六百五兩七錢五分七釐一毫有奇，牛犢銀一兩一錢。

歸併省衛實在成熟屯田三千三百五十九頃四十七畝六分六釐有奇。內比田科正耗米八升六合有奇，增協銀九釐二毫有奇。科田科正耗米五升八合有奇，增協銀六釐七毫有奇。增、餘二田科正耗米五升八合有奇，協濟銀一釐七毫有奇。投誠官兵開墾比、科等田，俱照沙壓比田，每畝科米折並新增銀三分六毫有奇。草場田地十七則：一則科銀六分，一則五分，一則四分，一則三分，一則二分五釐，一則二分，一則一分五釐，一則一分，一則八釐，一則六釐，一則五釐，一則四釐，一則三釐三毫，一則二釐，一則四毫五絲，一則三毫五絲。① 水壩田地六畝一分四釐有奇，共徵銀一分二釐一毫。攤徵屯丁銀三釐九毫有奇。

實徵銀四千四百四兩四錢三釐二毫有奇。

攤徵屯丁銀一千三百三十一兩九錢二分五釐。

共實徵銀五千七百三十六兩三錢二分八釐二毫有奇。

實徵米一萬五千六百二十七石三斗八升三合有奇。內本色米一千九百一十九石一斗四升九合有奇；折色米一萬三千七百八石二斗三升四合，每石折銀八錢。

外不在丁田徵解雜辦銀二十九兩七錢二分八釐八毫有奇。內房地租銀二十三兩九錢四分四釐四

① 原文如此，只有十六則。

毫，火藥銀五兩七錢八分四釐四毫有奇。

來安縣

實在成熟田地八百六十一頃二畝六分六釐有奇。

內則例　每畝計算

田科銀一錢二分四釐四毫有奇，米二合二勺有奇，豆三合四勺有奇。

攤徵人丁銀三分一釐六毫有奇，匠班銀三絲六忽有奇。

實徵折色銀一萬七百九十一兩一錢七分四釐有奇。

攤徵人丁銀二千七百二十三兩二錢九分七釐九毫有奇，匠班銀三兩一錢五分。

共實徵銀一萬三千五百一十七兩六錢二分一釐九毫有奇。

實徵本色米一百九十五石八斗一升三合有奇，豆二百九十八石七斗九升四合有奇。

外不在丁田徵解雜辦銀三十五兩五錢八分六釐七毫有奇。內更名田地銀二十五兩四錢七分二釐六毫有奇，廠地丈出溢額銀一兩六分七釐九毫有奇，草場租銀九兩四分六釐一毫有奇。

歸併省衛實在成熟屯田二千一百八十一頃五十畝六分八釐有奇。內一則比田每畝科正耗米八升六合有奇，增協銀九釐二毫有奇。一則比田科正耗米八升一合，增協銀九釐七絲。徵麥改豆比田科正耗麥八升六合有奇，每麥一石改豆一石五斗，增協銀九釐二毫有奇。徵折麥比田科麥折銀三①分，新增銀六釐六毫有奇。一則科田科正耗米五升八合有奇，增協銀六釐七毫有奇。徵米麥科田科正耗糧五升八合有奇，增協銀六釐七毫有奇。徵麥改豆科田科正耗麥五升八合有奇，增協銀六釐七毫有奇。徵折麥科田科麥折銀一分六釐二毫，新增銀五釐。增、餘二田科正耗米五升八合有奇，協濟銀一釐七毫有奇。起科田科正耗米三升二合有奇，協濟銀九毫七絲有奇。蓄水官塘壩每畝科正耗米二升九合有奇，協濟銀八毫七絲有奇。投誠官兵開墾比、科等田，俱照沙壓比田，每畝科米折並新增銀三分六毫有奇。草場田十九則：一則科銀八分，一則六分，一則五分，一則四分五釐，一則四分，一則三分二釐，一則三分，一則二分五釐，一則二分二釐，一則二分一釐，一則二分，一則一分二釐，一則一分，一則七釐，一則六釐，一則五釐，一則四釐，一則三釐，一則二釐。攤徵屯丁銀五釐四毫有奇。

實徵銀二千一百一十七兩七錢五釐八毫有奇。

攤徵屯丁銀一千一百九十兩四錢八分二釐五毫。

共實徵銀三千三百八兩一錢八分八釐三毫有奇。

實徵米一萬二百五十七石三斗六升四合有奇。內本色米二千一十四石三斗九升八合有奇；折色米八千二百四十二石九斗六升六合有奇，每石折銀八錢。

豆五十石六斗七升七合有奇。改徵折色，每石折銀七錢。

① 「三」，《四庫》本作「五」。

外不在丁田徵解雜辦銀二十七兩二錢七分九釐二毫有奇。内火藥銀一十兩二錢三分二釐一毫有奇，楞木銀三兩五錢二釐一毫有奇，集租銀一十三兩五錢四分五釐。

和州併屬

國朝原額田地山塘折實田四千八百二十三頃八十四畝七釐有奇。

節年陞增田一十一頃一十九畝一分一釐有奇。

雍正十三年，實在折實田四千八百三十五頃三畝一分八釐有奇。

實徵折色銀三萬九千四百二十五兩一錢三分三釐九毫有奇。

攤徵人丁銀一萬一千七十八兩。

共實徵銀五萬五百三兩一錢三分三釐九毫有奇。閏銀例派在内，遇閏支給。

實徵米五千二百三十三石二斗九升五合有奇。内含山縣米一千三百九十八石二斗二升四合有奇，折徵銀一千二百一十一兩七錢九釐有奇。

外不在丁田徵解雜辦銀二千三百八十八兩七錢五分六釐有奇，遇閏加銀一十兩六錢三分九釐四毫有奇。

又廣惠庫制錢一萬二千七十五文五分，遇閏加錢七百五十八文一分。

又不在《全書》丁田出辦鰣魚折價銀一十三兩七錢九分。

歸併省衛實在屯田四千四百九十三頃七畝七分七釐有奇。
實徵銀五千四百九十七兩七錢六分一毫有奇。
攤徵屯丁銀一千七百四十九兩八錢七分五釐。
共實徵銀七千二百四十七兩六錢三分五釐一毫有奇。
實徵米二萬七百九十四石六斗七升七合有奇。內本色米一萬六千三百六十六石五斗四升九合有奇；折色米四千四百二十八石一斗二升八合有奇，每石折銀八錢。
外不在丁田徵解雜辦銀四十四兩八錢三分八釐二毫。

和州

實在折實田三千二百四十二頃八十畝一分五釐有奇。

內則例

中田一畝三分六毫有奇折上田一畝，下田一畝九分三釐五毫有奇折上田一畝，草地三畝六分一釐八毫有奇折上田一畝，官山並新墾山四畝六分八毫有奇折上田一畝，官塘二畝二分四釐七毫有奇折上田一畝。

每折實田一畝，科銀七分六釐八毫有奇。

上田科米一升一合九勺有奇，
中田科米九合一勺有奇，
下田科米六合四抄有奇，
官塘科米五合六勺有奇，
官山科米二合七勺有奇，
草地科米三合八抄有奇，
開墾中田科米一合四勺有奇，
開墾下田科米八勺七抄有奇，
開墾塘科米一合一勺有奇，
開墾山科米一勺五抄有奇，
攤徵人丁銀二分四釐八毫有奇。

實徵折色銀二萬五千二百六十五兩七錢七分三釐八毫有奇。
攤徵人丁銀八千四十五兩九錢。
共實徵銀三萬三千三百一十一兩六錢七分三釐八毫有奇。
實徵本色米三千八百三十五石七升六合有奇。

外不在丁田徵解雜辦銀二千二百九十五兩四錢三分二毫有奇。內草場圩租銀九百四十六兩七分五釐有奇，撫院供應正脚銀二百一十六兩三錢，學道租田稻價銀二十五兩六分六釐五毫有奇，馬場租正脚銀九百四十七兩二錢二分三毫有奇，生鐵正脚銀二十三兩五錢七分三釐二毫有奇，魚綫膠正脚銀一十兩九錢六分四毫有奇，天鵝折價銀一兩，春鰣船網折價銀四十八兩三錢九分六釐九毫有奇，秋鮓船網折價銀三十五兩六錢九分四釐，魚課鈔銀三兩六錢二分二釐六毫有奇，續增城濠租銀二十三兩四錢六分八釐，補徵時價銀一十四兩五分三釐三毫有奇。

遇閏加銀四兩七錢九分五釐一毫有奇。

又廣惠庫制錢一萬二千七十五文五分，遇閏加錢七百五十八文一分。

又不在《全書》丁田出辦鰣魚折價銀一十三兩七錢九分。

歸併省衛實在屯田三千六百六十四頃六十七畝三釐有奇。內比田科正耗米八升六合有奇，增協銀九釐二毫有奇。科田科正耗米五升八合有奇，增協銀六釐七毫有奇。增、餘二田科正耗米五升八合有奇，協濟銀一釐七毫有奇。投誠陞科官兵開墾比、科等田，俱照沙壓比田，科米折並新增銀三分六釐有奇。沙壓科田科米折並新增銀二分一釐二毫，沙壓增、餘二田科米折銀一分六釐二毫。久荒比田科米折並新增銀二分六釐六毫有奇，久荒科田科米折並新增銀一分八釐五毫，久荒增、餘二田科米折並新增銀一分三釐五毫。坍江科田科正耗米四合一勺有奇，又協濟銀一毫二絲有奇。坍江折色田科米折銀九毫五絲。草場田十五則：一則科銀八分，一則科銀六分，一則五分，一則四分，一則三分二釐，一則三分，一則二分五釐，一則二分，一則一分五釐，一則一分，一則八釐，一則五釐，一則四釐，一則三釐，一則二釐。攤徵屯丁銀三釐七毫有奇。

實徵銀四千七百二十兩七錢五分四釐四毫有奇。

攤徵屯丁銀一千三百六十五兩七錢七分五釐。

共實徵銀六千八十六兩五錢二分九釐四毫有奇。

實徵米一萬五千四百九十一石四斗四升六合有奇。

外不在丁田徵解雜辦銀四十一兩八錢三分八釐二毫。內房地租銀二十五兩一錢二分五釐，火藥銀一十六兩七錢一分三釐二毫。

含山縣

實在折實田一千五百九十二頃二十三畝二釐有奇。

內則例

地一畝三分六釐四毫有奇折田一畝，山六畝四釐三毫有奇折田一畝，塘三畝六釐八毫有奇折田一畝。

每折實田一畝，科銀八分八釐九毫有奇，米九合三勺有奇。

攤徵人丁銀一分九釐一毫有奇。

實徵折色銀一萬四千一百五十九兩三錢六分一毫有奇。

攤徵人丁銀三千三十二兩一錢。

共實徵銀一萬七千一百九十一兩四錢六分一毫有奇。

實徵米一千三百九十八石二斗二升四合有奇，共折解銀一千二百一十一兩七錢九釐。內滁米每石折銀九錢，月糧每石折銀一兩，南米並陞科隱墾米每石折銀八錢。

外不在丁田徵解雜辦銀九十三兩三錢二分五釐八毫有奇。內魚課正脚銀七十四兩一錢九分一釐八毫有奇，草場租銀一十九兩一錢三分四釐。

遇閏加銀五兩八錢四分四釐二毫有奇。

歸併省衛實在屯田八百二十八頃四十畝七分四釐有奇。內比田科正耗米八升六合有奇，增協銀九釐二毫有奇。科田科正耗米五升八合有奇，又增協銀六釐七毫有奇。增、餘二田科正耗米五升八合有奇，協濟銀一釐七毫有奇。投誠官兵照沙壓比田，每畝科米折並新增銀三分六毫有奇。圩江田科正耗米四合一勺有奇，協濟銀一毫二絲有奇。久荒增、餘二田，科米折銀一分三釐五毫。草場田二則：一則科銀五分，一則科銀四分。攤徵屯丁銀四釐六毫有奇。

實徵銀七百七十七兩五釐七毫有奇。

攤徵屯丁銀三百八十四兩一錢。

共實徵銀一千一百六十一兩一錢五釐七毫有奇。

實徵米五千三百三石二斗三升一合有奇。內本色米八百七十五石一斗二合有奇；折色米四千四百二十八石一斗二升八合有奇，每石折銀八錢。

外不在丁田徵解火藥銀三兩。

廣德州併屬

國朝原額田一萬二百九十八頃五十四畝三分三釐有奇。

節年陞增田一十四頃一十八畝四分四釐有奇。

雍正十三年，實在田一萬三百一十二頃七十二畝七分七釐有奇。

實徵折色銀五萬九百八十九兩二錢四分三釐二①毫有奇。

攤徵人丁銀八千七百六十一兩六錢二分一釐九毫有奇，匠班銀一百一十七兩九錢。

共實徵銀五萬九千八百六十八兩七錢六分五釐一毫有奇。閏銀例派在內，遇閏支給。

實徵本折米一萬三千七百六十三石三升一合有奇，豆一千五百五十二石八斗二升九合有奇。

外不在丁田徵解雜辦銀一百四兩三錢三分一釐七毫有奇，遇閏加銀六兩一分九釐七毫有奇。

① 「二」，《四庫》本作「一」。

廣德州

實在田六千二百九十七頃四十二畝四分四釐有奇。

内則例

每畝科銀四分四釐八毫有奇，漕贈銀五毫六忽有奇； 米一升二合九勺有奇，漕贈米五勺六撮有奇，豆一合四勺有奇。

攤徵人丁銀七釐八毫有奇，匠班銀一毫四絲有奇。

實徵折色銀二萬八千五百九十二兩四錢九分九釐有奇。

攤徵人丁銀四千九百三十九兩八錢二分三釐一毫有奇，匠班銀八十九兩一錢。

共實徵銀三萬三千六百二十一兩四錢二分二釐有奇。

實徵本折米八千四百五十三石九斗九升三合有奇，豆九百三十二石二合有奇。

外不在丁田徵解新增官基河田租課銀六兩八錢二分三釐二毫有奇。

建平縣

實在田四千一十五頃三十畝三分三釐有奇。

内則例

每畝科銀五分五釐二毫有奇，漕贈銀五毫二忽有奇；米一升二合七勺有奇，漕贈米五勺二撮有奇，豆一合五勺有奇。

攤徵人丁銀九釐五毫有奇，匠班銀七絲一忽有奇。

實徵折色銀二萬二千三百九十六兩七錢四分三釐四毫有奇。

攤徵人丁銀三千八百二十一兩七錢九分八釐八毫有奇，匠班銀二十八兩八錢。

共實徵銀二萬六千二百四十七兩三錢四分二釐二毫有奇。

實徵本折米五千三百九石三升八合有奇，豆六百二十石八斗二升六合有奇。

外不在丁田徵解雜辦銀九十七兩五錢八釐四毫有奇。内牧馬場租銀三十兩四錢一釐有奇，南湖河潭魚渡課銀四十四兩九錢四分七釐五毫有奇，清出新增南湖魚渡課銀一十二兩五錢五釐，補徵時價銀九兩六錢五分四釐九毫有奇。

遇閏加銀六兩一分九釐七毫有奇。

六安州併屬

雍正二年自廬州府分隸，其原額坍荒、陞增田畝數，詳見《廬州府》總。

雍正十三年，實在田地山塘折實田一萬七千二百二十二頃三十六畝三分一釐有奇。

實徵折色銀五萬三千二百八十三兩四分七釐三毫有奇。

攤徵人丁銀五千三百一十九兩五錢六分四釐，匠班銀一百九十兩。

共實徵銀五萬八千七百九十二兩六錢一分一釐三毫有奇。閏銀例派在內，遇閏支給。

實徵本折米一萬七百四十二石三斗三升二合有奇，麥七百九十一石一斗一升五合有奇。

外不在丁田徵解雜辦銀六百一十兩一錢八分九釐二毫有奇。

歸併外衛實在屯田二千五十八頃八畝八分六釐有奇。

實徵銀四千七百三十一兩四錢七分四釐三毫有奇。

攤徵屯丁銀一百八十七兩。

共實徵銀四千九百一十八兩四錢七分四釐三毫有奇。

六安州

實在折實田一萬三千四百五頃七十三畝四分九釐有奇。

内則例

地一畝一分八釐二毫有奇折田一畝，塘山三畝八分三釐三毫有奇折田一畝。

每折實田一畝，科銀二分五釐三毫有奇，漕贈銀八絲九忽有奇；米五合四勺有奇，漕贈米八抄九撮有奇，麥五勺二抄有奇。

攤徵人丁銀二釐九毫有奇，匠班銀六絲四忽有奇。

實徵折色銀三萬四千四兩二錢六分二釐四毫有奇。

攤徵人丁銀三千九百三十九兩六錢，匠班銀八十二兩。

共實徵銀三萬八千二十五兩八錢六分二釐四毫有奇。

實徵本折米七千四百六十三石三斗五升四合有奇，麥七百六石四斗五升二合有奇。

外不在丁田徵解雜辦銀五百六十七兩六分三釐四毫有奇。内灘租出辦漕標並帶徵英山縣兵餉、都察院賓禮銀三百四十七兩八錢三分九釐九毫有奇，續墾灘地陞科銀三十七兩七分四釐，牧馬草場租銀一百七十七兩六分八釐九毫有奇，續墾場地陞科銀五兩八分五毫有奇。

歸併外衛實在屯田二千五十八頃八畝八分六釐有奇。內每畝科糧折銀二分二釐七毫有奇，牛角正脚銀二毫七絲有奇，攤徵屯丁銀九毫九忽有奇。

實徵銀四千七百三十一兩四錢七分四釐三毫有奇。

攤徵屯丁銀一百八十七兩。

共實徵銀四千九百一十八兩四錢七分四釐三毫有奇。

英山縣

實在折實田六百八十九頃八十三畝五釐有奇。

內則例

地二畝一分二釐有奇折田一畝，塘一畝一分八釐九毫有奇折田一畝。

每折實田一畝，科銀一錢二釐四毫有奇，漕贈銀五毫八絲有奇；米九合五勺有奇，漕贈米五勺八抄有奇。

攤徵人丁銀六釐七毫有奇，匠班銀六毫有奇。

實徵折色銀七千一十五兩八錢三分八釐五毫有奇。
攤徵人丁銀四百六十三兩六錢四分四釐，匠班銀四十兩五錢。
共實徵銀七千五百一十九兩九錢八分二釐五毫有奇。
實徵本折米一千五百六石九斗二升三合有奇。

霍山縣

實在折實田三千一百二十六頃七十九畝七分七釐有奇。

内則例

地一畝一分八釐有奇折田一畝，塘一畝一分一釐有奇折田一畝，官塘義田二畝四分四釐有奇折田一畝，柴山一畝一分八釐有奇折田一畝，麥山一畝七分九釐有奇折田一畝，草山二畝六釐六毫有奇折田一畝。

每折實田一畝，科銀三分九釐三毫有奇，漕贈銀七絲五忽有奇；米五合五勺九抄有奇，漕贈米七抄五撮有奇，麥二勺七抄有奇。

攤徵人丁銀二釐五毫有奇，匠班銀二毫一絲有奇。

實徵折色銀一萬二千二百六十二兩九錢四分六釐三毫有奇。
攤徵人丁銀九百一十六兩三錢二分，匠班銀六十七兩五錢。
共實徵銀一萬三千二百四十六兩七錢六分六釐三毫有奇。
實徵本折米一千七百七十二石五升五合有奇，麥八十四石六斗六升三合有奇。
外不在丁田徵解牧馬草場租銀四十三兩一錢二分五釐七毫有奇。

泗州併屬

雍正二年自鳳陽府分隸，其原額坍荒、陞增田畝數，詳見《鳳陽府》總。
雍正十三年，實在成熟田五千三百六十三頃八十三畝三分一釐有奇。
實徵折色銀五萬九千九百五十八兩九錢八分三毫有奇。
攤徵人丁銀一萬五千九百六十兩九分三釐七毫有奇，匠班銀七十四兩四錢一釐五毫。
共實徵銀七萬五千九百九十三兩四錢七分五釐有奇。閏銀例派在内，遇閏支給。
實徵本色米六千九百三十七石二斗一合有奇，麥二千四百八十五石八斗七升八合有奇。
外不在丁田徵解雜辦銀一千九百五十一兩四錢三分五釐有奇。
歸併省外衛所實在成熟屯田二千三十頃一十一畝五釐有奇。
實徵銀四千四十三兩七錢七分八釐七毫有奇。

攤徵屯丁銀一千三百三十八兩六錢二分五釐。
共實徵銀五千三百八十一兩四錢三釐七毫有奇。
實徵米八千一百六十七石二斗六升四合有奇，麥二百六十七石三斗五升九合有奇。
外不在丁田徵解軍三小料銀二十八兩。
又不在丁田徵解雜辦銀三十三兩二分五釐。

泗州

實在成熟田二千六百一十八頃七十一畝四分五釐有奇。

內則例　每畝計算

田科銀四分四釐四毫有奇，加漕銀三釐三毫有奇；麥四合三勺有奇。
攤徵人丁並屯丁銀三分五釐七毫有奇，匠班銀一毫六絲有奇。

實徵折色銀一萬二千五百五十三兩一錢八分七釐六毫有奇。
攤徵人丁銀九千三百六十一兩六錢三分一釐一毫有奇，匠班銀四十四兩九錢九分五釐五毫。
共實徵銀二萬一千九百五十九兩八錢一分四釐二毫有奇。

實徵本色麥一千一百三十八石三斗二升九合有奇。

外不在丁田徵解雜辦銀一千五十一兩三錢一分四釐四毫有奇。內更名田租銀九百五十二兩九錢五分四釐九毫有奇，開墾廢陵田地增出陞科銀八錢六分八釐五毫有奇，商稅銀七十兩四錢九分一釐，麯稅抵解軍餉銀二十七兩。

歸併省衛攤徵屯丁銀七兩一錢七分五釐。

盱眙縣

實在成熟田地一千二百一十三頃九十九畝五分六釐有奇。

內則例　每畝計算

田科銀一錢六分一釐四毫有奇，漕贈銀一釐二毫有奇；米二升八合有奇，漕贈米一合二勺有奇，麥七合二抄有奇。

攤徵人丁並屯丁銀二分二釐九毫有奇，匠班銀七絲七忽有奇。

實徵折色銀一萬九千七百六十五兩二分八釐三毫有奇。

攤徵人丁銀二千七百四十三兩三錢五分，匠班銀一十兩二錢。

共實徵銀二萬二千五百一十八兩五錢七分八釐三毫有奇。

實徵本色米三千五百八十一石二斗一升五合有奇，麥八百五十三石四斗一升有奇。

外不在丁田徵解雜辦銀六百三兩四錢四分四釐一毫有奇。內更名田糧銀五百八兩五錢四釐一毫有奇，商稅地契銀九十四兩九錢四分。

歸併省衛攤徵屯丁銀四十二兩五錢二分五釐。

天長縣

實在成熟田七百九十五頃四十一畝一分九釐有奇。

內則例　每畝計算

田科銀二錢八分七釐四毫有奇，漕贈銀一釐四毫有奇；米二升九合有奇，漕贈米一合四勺有奇，麥二合二勺有奇。

攤徵人丁銀三分二釐七毫有奇，匠班銀四絲五忽有奇。

實徵折色銀二萬三千一十九兩六錢八分三釐八毫有奇。

攤徵人丁銀二千六百三兩五錢三分三釐二毫有奇，匠班銀三兩六錢。

共實徵銀二萬五千六百二十六兩八錢一分七釐有奇。

實徵本色米二千四百六十五石七斗七升六合有奇，麥一百八十二石八斗二升六合有奇。

外不在丁田徵解雜辦銀二百二十五兩八錢七分一釐三毫有奇。內各集商稅、秋糧、軍餉銀一百三十八兩三錢三分，牧馬場租銀八十七兩五錢四分一釐三毫有奇。

歸併省外衛實在成熟屯田一千八百八十一頃九十九畝八分六釐有奇。內比田科正耗米八升六合，增協銀九釐二毫有奇。科田正耗米五升八合有奇，增協銀六釐七毫有奇。增、餘二田每畝科正耗米五升八合有奇，協濟銀一釐七毫有奇。投誠官兵領墾比科等田，俱照沙壓比田一則起科，每畝科米折並新增銀三分六毫有奇。又高郵衛屯田每畝科米麥折銀三分三釐六毫有奇，軍器牛角等銀七釐五毫有奇。又丈出無糧田每畝科糧折牛角銀三分四釐有奇，清出隱墾田每畝科糧折銀三分三釐六毫有奇，省衛攤徵屯丁銀九釐七毫有奇，外衛攤徵屯丁銀八毫六絲有奇。

實徵銀三千二百二十五兩八錢九分五釐六毫有奇。

攤徵屯丁銀一千二百七十二兩一錢二分五釐。

共實徵銀四千四百九十八兩二分六毫有奇。

實徵米七千八百九十九石九斗四合有奇。內本色米六百六十四石三升；折色米七千二百三十五石八斗七升四合有奇，每石折銀八錢。

外不在丁田徵解雜辦銀三十三兩二分五釐。內集租銀三十兩二分五釐，火藥銀三兩。

五河縣

實在成熟田七百三十五頃七十一畝一分有奇。

内則例　每畝計算

田科銀六分一釐七毫有奇，漕贈銀三毫九絲有奇；米一升一合七勺有奇，漕贈米三勺九抄有奇，麥四合二勺有奇。

攤徵人丁銀一分七釐有奇，匠班銀二毫一絲有奇。

實徵折色銀四千六百二十一兩八分四毫有奇。

攤徵人丁銀一千二百五十一兩五錢七分九釐三毫有奇，匠班銀一十五兩六錢六釐。

共實徵銀五千八百八十八兩二錢六分五釐七毫有奇。

實徵本色米八百九十石二斗一升有奇，麥三百一十一石三斗一升三合有奇。

外不在丁田徵解商税魚船銀七十兩八錢五釐。

歸併外衛所實在成熟屯田一百四十八頃一十一畝一分九釐有奇。内鳳陽前衛肥田每畝科糧二升八合有奇，糧折銀三分三釐五毫有奇，軍器牛角銀一分四釐一毫有奇。瘠田每畝科糧一升八合，糧折銀二分一釐，軍器牛角銀八釐八毫有奇。洪塘所屯田每畝科糧三升六合有奇，糧折銀四分二釐一毫有奇，軍器牛角銀一分三釐有奇。攤徵屯丁銀一釐一毫有奇。

實徵銀八百一十六兩八錢八分三釐有奇。

攤徵屯丁銀一十六兩八錢。

共實徵銀八百三十三兩六錢八分三釐有奇。

實徵米二百六十七石三斗五升九合有奇，麥二百六十七石三斗五升九合有奇。

外不在丁田徵解軍三小料銀二十八兩。

〔上江〕①屯田

江南都使司今歸併安徽布政使司。

國朝原額屯田地一萬一千一百六頃七十三畝三分四釐有奇。

除原有荒蕪田地一千九百八十六頃二十九畝三分有奇，又康熙四十二年泗州衛水沉田地四十三頃五十三畝二分三釐有奇。

① 據卷首標題擬補。

節年開墾並自首溢額田地二千七百六十四頃六十二畝一分有奇。

雍正十三年，實在成熟屯田地一萬一千八百四十一頃五十二畝九分二釐有奇。

額徵銀四萬五百三十三兩五錢六分八釐八毫有奇。

屯丁攤入地畝銀二千四百四兩六分。

共實徵銀四萬二千九百三十七兩六錢二分八釐八毫有奇。

額徵本折米二千二百九石二斗八升一合有奇，麥二千二百七十三石五斗四升有奇。

外不在丁田徵解雜辦銀二十五兩二錢八分八釐一毫有奇，軍三小料銀五百五兩四錢二分。內

鳳陽中衛並歸併鳳陽右衛，遇閏撥解銀一十二兩九錢六分。

清出宿州衛改解永減廩工等銀六十三兩三錢六分。

新宣等十一衛

新安衛

實在屯田九百一十七頃四畝三分三釐有奇。

內則例　每畝計算

重則田科銀一錢二分二釐二毫有奇。
輕則田科銀三分三釐五毫有奇。
墾則田科銀四分三釐四毫有奇。
樣則田科銀九分二釐二毫有奇。
攤徵屯丁銀六毫一絲有奇。

實徵銀五千一百一十六兩二錢四分二毫有奇。
攤徵屯丁銀五十六兩四錢。
共實徵銀五千一百七十二兩六錢四分二毫有奇。

宣州衛

實在屯田地七百一十一頃四十六畝三分八釐。
內則例　每畝計算
重則田科銀九分。
輕則田地科銀六分九釐六毫有奇。
攤徵屯丁銀四毫九絲有奇。

實徵銀五千二百兩三錢八分八釐八毫有奇。

攤徵屯丁銀三十五兩一錢。

共實徵銀五千二百三十五兩四錢八分八釐八毫有奇。

建陽衛

實在屯田一千二百一十一頃七十七畝四釐有奇。

內則例　每畝計算

原額田科銀三分二釐二毫有奇，行月不敷銀二釐九毫有奇。

開墾並清出田科銀三分二釐二毫有奇。

攤徵屯丁銀二釐八毫有奇。

實徵銀四千二百七兩七錢九分五釐五毫有奇。

攤徵屯丁銀三百四十三兩五錢六分。

共實徵銀四千五百五十一兩三錢五分五釐五毫有奇。

外不在丁田徵解騋騮群場牧馬基地銀二十二兩六分八釐一毫有奇。

安慶衛

實在屯田地九百四十九頃七十六畝六分六釐有奇。

内則例　每畝計算

科銀二分八釐一毫有奇。

攤徵屯丁銀九毫八絲有奇。

實徵銀二千六百七十二兩九錢一釐四毫有奇。

攤徵屯丁銀九十三兩二錢。

共實徵銀二千七百六十六兩一錢一釐四毫有奇。

廬州衛

實在屯田地二千八十二頃九十一畝七分四釐有奇。

内則例　每畝計算

科銀一分七釐九毫有奇。

攤徵屯丁銀六毫六絲有奇。

實徵銀三千七百三十一兩四釐六毫有奇。

攤徵屯丁銀一百三十八兩一錢。

共實徵銀三千八百六十九兩一錢四釐六毫有奇。

鳳陽衛

實在屯田地四百五十七頃二十四畝九分五釐。

內則例　每畝計算

科銀四分八釐有奇，米二升九合九勺有奇，麥二升九合九勺有奇。

攤徵屯丁銀一釐三毫有奇。

實徵銀二千一百九十七兩九分七釐五毫有奇。

攤徵屯丁銀六十三兩四錢。

共實徵銀二千二百六十兩四錢九分七釐五毫有奇。

實徵米六百八十五石六斗六升有奇。改徵折色，每石折銀九錢。

麥六百八十五石六斗六升有奇。改徵折色，每石折銀五錢。

外不在丁田徵解軍三小料銀二十四兩四錢八分。

鳳陽中衛

實在屯田地三百三十七頃五畝六分五釐有奇，又歸併鳳陽右衛實在屯田地三百二十五頃七畝。

內則例　每畝計算

原額田科銀五分二釐有奇，米麥二升九合二勺有奇。

招墾田科銀二分五釐有奇，米麥一升四合有奇。

開墾清出田科銀五分二釐七毫有奇，米麥二升九合五勺有奇。

攤徵屯丁銀二釐九毫有奇。

歸併右衛田地科銀六分九毫有奇，米麥三升六合。

攤徵屯丁銀三釐九毫有奇。

實徵銀三千五百五十八兩九錢八分六釐六毫有奇。

攤徵屯丁銀二百二十六兩五錢。

共實徵銀三千七百八十五兩四錢八分六釐六毫有奇。

實徵米一千三十七石一斗七升四合有奇。改徵折色，每石折銀九錢。

麥一千一十八石九斗八升九合有奇。改徵折色，每石折銀五錢。

外不在丁田徵解軍三小料銀六十八兩六錢四分。内遇閏撥解銀十二兩九錢六分。

長淮衛

實在屯田地二百八十二頃一十六畝五分八釐有奇。

内則例　每畝計算

科銀四分九釐七毫有奇，米麥二升四合一勺有奇。

攤徵屯丁銀二釐九毫有奇。

實徵銀一千四百二兩九錢五分七釐二毫有奇。

攤徵屯丁銀八十四兩。

共實徵銀一千四百八十六兩九錢五分七釐二毫有奇。
實徵米三百四十三石三斗六升六合有奇。改徵折色，每石折銀九錢。
麥三百三十八石四斗八升九合有奇。改徵折色，每石折銀五錢。
外不在丁田徵解軍三小料銀五十兩四錢。

宿州衛

實在屯田地七百五十九頃八十三畝一分八釐有奇。

内則例　每畝計算
科銀三分三釐一毫有奇，麥三合六抄有奇。
攤徵屯丁銀二釐七毫有奇。

實徵銀二千五百二十一兩五錢六分一釐七毫有奇。
攤徵屯丁銀二百一十二兩四錢。
共實徵銀二千七百三十三兩九錢六分一釐七毫有奇。
實徵本色麥二百三十石四斗。

外不在丁田徵解軍三小料銀一百二十二兩五錢。

漕項永減給隨幫百總廩工銀五十四兩，又解江寧糧道永減銀九兩三錢六分。

泗州衛

實在屯田地三千六百六頃六十六畝七分七釐有奇。

內則例　每畝計算

科銀二分三釐二毫有奇。

攤徵屯丁銀二釐二毫有奇。

實徵銀八千三百九十一兩六錢二分四釐八毫有奇。

攤徵屯丁銀七百九十二兩四錢。

共實徵銀九千一百八十四兩二分四釐八毫有奇。

外不在丁田徵解軍三小料銀二百三十九兩四錢。

滁州衛

實在屯田地二百頃五十二畝六分，共計五百六十三分。

内則例　每分計算

科銀二兩七錢二分二釐九毫有奇，米二斗五升四合一勺有奇。

每畝攤徵屯丁銀一分七釐九毫有奇。

實徵銀一千五百三十三兩一分。

攤徵屯丁銀三百五十九兩。

共實徵銀一千八百九十二兩一分。

實徵本色米一百四十三石八升。

外不在丁田徵解六門月城五所隙地房租銀三兩二錢二分。

江南通志卷七十四

食貨志

户口 一

漢

自高祖訖於孝平，民户千二百二十三萬三千六十二，口五千九百五十九萬四千九百七十八，漢極盛矣。《文獻通考》

光武中元二年，户四百二十七萬九千六百三十四，口二千一百萬七千八百二十。明帝以後，歷代蕃滋，訖桓帝永壽二年，户千六百七萬九百六，口五千六萬六千八百五十六。《文獻通考》

三國　吳

赤烏三年，户五十二萬，男女口二百三十萬。杜佑《通典》

晋

武帝太康元年平吳之後，九州攸同，編户二百四十五萬九千八百四，口千六百一十六萬三千八百六十三。此晋之極盛也。杜佑《通典》

南北朝　宋

孝武大明間，户九十萬六千八百七十，口四百六十八萬五千五百一。《文獻通考》

陳

宣帝時，户六十萬。《文獻通考》

隋

文帝平陳，收户五十萬，口二百萬。杜佑《通典》

唐

貞觀初，户不滿三百萬。至天寶十四載，管户總八百九十一萬九千三百九，應不課户三百五十六萬五千五百，應課户五百三十四萬九千二百八；不課口四千四百七十萬九百八十八，課口八百二十萬八千三①百二十一。唐之極盛也。杜佑《通典》

憲宗元和時，李吉甫撰《元和國計簿》，總計天下方鎮四十八，每歲賦入倚辦止於浙西、浙東、宣歙、淮南、江西、鄂岳、福建、湖南八道四十九州，一百四十四萬户，比天寶税户四分減三；天下兵戎，仰給縣官八十三萬餘人，比天寶三分加一，率以兩户資一兵。其他水旱所損，徵科妄斂，又在常役之外。《資治通鑑》

宋

太祖開寶八年，江南平，得户六十五萬五千六十五。《宋史·地理志》

神宗元豐六年，淮南路：户主七十二萬三千七百八十四，客三十五萬五千二百七十；口主一百三十九萬三千五百五十五，客六十三萬七千三百二十六。《文獻通考》江南東路：户主九十萬二千

① 「三」，《四庫》本作「二」。

二百六十一，客一十七萬一千四百九十九；口主一百六十萬九千六百一十二，客二十八萬九千八百四十三；丁主一百一萬九千一百三十四，客一十八萬六千二十七。《續文獻通考》

寧宗嘉定十六年，江南東路：户一百四萬六千二百七十二，口二百四十萬二千三十八。淮南東路：户一十二萬七千三百六十九，口四十萬四千二百六十一。淮南西路：户二十一萬八千二百五十，口七十七萬九千六百一十二。《續文獻通考》

元

世祖至元十三年平宋，通得江淮、浙東西、湖南北等路户三十七萬四百七十二，口一千九百七十二萬二千一十五。《續文獻通考》

二十七年，户部上天下户口數，江淮、四川一千一百四十三萬八百七十八，口五千九百八十四萬八千九百六十四。《續文獻通考》

明

太祖洪武初，江南府州户一百九十萬九千九百，口一千七十五萬五千九百三十。《續文獻通考》

弘治間，江南府州户一百二十四萬六千一百三十五，口八百八十一萬九千八百七十。《續文獻通考》

萬(歷)〔曆〕六年，江南府州户二百九十九萬七千七百一十一，口一千九十萬三千六百五十一。

《續文獻通考》

國朝

順治初年，原額人丁四百一十五萬一千六百六丁八分五釐，内除逃故無徵人丁六十萬三千四百六十二丁七分四釐。

十一、十二、十四等年，審增並招徠一十一萬七千五百三十八丁，又邳州集鎮異户四百四十七丁。

十五年，審增八千三百二十二丁。

十八年，審增並常州府不免供丁一萬四千五百二十四丁。

康熙元年，審增七萬七千二百二十丁八分六釐五絲。

三年，審增二千一百二十丁。

五年，審增四千七百二十八丁。

六年，審增三萬二千六百九十三丁七分五釐，揚州府屬審減逃故並原優免五千二百四十九丁。

九年，上元中衛改歸上元縣，當差五十一丁；審減安東縣徙故無徵及海州淹溺一萬九千九百一十四丁。

十一年，長洲縣審減一千一百二十六丁。

十一、十五、十六等年，審增一十四萬四千六百六十九丁五分。

二十年，審增一萬六千四百一十八丁三分，長洲縣審減二千七百三十七丁。

二十一年，審增二萬一千八百三十二丁三分八釐。

二十二年，審增三千五百六十四丁。

二十五年，審增四萬六千八十丁八分七釐，淮安府屬審減一萬四千九百八十一丁。

二十九年，沭陽縣逃溺三千九百四十九丁。

三十年，審增五萬四千一百五十六丁九分，鳳陽、徐州二府州屬審減一萬六千四百五十四丁。

三十五年，審增一萬九千二百一丁五分。

四十年，審增三萬四千九百五十五丁八分，淮安、徐州二府州屬審減一萬六千六百六丁。

四十五年，審增一萬八千八百七十七丁一分。

五十年，審增二萬五千七百六丁一分，清河縣審減二十六丁。

五十五年起，審增滋生二萬七千八百七十七丁。

六十年，審增二萬三百三十七丁，徐州屬審減六千六百二十丁。

雍正四年，審增一萬六千七百三丁。

九年，審增五萬九千九百二十五丁。

雍正十三年，實在人丁四百二十二萬八千四百三十一丁一分七釐五絲，又徽州府屬婺源縣內江西樂平、德興二縣寄莊人丁八十七丁。內大小鄉紳、舉貢、生員優免人丁七萬四千五百五十七丁一分，辦糧當差人丁四百二萬九千一百一十九丁七釐五絲，額徵丁銀俱自雍正六年爲始，攤入田畝併徵。滋生人丁一十二萬四千八百四十二丁。

額外歸併省外衛所原額：黄快竄開屯丁一十五萬四千五百二丁。內除駕運漕船、領佃納糧，例不納銀屯丁，併豁免、逃故無徵各丁，八萬六千一百二十九丁六分，節年審增各丁三千四十八丁。

雍正十三年，實在黄快竄開屯丁七萬一千四百二十丁四分，又池州府屬建德縣歸併江西撫、饒二所屯丁一百六十九丁。內領駕漕船，並裁汰城操、備倭、樓鋪、門軍各丁，五千一百一十一丁；當差屯丁六萬四千一百二十一丁四分，額徵丁銀俱自雍正六年爲始，攤入田畝併徵。滋生屯丁二千三百五十七丁。

江蘇布政使司

國朝順治初年，原額人丁二百六十六萬四千七百五十四丁八分五釐，內除逃故無徵人丁二十一萬九千七百八十六丁。

十一、十二、十四等年，審增並招徠七萬九百九十二丁五分，又邳州集鎮異户四百四十七丁。

十五年，審增八千三百二十二丁。

十八年，審增一萬一千七百七十八丁，又常州府不免供丁二千七百四十六丁。

康熙元年，審增三萬八千三十二丁一分一釐五絲。

三年，審增二千一百二十丁。

五年，審增四千七百二十八丁。

六年，審增一千六十八丁，揚州府審除海門縣逃故五千一丁，又原優免二百四十八丁。

九年，上元中衛改歸上元縣，當差五十一丁；審除安東縣徙故無徵，及海州淹溺，共一萬九千九百一十四丁。

十一年，長洲縣審減一千一百二十六丁。

十一、十五、十六等年審增，並海門縣裁改海門鄉歸併通州，共九萬四千九百八十丁七分五釐。

二十年，審增一萬六千四百一十八丁三分，長洲縣審減二千七百三十七丁。

二十一年，審增二千九十九丁八釐。

二十二年，審增三千五百六十四丁。

二十五年，審增一萬八千五百二十丁五分七釐，淮安府屬審減一萬四千九百八十一丁。

二十九年，沭陽縣逃溺三千九百四十九丁。

三十年，審增二萬八千六百八十五丁，徐州屬審減一萬四千七十丁。

三十五年，審增九千一百二十五丁。

四十年，審增二萬三千九百九十二丁，淮安、徐州二府州屬審減一萬六千六百六丁。

四十五年，審增八千二百六丁。

五十年，審增一萬九千一十九丁，清河縣審減二十六丁。

五十五年起，審增滋生一萬七千六百七十七丁。

六十年，審增一萬三千八百五十二丁，徐州屬審減六千六百二十丁。

雍正四年，審增一萬二千二百三十二丁。

九年，審增五萬二千八百丁。

雍正十三年，實在人丁二百八十二萬一千一百四十六丁一分六釐五絲。內大小鄉紳、舉貢、生員，優免人丁五萬三千一百二十六丁一分，辦糧當差人丁二百六十七萬一千四百五十九丁六釐五絲，滋生人丁九萬六千五百六十一丁。

額外歸併省外衛所原額：黄快竄閒屯丁七萬八千三百九十四丁，内除領田納糧不納丁銀屯丁二萬三千七百三十五丁，又改歸縣額當差並豁免逃故無徵包賠等丁一萬七千八百九十五丁六分。

節年審增各丁一千七百四十七丁。

雍正十三年，實在黄快竄閒屯丁三萬八千五百一十丁四分。內領駕漕船並裁汰城操、備倭、樓鋪、門軍各丁五千一百一十一丁，當差屯丁三萬一千六百九十三丁四分，滋生屯丁一千七百六丁。

江寧府

國朝順治初年，原額人丁一十九萬八千五百九十二丁三分五釐。

十四年，審增一萬四百九十二丁五分。

康熙元年，審增六千一百四十八丁五分。

六年，審增一千六十八丁。

九年，改歸上元中衛人丁五十一丁。

十一年，審增一千一百四十八丁七分五釐。

十六年，審增一千六百八十四丁。

二十一年，審增一千六百八丁八釐。

二十五年，審增一千四百六十六丁五分七釐。

三十年，審增五百六十七丁。

三十五年，審增六百一十六丁。

四十年，審增五百二十七丁。

四十五年，審增三百九十一丁。

五十年，審增二百三十丁。

五十五年起，審增滋生二十九丁。

六十年，審增二十一丁。

雍正四年，審增三十八丁。

八年，分出溧陽縣歸鎮江府管轄，開除人丁五萬五千一百二十二丁五分。

九年，審增四百二十三丁。

雍正十三年，實在人丁一十六萬九千九百七十九丁二分五釐。內優免人丁二千二百一十六丁六分，當差人丁一十六萬七千二百七十三丁六分五釐，滋生人丁四百八十九丁。

歸併省衛原額屯丁六萬九千七百二十三丁五分，內除領田納糧不納丁銀屯丁二萬三千六百五十六丁，又上元縣改發爲民當差閒丁五十一丁，又豁免原孝陵三則閒丁，並機匠丁共一千二百四十一丁，又豁免上元、江寧、江浦、六合四縣逃故三則閒丁四千五百七十三丁，又江寧縣於康熙三十年編審缺額三則閒竄各丁三十四丁五分；又於欽奉上諭事案內，豁免逃故無徵並現當民丁又包賠屯丁，共一萬一千六百九十五丁一分。

雍正九年，審增滋生六十七丁有奇。

雍正十三年，實在屯丁二萬八千五百三十九丁九分。內當差屯丁二萬八千四百七十二丁九分，滋生屯丁六十七丁。

上元縣

原額人丁二萬九千二十五丁，節年審增七千三百四十一丁五分，實在人丁三萬六千三百六十六丁五分。內優免人丁二百八十七丁六分，當差人丁三萬六千二十七丁九分，每丁科銀八分六釐；中衛改歸三則閒丁五十一丁，每丁科銀二錢四分三釐一毫有奇。

歸併省衛原額屯丁一萬五千二百二十一丁，內除領田納糧不納丁銀屯丁一千四百二十九丁，又改發爲民當差閒丁五十一丁，又豁免孝陵三則閒丁並機匠丁一千二百四十一丁，又豁免無徵三則閒丁二千三百三十二丁，又豁免逃故無徵並現當民丁又包賠屯丁三千九百四十丁。雍正九年，審增滋生二十丁，實在各屯丁六千二百四十八丁。內黄丁每丁科銀三錢五分；快丁同竄丁一則科銀三錢五分，一則科銀三錢；上則官舍閒丁科銀五錢，中則官舍閒丁科銀三錢，下則官舍閒丁科銀二錢。滋生屯丁二十丁。

江寧縣

原額人丁二萬一千六百五十七丁。節年審增六千四百三十四丁，實在人丁二萬八千九十一丁。內優免人丁二百七十一丁，當差人丁二萬七千六百八十三丁，每丁科銀七分四釐。滋生人丁一百三十七丁。

歸併省衛原額屯丁一萬三百九十丁五分，內除領田納糧不納丁銀屯丁一千六百九十一丁，又豁免逃故三則閒丁一千二百五十三丁，又於康熙三十年審缺三則閒竄各丁三十四丁五分，又豁免逃故無徵並現當民丁又包賠屯丁一千九百三十七丁五分；實在各屯丁五千四百七十四丁五分。各則丁科銀俱與上元縣同。又竄丁一則科銀二錢。

句容縣

原額人丁四萬六千一百四十八丁。節年審增三千七百二十二丁，實在人丁四萬九千八百七十丁。內優免人丁五百二十一丁，當差人丁四萬九千二百五十丁，每丁科銀一分三釐八毫。滋生人丁九十九丁。

歸併省衛原額屯丁三百七十二丁，內除領田納糧不納丁銀屯丁一百五十六丁，實在各屯丁二百一十六丁，於欽奉上諭事案內豁免訖。

溧水縣

原額人丁一萬九千六百五丁五分。節年審增二千一百八十一丁七分五釐，實在人丁二萬一千七百八十七丁二分五釐。內優免人丁三百五丁，當差人丁二萬一千四百八十一丁二分五釐，每丁科銀二錢。滋生人丁一丁。

歸併省衛原額屯丁一十五丁，於欽奉上諭事案內豁免訖。

高淳縣

原額人丁七千五百一十九丁。節年審增三千三百二十丁，實在人丁一萬八百三十九丁。內優免人丁三百七十八丁，當差人丁一萬三百五十一丁，每丁科銀一錢五分。滋生人丁一百一十丁。

江浦縣

原額人丁七千五百四十七丁。節年審增一千三百三十九丁，實在人丁八千八百八十六丁。內優免人丁二百五十九丁，當差人丁八千五百四十二丁，每丁科銀二錢。滋生人丁八十五丁。

歸併省衛原額屯丁八千四百七十丁五分，內除領田納糧不納丁銀屯丁三千五百六十八丁，又豁免逃故三則閒丁四百六十一丁，又豁免逃故無徵並現當民丁又包賠屯丁五百一十八丁一分。雍正九年，審增滋生四十七丁，實在各屯丁三千九百七十丁四分。各則丁科銀，俱與上元縣同。又竄丁一則，科銀三錢二分一釐有奇。滋生屯丁四十七丁。

六合縣

原額人丁一萬二千三百八十七丁。節年審增一千七百五十二丁五分，實在人丁一萬四千一百三十九丁五分。內優免人丁一百九十五丁，當差人丁一萬三千八百八十七丁五分，每丁科銀二錢。滋生人丁五十七丁。

歸併省衛原額屯丁三萬五千二百五十四丁五分，内除領田納糧不納丁銀屯丁一萬六千八百一十二丁，又豁免逃故三則閒丁五百二十七丁，又豁免逃故無徵屯丁五千六十八丁五分，實在各屯丁一萬二千八百四十七丁。各則丁科銀俱與上元縣同。又竈丁一則科銀三錢一分三釐三毫有奇，一則半丁科銀二錢二分五釐。

蘇州府

國朝順治十四年，原額人丁五十三萬八千八百八十八丁。

十八年，審增九千七十八丁。

康熙五年，審增三千八百四十八丁。

十一年，審增八千九百八十七丁，長洲縣審減一千一百二十六丁。

十五年，審增九千九百五十丁。

十六年，審增一萬二千三百九丁。

二十年，審增五千三百九丁，長洲縣審減二千七百三十七丁。

二十五年，審增二千二百六丁。

三十年，審增二千四百三丁。

三十五年，審增一千三百二十九丁。
四十年，審增二千二百八十四丁。
四十五年，審增三千九十一丁。
五十年，審增三千七丁。
五十五年起，審增滋生八千二百六十三丁。
六十年，審增七千二百八十八丁。
雍正二年，分太倉州爲直隸州，以嘉定、崇明二縣隸州管轄，開除人丁一十六萬三千四百二十四丁。
四年，審增四千六百四十九丁。
九年，審增八千二百四十四丁。
雍正十三年，實在人丁四十六萬三千八百四十六丁。內優免人丁三千七百四十三丁，當差人丁四十三萬五千八十七丁，滋生人丁二萬五千一十六丁。
歸併省衛原額黄快丁二丁，內於欽奉上諭事案內豁免一丁，實在黄快丁一丁，查係逃故無徵，於康熙五十五年豁免訖。

長洲縣

原額人丁一十萬五百七十二丁。節年編審，以增抵減外，仍增五千一百八丁。分隸元和縣五萬二千五十九丁，實在人丁五萬三千六百二十一丁。內優免人丁五百四十七丁，當差人丁四萬八千七百四十九丁，每丁科銀三分七釐六毫有奇。滋生人丁四千三百二十五丁。

元和縣

雍正二年，分縣人丁五萬二千五十九丁，又審增三千一百二十八丁，實在人丁五萬五千一百八十七丁。內優免人丁五百六十六丁，當差人丁四萬九千一百六十九丁，每丁科銀與長洲縣同。滋生人丁五千四百五十二丁。

吴　縣

原額人丁六萬三千八百三十二丁。節年審增一萬二千五百二十三丁，實在人丁七萬六千三百五十五丁。內優免人丁四百七丁，當差人丁六萬六千四百二十三丁，每丁科銀五分八釐九毫有奇。滋生人丁九千五百二十五丁。

歸併省衛原額黃快丁二丁，節次豁免訖。

吴江縣

原額人丁八萬九千七百四丁。節年審增一萬七千一百二十二丁，分隸震澤縣五萬七千三十六丁，實在人丁四萬九千七百九十丁。內優免人丁三百八十二丁，當差人丁四萬八千四百四十六丁，每丁科銀四分七毫有奇。滋生人丁九百六十二丁。

震澤縣

雍正二年，分縣人丁五萬七千三十六丁，又審增四百四十三丁，實在人丁五萬七千四百七十九丁。內優免人丁四百四十四丁，當差人丁五萬六千一百二十二丁，每丁科銀與吴江縣同。滋生人丁九百一十三丁。

常熟縣

原額人丁一十萬一千五十一丁。節年審增一萬五千九百九十七丁，分隸昭文縣五萬八百五十三丁，實在人丁六萬六千一百九十五丁。內優免人丁四百六十三丁，當差人丁六萬三千七百六十三丁，每丁科銀一分五釐有奇。滋生人丁一千九百六十九丁。

丁。

昭文縣

雍正二年，分縣人丁五萬八百五十三丁。又審增四百七十一丁，實在人丁五萬一千三百二十四丁。內優免人丁三百五十八丁，當差人丁四萬九千四百一丁，每丁科銀與常熟縣同。滋生人丁一千五百六十五丁。

昆山縣

原額人丁五萬一千三百六十五丁。節年審增二千四百七丁，分隸新陽縣二萬六千四百三丁五分，實在人丁二萬七千三百六十八丁五分。內優免人丁二百九十一丁，當差人丁二萬六千八百九十五丁五分，每丁科銀三分八毫有奇。滋生人丁一百八十二丁。

新陽縣

雍正二年，分縣人丁二萬六千四百三丁五分，又審增一百二十三丁，實在人丁二萬六千五百二十六丁五分。內優免人丁二百八十五丁，當差人丁二萬六千一百一十八丁五分，每丁科銀與昆山縣同。滋生人丁一百二十三丁。

松江府

國朝順治十四年，原額人丁二十萬九千九百四丁。
康熙元年，審增六百三十一丁。
十一年，審增七千四百九十七丁。
十六年，審增四千八百四十二丁。
二十年，審增三千七百七十七丁。
二十五年，審增二千五百六十二丁。
三十年，審增一千九百七十三丁。
三十五年，審增三千一百八十四丁。
四十年，審增一千三百九十六丁。
四十五年，審增一千五百六丁。
五十年，審增一千三百三十四丁。
五十五年起，審增滋生一千四百三十五丁。
六十年，審增一千三百七十五丁。
雍正四年，審增九百七十九丁。

九年，審增一千五百三丁。

雍正十三年，實在人丁二十四萬三千八百九十八丁。內優免人丁二千二百六十二丁，當差人丁二十三萬六千三百四十四丁，滋生人丁五千二百九十二丁。

華亭縣

原額人丁五萬一十三丁。節年審增八千九百七十八丁，分隸奉賢縣二萬九千三百八十二丁，實在人丁二萬九千六百九丁。內優免人丁四百二十丁，當差人丁二萬九千一百七十九丁，每丁科銀一分八釐有奇。滋生人丁十丁。

奉賢縣

雍正二年，分縣人丁二萬九千三百八十二丁，又審增四百七十三丁，實在人丁二萬九千八百五十五丁。內優免人丁二百六十五丁，當差人丁二萬九千一百一十七丁，每丁科銀與華亭縣同。滋生人丁四百七十三丁。

婁　縣

原額人丁四萬六千四百六丁。節年審增一萬五十一丁，分隸金山縣二萬四千九百八十四丁，實在人丁三萬一千四百七十三丁。內優免人丁三百九十六丁，當差人丁二萬九千八百二丁，每丁科銀一分七釐八毫有奇。滋生人丁一千二百七十五丁。

金山縣

雍正二年，分縣人丁二萬四千九百八十四丁，又審增四百二丁，實在人丁二萬五千三百八十六丁。內優免人丁三百三十丁，當差人丁二萬四千一百九十丁，每丁科銀與婁縣同。滋生人丁八百六十六丁。

上海縣

原額人丁八萬一千九百六十丁。節年審增一萬一千三百三十四丁，分隸南匯縣四萬五千八十五丁，實在人丁四萬八千二百九丁。內優免人丁一百九十八丁，當差人丁四萬六千七百二十五丁，每丁科銀一分七釐四毫有奇。滋生人丁一千二百八十六丁。

南匯縣

雍正二年，分縣人丁四萬五千八十五丁，又審增三百八十九丁，實在人丁四萬五千四百七十四丁。內優免人丁一百八十三丁，當差人丁四萬四千一百二丁，每丁科銀與上海縣同。滋生人丁一千一百八十九丁。

青浦縣

原額人丁三萬一千五百二十五丁。節年審增二千二百五十四丁，分隸福泉縣一萬八千九百九十八丁，實在人丁一萬四千七百八十一丁。内優免人丁二百七十九丁，當差人丁一萬四千四百二十二丁，每丁科銀二分一釐六毫有奇。滋生人丁八十丁。

福泉縣

雍正二年，分縣人丁一萬八千九百九十八丁，又審增一百一十三丁，實在人丁一萬九千一百一十一丁。内優免人丁一百九十一丁，當差人丁一萬八千八百七丁，每丁科銀與青浦縣同。滋生人丁一百一十三丁。

常州府

國朝順治初年，原額人丁五十九萬三千七百八十六丁。

十四年，審增一萬四千一百六十八丁。

十八年，審增二千七百丁，又不免供丁二千七百四十六丁。

康熙五年，審增一百六十七丁。

十一年，審增一千九百一十二丁。

十五年，審增八千九百六十一丁。

二十二年，審增二千一百三十丁。

二十五年，審增三千六百六十三丁。

三十年，審增四千四百一十八丁。

三十五年，審增一千九百四十丁。

四十年，審增一千五百六十四丁。

四十五年，審增一千一百一十五丁。

五十年，審增一千五十丁。

五十五年起，審增滋生一千四百六十一丁。

六十年，審增一千一百五十八丁。

雍正四年，審增一千一百三十五丁。

九年，審增一千四百八十五丁。

雍正十三年，實在人丁六十四萬五千五百五十九丁。內優免人丁四千二百四十丁，當差人丁六十三萬六千八十丁，滋生人丁五千二百三十九丁。

武進縣

原額人丁一十四萬七千七百三十三丁。節年審增一萬三百三丁，分隸陽湖縣八萬一千六十二丁，實在人丁七萬六千九百七十四丁。內優免人丁五百七十六丁，當差人丁七萬六千四十二丁，每丁科銀二分五釐七毫有奇。滋生人丁三百五十六丁。

陽湖縣

雍正二年，分縣人丁八萬一千六十二丁，又審增一百六十八丁，實在人丁八萬一千二百三十丁。內優免人丁六百九丁，當差人丁八萬二百七十二丁，每丁科銀與武進縣同。滋生人丁三百四十九丁。

無錫縣

原額人丁一十三萬五千三百八丁。節年審增八千四十八丁，分隸金匱縣六萬八千九百五十九丁，實在人丁七萬四千三百九十七丁。內優免人丁四百六十丁，當差人丁七萬三千六百四十五丁，每丁科銀二分五釐八毫有奇。滋生人丁二百九十二丁。

金匱縣

雍正二年，分縣人丁六萬八千九百五十九丁，又審增五十三丁，實在人丁六萬九千一十二丁。內優免人丁四百六十丁，當差人丁六萬八千四百四十八丁，每丁科銀與無錫縣同。滋生人丁一百四丁。

江陰縣

原額人丁一十三萬五千四百六十丁。節年審增一萬八千三十一丁，實在人丁一十五萬三千四百九十一丁。內優免人丁八百三十二丁，當差人丁一十五萬一千三百一十丁，每丁科銀一分二釐五毫有奇。滋生人丁一千三百四十九丁。

宜興縣

原額人丁一十四萬八千六百六十丁。節年審增一萬七百二十三丁，分隸荆溪縣六萬四千七百六十二丁，實在人丁九萬四千六百二十一丁。內優免人丁五百五十丁，當差人丁九萬二千六百六十一丁，每丁科銀一分六釐八毫有奇。滋生人丁一千四百一十丁。

荆溪縣

雍正二年，分縣人丁六萬四千七百六十二丁，又審增四百五十五丁，實在人丁六萬五千二百一十七丁。内優免人丁三百四十七丁，當差人丁六萬三千九百五十八丁，每丁科銀與宜興縣同。滋生人丁九百一十二丁。

靖江縣

原額人丁二萬八千四百八十一丁。節年審增二千一百三十六丁，實在人丁三萬六百一十七丁。内優免人丁四百六丁，當差人丁二萬九千七百四十四丁，每丁科銀二分二釐一毫有奇。滋生人丁四百六十七丁。

鎮江府

國朝順治初年，原額人丁七萬一千九百一十丁。
十五年，審增一千八百三十五丁。
康熙元年，審增二千八十七丁。
五年，審增七百一十三丁。
十一年，審增一千二十一丁。

十五年，審增一千一百六十七丁。
二十二年，審增一千四百三十四丁。
二十五年，審增六百四十一丁。
三十年，審增三百四十八丁。
三十五年，審增四百五十五丁。
四十年，審增五百九十九丁。
四十五年，審增一百八十三丁。
五十年，審增一百四十四丁。
五十五年起，審增滋生一百二十五丁。
六十年，審增八十三丁。
雍正四年，審增八十四丁。
八年，歸併溧陽縣人丁五萬五千一百二十二丁五分。
九年，審增二百二十五丁。
雍正十三年，實在人丁一十三萬八千一百七十六丁五分。內優免人丁二千四百二十九丁，當差人丁一十三萬五千二百八丁五分，滋生人丁五百三十九丁。
歸併省衛原額屯丁一百五十丁五分，內除領田納糧不納丁銀屯丁七十九丁，實在黄快丁七十一丁五分，於欽奉上諭事案内豁免訖。

丹徒縣

原額人丁三萬九千八百一十一丁。節年審增四千四百四十五丁，實在人丁四萬四千二百五十六丁。内優免人丁七百二十四丁，當差人丁四萬三千一百八十二丁，每丁科銀一錢二分一釐八毫。滋生人丁三百五十丁。

歸併省衛原額屯丁一百五十丁五分，内除領田納糧不納丁銀屯丁七十九丁，實在黄快丁七十一丁五分，於欽奉上諭事案内豁免訖。

丹陽縣

原額人丁一萬四千七百七十九丁。節年審增五千三百九十三丁，實在人丁二萬一百七十二丁。内優免人丁四百七十五丁，當差人丁一萬九千五百六十七丁，每丁科銀一錢。滋生人丁一百三十丁。

金壇縣

原額人丁一萬七千三百二十丁。節年審增一千二百九十七丁，實在人丁一萬八千六百一十七丁。内優免人丁七百五丁，當差人丁一萬七千八百八十四丁，每丁科銀一錢。滋生人丁二十八丁。

溧陽縣

原額人丁五萬二千七百四十七丁三分五釐。節年審增二千三百八十四丁一分五釐，實在人丁五萬五千一百三十一丁五分。内優免人丁五百二十五丁，當差人丁五萬四千五百七十五丁五分，每丁科銀一錢。滋生人丁三十一丁。

淮安府

國朝順治初年，原額人丁四十六萬七千二十三丁，内除原有逃故一十一萬七千五百九十八丁五分。

十四年，審增並招徠四千六百五丁，又邳州集鎮異户四百四十七丁。

康熙元年，審增九千八十五丁。

九年，審除安東縣徙故無徵，及海州淹溺共一萬九千九百一十四丁。

十一年、十六年，審增三千一百六十五丁。

二十一年，審增四百九十一丁。

二十五年，審增四千四百一十五丁，山陽、宿遷二縣審除一萬四千九百八十一丁。

二十九年，沭陽縣逃溺三千九百四十九丁。

三十年，審增一萬五千三百九十二丁。
四十年，審增一千六百五十八丁，山陽、清河二縣審除四千七百八十三丁。
四十五年，審增四十丁。
五十年，審增四百九丁，清河縣審除二十六丁。
五十五年起，審增滋生二千四百五十七丁。
六十年，審增一千二十八丁。
雍正二年，陞海、邳二州爲直隸州，以沭陽、贛榆、宿遷、睢寧四縣歸州管轄，開除人丁七萬七千二百二丁五分。
四年，審增二百一十一丁。
九年，審增一百七十四丁。
雍正十三年，實在人丁二十七萬二千一百四十六丁。內優免人丁二千九十二丁，當差人丁二十六萬八千一十四丁，滋生人丁二千四十丁。
歸併省衛原額黄快丁二十四丁五分，内於欽奉上諭事案内，豁免逃故無徵一十四丁五分。
雍正十三年，實在黄快丁一十丁。俱係當差屯丁。
歸併海、邳二州，及鹽城外衛所，原額屯丁二千四百三十一丁。
康熙二十五年，鹽城所審缺三丁。

三十年，審增五丁。
四十年，審增三丁。
五十年，審增二丁。
五十五年，審增一十丁。
六十年，審增一十五丁。
雍正二年，陞海、邳二州爲直隸州，分管海、邳二所屯丁一千五百七十五丁。
四年，審增三丁。
雍正十三年，實在屯丁八百九十一丁。内裁汰城鋪、領駕漕船屯丁五百九十丁，當差屯丁三百一丁。

山陽縣

原額人丁一十五萬九千八百二十九丁。節年審增三千九百八十八丁，分隸阜寧縣四萬九千一百丁，實在人丁一十一萬四千七百一十七丁。内優免人丁一千七十七丁，當差人丁一十一萬三千四百一十八丁，每中中中丁科銀三兩，中中下丁科銀二兩五錢，中下上丁科銀二兩，中下中丁科銀一兩七錢，中下下丁科銀一兩肆錢，下上上丁科銀一兩一錢，下上中丁科銀九錢，下上下丁科銀七錢，下中上丁科銀五錢，下中中丁科銀四錢，下中下丁科銀三錢，下下上丁科銀二錢，下下中丁科銀一錢五分，下下下丁科銀一錢。滋生人丁二百二十二丁。

歸併省衛原額黄快丁二十四丁五分，豁免逃故無徵一十四丁五分，分隸阜寧縣五丁，實在黄快丁五丁。每丁科銀三錢，協濟銀五分。

阜寧縣

雍正十年，分縣人丁六萬九千九十一丁，實在同。內當差人丁四萬九千七十七丁，科銀與山陽縣同；一萬九千九百九十一丁，科銀與鹽城縣同。滋生人丁二十三丁。歸併省衛實在黄快丁五丁。每丁科銀與山陽縣同。

清河縣

原額人丁九千八百二丁。節年審缺四千六百八十六丁，節年審增五十六丁，實在人丁五千一百七十二丁。內優免人丁一百七十七丁，當差人丁四千九百三十九丁。每九則丁科銀二兩七錢，八則丁科銀二兩四錢，七則半丁科銀二兩二錢五分，七則丁科銀二兩一錢，六則半丁科銀一兩九錢五分，六則丁科銀一兩八錢，五則半丁科銀一兩六錢五分，五則丁科銀一兩五錢，四則半丁科銀一兩三錢五分，四則丁科銀一兩二錢，三則半丁科銀一兩五分，三則丁科銀九錢，二則半丁科銀七錢五分，二則丁科銀六錢，一則半丁科銀四錢五分，一則丁科銀三錢，朋則丁科銀一錢五分；流寓寄莊人户、未分户則共徵銀一百四十七兩七錢九分。滋生人丁五十六丁。

桃源縣

原額人丁二萬六千五丁，内除逃故無徵一萬三千五百六十二丁。節年審增七百九十六丁，實在人丁一萬三千二百三十九丁。內優免人丁二百二丁，當差人丁一萬二千八百六丁，每成丁科銀三錢，朋丁科銀二錢，寄丁科銀一錢。遇閏之年，每徭銀一兩，帶徵銀一分一釐五毫有奇。滋生人丁二百三十一丁。

安東縣

原額人丁二萬四千六百六十六丁，內除逃故無徵一萬八千四百四十九丁。節年審增四千七百八丁，實在人丁一萬九百二十五丁。內優免人丁二百九十八丁，當差人丁一萬三百四十七丁。每下下三則丁科銀一錢，下下二則丁科銀二錢，下下一則丁科銀三錢，下中三則丁科銀四錢，下中二則丁科銀五錢，下中一則丁科銀六錢，下上三則丁科銀七錢，下上二則丁科銀八錢，下上一則丁科銀九錢，中下三則丁科銀一兩，中下二則丁科銀一兩二錢。滋生人丁二百八十丁。

鹽城縣

原額人丁七萬三千一百八丁。節年審增五千八百八十五丁，分隸阜寧縣一萬九千九百九十一丁，實在人丁五萬九千二丁。內優免人丁三百三十八丁，當差人丁五萬七千四百三十六丁。每中下三則丁科銀一兩一錢，下上一則丁科銀九錢，下上二則丁科銀八錢，下上三則丁科銀七錢，下中一則丁科銀六錢，下中二則丁科銀五錢，下中三則丁科銀四錢，下下一則丁科銀三錢，下下二則丁科銀二錢，下下三則丁科銀一錢。滋生人丁一千二百二十八丁。

歸併鹽城所原額屯丁八百九十一丁。節年編審，以增抵減外，實在屯丁八百九十一丁。内裁汰城鋪、領駕漕船屯丁五百九十丁，當差屯丁三百一丁。每上則丁科銀五錢，中則丁科銀三錢，下則丁科銀二錢。

揚州府

國朝順治初年，原額並河泊所人丁三十七萬五千一百二十二丁。

三年、十二年，審除逃故無徵九千三百二十丁。

十二、十四等年，審增二萬一百六十七丁。

康熙元年，審增一萬一千九百四十四丁六分一釐五絲。

六年，審除海門縣奉蠲逃故五千一丁，又原優免二百四十八丁。

十一年，審增並海門縣裁改海門鄉歸併通州四千九百九十九丁。

十六年，審增一萬一千五百二十丁。

二十年，審增五千九百八十八丁三分。

二十五年，審增三千三百一十四丁。

三十年，審增三千四百八十一丁。

三十五年，審增一千五百四十六丁。

四十年，審增一千八百四十二丁。

四十五年，審增一千八百八十丁。

五十年，審增二千一百三十三丁。

五十五年起，審增滋生三千七百二十八丁。

六十年，審增二千七百八十四丁。

雍正二年，陞通州爲直隸州，以如皋、泰興二縣歸州管轄，開除人丁一十七萬三千三百五十八丁。

四年，審增一千一百三十八丁。

九年，審增三千一百三十五丁。

雍正十三年，實在人丁二十六萬六千七百九十四丁九分一釐五絲。內優免人丁二千七百四十六丁，當差人丁二十五萬五千九百八十四丁九分一釐五絲。滋生人丁八千六十四丁。

歸併省衛原額屯丁三百七十一丁五分，內除逃故無徵包賠等丁一百六十丁。

雍正十三年，實在屯丁二百一十一丁五分。俱係當差屯丁。

歸併外衛所原額屯丁五千六百九十一丁。

康熙二十五年，審增一十四丁，審減五十丁。

三十年，審增八丁。

四十年，審增二丁。

五十年，審增四丁。

五十五年起，審增滋生七十二丁。

六十年，審增二十四丁。

雍正二年，陞通州爲直隸州，開除屯丁九百九十七丁。

四年，審增七丁。

九年，審增三十一丁。

雍正十三年，實在屯丁四千八百六丁。內城操、備倭、樓鋪、門軍並領駕漕船屯丁二千七百五十六丁，當差屯丁一千九百一十六丁，滋生屯丁一百二十四丁。

江都縣

原額人丁五萬八千一百三十八丁。節年審增一萬五千二百八十七丁，分隸甘泉縣三萬一千六百七丁五分，實在人丁四萬一千八百一十七丁五分。內優免人丁三百四十三丁，當差人丁四萬二百八十五丁五分，每丁科銀一錢五分九釐。滋生人丁一千一百八十九丁。

歸併省衛原額黄快閒丁二百二十八丁五分，內除豁免逃故無徵包賠屯丁一百二十三丁，分隸甘泉縣四十六丁，實在屯丁五十九丁五分。每黄快丁科銀三錢五分，官舍閒丁科銀二錢。

歸併高郵衛原額屯丁二百六十六丁。節年審增八丁，實在屯丁二百七十四丁。內裁汰城操、樓鋪、門軍、領駕漕船屯丁一百八十六丁，當差屯丁八十八丁。每上則丁科銀五錢，中則丁科銀三錢，下則丁科銀二錢。

甘泉縣

雍正十年，分縣人丁三萬一千六百七丁五分，實在同。內優免人丁二百六十四丁，當差人丁三萬四百四丁五分，每丁科銀與江都縣同。滋生人丁九百三十九丁。

歸併省衛實在黄快閒丁四十六丁。每丁科銀與江都縣同。

儀〔徵〕〔真〕縣

原額人丁一萬一千九百一十二丁，内審除逃故無徵三百三十四丁。節年審增一萬五百四十丁，實在人丁二萬二千一百一十八丁。内優免人丁一百八十丁，當差人丁二萬一千一百九十八丁。每上上則丁科銀二兩五錢三分八釐，上中則丁科銀一兩九錢，上下則丁科銀一兩三錢一分四釐三毫，中上則丁科銀八錢六釐一毫，中中則丁科銀五錢五分五釐三毫，中下則丁科銀四錢一分九釐四毫，下上則丁科銀二錢八分，下中則丁科銀一錢八分六釐，下下則丁科銀九分六釐。滋生人丁七百四十丁。

高郵州

原額人丁三萬二千五百五十丁，内除逃故無徵四千八百九十八丁。節年審增四千九百三十四丁九分一釐五絲。實在人丁三萬二千五百八十六丁九分一釐五絲。① 内優免人丁六百一十一丁，當差人丁三萬一千九百七十五丁九分一釐五絲。每丁科銀二錢三分五釐。

歸併省衛實在黄快竈丁一百六丁。每黄快丁科銀三錢五分，竈丁科銀三錢。

歸併高郵衛原額屯丁二千一百四十四丁。節年審增一十四丁，實在屯丁二千一百五十八丁。内裁汰城操、門軍、領駕漕船屯丁一千四百八十八丁，當差屯丁六百七十丁。每上則丁科銀五錢，中則丁科銀三錢，下則丁科銀二錢。

興化縣

原額人丁三萬一千四百六十八丁。節年審增三千七百四十八丁，實在人丁三萬五千二百一十六丁。内優免人丁五百七丁，當差人丁三萬二千九百九十八丁。内原額每丁科丁徭，並帶徵優免監食、吏夫工食，新增牛角正脚辦料加價等項，銀三錢一分九釐四毫有奇；審增每丁科銀一錢。滋生人丁一千七百一十一丁。

歸併興化所原額屯丁一千二百四丁，内除審減五十丁，節年審增一百八丁，實在屯丁一千二百六十二丁。内裁汰城操、備倭、領駕漕船屯丁三百五十丁，當差屯丁八百一十丁。每上則丁科銀五錢，中則丁科銀三錢，下則丁科銀二錢。滋生屯丁一百二丁。

① 《四庫》本無「實在人丁……五絲」凡二十字。

寶應縣

原額人丁二萬五千七百五丁。節年審增二千三百六十七丁，實在人丁二萬八千七十二丁。內優免人丁三百五十九丁，當差人丁二萬五千九百五十六丁。每丁科銀二錢四分八毫，又每丁帶徵優免缺額銀一釐四毫有奇。滋生人丁一千七百五十七丁。

歸併省衛原額黄快丁三十七丁，俱逃故無徵豁免訖。

歸併高郵衛實在屯丁二百九十八丁。內裁汰城操、屯操、樓鋪、領駕漕船屯丁二百五十二丁，當差屯丁四十六丁，每丁科銀二錢。

泰　州

原額並河泊所人丁六萬四千三百二丁。節年審增一萬一千七十四丁，實在人丁七萬五千三百七十七丁。內優免人丁四百八十二丁，當差人丁六萬九千九百五十七丁，每丁科銀一錢二分。又河泊所人丁三千二百一十丁，每丁科銀二錢三分九釐三毫有奇。滋生人丁一千七百二十八丁。

歸併泰州所原額屯丁四百八十丁。節年審增並清出官舍閒丁三百三十四丁，實在屯丁八百一十四丁。內駕運漕船屯丁四百八十丁，當差屯丁三百二丁。每上則丁科銀五錢，中則丁科銀三錢，下則丁科銀二錢。滋生屯丁三十二丁。

徐州府

國朝順治初年，原額人丁二十萬九千五百二十九丁五分，内除逃故無徵九萬二千八百六十七丁五分。

十一、十二、十四等年，審增二萬一千五百六十丁。

十五年，審增六千四百八十七丁。

康熙元年，審增八千一百三十六丁。

三年，審增二千一百二十丁。

十一年，審增一萬八百五十二丁。

十五年，審增四千九百六十六丁。

二十年，審增一千三百四十四丁。

二十五年，審增二百五十三丁。

三十年，審增一百三丁，審減一萬四千七十丁。

三十五年，審增五十五丁。

四十年，審增一萬四千一百二十二丁，審減一萬一千八百二十三丁。

五十年，審增一萬七百一十二丁。

五十五年起，審增滋生一百七十九丁。

六十年，審增一百一十五丁，審減六千六百二十丁。

雍正四年，審增一百七十丁。

九年，審增二百三十三丁。

十一年，陞州爲府，歸併邳州及宿遷、睢寧二縣人丁六萬八千六百五丁。

雍正十三年，實在人丁二十三萬四千一百六十一丁。內逃故無徵、優免人丁共三萬一十八丁，當差人丁一十七萬五千三百一丁，滋生人丁二萬八千八百四十二丁。

歸併邳州衛屯丁一千五百一十二丁。

雍正四年，審增二十丁。

九年，審增一千四百六十丁。

雍正十三年，實在屯丁二千九百九十二丁。內領種屯田、駕運例無丁銀屯丁一千一百五十丁，當差屯丁三百三十七丁，滋生屯丁一千五百五丁。

銅山縣

原額人丁七萬三千九百六十一丁。節年審增三千七百一十八丁，實在人丁七萬七千六百七十九丁。內逃故無徵、優免人丁共二萬八千四百四十三丁，當差人丁四萬八千八百六十五丁。每上上則丁科銀一兩一錢七分，上中則丁科銀一兩四分，上下則丁科銀九錢一分，中上則丁科銀七錢八分，中中則丁科銀六錢五分，中下則丁科銀五錢二分，下上則丁科銀三錢九分，下中則丁科銀二錢六分，下下則丁科銀一錢三分。滋生人丁三百七十一丁。

豐縣

原額人丁二萬八千七百丁。節年編審，除以增補減外，仍缺額四千二百六十丁，實在人丁二萬四千四百四十丁。內優免人丁四百二十六丁，當差人丁二萬三千八百一十六丁。每上上則丁科銀九錢，上中則丁科銀八錢，上下則丁科銀七錢，中上則丁科銀六錢，中中則丁科銀五錢，中下則丁科銀四錢，下上則丁科銀三錢，下中則丁科銀二錢，下下則丁科銀一錢。滋生人丁一百九十八丁。

沛縣

原額人丁三萬五千四百六十一丁五分。節年編審，除以增補減外，仍缺額三千七百六十六丁五分，實在人丁三萬一千六百九十五丁。內優免人丁二百四十四丁，當差人丁三萬一千四百二十五丁，每丁科銀與豐縣同。滋生人丁二十六丁。

蕭縣

原額人丁一萬七千七百三丁。節年編審，除以增補減外，仍缺額七千四百九十六丁，實在人丁一萬二百七丁。俱係當差人丁，每丁科銀與銅山縣同。

碭山縣

原額人丁二萬三千六百七十丁。節年編審，除以增補減外，仍缺額二千一百三十五丁，實在人丁二萬一千五百三十五丁。內優免人丁一百七十五丁，當差人丁二萬一千二百五十八丁，每丁科銀與豐縣同。

滋生人丁一百二丁。

邳州

原額人丁三萬四百六十六丁。節年編審，除以增抵減外，仍增一萬九千一十二丁，實在人丁四萬九千四百七十八丁。內優免人丁二百七十六丁，當差人丁二萬一千九百一十九丁。每上中下一則丁科銀三兩五錢，上中下二則丁科銀三兩三錢，下上下一則丁科銀一兩六錢，下上下二則丁科銀一兩五錢，下上下三則丁科銀一兩四錢，下中上一則丁科銀一兩三錢，下中上二則丁科銀一兩二錢五分，下中上三則丁科銀一兩二錢，下中中一則丁科銀一兩一錢，下中中二則丁科銀一兩，下中中三則丁科銀九錢五分，下中下一則丁科銀九錢，下中下二則丁科銀八錢五分，下中下三則丁科銀八錢，下中下四則丁科銀七錢五分，下下上一則丁科銀七錢，下下上二則丁科銀六錢五分，下下上三則丁科銀六錢，下下上四則丁科銀五錢，下下中一則丁科銀四錢五分，下下中二則丁科銀四錢，下下中三則丁科銀三錢五分，下下中四則丁科銀三錢，下下下一則丁科銀二錢五分，下下下二則丁科銀二錢，下下下三則丁科銀一錢五分，（下下下三則丁科銀一錢四分五釐）①下下下四則丁科銀一錢。遇閏之年，每徭銀一兩，帶徵銀三釐五毫有奇。滋生人丁二萬七千二百八十三丁。

歸併邳州衛原額屯丁一千四百七十七丁。節年審增一千五百一十五丁，實在屯丁二千九百九十二丁。內領種屯田、駕運例無丁銀屯丁一千一百五十丁，當差屯丁三百三十七丁，每上則丁科銀五錢。滋生屯丁一千五百五丁。

宿遷縣

原額人丁二萬六百五十一丁，內除逃故一萬二千丁。節年編審，除以增抵減外，仍增七百四十九丁，實在人丁九千四百丁。內優免人丁二百八十丁，當差人丁八千三百三丁。每中下三則丁科銀一兩四錢，中下二則丁科銀一兩二錢，中下一則丁科銀一兩，下上三則丁科銀九錢，下上二則丁科銀八錢，下上一則丁科銀七錢，下中三則丁科銀六錢，下中二則丁科銀五錢，下中一則丁科銀四錢，下下三則丁科銀三錢，下下二則丁科銀二錢，下下一則丁科銀一錢。滋生人丁八百一十七丁。

睢寧縣

原額人丁一萬六千九百五十四丁，內除逃故八千三百五十五丁，節年審增一千一百二十八丁，

① 據咸豐《邳州志》卷五，此句爲衍文。

實在人丁九千七百二十七丁。內優免人丁一百七十四丁，當差人丁九千五百八丁。每中下一則丁科銀三兩五錢，下上一則丁科銀二兩四錢，下中一則丁科銀一兩三錢，下下一則丁科銀九錢，又下上一則丁科銀五錢一分，又下中一則丁科銀三錢五分，又下下一則丁科銀二錢三分。滋生人丁四十五丁。

太倉州併屬

國朝雍正二年陞直隸州，分管人丁一十六萬三千四百二十四丁。

四年，審增一千四百二十六丁。

九年，審增八千一百八十七丁。

雍正十三年，實在人丁一十七萬三千三十七丁。內優免人丁一千八百九丁，當差人丁一十五萬八千一百八十七丁，滋生人丁一萬三千四十一丁。

太倉州

原額人丁三萬四千七百五十三丁。節年審增五千六百二十八丁，分隸鎮洋縣二萬八十二丁，實在人丁二萬二百九十九丁。內優免人丁三百九十九丁，當差人丁一萬九千七百六十丁，每丁科銀二分九釐九毫有奇。滋生人丁一百四十丁。

鎮洋縣

雍正二年，分縣人丁二萬八十二丁。九年，審增一百三十五丁，實在人丁二萬二百一十七丁。內優免人丁三百九十七丁，當差人丁一萬九千六百八十五丁，每丁科銀與太倉州同。滋生人丁一百三十五丁。

嘉定縣

原額人丁七萬三千三百四十三丁。節年審增八千五百四十五丁，分隸寶山縣三萬六千八百六丁，實在人丁四萬五千八十二丁。內優免人丁四百一十三丁，當差人丁四萬四千三百五丁，每丁科銀一分六釐五毫有奇。滋生人丁三百六十四丁。

寶山縣

雍正二年，分縣人丁三萬六千八百六丁，又審增一百七十七丁，實在人丁三萬六千九百八十三丁。內優免人丁三百六十七丁，當差人丁三萬六千二百五十一丁，每丁科銀與嘉定縣同。滋生人丁三百六十五丁。

崇明縣

原額人丁二萬四千二百六十八丁。節年審增二萬六千一百八十八丁，實在人丁五萬四百五十六丁。內優免人丁二百三十三丁，當差人丁三萬八千一百八十六丁，每丁科銀九釐三毫有奇。滋生人丁一萬二千三十七丁。

海州併屬

國朝雍正二年陞直隷州，分管人丁三萬五千八百八十八丁五分。

四年，審增五百五十丁。

九年，審增五百三十九丁。

雍正十三年，實在人丁三萬六千九百七十七丁五分。內優免人丁五百一十四丁五分，當差人丁三萬四千三百九十八丁，滋生人丁二千六十五丁。

歸併東、西二海所實在屯丁六十三丁。

海　州

原額人丁四萬六千三百九十八丁，內除逃故四萬二千三百五十一丁。節年審增二千四百五十六丁，實在人丁六千五百三丁。内當差人丁五千六百二十一丁。每下中中一則丁科銀八錢，下中中二則丁科銀七錢，下中下一則丁科銀六錢五分，下中下二則丁科銀六錢，下中下三則丁科銀五錢五分，下下上一則丁科銀五錢，下下上二則丁科銀四錢五分，下下上三則丁科銀四錢，下下中一則丁科銀三錢五分，下下中二則丁科銀三錢，下下中三則丁科銀二錢五分，下下下一則丁科銀二錢，下下下二則丁科銀一錢五分，下下下三則丁科銀一錢。滋生人丁八百八十二丁。

歸併東、西二海所原額屯丁六十三丁，實在同。東海所額徵丁銀一十二兩六錢，西海所額徵軍需銀六十兩，照丁均派。

沭陽縣

原額人丁三萬九千六丁，内除逃故二萬四千一百八十四丁。

康熙二十九年，逃溺三千九百四十九丁。節年審增二千七百五丁，實在人丁一萬三千五百七十八丁。内優免人丁一百九十七丁，當差人丁一萬三千三百一十三丁。每上上則丁科銀一兩八錢，上中則丁科銀一兩六錢，上下則丁科銀一兩四錢，中上則丁科銀一兩二錢，中中則丁科銀一兩，中下則丁科銀八錢，下上則丁科銀六錢，下中則丁科銀四錢，下下則丁科銀二錢。遇閏之年，每徭銀一兩，帶徵銀六釐九毫有奇。滋生人丁六十八丁。

贛榆縣

原額人丁並異户共二萬五千四百九十五丁，内除逃故九千九百五十六丁五分。節年審增一千三百五十八丁，實在人丁一萬六千八百九十六丁五分。內優免人丁三百一十七丁五分，當差人丁一萬五千四百六十四丁，每丁科銀一①錢。滋生人丁一千一百一十五丁。

通州併屬

國朝雍正二年陞直隸州，分管人丁一十七萬三千三百五十八丁。

四年，審增一千五百五十三丁。

九年，審增一千六百六十丁。

雍正十三年，實在人丁一十七萬六千五百七十一丁。內優免人丁一千五十六丁，當差人丁一十六萬九千五百九十一丁，滋生人丁五千九百二十四丁。

歸併通州所實在屯丁九百九十七丁。內領駕漕船屯丁六百一十五丁，當差屯丁三百八十二丁。

通州

原額人丁三萬九千一百五十五丁。節年審增並歸併海門鄉人丁共三萬二千五十三丁，實在人丁七萬一千二百八丁。內優免人丁三百二十六丁，當差人丁六萬八千九百五十一丁。每丁科銀五分；海門鄉

① 「一」，《四庫》本作「二」。

每下中丁科銀三錢七分四釐四毫，下下丁科銀一錢八分七釐二毫。滋生人丁一千九百三十一丁。

歸併通州所實在屯丁九百九十七丁。內領駕漕船屯丁六百一十五丁，當差屯丁三百八十二丁。每上則丁科銀五錢，中則丁科銀三錢，下則丁科銀二錢。

如皋縣

原額人丁二萬七千七百九十四丁。節年審增二萬三千一百九十八丁，實在人丁五萬九百九十二丁。內優免人丁三百四十五丁，當差人丁四萬九千八百六十三丁，每丁科銀五分八毫有奇。滋生人丁七百八十四丁。

泰興縣

原額人丁四萬四千六十一丁。節年審增一萬三百一十丁，實在人丁五萬四千三百七十一丁。內優免人丁三百八十五丁，當差人丁五萬七百七十七丁，每丁科銀四分三釐八毫有奇。滋生人丁三千二百九丁。

江南通志卷七十五

食貨志

户口　二　屯丁附

安徽布政使司

國朝順治初年，原額人丁一百四十八萬六千八百五十二丁，内除編審開除逃故無徵人丁三十八萬三千六百七十六丁七分四釐。

十四年，審增四萬六千五百四十五丁五分。

康熙元年，審增三萬九千一百八十八丁七分五釐。

六年，審增三萬一千六百二十五丁七分五釐。

十一年，審增二萬二千六百三十五丁七分五釐。

十六年，審增二萬七千五十三丁。

二十一年，審增一萬九千七百三十三丁三分。

二十五年，審增二萬七千五百六十丁三分。

三十年，審增二萬五千四百七十一丁九分，又鳳陽府屬靈璧縣審除二千三百八十四丁。

三十五年，審增一萬七十六丁五分。

四十年，審增一萬九百六十三丁八分。

四十五年，審增一萬六百七十一丁一分。

五十年，審增六千六百八十七丁一分。

五十五年起，審增滋生一萬二百丁。

六十年，審增六千四百八十五丁。

雍正四年，審增四千四百七十一丁。

九年，審增七千一百二十五丁。

雍正十三年，實在人丁一百四十萬七千二百八十五丁一釐，又徽州府婺源縣内江西樂平、德興二縣寄莊人丁八十七丁。內大小鄉紳、舉貢、生員優免人丁二萬一千四百三十一丁，辦糧當差人丁一百三十五萬七千六百六十丁一釐，滋生人丁二萬八千二百八十一丁。

額外歸併省外衛所原額黄快竈丁，並三則閒丁七萬六千一百八丁，内除駕運漕船、領佃納糧例不納銀屯丁，併豁免逃故無徵各丁三萬七千一百五十七丁五分。又於康熙四十三年欽奉上諭事案内，豁免黄快屯丁七千三百四十一丁五分。

節年審增各丁一千三百一丁。

雍正十三年，實在黄快竈丁，並三則閒丁三萬二千九百一十丁，又池州府建德縣歸併江西撫、饒二所屯丁一百六十九丁。内當差屯丁三萬二千四百二十八丁，滋生屯丁六百五十一丁。

安慶府

國朝順治初年，原額人丁四萬九千六百一十七丁五分，内除逃故無徵二萬二千五百五十六丁七分四釐。

十四年，審增六千三百一十三丁五分。

康熙元年，審增六千七百八十八丁七分五釐。

六年，審增一千二百四十一丁七分五釐。

十一年，審增七百三十丁七分五釐。

十六年，審增七百四十九丁。

二十一年，審增六百六十一丁八分。

二十五年，審增一千三十四丁三分。

三十年，審增七百七十四丁九分。

三十五年，審增三百六十二丁五分。

四十年，審增九百六十八丁三分。

四十五年，審增四百九十丁一分。

五十年，審增二百三十八丁一分。

五十五年起，審增滋生二百九丁。

六十年，審增三百一十七丁。

雍正四年，審增三百七十七丁。

九年，審增四百二十四丁。

雍正十三年，實在人丁四萬八千七百四十一丁五分一釐。內優免人丁二千一百三十三丁，當差人丁四萬五千二百八十一丁五分一釐，滋生人丁一千三百二十七丁。

懷寧縣

原額人丁一萬一千二百六十一丁，內除審減四千四百四十五丁二分七釐。節年審增八千一百六十七丁二分七釐，實在人丁一萬四千九百八十三丁。內優免人丁四百八十四丁，當差人丁一萬四千三百三十八丁，每丁科銀一錢六分八釐三毫有奇。滋生人丁一百六十一丁。

桐城縣

原額人丁八千七百一十九丁，内除審減一千七百八十四丁。節年審增二千二百七十七丁，實在人丁九千二百一十二丁。内優免人丁七百八十九丁，當差人丁八千二百三十一丁，每丁科銀三錢五分八釐七毫有奇。滋生人丁一百九十二丁。

潛山縣

原額人丁一萬一百四十一丁，内除審減八千一百八十七丁五分。節年審增五千二百二十四丁，實在人丁七千一百七十七丁五分。内優免人丁二百三十二丁，當差人丁六千九百四丁五分，每丁科銀三錢一分一毫有奇。滋生人丁四十一丁。

太湖縣

原額人丁九千九百二十三丁，内除審減五千八百五十六丁。節年審增三千六百八十七丁，實在人丁七千七百五十四丁。内優免人丁二百四十四丁，當差人丁六千七百七十四丁，每丁科銀二錢九分五釐有奇。滋生人丁七百三十六丁。

宿松縣

原額人丁六千七十四丁，内除審減一千八百九十九丁九分七釐。節年審增九百二十九丁九分八釐，實在人丁五千一百四丁一釐。内優免人丁二百三丁，當差人丁四千八百四十九丁一釐，每丁科銀二錢二分六釐三毫有奇。滋生人丁五十二丁。

望江縣

原額人丁三千四百九十九丁五分，内除審減三百八十四丁。節年審增一千三百九十五丁五分，實在人丁四千五百一十一丁。内優免人丁一百八十一丁，當差人丁四千一百八十五丁，每丁科銀二錢七分四釐一毫有奇。滋生人丁一百四十五丁。

徽州府

國朝順治初年，原額人丁二十萬五千七百八十六丁。
十四年，審增七千五百六十丁。
康熙元年，審增一千五百四十八丁。
十一年，審增一千二百四十二丁。

二十一年，審增三百一十四丁。

二十五年，審增一百六十二丁。

三十年，審增五百九十二丁。

三十五年，審增一百一十三丁。

四十年，審增一百九丁。

四十五年，審增三十三丁。

五十年，審增三十丁。

五十五年起，審增滋生一百六十四丁。

六十年，審增一百三十八丁。

雍正四年，審增二百六丁。

九年，審增三百一十六丁。

雍正十三年，實在人丁二十一萬八千三百一十三丁，又江西樂平、德興二縣寄莊婺源縣人丁八十七丁。內優免人丁三千三百七十四丁，當差人丁二十一萬四千二百二丁，滋生人丁八百二十四丁。

歙縣

原額人丁七萬二千六百四十七丁。節年審增二千五百二十丁，實在人丁七萬五千一百六十七丁。內優免人丁七百六〔丁〕〔十〕①七丁，當差人丁七萬四千三百七十九丁，每丁科銀一錢五釐四毫有奇。滋生人丁二十一丁。

休寧縣

原額人丁六萬三千七百九十五丁。節年審增二千一百七十三丁，實在人丁六萬五千九百六十八丁。內優免人丁六百九十三丁，當差人丁六萬五千二百三十八丁，每丁科銀一錢一分八釐四②毫有奇。滋生人丁三十七丁。

婺源縣

原額人丁三萬七百一十八丁。節年審增二千七百五十三丁，實在人丁三萬三千四百七十一丁，又江西樂平、德興二縣寄莊人丁八十七丁。內優免人丁六百七十三丁，當差人丁三萬二千三百二十五丁。每丁科銀一錢四釐五毫有奇，寄莊人丁每丁科銀一錢三釐。滋生人丁五百六十丁。

---

① 據《四庫》本改。
② 「四」，《四庫》本作「一」。

祁門縣

原額人丁一萬七千七百一丁。節年審增一千八百八十五丁，實在人丁一萬九千五百八十六丁。滋生人丁一十四丁。內優免人丁三百七十四丁，當差人丁一萬九千一百九十八丁，每丁科銀一錢一分七釐七毫有奇。

黟　縣

原額人丁一萬六百五十六丁。節年審增二千三百六十五丁，實在人丁一萬三千二十一丁。內優免人丁四百四十三丁，當差人丁一萬二千三百八十六丁，每丁科銀一錢三分二毫有奇。滋生人丁一百九十二丁。

績溪縣

原額人丁一萬二百六十九丁。節年審增八百三十一丁，實在人丁一萬一千一百丁。內優免人丁四百二十四丁，當差人丁一萬六百七十六丁，每丁科銀一錢二分九毫有奇。

寧國府

國朝順治初年，原額人丁五萬九千五百一十三丁五分。

十四年，審增一千九百九十二丁。
康熙元年，審增九十七丁五分。
十一年，審增五十九丁。
十六年，審增三十五丁。
二十一年，審增一十三丁。
二十五年，審增五十三丁五分。
五十五年起，審增滋生二百六十四丁。
六十年，審增六十二丁。
雍正四年，審增一百五十一丁。
九年，審增四十三丁。
雍正十三年，實在人丁六萬二千二百八十三丁五分。內優免人丁三千八百一十九丁，當差人丁五萬七千九百四十四丁五分，滋生人丁五百二十丁。

宣城縣

原額人丁二萬八千丁。節年審增九百二十六丁，實在人丁二萬八千九百二十六丁。內優免人丁一千一百三丁，當差人丁二萬七千五百四十七丁，每丁科銀二錢一分五釐。滋生人丁二百七十六丁。

寧國縣

原額人丁六千八百七十二丁。節年審增二百一十七丁，實在人丁七千八十九丁。內優免人丁四百一十六丁，當差人丁六千六百七十一丁，每丁科銀二錢三分。滋生人丁二丁。

涇　縣

原額人丁九千三百八丁。節年審增三百二丁，實在人丁九千六百一十丁。內優免人丁八百七十五丁，當差人丁八千六百八十三丁，每丁科銀二錢三分。滋生人丁五十二丁。

太平縣

原額人丁二千七百一十一丁五分。節年審增一百八十二丁，實在人丁二千八百九十三丁五分。內優免人丁五百九丁，當差人丁二千三百八十四丁五分。每丁科銀二錢六分。

旌德縣

原額人丁四千六百一十二丁。節年審增五十丁，實在人丁四千六百六十二丁。內優免人丁四百六十六丁，當差人丁四千一百九十六丁，每丁科銀二錢四分。

南陵縣

原額人丁八千一十丁。節年審增一千九十三丁，實在人丁九千一百三丁。内優免人丁四百五十丁，當差人丁八千四百六十三丁，每丁科銀二錢三分。滋生人丁一百九十丁。

池州府

國朝順治初年，原額人丁二萬八千九百六十二丁。
十四年，審增八百三十丁。
康熙元年，審增五百八十八丁。
六年，審增一百九十二丁。
十一年，審增二十九丁。
十六年，審增九百四十二丁。
二十一年，審增二百二丁。
二十五年，審增六十四丁。
三十年，審增四十七丁。
三十五年，審增三十五丁。

四十年，審增三十七丁。
四十五年，審增三十丁。
五十年，審增一十六丁。
五十五年起，審增滋生四千三百八十五丁。
六十年，審增四百四十丁。
雍正四年，審增一百八十四丁。
九年，審增一百一丁。
雍正十三年，實在人丁三萬七千八十四丁。內優免人丁二千三①十二丁，當差人丁二萬九千九百四十二丁，滋生人丁五千一百一十丁。
外建德縣歸併江西撫、饒二所屯丁一百六十九丁。俱係當差屯丁。

貴池縣

原額人丁一萬二千七百一十丁。節年審增五百五十九丁，實在人丁一萬三千二百六十九丁。內優免人丁四百八十二丁，當差人丁一萬二千七百七十四丁，每丁科銀三錢一釐五毫有奇。滋生人丁一十三丁。

---

① 「三」，《四庫》本作「二」。

青陽縣

原額人丁五千一百三十三丁。節年審增六百一十三丁，實在人丁五千七百四十六丁。內優免人丁四百七十六丁，當差人丁五千二百三十六丁，每丁科銀三錢四分九毫有奇。滋生人丁三十四丁。

銅陵縣

原額人丁三千四百九十八丁。節年審增一千二百七十五丁，實在人丁四千七百七十三丁。內優免人丁二百三十三丁，當差人丁四千四百八十六丁，每丁科銀二錢三分八釐八毫有奇。滋生人丁五十四丁。

石埭縣

原額人丁二千八百九十五丁。節年審增五千五丁，實在人丁七千九百丁。內優免人丁三百二十二丁，當差人丁二千八百四十丁，每丁科銀三錢五分五釐九毫有奇。滋生人丁四千七百三十八丁。

建德縣

原額人丁二千七百六十七丁。節年審增四百六十七丁，實在人丁三千二百三十四丁。內優免人丁三①百四十二丁，當差人丁二千六百四十一丁，每丁科銀三錢四分二釐二毫有奇。滋生人丁二百五十一丁。

額外歸併撫州所屯丁一百三十三丁。每丁科銀一錢五分四釐五毫有奇。饒州所屯丁三十六丁。每丁科銀一錢七分四毫有奇。

東流縣

原額人丁一千九百五十九丁。節年審增二百三丁，實在人丁二千一百六十二丁。內優免人丁一百七十七丁，當差人丁一千九百六十五丁，每丁科銀三錢七分四釐一毫有奇。滋生人丁二十丁。

太平府

國朝順治初年，原額人丁五萬五百九十九丁。

十四年，審增一千七百九十三丁。

康熙元年，審增二千一百一十丁。

六年，審增一千八百四十三丁。

十一年，審增三百六丁。

① 「三」，《四庫》本作「二」。

十六年，審增八百三十丁。

二十一年，審增五百四十七丁。

二十五年，審增四百一十七丁。

三十年，審增二百三十三丁。

三十五年，審增一百八十一丁。

四十年，審增一百七十九丁。

四十五年，審增一百七十五丁。

五十年，審增一百七十四丁。

五十五年起，審增滋生一百五十一丁。

六十年，審增一百五十五丁。

雍正四年，審增一百六十三丁。

九年，審增一百八十八丁。

雍正十三年，實在人丁六萬四十四丁。内優免人丁一千二百六丁，當差人丁五萬八千一百八十一丁，滋生人丁六百五十七丁。

歸併省衛原額黄快官舍開丁二百七丁五分，内於康熙四十三年欽奉上諭事案内，豁免黄快丁六十五丁。

雍正十三年，實在黄快官舍閒丁一百四十二丁五分。俱係當差屯丁。

當塗縣

原額人丁三萬二千丁。節年審增三千七百五十三丁，實在人丁三萬五千七百五十三丁。內優免人丁五百四十九丁，當差人丁三萬四千六百四十八丁，每丁科銀二錢。滋生人丁五百五十六丁。

歸併省衛原額黄快閒丁八十六丁五分，內豁免逃故無徵快丁三十三丁，實在黄快閒丁五十三丁五分。每黄快丁科銀三錢，協濟銀五分；下則官舍閒丁科協濟銀二錢。

蕪湖縣

原額人丁一萬六千五百二丁。節年審增一千三百七十三丁，實在人丁一萬七千八百七十五丁。內優免人丁三百五十七丁，當差人丁一萬七千五百一十四丁，每丁科銀二錢。滋生人丁四丁。

歸併省衛原額黄快丁一百二十一丁，內豁免逃故無徵三十二丁，實在黄快丁八十九丁。每丁科銀與當塗縣同。

繁昌縣

原額人丁六千丁。節年審增四百一十六丁，實在人丁六千四百一十六丁。內優免人丁三百丁，當差人丁六千一十九丁，每丁科銀二錢。滋生人丁九十七丁。

廬州府

國朝順治初年，原額人丁三十六萬八千二百二十七丁，内除逃故無徵一十三萬四千二百四十二丁。

康熙元年，審增並節年招徠共九千七百五十五丁。

六年，審增一萬二千二百一十二丁。

十一年，審增六千二百九十丁。

十四年，審增八千六十五丁。

十六年，審增一萬一千一百三十三丁。

二十一年，審增八千四百四十一丁。

二十五年，審增八千七百六十七丁。

三十年，審增一萬三百七十三丁。

三十五年，審增二千八百二十三丁。

四十年，審增二千五百六十七丁。

四十五年，審增三千九百四丁。

五十年，審增一千八百二十五丁。

五十五年起，審增滋生二千八百八十四丁。

六十年，審增二千九百七十九丁。

雍正二年，陞六安州爲直隸州，以英山、霍山二縣屬州管轄，開除人丁四萬三千九百六十五丁。

四年，審增九百九十六丁。

九年，審增一千一百七十三丁。

雍正十三年，實在人丁二十八萬四千二百七丁。内優免人丁一千二百七十九丁，當差人丁二十七萬五千七百五十七丁，滋生人丁七千一百七十一丁。

歸併省外衛原額黄快竈丁，並三則閒丁共四千四百三十三丁五分。

節年審增八丁。康熙四十三年，欽奉上諭事案内，豁免二千一百六十二丁。

雍正二年，陞六安州爲直隸州，開除三則丁六百八十七丁。

雍正十三年，實在黄快竈丁，並三則閒丁一千五百九十二丁五分。俱係當差屯丁。

合肥縣

原額人丁一十三萬七千一百丁。順治五年，審除二萬八十六丁。節年審增三萬七千一百三十八丁，實在人丁一十五萬四千一百五十二丁。内優免人丁五百一十二丁，當差人丁一十五萬三千五百一十一丁，每丁科銀五分。滋生人丁一百二十九丁。

歸併外衛原額三則丁一百五十七丁，内豁免一十一丁，實在三則丁一百四十六丁。每上則丁科銀五錢，中則丁科銀三錢，下則丁科銀二錢。

廬江縣

原額人丁二萬五千一百八十三丁。順治五年，審除一萬三千七百四十四丁。節年審增一萬八千二百一丁，實在人丁二萬九千六百四十丁。内優免人丁一百八十丁，當差人丁二萬三千一百五十八丁，每丁科銀五分。滋生人丁六千三百二丁。

舒城縣

原額人丁四萬八千一百三十丁。順治五年，審除三萬五千九百五十八丁。節年審增四千三百八十七丁，實在人丁一萬六千五百五十九丁。内優免人丁一百四十八丁，當差人丁一萬五千八百四十六丁，每丁科銀一錢。滋生人丁五百六十五丁。

無爲州

原額人丁四萬六千四百七十四丁。順治五年，審除一萬三千一十四丁。節年審增二萬一千九百六十四丁，實在人丁五萬五千四百二十四丁。內優免人丁二百四十九丁，當差人丁五萬五千丁，每丁科銀一錢。滋生人丁一百七十五丁。

歸併省衛原額黄快丁二千九百八十六丁，内除豁免二千一百二十七丁，實在黄快丁八百五十九丁。每黄丁一丁科銀三錢，協濟銀五分。快丁同。

巢縣

原額人丁二萬七千三百八十一丁。節年審增一千五十一丁，實在人丁二萬八千四百三十二丁。內優免人丁一百九十丁，當差人丁二萬八千二百四十二丁，每丁科銀八分。

歸併省衛原額黄快竃丁六百三丁五分，内除豁免一十六丁，實在黄快竃丁五百八十七丁五分。每黄快丁科銀與無爲州同，竃丁每丁科銀三錢。

鳳陽府

國朝順治初年，原額人丁五十二萬二千三百一十八丁五分，内除逃故無徵二十二萬一千一百三十九丁五分。

十四年，審增一萬五千九百一十七丁。

康熙元年，審增一萬五千八百六十五丁五分。

六年，審增一萬二千三百七十五丁。

十一年，審增一萬一千三百八十六丁。

十六年，審增並招徠一萬二千五百七丁。

二十一年，審增五千三百三十九丁五分。

二十五年，審增一萬六千八百三十八丁五分。

三十年，審增一萬三千九丁，又靈璧縣審除二千三百八十四丁。

三十五年，審增六千三百三十六丁。

四十年，審增六千九百二十二丁五分。

四十五年，審增五千九百三十九丁。

五十年，審增四千二百九十四丁。

五十五年起，審增滋生一千七百一十四丁。

六十年，審增一千九百五十七丁。

雍正二年，泗州、潁州、亳州陞爲直隸州，以盱眙、天長、五河、潁上、霍（邱）〔丘〕、太和、蒙城七縣分屬三州管轄，共開除人丁二十五萬六千四百七十一丁五分。

四年，審增四百八十八丁。

九年，審增六百四十五丁。

雍正十三年，實在人丁一十七萬三千八百五十六丁五分。内優免人丁二千五十五丁，當差人丁一十六萬九千九百八十一丁五分，滋生人丁一千八百二十丁。

歸併省外衛原額黄快竈丁，並三則閒丁三萬五千三十丁五分。節年審增六百八十八丁，内除領田駕運例不納銀，並逃故無徵屯丁二萬三千九百二丁五分，又於康熙四十三年欽奉上諭事案内，豁免一千三百六十七丁。

雍正二年，分直隸州三州屬，共開除屯丁四千三百一十八丁。

四年，審增一十五丁。

九年，審增一十丁。

雍正十三年，實在三則丁六千一百五十六丁。内當差屯丁六千九十九丁，滋生屯丁五十七丁。

鳳陽縣

原額人丁一萬三千八百九十四丁五分。順治五年，審除四千七十三丁五分。節年審增三百五丁，實在人丁一萬一百二十六丁。内當差人丁一萬七十三丁，每丁科銀三錢七分三釐三毫有奇。滋生人丁五十三丁。

歸併外衛原額三則丁一千四十五丁，内除領田駕運例不納銀，並逃故無徵七百四十六丁，實在三則丁二百九十九丁。内當差屯丁二百六十九丁。每上則丁科銀五錢，中則丁科銀三錢，下則丁科銀二錢。滋生屯丁三十丁。

臨淮縣

原額人丁一萬五千三百七十九丁。順治五年，審除二千九百八十八丁。節年審增二千八十九丁，實在人丁一萬四千四百八十丁。內優免人丁二百三丁，當差人丁一萬三千九百四十九丁，每丁科銀二錢八分三釐有奇。滋生人丁三百二十八丁。

歸併外衛原額三則丁二百一十一丁，內除領田駕運例不納銀，並老廢逃故無徵一百六十一丁。節年審增一十八丁，實在三則丁六十八丁。每上則丁科銀五錢，中則丁科銀三錢，下則丁科銀二錢。

懷遠縣

原額人丁二萬四千一百四十七丁。順治五年，審除一萬四百四十八丁。節年審增三百三十九丁，實在人丁一萬四千三十八丁。內優免人丁三百一十九丁，當差人丁一萬三千七百一十九丁，每丁科銀四錢四分二釐九毫有奇。

歸併外衛實在三則丁四百二十三丁。每上則丁科銀五錢，中則丁科銀三錢，下則丁科銀二錢。

定遠縣

原額人丁四萬四千六百九十三丁。順治五年，審除一萬二千五十一丁。節年審增四千二百五十五丁，實在人丁三萬六千八百九十七丁。內優免人丁二百三十八丁，當差人丁三萬六千五百二十七丁，每丁科銀一錢二分。滋生人口一百三十二丁。

歸併省外衛原額三則人丁一萬一千八百五十六丁，除領田納糧，並節年審除外，實在四千二十九丁。內當差四千一十二丁。每上則丁科銀五錢，中則丁科銀三錢，下則丁科銀二錢，人丁科銀二錢六分。滋生一十七丁。

虹　縣

原額人丁二萬三千一百九十二丁。順治五年並十一年，審除一萬九千五百二十一丁。節年審增七百四十九丁，實在人丁四千四百二十丁。內優免人丁一百八十八丁，當差人丁四千一百七十八丁，每丁科銀四錢六分二釐五毫有奇。滋生人丁五十四丁。

壽　州

原額人丁三萬六千二百八十二丁。順治五年，審除四千六百七十三丁五分。節年審增七千七百一十七丁，分隸鳳臺縣一萬一千二百三十三丁五分，實在人丁二萬八千九十二丁。其分隸鳳臺縣款目，尚未分劃清楚，合共優免人丁四百五十八丁，當差人丁三萬八千七百六十四丁五分，每丁科銀二錢。滋生人丁一百三丁。

歸併外衛原額三則丁九百四十三丁。節年審增三百八十四丁，實在三則丁一千三百三十七丁。內當差屯丁一千三百二十七丁。每上則丁科銀五錢，中則丁科銀三錢，下則丁科銀二錢。滋生屯丁一十丁。

鳳臺縣

雍正十一年，分縣人丁一萬一千二百三十三丁五分。內優免當差、滋生數目尚未分劃清楚，仍合載壽州款內。

宿　州

原額人丁五萬三千九百一十五丁。順治五年，審除三萬二千六百五十一丁。節年審增一萬一千九十三丁，實在人丁三萬二千三百五十七丁。內優免人丁四百三十四丁，當差人丁三萬九百八十四丁，每丁科銀二錢七釐二毫有奇。滋生人丁九百三十九丁。

靈璧縣

原額人丁四萬三千一百六十七丁。順治五年，審除二萬六百七十六丁。康熙三十年，審除二千三百八十四丁。節年審增二千一百六丁，實在人丁二萬二千二百一十三丁。内優免人丁二百一十五丁，當差人丁二萬一千七百八十七丁，每丁科銀三錢三分三釐一毫有奇。滋生人丁二百一十一丁。

潁州府

國朝雍正十三年，併亳州於潁州，陞爲府。自二年陞直隸州，分管人丁一十九萬二千三百二十一丁。

四年，審增九百四十九丁。

九年，審增二千六百三十丁。

雍正十三年，實在人丁一十九萬五千九百丁。内優免人丁一千六百七十五丁，當差人丁一十八萬七千七百六十八丁，滋生人丁六千四百五十七丁。

歸併外衛三則丁三百五丁，節年審增八丁。

雍正十三年，實在三百一十三丁。内當差二百九十七①丁，滋生一十六丁。

① 「七」，《四庫》本作「二」。

阜陽縣

原額人丁五萬八千二百五十二丁。節年審除三萬三千一百一十八丁，節年審增四萬一千三百八十八丁，實在人丁六萬六千五百二十二丁。內優免人丁六百一十一丁，當差人丁六萬三千八百三十一丁。每上則丁科銀六錢，中則丁科銀三錢，下則丁科銀一錢。滋生人丁二千八十丁。

歸併潁州衛原額七則人丁八百九十丁。節年審增五千一百七十八丁，實在人丁六千六十八丁。內當差人丁五千八百九丁。每上丁科銀二錢一分，中丁科銀一錢八分，中則中丁科銀一錢五分，中則下丁科銀一錢二分，下則上丁科銀九分，下則中丁科銀六分，下則下丁科銀三分。滋生人丁二百五十九丁。

潁上縣

原額人丁一萬七百四十九丁。順治五年，審除八千三百一十三丁，節年審增二千四十丁，實在人丁四千四百七十六丁。內當差人丁四千一百六十四丁，每丁科銀二錢八分一釐三毫有奇。滋生人丁三百一十二丁。

歸併潁上所原額人丁四百七十二丁。節年審增一千二百五十一丁，實在人丁一千七百二十三丁。內當差人丁一千六百三十三丁。每中中丁科銀五錢四分，中下丁科銀四錢四分，下上丁科銀三錢四分，下中丁科銀二錢四分，下〔下〕①丁科銀一錢四分。滋生人丁九十丁。

霍(邱)〔丘〕縣

原額人丁三萬六千三十二丁。順治五年，審除一萬八千五百九十二丁。節年審增七千三百二十七丁，實在人丁二萬四千七百六十七丁。内優免人丁二百七十一丁，當差人丁二萬三千七百三十七丁，每丁科銀五分。滋生人丁七百五十九丁。

歸併外衛原額審增三則丁，除豁免外，實在一百三十六丁。内當差屯丁一百二十丁。每上則丁科銀五錢，中則丁科銀三錢，下則丁科銀二錢。滋生屯丁一十六丁。

亳　州

原額人丁二萬九千七百九十四丁。順治五年，審除一萬八千六十一丁。節年審增二萬一百五十七丁，實在人丁三萬一千八百九十丁。内優免人丁三百五十三丁，當差人丁三萬一千四百五十二丁，每丁科銀一錢四分四釐四毫有奇。滋生人丁八十五丁。

歸併武平衛原額三則丁三千三百四十一丁，内除領田、駕運例不納銀一千七十丁。又審除逃故

① 據上下文意及記述體例擬補。

老廢二千一百三丁，實在三則丁一百六十八丁。每上則丁科銀五錢，中則丁科銀三錢，下則丁科銀二錢。

太和縣

原額人丁二萬七千七百八十六丁。順治五年，審除一萬三千四百二十丁。節年審增九千六十七丁，實在人丁二萬三千四百三十三丁。內優免人丁一百九十九丁，當差人丁二萬一千一百五十四丁，每丁科銀九分五釐有奇。滋生人丁二千八十丁。

蒙城縣

原額人丁三萬六千二百八丁。順治五年，審除二萬二十八丁。節年審增二萬八百四十一丁，實在人丁三萬七千二十一丁。內優免人丁二百四十一丁，當差人丁三萬五千九百八十八丁，每丁科銀一錢一分。滋生人丁七百九十二丁。

歸併懷遠衛原額三則丁六十七丁，內除領田、駕運例不納銀，並逃故無徵五十八丁，實在屯丁九丁。每中則丁科銀三錢，下則丁科銀二錢。

滁州併屬

國朝順治初年，原額人丁四萬七千七百一十二丁，內除原有逃故無徵外，實在人丁四萬一千九百七十三丁五分。

康熙元年，審增三十一丁。

十一年，審增二十丁。

五十五年起，審增滋生一百二十六丁。

六十年，審增一百二十二丁。

雍正四年，審增二百六十丁。

九年，審增七百七十一丁。

雍正十三年，實在人丁四萬三千三百三丁五分。內優免人丁九百五十七丁，當差人丁四萬一千六十七丁五分，滋生人丁一千二百七十九丁。

歸併省衛原額黄快、聽繼、三則閒竄人丁二萬九千三百八十二丁，内除領佃納糧例不納銀屯丁一萬三千一百六十八丁，又豁免逃故無徵八十七丁。康熙四十三年欽奉上諭事案内，豁免一千七百一十四丁。

五十五年起，審增滋生六十四丁。

六十年，審增六十四丁。

雍正四年，審增一百二十九丁。

九年，審增三百一十二丁。

雍正十三年，實在各屯丁一萬四千九百八十二丁。內當差屯丁一萬四千四百一十三丁，滋生屯丁五百六十九丁。

滁州

原額人丁一萬二千二百九十二丁五分。節年審增滋生九百三十七丁，實在人丁一萬三千二百二十九丁五分。內優免人丁四百一丁，當差人丁一萬一千八百九十一丁五分，每丁科銀四錢九分二釐有奇。滋生人丁九百三十七丁。

歸併省衛原額黄快、門竈人丁一萬二千二十丁，內除領佃納糧例不納銀屯丁四千二百六丁。節次豁免逃故無徵七百四十一丁五分，節年審增滋生三百七十一丁，實在黄快、門竈人丁七千四百四十三丁五分。內當差各丁七千七十二丁五分。每黄丁科銀三錢，協濟銀五分。快丁同，一則竈丁同。上則官舍門丁科銀五錢，中則官舍門丁科銀三錢，下則官舍門丁科銀二錢。人丁每丁科銀二錢六分。滋生各丁三百七十一丁。

全椒縣

原額人丁二萬二百三十九丁。節年編審，除以增抵減外，仍增二百六十丁，實在人丁二萬四百九十九丁。內優免人丁三百七十二丁，當差人丁一萬九千九百一十八丁，每丁科銀二錢七分。滋生人丁二百九丁。

歸併省衛原額黄快、聽繼、三則竄丁九千四百八十三丁，内除領佃納糧例不納銀屯丁五千八十五丁。節次豁免逃故無徵五百四十六丁五分，節年審增滋生八十六丁，實在黄快、聽繼、三則竄丁三千九百三十七丁五分。内當差各丁三千八百五十一丁五分。每黄快丁科銀與滁州同，聽繼丁科銀與黄丁同。一則竄丁科銀與黄丁同，二則竄丁科銀三錢。上、中、下三則官舍閒丁科銀俱與滁州同。滋生黄快丁八十六丁。

來安縣

原額人丁九千四百四十二丁。節年審增滋生一百三十三丁，實在人丁九千五百七十五丁。内優免人丁一百八十四丁，當差人丁九千二百五十八丁，每丁科銀二錢九分四釐一毫有奇。滋生人丁一百三十三丁。

歸併省衛原額黄快竄丁並三則人丁七千八百七十九丁，内除領佃納糧例不納銀屯丁三千八百七十七丁。節次豁免逃故無徵五百一十三丁，節年審增滋生一百一十二丁，實在黄快閒竄人丁三千六百一丁。内當差各丁三千四百八十九丁，科銀俱與滁州同。滋生黄快丁一百一十二丁。

和州併屬

國朝順治初年，原額人丁八萬五千五百一十八丁。十四年，審增二千八百八十丁。

康熙元年，審增二千四百五丁。

六年，審增三千七百六十二丁。

十一年，審增二千五百七十三丁。

十六年，審增八百五十七丁。

二十一年，審增四千二百一十五丁。

二十五年，審增二百二十四丁。

三十年，審增四百四十三丁。

三十五年，審增二百二十六丁。

四十年，審增一百八十一丁。

四十五年，審增一百丁。

五十年，審增一百一十丁。

五十五年起，審增滋生一百七十六丁。

六十年，審增一百七十五丁。

雍正四年，審增八十二丁。

九年，審增一百二十六丁。

雍正十三年，實在人丁一十萬四千五十三丁。內優免人丁五百七十五丁，當差人丁一十萬二千九百一十九丁，滋生人丁五百五十九丁。

歸併省衛原額黄快無徵，並三則閒丁七千五十四丁五分，内於康熙四十三年欽奉上諭事案内，豁免二千三十三丁五分。

雍正十三年，實在各屯丁五千二十一丁。俱係當差屯丁。

和　州

原額人丁六萬六千三百二十一丁。節年審增一萬四千八百三十二丁，實在人丁八萬一千一百五十三丁。内優免人丁三百六十一丁，當差人丁八萬四百五十九丁，每丁科銀一錢。滋生人丁三百三十三丁。

歸併省衛黄快竈丁並三則閒丁，除豁免外，實在三千九百二十一丁。每黄丁科銀三錢，協濟銀五分。快丁同。竈丁科銀二錢。上則官舍閒丁科銀五錢，中則官舍閒丁科銀三錢，下則官舍閒丁科銀二錢。

含山縣

原額人丁一萬九千一百九十七丁。節年審增三千七百三丁，實在人丁二萬二千九百丁。内優免人丁二百一十四丁，當差人丁二萬二千四百六十丁，每丁科銀一錢三分五釐。滋生人丁二百二十六丁。

歸併省衛黄快竈丁，除豁免外，實在一千一百丁。每黄丁科銀與和州同，竈丁科銀三錢。

廣德州併屬

國朝順治初年，原額人丁六萬八千五百九十八丁五分。

十四年，審增一千一百九十五丁。

康熙五十五年起，審增滋生一百二十七丁。

六十年，審增一百四十丁。

雍正四年，審增一百一十一丁。

九年，審增一百一十二丁。

雍正十三年，實在人丁七萬二百八十三丁五分。內優免人丁七百四十六丁，當差人丁六萬九千四十七丁五分。滋生人丁四百九十丁。

廣德州

原額人丁四萬二千六百三十八丁。節年審增一千五百二十八丁，實在人丁四萬四千一百六十六丁。內優免人丁四百一十四丁，當差人丁四萬三千四百一十九丁，每丁科銀一錢一分三釐七毫有奇。滋生人丁三百三十三丁。

建平縣

原額人丁二萬五千九百六十丁五分。節年審增一百五十七丁，實在人丁二萬六千一百一十七丁五分。内優免人丁三百三十二丁，當差人丁二萬五千六百二十八丁五分，每丁科銀一錢四分九釐一毫有奇。滋生人丁一百五十七丁。

六安州併屬

國朝雍正二年陞直隸州，分管人丁四萬三千九百六十五丁。

四年，審增四百三十四丁。

九年，審增四百八十四丁。

雍正十三年，實在人丁四萬四千八百八十三丁。内優免人丁四百五十一丁，當差人丁四萬二千六百五十三丁，滋生人丁一千七百七十九丁。

歸併外衛分管三則開丁六百八十七丁。俱係當差屯丁。

六安州

原額人丁五萬七千八百一十四丁。順治五年，審除三萬一千八百一十四丁。節年審增八千七十七丁，實在人丁三萬四千七十七丁。內優免人丁二百四十三丁，當差人丁三萬二千八百三十丁，每丁科銀一錢二分。滋生人丁一千四丁。

歸併外衛三則間丁六百八十七丁。每上則丁科銀五錢，中則丁科銀三錢，下則丁科錢二錢。

英山縣

原額人丁一萬一千一百三十五丁。順治五年，審除一萬五百九十三丁。節年審增一千八百一十五丁，實在人丁二千三百五十七丁。內優免人丁七十七丁，當差人丁二千一百八十七丁，每丁科銀二錢一分二釐。滋生人丁九十三丁。

霍山縣

原額人丁一萬五千一十丁。順治五年審除九千三十三丁。節年審增二千四百七十二丁，實在人丁八千四百四十九丁。內優免人丁一百三十一丁，當差人丁七千六百三十六丁，每丁科銀一錢二分。滋生人丁六百八十二丁。

泗州併屬

國朝雍正二年陞直隸州，分管人丁六萬四千一百五十丁五分。

四年，審增七十丁。

九年，審增一百一十二丁。

雍正十三年，實在人丁六萬四千三百三十二丁五分。內優免人丁一千一百二十九丁，當差人丁六萬二千九百一十五丁五分，滋生人丁二百八十八丁。

歸併省衛分管黃快竈丁並三則人丁四千一十三丁。

九年，審增三丁。

雍正十三年，實在各屯丁四千一十六丁。內當差屯丁四千七丁，滋生屯丁九丁。

泗州

原額人丁三萬四千二百一十一丁。順治五年，審除五千九百四十二丁。節年審增二千三百六十五丁，實在人丁三萬六百三十四丁。內優免人丁三百三十二丁，當差人丁三萬九十丁，每丁科銀三錢一分一釐一毫有奇。滋生人丁二百一十二丁。

歸併省衛實在黃快丁二十丁五分。每黃丁一丁科銀三錢，協濟銀五分。快丁同。

盱眙縣

原額人丁一萬六千六百一十三丁。節年審增二千三十九丁，實在人丁一萬八千六百五十二丁。

內優免人丁三百三十三丁，當差人丁一萬八千二百八十九丁，每丁科銀一錢五分。滋生人丁三十丁。

歸併省衛實在快丁一百二十一丁五分。每丁科銀與泗州同。

天長縣

原額人丁一萬一千二百四十三丁。節年審增一千一百九十四丁，實在人丁一萬二千四百三十七丁。內優免人丁二百八十五丁，當差人丁一萬二千一百二十九丁，每丁科銀二錢一分四釐六毫有奇。滋生人丁二十三丁。

歸併省衛原額黃快竈丁並三則人丁四千七百一十丁五分，內除豁免九百一十一丁五分，實在黃快竈閒人丁三千七百九十九丁。每黃快丁科銀與泗州同。一則竈丁科銀三錢，協濟銀五分，一則竈丁科銀三錢。上則閒丁科銀五錢，中則閒丁科銀三錢，下則閒丁科銀二錢。中則人丁科銀三錢，下則人丁科銀二錢。

五河縣

原額人丁六千七百六十一丁。順治五年，審除四千三百七十四丁五分。節年審增二百二十三丁，實在人丁二千六百九丁五分。內優免人丁一百七十九丁，當差人丁二千四百七丁五分，每丁科銀五錢一分九釐八毫有奇。滋生人丁二十三丁。

歸併洪塘所實在三則丁七十五丁。內當差屯丁六十六丁。每上則丁科銀五錢，中則丁科銀三錢，下則丁科銀二錢。滋生屯丁九丁。

屯丁

江南各衛，國朝順治初年原額屯丁六萬四千三百三十一丁五分，内除逃故無徵一萬七千一百四十七丁。

康熙年間，節次審增清出，並按撥裁減各丁一萬一十九丁。

五十五年起，審增滋生三百三十七丁。

六十年，審增一百二十八丁。

雍正四年，審增一百二十一丁。

九年，審增三百三十三丁。

雍正十三年，實在屯丁五萬八千一百二十二丁五分。内領種屯田、駕運不納丁銀屯丁四萬四千七百三十四丁五分，當差屯丁一萬二千四百六十九丁，額徵丁銀俱攤入田畝併徵。滋生屯丁九百一十九丁。

額外歸併六安、鳳陽左前後，懷遠、壽州、武平等衛，及洪塘所屯丁八千七百五十八丁五分。俱係領田駕運，例無編派丁銀。

江南都使司，今歸併江蘇布政使司。

國朝順治初年，原額屯丁四萬三百九十三丁五分，內除逃故無徵一萬二千一百一十一丁。

康熙年間，節次審增並清出二千四百六十二丁。

五十五年起，審增滋生一百八十一丁。

六十年，審增七十三丁。

雍正四年，審增五十一丁。

九年，審增一百八十三丁。

雍正十三年，實在屯丁三萬一千二百三十二丁五分。內領種屯田屯丁一百一十八丁，領田駕運不納丁銀屯丁二萬六千七百五十三丁五分，當差屯丁三千八百七十三丁。滋生屯丁四百八十八丁。

蘇太等十衛

蘇州衛

原額屯丁一千三百二十六丁。審增滋生三十四丁，實在屯丁一千三百六十丁。內不納丁銀屯丁一千一百五十七丁，當差屯丁一百六十九丁，滋生屯丁三十四丁。

太倉衛

原額屯丁一千二百七十一丁。節年審增滋生五十四丁，實在屯丁一千三百二十五丁。內領種屯田屯丁一百一十八丁，領糧不納丁銀屯丁一千四十三丁，當差閒丁一百一十丁。每中則丁科銀三錢，下則丁科銀二錢。滋生屯丁五十四丁。

鎮海衛

原額屯丁九百三十四丁。節年審增滋生五丁，實在屯丁九百三十九丁。內優免屯丁八百四十五丁，當差閒丁八十九丁。每上則丁科銀五錢，中則丁科銀三錢，下則丁科銀二錢。滋生屯丁五丁。

金山衛

原額屯丁九百二十七丁，又歸併松江衛屯丁七百九十一丁。節年審增滋生五十七丁，實在屯丁一千七百七十五丁。內領運納糧不納丁銀屯丁一千六百七十三丁，當差閒丁四十五丁。滋生屯丁五十七丁。

鎮江衛

原額屯丁三千九百六十一丁五分，實在同。內不納銀屯丁三千五百六十一丁五分，當差屯丁四百丁。

淮安衛

原額屯丁八千三百一十八丁，内除逃故無徵五千七十四丁。審增滋生三十八丁，實在屯丁三千二百八十二丁。内領田駕運不納丁銀屯丁二千七百九十六丁，當差三則開丁四百四十八丁。滋生屯丁三十八丁。

大河衛

原額屯丁八千九百七十丁，内除逃故無徵四千八百七丁。節年審增一千二百四十七丁，實在屯丁五千四百一十丁。内領田駕運不納丁銀屯丁四千一百六十三丁，當差開丁一千一百六十四丁。滋生屯丁八十三丁。

揚州衛

原額屯丁六千六百八十九丁，清出審增裁減各丁五百六十二丁，實在屯丁七千二百五十一丁。内不納丁銀屯丁六千五百三十九丁，當差屯丁六百六十四丁。滋生屯丁四十八丁。

儀（徵）〔真〕衛

原額屯丁三千三百五十七丁。節年審增五百八十三丁，實在屯丁三千九百四十丁。內優免屯丁三千三百五十七丁，當差屯丁五百一十八丁。每上則丁科銀五錢，中則丁科銀三錢，下則丁科銀二錢。滋生屯丁六十五丁。

徐州衛

原額屯丁三千八百四十九丁，內除逃故無徵二千二百三十丁。節年審增三百七十丁，實在屯丁一千九百八十九丁。內領田駕運不納丁銀屯丁一千六百一十九丁，當差屯丁二百六十六丁。滋生屯丁一百四丁。

江南都使司，今歸併安徽布政使司。
國朝順治初年，原額屯丁二萬三千九百三十八丁，內除逃故無徵五千三十六丁。
康熙年間，節次審增清出並按撥裁減各丁七千五百五十七丁。
五十五年起，審增滋生一百五十六丁。
六十年，審增五十五丁。

雍正四年，審增七十丁。

九年，審增一百五十丁。

雍正十三年，實在屯丁二萬六千八百九十丁。內領田駕運不納丁銀屯丁一萬七千八百六十三丁，當差屯丁八千五百九十六丁。滋生屯丁四百三十一丁。

新宣等十一衛

額外歸併六安、鳳陽左前後，懷遠、壽州、武平等衛，及洪塘所屯丁八千七百五十八丁五分。俱係領田駕運，例無編派丁銀。

新安衛

原額屯丁四千五百七丁。節年審增二百一十四丁，實在屯丁四千七百二十一丁。內領田納糧不納丁銀屯丁四千五百七丁，當差中則屯丁一百八十八丁，每丁科銀三錢。滋生屯丁二十六丁。

宣州衛

原額屯丁三百丁。節年審增並按撥屯丁三百二十一丁，實在屯丁六百二十一丁。內領田納糧不納丁銀屯丁四百三十二丁，當差中則屯丁一百一十七丁，每丁科銀三錢。滋生屯丁七十二丁。

建陽衛

原額屯丁二千五百一丁。節年審增六丁，實在屯丁二千五百七丁。内領運不納丁銀屯丁一千二百八十丁，當差屯丁一千二百二十七丁，每丁科銀二錢八分。

安慶衛

原額屯丁一千九百一十一丁，内除逃故無徵三十八丁。節年審增並清出四百六十五丁，實在屯丁二千三百三十八丁。内領運不納丁銀屯丁一千八百七十三丁，當差三則屯丁三百七十四丁，每上則丁科銀五錢，中則丁科銀三錢，下則丁科銀二錢。滋生屯丁九十一丁。

廬州衛

原額屯丁二千八百四十九丁，内除逃故無徵一千八十一丁。節年審增清出併裁減運丁六百二十二丁，實在屯丁二千三百九十丁。内領運不納丁銀屯丁一千七百六十八丁，當差三則屯丁五百六十四丁，每上則丁科銀五錢，中則丁科銀三錢，下則丁科銀二錢。滋生屯丁五十八丁。

額外歸併六安衛屯丁六百六十七丁。俱係領田駕運，例無編派丁銀。

鳳陽衛

原額屯丁一千一百一十七丁，内除逃故無徵五百六十七丁。節年審增並清出二百八十二丁，實在屯丁八百三十二丁。内領運不納丁銀屯丁五百五十丁，當差三則屯丁二百七十五丁，每上則丁科銀五錢，中則丁科銀三錢，下則丁科銀二錢。滋生屯丁七丁。

額外歸併鳳陽左、懷遠衛屯丁三千一百二十丁。俱係領田駕運，例無編派丁銀。

鳳陽中衛

原額屯丁一千三百一十七丁，内除逃故無徵六百八十二丁。節年審增並清出二百五十八丁。雍正三年，歸併右衛屯丁一千一百六十九丁，實在屯丁二千六十二丁。内領運不納丁銀屯丁一千三百一丁，當差三則屯丁七百四十四丁，每上則丁科銀五錢，中則丁科銀三錢，下則丁科銀二錢。滋生屯丁一十七丁。

額外歸併鳳陽前後二衛，及洪塘所屯丁一千二百七十五丁。俱係領田駕運，例無編派丁銀。

長淮衛

原額屯丁七百三十七丁，内除逃故無徵四百九十七丁。節年審增並清出三百八十七丁，實在屯丁六百二十七丁。內領運不納丁銀屯丁二百四十丁，當差三則屯丁三百七十八丁，每上則丁科銀五錢，中則丁科銀三錢，下則丁科銀二錢。滋生屯丁九丁。

額外歸併壽州衛屯丁二千六百二十六丁五分。俱係領田駕運，例無編派丁銀。

宿州衛

原額屯丁二千七百八十五丁，內除逃故無徵一千七百八十三丁。節年審增並清出一千四百二十一丁，實在屯丁二千四百二十三丁。內領田納糧不納丁銀屯丁一千五百四十二丁，當差三則閒丁八百五十一丁，每上則丁科銀五錢，中則丁科銀三錢，下則丁科銀二錢。滋生屯丁三十丁。

額外歸併武平衛屯丁一千七十丁。俱係領田駕運，例無編派丁銀。

泗州衛

原額屯丁四千一百八十二丁，內審除一十三丁。節年審增並裁減運丁二千八百二十三丁，實在屯丁六千九百九十二丁。內領運不納丁銀屯丁四千一百八十二丁，當差三則閒丁二千七百一十丁，每上則丁科銀五錢，中則丁科銀三錢，下則丁科銀二錢。滋生屯丁一百丁。

滁州衛

原額屯丁五百六十三丁，内除逃故無徵三百七十五丁。節年審增並清出一千一百八十九丁，實在屯丁一千三百七十七丁。内領運不納丁銀屯丁一百八十八丁，當差三則間丁一千一百六十八丁，每上則丁科銀五錢，中則丁科銀三錢，下則丁科銀二錢。滋生屯丁二十一丁。

江南通志卷七十六

食貨志

徭役

周

小司徒之職，均土地以稽其人民，而周知其數。上地家七人，可任也者家三人。中地家六人，可任也者二家五人。下地家五人，可任也者家二人。凡起徒役，毋過家一人，以其餘爲羡，唯田與追胥竭作。《周禮》

鄉大夫以歲時登其夫家之衆寡，辨其可任者。其舍者，國中貴者、賢者、能者、服公事者、老者、疾者皆舍，以歲時入其書。《周禮》

《載師》：凡民無職事者，出夫家之徵。《周禮》

《閭師》：凡無職者，出夫布。《周禮》

《均人》：掌均人民、牛馬、車輦之力政。凡均力政以歲上下，豐年，公旬用三日；中年，公旬用二日；無年，公旬用一日。凶札，則無力政。《周禮》

章氏曰：三代役法莫詳於周。《周禮》伍兩軍師之法，此兵役也。師田追胥之法，此徒役也。府史胥徒之有備，此胥役也。比閭族黨之相保，此鄉役也。有司徒焉，則因地之美惡以均役。有族師焉，則校民之衆寡以起役。有鄉大夫焉，則辨民之老少以從役。有均人焉，則論歲之豐凶以行復役之法。《文獻通考》

漢

初因秦法，月爲更卒。已復爲一歲屯戍，一歲力徵，三十①倍於古。《三才考略》

高祖四年，初爲算賦。民年十五而算，出口賦，至五十六歲而除。二十而傅②，給徭役，亦五十六而除。《三才考略》

---

① 「十」，《四庫》本作「丁」。

② 「傳」，《文獻通考》卷十《户口考》作「傅」。

武帝天漢間，顧役有七科：一、吏有罪；二、亡命；三、贅婿；四、賈人；五、故有市籍；六、父母有市籍；七、大父母有市籍。於時力役之繁，不減秦時。《三才考略》

昭帝中，顧役有三品：一、卒更；二、踐更；三、過更。至平帝時，始定賦從田、役從丁之制。《三才考略》

唐

太宗初，立租庸調法。凡男子年十八以上，給田百畝，其八十畝爲口分，播種禾黍，歲輸粟二石，謂之租。其二十畝爲世業，課種桑麻，歲輸綾絹二丈、綿三兩，非桑土輸布二丈五寸、麻三觔，謂之調。用民之力，歲定役二旬，閏加二日，不役則收絹三尺，謂之庸。《三才考略》

肅宗時，更爲夏秋兩税法，畢省諸租庸調、雜徭名目。《三才考略》

代宗廣德二年，敕天下户口委刺史、縣令，據見在實户量貧富等第科差，不得依舊籍帳。《文獻通考》

宣宗大中九年，詔以州縣差役不均，自今每縣據人貧富及役輕重，作科差簿，送刺史檢署訖，鏁於令廳，每有役事，委令據簿科差。《文獻通考》

宋

初以衙前主官物，以里正、户長、鄉書手督課賦税，以耆長、弓手、壯丁逐捕盜賊，以承符、人力、手力散從官給使令。《三才考略》

熙寧間行保甲，罷耆户長、壯丁。《三才考略》

元祐間，復耆户長、壯丁，仍行保甲法。《三才考略》

紹興間，役法有三：曰顧役，曰助役，曰免役寬剩。《三才考略》

乾道間行義役，令民量家厚薄，隨户役多寡，輸金買田。遇當役者，以田給之。

按：宋之役法，獨衙前爲最重。蓋衙前主典庫藏官物，有折耗，責令賠償，往往用是破家。熙寧中，州郡有衙前，越千里輸内庫金七錢，而司吏又留難，至逾年不得歸。神宗廉得，大傷之，議變法。於是王安石議以爲漢世宰相之子然且戍邊，今宜隨人户田産多寡之數，以差次出錢，顧貧民以充役，名免役錢。其市籍商販、單丁女户，及品官僧道之流，舊無役而出錢者，名助役錢。其足用顧直之外，寬增一二分，以爲水旱賑恤備者，名免役寬剩錢。其始行也，官有錢以顧役，民輸錢而得息，一時稱爲良法。其後州縣多增科率，免役之錢日多，則民病。又官所顧募之人，皆無賴市姦，不畏刑罪，則官亦病。於是司馬光又議顧役五害，不若復差役，而於役中之繁重如衙前等項，則量其費而官取雜色錢少助之，役可平也。詔從其議。然差法久廢，版籍漫滅，輕重無準。田多者或以倖免，貧者奔走不息。又苦吏科率漸廣。乾道中，金華松陽民汪灌等首倡義，度其縣中衙前里正之役，長短相覆，一歲費三十萬。乃自實其貲，爲三等，令縣中各實其貲，定著役之差次。於籍衆割田若干畝爲公田，以其粟佐當役者。役先後，視籍田多寡差等。異日户有升降，則衆議而進退之。名曰「義役」。行之三十年，俗大歡洽。郡守吕芾上其事，號其鄉曰「循禮」，里曰「信義」。自是所在皆彷行之。《三才考略》

元

初，州設坊正，鄉設里正，都設主首，專辦税事。後改爲季役，其次有貼役、雜役，以糧多者爲役首。其次爲貼役。其雜役，則弓手、祗候、禁子、𨷺子、曳刺、鋪兵、船夫、防夫、馬夫、鹽車、織染匠、雜造匠。《三才考略》

泰定間，行助役法。《三才考略》

附　松江府教授余卓《助役田記略》：

江浙所轄四道，田土之廣，錢糧之夥，賦役之重，莫過於浙西。然歸附之後，科徵文册散失殆盡。催納税糧，止憑鄉司草册，以致弊倖不一。

延祐五年，議行助役之法。浙西廉訪使言：今州縣差徭，上户萬畝，不過差充里正。下户田不滿百，未免定爲主首，至賣田畝、鬻妻子而後止。如今之計，令有田百畝之上者，出田助役爲便。

至治二年，令各縣正官，親詣鄉保，就與各處耆宿人等，斟酌彼中輕重，物力多寡，該出助役田糧數目，坐落條段，主户花名。開申每歲儲蓄，推舉信義之家，以充里長，掌管收租助役，輪流相沿交割，不許有司干預。攢造印册三本，一解省，一存府，一責付里正。仍嚴行設法關防。

華亭、上海二縣，照勘到二縣人户助田一千四百六頃三十一畝八分九釐，該米六萬三千五百四十四石二斗六升五合。推舉里正邵正、三秀等二百四十三名，掌管收租助役。既已造册關防，合令於本處置立石碣，明白鐫記條段四至、字號，備細數目，以防移換埋没之弊云。

王艮《上海縣坊正助役義田記略》：

上海之地，阻江而濱海。至元間，易鎮爲縣，市舶司在焉。故商賈駢集，民物繁庶，服役者猶未病。其後舶移東浙，屢氓日減，而坊正之役始爲病矣。

於是邑之耆老，相與謁鄉望萬户費公而議焉，公謀於衆，相率有力者驗其力之上下而差等之，各輸幣買田若干畝，歲收租若干石，以爲助役田，而公所輸尤夥。田在縣之廿五保。其議約則本保里正歲掌其租入，以給坊正之費；坊正歲集衆議，公選有幹局者一人以董之。上不失公家之務，而下可以緩民力，斯亦捄弊之權也。

既成，乃謀勒石以告於後，期於永久而無斁云。

明

洪武初，定役法，驗田出夫：田一頃，出丁夫一人；不足一頃者，以别田足之，名曰均工夫。《三才考略》

尋編《賦役黄册》，以一百一十户爲里，里分十甲，曰里甲。以上、中、下户爲三等，五歲均役，十歲一更造。一歲中諸色雜目應役者，編第均之，銀、力從所便，曰均徭。他雜役曰雜泛。凡祗應、禁子、弓兵，悉僉市民，毋役糧户。

按：銀、力二差，俱有定數。銀差者，以差編銀，不復顧役也。力差者，派與銀數，自當、顧役，悉聽其便。非於所編之外，縱民過取也。《三才考略》

僉點糧長，以賦税關國重計，選殷實户充糧長，督其鄉租税。多者萬石，少者數千石，部輸入京。間召見問疾苦，稱旨者輒拜官。《三才考略》

永樂間，編僉馬頭。

按：暫借南方百姓買馬，當差過二年，仍著土民買馬，更替回來。《三才考略》

正統間，巡撫侍郎周忱設法：馬頭解户，於秋糧義役米内取辦起解。《三才考略》

景泰間，給事中白瑩言：各處將京官之家，編作水馬驛站等役。請照洪武中例，凡京官本户雜派差役，一概優免。從之。《三才考略》

天順間，巡撫都御史崔恭倣前巡撫侍郎周忱遺法，編定均徭。

按：周忱法，將鄉都通縣排年里長，編成定次，一應差役，每石出銀一兩，輸當一年，歇息二年。酌量輕重多寡，朋合造册。在官猶如車輪，而胥吏無那移之弊，百姓便之。後知府汪滸編作上、中、下九則之法，胥吏得上下其手。至是，崔恭以長邑老人之請，照忱舊制均徭。

按：均徭之法，一按册籍丁糧，一覈人户上下。稽册籍則富商大賈免役，而土著困；覈人户則官吏、里胥輕重其手，而小民益困，二者交病。然專論丁糧，庶幾古人租、庸、調之意。時議以舊編力差、銀差之數，當丁糧之數，難易輕重酌其中役以應差。里甲除當復者，論丁糧多少，編次先後，曰鼠尾册，按而徵之。市民、商賈家殷足而無田産者，聽自占以佐銀。差役以稍平。

成化間，從刑部主事袁潔議，令沿河州縣雜辦正徭出十之二。

按：潔議自通州抵儀〔徵〕〔真〕，沿河人民編定夫甲，拽送官船，晝夜不息。請令沿河州縣雜辦正徭，但出十分之二，餘派不當夫役之處。

弘治間，應天巡撫朱瑄奏減内府供給、南京科道等官公差諸役、各衙門坐派及運送人夫等項。詔從之。

巡撫都御史魏紳奏准：以馬價編入秋糧項下，徵解各驛，買補馬匹。著爲令。

正德間，御史黄正色奏免夫役八事，從之。一、均甲役；二、處鋪户；三、革鋪長；四、均鋪舍；五、省卯酉；六、革夫役；七、均雜役；八、禁豪横。

嘉靖間，知府王儀靖立法，編簽糧解，照田多寡爲輕重；凡大小差役，總計其均徭數目，一條鞭徵充費雇辦。役累悉除。

隆慶間，蘇州知府蔡國熙詳定南北運櫃收倉兑等役，並五年一編，與十排里役各别挨輪。每遇編期，核造虎頭鼠尾册，簽點以田多寡定差輕重。

御史錢嶫奏免通州派養種馬，從之。

附 錢嶫疏略：

查得洪武年間，取勘地土，派養馬匹。揚州府所屬州縣養馬處所，每兒馬一匹，額編田二百畝，騍馬一匹，額編田三百畝，免納税糧，爲養馬之費。

通州海門勘係三面瀕江，一面邊海，中復係運鹽河通十場，不宜養馬，故無派俵馬，亦無免徵田糧。永樂年間，六安州災傷赴告，時撫按以江北例視之，遂令通州每兒馬一匹，簽一十丁，騍馬一匹，簽十五丁，暫替領養，聽候解俵。

臣生長其地，實目見地鹼水鹹，草木不服。雖稱種馬，並不産駒。瘦損倒死，十嘗八九。一經買補之期，動至傾家賣子。買自他鄉，不數月間，瘦死賠買，又復如前。及至起解赴京，備用馬匹，百無一選。每年部司文移，不過行令徵價，前往北方產馬去處，收買解俵。費用不貲，艱苦萬狀。是通州民獨受養馬之害，朝廷未嘗獲通州一馬之用也。

又查得徐、邳、豐、沛等州縣，亦派有地養馬，亦因地方災傷告申，巡撫奏蒙除豁，准將種馬變賣，與備用折色銀兩，遞年徵解，民賴以蘇。

昔年本州判官喬琪、史立模等具奏，各蒙命下部司，未見議處。亦以六安州申奏替養已久，難以復歸，又恐他處比例耳。但照通州差役繁難，江海潮爲患，數倍於前。而馬不額設，與江南相同，他處自難比例。

伏睹嘉靖六年二月十三日詔書内開：應天府所屬論丁養馬，近因備解駒小，每年止解備用馬價。今通州地方與應天府接壤，且更南下，鹹濕過之。伏乞矜念窮隱，一視同仁。或照海門縣先年奏准事例，一體除豁。或照徐、豐等處事例，每年通徵折色銀兩交納。如不得已，其備用馬匹，仍照舊將應養馬匹人户，赴北方產馬去處，收買解俵。本色不缺，其折色銀兩亦照舊解納不缺。止將種馬免養，略倣徐、豐等處事例，種馬倒失者免其追補；見在者變價解部。則國家未嘗少一馬，欠一錢，而海濱困窮，脱不時賠買之苦，受無窮蘇息之恩矣。

巡撫都御史海瑞將均徭均費等銀，不分銀、力二差，俱以一條鞭徵銀在官，聽候支解。

按：一條鞭法，十甲丁糧總於一里，各里丁糧總於一州縣，州縣總於府，府總於布政司。通計一省丁糧，均派一省徭役。於是均徭、里甲與兩税爲一，凡一縣丁糧畢輸於官，官爲僉募，以充一歲之役，小民得無擾而事亦易集。然糧長、里長之名罷，而其實存，諸役仍至復僉農民。法行十餘年，規制頓紊，不能盡遵行也。

隆慶三年，巡撫都御史海瑞革報府城附郭總甲於十排年，挨日輪充。

萬（歷）〔曆〕間，巡撫胡執禮更定徭里貼役，革除里夫。

附　松江林景暘《上巡撫胡執禮書》：

竊惟江南賦役，甲於海内。而敝郡蕞爾僻壤，列爲雄望。頻年以來，供億繁苦，既無不盡之力，不竭之財矣。閣下嘉惠地方，欲更定徭里貼役，盡革力差里夫，使第輸銀於官而無所與，誠百世良法。然因謂民即多出財以紓力庸何傷，愚則以爲未可。

夫均徭，特衙前一役，其餘收頭、催辦、解運尚多也。里甲以供祭祀、賓客、官府之需，而民間不時徵索自若也。貼役以贍北運，而夫船耗辦及解户之費又數倍也。今計三者之徵，約六萬兩，已當他省上縣之賦矣。在官之額，一成難變。恐今日加編既定，異時即閣下身在其位，灼知其害，而有不能議減者。是財之出於民一定而不易者也，而又不能保其不增。

若夫奸胥猾吏，視有司之所不便，下片紙之令，在官者復轉而在民易易耳。是力之不出於民非一定而不易者也，而況將不止於一變。至於時勢之舒慘，國用之緩急，又非意料所能盡也。

閣下計目前之多循良，而不虞異日之無不肖，習於聖朝之休養，而不念時會之有更張，愚竊以爲過矣。

且夫雇便於差，自古誌之。而昔人猶以爲年年出費，户户徵錢，此雖熙豐士大夫一時僻論，而閣下今日不可不念及於此也。毫釐之所益者，視若甚輕；而敲撲之所增者無限。一年之敲撲，其原皆起於毫釐。歲歲之敲撲，其根又起於一日更法之始，得不慎乎！閣下誠欲利民，當省在官之用，而不當增在民之供；當深思其費之所由寡，而不當徒講其費之所從出。狂瞽之言，惟閣下勿罪而採擇之，則德意終遂，而闔郡受無疆之賜矣。

巡撫都御史徐民式題准均役，紳衿限田優免，餘俱一體當差。役分上、中、下三則，以田多寡爲差。

附　**徐民式疏略**：

按吴中之役，除一切里排小役，艱辛萬狀者無論，如櫃收、倉收，南、北兩運，有終歲拮据，始得竣事者。有水宿風飡，皸皴道路，貲空産竭，流落他鄉，甚而血杖淋漓，公庭疲曳，查盤逼迫，獄底羈監三年、五年，尚未得息肩者。蓋因隆慶年間，吴中大户創立官甲，自辦自比，自收自兑。未幾巧詐百出，弊竇紛然。有倚官甲爲避差之窟而詭寄者；有通錢神於猾胥之手而花分者；

有寄莊而圖優免者；有故官而仍濫免者。相沿積習，牢不可破，而長民之吏，莫能究詰。

夫總計一縣之田，止有此數，此增則彼減。官户之田日增，民户之田日減。故縣中一遇編差，上户不足，點及中户；中户不足，點及朋户。於是豪門子弟倚勢人僕，方且坐擁良田，耳不聞役。而彼甕牖貧民，反出死力以代大户之勞費。此情理之難通也。

該職等嚴行道府縣清查，自科甲以至一命，謹遵照《會典》，厚加優免，似無不協。其餘限外田畝，及有詭寄、花分、寄莊、故官，概不容隱匿。無論官民，盡數照田編役，以甦積困。

附　凌東都疏略：

通州凌東都奏准，竈民田地，照糧一體當差。

通州僻處海濱，與金沙、西亭等六場地壤相接，界限分明。一切竈蕩供煎，鹽課例不起差。如另買民田，則與民間一體當差。嘉靖十八年，風潮淹入鹽場，巡鹽題准嘉靖二十年以前所買，民糧共一千四十石，俱作租田，免其差徭，派民替當；二十年以後買者不爲例。此民間初劫也。

萬(歷)〔曆〕九年，以嘉靖二十年後，竈買民田轉賣竈者，共五百二十石，亦作租田，免其差徭，派民替當。此民間中劫也。至十一二年，竈户又欲將竈户中、下糧一千六百石，盡行蠲免，此民間一大劫也。

本州奉例丈田，除竈蕩、軍屯不丈量外，概州實該田一萬三千頃，内竈户實該田三千九百餘頃。此據各竈自報之數也。本州奉例均糧，除竈蕩、軍屯不起科外，每科糧一石一斗四升，内竈户該糧四千五百餘石。此據竈册實徵之數也。

本州清查軍竈、民籍坍江之遺糧，與無田之浮糧，共該四千餘石，均通洒入概州見田之内。内竈户坍糧八百餘石，浮糧並賣出者七百餘石。此照鄰縣諸場之事例也。豈豪竈將見買實田，抵補坍江之數，承認虚糧，規避差徭？夫竈混民田爲租田，是欲享無差之田，差不在竈則在民矣。竈捺虚糧爲實在，是欲掌無糧之田，糧不在甲則在乙矣。

州民屢經赴告，而竈户恃富倚强，上通下徹，捺案不行，是以不得不奔赴闕庭，上瀆宸聽。伏乞下部議覆，敕行改正。不惟一方生靈得少甦醒，而歷年祖宗之版籍，亦(下)〔不〕①致混亂矣。

都諫張貞觀請定徐州里甲夫差，部議從之。

① 據《四庫》本改。

附　張貞觀疏略：

自民間苦里甲，而後有條鞭之法。是條鞭之行，所以甦里甲之困也。然固有已徵鞭銀，而復役里甲者，亦有限年頭役名色，依然照舊簽派私貼無算者。業已徵其銀，而復役其身，是民昔之所苦者一，而今之所苦者二也。臣謂既已改行鞭法，即當悉去見年。其間有重差如提鎖、甲首、走遞、馬匹之私幫等數，俱應派之合境，不應幫之里甲。

臣嘗爲令，又備知擾民之最大者，無過均丈與審鞭。均丈一次，其費可抵半歲之糧。審鞭一次，其費可抵半歲之差。蓋假升合而肆索求，指報丁而恣漁獵，里書積態，萬不能免故也。

審派之期，俱應以五年爲則。以此年而審，即以此年而派。將原派之數，揭示民間，照此的數登入繇票，人給一張，以便照數算納。庶上省一分之擾，則下省一分之費。小民皆知徭糧之數，影那、飛詭之弊可絶矣。

國　朝

順治十四年，江蘇巡撫都御史張中元禁革首名糧長，並縣歇倉歇蠹役。

康熙元年，江蘇巡撫都御史韓世琦飭行均田均役，嚴革經催。

附　户科柯聳疏略：

竊爲任土作賦，因田起差，此古今不易之常法。但人户消長不同，田畝盈縮亦異，所以定十年編審之法。則役隨田轉，册因時定，富者無免脱之弊，貧者無蚤負之憂。勞逸適均，輸將恐後，法至善也。臣五年里居，每見官役之侵漁，差徭之繁重，不一而足。其源總由於簽點之不公，積弊之未剔。

今前册已滿，目下編審届期，此小民身家利害之關，亦胥役張牙吮血之會也。若不徹底更張，痛除宿弊，何以拯民困而垂永久乎？以臣聞見所及，約略五端，謹一一陳之。

一、里甲田畝之額數宜均也。查一縣田額若干，應審里長若干，每里十甲、每甲該田若干，田多者獨充一名，田少者串充一名，其最零星者，附於甲尾，名曰「花户」。此定例也。所以各項差役，俱係里長挨甲充當，故力不勞而事易辦。獨蘇、松兩府，名爲簽報殷實，竟不稽查田畝。有田已賣盡，而仍報里役者；有田連阡陌，而全不應差者。不特十年之中，偏枯殊甚，至年年小審，那移脱换，叢弊多端。田歸不役之家，役累無田之户，以致貧民竭骨難支，逃徙隔屬。務期嚴敕撫臣，通行兩府，及今大造之時，必期田盡落甲，役必照田。務將本區之田，均役本區十甲。倘本區田多，則派入下區，按田起役，不得憑空簽報，以滋賣富差貧之弊，庶幾均役而民便矣。

一、花分子户之積弊宜清也。夫里甲十年一定，田多者簽里長，田少者爲花户，固矣。浙省各屬，有富民串通本里册書，每於編審之年，捏立鬼户，分洒田數。則田數既已無多，重役便易脱漏。及至臨審缺額，反將貧民瘠産，亦復串立應充。是田多者以花分而得卸擔，田少者反以愚實而應重役。今後各縣審役，悉照上届榜册，其一應推收，必驗實有絶賣兑契，方許分户。如並無户丁，詭立花户者，查出其田入官，册書與本人依律治罪。

一、詭寄之陋規宜懲也。國朝優免則例，原照品級之大小，派免丁糧之多寡，部覆止免本身丁徭。將優免丁糧，悉應停免，則紳衿庶民，久已一體當差矣。但查前册，定自順治八年。時從科臣劉顯績之疏，止准免其雜辦，不得濫免正賦，致累小民。所以進士、舉貢、生員，猶有各立的名，或書職銜，名曰「官户」「儒户」，凡雜項差徭，量行豁免。至於正額糧賦，各自照規完納。但因雜差繁苦，未免有親族人等，冒借户名，希圖倖免。以致紳衿名下之田，半皆影冒。且有鄉紳物故已久，生員學册無名，並寺觀香火、上司、書承，亦皆各立户名，公然討免各差。今番造册，務將紳衿的名之田，另造一册，達部存案。倘仍借户入册，將田入官，加等治罪。

一、冒籍之立户宜禁也。紳衿即有本色，止免本身丁徭，況係隔屬，豈宜冒免？即或鄰近各邑，間有置買地畝，亦當編入民里，一體應差。乃江浙陋習，竟有隔省鄰縣，並無寸土，偶有親識往來，便爾捏立册名。冒籍之客户日多，本地之充役更苦。今編審之時，凡有隔屬仕宦，另立户名希圖免差者，本縣據實申報，應嚴行處分。

一、册書之買充宜革也。江浙各縣每於經制吏書之外，每里各有册書一名，或號里書，或稱扇書，專司書算，似不可少。然此輩乘大造之時，各出頂首銀若干，買定里區、移甲換乙諸弊，皆出其手。更有衙門積棍，名曰「歇家」，買充數里，每年包納錢糧，額外私派，俱屬「歇家」掌握。甚至收愚民之額課，而臨比不完，包富役之差徭，而散派各户，盤踞難革，積蠹萬端。請敕行撫臣，將「歇家」嚴檄革除。至各縣册書，止許本里公報誠實無過，精於書算者，專管推收書算等事。是革蠹除奸之本也。

户部題覆通行。

六年，總督郎廷佐飭禁武進縣迎春鄉科派雜差。

婁縣知縣李復興行均田均役法，諸邑皆倣行之。

附　沈荃《均役成書序略》：

婁邑自均役以後，流亡復歸，荒蕪日墾，鄰邑、外省，相繼取法。父老猶慮善政難久，取李侯均役法刊爲成書，冀垂永遠。沈子浙闈竣事，父老以書見示，而俾爲叙。沈子曰：善政之行，上下皆知其便，無煩贅詞矣。所慮世俗昧於均役之義，而議其無役。且以爲師心而不法於古，請爲正告之。

夫三代之役，軍旅、土功而已。夫子所謂「使民以時」，《王制》所謂「歲不過三日」，皆此役也。井田廢而兵、民分，兵久無預於民。若夫築城、浚川，則計田出費，以供其事。如近日吴淞之役，豈非至均者哉？若議里役不設，則古之鄉長、里正，本非役也。周之比長、里宰，皆下士；閭胥、酇長，皆中士；旅師、鄙師，皆上士。黨正、縣正，皆下大夫；州長則中大夫。此命官也，豈役也哉？

漢去古未遠，故亭長、鄉嗇夫聽獄訟，收賦稅，皆有禄秩。張敞、朱邑、朱博、薛宣之流，由此至卿相。隋人欲以鄉正理五百家獄訟，李德林謂鄉官治民，恐徇私不便。唐時此意未泯，故柳宗元言：「有里胥而後有縣大夫，有縣大夫而後有諸侯，有諸侯而後有方伯、連帥。」是里胥與連帥，貴賤雖殊，而皆爲天子任理民之責者也，未聞有比較鞭笞，破家亡身者也。

唐末大亂，朱温、王建、楊行密、王潮、孫儒、朱宣、朱瑾、齊克讓之流，以大盜建節。所用守令，皆其麾下健兒，視民如仇，而用之日新。由是鄉里之職，大爲民困。此亂世厲政，豈古所謂役哉？五代因循。至宋未改，或差役，或雇役，或義役，皆能困民。然弊則改之，初無定轍。元時賦最輕，故役亦輕，而民多富。

明室賦重，縣令催科難遍，故分編里甲，使之催賦，俗名爲「經催」。是役之設，爲催賦設也，賦辦則役舉矣。今均田之法，家自催賦。無不辦之賦，即是無不舉之役。豈必辦賦之法，歲破數百家，歲斃數百命，而後謂之役哉？

向之有役，有不役，故見其役。今也無人非役，故不見其役。若遂議其無役，此正如切和羹而別索鹽梅，多見其不知味也。若謂今之法非古，夫救弊奚拘於古乎？且又無古可依。如以周漢唐爲古，則改役爲官，分郡縣之權，無追呼之苦，民固願之，而勢不可得也。以宋爲古，則雇役歟？差役歟？義役歟？宋已不能自定，而今奚法也？以舊役法爲古，則歲破數百家，歲斃數百命，仁人君子奚忍言之？

若謂以田從人爲非，則向者以人從田，圖蠹圖書爲政，而官與民交受其害。今之以田從人，業户自爲政，而官與民交受其利。將從其官民交利者乎，抑必從其交害者乎？

若慮自此以後，田畝散亂難稽，此易事耳。各圖有魚鱗細號册，令寫一本送縣，兼令業户田多者各寫一本。向因每圖止有一册，秘不示人，故飛洒、那移，大爲業户之患。今使每圖數本，則人人皆知細數，而弊端永絶，何患田畝難稽哉？

惟荒地未有定屬。然察荒使者方詳加稽核，靡濫靡遺。若入告而得邀寬恤大幸，不然而均之闔郡，亦不及百分之一耳。

或慮小人憾不得逞，陰謀梗壞。然去歲憸壬以利誘縣令，俾言變法法不可變，而令以墨抵罪。專欲難成，違衆不祥，人亦知之，不敢妄動矣。

況今部院大臣、監司守令，皆仁明愛民怭懞於上；賢父老恪守成法於下。行且遍此法於吴越間，雖百世可也。至吾郡從來役法之積弊，與李侯均役之良法，詳家賁園所撰《碑記》，及余《均編要略》舊序中，兹不復贅。

七年，清河縣知縣請除里長、立甲長，以辦一甲差糧。

附　邑人胡應華碑記：

淮之清河，昔日議廢之小縣也。治當極衝，民疲奔命，土濱黃、淮，日見衝蝕。故桑田爲滄海者什之七，户口耗去者什之九。其有不去，以見户包逃亡，以一甲包一里，以一人包一甲，公私上下，轉相負累，因而俱逃。究其所由，則里長之故也。强有力者先去，貧弱者後逃。田地拋荒，白茅無屋，黃、淮之濱，化爲鼉宅蛟宫。人烟屋廬，但於湖市蜃氣中彷彿見之。而欲以地丁糧鞭、應付差徭問之水濱者，求之里長胥徒，托爲責成，實則利其無證，擠之去耳。去而欲敲無髓，欲剜無肉。徵比無人，官民賠累，故歷年清民有相率而告廢之議也。

頃周公世連來令清河，知積疲之由，痛哭陳情於上臺。推原所以負累里長，在於逃鞭水糧之田。因革去里長，止用排年，名爲「甲長」，分辦差糧。輪用一甲長在縣應官，每月週而復始，民以爲便。

十三年，布政使司慕天顔請立均田均役定制。

附　慕天顔疏略：

臣惟則壤定賦，各有應輸之科徵；而計畝當差，始無偏枯之病累。江南州縣，每里爲一圖，每圖有十甲，此歷來額定之賦役也。

乃民間貧富不等，所有田地，多寡不齊。若田多至數十頃，而占籍止一圖，或窮民僅有田幾畝，而亦當差於一甲，是豪户避役，卸累小民，而隱占之弊生矣。又或貧民苦累不堪，將本名田地，寄籍於豪强户下，以免差徭，而詭寄之弊生矣。又或蠹胥奸里，覘知小民不諳户役之事，包當里遞，替納錢糧，代應比較，而包攬之弊生矣。種種弊端，皆因賦役不能均平之故。

夫均田均役之法，通計該州縣田地總額，與里甲之數，將田地均分，每圖若干頃，編爲定制，辦糧當差。田地既均，則賦役自平。此法自科臣柯聳條議，婁縣故令李復興行之，最爲得宜，松民至今稱便。蘇、松等屬，倣照均編。

但民間田地，賣買不常。每遇編審之期，必應推收過割。恐有積蠹乘機炫①惑有司，變亂成法，則貽害無窮。嗣後推收編審，請照均田均役，聽民自相品搭，充足里甲之數，不許多田少役。則隱占、詭寄、包攬諸弊，可以永清。

① 「炫」，《四庫》本作「眩」。

十八年，總督阿席熙請禁革儀真縣雜差。

二十三年，總督于成龍禁革里排。

附　碑記略：

里役之設，原屬明季陋規，設立里長，編爲十甲。而一甲之中，立排年一人，輪年充當催辦，似乎任輕役小。而奸豪恃頑抗納，每累墊賠。於是經承有費，差役有費，科派雜項有費，以及站櫃、修倉、解餉、兑漕，種種有費，大半入官胥之橐。而小民傾家敗産，甚且流離死徙矣。更有劣衿蠹棍，包攬代充。議貼銀一二百兩不等，此輩竟爾中飽。且包納錢糧，多勒耗費。不肖官吏，倚爲腹心，指一派十，通同分肥。故鄉愚視里役爲畏途，而衿蠹以里役爲生涯也。

夫充當里長之累，不過一里一人，猶係一家哭。而經蠹包當魚肉花户，則係一路哭矣。年深歲久，長此安窮？前已通行禁革，並須限串之法，令花户自封投櫃，完即給串歸農。如有抗欠，始行摘比。一應錢糧並漕鳳米豆，悉令官徵官解，永禁里排催交領解之弊。

但此法利於民，而不利於貪墨之官吏；利於急公之良民，而不利於包攬之棍蠹。再行嚴示，刻石立碑，永永禁止。此後如有仍踵陋習者，本官即行嚴參，胥役立拏處死。

二十八年，江蘇巡撫都御史湯斌檄免義租項下撫院書役公費。

儀（徵）〔真〕縣知縣馬雲升詳定合府照糧派差。

二十九年，桃源縣知縣姜友之請倣照清河縣例，歲助夫役。部議報可。

五十七年，儀（徵）〔真〕縣知縣陸師清核單夫積弊。

附《清單記略》：

儀邑地介江淮，斥鹵沮洳，土地瘠而生齒繁，其民皆舍本而逐末。且衢通數省，水陸舟車，差徭絡繹，額設夫馬，疲於奔命。官不能應，遂取辦於民。視其貨物多寡，行户肥瘠，給單認差，輸錢應役，名曰單夫牙餉，例不著於正供。縣官解府，主其出納，以雇募應差。即《周禮》市廛之徵，宋時王安石所行雇役錢是也。

至康熙甲寅年，經費不支，以此項充正餉。而徭役無辦，仍以單六里四應差。既徵其賦，又役其力。加以蠹胥包攬，催頭指公科斂，單民始大困矣。

康熙丁酉，師下車咨訪疾苦，即禁革迎接長夫。復不惜百日之勞，逐單釐剔，按户查差。瘠者減之，肥者增之，逃亡故絶者除之，毋攙奪，毋朋充。每户印發牌帖，懸於其門，應輸單夫牙餉，書之於牌。行以類聚，單以類分。其銀令民自封投櫃，凡單頭、小催從前借名侵蝕者，概行禁革。

又皇木皇竹、寡婦進京牽輓等差，預借庫銀應付。輸餉時，令民每差附投錢一文於櫃，有不足則官自補苴。

又舊例隔歲一濬運河，單民苦之。查漕艘過儀，歲額一千六百餘載。鹽艘循環往來，歲額數千餘載。乃集紳商公議，挑費商輸其六，單、里民各輸其二。去其大甚，單民之苦庶少甦矣。

夫事苟利於民，當亦後之君子所樂於舉行者也。今將以徵去，因單民之請，謹書而勒之石。

康熙戊戌三月日記。

雍正元年，總督查弼納嚴禁混簽丁差。

附　《江浦縣碑記略》：

雍正元年，江淮、興武二衛領運千總董撫遠等詳，請將黄快三則閒竄等丁，一併編查簽運。時督院查，黄快三則閒竄等丁與屯丁雖皆明季各衛食糧操軍，然快丁者，當時分撥領駕黄快差船，故名快丁。因不識水性，每丁帖①銀三錢，雇人代駕。至聖朝定鼎，革除各丁糧

---

① 「帖」，《四庫》本作「貼」。

米，仍徵快丁銀兩。閒丁者，乃明季衛所世襲。後裔因無差使，於順治十三年間，分爲上五錢、中三錢、下二錢三則納銀，故名三則閒丁。竄丁者，乃從前革運歸農旗軍，亦納竄丁銀兩。

至於領運之屯丁，不惟不納銀兩，且有贍運屯田。即江、興二衛屯丁無田贍運者，支領駕運錢糧則多於外衛。向來有領運挂欠，及死亡事故。先儘本户屯丁内殷實簽頂，如無殷實堪簽，方准於別户簽頂。總在屯丁户内，並無簽及黄快三則閒竄之例。蓋屯丁之内，豈少殷實？祇緣經簽運弁，賣富差貧，因及黄快等丁，欲爲添出生涯。至運丁之視領運爲畏途者，以接頂疲丁船隻，或代賠遺下漕欠及透支錢糧，或代賠造漕船，其累已多。

又有經支旗丁爲幫之霸，將合幫丁船應支錢糧，總歸一人支領銷算。其下領運諸人，知每船支給之數者，猶不致盡爲侵扣。若新簽領運之丁，不知名下應領若干，任其侵扣，隨意付給，以致漕運之費不敷，變産賠墊。即間有略知其數者，經支旗丁又揑造浮費開銷。二三年間，殷實之丁亦成貧丁矣。此簽選之實弊也。緣此，批發江糧、蘇糧兩道，查議作何立法，於屯田户内秉公簽選，剔除賣富差貧、更名復運之弊。

再運丁支給錢糧時，應令衛弁逐船具領到道，該道按名親給，本丁自領。勒石嚴革經支漕蠹，以免侵扣。其革運疲丁遺欠應賠之項，照例着落原丁追賠，不得混勒新丁承認。仍刊給新丁應領一切錢糧易知單票，則殷實之丁亦不視領運爲畏途，多方規避矣。

至該弁等不思剔弊，反將納賦黃快等丁，一併編查簽連壟斷之謀，深可痛恨。並合嚴加申飭兩道，奉此轉行到縣，合行勒石永禁。

九年，總督尹繼善禁革江寧里圖貼差。

附　尹繼善牓文：

爲釐定里圖派貼，永蘇民累事。

照得上元、江寧二縣，地當省會，每圖按甲輪當，糧户派幫陋費，整萬盈千，名爲大貼、小貼，由來已久。皆係猾里奸胥，互相勾結，恣肆侵漁。從前雖屢經禁革，皆未能正本清源，條分縷析，至今公私交混，上下因循。

本署部院恨積弊之未除，憫小民之受累，悉心確核，徹底清釐。其必需實費，酌量存留。一切濫費，全行裁革。即不得已之公事，亦皆設法承應，不許復取之里民。亦不許復取之縣書，以免因端藉口。院司道府廳各衙門書役，舊有縣役餽送陋規，亦一概全革，以防舊弊復萌。此番立定章程，務期實力遵守。爾糧長吏胥，須知法在必行，行期必力，切勿陽奉陰違，自投法網。爾無知百姓，切勿受人愚弄，自損脂膏。所有應存應革條款，開列於後，曉諭城鄉。仍刊木牓，豎立縣前、倉前，垂之永久。毋違。

應存項下：

一、該縣户書經管册籍文案，紙張飯食等項，在所必需。應准每圖貼銀四兩，計六十五圖，共貼銀二百六十兩。其餘全行裁減。

一、本圖管册，每年查造額徵銀米細册，紙張飯食等項，在所必需。應准每圖貼銀二兩，計六十五圖，共貼銀一百三十兩。其餘全行裁減。

一、縣令爲親民之官，據報衣箱、馬踏、看堂、扛擡、燈籠、火把、支更等項，每日約需夫十名，每名雇值三分，應准每圖貼銀一兩六錢六分零，計六十五圖，共貼銀一百八兩。

以上三款，每縣共存輸年大貼銀四百九十八兩。

應革項下：

一、全革漕糧南米貼費。上元縣銀二千九百餘兩，江寧縣銀三千九百餘兩，米一千二百餘石。查漕糧南米，聽花户各自赴縣完納。其應交之費，已經定有章程，極爲省減，不許混入大貼，里長重價包交。

一、全革上元縣代交南豆之弊。查南豆原係正供，應聽花户赴縣自納，不許混入大貼包交。

一、裁革江寧縣册書浮費銀九百一十兩。

一、全革里歇貼費。上元縣銀二千二百餘兩，江寧縣銀一千六百餘兩。查花户完糧，隨處住宿，聽其自便，何用里歇盤踞，勾引作奸？滋弊宜行嚴禁，違者立拿處死。

一、全革上元縣每年春、冬備席會糧銀七百餘兩。查係糜費，應行節省。

一、全革催差盤纏貼費。上元縣銀七百八十餘兩，江寧縣銀一千三百兩。查在官人役，承應辦公，分所當爲。即頑户抗糧，致被差拘，亦係一人之事，何得累及通圖？

一、全革承值院司道府廳各衙門及欽差經臨伺候執事夫役。上元縣銀六百三十二兩，江寧縣銀一千四百五十二兩。查在省各衙門執事，應令各衙門人役自值，需用水火打掃等夫，應動養廉自備。過覓清書，應設法辦理。其拜牌、接詔等項，應動校尉、力士支剩工食，臨時雇用。欽差各大人到省，及祭祀行香、迎禧迎春、巡城秋審等項，應動府屬走遞夫皂工食，臨時雇用。扛擡行李、卷箱等項，應令遞運所水旱承當。至科場三年一舉，應動公銀辦理。均不許派之里圖，取之縣書，以省苦累。

以上共革上元縣銀九千一百七十餘兩，江寧縣銀一萬六百七十餘兩，米一千二百餘石。此後或將已革之款捏辭再取，或於革款之外，藉名另派，嚴拿治罪，斷不姑寬。慎之！凛之！

江南通志卷七十七

食貨志

漕運 一

唐

都長安，而關中號稱沃野。然其土地狹，所出不足以給京師、備水旱，故常轉漕東南之粟。《唐書》

初，江淮漕租米至東都輸含嘉倉，以車或馱陸運至陝。而水行來遠，多風波覆溺之患，其失常十七八，故其率一斛得八斗爲成勞。而陸運至陝，纔三百里，率兩斛計庸錢千。民送租者，皆有水陸之直，而河有三門底柱之險。《唐書》

開元十八年，宣州刺史裴耀卿朝集京師，(元)〔玄〕宗訪以漕事，耀卿條上便宜曰：「江南户口多，而無征防之役。然送租、庸、調物，以歲二月至揚州入斗門，四月以後，始渡淮入汴，常苦水淺。六七月乃至河口，而河水方漲，須八九月水落，始得上河入洛。而漕路多梗，船檣阻隘。江南之人不習河事，轉顧河師水手，重爲勞費，其得行日少，阻滯日多。今漢隋漕路，瀕河倉廪，遺跡可尋。可於河口置武牢倉，鞏縣置洛口倉，使江南之舟不入黄河，黄河之舟不入洛口。而河陽、柏崖、太原、永豐、渭南諸倉，節級轉運，水通則舟行，水淺則寓於倉以待。則舟無停留，而物不耗失，此甚利也。」(元)〔玄〕宗初不省。二十一年，耀卿爲京兆尹，京師雨水，穀踊貴。〔玄〕宗將幸東都，復問耀卿漕事，耀卿因請罷陝陸運，而置倉河口，使江南漕舟至河口者，輸粟於倉而去。縣官雇舟，以分入河、洛。置倉三門東西，漕舟輸其東倉，而陸運以輸西倉。復以舟漕，以避三門之水險。(元)〔玄〕宗以爲然。乃於河陰置河陰倉，河西置柏崖倉，三門東置集津倉，西置鹽倉，鑿山十八里以陸運。自江淮漕者，皆輸河陰倉，自河陰西至太原倉謂之北運，自太原倉浮渭以實關中。(元)〔玄〕宗大悦。

《唐書》

廣德二年，廢句當度支使，以劉晏顓領東都、河南、淮西、江南東西，轉運租庸、鑄錢、鹽鐵，轉輸至上都。度支所領諸道租庸觀察使，凡漕事亦皆決於晏。晏即鹽利顧傭，分吏督之，隨江、汴、河、渭所宜。故時轉運船，繇潤州陸運至揚子，斗米費錢十九，晏命囊米而載以舟，減錢十五。繇揚州距河陰，斗米費錢百二十，晏爲歇艎支江船二千艘，每船受千斛，十船爲綱，每綱三百人，篙工五十人，自揚州遣將部送至河陰，上三門，號「上門填闕船」，米斗減錢九十。調巴、蜀、襄、漢麻枲竹篠爲綯挽舟，以朽索腐材代薪，物無棄者。未十年，人人習河險，江船不入汴，汴船不入河，河船不入渭。江南之運積揚州，汴河之運積河陰，河船之運積渭口，渭船之運入太倉，歲轉粟百一十萬石，無升斗溺者。輕貨自揚子至汴州，每馱費錢二千二百，減九百，歲省十餘萬緡。又分官吏主丹陽湖，禁引溉，自是河漕不涸。《唐書》

宋

都大梁，有四河以通漕運，曰汴河，曰黄河，曰惠民河，曰廣濟河，而汴河所漕爲多。《宋史》

開寶五年，率汴、蔡兩河公、私船運江淮米數十萬石，以給兵食。《宋史》

先是，四河所運未有定制。太平興國六年，汴河歲運江淮米三百萬石，菽一百萬石。黄河粟五十萬石，菽三十萬石。惠民河粟四十萬石，菽二十萬石。廣濟河粟十二萬石。凡五百五十萬石。非水、旱蠲放民租，未嘗不及其數。至道初，汴河運米五百八十萬石。大中祥符初，至七百萬石。江南、淮南、兩浙、荆湖路租糴，於真、揚、楚、泗州置倉受納，分調舟船，泝流入汴，以達京師，置發運使領之。《宋史》

江、湖上供米，舊轉運使以本路綱輸真、楚、泗州轉般倉，載鹽以歸，舟還其郡，卒還其家。汴州詣轉般倉運米輸京師，摺運者四。河冬涸，舟卒亦還營，至春復集，名曰「放凍」。卒得番休，逃亡者少。汴船不涉江路，無風波沉溺之患。後發運使權益重，六路上供米，團綱發船，不復委本路。獨專其任，文移坌並，事目繁夥，不能檢察。操舟者賕諸吏，得詣富饒郡，市賤貿貴，以趨京師。自是江、汴之舟混轉無辨，挽舟卒有終身不還其家、老死河路者。籍多空名，漕事大弊。《宋史》

江淮等路發運副使蔣之奇、都水監丞陳祐甫開龜山運河，漕運往來，免風濤百年沉溺之患，詔各遷兩官。《宋史》

張根爲江南西路轉運副使，歲漕米百二十萬石，給中都。江南州郡僻遠，官吏艱於督趣，根嘗存三十萬石爲轉運之本，以寬諸郡。時甚稱之。《宋史》

自熙寧以來，其法始變。歲運六百萬石給京師外，諸倉常有餘蓄。州郡告歉，則折收上價，謂之「額斛」。計本州歲額，以倉儲代輸京師，謂之「代發」。復於豐熟，以中價收糴，穀賤則官糴，不至傷農；饑歉則納錢，民以爲便。本錢歲增，兵食有餘。崇寧初，蔡京爲相，始求羨財，以供侈用費。所親胡師文爲發運使，以糴本數百萬緡充貢，入爲户部侍郎。來者效尤，時有進獻，而本錢竭矣。本錢既竭，不能增糴，而儲積空矣。儲積既空，無可代發，而輸船之法壞矣。《宋史》

天聖中，發運使方仲荀奏請，度真、楚州堰於水閘，自是東南雜運，直至京師。惟六路上供斛斗，猶循用轉般法，吏卒縻費與在路折閱，動以萬數。欲將六路上供斛斗並依東南雜運，直至京師；或南京府界卸納，庶免侵盜乞貸之弊。自是六路郡縣，各認歲額，雖湖南北至遠處，亦直抵京師，號「直達綱」。豐不加糴，歉不代發。《宋史》

譚稹上言：「祖宗建立真、楚、泗州轉般倉，一以備中都緩急，二以防漕渠阻節，三則綱船裝發，資次運行，更無虚日。自其法廢，河道日益淺澀，遂致中都糧儲不繼。淮南三轉般倉，不可不復。乞自泗州爲始，次及真、楚，既有瓦木，順流而下，不甚勞費。俟歲豐，計置儲蓄，立法轉般。」淮南路轉運判官向子譚奏：「轉般之法，寓平糴之意。江湖有米，可糴於真；兩浙有米，可糴於揚；宿、亳有麥，可糴於泗。坐視六路豐歉，有不登處，則以錢折斛，發運司得以斡旋之，不獨無歲額不足之憂，因可以寬民力。運渠旱乾，則有汴口倉。今所患者，向來糴本歲五百萬緡，支移殆盡。」宣和五年，乃降度牒及香、鹽鈔各一百萬貫，令吕淙、盧宗原均糴斛斗，專備轉般。《宋史》

靖康元年，令東南六路上供額斛，除淮南、兩浙依舊直達外，江、湖四路，並措置轉般。《宋史》

高宗建炎二年，詔二廣、湖南北、江東西，綱運輸送平江府；京畿、淮南、京東西、河北、陝西，及川綱輸送行在。又詔二廣、湖南北，綱運如過兩浙，許輸送平江府；福建綱運過江東西，亦許輸送江寧府。三年，又詔諸路綱運見錢並糧，輸送建康府户部；其金銀、絹帛，並輸送行在。《宋史》

紹興初，因地之宜，以兩浙之粟供行在，以江東之粟餉淮東，以江西之粟餉淮西，荆、湖之粟餉鄂、岳、荆南。《宋史》

都於燕，去江南極遠，而百司庶府之繁，衛士編民之衆，無不仰給於江南。自丞相伯顔①獻海運之言，而江南之糧分爲春、夏二運。蓋至於京師者，一歲多至三百萬餘石，民無輓輸之勞，國有儲蓄之富，豈非一代之良法歟？《元史》

至元十九年，伯顔追憶海道載宋圖籍之事，以爲海運可行。於是請於朝廷，命上海總管羅璧、朱清、張瑄等，造平底海船六十艘，運糧四萬六千餘石，從海道至京師。然創行海洋，沿山求嶼，風信失時，明年始至直沽。時朝廷未知其利。《元史》

二十二年，增濟州漕三千艘，役夫萬二千人。初，江、淮歲漕米百萬石於京師，海運十萬；膠萊六十萬石；而濟之所運三十萬石，水淺，舟不能達。更以百石之舟，運用四人，故夫數增多。《續文獻通考》

二十四年，始立行泉府司，專掌海運。增置萬户府二，總爲四府。《元史》

二十八年，又用朱清、張瑄之請，併四府爲都漕運萬户府二，止令清、瑄二人掌之。其屬有千户、百户等官，分爲各翼，以督歲運。

① 「伯顔」，《四庫》本作「巴延」。本書下同。

至大間，議海運事。時江東等處運糧海船，從大江逆流而上，江水湍急，又多石磯，走沙漲淺，糧船俱壞，歲歲有之。又湖廣、江西之糧，運至真州，泊入海船。船大底小，亦非江中所宜。於是以嘉興、松江秋糧，並江淮、江浙財賦府歲辦糧充運。海漕之利，蓋至是溥矣。《元史》

初，海運之道自平江劉家港入海，經揚州路通州海門縣黄連沙頭、萬里長灘開洋，沿山嶼而行。抵淮安路鹽城縣，歷西海州海寧府東海縣、密州、膠州界，放靈山洋，投東北，路多淺沙，行月餘始抵成山。計其水程，自上海至揚村馬頭，凡一萬三千三百五十里。至元二十九年，朱清等言，其路險惡，復開生道。自劉家港開洋，至撐脚沙轉沙觜，至三沙揚子江，過匾擔沙大洪，又過萬里長灘放大洋，至青水洋，又經黑水洋至成山，過劉島至芝罘、沙門二島，放萊州大洋，抵界河口，其道差爲徑直。明年，千户殷明略又開新道，從劉家港入海，至崇明州三沙放洋，向東行入黑水大洋，取成山轉西，至劉家島，又至登州沙門島，於萊州大洋入界河。當舟行風信有時，(至)〔自〕①浙西至京師，不過旬日而已，視前二道爲最便云。然風濤不測，糧船漂溺者無歲無之，間亦有船壞而棄其米者。至元二十三年，始責償於運官，人船俱溺者乃免。然視河漕之費，則其所得益多矣。《元史》

二十九年，開通惠河，以郭守敬領都水監。初，言水利有十一事，其一欲道昌平縣白浮村神仙泉，過雙塔榆河，引一畝、玉泉諸水入城，匯於積水潭，從東折而南入舊河，每十里置一閘，以時蓄泄。

① 據《元史》卷九十三《食貨·海運》改。

帝稱善。復置都水監，命守敬領之。丞相以下，皆親操畚锸爲之倡。置閘之處，往往於地中得舊時甎木，人服其識。逾年畢工，自是免都民陸輓之勞。上悦，賜名曰通惠。《續文獻通考》

至治三年，江浙行省言：鎮江運河，全藉練河之水爲上源，漕運、商販舟楫，無不由此以供億。前朝嘗濬此湖，瀦畜潦水，若運河水淺，開放練河一寸，可添河水一尺。近年淤淺，以致遞運不通，乞加修治。制可。工畢，又置湖兵百人，專任修理。《續文獻通考》

至正十五年，江浙省臣乞減海運，以甦民困。户部定擬：本年税糧，除免征外，其寺觀並撥賜田糧，十月開倉，盡行拘收。其不敷糧，撥至元折中統鈔一百五十萬錠，於産米處糴一百五十萬石，貯瀕河之地，以聽撥運。從之。《續文獻通考》

明

初，海運因元之故，海運不給，於是陸運以濟之。及會通河既浚，於是有攢運，而海運乃罷，遮洋海運猶不廢焉。然攢運之初，皆支運也。既而，議者以爲軍、民不便。於是有兑運，法凡五變：一曰海運，二曰海陸兼運，三曰支運，四曰兑運，五曰改兑。《續文獻通考》

洪武二年，令户部於蘇州太倉儲糧二千萬石，以備海運，供給遼東。是時海船有一千料，有四百料，名「鑽風海船」。後永樂中改海運，遂改四百料爲淺船。《續文獻通考》

永樂元年，令於淮安用船運糧，入淮河沙河，至陳州潁岐口跌坡下，用淺船運至跌坡上，別以大

船載入黄河。至八柳樹等處，令河南車夫赴衛河，轉輸北京。此變海運之始。《續文獻通考》

十二年，海運糧四十八萬四千八百一十石於通州，又衛河攢運糧四十五萬二千七百七十六石於北京，所謂海陸兼運者是也。一由江入海，出直沽口，由白河運至通州，謂之海運。一由江入淮、黄河，至陽武縣，陸運至衛輝府，由衛河運至薊州，謂之河運。《續文獻通考》

十三年，時會通河成，遂令浙江嘉、湖、杭，與直隸蘇、松、常、鎮等府，秋糧除存留並起運南京及供給内府等項外，其餘原坐海運之數，盡撥運赴淮安倉。揚州、鳳陽、淮安三府秋糧内，每歲定撥六十萬石，運至徐州倉。徐州並山東兖州府秋糧内，每歲定撥三十萬石，俱令民運赴濟寧倉。以淺河船三千隻，於會通河支淮安糧，運至濟寧倉；二千隻支濟寧糧，運赴通州倉。每歲通運四次，所謂支運者是也。其天津並通州等衛官軍，於通州接運至京。自是海運不復行矣。《續文獻通考》

又令浙江都司並直隸衛，分官軍於淮安運糧，至徐州置倉收囤。京衛官軍於徐州運糧，至德州置倉收囤。山東河南都司官軍，於德州運糧，至通州交收。《明會典》

陳瑄計議，令民運糧俱於淮安、瓜洲，補給脚價，兑與軍船領運。瑄又奏請，於淮安、瓜洲水次，令軍民於此對船交兑，令軍船出給通關，付還與民。令民補脚價：在淮安水次者，每正糧一石，外加五斗；在瓜洲水次者，每正糧一石，加五斗五升。《續文獻通考》

十六年，又令浙江、湖廣、江西布政司，並直隸蘇、松、常、鎮等府，兑糧坐派二百五十萬石，令糧里自備船隻，運赴通州河西務等處上倉。《明會典》

二十一年，奏准每歲漕運，以兩運赴京倉，一運赴通州倉交收。《明會典》

宣德二年，令浙江、江西、湖廣並直隸蘇、松等府，起運淮安、徐州倉糧，撥民自運赴通州倉；其運糧軍士，於淮安、南京倉支運。《明會典》

四年，仍令江西、湖廣、浙江，民運糧一百五十萬石，貯淮安倉；蘇、松、寧國、廬州、池州、安慶、廣德，民運糧二百七十四萬石，貯徐州倉；應天、鎮江、常州、太平、淮安、揚州、鳳陽及滁、和二州，民運糧二百二十萬石，貯臨清倉。令官軍支運山東、河南、北直隸府州縣糧，徑赴北京。其攢運軍船，量地遠近與糧多寡，如淮安上糧，民船十抽其一，徐州十三抽一，臨清十五抽一，給與官軍，兼舊船運載赴京。此兑運之始。《明會典》

六年，奏准浙江、江西、湖廣，蘇、松、常、鎮、太平等府，簽撥民丁及軍多，衛所添撥軍士，與見運軍士通二十四萬，分兩班更替攢運。《明會典》

七年，議淮民運多失農月，及官軍空船往還艱苦，著例民糧加耗脚，各於附近水次兑與軍運。《明會典》

南京江北府州縣糧，於瓜洲、淮安支兑。《續文獻通考》

應天、蘇州、松江、常州、鎮江、太平、寧國、池州、廬州、安慶，每石加耗米五斗六升，又兩尖米一斗，共六斗六升。內除四斗隨船作耗，餘米二斗六升折銀一錢三分，名「二六輕齎」。今減去二升，止徵二斗四升，改爲「二四輕齎」。於內仍扣留銀一分。鳳陽、淮安、揚州、徐州，每石加耗米四斗六升，尖米一斗，共五斗六升。内三斗隨船作耗，餘米二斗六升折銀一錢三分，名「二六輕齎」。後改爲「二四」。脚米每石六升，折銀給運官同有司，爲買辦物料修船之費。通會河成，省脚價，始立減扣法，扣留者以備修惠通河閘，量減者以寬民力。《明會典》

九年，令官軍運糧五百萬石，以三分爲率，通州倉收二分，京倉收一分。《明會典》

按：此爲兑運法。

成化七年，都御史滕昭議罷瓜、淮兑運，裏河官軍雇江船，於江南水次交兑，民加過江之費。《明會典》

按：此爲改兑法。

令瓜、淮官軍過江兑運，除加耗外，每石添給脚米六升改兑耗米。應天、蘇州、松江、鎮江、廣德，每石俱三斗二升。鳳陽、淮安、揚州，每石俱二斗七升。徐州每石二斗二升。以上各加耗内各折米二升，易銀一分，名「折易輕齎」。凡改兑，俱無尖米盤剥之費。《明會典》

二十年，奏淮河道淺阻，糧運遲滯，運到京者，悉免晒颺，每石加耗米四升，每石兑運該收耗米並免晒颺米四升俱作正數支放。《明會典》

萬(歷)〔曆〕二年，題准各處隨糧輕齎銀，通解漕司。内將三分給運官，其七分選定解官，裝入標船，星夜越幫前進，送通倉坐糧郎中，秤過寄庫。候該幫船到驗給，運官完糧。

七年，又令完製通關之日，查無挂欠，亦便與運官領回分給。

附　漕運總兵萬表云：

糧運輕齎者，即耗糧也。先是耗糧俱本色，隨船候到灣，雇車起糧，則易銀爲用。後以灣中米價低昂不一，而易賣又滯交納。弘治十三年，都御史張敷華、都督郭宏方議，折銀每石定價五錢，可以輕齎就於交兑之時，支領隨船，此「一六」「二六」「三六」輕齎之名由始也。

然只令完納兑運三百三十萬石而已，餘耗本折皆歸旗卒，官固無利之者。是故旗卒富饒，糧運於斯爲盛。至正德六、七年來，京師權要，始有官債，虚立文約，逼奪輕齎，而弊又從此生矣。時各總運官多出其門，牽引爲害。蓋借公物以爲私賂，希寵庇耳。

於是始有鞘封過淮，赴漕運衙門呈驗重封，仍委官至張家灣過發之，蓋以革逼奪之弊。而把總聶欽遂引夤緣驗封查算使用，以羡餘獻之於官，故又有扣除之例矣。欽雖即以贓敗，而後之相繼者則用意算扣，歲增其數，咸務多獻以爲功。太倉庫所積羡餘，至盈數十萬，而官旗揭借，賠費賠害不可勝言。欽之倡始爲可罪也夫！

「一六」「二六」「三六」輕齎，乃耗糧也。惟因地有遠近，故耗有多寡。非脚價也，若脚價，則一例矣。灣中起糧使用，則各總皆同，又何必分「一六」「二六」「三六」之殊哉？今以輕齎扣除於官，是則正糧四百萬之外，復收其耗糧也，豈制法之意乎？

後又添設參將一員，駐劄通州，專一驗封。參將王佐乃定脚價，搜括倉中使用。如太監，則有「茶果錢」。如經歷、倉攢，每石一釐，則謂之「釐兒錢」。及至吏書、門官、斗級之類，莫不定之以數，每年造報花銷，遂以爲例。

先年倉中使用，初無定數，每因人之狡懦，而高下增減之。司使用之人，又有虚數以欺衆者，累至争訐。故此法一立，一時人亦便之。但使用公行，太監茶果，又添火耗，催茶果者又有班兒錢。其經歷、倉攢，往年各衛得以所帶本地貨物，高價與之。而今皆絞銀，且以此爲應得。又於數外求之，爲厚薄低昂矣。蓋作法於凉，其弊猶貪；作法於貪，弊將焉止？故爲法不可不慎也！《明典彙》

是年，題准：每船許帶土宜六十石，多者盡數入官。如遇淺起剥，自備脚價。

初，内官監收白熟粳米，科索無厭。大率正糧一石，加費二石，始獲批單。至是以應天巡撫吴廷舉言，始令今後内官監收糧悉如故事，每石加耗一斗，不許分外多收。軍餘人等，有仍前巧立名色，科索民財者，如法究治。《明典彙》

九年，議准：漕司及各巡撫將江南五府應運白糧，令各糧長仍雇五百料中船，勿令夾帶私貨，應得水脚，當官議定，先給一半。其餘印封，船過徐州，總部官驗給。又題准：每歲解京白糧，務點殷實糧户正身解納，不許棍徒包攬。應用米數，先儘本名。如有官户銀米責令運送，倉庫轉給領解，以杜短少賠累。船隻許令糧長自雇五百料中船，每百石定給銀三十三兩。埠頭等役，悉行查革。經過鈔關，如果止於土宜四十石，免其納税。《明會典》

附　陳睿謨《白糧解役疏略》：

竊惟國家財賦，大半取給江南。江南力役重大，莫如糧解。漕糧、白糧兩解，皆公儲也，皆公役也。然漕糧係軍運，軍係伍丁。白糧係民運，民運則照地畝僉差，名曰大户。夫惟以大户充糧解，其賠累有莫可言者矣。

東南諸省，如湖廣、江西等府，俱止有漕糧，無白糧。即南直、浙江，惟蘇、松、常、嘉、湖五府，獨有白糧。臣每見里中糧役，收領正米外，更有各項名色。官有管轄，遂因其管轄而遞索之。事有款項，隨照其款項而各科之。運船未出江口，而使費已耗其大半矣。

用是不避怨嫌，臚列四款。一曰糧官陋規當裁，官常肅而糧解之節省無量矣。一曰胥役冗費當革，需索少而糧解之輸納易辦矣。一曰沿塗阻壅當恤，此又疏通糧務之一關鍵也。一曰包攬積蠹宜懲，此又區處解役之一權宜也。

黄希憲《改運白糧疏》：

切白糧爲上供急需，遞年僉點糧解，（春）〔舂〕①辦兑納，相沿久矣。邇因半爲包棍侵漁，半

① 據《四庫》本改。

爲胥役措索，以及剥淺守凍，赴京交納等費，動以千計。遂至靡歲不遲，無邑不欠，公家正額究無完納之期。近奉聖諭涣頒，凡可寬恤吾民者，無不周悉。臣撫此財賦重地，目擊苦役，敢復隱忍膠柱，不求長策乎？

近行蘇松道，會同常鎮道徹底講求，思甦民裕國之策，莫善於均徵米而官運之。官運則民無雇倩之費，一便也。官無簽役之難，二便也。錢糧既自官支，吏胥無從抽扣，三便也。在船皆官役，船户無敢淩虐，四便也。催儹皆官事，沿途無敢抛撇，五便也。況米屬均徵，則苦樂之形不立，巧拙之情自化，糧不必詭寄飛灑，差不必就易避難，民心以厚，民風以淳，六便也。

然其中有當議者五焉。凡白糧正耗、舂辦夫船等米，一概算入平米之内派之。此派糧之公可行也。原編耗米之外，另編加二，以補沿途之消損。以平米一石計之，不過合勺而已，此加耗之輕可行也。民間辦糧，盡數交倉，無此漕彼白之分。縣官就完米中擇其乾潔者，交協部官動支，舂辦交割總部，完辦蚤則起行先，可免漕艘阻壓之患。此徵辦之速可行也。運船向係民雇，官運則必用官船。計每船管船、頭柁、水手，各安家衣資等項，以及買辦包索、遇淺起剥、遇溜添簹等項，計每船用米五十石，用銀三百二十五兩。以原編夫船貼役米計之，除支外米尚有餘。以原編夫船貼役銀計之，除儘支外銀尚不足。以有餘之米，當不足之銀，臨時調劑，是經費不煩增設矣。至於管押起交，侵盜漂失，每船各有責成。遇有虧欠，立勒賠補，懸大法以繩其後。蓋既不可以復問糧里，則人未有不愛惜性命者。是責成不患無人矣。

茲據蘇、常兩道，臚列具詳，臣亦無容更益。而臣緯恤杞憂，尚有不能已於言者。語曰：「一法立，一弊生。」外而衙蠹包棍，内而部胥積猾。引户每視糧解爲奇貨，今改爲官解，未免拂其狼心，必至多方阻撓，或包棍潛入京師，串通積役，仍肆把持。或引户交構外奸，僞造訛言，動摇耳目。有一於此，皆足害成。乞敕五城御史及緝事衙門，凡遇此等，即置重典。庶蠧賊一清，而美利可久。伏願軫此孑遺，毅然乾斷，敕部立覆舉行。異日書之史册，將見九重如天好生之德，與穹壤俱無極矣。

國朝

順治九年，准總漕馬國柱疏請，查黄屯丁，審定運軍。

附 馬國柱疏：

爲運丁舊册堪稽，簽勾積弊宜剔，仰祈聖明俯賜採擇事。

臣聞凡事更張，即起借端之弊，前人有例，何難按籍而求？如明朝用黄快船以裝貢物，設運船以輓漕糧。事雖並重，然黄快船丁係編審小甲，糧船運户係食糧祖軍，人實分途。先是，兩丁皆以正身應役，備受監局廠衛之騙害，有冤無告。嗣據南北兵部堂屬詳①議疊疏，奏請定爲免役編銀之法，快丁每歲納銀一萬五千兩，黄丁每歲納銀二千二百兩，徵解南兵部，以爲繕船募役之資。此萬（歷）〔曆〕十四、十六等年兵部題准，刻有《船政新書》可據。兩丁遵此而行，非一日矣。至於運軍，承祖户運差，凡有事故，止於運差軍餘内撥補，不得將黄快船編丁掣出領運。此萬（歷）〔曆〕二十一年兵部題准。至崇（正）〔禎〕四年，南兵部尚書傅振商，與漕運總督李待問，又將萬（歷）〔曆〕八年及四十六年老册，與運軍祖册、運餘底册、逐月支糧册，徹底清查，審定運軍一萬八千六百六十名。有見運旗甲，有食糧運餘，有清出竄丁，有空閒備補。其間祖宗姓名、子孫人數，刻有《運册新考》可據。運軍遵此而行，亦非一日矣。

乃值我朝創造方新，舊弊叢生。奸甲既思竄户而息肩，貪弁反借勾查而居奇。臣前閲總督漕臣沈文奎題疏，及部臣覆議，慎重精詳，深恐殷實運軍、竄户逃差，致誤國家漕務。雖然，臣謂此輩有敢竄之心，無能竄之法。何也？兩書在案，運自運，丁自丁，固截然不容混也。臣思我皇上念念爲民，事事除害。一切直省錢糧，盡照萬（歷）〔曆〕年間編派，以絶額外濫加之弊。則船政運册，亦萬（歷）〔曆〕年間臺省兵部幾經參駁而後成書。使清查照此清查，則載册祖軍，誰敢指鹿爲馬？簽運照此簽運，則納銀船丁自難以羊代牛。斬斷無數葛藤，省盡許多騙詐矣。

①「詳」，《四庫》本作「群」。

臣謹繕疏奏聞，伏乞皇上敕部詳議。仍將原書發臣，捐俸重刊頒布，使軍丁世守成規，永戴

皇仁可也。仰祈聖明俯賜採擇。

十一年六月，奉恩詔，内開：白糧民解，仍以累民，今後於該省漕糧船分帶，以甦官民之累。應行事宜，該督撫作速議奏。經該督撫以江南之官運民解，久已相安，漕船帶運不便，仍照舊例。

按：明季白糧，僉派里民解運，深爲賠累。自本朝定鼎後，改民解爲官解，選府貳爲總部，縣佐貳爲協部，雇募民船裝運。

十二年，准倉場王永吉疏，將簞夫、葦把、小封、紙劄、羨餘五項，並防欠、水脚、行月三項，全給官旗。其買銷賣銷，一概禁革，以杜葛藤。

十四年，户部覆准，江南白糧照浙省例，抽選漕船裝運。又准巡按御史秦世貞疏，定漕糧官收官兑，令各府州縣印官照派定區圖貯收在倉，驗依准單交兑，每正糧百石除正耗外，加米五石、銀五兩，交與旗弁。

十六年，准巡按御史馬騰陞疏，自今民户各照應納糧米，並耗贈及五兩五石，儘數交納收糧官，官隨收給串，即發歸農。俟旗船到次，衛官竟與印官、糧官交兑，軍民兩不相見。則五兩五石之外無苛求，官收官兑之法爲至便。

附 馬騰陞疏略：

臣於去年題准良法虛懸一疏，業經嚴飭各屬，畫一遵守矣。恐將來不肖有司，陽奉陰違，仍復審簽。糧役如蘇之公正糧長，松之圖記典耆，常之里甲圖收，一經簽定，收漕責成，漸復在民。請自今秋早定收漕各官，開倉之日，糧户輸納，即挨次交收，無致臨兑雜沓。縣官照條銀例，先期印發糧串，斛過糧米，糧官即照數填給，勿使糧户伺候。至如兑竣之通關，每多勒掯，五兩五石之外，曰順風，曰花紅，曰犒賞，巧立名色，恣意索取。

今議各州縣漕船，聽候漕臣頒發全單給糧道，開明某衛各船若干隻，兑某縣米若干石，該道頒發號單。每單兑米一百石，連加贈銀米交清，即將一單著令衛官填註收數。一船兑足，即出給水程，勒令開幫。是爲節節割絶，使無勒掯通關之弊。再令糧道查照各屬，額設幾倉，每倉頒發號簿幾本，將前各丁船開列在簿，兑足即註明兑足。如過期不兑，監兑推官周歷所至，按簿責比旗軍，以杜愆期之弊。更有驍軍沿途停泊，竊取墳樹種種等情，許地方官嚴拿解送糧道或兵巡守道，重懲其運官約束不嚴，申報漕撫，俟過淮之日創治，以禁在途生事。倘水程限日遲延，一並查處，糧艘可速進，而延誤之弊亦除矣。

又准科臣朱紹鳳以蘇、松、常、鎮四府糧多路遠，領運旗丁不無常例雜費，於五兩之外再加五兩。其江安等十一府州，俱仍係五米五銀。

漕糧正兑進京倉，每正米一石，加原帶耗米二斗五升，共一石二斗五升。過壩進倉，内收正米一石，又收耗米七升、尖米四升二合，又尖上加耗米二合九勺四抄，共一石一斗一升四合九勺入廒。其餘一斗三升五合六抄，舊例聽作盤閘折耗，及倉中晒颺虧折。此外有剩，作該衛所餘米，給還運軍。如正兑之米改進通倉，加收五閘耗米五升。康熙十四年，題以運進京倉漕糧餘耗米内盤閘耗米五升，將三升收廒，入正支銷，以二升聽作各閘折耗。

漕米進通倉，江寧府正兑米一石，原帶耗米四斗，内交倉二斗五升，餘一斗五升爲旗丁盤耗。改兑米一石，原耗米三斗，内交倉一斗七升，餘一斗三升爲旗丁盤耗。淮、揚、海、通並邳、宿、睢正兑米一石，原耗米三斗，内交倉二斗五升，餘五升爲旗丁盤耗。改兑米一石，原耗米二斗五升，内交倉一斗七升，餘米八升爲旗丁盤耗。徐州正兑米一石，原耗米二斗五升全交倉。改兑米一石，原耗米二斗五升，内交倉一斗七升，餘八升爲旗丁盤耗。安慶、寧國、池州、太平、廬州、六安正兑米一石，原耗米四斗，内交倉二斗五升，餘一斗五升爲旗丁盤耗。鳳陽、泗州、潁州正兑米一石，原耗米三斗，内交倉二斗五升，餘五升爲旗丁盤耗。改兑米一石，原耗米二斗五升，内交倉一斗七升，餘八升爲旗丁盤耗。廬州、廣德改兑米一石，原耗米三斗，内交倉一斗七升，餘一斗三升爲旗丁盤耗。

康熙十七年，將蘇、松、常、鎮贈銀裁減五兩。二十年，將蘇、松、常、鎮四府所裁贈銀五兩，内復給三兩五錢。本年九月，奉上諭：積貯爲國家大計，歲運漕米，充實京倉，最爲緊要。旗丁人等挽運勤勞，宜加存恤。朕頃巡行近畿，至通惠河一帶，見南來漕船旗甲人丁，資用艱難，生計窘迫，深爲可憫。若不預爲籌畫，恐其苦累難支，以致沿途遲滯，貽誤倉儲，所關非細。前以軍需浩繁，漕運額設錢糧，節行裁減。今行作何酌復款項，爾部詳議具奏。户部議覆：此項銀米，原係額設應給之款。自今年起運十九年起，各省所裁減耗贈銀米，俱行復給。

二十五年，糧船概定每船十丁。又定三分本色蓆片，止徵解二分五釐，減去五釐。一並折銀，與前七分折色銀，均解通濟庫。

二十六年，總督慕天顔題定：漕船料價銀二百八兩七錢七分。

按：漕船料價，舊例各省多寡不一。康熙二十一年，監造副都御史色克德議，令各省一例定價。

四十三年，令江省白糧照依漕糧幫船一例支給行月錢糧，其漕贈銀米經費銀兩，概行裁減。

四十六年七月，奉旨：旗丁領運照數全完者，總漕奬賞額糧；之外有多交者，計算米數並領運次數議叙。

五十一年二月，從總漕赫壽之請，定漕政八款：一、令糧道親歷水次稽查，如正耗等米有折乾情弊發覺，該管官各照例處分；仍將所折之米，如數追賠。一、江南省糧船三千一百餘隻，浙江省一千三百餘隻，前後開行，相隔千有餘里，每省内派通判一員，首尾不能稽查。嗣後江南省派七員，浙江省派三員，每員押船四五百隻，抵通以無欠與挂欠之次數爲升降。一、監兑官務令坐守水次，將正耗、行月、搭運等米，逐船兑足，親身督催，到淮盤驗。一、每幫設立千總二員，輪流押運。倘一弁留通，一弁事故，則領運無人，勢難兼顧。請將候選千總揀選三四十人，發總漕衙門委派，一次領運全完者，遇缺即行補授。一、江、浙每年積欠之幫，押運千總如二運全完，其次挂欠之幫三運全完，别幫五運全完，皆准其即陞。一、定例一船十丁。嗣後每船於本丁兄弟子侄内，再派一丁，註入册内，隨船駕運。如抵通挂欠，留一丁追比，一丁駕空回南，設措完欠。如到淮短少，令一丁駕運北上，一丁買米趕幫。每幫十船，連環保結。一、簽丁令千總保結報衛，備府、廳等官再行看驗，加具印結。如有挂欠，千總、守備仍照例處分外，府、廳、糧道亦照挂欠多寡，遞加罰俸。一、過淮違限一二月者，仍照例處分外，違限二月以上或七十日、八九十日，計日不計月，分别議處。

五十二年，准蘇撫張伯行疏：江南漕船仍照原限，勒令正月以裏過淮。

雍正元年，十二月初九日，奉上諭：漕船關係緊要，除本船正副旗丁外，其頭舵、水手，皆應擇用本軍，庶知守法，不敢誤漕生事。

二年五月初二日，上諭：漕運關係甚大，經費本無不敷。而運丁恣行不法者，皆由官弁剥削所致。嗣後各省糧道給發錢糧，不許扣尅分釐。沿途武弁，不許藉端需索。運丁除包攬抗違外，所帶些須貨物，亦無容苛刻盤查。

三年六月二十日，奉上諭：禁止漕船夾帶私鹽，並火炮、鳥鎗、火藥等物。

四年，户部議：江安、蘇松二糧道，輪流一員，押運過臨。

五年三月，准部議：將道庫實存錢糧，照藩庫一例，每年春、秋二季將實在所貯，分别應存、應解各款，盡數登明，造册報部，聽候撥解京餉。又糧道職司漕運，每歲例應押運過淮到通，方得回任。

而經管各項錢糧，亦應比藩庫例，添設庫大使一員，凡倉庫收放銀米，責成稽查。

十八日，准漕臣張大有議：自雍正五年爲始，漕運船隻無論土著、協運，皆就向年原兑府屬，止調本府各邑水次，運過三年，另行調换。白糧丁船，於通漕船内抽選堅固船隻、無欠殷丁掣運，五年更替。令其少有羸餘，以示獎勵。

六年五月，准部議：浙江布政司高斌奏：空重漕船北上南下，非横截河心，即對停兩岸，商民壅塞莫行。偶或擦碰，輒行索詐，稍不遂意，即肆咆哮。應行文該管督撫，轉飭沿河儹運文武官弁，按入境出境日期，時刻親身逐程挨查。如仍蹈前弊，即行嚴拿究治。如該管少有疏縱累商，或經查出，或被首告，將沿途文武官員照例題參議處。

九月，准滸墅關監督李秉忠請：近有帶土宜六十石免税之例，但恐不肖運丁，借端藏隱侵欺，將貨分散各船，或沿途包攬，轉誤回空之期。今回空糧船，帶有梨棗及應行上税之物，仍令輸税。

十月，上諭：自雍正己酉年爲始，江、浙徵收漕米，但擇乾圓潔净，不必較論米色，准令紅、白兼收，秈、粳並納，著爲定例。

七年正月，上諭：嗣後糧船過淮之時，著派御史二員，前往淮安，專司稽查。不許官吏人等，向旗丁額外需索，以致擾累。其糧艘携帶物件，除照例許帶土宜外，該旗丁如有夾帶私鹽，及違禁等物者，亦著該御史稽查。但不得過於嚴刻吹求，以致糧運遲滯。

三月，准江南狼山總兵官王安國請：通州應徵漕糧，自雍正己酉年爲始，照額徵收貯倉改兑，狼營兵米就近支給。將附近水次州縣應徵南米，改抵通州，起運漕糧。

五月，奉上諭：土宜著於舊例六十石之外，加增四十石，准每船携帶一百石，永著爲例。

十月，准蘇撫尹繼善之請：禁革徵收積弊，酌定每石收費六分，折收制錢五十四文。其行用小錢地方，即照大錢數扣算交收。以一半給發旗丁，一半留給州縣。再，每漕一石，止許收水脚錢五文。其州縣倉廒如離糧艘上兑之處十里以外者，每十里准加二文。又，災漕米石，一體照新漕，每石交費五十四文。惟水脚一項，災漕陸續派兑，挽運艱難，准比新漕，加錢十文，此外不許多勒粒米毫銀。

十一月，從總漕張大有之請，部頒每省糧道鐵斛各一，俾得畫一遵守。

八年正月，上諭：浙江、蘇松等屬，應解三分本色松板，著俱改徵折色。令各該糧道彙解通濟庫，以備採辦之用。其湖廣、江西、安徽等處，全解十分本色者，著倉場侍郎嚴行稽查，不許收板官吏勒索使費。

三月十三日，准御史竇啓瑛條奏，及倉場侍郎岳爾岱、凃天相等議：嗣後州縣徵糧米，預將各里各甲花户額數的名填定，聯三版串，一給納户執照，一給經承銷册，一存州縣查對。按户徵收，對册完納，即行截給歸農。其未經截給者，即係欠户。該印官查摘追比，若遇有糧無票、有票無糧等情，即係胥吏侵蝕，立即嚴追。行知各直省督撫，轉飭所屬有漕州縣，一體遵行。

十一月，奉旨：浙省白糧，係民間舂辦。江南百姓輸納糙米，官爲舂白，一應綑包、搬運，皆屬官辦。其所有耗米、束包等項，俱著照該撫尹繼善所請，准其開銷。

九年三月，上諭：江南江淮、興武二衛旗丁名下有應追鑽夫底料銀十萬八千一百餘兩，悉行豁免，以示朕恩恤運丁之至意。

附　性桂疏略：

查江、興二衛應追鑽夫、底料一項，荷蒙特恩豁免，該衛軍丁官弁感激誠切，歡呼載道。臣隨據情叩謝天恩，繕疏題達在案。

至查從前給發此項銀兩，原由糧道給發衛備，轉給各丁經管書役人等紙筆、飯食之資，各丁不免亦有所費，如浮冒虛銷、扣尅分肥等弊。臣詳細密查，定無確據。嗣後倘蒙皇上隆恩，仍准給發，臣自當仰體皇上加恩施惠，務在受者得其實濟之至意。嚴飭道衛，凡從前旗丁所費陋規，概行革除，勒石永禁。臣仍不時密訪嚴查，如有違犯，或被旗丁告發，官參吏處治罪。則旗丁均沾實濟，而於成造大有裨益。

再查旗丁成造漕船，所領料價不敷，又無贍田幫貼，故加鑽夫、底料。除鑽夫銀伍拾兩，原無增減。其底料一項，係以十年計算，每分銀伍兩一錢。若無底料者，則全給銀伍拾兩有零。或有底料不足，則照不足分數補給。是以合之鑽夫一項，或有共給一百兩有零者，或有共給伍拾餘兩以及六七十兩、八九十兩不等者。惟俟臨時查核，底料乃有確數。如蒙特恩，嗣後仍照定例賞給，自當臨時飭令道衛查明，酌定給發。

江南通志卷七十八

食貨志

漕運　二

江南全省

國朝順治初，原額漕糧正兑改兑正耗米二百二十三萬二千九百五十三石三斗四升七合有奇，白糧正耗舂辦等米二十七萬一千六百一十二石六合有奇。

隨漕白項下，本色米三十四萬二千二百八十石九斗六升有奇，麥三萬七千八百一十七石八斗五升一合有奇，豆五百六十石八斗七升八合有奇。折色銀九十三萬二千五百七十一兩五錢九分九釐有奇，本色三分蓆七萬七千一百二十六領八分有奇。

輪運千總一百七十二員，隨幫百總六十七員。丁四萬六千七百三十七名，內除減丁外，實運丁四萬一百一十九名五分。船四千二百六隻，內除減存外，實運船三千五百八十四隻九分。

康熙二十二年，額徵漕糧正兑改兑正耗米二百二萬六百八十七石七斗八升八合有奇，白糧正耗舂辦等米一十萬五千八百四十六石八斗八升四合有奇。

隨漕白項下本色米三十三萬二千九百一十六石九斗四升六合有奇，麥三萬四千六百四十七石四斗一升五合有奇，豆與原額同。折色銀九十萬二百三十九兩五錢二分五釐有奇，本色三分蓆六萬一百五十二領二分有奇。

輪運千總、隨幫百總，俱與原額同。丁四萬七百六十名三分，船三千六百四十三隻九分。

雍正十三年，實在漕糧正改兑正耗米二百一十一萬五千六百三十一石一斗八合有奇，白糧正耗米一十九萬三千七百八十三石五斗八升二合有奇。內漕糧正改兑正米一百五十四萬八十四石八斗一升二合有奇，耗米五十七萬五千五百四十六石二斗九升五合有奇。白糧正米一十五萬四百七十三石二斗一升九合有奇，耗米四萬三千三百一十石三斗六升三合。

隨漕白項下本色米三十九萬四千六百六十四石八斗一升三合有奇，麥九萬二千八十石一斗二升有奇，豆五千五十六石七斗八升一合。內贈貼五米一十萬四千二百七十四石六斗三升一合有奇，行月米二十五萬一千一十四石七斗四升七合，盤耗並運船水手食米三萬九千三百七十五石四斗三升五合，行月麥九萬二千八十石一斗二升有奇，月糧豆一千六十五石七斗六合。徐倉行月豆三千九百九十一石七升五合。折色銀一百三萬七千七百四十兩一錢三分一釐有奇。內贈貼銀一十七萬八千七百八十九兩七分二釐有奇，輕賫正扛蓆木板折旱脚船料等銀一十八萬四千四百四十三兩七錢四分六釐有奇。加漕裁扣並新增協濟等銀一十一萬一千七百五十三兩二錢五分二釐，六升米折銀三萬一千七百二十八兩七錢二分六釐，裁扣幫官廪工銀二百一十六兩，行月湊修贍運等銀一十一萬七千五百九十兩七錢六分七釐，俸廪揚、亳二倉屯折支剩山、河搬運永減月糧户口鹽鈔等銀二萬四十四兩二錢四分九釐，民七軍三銀一萬一千一百八十二兩二錢四分七釐有奇，改折灰石銀三萬五千六十五兩一錢九分七釐，各倉扛賫銀一十一萬四千七百五十三兩六錢八分八釐，白糧經費銀一十萬四千五百六十三兩九錢三分，裁存經費銀一十二萬七千六百九兩二錢五分七釐。本色蓆五萬四千九百八領一釐有奇，松板九百五十九片八分一釐有奇。

輪運千總一百三十員，隨幫百總六十三員，丁四萬三百四十名，船三千八百三隻。

江安等處督糧道所轄各府州衛漕糧正雜等項

國朝順治初，原額漕糧正改兑正耗米六十八萬一千九百八十一石八斗三升有奇。

隨漕項下，本色米二十萬一千三百五十九石六斗五升一合有奇，麥二萬一千六十二石五斗七升五合有奇，豆五百六十石八斗七升八合有奇。折色銀二十五萬六千四百九十一兩三錢四分八釐有奇，本色三分蓆七萬七千一百二十六領八分有奇。

輪運千總一百五十員，隨幫百總五十九員。丁三萬九千四百九名，內除減丁外，實運丁三萬三千三百九十名七分。船三千五百五十八隻，内除減存外，實運船二千九百九十隻一分。

康熙二十二年，額徵漕糧正改兑正耗米五十三萬七千九百七十六石九斗三升五合有奇。

隨漕項下，本色米一十九萬二千八百三十一石六斗二升八合有奇，麥一萬八千一百石三斗七升二合有奇，豆原額同。折色銀二十三萬四千八十七兩五錢八分八釐有奇，本色三分蓆六萬一百五十二領二分有奇。

輪運千總、隨幫百總，俱與原額同。丁三萬四千三十一名五分，船三千四十九隻一分。

雍正十三年，實在漕糧正改兑正耗米五十七萬八千五百八十五石一斗四合有奇。内正改兑正米四十三萬五千五百八十四石四斗一升八合有奇，耗米一十四萬三千石六斗八升六合有奇。

隨漕項下，本色米二十一萬一千三百三十七石三斗六升九合有奇，麥七萬五千五百一十三石二斗四升八合有奇，豆五千五十六石七斗八升一合。内漕贈五米二萬七千四百二十三石二升七合有奇，係隨漕給丁，沿途濟運之項。行月米一十六萬九千六百二十二石六斗六升九合，係動放江、興、新、宣等衛各幫丁行月之項。鳳、淮二倉米一萬四千二百九十一石六斗七升三合，内除動放盧、鳳等衛各幫丁行月外，餘剩解部。月糧麥二萬七百四十一石六斗七升四合，係動放盧、鳳、淮、揚等衛各幫丁月糧之項。鳳、淮、徐三倉麥五萬四千七百七十一石五斗六升四合，内除動放盧、鳳等衛各幫丁行月外，餘剩解部。月糧豆一千六十五石七斗六合，係動放淮、大二衛各幫丁月糧之項。徐倉豆三千九百九十一石七升五合，内除動放盧、鳳等衛各幫丁行月外，餘剩解部。折色銀三十八萬五千七百六十八兩六錢六分一釐有奇。内漕贈五銀二萬七千四百二十三兩二分七釐有奇，係隨漕給丁，沿途濟運之項。輕賫蓆折旱脚船料等銀四萬七百一十四兩六釐有奇，内除解通銀一萬八千餘兩，並湊放造船料價、行月外，餘銀解部。加漕裁扣等銀七萬六千二百九十兩九錢八分四釐，係動放江、興各幫行月之項。新增銀二萬八千三百九十四兩九錢八分四釐，係動放江、興各幫官丁俸廪、行月之項。協濟銀七千六十七兩二①錢八分四釐，係給放江、興各幫造船鑽夫底料之項。六升米折銀二萬四千八百一十五兩二錢二分三釐，係動放江、興、新安等衛各幫丁漕船之項。行月、湊修等銀四萬六千九百七十兩四釐，係動放新安等衛各幫丁行月、湊修漕船之項。俸廪揚、亳二倉屯折支剩山、河搬運永減月糧户口鹽鈔等銀二萬四十四兩二錢四分九釐，聽候撥給運丁濟運，餘剩解部。鳳倉米麥扛費等銀七萬九千二百九兩五分六釐，淮倉麥折扛費等銀一萬三千三百五十八兩九錢九分，徐倉銀二萬一千四百八十兩八錢五分四釐，以上三倉銀内，除動放廬、鳳等衛各幫丁行月外，餘剩解部。本色蓆五萬四千九百八領一釐有奇，松板九百五十九片八分一釐有奇。

輪運千總一百一十員，隨幫百總五十三員，丁三萬四千四百五十名，船三千二百一十四隻。

江寧府

額徵漕糧，正改兑正米六萬二千六十四石七斗五升八合，耗米二萬三千四百八十三石四斗一升五合。

① 「二」，《四庫》本作「一」。

隨漕雜項米共三萬五千八百五十六石九斗六升八合。内贈貼米四千二百七十七石四斗八合，南屯行月米三萬一千五百七十九石五斗六升。銀三萬六千一百九十五兩二錢八分六釐。内贈貼銀四千二百七十七兩四錢八釐，輕賫、蓆折並五釐蓆銀四百五十一兩二錢八分七釐，全裁書辦工食銀一千一百九十一兩六錢，協濟安慶衛半折行月銀二百二十三兩三錢五分四釐，加漕銀八千二百一十七兩六錢三分二釐，新增銀一萬四千八十七兩五錢二分五釐，黄快三則屯糧協濟銀三千五百九兩三錢九釐，江寧廠料銀一千四百三十二兩四錢一分二釐，六升過江米折銀二千八百四兩七錢四分九釐。本色蓆七千七百五十八領六釐，本色松板二百四十八片六分。

安慶府

額徵漕糧，正兑米五萬九千一百五十四石七斗六升八合，耗米二萬三千六百六十一石九斗七合有奇。

隨漕雜項，米共一萬四千七百二十九石六斗六合有奇，麥二千四百三十七石二斗一升三合。内贈貼米二千九百五十七石七斗三升八合零，安慶衛行月米一萬一千七百七十一石八斗六升八合，協濟廬州府月糧本色麥二千四百三十七石二斗一升三合。銀四萬四千八百一十三兩有奇。内贈貼銀二千九百五十七兩七錢三分八釐有奇，輕賫、蓆折並五釐蓆銀七千九百一十一兩九錢五分，全裁書辦工食銀一千七百九十四兩四錢，民七軍三料價並魚課篙師海防房地等銀三千九百一十六兩二錢七分一釐，安慶衛行月銀八千七十六兩六錢一釐，扣守千現候改品俸薪銀七十兩一錢，協濟廬州府月糧麥折銀九百九十六兩八錢六釐，給守千現候俸廩工銀三百七十八兩七錢六釐，鳳倉麥米折銀一萬八千七百一十兩四錢二分八釐。本色蓆七千三百九十四領三分四釐有奇，本色松板三百二片三分四釐有奇。

徽州府

額徵南米二萬二千九百四十八石九斗。

隨漕雜項銀共七千四百六十八兩七錢二分八釐。內行月銀四千一百七十五兩一釐，全裁書辦工食銀一千七百一十六兩四錢，民七軍三料價銀一千五百七十七兩三錢二分七釐。

寧國府

額徵漕糧，正兑米三萬石，耗米一萬二千石。

隨漕雜項，米共一萬四千八百三十二石七斗二升二合，內贈貼米二千一百石，南米九千二百六十三石二斗二升二合，宣州衛行月米三千四百六十九石五斗。銀一萬三千九百八十兩二錢三分七釐。內贈貼銀二千一百兩，輕賫、蓆折並五釐蓆銀四千一十二兩五錢，全裁書辦工食銀一千七百一十兩四錢，民七軍三料價銀七百四十七兩一錢一分六釐，行月並湊修漕船銀三千七百二十八兩一錢四分七釐，山河搬運銀八十二兩五錢七分五釐，鳳倉麥折銀一千六百兩。本色蓆三千七百五十領，本色松板一百五十三片三分三釐。

池州府

額徵漕糧，正兑米二萬五千石九斗四升九合，耗米一萬石三斗七升九合。

隨漕雜項，米共一萬五百八十六石五斗一升四合有奇，內贈貼米一千七百五十石六升六合有奇，南米五千一百七十七石九斗四升八合，新安衛行月米三千六百五十八石五斗。銀一萬二千三百一十八兩一錢三分八釐有奇。內贈貼銀一千七百五十兩六分六釐有奇，輕賫蓆折並五釐蓆銀三千三百五十三兩一錢二分六釐有奇，裁扣書役工食銀一千六百七十四兩四錢，建、東二縣，歸併饒、撫、南三衛所屯米折正贈共銀五千五百四十兩五錢四分六釐。本色蓆三千一百二十五領一分一釐有奇，本色松板一百二十七片七分八釐有奇。

大平府

額徵漕糧，正兑米一萬七千石，耗米六千八百石。

隨漕雜項，米共九千二百六十石，內贈貼米一千一百九十石，行月米八千七十石。銀一萬五千七百六十七兩六錢七釐。內贈貼銀一千一百九十兩，輕賫蓆折並五釐蓆銀二千二百七十三兩七錢五分，全裁書辦工食銀一千二百六兩八錢，新增銀四百八十九兩八錢六分三釐，黃快三則屯糧協濟銀八兩八錢三分二釐，民七軍三料價並本府豐濟倉餘剩行月抵充料價共銀一千八百九十五兩七錢五分三釐，本府支剩行糧米折銀三百八十四兩七錢四分二釐，行月銀五千九百一十七兩八錢六分七釐，鳳倉麥折銀二千四百兩。本色蓆二千一百二十五領，本色松板八十六片八分八釐。

廬州府

額徵漕糧，正改兑正米一萬一千五百六十一石，耗米四千四百二十八石八斗。

隨漕雜項，米共一萬五千四百三石四斗三升三合，麥二百二十七石三斗四升六合，內贈貼米七百九十九石四斗九升，月糧米一萬二千八十二石七斗九升九合，淮倉本色米二千二百九十三石七斗九升八合，鳳倉本色米二百二十七石三斗四升六合，鳳倉本色麥二百二十七石三斗四升六合。銀八千三百六十九兩八錢四分二釐。內贈貼銀七百九十九兩四錢九分，輕齎旱脚蓆折并五釐蓆攤帶共銀二百六十三兩九分八釐，全裁書辦工食銀一千三百六兩四錢五分五釐，新增銀九百七十七兩五錢二分九釐，黄快三則屯糧協濟銀五百一十九兩五分九釐，六升過江米折銀二百一十九兩，月糧銀三千七百四十三兩二錢六分二釐，清江廠造船銀八十兩一錢二分，鳳倉麥米折銀四百六十一兩八錢二分九釐。本色蓆一千四百四十五領一分二釐。

鳳陽府

額徵漕糧，正改兑正米一萬八千九百四十八石六斗六升九合，耗米五千二百六十三石七斗四升二合。

隨漕雜項，米共一萬八百九十九石六斗三合有奇，麥八千六百三十二石一斗一升三合。內贈貼米九百四十七石四斗三升三合有奇，月糧米一千五百四十九石九升一合，鳳倉本色米八千四百三石七升九合，月糧麥一千九十九石三斗九升九合，淮倉半本麥二百五石一斗五升，鳳倉本色麥七千三百二十七石五斗六升四合。銀一萬六千四百二十六兩七錢二分七釐有奇。內贈貼銀九百四十七兩四錢三分三釐有奇，輕賫旱脚並五釐蓆折共銀二百五十三兩六錢九分九釐，全裁書辦工食銀一千一百八兩七錢五分二釐，新增銀一千四百三十九兩五錢七分，黄快三則屯糧協濟銀一百六十八兩一錢三分六釐，户口鹽鈔銀一千一百七十七兩七錢五分八釐，廣濟倉麥米折銀二百七十七兩四錢二分七釐，月糧銀二千二百八兩一錢七分三釐，江寧廠造船銀二百四兩五分七釐，清江廠造船銀二百六十二兩二錢九分二釐，淮倉半折麥銀八百五十三兩八錢二分五釐，鳳倉麥米折銀七千五百二十五兩六錢五釐。本色蓆二千三百六十八領五分八釐。

淮安府

額徵漕糧，正改兑正米四萬四千六百六十一石五斗九升三合，耗米一萬一千七百八石七斗七升。

隨漕雜項，米共四千七百五十九石六斗五升五合，麥七千三百八十五石五斗二升六合，豆五百三十二石八斗五升三合。內贈貼米二千八百一十八石五斗一升八合，淮、大、泗三衛月糧并陞科米一千九百四十一石一斗三升七合，淮、大、泗三衛月糧並陞科麥二千九百六十二石七斗八合，淮倉半本麥四千四百二十二石八斗一升八合，淮、大、泗三衛月糧豆五百三十二石八斗五升三合。銀一萬九千一百七十二兩二錢四分四釐。

内贈貼銀二千八百一十八兩五錢一分八釐，輕賫蓆折並五釐蓆銀二百五十一兩一錢二分六釐，裁扣工食銀一千三百九十二兩一分六釐，揚倉麥折銀八十四兩五分二釐，加漕銀二千九百五十一兩二錢九分二釐，協濟銀五錢，鹽城縣屯折俸工銀一十一兩八錢五分七釐，淮、大、泗三衛月糧銀二千六百四十八兩四釐，永減月糧銀四百八十七兩九錢六分二釐，江廠船料銀三百五十兩一錢一分六釐，清江廠造船銀一百六十六兩六錢二釐，淮倉半折麥並地租共銀一千九百二十五兩九錢七分二釐，鳳倉麥米折銀六千八十四兩二錢二分七釐。本色蓆五千五百八十二領六分九釐。

揚州府

額徵漕糧，正改兑正米六萬七千八百二十五石二斗四升一合，耗米一萬九千五百七十石三斗六升六合。

隨漕雜項，米共六千四百五十四石六斗三升七合有奇，麥六千五百八十六石一斗九升九合。內贈貼米四千三百六十九石七斗八升有奇，揚州衛月糧米一千八百七石五斗九升六合，淮倉本色米二百七十七石二斗六升一合，揚、儀二衛月糧麥三千二百六十七石八斗七升二合，淮倉本色麥三千三百一十八石三斗二升七合。銀二萬六十兩五釐有奇。內贈貼銀四千三百六十九兩七錢八分有奇，輕賫旱脚並五釐蓆銀一千二百九十一兩七分五釐，新增銀二兩五錢五分，裁扣工食銀一千五百四十五兩二錢八分，加漕銀四千五百七十二兩二錢六分，黄快三則屯糧協濟銀一十兩一錢五分，亳州倉麥折銀六十兩，揚州衛月糧並永減月糧銀一千五百六兩一錢八分七釐，陞科月糧款內裁扣工食銀一十一兩八錢三分七釐，運隨俸廪工銀一千一百八十二兩八錢三分五釐，江寧廠船料銀一百八十四兩九錢六分九釐，清江廠造船銀五百三十二兩，淮倉麥折銀一千三百二十八兩六錢四分三釐，鳳倉米折銀三千四百六十二兩四錢三分九釐。本色蓆八千四百七十八領一分五釐有奇。

徐州府

額徵漕糧，正改兑正米五萬一千三十二石五斗七升四合有奇，耗米一萬二千四百八十七石一斗六升八合有奇。

隨漕雜項，米共三千四百一石一斗八升八合有奇，麥二萬二百二十九石三斗九升四合。內贈貼米三千一百七十五石九斗八升七合有奇，淮、大、泗三衛月糧並陞科米二百二十五石二斗，徐倉麥八千二百一十石九斗四升五合，淮、大、泗三衛月糧麥並陞科麥一千七百三十六石九斗二升，淮倉本色麥一萬二百八十一石五斗二升九合。銀三萬七千四百五十四兩五錢七分一釐有奇。內贈貼銀三千一百七十五兩九錢八分七釐有奇，輕賫船料並五釐蓆銀八百五十七兩六錢七分九釐，全裁書辦工食銀一千五百六十二兩一錢四分五釐；揚、亳二倉麥折銀一千三百七十七兩七錢八分一釐，徐倉銀二萬一千四百八十兩八錢五分四釐，淮、大、泗三衛月糧銀一千三兩四錢五分七釐，永減月糧銀六百三兩五錢二分，運隨俸廪工銀二百七十八兩九錢八分八釐，江寧廠造船銀七十三兩五錢八分七釐，清江廠造船銀六十八兩六錢八分八釐，淮倉麥折銀三千四百三十八兩八錢八分七釐，鳳倉麥米折銀三千五百三十二兩九錢九分八釐。本色蓆六千三百七十九領七釐有奇。

潁州府

額徵漕糧，正改兑正米八千九百九十石八斗九升四合有奇，耗米二千四百六十五石七斗九升五合有奇。

隨漕雜項，米共八百一石七升有奇，麥一千四百五十七石六斗二升一合。內贈貼米五百一十二石八斗九升一合有奇，鳳倉本色米二百八十八石一斗七升九合，淮倉半本麥一百七十四石三升二合，鳳倉本色麥一千二百八十三石五斗八升九合。銀三千三百六十三兩六錢五分六釐有奇。內贈貼銀五百十二兩八錢九分一釐有奇，輕賫旱脚蓆折并五釐蓆折共銀一百四十七兩一錢九分四釐，全裁書辦工食銀八百三兩三錢三分一釐，户口鹽鈔銀六百七兩三錢一分七釐，給宿州衛二幫運官俸工銀九十兩，清江廠造船銀一百八十一兩一錢四分五釐，淮倉半折麥銀六十九兩六錢一分三釐，鳳倉米麥並月糧折銀九百五十二兩一錢六分五釐。本色蓆一千一百二十三領八分五釐有奇。

海州併屬

額徵漕糧，正改兑正米一萬七千一百八十三石三斗三升二合有奇，耗米四千三百七十六石一斗四升。

隨漕雜項，米共二千九十六石一斗六升二合有奇，麥九千九百六十二石四斗六升五合。內贈貼米一千七十七石九斗七升三合有奇，月糧並陞科米一千一十八石一斗八升八合，月糧並陞科麥五千二十一石六斗八升九合，淮倉本色麥四千九百四十石七斗七升六合。銀一萬一千一百四十一兩三錢七分二釐有奇。內贈貼銀一千七十七兩九錢七分三釐有奇，輕賫旱脚蓆折並五釐蓆銀四十二兩六錢四分八釐，全裁書辦工食銀三百七兩九錢四分一釐，揚倉麥折銀八十六兩八錢一分二釐，月糧銀三千一百二十兩五錢八分二釐，永減月糧銀四百二十九兩八錢二分七釐，江寧廠造船銀八十四兩六錢三分六釐，清江廠造船銀一十兩七錢八分五釐，淮倉麥折銀一千五百九十七兩一錢七釐，鳳倉麥米折銀四千三百八十三兩六分一釐。本色蓆二千一百四十七領九分一釐有奇。

通州併屬

額徵漕糧，正改兑正米六千七百三十六石五斗四升七合，耗米一千九百九十九石三斗一合。隨漕雜項，米共一千九百二十六石六斗二升七合，麥四千八百四十八石五斗二升九合。內贈貼米四百三十六石七斗九升二合，月糧並陞科米一千四百八十九石八斗三升五合，月糧並陞科麥二千九百一十九石一斗七升九合，淮倉本色麥一千九百二十九石三斗五升。銀一萬九十二兩四錢八分一釐。內贈貼銀四百三十六兩七錢九分二釐，輕賫旱脚並五釐蓆銀二百八十九兩三錢二分九釐，全裁書辦工食銀八百九十二兩一錢二分，月糧銀一千三百五兩一錢三分四釐，永減月糧並陞科銀一百五十五兩九錢四釐，月糧款內裁廩工並廠軍口糧銀三百六十五兩八錢五分三釐，門軍口糧、土兵工食共銀一千四百二十九兩八錢九分八釐，亳州倉麥折銀六十三兩三錢三分六釐，俸廩工銀三百五十兩一錢五分六釐，清江廠造船銀四十二兩八錢六分五釐，淮倉麥折銀七百七十三兩八錢四分八釐，鳳倉米折扛銀三千九百八十七兩二錢四分六釐。本色蓆一千三百三領一分。

滁州併屬

額徵隨漕雜項，米共七千一百一石一斗八升三合，內南米六百一十六石，屯米六千四百八十五石一斗八升三合。銀九千六百九十三兩八錢六分二釐。內全裁書辦工食銀五百六十五兩六錢五釐，新增銀六千七百六十六兩五錢六分八釐，黄快三則屯糧協濟銀一千五百三十七兩六錢八分九釐，清江廠造船銀一十八兩，鳳倉麥折銀八百六兩。

和州併屬

額徵隨漕雜項，米共八千八百一十七石八斗七升八合，內行月並不敷米四千三百五十一石五斗，南米九百九十九石一斗二升五合，屯米三千四百六十七石二斗五升三合。銀七千四百三兩一錢一分七釐。內全裁書辦工食銀四百一十二兩四錢，新增銀四千一百三兩一分三釐，黄快三則屯糧協濟銀八百六十九兩一錢四分六釐，行月並竹蓆銀二千一十八兩五錢五分八釐。

廣德州併屬

額徵漕糧，正改兑正米八千石，耗米二千四百石。

隨漕雜項，米共一千二百四十石九斗，內贈貼米五百二十石，南米七百二十石九斗。銀一千五十四兩四錢，內贈貼銀五百二十兩，蓆折易米並五釐蓆共銀一百一十兩，全裁書辦工食銀四百二十四兩四錢。本色蓆一千領，本色松板四十片八分八釐。

六安州併屬

額徵漕糧，正米二千五百八十四石七斗八升四合，耗米一千三十三石九斗一升三合。

隨漕雜項，米共三千三百一十九石五斗六升六合，內贈貼米一百八十石九斗三升四合，月糧米三千一百三十八石六斗三升二合。銀二千一百四十七兩一錢七分五釐，內贈貼銀一百八十兩九錢三分四釐，輕賚旱脚蓆折並五釐蓆銀九十四兩二錢六分，全裁書辦工食銀五百二十二兩七錢八分五釐，月糧銀一千一十三兩九錢六釐，清江廠造船銀三百三十五兩二錢九分。本色蓆三百二十二領九釐。

泗州併屬

額徵漕糧，正改兑正米四千八百三十九石三斗七合，耗米一千三百二十石九斗九升三合。

隨漕雜項，米共一千四十三石八斗二升六合，麥二千七百七十一石八斗四升五合。內贈貼米三百八石一升四合，鳳倉本色米七百三十五石八斗一升二合，淮倉半本麥二十二石一斗二升四合，鳳倉本色麥二千七百四十九石七斗二升一合。銀四千一百一十九兩四錢七分九釐，內贈貼銀三百八兩一分四釐，輕賚船料旱脚蓆折並五釐蓆銀四十一兩八錢三分六釐，新增銀五百一十五兩八錢四分四釐，黄快三則屯糧協濟銀四百三十九兩六分五釐，全裁書辦工食銀四百五十九兩九錢五分四釐，加漕銀八百七十一兩六錢四分八釐，户口鹽鈔銀三十八兩六錢五分三釐，廣濟倉麥米折銀八百七十六兩九錢八分二釐，江寧廠造船銀三十四兩三錢八分六釐，清江廠造船銀二十八兩，淮倉半折麥銀二百一十五兩五錢七分一釐，鳳倉麥米折銀二百八十九兩五錢二分六釐。本色蓆六百四領九分一釐。

蘇松常鎮太五府州加漕裁扣南米等項解江安等處督糧道

雍正十三年，額徵隨漕雜項米共三萬三千二百五十七石八斗七升九合，麥共三百一十六石四斗，銀共八萬六千六百二十六兩四錢二分六釐。

蘇州府屬

南米一萬四千三百三十三石七斗七升八合。

裁扣工食並協濟銀四千四百一十七兩四錢六分一釐。

過江六升米折銀一萬二千二百五兩六錢五分九釐，鳳倉麥米折銀五千三百二十三兩九錢三分一釐。

松江府屬

裁扣工食並地丁銀二千九百四兩七錢六分三釐。

鳳倉麥折正扛銀五千一百二十九兩四分七釐。

淮倉米折正扛銀三千二十八兩九錢六分四釐。

常州府屬

南米四千九百石二斗五升七合。

淮倉麥三百一十六石四斗。

裁扣書識工食銀一千七十五兩二錢。

過江六升米折銀五千二百七十一兩五錢一分一釐。

淮倉麥折銀一百二十六兩五錢六分。

鳳倉麥折正扛銀六千三百二十八兩四錢三分七釐。

鎮江府屬

南米八千七百六十九石八斗八升九合，屯米二十九石二斗。

裁扣工食銀九百二十八兩六錢一分三釐。
新增銀一十二兩五錢二分二釐。
黄快屯糧協濟銀五兩三錢九分八釐。
過江六升米折銀四千三百一十四兩三錢四釐。
輕賫抵充船料銀七百八十七兩六錢。
鳳倉麥折扛費銀三千八百八十四兩七錢七分五釐。
協濟安慶衛行月銀八十一兩九錢二分六釐。

太倉州併屬

南米五千二百二十四石七斗五升五合。
加漕銀二萬六千五百六十九兩四錢四釐。
裁扣工食並地丁銀二千三百八十三兩一錢九分二釐。
鳳倉麥米折銀一千八百四十七兩一錢五分九釐。
蘇太鎮金鎮五衛裁扣工食銀係解江安等處督糧道
雍正十三年，額徵隨漕銀共三百二十二兩六錢二分六釐。

蘇州衛裁扣書識工食銀五十兩三錢三釐。
太倉衛裁扣書識工食銀四十九兩五錢三分五釐。
鎮海衛裁扣書識工食銀五十七兩一錢八分八釐。
金山衛裁扣工食銀一百兩八錢。
鎮江衛裁扣工食銀六十四兩八錢。

江興等衛官丁船隻等項

江淮衛

額設九幫，輪運一十八員，隨幫九員，丁七千二百二十六名，船六百二隻。

雍正十三年，頭幫兑運蘇州府屬漕糧。輪運二員，隨幫一員；屯丁原派四百六十八名，内灰灑荒減丁三十六名，實四百三十二名；淺船原派三十九隻，内減存船三隻，實三十六隻。又原十六幫，今改頭幫；屯丁原派六百名，内灰灑荒減丁四十八名，實五百五十二名；淺船原派五十隻，内減存船四隻，實四十六隻。

二幫兑運太倉州屬漕糧。輪運二員，隨幫一員；屯丁原派五百四名，内灰灑減存丁三十六名，實四百六十八名；淺船原派四十二隻，内減存船三隻，實三十九隻。又原三幫今改二幫，屯丁原派五百八十八名，内灰灑荒減丁四十八名，實五百四十名； 淺船原派四十九隻，内減存船四隻，實四十五隻。

三幫兑運鎮江府屬漕糧。 輪運二員，隨幫一員； 屯丁原派三百九十六名，内原江淮右衛丁二百一十六名，上元右衛丁一百八十名，今灑帶減存丁二十四名，實三百七十二名； 淺船原派三十三隻，内原江淮右衛船一十八隻，上元右衛船一十五隻，今減存船二隻，實三十一隻。 又原八幫今改三幫，屯丁原派四百八名，内灑帶減存丁二十四名，實三百八十四名； 淺船原派三十四隻，内減存船二隻，實三十二隻。

四幫兑運蘇州府屬漕糧。 輪運二員，隨幫一員； 原五幫屯丁原派七百三十二名，内灰灑荒減丁六十名，實六百七十二名； 淺船原派六十一隻，内減存船五隻，實五十六隻。 又原六幫今改四幫，屯丁原派四百九十二名，内灰灑荒減丁四十六名，實四百四十六名； 淺船原派四十一隻，内減存船四隻，實三十七隻。

五幫兑運松江府屬漕糧。 輪運二員，隨幫一員； 原七幫屯丁原派六百八十四名，内灰灑減存丁四十八名，實六百三十六名； 淺船原派五十七隻，内減存船四隻，實五十三隻。 又原十三幫今改五幫，屯丁原派三百六十名，内灰灑減存丁二十四名，實三百三十六名； 淺船原派三十隻，内減存船二隻，實二十八隻。

六幫兑運江寧、鎮江二府屬漕糧。 輪運二員，隨幫一員； 原九幫屯丁原派四百八名，内灑帶減存丁二十四名，實三百八十四名；淺船原派三十四隻，内灑帶減存船二隻，實三十二隻。

七幫兑運松江府屬漕糧。輪運二員，隨幫一員；原十幫屯丁原派四百二十名，内灰灑減存丁三十六名，實三百八十四名；淺船原派三十五隻，内灰灑減存船三隻，實三十二隻。又原十一幫今改七幫，屯丁原派五百四名，内灰灑坍減存丁三十六名，實四百六十八名；淺船原派四十二隻，内灰灑坍減船三隻，實三十九隻。

八幫兑運松江府屬漕糧。輪運二員，隨幫一員；原十二幫屯丁原派六百名，内灰灑減存丁三十六名，實五百六十四名；淺船原派五十隻，内灰灑減存船三隻，實四十七隻。

九幫兑運江寧府屬漕糧。輪運二員，隨幫一員；原十四幫屯丁原派二百四十名，内灑帶減存丁三十六名，實二百四名；淺船原派二十隻，内灑帶減存船三隻，實一十七隻。又原十五幫今改九幫，屯丁三百八十四名，淺船三十二隻。

興武衛

額設九幫，輪運一十八員，隨幫九員，丁六千九百八十四名，船五百八十二隻。

雍正十三年，頭幫兑運鎮江府屬漕糧。輪運二員，隨幫一員，屯丁三百四十八名，淺船二十九隻。

二幫兑運江寧府屬漕糧。輪運二員，隨幫一員；屯丁原派三百九十六名，内灑帶減存丁二十四名，實三百七十二名； 淺船原派三十三隻，内灑帶減存船二隻，實三十一隻。又原九幫今改二幫，屯丁原派二百六十四名，内灑帶減存丁一十二名，實二百五十二名； 淺船原派二十二隻，内灑帶減存船一隻，實二十一隻。

三幫兑運松江府屬漕糧。輪運二員，隨幫一員； 屯丁原派六百名，内灰灑減存丁三十六名，實五百六十四名； 淺船原派五十隻，内灰灑減存船三隻，實四十七隻。又原四幫今改三幫，屯丁原派四百八十名，内灰灑減存丁二十四名，實四百五十六名； 淺船原派四十隻，内灰灑減存船二隻，實三十八隻。

四幫兑運松江府屬漕糧。輪運二員，隨幫一員； 原五幫屯丁原派六百一十二名，内灰灑減存丁四十八名，實五百六十四名； 淺船原派五十一隻，内灰灑減存船四隻，實四十七隻。又原六幫今改四幫，屯丁原派三百四十八名，内灰灑減存丁二十四名，實三百二十四名； 淺船原派二十九隻，内灰灑減存船二隻，實二十七隻。

伍幫兑運太倉州屬漕糧。輪運二員，隨幫一員； 原七幫屯丁原派四百五十六名，内灰坍減存丁三十六名，實四百二十名； 淺船原派三十八隻，内灰坍減存船三隻，實三十五隻。又原十一幫今改五幫，屯丁原派四百四十四名，内灰灑減存丁三十六名，實四百八名； 淺船原派三十七隻，内灰灑減存船三隻，實三十四隻。

六幫兑運蘇州、松江二府屬漕糧。輪運二員，隨幫一員； 原八幫屯丁原派七百三十二名，内灰灑坍減丁四十八名，實六百八十四名；淺船原派六十一隻，内灰灑坍減船四隻，實五十七隻。又原四幫今改六幫，屯丁原派四百八名，内灰灑坍減丁二十四名，實三百八十四名；淺船原派三十四隻，内灰灑坍減船二隻，實三十二隻。

七幫兑運松江、常州二府屬漕糧。輪運二員，隨幫一員；原十幫屯丁原派四百二十名，内灰灑減存丁三十六名，實三百八十四名；淺船原派三十五隻，内灰灑減存船三隻，實三十二隻。又原五幫今改七幫，屯丁原派三百一十二名，内灰灑減存丁二十四名，實二百八十八名；淺船原派二十六隻，内灰灑減存船二隻，實二十四隻。

八幫兑運松江府屬漕糧。輪運二員，隨幫一員；原十二幫屯丁原派五百八十八名，内灰灑減存丁四十八名，實五百四十名；淺船原派四十九隻，内灰灑減存船四隻，實四十五隻。又原十三幫今改八幫，屯丁原派五百四十名，内灰灑減存丁二十四名，實五百一十六名；淺船原派四十五隻，内灰灑減存船二隻，實四十三隻。

九幫兑運江寧府屬漕糧。輪運二員，隨幫一員，原十六幫屯丁二百八十八名；淺船二十四隻。又原十七幫今改九幫，屯丁原派二百四名，内灑帶減存丁一十二名，實一百九十二名；淺船原派一十七隻，内灑帶減存船一隻，實一十六隻。

安慶衛

額徵行月銀二千六百七十二兩九錢一釐。

額設二幫，輪運四員，隨幫二員，丁一千一百一十名，船一百一十二隻。

雍正十三年，二幫俱兑運安慶府屬漕糧。

前幫輪運二員，隨幫一員；屯丁原派七百八十名，内減存零船丁二百二十名，實五百六十名；淺船原派七十一隻，内暫減船一十五隻，實五十六隻。

後幫輪運二員，隨幫一員；屯丁原派七百六十八名，内減存零船丁二百一十八名，實五百五十名；淺船原派七十隻，内暫減船一十五隻，實五十五隻。

新安衛

額徵隨漕銀三千四百四兩一錢九分五釐。内全裁書辦工食銀六十六兩，行月並軍三料價等銀三千一百九十四兩一錢九分五釐，給運隨俸廪工銀一百四十四兩。

額設一幫，輪運二員，隨幫一員，丁四百六十名，船四十六隻。

雍正十三年，池州幫兑運池州府屬漕糧。輪運二員，隨幫一員；屯丁原派五百八十名，内灑帶減存丁一百二十名，實四百六十名；淺船原派五十八隻，内灑帶減存船一十二隻，實四十六隻。

宣州衛

額徵隨漕銀五百二十九兩五錢四分。內全裁書辦工食銀四十八兩，軍三料價銀三百二十兩一錢九分，行月灑帶減存銀一十七兩三錢五分，給屯折俸廩工銀一百四十四兩。

額設一幫，輪運二員，隨幫一員，丁四百五十名，船四十五隻。

雍正十三年，領幫兑運寧國、廣德二府州屬漕糧。輪運二員，隨幫一員；屯丁原派五百五十名，內減丁一百名，實四百五十名；淺船原派五十五隻，內減存船一十隻，實四十五隻。

建陽衛

額徵隨漕銀三千二百八兩一分二釐。內全裁書辦工食銀四十八兩，閒丁貼造銀三百四十一兩八錢八分，屯折運隨俸廩工銀二百八十八兩，行月銀二千五百三十兩一錢三分二釐。

額設二幫，輪運四員，隨幫二員，丁一千名，船一百隻。

雍正十三年，寧國幫兑運寧國、池州二府屬漕糧。輪運二員，隨幫一員；屯丁原派六百四十名，內灑帶減存丁一百四十名，實五百名；淺船原派六十四隻，內灑帶減存船一十四隻，實五十隻。

太平幫兑運太平、廣德二府州屬漕糧。輪運二員，隨幫一員；屯丁原派六百四十名，內灑帶減存丁一百四十名，實五百名；淺船原派六十四隻，內灑帶減存船一十四隻，實五十隻。

廬州衛

額徵隨漕銀六百七十八兩。內全裁書辦工食銀七十八兩，給運隨俸廪工銀四百三十二兩，清江廠造船銀一百六十八兩。

額設三幫，輪運六員，隨幫三員，丁一千九百八十名，船一百九十八隻。

雍正十三年，頭幫兑運廬州府屬漕糧。輪運二員，隨幫一員；屯丁原派三百四十八名，內灑帶減存丁六十八名，實二百八十名；淺船原派二十九隻，內灑帶減存船一隻，實二十八隻。

二幫兑運蘇州府屬漕糧。輪運二員，隨幫一員；屯丁原派七百二十名，內灰灑減存丁一百五十名，實五百七十名；淺船原派六十隻，內灰灑減存船三隻，實五十七隻。又原六幫今改二幫，屯丁原派三百五十名，內灰灑減存丁八十名，實二百七十名；淺船原派三十五隻，內灰灑減存船八隻，實二十七隻。

三幫兑運蘇州府屬漕糧。輪運二員，隨幫一員；屯丁原派五百八十八名，內灰灑減存丁一百二十八名，實四百六十名；淺船原派四十九隻，內灰灑減存船三隻，實四十六隻。又原五幫今改三幫，屯丁原派五百一十名，內灰灑減存丁一百一十名，實四百名；淺船原派五十一隻，內灰灑減存船一十一隻，實四十隻。

鳳陽衛

額徵隨漕米六百八十五石六斗六升，麥六百八十五石六斗六升，内俱係鳳倉本色米麥。銀一千一百九十八兩五錢七釐。内鳳倉米麥折銀一千一百三十五兩六分七釐，清江廠造船銀六十三兩四錢四分。

額設一幫。輪運二員，隨幫一員，丁九百七十名，船九十七隻。

雍正十三年，常州幫兑運常州府屬漕糧。輪運二員，隨幫一員。前幫原改頭幫，今改常州幫，屯丁原派四百名，内灰灑減存丁九十名，實三百一十名；淺船原派四十隻，内灰灑減存船九隻，實三十一隻。後幫原改頭幫，今改常州幫，屯丁原派二百名，内灰灑減存丁五十名，實一百五十名；淺船原派二十隻，内灰灑減存船五隻，實一十五隻。又懷遠衛原改二幫，今改常州幫，屯丁原派四百三十名，内灰灑減存丁一百名，實三百三十名；淺船原派四十三隻，内灰灑減存船十隻，實三十三隻。又鳳陽右衛後幫原改二幫，今改常州幫，屯丁原派二百四十名，内灰灑減存丁六十名，實一百八十名；淺船原派二十四隻，内灰灑減存船六隻，實一十八隻。

鳳陽中衛

額徵隨漕米一千三十七石一斗七升四合，麥一千一十八石九斗九升，内俱係鳳倉本色米麥。銀一千三百四十九兩九錢一分五釐。内鳳倉米麥折銀一千二百五十一兩八錢三分五釐，清江廠造船銀九十八兩八分。

額設三幫，輪運六員，隨幫二員，丁一千六百五十名，船一百七十一隻。

雍正十三年，頭幫兑運常州府屬漕糧。輪運二員，隨幫一員。原頭幫今改常州幫，屯丁原派五百名，内灰灑減存丁八十名，實四百二十名； 淺船原派五十隻，内灰灑減存船八隻，實四十二隻。又原三幫今改常州幫，屯丁原派三百二十名，内灰灑減存丁五十名，實二百七十名； 淺船原派三十二隻，内灰灑減存船五隻，實二十七隻。

二幫兑運常州府屬漕糧。輪運二員，隨幫一員。原鳳右衛前幫今改二幫，屯丁原派四百六十名，内灰灑減存丁一百一十名，實三百五十名； 淺船原派四十六隻，内灰灑減存船一十一隻，實三十五隻。原鳳右衛後幫今改二幫，屯丁原派一百名，内灰灑減存丁三十名，實七十名； 淺船原派一十隻，内灰灑減存船三隻，實七隻。又鳳前衛前幫今改二幫，屯丁原派三百五十名，内灰灑減存丁七十名，實二百八十名； 淺船原派三十五隻，内灰灑減存船七隻，實二十八隻。鳳前衛後幫今改二幫，屯丁原派二百名，内灰灑減存丁四十名，實一百六十名； 淺船原派二十隻，内灰灑減存船四隻，實一十六隻。

三幫兑運六、泗二州屬漕糧。輪運二員，例無隨幫。原鳳右衛二幫今改三幫，屯丁原派一百五十八名，内蠲減丁五十八名，實一百名； 淺船原派一十六隻，内蠲減船六隻，實一十隻。又帶運廬州衛四幫船六隻。

長淮衛

額徵隨漕米三百四十三石三斗六升四合，麥三百三十八石四斗九升一合，內俱係鳳倉本色米麥。銀一百六十三兩六錢八分一釐。內鳳倉米麥折銀一百一十三兩二錢八分一釐，清江廠造船銀五十兩四錢。

額設四幫，輪運八員，隨幫三員，丁一千五百一十名，船一百五十一隻。

雍正十三年，頭幫兑運常州府屬漕糧。輪運二員，隨幫一員。原本衛前幫屯丁原派四百四十名，內灰灑減存丁六十名，實三百八十名；淺船原派四十四隻，內灰灑減存船六隻，實三十八隻。又原本衛後幫今改頭幫，屯丁原派二百四十名，內灰灑減存丁五十名，實一百九十名；淺船原派二十四隻，內灰灑減存船五隻，實一十九隻。

二幫兑運豫省漕糧。輪運二員，例無隨幫。屯丁原派二百五十二名，內灑減丁五十二名，實二百名；淺船原派二十一隻，內灑減船一隻，實二十隻。

三幫兑運徐州府屬漕糧。輪運二員，隨幫一員，屯丁三百四十名，淺船三十四隻。

四幫兑運鎮江府屬漕糧。輪運二員，隨幫一員。屯丁原派四百一十名，內灑帶減存丁一十名，實四百名；淺船原派四十一隻，內灑帶減存船一隻，實四十隻。

泗州衛

額徵隨漕銀四百五兩三錢六分六釐。內全裁書辦工食銀二十三兩七錢九釐，運隨俸廩工銀一百四十二兩二錢五分七釐，清江廠造船銀二百三十九兩四錢。

額設二幫，輪運四員，隨幫二員，丁一千一百九十名，船一百一十九隻。

雍正十三年，二幫俱兑運蘇州府屬漕糧。

前幫輪運二員，隨幫一員。屯丁原派八百四名，内減存丁三百一十四名，實四百九十名；淺船原派六十七隻，内減存船一十八隻，實四十九隻。

後幫輪運二員，隨幫一員。屯丁原派八百六十四名，内灰石減存丁一百六十四名，實七百名；淺船原派七十二隻，内灰石減存船二隻，實七十隻。

宿州衛

額徵隨漕月糧麥二百三十石四斗，銀三百六十八兩九錢八分。內全裁書辦工食銀二十四兩，運隨俸廩工銀一百四十四兩，月糧並永減月糧銀七十八兩四錢八分，清江廠造船銀一百二十二兩五錢。

額設二幫，輪運四員，隨幫二員，丁六百六十名，船六十六隻。

雍正十三年，頭幫兑運鳳、泗二府州屬漕糧。輪運二員，隨幫一員。屯丁原派二百九名，内減存丁九名，實二百名；淺船原派二十隻九分，内減船九分，實二十隻。

二幫兑運鳳、潁、亳三府州屬漕糧。輪運二員，隨幫一員，屯丁四百六十名，淺船四十六隻。

淮安衛

額徵隨漕月糧米二百七十七石三升三合，月糧麥五百五十四石六斗七升，月糧豆二百七十七石三升三合，銀一千二百二十七兩七錢五釐。内裁扣工食銀三十六兩，月糧並永減月糧銀六百二兩三錢五釐，運隨俸廪工銀一百八十九兩六分一釐，清江廠造船銀四百兩三錢三分九釐。

額設四幫，輪運八員，隨幫四員，丁一千九百三十名，船一百九十三隻。

雍正十三年，頭幫兑運蘇州、常州二府屬漕糧。輪運二員，隨幫一員。屯丁原派七百六十名，内本幫丁五百九十二名，附載遮洋幫丁一百六十八名，内灰石減存丁七十名，實六百九十名；淺船原派七十一隻，内本幫船五十七隻，附載遮洋幫船一十四隻，内灰石減存船二隻，實六十九隻。

二幫兑運淮、海二府州屬漕糧。輪運二員，隨幫一員。屯丁原派五百二十九名，内灰石減存丁三十九名，實四百九十名；淺船原派五十一隻，内灰石減存船二隻，實四十九隻。

（四）〔三〕①幫兑運淮、海、邳三府州屬漕糧。輪運二員，隨幫一員。屯丁原派五百七十名，内減

① 據《四庫》本改。

存丁一百二十名，實四百五十名；淺船原派五十七隻，内減存船一十二隻，實四十五隻。

（五）〔四〕①幫兑運蘇州府屬漕糧。輪運二員，隨幫一員。屯丁原派三百五十名，内灰灑減存丁五十名，實三百名；淺船原派三十五隻，内灰灑減存船五隻，實三十隻。

大河衛

額徵隨漕月糧米二百五十五石八斗二升，月糧麥五百一十一石六斗二升四合，月糧豆二百五十五石八斗二升，銀一千二百四十五兩六錢四分三釐。内裁扣工食銀三十兩，月糧並永減月糧銀三百五十兩四錢二分一釐，運隨俸廪工銀三百七十七兩七分四釐，清江廠造船銀四百八十四兩七錢三分四釐，報陞小料銀三兩四錢一分四釐。

額設三幫，輪運六員，隨幫三員，丁一千七百四十名，船一百七十四隻。

雍正十三年，前幫兑運淮、海二府州屬漕糧。輪運二員，隨幫一員。屯丁原派六百六十名，内減存丁二百一十名，實四百五十名；淺船原派五十五隻，内減存船十隻，實四十五隻。

二幫兑運常州府屬漕糧。輪運二員，隨幫一員。屯丁原派七百三十二名，内灰石減存丁一百四十二名，實五百九十名；淺船原派六十一隻，内灰石減存船二隻，實五十九隻。

① 據《四庫》本改。

三幫兑運蘇州、常州二府屬漕糧。輪運二員，隨幫一員。屯丁原派八百六十四名，內灰石減存丁一百六十四名，實七百名；淺船原派七十二隻，內灰石減存船二隻，實七十隻。

揚州衛

額徵隨漕銀四百五十八兩。內裁扣書辦工食銀三十六兩，清江廠造船銀四百二十二兩。

額設四幫，輪運八員，隨幫四員，丁二千五百七十名，船二百五十七隻。

雍正十三年，頭幫兑運蘇州府屬漕糧。輪運二員，隨幫一員。屯丁原派一千一百一十六名，內灰石減存丁二百六名，實九百一十名；淺船原派九十三隻，內灰石並暫減船二隻，實九十一隻。

二幫兑運揚、通二府州屬漕糧。輪運二員，隨幫一員，屯丁原派六百八十名，淺船六十八隻。

三幫兑運揚州府屬漕糧。輪運二員，隨幫一員，屯丁一百七十名，淺船一十七隻。又原十幫今改三幫，屯丁三百五十名，淺船三十五隻。

四幫兑運揚、通二府州屬漕糧。輪運二員，隨幫一員，原七幫屯丁二百三十名，淺船二十三隻。又原八幫今改四幫，屯丁二百三十名，淺船二十三隻。

儀（徵）〔真〕衛

額徵隨漕銀六百五十六兩七錢四分。內裁扣工食銀四十二兩，給俸廩工銀一百四十四兩，清江廠造船銀四百七十兩七錢四分。

額設一幫，輪運二員，隨幫一員，丁八百三十名，船八十三隻。

雍正十三年，領幫兑運蘇州府屬漕糧。輪運二員，隨幫一員。屯丁原派一千二十名，内灰灑減存丁一百九十名，實八百三十名；淺船原派一百二隻，内灰灑減存船一十九隻，實八十三隻。

滁州衛

額徵隨漕銀二百一十兩。内全裁書辦工食銀四十八兩，運隨俸廪工銀一百四十四兩，清江廠造船銀一十八兩。

額設一幫，輪運二員，隨幫一員，丁五百四十名，船五十四隻。

雍正十三年，蘇州幫兑運蘇州府屬漕糧。輪運二員，隨幫一員。原前幫屯丁原派四百九十名，内灰灑減存丁一百名，實三百九十名；淺船原派四十九隻，内灰灑減存船一十隻，實三十九隻。又原後幫今改蘇州幫，屯丁原派二百名，内灰灑減存丁五十名，實一百五十名；淺船原派二十隻，内灰灑減存船五隻，實一十五隻。

徐州衛

額徵隨漕徐倉麥七千三百一十八石七斗五升四合，徐倉豆三千九百九十一石七升五合。

額設三幫，輪運六員，隨幫三員，丁一千六百五十名，船一百六十五隻。

雍正十三年，江北幫兑運徐州府屬漕糧。輪運二員，隨幫一員。屯丁原派六百七十名，内灑減丁七十名，實六百名； 淺船原派六十七隻，内灑減船七隻，實六十隻。

河南前幫兑運豫省漕糧。輪運二員，隨幫一員。屯丁原派五百三十五名，内灑減丁五名，實五百三十名； 淺船原派五十三隻五分，内灑減船五分，實五十三隻。

河南後幫兑運豫省漕糧。輪運二員，隨幫一員。屯丁原派五百三十五名，内灑減並現減丁一十五名，實五百二十名； 淺船原派五十三隻五分，内灑減並現減船一隻五分，實五十二隻。

蘇松等處督糧道所轄各府州衛漕白糧正雜等項

國朝順治初，原額漕糧正改兑正耗米一百五十五萬九百七十一石五斗一升七合有奇，白糧正耗春辦等米二十七萬一千六百一十二石六合有奇。

隨漕白項下，本色米一十四萬九百二十一石三斗九合有奇，麥一萬六千七百五十五石二斗七升六合有奇，折色銀六十七萬六千八十兩二錢五分一釐有奇。

輪運千總二十二員，隨幫百總八員； 丁七千三百二十八名，内除減丁外，實運丁六千七百二十八名八分； 船六百四十八隻，内除減存外，實運船五百九十四隻八分。

康熙二十二年，額徵漕糧正改兑正耗米一百四十八萬二千七百一十石八斗五升三合有奇，白糧正耗舂辦等米一十萬五千八百四十六石八斗八升四合有奇。

隨漕白項下，本色米一十四萬八十五石三斗一升八合有奇，麥一萬六千五百四十七石四升三合有奇，折色銀六十六萬六千一百五十一兩九錢三分七釐有奇。

輪運千總、隨幫百總俱與原額同，丁船亦與原額同。

雍正十三年，實在漕糧正改兑正耗米一百五十三萬七千四十六石四合有奇，白糧正耗米一十九萬三千七百八十三石五斗八升二合有奇。內漕糧正改兑正米一百一十萬四千五百石三斗九升四合有奇，耗米四十三萬二千五百四十五石六斗九合有奇，白糧正米一十五萬四百七十三石二斗一升九合有奇，耗米四萬三千三百一十石三斗六升三合。

隨漕白項下，本色米一十八萬三千三百二十七石四斗四升四合，麥一萬六千五百六十六石八斗七升二合。內漕贈五米七萬六千八百五十一石六斗四合，係給各幫丁沿途運費之項。蘇、太、鎮、金四衛軍儲行月米三萬七千一百二十石七斗九升八合，內除給蘇、太、鎮、金四衛各幫丁行月米外，餘米折價解部。協濟揚、淮、壽、鎮倉行月米二萬九千九百七十九石六斗七合，內除撥給兵糧，並揚二、三、四等幫丁月糧等項外，餘米解部。盤用耗米二萬八千五百七十五石七斗三升三合，係給州縣及白糧幫丁，各半分支，以爲舂辦不敷沿途折耗之項。運船水手食米一萬七百九十九石七斗二合，係給白糧幫丁水手飯米口糧之項。協濟揚、淮、壽、鎮倉行月麥一萬六千五百六十六石八斗七升二合，係給鎮、淮、大、泗、長等衛幫丁行月銀兩之項。

折色銀六十五萬一千九百七十一兩四錢六分九釐有奇。內漕贈十銀並五銀一十五萬一千三百六十六兩四分五釐，係隨漕給丁濟運之項。輕賫正扛，並七分蓆木板銀一十四萬一千九十三兩六錢七分一釐，內除解通給發解官水脚等銀外，餘俱解部。三分蓆木板銀二千六百三十六兩六分九釐，内除給丁銀一千五百八十兩九錢三分有奇，備辦蓆片帶解通倉外，餘銀解部。金、鎮二衛裁扣幫官廪工銀二百一十六兩，内除金山、鎮江二衛隨幫官廪工銀兩外，餘銀解部。六升米折銀六千九百一十三兩五錢三釐，内除動給蘇、太、鎮、金、鎮五衛幫丁修船，並京口護漕工食銀兩外，餘存解部。蘇、太、鎮、金四衛軍儲行月銀三萬七千四百四十四兩六錢九分七釐，係給蘇、太、鎮、金、鎮，並協運揚、儀、淮、大、泗、長等衛各幫丁行月銀兩之項。贍運銀一千一百一十兩三錢七分五釐，内除給金山衛幫丁幫貼濟運不敷銀兩外，餘銀解部。蘇、太、鎮、金、鎮五衛造船料價民七軍三銀一萬一千一百八十二兩二錢四分七釐有奇，係給造船料價之項。改折灰石銀三萬五千六十五兩一錢九分六釐，係解部協濟淮、揚、壽、鎮四倉行月銀三萬二千六十五兩六錢九分一釐。各倉扛費銀七百四兩七錢八分八釐，係給解官水脚銀兩之項。白糧經費銀一十萬四千五百六十三兩九錢三分，内除給白糧幫丁漕截負重，並蘇、太、鎮、金、鎮五衛各幫漕船負重銀兩，及束包人夫工食，並解通由閘銀兩外，餘銀解部。裁存經費銀一十二萬七千六百九兩二錢五分七釐。

輪運千總二十員，隨幫百總十員，丁五千八百九十名，船五百八十九隻。

蘇州府

額徵漕糧，正改兑正米五十萬二千五百五石九斗五升八合，耗米一十九萬七千九百七十四石四斗七升，白糧正米四萬四千五百九十六石三斗三升一合，又耗米一萬三千三百七十八石八斗九升九合。

隨漕雜項，米共八萬三百七石五斗四升四合，麥一千七百六十六石九斗九升五合，内贈貼五米三萬五千二十四石二升一合，蘇、太、鎮三衛軍儲米二萬八千三十七石四斗八升一①合，協濟揚、儀二衛幫丁月糧米六千二百四十四石二升一合，給軍盤用耗米七千七百九十一石八升六合，給軍運船食米三千二百一十石九斗三升五合，協濟鎮江衛幫丁行月麥一千七百六十六石九斗九升五合。銀二十六萬四千二百五十三兩八錢九分二釐。內贈貼十銀七萬四十八兩四分二釐，輕賫正扛費並七分蓆木板等銀六萬七千五百一十一兩六錢九分三釐，三分蓆木板銀一千二百二十兩三錢四分七釐，蘇、太、鎮三衛軍儲銀二萬五千七百四十七兩三錢九分三釐，蘇、太、鎮三衛造船料價民七軍三銀六千五百二十七兩五錢八分九釐，協濟鎮江衛幫丁行月銀七百六十四兩七錢一分一釐，協運揚、儀二衛幫丁月糧銀三千五百四兩四錢五分九釐，漕糧改折灰石銀一萬八千一百五十一兩一錢六分一釐，白糧經費銀三萬九百六十八兩二錢六釐，裁存經費銀三萬九千六百二十八兩一錢四分七釐，各倉扛費銀一百七十二兩一錢四分四釐。

松江府

額徵漕糧，正改兑正米二十二萬五千九百二十五石五斗七升九合有奇，耗米八萬七千四百六十五石六斗一升五合有奇，白糧正米五萬二十四石四斗七升有奇，耗米一萬三千七百六石四斗三合有奇。

---

① 「一」，《四庫》本作「四」。

隨漕雜項，米共四萬一百七十五石四斗六升八合，內贈貼五米一萬五千六百六十九石五斗五升九合，金、松行月米三千二百四十石八斗七升一合，協運揚、儀二衛幫丁月糧米七千六百九十二石七斗五升，給軍盤用耗米一萬四石八斗九升四合，給軍運船食米三千五百六十七石三斗九升四合。銀一十五萬六千八百八十一兩四錢二釐有奇。內贈貼十銀三萬一千三百三十九兩一錢一分九釐，輕賫正扛並七分蓆木板等銀二萬八千三百一十八兩四分，三分蓆木板銀五百四十二兩一錢六分二釐，金、松行月銀三千三百九十二兩五錢一分七釐；協運揚、儀二衛幫丁月糧銀二千九百九十六兩五錢八分一釐，內派給幫丁月糧米石外，餘聽藩司動撥兵餉；揚倉扛費銀六十四兩四錢二分六釐；漕糧改折灰石解部銀八千一百八兩七分六釐，解藩司軍三銀三百九十九兩四錢一分六釐；給金山衛幫造淺船料價民七銀四百八十四兩五錢四分七釐有奇；裁扣幫官廪工銀一百八兩；六升米折銀六千九百一十三兩五錢三釐，內除動給五衛幫修船銀，並京口護漕船工食外，餘存解部；贍運銀一千一百一十兩三錢七分五釐；白糧經費銀三萬四千七百七十四兩五分五釐；裁存經費銀三萬八千三百三十兩五錢八分五釐。

常州府

額徵漕糧，正改兑正米一十七萬二千二十五石四斗二升五合，耗米六萬八千八百一十石一斗七升。

白糧正米四萬四百八石三斗六升四合，耗米一萬一千五百九十一石八斗四升四合。

隨漕雜項，米共二萬八千四百四十一石四斗一升三合，麥七千九百一十一石四斗五升七合，內贈貼五米一萬二千四十一石一斗二升，協濟揚、儀二衛月糧米五千四百九石二斗一升八合，給軍盤用耗米八千八十一石六斗七升三合，給軍運船食米二千九百九石四斗二合，協濟淮、大、泗等衛幫行糧麥三千六十一石三斗三升八合，宜、荆二縣額解江安糧道淮倉麥三百一十六石四斗，協濟長、淮等衛幫月糧麥九百四十石二斗七升，協濟鎮江衛幫行月麥三千五百九十三石四斗四升九合。銀一十三萬二千六百八十六兩九錢七分九釐。內贈貼十銀二萬四千八十二兩二錢四分一釐，輕賫正扛費並七分蓆木板等銀二萬四千四百一十三兩二分四釐，三分蓆木板銀四百一十五兩三錢七分四釐，協濟蘇、太、鎮、金、鎮五衛造船料價民七銀五百一十三兩九錢三分二釐，協濟揚、儀二衛月糧銀五千九百六十九兩八錢八分二釐，協運淮、大、泗等衛幫行糧銀一千三百二十四兩八錢九分九釐，宜、荆二縣額解江安糧道淮倉銀一百二十六兩五錢六分，協濟長、淮等衛幫月糧銀三千六百一十六兩六錢七分九釐，協濟鎮江衛幫行月銀一千八百八十九兩一錢七分五釐，漕糧改折灰石銀六千二百五十三兩一錢三分三釐，白糧經費銀二萬八千九十五兩三錢一分二釐，裁存經費銀三萬五千六百八十五兩一錢四分，各倉扛費銀三百一兩六錢二分八釐。

鎮江府

額徵漕糧，正改兑正米一十三萬三千四百九十四石六斗二升三合，耗米五萬五百石九斗四升八合。

隨漕雜項，米共一萬七千六百七十一石一升五合，麥六千二百七十六石五斗一升三合，內贈貼五米九千一百九十九石七斗四升四合。協濟揚、儀二衛月糧米四千八百八十石二斗八升五合，內有藩司撥給兵糧，並江道派給揚二三四等幫月糧，給鎮江衛幫行月米三千五百九十石九斗八升六合。協濟淮安、泗州衛幫行糧麥一千六百六十一石二斗七升七合，給鎮江衛幫行月麥四千六百一十五石二斗三升六合。銀三萬九千六百二十三兩一錢八分七釐。內贈貼十銀並五銀一萬六千六十二兩三錢二分二釐，輕賫正扛費並七分蓆木板等銀一萬一千三百七十一兩二錢六分四釐，三分蓆木板銀二百七十五兩四錢五分八釐，裁扣幫官廩工銀一百八兩，解江安糧道揚倉銀一百三十兩八分六釐，協濟揚、儀二衛月糧銀四千三百三兩五錢三分八釐，協濟淮安、泗州衛幫行糧銀八百八十一兩八分一釐，給鎮江衛幫行月銀五千七十六兩八錢三分九釐，蘇、太、鎮、金、鎮五衛造船料價民七軍三銀一千三百一兩五錢三分三釐，各倉扛費銀一百一十三兩六分六釐。

太倉州併屬

額徵漕糧，正改兌正米七萬五百四十八石八斗九合，耗米二萬七千七百九十四石四斗六合。白糧正米一萬五千四百四十四石五升四合，耗米四千六百三十三石二斗一升六合。

隨漕雜項，米共一萬六千七百三十二石四合，麥六百一十一石九斗七合，內贈貼五米四千九百一十七石一斗六升一合，給蘇、太、鎮三衛各幫運丁行月米五千八百四十二石四斗四升六合，協濟揚、儀二衛幫月糧米二千一百六十二石三斗四升七合，給軍盤用耗米二千六百九十八石八升，給軍運船食米一千一百一十一石九斗七升一合，協濟鎮江衛幫丁行月麥六百一十一石九斗七合。　銀五萬八千五百二十六兩九釐。內贈貼十銀九千八百三十四兩三錢二分一釐，輕賫正扛費並七分蓆木板等銀九千四百七十九兩六錢五分，三分蓆木板銀一百七十二兩七錢二分八釐，給蘇、太、鎮三衛各幫運丁行月銀八千三百四兩七錢八分七釐，蘇、太、鎮三衛造船料價民七軍三銀一千九百五十五兩二錢三分，協濟鎮江衛幫丁行月銀二百六十五兩三錢一分八釐，協運揚、儀二衛幫月糧銀一千二百一十五兩八錢八分三釐，漕糧改折灰石銀二千五百五十二兩八錢二分六釐，白糧經費銀一萬七百二十六兩三錢五分七釐，裁存經費銀一萬三千九百六十五兩三錢八分五釐，各倉扛費銀五十三兩五錢二分四釐。

蘇太等衛官丁船隻等項

蘇州衛

額徵隨漕本色屯糧行月米五千九百六十二石五斗六升五合，折色屯餘漕項銀一千八百九兩五錢二分九釐。

額設二幫，輪運四員，隨幫二員，丁一千六百八十名，船一百六十八隻。

雍正十三年，二幫俱兑運蘇州府屬漕糧。

前幫輪運二員，隨幫一員。屯丁原派一千一百四十四名，内灰石並灑帶減存丁一百二十四名，實一千二十名；淺船原派一百四隻，内灰石並灑帶減存船二隻，實一百二隻。

後幫輪運二員，隨幫一員。屯丁原派七百五十九名，内灰石並灑帶減存丁九十九名，實六百六十名；淺船原派六十九隻，内灰石並灑帶減存船三隻，實六十六隻。

太倉衛

額徵隨漕本色屯糧米二千三百二十石六斗三升九合。

額設二幫，輪運四員，隨幫二員，丁一千一百名，船一百一十隻。

雍正十三年，二幫俱兑運蘇州、常州二府屬漕、白二糧。

前幫輪運二員，隨幫一員。屯丁原派八百八十名，内灰石並灑帶減存丁一百三十名，實七百五十名；淺船原派八十隻，内灰石並灑帶減存船五隻，實七十五隻。

後幫輪運二員，隨幫一員。屯丁原派四百一十八名，内灰石並坍荒減存丁六十八名，實三百五十名；淺船原派三十八隻，内灰石並坍荒減存船三隻，實三十五隻。

鎮海衛

額徵隨漕本色屯糧米二千八百八十三石五斗五升三合。

額設二幫，輪運四員，隨幫二員，丁八百九十名，船八十九隻。

雍正十三年，二幫俱兑運蘇州、松江二府屬漕、白二糧。

前幫輪運二員，隨幫一員。屯丁原派五百九十四名，内灰石並坍荒灑帶減存丁一百五十四名，實四百四十名；淺船原派五十四隻，内灰石並坍荒灑帶減存船一十隻，實四十四隻。

後幫輪運二員，隨幫一員。屯丁原派六百一十六名，内灰石並坍荒灑帶減存丁一百六十六名，實四百五十名；淺船原派五十六隻，内灰石並坍荒灑帶減存船一十一隻，實四十五隻。

金山衛

額徵隨漕金、松本色月糧米四百一十三石六斗，隨漕銀二千三百三十一兩三錢九分一釐。内金、松折色月糧銀四百一十三兩六錢，贍運銀一千一百一十兩三錢七分五釐，軍三小科①銀三百九十九兩四錢一分六釐，隨幫官廪工銀一百八兩。

額設一幫，輪運二員，隨幫一員，丁三百九十名，船三十九隻。

雍正十三年，兑運松江、常州二府屬漕、白二糧。原設二幫，今併一幫。原前幫屯丁原派二百八十六名，内灰石並灑帶減存丁七十六名，實二百一十名；淺船原派二十六隻，内灰石並灑帶減存船五隻，實二十一隻。原後幫屯丁原派二百三十一名，内灰石並灑帶減存丁五十一名，實一百八十名；淺船原派二十一隻，内灰石並減存船三隻，實一十八隻。

鎮江衛

額徵隨漕銀六百六十兩。内軍三銀五百五十二兩，裁扣隨幫官廪工銀一百八兩。

額設三幫，輪運六員，隨幫三員，丁一千八百三十名，船一百八十三隻。

① 「科」，疑爲「料」字之誤。

雍正十三年，三幫俱兑運鎮江府屬漕糧。原設二幫，今分三幫。

前幫輪運二員，隨幫一員。屯丁原派六百七十二名，内減存丁一百二十二名，實五百五十名；淺船原派五十六隻，内減船一隻，實五十五隻。

中幫輪運二員，隨幫一員。屯丁原派六百七十二名，内減存丁一百二十二名，實五百五十名；淺船原派五十六隻，内減存船一隻，實五十五隻。

後幫輪運二員，隨幫一員。屯丁原派八百八十八名，内減存丁一百五十八名，實七百三十名；淺船原派七十四隻，内減存船一隻，實七十三隻。

江南通志卷七十九

食貨志

關稅

周

司關掌國貨之節，以聯門市。凡貨不出於關，舉其貨，罰其人。《周禮》

漢

武帝元光六年，初算商賈。《漢書》

南北朝

宋大明八年，詔：「東境去歲不稔，宜廣商賈，遠近販鬻米粟者，可停道中雜税。」自東晋至陳，西有石頭津，東有方山津，各置津主一人，賊曹一人，直水五人，以檢察禁物及亡叛者。荻炭魚薪之類，小津並十分税一以入官。淮水北有大市，自①餘小市十餘所，備置官司，税斂既重，時甚苦之。《文獻通考》

隋

文帝受禪，除入市之税。《文獻通考》

唐

德宗時，趙贊請諸道津會置吏，閱商賈錢每緡税二十，竹木茶漆税十之一，以贍常平本錢，帝納其策。屬軍用迫蹙，亦隨而耗竭，不能備常平之積。《文獻通考》

① 「自」，《四庫》本作「百」。

宋

建隆元年，詔：所在不得苛留行旅，非有貨幣當算者，無得發篋搜索。又詔：榜商税則例於務門，無得擅改更增損及創收。《文獻通考》

李重進平，以宣徽北院使李處新知揚州，樞密直學士杜韓監州税。以朝臣監州税始於此。《文獻通考》

太宗淳化二年，詔：除商旅貨幣外，其販夫販婦細碎交易，並不得收其算。《文獻通考》

景德四年，詔：江淮南民以柴薪渡河津者勿税。《文獻通考》

大中祥符元年，詔免諸路州軍農器收税。《文獻通考》

熙寧十年以前商税歲額：徐州七務、潁州十一務、楚州八務、真州五務、廬州六務、揚州七務、高郵八務、蘇州五務、無爲州八務俱五萬貫以上。淮陽二務、婺州八務俱五萬貫以下。海州四務、滁州四務、和州六務、泗州七務、潤州六務、常州五務、江寧五務、宣州九務、歙州六務、池州十三務俱三萬貫以下。《文獻通考》

元祐八年，權蠲商人載米力勝税錢。先是，熙寧六年，蘇湖歲稔，穀價比淮南十五，而商船以力勝税不至。至是，蘇軾言法不税五穀，請削去力勝錢之條，而行天聖免税之制。復權蠲之。《宋史》

附　蘇軾上言：

臣聞穀太賤則傷農，太貴則傷末。是以法不稅五穀，使豐熟之鄉，商賈争糴，以起太賤之價；災傷之地，舟車輻輳，以壓太貴之直。自先王以來，未之有改也。而近歲法令，始有五穀力勝稅錢，使商賈不行，農末皆病，廢百王不刊之令典，而行自古所無之弊法。百世之下，書之青史，曰：「收五穀力勝稅錢，自皇宋某年始也。」臣切爲聖世病之。

臣頃在黄州，親見累歲穀熟，農夫連車載米入市，不了鹽路①之費。所蓄之家，日夜禱祠，願逢飢荒。又在浙西累歲，親見水災，中民之家，有錢無穀，被服珠金，餓死於市。此皆官收五穀力勝稅錢，致商賈不行之咎也。

臣聞以物與人，物盡而止。以法活人，法行無窮。今陛下每遇災傷，捐金帛，散倉廩。自元祐以來，蓋所費數千萬貫石。而餓殍流亡，不爲少衰。只如去年浙中②水災，陛下使江西北③雇船運米，以救蘇、湖之民，蓋百餘萬石。又計糴本、水脚，官費不貲。而客船被差雇者，皆失業破産，無所告訴。與其官司費耗爲害如此，何似削去近日所立五穀力勝稅錢一條，只行《天聖附

① 「路」，《四庫》本作「茶」。
② 「中」，《蘇軾文集》卷三十五作「西」。
③ 「江西北」，《蘇軾文集》卷三十五作「江西湖北」。

令》免税指揮，則豐凶相濟，農末皆利，縱有水旱，無大飢荒。雖目下稍失課利，而災傷之地不必盡煩陛下，出捐錢穀如近歲之多也。今《元祐編敕》，雖云災傷地分，雖有例亦免。而穀所從來，必自豐熟地分，所過不免收税，則商賈亦自不行。議者或欲立法，如一路災傷，則鄰路免税，一州災傷，則鄰州亦然。雖以今之法小爲疏通，而隔一州一路之外，豐凶不能相救，未爲良法。須是盡削近歲弊法，專用《天聖附令》指揮，乃爲通濟。

臣切謂若行臣言，税錢亦必不至大段失陷。何也？五穀無税，商賈必大通流，不載見錢，必有回貨。見錢、回貨，自皆有税，所得未必减於力勝。而災傷之地，有無相通，易爲賑救，官司省費，其利不可勝計。今肆赦甚近，若得於赦書帶下，光益聖德，收結民心，實無窮之利。取進止。

建炎元年，詔於平江昆山縣江灣浦量收海船税，(應)〔凡〕①官司回易、諸軍收買物色，依條收税。蓋寧於海道取給軍需，而不以病民也。又慮税網太密，詔：牛米柴麵，民間日用所需，並與罷税。《文獻通考》

孝宗隆興之初，凡兩淮商旅，並與免税，州縣續置税場，並罷之。

① 據《宋史》卷一八六《食貨志》改。

關市之徵日以蠲免，中興列聖仁民之心何如哉！其間貪吏並緣，苛取百出，私立税場，算及緡錢、斗米、菜茹、束薪之屬。或擅用稽察、措置，添置專欄收檢，與吾民相刃相劘，不啻讎敵。虚市有税，空舟有税，以食米爲酒米，以衣服爲布帛，皆有税。遇士夫①行李，則搜囊發篋，目以興販。甚者貧民博易瑣細於村落，指爲漏税，輒加以罪。空身行旅，亦白取百金。方紆路避之，則攔截叫呼。或有貨物，則抽分給賞，斷罪倍輸，倒囊而歸矣。聞者咨嗟，則指曰：「是大小法場也！」是以中興以來，申明越津欄税之禁。其告漏税不實者，坐之。如例外多收投子錢，許民越訴。是宜商賈之利通，而民生之用足。雖中興再造，民力已竭，而不至於甚困者，皆此之由也。《文獻通考》

元

至元七年，定三十分取一之制，以銀四萬五十錠爲額。《續文獻通考》

二十六年，大增天下商税，江南爲二十五萬錠。《續文獻通考》

明

永樂元年，奏准：凡嫁娶喪祭、時節上送禮物、染練日織布疋，及買已税之物，或船隻、車輛運自

---

① 「士夫」，《四庫》本作「士大夫」。

己貨物，並農用之器、各處小民蔬果，非興販者，俱免税。《明會典》

十年，令各處巡按御史及按察司官體察，凡有以該税鈔數數①倍增收，及將瑣碎之物一概勒税者，治以重罪。《明會典》

國初止有商税，未嘗有船鈔。至宣德四年，始設鈔關，凡七所。内：滸墅、户部差。淮安、揚州。俱南京户部差。滸墅：本色鈔五百八十六萬餘貫，錢一千一百七十三萬餘文。折色船料正餘銀三萬九千九百餘兩。淮安：本色鈔三百萬餘貫，錢六百萬餘文，折色船料正餘銀二萬二千七百餘兩。揚州：本色鈔一百六十九萬餘貫，錢三百三十八萬餘文，折色船料正餘銀一萬二千九百餘兩。《續文獻通考》

以鈔法不行，設關收鈔，量舟大小修廣而差其額，謂之船料，不税其貨。惟臨清、北新，則兼收貨税。王鴻緒《明史稿》

正統六年，罷上新河監收船鈔官。《續文獻通考》

成化元年，令各處船料鈔，俱錢、鈔中半兼收，每錢四文折鈔一貫。《明會典》

罷蘇州、淮、揚等處收船料鈔。《續文獻通考》

四年，罷蘇、杭鈔關。《續文獻通考》

① 「數數」，《四庫》作「數」。

七年，復設，各差主事監收。《續文獻通考》

七年，工部尚書王復始請添部屬三員，分往太平、蕪湖等處，抽分竹木，變銀爲營繕費。是年，所得僅千兩。後至者以多得爲能，至萬餘兩，歲歲加增。《明典彙》

弘治六年，令各關照彼中則例，每鈔一貫折銀三釐，每錢七文折銀一分。《明會典》

七年，令各處鈔關，經過官民糧米剥船，俱免納錢鈔。《明會典》

嘉靖九年，題准各鈔關丈量船隻，止以成尺爲限，此外零數不許逐寸科取。《續文獻通考》

四十一年，奏准荆州、蕪湖、九江、兩浙、滸墅、淮安、揚州各關主事，歲額定數外，務將餘饒悉入公帑。《續文獻通考》

四十五年，題准税淮安府過壩米麥雜糧，每石徵銀一釐，抵補本府所屬税銀、民壯帶徵軍餉。《明會典》

隆慶元年，議准揚州、滸墅二鈔關，凡船隻從上江來者，查無九江船税票，責令補納船料。《續文獻通考》

二年，令北新、淮安、揚州、滸墅等各鈔關主事，各鑄給關防，撰給敕書。《續文獻通考》

三年，給事中鄭大經疏言：各鈔關商税，歲入不貲，而獨委柄於一主事。利權所在，易以不肖之心乘之。自後徵榷事，仍敕各該撫按，於府佐貳中選委一員佐之。户部覆：鈔關錢糧，主事既不經收，必得府官管理，乃能濟事。但各鈔關去府城遠近不一。如九江、揚州、杭州鈔關，去府近者，宜責

令知府收解。其滸墅、臨清、河西務、淮安等關，去府稍遠，商舶往還不便，則委佐貳官就關經收。詔可。《明典彙》

四年，題准：稅淮安府過壩脚頭、斛夫銀，每年約九千二百餘兩，聽給漕運官軍月糧，並河道衙門支用。《明會典》

五年，題准：稅淮安過壩牙銀之半，以備漕運官軍月糧。《明會典》

六年，令各鈔關折收銀兩。

萬（歷）〔曆〕十一年，議准：革淮安過壩斛抽、脚抽等稅。通行兩京、十三省各撫按官，嚴查所屬，一應無名課稅，盡數查革。《明會典》

崇（正）〔禎〕初，增關課每兩一錢。王鴻緒《明史稿》

三年，復增二錢。王鴻緒《明史稿》

十三年，增各關稅二十萬兩。王鴻緒《明史稿》

國　朝

順治二年，照①崇（正）〔禎〕三年折色徵收，内扣銅觔銀買銅解部。每觔六分五釐算。

① 「照」，《四庫》本作「詔」。

四年，奉旨：「米麥係民間日用，准免料。」部議：「明季則例，米麥俱納加補。今應納加平船料，若農船裝載米麥，不在此例。」

十七年，主事李繼白書籍過關免料。

康熙四年正月，奉上諭：

諭户、工二部：各省設立關税，原期通便商賈，以充國用。向因錢糧不敷，故定例將收税溢額者加級紀録，以示鼓勵。遂致各差官員，務求溢額，以圖加級紀録。因而騷擾地方，困苦商民，殊爲不合。以後税課，務照額徵收。缺額者處分，溢額者加級紀録之例永應停止。其輪流差遣官員，亦應停罷。併税課作何徵收，著議政王貝勒大臣九卿科道會議具奏。特諭。

九月，奉上諭，諭户、工二部：

各省鈔關之設，原期通商利民，以資國用，非欲其額外多徵，擾害地方。近聞各處收税官員，希圖肥己，任用積蠹地棍，通同作弊，巧立名色，另設等秤，於定額之外恣意多索。或指稱漏税，妄拿過往商民挎詐；或將民間日用細瑣之物，及衣帽等類，原不抽税者，亦違例抽税；或商賈已經報税，不令過關口，故意遲延勒措，遂其貪心乃已。此等弊端甚多，難以枚舉，違背國法，擾害商民，殊爲可惡！嗣後各地方官員，俱著洗心滌慮，恪遵法紀，務期商賈通便，地方相安。如仍行前項情弊，在内著科道官、在外著該督撫參奏，從重治罪，決不饒恕。如該督撫不參奏，别經首發，該督撫以徇情治罪。爾部即遵諭行。

特諭。

十四年十月，户部題覆：

本部疏議，得户部疏，稱：今當兵餉浩繁，需用錢糧之際，必揀選賢能，不論俸次、滿漢司官，各該部滿漢堂官選出，咨送臣部；並筆帖式，亦選賢能。至於定例内缺額者，照分數議處；溢額者，並無議叙之處。今正需用錢糧浩繁之際，而缺額反多，將官員、筆帖式作何處分議叙等語。

查定例内：「如欠不及半分者，罰俸一年；欠半分以及一分以上者，降一級調用；欠二分以上者，降二級調用；欠三分以上者，降三級調用；欠四分以上者，降四級調用；欠五分以上者，革職。」等語。今議得：欠不及半分者，降一級留任；餘照現定例遵行。至一年額税全完者，紀録一次；溢銀一千兩者，加一級；溢銀二千兩者，加二級；溢銀三千兩者，加三級；溢銀四千兩者，加四級；溢銀五千兩以上者，以應陞之缺先用關差。官員一概不准捐納。筆帖式等並無責任，停其選差，仍照俸次差遣，亦不准其議敘處分。其出差監督等，不令督撫管轄。或地方實有紛亂，河道壅阻大兵，何日過往封船，該監督速行呈報户部。即移咨督撫，查壅阻月日情形，據實具題考核。若有謊報情弊，該督撫不據實具題，一併嚴加處分。至王公、文武大小各官，伊等家人任意往來關津，欺壓作害；並兵民商人指稱王公、文武各官之名，借端强行欺壓，嚴禁在案，今若有此等行者，該監督查拿報部，照例處分。如有地方惡棍，擾害商民，强霸地方，該監督等不時嚴查拿懲，又有抗違者，指名報部，照光棍例處分。該監督等，將本衙役及家人不行嚴管，任其苛索商民，將監督照罪之輕重處分。康熙十四年出差官員回日，亦照此例遵行。

奉旨：「依議」。

二十年十二月二十日，《雲貴蕩平詔條》内開：各處關差，如有將不應納税之物，額外横征，差役四出，分踞津隘，擾害商民者，該督撫題參。若不行題參，事情發覺，一併從重治罪。

二十八年二月十一日，聖駕南巡，奉上諭，諭尚書張玉書等：

各處榷關，原有則例，朕舟行所至，諮訪過關商民，每不難於輸納額税，而以稽留關次，不能速過爲苦。榷關官員，理宜凛奉屢頒諭旨，恤商惠民，豈可反貽商民之累？自今應力除積弊，凡商民抵關，交納正税，即與放行，毋得稽留苛勒，以致苦累，違者定行從重處分。爾等可即傳諭，俾一體奉行，稱朕意焉。

特諭。

雍正元年，奉恩詔：各關差除正額錢糧外，加添贏餘銀兩，作何減除之處，該部查議具奏。五年閏三月十四日，兼理滸墅關税務高斌奏准：豆税將樑頭大船簽量多者，依數每石二分六釐遞加，所刮餘豆每石亦止二分六釐。小販船隻，准其寬減輸納。

附 **高斌奏略：**

滸關則例如豆税一項，名曰加補料，有樑頭、小販之分。小販則例每石税銀七分，樑頭一丈八尺者税銀六十七兩三錢。

奴才到任收税，見樑頭一丈八尺者，交銀七十七兩五錢三分，又外加銀二十餘兩不等。細問原由，據山陽江都樑頭船户呈稱：

丈八之船，原照則例納銀六十七兩三錢。後因有將船改造深寬者，是以往年有均鈔之請，以簽量擔數作樑頭丈尺。如丈八樑頭，以二千九百八十二石爲率，納銀七十七兩五錢三分，合計每石二分六釐。若内有不及數者，則據二分六釐一石遞減。如逾數者，亦照此例遞加。倘有過於船艙限槽之上，是在本船之外，所刮餘豆照小販例上納。此實至公之道，衆商遵行已久。等語。

查小販則例，每石税銀七分，㮇頭止收二分六釐，相去懸殊。以致從前小販豆貨雖寬至五分一石，仍不抵關，多被㮇頭包攬。

奴才仰體皇仁，寬減招徠，將小販豆船照現收米税之例，每石收銀四分。而小販客商，俱踴躍來關，急公完納。其㮇頭大船，摅稱有改造深寬，循照舊例，逐船簽量，多者依數每石二分六釐遞加。所刮餘豆，每石亦止二分六釐。所收銀兩，俱入庫歸併贏餘，儘數彙解。特是部定則例，一丈八尺加補，止納銀六十七兩三錢。因此歷任親填簿内俱照則例填寫，其餘銀兩，概不登填。是以奴才任内，亦循向例填寫。再四思維，雖①相沿已久，但㮇頭船户完税數多，填簿數少，未免疑議。且將奉旨部頒之印簿，並未經實力奉行，竟爲虚文故套。仰祈皇上敕部定議，嗣後將部發商人親填簿，俱令照日收實數登填，不必止照額數；扣報贏餘錢糧，盡數摅實填寫。庶税關收課，革除陋弊，實力奉行。而刁頑商船，亦不得借詞疑議。

七年二月二十三日，奉上諭：

① 《四庫》本脱「雖」字。

各關開放船隻之處，向例有部頒號簿，以便稽查。茲聞各關另設私簿徵收，惟於報部之日，始將號簿挨日填造。其意以水路船隻往來多寡不齊，若據實填簿，則不能有逐日徵收之數目，恐干駁查，是以設匀派填造。如此則簿内全非實在數目，與商船過税串票，毫不相符，殊非政體。且凡事據實則可以無弊，作僞則弊竇叢生。今既任意匀派填造，則號簿亦爲虚設矣。嗣後各關，於部頒號簿務須據實填寫。如無船隻過税之日，亦即註明，不得仍蹈前轍。如敢故違，定行嚴加議處。該部亦不得混行指駁，致滋弊端。

欽此。

八年，蘇州巡撫尹繼善題，通州缺額商税，奉旨自康熙三十五年至雍正三年蠲免銀一萬七千六百五十兩四錢八分。

各關全料平料加平料補料加補料新舊則例

明

宣德年間，長船、剥船、贛船、河船、焦湖船、槳船、沙船：四尺鈔二十五貫。

四尺一寸鈔二十六貫。
四尺二寸鈔二十七貫。
四尺三寸鈔二十八貫。
四尺四寸鈔二十九貫。
四尺五寸鈔三十貫。
四尺六寸鈔三十二貫。
四尺七寸鈔三十四貫。
四尺八寸鈔三十六貫。
四尺九寸鈔三十八貫。
以上至弘治元年蠲免不收。
嘉靖九年，沙船、河船、艎船、航船，五尺起，至一丈四尺止：每鈔一貫，折銀三釐；每錢七文，折銀一分。
五尺鈔一十貫，該錢二十文，折銀六分。
六尺鈔二十貫，該錢四十文，折銀一錢二分。
七尺鈔三十貫，該錢六十文，折銀一錢八分。
八尺鈔三十五貫，該錢七十文，折銀二錢一分。

九尺鈔五十貫，該錢一百文，折銀三錢。
一丈鈔八十貫，該錢一百六十文，折銀四錢八分。
一丈一尺鈔一百一十貫，該錢二百二十六文，折銀六錢六分。
一丈二尺鈔一百四十貫，該錢二百八十文，折銀八錢四分。
一丈三尺鈔一百七十貫，該錢三百四十文，折銀一兩零二分。
一丈四尺鈔二百貫，該錢四百文，折銀一兩二錢。
長船、川船、烏船、贛船，六尺起，至一丈四尺止：
六尺鈔三十貫，該錢六十文，折銀一錢八分。
七尺鈔四十五貫，該錢九十文，折銀二錢七分。
八尺鈔六十貫，該錢一百二十文，折銀三錢六分。
九尺鈔七十五貫，該錢一百五十文，折銀四錢五分。
一丈鈔一百一十五貫，該錢二百三十文，折銀六錢九分。
一丈一尺鈔一百六十五貫，該錢三百三十文，折銀九錢九分。
一丈二尺鈔一百九十五貫，該錢三百九十文，折銀一兩一錢七分。
一丈三尺鈔二百二十五貫，該錢四百五十文，折銀一兩三錢五分。
一丈四尺鈔二百五十五貫，該錢五百一十文，折銀一兩五錢三分。

以上止以成丈成尺算其寸數，畸零蠲免。

二十五年，沙船、河船、艎船、航船，俱號平料：每鈔十貫遞減一分，每千貫減銀一兩。

五尺鈔一十貫，該錢二十文，折銀五分。

六尺鈔二十貫，該錢四十文，折銀一錢。

七尺鈔三十貫，該錢六十文，折銀一錢五分。

八尺鈔三十五貫，該錢七十文，折銀一錢七分五釐。

九尺鈔五十貫，該錢一百文，折銀二錢五分。

一丈鈔八十貫，該錢一百六十文，折銀四錢。

一丈一尺鈔一百一十貫，該錢二百二十文，折銀五錢五分。

一丈二尺鈔一百四十貫，該錢二百八十文，折銀七錢。

一丈三尺鈔一百七十貫，該錢三百四十文，折銀八錢五分。

一丈四尺鈔二百貫，該錢四百文，折銀一兩。

長船、川船、烏船、贛船，俱號全料：

六尺鈔三十貫，該錢六十文，折銀一錢五分。

七尺鈔四十五貫，該錢九十文，折銀二錢二分五釐。

八尺鈔六十貫，該錢一百二十文，折銀三錢。

九尺鈔七十五貫，該錢一百五十文，折銀三錢七分五釐。
一丈鈔一百一十五貫，該錢二百三十文，折銀五錢七分五釐。
一丈一尺鈔一百六十五貫，該錢三百三十文，折銀八錢二分五釐。
一丈二尺鈔一百九十五貫，該錢三百九十文，折銀九錢七分五釐。
一丈三尺鈔二百二十五貫，該錢四百五十文，折銀一兩一錢二分五釐。
一丈四尺鈔二百五十五貫，該錢五百一十文，折銀一兩二錢七分五釐。

後奉例輪收本、折，仍舊徵銀六分起解。遇該納本色年分，内將五分收買錢鈔，扣留一分解京。

萬(歷)〔曆〕年間平料：
五尺鈔一十貫，該錢二十文，折銀七分。
六尺鈔二十貫，該錢四十文，折銀一錢四分。
七尺鈔三十貫，該錢六十文，折銀二錢一分。
八尺鈔三十五貫，該錢七十文，折銀二錢四分五釐。
九尺鈔五十貫，該錢一百文，折銀三錢五分。
一丈鈔八十貫，該錢一百六十文，折銀五錢六分。
一丈一尺鈔一百一十貫，該錢二百二十文，折銀七錢七分。
一丈二尺鈔一百四十貫，該錢二百八十文，折銀九錢八分。

一丈三尺鈔一百七十貫，該錢三百四十文，折銀一兩一錢九分。

一丈四尺鈔二百貫，該錢四百文，折銀一兩四錢。

加平料：

六尺鈔三十貫，該錢六十文，折銀二錢一分。

七尺鈔四十五貫，該錢九十文，折銀三錢一分五釐。

八尺鈔六十貫，該錢一百二十文，折銀四錢二分。

九尺鈔七十五貫，該錢一百五十文，折銀五錢二分五釐。

一丈鈔一百一十五貫，該錢二百三十文，折銀八錢零五釐。

一丈一尺鈔一百六十五貫，該錢三百三十文，折銀一兩一錢五分五釐。

一丈二尺鈔一百九十五貫，該錢三百九十文，折銀一兩三錢六分五釐。

一丈三尺鈔二百二十五貫，該錢四百五十文，折銀一兩五錢七分五釐。

一丈四尺鈔二百五十五貫，該錢五百一十文，折銀一兩七錢八分五釐。

補料：

五尺鈔二十貫，該錢四十文，折銀一錢四分。

六尺鈔四十貫，該錢八十文，折銀二錢八分。

七尺鈔六十貫，該錢一百二十文，折銀四錢二分。

八尺鈔七十貫，該錢一百四十文，折銀四錢九分。
九尺鈔一百貫，該錢二百文，折銀七錢。
一丈鈔一百六十貫，該錢三百二十文，折銀一兩一錢二分。
一丈一尺鈔二百二十貫，該錢四百四十文，折銀一兩五錢四分。
一丈二尺鈔二百五十貫，該錢五百六十文，折銀一兩九錢六分。
一丈三尺鈔三百四十貫，該錢六百八十文，折銀二兩三錢八分。
一丈四尺鈔四百貫，該錢八百文，折銀二兩八錢。
加補料：
六尺鈔六十貫，該錢一百二十文，折銀四錢二分。
七尺鈔八十貫，該錢一百八十文，折銀六錢三分。
八尺鈔一百二十貫，該錢二百四十文，折銀八錢四分。
九尺鈔一百五十貫，該錢三百文，折銀一兩零五分。
一丈鈔二百三十貫，該錢四百六十文，折銀一兩六錢一分。
一丈一尺鈔三百三十貫，該錢六百六十文，折銀二兩三錢一分。
一丈二尺鈔三百九十貫，該錢七百八十文，折銀二兩七錢三分。
一丈三尺鈔四百五十貫，該錢九百文，折銀三兩一錢五分。

一丈四尺鈔五百一十貫，該錢一千零二十文，折銀三兩五錢七分。

南來空船、北來空船俱不納料。回風①糧船裝載貨物，以艙口貨算納。

崇(正)〔禎〕五年：

七尺平料銀二錢一分，加平料銀三錢一分五釐，補料銀四錢二分，加補料銀六錢三分。

八尺平料銀二錢四分五釐，加平料銀四錢二分，補料銀四錢九分，加補料銀八錢四分。

九尺平料銀三錢五分，加平料銀二②錢二分五釐，補料銀七錢，加補料銀一兩零五分。

一丈平料銀五錢六分，加平料銀八錢零五釐，補料銀一兩一錢二分，加補料銀一兩六錢一分。

一丈一尺平料銀七錢七分，加平料銀一兩一錢五分五釐，補料銀一兩五錢四分，加補(科)〔料〕③銀二兩三錢一分。

一丈二尺平料銀九錢八分，加平料銀一兩三錢六分五釐，補料銀一兩九錢六分，加補料銀二兩七錢三分。

一丈三尺平料銀一兩一錢九分，加平料銀一兩五錢七分五釐，補料銀二兩三錢八分，加補料銀三兩一錢五分。

① 「風」，《四庫》本作「空」。

② 據前後文意，「二」疑爲「五」之誤。

③ 據《四庫》本校改。

一丈四尺平料銀一兩四錢，加平料銀一兩七錢八分五釐，補料銀二兩八錢，加補料銀三①兩五錢七分。

一丈五尺平料銀一兩五錢四分，加平料銀一兩九錢九分五釐，補料銀三兩零八分，加補料銀三兩九錢九分。

一丈六尺平料銀一兩六錢八分，加平料銀二兩二錢零五釐，補料銀三②兩三錢六分，加補料銀四兩四錢一分。

一丈七尺平料銀一兩八錢二分，加平料銀二兩四錢一分五釐，補料銀三兩六錢四分，加補料銀四兩八錢三分。

一丈八尺平料銀一兩九錢六分，加平料銀二兩六錢二分五釐，補料銀三兩九錢二分，加補料銀五兩二錢五分。

國朝

順治十二年樑頭：

七尺平料銀四錢二分，加平料銀六錢三分，補料銀八錢四分，加補料銀一兩二錢六分。

八尺平料銀四錢九分，加平料銀八錢四分，補料銀九錢八分，加補料銀一兩六錢八分。

九尺平料銀七錢，加平料銀一兩零五分，補料銀一兩四錢，加補料銀二兩一錢。

---

① 「三」，《四庫》本作「二」。

② 「三」，《四庫》本作「二」。

一丈平料銀一兩一錢二分，加平料銀一兩六錢一分，補料銀二兩二錢四分，加補料銀三兩二錢二分。
一丈一尺平料銀一兩五錢四分，加平料銀二兩三錢一分，補料銀三兩零八分，加補料銀四兩六錢二分。
一丈二尺平料銀一兩九錢六分，加平料銀二兩七錢三分，補料銀三兩九錢二分，加補料銀五兩四錢六分。
一丈三尺平料銀二兩三錢八分，加平料銀三兩一錢五分，補料銀四兩七錢六分，加補料銀六兩三錢。
一丈四尺平料銀二兩八錢，加平料銀三兩五錢七分，補料銀五兩六錢，加補料銀七兩一錢四分。
一丈五尺平料銀三兩零八分，加平料銀三兩九錢九分，補料銀六兩一錢六分，加補料銀七兩九錢八分。
一丈六尺平料銀三兩三錢六分，加平料銀四兩四錢一分，補料銀六兩七錢二分，加補料銀八兩八錢二分。
一丈七尺平料銀三兩六錢四分，加平料銀四兩八錢三分，補料銀七兩二錢八分，加補料銀九兩六錢八分。
一丈八尺平料銀三兩七錢二分，加平料銀五兩二錢五分，補料銀七兩八錢四分，加補料銀一十兩五錢。
康熙二十五年四月，户部照監督高璜供稱：量船徵收則例，頒行各關。
七尺平料銀一兩七錢，加平料銀八兩一錢，補料銀九兩一錢，加補料銀一十一兩一錢。
八尺平料銀三兩一錢，加平料銀一十一兩二錢，補料銀一十二兩二錢，加補料銀一十六兩二錢。
九尺平料銀四兩二錢，加平料銀一十四兩三錢，補料銀一十五兩三錢，加補料銀二十四兩三錢。
一丈平料銀五兩三錢，加平料銀一十六兩四錢，補料銀一十七兩四錢，加補料銀二十九兩四錢。
一丈一尺平料銀七兩四錢，加平料銀二十兩五錢，補料銀二十一兩五錢，加補料銀三十四兩五錢。
一丈二尺平料銀八兩五錢，加平料銀二十四兩六錢，補料銀二十五兩六錢，加補料銀三十九兩六錢。

一丈三尺平料銀九兩六錢，加平料銀二十八兩七錢，補料銀二十九兩七錢，加補料銀四十四兩七錢。
一丈四尺平料銀一十兩七錢，加平料銀三十三兩三錢，補料銀三十三兩八錢，加補料銀四十九兩八錢。
一丈五尺平料銀一十一兩八錢，加平料銀三十八兩九錢，補料銀三十九兩九錢，加補料銀五十三兩九錢。
一丈六尺平料銀一十二兩九錢，加平料銀四十二兩一錢，補料銀四十二兩一錢，加補料銀五十九兩一錢。
一丈七尺平料銀一十四兩一錢，加平料銀四十六兩二錢，補料銀四十七兩二錢，加補料銀六十三兩二錢。
一丈八尺平料銀一十五兩二錢，加平料銀五十一兩三錢，補料銀五十二兩三錢，加補料銀六十七兩三錢。

龍江關

兼管西新關。

按：龍江關抽分口岸，有上新河大關、下關、大勝關、河定橋、東壩、芮嘴、和含、二套口、龍潭、沙漫洲、儀（徵）〔真〕河口、鎮江口等處，抽收竹木簰筏等項，船契石灰蘆料牙鈔等項，明代係南京工部堂官劄差委員外郎管理。國初因之，歷差工部司官，每歲更替。康熙六十一年，令地方官兼收。雍正元年，歸併江蘇巡撫兼管。雍正六年，江寧織造管理。

又按：明代有西關，收落地稅，專差户部主事管理。轄都稅、江東、龍江、朝陽、聚寶五司，抽收出入商稅。又有新江關，抽通濟、太平、神策等門民間各商進城之稅，並浦口、江浦、石磧、王溝、趙溝、觀音門等口岸客商所販各畜入城之稅，及五城田地山蕩租銀，係内監經收。

國朝順治二年，内院洪承疇題准：新江關並入西關，名西新關，差户部司官督理。其抽分設有都税司，大使一員，司入城雜税。茶引所大使一員，專司茶税。又有抽收落地鈔、船契等項，及五口岸抽分廠、觀音門、下關各處牛羊等項。又聚寶、通濟、太平、神策各門鄉猪等錢糧。又觀音門船鈔，五城並瓦屑竹木廠地租，皇廠河陽税等項。康熙十年，將西新關税務並入龍江關。龍江司兼管江東司，大使一員。聚寶司兼管朝陽司，大使一員，司

龍江額税：正銀四萬六千七百一十五兩七錢六分八釐，原額銀三萬六十兩。歷年溢額銀一①萬八百三十八兩，内除給本關胥役工食銀一百二十二兩二錢三分二釐，額定正銀如今數。額解銅觔脚價歸正銀一萬七百六十九兩二錢二分五釐。原辦工部銅二十一萬五千三百八十四觔八兩。康熙五十一年奉部文，於藩庫給發其銅觔水脚餘銀，每銅一觔，脚價五分，歸入正項，共銀如今數。仍贏餘銀兩，儘徵儘解。他關同此例。

西新額税：正銀三萬三千六百八十四兩，原額銀二萬八千三百兩。歷年溢額銀五千三百八十四兩，額定正銀如今數。額解銅觔脚價歸正銀七千六百九十二兩三錢三分。

滸墅關

按：元至正間，始於長洲縣滸墅置抽分竹木場，税客商往來貨物，多寡無定額。明洪武初，設官

① 「一」，《四庫》本作「十」。

置場，於蘇州閶門、葑門、平望抽分竹木柴炭等物。尋罷革，止設巡檢司盤詰。宣德四年，設立鈔關，收船料鈔，差御史及户部官監收。

國朝因之，每歲輪差部屬督理。雍正元年，歸併蘇州巡撫委地方官監收。二年，蘇州織造管理。其所轄口岸，舊有三橋七港及徐六涇等處。又添設常熟之嚴塘、莊橋、横塘橋，金匱、常熟交界之楊尖、王莊，金匱之鴨陣橋、九里橋、六市等處。其徵收則例，船料按樑頭廣狹，及貨物粗細，納銀多寡，遞有等差。康熙二十五年，榷司桑格題定樑頭丈尺，分别貨色，立爲規制。雍正六年，不分樑頭、小販，俱按石徵收，輕重畫一，刊榜曉示，商民稱便。

額税正銀一十六萬八千七百九兩七分五釐，原額銀一十一萬三千九百四十六兩八錢七分五釐。歷年溢額銀五萬四千七百六十二兩二錢，額定正銀如今數。額解銅觔脚價歸正銀二萬二千四百四十兩二錢一分二釐五毫。

海　關

按：江海抽分設於康熙二十四年，抽收一切航海税鈔，每年輪差部員。六十一年，歸併江蘇巡撫兼管，委地方官監收。其所轄各海口計二十二處，分隸蘇、松、常、鎮、淮、揚六府，泰、通二州。除淮屬廟灣等四口，於雍正七年奉文歸併淮關外，現存劉河、施翹河、黄田、瀾港、潆缺、任家港、吴淞、七丫、白茆、孟河、黄家港、小海口、石莊、吕四、徐六涇、福山、新開河、當沙頭等處。

額税正銀二萬一千四百八十兩三錢三分，原額銀二萬三千一十六兩三錢三分。實存正額如今數。　額解銅觔脚價歸正銀二千五百兩。雍正七年，將廟灣、新溝、朦朧、佃湖等口岸，歸併淮榷，報除正額一千五百三十六兩。

淮安關

兼淮安倉、清江廠，又歸併宿遷關廟灣口税務。

按：淮安關自明宣德四年始設，舊例重河贛剥航棹等船，驗樑頭收銀，伍尺者二分九釐有奇，以上漸加重長。

國朝雍正六年，監督請改照客販，畫一徵收。

烏船驗樑頭收銀，五尺者伍分捌釐有奇，以上漸加。

又按：淮安倉、清江廠設自明季。國朝因之。康熙九年，將户倉工廠歸併淮關。雍正五年，將宿遷關歸併淮關。七年，又將江海關之廟灣口，就近交與淮安關管理。其稽查南來客販之朦朧口，稽查本地糧食之板湖口，向屬廟灣所管，一併歸於淮安關。

關、倉、廠三關，額税正銀一十五萬七百二十八兩九錢九分，淮安關原額銀五萬四十七兩九錢。順治十三年，溢額銀八千二百五十二兩一錢，共銀五萬八千三百兩。歸併淮安倉、清江廠原額並溢額銀九萬二千四百二十八兩九錢九分，額定正銀如今數。　額解銅觔脚價歸正銀一萬五千三百八十四兩六錢。

宿遷關額税銀五萬兩。原鈔銀七千六百兩，契税銀四千二百二十四兩，石價銀八百二十兩。徐屬銅、蕭、碭、豐、沛五縣，額徵陸税銀四百五十六兩。共該額銀一萬三千一百兩。内石價銀八百二十兩，每年例發河工支用。其鈔税，並五州縣陸税銀兩解部。雍正元年，爲請裕税課等事案内，溢額銀三萬六千九百兩，共如今額。

廟灣口額税銀一千五百三十六兩。

揚州關

兼管瓜洲、儀（徵）〔真〕河餉。

按：元及明初止設有河泊所，管收商課。宣德四年，始設鈔關，收船料鈔。弘治元年，始治浮梁，遣御史及户部官監收。其始錢、鈔兼行，後則專解本色。及明末，加增新餉，與各關事例相同。國朝每歲輪差部員管理。雍正元年，歸併江蘇巡撫委員收税。其口岸，有芒稻河、邵伯鎮、便益門等處。其徵收則例，船料按樑頭數目，自五尺至丈八止，大民船自一艙至六艙止，各納糧有差。竹木簰筏，每拖納二十甲；鹽船每隻納丈八平料。

儀（徵）〔真〕河餉銀，原屬儀（徵）〔真〕縣徵解。後因缺額，於康熙三年歸併瓜洲由閘。

瓜洲閘税原屬揚州府揚河江防同知監收。雍正五年，歸併揚州鈔關徵收。

又勝家壩落地税，原屬泰州税局大使徵收。雍正六年，亦歸揚州鈔關照則例徵收。

揚州關額税：正銀四萬四千八百八十三兩九錢有奇，原額銀二萬八千六百七十二兩八錢有奇。歷年溢額銀一萬六千二百一十一兩一錢有奇，額定正銀如今數。額解銅觔脚價歸正銀七千六百九十二兩三錢五分。

瓜洲、儀(徵)〔真〕額税各款，銀四萬兩。瓜洲由①閘原額徵河餉銀三千三百三十三兩三錢有奇。儀(徵)〔真〕縣河餉銀三千三百三十三兩三錢有奇，又儀(徵)〔真〕民船木纜儘收儘解。各款於康熙二十年總河靳輔題加增銀一千兩，每年額徵完解。瓜儀河餉共銀七千六百六十六兩六錢有奇。又江蘇巡撫增操餉斛脚扣餉銀一萬一千七百六十九兩有奇。雍正元年，總督查弼納題，每年照豐歲，溢額銀增二萬五百六十三兩有奇。每年合河撫督題增操餉斛脚扣餉，共額徵銀四萬兩。

蕪湖關

按：蕪湖有户、工兩關。工部抽分設於明成化七年，户部鈔關設於崇(正)〔禎〕三年。國初因之，分遣兩部司官管理。康熙十年，併工關於户關，歲遣部屬一員。雍正元年，歸併安徽巡撫，令地方官兼管抽收。其口岸，沿江河港有金柱口，收户關税；清弋、新莊二口，收工關税；裕溪、泥汊二口，户、工兩關兼收。其東河、内河、浮橋、下關、澛港、溯港、大信八處，司稽察巡查。

户關額税正銀一十三萬八千四百九十六兩，原額銀八萬七千三百三十七兩八錢。歷年溢額銀五萬一

① 「由」，《四庫》本作「山」。

千一百五十八兩二錢，額定正銀如今數。額解銅觔脚價歸正銀一萬八千四百二十三兩七分五釐。

工關額税正銀五萬五千五百三十兩七錢七分，原額銀四萬伍千三百兩。康熙二十五年，增銅價一萬二百三十兩七錢七分，額定正銀如今數。額解銅觔脚價歸正銀一萬四千六百一十五兩三錢八分五釐。

鳳陽倉關

按：鳳陽倉關原管收蘇、松、常、鎮、安、寧、太、廬、鳳、淮、揚十一府，滁州、來安、全椒三州縣，並鳳陽中、右等八衛一所，以及河南八府一州屬，並飛熊、英武、廣武三衛民屯本折錢糧。內除河南所屬徑解河南布政司外，其一應米麥錢糧，於康熙三十三年俱歸併糧道管收。今税額乃正陽、臨淮二關所收也。

正陽關在正陽鎮，明成化元年始立，止税船鈔。篷篷竹木排炭，無過往落地，及魚茶酒醋雜項諸税，屬鳳陽府通判管理。國朝順治八年，歸併鳳陽倉差。康熙二十年，科臣條奏添設盱眙、亳州二口税務。

臨淮關在臨淮縣，明成化元年設，部推大使一員管理。國朝因之。順治八年，聽鳳陽倉差監督。自倉糧歸併糧道之後，於康熙三十四年移駐正陽鎮，設立關署於壽州西南六十里，專管正陽、臨淮二關。康熙五十五年，歸安慶巡撫監收，委地方官管理。其口岸因添設盱、亳二口，凡支河歧路，除爐橋、長淮衛、鳳陽府城舊徵收外，又增設懷遠、澗溪、蚌埠，暨正陽、大沙二關等處。至鳳陽府城，於康熙五十五年因非係通衢，皆市井販賣，停其徵收。雍正六年，又將各口岸增減畫一，刊榜曉示，商民稱便。

額税正銀七萬九千八百三十九兩，舊正陽關原額二萬七兩，臨淮關原額一千八百兩，又併徵亳州、盱眙税課四萬一千一百一十五兩八錢三分。歷年溢額銀一萬六千九百一十六兩一錢七分，額定正銀如今數。額辦銅觔脚價歸正銀一萬三百二十兩六錢。

雜税附

康熙四十三年，浙江道御史王瑋條奏：田房税契，用司頒契尾，時江蘇、安徽等屬皆遵照此例。雍正六年正月，奉旨：准河南總督田文鏡之請，徵收田房税契銀兩，飭令直隸、各省布政司，將契紙契根印發各州縣，存契根於官，以契紙發各紙鋪，聽民買用。俟民間立契過户納税之時，令買主照契填入契根，各用州縣之印，將契紙發給納户收執。其契根於解税時，一併解司核對。至典業，亦如賣契例。若地方官稽察有方，能據實報出税銀至千兩以上者，交部分别議叙。

一、田房税，給發契紙徵收，儘徵儘解，各州縣同。

雍正十三年十二月初六日，奉上諭：民間買賣田房，例應買主輸税交官，官用印信鈐蓋。契所以杜奸民捏造文券之弊，原非爲增國課而牟其利也。後經田文鏡創爲契紙契根之法，預用布政司印信，發給州縣行之。既以書吏夤緣爲奸，需索之費數十倍於從前，徒飽吏役之壑，甚爲閭閻之累，不可不嚴行禁止。嗣後民間買賣田房，著仍照舊例自行立契，按則納税，地方官不得額外多取絲毫。將契紙契根之法，永行停止。至於活契典業者，乃民間一時借貸銀錢，原不在買賣納税之例。嗣後聽其自便，不必投契用印，收取税銀。其地方官徵收税課多者，亦停其議敘。仍著各該督撫，嚴飭藩司，時加察訪。倘有吏書索詐侵蝕等弊，立即嚴行究處，毋得稍爲寬縱。再，在京兩翼收税之處，亦照此例行。

一、牙帖税：每帖一張，税銀四錢五分以至一兩不等。每年儘徵儘解，各州縣同。

一、花布牛驢猪羊等税，銀每兩三分，每年儘徵儘解，各州縣同。

一、典鋪每户輸銀五兩，增歇不一，各州縣同。

一、江蘇布政使經歷司佃民税，給發契紙，儘收儘解。

一、江寧都税司經徵騾馬税，無定額，按季同雜税彙解。

一、江寧都税司房税，給發契紙，儘收儘解。

一、淮安淮防廳，並揚州江都、儀(徵)〔真〕、通州、如皋四州縣洲場税，給發契紙，儘收儘解。

一、揚州府税課司商税，額銀一千二百一十八兩四錢，遇閏加銀三十三兩三錢三分三釐有奇。

兩淮鹽運司代辦。

一、揚州府揚防廳額徵田閘商税，並加增銀三萬一千二百八十一兩五錢九分五釐有奇，經徵官自行解部。

一、徐州府課程等税銀，每年儘收儘解。

一、儀(徵)〔真〕縣由閘樑頭操撫扣餉並賠補缺額，共銀一千七百五十三兩二錢，遇閏加銀一百兩。

一、儀(徵)〔真〕縣税課局額徵商税銀二千二百三十八兩七錢五分八釐有奇，遇閏加銀三兩六分三釐有奇。

一、高郵州商税操賞裁解充餉銀三兩七錢。

一、揚州府邵伯司應徵門攤税銀五十七兩二錢二分二釐，係府具批解司，彙同雜税解部。

一、通州税課局額徵商税銀八百六兩八分四釐有奇，遇閏加銀三兩二錢九分一釐有奇。

一、如皋縣靛花油餅等税銀每年儘收儘解。

一、京口將軍經收八旗騾馬税銀亦無定額，每年儘收儘解，令鎮江府具批解司，彙入雜税達部。

一、合肥縣、廬江縣、巢縣、六安州、霍山縣五州縣商税一款，每兩三分，每年儘徵儘解。

一、壽州、虹縣、泗州三州縣有魚税一款，按價每兩三分，每年儘徵儘解。

一、街口司巡檢報徵船税銀九百六十兩有奇，内除銀八百兩有奇歸入丁地案内另册奏報，實該銀一百六十兩。

一、長淮衛徵收牙帖税銀儘徵儘解，與州縣同。

一、泗州李良橋等五處商税銀二十兩八錢八分；　麯税銀三兩，牙税銀儘徵儘解。　俱於雍正十三年歸入寶應縣徵收。

江南通志卷八十

食貨志

蘆　課

江南全省

國朝原額：上、中、下蘆田地，密、稀蘆地，上、中、下草地，荻草荒地，山場，白沙、泥灘，埂劃、塌蕩、濠塘、水漤、水影等項，共四萬九千八百四十九頃二畝四分六釐有奇；上、下基地一千四百六十四丈一尺六寸一分。

江蘇布政使經歷司原額蘆田、水蕩、圩地共二千四十五頃三十三畝四分六釐有奇。節年陞增田灘五十九頃六畝九分六釐有奇，實在蘆田、灘蕩、圩地共二千一百四頃四十畝四分三釐有奇。河泓一道，樓房披二百九十八間，碾八部。康熙三十年，劃歸各該州縣管理徵解。

節年坍減蘆洲①等項一千五百一十九頃七十六畝九分四釐有奇。坍除樓房披二十四間，丈坍上、下基地一十二丈。劃出歸併江西德化縣並九江衛管理稀蘆地等項，一百一十四頃四十二畝三分八釐有奇。江蘇蘆地劃歸安徽管理出入抵算，少五十三畝七分三釐。

節年陞增，并歸入江蘇布政使經歷司横海、江陰、江寧三衛，及莞瀆場入官蘆洲等項，共一萬三千二百三十三頃九十二畝三分有奇。又劃歸江西彭澤、湖口二縣稀蘆草地七頃六十一畝六釐有奇。

雍正十三年，實在上、中、下蘆田地，密、稀蘆地，上、中、下草地，荻草荒地，山場，白沙、泥灘，埂劃、塌蕩、濠塘、水滖、水影等項，共六萬一千四百五十五頃八十二畝七分七釐有奇，河泓一道，樓房披二百七十四間，碾八部，上、下基地一千四百五十二丈一尺六寸一分。

實徵蘆課正脚等銀一十七萬三千三百八十二兩一錢六釐八毫有奇。

江蘇布政使司

國朝原額：上、中、下蘆田，密、稀蘆地，上、中、下草地，荻草荒地，山場，白沙、泥灘，埂劃、塌蕩、濠塘、水影等項，共二萬五千八百五十頃九十四畝九分五釐有奇；河泓一道，樓房披二百九十八間，

①「洲」，《四庫》本作「州」。

碾八部。

節年坍減蘆洲等項三百三十一頃三十三畝三釐有奇，坍除樓房披二四十間。又劃出歸併東流、當塗、無爲州、和州四州縣管理，蘆洲田地、灘蕩等項二千四百一十二頃六十四畝二分二釐有奇。

節年陞增，並歸入布政使經歷司，及荒瀆場入官蘆洲等項，共九千二百三十四頃一十三畝七分有奇。

雍正十三年，實在上、中、下蘆田，密、稀蘆地，上、中、下草地，荻草荒地，山場，白沙、泥灘，埂劃、塌蕩、濠塘、水影等項，共三萬二千三百四十一頃一十一畝五分四釐有奇；河泓一道，樓房披二百七十四間，碾八部。

實徵蘆課正脚等銀一十二萬一千五百五十七兩五錢九分一釐有奇。

江寧府

原額上、中、下蘆田地，密、稀蘆，上、中、下麥草地，泥灘、埂劃、水蕩、水影等項，共八千五十八頃五十六畝二分四釐有奇；河泓一道，樓房披二百九十八間，碾八部。

節年坍減蘆地等項，九頃九十七畝七分七釐有奇；坍除樓房披二十四間，劃歸武進、丹徒、儀(徵)〔真〕、東流、當塗、無爲州、和州七州縣管理，蘆洲等項二千八百四十八頃四十一畝八分七釐有奇。雍正八年，以溧陽縣改屬鎮江府，額減蘆洲四十八頃一十二畝九分有奇。

節年陞增，并歸併經歷司寺監蘆洲等項，一千六百一十頃八十五畝六分有奇。又丹徒縣劃歸上元縣管理蘆洲七十九頃五十五畝九分有奇。

雍正十三年，實在上、中、下蘆田地，密、稀蘆，上、中、下麥草地，泥灘、埂劃、蘆墩、划場、水蕩、水影等項，共六千八百四十二頃四十五畝二分有奇；河泓一道，樓房披二百七十四間，碾八部。

實徵蘆課正脚等銀二萬八千一百六十九兩四錢五分三釐四毫有奇。

上元縣

實在上、中、下田地，密、稀蘆，麥草地，埂劃塘，上、中、下泥灘，水影等項，共一千六百五頃九十畝三分一釐有奇，河泓一道。內每畝上密蘆地科銀六分，密蘆地一則科銀四分，一則科銀三分五釐，稀蘆地科銀三分。上上田科銀一錢一分五釐，上中田科銀一錢五分，上中次田科銀一錢，上田科銀八分五釐，上①中田科銀七分，下田科銀六分。上地一則科銀四分，一則科銀三分五釐，中地科銀三分，下地科銀一分。麥地科銀四分，基地科銀一錢三分三釐，熟地科銀八分。埂劃一則科銀二分五釐，一則科銀一分。草地科銀一分，水滏科銀四分，埂溝科銀一分。蘆地外泥灘科銀九釐六毫有奇。水蕩一則科銀一分，一則科銀一釐。沙灘科銀一分，草灘科銀八釐二毫。上泥灘科銀五釐，次泥灘科銀二釐，下泥灘科銀一釐。復沙上地科銀三分五釐，埂地科銀四分。復沙，上、中、下田

① 「上」字疑衍。

埂劃蘆草地，上、中、下泥灘，俱與前科則同。光灘、水影，例不起科。

實徵蘆課正脚等銀九千三百二十七兩六錢一分六釐八毫有奇。

江寧縣

實在上密、密、稀蘆，中麥，上、次草地，泥灘、江灘等項，共三百八十六頃四十八畝九分一釐有奇。內每畝上密蘆科銀六分，密蘆科銀四分，稀蘆科銀三分。上草地科銀一分，次草地科銀五釐。中麥地科銀四分，泥灘科銀二釐。上新河堆木江灘徵課銀三十四兩四錢八分四釐。

實徵蘆課正脚等銀一千二百一十六兩一錢五分七毫有奇。

句容縣

實在上、中、下蘆田，密、稀蘆地，草地，上、中、下埂劃，泥灘等項，共七百一十一頃八十五畝一分六釐有奇。內每畝上上田一則科銀一錢一分五釐，一則科銀八分五釐，中田科銀七分，下田科銀六分。上密蘆地科銀六分三毫有奇，密蘆地科銀四分，稀蘆地科銀三分。草地科銀一分。上埂劃科銀一分五釐，中埂劃科銀一分，下埂劃科銀一釐。次泥灘科銀三釐，下泥灘科銀一釐。光泥灘例不起科。

實徵蘆課正脚等銀一千四百八十七兩九錢二分二釐六毫有奇。

溧水縣

實在蘆墩、草灘共一十七頃四十一畝一分一釐有奇。內每畝蘆墩科銀四分，草灘科銀二分。

實徵蘆課正脚等銀三十六兩五錢五分九毫有奇。

高淳縣

實在蘆墩七頃七十三畝二分九釐有奇。內每畝科銀二分。

實徵蘆課正脚等銀一十五兩四錢六分五釐九毫有奇。

江浦縣

實在上、中、下蘆田，密、稀蘆，麥草地，埂劃、泥灘、水蕩、水影等項，共一千八百九十六頃五畝七分五釐有奇。內每畝上上田科銀一錢一分五釐，上田科銀八分五釐，中田科銀七分，下田科銀六分。上密蘆科銀六分，麥地、密蘆俱科銀四分。埂劃、水蕩、上草地，俱科銀一分。稀蘆科銀三分。上泥灘、次草地俱科銀五釐，次泥灘科銀二釐，下泥灘、水影俱科銀一釐。

實徵蘆課正脚等銀六千四十四兩六錢四分五毫有奇。

六合縣

實在上、中、下蘆田，密、稀蘆，麥草地，泥光河灘，水蕩、划場、埂劃、水影等項，共二千二百一十七頃六分六釐有奇； 樓房披二百七十四間，碾八部。内每畝上上田科銀一錢一分五釐，上田科銀八分五釐，中田科銀七分，下田科銀六分。 上地、密蘆地、麥地，俱科銀四分。 中地、稀蘆地，俱科銀三分。 草地一則科銀二分，一則科銀一分。 下地、泥灘、埂劃、河灘、水蕩、划蕩，俱科銀一分。 光灘、上泥灘，俱科銀五釐。 下泥灘、水影，俱科銀一釐。 籽粒舊餉銀六十六兩六錢九分九釐六毫有奇。

實徵蘆課正脚等銀一萬四十一兩一錢六釐有奇。

蘇州府

國朝原額： 上、中、下田地，蘆草灘蕩，墳地、草塗、籽粒、宫田等項，共七百七十頃五十二畝二分二釐有奇。

節年坍減蘆洲三十一頃三十四畝四分有奇。

節年陞增蘆洲等項，五百六十二頃八十七畝四分四釐有奇。

雍正二年，陞太倉州爲直隸州，領鎮洋、崇明二縣，劃分蘆洲五百八十六頃三十六畝七分七釐有奇。

雍正十三年，實在上、中、下蘆田地，蘆草灘蕩，墳山地等項，共七百一十五頃六十八畝五分五釐有奇。

實徵蘆課正脚等銀二千六百五十九兩二錢七分二釐有奇。

長洲縣

實在草蕩二頃一十畝七分九釐有奇。內每畝科銀六釐六毫有奇。

實徵蘆課正脚等銀一兩三錢九分三釐六毫有奇。

元和縣

實在草蕩一頃九十六畝六分三釐有奇。內每畝科銀六釐六毫有奇。

實徵蘆課正脚等銀一兩三錢有奇。

吴　縣

實在蘆蕩、墳山地，共一十三頃六十一畝五分三釐有奇。內每畝蘆蕩科銀三分，豁糧墳地科銀五分。

實徵蘆課正脚等銀五十三兩一錢八分八釐六毫有奇。

吴江縣

實在蘆蕩二十九頃一十一畝五釐有奇。内每畝科銀三分。

實徵蘆課正脚等銀八十七兩三錢三分一釐五毫有奇。

震澤縣

實在蘆蕩二百一十九頃五十八畝八分二釐有奇。内每畝科銀三分。

實徵蘆課正脚等銀六百五十八兩七錢六分四釐七毫有奇。

常熟縣

實在蘆地、灘蕩，共三百三十二頃三十一畝三分七釐有奇。内每畝蘆地科銀八分五釐，蘆灘科銀一錢二分，蘆蕩科銀三分。

實徵蘆課正脚等銀一千一百七十四兩一分九毫有奇。

昭文縣

實在蘆地、灘蕩，共七十九頃七十八畝一分有奇。内每畝蘆地科銀八分五釐，蘆灘科銀一錢二分，蘆蕩科銀三分。

實徵蘆課正脚等銀三百九十五兩九錢九分五釐三毫有奇。

昆山縣

實在上、中、下蘆田地蕩，共七頃四十六畝三分二釐有奇。內每畝上則田地蕩科銀二錢四分，中則科銀一錢五分，下則科銀六分，下下則科銀四分。

實徵蘆課正脚等銀八十七兩三錢九分六釐九毫。

新陽縣

實在上、中、下蘆田地蕩，共二十九頃七十三畝九分一釐。內上則田地蕩每畝科銀二錢四分，中則科銀一錢五分，下則科銀六分，下下則科銀四分。

實徵蘆課正脚等銀一百九十九兩八錢九分三毫。

松江府

國朝原額蘆田，密、稀蘆地，塗灘、水漊等項，共七百四十七頃三畝五分五釐有奇。

節年坍減蘆灘八十八頃七十二畝八分七釐有奇。

節年陞增蘆田、灘塗二百七頃八十六畝八分有奇。

雍正十三年，實在蘆田，密、稀蘆，荒白塗，荻草灘，水洼、山灘、草漲、水漊等項，共八百六十六頃一十七畝四分八釐有奇。

實徵蘆課正脚等銀二千四百一十六兩三錢七分四釐七毫有奇。

華亭縣

實在蘆田二十五頃三十八畝八分八釐有奇。內每畝科銀一錢二分。

實徵蘆課正脚等銀三百四兩六錢六分六釐六毫有奇。

奉賢縣

實在蘆田一十頃七十一畝八分一釐有奇。內每畝科銀一錢二分。

實徵蘆課正脚等銀一百二十八兩六錢一分八釐有奇。

婁　縣

實在蘆田六頃七十九畝七分六釐有奇。內每畝科銀一錢二分。

實徵蘆課正脚等銀八十一兩五錢七分一釐六毫有奇。

金山縣

實在蘆田二十八頃七十九畝七分五釐有奇。内每畝科銀一錢二分。

實徵蘆課正脚等銀三百四十五兩五錢七分八毫有奇。

上海縣

實在蘆田，密、稀蘆，荒白塗、荻草灘、水洼等項，共五十二頃八十九畝二分有奇。内每畝熟田科銀一錢五分一釐，次熟田科銀一錢。上密蘆科銀五分，次密蘆科銀三分，上稀蘆科銀一分六釐，下稀蘆科銀一分五釐。荒白塗科銀一分三釐，荻草灘科銀一分，荒水洼科銀五釐。

實徵蘆課正脚等銀二百九十兩七錢九分八釐八毫有奇。

南匯縣

實在蘆田，密、稀蘆，荒白塗、荻草灘、水洼等項，共七百三十一頃二十二畝六分二釐有奇。内每畝熟田科銀一錢五分一釐，次熟田科銀一錢。上密蘆科銀五分，次密蘆科銀三分，上稀蘆科銀一分五釐。荒白塗科銀一分三釐，荻草灘科銀一分，荒水洼科銀五釐。

實徵蘆課正脚等銀一千一百七十三兩二錢八分八釐六毫有奇。

青浦縣

實在蘆蕩、灘，山灘、草漲、水漊等項，共五頃七十八畝三分二釐有奇。內每畝柴蕩灘科銀一錢二分，山灘、草漲、水漊科銀八分。

實徵蘆課正脚等銀四十九兩七錢三分四釐四毫。

福泉縣

實在蘆蕩、灘，山灘、草漲、水漊等項，共四頃五十七畝一分有奇。內每畝柴蕩灘科銀一錢二分，山灘、草漲、水漊科銀八分。

實徵蘆課正脚等銀四十二兩一錢二分五釐五毫有奇。

常州府

國朝原額蘆田、地，草灘、埂埄、划蕩、水影等項，共二千八百二十七頃四十三畝二分三釐有奇。

節年坍減蘆洲水灘八十三頃六十一畝五分一釐有奇，劃歸丹陽縣管理田埂一頃八畝七分三釐有奇。

節年陞增蘆田、蕩埄、泥灘、水影等項，一千一百九十頃二十五畝二分五釐有奇。又上元縣劃歸武進縣管理蘆洲、埂劃、泥灘一十八頃六十三畝五分二釐有奇。

雍正十三年，實在蘆田，庄平、低田，新中沙田岸，密、稀蘆地，草灘、埂埄、划水、泥灘蕩、水影等項，共三千九百五十一頃六十一畝七分六釐有奇。

實徵蘆課正脚等銀一萬八千二百六十兩五錢六分六釐一毫有奇。

武進縣

實在蘆田、灘地、埂埄、草灘、埂劃、白水泥灘、水影等項，共一百九十頃八十三畝三分六釐有奇。內每畝灘田科銀七分，下田科銀六分。埂埄、草灘俱科銀二分，埂劃科銀一分，稀蘆地、稀蘆灘俱科銀三分，白水泥灘科銀五釐，水影灘科銀三釐，下泥灘科銀一釐。

實徵蘆課正脚等銀五百二十四兩九錢四分一釐有奇。

陽湖縣

實在稀蘆、草泥、水影灘等項，共一百二頃九十五畝四分一釐有奇。內每畝稀蘆灘科銀三分，草灘科銀二分，白水泥灘科銀五釐，水影灘科銀三釐。

實徵蘆課正脚等銀一百三十二兩四錢五分五釐四毫有奇。

無錫縣

實在庄平、低田、蕩，共一百七十四頃八十四畝二分五釐有奇。内每畝庄平田科銀一錢九分三釐，庄低田科銀一錢四分四釐，庄蕩科銀七分五釐。

實徵蘆課正脚等銀六百五十八兩一錢一分三釐四毫有奇。

金匱縣

實在庄平、高、低田，蕩、埲等項，共一百一十五頃九分二釐有奇。内每畝庄平田科銀一錢九分三釐，庄高田科銀一錢五分三釐，庄低田科銀一錢四分四釐，庄蕩科銀七分五釐，庄埲科銀二分。

實徵蘆課正脚等銀一千八十九兩七錢六分六釐六毫有奇。

江陰縣

實在沙、中田，新中、沙田岸，草灘、水灘等項，共一千五百八十六頃一十九畝三分一釐有奇。内每畝沙田科銀七分，中田科銀六分，新田岸、中田岸俱科銀三分八釐，沙田岸科銀五分六釐，草灘科銀一分二釐四毫有奇，水灘科銀六釐二毫有奇。

實徵蘆課正脚等銀六千三百一十二兩九錢六分二釐六毫有奇。

宜興縣

實在高、低、極低田，山地，上、中、下灘，蕩塘濠等項，共六百三十七頃八十畝六分一釐有奇。內每畝高田科銀六分八釐八毫，低田科銀六分，極低田科銀四分，山地科銀三分五釐二毫，上灘科銀三分，中灘科銀二分五釐，下灘、蕩塘灘濠俱科銀二分。

實徵蘆課正脚等銀一千四百二十七兩五錢九分四釐八毫有奇。

荊溪縣

實在高、低、極低田，山地，灘蕩塘等項，共八十頃六十九畝一分六釐有奇。內每畝高田科銀六分八釐八毫，低田科銀六分，極低田、山地俱科銀四分，上灘科銀三分，下灘、蕩塘俱科銀二分。

實徵蘆課正脚等銀二百九十四兩一錢五分一釐六毫有奇。

靖江縣

實在蘆田，密、稀蘆地，草地、水灘等項，共一千六十三頃二十八畝七分有奇。內每畝熟田科銀八分，密蘆地科銀六分，稀蘆地科銀四分，灘田科銀三分，草地科銀一分五釐，水灘科銀一分。

實徵蘆課正脚等銀七千八百二十兩五錢八分三毫有奇。

鎮江府

國朝原額蘆、勳課，公庄備用、籽粒田地，草、泥灘，埂劃、山潮塘蕩、水影等項，共三千四十九頃四十八畝八分一釐有奇。

雍正六年，劃歸上元縣管理田地、埂劃、塘灘七十九頃五十五畝九分有奇。

節年陞增並歸併布政使經歷司蘆洲等項，一千五百九十一頃一十二畝九分二釐有奇。又上元、武進、江都、儀(徵)〔真〕四縣劃歸丹徒、丹陽二縣管理蘆洲等項，一百二十五頃六十一畝五釐有奇。

雍正八年，改入溧陽爲屬縣，劃歸蘆田蕩四十八頃一十二畝九分有奇。

雍正十三年，實在蘆、勳課，公庄備用，籽粒田地，埂劃，山潮塘蕩，草、泥灘，水影等項，共四千七百三十四頃七十九畝八分三釐有奇。

實徵蘆課正脚等銀一萬五千六百五十三兩七錢七分三釐四毫有奇。

丹徒縣

實在蘆地、勳課，山、潮、市、白籽粒田、地，埂劃、塘草、泥灘、水影等項，共三千五百六十三頃七十二畝八分六釐有奇。內每畝上田科銀八分五釐。課田一則科銀八分五釐七毫，一則科銀八分，一則科銀七分二釐七毫有奇。籽粒上田科銀九分二釐五毫有奇，中田一則科銀九分，一則科銀七分，下田科銀六分。潮田科銀一錢五分，山田科銀一錢一分，潮地科銀一錢二分。課地、籽粒地俱科銀六分一釐四毫有奇，山地科銀五分五釐，市地科銀三分，白地科銀四分。埂劃一則科銀二分，一則科銀一分二釐有奇，一則科銀一分。課划塘科銀一分二釐有奇。籽粒埂塘科銀一分四釐八毫有奇，溝塘科銀一分。課蘆地科銀四分，蘆地科銀四分二釐七毫有奇。籽粒蘆地科銀四分五釐五毫，密蘆地科銀四分。稀蘆地一則科銀三分五釐二毫，一則三分，一則二分九釐四毫有奇。課草灘一則科銀二分三釐三毫有奇，一則二分三釐一毫，一則二分一釐八毫。籽粒草灘科銀二分三釐三毫有奇。草地一則科銀二分，一則一分。課泥灘科銀一分二釐，泥灘一則科銀一分二釐二毫有奇，一則一分一釐，一則一分九毫，一則一分。籽粒泥灘科銀一分四釐八毫有奇。課水影科銀四釐，水影一則科銀三釐八毫，一則三釐三毫。籽粒水影科銀四釐五毫有奇。光灘、下泥灘俱科銀一釐。下水影、白水光灘，例不起科。

實徵蘆課正脚等銀九千三百四十八兩一錢一分七釐五毫有奇。

丹陽縣

實在蘆、勳公庄備用籽粒田地、埂劃，草泥灘、洋灘、蕩塘、水影等項，共九百六十五頃七十九畝七分五釐有奇。內每畝籽粒上田科銀九分八釐六毫有奇，中田科銀九分；上田一則科銀一錢六釐八毫有奇，一則一錢四釐八毫有奇，一則一錢二釐一毫有奇；田一則科銀七分二釐七毫有奇，一則七分。地科銀六分一釐四毫有奇。埂科銀二分，埂劃科銀一分二釐有奇。蘆地科銀四分二釐七毫有奇；稀蘆地、稀蘆蕩、擋潮蘆埂，俱科銀二分九釐四毫有奇。泥灘一則科銀一分五釐，一則科銀一分二釐二毫有奇，一則一分九毫。課泥灘科銀一分二釐，草灘一則科銀二分三釐三毫有奇，一則二分一釐八毫。水影科銀三釐八毫。下水影、白水光灘，例不起科。籽粒田一則科銀一錢四分四釐四毫有奇，一則一錢四分三釐七毫有奇，一則一錢三分七毫有奇。籽粒草灘科銀五分一釐九毫有奇。公庄備用上田科銀一錢五分，中田科銀一錢一分，中下田科銀一錢，下田、河埂俱科銀六分。灘蕩科銀五分。泥灘科銀一分九毫。萬頃洋上灘田科銀一錢，中灘田科銀七分，下灘田科銀五分，草灘科銀二分五釐，水蕩科銀一分五釐。勳庄籽粒田地科銀八分，勳庄塘蕩灘科銀二分。

實徵蘆課正脚等銀五千二百一十五兩四錢七釐八毫有奇。

金壇縣

實在蘆勳田地、塘圩、蕩灘、草場等項，共一百五十七頃一十四畝三分有奇。內每畝勳田科銀八分，勳地科銀六分，勳白田科銀五分，勳塘蕩科銀三分，勳草灘科銀一分。建昌圩蕩田科銀二分五釐。王宗賢蕩田、民蘆蕩、牧馬草場，俱科銀六分。

實徵蘆課正脚等銀九百一十一兩五錢六分二釐三毫有奇。

溧陽縣

實在蘆田、蕩四十八頃一十二畝九分有奇。內每畝蘆田科銀六分，蘆蕩科銀二分。

實徵蘆課正脚等銀一百七十八兩六錢八分五釐六毫有奇。

淮安府

國朝原額蘆田、地、蕩，水面、市園基地等項，共一千五百二十五頃八十二畝八分七釐有奇。節年陞增蘆田、地、蕩，并莞瀆場入官蘆蕩，共五百八頃二十九畝一分二釐有奇。雍正十三年，實在蘆田、水面，稀蘆地、蕩，市園基地等項，共二千三十四頃一十一畝九分九釐有奇。

實徵蘆課正脚等銀一千六百三十一兩九錢二分一釐八毫有奇。

阜寧縣

實在蘆田、水面、市地園亭、衙祠基地等項，共一千五百五十五頃八十四畝七分二釐有奇。內原淮防廳所管，每畝科銀一分二釐，總除辦鹽蕩外，其餘墾田科銀五釐七毫有奇。租田科銀一分五釐三毫有奇。市地園科銀三分，雙洋當尖港水面科銀一分。南北榜廊、副司衙、却金亭、三賢祠，俱科銀一兩。堆鹽倉基地科銀一錢。原山陽縣所管，每畝科銀一分。

實徵蘆課正脚等銀一千三百四十九兩六分五釐有奇。

安東縣

實在稀蘆地、蕩灘，共三百一十九頃六十畝二分三釐有奇。內每畝科銀七釐。

實徵蘆課正脚等銀二百三兩五錢二分一釐六毫有奇。

莞瀆場

實在蘆地一百五十八頃六十七畝二釐有奇。內每畝科銀五釐。

實徵蘆課正脚等銀七十九兩三錢三分五釐一毫有奇。

揚州府

國朝原額上、中、下密、稀蘆，草泥灘，埂劃、籽粒田灘等項，共八千八百七十二頃八畝三釐有奇。

節年坍減埂劃田灘一百一十七頃六十六畝四分八釐有奇，劃歸丹徒縣管理田划、草地、泥灘八十八頃七十七畝五分二釐有奇。

節年陞增蘆洲、田灘等項，三千五百六十二頃八十六畝五分七釐有奇。又上元縣劃歸儀〔徵〕

〔真〕縣管理蘆草地、泥灘三百八十一頃三十九畝三分三釐有奇。

雍正二年，陞通州爲直隸州，領如臯、泰興二縣，劃分蘆洲七千七百五十四頃三十七畝七分六釐有奇。

雍正十三年，實在蘆田、地，密、稀蘆，草泥灘，埂劃、籽粒田灘等項，共四千八百五十五頃五十二畝二分有奇。

實徵蘆課正脚等銀一萬八千七百四十二兩四錢六分四釐九毫有奇。

江都縣

實在上、中、下田，埂劃，密、稀蘆，泥水草灘，籽粒田灘等項，共四千陸十二頃三十八畝六分五釐有奇。內每畝上田科銀九分一釐，中田科銀八分五釐七毫，下田科銀七分九釐一毫。埂劃科銀二分，密蘆灘科銀四分四釐，稀蘆灘科銀三分五釐二毫，草灘科銀二分三釐一毫，泥灘科銀一分一釐，水影灘科銀三釐三毫，次水影灘科銀三釐。籽粒田科銀五分五釐六毫，密蘆灘科銀三分，稀蘆灘科銀二分，泥灘科銀五釐，草灘科銀一分，水影灘科銀一釐。

實徵蘆課正脚等銀一萬六千七百三十三兩九錢七分八釐有奇。

儀(徵)〔真〕縣

實在上、高、下田，密、稀蘆麥草地，泥灘、埂劃、水池、光灘、水影等項，共七百九十三頃一十三畝五分五釐有奇。內每畝上田科銀八分五釐，高田科銀五分五釐，下田科銀六分。密蘆科銀四分，稀蘆科銀三分。

草地一則科銀二分，一則一分。麥地科銀六分一釐五毫，蘆地外泥灘科銀九釐六毫有奇。水池埂劃科銀三分。基地上地科銀二分。泥灘科銀一分，次泥灘科銀二釐，下泥灘科銀一釐。光①灘科銀一釐，水影例不起科。

實徵蘆課正脚等銀二千八兩四錢八分六釐九毫有奇。

太倉州併屬

雍正二年蘇州分隸，原額並坍增數，詳載《蘇州府》總。

實在蘆田地、灘蕩，籽粒宮田等項，共五百八十六頃三十六畝七分七釐有奇。

實徵蘆課正脚等銀四千五百四十九兩三錢五分八釐有奇。

太倉州

實在蘆田、蕩塗，籽粒宮田等項，共三頃四十一畝四分有奇。內每畝科銀三錢六釐二毫有奇。

實徵蘆課正脚等銀一百四兩五錢三分九釐五毫有奇。

① 「光」，《四庫》本作「泥」。

鎮洋縣

實在蘆田、蕩塗，籽粒宫田等項，共九十頃六十七畝五分八釐有奇。内每畝上則蘆田科銀二錢四分，中則蘆蕩科銀一錢五分，下則草塗科銀六分，上則籽粒宫田科銀三錢六釐二毫有奇。

實徵蘆課正脚等銀二千一百九十兩四錢七分八釐八毫有奇。

寶山縣

實在蘆田、地，水蕩、泥灘等項，共二百二頃一十三畝二分七釐有奇。内每畝上田科銀一錢五分，下田科銀五分。密蘆科銀一錢二分，下灘科銀五分，上地科銀七分，下地科銀三分。水蕩科銀四分二釐三毫，泥灘科銀一分五釐九毫有奇。

實徵蘆課正脚等銀一千二百三十八兩八錢三分二釐有奇。

崇明縣

實在蘆蕩二百九十頃一十四畝五分一釐有奇。内每畝科銀三分五釐。

實徵蘆課正脚等銀一千一十五兩五錢七釐八毫有奇。

通州併屬

雍正二年揚州分隸，原額並坍增數，詳載《揚州府》總。

實在上、中、下蘆田，課地，河埂，港塌，草、泥、水灘，籽粒田地等項，共七千七百五十四頃三十七畝七分六釐有奇。

實徵蘆課正脚等銀二萬九千五百二十二兩六錢五分八釐二毫有奇。

通州

實在上、中、下蘆田，草地，共三千一十五頃八十二畝四分有奇。內每畝上田科銀六分二毫，中上田科銀五分六釐七毫有奇，下田科銀三分六釐有奇。草地科銀五釐三毫有奇。

實徵蘆課正脚等銀八千九百二十五兩三錢三分六毫有奇。

如皋縣

實在上、中、下蘆田、地，水草地、灘等項，共二千七百二十六頃一十三畝七分有奇。內每畝上地科銀八分三釐九毫，上田科銀七分五釐，上中田科銀六分五釐四毫，中地科銀六分，中田科銀四分八釐，中下田科銀四分七釐五毫有奇，下田科銀四分。積水草地、抛荒草地、報陞草灘，俱科銀五釐九毫有奇。

實徵蘆課正脚等銀一萬一千一百八十九兩七錢一分七釐三毫有奇。

泰興縣

實在上、中、下蘆田，課地，河埂、港塌，草泥水灘，籽粒田地等項，共二千一十二頃四十一畝六分四釐有奇。內每畝上田科銀八分五釐，中田科銀七分；下田、塌地，俱科銀六分。籽粒上田、上課地、課塌地俱科銀四分，港地、河埂俱科銀三分。划埂科銀三分五毫，下河埂科銀一分。蘆灘科銀三分，草灘科銀二分四釐，下草灘、泥灘俱科銀一分，下泥灘科銀五釐，水灘科銀三釐有奇。

實徵蘆課正脚等銀九千四百七兩六錢一分三毫有奇。

安徽布政使司

國朝原額，上、中、下蘆田，密、稀蘆地，上、中、下草地，荻草荒地，白沙、泥灘，埂劃、水滖、塌蕩、濠影等項，共二萬三千九百九十八頃七畝五分一釐有奇。上、下基地一千四百六十四丈一尺六寸一分。

節年坍減蘆地、灘蕩等項，一千一百八十八頃四十三畝九分一釐有奇；丈坍上、下基地一十二丈。又劃出歸併江西德化縣，并九江衛管理稀蘆，上、中、下草地等項，一百一十四頃四十二畝三分八釐有奇。

節年陞增，并歸入江蘇布政使經歷司横海、江陰、江寧三衛蘆地等項，共三千九百九十九頃七十八畝六分有奇。又劃歸江西彭澤、湖口二縣，并江蘇上元、江寧、江浦三縣蘆地等項，共二千四百一十九頃七十一畝四分六釐有奇。

雍正十三年，實在上、中、下蘆田，密、稀蘆地，上、中、下草地，荻草荒地，白沙、泥灘，埂劃、水滖、塌蕩、濠影等項，共二萬九千一百一十四頃七十一畝二分三釐有奇；上、下基地一千四百五十二丈一尺六寸一分。

實徵蘆課正脚等銀五萬一千八百二十四兩五錢一分五釐八毫有奇。

安慶府

國朝原額：上、中、下地蘆田，密、稀蘆地，上、中、下草地，水滖、泥灘、白沙、水蕩、塌濠等項，共九千三百五十三頃四十六畝九分八釐有奇。

節年坍減蘆地灘蕩八百五十頃三十四畝一分七釐有奇。懷寧縣劃出歸併東流縣水蕩、泥灘五十三畝七①分五釐。又宿松縣劃出歸併江西德化縣并九江衛管理稀蘆，上、中、下草地等項，一百一十四頃四十二畝三分八釐有奇。

① 「七」，《四庫》本作「一」。

節年陞增蘆地等項二千四百二十五頃八十七畝九分七釐有奇。又江西彭澤、湖口二縣劃入，歸併望江縣稀蘆、草地七頃六十一畝六釐有奇。

雍正十三年，實在上、中、下地蘆田，密、稀蘆地，上、中、下草地，水涹、泥灘，白沙水蕩塌等項，共一萬八百二十一頃六十五畝六分五釐有奇。

實徵蘆課正脚等銀一萬五千八百七十五兩七錢八分四釐六毫有奇。

懷寧縣

實在上、中、下地，密、稀蘆地，上、中、下草地，泥灘、白沙水蕩等項，共一千四百六十一頃一十八畝三分七釐有奇。內每畝上地、密蘆地俱科銀三分五釐，中地、稀蘆地俱科銀二分五釐，下地、中草地俱科銀一分五釐，上草地科銀二分，下草地科銀一分。泥灘、白沙水蕩，例不起科。

實徵蘆課正脚等銀二千三百九十二兩六錢六分三釐八毫有奇。

桐城縣

實在上、中、下地，密、稀蘆地，上、中、下草地，泥灘、白沙水蕩等項，共三千七百八十頃八十二畝二分一釐有奇。內每畝上地、密蘆地俱科銀三分五釐，中地、稀蘆地俱科銀二分五釐，下地、中草地俱科銀一分五釐，上草地科銀二分，下草地科銀一分。泥灘、白沙水蕩，例不起科。

實徵蘆課正脚等銀六千四十九兩四錢四分四釐四毫有奇。

宿松縣

實在上、中、下地，密、稀蘆地，上、中、下草地，水瀋、泥灘、白沙水蕩塌等項，共二千八百一頃四畝六分有奇。內每畝上地、密蘆地俱科銀三分五釐，中地、稀蘆地俱科銀二分五釐，下地、中草地俱科銀一分五釐，上草地科銀二分，下草地、水瀋俱科銀一分。泥灘、白沙水蕩塌，例不起科。

實徵蘆課正脚等銀二千四百六十三兩九錢一分一釐五毫有奇。

望江縣

實在上、中、下地，蘆田，密、稀蘆地，上、中、下草地，泥灘、白沙，並江西彭澤縣劃歸管理稀蘆草地等項，共一千六百二十七頃一十五畝二分七釐有奇。內每畝上地、蘆田、密蘆地俱科銀三分五釐，中地、稀蘆地俱科銀二分五釐，下地、中草地俱科銀一分五釐，上草地并劃歸稀蘆地俱科銀二分，下草地并劃歸草地俱科銀一分。泥灘、白沙，例不起科。

實徵蘆課正脚等銀二千五百七十四兩五分八釐六毫有奇。

安慶衛

實在上、中、下地，密、稀蘆地，上、中、下草地，泥灘、白沙水蕩等項，共一千一百五十一頃四十五畝二分有奇。內每畝上地、密蘆地俱科銀三分五釐，中地、稀蘆地俱科銀二分五釐，下地、中草地俱科銀一分五釐，上草地科銀二分，下草地科銀一分。泥灘、白沙水蕩，例不起科。

實徵蘆課正脚等銀二千三百九十五兩七錢六釐三毫有奇。

池州府

國朝原額：上、中、下蘆田，密、稀蘆地，上、中、下地草地，荻草荒地，草湖、泥灘，溝塘、水蕩、濠滖、白沙、水影、光灘等項，共一萬二百六十六頃五十八畝九分有奇；上、下基地一千四百六十四丈一尺六寸一分。

節年坍減蘆地、灘、蕩八十七頃二十九畝一分一釐有奇，丈坍上、下基地一十二丈。

節年陞增蘆地等項四百二十頃九十七畝九分六釐有奇，上元縣劃歸東流縣蘆地等項一百七十八頃五十三畝七分六釐有奇。又懷寧縣劃歸東流縣水蕩、泥灘五十三畝七分五釐。

雍正十三年，實在上、中、下蘆田，密、稀蘆地，上、中、下地草地，荻草荒地，草湖、草灘、泥灘、溝塘水蕩、濠滖，白沙、水影，光灘、義冢地等項，共一萬七百七十九頃三十五畝二分六釐有奇；上、下基地一千四百五十二丈一尺六寸一分。

實徵蘆課正脚等銀一萬三千二百五十四兩一錢九分九釐有奇。

貴池縣

實在上、中、下蘆田，密、稀蘆地，上、中、下地草地，荻草荒地，泥灘、塘水蕩、白沙、水濠、水影、光灘等項，共五千八百八十一頃一十五畝六分八釐有奇；上、下基地一千四百五十二丈一尺六寸一分。內每畝密蘆地科銀三分五釐，稀蘆地科銀二分五釐，上蘆田、上地俱科銀三分，中蘆田、中地俱科銀二分，下蘆田、下地、草地、荻草荒地俱科銀一分，泥灘、塘水蕩俱科銀三釐，白沙科銀四釐。水濠、水影、光灘，例不起科。上基每丈科銀六分，下基每丈科銀四分。

實徵蘆課正脚等銀五千四百三十六兩九錢四分九毫有奇。

青陽縣

實在中、下地草地，水蕩、泥灘等項，共二百八十一頃四十六畝四分九釐有奇。內每畝中地科銀二分，下地、草地俱科銀一分，水蕩科銀六釐，泥灘科銀五釐。

實徵蘆課正脚等銀二百二十九兩七錢八分九毫有奇。

銅陵縣

實在上基地，上、中田，上、中、下地，密、稀蘆地，草場、水蕩、泥灘、白沙、水影； 並歸併江蘇布政使經歷司上、中、下地，密、稀蘆地，草地、水蕩、義冢地等項，共二千一百一十一頃六十三畝九分六釐有奇。內每畝上基地科銀四分五釐，上田科銀四分，中田科銀三分，上地、密蘆地俱科銀三分五釐，稀蘆地科銀二分五釐，中地科銀二分，下地科銀一分，草場科銀一分二釐，水蕩科銀五釐，泥灘科銀二釐。歸併經歷司上地、密蘆地俱科銀五分，中地、稀蘆地俱科銀四分，下地科銀三分，草地科銀一分五釐，水蕩科銀一分。白沙、水影、義冢地，例不起科。

實徵蘆課正脚等銀三千九百八十六兩五錢三分二釐三毫有奇。

東流縣

實在上、中、下田，密、稀蘆地，上、中、下地草地，草湖、水滏、溝蕩、泥灘、沙灘、水影； 並上元、懷寧兩縣劃歸管理上地，密、稀蘆地，草地、草灘、水蕩、泥灘等項，共二千五百五頃九畝一分三釐有奇。內每畝上地、密蘆地俱科銀三分五釐，稀蘆地科銀二分五釐，上田科銀四分，中田、中地俱科銀二分，下田、下地、草地、草湖、水滏、水溝俱科銀一分，水蕩、泥灘俱科銀二釐。上元縣劃歸上地、密蘆地俱科銀三分五釐，稀蘆地科銀三分，草地科銀一分，草灘科銀八釐二毫，水蕩、下泥灘俱科銀一釐，次泥灘科銀二釐。懷寧縣劃歸水蕩、泥灘，俱科銀二釐。沙灘、水影，例不起科。

實徵蘆課正脚等銀三千六百兩九錢四分四釐八毫有奇。

太平府

國朝原額：上、中、下田，密、稀蘆地，蘆墩，上、中、下地，市地、草地、水蕩、泥灘、光沙、水影等項，共一千三百六十五頃五十四畝五分七釐有奇。

節年坍減蘆地、灘蕩一百二十頃五十畝九分三釐；無湖縣劃出歸併無爲州密蘆地、泥灘二頃三十八畝七分七釐有奇。

節年陞增，並歸併江蘇布政使經歷司蘆地等項，共六百六十三頃六十五畝三分五釐。又上元、江寧二縣劃歸當塗縣，丈減仍存密、稀蘆地，上田、上地，草麥地，埂劃、泥灘一千二百九頃八十畝七分九釐有奇。

雍正十三年，實在上、中、下田，密、稀蘆地，蘆墩，上、中、下地，市地，草麥地，埂劃、水蕩、泥灘、光沙、水影等項，共三千一百一十六頃一十一畝一釐有奇。

實徵蘆課正脚等銀八千七百七十一兩六錢七分五釐四毫有奇。

當塗縣

實在上地，密、稀蘆地，蘆墩、草地、泥灘，並歸併江蘇布政使經歷司，及上元、江寧二縣劃歸管理密、稀蘆地，上田、上中地，草麥地，埂劃、泥灘、水影等項，共一千三百四十二頃七十三畝五分三釐有奇。內每畝上地、密蘆地俱科銀六分六釐，蘆墩科銀五分七釐五絲，稀蘆地科銀三分，草地科銀一分五釐。歸併經歷司密蘆地科銀四分，稀蘆地、中地俱科銀三分，草地科銀一分。上、江二縣劃歸上田科銀八分五釐，上密蘆地科銀六分，密蘆地、上地、麥地俱科銀四分，稀蘆地科銀三分，埂劃、上草地俱科銀一分，次草地科銀五釐，泥灘、次泥灘俱科銀二釐，下泥灘科銀一釐。水影、本縣泥灘，例不起科。

實徵蘆課正脚等銀三千四百二十八兩七錢六分六釐四毫有奇。

蕪湖縣

實在上、中田，上地，密蘆地、草地、水蕩、泥灘等項，共五頃一畝一分三釐有奇。內每畝上田科銀七分，中田科銀六分，上地、密蘆地俱科銀四分五釐，草地科銀一分五釐，水蕩科銀一分。泥灘例不起科。

實徵蘆課正脚等銀二十九兩九分二釐八毫有奇。

繁昌縣

實在上、中、下田，上、中、下地，密、稀蘆地，市地、草地、水蕩、泥灘、光沙、水影；並歸併江蘇布政使經歷司上、中、下地，密、稀蘆地，草地、水蕩、泥灘、光沙、水影等項，共一千七百六十八頃三十六畝三分五釐有奇。內每畝密蘆地、下田、上地俱科銀四分，稀蘆地科銀二分七釐，市地、上田俱科銀一錢，中田科銀六分，中地科銀三分，下地科銀二分，草地科銀一分五釐，水蕩科銀一分。歸併經歷司青、紫二洲密蘆地、上地俱科銀五分，稀蘆地、中地俱科銀四分，下地科銀三分，草地科銀一分五釐，水蕩科銀一分，黑沙洲密蘆地科銀四分，稀蘆地科銀三分，草地科銀一分。本縣及歸併泥灘、光沙、水影，俱例不起科。

實徵蘆課正脚等銀五千三百一十三兩八錢一分六釐二毫有奇。

廬州府無爲州

國朝原額：密、稀蘆地，熟田、熟地、草地、水塘、泥灘、沙灘、水蕩等項，共二千二百四十八頃三十畝八分六釐有奇。

節年陞增，除抵坍減仍存，並歸入江蘇布政使經歷司横海、江寧、江陰三衛蘆地等項，共四百八十九頃二十七畝三分二釐有奇。上元縣劃歸下田、上地，密、稀蘆地，草地、埂劃、水滃蕩，上、下泥灘四百九十七頃七十八畝八分五釐有奇。又蕪湖縣劃歸密蘆地、泥灘二頃三十八畝七分七釐有奇。

雍正十三年，實在密、稀蘆地，熟田、熟地，草地、水塘、下田、上地、埂劃、水蕩，上、下泥灘、沙灘等項，共三千二百三十七頃七十五畝八分三釐有奇。內每畝密蘆地、熟田、熟地俱科銀四分，稀蘆地科銀二分五釐，草地、水塘俱科銀一分。泥灘、沙灘、水蕩，例不起科。歸併經歷司密蘆地科銀四分，稀蘆地科銀三分，草地科銀一分，水蕩科銀一釐。上元縣劃歸下田科銀六分，上地、密蘆地、水漤俱科銀四分，埂劃、水蕩、草地俱科銀一分，稀蘆地科銀三分，上泥灘科銀五釐，下泥灘科銀一釐。蕪湖縣劃歸密蘆地科銀四分五釐。泥灘例不起科。

實徵蘆課正脚等銀九千四百七十八兩二錢七分五釐四毫有奇。

和州

國朝原額：密、稀下蘆地，中、下低蕩田，上、下草麥，基地、泥灘、水溝、水面等項，共七百六十四頃一十六畝一分八釐有奇。

節年坍没，除將陞增並歸入江蘇布政使經歷司蘆地抵算外，仍減蘆地等項一百三十頃二十九畝七分有奇。

節年江寧、江浦二縣劃歸密、稀蘆地，上、中、下田，麥地，上、次草地，泥灘，共五百二十五頃九十七畝有奇。

雍正十三年，實在密、稀、下蘆地，上、中、下低蕩田，上、中、下次草麥，基地、泥灘、水溝、水面等項，共一千一百五十九頃八十三畝四分八釐有奇。内每畝密蘆地、中蘆田俱科銀六分三釐，稀蘆地、麥地俱科銀五分二釐，下蘆地科銀三分八釐一毫，下蘆田科銀四分三釐，上草地科銀二分四釐，下草地、低下田俱科銀二①

① 「二」，《四庫》本作「三」。

分二釐，草蕩科銀一分，低蕩田科銀二分九釐，泥灘科銀二釐二毫。水溝一道，科銀八錢八分二釐二毫。水面一道，科銀八兩五錢。上基地科銀一①錢三釐七毫一絲。歸併經歷司密蘆地科銀四分，稀蘆地科銀三分，上泥灘科銀五釐。江寧、江浦二縣劃歸上密蘆地、中田，俱科銀六分；密蘆地、中麥地、下田，俱科銀四分；稀蘆地科銀三分；上麥地科銀五分；上田科銀五分；上草地科銀一分；次草地科銀五釐；泥灘科銀二釐。三聖場麥地科銀五分二釐。

實徵蘆課正脚等銀四千四百四十四兩五錢八分六毫有奇。

① 「一」，《四庫》本作「三」。

江南通志卷八十一

食貨志

鹽法

周

《天官》：鹽人掌鹽之政令，以供百事之鹽。《周禮》此後世鹽官之始。《舊鹺志》

海王之國，謹正鹽筴。《管子》海之鹽蜃，祁望守之。《晏子春秋》此後世場官之始。《舊鹺志》

秦

少府掌山海地澤之税，以給供養。《漢書·百官表》

漢

吴王濞煮海水爲鹽，國用富饒。《史記·列傳》

史起蟄曰：吴王濞立國廣陵，煮海水爲鹽，鹽所入輒以善價與民。此兩淮鹽利之始。嘉靖《鹽法志》

吴王濞開邗溝，自揚州茱萸灣，通海陵倉及如皋蟠溪。此運鹽河之始。《維揚志》

彭城以東東海、吴廣陵有海鹽之饒。《史記·貨殖傳》

元封元年，置均輸鹽鐵官。《漢書·食貨志》

地節四年，詔減天下鹽賈。《漢書·紀》

初元元年，詔江海陂湖園池屬少府者以假貧民，勿租賦。《玉海》

東漢

明帝時，官自鬻鹽。《文獻通考》

章和元年，廣陵太守奏罷鹽官，以利百姓。《後漢書·馬(稜)〔棱〕①傳》

---

① 據《後漢書》卷二十四改。

三國

魏於廣陵置司鹽。《中十場總志》

吴有户曹尚書，總四方委輸計算之任。《鹽政志》

晋

江左初省課第曹，置庫曹，後復分曹置外左庫、内左庫。《晋書·職官志》

南北朝

陳天嘉二年，立煮海鹽賦。《陳書·紀》

唐

天下有鹽之國一百五，江南十二。《地理通釋》

開元二年，江南少尹李傑充水陸轉運使，轉運使之名自此始也。十八年，拜宣州刺史。

裴耀卿爲江淮轉運使，以鄭州刺史崔希逸、河南少尹蕭炅爲之副。轉運之有副使，自此始也。《職官分紀》

貞元四年，淮西節度使陳少游奏加民賦，自此江淮鹽每斗亦增二百，爲錢三百一十。其後復增六十。江淮豪賈射利，或時倍之。《唐書·食貨志》

順宗即位，有司重奏鹽法，以杜佑判鹽鐵轉運使，理於揚州。元和二年三月，以李巽代之。《舊唐書》

永貞時，始減江淮鹽價，每斗爲錢二百五十。其後鹽鐵使李錡奏江淮鹽斗減錢十以便民，未幾復舊。《唐書·食貨志》

永貞元年，度支使奏：江淮鹽每斗減錢一百二十，榷二百五十。《册府元龜》

開成二年三月，鹽鐵使奏：得蘇州刺史盧商狀，分鹽場三所隸屬本州，元糶鹽七萬石加至十三萬石，倍收税額，直送價錢。《册府元龜》

南　唐

昇元元年，置海陵鹽監。《古今鹺略》

宋

建隆二年，詔寬鹽、麯禁。《五代會要》

豐利監：通州故有鹽場七，置監以掌之。太平興國中，移治於通州西。南唐劉式歸宋，以大理

寺丞、贊善大夫監豐監。《通州志》

雍熙二年，入中芻粟於沿邊，以券至京師，江淮給鹽，謂之交引。《九朝編年》

陳傅良曰：國初鹽筴只聽州縣給賣，歲以所入課利申省，而轉運使操其贏以佐一路之費，初未有客鈔也。雍熙二年三月，令河東、北商人如要折博茶鹽，令所在納銀，至京請令交引。此邊郡入納算緡之始。《止齋集》

端拱二年九月，始令商人輸芻粟塞下，執交券至江淮，給以茶鹽，謂之折中。《太平治績統類》此召商中納之始。《大學衍義補》

淳化間，張綸除江淮制置發運副使。時鹽課大虧，乃奏除通、泰、楚三州鹽户夙負，官助其器用，鹽入優與之直，由是歲增課數十萬。《宋史·張綸傳》

至道二年，發運使楊允恭言：淮南十八州，其九禁鹽，餘不禁。商人由海上販鹽，官倍數而取之，至禁鹽地則上下其價。今請悉禁，遣吏主之。是歲，收利巨萬。《玉海》

前雷有終爲江浙荆湖茶鹽制置使，奏王子輿爲判官，轉江淮兩浙制置茶鹽。真宗即位，命爲鹽鐵判官，仍領制置，增歲課五十餘萬貫。《宋史·王子輿傳》

宋初，鹽鈔未行。真宗時，於建安軍置鹽倉，乃令真州發運。適李沆爲發運使，運米轉入其倉，空船回皆載鹽，散入江浙諸路，各得鹽資，船運而民力寬。《文獻通考》

明道二年，参知政事王隨建言：顧權聽通商三五年，使商人入錢京師。又置折博務於揚州，使

輸錢及粟帛，計直予鹽。鹽一石約售錢二千，則一千五百萬石，可得緡錢三十萬，以資國用。《宋史·食貨志》

附　王隨疏略：

臣隨伏思淮南鹽初甚善。自通、泰、楚運至真州，自真州運至江、浙、荆、湖，綱吏、舟卒侵盜販鬻，雜以砂土，殆不可食，吏、卒坐鞭笞、徒配而莫能止。兼運河淺涸，漕輓不行，遠州村民頓乏鹽食。而淮南所積一千五百萬石，無屋以貯，則露積苫覆，歲以損耗。亭户輸鹽應得本錢，或無以給，貧困爲盜。

願權聽通商三五年，使商人入錢京師，置折博務於揚州，使輸錢及粟帛，計直予鹽。鹽一石售錢二千，則一千五百萬石，可得緡錢三千萬，以資國用，一利也。江湖遠近，皆食白鹽，二利也。歲罢漕運糜費、風水覆溺，三利也。昔漕鹽舟，可移以漕米，四利也。商人入錢，可取以償亭户，五利也。贍國濟民，無出於此。

范仲淹安撫江淮，亦以疏通鹽利爲言。詔三司使、江淮制置使同議。謂聽商恐私販肆行，請敕制置司益漕船，運至諸路，使皆有二三年之蓄。後天禧元年制，聽商人入錢粟京師及淮、浙、江南、荆湖州軍易鹽；在通、楚、泰、海、真、揚、漣水、高郵貿易者，毋得出城，餘州聽詣縣鎮，毋至鄉村。其入

錢京師者，增鹽予之，并敕轉運司經畫本錢，以償亭户。詔皆施行。《宋史·食貨志》

附　范仲淹《議弛鹽禁疏略》：

鹽税之入，但分减商賈之利耳。行於商賈，未甚有害也。國用未减，歲入不可闕。既不取之於山澤及商賈，須取之於農。與其害農，孰若取之於商賈？爲今計，莫若先省國用。國用有餘，當先寬賦役，然後及商賈。弛禁非所先也。

康定元年，詔三司議通淮南鹽給京東等八州，於是兖、鄆、宿、亳，皆食淮南鹽矣。《宋史·食貨志》

慶(歷)〔曆〕初，制置司請量增江淮、兩浙、荆湖六路糴鹽錢，下三司議。三司奏：荆湖已嘗增錢；餘四路三十八州軍，請斤增二錢或四錢。《宋史·食貨志》

崇寧元年，蔡京議更鹽法，乃言東南鹽本或闕，滯於客販，請增給度牒及給封椿坊場錢通三十萬緡。《宋史·食貨志》

紹興二年九月，詔淮浙鹽令商人每袋貼輸通貨錢三千。《宋史·食貨志》

三年，减淮浙蠶鹽錢。《宋史·高宗紀》

四年正月，增淮浙路鹽鈔貼納錢。《宋史·高宗紀》

九月，减淮浙路鹽鈔所增貼納錢。《宋史·高宗紀》

元

太宗庚寅年，始行鹽法，每鹽一引重四百斤，其價銀一十兩。世祖中統二年，減銀爲七兩。至元十三年，江南之鹽所入尤廣，每引改爲中統鈔九貫。二十六年，增爲五十貫。元貞丙申，每引又增爲六十五貫。至大己酉至延祐乙卯七年之間，累增爲一百五十貫。《元史·食貨志》

元貞元年閏四月，罷各處鹽使司，鹽場改設司令、司丞。《元史·成宗紀》

二年七月，詔茶鹽轉運司仍舊以三年爲代。《元史·成宗紀》

九月，增鹽價鈔，罷民間鹽鐵爐竈。《元史·成宗紀》

大德四年，中書省奏淮改立倉，設綱攢運，撥袋支發，以革前弊。本司行鹽之地，江浙、江西、河南、湖廣所轄路分，上江下流，鹽法通行。《元史·食貨志》

五年，以兩淮鹽法澀滯，命轉運司官兩員，分司上江以整治之。《續文獻通考》

十一年七月，江浙、湖廣、江西、河南、兩淮屬郡饑，於茶鹽課鈔内折粟，遣官賑之。《元史·成宗紀》

十一月，中書省臣言：前爲江南大水，以茶鹽課折收米賑饑民。今商人輸米中鹽，以致米價騰湧，百姓雖獲小利，終爲無益，臣等議茶鹽之課尚如舊。從之。《元史·成宗紀》

天(歷)〔曆〕二年夏四月，行省復請令商賈入粟中鹽，計一歲總辦之數約鹽總二百五十六萬四千

餘引，鹽課鈔總七百六十六萬一千餘錠。《續文獻通考》

兩淮運司歲辦鹽課六十五萬七十五引，自二月煎至十月足備，每月該煎鹽七萬二千二百三十引。《元典章》

明

洪武元年，定兩淮歲辦鹽數，每引重四百斤，官給工本米一石。後改行小引，每引重一百斤。《明會典》

二十八年，令兩淮、兩浙鹽運司，煎鹽工本照各場額辦鹽數，關鈔遣監生管運給散。《明會典》

兩淮轉運使司，洪武間歲辦鹽三十五萬二千五百七十六引一百斤零。《續文獻通考》

永樂間，議准：淮鹽每引納米二斗五升，或小米四斗。遇米貴，小米亦止二斗五升。《明會典》

宣德四年，令兩淮、兩浙貧難竈丁，除原額鹽課照舊收納，其有餘鹽者，不許私賣，但收貯本場，運司造册，發附近州縣。每一小引，官給米麥二斗。《續文獻通考》

五年，令兩淮、兩浙、長蘆運司，每歲額辦鹽課以十分爲率，八分給與守支客商，二分另爲收積在官。候邊方急缺糧儲召中，以所積見鹽，人到即支，謂之「存積」。其八分，年終挨次給守支客商，謂之「常股」。凡中常股價輕，存積價重。《續文獻通考》

正統二年，令兩淮官鹽聽各商於貴州地方貨賣鹽引，於鎮遠府告銷。《明會典》

三年，令各邊商中納鹽糧，淮浙兼中。如以十分爲率，淮鹽八分，浙鹽二分；或淮鹽七分，浙鹽三分。淮鹽止米麥二色，浙鹽雜糧皆准。《明會典》

七年，令兩淮運司所屬鹽場，以路途便利者爲上場，窎遠者爲下場。凡支鹽之時，上場派盡，方以下場湊數補派，以便鹽商。《明會典》

十三年，令兩淮運司於各場利便處置立倉囤。每年以揚州、蘇州、嘉興三府所屬附近州縣，及淮安倉，並兑軍餘米内，量撥收貯。凡竈户若有餘鹽，送赴該場。每二百斤爲一引，給與米一石。年終具奏，造册申報。其鹽召商，於開平、遼東、甘肅等處開中，不拘資次給與。《明會典》

十四年，令增兩淮、兩浙存積鹽爲四分，召商供給邊儲。《明會典》

景泰元年，令增兩淮、兩浙存積鹽爲六分。又令竈丁餘鹽，每引給米淮鹽六斗，浙鹽四斗。《明會典》

三年，令兩淮運司各場竈户，有將該徵糧草不分起運、存留，願折納餘鹽者，每正糧米麥豆五斗、草五束，各折徵鹽一小引。《續文獻通考》

天順元年，詔：淮、浙、長蘆等鹽運司，景泰七年十二月以前拖欠未完鹽課，悉與蠲免。《舊鹺志》

成化七年，令減兩淮存積鹽仍爲四分，常股六分。《明會典》

九年，令兩淮運司凡盤獲一應私鹽，并没官掣割等項商鹽，俱運至儀（徵）〔真〕批驗所。并本所掣割餘鹽，通至二萬引以上開報，差官變賣給邊。《續文獻通考》

十九年，巡撫鳳揚等處副都御史奏：「兩淮歲辨額鹽，俱以六分爲常股，以次關支；四分爲存積，以備急用。鹽商到場，量其場分上、下，三七分派支。近豪商巨賈，輒占上場，宜加禁治」。從之。《明實録》

弘治元年七月，命侍郎李嗣、彭韶分理淮浙鹽法。《大政紀》

二年，令兩淮各場鹽囤地方，皆以東、西、南、北爲界。如南北爲門、爲路，則東堆存積，西堆常股，定立石碑。每囤止一千引。如總催名下有一千五百引，一千爲大囤，五百爲小囤。先儘存積足數，然後收常股。一年鹽課皆完，方徵收下年者。委官盤鹽務，逐引秤盤，不許丈量堆垛查算。《明會典》

二年十二月，定鹽運司歲册奏繳期限：河東三月終，淮、浙四月終，餘俱六月終。《大政紀》

五年，令兩淮等鹽運司，鹽引俱於運司招商，開中納銀，彙解户部太倉，以備邊儲。《圖書編》

十四年二月，開大同淮鹽百萬引，宣府浙鹽五十萬引。《大政紀》

十六年，商人周洪等奏乞納銀於户部，報中兩淮運司風雨消折鹽課，隨場買補。《明實録》

十七年，令兩淮巡鹽御史清理各場竈丁、鹽課。有丁少辨納不敷者，許多餘鹽課灑派丁多去處帶辨，待後貧難場分竈丁復舊，各照原額辨納。《明會典》

又議准：淮鹽累年開中過額，致累商人。以後止開實在之數，免致額外透派。目下續到應透派者，聽巡鹽御史徑行運司，挨取未開常股空額，免其添價。《明會典》

正德七年，題准：兩淮水鄉，竈丁每歲該辦鹽九千一百四十九引，每引納工本銀三錢五分，解送運司，給散煎辦竈丁。令辦納不前，每引減舊額徵銀二錢，年終運司徵完解部。《明會典》

又令寧夏開中兩淮運司本年分鹽課，每引定價二錢五分，不拘糧草，取勘時估貴賤、道路遠近，定立斗頭斤重，撥納本色。不願納本色者，兩淮鹽課每引納銀四錢五分，河東每引三錢，聽從各官召商糴買抵數。《明會典》

嘉靖元年，令查勘兩淮商人原中殘鹽，不應革没者每引原納銀三錢，加添一錢。《續文獻通考》

二年，巡按御史秦越條陳：查撥引鹽，以平市價。欲將淮北四場内，商人所領莞瀆、臨洪二場鹽七萬八千六百八十餘引，改赴儀（徵）〔真〕批驗所，與淮南引鹽一體掣賣，以濟淮南里多鹽少之處。《明實録》

六年，議准：以後開中兩淮鹽課價銀，每引以六錢爲例，不許任意增添。《續文獻通考》

又議准：兩淮運司餘鹽每二百斤，淮南定價八錢，淮北六錢。《續文獻通考》

七年，奏准：南京户部遇運司齎領鹽引，額辦之外，增刷引目兩倍，共一百四十四萬道。每五十道爲一封，移咨都察院，轉行巡鹽御史用印鈐蓋，發運司收領。自嘉靖七年爲始，照商人各邊報中引目，以額鹽總數爲則。如原在邊中正鹽一千引，許報中餘鹽二千引，照年分、場分配搭。淮南每引定銀一兩二錢，淮北一兩。内各除資本銀二錢五分，淮南納九錢五分，淮北納七錢五分。俱赴運司上納，照數給與引目，令其自行買補，免其納賑。《明會典》

八年，議准：令後各邊開中淮、浙等引鹽，俱要查照舊例，召商上納本色糧料、草束，不許折納銀兩。其商人自出財力，開墾邊地，上納引鹽者聽。《世法録》

又議准：自嘉靖七年爲始，各邊中正鹽一引，到於運司，令添中餘鹽二引。先納引紙價銀六釐，行南京户部添刷引目二道，給與商人。正鹽照舊派場納賑關支，添中二引聽各商自行買補。過所，如法秤掣。每引除包索二十斤，其餘每二百斤，淮南納銀八錢，淮北納銀六錢。支掣之後，赴司納價，解送太倉庫，候各邊支用。添刷過引目，年終通查搭配過邊商報中若干。支賣繳到者，照正額引目截角。解部未支者，運司貯庫，造册送部查考，候次年照數補刷。每年湊足一百四十四萬道，以備開中。《明會典》

九年，議准停止添刷引目。每鹽一引，五百五十斤。過所，内除正鹽二百八十五斤，其餘鹽二百六十五斤，每二百斤淮南納銀八錢，淮北六錢，就令本商納完，給小票執照發賣。該納價錢，量其發賣日月，限以程期，赴運司上納。《明會典》

十五年，題准：兩淮鹽斤每包五百五十斤，内二百八十五斤，连包索爲正引，原定六錢，近減作五錢。二百六十五斤爲餘鹽，淮南原定八錢，今減作六錢五分；淮北原定六錢，今減作五錢。正鹽上納本色糧草，餘鹽不必開邊，照舊運司納銀解部，轉發各邊，糴買客①兵糧草。《明會典》

① 「客」，《四庫》本作「各」。

二十年，部議：「兩淮鹽額六十九萬六千三百引，原無餘鹽之法，請自二十年始，悉遵舊法，勿派餘鹽」。從之。《續文獻通考》

二十一年，題准：太倉銀積少支多，各運司餘鹽照舊納銀解部，以濟邊儲。其兩淮價銀自本年爲始，量爲輕減，每二百斤淮南定價五錢五分，淮北四錢。《續文獻通考》

二十五年，命淮鹽額行地方，各巡撫御史督責所司查銷退引，以杜商弊。《明實録》

二十七年，題准：自二十八年爲始，開中引鹽無論常股、存積，不分淮、浙、山東、長蘆，俱照原定價則，止令上納本色糧草。仍須申嚴法令，不許勢豪占中經紀包攬，并禁革額外勸借官攢常例，使商人獲利樂從。《續文獻通考》

二十八年，議准：兩淮餘鹽自二十九年爲始，每鹽二百六十五斤，淮南徵銀七錢，淮北徵銀五錢一釐。《續文獻通考》

附　霍韜《淮鹽利弊疏》：

竊謂立法須公而溥，行法須嚴而密。然又有善適通變之權，乃可久而無弊。唐劉晏只用淮鹽，遂濟國用。臣今姑議淮鹽利弊，即天下可推也。

國初以兩淮鹵地，授民煎鹽，歲收課鹽有差，亦猶授民以田而收其賦也。惟鹽課條例云：「凡各竈丁，除正額鹽外，將煎到餘鹽夾帶出場，及私鹽貨賣者，絞」。然則耕民納賦租外，將餘粟貨賣者絞，可乎？此法良有深意，而後人失之矣。

淮鹽原額歲辦三十五萬引有奇，後改辦小引七十萬有奇。然兩淮鹽課，除正額外，猶產餘鹽三百萬引有奇。今正額已不得多取，餘鹽復不得私賣。即三百萬餘鹽，安所消遣乎？兩淮行鹽地方，南盡湖廣，西抵河南，東盡東海。地方數千里，人民億萬家，所仰食鹽只七十萬引，饔飧安所取足乎？是無怪乎私鹽橫溢，而鹽價湧貴也。

國初竈丁辦鹽，每引四百斤，給工本鈔二貫五百文。蓋洪武年間，鈔一貫值錢千文，故竈丁得實利，而冒禁賣私鹽可絞死也。今鈔一貫，不易粟二斗，禁絕竈丁勿賣私鹽，是逼之饑以死也。此後來法行之弊，非初年之失也。

正統二年令曰：「貧難竈丁，除正額鹽照舊收納，其餘鹽收貯本場，每二百斤官給米一石。若是而仍賣私鹽，即絞死可也。」但當時令雖出，而米實無措。故官司徒挾此令，以徵取餘鹽，實不能必行此令以給民米麥。且貧弱竈丁，朝有餘鹽，夕望米麥。米麥不得，則先從富室稱貸，然後加倍償鹽者有矣。貧民賣私鹽，人即捕獲。富室賣私鹽，官亦容隱。故貧竈餘鹽必積，富室乃得私賣。富室豪民，挾海負險，多招貧民，廣占鹵地，煎鹽私賣，富敵王侯。蓋法愈嚴，則科愈大。頑民見利而不見法，於是荒棄農畝，專販私鹽，挾兵負弩，官司不敢訶問。近年特衆，往往爲劫。此隙不弭，必貽大患，不止阻壞鹽法而已。然既不能講求古法，以處置餘鹽，復不能變通鈔法，以補給工本。則貧民何所仰賴，而不爲變故？鹽禁愈嚴，盜賊愈多，此之由也，此鹽場竈户之利弊也。

洪武年間，召商中鹽，每引納銀八分。官之徵至薄，商之獲至厚。鹽價平賤，民亦受賜。永樂年間，每鹽一引，輸邊粟二斗五升。商税雖加，邊糧仰足，民亦受賜。自永樂以後，歲定七十二萬引，復定七分常股、三分存積。夫曰常股者，猶常行也。商人先納邊糧，乃給引目。守場候支常年鹽也，有守候數十年，老死而不得支者，今兄弟妻子代支之，今可考也。曰存積者，積鹽存場，遇邊糧急缺，乃倍價開中，越次放支之鹽也。此居貨罔利，非王法正體。

成化以後，准納折色，每鹽一引，准納銀三錢五分或四錢二分。又令云：「客商若無見鹽，許本場買補。」夫曰本場買補，即開餘鹽私賣之禁矣。故奸商借官引以影私鹽。然商人、竈户，兩得贏利，州縣民士，亦食賤鹽。惟私鹽愈行，則官鹽愈壅，而法遂大壞。今兩浙鹽課許納折色之令可考也。

弘治、正德年間，或權姦奏討，或勳戚恩賜，皆給引目，自買餘鹽。故法雖大壞，而鹽亦平賤。復有各年開中未盡鹽，名曰「零鹽」。秤掣餘鹽，堆積在所，名曰「所鹽」。皆權要報中，借影私鹽，以壅正額。故正德以前，鹽價雖平，而正課日損。自御史秦越奏革所鹽，秤掣餘鹽每二百斤作一小引，税銀一兩，則取之過重。自御史戴金奏減鹽價，每鹽一引，納銀八錢，庶幾適中。今之議者，復論鹽包過大。皆不知本末之見也。夫正鹽湧貴，則私鹽盛行。私鹽愈行，則正鹽愈滯，亦其所也。此商人中納之利弊也。今欲復洪武之法不可得矣，欲區區修補，則又無策。

臣常竊曰：治鹽利猶治河患也。治鹽利不究弊源，惟末流之防，猶治河患，不從雍、冀、孟津、懷、衛引爲陂堰，鑿爲溝渠，以廣其利，分其勢，乃從徐、沛下流浚其淤土，厚其堤防，則愈浚愈淤，愈築愈潰，亦勢也。故今欲興淮鹽之利，須令淮安漕運及三邊提督都御史講求其法，而責以底績。務令鹽課、邊儲，互相關通，均爲休戚。兩都御史共秉一心，如左右手，然後足以集事而底績①。

至於選人得失，委托專暫，成效虛實，尤宜責之吏部。期之數年，鹽利不興，邊儲不實，邊民不多，邊地不闢，則兩都御史及銓部諸臣誅罰連坐。然後任人者不〔敢〕②苟，任於人者不敢怠玩，而政有實效。

此兩淮利弊也，舉兩淮則天下可知也。

三十年三月，議准：兩淮運司除將原額正鹽七十萬五千一百八十引，及餘鹽并行開邊報中外，自嘉靖三十年爲始，每包内加二百斤，令商人照數自行買補。與同新舊開邊正餘鹽數，俱作一包，赴儀、淮二所過掣。淮南、淮北，悉納銀解部。《明會典》

---

① 嘉慶《東臺縣志》卷三十六無「而底績」之字。
② 據嘉慶《東臺縣志》卷三十六補。

三十七年，議准：工本鹽每引淮南七錢，減銀二錢；淮北五錢一釐，減銀一錢五分。免其官買鹽觔，令商自向各場小竈，買鹽赴掣。其扣買收買工本割没銀，照舊解部。仍要每單淮南六萬六千引外，加三萬四千引爲一單。淮北三萬四千引外，加一萬六千引爲一單。每年淮南四單，淮北二單，務期一年掣盡。《明會典》

四十五年，御史奏復兩淮鹽課舊額。先是，兩淮額課每歲七十萬五千一百八十引，徵銀六十萬兩。鄢懋卿以溢額爲功，加至百萬。至是，奏仍舊額。從之。《續文獻通考》

隆慶元年三月，御史蘇朝宗條奏言：鹽課自都御史王紳建議扣留餘鹽八萬二千兩，每引官給竈户銀二錢，收買餘鹽，謂之「工本」。後以引鹽積滯，旋議停罷，而銀兩亦無見貯。議於正鹽外，每引附帶餘鹽二十觔，淮南八單，淮北四單，共徵銀八萬二千兩有奇，以抵工本之數。而鹽課愈重，商本愈虧。今宜少從寬恤，將附帶鹽觔，秋季以後即爲停止。每引照舊以五百十觔秤掣，則額課減而商困少蘇。《續文獻通考》

二年七月，御史馬文煒奏：兩淮餘鹽銀近多移借，不便稽查。請如舊規，每歲定掣淮南八單，淮北四單，徵完則按季解部，毋得多寡越數、先後愆期，庶出納明而弊端斯革。報可。《續文獻通考》

四年，令兩淮鹽法盡復大鹽舊例。《明會典》

五年，兩淮巡鹽御史張守約言：引價太重，則内商有高價之苦，而邊商有守候之難，乞酌議量減原價五分。從之。《古今鹺略》

萬(歷)〔曆〕七年，議准：淮、揚二府逼近鹽場，州縣聽其以米易鹽。止許肩挑背負，不許多捆大包。《明會典》

十三年，户部覆巡鹽御史蔡時鼎聽收折價之議：每引淮南徵銀三錢，淮北徵銀二錢一分。蓋廪鹽積滯，暫爲疏通也，以後全徵本色。《明實録》

十七年，户部覆兩淮巡鹽御史陳禹謨：復牒成規，每歲該掣八單，每單八萬五千引，定於五月十一日中旬牒掣，務撥單順序，不得攙越。《明實録》

十九年，户部題：兩淮巡鹽御史徐圖議稱，開存積、引價二事難行，僉宜停免。其所議加帶割没鹽觔，淮南每引帶鹽十觔，徵銀五分，共十六單；淮北每引帶鹽二十觔，徵銀一錢，共八單，暫行二年另議。詔可。《明實録》

四十六年，巡鹽御史龍遇奇奏立鹽政綱法。祖制淮鹽每年七十萬五千一百八十引。自套搭行而課額虧，部議謀行見引，附疏積引。但淮南舊引二百萬，淮北舊引一百四十萬，一朝疏之誠難。於是淮南編爲十綱，每綱刻定二十萬。其挂掣未行引十七萬，立附字綱，每年一萬七千，帶行十年，而淮南舊引可盡。淮北編爲十四綱，前三年每綱刻定七萬，後三年每綱刻定二十二萬，末一年以前所餘七萬，併挂掣極少數附搭行之，計十四年，而淮北之舊引盡。以後逐年止行逐年之引。然法以十四年爲期，而新舊道臣相代，不無各立意見。科臣於是欲循弘、正之例，若差都御史職科道官一員，一次清理，期内不必續差。庶法立而可守。《明實録》

崇（正）〔禎〕間，每鹽引加徵銀兩，以充邊餉。又於湖廣武漢等府，增行淮引，每引復派練剿諸餉不等。舊志

國朝

順治二年，題准：兩淮綱引一百四十一萬三百六十道，每引徵課銀六錢七分五釐四毫零。派行淮南一百一十八萬一千二百三十七引，淮北二十二萬九千一百二十三引。

五年，題准：各運司鹽課，分前朝一引爲二引，每歲應行一百四十一萬三百六十引，每引行鹽二百觔，徵銀六錢七分零。

九年，題准：增寧國食鹽引一十六萬七千三百九十八道，每引徵課銀五錢二分五釐。派行淮南一十一萬三千九百七十八引，淮北五萬三千四百二十引。

十年，題准：增引九萬二千六百九十七道，照綱引例徵課。

十三年，題准：增綱引一十六萬道，照例徵課。

十四年，題准：改江都食鹽一萬引於寧國行銷。

十六年，題准：上江增食鹽九萬六千七百引，照例徵課。

十七年，定停行、新增二項綱引，每綱引攤納課銀一錢二分一釐零。

康熙元年，題准：改淮北食鹽一萬引於寧國、和、含等處行銷。

五年，題准：吉安府改掣淮鹽，增綱引五萬一千三百道，照例徵課。

六年，題准：湖廣衡、永、寶三府改掣淮鹽，撥銷淮南額内綱引八萬一千七百六道。其舊額課銀，仍於淮南現行引目每引攤納六分八釐零。

八年，題准：食鹽照綱引例，每引增課銀一錢五分零。

又題准：停止歸綱引一十三萬八千八百四十七引，於淮南綱引内每引攤納課銀一錢一分五釐零。

十年，題准：改江都食鹽六千引於寧國、和、含等處行銷。

十三年，題准：改淮安食鹽一萬一千九百三十引於綱引内行銷；江都食鹽三萬五千九百八十一引於寧國、和、含等處行銷。

十四年，題准：綱食鹽引，每引加課銀五分。

又題准：改山陽等處食鹽三萬二千引於寧國、和、含等處行銷；淮安食鹽一萬二千一百引於綱引地行銷。

十六年，題准：增綱食鹽引，每引加鹽二十五觔，帶課銀二錢五分。

又題准：食鹽每引陞銀一錢。

又題准：江西南、贛二府改掣淮鹽，增綱引一萬五千一百道，照例徵課。

十七年，題准：增寧國、和、含等處食鹽五萬六千引，照例徵課。

十八年，題准：計丁加綱引二萬七百四十二道，照例徵課。

二十一年，題准：停寧國、和、含等處新增鹽引，減除課銀。

二十三年，議准：兩淮鹽課解部，選委才幹鹽運司屬官領解，不得仍委府州縣佐貳官。

二十四年，覆准：停徵每引加課銀五分。

二十五年，覆准：江西南、贛二府仍改食廣東鹽，除去額課。

二十七年，覆准：淮南綱引鹽例有額徵桅封銀兩，原因既掣之後，船中總散難稽，故每船給以印封帖之桅上。吉安復食淮鹽。嗣後引目亦照例徵輸，每歲增銀三百七兩八錢一分二釐。於二十六年爲始。

又覆准：河南陳州等六屬既改食蘆鹽，其舊欠淮北未銷之引，責淮北地方通融銷繳。

又覆准：淮南寧國等處增食鹽一萬引，太平、池州、安慶三府增綱鹽二萬引，共增課銀二萬七千九百四十二兩六錢零，自丁卯綱爲始。

二十八年，覆准：安、池、太等府食鹽所加三萬引，准其除去，仍循舊額行銷。

三十三年，議准：加課一十五萬兩。

三十七年，覆准：兩淮鹽觔壅積難消，將原加二十五觔之鹽，暫行停止。所停鹽自三十六年爲始，分作五年帶徵。其三十七年，仍將二十五觔之課鹽照舊徵運。

三十八年，著免康熙十六年所增課銀一半。

又議准：兩淮行鹽之處，督撫以下官員俱有餽送陋規，概行禁止。

三十九年，覆准：鹽觔係民生日用，商人計本經營，貴則累民，賤則病商。該御史會同該督撫，照時價貴賤估值，務使商、民兩便。

四十二年，題准：兩淮未完鹽課，先作五年帶徵。今淮北諸商引積難銷，將課銀八萬四千三百九十四兩，分作十年帶徵。

四十三年，題准：兩淮增織造、銅觔、河工等項錢糧三十餘萬兩，每引加鹽四十二觔。

又題准：兩淮浮費，凡鹽院差滿日賞給餽送，新院到任日支借等項，及書差私收等項，永行嚴禁。

四十六年，題准：江南上元、江寧等縣，商人退回鹽引七萬六千九百九十五引，交與兩淮商人行鹽辦課。

又題准：兩淮起解鹽課錢糧，例係差委鹽屬官員。近年改委府佐貳，及州縣官押解。嗣後鹽課銀兩，仍委鹽屬官員領解。

四十七年，覆准：揚州等九營水師官員，有巡防海口并盤查私販之責，如有大夥興販者，該御史即會同總督提鎮，差撥官兵查拿。

四十九年，覆准：兩淮鹽課，該御史十月到任，六月奏銷。期限太速，俟滿任日造册報部。

又覆准：四十七年未完鹽課，於四十八年起分爲五年帶徵。

又覆准：湖南長、岳等八府，與湖北武、漢等八府，俱食淮鹽。嗣後湖南永、衡、寶三府，通融行銷。

五十年，題准：兩淮鹽課缺額，自辛卯綱起，於三年内帶完。

五十一年，題准：湖南辰州府增鹽税銀一千三百八十六兩零，分爲二年帶徵。

五十四年，議准：兩淮未銷鹽引八十五萬張，自五十四年起，至五十八年止，分作五年帶銷。

五十八年，兩淮商人願捐銀一十六萬兩，以佐軍需。奉旨：軍前各項錢糧，俱已料理完足。兩淮商人所捐銀兩，御史收貯庫内，以補歷年未完之項。

六十年，諭：兩淮商人所捐犒軍銀二十四萬兩，不必解部，著留充補伊等未完之項。

雍正元年，兩淮商人交加觔銀十三萬餘兩，遵旨議定：歷年積欠銀一百三十五萬餘兩，除准抵算外，餘剩銀分作三年，帶徵完補。

又議准：湖廣鹽觔革除陋規，每包減去鹽價六釐。價賤時每包以一錢一分九釐爲率，價貴時每包不得過一錢二分四釐。安鹽較梁鹽再減二釐。又淮鹽運至楚省，皆水商販買轉售，飭地方官嚴禁囤積，務俾流通。其小販賣價，許按道里遠近，量取微利，不得任意昂貴。

二年，通、泰、淮三分司所屬各場，海潮滹漫，奉旨：即動庫銀三萬兩，委員分賑。其未完折價銀四萬餘兩，盡行蠲免。

又議准：兩淮行鹽地方，如湖廣、江西、上元等處，地方廣大，鹽不敷用，每引准其加鹽五十觔。

其山陽等州縣，逼近場竈，鹽多反致引壅，不必加鹽。至所加鹽觔，以甲辰綱爲始，交與巡鹽御史照數秤掣，令其出運。

三年，遵旨議定兩淮南北行鹽，除存積廩鹽係從前煎辦之額，仍照平價運銷外，其自雍正二年海潮渰没以後，商本自必倍增，令兩淮巡鹽御史將淮南、湖廣等處行鹽，以本年成本之輕重，合遠近脚價，酌量時價，移會該地方官，諭令商、民公平買賣，隨時銷售。不得禁定鹽價以虧商，亦不得高擡時價以病民，務令商、民兩有裨益。仍將各地方所賣鹽價數目，分晰報部。

又覆准：兩淮舊例，於商人之中擇家道殷實者，點三十人爲總商。歷年開徵之前，將一年應徵錢糧數目核明，凡散商分隸三十總商名下，令其承管催追。嗣後該鹽政運司不時查訪，遇有分外科派、無故私索者，一經發覺，務行從重治罪。

又覆准：歷年巡鹽於三十總商之内，擇其二三人或四五人，點爲大總，各項加派衆商。嗣後禁止點大總主名管事，以除加派侵欺之弊。

又覆准：令該鹽政運司嚴飭衆商，如有私派指稱送某官送某要路之事，許立赴道院首告，即行指名題參，照例從重治罪。

又覆准：商籍行鹽者，子孫官於朝，遂自立爲官商，凡引課歸入名下，希圖免出公費，從中取利。嗣後務令一體出費，將官商之名，永行禁革。

又覆准：兩淮消乏商人不能完課，推入衆商代賠，是爲「推綱」。嗣後除實在消乏者，仍照前分完外，如有積惡商棍，假托消乏，私賣引窩，將自己欠課，希圖衆商代完者，許衆商立赴院道首告。該鹽政運司嚴行查追，將本商革去，不許行鹽，引窩價值，抵補欠項。如已經私賣，務將引窩追收入官，買者、賣者，均行治罪。

又覆准：兩淮因海潮渰没場竈，其癸卯綱未完引鹽，寬限於雍正三年六月内，督令運掣全完。

又覆准：兩淮食鹽之課，輕於綱鹽。如有綱鹽行銷不敷之處，令該御史具題，將食鹽改撥，令其照綱輸課，暫且接濟民食。俟各場煎辦旺足，即行停止。

四年，兩淮衆商公捐銀二十四萬兩。又備鹽院公務銀八萬兩。奉旨：以二萬兩賞給兩淮御史，以三十萬兩爲江南買貯米穀蓋造倉廒之用。所蓋倉廒，賜名「鹽義倉」，即著兩淮御史交與商人經理。

又覆准：湖廣荆州府巴東縣地湧出鹽泉，增引二千五百二十六道，課銀二千八百六兩三錢零。

五年，奉旨：乙巳綱商人情願公捐銀二十四萬兩，令各暫行存貯，將來遇有公事動用之處，再候諭旨。至備巡鹽御史公務銀八萬兩，聽其自行支用。若不接受，任其退還衆商。

又以竈户住居海濱，難遠赴鹽義倉運致米石，著於近竈之地酌立數倉。即於乙巳綱商人公捐銀兩内，動用若干，建倉積穀，並遴選商人管理，以濟貧苦竈户一時緩急之用。

又覆准：停止食鹽改撥綱地行銷。

又覆准：兩淮鹽價，令該御史及兩淮行鹽地方各該督撫出示曉諭，令商、民公平置賣。仍不時查察，嚴飭該商不得高擡時價，貽累窮民。如有高擡時價等弊，該御史、督撫即行指名題參，照例治罪。倘該御史、督撫徇隱不行查察，發覺日將該管各官一併題參，交部嚴加議處。

十三年十一月十六日，署副都御史陳世倌奏請停止鹽課額外虛名，部議覆准：查鹽規既已歸公，止應如數完納，豈得復於歸公之外，勒索病商？嗣後倘有不肖官員，暗勒商人重出，以飽私橐者，許該商控告治罪。並令該督撫、鹽政時加訪察，違者即行參處，毋得徇隱。至所奏捐助一事，現奉諭旨，禁止官吏勒派，并將督撫失察及徇庇者，均照例分別處分在案。嗣後鹽政等官，倘有借名捐助，而暗諭商總勒令公派者，該督撫即將該鹽政等據實題參。如督撫有失察徇庇等情，一經發覺，將督撫一并議處可也。

附　陳世倌疏略：

查鹽課引有定額，斤有定數，按引辦課，未必定有奇贏。即獲微利，亦何妨留與商人，裕其資本。乃近年來，多有以隨利歸公者。且狡詐之徒，仍於暗中令商人重出。故在官多一分之歸公，在商反添一分之誅求。此商之受其弊者也。

又有以捐助題請者，雖名爲急公，實則暗諭商總勒令公派。及項無所出，非拖欠引綱，即暗增引斤，或高擡鹽價。此國與民並受其弊者也。

請嗣後衹是按引辦課，但令綱不拖壓，課不虧欠，便屬稱職。一切歸公捐助等項虛名，永行停止。

產鹽地方

通州分司

駐劄石港場。所屬十場號上十場，係淮南煎鹽。

豐利、馬塘、掘港、三場隸如皋縣。石港、西亭、金沙、餘西、餘中、餘東、呂四。七場隸通州。

泰州分司

駐劄東臺場。所屬十場號中十場，係淮南煎鹽。

富安、安豐、梁垛、東臺、丁溪、草堰、小海、角斜、(拼)〔栟〕茶、何垛。十場俱隸泰州。

淮安分司

駐劄安東縣。所屬十場號下十場。白駒、劉莊、伍祐、新興、廟灣五場，係淮南煎鹽；莞瀆、板浦、徐瀆、臨洪、興莊五場，係淮北曬鹽。惟白駒、莞瀆二場竈不產鹽，刈草供課。

白駒、劉莊、二場隸泰州。伍祐、新興、廟灣、三場隸山陽縣。莞瀆、板浦、徐瀆、臨洪、興莊。五場隸海州。

附　嘉興分司

康熙四十三年，裁松江分司，將所隸松江府屬五場歸併管轄。其地本江南，鹽屬浙江，一切鹽政詳《浙志》。

袁浦、隸華亭縣。青村、隸奉賢縣。橫浦、隸婁縣。浦東、隸金山縣。下砂。隸南匯縣。

行銷地方

江南淮南北綱食鹽，行本省十一府五州，五十二萬二千一百四十引。

江寧府

上、江、句、溧、江、六、高行淮南食鹽。

上元縣　歲行二萬六千八百六引。

江寧縣　歲行二萬六千八百六引。

句容縣　歲行九千七十六引。

溧水縣　歲行八千六百引。

江浦縣　歲行六千五百六十八引。

六合縣　歲行五千引。

高淳縣　歲行六千八百二十九引。

淮安府

山、清、桃，行淮北食鹽。惟鹽、安逼近鹽場，不行官引。

山陽縣　歲行一萬一百五十引。

清河縣　歲行二千三百二十引。

桃源縣　歲行九百七十引。

（楊）〔揚〕①州府

江都、甘泉行淮南食鹽。儀（徵）〔真〕密邇鹽所，不行官引。高郵、寶應，及通屬之泰興，逼近鹽場，原亦不行官引。雍正十三年，總督趙弘恩題准，試行一萬引，正、雜課銀暫行減半，俟行三綱後，

① 據《四庫》本改。

再作準數。

江都縣　歲行一萬三千三百五十五引。

甘泉縣　歲行一萬三千三百五十五引。

徐州府

邳、宿、睢，行淮北食鹽。

邳州　歲行四千一百八十引。

宿遷縣　歲行六千二百四十引。

睢寧縣　歲行七百五十五引。

海州併屬

贛、沭行淮北食鹽。本州逼近鹽場，不行官引。

贛榆縣　歲行六百引。

沭陽縣　歲行七百引。

安慶府

懷、潛、太、宿、望行淮南綱鹽；桐城行淮北綱鹽。

懷寧縣　歲行一萬四千六百六十八引。

桐城縣　歲行九千引。

潛山縣　歲行五千八十七引。

太湖縣　歲行五千六百八引。

宿松縣　歲行七千三百八十引。

望江縣　歲行一萬八千二百六十六引。

寧國府

宣、南、涇、太、寧、旌，行淮南食鹽。

宣城縣　歲行二萬五千七百三十引。

南陵縣　歲行二萬二千五百四十五引。

涇縣　歲行一萬四千七百九十四引。

太平縣　歲行六千四百二十一引。

寧國縣　歲行一萬四千一百七十二引。

旌德縣　歲行一萬二千八百三十八引。

池州府

貴、青、銅、石、建、東，行淮南綱鹽。

貴池縣　歲行一萬二百四十引。

青陽縣　歲行二千三百一十九引。

銅陵縣　歲行四千一百一十引。

石埭縣　歲行四百四十九引。

建德縣　歲行五千一百四十引。

東流縣　歲行二千一百六十引。

太平府

當、蕪、繁，行淮南綱鹽。

當塗縣　歲行四千六十引。

蕪湖縣　歲行一萬二千三百一十引。

繁昌縣　歲行三千一百引。

廬州府

合、廬、舒、無、巢，行淮北綱鹽。

合肥縣　歲行二萬一百四十二引。

廬江縣　歲行七千四百引。

舒城縣　歲行八千七百引。

無爲州　歲行七千二百引。

巢縣　歲行五千二百引。

鳳陽府

鳳、臨、懷、定、虹、壽、靈行淮北綱鹽，惟宿州行長蘆鹽。

鳳陽縣　歲行三千六百四十引。

臨淮縣　歲行二千引。

懷遠縣　歲行三千五百引。

定遠縣　歲行八千引。

虹縣　歲行二千引。

壽州　歲行一萬四千七百二十二引五分。

靈璧縣　歲行四千四百三十八引。

鳳臺縣　歲行二千三百一十二引五分。

潁州府

阜、霍、潁、亳、蒙、太，行淮北綱鹽。

阜陽縣　歲行八千四百七十七引。

霍(邱)〔丘〕縣　歲行六千九百三十七引。

潁上縣　歲行三千四百七十七引。

亳州　歲行四千二百八十五引。

蒙城縣　歲行二千七百二十五引。

太和縣　歲行三千六十八引。

滁州併屬

本州、全椒行淮南食鹽，來安行淮北綱鹽。

滁州　歲行一千七百引。

來安縣　歲行一千九百引。

全椒縣　歲行七千五百一十五引。

和州併屬

行淮南食鹽。

和州　歲行一萬一千七百七十八引。

含山縣　歲行五千七百引。

六安州併屬

行淮北綱鹽。

六安州　歲行一萬六百引。

英山縣　歲行一千引。

霍山縣　歲行六①千五百引。

①「六」，《四庫》本作「一」。

泗州併屬

行淮北綱鹽。

泗州　歲行三千四十二引。

盱眙縣　歲行三千三百引。

天長縣　歲行六千二百六十四引。

五河縣　歲行四百一十引。

江南淮南綱鹽

行江西省十府，計三十七萬四千一百三十八引。

南昌府，八州縣，歲行鹽共一十二萬五千一百二十五引。

瑞州府，三縣，歲行鹽共一萬五千二百四十四引。

饒州府，七縣，歲行鹽共六萬七千一百三十七引。

南康府，四縣，歲行鹽共一萬三千四百七引。

九江府，五縣，歲行鹽共一萬三千六百四十引。

撫州府，六縣，歲行鹽共四萬七千五百五十三引。

建昌府，五縣，歲行鹽共七千五百九十引。

吉安府，九縣，歲行鹽共五萬一千五百四引。

臨江府，四縣，歲行鹽共一萬九千一百六十五引。

袁州府，四縣，歲行鹽共一萬三千七百七十三引。

江南淮南綱鹽，行湖廣省十五府一州，計七十七萬四千一百三十七引。

武昌府，十州縣，歲行鹽共一十七萬七千一百三十引。

漢陽府，二縣，歲行鹽共一十一萬五千九百引。

黄州府，九州縣，歲行鹽共一十萬九千四百七十引。

安陸府，七州縣，歲行鹽共三萬三千一百四十四引。

德安府，六州縣，歲行鹽共二萬五千五百八引。

荆州府，十三州縣，歲行鹽共五萬九千六百一十引。

襄陽府，七州縣，歲行鹽共二萬九千八百引。

鄖陽府，六縣，歲行鹽共六千四百八十引。

岳州府，八州縣，歲行鹽共四萬八千二百八十九引。

長沙府，十二州縣，歲行鹽共三萬二千二百七十引。
常德府，四縣，歲行鹽共三萬八千六百八十引。
辰州府，七州縣，歲行鹽共一萬四千五百引。
靖州併屬，四縣，歲行鹽共一千六百引。
永州府，八州縣，歲行鹽共二萬八千一百二十引。
寶慶府，五州縣，歲行鹽共二萬九千五百六十引。
衡州府，五縣，歲行鹽共二萬四千二十六引。

江南淮北綱鹽

行河南省一府一州，計六萬六千二百引。
汝寧府，九州縣，歲行鹽共三萬五千八百引。
光州併屬，四縣，歲行鹽共三萬四百引。

附　浙江杭嘉等鹽

行江南省五府二州，計四十七萬五千一百六十一引。

蘇州府

吳縣　歲行二萬五千七十七引。

長洲縣　歲行一萬二千二百三十八引。

元和縣　歲行一萬二千二百三十七引。

吳江縣　歲行五千三十七引。

震澤縣　歲行五千三十六引。

常熟縣　歲行七千六百一十四引。

昭文縣　歲行七千六百一十四引。

昆山縣　歲行四千七百引。

新陽縣　歲行四千七百引。

松江府

華亭縣　歲行三千八百七十七引。

奉賢縣　歲行三千八百七十七引。

婁縣　歲行三千三百七十五引。

金山縣　歲行三千三百七十五引。

上海縣　歲行三千二百七十七引五分。

南匯縣　歲行三千二百七十七引五分。

青浦縣　歲行五千八百五十九引。

福泉縣　歲行五千八百五十九引。

常州府

武進縣　歲行一萬五千二百九引。

陽湖縣　歲行一萬五千二百九引。

無錫縣　歲行一萬七千一十引。

金匱縣　歲行一萬七千九引。

江陰縣　歲行一萬四千三百一十二引。

宜興縣　歲行二萬三百九十五引。

荆溪縣　歲行二萬三百九十五引。

鎮江府

丹徒縣　歲行四千四百七十二引。

丹陽縣　歲行一萬二千五百一十七引七分五釐。

溧陽縣　歲行二萬四千六百九十九引。

金壇縣　歲行一萬三千六百八十九引。

徽州府

歙縣　歲行四萬七千七百五十九引。

休寧縣　歲行六萬三百六十五引。

婺源縣　分銷休寧縣引。

祁門縣　分銷黟縣引。

黟縣　歲行一萬三千五百一十三引。

績溪縣　分銷歙縣引。

太倉州併屬

太倉州　歲行五千七百五十引。　鎮洋縣　歲行五千七百五十引。

嘉定縣　歲行一萬一千三百六十四引。　寶山縣　歲行一萬一千三百六十四引。

廣德州併屬

廣德州　歲行一萬二千八百八十六引。　建平縣　歲行一萬四千二百六十四引。

附　山東長蘆鹽

行江南省二府屬一州五縣，計七萬九千七百八十八引。

鳳陽府

宿州　歲行二萬八百九十三引。

徐州府

銅山縣　歲行二萬七引。　蕭縣　歲行八千二百七十四引。

碭山縣　歲行九千七百二引。　豐縣　歲行九千七百三十七引。

沛縣　歲行一萬一千一百七十五引。

正雜税課

商　課

淮南綱鹽並加丁，共額行一百五十萬二千八百二十一引，每引徵正項銀一兩一錢七分五釐七毫有奇。共徵銀一百二十三萬七千八百八兩五錢五分六釐二毫有奇。

吉安並加丁，共額行五萬一千五百四引，每引徵正項銀八錢五分一釐九毫有奇。共徵銀四萬三千八百七十六兩五錢一分五釐有奇。

又綱引新增，共額行一十萬八千六十一引，每引徵正項銀一兩一錢七分五釐七毫有奇。共徵銀一十二萬七千四十八兩二分六釐有奇。

饒州、吉安新增，共額行二萬七千一百五十一引，每引徵正項銀八錢五分一釐九毫有奇。共徵銀二萬三千一百三十兩七分二釐六毫有奇。

淮南食鹽，寧國府屬暨和州、含山并新增，共額行一十二萬五千三百七十六引，每引徵正項銀九錢八分四釐三毫有奇。共徵銀一十二萬三千四百八兩二錢二分三釐三毫有奇。

附　明陳士京《乞改寧國府食鹽疏》：

寧郡六邑，洪武初計口授鹽，派有引額。嘉靖時，額引鹽五百七十斤，部册明載。至萬（歷）〔曆〕間，竟無粒鹽到埠，止有空引投銷。即官府時加徵督，而商亦不至。以寧間萬山之中，離江五百餘里，夏月水溢，僅有宣城北路一綫通舟。其餘五縣，皆山溪迢遠。肩摩步擔，至秋冬乾涸，即此一綫亦不能達。夫路既阻遠，計其斤數，不足爲搬運之費，詎可望商人至耶？則寧郡所派之額，適以資其别賣，而額引之課，亦非商之爲寧輸矣。

鹽既不至，小民不得不於浙省近地，私販濟用。而捕緝株連，良民又皆爲聖明之罪人。是寧課祇入私販，而寧民徒陷法網。

伏思高淳、溧水，去江少遠，皆蒙特恩，准行食鹽。寧國猶在高、溧之南，去江逾遠，獨不蒙皇上一軫念乎？伏乞垂憐無鹽之苦，究商人不至之故，念小民私販之因，敕下户部詳議，照高、溧事例，准行食鹽。即不然，查復祖制，俾得裨補路費，酌增引數，别立寧鹽，令徽西土三商兼運到埠。則六邑生靈，萬萬世感戴皇仁，而寧郡鹽法永永無弊矣。

且增引則增課，官鹽通則私鹽絶。而向之食私者，今皆無不課之鹽，歲可得數萬金，稍佐軍需。是上有以裕國家之用，下可以濟百姓之苦也。

江都并新增，共額行二萬九千三百八十一引，每引徵正項銀八錢七分五釐九毫有奇。共徵銀二萬五千七百三十四兩九錢六分四釐七毫有奇。

江寧府屬暨滁州之全椒并新增，共額行一十萬六千三百六十八引，內上、江二縣每引徵正項銀一兩五分八釐八毫有奇，句容等六縣每引徵正項銀一兩七釐三毫有奇。共徵銀十一萬一百八十二兩七分五釐七毫有奇。

淮北綱鹽并加丁，共額行二十三萬一百三十二引，內原行綱鹽二十二萬二十三引，每引徵正項銀九錢六分八釐有奇；加丁額行一萬一百九引，每引徵正項銀八錢四分二釐三毫有奇。共徵銀二十二萬一千五百二兩八錢二分七釐五毫有奇。

又綱引新增，共額行二萬二千三引，每引徵正項銀九錢六分八釐有奇。共徵銀八百五十一兩五錢九分五釐有奇。

淮北食鹽，共額行二萬六千七百一十引，每引徵正項銀八錢四分六釐八毫有奇。共徵銀二萬二千六百一十八兩六錢九分五釐七毫有奇。

又食引新增，共額行二千六百七十一引，每引徵正項銀八錢四分六釐八毫有奇。共徵銀二千二百六十一兩八錢六分九釐五毫有奇。

雜賦

額徵桅封銀八千三百七兩八錢一分二釐。

額徵更名食鹽變價銀三千九百四十六兩六錢二分五釐。

額徵潮包銀二千七百兩。

額徵儀倉倉鹽折價銀五千兩。

額解巡鹽贓罰銀四千六百兩。此項因明季巡鹽御史得與民事，故有贓罰，後遂爲額。

額解裁省京書銀一百八十八兩。

額徵節省河餉銀五萬兩。

捐解銅觔脚費銀五萬兩。

額徵滷税銀六十兩。

額徵紙硃銀四千七百九十五兩六錢六分五釐。又巴東縣新添紙硃銀七兩五錢七分八釐。

額解積餘銀四百兩。

額徵經費銀二萬七百一十三兩三錢四分八釐有奇。又巴東縣新添經費銀五十兩五錢二分。

額徵解費銀三萬七千七百一十二①兩九錢七分七釐有奇。又巴東縣新添解費銀四十兩四錢一分六釐。

額徵脚價銀一萬五千九百八十五兩五錢五分。又巴東縣新添脚價銀二十五兩二錢六分。

額徵節省代納行鋪土税銀一千二百一十八兩四錢。

竈　折

通、泰、淮三分司所屬各場竈户，共額徵銀七萬七兩二錢七分二釐五毫有奇。

額徵竈户水鄉銀一千七百五十三兩九錢。

額徵竈户沙蕩銀六千二十七兩七錢四分九釐三②毫有奇。

額徵竈户倉基銀二十五兩九錢四分一釐有奇。

縣場錢糧

按此項錢糧解浙江驛鹽道，係江南所納，故附載於後。

① 「二」，《四庫》本作「三」。

② 「三」，《四庫》本作「二」。

蘇州府

長洲縣額徵解京水鄉等銀六兩七錢八分八釐一毫有奇。

吴江縣額徵水鄉銀二兩四錢七分八釐三毫有奇。

震澤縣額徵水鄉銀二兩四錢七分八釐三毫有奇。

松江府

華亭縣額徵水鄉、包補等銀一千二百二十八兩二錢二分八釐七毫有奇。又袁浦場代徵解京課税、新陞等銀一千七百二十一兩五錢四分八毫有奇。

奉賢縣額徵水鄉、包補等銀一千四百五十一兩九錢六分六釐六毫有奇。又青村場代徵解京課税、新陞折色商税等銀六千五百三十五兩八錢七釐九毫有奇。

婁縣額徵水鄉、包補等銀一千七十六兩二分九釐二毫有奇。又横浦場代徵課税銀二千九百四十六兩四錢二分八釐九毫有奇。

金山縣額徵水鄉、包補等銀一千七十六兩二分九釐二毫有奇。又沙浦東場代徵解京課税、新陞等銀五千五百六十三兩一錢四釐七毫有奇。

上海縣額徵水鄉、草蕩、包補、白塗等銀二千八百三十七兩一錢五分八釐有奇。

南匯縣額徵水鄉、草蕩、包補、白塗等銀二千一百三十六兩四錢六釐一毫有奇。又下砂場代徵解京課税、草蕩、新陞等銀一萬一千三百一十兩二錢六釐有奇。又二砂、下砂二場代徵解京課税、草蕩、新陞正攤課銀一萬二千六百兩二錢五分三釐九毫有奇。

青浦縣額徵水鄉銀六百七十三兩六錢二釐二毫有奇。

福泉縣額徵水鄉銀一千三十四兩四錢九分五釐三毫有奇。

太倉州

鎮洋縣額徵水鄉銀五兩。

嘉定縣額徵水鄉、竈丁銀三百二十四兩七錢六分八釐八毫。

寶山縣額徵水鄉、竈丁銀三百一十三兩六分二釐八毫有奇。

崇明縣額徵餘糧銀三千八百三十六兩二錢二分零。

以上各縣場課外，每兩隨徵珠車銀一分七釐。

按：兩淮各商領引、掣鹽、運鹽、銷引之制，凡各商現行綱食引鹽，彙有定册。先令商人照册所開引數，每引納紙硃銀三釐給單，以杜後請單領引、重複紛争之弊。領單訖，於徵納額課之時，又每引納銀四錢，名爲「正納」。運道照名收銀，造銀票呈院，印發給商。商再納經解費，每引不等。庫吏亦給以道票，然後各商將前正納票及庫票，繳院請限單，謂之「皮票」。以裹引外，故曰皮票。以立限期，故又曰「限單」。單四角標「平、上、去、入」字樣，以便驗截。院爲驗對，前票俱符，即印單發道給商，商乃以限單同紙硃票於庫領引。每引又納關引脚價銀一分。既領出，仍彙釘投院鈐印。俟兩掣畢，封給領去，同鹽行銷。鹽、引不得相離，違者論如律。而此時則各商止仍領皮票，下場買鹽，限四十五日赴掣。此兩淮綱食鹽領引之大概也。

鹽買齊矣，駁載出場。場官驗填出場日期，截去皮票「平」字角。其淮南綱食鹽，俱赴儀（徵）〔真〕縣東關浮橋，以候橋掣。橋掣者，據江岸第一壩設批驗鹽引所，浮橋攔截，放橋 涖焉。鹽船至此，所官請院開橋驗掣，逐船抽驗單，將皮票截去「上」字角。於是放行，赴大掣所候掣。內惟江都縣食鹽不及抵所，即以橋作所，掣如各鹽例。而掣畢即先行改捆領運，引亦先領。至是，將引投江都縣，彙繳請銷。此外一應綱食鹽過橋，俱運泊儀（徵）〔真〕天池木關外候院開所再掣，謂之臨江大掣。

院先照冊編號，照號查引，照引提船，挨次入幫。令擡鹽馬堆用部頒掣子，逐號秤掣畢，截去皮票「去」字角。向例橋掣溢觔，每觔罰銀三釐。江掣溢觔，每觔罰銀一分。鹽俱割沒入官。自康熙間加觔、加課，而溢觔割沒之例革。於時兩掣過，商人找納各項應徵銀兩，請引呈截角，標裏引鈐封，同鹽領去。此掣鹽之大概也。

其淮南鹽再俟院示期開包改捆，然後行運他方。既捆後，內綱鹽具報某商領某綱若干引，船户某每艙若干包，一一開明上冊。食鹽則各縣雖有派額，而每年酌劑盈虛，惟取銷引足課，不預强派。

至是，運道將稽運水程①、引皮、桅封等票呈院，請印給商，令其開船。

船至湖口，挂號納船料銀。乃分途往江西、湖廣，俱於兩省驛鹽道處投引。兩道例截皮票「入」字角，將引查明，中破一孔，鹽法謂之銃洞。解回鹽院，發存運庫，彙繳户部。兩道另給各商水程分運票，往各府州縣銷賣。

其淮北鹽自買齊出場後，俱赴安東縣批驗鹽引所驗掣。内綱鹽則所官請掣截票，一切俱如南鹽之例。但其鹽於掣後，例不解包改捆，即以原引觔重，赴河南汝、寧等府，并本省廬、鳳等府州縣分銷。銷畢，殘引竟投行銷地方官截角銃洞，彙解鹽院繳部。

食鹽則即以安東壩爲所，鹽數無多，就近委淮安分司照例代掣。掣後亦不解包再捆，竟赴各州縣口岸銷賣。殘引亦地方官截角銃洞，彙解繳部。

此兩淮諸鹽行運銷引之大概也。

① 「程」，《四庫》本作「呈」。

江南通志卷八十二

食貨志

錢法

上古

太昊以來有錢。太昊氏、高陽氏謂之金，有熊氏、高辛氏謂之貨，陶唐氏謂之泉，商、周謂之布，齊、莒謂之刀。《通典》

〔虞夏商〕①

虞夏商之幣，金爲三品。《史記·平準書》

周

太公立九府圜法，黄金方寸而重一斤，錢圜函方，輕重以銖。《漢書·食貨志》

景王更鑄大錢，徑一寸二分，重十二銖。《國語》

秦

銅錢質如周，錢文曰「半兩」，重如其文。《通典》

〔汉〕②

漢興，患秦錢重難用，更令民鑄筴錢。至孝文五年，筴錢益多而輕，乃更鑄四銖錢，其文爲「半兩」，令民縱得自鑄。故吴諸侯也，以即山鑄錢，富埒天子。《史記·平準書》

---

①② 據上下文體例擬補。

武帝行三銖錢，更行半兩錢。又造白金、皮幣，又令京師鑄赤仄。《漢書》

後　漢

世祖行五銖錢。《後漢書》

靈帝鑄四出文錢。《後漢書》

獻帝鑄小錢。《後漢書》

三國　吴

嘉平五年，鑄大錢，一當五百。《吴志》

赤烏元年，鑄當千錢。《吴志》

晋

元帝過江，用孫氏赤烏舊錢，輕重雜行，大者謂之「比輪」，小者謂之「四文」。《晋書》

南北朝　宋

元嘉間，鑄四銖錢。

孝建初，鑄四銖，文曰「孝建」。

景和間，鑄景和二銖錢，有耒①子、荇菜、鵝眼、延繯等名。千錢長不盈三寸，斗米萬錢，商賈不行。

太始初，禁鵝眼、延繯，餘錢皆通用。復禁民鑄，官錢亦廢，唯用古錢。以上俱《宋志》②

梁③

天監間，鑄五銖錢，唯京師及三吴等州得用。《梁書》

普通中，又鑄公式女錢，更鑄五銖鐵錢。《梁書》

陳

天嘉間，鑄五銖錢。《陳書》

大建間，鑄大貨六銖，以一當五銖之十，與五銖并行。尋廢，仍行五銖。《陳書》

---

① 「耒」，《四庫》本作「來」。

② 《宋書》無《食貨志》，「志」疑爲「書」字之誤。

③ 《四庫》本無「梁」字。

隋

開皇元年，鑄新錢，名曰「五銖」。每錢一千，重四斤四兩。

十年，詔晉王廣聽於揚州立五爐鑄錢。

十八年，晉王廣以江南人間錢少，請於鄂州白紵山有銅鑛處，置十爐鑄錢。從之。以上俱《隋書》

唐

武德四年，廢五銖錢，鑄開元通寶錢。

儀鳳間，瀕江民多私鑄錢爲業，詔巡江官督捕，載銅錫鑞過百觔者入官。

武后時，令錢非穿穴及鐵錫銅液皆得用之。盜鑄蠭起，江淮尤甚。

開元初，遣御史蕭隱之括江淮惡錢。

天寶中，詔天下置九十九爐鑄錢。揚、潤、宣等州各置十爐，每歲鑄錢三千三百緡。

寶應間，詔淮鹽鐵轉運使劉晏奏，以江嶺諸州任土所出，積之江淮，易銅鉛薪炭鑄錢，輸京師及荆、揚二州。

大(歷)〔曆〕間，禁天下鑄銅器。

建中初，淮户部侍郎韓洄奏請，停止江淮鑄錢七監。

貞元中，淮張滂奏，禁止天下銷鑄銅器。以上俱《唐書》

宋

太平興國初，詔昇州置監鑄錢，令轉運使採山川之銅，給官鼓鑄。

雍熙初，令江南諸州官庫所貯雜錢，每貫及四斤半者送闕下，不及者銷毀。

端拱間，詔申私鑄及銷錢之禁，江北諸州錢新舊大小兼行，江南用大淳化錢。

景德間，制錢有四監，池州曰永豐。每千重五斤。以上俱《宋史》

景祐初，詔三司：以江東等處歲輸緡錢合三十餘萬，易爲金帛，錢流民間。《文獻通考》

慶(歷)〔曆〕間，敕江南鑄大銅錢，江、池、饒、儀、虢等州鑄小鐵錢。《文獻通考》

熙寧初，詔京西、淮南諸路各置鑄錢監，路以十萬緡爲額。

元豐間，詔徐州置寶豐下監，歲鑄折二錢二十萬緡，轉移陝府。元祐間罷。

崇寧元年，詔淮吴居厚奏，以江、池、饒、建錢額不敷，議減銅增鉛錫，歲增鑄錢十萬餘緡。又令以歲鑄小平錢，增料改鑄聖宋通寶當五大錢。

三年，罷小平錢，復徐州寶豐監，改鑄折二錢爲折十。其舊新二錢，期一歲勿用。

又詔淮右僕射趙挺之奏，以當十錢不便，命江南東西、兩浙并改折十錢爲折五，淮南重寶錢亦作當五。

五年，以折五、折十上供，小平錢留本路。錢監歲課以八分鑄小平錢，二分鑄當十錢。尋江南、兩浙、淮南重寶錢作當三，旋復當五、當十。詔京西聽用當十錢。置真州鑄錢監，以本路所换錢不依式者，改鑄當十錢。又令江、池、饒、建州諸監，以當十之五分鑄小平錢。尋以當十錢滋弊日甚，令官、私見在者，并作當三。

大觀間，江南、福建、兩浙淮鑄鐵錢，又鑄夾錫錢。尋以擾民，皆罷之。

政和間，詔淮淮東諸路錢監，改鑄夾錫政和錢。又以夾錫錢不便，令淮南夾錫錢期三月，官、私俱禁不用。仍罷鼓鑄。以上俱《宋史》

建炎間兵革，州縣困敝，鼓鑄皆廢。《文獻通考》

紹興初，并廣寧監于虔州，并永豐監於饒州。《宋史》

乾道間，銅錢禁用于淮，而易以鐵錢，淮民以困。詔銅錢并會子仍過江行使。《文獻通考》

又以和州有錢監，舒州有古監，詔司農丞許子中往淮西措置鑄折二鐵錢，令兩浙通行。

淳熙間，詔舒州歲增錢十萬貫，以三十萬貫爲額。尋以御史黄治奏，詔除之。又以舒州薪炭不便，減額五萬。又減十萬。又併舒州之宿城監入同安監。

紹熙二年，減同安監歲鑄十萬貫。

嘉泰間，罷舒、蘄鼓鑄。開禧間復之。以上俱《宋史》

嘉定七年，復罷同安監鑄錢。《續文獻通考》

元

中統十四年，禁江南行用銅錢。

十七年，江淮等處頒行鈔法，廢宋銅錢。是年，括江淮銅錢、銅器。

二十二年，敕不拘銅錢，聽民仍用。俱《續文獻通考》

明

洪武初，置寶源局于應天府，鑄大中通寶錢。以四百爲一貫，四十爲一兩，四文爲一錢。設官專管。

又命各省置局，頒洪武通寶錢。有當十、當五、當三、當二、當一五等，重如其當之數。行小錢，重一錢。令照式鑄之。

宣德間，詔南京工部鑄宣德通寶錢。

弘治間，詔南京工部鑄弘治通寶錢。

嘉靖間，詔南京鑄嘉靖通寶錢。又詔准部議：銅錫等料，俱出南京，工巧而物賤。四六分派，未鑄制錢，均歸南京鼓鑄。

又於寶源局續鑄嘉靖制錢，繼革鏇車，以爐盪代。而私鑄日盛，錢不流通，尋罷之。

萬（歷）〔曆〕間，詔南、北直隸開局，兩部照舊四六分鑄萬（歷）〔曆〕通寶錢。又令南京工部，分鑄萬（歷）〔曆〕通寶錢。以上俱《續文獻通考》

國朝

順治五年，議准：江寧設廠，開鑄順治通寶錢。每文重一錢二分。

八年，議准：各布政司止各開一局，餘俱停止。

十年，詔令鑄造制錢，務令精工，背鑄「一釐」兩字，户部添一「户」字，各省添本省一字。鑄不合式者參究。江寧「江」字。

十四年，題准：各省鑄局概行停止，獨令寶泉局鼓鑄。

十七年，復設各省爐座，歸併布政司承管。錢背面添清、漢文「寧」字各一。每文重一錢四分。

康熙元年，鑄康熙通寶樣錢，頒發各省局，依式鑄造，順治錢仍舊行使。尋停各省鑄錢，止留寶泉局、江寧局。

六年，詔復各省鼓鑄爐座，添設蘇州、鞏昌等處鑄局，照式鑄字。蘇州「蘇」字。

九年，停江寧、蘇州、江西等省錢局。

二十三年，議准鼓鑄制錢，行文各省，俱照式鼓鑄。每文足重一錢。尋罷。

雍正四年，詔禁三品以下不得用黄銅器皿，民間所有器皿悉行出賣，當官給價。着九卿確議具奏。**九卿遵旨議定**：

嗣後京城三品以上官員，准用黄銅器皿。民間樂器、圓鏡、戥子仍照原議外，其餘文武各官、軍民人等一應大小器皿，俱不得仍用黄銅。所有舊存黄銅器皿，除箱櫃上事件外，其餘不論輕重多寡，悉行交官領價。旂人交本旂佐領管收，漢官民人交五城御史管收。隨交隨收，按依成色估足斤兩，照部定每斤一錢一分九釐零給發。寬以三年之限，如有過限藏匿不交賣者，以私藏禁物律治罪。其有小鋪冷攤，從前收買零星銅器，三月内盡行交官領價，違者即照私藏禁物律治罪。其打造銅器店鋪，如有仍將黄銅製造器皿者，照銷毁制錢從律治罪。其直省悉照京城例，以三年爲限交收。

五年十一月，詔令直省州縣民間交納銅器，准其抵作正賦錢糧，應如何舉行，方爲妥協，着户部詳議具奏。**户部遵旨議定**：

各省有未完舊欠錢糧，准其以黄銅器皿抵交。除四川、廣西、雲南、貴州四省並無民欠，西安民欠無多，其餘各省各該督撫酌量於該省民欠内以二十萬爲率，准令欠户交納銅器，扣抵應完舊欠之數。倘銀數扣抵完日，該省尚有交納銅器，該督撫再行具題請旨。

此所交銅器，熟銅照額定價值，每觔以一錢一分九釐九毫零；生銅價值比熟銅減二，每觔以九分五釐九毫零。各州縣官於紳民交納時，按其生熟成色觔兩，以所定價值算抵。如有奸民銷毁制錢，充作廢銅片塊不成器皿物件者，發覺之日，照律治罪。其收銅之州縣官，不得絲毫扣減價值，亦不得以重稱收兑，令其虧折。每季將所收銅器觔兩數目報明督撫，解交公所，該督撫於年終奏報。

其無民欠之省分，及無民欠之州縣，與無舊欠之糧户，并奉天州縣人民，有以銅器交官者，俱按生熟成色，給與價值。將所收銅器存貯公所，於年終奏報。

如各省地方官，有見將己資收買黄銅器皿者，着解交公所，該管官即按生熟銅觔，給與價值。倘地方官有不遵諭旨，借捐買名色，以賤價收買民間銅器者，該督撫即指名題參，交部嚴加議處。

九年二月，題准：各省收買銅器三年期滿，已請寬限一年在案。今經一年限滿，第恐民間尚有未交銅器，若因限滿停其收買，誠恐愚昧小民不敢交賣，仍藏匿在家，致干法網。或有不肖棍徒，藉端詐詐，亦未可定。請將民間未交銅器，准令照舊赴官收買，按生熟銅色給價。併令各直省督撫轉飭所屬，通行曉諭，凡有未交銅器，飭令速行赴官交賣。俟中外報收銅觔完日，奏請停止。以上《會典》

乾隆元年二月十九日，户部尚書海望奏：

爲請弛銅禁，以資鼓鑄，以便民生事。

切念錢文爲民間日用所需，宜加經理。近年以來，鼓鑄無缺，價值昂貴，建議者莫不多求禁銅之法。而臣獨以弛禁爲請者，誠以錢貴之害小，累民之害大。僅禁黄銅，已爲深擾，而弊竇多端。概禁黄白器皿，滋擾尤深，而於錢法亦終無裨益也。臣請詳悉敷陳，伏祈聖王採擇。

夫銅器散布民間，相習甚久。一旦禁使勿用，則其情有所不便，而易生藏匿之心，往往遷延而不交，交納而不盡。緩之則互相觀望，急之則百弊叢生。是以展限之奏請屢聞，收買之告竣無日。胥吏借此需索，刁民借此訛詐。得賄則賣官法，不得賄則入人罪。搜括難盡，用法不均，其弊一也。

民隱既難上達，有司未必皆賢。民間交納銅器，或有侵蝕扣尅，僅得半價者；或有除去使費，空手而歸者。名爲收銅，實爲勒取，其弊二也。

此等銅質，本極粗雜。加之銹爛，一經錢局鎔化，折耗甚多，工價不減收買之時原費帑金。即所得不償所失，鼓鑄毫無所益，其弊三也。

又況黄銅乃係紅銅、白鉛配搭而成，是以百萬斤之黄銅器皿，其中即有紅銅五六十萬斤。今禁用黄銅，而不禁紅銅，是較之未禁之先，銅又多費，而適以昂其價值，速其私毁。是故未禁黄銅之先，白銅甚少，既禁黄銅之後，白銅甚多。豈白銅之所産果多，皆奸匠銷毁制錢，攙藥煮白，以成器皿，博厚利耳。其弊四也。

凡此四弊，若不究其根源，以酌變通之計，徒將一切銅器概行禁止，臣竊以爲不可。何則？銅器之禁，若止行京師，則他處仍得販賣，於事無濟。若通行直省，則普天之下業此者不下數萬户，藉此以衣食者不下數十萬人。今既禁使勿造，是伊等平日所造器皿，務必令其交官，以備鼓鑄矣。夫民間銅本，原溢於官價。加以工本，爲數更多。必若合算工本，全數散給，則小民雖不至于虧本，已有失業之苦。而於國帑，亦大有折損。若祇照官價收買，則銅本既屬不敷，而工價又無所出。此等小民，皆屬借貸經營，生計甚薄。一旦失其所依，欲改業則無門，欲坐食則無本，其何以堪？夫鼓鑄錢文，原爲便民利用。今因鼓鑄需用，而頓使民間失業，是欲便民而適以累民。我皇上軫恤商民無微不至，即一夫不獲，尚廑宸衷，豈忍使數十萬人之流離失所乎？

臣又考之史策，而知禁銅乃前代權宜之計，非可常行者也。銅器爲民間必需之物，故前代亦有因銅禁既嚴，採買於官，而鬻之於民者。既而官煩民病，仍聽民間造器，而官爲立價。輾轉彌縫，迄無善法，其事已大可概見矣。

我國家錢貨流通，聖祖仁皇帝六十餘年，未嘗下一禁銅之令，而銅未嘗不足於用。故曰禁銅足以擾民，而於錢法究無裨益也。

又聞古語云：銅貴錢重，則有私行銷毁之弊；銅賤錢輕，則滋私鑄射利之端。是以錢文輕重，必須隨銅價之低昂而增減，庶可杜私毁私鑄之弊。上年，世宗憲皇帝特飭九卿議，令酌減分數。其錢一文，重一錢二分，每年合節省銅斤四五十萬觔。緣事在初行，自未能立竿見影。然所以調劑夫銅貴錢重者，成效自有可觀，固已不必屑屑於禁銅之末務矣。臣愚，請照康熙年間舊例，將收禁銅之令悉行停止，民間買賣悉從其便。祇於雲南、蘇州辦銅之處，立官分職，統計部用銅斤若干數目，盡行採取。如有餘銅，任民販賣。則鼓鑄自得充裕，而小民亦不致失業。似於國計民生，均屬有益。伏乞皇上睿鑒施行。

王大臣謹奏：户部尚書海望請弛銅禁，并將禁銅之弊詳悉敷陳一事，請交九卿定議。奉旨「知道了」。

四月十九日，九卿議覆：將收買黄銅器皿，及禁用黄銅之處，悉行停止。嗣後民間買賣，悉聽其便。奉旨：「依議」。

採銅條例

康熙十四年，議准：各省産銅及白黑鉛處所，有民具呈願採，該督撫選委能員，監管採取。若地方官不准，願採之民赴部控告，查果採得鉛銅者，將不准採銅之官革職。

十八年，覆准：各省採銅鉛處，令道員總理，府佐分管，州縣官專司，任民採取。八分聽民發賣，二分納官，造册季報。近墳墓處，不許採取。事有未便，該督撫題明停止。道廳官如得税銅鉛每十萬觔紀録一次，四十萬觔加一級；州縣官得税每五萬觔紀録一次，二十萬觔加一級。所得多者，照數議叙。上司誅求逼勒者，從重議處。其採取銅鉛，先聽地主報名採取。如地主無力，聽本州縣人報採。許雇鄰近州縣匠役。如有越境採取，並衙役擾民，照光棍例治罪。

五十四年，議准：江蘇、安慶、湖南、湖北、江西、浙江、福建、廣東八省額辦銅觔，遴選能員出洋採辦，定限於四月完半，十月全完。倘逾限不完，照例議處。

雍正八年，覆准：江蘇、安徽、浙江、江西、福建等省，各遴委道府大員承辦每年上、下兩運銅觔，上運銅觔寛至次年八月起解，下運銅觔寛至次年十二月起解。准令滇、洋並採。滇銅定價每担不得過十四兩五錢，洋銅每担十三兩。赴滇者，委員至雲南所屬産銅地方價買。出洋者招商給批，至日本國採取。

鼓鑄規則

江寧、蘇州兩局奉部頒錢樣，鑄雍正通寳錢，每文重一錢四分，一串重八觔十二兩。用生、熟銅各半勻搭，每銅百觔，去耗銅九觔，鑄制錢十串四百文，給工料錢一串五百一十五文，得錢八串八百八十五文。加扣補串繩一十五文，共得八串九百文。計銅本銀，熟銅每觔一錢一分九釐九毫三絲，生銅每觔九分五釐九毫。對搭生熟銅，每百觔該銅本銀一十兩七錢四分一釐五毫。制錢八串九百文，值銀八兩九錢，計不敷銅本銀一兩八錢四分一釐五毫。准令開銷正帑，題准部覆，按卯鼓鑄。其錢繳送藩庫，每串作銀一兩，搭放兵餉。

蘇州設寶蘇局於府城内，以蘇松糧道總理，蘇州府通判協理，雍正八年七月十二日開局鼓鑄。設爐十二座，一月兩卯，每卯爐一座，用對搭生熟銅二千四百觔，十二爐共用對搭生熟銅二萬八千八百觔。工料錢四百三十六串三百二十文，加串繩錢四串三百二十文。計銅本銀三千一百八兩五錢八分五釐，實得制錢二千五百六十三串二百文。每串值銀一兩，作銀二千五百六十三兩二錢，仍不敷銅本銀五百四十五兩三錢八分五釐。自十七卯起，又增爐四座，共設爐十六座。凡在局官員、書役薪水、工食、心紅紙張，一年需銀三百六十七兩二錢。局内應用天平戥子等器，共需銀一十三兩三錢三分。又續增收拾銼刀鐵木等匠，每爐一卯增銀一兩五錢。又每銅百觔，加礶子價銀一兩二錢。均于司庫存貯公項下動給，彙報核銷。

安徽設寶安局於江寧城内，以鹽驛道總理，池州府同知協理，雍正十年三月十九日開局鼓鑄。設爐四座，一月兩卯，每卯爐一座，用對搭生熟銅二千四百觔，四爐共用對搭生熟銅九千六百觔。給工料錢一百四十五串四百四十文，加串繩錢五百四十文。計銅本銀一千三十五兩九錢八分四釐，實得制錢八百五十四串四百文。每串作銀一兩，值銀八百五十四兩二錢，仍不敷銅本銀一百八十一兩五錢八分四釐。凡在局官員、書役薪水、工食、心紅紙張，一年需銀三百一十六兩八錢。局内應用天平戥子等器，需銀一十兩七錢。均于司庫存公項下動給，彙報核銷。

江南通志卷八十三

食貨志

蠲賑〔一〕①

漢

武帝元鼎二年，詔以水潦移於江南，迫隆冬至，懼其饑寒不活，遣博士中等分循行，諭告所抵，無令重困。吏民有賑救饑民免其厄者，具舉以聞。《前漢書》

① 據本書記述體例補。

后漢

明帝永平十八年，大旱，詔：勿收兖、豫、徐州田租、芻藁，以見穀賑給貧人。《後漢書》

順帝陽嘉二年，詔：以吴郡、會稽饑荒，貸人種糧。《後漢書》

桓帝建和元年，荆、揚二州饑，遣四府掾分行賑給。《後漢書》

三國

魏明帝景初元年，冀、兖、徐、豫四州民遇水，遣侍御史循行賑救之。《魏志》

吴大帝赤烏十三年，丹陽、句容及故鄣、寧國鴻水泛溢，詔原逋責，給貸種食。《吴志》

晋

武帝泰始五年，青、徐、兖三州水，遣使賑恤之。《晋書》

惠帝元康五年，兖、豫、徐、揚等州大水，詔遣御史巡行賑貸。《晋書》

成帝咸和四年，會稽、吴興、宣城、丹陽大水，詔復租税三年。《晋書》

咸康元年，揚州諸郡饑，遣使賑給。《晋書》

孝武寧康二年，三吴、義興、晋陵及會稽遭水之縣，尤甚者全除一年租布，其次聽除半年，受賑貸

者即以賜之。《晉書》

太元十八年，荆、揚二州大水，傷秋稼，遣使賑恤之。《晉書》

南北朝　宋

文帝元嘉七年，吴興、晉陵、義興大水，遣使巡行賑恤。《南史·宋紀》

十二年六月，丹陽、淮南、吴興、義興大水，以徐、豫、南兖三州，會稽、宣城二郡米穀百萬斛賜五郡遭水人。八月，原除遭水郡諸逋負。《宋書》

十七年，徐、兖、青、冀四州大水，遣使賑恤。又詔前所給揚、南徐二州百姓田糧種子，兖、豫、青、徐諸州比年所寬租穀應督入者，悉除半；今年有不收處，都原之。凡諸逋債，優量申減，并禁州郡估税所在市調煩刻。《宋書》

孝武帝孝建二年，三吴饑，詔所在賑貸。《宋書》

大明元年，吴興、義興大水，遣使開倉賑恤。《宋書》

八年，以東境偏旱，詔出倉米付建康、秣陵二縣，隨宜贍恤。又原除揚、南徐州七年逋租。《宋書》

齊

高帝建元元年九月詔，二①吴、義興三郡遭水，減今年田租。《齊書》

武帝永明元年，詔賑賜建康、秣陵二縣貧人。又吴興、義興遭水縣，蠲降租調。《南史·齊紀》

五年六月，霖雨過度，水溢京師，遣官隨宜賑賜。七月，詔原丹陽屬縣積年逋租。八月，詔蠲吴興、義興二郡租調。《齊書》

六年，吴興、義興被水之鄉，賑賜各有差。《齊書》

九年，以吴興、義興大水，詔蠲二郡租。《南史·齊紀》

十一年，原除南豫州之歷陽、譙、臨江、廬江四郡三調衆逋宿債。《齊書》

明帝建武二年，吴、晉陵二郡失稔之鄉，蠲三調有差。《齊書》

陳

宣帝大建十二年，亢旱，詔丹陽、吴興、晉陵、建興、義興、東海等十郡，即年田賦禄秩各原半，其丁租半申至來歲秋登。《陳書》

① 「二」，《四庫》本作「三」。

唐

德宗貞元八年，以江淮所停運米，委轉運使於水災州縣糴之，以救貧之。《資治通鑑》

宣宗大中九年，以旱，遣使巡撫淮南，減上供饋運，蠲逋租，發粟賑民。又罷淮南宣、歙，浙西冬至元日常貢，以代下户租税。《唐書》

五　代

周世宗顯德六年，淮南饑，上命以米貸之。或曰：「民貧，恐不能償。」上曰：「民猶子也，安有子倒懸，而父不爲解者？安責其必償也！」《文獻通考》

宋

太祖建隆元年，賑揚州城中饑民。《宋史》

三年正月，賑淮南饑。六月，賑宿州饑。《宋史》

開寶八年，平江南，詔出米十萬石賑城中飢民。《文獻通考》

太宗雍熙二年四月，遣使賑江南諸州飢民。九月，蠲江浙諸州民逋租。《宋史》

三年，以昇、宣等十四州前歲官所賑貸，並蠲之。《宋史》

淳化四年，詔以江淮饑，遣使巡撫。《宋史》

五年正月，遣使賑亳、潁等州飢民。九月，遣使分行亳、潁、泗、壽州，按視民田，被水及種蒔不時者，并蠲其租。《宋史》

真宗咸平二年，江浙春霜害稼，分使發粟賑之。《宋史》

景德元年，江南東、西路饑，命使賑之。《宋史》

大中祥符二年四月，昇州火，遣御史訪民疾苦，蠲被火屋税。九月，賜泰州被水民粟。《宋史》

三年，以江南旱，昇、潤州屢火，遣使存撫。《宋史》

五年五月，江淮、兩浙旱，給占城稻種，教民種之。八月，減運河水灌淮南民田，仍寬租限。十二月，賑泗州饑。又淮南、河北饑，減直鬻穀，以濟流民。《宋史》

七年十二月，淮南、江浙饑，除其租。《宋史》

乾興元年正月，蠲秀州水災民租。二月，詔蘇、湖、秀州民飢，貸以廩粟。又詔賑徐州貧民。《宋史》

仁宗天聖元年，以淮南水災，遣使安撫。《宋史》

四年，蠲淮南被水田租。《宋史》

五年，江寧府、揚、真、潤州江水溢，壞官民廬舍，遣使安撫賑恤。《宋史》

明道二年，詔發運使以上供米百萬斛，賑江淮飢民。《宋史》

景祐元年正月，淮南饑，出内藏絹二十萬代民歲輸。二月，權減江淮漕米二百萬石。《宋史》

皇祐三年，遣使安撫江南飢民。《宋史》

英宗治平元年，以上供米三萬石，賑宿、亳二州水災户。又濠、泗、廬、壽、高郵軍大水，遣使行視，疏治賑恤，蠲其賦租。《宋史》

神宗熙寧元年，帝以内侍有自淮南來者，言宿州民飢多盗，繫囚衆，本路不以聞。詔遣太常博士陳充等視宿、亳等州災傷。又詔河北災傷州軍劫盗罪死者，並減死，刺配廣南牢城，年豐如舊。

附　司馬光疏：

臣竊聞降敕下京東、京西災傷州軍，如人户委是家貧偷盗斛斗因而盗財者，與減等斷放，未知虚的。若果如此，深爲不便。臣聞《周禮》荒政十有二，散利、薄徵、緩刑、弛力、舍禁、去幾，率皆推寬大之恩以利於民，獨於盗賊愈更嚴急。所以然者，蓋以饑饉之歲，盗賊必多，殘害良民，不可不除也。

頃年嘗見州縣官吏有不知治體，務爲小仁者。或遇凶年有劫盗斛斗者，少加寬縱，則盗賊公行，更相劫奪，鄉村大擾。不免廣有收捕，重加刑辟，或死或流，然後稍定。今若朝廷明降敕文，豫言偷盗斛斗因而盗財者，與減等斷放，是勸民爲盗也。

百姓乏食，官中當輕徭薄賦，開倉賑貸，以救其死，不當使之相劫奪也。今歲府界、京東、京西水災極多，嚴刑峻法以除盜賊，猶恐春、冬之交，飢民嘯聚，不可禁禦，又況降赦以勸之？臣恐國家始於寬仁，而終於酷暴。意在活人，而殺人更多也。《文獻通考》

六年，賑江淮、兩浙饑。《宋史》

七年，詔浙西路提舉司出米賑常、潤州饑。《宋史》

八年，詔賑常、潤州飢民。《宋史》

熙寧中，趙抃以大資政知越州。兩浙旱、蝗，米價湧貴，餓死者十五六。諸州皆榜衢路，禁人增米價。抃獨榜衢路，令有米者增價糶之。於是諸州米商輻湊詣越，米價更賤，民無餓死者。《宋名臣言行録》

哲宗元祐六年，以蘇、湖、常三州大水，兼浙西諸郡災傷，詔賜米百萬斛，錢二十餘萬緡賑之。《文獻通考》

八年，遣使按視淮南水災。《宋史》

徽宗崇寧四年，蘇、湖、秀三州水，賜乏食者粟。《宋史》

高宗紹興元年三月，賑淮南流民。八月，蠲徽州被賊民家夏税。《宋史》

七年，蠲建康府、太平、宣州逋賦，及下户今年身丁錢。《宋史》

十三年三月，賑淮南飢民，仍禁遏糴。九月，蠲淮南逋欠坊場錢及上供帛。《宋史》

二十一年，以兩淮民復業未久，寬其租賦。《宋史》

二十六年，詔兩淮邊民未復業者，復其租。《宋史》

二十八年，蠲平江被水民逋賦。又蠲楚州歸附民賦役。《宋史》

是年，詔在法水旱檢放：及七分以上者濟之，自今及五分處，即撥義倉米賑濟。《文獻通考》

三十年，詔滁州上供錢，依濠州、盱眙軍例，更展免一年。又蠲淮東州軍上供銀絹米麥輕總制錢一年。《續文獻通考》

孝宗隆興元年，賑兩淮流民。又以兩浙、江東大水；悉蠲其租。《宋史》

二年，賑江東、兩淮被水貧民。《宋史》

乾道三年，兩浙水，江東西路蝗，賑之。《宋史》

六年，詔江東運司將建康府、太平州被水縣人户，今年身丁錢並與放免。《續文獻通考》

九年，楚州饑，賜米五千石賑之。又江東之太平、廣德，淮西之無爲軍、和州，民多艱食，並行停征賑恤。《續文獻通考》

淳熙三年，以常州旱，寬其逋負之半。《宋史》

四年，蠲太平州民貸常平倉米。《宋史》

六年正月，賑淮東飢民。三月，再賑。《宋史》

七年正月，蠲淮東民貸常平錢米。十一月，蠲兩淮州軍二税一年。《宋史》

是年，奏免池州檢放旱苗米及經總制錢。《續文獻通考》

八年，以徽、饒二州民流者衆，出南庫錢三十萬緡賑糶。又江浙、兩淮等處水旱相繼，發廩蠲租，遣使按視。民有流入江北者，命所在賑濟之。《宋史》

九年，詔江浙、兩淮旱傷州縣，貸民稻種，計度不足者，貸以樁積錢。《宋史》

光宗紹熙四年，賑江淮、兩浙被水貧民。《宋史》

五年，淮右旱，知滁州請發常平粟賑其民。

龔維蕃《賑荒録》：

紹熙五年，淮右大旱，滁爲甚。時會稽石公宗昭典州事，預謀荒政。前期檄屬縣校公私之儲積，令存私家合用之數，而以其贏籍於官。度猶不給，請於朝，乞發常平粟，并撥樁積錢糴米麥。

乃以合郡上下，分爲九等。凡有儲蓄若營運者，與爲二等，客者皆勿給。其有田而無收，及有業而不能營者，則録其户口而給之。其餘工術技藝，往來負戴，與夫民田租户、官田佃客，凡有所依而不自贍者，則計口給券，日糴於官。鰥寡孤獨、癃老廢疾者濟之，人受粟二升。幼者減半。量地遠近，與民之衆寡，置給粟之所凡八十四。

富人之羨粟，其籍於官者，則計其幾何，勸以就糶。凡糶若糴，各書於(歷)〔曆〕，時取而稽考之，視民食之緩急而先後其出給之期。選上户信實者掌出納，委學職往來督察之。豐其資給，校其折耗，下至搬運脚乘、紙札貫索，皆優給其直。凡貸若濟者則并給，慮其往來之冗費也。凡糴者皆日給，懼其冒請而濫給也。檢柅欺弊，獎勸勞能。郡士之被選委者，手書酒炙之饋，日至其主糴上户，預給照據，量免差役。民以公事至庭，必宛轉諮諏，諸場之孰整孰惰，動息必知之。取其尤者各一人，加賞罰而示勸懲焉。諭以禍福，感以信義，功過畢知，大小競勸。民有冒憲非故犯，願出粟自贖者，令各縣拘籍，候糴畢照免。又擇吏胥之勤幹者，發舟運鏹，告糴於他郡。其民居僻阻，饋給勞費，則募土豪借糴本，令便宜貿易，以賙給之，期償於來歲。凡道途邸舍皆貯粟，以備商旅之需。棄男女者，人得收養。仁聲旁洽，流民輻輳。

郡治薦罹俶擾，廳事未建，乃鳩工度材，僦民就役，計日酬傭，視常時加厚。凡木石、竹葦、土瓦之求鬻者，雖至微必優其價，衆爭趨之。由是服役於官者皆仰以贍給，而負販者因得以求售，歡呼力作，民忘其勞。閱兩月訖事，榱題雄峙，冠於淮右。

朝廷聞公治行，以度支郎召。民聞命蹙額，曰：「公去，吾屬填溝壑矣！」乃相率號呼請留，壯者走告諸臺，乞寢召命。老稚填塞衢巷，晝夜守之，固遣弗肯去。郡僚之白事者，伺其出必攀輿諦視，夜則燃燭以辨。如是者閱再旬。通守以事申諸司，次第剡聞朝旨，令需代，民始服。故公以活民爲己責，夙夜調度，至廢寢食。居處於外，士民之入見者不以時。所①言當於理，立罷行不淹刻。

所收米直復糴於他有所，循環無度，故出給雖多，而流通不匱。又勸民雜蒔菽粟以爲後繼。其癃老羸弱者，處於僧廬，爲糜以食之，令無失時。疾病者濟以醫藥，時躬造焉，察其寒饑。

公智慮精詳，局量寬和，而待人一以誠實，舉措不計小費，而亦未嘗妄施。合饑民及流徙而至者凡數萬，背冬涉春，無一人凍餒者。

明年三月，後詔趨見，公乃行。朝廷第荒政，滁爲最。

寧宗慶元初，趙汝勣知當塗。時歲饑穀貴，乃開倉散米萬斛，一邑獲全。事聞，詔他郡依汝勣賑恤法。《續文獻通考》

六年，常、潤、揚、通、泰、和州，江陰軍旱，賑之。《續文獻通考》

嘉泰元年，浙西、江東、兩淮旱，賑之，仍蠲其賦。《續文獻通考》

嘉定元年，出米二十萬石，賑江淮流民。《續文獻通考》

二年八月，出米十萬石，賑兩淮流民。《續文獻通考》

---

① 「所」，《四庫》本作「接」。

八年七月，出米三十萬石，賑糶江東飢民。《續文獻通考》

十年，詔江東提舉司出米十萬石，賑給貧民。《續文獻通考》

十六年九月，詔江淮諸司賑恤被水貧民。十一月，太平州大水，詔賑恤之。《宋史》

十七年四月，詔廬州賑糶飢民。時知廣德軍耿秉田發倉賑濟，活飢民萬餘，自劾矯制之罪。上聞之，賜璽書褒異。《續文獻通考》

附　袁甫《進區處故事》：

臣竊爲區處流民之策，惟富弼之法最爲簡要。所謂簡要之策，惟曰散處其民於下，而總提其綱於上而已。

竊聞金陵諸邑，流民群聚，皆來自淮西。荷戈持刃，白晝肆掠，動輒殺傷，沿江出兵驅之。其在句容之境者，軼入金壇。若宣城，若池陽，若當塗，所在蟻聚，剽劫成風。逃亡之卒，皆入其黨，江南姦民，率多附和。目前勢已若此，冬杪春初，日月尚長，蔓延不已，各將潰裂四出，不可收拾。臣愚，欲乞朝廷行下督府，及諸閫與凡安撫總漕諸司，作急措置。自一路而推之諸路，由諸路而推之諸郡，每處流民，隨所在分之。

凡贍養之費，惟分則易供。居止之地，惟分則易足。此非臣之臆説也。弼擇所部五州，勸民出粟，得十五萬斛，益以官廩，隨所在貯之。又擇公私廬舍十五①萬區，散處其人，以便薪水。弼之所作，可謂委曲詳盡矣。今日果能推行此策，非但勸民出粟而已。或撥上供之數，或撥樁管之錢，或乞科降，則上下當相視如一家。或請團結②，則彼此當聯絡爲一體。而所謂團給者，又不止一途而已。能勞苦者庸其力，有技藝者食其業。其間有爲士者，則散於庠序。爲商者，則使之貿遷。心有所繫，而姦無所萌。此皆分説也。

分之愈多，則養之愈易。而其要在督府制閫以及總漕諸司爲之領袖而已。是故民貴乎分，而權貴乎合。所謂散處其民，而總提其綱者，正謂此也。臣願朝廷使長吏任責，一如青州故事。流民幸甚，宗社幸甚！

理宗寶慶元年，滁州大水，詔撥會子三千緡、米千六百石，賑恤被災之家。《續文獻考通》

淳祐四年，詔蠲高郵民耕荒田租。《宋史》

七年，鎮江府旱，詔兩浙轉運司檢覆，蠲米七萬四千石有奇。《宋史》

① 「五」，《續文獻通考》卷三十二《國用考》作「餘」。
② 「結」，《四庫》本作「給」。

十年十二月，詔江浙沿江郡縣刷其流民口數，於朝廷（椿）〔樁〕①管錢米内賑濟，仍許於寺觀及空閒官舍居住。《續文獻通考》

寶祐六年，詔常州、江陰、鎮江發米賑贍淮民。《宋史》

度宗咸淳六年，嘉興、華亭兩縣水，免公田租五萬一千石，民田租四千六百一十石。《宋史》

元

世祖至元十六年，以江南漕運舊米賑軍民之飢者。《元史》

十八年，通、泰二州饑，發粟賑之。《元史》

十九年，江南水，民飢者衆，令所在官司發廩以賑。《元史》

二十五年，中書省臣言杭、蘇、湖、秀四州大水，請輟上供米二十萬石賑之，帝是其言。《元史》

二十七年二月②，晉陵、無錫二縣霖雨害稼，并免其田租。

五月，江陰大水，免其田租。《元史》　十月，寧國等路大水，民流移者四十五萬八千四百七十八户，凡賑粟五十八萬二千八百八十九石。《續文獻通考》

① 據《四庫》本改。
② 「二月」，《四庫》本作「八月」。

二十八年正月，免江淮貧民至元十二年至二十六年所逋田租。《元史》　三月，杭州、平江等五路，溧陽、太平、徽州、廣德州、鎮江五路，江南、湖廣大都饑，發粟賑之。《續文獻通考》

二十九年，湖州、平江、嘉興、鎮江、揚州、寧國、太平七路大水，免其田租。又太平、寧國、平江、饒、常、湖六路民艱食，發粟賑之。《元史》

成宗大德元年九月，以鎮江之丹陽、金壇旱，並以糧給之。十月，揚州、淮安路饑，賑之。十一月，常州路及宜興縣旱，並賑之。《元史》

二年正月，建康、寧國、太平、廣德、饒、池等處水，發臨江路糧以賑。二月，以浙西嘉興、江陰，江東建康、溧陽、池州水、旱，並賑恤之。《續文獻通考》

三年正月，免江南夏税十分之三。九月，揚州、淮安旱，免其田租。《元史》

四年二月，寧國、太平兩路旱，賑之。九月，建康、常州、江陵饑，給糧濟之。《元史》

五年六月，平江等十四路大水，以糧二十萬石隨各處時值賑糶。《續文獻通考》

六年六月，賑廣德、太平、饒、婺、寧國等路饑。七月，建康民飢，賑之。《元史》

十年，以揚州之泰興、江都，淮安之山陽水，蠲其田租。《元史》

十一月，以米二萬一千餘石，賑糶揚州饑。《續文獻通考》

十一年六月，江浙饑，賑糧三月。七月，以江浙、湖廣、江西屬郡饑，詔行省發粟賑之。又兩淮屬郡饑，於鹽茶課鈔内折粟遣官賑之。又詔富家能以私粟貸者，量授以官。八月，以江東郡縣饑，遣官

賑之。江南饑，以十道廉訪使所儲贓罰鈔賑之。十一月，平江等處大饑，發糧五十萬一千一百石賑之。《續文獻通考》

武宗至大元年正月，廣德、建康、鎮江等六路饑户，月給米六斗。以没入物貨隸徽政院者，鬻鈔賑之。二月，淮安等處饑，以兩浙鹽引十萬貫貿粟賑之。六月，内郡、江淮饑，免今年常賦及夏税。十一月，詔免建康、廣德田租。《元史》

二年正月，免江淮夏税。又詔各處人民饑荒轉徙復業者，一切逋欠並行除免，仍除差税。《續文獻通考》

仁宗皇慶元年，寧國路涇縣水，賑糧二月。《元史》

延祐二年，敕江南行臺贓罰鈔賑恤飢民。《續文獻通考》

四年，揚州、淮安等處饑，發廩賑之。《續文獻通考》

英宗至治元年三月，賑寧國路饑。六月，滁州霖雨傷稼，蠲其租。八月，鹽城、山陽、高郵、興化水，并免其租。《元史》

二年，廬州路六安、舒城縣水，賑之。《元史》

三年三月，平江路嘉定州饑，發粟賑之。又崇明諸州饑，賑之。九月，淮安、揚州屬縣饑，賑之。十一月，鎮江路丹徒縣饑，發米賑糶。《元史》

泰定帝泰定二年四月，以鎮江諸郡饑，賑糧五萬餘石。五月，平江等十二郡饑，賑糶米三十二萬

五千餘石。《續文獻通考》

三年，揚州路屬縣水，免其租。又建康、太平、池州諸路饑，并賑之。《元史》

四年正月，淮安、揚州諸路饑，并賑之。四月，建康、太平、常州諸路饑，賑糧鈔有差。六月，廬州路饑，賑之。《元史》

文宗天（歷）〔曆〕二年，詔賑池州、廣德、寧國、太平、建康、鎮江、常州諸路及江陰州飢民。《元史》

至順元年正月，揚州、廬州等路饑，以兩淮鹽課鈔五萬錠、糧五萬石賑之。二月，建康、廣德、鎮江諸路饑，賑糧一月。又寧國路饑，賑之。《元史》七月，以江浙大水民飢，詔行省以入粟補官鈔三千錠，及勸出粟十萬石賑之。是歲被災者多，尤加賑恤。《續文獻通考》

二年三月，以安慶之望江縣、淮安之山陽縣去歲皆水災，免其田租。四月，以高郵、寶應等縣去歲水，并免其租。《元史》

順帝元統元年，江浙旱饑，發義倉糧、募富人入粟賑之。《元史》

二年，鎮江、常州、松江、江陰等處水，旱，敕有司發義倉糧賑之。又池州、青陽、銅陵饑，發粟以賑。《元史》　五月，中書省臣言：江浙大饑，以户計者五十九萬五千六十四，請發米六萬七百石、鈔二千八百錠，及募富人出粟，發常平義倉賑之。并存海運糧七十八萬三百七十石，以備不虞。詔從之。《續文獻通考》

至元元年，徽州饑，發米賑貸之。《元史》

二年，松江府上海縣饑，發義倉糧及募富人出粟賑之。《元史》

三年，發義倉糧賑溧陽飢民。《元史》

六年正月，邳州饑，賑米兩月。三月，淮安路山陽縣饑，賑之。《元史》

至正元年，揚州路、崇明、通、泰等州海潮災傷，賑之。《元史》

八年，平江、松江水災，給海運糧十萬石賑之。《元史》

明

太祖訓：凡天下承平，四方有水、旱等災，驗國之所積，於被災去處優免稅糧。若豐稔之歲，雖無災傷，亦當驗國所積。稍有附餘，擇地瘦民貧處優免之。特不爲常例。《續文獻通考》

凡賑濟，令災傷去處有司不奏，許本處耆宿連名申訴有司。《續文獻通考》

洪武二年十二月，賑應天、蘇、松諸府貧民。舊《通志》

三年六月，賑蘇、松飢民。《明典彙》

八年，免蘇、松旱租。鄭曉《吾學編》

九年七月，蘇、松大水，免其田租。十二月，賑江南饑。鄭曉《吾學編》

十一年五月，蘇、松水災，蠲免歷年逋賦，遣使行賑飢民。舊《通志》

成祖永樂元年，詔以蘇、松水，田量免今年租税。《明典彙》

二年，定蘇、松等府水淹去處給米則例：每大口米一斗，六歲至十四歲六升，五歲以下不與。每户有大口十口以上者，止與一石。其不係全災内有缺食者，原定借米則例：一口借米一斗，二口至五口二斗，六口至八口三斗，九口至十口以上者四斗，候秋成抵斗還官。《續文獻通考》

六月，賑濟蘇、湖。鄭曉《吾學編》十一月，從户部奏請，蠲蘇、松糧租有差。舊《通志》

三年，賑江東飢民。《明政統宗》

四年，賑蘇、松等府復業民户。舊《通志》

七年，發廪賑貸潁州缺食軍民。《明政統宗》

八年正月，詔以揚州、淮安、鳳陽軍民疾苦，免其被災田租。《明典彙》七月，命户部賑安慶、徽州、鎮江等郡飢民。《明政統宗》

十年，邳州水災，命御史往賑之。《明典彙》

十一年，徐州水災，民乏食，發廪賑之。《明典彙》

十二年，蠲蘇、松五府水災田租。舊《通志》

宣宗宣德元年，遣官覆視蘇、松諸府災傷，蠲其税。舊《通志》

八月，巡撫周忱奏置蘇、松等府濟農水次等倉，以備賑恤。《續文獻通考》

七年，詔蠲蘇、松水災田畝租税。舊《通志》

八年，以濟農倉米賑濟蘇、松飢民。《明通紀》

九年，江南大旱，令諸郡大發濟農倉以賑貸之。《明通紀》

英宗正統二年，淮、揚地方被災，敕巡撫按視給貸。《明政統宗》

九年，令揚州府江潮泛漲，淹死人民，量給鈔收瘞。《續文獻通考》

十年，蠲免蘇、松、常、鎮等十四府州縣九年水災無徵糧米，共四十萬餘石。舊《通志》

十三年，賑鳳陽等處飢民。《明政統宗》

景皇帝景泰二年，廬、鳳、徐、淮諸郡大饑，發廣運倉賑濟。《明典彙》

三年，賑濟徐州飢民。《明典彙》

四年，鳳陽等處大水，蠲免本年稅糧。《明典彙》　山東、河南、江北、直隸、徐州等處災傷，令所在問刑衙門，責有力囚犯於缺糧州縣倉納米賑濟：雜犯、死罪六十石，流徒三年四十石，徒二年半三十五石，徒二年三十石，徒一年半二十五石，徒一年二十石，杖罪每一十一石，笞罪每一十五斗。《續文獻通考》

英宗天順四年秋，江南、北大水，免徵被災州縣糧草有差。《明典彙》

憲宗成化元年，敕南直隸撫按官賑濟飢民。《明政統宗》

二年，江淮旱饑，命副都御史往賑恤之。鄭曉《吾學編》

七年，以水災免鳳陽府泗州、天長、盱眙、宿州，徐州、蕭、沛、碭、豐諸縣夏稅。《明政統宗》

十三年，以南直諸府州水災民飢，遣使賑濟。《明典彙》

十八年，南畿饑，命户部糶常平倉濟之。《明政統宗》

十九年，奏准鳳陽等府被災，秋田糧以十分爲率，減免三分；其餘七分除存留外，起運者照江南折銀則例，每石徵銀二錢五分。《續文獻通考》

孝宗弘治五年二月，詔以水災，免蘇、松等府衛糧草子粒有差。十一月，免應天、蘇、松、常、鎮、太平、寧國七府弘治四年夏税秋糧。舊《通志》

七年，江南水災，准以存留折銀二十萬兩，兑軍米三十萬石，分賑各屬。《明典彙》

八年五月，以水災免應天、蘇、松、常、鎮等府弘治七年糧草子粒有差。又免本年夏麥十之三。

十一月，以滸墅關今年秋、冬二季并明年春、夏二季課税銀，留賑蘇、松、常、鎮四府飢民。舊《通志》

十六年，命南工部侍郎賑濟江淮。《明典彙》

十七年，議准蘇、松災傷，改折起運糧米。《明會典》

武宗正德元年，鳳陽等府大水，令巡撫加意賑恤。《明典彙》

三年五月，南兵部尚書言留都地方災傷最甚，遣官賑濟。《明典彙》十二月，以蘇、松等府旱災，令無災處所免軍米及兩京俸糧，共折五十萬石，省其耗費，以補災傷地方起運之數。舊《通志》

四年，丹陽、金壇二縣大饑，撥蘇、常二府米穀賑之。《明典彙》

五年，以蘇、松、常三府水災，凡起運税糧俱量改折；各衛所屯田子粒，并視災之輕重蠲免。舊

《通志》

七年，以旱災，免蘇、松、常、鎮四府秋糧有差。舊《通志》

十三年，淮、徐等處歲饑，截漕運粟數萬石，并益以倉儲賑濟。《明典彙》

十四年，以蘇、松、常、鎮等府水災，蠲免夏税有差。舊《通志》

十六年，鳳陽巡撫奏稱：淮、徐連歲災傷，特以淮、揚二鈔關船料銀十五萬兩，并發太倉銀三萬兩賑之。《明典彙》

世宗嘉靖元年，南京江水泛溢，遣官巡視賑恤。《明通紀》

二年，應天、蘇、松、淮、揚、徽、池等郡，徐、滁等州大旱，特留蘇、松折兑銀兩，折鹽價，蘇、常粳白米，滸墅關鈔課，應天府缺官皂薪、贖鍰等金，并發太倉銀二十萬兩，折漕米九十萬石賑之。《明典彙》

三年，南畿諸郡大饑，令户部侍郎督賑江淮。又發帑金十五萬，分賑淮、鳳二府。《明典彙》

五年，令鳳陽等處被災州縣税糧照例除免，應解物料暫且停徵；兩廣鹽價留四萬兩接濟應用。《續文獻通考》

七年，以蘇、松被災，蠲免全税。發太倉庫銀一百萬兩，抵補起存錢糧，餘行賑濟。舊《通志》

八年，令撫按曉諭積糧之家，量其所積多寡，以禮勸借。若有仗義出穀二十石、銀二十兩者，給與冠帶；三十石、三十兩者，授正九品散官；四十石、四十兩者，正八品；五十石、五十兩者，正七品。俱免雜泛差役。出至五百石、五百兩者，除給與冠帶外，有司仍於本家竪立牌坊，以彰尚義。

又題准：災傷地方，軍民人等有能收養小兒者，每名日給米一升；埋屍一軀者，給銀四分。鄰近州縣，不得閉糴。又題准：各災傷地方守巡官查審流民，大口給穀二三斗，小口一二斗，令各速還原籍。《續文獻通考》

三十二年秋，議准：徐、淮水災，減免有田有户之人應納税糧五萬石。其見在淮、徐兩倉米麥，專給與無田無户之人。或不敷，將淮、徐附近府州縣該起運兑改，及各處見運到淮漕糧内，照數截撥補給。《續文獻通考》

三十三年，題准：淮、鳳災傷，將未完改兑糧，待麥熟後止徵折色。《明會典》

又議准：漕運本色十分爲率，七分徵運，三分折徵。每正兑米一石，連蓆耗徵銀七錢，改兑米一石，連蓆耗徵銀六錢。《續文獻通考》

蘇、松等府兵荒相繼，盡蠲本年存留錢糧改折起運之半。舊《通志》

三十八年，兩淮三十場分災傷異常，令支庫貯挑河銀兩，酌量賑濟。《明典彙》

四十年，以蘇、松等府水災，改折起運糧米停徵。宗人府米折、京庫折、草布絹等銀，仍留關税與各府引價事例銀賑濟。舊《通志》

四十三年，議准：淮、揚、徐州災傷，改折嘉靖四十四年應運四十三年分兑運，改兑秋糧。淮安所屬邳州、海州、鹽城、山陽、睢寧五州縣，各准三分；安東、贛榆、沭陽、宿遷、桃源、清河六縣，及徐州所屬蕭縣，各准五分；徐州并碭山、沛縣、豐縣，及揚州府所屬興化縣，各准六分。《續文獻通考》

四十五年，淮、徐饑，命巡鹽御史以修河道銀賑之。《明政統宗》

穆宗隆慶三年八月，以江南北各府災傷，命查蘆洲課銀，自嘉靖二十一年至四十三年逋負者，悉蠲之。

九月，詔：南直隸太倉州，崇明、靖江、嘉定、溧陽、吴江、高淳、六合、長洲、丹徒等縣，改折漕糧有差；無漕糧者，停徵租一年。

十月，免徵鳳陽、淮安、揚州三府及徐州鐵麻料價銀一年。

十一月，詔減廬、鳳、淮、揚四府，徐、滁、和三州軍餉銀三萬一千餘兩，并免鳳陽府民壯銀八千餘兩。又將四府三州帶徵積逋銀錢，俱行停免。又詔免應天等府今年蘆課之半。又蘇州、松江、常州三府，改折額解禄米倉糧一年①。

十二月，又改折松江府華亭、上海二縣漕糧十之五，存留蠲免亦如之。又免淮安府、徐州、高郵州、寶應縣歲徵追捕民壯軍餉三萬四千餘兩。又詔留兩淮鹽課銀二萬兩，淮、揚船銀三季，以賑飢民。《續文獻通考》

四年二月，以水災，免直隸廬州府屬霍山、舒城、六安三州縣秋糧有差。《續文獻通考》

五年四月，以直隸淮安府所屬州縣災傷，詔停徵積逋馬價。

① 「一年」，《四庫》本作「二年」。

九月，以南直隸銅陵等縣水災，詔許改折起運漕糧，及蠲免存留有差。

十月，以水災，命蠲南京錦衣等衛所，及直隸揚州等衛所屯糧有差。又以徐、淮等處災傷，許改折蠲免各項錢糧有差，仍令有司賑濟如例。《續文獻通考》

神宗萬（歷）〔曆〕九年，江北淮、鳳及江南蘇、松等府災傷，著動支各該州縣庫銀倉穀賑濟。《明通紀》

十六年，吴中大荒，發太僕寺馬價及南京户部銀兩賑濟。舊《通志》

十七年，因災免淮、鳳各府本年起運倉麥米十之五，又南糧水兑十之三。舊《通志》

二十二年三月，以徐、淮等處去歲水災，遣使以兩宫及中宫銀五萬五百兩賑濟。又覽給事中楊東明《飢民圖》，命部臣議可蠲可賑者以聞。户部條上，以漕糧十五萬平糴江北。《續文獻通考》

二十九年十一月，户部覆：直隸巡按何熊祥題：蘇、松水災異常，乞將嘉定縣永折漕糧，姑准減折一年，毋分正改，每石折徵銀五錢，以後仍照原題起解。被災十分江陰一縣，被災九分以上太倉州、吴江、昆山、武進、江陰、宜興、金壇七縣本年漕糧，俱准改折七分，仍徵本色三分。被災八分以上長洲、吴縣、常熟、華亭、上海、青浦、無錫、丹徒、丹陽九縣，俱准改折五分，仍徵本色五分。其改折之數，不分正改，照例每石折銀五錢。連席板、耗脚、輕齎在内，每同本色齊徵。其改折項下，運軍月糧亦准扣數免編。及查靖江縣被災雖止七分以上，姑念疲邑，准將該年應解南京光禄寺白糧，每石折銀八錢，四門倉糙米每石折銀六錢，與别縣本色一同徵解南京户部。其正徵、帶徵、金花銀兩等項，

已經差官守催速令追完解進。及南京各衛倉米，已經題准改折，毋容別議。奉旨：「是」。《續文獻通考》

三十六年，蘇、松、常、鎮四府水災，詔留稅銀五萬兩賑濟。《明通紀》

熹宗天啓四年七月，賑恤江南水旱災民。十月，改折江南漕糧。《明通紀》

七年，蘇、松、常大水，免本年起存額賦有差。舊《通志》

懷宗崇（正）〔禎〕十四年，大旱，詔蘇、松等府漕水改兑麥折三分。舊《通志》

附　《續文獻通考・賑貸群議》：

一議儲蓄。自《大學》生財有道之外，惟積穀可以備凶荒、賑饑惄，而民不至於流移。如漢大司農中丞耿壽昌，奏設常平倉，以給北邊省轉漕，賜爵關内侯。唐開成元年，户部奏請：公私田畝，別納粟一升，添置義倉。從之。又宋淳熙八年，浙東提舉朱熹言：乾道四年間，建民艱食，熹請於府，得常平米六百石，請本鄉土居朝奉郎劉如愚共任賑貸。夏受粟於倉，冬則加二計息以償，自後逐年斂散。或遇少歉，即蠲其息之半，大饑即盡蠲之。凡十四年，得息米造成倉廒，及以原數六百石還府。見管米三千一百石，以爲社倉。不復收息，每石止收耗米三升。故一鄉四五十里内，雖遇凶年，人不缺食。請以是行於司倉。

我朝正統六年，置預備倉，民有飢窘，即時驗實賑濟。如遇豐年，仍依例支給官銀，收糴備用。嘉靖六年，詔各撫按司道督責有司，照見行事例，設法多積穀米，以備饑荒。仍倣古平糴法，春放支以賑貧民，秋成抵斗還，官不取息。如見在米穀數少，各將貯庫銀並問過抵贖銀，趁秋成委的當官糴買。此時估量添二三文，庶來者輻輳，易於收積。府以一萬石，州以四五千石，縣以二三千石爲率，明立簿籍稽查。如遇荒年，減價糶與貧民。

按以上數條，實積儲良法。近來有司率以簡訟爲德政，而抵贖之入，縱不別費，亦無幾何。今倣朱子社倉法，有司遇年豐時，查各集鎮鄉村，大處置一社倉，勸諭本處得過鄉民輸借，或三五石，十石、二十石，不拘多少，俱聽其願，不許逼迫。每倉以百爲率，不及則以官錢買補之。遇春間民缺食，聽本處民借用登簿。秋償每石加息穀三斗。放收委之鄉約保正，看守責之甲長鄉夫。待三四年後，所積息穀過其本者，仍將原勸借穀石，照數退還。各主如不願領者，以出穀多寡行賞，或以「尚義」匾其門。此正所謂以取於民者還以予民，不費之惠，莫過於此。

二議停蠲。蓋歲值大祲，公私俱病，惟停蠲則民雖厄於無所入，猶幸於無所出。我朝永樂十九年，詔自十七年以前各處逋欠税糧、程課、鹽課、馬草等項，及十八年被水地税糧，悉與蠲免。宣德八年，兩直隸、河南、山東、山西凡被災地方，自七年以前逋欠夏秋糧、户口鹽糧，及官軍屯糧子粒，詔皆停徵，其逋欠各項及今夏、秋税糧，盡數蠲免。嘉靖十六年，被災地方應免錢糧，已徵者准作本户下年該納之數，未徵者照例蠲免。何者？民間殷實户間有積聚，尚堪補一家食指，並宗族親鄰枵腹稱貸者。惟常税不蠲，其素藏遺粒，悉供輸納，冀免鞭敲。而貧民既稱貸無賨，又徵求不已，富者不至於貧，貧者不至於流亡不已也。

惟急議停蠲，則爲仁政所當先者。奈何二三有司，或拘泥常限，預期徵之。或恐完數不及，碍其遷轉，停蠲之旨方下，而税糧數計已完。賢者則議抵補下年，不肖者扣入私囊，竟使朝廷恩澤，徒爲紙上虚文。民轉展溝壑，嘯聚爲盗，咎將誰職？凡遇水旱災傷，有司速行踏勘，申請奏聞，速議停蠲。庶聖澤不辜，民沾實惠矣。

三議賑濟。粤稽漢文元鼎二年，江南水潦，遣博士等官循行，告災所屬①無令重困，吏民有捄賑飢民、免其厄者，具以名聞。宋太平興國八年，以粟四萬石賑同州饑。咸平三年，出粟十萬石賑兩浙貧民。我朝嘉靖三十四年歲祲，詔發内帑銀三萬兩賑濟飢民。蓋賑濟所以賙窮民無告者。若稍得過之家，雖遇大祲無收，猶能稱貸富室，或百計求活，不至流亡。惟無告窮民，生借無路，坐以待斃。

賙之期宜急，賙之法宜均。必須藉仁明掌印官，親自臨地清查，臨倉調停。給散不使有遺，吏胥不致漁獵，定期赴領隨給，不得擔延等候。萬一荒村遠域，用舟車載至其地散之，庶枵腹之民不致斃之倉下，仆之中途矣。不然，雖空竭倉廩，而嗷嗷者卒未免爲溝中之瘠也，惡在其爲民父母乎？

① 「屬」，《四庫》本作「民」。

四議撫恤。宋天聖七年閏二月，詔河北轉運司：契丹流民，其令分送唐、鄧、襄、汝州，以閒田處之。仍令所過，人給米二升。初，河北轉運司言：契丹大饑，民流過界河。上謂輔臣曰：「雖境外之民，皆朕之赤子，可賑救之」。國朝洪武七年，詔：各處人民，流移願歸，或身死抛下老幼，還者聽從其便。鰥寡篤疾之人，貧難存活者，有司勘實，官給衣糧養贍。宣德五年，各處百姓因饑逃移者，行布按州郡招諭復業。仍善加撫恤，免其户下税糧雜差。

蓋民以水旱災傷，生活無計，差税無辦。倘遇賢有司，多方賙濟，設法撫綏，緩其賦役，寬其逋負，貸其種子，靖其寇盜，葺其室廬，尚堪存活，不至流竄。萬一他邑流移，至我疆界，須念呻吟愁怨，上干天和，驅逼嘯聚，類致揭木。要必撼摇觀望，禁諭有術；號呼逃竄，招撫有方；僑寓寄食，館穀有備；仆僵骼骸，瘞葬有道；擲妻捐子，録育有宜。不願復業，許令附籍。思返故鄉，資給路費。此皆仁人君子忠厚存心，亦弭盜睦鄰之大義也。

五議平糴。古稱商賈之事，可通於官府。蓋握權奇，時通塞，銖較而寸權之，亦救荒權宜之一策也。大都年凶穀貴，小民病之。若發官廩，減價出糶，而四方巨儈販運穀米，一時輳集，其價自平矣。

我朝周忱巡撫直隸，初至，蘇、松屬大饑，穀貴。忱廉得江浙、湖廣大稔，令人橐金至其地，故抑其直勿糴，且給言吴中米價高甚。用是三省大賈，販米數百艘集吴中。忱乃下令，盡發官廩貸民，半收其值，城中米價驟減。各賈進退兩難，只得賤糶。忱復椎牛釃酒謝之，各賈悉大歡而去。米價既平，乃復官糴以實廩。蓋昔耿壽昌之法，穀賤增價而糴，穀貴減價而糶。忱蓋祖其法而善用之者。

但減不可太減，增不可過增。使不越原值，庶官廩不竭，而惠可繼矣。然所以佐平糶者，又在無遏糴，俾商販諒我之公，凡道經我境者，俱運米而來。又在無抑價，俾商販聞風，價值倍常，自將輻輳而至。慎斯術也，復何患米價不漸平，而嗷嗷者不甦之生哉！

六議發倉。夫近來令甲，有司殿最在積穀多寡。要知所積之穀，雖民所輸，而非民之藏。雖君所儲，而非君之利。蓋專爲備荒計耳。若歲荒，穀價騰湧，民嗷嗷待哺，命在旦夕，司民牧者更不必拘泥待報之常期，即宜發粟救濟，年終彙報。以朝廷所蓄，活朝廷赤子，誰曰不可？

宋李允元通判寧州，會歲饑，發倉粟數萬賑之，民得不流徙。夏寅以吴中饑，投書撫臺，發廩二十萬斛，糴十萬石，三吴民，奏發倉粟三十餘萬石，民賴以濟。國朝夏原吉奉命往撫三吴饑賴以全活。以上三公，皆不拘待報之常，而發倉行賑，可爲後世法。倘慮其散之易，斂之難，必待報聞而後發，則枵腹之民不爲溝中瘠者鮮矣。

七議倡義。蓋富民，國之衛也，民之依也。所謂藏富於民者，藏之此矣。《記》曰：「富則仁義附焉。」夫好義之心，人孰無之？要在上之人陽激而陰率之，則倜儻之士將浮慕焉，而雖嗇夫亦捐千金如敝蓰矣。

宋程珦知沛縣，會久雨，平原出水，穀既不登，晚種不入。珦計可耕而種時已過矣，乃募富室，得豆數千石以貸民，使布之。水未盡涸，而甲已露矣，是年遂不艱食。陳堯佐知壽州，歲大饑，公自出米爲糜，以食餓者。吏民遂争出米，活數萬人。公曰：「以令率人，不若身先而使其從之樂也。」趙閲道知趙州，歲大歉，公集富民，誘以賑濟之義。自解腰間金帶置庭下，於是施者雲集，全活十數萬人。我朝何喬新奉命賑晋中，請發内帑，并淮鹽銀數萬兩，勸貸富室，得粟數十萬石，活三萬人，招回復業者十四萬人，附籍者六萬餘户。凡此皆以百姓之財，救百姓之死。倡導鼓舞之機，惟豪傑默運之已耳。

八議煮粥。蓋凶荒①人民流徙，飢餒疾病，扶老挈幼，驅之不前，緩之則斃。資之錢幣，則價湧而難糴。散之菽粟，則廩歉人衆而難遍。惟煮粥庶可救燃眉。宋程頤謂，救飢者使之免死而已，非欲其豐肥也。當擇寬廣之處，宿戒使辰入，至巳則闔门不納。午而後與之食，申而出之。日得一食，則不死矣。其力自能營一食者，皆不來矣。比之不擇而與者，當活數倍之多也。

凡濟飢當分兩處。擇羸弱者作稀粥，早晚兩給，勿使至飽。俟氣稍完，然後一給。第一先營寬廣居處，切不得令相枕藉。作粥須官自嘗，恐生及入石灰也。我朝萬(歷)〔曆〕十四年，河南彰德府飢，巡撫衷公議發賑餘米數千石，及該府庫置銀若干，於豐穰處糴米。隨在委官煮粥，日一餐，人給三碗。明年，復行開封等州縣如彰德，所全活不可勝計。

① 「荒」，《四庫》本作「年」。

大都煮粥雖救荒下策，然舉行固自有法。蓋處之宜廣不宜隘，舉之宜同不宜異，令行宜嚴不宜寬，食之口宜散不宜聚，授之餐宜遍不宜頻。是在賢守令善行之而已。

九議給粟。蓋凶年行賑，給之錢，類費而鮮實。鋪之粥，或聚而難散。惟出公廩之餘，藉富室之蓄，計口給粟，人不過升合，家不過斗釜，庶幾乎拯溺救焚之一策也。

昔趙抃知越州，令吏録老稚不能自食者二萬一千九百餘人。故事，歲廩窮人止三千石。抃勸富人及僧道食羨者，得粟四萬八千餘石。自十月朔起，人日受一升，幼小者半之。市郊各置給粟所，共五十七處。受粟者男女異地，各以便受之。且戒富人勿閉糴。又出官粟五萬餘，平其價糴之。爲糴粟所十有八處，以便糴者。又傭民修城，爲工者三萬八千，計工倍與粟。棄男女者，得收養之。全活甚衆。蘇次恭爲澧州，開賑患劄記不公，給印（歷）〔曆〕一本，用紙半幅，上自書家大人若干、小兒若干，合請米若干，榜於門。如虛，首出甘罪。又請米分幾人爲隊，用旗引。卯時一刻，給第一隊，二、三刻及辰、巳如之。即老幼、婦女、病弱，悉得均糴。萬（歷）〔曆〕十五年，中州饑，時東巡撫貞吉至其地，見河北諸郡及他省流寓者甚衆，因命所司查勘，每大口給粟二斗，小口五升，活二萬餘人。願回籍者，計程人給粟日二升。又移檄本郡邑，計口賑之。有地者量給種，一時復業者三千餘口。以上三公，皆得給粟良法。舉而行之，存乎其人而已。

十議權宜。蓋飢民嗷嗷待餔，命在旦夕。救荒如救焚，非大豪傑權宜從事，曷克有濟哉？

昔汲黯奉命按河内，適見貧人傷水旱萬餘家，至有父子相食者。因以便宜，矯詔開賑，歸請加罪，武帝賢而釋之。范仲淹守杭，值歲大祲，縱民競渡，日出宴湖上。自春至夏，富民空巷出遊。又詔僧修寺，及新倉廒、吏舍，日役千夫。監司劾其不恤荒嬉遊，公乃條叙所以，皆欲發有餘之財，以惠無者。是歲，兩浙惟杭無流民。范堯夫知慶州，飢殍滿路，官廩盡空。公議發常平封(椿)〔椿〕①粟麥濟之，州邑欲俟奏請後發，公曰：「人七日不食死，可待報乎？吾寧獨坐罪，不累若等！」遂發粟。國朝韓文綰南樞，歲凶，餓殍相枕藉。公移洛户部，預支官軍三月俸糧。度支以未得命爲辭，公曰：「救荒如救焚，民命在旦夕，安能忍死以待耶？即罪，吾獨當之！」遂發米六千石。以上四公，皆能便宜從事。有地方之責者，訪其意而行之，則蒼生幸甚！

① 據《四庫》本改。

江南通志卷八十四

倉貨志

蠲賑 二

國 朝

世祖章皇帝平定江南，順治二年奉旨蠲免本年税糧十分之七、兵餉十分之四；其明末無藝之徵，盡永除之。

三年，蘇松巡按趙弘文題請：奉旨本内稱：長洲等縣額糧太重，應否酌減；江南官户免役太濫，困累小民，作何限制，俱著詳察舊制，確議具奏。

四年，南中大祲，設粥賑之。

八年，蘇、松等府大水，改折秋糧十分之六。寧國等府旱災，改折秋糧三分之一。又賑濟蘇州等處飢民。

九年，江南大旱，敕督撫按視災傷，江蘇等處改折漕糧，免派耗米；安慶諸屬蠲免正賦，改折漕糧，並除耗米。安慶操撫李日芃請於隣省市米平糶，每石減價之半。

十一年，靖江海嘯，漂毀民舍，蠲免本年秋糧三分之一。

十二年，廣德等處旱災，免錢糧十分之一。

十三年，詔蠲地畝、人丁本折錢糧拖欠在民者。

十六年，江南大水，奉旨蠲免十五年以前未完錢糧。

聖祖仁皇帝康熙元年，鳳陽泗州等處被災，照分數免銀有差。

二年，鳳陽等處災傷，分數不等，蠲銀有差。

三年，松江、上海等處颶潮秋發，奉報災傷，蠲銀有差。

四年，欽奉恩赦直隸各省順治十六七八年舊欠錢糧，著照蠲免；十五年以前一體除免。

本年，蘇、松等府水災，蠲銀米、停徵有差。

七年，淮安山陽、泗州天長等州縣水災，免本年額賦十分之一。

八年，欽奉恩詔，内開：康熙元、二、三年直隸各省丁地正項錢糧，實係拖欠在民不能完納者，該督撫奏請蠲免。

九年，蘇、松、淮、揚等處大水，被災田地漕白米攤徵，仍蠲起運改折十分之三。

十年，欽奉恩詔，內開：康熙四、五、六年各省丁地正項錢糧，實係拖欠在民不能完納者，該督撫奏請蠲免。

是年，江南大旱，蠲被災田地起運正賦十分之一、二、三不等，漕糧改折外，耗贈米俱奉蠲免。

十一年五月，旱蝗，欽奉恩旨：念江南水旱頻仍，停徵九年分攤米折銀，並停徵九年以前未完錢糧。

附　靳輔《請分年帶徵疏》：

爲鳳、廬二屬連歲罹災，民不堪命，特請分年帶徵，少紓困苦，以廣皇仁事。

竊惟去秋旱蝗之災傷，無如江北爲甚。江北各屬被災之慘，又無如鳳、廬二府爲尤甚也。向經前撫臣張朝珍節據各屬申詳，當將情形繪疏入告在案。嗣緣臣銜命赴任，道經鳳屬，目擊慘傷，又經臣特請賑恤，復荷浩蕩皇仁，准動正賦銀四萬兩，分撥賑濟。臣去冬奉旨踏勘臨、靈二縣包荒，親見災黎鳩形鵠面，扶携載道，擁臣哀訴連年旱潦情狀。臣隨加撫慰，並飭令地方各官設法捐輸，各就本地建廠施賑，而流離望風歸來。自冬徂春，災民藉此活命，始得盡力農田。

今節據鳳、廬二府各州縣詳稱：奇災之後，小民謀生無計。其本年國賦萬難一例輸將，紛紛申詳分年帶徵，暫寬民力前來。臣伏讀上諭：諭户部：江南省連年水旱相仍，災傷甚重，與別省不同。若將舊欠錢糧，一併追徵，民生愈致困苦，朕心不忍。其該省以前未完錢糧，察實係拖欠在民者，著暫行停徵，俟民力稍蘇之時，再行具奏請旨。爾部即遵諭行。特諭。欽此。仰見皇上如天之仁。

從前積欠既蒙軫恤停徵，容臣查明另題外，今鳳、廬二屬極災極困，其本年額徵賦税，徒令敲吸，實難完納。臣極知事關錢糧，度支維艱，豈敢輕議？但稔知民艱，又安敢隱默，不爲上請？仰祈皇上睿鑒，敕部俯將二屬上年被災各州縣衛所，内除稍堪輸納之州縣，不敢一概請緩外，其餘如鳳屬壽、泗、鳳、臨、懷、五、定、虹、霍、天、靈十一州縣，廬屬六、合、舒、廬四州縣，并鳳陽府左、右、中、前、後、懷、長、壽、泗、洪、廬、六十三衛所本年賦税，今歲酌徵五分，儘其支給本地兵餉，以及河漕驛站等項。倘支解不敷，仍於別府州屬撥足補苴。其餘五分，酌於康熙十二、十三兩年帶徵。一通融間，在國課并無虧缺，而災民實有攸賴矣。

麻勒吉《報明江寧流移飢民疏》：

爲報明江寧省城流移饑民甚衆，仰體洪仁，勸輸賑粥，以恤災黎事。

竊惟江南地方災荒，荷蒙皇上屢次蠲賑，飢黎得以保全。淮、揚各屬，見蒙俞允捐輸事例，其捐到銀兩陸續發賑鳳陽各屬，先蒙皇恩大賑。安慶府屬，先經題准倉穀發賑。廬州府屬，查有存貯捐納米石，撫臣靳輔見會疏題請。

惟江寧省城兩年災傷，雖未合蠲免之例，而收獲實寡。人稠米貴，多不聊生。既無存貯款項，又不敢以淮、揚捐輸之銀，分濟于不成災地方。臣目擊饑民情形，隨與司道府官酌議，設廠賑粥，勉力捐輸。並勸紳士商民，共襄善事。分設三廠，自十二月初旬煮粥開賑。凡捐到銀米，登記印簿。臣與司道府官，不時到廠驗視。每廠饑民，日有二三萬人。每日用米，二三百石不等。約至四月中旬，始可停止。凡尚義捐助者，臣多方獎勉，自可源源接賑。

至如府屬六合等縣，滁屬來安，鎮屬丹陽，寧屬宣城、太平，見在設廠賑粥；池州、廣德，俱報煮粥給賑。臣均行獎勉，發示勸諭捐輸。至鳳屬鳳、臨、天、定四縣，被災尤甚，雖當大賑之後，臣仍與府道官多方捐措煮粥，其使災黎，咸獲存濟。

伏念皇上軫恤民瘼，睿懷殷切，爲臣子者推廣洪仁，隨宜設賑，自是職分當然，本不敢煩瀆宸聰。但官紳士民，尚義樂施，其捐助數少者，臣自酌行獎勵，倘有捐輸及額者，若不獲邀恩典，則無以示鼓勸。容臣賑畢之日，查明題叙。合先題明，伏乞皇上睿鑒施行。

王弘祚《江南賑饑記》：

粤稽三代而上，有荒歲而無荒民。堯、湯水旱，民鮮孑遺之嗟。其時主聖臣良，視民猶子，補救備至，故天不能爲之災。繼至《周禮》，荒政十二，補救極其詳盡。然行之後世者，惟「散利」

「薄徵」最切。夫散利即今之賑，薄徵即今之蠲，二者皆善政也。若通行於官民間，以推廣德義，莫亟於賑之一法也。

我皇上御極以來，如天好生，加惠元元。每聞四方水旱災傷，倍廑宵旰。庚戌歲淮、揚大祲，流莩載道，時督撫諸公繪圖以奏。皇上惻然軫念，詔發帑金廩粟，遣大臣會賑。辛亥大旱，復遣大臣，截漕開賑。嗣鳳屬旱蝗特甚，又加賑焉。匪惟蠲租緩徵而已，且允督撫麻公之請。聖主賢臣，所以克全此災黎者，亦既周且渥矣。

獨是江寧，省會之地，五方錯處，米價湧貴。加以遠近饑民，趨省丐食，絡繹不絶，遂至價益倍增，會城貧窶，皆成載道饑夫。時事之可憂，寧僅人滿已耶？幸際麻公駐鎮兩江，其善政及人，更僕莫數。大要以朝廷愛民之心爲心，遘兹嗁饑慘目，請蠲既格，乞賑嫌數瀆，毅然倡議賑粥。有以費大難繼之説進者矣，公弗顧，惄如調饑之在躬，而不能一刻緩也。採輿論稱善士者敦禮之，授以方略，俾董賑事。一切薪米之資，先爲措給。懸示勸輸①，仁言諄懇。

維一時諸公，憂患同心，分猷襄事。或罄捐積俸，或易質裘馬，或多方勸諭，竭蹶急公，勇義若渴。爰訂十二月朔，設一粥廠於城南之報恩寺，設一粥廠於城内之神廟。始就食者各以數千計，日漸至二三萬，因亟移城内一廠於城東之觀音閣，增一廠於城北之静海寺。三廠日計口數

① 「輸」，《四庫》本作「諭」。

萬人，日需米數百石，登計簿籍，章章可睹。

第江南遞年水旱頻仍，人多匱乏，家鮮蓋藏，自贍不給，責捐輸於窮盡之日，蓋難言矣。乃今紳士商民，無論見義者樂輸恐後，馴至越界越疆，聞風而效壺漿之惠，且競推而爲泛舟之役也。昔韓魏公爲廣惠倉，應受米者三日一給，人一升，幼者半之。陳文惠公知壽州，遭歲大饑，公自爲粥以食餓者。吏民以公故，皆争出粟，以活數萬人。富鄭公移青州，河朔大水，民流江東，勸民出粟，得十五萬斛。益以官廩，凡活五十萬人。此皆善行其賑者也。

麻公匹休古人，受糜盈器，因人爲善。時於臨政之暇，減從輕騎，偕司府詧協，周視三廠。稽執事之勤惰，視治粥之精粗，睹稠人之授受，事益飭而民益親，慈悲佛號所由作也。藉微實有人饑己饑之至情，幾何不秦越視之，虚文應之，泛泛焉付之胥吏之手以滋弊哉？

余過從觀賑，糜汁濃膩，散給應時，男女别於途，出入循其序。董賑者奉命而各殫其勞，就食者飽德而各遵其令。聚數萬饑民於一所，卒無擁擠顛蹶之虞。聚數十萬饑民於一城，并無穿窬盜賊之患。儼若有韓、富紀律部署其間，化鳩鵠而成含哺鼓腹之氓。荒政可弭盜賊，不已陰寓於賑饑之内耶？所謂有荒歲無荒民，於今親見之，依稀三代而上之風也。

事竣，諸善士以公施賑四月有奇，日全活數百萬生靈，功德稀有，而慕義向風者亦爲近今罕見，不可以無紀。乃請余記，以垂不朽。余旅人也，蒙恩予告金陵，調攝夙疾，敬謝不文。而躬逢其會，聿觀厥成，誼不獲辭，勉爲之記，得以覽焉而有感也。

若夫巫公助賑，協力經營，則織造曹公，藩司徐公、慕公，臬司陳公，糧道王公，驛道王公，學道簡公，郡守張公，城守張公，郡佐魏公、馮公、楊公、何公、胡公，暨上、江二令也。捐輸爲士民首倡，則鄉紳佟、鄧、胡、蔡、徐、葉、黄、張諸公。分廠董賑，不憚勞悴者，報恩則沈、黄、劉、龐、諸、朱、安、楊，觀音閣則黄、龔、錢、高，静海則卞、姜、萬、羅也，例得備書。

是年，江寧各屬秋災，蠲銀有差。安徽各屬發粟，按籍分賑。

十二年，揚州各屬大水，凡全淹田地正賦漕糧漕項，概行蠲免。

又奉旨：水淹田地但有涸者，效墾荒例，三年後起徵。以後凡涸出田地，亦准三年起徵。

四月十二日，諭户部：江南蘇、松、常、鎮、淮、揚六府，連年災荒，民生困苦，與别處不同。朕心時切軫念，除今年錢糧已經派撥兵餉外，其六府康熙十三年地丁正項錢糧，特行蠲免一半，以昭朕存恤災黎至意。爾部即將應蠲免數目察明，確議具奏。特諭。

十三年，鳳陽泗州，揚州高郵、泰州、寶應，滁州等處被災，蠲免地丁銀兩、漕米、鳳米、月糧米等有差。興化等縣積水淹田，正賦漕糧俱免。

十四年，鳳陽泗州，揚州高郵、泰州、寶應等處被災，蠲銀有差，興化縣正賦、漕糧俱免。

十五年，揚州高郵等處水災，蠲免銀兩有差，興化全免。

十六年，蠲免同前。

十七年，江南各屬水災，蠲停地丁、漕項銀兩有差。滁州全椒等處旱、蝗，奉旨蠲免正賦十分之三。

又蘇、常等處俱動支正項錢糧，買米賑濟。

十八年正月，發帑令江蘇撫臣等親行督賑。

是年三月至八月不雨，奉旨：江南財賦繁多，舊欠無徵錢糧如再行徵比，恐累小民。其十年、十一年、十二年錢糧，俱著蠲免；其十三、十四、十五、十六年錢糧，俱自十九年起，分年帶徵，以舒民力。著該撫通行曉諭，務令均沾實惠，以副朕愛養斯民至意。該部知道。

又奉旨：九分、十分荒者，免本年稅銀十分之四；七分荒者，免十分之三；五、六分荒者，免十分之二。

高郵等處水災，蠲停正賦銀兩。

又奉旨：各屬災田，漕米緩至來年帶徵。于緩徵米内，半徵漕米，半徵漕麥，不拘米色，紅、白、粳、籼並納。

又奉旨：鳳陽地方水旱，准動鳳倉米二萬石，并積穀二千石賑濟。又借正帑銀三萬兩接賑。

又鳳、廬、滁三屬，照被災分數蠲銀有差，漕糧改折外耗贈米俱奉蠲免。

附　徐國相《題請改折疏》：

去秋亢旱，臣屬地方在在罹災。而罹災特重者，又以鳳、滁二屬爲最。荷蒙皇上洪慈，允蠲正賦，復准借動倉糧正項，命臣多方賑恤，災黎始得苟延殘喘，盡力農田。然災傷之後，十室九空，必得今歲秋成豐稔，庶幾積困稍甦。

乃自季夏以來，又復兩月不雨，阡畝如焚。兼之蝗蝻肆害，野無遺草，民不堪命。其鳳、廬、安、滁、和等府州縣衛，被災慘苦情形，業經臣繪疏入告，見在勘取分數、册結另題請蠲外，今據安徽布政司布政使龔佳育，會同江安督糧道副使章欽文，詳請改折緣由到臣。

據此，該臣看得：漕糧額供天庾，以充官俸軍糈，雖遇災不准蠲免。而改折向有定例，蓋稻穀出于田畝，必須西成豐稔，始得有米完漕也。臣屬地方，素稱荒瘠。不意上年罹災之後，今歲鳳、廬、安、滁、和等處，亢暘不雨，禾苗盡枯。兼以蝗蝻雲集，西成絶望。據各州縣衛申報災傷情形，業已具疏入告。而各屬士民，又以糧米産於田畝，今遍地罹災，漕米採買無出，紛紛赴臣衙門，匍匐呼號，不一而足。并據各府州縣官申詳，民間日食不週，漕米委係無從辦納，情詞甚爲迫切。臣經批行藩司，會同糧道確查。

今據該司道會同酌議，請循照康熙十年之例，將漕糧正米改折徵銀，蠲豁耗贈，并鳳倉存留米石以麥粟代解，通融支結前來。臣查上年被災鳳、廬、安三屬漕糧，經臣題請改折，部覆以江、浙二省已折五十四萬餘石，恐京城不敷支用，未經准行。臣念天庾重務，不敢再爲瀆請，隨一面嚴督道府有司，設法催辦，曉諭民間，措銀赴外郡採買交兑。并經題明寬限兩個月，始得陸續買兑完竣。其間措處之苦，搬運之艱，小民已力竭髓枯。

然一年偶遇之災，尚可勉力拮据。今歲災後逢災，不特本處田禾枯槁無收，鄰郡亦同被旱荒，米價日昂，商賈不至，採買無從。其慘苦情形，比之上年更甚。見今災民嗷嗷，餬口莫措。若將漕糧仍徵本色，即使日事敲追，此輩計窮力竭，徒然迫之逃亡，終於國儲無益。

遡查漕糧遇災改折，歷有成例。於康熙九年，蘇、松、嘉、湖水災，前任江寧撫臣馬祜①、浙江撫臣范承謨題准改折漕糧。而臣屬康熙十年鳳、廬、安三府旱荒，亦經前撫臣靳輔題准，漕糧改折徵銀，倉糧以麥粟代解。況今歲鳳、廬、安、滁、和各府州，當上年災祲之後，較比康熙九年之蘇、松、嘉、湖，十年之鳳、廬、安初被一年荒災者，其慘苦實相倍蓰。若慮改折京倉不敷，查上年河臣靳輔題留漕糧二十萬石，以濟河工夫食，仍於十八年改折米内，照數補徵本色。是今年兑運之米，較上年額數，又增二十萬石矣。既增二十萬，而止減七萬，似無不敷之處，即此請折之七萬餘石，來年秋成豐稔，亦可於十九年改折數内補徵。遞年通融，原不虧起運京倉之額。

臣身任地方，目擊民艱，不得不仰懇聖慈俯鑒安、鳳、廬等屬連歲罹災，民不堪命，本色漕米實實無出。將鳳屬壽、宿、潁、亳、懷、定、五、虹、蒙、霍、盱、天、靈、潁上、太和十五州縣，廬屬六、

① 「祜」，《四庫》本作「祐」。

合、舒、廬、巢、英、霍七州縣，安屬懷、桐、潛、太、宿、望六縣，康熙十九年起運、十八年分漕糧，准照康熙十年之例，正米盡數改折； 其給軍耗贈濕潤等米并贈銀，概予豁免。 内有英山一縣，漕米向係《全書》額編銀兩買兑，竟將原銀起解，隨漕行月一併改折。 至鳳屬之泗、鳳、臨三州縣，并滁、全、來、和、含五州縣，原無漕米，所有額解倉糧漕項，并有漕各州縣倉糧，俱請以麥粟代解。 則一轉移間，不惟正供并無虧損，而災黎得免遠方購買盤剥之費。 且小民少辦此數萬之漕糈，在米價不致湧貴，即可寬餘力以購買日食，其於地方民生利賴非淺矣。

再，照折漕價值，見今部定粳米每石九錢，粟米每石七錢。 據司道會議，咸稱因災改折原以恤民，議價必須少抑，庶有益於民，詳請酌損。 但值需餉之際，臣不敢議減，應仍照見今折漕之價折徵者也。

十九年，淮、揚、蘇、松、常、鎮等處大水，奉旨蠲免被災田畝錢糧十分之三，緩徵本年被災田漕米于二十年分帶徵。

附　慕天顔《請賑疏》：

爲恭請酌賑極災饑民，以廣洪仁事。

據江蘇布政司布政使丁思孔呈詳前事等情到臣。 據此該臣看得： 救災設賑，原屬不得已之請。我皇上視民如傷，惟恐一夫不獲，凡有上聞，必蒙俞允，全活之衆，既頌仁恩浩蕩，而臣等撫此殘黎，謂既賑之後，可幸享有豐年，上慰九重宵旰，下慶四野含哺。

乃不意江南連年水旱，民愈窮而災愈甚。是皆臣等撫綏無術，莫能召感休祥，以致小民困阨。所以每一請蠲，每一請賑，惟有跼蹐悚惶，竊慮天恩之難再，臣罪之益深耳。如今年春賑饑，動帑數十萬，雖現在開例收補，而尚未捐足。夏、秋水淹地方，又多饑黎絶食。倘可設法全濟，曷敢上廑宸衷？惟是臣細加察訪，現在被災各屬人民，實有嚴冬無完衣蔽體者，亦有累日而炊烟常斷者，又有廬壞而乞食飄零者、疫歿而父子待斃者。蓋因旱荒之后，繼以洪水，積苦至今，謀生無路。官役催呼在門，老幼哀號在室。江南、江北，處處有之。臣於此時，又能食下咽、卧貼席乎？念國用之殷繁，不第不能生節，更且屢祈蠲賑，臣心何忍？故自入冬以來，臣查極災極苦之處，多方捐措，稍稍賑恤，使之苟延，不致凍餓絶命。若至來春麥熟尚遥，饑饉愈迫，不得不再籲恩沛澤。

但就大江以南而論，蘇、常、鎮等屬，向係繁華之區，今城市外貌尚自可觀。而窮鄉村僻之民，饑寒交切，實堪悲閔。前憲臣勘報之災，皆係水沉顆粒無收田地。餘即一望有稻者，迨刈穫多成空粃。此等情形，臣已備陳於前疏。但江南人民衆多，一邑之男婦，幾有數十萬。食口既繁，收米實少，辦漕且萬分艱難，安能計及温飽？然問民之疾苦而周恤之，臣職分當然，臣與司道有司日夕商確。聞水鄉貧農拾取魚蝦，尚可博换升合以自存，又開春興濬白茆、孟河，亦可招徠赴工以食力。其真正無告之惸獨孤寡，則臣等竭力鼓勸，以期全活，不敢概請國帑矣。

惟大江以北地方十餘年昏墊，方起之瘡痍，復遭今歲沉淹，未有若高郵一州城鄉俱浸之最慘，及興、鹽二邑，邵伯一鄉之盡災者。此憲臣親勘時，以重災入告。今高郵舉足皆災地，滿目皆饑民。必須廣行施賑，庶得生全。而興化、鹽城全淹，待賑更切。又寶應、泰州、江都三屬，雖不比高、興、鹽之全災，而窮感亦甚，皆爲憲臣所目擊。臣時時體訪確情，行據藩司具詳前來。

查高郵、興化、鹽城、寶應、泰州五州縣，及江都之邵伯鄉，饑民遍地，旦夕莫保。臣當分委廉能官員，於康熙二十年正月初十日開賑起，至麥熟止。或按口大小，分别散給銀米。或設廠附近煮粥，令其赴食。務期因時制宜，隨地就便，不令失所。但此賑項，名口數目尚難定，而措捐萬無應濟。伏望皇上准臣先動正項，核實賑畢報銷，統候捐輸例銀還項。活此數十萬命，皆爲朝廷耕鑿之赤子，所全實多。況江北人民不比江南之多，請賑此六邑饑民，約計其數，不過如江南二大縣之衆，動帑亦屬有限，諒蒙恩允。臣刻刻以節用爲心，自不敢虚冒分毫也。

臣謹會同督臣阿席熙，河漕臣靳輔，合詞具題，伏乞睿鑒，敕部議覆施行。

二十年，揚州等處水災，蠲停正賦銀兩。

附　慕天顔《設廠賑饑疏》：

爲饑民望賑甚迫，亟請洪恩開濟事。

竊念臣屬地方，今歲夏、秋赤旱遍地，禾苗枯萎。兼以蝗蝻踵至，在在失收，真屬從來未有之奇荒。報災共有四十州縣，其餘雖有未報災傷，及勘不成災者僅十餘處，而亦皆薄收，俱非豐稔。臣業將被災情形，及委官勘實災田分數，先後會疏入告，荷蒙皇上特遣部員來南察勘。民情既已上達，災黎可望更生。見候部議，將錢糧分别蠲折，指日均沾浩蕩。

惟是目今災地窮民，饑苦已極，望賑迫切，實有刻難緩待者。農夫終歲勤動，惟冀秋成，得以資食。乃今秋困於胼胝，疲勞萬狀。當初旱之時，無不仰望雨澤之繼至，男婦老稚，悉力桔槔，尤賴麥熟所收以餬其口。迨旱既太甚，溝港斷塞，農本已罄，枵腹徒嗟。而業主又復稍給饘粥，再爲挖渠引流，多方車救。孰意滴雨不施，泉源亦竭。力田之耕民，固已束手骨立。而有田之業户，亦皆室懸罄空矣。共顧焦禾，惟相飲泣。是以交冬以來，乏食者更苦寒威，將樹皮、石屑充腸，豈能久活？臣聞見所及，處處同然，早夜圖維，亟思賑救。

臣先酌議告糴於江楚，滿望買米一到，即爲貧民療饑。不謂楚地亦遇災傷，無從購買。接閲楚撫臣咨覆，臣幾荒迷痛哭，莫知適從。差往江西採辦官員，亦據回稱，價貴艱得，尚未運到。見今本地米值日昂，且無多買之處。如上年江南被旱，今春洊饑，四方尚有客販而至。臣於彼時鼓勵官紳士庶，共相捐濟。屆正月初旬，設廠賑粥。旋蒙皇上俯允督臣會請，動帑買米給散，普救災黎。又得河臣之留漕，鹽臣之勸商，狼鎮臣之分力協捐，民遂得以有生，不至流離。

今則災後重災，委實田中顆粒無穫，外來商賈杳然，故至窮檐絶粒最早。兹欽差部員歷勘，以下江之民比上江之民，稍可存活，不在即賑之内。但臣屬江、蘇等府州縣，與上江鳳、廬地方迥不相侔。蓋鳳、廬地廣人稀，即稔熟之年，原覺村墟蕭索，一遇災而荒凉更甚。若江、蘇、常、鎮等屬，寸地片壤，皆係賦重之産。村落相联，人民稠密，雖貧家室空如洗，而外觀仍似蕃庶。臣從今春親賑之後，曾遍歷郊野，目擊疾苦情形。今日如此真饑，不即拯救，竊恐老弱空填溝壑，壯健疾貧思逞，不僅棄土逃亡也。臣受撫綏重任，敢不勰勰過慮乎？惟我皇上〔哀愍〕①飢溺斯民，特允督臣會題展開事例，廣行分賑，正遺黎再生之日。

然而賑濟之法，宜籌至當。若欲每人給米，來春饑民愈多，領者如蟻，拒之不能。一經挨户稽查，反滋冒濫，而外方乞食之人不與焉。況人支斗粟，不數日而食盡，仍復餓傷，更難爲繼。且領米於城，或分給於市鎮，遠近不等，匍匐爲艱。莫若就災地近區，多設粥廠，在道路適均之處，煮粥散食。使饑民遠不過十里，便其扶老携幼。則稍可自全者，决不蒙耻食粥，而溷濫之弊一清。所賑之民甚溥，至公至廣，而又節省者也。

再查臣屬幅幀遼闊，如淮、徐去臣所駐蘇城最遠。河漕臣靳輔以勘工，時常往來，熟悉其人

①　據宣統《江蘇通志稿·民政志·蠲賑》補。

民困苦真情。臣現在咨商河臣，就近區畫，分任賑濟。仍請皇上敕下該督，速行酌議勘賑外，如江寧一屬，應聽督臣查賑。揚州一屬，仍藉鹽臣分濟。惟蘇、常、鎮所屬長洲、吴縣、常熟、武進、無錫、江陰、宜興、丹徒、丹陽、金壇，臣已先爲勸捐米石發往各邑，飭令在城鄉各設廠五六處，公舉好義紳士、誠實耆民，董理其事。於臘月十五日爲始，煮粥開賑。而江屬之六合、句容二邑，揚屬之江都，爲該屬諸邑中被災尤甚者，臣亦先買米酌發，咨會督、鹽二臣矣。

以上應賑各屬，煮粥所需柴米，雖臣與司府等官極力設法，但有司無力可捐。紳民值災難助，現措之米，不過供賑數日。將來饑民衆多，務須源源接濟，賑至麥熟，始行停止。仰懇皇上准將見展捐輸事例銀兩，動支買米報銷，則江南數百萬饑黎，得慶復生，不致輕去其鄉，委填溝壑，而來歲田畝耕耨有人，仍復可收樂利矣。

除買米設廠、賑過災民數目，容俟造册送部查核外，臣謹會同總督臣阿席熙，合詞縷晰披陳，仰請皇上睿鑒，敕部速賜議覆施行。

七年爲始。蘇、松、常等府地方坍缺版荒田地賠糧累民，奉旨將版荒田地一應本折錢糧，盡行豁免，于康熙七年爲始。先是，巡撫韓世琦敕書内開：抛荒田地不許人户包賠，於是蘇、松九州縣開報奉旨永行蠲免。

附 慕天顔《請豁蘇松版荒疏》：

爲坍荒賠累無追，亟請殊恩豁免，甦民困以召天和事。

臣惟地震之變，皇上窮行修省，敕將應行應革事宜條奏。臣思最重者首在恤民，而恤民之最苦最急者，莫若豁免。江南坍荒田地錢糧一事，臣查蘇、松、常坍荒田地向來屢經勘駁，實有三千餘頃。合算其本、折錢糧，亦不滿十萬。而因此遺累，反致欠多，民情之隱苦，實實不可勝言。蓋坍者久成白水，無土可問。荒者磽瘠不毛，無法可耕。公占則係地入公家，民已失業。此種情形，前撫臣及臣任藩司時入覲條奏，歷歷繪陳，久蒙皇上洞鑒。止因兵興以來，軍務倥偬，前撫臣無暇親勘，故議暫停，俟事平之日議覆，因循至今。

臣撫任三載，正值軍需告急，方在生節之時，何敢再瀆宸嚴？是以日切焦思，而對此包賠之窮民，赧顔無以自解。臣故於自陳不職疏内，首列此端爲臣罪也。然思我皇上愛民，惟恐一夫不獲。恭逢下詔求言之日，臣再不言，臣罪益深矣。又念此坍荒錢糧，如果可徵賠，臣又何敢即言？奈何有糧無田，有户無人。歷年地丁條折，原無完納，委係紙上虚數，不豁亦無完，豁之可免累耳。

惟漕糧一項，徒累里甲，里甲因此包賠，逃亡株連不知凡幾。官役因此漕欠，那移墊買，每致難清，完猶不完也。三吴賦重額繁，保無頑梗拖欠。然每歲考成，計民間零星尾欠，積累而有數萬。或災患不時，民力困竭，逋逃者又數萬。總以四百餘萬之額徵而論，亦不可謂之頑矣。

此有田有户之欠數，仍可於年限續完。

惟坍荒所欠，萬萬無從責賠。臣前於《備陳舊欠無徵等事》一疏，題蒙特恩蠲停者，即此坍荒在内也。今查前勘坍荒數内，如長洲縣田地新經丈清陞補無缺不議外，其太倉、常熟、昆山、嘉定、華亭、婁縣、上海、青浦、宜興九州縣，確有坍荒未豁。臣請皇上大沛恩綸，特准開豁。容臣再加覆勘，細數造册報部，從康熙十七年起扣免，於民毋容纖毫捏冒。此係永遠甦困，培我國家萬年之樂利，非比一時之蠲停。將見涣汗一頒，民之歌舞雷動，於三吴豈不可坐致休祥也哉！伏乞皇上鑒允施行。

是年十二月，奉恩詔：兵革寢息，人民乂安，免康熙十三四五六七年地丁民欠錢糧。

二十一年，揚州高、泰等處水災，蠲停正賦銀四萬有奇。興化積水淹田，正賦漕糧全免。其揚州歸併高郵等衛屯田錢糧，自康熙十八年爲始，各伍屯田被旱災，除漕項外，蠲免四分。

二十三年九月，恩詔：江南、浙江、江西、湖廣省分，自用兵以來，供應繁苦，宜加恩恤。康熙二十四年所運漕糧，著免三分之一。

又，自康熙十三年起至二十二年拖欠漕項錢糧，著自二十三年起，每年帶徵一年，以免小民一時並徵之累。

二十四年三月，以邳州二十三年水災，蠲免地丁銀二千四百餘兩。

四月，蠲免沭陽縣地丁銀三百六十餘兩。
六月，巡撫湯斌奉二十年恩詔，題免蘇、松等七府州屬地丁及併衛帶徵項下十三年至十七年未完銀七十六萬八千六百一十四兩有奇，米二萬六千四百一石有奇。
九月，以邳州本年水災，蠲免地丁銀三千四百七十一兩八錢有奇。
又，沛縣秋災，蠲免地丁銀十分之三。
十一月初四日，諭户部恩旨，恭紀首卷。江南宿遷、興化、邳州、高郵、鹽城等處水災，蠲免康熙二十四年下半年、二十五年上半年地丁各項錢糧。
二十五年閏四月二十二日，諭大學士恩旨：恭紀首卷。鳳陽、徐州等處亢旱，發鳳陽倉銀米賑濟。
又沛縣本年秋災，蠲免地丁銀兩，仍賑濟飢民。
二十六年十一月二十六日，諭户部恩旨：恭紀首卷。江蘇所屬各郡縣二十七年應徵地丁各項錢糧，俱奉蠲免；二十六年未完錢糧，亦悉奉豁除。
又，泰州、興化本年水災，蠲免地丁銀四千六十五兩有奇，米七百八十二石有奇。
二十七年三月，奉旨將十七年以前未完漕項銀米麥，俱著蠲免。
五月，蠲免寶應縣涸出田地二十六年未完錢糧，及本年地丁錢糧。
八月，蠲免山陽縣二十五年缺丁銀兩。

十月，奉恩旨：安徽所屬各郡縣二十八年應徵地丁各項錢糧，俱著蠲免。

二十八年正月，奉旨：江南除正項錢糧已與直隸各省節次蠲免外，再將全省積年民欠一應地丁錢糧屯糧蘆課米麥豆雜稅，概與豁除。

七月二十二日，諭户部恩旨：恭紀首卷。蠲免邳州被水田畝應納地丁漕項歷年逋欠，盡奉豁除。

二十九年，蠲免江都縣本年秋災銀一千三百七十五兩有奇，米一百八石有奇。又歸併高郵衛銀七十五兩有奇。

三十年九月，蠲免興化縣本年秋災銀三千八百一兩有奇。

十二月初四日，諭户部恩旨：恭紀首卷。各省歲運漕米，向來未經議免，除河南省明歲漕糧已頒諭免徵外，湖廣、江西、浙江、江蘇、安徽、山東應輸漕米，著自康熙三十一年始，以次各蠲免一年。

三十一年，以興化本年秋災，蠲免地丁銀四千六十七兩有奇。

又，賑濟宿遷、睢寧二縣飢民。

又，賑濟鹽城縣飢民。

三十二年二月，以沭陽縣上年秋災，蠲免地丁銀四千九百七十四兩有奇。

九月十六日，諭内閣恩旨：恭紀首卷。江蘇、安徽等處夏旱，免本年漕糧三分之一，俟至應蠲年分補還。

十一月，以沭陽、安東、高郵、寶應四州縣本年秋災，蠲免地丁銀一萬七千四百八十三兩有奇，米八百三十八石一斗有奇。

十二月，以興化縣本年秋災，蠲免地丁銀二千九十四兩有奇。又版荒田地銀一千一百九十九兩有奇。

三十三年，蠲免山陽縣捐田地丁銀三十二兩六錢有奇，米麥豆四十九石有奇。先是，總河靳輔奏：山陽縣訓導移駐清江浦，仍於山陽縣捐田二十頃，爲修葺碑亭、學宫、河神廟之用。請將所捐之田，免其賦役。至是，巡撫宋犖復請豁除。

又，蠲免江都縣本年被災地丁銀兩。

三十四年，蠲免高郵、興化、寶應三州縣上年被災錢糧。

又，賑濟長洲、吴江、常熟、昆山、青浦等縣饑民。

三十五年，賑濟淮、揚、徐所屬二十州縣饑民。

三十六年正月二十二日，諭大學士恩旨：恭紀首卷。揚、淮、徐等處被災，錢糧盡行蠲免。

六月，蠲免江都縣牧馬草場三十三年以前銀米。

十二月，以鹽城、山陽、高郵、泰州、興化、寶應六州縣本年被水，蠲免地丁銀八萬六千五百四十七兩有奇，米麥六萬九千九百八十七石五斗。

又，賑濟淮、揚、徐所屬二十州縣，及淮安、大河、徐州三衛饑民。

三十七年六月，以海州大河衛水災，蠲免地丁銀三千三百二十六兩有奇。

又，鹽城縣水災，蠲免地丁銀六千八百一十三兩有奇。

十一月二十五日，諭户部恩旨：恭紀首卷。海州、山陽、安東、鹽城、高郵、泰州、江都、興化、寶應、壽州、泗州、亳州、鳳陽、臨淮、懷遠、五河、虹縣、蒙城、盱眙、靈璧等州縣，并各衛所康熙三十八年一切地丁銀米等項及漕糧，盡奉蠲免。

又，高郵、泰州、江都、興化、寶應五州縣，蠲免本年被災地丁銀十一萬九千九百一十兩有奇，米麥七萬四百九十四石有奇。

又，賑濟鹽城等九州縣飢民。

三十八年三月初七日，諭户部恩旨：恭紀首卷。著將漕糧截留十萬石，於高郵、寶應、興化、泰州、鹽城、山陽、江都受災七州縣，各留一萬石，悉較時價減值發糶。餘米三萬石，著於邳州留八千石，宿遷、桃源、清河、安東四縣各留五千五百石，亦較時價減糶。

三月十三日，諭户部恩旨：恭紀首卷。江蘇、安徽所屬舊欠帶徵錢糧，除康熙三十三年恩詔内已經赦免外，其三十四五六年一應地丁米麥豆雜税，俱著豁免。

三月二十二日，諭户部恩旨：恭紀首卷。淮安府屬海州、山陽、安東、鹽城，揚州府屬高郵、泰州、江都、興化、寶應九州縣，並淮安、大河二衛，康熙三十七年未完地丁漕項等銀一十九萬有奇，米麥一十一萬石有奇，全奉蠲免。

四月十六日，諭户部恩旨：恭紀首卷。以鳳陽府屬去歲水災，蠲免康熙三十七年該府屬壽州等十一州縣，并泗州一衛未完地丁漕項銀米。
九月，蠲免高郵州牧馬草場銀九十餘兩。
又高郵、泰州、江都、興化四州縣本年被災，復蠲免雜辦銀七百一十餘兩。
十一月初五日，諭户部恩旨：恭紀首卷。海州、山陽、安東、鹽城、大河衛、高郵、泰州、江都、興化、寶應被災各州縣衛，康熙三十九年地丁銀米等項，及漕糧漕項銀兩，盡奉蠲免。
又，賑濟淮、揚所屬饑民。
又，蠲免潁州被災田畝銀四百九十七兩有奇。
四十年，奉旨將江蘇巡撫所屬州縣等處，除漕項外，康熙四十一年地丁錢糧盡行蠲免。
四十一年，奉旨：安徽巡撫所屬府州縣衛等處康熙四十二年分地丁錢糧，除漕項外，通行蠲免。
四十二年四月，奉旨：徐州睢寧縣三十七八九三年未完地丁倉項銀二萬四百二十二兩零，及邳州四十年未完錢糧，俱著免徵。
八月，奉旨賑濟邳州等處。又令應免錢糧，另議具奏。
四十三年四月，蠲免江、安二屬黄快缺丁銀六千四百四十餘兩。
七月，蠲免淮、揚二屬輕齎等銀一萬八千二百六十餘兩，贈米六千一百九十餘石。
四十四年，蠲停鳳陽府屬及睢寧、沭陽二縣被災地方應徵地丁漕項銀米。
又，賑濟江寧、揚州、淮安三府所屬飢民。

四十五年正月，以上元縣上年水災，蠲免地丁銀一千七百三十餘兩，米豆二百九十餘石，仍賑濟飢民。

十月二十五日，諭户部恩旨：恭紀首卷。江蘇、安徽等省，自康熙四十三年以前未完地丁銀米，盡奉蠲免。其舊欠已完在官而見年錢糧未完足者，亦准扣抵。

又，淮安、大河、徐州三衛本年水災，蠲免銀一千二百四十餘兩，仍賑濟飢民。

又，海州、邳州、清河、桃源、宿遷、睢寧、沭陽、安東、蕭、碭等州縣，本年水災，蠲免地丁銀三萬八千九百二十餘兩，仍賑濟飢民。

十一月，以徐州本年水災，蠲免地丁銀六千一百八十餘兩，仍賑濟飢民。

四十六年十月，奉旨：四十三年以前江寧巡撫所屬各府州縣未完民欠漕項銀兩六十八萬七千兩有奇，米麥三十一萬一千八百石有奇，著該撫一一察明，悉與蠲免。仍將三年所徵漕糧，每州縣或留八九萬石，或留十萬石，酌量賑給。

十一月初二日，諭户部恩旨：恭紀首卷。康熙四十七年江南通省人丁額徵銀兩，悉奉蠲免。其本年被災安徽巡撫屬七州縣三衛，江寧巡撫屬二十五州縣三衛，應徵地畝銀共二百九十七萬五千二百餘兩，糧三十九萬二千餘石，一概免徵。所有舊欠帶徵銀米，並暫停追取。

四十七年四月，奉旨：以江西、湖廣漕糧三十餘萬石至蘇、松，減價平糶。

十月十六日，諭户部恩旨：恭紀首卷。康熙四十八年除漕糧外，江南通省地丁銀四百七十五萬四百兩有奇，全奉蠲免，所有舊欠銀米，暫停追取。

十二月，以上元、江寧、溧陽、溧水、高淳、江浦、崇明、上海八縣，太倉、鎮海、金山三衛本年秋災，蠲免地丁銀五萬四千六百五十餘兩，米豆三千四百八十餘石，漕米緩徵一半，仍賑濟饑民。

四十八年四月，以潛山、宿松、宣城、銅陵、石埭、當塗、蕪湖、繁昌、望江、貴池、青陽、南陵、無爲、和州、含山、建平、涇縣、巢縣共十八州縣，并宣州衛上年秋災，蠲免地丁銀七萬五百二十一兩有奇，米豆一萬二千一百七十八石有奇。

又，動支庫餉賑給淮、揚、徐所屬州縣，并徐州衛被災饑民。

十月二十五日，諭户部恩旨：恭紀首卷。以淮安、揚州、徐州三屬水災獨重，除本年錢糧全免，又將康熙四十九年淮、揚、徐三屬邳州等十九州縣三衛，額徵地丁銀五十九萬三千八百餘兩，一概豁免。

十一月，蠲免亳州被災田銀一百八十餘兩。

十二月，奉旨動常平倉米穀，賑濟飢民。

四十九年六月，奉旨將江南舊欠四十四、四十五、四十六、四十七年未完地丁等項錢糧，於五十年起分四年帶徵；四十七年漕項錢糧，於五十三年帶徵。

五十年，以六安、合肥、舒城、霍山、壽州、霍(邱)〔丘〕六州縣，并廬州、鳳陽右二衛秋災，蠲免地丁銀二萬八千五百四十三兩有奇，米麥九十二石有奇，仍賑濟飢民。

五十一年五月，奉旨：安徽等五府屬三十年至四十三年未完地丁等銀三萬八千九百餘兩，准其免徵。

十月，奉旨：江寧、安徽各撫屬除漕項外，五十二年應徵地畝人丁銀，俱著察明全免。其歷年舊欠，亦并免徵。

又，恩詔内開：將各省應徵房地租稅銀兩，著察明額數，於康熙五十三年豁免一年。其歷年逋欠，一並察明，免其追補。

是年，蠲免淮、徐所屬十二州縣，并淮安、大河二衛水災地丁銀兩，仍賑濟飢民。

五十二年，蠲免江蘇所屬地丁銀有差。

五十三年七月，蠲免歙縣城濠地租，蕪湖江夫河蓬門攤商稅，滁州衛月城隙地房租，共銀二千五百六十餘兩。及歙縣四十七年、五十年、五十一年民欠銀四百五十餘兩。

又，江、常、淮、揚等屬二十州縣，并儀徵衛本年旱災，蠲免地丁銀兩有差，仍賑濟飢民。

十一月，蠲免桐城等二十三州縣，并廬州等六衛被災銀九萬九千一百五十餘兩，米麥豆四千四百二十餘石，仍賑濟飢民。

五十四年，以蘇、松、淮、陽等屬三十三州縣衛本年水災，蠲免地丁銀米有差，仍賑濟飢民。

五十五年九月，以宣城、南陵、涇縣本年水災，蠲免地丁銀九千六十八兩有奇，米豆七百二石有奇。

十一月，蠲免江、常、鎮、淮、揚等府屬旱災州縣衛，共銀十六萬四千八十餘兩，米麥豆共一萬八千二百五十餘石。其被災軍民，在現年漕糧内截留米二十五萬石賑濟，不敷，仍於收補漕米及續收例米穀石，并現存各事案米穀内湊賑。

又蠲免安、徽、寧、池、太、廬、鳳等府屬旱災州縣衛，共銀一十二萬七千三百八十餘兩，米麥豆共六千五百二十餘石。其各屬災黎，照例動支常平倉糧散賑。仍將安慶府存剩漕糧，并省倉見在捐還漕米湊賑。

五十六年十一月，奉旨豁免安徽、江蘇等處帶徵地丁屯衛銀兩，其帶徵漕項銀米麥豆，免徵各半。

又，蠲免淮、揚等府被災州縣地丁銀有差，仍散賑飢民。

五十七年，蠲免沛縣上年被災地丁并湖地租銀三千二百餘兩。

又，歙縣等處被災錢糧，照分數蠲免。

五十八年十一月，蠲免山陽、高、寶三州縣本年秋災地丁銀一萬六千二百九十餘兩，米七百九十餘石；仍賑濟飢民。

又，合肥等縣被災錢糧，照例蠲免。

十二月，蠲免清河、桃源、沭陽三縣，淮安、大河二衛地丁銀一萬二千四百餘兩，仍賑濟飢民。

又，賑濟安東、鹽城、泰州、江都、興化等縣飢民。

五十九年二月，蠲免大河衛河灘租地銀五十二兩有奇。
五月，以江都、興化、安東、鹽城，及合肥等縣上年被災，蠲免銀米有差。
又賑濟高、寶、江、興、泰五州縣飢民。
六十年四月，蠲免高、寶上年秋災地丁銀一萬三千七百餘兩，米八百四十餘石。
八月，以沛縣本年被災，蠲免地丁銀二千一百餘兩。
又賑濟江、蘇、松、常、鎮、揚所屬州縣飢民。
又安徽新安等州縣衛被災錢糧，按分數蠲免。
又江寧、上元等州縣衛，及安徽歙縣等處被災錢糧，按分數蠲免。
六十一年，以歙、休等十一州縣衛去年被災，蠲免地丁銀四萬五千二百餘兩，米豆二千九百餘石。
又，蠲免江、常、鎮、淮、揚等一十六州縣本年旱災地丁銀兩有差，緩徵一半漕糧賑濟〔饑〕①民，海州全緩。
世宗憲皇帝雍正元年二月，奉恩詔：各省民欠錢糧年久應免者，查奏酌免。
四月，奉旨蠲免合肥、舒城等十八州縣衛被災地丁銀四萬八千四百六十餘兩，米麥豆四千三百

① 據《四庫》本補。

餘石。又動積穀賑濟飢民。

六月，奉旨恩蠲江蘇各屬康熙十一年至五十年未完地丁等銀七百二十九萬六千二百九十兩零，米豆四十三萬七千二百二十石零，又蘆課等銀一十九萬二千七百三十三兩零。

十二月，賑濟江、蘇、常、鎮、淮、揚六府屬二十四州縣被水飢民。

二年二月，蠲免靖江、丹陽上年被災地丁銀一萬九千三百六十餘兩，米六百二十餘石。

六月，特恩蠲免江南全省康熙四十六年至五十年舊欠地丁銀六十三萬三百餘兩，米麥二十六萬八千六百七十餘石。

十二月，蠲免蘇、松、常、鎮、淮、揚所屬十五州縣本年被災地丁銀七萬三千八百五十餘兩，米豆六千五百四十餘石，仍賑濟飢民、緩徵漕米。

又江南沿海地方，海潮泛溢，民被災，發倉賑濟。

又通、泰、淮三分司所屬海潮淹漫，奉旨發庫銀三萬兩，委員分賑，蠲未完折價銀四萬餘兩。

三年三月十九日，奉旨准將蘇州府正額銀蠲免三十萬兩，松江府正額銀蠲免十五萬兩，著爲定例。

上諭恭紀首卷。

怡親王疏：

蘇、松田税，宋時每畝輸賦一斗，元時水田不過五升。明太祖因蘇民爲張士誠固守不降，盡籍諸豪族及富民田以爲官田，按私租簿爲税額，每畝四五斗、七八斗至一石以上。蘇州一府，秋糧至二百七十四萬六千餘石。時民田仍照元時之額，歲輸僅十五萬石，餘皆徵之官田。松江官田略少，秋糧亦至一百三十餘萬石。計蘇州田地山蕩灘漊等，共九萬九千九百餘頃，松江四萬八百餘頃，以宋時均税一斗合算，蘇、松正額祇應一百四十萬餘石。乃加增二百六十四萬餘石，幾二倍於原額矣。至宣德時，以蘇、松官田租額太重，遞減二三分，蘇、松二府減七十餘萬石。巡撫周忱定均耗之法，以官田税額攤派民田，每畝税額少者一斗九升，多者至三斗六七升不等。其後以二府額糧太多，地産米石不敷，始於平米内改徵條折。此地丁等項折銀所由始也。

嘉靖時增江浙税賦百二十萬，蘇、松又在加增之内。嗣後東南被倭，又有額外提編之加。萬(歷)〔曆〕時，又每畝加增九釐。後於九釐外，再加三釐。自宣德遞減之後，嘉靖、萬(歷)〔曆〕時後①遞增浮額三十餘萬。於是二府之民，終明之世，困於重賦。

① 「後」，宣統《江蘇通志稿・民政志・蠲賑》作「復」。

我朝平定海内，悉除前明苛政。各省賦稅，凡嘉靖以後加增者，概行蠲免。洪恩浩蕩，萬民樂業。惟蘇、松二府明代屢增之額，因未經詳悉奏請，至今仍舊。伏查蘇州府條折、兵餉、徭里、人丁、匠班、隨漕經費等項，歲徵銀一百六十二萬六千九百兩零，松江府八十三萬三千五百三十兩零，蘇州府正耗漕白等項歲徵米九十七萬五千二百三十石零，松江府四十一萬八千五百八十石零。其歲徵額米，歷年以來，民間輸納完者居多。且天庾正供，兵食攸關，無庸請減。惟額徵地丁銀項，每至次年奏銷之期，蘇州一府民欠必至三十餘萬兩，松江一府十五六萬兩。積累數年，動至三四百萬。幸遇聖朝，時施曠典，蠲免宿逋，至數百萬。而數年之内，糧户日受追比之苦，地方官亦因承追而罷去者多矣。此雖有額徵之名，而無徵收之實也。

我皇上心周蔀屋，洞照萬里。雍正二年，江西南昌府屬明初加增浮糧，已蒙恩旨酌減寛免。今蘇、松浮糧，事同一體，但從來加浮之額，爲數太多，或應酌減幾分，仰候皇上欽定。

五月，以丹徒縣濱江坍田，奉旨蠲免額徵銀一千六百二十餘兩，米麥一千九百七十餘石，自康熙五十一年爲始。

十二月，以太平、泗州、盱眙三州縣本年秋災，蠲免地丁銀三千一百餘兩，米麥豆一百二十餘石；仍賑濟飢民，緩徵舊欠。

又以蘇、松、常、鎮、揚、太、通七府州被災，蠲免二年蘆課銀五千二百一十餘兩。

又，賑濟山陽、清河、寶應、興化、宿遷、睢寧六縣被水飢民。

四年，奉旨：著動支庫銀，賑給泗州被災民户。

八月，又蠲免泗州田畝銀四百四十餘兩。

九月，蠲免望江、無爲、銅陵、黟縣、宣城、蕪湖、繁昌、貴池等被災州縣銀米有差。

十二月，以南陵等縣本年被災，蠲免地丁銀四千八百五十餘兩，米豆三百二十餘石。

又以宣城縣本年被災，蠲免地丁銀八千二百三十餘兩，米豆六百八十餘石。

又，賑濟江、蘇、松、常、鎮、淮、揚、太、邳、徐所屬三十九州縣被災飢民。

又，宣城等十州縣將社倉、常平倉、省倉捐還漕米，并安慶截留漕米内，動用設廠煮賑。所有應徵新舊錢糧，暫停徵催。

五年八月，以福泉、陽湖二縣上年被災，蠲免地丁銀一萬一百四十餘兩，米二百七十餘石。

又，上元、丹徒二縣秋災，蠲免四年蘆課銀五百五十餘兩。

九月十二日，上諭：恭紀首卷。著江南總督動用庫銀二萬兩，於上、下兩江被水之處散賑。

六年，以江都、泰興二縣被災，蠲免五年分蘆課銀二千二百餘兩。

六月，蠲免東流、無爲、臨淮、懷遠四州縣水災田畝銀四千七百八十餘兩，米豆七十餘石。

九月，以懷寧、桐城等十四州縣，并鳳陽衛上年秋災，蠲免地丁銀一萬二千七百餘兩，米麥豆一千一百三十餘石。

七年閏七月，以靖江縣上年被災，蠲免地丁銀九千八百八十餘兩，米三千一百七十餘石。

八月，奉旨：安、徽等屬著免雍正八年地丁銀四十萬兩。

八年六月，奉旨蠲免通州税課局缺額商税，自康熙三十五年至雍正三年，共銀一萬七千六百五十餘兩。

七月，奉旨：上江宣、涇等十七州縣，又貴池、建平、繁昌三縣水災，著動支帑銀賑濟。其有應免錢糧，盡奉蠲免。

又，邳州、宿遷、桃源等處大水，動支藩庫銀兩賑濟，本年錢糧悉行蠲免。有已經完納者，准作明年額徵之數。

八月初九日，上諭：恭紀首卷。江南被水州縣漕糧，按成災分數蠲免。

十月，以壽州、合肥縣及廬州衛上年被災，蠲免地丁銀一萬一千八百六十八兩五錢有奇，麥六十八石二斗有奇。

十二月，奉旨：著直隸、江南等省督撫動支常平倉米穀，核實賑給外來就食之災民，并動存公銀兩，賞爲路費，資送回籍。

又，賑濟淮、揚、海、邳、徐所屬十八州縣飢民。

九年三月，以建平縣上年被災，蠲免地丁銀六百一十二兩四錢有奇，米豆二十六石九斗有奇。

四月，蠲免山陽、清河等八州縣，并徐州衛挖廢田地自康熙五十一年至雍正五年地丁銀米。

又，蠲免大河衛、桃源縣司挖廢田并栽柳廢田銀兩。

六月，以宣城、旌德、銅陵、懷遠四縣上年被災，蠲免地丁銀九千九百五十餘兩，米豆一千一百七十餘石。

八月，蠲免宣城、旌德、銅陵、懷遠漕糧五千九百餘石。

又，免寧國、無爲、壽州、鳳陽、臨淮等十州縣，并鳳陽、長淮二衛銀一萬九千五百九十餘兩，米麥豆八千七百五十餘石。

十年三月，奉恩旨：以官侵吏蝕，包攬錢糧分爲十年帶徵實在民欠，更緩作二十年帶徵。自壬子年爲始，即以帶徵完納之分數，爲次年蠲免之分數。

五月，蠲免吴江、震澤二縣坍田自康熙五十一年至雍正三年地丁銀一萬四千一百五十二兩有奇，米麥豆一萬四千三百一十六石有奇。

八月，蠲免寧國、旌德、滁州、全椒、來安等被災州縣銀九百餘兩，米豆三百四十餘石。

又以徐州、豐、沛、蕭、碭五州縣，并徐州衛上年秋災，蠲免地丁銀四千一百七十餘兩。

又，奉旨：江南濱海人民被水，著督撫等督率有司，誠心撫綏，毋使失所。

十二月，准總漕性桂疏，截留漕米四十萬石，以備平糶。

附 性桂疏略：

漕米關係天庾，例應乾圓潔净。今據蘇州府屬之常熟、昭文，太倉州屬之鎮洋，松江府屬之上海、華亭，常州府屬之江陰、靖江，揚州府屬之泰州、江都、興化，通州屬之泰興、如皋，淮安府屬之鹽城，共十三州縣詳報：田稻自被水以後，其中勘不成災之田畝，或稱稻經鹽潮灌浸，不能乾潔飽足，或稱疊遭風雨蚰虫，米粒細小，青白不一。等情。

又據蘇州府屬之長洲、元和、吴縣、吴江、震澤、昆山、新陽，松江府屬之金山，常州府屬之無錫、金匱，江寧府屬之江浦，淮安府屬之阜寧、桃源，并海州，共十四州縣，各詳稱：田地雖不成災，但當吐花結秀之候，秋雨過多，米色不無減損。雖碎細可以簸揚，而青粒殊難揀净。各等因。

俱經臣嚴行批飭經徵各員，務須揀擇乾净好米上納去後。惟是秋雨過多，蚰虫間生，以致米色不能純潔。則雖紅白兼收，秈粳並納，恐不能米色全純也。

以臣愚見，凡經先後題報被災之州縣，其中有勘不成災之處應納漕糧者，及原未成災但報米色不純之州縣應全納漕糧者，除飭令選擇乾净，堪以久貯之米，仍照常兑運通倉交納外，若有實係不能純潔之米，令各州縣報明數目，酌留四十萬石，仍貯本處倉廒。於明春確訪時價，酌減平糶，查照被災之輕重，分别平糶之多寡。雖江省積穀亦多，但穀能經久，多儲益善。且地方廣闊，人民繁庶，需米甚多。目今淮安米價日貴，食米每石已賣至一兩三四錢不等，民食未免艱難。訪聞各府米價亦貴，來春青黄不接之時，恐米價又長。臣再四思維，若將各屬不純之米截留本處平糶，將來米價不至騰貴。其平糶事竣，仍令各州縣將米價解赴上下兩江糧道，轉解户部。一轉移間，米無霉爛之虞，民受平價之益。其於明春生計，似有裨益。

臣與總河臣嵇曾筠就近籌商，亦慮明春米價增長，似應截留平糶。且漕河兩標兵丁，計有九千餘名，力作河兵、葦蕩營兵一萬餘名。其標兵俱於春、夏二季支領折米，每石折銀七錢五分。而河兵則概領折色，自行買食。兵、民雜處，需米浩繁。若於四十萬石之内截留十萬石，在淮平糶，則兵、民均荷皇恩普遍矣。

十一年正月，奉旨：江南常熟等二十二州縣，并華亭等六縣沿海被水地方，已定議大賑三次，著再加賑四十日。其有從前遺漏貧民，并先可餬口而目下力不能支者，亦著查明補賑。再，被水之鹽場竈户，亦照貧民例，加賑一月。

又，以九年徐州並所屬四縣、徐州衛秋災，蠲免地丁銀四千一百七十餘兩。

八月二十三日，以雍正十年舒、宿、虹、靈、六、霍、天長等州縣，并宿州一衛秋災，蠲免地丁錢糧三千一百三十餘兩。

十二月，奉上諭：江蘇雨水稍多，收成歉薄，著將乙卯年起運漕米截留二十萬石，於被水州縣平糶，新舊條銀及本年南漕等米，緩至來年麥熟開徵。仍令動支倉穀，分别賑濟。

又奉諭，將本年漕米一半折徵。每石折徵銀一兩。

十二年二月十九日，以雍正十一年宿、靈、虹、泗四州縣秋災，蠲免地丁錢糧四千六百一十餘兩，其應徵新舊錢糧一併停徵。仍動存公銀兩，採買雜糧，賑濟饑民。

十二月，以宣、南、涇、太、鳳、臨、懷、滁、全、來、和十一州縣，並懷、滁、全、來、和五州縣歸衛以及鳳陽衛秋禾被水，照災分數，蠲免地丁錢糧共九千三百三十一兩有奇，米豆一千八十五石有奇，仍動倉穀，賑濟飢民五月。

十三年九月初三日，皇上登極恩詔内開：各省民欠錢糧，係十年以上者，該部查明具奏，候旨豁免。

九月十三日，奉上諭：恭紀首卷。將雍正十二年以前各省錢糧實欠在民者，一併寬免。從前江南積欠錢糧内，曾有官侵吏蝕二項，亦著照民欠例寬免。

十月初七日，奉上諭：恭紀首卷。據果親王奏，江南等省漕項、蘆課及學租、雜税等銀，著全省豁免。

十一月十一日，奉上諭：恭紀首卷。江南太平府蕪湖縣有雜派江夫河蓬錢糧，歲徵銀二千三百零四兩，即行寬免，永著爲例。

十一月十六日，奉旨豁免雍正十二年以前錢糧耗羡銀兩。

附　總理事務王大臣議署副都御史陳世倌疏：

查錢糧火耗，提解歸公，以爲各官養廉及地方公事之用。凡遇蠲免錢糧之年，若將耗羨一併蠲除，則民邀浩蕩之恩，而官受拮据之苦，必自轉滋弊端。所以雍正八年，欽奉諭旨：凡遇特恩，蠲免錢糧，其耗羨仍舊輸納。若因水旱蠲免者，不得徵收耗羨。將此永著爲例。欽此欽遵在案。

但查耗羨隨正項交納，爲勢猶便。正項既蠲，而獨徵耗羨，其弊最多。蓋以耗羨原屬零星小項，爲數無幾。一經徵比，則往返守候、飲食盤費等項，必至加倍。因而胥役遂得包攬苛索，書吏遂得重戥稱收。且不肖官員因非正項錢糧，上司不爲查察，遂得於耗羨之外，復徵耗羨，以飽私橐。種種流弊，皆勢所必至者。況現在特恩蠲免之項，尤與各官養廉無涉。

查本年九月内，奉旨寬免雍正十二年以前民欠錢糧。其在雍正十二年以前各官應支養廉，早已支給。若現年之養廉，自有現年之耗羨可徵，原不藉此舊欠應用。應如陳世倌所奏，請敕下該部，通行各省，將現在特恩蠲免十二年以前之項，其耗羨一併豁免，嚴飭地方官不得私行徵收。

謹奏。

奉御批：所議甚是，依議速行。

十二月初八日，奉特恩，豁免雍正十二年以前帶徵緩徵漕項本折銀米。

十二月初十日，奉旨豁免直隸、江蘇、安徽、浙江、河南、山東等省雍正十二年以前未完額徵河銀，并江南省未完額徵黄快丁銀錢，及江南、山東二省各州縣衛所未完額徵造船等項銀兩。

附　工部奏疏：

雍正十三年九月二十三日，奉上諭：將雍正十二年以前各省民欠錢糧，及江南省官侵吏蝕之項，一併寬免。欽此。臣等查：臣部有直隸、江蘇、安徽、浙江、河南、山東等省，每年額徵河銀共二十八萬三千七百八十餘兩，各省按年徵解江南總河，爲河工之用。又江南省每年額徵黄快丁銀共一萬三千七百餘兩，係江蘇、安徽二省各州縣於田畝内攤徵，爲黄快等船差修工食之用。又江南、山東二省各州縣衛所，每年額徵造船料銀七千九百三十餘兩，爲修造漕船之用。均係編徵條款。臣部於欽奉上諭之後，隨即咨詢户部。據户部覆稱：前項銀兩完欠各數，咨報工部查核，應聽工部自行辦理。臣等恭查前項銀兩，俱係民欠之項，應否一例寬免之處，理合奏聞。

奉旨：（議依）〔依議〕①。

① 據《四庫》本改。

十二月十九日，以潛山縣、泗州秋禾被水，蠲免地丁錢糧二百六兩七錢有奇，米麥一十九石八斗有奇，仍動倉穀賑濟飢民五月。

乾隆元年四月初四日，奉上諭：

江南阜寧、鹽城等處州縣，上年夏秋之間雨水稀少，田禾歉收，曾降諭旨，著該督撫委員查勘被災情形，已將阜、鹽、興、海四州縣乏食窮民等，加意①賑恤。其額徵錢糧，各按災傷分數，照例扣蠲。至應徵漕糧等項，復令緩至今冬帶徵。朕思此等地方，被災之後既有本年應納之糧，又有上年帶徵之項，未免新舊交催，追呼兩迫，輸納維艱。著將阜、鹽、興、海四州縣雍正十三年未完緩徵漕糧，一例豁免，以舒民力。

再聞阜寧、鹽城二縣漕米，昨年未降諭旨之先，已有按數完納者。此等急公良民，尤當加以恩澤。著逐一確查，將已完之數准抵今年應完之項，俾得一體霑恩。該督撫飭令該州縣，實力奉行，毋使奸胥地棍，中飽滋弊。

欽此。

① 「意」，《四庫》本作「恩」。

江南通志卷八十五

食貨志

積貯

漢

文帝時，賈誼上言：積貯者，天下之大命也，苟粟多而財有餘，何爲而不成？《漢書·食貨志》

鼂錯言：務民於農桑；薄賦斂、廣畜積，以實倉廩、備水旱，故民可得而食也。又言：粟者，王者大用，政之本務。使天下人人入粟於邊，以受爵免罪，不過三歲，塞下之粟必多。於是帝從其言，令民入粟邊。《漢書·食貨志》

武帝時，都鄙倉庾盡滿，太倉之粟陳陳相因，充溢露積於外。《漢書·食貨志》

宣帝五鳳中，耿壽昌白令邊郡皆築倉，以穀賤時增其價而糴，以利農，穀貴時減價而糶，名曰常平倉。民便之。《漢書·食貨志》

南北朝　齊

武帝永明中，立常平倉，市積爲儲。詔於揚州治建業出錢千九百一十萬，南徐州治京口二百萬，各於郡所市糴。南荆河州治壽春二百萬，市絲綿、紋錦、布、米、大麥。諸州不等，均使臺傅並於所在市易。《文獻通考》

後　魏

明帝時，徐、揚内附，收内兵資，與人和糴，積爲邊備。《文獻通考》

唐

制凶荒有社倉賑給。《唐書·食貨志》

太宗時，淮戴胄議：自王公以下，計墾田，秋熟，所在爲義倉。其後洛、相、幽、徐、齊、并、秦、蒲州又置常平倉，粟藏九年，米藏五年；下濕之地，粟藏五年，米藏三年。著爲令。《唐書·食貨志》

明皇開元七年，荆、揚等州並置常平倉。《唐書》

天寶八年，義倉糧：淮南道四百八十四萬八百七十五石，江南道六百七十三萬九千二百七十石。常平倉糧：淮南道八萬一千一百五十二石，江南道無考。《唐書》

德宗時，趙贊請於兩都、江陵、成都、揚、汴、蘇、洪置常平倉，輕重本錢，上至百萬緡，下至十萬，積米、粟、布、帛、絲、麻，貴則下價而出之，賤則加倍而收之。《唐書·食貨志》

宋

太祖乾德初，詔諸州於各縣置義倉。《宋史·食貨志》

真宗景德三年，詔江南、淮南皆立常平倉，每歲夏、秋，視市價量增以糴糶，減價亦如之。三年以上不糶，即回充糧廩，易以新粟。《宋史·食貨志》

仁宗景祐中，淮南轉運副使吴遵路言：本路丁口百五十萬，而常平錢粟才四十餘萬，歲饑不足以救恤。願自經畫爲二百萬，他無得移用。許之。《宋史·食貨志》

神宗熙寧間，詔淮南常平司於麥熟州郡及時兑糧。《宋史》

孝宗乾道間，江南民艱食，朱熹請於府得常平米六百石賑貸，夏受之於倉，冬則計米加息以償。自後隨年斂散。歲歉則蠲其息之半，大饑盡蠲之。凡十有四年，得息米若干，除以原數償府外，見米三千一百石，造倉貯之，名社倉焉。自此不復收息，每石止收耗米三升。鄉閭間雖遇凶年，民不乏食。淳熙八年，奏於朝，請行於倉司。《文獻通考》

附　朱熹《社倉記》：

始予居建之崇安，嘗以民饑，請於郡守徐公，嘉得米六百斛以貸，而因以爲社倉。今幾三十年矣，其積至九千斛，而歲歉散之里中，遂無凶年。中間蒙恩召對，輒以上聞。詔施行之，而諸道莫有應者。獨閩帥趙公如愚、使者宋公若水，爲能廣其法於數縣，然亦不能遠也。

紹興五年春，常州宜興大夫高君商老實始爲之，於其縣善卷、閩寶諸鄉，凡爲倉者十一，合之爲米二千五百餘斛，擇邑之賢者承議郎趙君善石、周君林，承直郎周君世德以下二十餘人，以典司之。而以書來屬予記，予心許之而未及爲也。會是歲浙西水、旱，常州民飢尤極，流殍滿路。顧宜興獨得下熟，而貸之所及者尤有賴焉。然予獨慮夫貸者之不能償，而高君之惠將有所窮也。

明年春，高君將受代以去，乃復與趙、周諸君皆以書來，趣予文。且言去歲之冬，民負米以輸者，繈屬争先，視貸籍無龠合之不入。予於是益喜高君之惠，將得久於其民，又喜其民之信愛其上，而不忍欺也，則爲記其所以然者。

抑又慮其久而不能無弊於其間也，則又因而告之曰：有治人，無治法，此雖老生之常談，然其實不可易之至論也。夫先王之世，使民三年，耕者必有一年之蓄。故積三十年，則有十年之蓄，而民不病於凶饑，此可謂萬世之良法也。其次則漢之所謂常平者，今固行之，其法亦未嘗不善也。然考之於古，則三登太平之世不常有。而驗之於今，則常平者獨其法令、簿書、筦鑰之僅存耳。何也？蓋無人以守之，則法爲徒法，而不能以自行。而况於所謂社倉者，聚可食之物，於鄉井荒闃之處，而主之不以任職之吏，馭之不以流徙之刑。苟非常得聰明仁愛之令如高君，又得忠信明察之士如今日之數公者，相與並心一力，以謹其出納，而杜其姦欺，則其法之難守，不待他日而見之矣。此又予之所身試者，故並書之以告後之君子云。

明

洪武二①年，詔在京軍儲倉，增設京畿漕運司官，專督其事。《明典彙》

洪熙元年，諭户部：豫備倉儲，比之前代常平，最爲良法，宜遍行天下，申明舊典，勿事虚文。《明典彙》

宣德八年，南直巡撫周忱奏定濟農倉法，飭諸郡力行。於是蘇州儲米六十餘萬石，松、常各郡次之。令諸縣各廣濟衆倉，擇縣官之廉公有威，與民之賢者掌其籍，司其出納，遇災賑貸，民不知饑。《明典彙》

---

① 「二」，《四庫》本作「三」。

附　周忱《折收本色疏略》：

應天、鎮江、太平、寧國諸府，舊有石臼等湖。其中港溝，歲辦魚課，其外平圩淺灘，聽民牧收孳畜、採掘菱藕，不得耕種。是以每遇山溪泛漲，水有所泄，不爲民患。近者富豪之家築成圩田，排遏湖水。每遇水漲，患即及民，宜悉平之。

又各處被災，恐預備倉儲賑濟不敷，請以折銀糧稅，悉徵本色，於各倉收貯。俟青黃不接之際，出糶於民，以所得銀物，上納京庫。則官稅不損，民亦得濟。

正統七年，南京户部侍郎張鳳言：南京根本地，不可不素蓄。下部議，每歲分米二萬石，命著爲令。《明典彙》

嘉靖四年，廬州知府龍誥修蓋義倉，置買義田，行賑糶、賑貸、賑濟之法。又條積蓄便民八事，覆准通行各府州縣隨宜酌處，以備賑濟；有成效者具奏，加陞如例。《明典彙》

九年，題准嘉靖八年取到兩淮餘鹽銀十萬兩，候秋成米價頗平，分投委官召買，運赴徐、淮二倉交收。《明會典》

國　朝

順治十一年，詔：各府州縣俱有預備常平倉及義倉、社倉，積貯備荒。責成該道員稽查舊積，料理新儲，每年二次，造册報部。察積穀多寡，分别議奏，以定功罪。

十二年，題准：各衙門自理贖鍰，春、夏積銀，秋、冬積穀，悉入常平倉備賑。置簿登報，布政司彙報督撫，歲底造報户部。如有假公濟私、隱匿漏報者，督撫查參。其鄉紳富民樂輸者，地方官多方鼓勵，勿勒定數，勿使胥吏侵剋及加耗滋弊。

十三年，議准：積穀賑濟，務令修葺倉廒，印烙倉斛，選擇倉書，糶糴平價，不許别項動支。

十七年，議准：常平倉穀，春、夏出糶，秋、冬糴還，平價生息，務期便民。如遇凶荒，即按數給散災户貧民，飭有司實力奉行。

康熙十八年，題准地方官整理常平倉，每歲秋收，勸諭官紳士民捐輸米穀，照例議叙。鄉村立社倉，鎮店立義倉，捐輸積貯。公舉本鄉敦重善良之人管理，出陳入新。春月借貸，秋、冬償還，每石取息一斗。歲底，州縣將數目呈詳上司報部。管倉人儲穀多者，題明給頂帶榮身。有官吏掊剋者，照侵欺錢糧例處分。有强派抑勒、借端擾民者，該督撫題參治罪。

十九年，覆准直省常平倉穀，留本城備賑；義、社倉穀，留本村備賑；永停協解外郡。

附　**徐國相《積穀救荒疏》：**

爲積穀爲救荒之要務，官民有懼累之隱情，仰祈敕部永免撥解，以鼓勵捐輸事。

竊惟水、旱災傷，乃盛世所不免。惟在救濟有方，預備有素，則小民雖遇荒歉，不致顛沛流離。邇年以來，江南等省災沴洊臻，民生困苦，屢廑睿懷，發帑賑恤。近經廷臣會議，通行各省整理常平倉，每歲秋收之時，勸諭官紳士民捐輸米穀。其在鄉村鎮店内，令百姓自立社倉、義倉，勸諭收貯。等因。奉有俞旨，欽遵移咨到臣。

仰見皇上軫恤民生，預籌備荒至計。臣隨經轉行司道，竝有司各官，實力舉行。勸諭官紳士民，捐輸收貯，統俟年終，將捐積數目，照例造册彙報外，惟是臣屬常平倉穀石，自康熙七年撥解淮、揚充賑之後，舊積既虚，新捐無幾。又緣鳳、廬等府連年荒旱，支用無存。臣奉命行賑，凡經過地方，面問官紳士庶：積穀乃救荒要著，何以平日不思預備，以致凶年饑饉，無以自濟？咸稱積穀原備本地凶荒，前奉撥協外郡，不惟本地未獲實濟，而搬運繁難，脚費不貲，反受賠累之苦。所以人皆畏縮，捐貯寥寥。等語。

臣隨諭前因淮、揚異災，不過一時權宜，將来不復撥解，勸令量力捐輸，以備本地支用。然在地方，有此懼累隱情，非奉天語申飭永遵，恐蚩蚩之民猶有疑懼不前。仰祈皇上敕部，嗣後常平積穀，准留本地州縣備賑，義倉、社倉捐穀，各留本村鎮備賑，永免撥解外屬。恭候命下之日，臣大書榜示，遍行曉諭。將見鼓舞樂輸，歲增月集，於以備凶荒而濟民艱，利賴永永無既矣。

臣謹具題，伏乞睿鑒施行。

二十九年，諭：常平倉不必撥給兵米。

又諭：直省督撫嚴飭地方官吏，家諭户曉，務使及時積貯。度終歲所食，常有餘儲。

又諭：江寧、京口等處，大兵駐防之地，著將漕米各截留十萬石，建置倉廒，以備積貯。

又議准：各省常平倉，俱照直隸分貯各州縣。州縣官有陞遷、事故離任者，照交代收受正項錢糧例，取具印結。有短少者，該督撫題參，照虧空正項錢糧處分。

三十一年，諭：積貯米穀，最爲要務。今正值麥石收獲之時，應行各該地方官勸諭百姓，令各户量力捐輸積貯。該州縣官將輸納之人姓名、數目，詳記册籍。其秋禾收獲以後，亦依此例舉行。如春月轉貸於乏穀之民，俟秋月即照此數償還備用。每歲當收獲時遵行。

三十四年，題准：江南捐積穀石，以七分存倉備賑，以三分發糶，俟秋收買穀還倉。

三十五年，覆准：江南出糶舊穀，於本年爲始，輪年挨次出易。

又覆准：江南於各屬糶三銀内，酌提四萬石價銀解省，俟秋成時收買新穀貯省，以爲下年存七糶三之用。

四十年，題准：截留楚省漕糧二十萬九千餘石，存於江寧省倉。此項米内，動六萬四千石充給兵食，將買兵米價值扣留。動四萬五千石，分發淮安等處，照時價糶賣。俟秋成，將糶賣米價竝兵米扣留價值，照數買補還倉。

四十一年，諭：直隸、各省州縣雖設有常平倉，收貯米石，遇饑荒之年，不敷賑濟，亦未可定。應於各村莊設立社倉，收貯米石。直隸有滿洲莊頭，可合數村立一社倉。其管理社倉事宜，令莊頭内有情願經管者，交與收貯。百姓村莊公設社倉，百姓有情願經管者，交與收貯，以備饑荒。傳諭直隸巡撫，如設立社倉果有益於民生，著各省亦照例於各村莊設立社倉，收貯穀石。大學士會同九卿詳議，遵旨議定：設立社倉，於本鄉捐出，即貯本鄉，令本鄉誠實之人經管。上歲加謹收貯，中歲糶借易新，下歲量口發賑。

四十三年，議准：各省府州縣積貯米穀，大州縣存一萬石，中州縣八千石，小州縣六千石，其餘按時價易銀解存藩庫。其存倉米穀，每年以三分之一出陳易新。

又覆准：江南江寧所屬，大州縣存貯米五千石，中州縣四千石，小州縣三千石。其江寧省倉捐米八百七十餘石，久貯必致浥爛，照常平倉每年糶三，秋成買補。

四十八年，覆准：江、浙二省，蓋藏維艱。各該有司勸諭紳士人民，於秋收時遵行捐輸之法，積貯備荒。

四十九年，議准：霉爛倉糧，官員已經陞任，應革職留於新任，限一年賠完之日開復。

五十三年，諭：江南暵旱，將漕糧撥三十萬石：江寧府十萬石，蘇州府八萬石，淮安、揚州五萬石，杭州府五萬石，河南開封府二萬石。著漕運總督親身閱兑，速行運至，令其加謹照數收貯。

六十年，議准：各省州縣現在存倉米麥穀石，令該督撫嚴查。如有虧空者，勒限補足，務期實貯，以備賑濟。倘有賑濟之時，其存倉米穀虧空事發，將有司官員即行革職治罪；暨不行稽查之上司，一併嚴加議處。

雍正元年，議准：常平倉積貯米穀定例，歲底各省督撫造册奏銷，如有虧空，即行題參。今各省存倉米穀，雖有知府、司道盤查管理，不能保其一無徇私，當責之督撫核實嚴查，造册具奏。督撫離任，將册籍交代，新任限三個月查核具奏。如有虧空，即行題參。新任督撫不據實參出，後經發覺，一併議處，仍令分賠。

又議准：安徽壽州等州縣收成歉薄，於安慶府留貯漕米十萬石内，動米四萬石，減價平糶。俟秋收買補還項，分貯鳳陽二萬石，廬州府一萬石；其餘一萬石，仍運安慶收貯。

又覆准：社倉之法，原以勸善興仁，該地方官務須開誠勸諭，不得苛派，以滋煩擾。至收貯米石，先於公所、寺院收存，俟息米已多，成造倉廒收貯，設立簿册，逐一登明。其所捐之數，不拘升斗，積少成多。若有奉公樂善，捐至十石以上，給以花紅；三十石以上，獎以扁額；五十石以上，遞加獎勵。其有好善不倦，年久數多，捐至三四百石者，該督撫奏聞，給以八品頂帶。其每社設正副社長，擇端方立品、家道殷實者二人。果能出納有法，鄉里推服，令按年給獎。如果十年無過，該督撫題請，給以八品頂帶。徇縱者，即行革懲。侵蝕者，按律治罪。其收息之多寡，每石收息二斗，小歉減息一半，大歉全免其息，祇收本穀。至十年後，息已二倍於本，祇以加一行息。其出入之斗斛，照部頒斗斛公行酌量。社長預於四月上旬申報，地方官依例給貸，定日支散。十月上旬申報，依例收納。兩平較量，不得抑勒多收。臨放時，願借者先報社長，州縣計口給發。交納時，社長先行示期，依限完納。其册籍之登記，一社設立用印官簿一樣二本，一本社長收執，一本繳州縣存查。登記數目，毋得互異。其存縣一本，夏則五月申繳，至秋頒出。冬則十月申繳，至來春領出。不許遲延，以滋弊竇。每次事畢後，社長、本縣，各將總數申報上司。如有地方官抑勒那借、强行糶賣、侵蝕等事，許社長呈告，上司據實題參。

三年，諭：積貯倉糧，特爲備荒賑濟之用。但南省地方甚屬潮濕，米在倉一二年，便致霉爛，實難收貯。改貯稻穀，似可長久。應否改貯稻穀收貯之處，著詳議具奏。遵旨議定：江、安等省除安徽但有稻穀，原無存貯米石，無容改易，江、淮截漕米八萬餘石，分作二年，改換稻穀。令地方官添造倉廒，以備收貯。

又覆准：江、安等省所存米石，俟改穀既完之後，每年額徵應給兵糧，仍收米石，餘悉改徵稻穀。各省均照此例。其有虧空倉米者，亦令悉以稻穀追補還項。凡有需用，挨年先碾舊穀支給。倘需用米多，一時礱碾不及，應給米一石者，給穀二石。

四年，題淮①安屬各府州縣雍正三年所存捐穀十萬石有奇，内除太、泗、盱三州縣上年被災，賑濟穀六萬九千餘石，僅存三萬餘石。將春撥册内酌留雍正三年地丁銀十萬兩，於秋收分發各屬採買貯倉。

① 「淮」，疑爲「准」字之誤。考清雍正時泗州、盱眙屬安徽省鳳陽府，並不隸於江蘇省淮安府。且淮安僅爲府，不得言所「屬府州縣」。

又兩淮衆商公捐銀二十四萬兩，又備鹽院公務銀八萬兩，奉旨以二萬兩給賞兩淮御史，以三十萬兩爲江南買貯米穀、蓋造倉廒之用。所蓋倉廒，賜名「鹽義倉」，即著兩淮御史交與商人經理。遵旨議定：於揚州府治建倉積貯，每年於青黄不接之時，照存七糶三之例，出陳易新。或於米貴之時，開倉平糶，總至秋成糴補。倘地方有賑濟之用，各該撫一面具題，一面動支。管理之商人，將出易、糴補、動支之數，呈報巡鹽御史，該御史核實奏報。其出陳易新、平糶平糴之内，或有贏餘，即以增買米穀。

又諭：今歲江南地方秋雨稍多，其江、安所屬被水之州縣，已令該督撫轉飭有司，確查賑恤，務使小民得所。但聞入冬以後，時有陰雨，積水未消，秋麥未能及時耕種，恐交春米價漸昂。而青黄不接之時，更須爲籌及。况蘇、松户口繁多，民間食米多取給於外販，尤當早爲留意。查江安糧道有存貯還漕一項，約計二萬八千餘石。安慶、廬州、淮安、鳳陽四府，各有分貯存留之項，共計九萬餘石。此米原爲地方備用而設，但恐年月已久，未必實貯在倉，應差京官一員，前往確查。竝會同江南督撫，作何分别留、運、平糶之法，以濟民食。但江南地廣人稠，恐需米之處此數未必敷用，必設法多貯，方覺寬裕。其應作何採買、運送、備用之處，著九卿速議具奏。遵旨議定：江南地廣人稠，需用米穀倍於他省。動帑買運，以濟民食，恐稽時日。暫照河工議叙貢監之例，將銀兩改爲本色米穀，每銀一兩，收米一石或穀二石。鄰省之人，亦准捐輸。不論稜、秈，紅、白兼收。行文江南總督，蘇州、安慶巡撫，一面動支正項錢糧，委員於出産米石地方，照依時價採買運送。其採買若干，運貯何地之處，該督撫公同商酌，妥議具奏。一面行文鄰省，並出示曉諭本省才俊，令其急公赴輸。且分别府、州、縣之大小，酌量應輸米穀之多寡。俟各該處應貯米穀捐足之日，即行停止。其所收米穀，加謹存貯，按季造册報部。如有私自收取折銀，並勒索包攬情弊，即行指名題參，從重治罪。此所貯米穀，有應用平糶、賑散、出借之處，該督撫一面具題，一面即行動支，將動用數目報部查核。

九年六月，淮安慶巡撫程元章酌議平糶還倉新舊交代例。

又覆（淮）〔淮〕①：蘇、松、常三府買穀八萬石收貯。

附 程元章疏略：

存貯倉穀，歷年久遠，必有浥爛。每歲當春月青黄不接之時，存七糶三，銀貯府庫，秋收買補還倉。三年之間，將存貯穀石，徹底换新。既有濟於民生，且有益於倉儲，洵爲經久無弊之道。且春月價必少昂，秋收買補有多餘之穀，另倉存貯，聽撥公用。

查上江數年以來，各州縣並未平糶。直至新舊代交之際，盤量折耗，民不受平糶之益，官徒受賠累之苦。穀不能出陳易新，一旦撥賑，亦無好穀。官民俱爲未便。揆厥所由，皆以糶賣之

① 據《四庫》本校改。

後，交代推諉，每致掣肘。所以寧使其浥爛參賠，而必不敢以言平糶也。

臣思倉穀交代，原應實貯在倉，春糶必須秋糴。請以十月開倉收漕爲期。如十月十五日以前接印交代，所存穀價，責令新官買補還倉。十月十五日以後接印交代，所存穀價，仍令舊官買補還倉。按時定議，舊官必及時買補，不敢延挨。新官必按時接買，無敢勒掯。如此則新、舊官俱無掣肘，而民受平糶之益矣。

江南通志卷八十六

食貨志

物産

通省所同者列於前。其專産之物，與雖同有而其産尤佳者，於各郡縣下條注之。

穀之品，曰麥，曰稻，曰菽。麥之類，曰小麥，曰麰麥，即大麥也。曰莜麥。稻之類，曰秈，曰糯，曰晚。秈之屬，有早白秈、觀音秈、銀條秈、六月秈、蘆桿秈等類。糯之屬，有羊脂糯、麻觔糯、雀不知、虎皮糯、豬鬃糯、光頭糯等類。晚之屬，有紅芒、白芒之不同。菽之類，曰大豆，青、黄、黑，其色三。曰菉豆，曰赤豆，曰豌豆，曰蠶豆，曰稨豆，又有長而架生者曰刀豆，曰豇豆，洲渚野生者曰穭豆。黍之屬二，有黑黍，有赤黍。稷之屬，曰小米。麻之屬，曰胡麻。有黑、白二種，以色黑者爲佳，即芝麻。

蔬之品，曰菘，曰筍，曰芥，曰芹。芹有二，曰青芹，曰白芹。曰韭，以春初爲勝。曰葱，曰蒜，曰薑，曰莧，曰茄，曰薺，曰菌，有五色，或微毒，食宜慎。曰萵苣，曰蘿蔔，野生者曰漚藍。瓜之屬，曰王瓜，曰絲瓜，曰西瓜，曰甜瓜，曰苦瓜，曰冬瓜，曰北瓜。其生於水者曰茭瓜，曰茭菜，曰蒲菜。味甜而膩粉者曰薯蕷，（一名山藥。）曰芋。（大者爲芋頭，即蹲鴟也。）

果之品，曰桃，曰李，曰杏，曰梅，曰棗，曰柿，曰榴，曰橙，曰橘，曰梨，曰香櫞，曰木瓜，曰樝子，曰林檎，曰櫻桃，曰胡桃，曰栗，曰蓮，曰藕，曰菱，曰芰，曰芡，曰鳧茨，曰落花生，曰甘蔗。

服用之屬，有紗，有紬，有緞，（絲皆外省出，織工江寧稱善。）有棉布，有絹，有麻，有葛布，有土布，有絲綿，有土紬，有攢紬。（合絲爲縷，尤堅而可久。）有羽扇，有折紙扇，有竹絲器，有螺蛔漆器。

木之屬，曰柏，曰松，曰檜，曰桑，曰柘，曰楮，曰榆，曰槿，曰槐，曰檀，曰椿，曰樗，曰楸，曰楝，曰梧桐，曰楊，曰柳，曰冬青，曰石楠，曰烏桕，曰皂莢，曰合歡，曰楓香，曰杉，曰梓，曰椶，曰黄楊。

竹之屬，曰筀竹，曰淡竹，曰燕竹，曰水竹，曰牙竹，曰斑竹，曰紫竹，曰木竹，（其質厚味辣，又名剛竹。）曰鳳尾竹，曰慈孝竹。（二者尤細茂可愛。）

草之屬，曰芭蕉，曰雁來紅，曰映山紅，曰藍，曰莎，曰苔，曰鳳尾，曰翠雲，曰吉祥，曰萬年青，曰虎耳，曰蓼，曰蘋，曰荇。

花之品，曰梅。梅有三，曰玉蝶，曰緑萼，曰硃砂，以緑萼者爲勝。曰桃，曰李，曰杏，曰梨，曰夾竹桃，曰玉芙蓉，曰木筆，（即辛夷。）曰玉蘭。海棠有四，曰西府，曰垂絲，曰貼梗，曰毛葉。外此草本，則秋海棠也。曰紫薇，曰薔薇，曰桂，曰丹桂，曰芍藥，曰牡丹，曰蘭，曰蕙，曰菊，曰水仙，曰罌粟，曰鷄冠，曰千葉蓮，曰錦邊蓮，曰虞美人，曰杜鵑，曰碧桃，曰山茶，曰海桐，曰蠟梅，曰繡毬，曰荼蘼，曰梔子，曰榴，曰茉莉，曰鳳仙，曰玉簪，曰剪春羅，曰剪秋紗，曰棣棠，曰萱。

藥之品，曰桔梗，曰蒼朮，曰白朮，曰茯苓，曰枸杞，曰遠志，曰白頭翁，曰何首烏，曰升麻，曰防風，曰細辛，曰烏頭，曰山慈菇，一名金燈花，冬月生葉，如水仙而狹。曰龍膽草，曰杜蘅，一名馬蹄香。曰鬼督郵，一名獨摇，無風自動。曰芎藭，即川芎也，葉似芹。曰孩兒菊，一名澤蘭。曰香薷，曰薄荷，曰蘇，曰艾，曰青蒿，曰夏枯草，曰豨薟，曰木賊，曰麥門冬，曰天門冬，曰決明，曰澤瀉，曰藍澱，「澱」即「靛」也。曰蓼，曰蓖麻，曰半夏，曰兔絲，曰栝蔞，其根爲天花粉。曰葛根，曰茜草，曰絡石，曰木蓮，曰旱蓮草，曰忍冬，曰菖蒲，曰苦參，曰香附，曰茵陳，曰車前，曰百部，曰商陸，曰芫花，曰南燭，曰蒼耳，曰蒲公英，曰鴨蹠草，曰旋覆花，曰天名精，曰益母草，曰土貝母，曰土牛膝，曰尋骨風，曰棋盤草，曰紫花地丁，曰禹餘糧，曰石腦，曰金櫻子，曰元胡索，曰葳蕤，曰黄柏，曰土大黄。

禽之屬，曰鵝，曰鴨，曰鷄，曰烏，曰鵲，曰鴉，曰雀，曰鴿鶉，曰鳩，曰鷹，曰鶻，曰魚虎，曰鳧，曰雉，曰鴿，曰鸕鷀。

獸之屬：曰牛，曰羊，曰豬，曰犬，曰驢，曰騾，曰貓，曰兔，曰獾。

鱗介之屬：曰魴，曰鯉，曰鯽，曰鱸，曰鱅，曰鱮，即鰱也。曰鰣，出揚子江，初夏郭公鳥鳴時有之。曰刀鱭，曰河豚，曰鰻，曰比目，曰鱖，曰鱘，曰鱓。其介屬，曰螺，曰蚌，曰蠏，曰黿，曰鼈，曰蛤蜊，曰蜆。

虫之屬，曰蟬，曰蜂，曰蝶，曰蟻，曰蛇，曰螢，曰蟋蟀，即促織。曰蜻蜓，曰螳螂，曰絡緯，曰蜘蛛，曰蠅，曰蛙，曰蚊，曰蝎虎，即守宫。曰蚓，曰蝸牛，曰蜈蚣，曰蚱蜢。

江寧府

觀音秈　出江寧縣之金牛洞。

姚棗　出上元姚坊門，長大而甘脆。

木瓜　出上元攝山。

(元)〔玄〕武湖藕　甘嫩無渣滓。

(元)〔玄〕武湖菱　入口如冰雪自化，皆出上元縣太平門外。

櫻桃　江寧靈谷寺者佳。

銀杏　出江寧之天闕山。

鰣魚　出揚子江心，上、江二邑同。

折紙扇　出江寧城中者，四方稱最。

茶　江寧天闕山茶，香色俱絶。城内清凉山茶，上元東鄉攝山茶，味皆香甘。

雨花臺石　出江寧聚寶山。

茅山石　出句容茅山。

蒼朮　出句容茅山。

黄連香　出句容茅山。

赭石　出六合冶山，供繪事。

黄精　出句容茅山。

浮石　出六合冶山，通體虚靈，入水不没。

靈巖石　文理精奇，天然異彩，出六合靈巖山。陸君弼《夏日答朱憲昌山人以錦石見貽》詩有云：「開門或枉故人書，貽我錦石五色舒。貯之磁盤白盈尺，旋汲清泉助生魄。翠比結緑紅靺鞨，紋如指螺瑩無跡。娟娟含姿鬥水晶，粼粼照案吹寒碧。」

慈石　出六合冶山。取鐵如慈母招子，故名。

石墨　出句容茅山。

芝草　芝有八品，曰龍芝、燕胎芝、洞草芝、莉玉芝、參成芝、夜光芝、琅葛芝、熒火芝。前志皆云出句容茅山。然土人云：芝，靈物，可遇而不可求。

苧絲

文絹

羅

紗

貢緞　皆出江寧城中。

雉

兔　俱出句容。

𪓰𪓟　出溧水。

羽扇

野凫

鴛鴦

章雞　俱出高淳。

浦酒　出江浦。

瓢兒菜　出冬月者，味甘美，冠於他蔬。郡城特産也。或取其種植於他邑，則味變而質粗矣。味清爽，冬底春初尤爲香嫩。亦郡城之特産也。士夫春讌，皆以剪芹爲名。

白芹

大頭菜　芥之屬也。其根大如蘿蔔，以炒鹽、茴香製之，香脆異常。惟上元、江寧二邑有之，四方用相餽遺。

雪裏紅　亦芥屬也。莖圓，葉微小於芥。醃爲冬菜，味辛香，爽人心脾。惟郡城多出焉。

箭桿白菜　菘之屬也。取其中心嫩芽以爲羹，味甘美絶倫。其外大莖葉，以鹽醃之，可以禦冬，正月食之尤香脆。吴下謂之藏菜，然不若江寧郡城者之佳也。

竹　竹類不一，郡邑皆有。

蘿蔔　有紅、白二種。各郡皆産，惟江寧郡城出者肥碩，嫩脆味爽。

蘇州府

紅蓮稻　芒紅粒大。有早、晚二種。唐陸龜蒙詩：「近炊香稻識紅蓮。」

檀邱米　出吴江，粒圓而大。

矮糯　一名矮兒糯，粒白而大。

雲南豆　似稨豆，大而長，紅色可愛。

金釵糯　粒長。唐劉夢得句：「酒法得傳吴米好。」

蓴菜　味滑，出吴江。亦稱蒓綫，即張翰所思者，吴中佳品。

臺菜　冬種，春生臺。

韮　冬末春初卷苗者名韮芽，産昆山者爲勝。

百葉緗梅　花葉至二十餘瓣，差小，而蕊極繁密。

江梅　花疏瘦而早開。

官城梅　花敷腴而遲，光福鄧尉山香雪萬重，幾三十里。洞庭長坂亦最盛焉。

海棠　常熟文村有樹，高二丈餘，榦盈抱，花最艷云。種出海東。

甘菊花　出蘇郡學圃者尤良。

丁香　有紫、白二種。

矮桃 出長洲。最高者一二尺，結實約重六七兩，深秋方成熟。其味甘美異常桃。

消梅 其實鬆脆，爲梅中之最上品。出吴縣。

水蜜桃 近出吴縣南園。漿液香甘，不讓綏寧。

櫻桃 即含桃，出常熟者更佳。白居易詩云：「含桃最説出東吴，香色鮮濃氣味殊。」

枇杷 出洞庭東山者名白沙，味大甘。初接則核小，再接則無核。

楊梅 吴中名品，味配閩之荔枝。出光福銅坑者第一，出聚塢者次之。

緑橘 出洞庭兩山，大而深緑色。未霜臍間一點先黄者佳。

真柑 出洞庭而品特高，其木畏霜雪。

金柑 常熟沙頭稱最。

金竹 色如蒸栗。蔣堂詩云：「百鎰先寒一徑深，潛移造化鑄成金。」

荸薺 即鳧茨。出元和華林村者，色紅味美，不耐久。出吴江陳灣村者，色黑，帶泥可致遠。

蘭花筍 吴林云：岳園泥黑色，産筍肥大，香似幽蘭。

方竹 吴中佳植，可以爲杖。

木瓜 産洞庭山者，清香可玩。

香橼 蘇郡産比他郡爲多。

薄荷 府學前南園者，名龍腦薄荷。

紫蘇　出府學前，其葉背面皆紫。

鱸魚　巨口細鱗，出吴江長橋南者佳。

鮆魚　出太湖，多子。

銀魚　出鶯脰湖者，眼圍金色，士人多鱐以致遠。

鱠殘魚　出太湖。

鱖魚　狀似鱸。

燈草　出郭巷者佳。

太湖石　出洞庭西山水底者佳。

嶁村石　出靈巖山，可爲硯。

堯峰石　天然蒼翠。

錦　蘇錦各種，五色炫耀。

紵絲　出郡城。

羅

紗

綾

絹

綫紬
綿紬
紋紬
春紬
捺紬
飛花布
縑絲布
斜紋布
麻布
草布　以上皆出蘇郡。吴中以蠶桑紡績爲工，故布帛之屬，衣被四方。
堆紗
繡絨
刻絲　三種皆吴中名品。
蓆　出虎(邱)〔丘〕者佳，次出滸墅。
蓆草　出吴江平望、震澤。
花箋　出郡城。

香爐銅器　出郡城。

竹筯

藤枕

木梳

斑竹器　俱出虎(邱)〔丘〕。

昆刀　出昆山。

芡實　俗名雞豆。出吴江者殼薄而糯，出元和車坊者次之。有粳、糯之分。

腐乳　蘇郡名品。

茶　出虎(邱)〔丘〕金粟房，其色白，香如幽蘭。採於穀雨前爲雨前茶，天池、伏龍俱佳，此爲最。又洞庭兩山亦出佳茗。

松江府

香粳　七月熟，米粒小而性柔類糯。有紅芒、白芒二種。

箭子稻　粒長而細，色白味甘。香稻之上品。九月熟。

金釵糯　米粒長，最宜釀，得酒倍多。三月種，七月熟。

寒豆　宋楊萬里詩云：「翠莢中排淺碧珠，甘欺崖蜜軟欺酥。」即蠶豆。

蓴菜　出華亭谷及松江，甘滑宜芼羹。葉似露葵，四月生名雉尾蓴，最肥美。宋楊萬里詩：「鮫人直下白龍潭，割得龍公滑碧髯。曉起相傳蕊珠殿，夜來失却水晶簾。一杯淡煮宜醒酒，千里何須更下鹽。可是士衡殺風景，却將羶膩比清纖。」

蘭筍山筍　本出佘山。聖祖①因其筍味如蘭，特賜佳名。

蘭筍山茶　色淡而味清芬，亦絶品也。

水蜜桃　出上海顧氏露香園。在金桃、李光桃、雷震紅諸種之上。

梅皮　出青浦。削青梅皮以蜜製之，味殊甘脆。

黄金間碧玉竹　上海所産。

五茄皮　出郡中。每歲春時，鄉人採其嫩芽焙乾，以餽京洛。

顧繡　上海顧氏露香園所製。

烏絲絹　出郡城。光細滑澤，望之如水。

絹箋　出郡城。光澤精美，四方書畫家多寶貴之。

談箋　有數種，惟玉版、玉蘭、鏡面、宫箋甲於天下。

金魚　出上海者佳，好事者畜之爲玩。

① 《四庫》本無「聖祖」二字。

鶴　華亭鶴窠村所出爲得地。其實自海東來，馴養久，乃生雛。以足有龜紋者貴，今無。

黄雀　每歲秋時，山蕩北鄉有之。《吴地記》謂小魚，長五寸，秋社化爲黄雀。味腴美。

鱸魚　生松江。出長橋南者四鰓，在諸魚之上。橋北者止三鰓，味亦不及。

蟹　出三泖者大，謂之泖蟹。出上横涇者小，謂之金錢蟹。今惟出潘蕩者美大。

銀魚　出泖西者最細而肥美。

鯧魚　身廣頭鋭，細鱗脆骨。

鰣魚　出海中鄉。俗以夏至後半月爲三時，魚盛於四月，取迎時之義。銀鱗丕爍，厥味鍾焉。

黄魚　即石首魚。每初夏，海濱網取，以冰載之，謂之冰鮮。

梅魚　似石首魚，不盈五寸。

青鰕　大如掌，俗稱對鰕。

淡菜　生海濱。

吐鐵　生海濱沙上。

蛸蛑　生海邊泥穴中。

剪絨花毯　花樣異巧，有廣至數丈者。

沙裏鈎　生海堧沙中，鈎取乃得，故名。漬以甘釀，殼軟而味腴，吴中珍品。

木棉　古名吉貝。宋時始傳其種於烏泥涇，今沿海高鄉皆種之。

布　松郡邑皆能織。出沙岡、車墩者，幅闊三尺餘，緊細若紬。東門外雙廟橋有丁氏者，彈棉純熟，花皆飛起，收以織布，尤爲精軟，號丁娘子布，一名飛花布。又有斜紋布。

綾　一名紵絲綾，惟松江有之。

鹽　出下沙、青村等場，所謂吴鹽也。色白如雪。

酒　顧《志》云：雪香酒，味香冽而色白，松酒之最佳者。俗以九月初製新酒，名開清，其品短水爲上。九峰酒次之，清酒又次之。夏月則用白酒，其佳者曰靠壁清。上海有清酒，曰燒清，十月造，至夏始開。泖濱近有劉氏者，汲泖水做三白法釀酒，味亦甘冽，號劉酒。

常州府

香珠稻

紅蓮稻　俱出武進。

秈米　出武進，歲以二十石充貢。

白果豆　武進所産，異於常豆。

燕笋　出江陰。

毛笋　出宜興。

岕茶　産宜興山谷者佳。

竹菇　産宜興之南山者佳。
西瓜　武進之奔牛，無錫之五牧，江陰之青暘皆佳。
梨　武進之迎春鄉者，爲一郡之冠。
桃　産武進之孟河，靖江之諸沙者稱最。
楊梅　出武進馬山者佳。
菱　産武進之蘆墅。
櫻桃　産江陰之青暘。
何首烏　出宜興銅官者佳。
斑竹　多産江陰。
牡丹　出虎涇口沙山者佳。
棉花　各邑皆産，江陰尤多。
黄麻
蓆草　俱産無錫。
鷿鷉　産武進之太湖、滆湖者爲多。
黄雀　出武進之横林、無錫之五牧者佳。
山牛　出宜興諸山。

野豬　出宜興諸山。

蟹　産武進之芙蓉湖，名玉爪者佳。

河豚魚　出江陰，食之有毒。

東門闊布　出武進。

子鱭　出靖江。

料絲燈　武進獨擅其長。

惠山泉酒　以水出惠山，故名。

砂壺　宜興之澄泥造作爲最工。

蒲扇　蒲蓆　江陰者爲佳。

蒲凉鞋　宜興之陳橋尤著。

苧帨　武進驛前、無錫之蕩口與靖江三處皆極佳。

鎮江府

黄粟　《唐·地理志》：潤州貢黄粟。今無，惟觀音秈、銀條秈爲佳。

杜鵑　在鶴林寺，高丈餘。相傳唐貞元中，有外國僧自天台鉢盂中以藥養根來種之。

玉蘂　在昭隱山。唐人甚重玉蘂，故唐昌觀、集賢院、翰林院皆有之，非凡品也。今無。

玉蘭　出馬跡山紫府觀。其花表裏瑩白，其香如蘭，不根而值，不蓓而花。開時多於春暮，遇者以爲瑞。宋淳祐間忽開，郡守李迪有詩，見《咸淳志》。陳輔之有《玉蘭》詩二首，見《京口集》。

八仙花　狀如瓊花，八蝶簇一心。有簇聚如碧玉者，曰玉蝴蝶。

金沙　花萼有大、小二種，大者開遲而色鮮明，小者開早而色殷重。

文官花　鎮江范氏所植。唐時惟學士院有之，胡翰有《贊》。

山木瓜　劉言史有《王侍御莊看山木瓜》詩。

黄精　出茅山。九蒸九曝服之，可以延年駐顔。前已載《江寧》，以山與金壇接界也。

南燭　其樹如木，而葉似草，其子如茱萸。冬夏長青，八、九月熟，酸美可食。

偷蒼鳥　似雀而差小。籠畜易馴，雌雄遞放不失。

零陵香　出丹陽郡，古之蘭蕙也。

鱘鰉

鰣魚　俱出大江。

琴魚　背上有徽似琴，出吕城。

鵜鶘　即淘河，出丹陽。

鹿

兔

獐　金壇、丹陽諸山谷中多有之。

黄金間碧玉竹　出金壇。

酒　出金壇，以米麯、五茄皮酒爲上。近以于氏自釀酒爲金壇第一。

珍珠麯　出金壇。

醋　金壇粳米釀者極佳。

葛布　出金壇，名馳天下。

乳餅　金壇爲佳。

戈扇　出溧陽。

岳刀　出溧陽。

大紅緯　出郡城，色鮮艷奪目。

淮安府

鹽　產於廟灣、白駒、劉莊、伍祐、新興、板浦、莞瀆、臨洪、興莊屯、徐瀆浦十場，兩淮鹽賦所出。

黄芽菜　安東有之，北種也。

黄薔薇

五色薔薇　皆出安東。

酒　苦蒿、金盤露、珍珠酒①、五香藥酒，惟苦蒿最美。

菱

藕

芡實　淮上爲多。

雉

兔

山羊　俱出山陽②。

野馬　舊出盧石山中，以其性劣，今不復取也。

烏賊魚　其背骨即海螵蛸也。

紫菜

靛　俱出鹽城、安東、山陽。

蠟　有黄、白二種，出山陽。

蔴　有苧、白、檾三種，淮屬所出爲多。

① 《四庫》本無「酒」字。
② 《四庫》本作「白羊」，且無「俱出山陽」四字。

木棉　曰紫，曰吉貝，産於淮南。

鹽精石　淮上所産。

鼓　淮鼓大小鞔法皆精。

鏤金銅器　淮安鎏金工藝爲精。

芸香　出淮安。

蘆席　簟色，工緻性柔。

鑄鏡　淮鏡開明，勝於湖鏡。

鶴　出安東。

鸛

天鵝

倉鷄

鴇

鴻雁

鸂鶒

鵁鶄　凡七種，以淮地多湖蕩，時有至者。名可載而非常産。

蠶　淮地亦多畜之。

汗衫　出鹽城。

骨碎補

五茄皮　俱出山陽。

海蜇

麯　俱出淮上。

對鰕　出桃源。

銀魚

鰕米

鹽魚　淮上諸邑所出爲多。

揚州府

黄稑米

烏節米　《唐·地理志》：揚州貢黄稑、烏節。

海陵紅　《漢書》：揚州有桃花米，即此。

觀音白　近日揚州惟此種稱最。

菰米　即菰蔣草也，高、寶、興諸湖多有之。秋生米名雕胡，杜甫有詩云「波漂菰米沉雲黑」是也。

西瓜　產興化餘東者佳。

櫻桃

林檎

梨

銀杏　四種以江都爲佳。

沙桃　出江都東沙諸處，大如鵝卵，味極美，肉與核離。明朱曰藩詩云：「沙桃風味動江鄉，每近中元輒寄將。供奉似君才不忝，漢庭早晚識東方。」

芍藥　揚州號天下第一，江都凡三十二種，惟金帶圍不易得。宋有圃，在禪智寺前。又有芍藥廳，其種最多。

玉蘭　一名迎春花。明歐大任《王氏園觀玉蘭》詩有云：「翠羽忽驚梅萼夢，瓊花猶聽竹西歌。」

芙蓉

荷花　在處有之，不若高郵、邵伯諸湖最多。

瑞香葵　有荆葵、戎葵、秋葵、兔黄，今人誤爲葵菜。

五茄皮　一名文章草，今高郵以之造酒。

象蘆竹　戴凱之《竹譜》有竹象蘆。

湘妃竹　斑紋細秀可愛。

海艾　《本草》：出揚州。

花鷄　似雀而小，味極脆美。

黄雀　出揚州者差大。

鹽　出沿海諸場。

鹼　泰興、如臯出。

硝　出泰興。

鰕

蟹　揚號水鄉，二者爲多。

酒　江都曰雪酒，高郵曰皮酒。

鰣魚　出大江。

鯧魚　江都各邑皆出。

蛇床子　《通典》：揚州貢。

土紬　出揚州，高郵亦多。

槐角子　出高郵三皇廟者佳。

草布　亦名草葛，出江都。

絲綿

鹽魚

鹽蛋

鰕米

藕粉　俱出寶應、高郵。

徐州府

稻　稻乃他郡之常産，惟徐地舊止種黍、稷、麥、菽，近間有種稻者，止水、旱二種，故稻遂爲特産。蕭縣白米，山泉灌溉者尤佳，可見人工足以興地利，正不必使有曠土也。

芝麻　即胡麻也，《仙傳》有胡麻飯。

芹　有水、旱二種，徐地多旱芹，俗名藥芹。或云即蘄苣。

芋　一名土芝。《史記》曰：蹲鴟有水、旱二種。旱芋微辛，不若水芋甘。芋生應月數，每魁有十二子，遇閏則益一子。民間收儲，可以代糧，凶歲尤宜多種。蝗所經，苗稼草木①無遺，獨不及芋，故知芋足禦荒。每芋一畝，其入視雜糧②加倍。近水者尤良。

蘑菇　州邑通産。

---

①「木」，《四庫》本作「根」。

②「雜糧」，《四庫》本作「五穀」。

山藥　一名薯蕷。徐土所出，味尤甘膩。

百合　郡邑皆出。

黄芽菜　與黄芽韭並碭山者佳。

桃　豐縣桃實大而味甘。

杏　以梅接①者曰梅杏，味尤佳。

梨　蕭縣梨曰兔頭燕頂者，甘脆尤異。

棗　蕭縣天門寺出天棗，形小，色紅，味美。

沙果　郡邑通産。

蘋婆果　俗名蘋果，徐地産者極佳。

茵陳　蒿類。經冬不死，因舊苗而生，故名茵陳。

枸杞　郡邑通産，子、苗、根皆大補益。

鬼箭草　入藥可治疫，郡邑通産。

牡丹　徐地近豫省，種類極繁，花時無美不備，非他郡所及也。

素心蠟梅　内外一色，香倍他種。名素心金蓮。

---

① 「梅接」，《四庫》本作「接梅」。

芍藥　徐郡多植此花，極爲奇盛。

紫草　出碭山。

鶴　宋雲龍山人有放鶴亭。

鷹　出蕭縣者良。

倭鸞　一名角鴿。善鳴，能效百物聲。

獐

兔

狐

鹿

獾　徐地土曠山多，故多山獸。

野鴨　群飛蔽天，聲如風雨。

雉　郡邑多出。

鱣魚　黄河中生。

綿紬　出豐縣者爲佳。

花石 出東山，五色文成①竹木如繪。

石炭 郡邑徧產。

榕木

蒲菜 俱邳州出。

羊棗

南瓜 出睢寧。

觀音草

虎鬚草 宿遷爲多。

釜甑瓦器 邳州、宿遷、睢寧皆有。

雁

鰕

蟹

猴 邳州、宿遷、睢寧皆出。

灰鶴

① 「文成」，《四庫》本作「成文」。

天鵝　間有至者。

太倉州

紅山藥　種自普陀來。

西洋菜　二者俱出崇明。

落花生　出嘉定，子黄色者佳。

金柑　出太倉。

乾柑　出嘉定高橋鎮。紋細，味香如蘭。

金桃　出嘉定之婁塘。

藥斑布　州、邑皆出。

大布　闊一尺七八寸，出寒山寺者佳。

棉花　州、邑栽之，以資紡織。又有一種名紫棉，結實大如桃。

雕竹器　出嘉定。

雕玉器　出州内。

絃子提琴　出州與嘉定。

弓劍　出崇明。

酒　有珍珠紅、竹葉青、十月白等名。

海　州

紫菜　州出。

鮝魚

海蜇　州、邑皆出。

鹽　出板浦、海門。

薏苡仁　出贛榆。

冬青　出秦山。

五色蜀葵

木香

洋菊

五色薔薇　皆出贛榆。

大小薊　亦出贛榆。

紅鶴　贛榆時有至者。

野鳧　州、邑皆出。

鯊魚

鯉　俱州出。

南瓜　出沭陽。

蘋果　州與沭陽皆出。

白蒺藜

菊香

扁竹　皆出沭陽。

對鰕

銀魚

鰕米　三者州、邑皆出。

鹿

獐

兔　三者州、邑亦時有之。

通　州

靈芝　出州軍山。

雪酒　州出。

車螯　亦州出。

玉鈎鰕　即小白鰕也，出州内，鮮美異常。

鯉　出州内。

桃乾　出泰興。

櫻桃蜜套　出泰興。

芙蓉汗衫　出州内。

九葉芸香　形似小笋，剥之如蕉，俗稱蘘①荷。用作蔬食，可以解瘴。相傳諸葛征五溪得之。

苧布　出餘東。

剪刀　出州内。

篦　出如皋。

鹼　出泰興、如皋。

硝　出泰興。

麂皮　出如皋。

① 「蘘」，《四庫》本作「囊」。

安慶府

山葵　葉翠如雲，正、二月間浥露抽苗，香甘異常，土人美其名曰珊瑚菜。懷、桐、太三縣俱出。

木耳　一名蕈，出太湖、潛山。

石耳　出天柱山中。

黄精　太陽之草，久服可仙。出潛山。

茯苓　出潛山。

丹砂　出太湖司空石壁，望若赤霞，險峻，取之甚難。

長春藤　出太湖，服之延年。

青木香　一株五根，一莖五枝，一枝五葉，葉間五節，故又名五木香。

栗米　一名小栗，各邑皆產。

冬笋　出潛山、太湖。

蘭　一榦一花，香極幽遠。

蕙　一榦十餘花。出龍眠、天柱者更佳。

芽茶　出潛山。

苦茶　可消暑疾，出皖山。

錦鷄 出潛山。似雉而小，文彩煥然。

竹鷄 出潛、望二邑。

石猴 出望江。

鵁鶄 出太湖。

鸘鷞 出潛山。

鵁鶄 懷寧、望江時有至者，而非常産。

虎

豺

狼

鹿

麂

獐

貍

雉

狐

貉 安屬多山，以上各種皆出。

魚鮓　出懷寧。

蜜　六邑皆有。

白蠟　潛山出。

龍鬚蓆　龍鬚草出龍山。

竹簟　出潛山。

木棉　郡、邑皆出。

柏油　郡、邑皆出。

漆　出潛山。

笋　出潛、太。

紫草

穿山甲　俱出宿松。

土紬　出桐城。

布　出懷寧石排鎮，家機者細厚而幅闊。

漆碗

漆盃　其裏金黄，外以黑漆。酒器各種俱有，出宿松城中。

葛布　出桐城。

秋丹　一名秋石，補血生精。出桐城。

魚米柴炭　安屬魚米之鄉，郡、邑所産稱最。

皂角　郡、邑爲多。

徽州府

穀　新安宜秈而不宜秔，且多山少田，米時取足於外方。

茶　出松蘿山者最佳，有雀舌、蓮心、金芽數種。

紫霞茶　出歙縣紫霞山，色香清幽如蘭。新安家家製茶，以此品爲最。

山藥　歙、休二邑皆佳。

笋　六邑皆産，出問政山者尤佳。

石耳　出黄山。

黄精　亦以産黄山者爲佳。

白石英　新安所出，細長白澈。

黄連　産黄山。

菖蒲　石生而細者良。《本草》載所出之州七，歙其一焉。大葉者爲昌羊。

白术　歙産勝於浙，以其白勝也。

杉　出婺源、祁門。

三友柏　一樹而扁、側、翠兼焉。

娑羅樹　在潛虬山。

黄山松　堅細秀古，根出石上，異於他松。

春桂　似桂而五出，三月開。

金縷梅　似蠟梅而瓣如縷，春日開時，翩躚欲舞。

撚蠟　亦似蠟梅，一苞四五朵，其開也以春杪。

海罽花　生雲海。春日遍厓谷，紅色深淺相錯，至鋪海時，爛然雲錦矣，彷彿睡①香而差大。

旌節花　老藤上作花，行行垂如旌節，色淺碧。黎州漢源縣亦有之。

瓔珞花　色黄碧，幽倩澹冶，清香雋永，有垂柳之態。

藚桃　與桃無異，但花趺先實耳。

山櫻　木本，竹葉。初夏作花，實如含桃。

紫雲花　花深紫，日光下燭，晶然凝望。

石蘭　一莖一葉一花，色紫，生峭壁上。

① 「睡」，《四庫》本作「瑞」。

木蓮花　在慈光寺前。高柯成圍，密葉蔽日，冬不彫。花肖白芙蕖，惟房葯不類。四五月間開，香聞數里。山中無二本。

疊雪花　花似剪雪，中含一葫蘆。九月開。

玉鈴花　樹高大蘢葱。夏月碧陰中，白花串串，有類雕刻。香、色俱佳。

香杜鵑　杜鵑處處有之，此則高幹濃香，迥異凡種。

查葡花　木有芒刺，四月開小黄花如丁香，其結實也如丹砂。

覆杯花　攢生，葉底空中下垂，似鏤竹髹朱而成。

仙都花　生仙都峰下。古榦屈曲，花一苞七八朶，望之如芙蓉而特香。緑心如拳。三年一放，放則葉下披如相讓然。

紫綺玉環　草花也，頗肖二物。

傲雲花　形色似木蓮。自夏徂秋香不斷，葉亦微馨。悟公雲舫四圍皆此樹。

鶇群花　藤屬，葉似菰蔣，秋日著花，宛然鶇也。以上諸花多産黄山。

銀絲藈　出祁門。其細如銀縷絲，故佳。

羅漢松　在吴山寺。

方竹　堅實可爲杖。

佛面竹　亦可爲杖。

硯　出龍尾山，青色緑暈多金星者爲上。

五穀樹　在顔公山，歲以所實占豐歉。

緑螺　歙縣名品。

墨　五代李超及子廷珪造墨，至宋，歲以大龍鳳墨千斤充貢。仁宗宴廷臣於群玉殿，以李超墨賜之，曰新安香墨。其後賜翰林，皆李廷珪雙脊龍。樣品尤佳，《墨譜》稱之。上者拈來輕，嗅來馨，磨來清。今失其傳。近代製墨者以程君房、方于魯爲上，吴去塵次之。今亦不可多得，惟曹素功紫玉光稱最焉。

蜜棗　出休、歙。

棗乾　出休、歙。

金豆　出婺源。

銅鎖　出嚴正街。

漆器　休、歙皆工。

羅盤　歙邑稱最，程宏宇、汪永年二家造者尤精。

定時羅　一名日晷。紋理工緻，本質端好。惟程宏宇、汪永年二家製者，四方未有倫比。

竹器　出休、婺、歙縣。

螺蛔器　出休、歙。

虎

猴

鹿

兔

獐

山羊　徽郡多山，故多出焉。

寧國府

茶　宣、涇、寧、太諸山皆產松蘿。又太平龍門山產翠雲茶，香味清芬。又雅山茶，宋梅詢有「茶煮雅山雪滿甌」之句。今不可多得。

紙　郡、邑皆出，宣、寧二邑尤擅名。

棗　有四種：圓棗、長棗、甜棗、羊棗。

栗　郡、邑山谷多栗，栗熟比於穀熟，公私賴之。

雪梨　種類亦多，而宣邑雪梨爲最。

花紅　產寧國，實大味甘。

櫻桃　一名含桃，六邑皆產。

芋　即蹲鴟也，可備荒。

桃　有六種：五月桃、六月桃、離核桃、回回桃、扁桃、矮桃。

薑　寧邑山鄉港口二十里内出薑，熟如穀熟，財貨所資也。

白术　産寧、太山谷者佳。

鬼箭羽　能除疫氣，寧國山中爲多。

棉花　六邑皆出。李商隱詩：「木棉花發鷓鴣飛。」蓋紀其時也。

絲棉

苧麻　二者郡邑皆出。

芝麻　《周禮》：三農生九穀，一曰麻。蓋胡麻也。

飯瓜　嘉靖中，仙養心宦嚴州，移種給鄉人。每本結百枚，入冬方萎，味甘，可代飯。今産寧邑。

蕨粉　苗可食，根可爲粉。《本草》云：根如紫草，作菜食之，味甘。寧國多山，蕨遍生焉。

竹鷄　宣、寧、涇、太諸山鄉皆有。其鳴音似「泥滑滑」，木中蛀聞之化爲水。

翡翠　大者曰山翠，小者曰水翠，俱巢水際。

虎

黑熊

山羊

鹿

麂

兔

狐

雉

猴

豲猪

香貍

玉面貍　自虎而下，以寧郡、邑多山，與徽郡山接壤，故多出焉。

杉　涇、寧、太三邑多。

竹　有十數種，郡邑資之爲利。

竹簟　出旌德。

木瓜　出宣城。能固氣、調榮衛，止霍亂、轉筋。宋楊萬里詩：「天下宣城花木瓜，日華霑露繡成花。何須堠子强呈界，句有瓊琚先報衙。」

蘭　郡邑巖壑皆產，香最清遠。

鳳尾蕉　木本，有合圍高數丈者。

玉荷　花似千瓣梔子，入夏始開，花香過於茉莉，可作食。亦嚴州移種。

四季桂　四季開花結子，狀如蓮實。

琴魚　長不盈寸，龍鬐果腹。三月三日出，餘日無。

鰱魚　其小似琴魚，而無龍鬐，味亦佳。

桐魚　桐花開時出，故名。

紬　寧邑土紬最佳。

扇　宣城出。

筆　宣州諸葛氏善製筆，相傳有晋王羲之索筆帖。

宣州石　出宣州。其石質瑩白秀，削可供几盆、園亭佳玩，四方珍之。

石灰　以上四者，郡、邑皆出。

漆

炭

蠟

池州府

黄粒稻　出九華山。舊傳金地藏自新羅携種至此種之，粒肥色殷，味尤香軟，與凡稻異。

珍珠菜　産石埭杉山。暑月入饌，蠅不集。

元修菜　產貴池，見《東坡集》。

茶　有片茶、仙芝、嫩蕊等名，六邑皆出。

金地茶　出九華山，亦金地藏自西域携來者。

仙人掌茶　李白有《贈玉泉仙人掌茶》詩。出九華山中。

茗地源茶　出九華山之閔園陰谷中。春、夏之間，萌芽始發，故旗槍不大展，亦不可多得。

薑　《本草》：乾薑以池州者爲良。貴池、銅陵皆出。

笋　池州産竹，故笋稱最。

菉豆粉　出東流。粉異於他邑者，以菊江之水爲勝耳。

竹蕈　出九華山，生竹根者味甘。

棉花　六邑皆種之。

紙　唐、宋池州貴紙。《石林燕語》曰：宋學士制用白麻紙。白麻者，池州楮紙也。

漆　出建德者良。

桐油

柏油　郡、邑皆産。

雨傘　池郡造者，輕而適用。

扇　出青陽。削竹爲骨，以柿汁塗紙糊之，以泥金畫山水、人物於上，售之四方。

千秋松　出九華山。長二三寸，葉類柏。生絶巘，取供盆山①，可與黄山松匹。

五釵松　出九華山。每枝五花五股，其實可食，文理如轂②。

仙人燭　木名，産九華山。榦似梧桐，長尺許，其液可燃。

羅漢柜　出九華山。榦高一二尺，葉似側柏。

仙掌扇　木名，出九華山。葉大如羽翣，色青翠。

木蓮花　出九華。榦類梔子，苞先於葉，其花與蓮無異，自春開至八、九月始已。

玉女幢　木名，出九華山陰巖絶壁之上。其木高一、二丈，自成行列，如幢節焉。

羅漢絲　産九華山。木本如檜，高數丈，翠葉間垂心白色，作結成絲。

菩薩綫　産九華山。如檜，但枝葉長垂如綫，色翠香清。

鉢囊花　木本。高丈餘，葉細而長，色翠而澤，花生葉上，萼如黄葵。出九華南臺。

莎羅花　木本，出九華。其枝每生七葉、九葉，苞如人面，花似牡丹，色類拒霜，香如菡萏。

蘭　郡、邑皆産。

蕙　四月間始花。

① 「山」，《四庫》本作「玩」。
② 「轂」，《四庫》本作「一」。

珍珠蘭　出貴池。

淵明菊　出東流，晋陶淵明遺種。

九節菖蒲　出九華山中。

龍鬚草　出九華山，爲席甚佳。

紫貝天葵　貴池之西厓所産尤多。

七葉一枝花　出九華山。

黄精　産九華絶壁者爲上品。

何首烏　産九華山者良於他處。

錦駝鳥　出貴池，見李白《秋浦歌》。

惜春鳥　出九華山。

念佛鳥　出九華山。狀如鳩，黄褐翠羽，作念佛聲。

碧鷄　出九華山。

雲韶部　即音聲鳥，出九華山。其鳴響互答如簫韶。

蒼鹿　九華山中、天柱峰下時有見者。

羚羊　池郡山中皆有之。

麥魚　出東流，麥熟時卧虎潭一帶俱出。其形似麥，上至石人山瀨，則形漸大，過此則化青蜓飛去。

香鯽

君魚　皆産貴池。

嘉魚

銅魚　皆出九華。

緑魚　出石埭。暮春則見，巨口細鱗。

猿　貴池、青陽、石埭、建德山谷中皆有之。

木炭　郡、邑皆産。

太平府

黑小豆　出當塗。可入藥，有補益，大豆則否。

赤小豆　俗謂紅豆。

蓴菜　生水中，即鳧葵。花黄，白子，紫色莖細如釵股，味甜體軟，和鯽魚作羹佳。

荇絲菜　田家美味，郡、邑最多。

菱芰　兩角爲菱，三、四角爲芰，生熟皆可食。

珊瑚菜　亦名山花菜。春月生采石山水邊，清香有别味。

藕　黄池稠塘出者，甘嫩無渣滓。

槵子　樹高葉大似栗，結實剥核，可爲念珠。

芡實　一名水中丹。入藥，與金櫻子稱「水陸二仙膏」。

金櫻子　一名山石榴。叢生多刺，花白類小薔薇，子似榅桲而小，色黄有刺。收子熬膏，治虚損最良。

五茄皮　叢生山谷田野。莖黄赤，春生苗葉俱青，高三四尺。一苗五葉者佳。每葉下生一刺，開白花，結實如豆。根若荆根，皮黄輕脆芬香。五月、七月採莖，十月採根，陰乾用。味辛温，微苦寒，無毒，入藥功爲多。

菖蒲　根有一寸九節，或十二三節。生石澗中名石菖蒲尤佳。

烏昧草　宋范仲淹奉詔安撫江淮還，以太平州貧民所食烏昧草進呈。今無。

松　白紵山有六朝松十餘株。横望山亦多怪松，倒懸石壁。隱静山有十里松徑，乃杯渡禪者手種。

骿竹　唐姑孰崔氏有骿竹之瑞，觀察使崔準奏建寺，名瑞竹，今報恩光孝寺是也。

穿山甲　出繁昌。

鯆魚　出采石江中。

鱘鰉　出大江。

碧霄魚　出繁昌隱静山碧霄泉中。

竹鷄　出繁昌，一名泥滑滑。諺云：「家有竹鷄啼，白蟻化爲泥。」

子規　即杜鵑，一名杜宇。

鳬

鵪鶉

麞

兔　郡、邑皆出。

寒水石　出蕪湖荆山。

膏風　出繁昌。可以炊焰，山煤之别種也。

紙　繁昌紅花山出。又土名高坳，二處紙户造紙。

竹器　其類不一，繁昌尤多。

鋼窑　出荻港。

凍緑布　出繁昌。迎薫門外有泉曰烏泥井，以此水凍緑，色倍鮮明，他水不及也。

銀硃

百益酒

屐　俱出蕪湖。

廬州府

萬壽紬　出合肥。機房在萬壽寺左右，故名。

絹　出舒城。

絲布　出廬江。
何首烏　出合肥深山中者佳，紅、白二種。
笋　郡、邑皆出，而舒城産者尤佳。
竹簟　出舒城。
栗　郡、邑多産。
梨
棗
杏
花紅　出合肥、舒城、無爲。
薏苡　出舒城。
五茄皮　無爲州産者良。
石斛　産合肥。《地理志》：唐時充貢。
薑　出舒城。
白蠟　郡、邑皆産。
鮓　舒城、無爲、巢縣皆出。
蜜　出舒城。

漆　出合肥、舒城、無爲諸邑。

礬　出盧江。

炭

柴　郡、邑皆出。

鰣魚　出盧江無爲州。

鳧　即野鴨也，出巢縣。

雉　郡、邑爲多。

天鵝

鵁鶄

淘河　皆出巢湖。

黄鴨　巢縣爲多。

虎

鹿

兔

獐　郡邑多山，故山獸爲多。

玉面貍　出合肥者佳。

青鶴　出盧江。

畫眉　出盧江。

鴛鴦　出巢縣。

鶴　郡、邑時有至者。

竹鷄　一名山菌子，郡、邑皆産。

猴

野猪　出郡、邑深山中。

貛

獺

狐　郡、邑皆出。

鳳陽府

雲母石　出鳳陽雲母山。《方輿勝覽》云：彭祖取服之，輕身延年，貌澤不老。

磬石　出靈壁磬石山。可取編磬，以供郊廟朝廷之用。

黄芽菜　出鳳陽。春初生，味極甘滑。

黄雀菜　出鳳陽，樹而花生者。

山藥　出鳳陽者甘膩。

蘑菇　亦以產鳳陽者爲佳。

百合　郡、邑皆産。

絲棉木　出懷遠。

木棉　花中如鵝毳，抽其緒可織爲布。郡、邑皆出。

芹菜　虹縣者長而無節。

羊脂菜　羊城湖出。

棗　郡、邑皆出。

圈棗　出定遠。

軟棗　出臨淮者佳。

櫻桃　出鳳陽。

沙果　出懷遠者味勝林檎。

白玉瓜　出定遠。

文官果　出虹縣者佳。

苜蓿　郡、邑皆産。相傳種出大宛，張騫帶入中國。

蘋果　出宿州，味清香。

梨　郡、邑皆佳，以鳳屬近北地也。

木瓜　出臨淮者佳。霜後取之，香幽而耐久。

黄金嵌碧玉竹

碧玉嵌黄金竹　皆以産臨淮者爲佳。

天竹　郡、邑皆産。叢生朱實，相傳榦逾百者可禦火災。

箬竹　出定遠。

虞美人草　出虹縣虞姬墓，無風自舞。

石斛　出壽州。

艾　郡、邑皆産，壽州者佳。

千葉榴

牡丹

乳餅

白蠟　俱出臨淮。

葛根　出鳳陽。

桔梗

遠志　俱出定遠。

花椒
杏仁　郡、邑皆産。
老鸛草　郡、邑皆出。熬膏酒服，大補天元。出宿州者更良。
石菖蒲　出定遠者佳。
鶴　地僻山多，時有見者。
雉
鳧
獐
鹿
兔　郡、邑皆産。
芝麻　郡、邑皆出。
高粱　郡、邑皆種，與稻、麥等。
麻油　郡、邑皆産。
硝　出虹縣。
絲絹　出臨淮。

潁州府

秫稻　出阜陽南遠鄉。

芝麻　郡、邑通産。

倒鈎台　味甘滑，阜陽蔬佳品。

沙果　出阜陽。

棗

栗　阜陽近北二者所出爲多，亳亦多産。

胡桃　郡、邑皆出，亳産爲佳。

柿　阜陽出，肥大而味甘。亳出亦然。

葡萄　有二種。白者號水晶葡萄，味愈佳。

軟棗　郡、邑通産。

蘋婆果　郡、邑皆産，香清味爽。

梨　郡、邑皆出，亳産者實大味爽。

蘑菇　亳産者最美好。

山藥　亳土所産，堅膩味腴。

芋　土人多種之，熟與穀等。亳地宜蹲鴟，種者尤多。

文官果　亳州、太和、蒙城俱產。

瓜子　亳產者子大。

玉蘭　木高丈餘，花白色，春時芬芳異常。

芍藥　重臺茂密，芳香不散。以亳出者甲於四方。

牡丹　紅、白各種，重臺爛熳如錦。亳地所出尤天下馳名，然亦有來自豫省者。

桂　有黄、紅二種，黄色者香愈熾。

芡實　亳、太、蒙皆有。

白扁豆　郡、邑通產，服之補益。

地黄　阜陽產者，與懷慶相埒。

枸杞　苗、根、果皆可服，郡、邑通產。

酸棗仁　郡、邑通產，服之養心寧神。

石斛　亳產爲良。

百合　亳產者佳。

花椒　亳州、太和、蒙城皆產。

虎皮鵲　阜陽出。

鶴

錦鷄　郡邑多山谷，故二者時有。

野鴨　阜陽爲多。

野雉　郡、邑通出。

鴛鴦　潁上、霍(邱)〔丘〕出。

翡翠　阜陽常有之。

獐

鹿　亳州、太和、蒙城多産。

驢　亳産者良。

蟹

蝦　阜陽多出。

麥麯　潁上者良。

香油　郡、邑皆産。

白蠟

黄蠟　二者亳、太、蒙多出。

靛　亳、太、蒙通産。

木棉

枲麻　二者亳產爲多，四方取給焉。

紅花　郡、邑皆產。

絲　郡、邑皆出，土人用織爲絹。

滁　州

芝麻　有黑、白二種。黑者即胡麻也，久服可以延年。

貢麪　匀細筋潤，全椒出。

菱　滁水產者佳。

芡實　州、邑通產，可以備饑。

藕　以州出者爲佳。

琵琶菜　芥之屬也，出來安。

甜瓜　州、邑通產。有緑、有黄、有花斑，香而小者佳。黄如金、大如鵝子者，名金瓜。

山藥　堅實味美，州、邑通產。

梨　滁、全者佳。

櫻桃　州、邑通產。

花紅　滁地者佳。
牡丹
芍藥　二者州、邑皆出。
黄精　州、邑山多，故多出。
蒼术　州、邑通産。
紫蘇　州出。
木瓜　全椒出者色香耐久。
九節菖蒲
豨薟　二者州、邑皆産。
山查　來、全皆産。
風鯽　舊出城濠河，今不多見。
野鴨　州、邑皆出。
獐
鹿
狼
兔　以上四者，州邑多山，故常有之。

苧麻　州、邑皆出。

油　州、邑皆出。

炭　州、邑皆出，山地多木故也。

酒　滁、來特産，以釀法佳也。

絲　州、邑皆出，不如蘇、杭之多。

和　州

芝麻　州、邑皆出。有黑、白二種，黑者爲勝。

五茄皮　州産爲佳。

黄精　一枝單長，形似竹葉，相對而生。太陽之草也，服之可以延年。葉後有刺者名鈎吻，不可服。

棉　州、邑皆産。

半夏　州通産，以畝下者爲上。

紅花　含山多産。

梨　出含山。

栗　州、邑皆産。

木芙蓉　出含山。

百合　州、邑皆産。花有紅、白二種，根如胡蒜，小瓣多層，蒸熟補中益氣。

牡丹　含山産，有水紅、千葉、重臺。

蘭　州、邑山谷中多有之，香氣清遠怡人。

蓼花糖　州、邑多以芋和糖爲之，用相餽遺。

燭　州出，堅點細心。

酒　出含山，名含酒。

苧麻　州、邑通産。

茶　早取曰茶，晚取曰茗，惟蒼山宜之。

鰣魚　出大江。州濱江，故夏初多出焉。

鹿　州産。

麂　州、邑通産。

天鵝　洲渚間時有至者。

煤炭　州、邑通産。

廣德州

芽茶　出建平鴉山者，色味香美。

白苧　州多苧布。

栗　州、邑通産，可以代糧。

梨　州、邑皆出，然終不如北土者之味爽。

木耳　州、邑通産。

銀魚　出建平者，細白鮮美。

桐油　州産。桐有週歲結子者，故多出焉。

漆　舊出建平，今不多産。

絲　舊出建平，今亦不産。

玉面貍　此山①獸也。州、邑多出，四方以爲珍味。

六安州

茶　州及英、霍二邑並産名茶，而霍邑爲多。

蕨粉　州、邑通産，可以備荒療饑。

椶櫚　葉大如蕉，青蒨可愛。

---

①「山」，《四庫》本作「小」。

椴　州、邑通産，可供材用。

槲　其皮可以造紙，其材可爲器用。

實竹　外强中堅，與常竹異。

桂　即山木犀也，種類亦多。惟黄者金粟燦爛，香氣襲人衣裾。

蘭　春季滿山花發，幽香被體。

柿　實大味甘，土人用以爲餅。

棗

栗　州、邑所産，二者尤多。

胡桃　六地土厚多山岡，故山果爲宜。

櫻桃　州、邑皆出。

林檎　州地産。

天鵝

淘河

鵁鶄

錦鷄

青鶴

賀鷄

竹鷄

黄鴨

翡翠

畫眉

雉　以上山禽十一種，皆有文彩，爲羽屬之特異者。州、邑皆産。

熊　州、邑多山，間有見者。

虎　州、邑多出。

獐

鹿

兔

玉面貍　以上四者，州、邑山獸之常見者也。

山牛　不常見者，六安山中時有之。

豪猪　身有豪矢，可以射人，其肉香異野豕。

麝　鹿之别種，香在臍下。

狐　六安山中出。

猿

猴　州、邑山中常有之。

玃　州、邑皆有。

山紬　州、邑通産。

蠶　絲之所出，州、邑皆有。

竹簟　州、邑通産。

白蠟　州、邑通産。

黄蠟　六安、英、霍皆産。

苧麻　土人多種之。

紙　州、邑造者多。

桐油

紅花　二者州、邑皆出。

酒　六安出。

木蜜　六安山中爲多。

山藥　六安出者，細膩味美。

九節菖蒲　六安山中出。

黄精　太陽之草也，六安山中多産之。然葉下有刺者非黄精。

五茄皮　六安山出者，其味爲厚。

木瓜　芳香，兼有順氣之功。

枸杞　生六安山中者，久能變化爲仙杞。

薏苡仁　能補中，州、邑人多種之。

黄芪　産六安山中者佳。

何首烏　有紅、白二種，亦曰雌、雄二種。生六安山中。年久而大者佳。藥之屬，州、邑所出者不下百餘種，兹特録數種，以其有補益功，人多珍重故也。

泗　州

都梁香　即澤蘭草。出盱眙都梁山，故名。古詩：「博山爐中百合香，鬱金蘇合與都梁。」

銀精石　亦産盱眙。

梨　五河者佳。

魚　其類甚多，與他處同。然惟泗稱蕃庶，五方商賈蕒之以貿利，咸以爲淮魚味美，人争嗜之。秋冬之間，諸客畢集於州中。

銀魚

鰕米　二者盱眙、五河多出。
鶴　州邑多山澤，時有至者。
雉　州、邑皆出。
野鳬　泗州、天長爲多。
獐
兔　五河爲多。
鵓鴉　出天長。
何首烏　出五河。
遠志　他處皆有，方書以泗州産者爲勝。
豨薟草　泗遍地皆出，以療疾功多，人争重之。
半邊蓮　盱眙出者良。
青木香　産五河者佳。
芍藥
牡丹　俱産五河。
青芹　出天長。他處所産皆中虚，長邑出者，中堅實而有味。

乳餅

乳酥　俱出天長、盱眙。

甘露餅　出天長之龍岡鎮。